Droit de l'urbanisme

HyperCours Dalloz

sous la direction de

- Dominique **Chagnollaud de Sabouret**
  Professeur à l'Université Panthéon-Assas (Paris II)
- Serge **Guinchard**
  Professeur émérite à l'Université Panthéon-Assas (Paris II)

Droit de l'urbanisme

6e édition 2015

Pierre Soler-Couteaux
Professeur à l'Université de Strasbourg, avocat au barreau de Strasbourg

Élise Carpentier
Professeur à l'Université d'Aix-Marseille

DALLOZ

Éditions DALLOZ
31-35 rue Froidevaux,
75685 Paris Cedex 14

ISBN 978-2-247-15200-1

En un seul ouvrage, l'HyperCours de Droit de l'urbanisme met à la portée des étudiants des moyens d'acquisition, de révision et d'entraînement performants. Il fournit en effet les connaissances théoriques indispensables, et propose les références, exemples, exercices et thèmes de réflexion qui permettent d'appréhender correctement la mise en application de ces connaissances.

• Le cours, complet est décomposé en chapitres thématiques correspondant aux séances de travaux dirigés. La structure de chacun d'eux est annoncée, en début de chapitre, par un plan analytique.

– Parallèlement au cours, sur la même page, l'ensemble du texte est découpé en blocs d'idées homogènes, selon une numérotation située dans la marge. Cette numérotation permet d'accéder à des définitions ou à des idées connexes (v. *infra* rubrique « *Quid* »).

– Des mots ou expressions-clés sont signalés par la lettre « Q » en exposant. S'ils ne sont pas définis dans le cours même, il faut se reporter là encore à la rubrique « *Quid* » pour en connaître la signification précise.

• Des rubriques pédagogiques (pages signalées par un bandeau de couleur) complètent le cours de chaque chapitre. Elles ont une double fonction : mieux faire comprendre et assimiler le cours, mais aussi préparer efficacement les étudiants aux épreuves des travaux dirigés, examens et concours.

– La rubrique « *Mémo* » permet de synthétiser rapidement l'ensemble d'un cours.

– La rubrique « *Quid* » permet de disposer immédiatement de définitions extensives des mots-clés du cours (signalés dans le cours par la lettre « Q » – pour « *Quid* » – en exposant). À chaque mot-clé est accolé un ou des numéro(s) correspondant au découpage signalé en marge dans le cours afin de les repérer plus rapidement, le tout à la façon des liens hypertextes. Parfois cependant, les numéros ne renvoient pas à un mot ou à une expression mais à des idées connexes.

– La rubrique « *Documents* » offre une très large gamme de textes de référence.

– La rubrique « *Biblio* » donne accès à une bibliographie sélective spécifique du chapitre.

– La rubrique « *Quiz* » regroupe des tests corrigés (connaissances, compréhension) et sujets corrigés d'entraînement (commentaires d'arrêts, cas pratiques, dissertations). Pour ces derniers, elle comprend parfois une approche méthodologique.

• Présentant une synthèse de la matière, des éléments de pratique et de documentation viennent à la suite du cours et des compléments pédagogiques.

– Le *sujet terminal* propose un sujet d'examen corrigé correspondant à une épreuve type donnée en fin de semestre ou d'année et faisant appel à l'ensemble des connaissances acquises.

– La *bibliographie générale* présente les ouvrages essentiels de la matière.

• Pour s'orienter à l'intérieur de l'ouvrage, situés à la fin du manuel :

– L'*index alphabétique* des termes utilisés prend pour repères les blocs d'idées homogènes numérotés en marge du cours et permet de trouver une notion rapidement.

– La *table des matières* permet d'accéder facilement au cours et à sa structure.

– La *table des Quiz* répertorie les sujets corrigés par genre (tests de connaissances ou de compréhension, dissertations, commentaires d'arrêts, cas pratiques).

Principales abréviations

AFDUH	*Annuaire français du droit de l'urbanisme et de l'habitat Dalloz (devenu DAUH depuis mai 2001)*
aff.	affaire
AJCT	*Actualité juridique collectivités territoriales (Dalloz)*
AJDA	*Actualité juridique Droit administratif*
AJPI	*Actualités juridiques Propriété immobilière*
Assoc.	Association
BJCL	*Bulletin de jurisprudence des collectivités locales*
BJCP	*Bulletin juridique des contrats publics*
BJDU	*Bulletin de jurisprudence de droit de l'urbanisme*
BO	*Bulletin officiel du ministère concerné*
C. com.	Code de commerce (Dalloz)
C. envir.	Code de l'environnement (Dalloz)
C. expr.	Code de l'expropriation pour cause d'utilité publique
C. minier	Code minier
C. patr.	Code du patrimoine (Dalloz)
C. pén.	Code pénal (Dalloz)
C. pr. civ.	Code de procédure civile (Dalloz)
C. rur.	Code rural (Dalloz)
C. transp.	Code du transport (Dalloz)
C. urb.	Code de l'urbanisme (Dalloz)
C. voirie rout.	Code de la voirie routière
c/	*contre*
CAA	Cour administrative d'appel
CADA	Commission d'accès aux documents administratifs
Cah. GRIDAUH	*Les Cahiers du GRIDAUH*
CCH	Code de la construction et de l'habitation
CE	Conseil d'État
CEDH	Cour européenne des droits de l'homme
cep.	cependant
CGCT	Code général des collectivités territoriales
CGI	Code général des impôts (Dalloz)
CGPPP	Code général de la propriété des personnes publiques
CH	Centre hospitalier
Ch.	chambre
Circ.	circulaire
Civ.	Chambre civile de la Cour de cassation
CJA	Code de justice administrative

CJCE	Cour de justice des Communautés européennes (1957 à nov. 2009)t
CJEG	*Les cahiers juridiques de l'électricité et du gaz*
Cnes	Communes
Coll. terr.	*Collectivités territoriales – Intercommunalité*
cons.	considérant
Const.	*Constitution*
Constr.-Urb.	*Construction-Urbanisme*
Contrats Marchés publ.	*Contrats et marchés publics*
COS	Coefficient d'occupation des sols
Crim.	Chambre criminelle de la Cour de cassation
CSP	Code de la santé publique (Dalloz)
Cté	Communauté
D.	*Recueil Dalloz*
DAUH	*Annuaire français du droit de l'urbanisme et de l'habitat Dalloz (depuis mai 2001)*
Décr.	décret
Defrénois	*Répertoire du notariat Defrénois*
Dépt	département
Dir.	directive
DMF	*Droit maritime français*
Doc. fr.	La Documentation française
DOG	Document d'orientations générales
Dr. adm.	*Droit administratif*
Dr. envir.	*Droit de l'environnement*
Dr. et patr.	*Droit et patrimoine*
Droit et ville	*Revue Droit et ville*
DS	*Recueil Dalloz-Sirey*
DTA	Directive territoriale d'aménagement
EDCE	Études et documents du Conseil d'État
égal.	également
Envir.	*Revue Environnement*
EPCI	Établissement public de coopération intercommunale
Ét. fonc.	*Études foncières*
Éts	établissement
Europe	*Revue Europe*
ex.	exemple
FCTVA	Fonds de compensation de la taxe sur la valeur ajoutée
GADU	*Grands arrêts du droit de l'urbanisme*
GAJA	*Grands arrêts de la jurisprudence administrative* (Dalloz)
Gaz. cnes	*La Gazette des communes*
Gaz. Pal.	*La Gazette du Palais*
ibid.	au même endroit
ITD	Travaux des installations et travaux divers
J.-Cl. Coll. territoriales	*Juris-Classeur Collectivités territoriales*
J.-Cl. Constr.-Urb.	*Juris-Classeur Construction urbanisme*
JCP	*Juris-Classeur périodique*, édition Générale
JCP A	*Juris-Classeur périodique*, édition Administration et collectivités territoriales
JCP N	*Juris-Classeur périodique*, édition Notariale
JOAN Q	*Journal officiel*, Assemblée nationale, questions écrites

JOAN	*Journal Officiel*, Assemblée nationale
JO Sénat Q	*Journal officiel*, Sénat, questions écrites
L.	loi
Lebon	*Recueil des décisions du Conseil d'État*
Loi Barnier	Loi n° 95-101 du 2 février 1995 relative au renforcement de la protection de l'environnement
Loi Bosson	Loi n° 94-112 du 9 février 1994
Loi dite « Borloo I »	Loi n° 2003-710 du 1er août 2003 d'orientation et de programmation
Loi dite « Borloo II »	Loi n° 2005-32 du 18 janvier 2005 de programmation pour la cohésion sociale
Loi ENL	Loi n° 2006-872 du 13 juillet 2006 portant engagement national pour le logement
Loi Littoral	Loi du 3 janvier 1986 relative à l'aménagement, la protection et la mise en valeur du littoral
Loi Montagne	Loi du 9 janvier 1985 relative au développement et à la protection de la montagne
Loi paysage	Loi du 8 janvier 1993 sur la protection et la mise en valeur des paysages
Loi SRU	Loi n° 2000-1208 du 13 décembre 2000 Solidarité et Renouvellement urbains
Loi Urbanisme et Habitat	Loi n° 2003-590 du 2 juillet 2003 Urbanisme et Habitat
LOTI	Loi n° 82-1153 du 30 décembre 1982 d'orientation des transports intérieurs
LPA	*Les Petites affiches*
MARNU	Modalités d'application du règlement national d'urbanisme
Mon. TP	Le Moniteur *des travaux publics et du bâtiment*
not.	notamment
obs.	observation
OIN	Opération d'intérêt national
PADD	Projet d'aménagement et de développement durable
PADUC	Plan d'aménagement et de développement durable de la Corse
Pan.	Panorama
PAZ	Plan d'aménagement de zone
PEB	Plan d'exposition aux bruits
PIG	Projet d'intérêt général
PLD	Plafond légal de densité
PLH	Programme local de l'habitat
PLU	Plan local d'urbanisme
PNR	Parc naturel régional
POS	Plan d'occupation des sols
PPNR	Plan de prévention des risques naturels prévisibles
PPRI	Plan de prévention des inondations
préc.	précité
PSMV	Plan de sauvegarde et de mise en valeur
PVNR	Participation pour le financement des voies nouvelles et réseaux
PVR	Participation pour voirie et réseaux
QPC	Question prioritaire de constitutionnalité
Quot. jur.	*Quotidien juridique*
rapp.	rapport
RCA	*Responsabilité civile et assurance*
RDI	*Revue de droit immobilier*

RD publ.	*Revue du droit public et de la science politique en France et à l'étranger*
RD rur.	*Revue de droit rural*
Rec. Cons. const.	*Recueil des décisions du Conseil constitutionnel*
Rec. TA	*Recueil de jurisprudence des TA et CAA*
req.	requête
Rev. adm.	*Revue administrative*
Rev. Loyers	*Revue des loyers et des fermages*
Rev. Trésor	*Revue du trésor*
RFAP	*Revue française d'administration publique*
RFDA	*Revue française de droit administratif*
RGCT	*Revue générale des collectivités territoriales*
RJC	*Revue de jurisprudence constitutionnelle*
RJ envir.	*Revue juridique de l'environnement*
RJEP	*Revue juridique de l'entreprise publique (depuis 2002, remplace les CJEG)*
RNU	Règlement national d'urbanisme
RSD	Règlement sanitaire départemental
RTD civ.	*Revue trimestrielle de droit civil* (Dalloz)
RTDH	*Revue trimestrielle des droits de l'homme*
s.	et suivants
SAGE	Schéma d'aménagement et de gestion des eaux
SAR	Schéma d'aménagement régional
SCI	Société civile immobilière
SCOT	Schéma de cohérence territoriale
SDAGE	Schéma directeur d'aménagement et de gestion des eaux
SDAU	Schéma directeur d'aménagement et d'urbanisme
SDRIF	Schéma directeur de la région Île-de-France
sect.	section
SHON	Surface hors œuvre nette
SIC	Site d'intérêt communautaire
SMVM	Schéma de mise en valeur de la mer
ss	sous
Sté	société
Synd.	syndicat
T. confl.	tribunal des conflits
T. corr.	tribunal, chambre correctionnelle
TA	tribunal administratif
TGI	tribunal de grande instance
UTN	Unité touristique nouvelle
v.	voir
ZAC	Zone d'aménagement concerté
ZAD	Zone d'aménagement différé
ZICO	Zone d'intérêt communautaire pour les oiseaux
ZIF	Zone d'intervention foncière
ZNIEFF	Zone naturelle d'intérêt écologique, faunistique et floristique
ZPPAUP	Zone de protection du patrimoine architectural, urbain et paysager
ZUP	Zone à urbaniser par priorité

Plan général de l'ouvrage

chapitre 1

Présentation générale du droit de l'urbanisme

Plan analytique

section 1

L'évolution du droit de l'urbanisme (1919-2000)

§ 1 La constitution du droit de l'urbanisme

- **A.** La naissance du droit de l'urbanisme
- **B.** Le développement du droit de l'urbanisme après 1958

§ 2 L'adaptation du cadre institutionnel du droit de l'urbanisme

section 2

Le droit de l'urbanisme contemporain

§ 1 Le vecteur juridique : la loi SRU

§ 2 La mobilisation de l'urbanisme au service de la production de logements

§ 3 La promotion du développement durable

Compléments pédagogiques

1

Présentation générale du droit de l'urbanisme

Si l'Art urbain qui porte sur les formes géométriques de la ville est aussi ancien que le phénomène de la cité, l'urbanisme au sens moderne du terme est, quant à lui, le résultat de l'avènement des masses au XIXe siècle. On attribue la paternité du mot à Ildefonso Cerda, ingénieur catalan, qui l'aurait inventé en 1867 et on date son apparition dans la langue française d'un article de Paul Clerget en 1910. L'apparition de l'urbanisme comme la science de l'aménagement des villes est donc la conséquence d'un problème nouveau, celui posé par l'organisation des masses sur le sol. Depuis, l'urbanisme a dépassé le stade d'une simple discipline de l'aménagement des cités pour s'étendre à l'aménagement de l'espace à l'échelle de tout un territoire. Comme le disait G. Bardet, l'Urbanisme est devenu Orbanisme (G. Bardet, *L'urbanisme*, PUF, coll. « Que sais-je ? » 1967). 1

Un droit de l'urbanisme s'est ainsi progressivement constitué pour accompagner le projet de maîtriser la croissance urbaine et d'aménager l'espace. À vrai dire, la politique urbaine est totalement inexistante des préoccupations politiques jusqu'en 1919. Cela tient au libéralisme dominant à l'époque et à son profond respect du droit de propriété, garanti par la Déclaration des droits de l'homme et du citoyen comme « inviolable et sacré », et de la liberté du commerce et de l'industrie. Mais, à partir de 1919, la croissance urbaine va donner naissance à un embryon de droit de l'urbanisme qui fut à ses débuts un urbanisme réglementaire, qui se dota ensuite des instruments adéquats pour porter une politique d'aménagement avant de s'enrichir d'une dimension nouvelle plus qualitative (section 1). Cette dimension du droit de l'urbanisme n'a fait que se renforcer dans la période contemporaine, son principal moteur étant désormais le développement durable et la maîtrise de la consommation des sols (section 2).

Au terme provisoire de cette évolution, le droit de l'urbanisme se présente comme un instrument extrêmement sophistiqué. Ce constat appelle une réflexion mitigée tant sur le plan idéologique que sur le plan technique. Sur le plan idéologique, le droit de construire demeure attaché à la propriété du sol, lui-même droit inviolable et sacré. Mais force est de constater que la portée de ces formules solennelles est fortement atténuée par les dispositions d'un Code de l'urbanisme qui permet d'en réglementer l'exercice de manière très contraignante dans une mesure qui n'est peut-être pas toujours proportionnée. Il n'est pas sûr que l'équilibre souhaitable entre la liberté et l'intervention publique n'en soit pas rompu, quoiqu'il résulte des QPC sur la question qui se révèlent fort décevantes (J. Tremeau et E. Carpentier, *in* « La question prioritaire de constitutionnalité et l'aménagement du territoire », *Cah. GRIDAUH* 22/2011, p. 19 et 31). Sur le plan technique, le droit de l'urbanisme paie sa sophistication d'une complexité certaine, elle-même génératrice d'une insécurité unanimement relevée (E. Carpentier, « Le droit de l'urbanisme et la sécurité juridique », *in* V. Legrand (dir.), *Quel droit pour un urbanisme durable ?*, Mare et Martin, coll. « Droit public », 2014, pp. 19-41 ; D. Poupeau, « Un droit de l'urbanisme trop complexe pour les élus locaux (compte rendu des résultats d'une enquête de la délégation aux collectivités territoriales et à la décentralisation du Sénat) », *AJDA* 2015. 552).

section 1

L'évolution du droit de l'urbanisme (1919-2000)

2 C'est au cours d'une évolution qui s'est étalée de 1919 à 2000 que l'économie générale et la structure du droit de l'urbanisme se sont constituées (§ 1). Il a dû, par ailleurs, durant cette période, s'adapter au cadre de la décentralisation consécutivement à la réforme institutionnelle engagée en 1982 (§ 2).

§ 1 La constitution du droit de l'urbanisme

3 Au fil des grandes réformes qui ont marqué l'évolution du droit de l'urbanisme, le législateur a perfectionné tant les instruments de la planification urbaine que le régime de contrôle et de sanction des règles d'urbanisme qu'il avait mis en place à l'état embryonnaire dès l'origine de la constitution de cette discipline (A). Il l'a investi d'une autre dimension en le constituant en droit de l'aménagement lorsqu'il l'a enrichi, à un stade de cette évolution, d'instruments permettant à la collectivité publique d'intervenir dans le processus de production de terrains à bâtir, ce que l'on appelle couramment l'urbanisme opérationnel pour le distinguer de l'urbanisme réglementaire (B).

A. La naissance du droit de l'urbanisme

4 L'absence de réglementation de l'occupation du sol au XIXe siècle avait suscité une urbanisation anarchique. C'est pourquoi les travaux du Musée social aboutirent à l'adoption de la loi « Cornudet » du 14 mars 1919 qui obligeait notamment les communes de plus de 10 000 habitants à se doter de plans d'aménagement, d'embellissement et d'extension. Plus tard, la loi du 19 juillet 1924 compléta la précédente et soumit le lotissement, principale forme d'urbanisation à l'époque, à autorisation préalable de même qu'à un régime juridique assurant la protection des acquéreurs des lots. Parallèlement, on assiste à une généralisation progressive du permis de bâtir (G. Vedel, « Les permis de bâtir », *RD publ.* 1937. 274) qui confère à l'administration un pouvoir de contrôle du respect de la règle d'urbanisme. Néanmoins, ce droit de l'urbanisme reste embryonnaire car, dans les municipalités, le dogme du « laisser faire, laisser aller » domine encore largement. Pour cette raison, la mise en œuvre de la loi « Cornudet » se révéla décevante. Ainsi, en 1939, moins du quart des communes qui étaient tenues d'avoir un plan d'aménagement en étaient effectivement pourvues.

C'est sous le régime de Vichy que la loi du 15 juin 1943 dote l'État des instruments d'un encadrement efficace de l'urbanisation. Elle consacre son rôle prépondérant dans la préparation et l'exécution des plans d'aménagement et lui attribue le droit de statuer sur les demandes d'autorisation et notamment de permis de construire, mécanisme qui est généralisé. Mais l'initiative de l'élaboration des plans d'aménagement communaux dépendait encore très largement des maires. Aussi, pour pallier l'absence ou l'insuffisance des règles locales, un décret du 29 août 1955 vint instituer un règlement national d'urbanisme (RNU) qui édicte un ensemble de prescriptions d'urbanisme minimales applicables sur l'ensemble du territoire et qui sous couvert de modifications successives, demeurent aujourd'hui applicables dans les communes non couvertes par un document local d'urbanisme.

Au terme de cette première étape, le droit de l'urbanisme investit seulement l'État du pouvoir de concevoir et de proposer la physionomie de la cité en fixant une règle qui va s'imposer à l'acte de construire. Mais ce dernier continue de relever fondamentalement de l'initiative privée. C'est en cela que cette législation institue un urbanisme réglementaire ou de sauvegarde.

B. Le développement du droit de l'urbanisme après 1958

C'est l'explosion urbaine qui, au lendemain de la Seconde Guerre mondiale, a obligé les pouvoirs publics à perfectionner les anciens plans d'aménagement, mais également à contribuer à la production de terrains à bâtir. 5

Le perfectionnement des instruments de l'urbanisme réglementaire. Celui-ci s'est effectué en plusieurs étapes. Un décret du 31 décembre 1958 est d'abord venu réformer la planification urbaine. Il opère une distinction entre les plans d'urbanisme directeurs qui tracent le cadre général de l'aménagement de l'agglomération et les plans d'urbanisme de détail qui complètent les précédents par secteurs ou par quartiers. Mais il est apparu à l'usage que la fonction prospective et la fonction réglementaire devaient être mieux distinguées et qu'elles ne pouvaient pas être remplies par un document à caractère exclusivement réglementaire. En effet, les prévisions à long terme qui sont formulées en termes plus généraux et concernent nécessairement un territoire plus vaste que les documents à caractère réglementaire ne peuvent revêtir la même portée que ces derniers. En revanche, les documents d'urbanisme à caractère réglementaire doivent édicter des règles précises et stables concernant l'utilisation des sols afin d'assurer aux constructeurs la sécurité juridique dont ils ont besoin. Ceci explique l'adoption de la loi d'orientation foncière du 30 décembre 1967 qui a donné à la planification urbaine sa physionomie actuelle. Elle distingue nettement la fonction de prévision à l'échelle intercommunale qui est assurée par le schéma directeur d'aménagement et d'urbanisme (SDAU) et la fonction de réglementation qui est le fait du plan d'occupation des sols (POS) élaboré plutôt à l'échelle communale. 6

L'apparition d'une politique de l'aménagement urbain : l'urbanisme opérationnel. L'urbanisme réglementaire était un urbanisme de sauvegarde. Après 1958, il s'enrichit d'une nouvelle dimension lorsque les pouvoirs publics ont voulu intervenir dans l'aménagement urbain autrement que sous la forme des équipements publics (voirie, assainissement, etc.). C'est l'obligation de reconstruire les villes sinistrées de même que la crise du logement qui ont, au lendemain du deuxième conflit mondial, nécessité des interventions d'une autre nature. Cette dimension de l'urbanisme pose des problèmes nouveaux. 7

En premier lieu, les collectivités publiques doivent se doter des instruments juridiques leur permettant de s'assurer la maîtrise foncière, étape préalable nécessaire à la réalisation des opérations d'aménagement. Déjà la loi foncière du 6 août 1953 avait élargi de manière substantielle le recours à l'expropriation. Mais la loi du 26 juillet 1962 leur confère un instrument nouveau, en permettant à l'État de créer des zones d'aménagement différé (ZAD) à l'intérieur desquelles il peut exercer un droit de préemption sur les immeubles dans le but de préparer les futures opérations d'urbanisme. Puis la loi du 31 décembre 1975 portant réforme de la politique foncière, dite « loi Galley », élargit le champ d'application du droit de préemption en donnant à la commune la possibilité de l'exercer sur l'ensemble des zones urbaines des POS que l'on appelle les zones d'intervention foncière (ZIF). La loi du 18 juillet 1985 relative à la définition et à la mise en œuvre des principes d'aménagement, dite « loi aménagement », leur substituera le droit de préemption urbain. L'instrument connaîtra un succès que ses extensions successives, encore très substantiellement par le fait de la loi ALUR, suffisent à illustrer.

En deuxième lieu, il ne suffit pas de fournir aux collectivités publiques les moyens juridiques d'une action foncière efficace. Encore faut-il y ajouter les moyens financiers. C'est dans ce but que la loi d'orientation foncière créa la taxe locale d'équipement, instituée de plein droit dès qu'un POS a été prescrit, et le plafond légal de densité (PLD), qui permettait d'exiger de quiconque veut construire au-delà du plafond autorisé un versement correspondant à la valeur du terrain qu'il lui aurait fallu normalement acquérir pour ne pas dépasser le PLD (sur la constitutionnalité du PLD : CE 28 juill. 2011, *Sté Au Verger de Provence*, n° 349988, *BJDU* 2011. 471, concl. P. Collin). Le PLD était cependant appelé à disparaître après la loi Solidarité et Renouvellement urbains et se trouve définitivement supprimé depuis le 1er janvier 2015 (L. 29 déc. 2010, art. 28, § I, B.5).

Il convenait, en troisième lieu, de mettre en place les instruments de l'urbanisme opérationnel constitués principalement par deux décrets du 31 décembre 1958, l'un relatif aux zones à urbaniser par priorité (ZUP), l'autre à la rénovation urbaine. Les ZUP avaient pour objet de permettre l'équipement et l'urbanisation rapides de zones où la collectivité publique désirait réaliser des programmes de construction. Pour l'essentiel, la collectivité passait une convention avec un aménageur — établissement public ou société d'économie mixte d'équipement — qui procédait à l'acquisition des terrains par expropriation ou exercice du droit de préemption, les équipait avec l'aide de l'État, pour les revendre aux constructeurs eux-mêmes soumis à un cahier des charges. Le régime des ZUP se verra substituer celui des zones d'aménagement concerté (ZAC) par la loi d'orientation foncière en 1967. C'est un nouveau cadre juridique pour la réalisation d'opérations d'aménagement, d'équipement et de construction basé sur une concertation entre la puissance publique et les aménageurs, dans le respect d'un plan d'aménagement de zone (PAZ) pouvant déroger au POS. Pour l'essentiel, ce nouveau régime se caractérise par sa plus grande souplesse et sa plus grande ouverture aux capitaux privés. Il se substitue par ailleurs à la procédure de rénovation urbaine résultant de la loi du 4 août 1962 dite « loi Malraux ».

8 Telle fut la physionomie du droit de l'urbanisme jusqu'à sa profonde modification intervenue en l'an 2000. Il a ainsi longtemps bénéficié d'une remarquable stabilité. Sans doute, la loi n° 83-8 du 7 janvier 1983 relative à la répartition des compétences entre les communes, les départements, les régions et l'État était-elle entre-temps

venue décentraliser la compétence en matière d'urbanisme, mais il s'agissait d'une réforme institutionnelle qui ne remettait pas en cause l'architecture de l'édifice. Et pourtant il faut bien constater que les maux qui ont ensuite affecté le droit de l'urbanisme sont apparus à sa suite.

§ 2 L'adaptation du cadre institutionnel du droit de l'urbanisme

Depuis 1943, l'urbanisme était, en France, l'affaire de l'État. La loi d'orientation foncière du 30 décembre 1967 a, ensuite, posé le principe d'une élaboration conjointe des documents d'urbanisme mais le préfet en avait la maîtrise puisqu'il les prescrivait, conduisait leur élaboration et les approuvait. De même, les autorisations d'occupation et d'utilisation du sol étaient instruites et délivrées par lui. Cette situation a été au cœur de la revendication par les communes d'une responsabilité plus grande quant à l'avenir de leur territoire. Néanmoins le terme de décentralisation de l'urbanisme employé pour désigner la satisfaction qui leur a été donnée sur ce point peut se révéler trompeur et ne pas rendre suffisamment compte de ce que l'urbanisme demeure une compétence partagée. 9 ■

La décentralisation de l'urbanisme. La loi n° 83-8 du 7 janvier 1983 relative à la répartition des compétences entre les communes, les départements, les régions et l'État, complétée par la loi du 22 juillet 1983, a adapté les règles de compétence en matière d'urbanisme à la situation nouvelle des collectivités locales résultant de la loi du 2 mars 1982 relative à la décentralisation. Ce transfert des compétences s'est effectué pour l'essentiel au profit des communes. Il a été réalisé en plusieurs étapes, la décentralisation en matière d'urbanisme s'achevant par la loi du 18 juillet 1985 relative à la définition et à la mise en œuvre des principes d'aménagement dite « loi aménagement » qui a étendu le transfert de compétences aux procédures d'urbanisme opérationnel. La décentralisation consiste, pour l'essentiel, en ce que les communes sont habilitées à élaborer les schémas directeurs et les POS désormais « en association » avec l'État. Par ailleurs, l'instruction et la délivrance des autorisations d'utilisation du sol sont transférées définitivement aux maires dès lors que le territoire communal est couvert par un document d'urbanisme approuvé. 10 ■

L'urbanisme : une compétence partagée. L'urbanisme n'est pas une compétence que l'on peut attribuer en propre à une personne publique. Il est, par nature, une compétence partagée. C'est ce que le législateur a voulu rappeler en termes solennels dans la loi du 7 janvier 1983 codifiée à l'article L. 110 du Code de l'urbanisme, c'est-à-dire à son article 1er : « Le territoire français est le patrimoine commun de la nation. Chaque collectivité publique en est le gestionnaire et le garant dans le cadre de ses compétences. (...) Les collectivités publiques harmonisent, dans le respect réciproque de leur autonomie, leurs prévisions et leurs décisions d'utilisation de l'espace ». L'État, en sa qualité de garant des intérêts nationaux, ne pouvait donc abdiquer ses compétences en matière d'urbanisme. Il a ainsi, postérieurement à la décentralisation, conservé le pouvoir d'exprimer et de faire prévaloir sa volonté sur des espaces sélectionnés du territoire au travers d'instruments juridiques dédiés à cette fonction. Il n'en reste pas moins qu'à ses débuts, la décentralisation a entraîné un certain effacement du rôle de l'État qui n'est probablement pas pour peu dans les difficultés 11 ■

rencontrées par le droit de l'urbanisme décentralisé. Le Conseil d'État a, d'ailleurs, regretté l'absence de l'encadrement normatif des documents locaux d'urbanisme dans un audit du Code de l'urbanisme sur lequel il faudra revenir. Le législateur a cherché à réagir contre ce phénomène. La loi du 4 février 1995 d'orientation pour l'aménagement et le développement du territoire a ainsi doté l'État d'un support — les directives territoriales d'aménagement (DTA) — de nature à permettre à l'État de définir une stratégie à moyen et à long terme d'aménagement du territoire. Il reste que là encore il a montré une certaine difficulté à passer à l'acte. On comprend dans ces conditions l'enjeu qui s'attache à la définition par la loi de principes généraux à la mise en œuvre desquels les documents locaux d'urbanisme doivent concourir. C'est tout le sens et la portée de l'article L. 121-1 du Code de l'urbanisme issu de la loi SRU.

section 2

Le droit de l'urbanisme contemporain

12 La nécessité d'une refonte du droit de l'urbanisme s'est imposée à partir des années 1990. Elle était de fait indispensable tant il subissait, depuis une dizaine d'années, une forme de crise dont les manifestations étaient l'instabilité de la règle et un sentiment général d'insécurité auquel le juge et le législateur ont tenté d'apporter des remèdes techniques ponctuels, par exemple par la loi « Bosson » du 9 février 1994. Les causes cette crise pourraient être longuement discutées. La tentation est évidemment grande de les chercher dans la décentralisation dont le procès serait ainsi nourri. Il est exact à tout le moins qu'elle a contribué à rompre l'unité de ce droit mais seulement dans la mesure où les mécanismes correcteurs de sa perte d'unité n'ont pas fonctionné. Comme on l'a dit, en effet, l'État s'est révélé largement défaillant dans le rôle qui lui était conféré d'assigner les politiques locales de l'urbanisme à la réalisation d'un projet national. Cette raison et d'autres ont suscité une ou plutôt des pathologies du droit de l'urbanisme dont le gouvernement confia le diagnostic à une commission présidée par Daniel Labetoulle. Celle-ci réalisa un audit du Code de l'urbanisme qui restera pour longtemps une référence pour tous ceux qui voudront comprendre l'évolution du droit de l'urbanisme à l'époque contemporaine (*L'urbanisme : pour un droit plus efficace*, Doc. fr., 1992).

La publication de ce rapport fut suivie de l'annonce d'une « grande loi » dont les changements de majorité eurent raison jusqu'à ce que l'ouvrage fût remis sur le métier au courant de l'année 2000 à partir d'une réflexion renouvelée par un rapport d'information du Sénat portant sur la modernisation du droit de l'urbanisme (Sénat, *Simplifier et décentraliser, deux défis pour l'urbanisme*, rapport n° 265, 1999-2000). Celle-ci déboucha sur l'adoption de la loi n° 2000-1208 du 13 décembre 2000 relative à la Solidarité et au Renouvellement urbains (SRU) dont la connaissance bien au-delà des cercles d'initiés atteste qu'elle constitue désormais pour le droit de l'urbanisme un vecteur juridique durable (§ 1) au service de la mise en œuvre opérationnelle des priorités nationales que sont la production de logements (§ 2) et le développement durable définitivement promu par les lois « Grenelle » (§ 3).

§ 1 Le vecteur juridique : la loi SRU

La loi dite « SRU » va ainsi bien au-delà de la volonté de remédier aux pathologies du droit de l'urbanisme identifiées par la Commission Labetoulle. Elle part de la constatation évidente que le droit en général, et le droit de l'urbanisme en particulier, est un moyen au service d'une fin. Or les finalités de la politique de l'urbanisme avaient substantiellement évolué dans les 20 années qui l'ont précédée. Il convenait donc de clairement les afficher et d'adapter les outils du droit de l'urbanisme à leur réalisation. 13 ■

Sur le premier point, la loi annonce son projet politique de la manière la plus claire qui soit dès son intitulé qui lui donne son unité. À cet égard, la réforme part du constat selon lequel le droit de l'urbanisme a été institué pour répondre à l'impérieuse nécessité de reconstruire la France et de produire les logements nécessaires à l'accueil des 15 millions de personnes qui ont afflué vers les villes en 20 ans. Ce but a, au demeurant, été largement atteint. Les objectifs de la politique de l'urbanisme doivent donc être désormais reconsidérés. C'est l'objet de l'article L. 121-1 qui, à la place qu'il occupe dans le Code de l'urbanisme, est l'occasion pour l'État d'affirmer que les politiques locales d'urbanisme doivent concourir à la mise en œuvre d'objectifs nationaux qui portent autant de « valeurs » de notre société. Ainsi, pour la satisfaction des besoins en espaces constructibles, il convient de privilégier le renouvellement urbain et de lutter corrélativement contre l'étalement urbain, afin, selon l'expression consacrée, de reconstruire la ville sur la ville. Par ailleurs, le succès même de la politique mise en œuvre à partir des années 1960 a suscité ses propres difficultés et notamment celles résultant de la ségrégation spatiale qui accroît les inégalités sociales. À cet égard, en réaffirmant l'objectif de mixité sociale, la loi SRU se situe dans le droit fil des lois du 13 juillet 1991 d'orientation pour la ville et du 14 novembre 1996 relative à la mise en œuvre du pacte de relance pour la ville. Enfin, la loi rappelle et renforce le principe de gestion économe des sols.

En considération de ces finalités désormais clairement affirmées, la loi SRU réalise une réforme de la « boîte à outils », c'est-à-dire des instruments de la planification de l'aménagement et de l'urbanisme. Le fil conducteur de la réforme sur ce point consiste à mettre en place les méthodes et les procédures de nature à permettre l'émergence d'un véritable projet. C'est la substitution des schémas de cohérence territoriale (SCOT) et des plans locaux d'urbanisme (PLU) aux schémas directeurs et POS. C'est l'obligation fait à ces documents de formuler un projet d'aménagement et de développement durable (PADD). 14 ■

La loi SRU a ainsi fixé pour longtemps le cadre juridique de l'urbanisme. Pour preuve, même si à la faveur d'un changement de majorité, la loi n° 2003-590 du 2 juillet 2003 Urbanisme et Habitat a visé à desserrer le cadre qu'elle avait établi, vécu par les élus locaux comme trop contraignant, celle-ci n'a pas remis fondamentalement en cause les dispositions phares de la loi SRU, probablement parce que les principes qui l'animaient, en particulier la lutte contre l'étalement urbain anarchique et la recherche de la mixité sociale, faisaient l'objet d'un consensus.

§ 2 La mobilisation de l'urbanisme au service de la production de logements

15 Depuis la fin des années 1990, l'offre de logements a décroché au regard de la demande créant une situation de crise dont le constat est régulièrement fait. Le législateur s'est employé à y remédier en multipliant les interventions depuis la loi du 14 novembre 1996 relative à la mise en œuvre du pacte de relance pour la ville jusqu'à la loi n° 2014-366 du 24 mars 2014 pour l'accès au logement et un urbanisme rénové (ALUR). On signalera entre ces deux extrêmes les lois n° 2003-710 d'orientation et de programmation du 1er août 2003 (« Borloo I »), n° 2005-32 du 18 janvier 2005 de programmation pour la cohésion sociale (« Borloo II ») par lesquelles le législateur a fixé des objectifs en matière de réalisation de logements. La loi n° 2006-872 du 13 juillet 2006 portant engagement national pour le logement (ENL) a remis l'ouvrage sur le métier, suivie par la loi n° 2009-323 du 25 mars 2009 de mobilisation pour le logement et la lutte contre l'exclusion (MOLLE). Les ordonnances n° 2013-888 du 3 octobre 2013 relative à la procédure intégrée pour le logement et n° 2013-889, du même jour, relative au développement de la construction de logement visent, quant à elles, à lever les obstacles à la production de logements. Toutes ont ainsi visé à faire face à la « crise du logement ». La loi ENL mérite cependant d'être distinguée en ce qu'elle s'attache à lever les obstacles qui s'opposent à la mobilisation de la matière première, c'est-à-dire du foncier. L'un des facteurs de la crise du logement tiendrait, en effet, à la pénurie d'un foncier manifestement disponible mais dont la mise sur le marché se révèle parcimonieuse, en tout cas insuffisante pour satisfaire la demande (*Foncier, Logement : sortir de la crise*, rapport présenté par Th. Repentin, n° 442, 2004-2005). Dans le prolongement de ce constat, la loi ENL entend donc agir sur ce facteur foncier. C'est l'objet de son titre Ier qui porte sur la « Mobilisation de la ressource foncière pour la réalisation de logements ». On pourrait toutefois convenir que le titre d'une loi, aussi riche que soit les dispositions qu'il renferme, ne fait pas une politique foncière dont le droit de l'urbanisme manque cruellement. Il reste que le droit de l'urbanisme et ses outils sont régulièrement convoqués au service de l'objectif de la production de logements. Ainsi, les SCOT doivent définir les objectifs et les principes de la politique de l'habitat et, pour leur mise en œuvre, ils peuvent notamment agir sur la densité urbaine. Quant aux PLU, ils définissent une politique visant à répondre aux besoins en logements et en hébergements tandis que les orientations d'aménagement et de programmation des PLU intercommunaux peuvent tenir lieu de programme local de l'habitat. L'exercice du droit de préemption est par ailleurs considérablement facilité, en dernier lieu par la loi ALUR, pour permettre à la collectivité de se procurer un foncier bâti ou non bâti au service de sa politique.

§ 3 La promotion du développement durable

16 *Les lois Grenelle I et II.* Nul n'ignore plus dans quel contexte et avec quel sentiment d'urgence le législateur a adopté successivement deux lois qui ont notablement renforcé le contenu, principalement environnemental, des documents d'urbanisme. On parle d'ailleurs couramment de leur « verdissement ». L'une, la loi n° 2009-967 du 3 août 2009 de programmation relative à la mise en œuvre du Grenelle de

l'environnement dite « Grenelle I » annonçait que les documents d'urbanisme devraient, à l'avenir, contribuer à la mise en œuvre d'un certain nombre d'objectifs environnementaux dont la lutte contre les gaz à effet de serre, la réduction des consommations d'énergie, l'économie des ressources fossiles, la préservation de la biodiversité notamment par la conservation, la restauration et la création de continuités écologiques. Plus généralement, l'action des collectivités publiques en matière d'urbanisme devait contribuer à la lutte contre le changement climatique et à l'adaptation à ce changement (art. 7-II). L'autre, la loi n° 2010-788 du 12 juillet 2010 portant engagement national pour l'environnement, dite « Grenelle II » qualifiée de « monumentale » par le ministre de l'Écologie et du Développement durable, a constitué le volet opérationnel de la précédente en ne modifiant pas moins de 19 codes, dont bien évidemment le Code de l'urbanisme.

Le renforcement de la matrice (C. urb., art. L. 121-1). Il en résulte plus encore qu'un renforcement, une « solennisation » de cette matrice des politiques locales d'aménagement et d'urbanisme que constitue l'article L. 121-1 du Code de l'urbanisme. Déjà la loi du 3 août 2009 avait modifié l'article 110 pour signifier les nouvelles finalités, principalement environnementales, assignées au droit de l'urbanisme. La loi Grenelle II le confirme en plaçant le développement durable en facteur commun des politiques publiques sur le territoire et en enrichissant l'article L. 121-1 des thématiques nouvelles issues de « l'esprit de Grenelle ». Mais sous couvert de parvenir à une meilleure protection de l'environnement, les lois Grenelle sont à l'origine d'une évolution substantielle de l'économie du droit de l'urbanisme et du paysage institutionnel qu'il présentait jusque-là. Elle résulte de ce que les documents d'urbanisme décentralisés ne sont plus la libre expression d'une volonté politique locale sur un territoire mais constituent la mise en œuvre territorialisée d'une politique nationale fondée sur des valeurs communes. Cet enjeu obligeait à revenir non pas sur le principe de la décentralisation mais sur les modalités de sa réalisation en matière d'aménagement et d'urbanisme. La page de la décentralisation de 1983 est ainsi tournée. 17

Parallèlement, les moyens sont mis à la hauteur des fins. Les SCOT voient renforcer leur caractère prescriptif au service d'une part, de la gestion économe de l'espace et de la lutte contre l'étalement urbain pour lesquels ils doivent arrêter des objectifs chiffrés et, d'autre part, du développement durable. Les PLU sont eux-mêmes contraints d'être plus rigoureux s'agissant de la consommation économe des espaces, objectif encore renforcé par la loi ALUR, et se voit conférer des prérogatives accrues au service de thématiques nouvelles, comme l'amélioration des performances énergétiques, le développement des communications électroniques, mais également la réduction des émissions de gaz à effet de serre, la maîtrise de l'énergie et la production énergétique à partir de sources renouvelables, la préservation de la biodiversité et la préservation et la remise en bon état des continuités écologiques.

Tirant les conséquences du caractère impératif de l'exigence environnementale, la loi renforce les prérogatives de l'État en matière d'urbanisme. D'une part, elle substitue les directives territoriales d'aménagement et de développement durable (DTADD) aux anciennes directives territoriales d'aménagement renouvelant ainsi les modalités de l'expression de la volonté de l'État sur le territoire dans un sens plus contraignant, en dépit des apparences. D'autre part, le contrôle des préfets sur les SCOT et les PLU est élargi aux cas où ils compromettraient gravement les principes énoncés aux articles L. 110 et L. 121-1, autoriseraient une consommation excessive de l'espace, notamment en ne prévoyant pas la densification des secteurs desservis par les transports ou les équipements collectifs, ou ne prendrait pas suffisamment en compte les enjeux relatifs à la préservation ou à la remise en bon état des continuités écologiques.

18 *La démocratie environnementale.* La loi Grenelle II met, par ailleurs, en œuvre une autre évolution liée à la prise en compte de l'exigence environnementale que l'on désigne par le concept de « démocratie environnementale » requise tant par les instruments internationaux et communautaires que par la Charte constitutionnelle de l'environnement entrée en vigueur le 1er mars 2005 selon laquelle : « Toute personne a le droit, dans les conditions et les limites définies par la loi, d'accéder aux informations relatives à l'environnement détenues par les autorités publiques et de participer à l'élaboration des décisions publiques ayant une incidence sur l'environnement » (art. 7). La mise en œuvre des trois piliers de la « Démocratie environnementale » oblige le droit de l'urbanisme à prendre conscience de ce que l'élaboration de ses documents est de moins en moins un exercice administratif unilatéral, mais procède d'une nouvelle gouvernance dont le moteur est le principe de participation du public au processus décisionnel et, corrélativement de transparence de ce processus. Cette gouvernance a conduit à renforcer les conditions de l'accès du public à l'information et, s'agissant des documents d'urbanisme, l'évaluation environnementale qui doit les accompagner en constitue le support essentiel. Elle a amené également à donner aux mécanismes traditionnels de la participation du public au processus décisionnel que sont la concertation et l'enquête publique, une toute autre profondeur. Enfin, la prise en considération des résultats de la participation du public oblige à prolonger la portée du principe au stade de l'adoption des documents d'urbanisme et à imaginer les modalités de leur gouvernance postérieurement à cette adoption. Y participent les obligations nouvelles de suivi et d'évaluation desdits documents (J.-Cl. Hélin, « La participation du public aux décisions en matière d'urbanisme : une intégration ambiguë », *Constr.-Urb.* 2007. Étude 16 ; B. Delaunay, « L'apport de la loi du 27 décembre 2012 et de l'ordonnance du 5 août 2013 aux régimes d'information et de participation du public en droit de l'urbanisme », *DAUH* 2014, p. 91).

19 *Le périmètre du droit de l'urbanisme.* La loi Grenelle I annonçait enfin que le droit de l'urbanisme devrait prendre en compte l'objectif d'appréhender l'urbanisme de façon globale. Cela obligeait d'abord à concevoir les documents d'aménagement et d'urbanisme à l'échelle de l'agglomération qui correspond mieux à la concrétisation de ces principes communs que formulent les articles L. 110 et L. 121-1. En ce sens, le mouvement contemporain renforce le poids du schéma de cohérence territoriale et confère au PLU la fonction de mettre en œuvre une solidarité intercommunale. La loi « Grenelle II » avait déjà été en ce sens, mais sur le mode symbolique. La loi ALUR vise, quant à elle, à faire du PLU intercommunal une forme de droit commun (P. Soler-Couteaux, « La loi ALUR et le PLU : la généralisation progressive de l'intercommunalité », *RDI* 2014.314).

Mais au-delà du périmètre géographique des documents d'urbanisme, l'objectif précité conduit à revisiter le périmètre matériel du droit de l'urbanisme. Sur ce plan, les lois Grenelle ne font cependant que conforter un mouvement dont les prémisses s'étaient manifestées avant la loi SRU, mais que celle-ci avait substantiellement accentué. Le droit de l'urbanisme a classiquement pour fonction de déterminer et d'encadrer les possibilités d'utiliser le sol en édictant des règles dont il met en œuvre la sanction. En se déconnectant du droit de la construction en 1967, il s'était même spécialisé dans cette fonction. Mais depuis les années 90, il s'en extrait résolument afin d'appréhender la gestion de l'espace dans l'objectif du développement durable. Comme le dit, Y. Jegouzo, il ambitionne désormais « de régir la ville dans sa globalité et se fixe, pour ce faire, des finalités multiples allant de la maîtrise de la forme des infrastructures urbaines à l'amélioration de la qualité de la vie, en passant par la cohésion sociale » (*in* « L'impact de la loi SRU sur la nature du droit de l'urbanisme », *BJDU* 2001. 226). L'intérêt du vieux principe, si pragmatique, de l'indépendance des législations s'en trouve ainsi considérablement réduit (P. Soler-Couteaux, « Droit de l'urbanisme et droit de l'environnement : réflexions sur la production de la norme d'urbanisme », *Mélanges Wiederkehr*, Dalloz, 2009, p. 763).

On pourrait résumer d'une formule l'impression générale que suscite cette évolution : le droit de l'urbanisme n'est plus dans le (seul) Code de l'urbanisme (H. Jacquot, « Où va le droit de l'urbanisme ? » *Constr.-Urb.* 2007. Étude 20 ; J.-B. Auby, « Quelques réflexions sur l'état du droit de l'urbanisme », in *Mélanges Jacquot*, PU Orléans, 2006, p. 31 ; I. Savarit-Bourgeois, « Remarques sur quelques dérives du droit de l'urbanisme », *Mélanges Lachaume*, Dalloz, 2007, p. 940). À tout le moins, le praticien doit s'habituer à croiser en permanence le droit de l'urbanisme et le droit de l'environnement au prix d'une complexité et d'une insécurité auxquelles les réformes récentes de l'étude d'impact et de l'enquête publique sont venues ajouter.

C'est bien de cette réalité dont un ouvrage consacré au droit de l'urbanisme doit s'efforcer de rendre compte ; Il s'agit, en effet, de faire émerger cette situation nouvelle qui tient à ce que la règle d'urbanisme ne pourra prétendre désormais légitimement fonder l'acte d'aménager ou de construire que si elle s'inscrit elle-même dans un éco-système juridique. On est alors légitime à s'interroger sur la validité d'une approche de la matière qui constitue l'objet de cet ouvrage circonscrite au seul droit de l'urbanisme. Ainsi limitée, en effet, elle ne répond plus aux besoins de la pratique dont la demande est de disposer d'une vision synthétique de l'ensemble des contraintes qui pèsent sur l'acte de construire ou d'aménager. Au demeurant, la conception de procédures dite « intégrées », l'idée d'un certificat de projet et le développement du permis de construire « tenant lieu de » tentent d'y répondre. Ainsi, par la force des choses, le droit de l'urbanisme doit progressivement faire place à un droit de l'utilisation du sol et pourquoi pas à un droit de l'Éco-urbanisme.

On ne saurait enfin aborder la matière sans relever que l'évolution du droit de l'urbanisme que l'on vient de décrire va dans le sens d'une hyper-réglementation, sous la pression notamment des préoccupations environnementales (S. Pérignon, « L'hyperplanification », *Constr.-urb.* 2/2012, repère n° 2). Mais en sens inverse, il est parcouru d'un double mouvement : d'une part, le retour de l'urbanisme dérogatoire, qu'illustrent notamment les ordonnances n° 2013-888 du 3 octobre 2013 relative à la procédure intégrée pour le logement et n° 2013-889, du même jour, relative au développement de la construction de logement ; d'autre part, la promotion d'un « urbanisme de projet ». Cette appellation dissimule en réalité, derrière son caractère résolument moderne et vendeur, le désir d'assouplir le cadre juridique et l'intention de privilégier le projet sur la règle. Elle illustre pleinement la schizophrénie latente du droit de l'urbanisme qui oscille régulièrement entre la tentation de la sur-régulation et celle de la dérogation chaque fois que la règle apparaît comme une entrave à une politique d'aménagement et de construction à la hauteur des défis du temps et qu'il semble par conséquent, opportun de l'écarter, sinon de la sacrifier sur l'autel de l'efficacité. Il existe cependant assurément, un point d'équilibre entre les deux mouvements, mais sans doute difficile à établir car il supposerait que l'administration de l'urbanisme renonce à « sur-réglementer » et à produire de la règle pour la règle probablement, mais cela est sans doute inconscient, pour alimenter son propre pouvoir (P. Soler-Couteaux, « Un nouvel urbanisme pour entrer dans le monde d'après », *RDI* 2011. 417 ; GRIDAUH, « La règle locale d'urbanisme en question », *BJDU* 2012. 12 ; Y. Jegouzo, « De l'urbanisme de projet à l'urbanisme sommaire », *AJDA* 2012. 626 ; G. Godfrin, « Plans locaux d'urbanisme et projets », *BJDU* 2013. 3 ; E. Fatôme, « À propos de l'urbanisme de projet », *in* V. Legrand (dir.), *Quel droit pour un urbanisme durable ?*, Mare & Martin, coll. « Droit public », 2014, p. 169).

■ 20 *Plan de l'ouvrage.* Dans le droit fil de l'évolution qui vient d'être décrite, le présent ouvrage se propose d'étudier l'objet du droit de l'urbanisme qui est d'aboutir à la formulation des principes, orientations et règles qui ont vocation à régir l'occupation et l'utilisation du sol (partie 1), puis la façon dont il en assure la sanction (partie 2). Mais le droit de l'urbanisme est plus qu'une police des sols. Il est aussi l'instrument des collectivités publiques appelées à se faire acteurs de l'aménagement et à conduire des actions d'urbanisme (partie 3).

1

Compléments pédagogiques

Document

S. Pérignon, *Le nouvel ordre urbanistique. Urbanisme, propriété, libertés*

(Éd. du Cridon 2004)

« Que le droit de l'urbanisme cesse de se payer de mots et de se griser d'incantations ! À vouloir régir la ville dans la globalité de ses maux et de ses problèmes, il est devenu prisonnier d'une fuite en avant qui le fait élargir démesurément son champ normatif, pour tenter d'instaurer le règne de la cité radieuse. Ce n'est plus l'occupation physique du sol qu'il veut régenter, mais bientôt l'ensemble des relations contractuelles relatives à l'utilisation du bâti. Lourde machinerie (…), il a cessé d'être ce droit modeste, droit de coordination et de régulation d'initiatives publiques et privées, qui était une police d'occupation du sol soucieuse d'un agencement cohérent des formes urbaines et des équipements ».

Biblio

1) Sur la naissance du droit de l'urbanisme

- A. de Laubadère, « L'évolution de la notion juridique d'urbanisme », in *Mélanges Laborde-Lacoste*, Bordeaux, 1963.

- J.-P. Demouveaux et J.-P. Lebreton, « La naissance du droit de l'urbanisme (1919-1935) », *GRIDAUH*, Éd. *JO*, 2007.

- M. Lacave, « L'évolution du droit de l'urbanisme en France depuis la seconde guerre mondiale », in *Mélanges Péquignot,* t. 2, 1984, Montpellier, p. 393.

2) Sur le principe de l'indépendance des législations

- M.-F. Delhoste, *Les polices administratives spéciales et le principe de l'indépendance des législations*, LGDJ, 2001.

- J.-P. Lebreton, « Le principe de l'indépendance des législations et le droit de l'urbanisme », *AJDA* 1993. n° spéc. p. 20.

3) Sur la décentralisation du droit de l'urbanisme

M. Soazic, « La décentralisation à l'épreuve des évolutions récentes du droit de l'urbanisme », *RFDA* 2012. 854

4) Sur la loi SRU

- Ph. Baffert et B. Phemolant, « Une nouvelle approche de l'aménagement et des questions de densité », *BDJU* 2000. 374.
- J.-L. Bourgois, « Solidarité et urbanisme », *JCP* N 2001. n° 494.
- Y. Jegouzo, « La loi solidarité et renouvellement urbains : présentation générale », *AJDA* 2001. 9.
- D. Larralde et P. Wallut, « Modifications législatives du Code de l'urbanisme et pratique notariale », *JCP* N 2001. 327.
- H. Perinet-Marquet, « Premier regard sur la loi solidarité et renouvellement urbains », *JCP* 2001. 233.
- M. Preisse (dir.), « Colloque sur la loi relative à la solidarité et au renouvellement urbains », *Gaz. Pal.* 19/20 janv. 2001.
- P. Soler-Couteaux, « Le droit de l'urbanisme après la loi SRU, ni tout à fait le même, ni tout à fait un autre », *RDI* 2001. 285.

5) Sur la loi Urbanisme et Habitat

- F. Bouyssou, « Les réformes apportées aux règles locales et à la fiscalité de l'urbanisme par la loi du 2 juillet 2003 », *JCP* N 2003. 1447.
- J.-H. Driard, « Finances, droit des sols et gestion des espaces. La révolution discrète de la loi "Urbanisme et Habitat". Loi n° 2003-590 du 2 juillet 2003 », *JCP* 2003. 173 ; *JCP* N 2004. 1267.
- Y. Jegouzo, « Les dispositions relatives à l'urbanisme de la loi du 2 juillet 2003 », *AJDA* 2003. 1607.
- P. Lelouarn, « Les repentirs du législateur en matière d'urbanisme », *Dr. envir.* 2003. 114.
- J.-Ph. Meng, *Loi Urbanisme et Habitat du 2 juillet 2003 : remise en cause ou adaptations du volet urbanisme de la loi SRU ?*, Éd. Cridon, 2003.
- P. Soler-Couteaux, « Après la loi SRU, la loi Urbanisme et Habitat : continuité dans la lettre ; rupture dans l'esprit », *RDI* 2004. 1 ; « La loi Urbanisme et Habitat du 2 juillet 2003 : point final ou point de départ ? », *DAUH* 2004. 15.
- J. Tremeau, « La loi UH et la réforme du droit de l'urbanisme », *BJDU* 2003. 154.

6) Sur la loi Engagement national pour le logement (ENL)

- Ph. Billet, « La loi ENL et le droit de l'urbanisme », *JCP* A 2007. 2020.
- Y. Jegouzo, « La loi Engagement national pour le logement », *AJDA* 2006. 1534.
- J-P. Lebreton, « La mobilisation du droit de l'urbanisme pour le logement », *AJDA* 2006. 1540.
- P. Soler-Couteaux, « L'impact de la loi ENL sur le droit de l'urbanisme », *RDI* 2006. 407.

7) Sur la loi de mobilisation pour le logement et la lutte contre l'exclusion (MOLLE)

- E. Carpentier, « L'urbanisme au service du logement, mais pas seulement… (Commentaire des dispositions relatives à l'urbanisme de la Loi de mobilisation pour le logement et la lutte contre l'exclusion, du 25 mars 2009, dite « loi Boutin ») », *BJDU* 2/2009. 92.
- G. Godfrin, « Le plan local d'urbanisme victime des politiques anticrise », *Constr.-urb.* 5/2009, étude 5.

- C. Iorio, « Loi « Mobilisation pour le logement et la lutte contre l'exclusion » : quelques éléments de réflexion sur certaines dispositions en faveur du logement et de l'habitat indigne », *JCP* A n° 17, 20 avril 2009, p. 50.
- Y. Jégouzo, « La loi du 25 mars 2009 sur le logement et la réaffirmation du rôle de l'État », *AJDA* 2009. 1282.
F. Zitouni, « La loi de mobilisation pour le logement et la lutte contre l'exclusion : vers un nouvel ordre urbain », *RDI* 2009. 328.

8) Sur la loi Grenelle II

- Ph. Baffert, « Loi engagement national pour l'environnement (Grenelle II) : l'urbanisme se met au vert », *BJDU* 2010. 412.
- Ph. Billet, « Grenelle II de l'environnement : les principales mesures », *JCP* A 2010. 2237.
- E. Carpentier, « Les apports du Grenelle II au droit de l'urbanisme », *Dr. et patr.* janv. 2012, n° 210, p. 59.
- M. Deguergue, « Les antilogies des lois Grenelle de l'environnement », in *Mélanges Fatôme*, Dalloz, 2011, p. 123.
- B. Delaunay, « La pleine portée du principe de participation », *AJDA* 2012. 260.
- D. Dutrieux, « Loi « Grenelle II » et droit de l'urbanisme », *JCP* N 2010. Étude 1267.
- Y. Jegouzo, « Où en est la mise en œuvre du Grenelle de l'environnement ? », *AJDA* 2012. 246.
- J.-F. Struillou, « L'intégration des préoccupations environnementales dans les documents de planification urbaine – L'apport de la loi Grenelle II », *RFDA* 2012. 872.
- T. Tuot, « Droit public et environnement : nouveaux concepts, nouveaux outils ? », in *Mélanges Fatôme*, Dalloz, 2011, p. 451.

9) Sur les ordonnances du 3 octobre 2013 relatives à la procédure intégrée pour le logement (PIL) et au développement de la construction de logement

- J. Andréani, La faculté de déroger aux règles du plan local d'urbanisme introduite par l'article L. 123-5-1 du Code de l'urbanisme », *AJCT* 2014. 204.
- X. Couton, « Développement de la construction de logement : les réformes se suivent… et se ressemblent », *Constr.-urb.* n° 11/2013, comm. 149.
- R. Noguellou, « Droit de l'urbanisme : nouvelles réformes en attendant la loi ALUR », *DA* 12/2013, alerte 94.
L. Santoni, « La « PIL » : une déclaration de projet spéciale logement », *Constr.-urb.* 11/2013, comm. 147.
- P. Soler-Couteaux, « Deux nouvelles ordonnances pour accélérer les projets de construction », *RDI* 2014. 8.

10) Sur la loi ALUR (articles généraux et dossiers)

- Dossier spécial « ALUR : une grande loi une loi simplement volumineuse ? », *AJDA* 19/2014, pp. 1071 et s.
- Dossier spécial « « La loi pour l'accès au logement et un urbanisme rénové », *RFDA* 3/2014, pp. 553 et s.
- Dossier spécial « Loi ALUR », *Constr.-urb.* 5/2014, dossier 1.
- Dossier spécial « Loi ALUR », *JCP*-A 37/2014, n° 2255 et s.

- Dossier spécial « Urbanisme et loi ALUR », *RLCT* n° 104, septembre 2014.
- Dossier spécial « ALUR et collectivités », AJCT 2014, pp. 346 et s.
- E. Carpentier, « La loi ALUR et l'urbanisme un an après… », *Defrénois* 10/2015 p. 535.
- D. Dutrieux, « ALUR, urbanisme et pratique notariale », *JCP*-N 15/2014, comm. 1160.

11) Les observations générales et critiques de l'urbanisme contemporain

- F. Bouyssou, « Plan d'urbanisme ou projet d'urbanisme ? La planification urbaine à bout de souffle », *AJDA* 2013 p. 1493.
- F. Bouyssou, « Les cinq crises de la planification urbaine », *JCP*-A n° 25, 23 Juin 2014, 2199.
- E. Fatôme, « À propos de l'urbanisme de projet », *BJDU* 3/13.167.
- G. Godfrin, « Plans locaux d'urbanisme et projet », *BJDU* 1/13.3
- S. Pérignon, « Densification, une vérité devenue folle », Construction - Urbanisme n° 9, Septembre 2012, repère 8 ; « Pour en finir avec les urbanistes », *BJDU* 2014. 163
- J.-L. Pissaloux, « Réflexions sur l'évolution de la planification urbaine », *RLCT* 2014, n° 100.

partie **1**

Des principes aux règles d'urbanisme

Le droit de construire découle du droit de propriété, droit inviolable et sacré. Par ailleurs, l'espace est un bien rare. Dans l'intérêt général, l'usage de l'un doit donc être réglementé dans le respect de l'autre. C'est l'objet principal d'un droit de l'urbanisme de réaliser cet équilibre délicat. Il est plus précisément de formuler les principes et de mettre en place les instruments de nature à permettre l'énoncé des orientations et, au final, la prescription des règles appelées à régir l'occupation et l'utilisation des sols.

Cette première partie a pour objet de rendre compte de cette déclinaison particulière de la réglementation d'urbanisme.

Les objectifs à la réalisation desquels la règle d'urbanisme doit concourir sont divers comme en témoigne l'énumération qui en est faite aux articles L. 110 et L. 121-1 du Code de l'urbanisme. Mais du fait même de cette diversité, leur articulation est nécessairement complexe. C'est pourquoi la fonction de réglementation doit idéalement s'inscrire dans un effort de planification. C'est dans ce cadre, en effet, que la règle d'urbanisme peut le mieux contribuer à un développement harmonieux de l'espace en réalisant l'équilibre souhaitable entre la nécessité du développement et l'impératif de protection.

Cette fonction de réglementation a longtemps été une prérogative de l'État, même si à partir de la loi d'orientation foncière du 30 décembre 1967, celui-ci a élaboré les documents locaux d'urbanisme en collaboration avec les communes dans le cadre de ce que l'on appelait à l'époque « l'élaboration conjointe ». Mais, en 1983, le législateur a, par la loi n° 83-8 du 7 janvier 1983 relative à la répartition des compétences entre les communes, les départements, les régions et l'État, fait le choix de transférer aux communes la compétence en matière d'urbanisme.

C'est donc à elles qu'il appartient principalement, de plus en plus souvent au sein de structures intercommunales, de fixer les règles d'utilisation des sols dans le cadre d'une planification du développement et de la protection de leur territoire (titre 2).

Elles n'en sont cependant pas devenues « propriétaires ». L'élaboration des règles locales d'urbanisme fait ainsi l'objet d'un encadrement normatif qui vient considérablement réduire leur liberté, d'autant qu'il a tendance à se renforcer (titre 1).

Cet encadrement normatif n'a pas pour support exclusif le Code de l'urbanisme. Il résulte également, et de plus en plus, de législations dites « indépendantes » du droit de l'urbanisme mais dont les objets intéressent le droit de l'urbanisme dans la mesure où ils sont relatifs à la protection de l'environnement, à la préservation du patrimoine ou encore à la prise en compte des risques, et peuvent avoir une incidence sur les possibilités d'occupation et d'utilisation du sol. Il en résulte que les documents d'urbanisme ne peuvent ignorer les prescriptions édictées sur le fondement de ces législations.

Il faut donc s'attacher à déterminer dans quelle mesure elles pèsent sur les documents locaux d'urbanisme (titre 3).

titre 1

L'encadrement des prévisions locales d'urbanisme

Aussi fondée et opportune que soit la décentralisation, les politiques locales en matière d'aménagement et d'urbanisme doivent s'inscrire dans le projet de concourir à la réalisation d'une politique nationale. Leurs prescriptions doivent donc être en cohérence avec les grands principes de cette politique. C'est pourquoi, en même temps qu'il transférait la compétence en matière d'urbanisme aux communes, le législateur s'est préoccupé de maintenir à l'État ces prérogatives de nature à lui permettre de formuler et, au besoin, d'imposer le respect des objectifs nationaux de l'aménagement et de l'urbanisme. Cette préoccupation est encore très présente dans les lois SRU et Grenelle II, qui renforcent l'encadrement normatif par l'État des documents locaux d'urbanisme (chapitre 2). 22

Mais au-delà de la question des prérogatives de l'État, le territoire français demeure « le patrimoine commun de la nation ». Il en résulte que toutes les collectivités publiques sont habilitées à conférer à leurs projets et décisions la traduction spatiale que requiert leur mise en œuvre (C. urb., art. L. 110). Le droit de l'urbanisme a donc conçu des mécanismes permettant, sous l'égide de l'État, l'exercice effectif du partage de la compétence des collectivités publiques sur le territoire dans le cadre de la décentralisation et dans le respect réciproque de leur autonomie (chapitre 3).

chapitre 2

La politique nationale de l'aménagement et de l'urbanisme

Plan analytique

section 1

Les objectifs nationaux des politiques urbaines

§ 1 Le contenu des objectifs assignés aux documents d'urbanisme

A. Le développement durable comme objectif matriciel

B. L'objectif d'équilibre entre le développement urbain et la protection des espaces non urbanisés

C. Les objectifs sociaux et économiques

D. Les objectifs environnementaux

§ 2 La mise en œuvre des objectifs assignés aux documents d'urbanisme

§ 3 La sanction des objectifs assignés aux documents d'urbanisme

section 2

Les dispositions d'urbanisme particulières au littoral

§ 1 Le champ d'application de la loi

§ 2 Le contenu de la loi Littoral

A. Le régime général de l'urbanisation

B. Les règles particulières de protection des espaces sensibles

§ 3 L'opposabilité de la loi Littoral

section 3

Les dispositions d'urbanisme particulières aux zones de montagne

§ 1 Le champ d'application des dispositions d'urbanisme relatives à la montagne (C. urb., art. L. 145-1)

§ 2 Les principes d'aménagement et de préservation de l'espace montagnard

A. Le principe de l'urbanisation en continuité et la limitation du mitage (C. urb., art. L. 145-3, III)

B. La préservation des intérêts et milieux montagnards (C. urb., art. L. 145-3, I et II, L. 145-5 et L. 145-6)

§ 3 Les unités touristiques nouvelles (UTN)

A. Le champ d'application de la procédure de création des UTN

La politique nationale de l'aménagement et de l'urbanisme

Il est manifeste et non contesté dans le principe qu'il est de la responsabilité de l'État d'exprimer une volonté, au besoin prépondérante, sur le territoire et notamment sur ses composantes les plus sensibles. Il reste à en déterminer le support juridique. Avant le début des années 1980, cela se faisait essentiellement par voie de décrets ou de circulaires. Cependant, les réserves de loi établies par la Constitution pour porter atteinte au droit de propriété (art. 34) ou à l'autonomie des collectivités territoriales (art. 72) devenant plus effectives, cette mission a progressivement été prise en charge par le législateur. C'est la raison pour laquelle la loi du 7 janvier 1983 a mis en place un principe d'harmonisation des prévisions et décisions d'urbanisme des différentes collectivités publiques (C. urb., art. L. 110), avait introduit un principe d'équilibre dans les occupations de l'espace définies par les documents d'urbanisme (C. urb.,ex art. L. 121-10), et créé une nouvelle catégorie de normes : les lois d'aménagement et d'urbanisme, ainsi dénommées pour rendre compte de leur objet spécifique qui était de prescrire des dispositions nationales ou particulières à certaines parties du territoire s'imposant aux documents locaux d'urbanisme. Le législateur en adopta trois : la loi « Montagne » du 9 janvier 1985, la loi « Littoral » du 3 janvier 1986 et la loi du 11 juillet 1985 relative à l'urbanisme au voisinage des aérodromes. 23

Au cours des années 1990, le législateur s'est montré peu enclin à assumer pleinement sa fonction « directrice » en matière d'urbanisme. Celle-ci s'est ainsi trouvée en partie déléguée au pouvoir réglementaire avec la création des directives territoriales d'aménagement (par la loi du 4 février 1995 d'orientation pour l'aménagement et le développement du territoire), devenues directives territoriales d'aménagement et de développement durable avec la loi Grenelle II du 12 juillet 2010. Néanmoins aucune directive n'ayant vu le jour au moment où les débats parlementaires sur la loi SRU furent engagés, la question du renforcement et de l'effectivité du cadre normatif des documents locaux d'urbanisme restait posée.

La loi SRU du 13 décembre 2000 y a répondu par la réécriture de l'article L. 121-10, devenu article L. 121-1 du Code de l'urbanisme, définissant un certain nombre d'objectifs nationaux opposables aux documents locaux d'urbanisme (section 1). Par ailleurs, s'il est apparu, au cours de l'élaboration de cette loi, que le « label » de lois d'aménagement et d'urbanisme était à la fois inutile et discutable sur le plan constitutionnel, il n'a jamais été question d'abroger les normes qu'elles avaient édictées. La loi SRU ne l'a donc supprimé qu'en tant que catégorie juridique. Leurs prescriptions et dispositions n'en restent pas moins applicables sous l'appellation plus neutre de « dispositions particulières relatives à certaines parties du territoire » comme le littoral (section 2), les zones de montagne (section 3) ou les abords des aérodromes (section 4). La présentation de ces normes législatives d'encadrement sera suivie de celle des documents nationaux de planification stratégique que constituent les directives territoriales d'aménagement et de développement durable (section 5).

section 1

Les objectifs nationaux des politiques urbaines

24 L'article L. 110 constitue une forme de préambule du Code de l'urbanisme. Issu de la loi du 7 janvier 1983 et complété à différentes reprises par la suite (en dernier lieu par la loi Grenelle I), il requiert des collectivités publiques qu'elles harmonisent, dans le respect réciproque de leur autonomie, leurs prévisions et décisions d'utilisation de l'espace en prenant en compte un nombre sans cesse croissant de préoccupations, non seulement proprement urbanistiques, mais aussi sociales et de plus en plus environnementales. Son champ d'application est vaste, mais sa normativité assez faible puisque son respect ne donne – assez logiquement compte tenu de sa généralité – jamais lieu qu'à un contrôle restreint du juge administratif (CE 10 déc. 1993, *Cnté urb. Lyon*, n° 125322 ; sur le principe d'harmonisation, v. ss 102 s.).

Il en va différemment de l'article L. 121-1 (ex-art. L. 121-10), qui assigne une série d'objectifs généraux aux documents locaux d'urbanisme. Amendé à différentes reprises depuis la loi SRU et en dernier lieu par la loi ALUR du 24 mars 2014, cet article a donné lieu à une importante réécriture à l'occasion de la loi Grenelle II (Y. Jegouzo, « Les principes du droit de l'urbanisme », *Mélanges Fatôme*, Dalloz, 2011, p. 179 ; E. Carpentier, « Les objectifs des documents d'urbanisme », *RDI* 2011. 68). Voyons comment se présente son contenu (§ 1) avant d'en examiner la portée (§ 2).

§ 1 Le contenu des objectifs assignés aux documents d'urbanisme

25 Les principes de fond régissant et encadrant les documents locaux d'urbanisme se sont progressivement diversifiés depuis 1983. Ce mouvement reflète l'élargissement des finalités de l'urbanisme contemporain que l'on a relevé dans l'introduction de cet ouvrage. Tandis que l'article L. 121-10 du Code de l'urbanisme s'en tenait à un principe d'équilibre entre développement urbain et protection des espaces non urbanisés (B), la loi SRU a enrichi l'article L. 121-1 de préoccupations d'ordre économique et social, avec en particulier un principe de mixité fonctionnelle et sociale dans la ville (C), ainsi que d'objectifs environnementaux, considérablement renforcés par la loi Grenelle II du 12 juillet 2010 (D). Cette évolution est d'ailleurs perceptible à la lecture même de l'article L. 121-1, organisé en trois points principaux, placés sous la bannière du développement durable (A), et auxquels correspondent trois générations d'objectifs assignés aux documents d'urbanisme.

A. Le développement durable comme objectif matriciel

26 L'objectif du *développement durable*[Q]

est depuis 2005 inscrit à l'article 6 de la Charte constitutionnelle de l'environnement, aux termes duquel « Les politiques publiques doivent promouvoir un développement durable (et à cet effet concilier) la protection et la mise en valeur de l'environnement, le développement économique et le progrès social». Il figure également, et depuis plus longtemps, à l'article L. 110-1 du Code de l'environnement qui le définit aujourd'hui comme consistant à répondre, de façon concomitante et cohérente, à cinq finalités : la lutte contre le changement climatique ; la préservation de la biodiversité, des milieux et des ressources ; la cohésion sociale et la solidarité entre les territoires et les générations ; l'épanouissement de tous les êtres humains ; et enfin une dynamique de développement suivant des modes de production et de consommation responsables. Il s'agit ainsi d'un principe de conciliation entre diverses préoccupations potentiellement contradictoires mais que les politiques publiques en général, et les politiques locales d'urbanisme en particulier, doivent toutes intégrer, sans que la promotion des unes conduise à l'effacement des autres.

B. L'objectif d'équilibre entre le développement urbain et la protection des espaces non urbanisés

Les documents locaux d'urbanisme doivent déterminer les conditions permettant d'assurer l'équilibre entre le développement urbain et la protection du territoire, en particulier des espaces naturels et agricoles. Ce «*principe d'équilibre*[Q]» existe depuis 1983 (P. Hocreitère, «Le principe d'équilibre ou l'article L. 121-10 du Code de l'urbanisme face au juge administratif», *LPA* 23 nov. 1988. 13), mais il n'obéit plus à la présentation binaire (matérialisée par les locutions «d'une part» et «d'autre part») qui était alors la sienne. La loi Grenelle II lui a donné une structure ternaire (concrétisée par trois points : a, b et c). Les documents d'urbanisme doivent ainsi aujourd'hui assurer, dans le respect des objectifs du développement durable, l'équilibre entre l'aménagement urbain (a), la préservation des espaces naturels qui le méritent (b), et la sauvegarde des ensembles urbains et du patrimoine bâti remarquables (c). Comme si cela ne suffisait pas, la loi ALUR a ajouté à la liste les besoins en matière de mobilité (d). 27 ■

Depuis la loi SRU, et la prise de conscience des dangers inhérents à l'artificialisation excessive des sols, l'accent est nettement mis sur la nécessité du *renouvellement urbain*[Q] (comme l'indique d'ailleurs l'intitulé même de la loi), de la restructuration des espaces urbanisés et de la revitalisation des centres urbains et ruraux. L'idée est, afin d'éviter la diffusion de la ville en «tache d'huile» et la paupérisation du centre qui en résulte souvent, de privilégier l'intervention sur l'existant et de favoriser la densification.

Enfin, si la mise en valeur des entrées de ville était jusque récemment un objectif inhérent au principe d'équilibre, elle en a été partiellement désolidarisée par la loi du 17 mai 2011, qui est venue ajouter un 1° *bis* à l'article L. 121-1, aux termes duquel les documents d'urbanisme doivent assurer «la qualité urbaine, architecturale et paysagère des entrées de ville».

C. Les objectifs sociaux et économiques

Les préoccupations d'ordre social et économique constituent sans doute l'empreinte la plus marquée de la loi SRU dans l'article L. 121-1 du Code de l'urbanisme, qui assigne depuis lors aux documents d'urbanisme un objectif de mixité fonctionnelle et sociale dans les territoires qu'ils couvrent. Ces documents doivent ainsi assurer «La *diversité des fonctions urbaines*[Q] et rurales et la *mixité sociale*[Q] dans l'habitat», prévoir 28 ■

« des capacités de construction et de réhabilitation suffisantes pour la satisfaction, sans discrimination, des besoins présents et futurs en matière d'habitat, d'activités économiques, touristiques, sportives, culturelles et d'intérêt général ainsi que d'équipements publics et d'équipement commercial » et tenir compte « en particulier des objectifs de répartition géographiquement équilibrée entre emploi, habitat, commerces et services, d'amélioration des performances énergétiques, de développement des communications électroniques, de diminution des obligations de déplacements motorisés et de développement des transports alternatifs à l'usage individuel de l'automobile ».

On observera qu'en imposant la diversité fonctionnelle, la loi SRU a entendu réagir contre la vision de la ville qui avait prédominé au lendemain de la Seconde Guerre mondiale sous l'influence de la charte d'Athènes, et avait abouti à découper les villes en secteurs mono-fonctionnels (secteurs résidentiels devenant des cités-dortoir, quartiers d'affaires, zones commerciales, etc.). Le principe de diversité fonctionnelle vise, au contraire, à réunir, au sein d'un même espace, les installations et constructions destinées aux fonctions de logement, de travail, de commerce, de service, de loisirs, etc. Quant au principe de mixité sociale (v. C. Chevilley-Hiver, « La mixité sociale dans les PLU », *AJDA* 2013. 207), il s'inscrit en opposition par rapport aux politiques d'urbanisme menées à partir des années 60 (au cours desquelles on a notamment vu se développer les zones à urbaniser en priorité – ZUP), dont le succès a suscité un certain nombre de difficultés et notamment celles résultant de la ségrégation spatiale qui accroît les inégalités sociales et compromet la réalisation des valeurs républicaines. Enfin, les objectifs de diminution des obligations de déplacements motorisés et de développement des transports alternatifs à l'usage individuel de l'automobile constituent aussi un changement d'orientation important par rapport à l'idéologie dominante durant les années 70, qui entendait « adapter la ville à l'automobile » (G. Pompidou, 1971). Il faut dire que cette politique a elle aussi montré ses limites, les villes n'étant souvent pas aptes à digérer un trafic sans cesse croissant, source d'accidents, de bruit et de pollution. À cet égard, les préoccupations sociales rejoignent les préoccupations environnementales, qui sont au cœur du 3° de l'article L. 121-1.

D. Les objectifs environnementaux

29 Les préoccupations environnementales n'ont jamais été totalement absentes des objectifs assignés par le législateur aux documents locaux d'urbanisme. Dès 1983, l'article L. 121-10 les invitait, au titre du principe d'équilibre, à limiter l'utilisation de l'espace, préserver les activités agricoles, protéger les espaces forestiers, les sites et les paysages. Mais elles ont été considérablement renforcées par la suite, non seulement par la loi SRU mais surtout par la loi Grenelle II. Ainsi, à la préservation de la qualité de l'air, de l'eau, du sol et du sous-sol, des écosystèmes et des espaces verts et à la prévention des risques (auxquels la loi ALUR a spécifiquement ajouté les risques miniers), pollutions et nuisances de toute nature, qu'imposait déjà la loi SRU, la loi ENE ajoute « la réduction des émissions de gaz à effet de serre, la maîtrise de l'énergie et la production énergétique à partir de sources renouvelables », « la préservation (...) des ressources naturelles et de la biodiversité » et « la préservation et la remise en bon état des continuités écologiques ». Les documents d'urbanisme sont donc désormais des instruments au service de ces trois grandes causes environnementales, typique du Grenelle de l'environnement, que constituent la préservation des

ressources naturelles, la lutte contre le réchauffement climatique et la préservation de la biodiversité.

§ 2 La mise en œuvre des objectifs assignés aux documents d'urbanisme

Dans quelle mesure le législateur a-t-il doté les auteurs des documents locaux d'urbanisme d'instruments spécialement adaptés à la mise en œuvre des objectifs qu'il leur a assignés ? Pour le savoir, le plus simple est probablement de reprendre ces objectifs les uns après les autres, suivant l'ordre dans lequel ils ont été présentés. 30

Quant à l'objectif général de développement durable, les conditions de sa mise en œuvre doivent être concrétisées dans le projet d'aménagement et de développement durable (PADD) que doivent comporter tant les schémas de cohérence territoriale que les plans locaux d'urbanisme et qui constitue un document à part entière de leur dossier. Cet objectif est également servi par l'évaluation environnementale devant apparaître dans le rapport de présentation des SCOT ainsi que certains PLU et de certaines cartes communales (C. urb., art. L. 121-10 s. pris pour la transposition de PE et Cons. Dir. n° 2001/42/CE, 27 juin 2001 relative à l'évaluation des incidences de certains plans et programmes sur l'environnement ; et v. Décr. n° 2012-995 du 23 août 2012 relatif à l'évaluation environnementale des documents d'urbanisme).

En ce qui concerne le principe d'équilibre entre l'aménagement urbain (le plus dense) et la protection (quasi absolue) des espaces non urbanisés, le rapport de présentation du SCOT doit par exemple présenter une analyse de la consommation des espaces naturels, agricoles et forestiers au cours des 10 années précédant l'approbation du schéma (C. urb., art. L. 122-1-2) et le document d'orientation et d'objectifs arrêter des objectifs chiffrés de consommation économe de l'espace et de lutte contre l'étalement urbain (C. urb., art. L. 122-1-5). Le rapport de présentation du PLU doit lui aussi contenir une analyse de la consommation des espaces naturels, agricoles et forestiers et justifier les objectifs de modération de la consommation de l'espace et de lutte contre l'étalement urbain compris dans le PADD au regard de ceux fixés par le SCOT (C. urb., art. L. 123-1-2 ; B. Phémolant, « Les outils de l'urbanisme pour le renouvellement urbain », *in* GRIDAUH, *Droit de l'aménagement, de l'urbanisme et de l'habitat* 2001. 233). Concernant plus spécifiquement l'effort de densification auquel le législateur appelle les acteurs locaux, la loi SRU avait pris un certain nombre de mesures, comme la suppression du plafond légal de densité. La loi ENE est allée nettement plus loin, en offrant la possibilité aux SCOT de délimiter des secteurs dans lesquels ils détermineront une valeur au-dessous de laquelle ne peut être fixée la densité maximale de construction résultant de l'application de l'ensemble des règles définies par le PLU ou du document en tenant lieu (C. urb., art. L. 122-1-5, VIII). Et ils peuvent même définir des secteurs dans lesquels les PLU doivent imposer une densité minimale de construction (C. urb., art. L. 122-5-1 IX), ce que les PLU peuvent également de leur propre chef (C. urb., art. L. 123-1-5 13° *bis*). La loi ALUR a quant à elle supprimé la possibilité pour les PLU de contenir des superficies minimales des terrains constructibles ainsi que des coefficients d'occupation du sol, instruments considérés comme trop contradictoires avec l'objectif de densification urbaine (sur la densification à outrance, v. S. Pérignon, « Densification, 31 une vérité devenue folle », *Constr.-urb.* 9/2012, repère 8 et S. Pérignon, « Pour en finir avec les urbanistes », *BJDU* 2014. 163).

32 S'agissant des objectifs sociaux et économiques, et tout d'abord celui de la diversité fonctionnelle des villes, la loi SRU a contribué à sa réalisation, au moins symboliquement, en libérant les PLU de l'obligation de déterminer l'affectation des sols selon l'usage principal qui doit en être fait ou la nature des activités dominantes qui peuvent y être exercées (C. urb.,art. L. 123-1 ancien). Participe également de ce mouvement le nouveau contenu des articles 1 et 2 du règlement du PLU, qui ne peuvent plus énumérer limitativement les utilisations et occupations du sol interdites ou soumises à des conditions particulières, mais seulement énumérer celles qui sont interdites, les autres étant autorisées (C. urb., art. R. 123-9). Concernant la mixité sociale ensuite, elle est non seulement favorisée par l'obligation faite aux communes d'une certaine taille de disposer d'au moins 20 % de logements sociaux, mais également par des facultés, plus en plus nombreuses, offertes aux auteurs des documents d'urbanisme afin de contraindre les promoteurs immobiliers en ce sens. Les PLU peuvent par exemple réserver des emplacements en vue de la réalisation, dans le respect des objectifs de mixité sociale, de programmes de logements qu'ils définissent (C. urb., art. L. 123-2 *b*) ou encore, depuis la loi ENL du 13 juillet 2006, délimiter des secteurs dans lesquels, en cas de réalisation d'un programme de logements, un pourcentage de ce programme doit être affecté à des catégories de logements qu'ils définissent dans le respect des objectifs de mixité sociale (C. urb., art. L. 123-2 *d* devenu art. L. 123-1-5, 16° avec L. Boutin, 25 mars 2009 puis L. 123-1-5, II, 4° avec la loi ALUR). De façon plus générale, il faut dire que le développement de l'offre de logement – indispensable à la réalisation de l'objectif de mixité sociale – est devenu une préoccupation centrale du législateur ces dernières années (v. *supra*), qui met en place de plus en plus de dispositifs plus ou moins contraignants ou incitatifs afin d'encourager la construction. En ce qui concerne la diminution des obligations de déplacements et le développement des transports alternatifs, le document d'orientations et d'objectifs du SCOT peut notamment déterminer des secteurs dans lesquels l'ouverture de nouvelles zones à l'urbanisation est subordonnée à leur desserte par les transports collectifs (art. L. 122-1-5-III). Les documents d'urbanisme peuvent par ailleurs fixer des maxima en ce qui concerne les places de stationnement de véhicules.

33 Pour ce qui concerne, enfin, la mise en œuvre des objectifs environnementaux, la SRU s'est attachée à supprimer les zones NB des POS, qui étaient des zones de « mitage », que les auteurs des PLU doivent reconvertir, soit en zones à urbaniser (AU) dans la perspective d'une densification, soit en zones naturelles (N) afin d'en préserver le caractère naturel. L'amélioration des performances énergétiques des bâtiments, propice à la lutte contre le réchauffement climatique, est également encouragée, notamment par les règles relatives au calcul de la taxe d'aménagement ou encore par les lois générales applicables à la délivrance des autorisations d'urbanisme (art. L. 111-6-2). Les SCOT peuvent par ailleurs définir des secteurs dans lesquels l'ouverture de nouvelles zones à l'urbanisation est subordonnée à l'obligation pour les constructeurs de respecter des performances énergétiques et environnementales renforcées (C. urb., art. L. 122-1-5, V) et les PLU sont habilités à imposer, dans les secteurs qu'ils ouvrent à l'urbanisation, le respect de performances énergétiques et environnementales renforcées qu'ils définissent (art. L. 123-1-5 III, 6°). S'agissant enfin

du nouvel objectif de protection de la biodiversité et de ce qui s'y rattache directement (les écosystèmes et les continuités écologiques), peu d'instruments directement opérationnels sont donnés aux auteurs des documents d'urbanisme. Mais il est tout de même prévu que les documents d'urbanisme (plus précisément les SCOT et, en leur absence, les PLU) doivent désormais prendre en compte les schémas régionaux de cohérence écologique (SRCE) créés par la loi ENE afin de « dessiner » les trames vertes et bleues nécessaires à la sauvegarde de la biodiversité sur le territoire (C. urb., art. L. 111-1-1). Sur cette base, le PADD du SCOT doit fixer les objectifs des politiques publiques de préservation et de remise en bon état des continuités écologiques (C. urb., art. L. 122-1-3), le document d'orientation et d'objectifs préciser les modalités de protection des espaces nécessaires au maintien de la biodiversité et à la préservation ou à la remise en bon état des continuités écologiques (C. urb., art. L. 122-1-5, II), et le PADD du PLU définir les orientations générales des politiques de préservation ou de remise en bon état des continuités écologiques (C. urb., art. L. 123-1-3).

§ 3 La sanction des objectifs assignés aux documents d'urbanisme

La normativité de l'article L. 121-1 du Code de l'urbanisme est supérieure à celle de l'article L. 110, dont la portée demeure essentiellement déclaratoire. En effet, si les documents d'urbanisme sont parfois invalidés pour avoir méconnu ces deux dispositions, ou simplement la première, ils ne le sont jamais pour simple méconnaissance de la seconde. Concrètement, la méconnaissance des exigences de l'article L. 121-1 par un SCOT, un PLU ou une carte communale peut être sanctionnée de deux façons : dans le cadre du contrôle administratif spécifique exercé par le préfet sur les documents locaux d'urbanisme et dans le cadre du contrôle juridictionnel auquel ils peuvent être soumis. 34 ■

Contrôle de légalité. Concernant le contrôle administratif, l'article L. 121-2 du Code de l'urbanisme prévoit de manière générale que « l'État veille au respect des principes définis à l'article L. 121-1 ». Plus spécifiquement, la loi donne au préfet le pouvoir de s'opposer à ce qu'un SCOT ou un PLU non couvert par un SCOT deviennent exécutoires, de manière générale, s'ils compromettent gravement les principes énoncés aux articles L. 110 et L. 121-1, et plus spécifiquement depuis la loi Grenelle II, s'ils autorisent une consommation excessive de l'espace, notamment en ne prévoyant pas la densification des secteurs desservis par les transports ou les équipements collectifs, ou s'ils n'assurent pas suffisamment la préservation ou la remise en bon état des continuités écologiques (C. urb., art. L. 122-11, et L. 123-12 ; v. ss 92). 35 ■

Contrôle juridictionnel. S'agissant du contrôle juridictionnel, le Conseil constitutionnel a précisé lors du contrôle de la loi SRU que l'article L. 121-1 impose seulement aux auteurs des documents d'urbanisme d'y faire figurer des mesures tendant à la réalisation des objectifs qu'il énonce et qu'il appartiendrait au juge administratif d'exercer un simple contrôle de compatibilité (non de conformité) entre les règles fixées par les documents locaux d'urbanisme et les dispositions de l'article L. 121-1 (Cons. const. 7 déc. 2000, n° 2000-436 DC, *préc.* ; réserve d'interprétation reprise par CE 15 mai 2013, *Cne de Gurmençon*, 340554, *Constr.-urb.* 7/13, n° 95, comm. L. Santoni). Telle était d'ailleurs déjà la position du Conseil d'État s'agissant de l'article L. 121-10 36 ■

du Code de l'urbanisme (CE 10 févr. 1997, *Assoc. défense des sites de Théoule*, *Lebon* 35, *BJDU* 1997. 21, concl. L. Touvet ; CE 15 mars 1999, *Cne Le François*, n° 132492, *Constr.-Urb.* 1999. 217 ; CE 11 janv. 2002, *Jaïn*, n° 215314, *Ét. fonc.* mars-avr. 2002. 96. Sur cette question : J. Quinette, « L'application de l'article L. 121-10 et l'étendue du contrôle du juge sur le zonage des POS », *RFDA* 1990. 249). Cet assouplissement du rapport de contrainte entre les principes de l'article L. 121-1 et les documents d'urbanisme – ceux-ci devant seulement ne pas contrarier ceux-là – est compréhensible car s'il est vrai que ces principes « sont quasiment de l'ordre du sacré, de l'éthique, des valeurs sociales du moment » (P. Hocreitère, « La loi SRU, la hiérarchie et la substance des normes d'urbanisme », *Dr. adm.* 2001. Chron. 4), ils n'ont pas de contenu prédéterminé. Ils n'en acquièrent qu'en situation, lorsqu'ils sont confrontés à la réalité géographique et sociale d'un territoire donné. Autrement dit, l'article L. 121-1 énonce un certain nombre de principes dont la portée est d'obliger les collectivités compétentes à situer leurs territoires par rapport à eux et à se fixer des objectifs pour concourir à leur réalisation. Mais l'exigence de compatibilité leur laisse une marge d'appréciation. Reste à savoir quelle est son amplitude. À cet égard, on imagine sans peine qu'un document local d'urbanisme puisse être sanctionné parce qu'il aurait retenu une orientation ou une prescription directement contraire aux dispositions de l'article L. 121-1, ou qui n'aurait arrêté aucun objectif au regard de l'un ou l'autre des principes qu'il énonce. La situation sera plus délicate lorsque le requérant fera valoir que les objectifs fixés par le document sont inadaptés ou insuffisants pour donner à tel ou tel principe en quelque sorte une chance de se réaliser de manière satisfaisante sur le territoire concerné ; on sanctionnerait alors le manque d'ambition de la collectivité. Ce qui est certain, est que les auteurs des documents d'urbanisme auront tout intérêt, dans leur rapport de présentation et dans leur projet d'aménagement et de développement durable, à expliquer et justifier leurs choix au regard des objectifs que leur a assignés le législateur, même s'ils n'ont pas à reprendre exhaustivement tous les thèmes évoqués à l'article L. 121-1 (CAA Paris, 12 févr. 2003, *Coordination pour la sauvegarde du bois de Boulogne*, n° 07PA03838).

section 2

Les dispositions d'urbanisme particulières au littoral

37 Le littoral a ceci de commun avec la montagne qu'ils constituent tous deux des espaces sensibles où l'urbanisation doit être conciliée avec la préservation d'espaces rares et fragiles. La réalisation de cet objectif constitue un exercice évidemment délicat auquel les *lois d'aménagement et d'urbanisme*[Q], comme la loi Littoral et la loi Montagne, se sont essayées au milieu des années 80, à un moment où la récente décentralisation du droit de l'urbanisme pouvait laisser craindre que le poids des considérations économiques ne l'emporte sur celui des préoccupations esthétiques et environnementales et ne conduise par conséquent à une défiguration, voire à une dénaturation de ces espaces. Cela aurait été d'autant plus regrettable que la France

compte près de 7 000 km de littoral et un nombre non négligeable de chaînes et massifs montagneux. Outre leur ambition, ces lois ont en commun de recourir à un grand nombre de concepts indéterminés, difficiles à manier par les autorités d'application, qu'il s'agisse de l'administration ou du juge. Ces concepts ont cependant été progressivement appréhendés par la jurisprudence, dont la rigidité initiale a, ces dernières années, laissé place à davantage de souplesse dans l'interprétation de la loi. Enfin, ces lois ont en commun de s'appliquer parfois cumulativement sur certaines parties du territoire, puisque – comme on le verra – la loi littoral s'applique également autour des grands lacs de montagne.

Les dispositions de la loi littoral sont, pour l'essentiel, codifiées aux articles L. et R. 146-1 s. du Code de l'urbanisme et aux articles L. 321-1 s. du Code de l'environnement. Elles ont été relativement récemment précisées par différentes circulaires, en particulier la circulaire n° 2006-31 du 14 mars 2006 relative à l'application de la loi littoral (*BOMELT* 2006/8, p. 54; *BJDU* 2006. 155). Il convient, avant d'examiner le contenu (§ 2) et de déterminer la portée de la loi Littoral (§ 3), d'en préciser le champ d'application (§ 1).

§ 1 Le champ d'application de la loi

Les principes d'aménagement posés par la loi Littoral s'appliquent aux communes 38 ■
« littorales », qualificatif dont le sens juridique n'a cependant rien d'évident. L'article L. 146-1 du Code de l'urbanisme distingue les communes littorales de plein droit, soumises à toutes les dispositions de la loi, et les communes pouvant être qualifiées de littorales à certaines conditions, dans lesquelles seules certaines dispositions de la loi sont applicables. Les communes littorales de plein droit sont les communes riveraines des mers et océans (v. CE 14 nov. 2012, *Société Néo-Plouvien*, n° 347778, *BJDU* 1/2013, p. 23, concl. X. de Lesquene et obs. Ph. Baffert; *Environnement* 2/2013, n° 12, comm. M. Sousse: c'est-à-dire celles dont au moins une partie du territoire se trouve en aval de la limite transversale de la mer, déterminée conformément aux dispositions du décret du 29 mars 2004 aujourd'hui codifiées aux articles R. 2111-5 à R. 2111-14 du Code général de la propriété des personnes publiques), des étangs salés et des plans d'eau intérieurs d'une superficie supérieure à 1 000 ha (comme les lacs d'Annecy, du Bourget, de Sainte-Croix du Verdon, etc.). Les communes susceptibles d'être considérées comme littorales sont les communes riveraines des estuaires et des deltas, situées en amont de la limite de la salure des eaux et participant aux équilibres économiques et écologiques littoraux en ce qu'elles ont des caractéristiques naturelles et un développement économique comparable à celui observé dans la zone littorale. Après 18 ans d'attente et sur injonction du Conseil d'État sous astreinte (CE, sect., 28 juill. 2000, *Assoc. France Nature Environnement*, *Lebon* 322; *BJDU* 2000. 306, concl. F. Lamy; C. Deffigier, « L'obligation pour le gouvernement de prendre les règlements d'application de la loi "littoral" (à propos de l'arrêt du CE du 28 juill. 2000, *Assoc. France nature Environnement*) », *RFDA* 2003. 116), leur liste a été fixée par un décret n° 2004-311 du 29 mars 2004 (*JOAN* 30 mars 2004) codifié à l'article R. 321-1 du Code de l'environnement. À ces deux catégories de communes « géographiquement littorales », il faut ajouter les communes qui ne présentent pas ce caractère, mais qui participent aux équilibres économiques et écologiques littoraux et qui formulent la demande auprès du préfet d'être soumises aux prescriptions de la loi littoral.

Toutes ces communes sont donc soumises à une réglementation contraignante, étant d'ores et déjà précisé que certaines opérations sont néanmoins dispensées du respect des dispositions du Code de l'urbanisme propres au littoral (C. urb., art. L. 146-8 ; CE 29 déc. 1999, *Épx Mautalent*, n° 197781, *Constr.-Urb.* 2000. 69, comm. D. Larralde ; CE 29 déc. 1993, *Ville Royan*, n° 148567, *BJDU* 1994. 17, concl. J. Arrighi de Casanova).

§ 2 Le contenu de la loi Littoral

39 L'examen du contenu de la loi Littoral amène à distinguer le régime général de l'urbanisation qu'elle établit (A) des règles particulières de protection des espaces sensibles qu'elle édicte (B).

A. Le régime général de l'urbanisation

40 Ce régime traduit la volonté de s'opposer à la fois au mitage et, tant que faire se peut encore, à la constitution d'un véritable mur séparant la mer de son arrière-pays en maîtrisant l'urbanisation. En vue de réaliser ces objectifs, le législateur a instauré trois zones qui se superposent (c'est-à-dire dont les règles s'appliquent le cas échéant cumulativement : CE 5 févr. 2001, *SA SEERI Méditerranée*, n° 211875, *Dr. envir.* 2001. 89, comm. N. Caldéraro ; *Constr.-Urb.* 2001. 124, obs. Ph. Benoit-Catin) et sont soumises à un régime d'autant plus restrictif que l'on se rapproche du rivage.

41 *Sur l'ensemble du territoire communal (C. urb., art. L. 146-4, I).* Le principe est l'extension de l'urbanisation en continuité avec les agglomérations et villages existants (CE 3 juill. 1996, *SCI Mandelieu Maure-Vieil*, *Lebon* 261, *BJDU* 1996. 296) ou en hameaux nouveaux intégrés à l'environnement. Dans le premier cas, il est clair que si des constructions peuvent être autorisées dans les communes littorales en continuité avec les zones déjà urbanisées, caractérisées par une densité significative des constructions, aucune construction ne peut, en revanche, être autorisée, même en continuité avec d'autres constructions, dans les zones d'urbanisation diffuse éloignées des agglomérations (CE 25 juill. 2008, n° 315862 et 315863, *Assoc. bonifacienne « Comprendre et défendre l'environnement »*, n° 315862 et 315863). Quant au hameau nouveau, qui est une extension de l'urbanisation de faible ampleur intégrée à l'environnement par la réalisation d'un petit nombre de constructions de faible importance, proches les unes des autres et formant un ensemble dont les caractéristiques et l'organisation s'inscrivent dans les traditions locales, il doit être prévu par le document d'urbanisme (CE 3 avril 2014, *Cne de Bonifacio*, n° 360902, dans les tables du recueil *Lebon*, *BJDU* 3/2014. 189, concl. X. de Lesquen et obs. M. Vialettes). Le principe d'extension de l'urbanisation en continuité s'applique sur l'ensemble du territoire communal (CE 27 sept. 2006, *Cne Lavandou*, n° 275924, *BJDU* 2007. 46, concl. Ch. Devys) et à l'ensemble des constructions susceptibles d'y être édifiées (CE 10 janv. 2001, *Blanc* n° 211459).

42 *Sur les espaces proches du rivage (C. urb., art. L. 146-4, II).* Dans les espaces proches du rivage (EPR) ou des rives des plans d'eau intérieurs, seule l'extension limitée de l'urbanisation est admise, et elle doit être justifiée.

La consistance de l'obligation de justification diffère selon que la commune est ou non couverte par un document d'urbanisme. Si la commune est couverte par un PLU, l'extension limitée de l'urbanisation dans les EPR doit y être justifiée selon les critères liés à la configuration des lieux ou à l'accueil des activités économiques exigeant la proximité immédiate de l'eau, sauf si l'opération en question est conforme à un SCOT. En l'absence de documents d'urbanisme, l'extension limitée de l'urbanisation urbanisation peut néanmoins être réalisée avec l'accord du préfet (CE 29 mars 1993, *Cne Argelès-sur-Mer*, n° 128204 ; CE, ass., 26 oct. 2001, *Eisenchteter*, *Lebon* 495), ce qui conduit à une véritable procédure de codécision et à la possibilité d'engager la responsabilité de l'État pour faute simple (CE 7 févr. 2003, *Secrétaire d'État au Logement c/ SNC Empain*, n° 223882, *RDI* 2003. 382, obs. P. S.-C.). Reste à savoir ce que sont un EPR et une extension limitée de l'urbanisation.

L'espace proche du rivage. Au départ, il se définissait uniquement par un critère métrique, c'est-à-dire par la distance des parcelles à qualifier par rapport au rivage (CE, sect., 12 févr. 1993, *Cne Gassin*, *Lebon* 26 ; *AJDA* 1993. 391 et Chron. 353). Le Conseil d'État a ensuite eu recours au critère de la visibilité de l'urbanisation depuis la mer (CE 27 sept. 1999, *Cne Bidart, Sté immobilière de la banque de Bilbao Viscaye*, *Lebon* 282 ; *BJDU* 1999. 336, concl. A. Seban ; *RFDA* 2000. 33). Mais, pour finir, c'est aujourd'hui à un faisceau d'indices qu'il recourt pour décider si des parcelles font ou non partie des EPR. Pour ce faire, en effet, il faut examiner, non seulement la distance qui les sépare du rivage, mais encore si elles sont visibles de la mer (on parle de co-visibilité) et si elles en sont ou non séparées par des espaces déjà urbanisés (CE 3 mai 2004, *Barrière*, n° 251534 ; *BJDU* 2004. 86, concl. M.-H. Mitjaville et obs. J.-C. B. ; CE 3 juin 2009, *Cne Rognac*, n° 310587 ; *BJDU* 2009. 208, concl. M. Guyomar et obs. J.-C. B.). 43 ■

L'extension limitée de l'urbanisation. Cette notion a également dû être définie par la jurisprudence. En premier lieu, le Conseil d'État a précisé – contrant ainsi la jurisprudence par trop restrictive des juridictions du fond – qu'un projet ne peut être qualifié d'extension de l'urbanisation que s'il conduit à étendre ou à renforcer de manière significative l'urbanisation de quartiers périphériques ou s'il modifie de manière importante les caractéristiques d'un quartier, notamment en augmentant sensiblement la densité des constructions. À l'inverse, la seule réalisation dans un quartier urbain d'un ou plusieurs bâtiments est une simple opération de construction et ne peut être regardée comme constituant une extension de l'urbanisation au sens de la loi (CE 7 févr. 2005, *Sté Soleil d'Or, Cne Menton*, n° 264315 et 264372, *Lebon* T. 1131 ; *BJDU* 2006. 10, concl. Y. Aguila ; CE 12 mars 2007, *Cne Lancieux*, n° 2080326, *BJDU* 2007. 50, concl. C. Landais). En second lieu, il résulte de la jurisprudence que l'appréciation – qui relève des juges du fond, sauf dénaturation – du caractère limité ou non d'une extension de l'urbanisation doit se fonder sur une série d'éléments, telles que l'implantation, l'importance, la densité et la destination des constructions envisagées (CE 28 juill. 2000, *Féd. espaces naturels et environnement catalan*, n° 173229, *Lebon* 363, *BJDU* 2000. 218, concl. S. Austry). 44 ■

Sur la bande des 100 mètres (C. urb., art. L. 146-4, III). Sur une bande de 100 m à compter de la limite haute du rivage (au sens du CGPPP, art. L. 2111-4 1°), les constructions ou les installations sont interdites en dehors des espaces urbanisés. Cette interdiction concerne aussi bien les constructions nouvelles que l'extension des constructions 45 ■

existantes (CE 21 mai 2008, *Min. Transports c/ Assoc. libre accès aux plages et défense du littoral*, n° 297744 ; *BJDU* 2006. 175, concl. Y. Aguila). Quant à l'appréciation du caractère urbanisé ou non d'un secteur, la jurisprudence laisse apparaître un certain nombre d'indices : l'existence ou non d'équipements publics (CE 16 janv. 1985, n° 57106), la présence de constructions alentours, en nombre suffisant (CE 8 mars 2004, *Sté constructions immobilières de Bretagne, Sté foncière immobilière Atlantique*, n° 248079, *BJDU* 2004. 348, concl. F. Seners, obs. L. Touvet), la proximité ou non d'un centre-ville, d'un bourg ou d'un hameau constitué de constructions groupées (CE 29 déc. 1993, *Le Gall*, n° 132481 ; *BJDU* 1994. 16, concl. S. Fratacci), l'absence de coupure d'urbanisation entre les constructions alentours et la parcelle considérée (CE 13 mars 1998, *Épx Bellay*, n° 178041), etc. Enfin, précisons que la bande des 100 m peut être étendue par le PLU, mais qu'en toute hypothèse, le principe d'inconstructibilité ne s'applique pas aux constructions ou installations nécessaires à des services publics ou à des activités économiques exigeant la proximité immédiate de l'eau. Tel est le cas d'un port de plaisance (CE 19 mai 1993, *Assoc. « Les Verts Var »*, n° 124983, *AJDA* 1993. 749) ou d'un poste de surveillance de la plage (CE 10 déc. 1990, *Gpt assoc. de défense des sites et de l'environnement de la Côte d'Azur*, n° 97119), mais non d'un hôtel (CE 9 oct. 1996, *Union dptale Vie et nature 83*, *Lebon* T. 1203) ou d'un restaurant (TA Rennes, 23 avr. 2003, *Assoc. « Les amis de Locmiquel, de Baden et du golfe du Morbihan »*, n° 992420 et 992421, *JCP* A 2003. 1730, note L. Bordereaux).

B. Les règles particulières de protection des espaces sensibles

46 *La protection des espaces remarquables (C. urb., art. L. 146-6).* L'article L. 146-6 du Code de l'urbanisme impose, outre le classement en espaces boisés classés des parcs et ensembles boisés les plus significatifs de la commune, de préserver « les espaces terrestres et marins, sites et paysages remarquables ou caractéristiques du patrimoine naturel ou culturel du littoral et les milieux nécessaires au maintien des équilibres biologiques ». Dans ces espaces, outre quelques travaux et ouvrages particuliers qu'il conviendra d'évoquer brièvement, seuls des aménagements légers sont admis, lorsqu'ils sont nécessaires à leur gestion, leur mise en valeur, notamment économique, ou, le cas échéant, à leur ouverture au public. Quels sont alors les « espaces remarquables » et les « aménagements légers » dont il s'agit ?

47 *Notion d'espaces remarquables.* L'article R. 146-1 du Code de l'urbanisme établit une liste des espaces remarquables. Cependant, d'une part, il semble que cette liste ne soit pas limitative (CE 30 déc. 1996, *Sté protection de la nature de Sète-Frontignan-Balaruc*, n° 102023 ; CE 30 déc. 2002, *Cne Six-Fours-les-Plages*, n° 245621, *RDI* 2003. 193) et, d'autre part, que tout espace répondant à l'un des items de la liste ne doit pas nécessairement être considéré comme remarquable ; encore faut-il qu'il présente un caractère relativement exceptionnel. À cet égard, les principaux critères mis en œuvre par la jurisprudence tiennent à la fragilité (CE 11 mars 1998, *Min. Agriculture et Développement rural c/ Pouyau*, n° 144301) et à la spécificité du site (CE 29 juill. 1998, *Synd. intercnal golf de l'Adour*, n° 158543 et 160965). L'existence de régimes de protection spécifiques (en tant que site naturel inscrit ou classé, zone Natura 2000, ZNIEFF, etc.) permet de présumer le caractère remarquable d'un espace (CE 14 janv. 1994, *Cne rayol-Canadel-sur-Mer*, *Lebon* T. 1129 ; CE 13 nov. 2002, *Cne Ramatuelle*, *BJDU* 2002. 344, concl. D. Piveteau ; *AJDA* 2003. 337, note J. Morand-Deviller, *RDI* 2003. 193 ; L. Benoit, « Pampelonne ou la protection des espaces remarquables du littoral »,

Dr. adm. 2003. Chron. 5), mais elle n'est pas indispensable, et elle peut être renversée, en cas d'urbanisation du site par exemple (CE 29 juin 1998, *Chouzenoux*, n° 160256 ; CE 13 nov. 2002, *Cne Ramatuelle*, préc. ; CE 19 juin 2013, n° 342061). Les juridictions exercent un contrôle normal sur la qualification d'un site en tant qu'espace remarquable (CE 6 nov. 2006, *Cnté de cnes Pays de Honfleur*, n° 282539, *BJDU* 2006. 419, concl. Y. Aguila).

Notion d'aménagements légers. La liste des aménagements légers admis dans les espaces remarquables du littoral est dressée par l'article R. 146-2 du Code de l'urbanisme, complété en 2004 afin de corriger une première approche trop restrictive (R. Hostiou, « Espaces remarquables du littoral : le changement dans la continuité », *AJDA* 2005. 370). Il s'agit notamment des cheminements piétonniers et cyclables et des sentes équestres ni cimentés, ni bitumés, des objets mobiliers destinés à l'accueil ou à l'information du public, des postes d'observation de la faune, lorsqu'ils sont nécessaires à la gestion ou à l'ouverture au public de ces espaces, ou encore des aires de stationnement indispensables à la maîtrise de la fréquentation automobile, à condition que ces aires ne soient ni cimentées ni bitumées et qu'aucune autre implantation ne soit possible. Sont également admis les aménagements nécessaires à l'exercice des activités agricoles, pastorales et forestières ne créant pas plus de 50 m² de surface de plancher à condition qu'ils ne soient pas destinés à l'hébergement. Dans tous les cas, ces aménagements légers ne peuvent être autorisés que si leur localisation et leur aspect ne dénaturent pas le caractère des sites, ne compromettent pas leur qualité architecturale et paysagère et ne portent pas atteinte à la préservation des milieux. La jurisprudence est riche d'illustrations témoignant d'une application rigoureuse du régime des espaces remarquables du littoral (notamment,, le décret du 26 mai 2006 sur les concessions de plage n'a pas eu pour effet d'autoriser toutes les installations démontables sur les plages situées dans les espaces remarquables ; un module bar-restaurant démontable peut y être interdit : CAA Marseille 30 sept. 2013, *Société Hotel Impérial Garoupe*, n° 11MA00434, *Environnement* 2/2014, n° 15, comm. M. sousse). Le Conseil d'État a même ordonné la démolition d'un ouvrage public implanté dans un espace remarquable alors qu'il ne constituait pas un aménagement léger (CE 20 mai 2011, *Cnté d'agglo. lac du Bourget*, n° 325552, *BJDU* 2011. 362, concl. M. Guyomar et obs. J. T.). Mais il a néanmoins admis la réalisation d'aménagements non mentionnés à l'article R. 146-2 dans la mesure où ils étaient strictement nécessaires à la lutte contre les incendies (CE 6 févr. 2013, *Commune de Gassin*, n° 348278, *BJDU* 3/2013. 177, concl. F. Lambolez et obs. J. T.). 48

La loi ALUR du 24 mars 2014 a prévu que les projets d'aménagements légers devraient être soumis, préalablement à leur autorisation, selon leur importance et leur incidence sur l'environnement, soit à une enquête publique, soit à une mise à disposition du public pendant une durée d'au moins quinze jours, dans des conditions permettant à celui-ci de formuler ses observations, dont l'autorité administrative devra tirer le bilan avant de prendre sa décision.

Outre les aménagements légers, les espaces remarquables peuvent accueillir les canalisations du réseau public de transport ou de distribution d'électricité visant à promouvoir l'utilisation des énergies renouvelables, étant précisé que les techniques utilisées pour la réalisation de ces ouvrages doivent être souterraines et toujours celles de moindre impact environnemental. L'atteinte au site est rédhibitoire (al. 5 de 49 l'art. L. 146-6). Leur réalisation est soumise à enquête publique. Enfin, l'alinéa suivant du même article y autorise la réalisation, après enquête publique également, de travaux ayant pour objet la conservation ou la protection de ces espaces et milieux peut être admise.

50 *La création de nouvelles routes (C. urb., art. L. 146-7).* L'article L. 146-7 impose des contraintes spéciales pour la réalisation des routes nouvelles. Sauf pour les rives des plans d'eau intérieurs, les nouvelles routes de transit doivent être situées à plus de 2 000 m du rivage (CE 10 mars 1995, *UVDN*, *Lebon* 129). Par ailleurs, il est interdit de créer de nouvelles routes sur les plages, cordons lagunaires, dunes ou corniches et les nouvelles routes de desserte locale ne peuvent être établies sur le rivage, ni le longer, sauf contraintes liées à la configuration des lieux ou à l'insularité (CE 21 août 1996, *Assoc. des riverains des Bois du Rysn*, n° 144082). Une seconde exception est relative aux services publics et aux activités économiques exigeant la proximité immédiate de l'eau, la consultation de la Commission des sites peut également s'imposer dans ce cas (CE 15 juin 1992, *Sté Canal de Provence*, *Lebon* 235).

51 *L'implantation des terrains de camping et de caravanage en dehors des espaces urbanisés (C. urb., art. L. 146-5).* L'aménagement et l'ouverture de terrains de camping ou de stationnement de caravanes en dehors des espaces urbanisés sont subordonnés à la délimitation de secteurs prévus à cet effet par le PLU. Ils doivent par ailleurs respecter les règles relatives à l'extension de l'urbanisation (limitée dans les EPR et en continuité de l'existant dans le reste de la commune) et ne peuvent, en tout état de cause, être installés dans la bande des 100 m (CE 25 sept. 1996, *Cne Sangatte*, n° 138197).

§ 3 L'opposabilité de la loi Littoral

52 La loi littoral est opposable, non seulement aux documents d'urbanisme, mais aussi aux autorisations d'urbanisme et aux opérations d'aménagement. Il s'agit d'une opposabilité directe, sauf si une directive territoriale d'aménagement s'est attachée à préciser les modalités d'application de la loi littoral sur le territoire qu'elle couvre. Dans ce cas, la loi littoral est appliquée à travers « le filtre » de la directive, à condition bien sûr qu'elle ne soit (par ses silences ou ses prescriptions) incompatible avec la loi, auquel cas c'est la loi qui s'applique directement (CE 16 juill. 2010, *MEEDDM c/ Sté Les Casuccie*, n° 313768, *BJDU* 2010. 268 concl. G. Dumortier, obs. J. Trémeau ; sur les directives territoriales d'aménagement, v. ss 70 s.).

53 *L'opposabilité aux documents d'urbanisme.* De manière générale, les rapports entre la loi littoral et les documents locaux d'urbanisme sont établis à l'article L. 111-1-1 du Code de l'urbanisme (réécrit par la loi ALUR afin de conforter le SCOT dans sa position centrale), qui les organise suivant le principe dit de compatibilité limitée. Selon ce principe, la légalité d'un document d'urbanisme n'est appréciée qu'au regard du document immédiatement supérieur et non au regard de l'ensemble des normes situées plus haut dans la hiérarchie des normes (sur ce principe v. ss 104 s.). Ainsi, en vertu du principe de compatibilité limitée, les SCOT et les schémas de secteur doivent être compatibles avec les dispositions particulières au littoral prévues aux articles L. 146-1 à L. 146-9 du Code de l'urbanisme, tandis que les PLU n'y sont directement soumis qu'en l'absence de SCOT. En présence d'un SCOT, c'est

théoriquement par rapport à celui-ci que la légalité interne du PLU est appréciée. Au demeurant, le principe de compatibilité ne nous semble pas rendre si bien compte de la réalité des rapports entre la loi littoral et les documents locaux d'urbanisme. En premier lieu, parce qu'il serait peut-être plus approprié de parler de conformité que de compatibilité. Ainsi qu'il a été observé en effet, c'est à un « respect pur et simple des dispositions précises et contraignantes des articles L. 146-1 s. du Code de l'urbanisme » que sont tenus les documents d'urbanisme (N. Calderaro, « Comment identifier aujourd'hui les risques de contentieux relatifs à l'application de la loi Littoral ? », *Dr. envir.* 2005, spéc. 238). En second lieu parce qu'on ne saurait exclure que l'écran qu'est censé constituer le SCOT en vertu du principe de compatibilité limitée s'efface lorsqu'il permet ou implique une incompatibilité entre le PLU et la loi littoral (par analogie avec le raisonnement tenu par le Conseil d'État à propos des DTA : CE 16 juill. 2010, *MEEDDM c/ Sté Les Casuccie*, préc.). Dans ce cas, la procédure de mise en compatibilité du SCOT et/ou du PLU est ouverte (C. urb., art. L. 122-15-1 et L. 123-14), les dispositions réglementaires illégales ne peuvent être appliquées par l'administration, et le document peut être annulé par le juge.

L'article L. 146-2 du Code de l'urbanisme impose par ailleurs plus spécifiquement aux documents d'urbanisme de prendre en compte toute une série d'éléments plus ou moins propres au littoral pour déterminer la capacité d'accueil des espaces urbanisés ou à urbaniser qu'ils identifient. À ce propos, il a été jugé que ces prescriptions n'excluent pas d'ouvrir à l'urbanisation certaines zones jusqu'alors réservées à des activités agricoles (CE 2 déc. 1991, *Ch. dptale d'agriculture des Alpes-Maritimes, préc.*), ni n'interdisent qu'un projet entraîne une fréquentation accrue de la commune (CE 6 avr. 1992, *Assoc. Amis de Saint-Palais-sur-Mer, Lebon* T. 1374 ; *AJDA* 1992. 761, note H. Jacquot). Toutefois, certaines juridictions du fond ont déjà jugé que l'absence de toute protection dans un document d'urbanisme couvrant des exploitations agricoles, horticoles ou pastorales méconnaît l'article L. 146-2, de même qu'une ouverture trop importante à l'urbanisation. Il convient donc de trouver le « juste milieu ». En toute hypothèse, les SCOT et les PLU doivent, en vertu du dernier alinéa de l'article L. 146-2, prévoir des espaces naturels présentant le caractère d'une coupure d'urbanisation (CE 1er oct. 1997, *Cne Pornic*, n° 173184).

Enfin, l'article L. 146-6 du Code de l'urbanisme pose que les documents et décisions relatifs à la vocation des zones ou à l'occupation et à l'utilisation des sols (ce qui ne vise pas les schémas d'assainissement : CE 12 févr. 2014, *M. et Mme B. et Association interdépartementale et intercommunale pour la protection du lac de Sainte-Croix, de son environnement et des lacs et sites du Verdon*, n° 360161, à paraître dans les tables du recueil *Lebon*, *RDI* 2014. 229, obs. P. Soler-Couteaux) préservent les espaces terrestres et marins, sites et paysages remarquables ou caractéristiques du patrimoine naturel et culturel du littoral, et les milieux nécessaires au maintien des équilibres biologiques.

L'opposabilité aux autorisations individuelles d'utilisation du sol. La loi Littoral est **54** opposable aux autorisations individuelles d'occupation du sol, et ce nonobstant un document d'urbanisme incompatible avec ses dispositions (CE 29 juill. 1994, *Cne Frontignan*, *Lebon* 409 ; CAA Marseille, 27 mars 2014, *Commune de Bonifacio*, n° 12MA02298, *Environnement* 8-9/2014, n° 64), l'autorité administrative devant alors écarter l'application du premier au profit des secondes (CE 26 févr. 2001, *Joyeux*, n° 211360). C'est un rapport de conformité qui est ici exigé. Signalons que la loi littoral est également opposable aux autorisations de défricher, alors même que celles-ci sont prises sur le fondement du Code forestier (CE 29 janv. 1994, *Cne de Frontignan*, n° 855532 ; CE 14 nov. 2011, *Sté les Hauts du Golf*, n° 333675 et 333676, *BJDU* 2/2012. 105, concl. J.-P. Thiellay).

55 *L'opposabilité aux opérations d'aménagement.* Les dispositions de la loi littoral sont directement opposables aux arrêtés de création de ZAC (CE, sect., 12 févr. 1993, *Cne Gassin*, n° 128251, *AJDA* 1993. 391 et Chron. 353) ainsi qu'aux arrêtés par lesquels étaient approuvés les PAZ (CE 29 nov. 1996, *Sté développement du Dramont-Agay*, n° 129241, *BJDU* 1997. 74, concl. D. Piveteau).

section 3

Les dispositions d'urbanisme particulières aux zones de montagne

56 Les zones littorales et de montagne rencontrent des difficultés communes en raison de leur attractivité et de leur sensibilité. La loi n° 85-30 du 9 janvier 1985 relative à la protection et au développement de la montagne dont il convient de déterminer le champ d'application (§ 1), détermine les principes d'aménagement et de préservation de l'espace montagnard (§ 2) et organise son développement touristique sous la forme des unités touristiques nouvelles (UTN) (§ 3).

§ 1 Le champ d'application des dispositions d'urbanisme relatives à la montagne (C. urb., art. L. 145-1)

57 Les zones dans lesquelles s'applique la loi Montagne sont délimitées par arrêté ministériel, en tenant compte des conditions posées par les articles 3 (en métropole) et 4 (pour l'outre-mer) de la loi. de manière générale, il ressort de ces dispositions que les zones de montagne se caractérisent par des handicaps significatifs, en particulier liés à l'altitude, aux conditions climatiques et/ou à la déclivité, entraînant des conditions de vie plus difficiles et restreignant l'exercice de certaines activités.

§ 2 Les principes d'aménagement et de préservation de l'espace montagnard

58 Les principes qui régissent l'utilisation et la protection de l'espace montagnard « sont applicables à toute personne publique ou privée, pour l'exécution de tous travaux, constructions, défrichements, plantations, installations et travaux divers, pour l'ouverture des carrières, la recherche et l'exploitation des minerais, la création de lotissements et l'ouverture de terrains de camping ou de stationnement de caravanes, la réalisation de remontées mécaniques et l'aménagement de pistes, l'établissement de clôtures et les installations classées pour la protection de

l'environnement. » (C. urb., art. L. 145-2). Ils sont au nombre de deux : un principe d'urbanisation en continuité et de limitation du mitage (A) et un principe de préservation des milieux et intérêts montagnards (B).

A. Le principe de l'urbanisation en continuité et la limitation du mitage (C. urb., art. L. 145-3, III)

Afin d'éviter le mitage, le Code de l'urbanisme pose le principe de l'urbanisation en 59 ■
continuité avec les bourgs, villages, hameaux, groupes de constructions traditionnelles ou d'habitations existants. Ce principe est exclusif du principe de constructibilité limitée posé par l'article L. 111-1-2 (CE 16 avr. 2012, *Ministre d'État, MEEDDAT*, n° 323555). Les bourgs, villages, etc., en continuité desquels il est possible de construire sont généralement identifiés au cas par cas (sur les notions de bourg, de village et de hameau : CE 14 déc. 1992, *Cne Saint-Gervais-Les-Bains*, n° 115359 et CE 5 févr. 2001, *SE Logement c/ Cne Saint-Gervais*, n° 217796, *RDI* 2001. 184), mais ils peuvent également l'être préalablement dans le PLU ou la carte communale. La continuité est quant à elle toujours appréciée au cas par cas, au regard non seulement de critères objectifs tels que la distance et l'existence d'éventuelles coupures d'urbanisation (CE 18 mai 1998, *Cne Allonzier-La-Caille*, n° 163708), mais aussi en fonction des caractéristiques de l'urbanisme existant. Elle relève de l'appréciation souveraine des juges du fond (CE 28 juill. 1999, *Assoc. Fédération pour les espaces naturels et l'environnement catalan*, n° 180467).

En réponse aux critiques adressées à la rigueur du principe d'urbanisation en continuité (J.-P. Amoudry, « L'avenir de la montagne. Un développement équilibré dans un environnement préservé », Sénat, rapp. 2002-2003, n° 15, spéc. p. 253), le législateur a aménagé une série d'exceptions au profit « de l'adaptation, du changement de destination, de la réfection ou de l'extension limitée des constructions existantes et de la réalisation d'installations ou d'équipements publics incompatibles avec le voisinage des zones habitées ». Il est également possible de déroger au principe de l'urbanisation en continuité lorsqu'il s'agit de permettre la réalisation des objectifs énoncés aux I et II de l'article L. 145-3 (CE 22 sept. 1997, *Cne Eygliers*, n° 137416, *BJDU* 1997. 397, concl. R. Abraham).

Outre aux documents et autorisations d'urbanisme, le principe d'urbanisation en continuité est opposable aux déclarations d'utilité publique (CE 30 déc. 2013, *Ministre de l'intérieur c/ Maury et Communauté de communes du pays de Tarascon*, n° 356338, dans les tables du recueil *Lebon*, *BJDU* 2/2014, p. 99, concl. A. Lallet et obs. J. T.).

B. La préservation des intérêts et milieux montagnards (C. urb., art. L. 145-3, I et II, L. 145-5 et L. 145-6)

L'article L. 145-3, I du Code de l'urbanisme pose le principe de la préservation des 60 ■
terres nécessaires au maintien et au développement des activités agricoles pastorales et forestières (sur les critères permettant d'apprécier le respect de ce principe : CE 7 févr. 2013, *Min. de l'Ecologie c/ Belmont*, n° 354681, *BJDU* 2/2013, p. 94, concl. X. de Lesquen). Dans ces espaces, seules certaines constructions peuvent être autorisées. Il s'agit tout d'abord des constructions nécessaires à ces activités et des équipements sportifs liés notamment à la pratique du ski et de la randonnée. Ensuite, le préfet peut autoriser, après avis de la commission départementale des sites, la restauration ou la

reconstruction d'anciens chalets d'alpage ou de bâtiments d'estive ainsi que les extensions de tels bâtiments dont la destination serait liée à une activité professionnelle saisonnière.

La limitation de l'urbanisation prévue à l'article L. 145-3, I s'applique directement aux autorisations individuelles d'urbanisme (CE 9 juill. 1997, *Morand*, n° 123341) ainsi qu'aux documents d'urbanisme (CE 22 sept. 1997, *Cne Eygliers*, préc. ; CE 6 févr. 1998, *Cne Faverges*, n° 161812, *Dr. adm.* 1998. 146 ; *BJDU* 1998. 37, concl. L. Touvet).

Les documents et décisions relatifs à l'occupation des sols doivent par ailleurs comporter des dispositions propres à « préserver les espaces, paysages et milieux caractéristiques du patrimoine naturel et culturel montagnard » (C. urb., art. L. 145-3, II).

Enfin, le Code de l'urbanisme entend protéger des espaces dont la fragilité impose une protection particulière. Tel est en premier lieu le cas des parties naturelles des rives des plans d'eau naturels ou artificiels d'une superficie inférieure à 1 000 ha (CE 30 oct. 1987, *Assoc. des amis de Remiremont*, n° 46989 ; CE 28 juill. 2004, *Sté Thomas*, n° 256154). Sur ces espaces, l'article L. 145-5 pose un principe d'interdiction de toutes constructions, installations et routes nouvelles ainsi que de toutes extractions ou affouillements sur une distance de 300 m à compter de la rive, tout en l'assortissant de quelques dérogations. En second lieu, le Code de l'urbanisme interdit la « création de routes nouvelles de vision panoramique, de corniche ou de bouclage (...) dans la partie des zones de montagne située au-dessus de la limite forestière » (C. urb., art. L. 145-6). Il prévoit cependant une exception « justifiée par le désenclavement d'agglomérations existantes ou de massifs forestiers ou par des considérations de défense nationale ou de liaison internationale » (CE 23 oct. 1995, *Assoc. Artus, Lebon* T. 1073).

§ 3 Les unités touristiques nouvelles (UTN)

61 Le régime des UTN vise à encadrer les opérations d'aménagement touristique d'une certaine ampleur réalisées en zone de montagne en conciliant les nécessités du développement et de la protection de ce milieu sensible. Modifié à plusieurs reprises, notamment par la loi du 23 février 2005 relative au développement des territoires ruraux, il est aujourd'hui explicité par une circulaire du 29 janvier 2008 (*BO* 10 juin 2008). Voyons quel est son champ d'application (A), avant d'envisager les règles de procédure (B) et les règles de fond (C) applicables à leur création.

A. Le champ d'application de la procédure de création des UTN

62 La procédure des UTN est applicable aux opérations de développement touristique d'une certaine envergure ayant pour objet ou pour effet soit de construire des surfaces destinées à l'hébergement touristique ou de créer un équipement touristique comprenant des surfaces de plancher ; soit de créer des remontées mécaniques ; soit de réaliser des aménagements touristiques ne comprenant pas de surfaces de plancher dont la liste est fixée par décret en Conseil d'État (C. urb., art. L. 145-9 ; CE 5 nov. 2014, *Commune de Saint Martin de Belleville*, n° 365121, dans les tables du recueil *Lebon*, : une UTN ne peut pas avoir pour objet la création d'un circuit balisé de motoneiges dans un espace naturel). Parmi ces opérations, l'article L. 145-11 distingue deux catégories d'UTN : les UTN d'intérêt régional (C. urb., art. L. 145-11, I et

R. 145-2) et les UTN d'intérêt local (C. urb., art. L. 145-11, II et R. 145-3). Les opérations de plus faible envergure sont quant à elles dispensées de demande d'autorisation de création (C. urb., art. L. 145-11, III). Mais cette dispense ne s'étend pas à la nécessité d'obtenir la délivrance des autorisations d'occupation du sol requises en vertu du livre IV Code de l'urbanisme. En effet, l'autorisation d'UTN n'est jamais qu'un préalable à cette délivrance ; elle n'a pas vocation à remplacer les autorisations nécessaires.

Lorsqu'un SCOT a été établi sur le territoire d'accueil de l'UTN, cette dernière ne sera pas soumise à autorisation de création si son implantation est prévue par le SCOT (art. R. 145-1), dans la mesure où ce document est censé définir la localisation, la consistance et la capacité globale d'accueil et d'équipement des UTN d'intérêt régional et les principes d'implantation et la nature des UTN d'intérêt local (C. urb., art. L. 122-1, al. 9). Si tel n'est pas le cas, le représentant de l'État dans le département peut, à la demande de la commune ou du groupement de communes concerné et après avis de la commission spécialisée du comité de massif, demander la modification du schéma (C. urb., art. L. 145-12).

B. Les règles de procédure applicables à la création des UTN

Les UTN d'intérêt régional et les UTN d'intérêt local font l'objet d'une procédure 63 ■
spécifique d'autorisation. La demande est dans tous les cas présentée au préfet du département par la ou les communes ou l'EPCI compétent en matière de PLU sur le territoire desquels s'étend l'emprise du projet. Elle est accompagnée d'un dossier composé conformément à l'article R. 145-6, c'est-à-dire décrivant en particulier l'état initial de l'environnement, les caractéristiques du projet, les risques auxquels il peut être exposé, ses effets sur l'environnement et les conditions générales de son équilibre économique et financier (CE 11 mars 1996, *Cne Oreille*, *Lebon* 1226). La demande est examinée pour avis par la commission spécialisée du comité de massif, pour les UTN d'intérêt régional, ou par la formation spécialisée des UTN de la commission départementales de la nature, des paysages et des sites, pour les UTN d'intérêt local. Le dossier est mis à la disposition du public durant une période d'au moins un mois, dans des conditions qui ont été précisées par la loi ALUR (al. 2 et 3 de l'article L. 145-11). À l'issue de cette mise à disposition, un bilan doit être établi. Puis la décision d'autorisation est prise par le préfet coordonnateur de massif pour les UTN d'intérêt régional et par le préfet de département pour les UTN d'intérêt local. L'article L. 145-11 du Code de l'urbanisme dispose que l'autorisation des UTN devient caduque si, dans un délai de quatre ans à compter de la notification au bénéficiaire, les équipements et les constructions autorisés n'ont pas été entrepris, ou s'ils ont été interrompus pendant un délai supérieur à quatre ans.

C. Les règles de fond applicables à la création des UTN

La création des UTN doit respecter les principes d'aménagement et de protection 64 ■
propres aux zones de montagne, à l'exception de celui de l'urbanisation en continuité, étant entendu que les UTN n'en doivent pas moins respecter la qualité des sites et des grands équilibres naturels (CE 10 déc. 1993, *Min. Équipement c/ Arpon*, *Lebon* 363 ; *AJDA* 1994. 149, concl. R. Schwartz). Le Conseil d'État apprécie le respect de cette exigence en considération de la localisation du projet, de la conception architecturale de l'opération, des solutions techniques apportées pour sauvegarder le régime

d'écoulement des eaux ou encore des déboisements de faible importance (CE 15 mai 1992, *Cne Cruseilles*, n° 118573, *AJDA* 1992. 756, note J. Morand-Deviller).

L'article L. 145-11 du Code de l'urbanisme n'exige pas qu'à la date de la délivrance de l'autorisation UTN la commune soit dotée d'un document d'urbanisme opposable. L'absence de document d'urbanisme ou la circonstance que le document d'urbanisme ne permette pas la réalisation de l'UTN ne font donc pas obstacle à la délivrance de l'autorisation de création. En revanche, il résulte des deux derniers alinéas du IV de l'article R. 145-11 du Code de l'urbanisme que les autorisations d'occupation du sol nécessaires à la réalisation des UTN relevant de la compétence du préfet coordonnateur de massif (UTN d'intérêt régional) ne peuvent être délivrées que dans les communes dotées d'un PLU et que celles nécessaires à la réalisation des UTN relevant du préfet de département (UTN d'intérêt local) ne peuvent être délivrées que dans les communes dotées d'un PLU ou d'une carte communale. Ces autorisations d'occupation du sol doivent bien entendu respecter les dispositions qui leur sont applicables, en particulier celles du PLU ou de la carte communale et les servitudes d'utilité publique affectant l'utilisation du sol. À cet égard, précisons que la modification ou la révision du PLU destinée à permettre la réalisation de l'UTN est subordonnée à l'adoption de l'acte de création de cette dernière. En effet, un PLU ne peut déroger à la règle de l'urbanisation en continuité qu'en raison de la création de l'UTN dont il constitue la mise en œuvre (CE 22 janv. 2003, *Cne Saint-Ours*, n° 212522, *BJDU* 2002. 417, concl. F. Lamy).

section 4

Les dispositions d'urbanisme particulières aux constructions aux abords des aérodromes

65 Dès 1977, les pouvoirs publics se sont préoccupés de maîtriser l'urbanisation autour des aérodromes pour protéger les populations contre les nuisances dues au bruit des avions mais aussi pour préserver l'activité aéronautique et l'équipement aéroportuaire. Ce fut l'objet d'une directive territoriale d'aménagement approuvé par un décret du 22 septembre 1977 qui avait mis en place un dispositif repris et perfectionné par la loi du 11 juillet 1985 relative à l'urbanisme au voisinage des aérodromes, dont les dispositions sont codifiées aux articles L. 147-1 s. du Code de l'urbanisme. La traduction spatiale des prescriptions qu'elle édicte prend la forme d'un plan d'exposition aux bruits (PEB) dont elle détermine les modalités d'élaboration (§ 1), le contenu (§ 2) et les effets (§ 3).

§ 1 L'élaboration du PEB

66 L'élaboration du PEB est pour l'essentiel régie par les articles R. 147-6 à R. 147-10 du Code de l'urbanisme. La décision d'établir ou de réviser un PEB est prise par le préfet

avec, selon le cas, l'accord exprès du ministre chargé de la défense ou de l'aviation civile. Cette décision, accompagnée du projet de PEB, est notifiée aux maires des communes concernées ou aux présidents des EPCI compétents. Elle est affichée en mairie pendant un mois et fait l'objet d'une mention dans deux journaux locaux. Les autorités consultées disposent d'un délai de deux mois pour faire connaître leur avis sur le projet. Le projet de PEB, accompagné de ces avis, est ensuite transmis, selon la catégorie d'aérodromes concernés, à l'Autorité de contrôle des nuisances sonores aéroportuaires ou à la commission consultative de l'environnement. Le projet de PEB est alors soumis à enquête publique « démocratisée » (C. envir., art. L. 123-1 s.). Le PEB, éventuellement modifié pour tenir compte des résultats de l'enquête, est approuvé par arrêté du préfet avec l'accord des ministres chargés de la Défense ou de l'Aviation civile lorsque leur accord est requis pour son établissement. Dans tous les cas, il doit être motivé notamment au regard de l'activité prévue pour l'aérodrome et de son incidence sur l'environnement. Le préfet le notifie aux maires ou présidents des EPCI concernés. Il est tenu à la disposition du public à la mairie ou au siège de l'EPCI. Mention des lieux où il peut être consulté est insérée dans deux journaux locaux et affichée dans les mairies ou aux sièges des EPCI compétents. L'accomplissement de ces mesures de publicité détermine son opposabilité. L'autorité administrative peut toutefois, en vertu de l'article L. 147-7, faire une application anticipée de ses prescriptions concernant les zones C et D pendant une durée maximale de deux ans renouvelable une fois. Le PEB est, par ailleurs, annexé au PLU, au plan de sauvegarde et de mise en valeur ou à la carte communale (C. urb., art. L. 147-3).

§ 2 Le contenu du PEB

Le PEB se présente sous la forme d'un dossier comprenant un rapport de présentation et des documents graphiques (C. urb., art. L. 147-4). Il définit, à partir des prévisions de développement de l'activité aérienne, de l'extension prévisible des infrastructures et des procédures de circulation aérienne, des zones diversement exposées au bruit engendré par les aéronefs. Le rapport de présentation expose les éléments pris en compte pour évaluer les conséquences pour les territoires concernés de la gêne causée par la circulation aérienne. Le document cartographique fait apparaître le tracé des limites des zones de bruit. La délimitation doit être précise, sous peine d'inopposabilité aux demandeurs d'autorisation d'urbanisme (CE 29 déc. 2000, *Grele*, n° 206685, *BJDU* 2001. 237, concl. P. Fombeur ; *RDI* 2001. 93, obs. P.-S. C. et 138, obs. Y. Jegouzo). Ces zones sont définies en fonction des valeurs d'indices évaluant la gêne due au bruit des aéronefs. En fonction de ces valeurs, le PEB détermine des zones de bruit fort, dites « A » et « B » et une zone de bruit modéré, dite « C ». Il peut, en outre, délimiter une zone « D » (C. urb., art. R. 147-2). 67 ■

§ 3 Les effets du PEB

Les dispositions des PEB s'imposent aux documents d'urbanisme : SCOT, PLU, plans de sauvegarde et de mise en valeur et cartes communales doivent être compatibles avec elles (C. urb., art. L. 147-3). Elles sont également directement opposables aux autorisations d'urbanisme (C. urb., art. L. 147-1), en complément des règles générales d'urbanisme instituées an application de l'article L. 111-1 du Code de l'urbanisme. 68 ■

Sur le plan matériel, dans les zones délimitées par le PEB, l'extension de l'urbanisation et la création ou l'extension d'équipements publics sont interdites lorsqu'elles conduisent à exposer immédiatement ou à terme de nouvelles populations aux nuisances sonores. L'article L. 147-5 décline cette interdiction en cinq points, en distinguant notamment selon qu'il s'agit de constructions nouvelles ou existantes. Ainsi, les constructions nouvelles à usage d'habitation sont en principe interdites dans les zones A, B et C (1°). En revanche, les travaux sur constructions existantes peuvent, depuis la loi « Urbanisme et habitat », être autorisés lorsqu'ils n'entraînent pas un accroissement de la capacité d'accueil d'habitants exposés aux nuisances (2°) (pour une application : CAA Marseille, 25 oct. 2013, *Commune de Saint-Victoret*, n° 11MA04013). Dans les zones C plus particulièrement, les PEB peuvent délimiter des secteurs où des opérations de réhabilitation ou de réaménagement urbain peuvent être autorisées, sous les mêmes conditions de stabilité des populations exposées (5°). En ce qui concerne les équipements publics ou collectifs, ils ne sont admis en zone A et B que lorsqu'ils sont nécessaires à l'activité aéronautique ou indispensables aux populations existantes (3°). Enfin, les PEB peuvent délimiter une zone D à l'intérieur de laquelle les constructions sont autorisées sous réserve de faire l'objet des mesures d'isolation acoustique prévues à l'article L. 147-6 (4°), disposition qui précise que le certificat d'urbanisme doit signaler l'existence de la zone de bruit et l'obligation de respecter les règles d'isolation acoustique.

En raison de leur contenu et de leurs effets, les PEB ont été qualifiés de documents d'urbanisme soumis à l'obligation de notification des recours prévue à l'article R. 600-1 du Code de l'urbanisme (autrefois L. 600-3) (CE 7 juill. 2000, *Secrétaire d'État au Logement – Assoc. Quetigny Environnement*, n° 200949, *BJDU* 2000. 266, concl. L. Touvet ; *RDI* 2000. 550, obs. J. Morand-Deviller). Par ailleurs, dans la mesure où ils procèdent directement du Code de l'urbanisme, il est très probable que les servitudes qu'ils instituent entrent dans le champ du principe de non-indemnisation posé par l'article L. 160-5 du Code de l'urbanisme.

section 5

Les documents de planification

69 L'encadrement normatif des prévisions locales d'urbanisme peut être également le fait de documents de planification. Certains sont élaborés à l'initiative de l'État, comme les directives territoriales d'aménagement et, depuis la loi Grenelle II, de développement durable (§ 1) ; les autres font l'objet d'une élaboration plus largement décentralisée et prennent la forme de documents de planification stratégique (§ 2).

§ 1 Les directives territoriales d'aménagement et les directives territoriales d'aménagement et de développement durable

Les *directives territoriales d'aménagement (DTA)*[Q] sont nées de la réflexion menée par le Conseil d'État à l'occasion de l'audit du Code de l'urbanisme (*L'urbanisme : pour un droit plus efficace*, Doc. fr., 1992, p. 61 s.), soulignant la défaillance de l'encadrement des POS et la nécessité de donner à l'État un moyen d'exprimer ses choix stratégiques en matière d'aménagement du territoire à un niveau géographique pertinent. En effet, les DTA n'ont pas vocation à couvrir l'ensemble du territoire national. Seuls les territoires présentant des enjeux particulièrement importants en matière d'aménagement sont potentiellement concernés. Tel fut donc le principal objectif de la création des DTA par la loi du 4 février 1995 d'orientation pour l'aménagement et le développement du territoire, auxquelles le législateur donna également le pouvoir de préciser les modalités d'application des lois Montagne et Littoral (pour une série de réflexions sur les DTA, v. les actes du colloque IDEFI-CREDECO, « Les directives territoriales d'aménagement », *Droit et Ville* 2000, n° 50 ; égal. H. Périnet-Marquet, « Le nouvel article L. 111-1-1 du Code de l'urbanisme », *RFDA* 1995. 905). Bien qu'elles n'aient pas spécialement démérité, la lenteur de leur processus d'adoption a conduit les pouvoirs publics à créer, lors de l'adoption de la loi Grenelle II, un autre document ayant à peu près le même objet : les directives territoriales d'aménagement et de développement durable (DTADD), dont le régime remplace pour l'avenir celui des anciennes DTA, tout en laissant survivre les DTA existantes avec leur propre régime. Ainsi, dans la mesure où elles sont appelées à coexister dans l'ordre juridique, il paraît indispensable de présenter aussi bien les DTA (A) que les DTADD (B). 70

A. Les directives territoriales d'aménagement (DTA) (C. urb., ex-art. L. 111-1-1)

La nature, les avantages et les inconvénients des DTA ressortent assez naturellement de la description de leur processus d'élaboration, de leur contenu et de leurs effets. 71

L'élaboration des DTA. Les DTA étaient élaborées sous la responsabilité de l'État, à son initiative ou, depuis 1999, sur la demande d'une région, après consultation du conseil économique et social régional. La phase d'études préalables s'appuyait sur une lettre de mission ministérielle aboutissant à un rapport préalable à partir duquel était confirmée ou non l'opportunité d'élaborer une DTA et, le cas échéant, était délimité le périmètre. La phase de réalisation de la DTA laissait davantage de place aux pouvoirs locaux, puisque les DTA étaient soumises pour avis aux régions, départements, communes chefs-lieux d'arrondissement ainsi qu'aux communes de plus de 20 000 habitants et aux groupements de communes compétents en matière d'aménagement de l'espace ou d'urbanisme intéressés et aux comités de massifs. La loi SRU s'est par ailleurs efforcée de la démocratiser en soumettant les DTA à enquête publique « Bouchardeau ». Mais l'État conservait toujours le dernier mot puisque les DTA devaient pour finir être approuvées par décret en Conseil d'État. 72

Sur ce processus d'élaboration, deux remarques. En premier lieu, le rôle majeur donné à l'État n'a pas été sans susciter de critiques. Certains auteurs ont vu dans les

DTA une régression de la décentralisation (par ex. C. Bersani, « Les DTA ou le retour de l'État gendarme », *Ét. fonc.* 1999, n° 83, p. 8). Les auteurs de la saisine du Conseil constitutionnel suggéraient même qu'elles puissent constituer une méconnaissance du principe de libre administration des collectivités territoriales (Constit., art. 72). Les Sages ne les ont pas suivis. En second lieu, malgré la relative concentration du pouvoir dans l'élaboration des DTA, celle-ci s'est avérée extrêmement laborieuse et a généralement nécessité un temps incroyable. La « DTA Bouches du Rhône » a par exemple été approuvée par un décret du 10 mai 2007, alors que son élaboration avait été prescrite par une lettre de mission de 1998. Ont également mis un certain temps à être élaborées, mais ont effectivement fini par voir le jour la DTA « Alpes-Maritimes », la DTA « Bassins miniers Nord-Lorrains » ; la DTA « Estuaire de la Loire » ; la DTA « Estuaire de la Seine » ; ou encore la DTA « Aire métropolitaine Lyonnaise ».

Enfin, signalons que si rien n'était au départ prévu en ce qui concerne la modification et la révision des DTA, le législateur était venu remédier à cette lacune lors de l'adoption de la loi « de simplification du droit » du 12 mai 2009. Les révisions engagées postérieurement au 14 juillet 2012 sont soumises aux règles applicables aux DTADD (RM n° 31327, *JO* AN, 16 sept. 2014, p. 7859). La modification des DTA est quant à elle régie par le V de l'article L. 111-1-1 du Code de l'urbanisme, dans sa rédaction issue de la loi ALUR du 24 mars 2014. Pour l'essentiel : elle est décidée par le préfet de région et doit être précédée d'une enquête publique.

73 *Le contenu des DTA*. Les DTA prennent la forme de documents graphiques associés à un rapport écrit, contenant une évaluation environnementale (C. urb., art. L. 121-10 s.). Du point de vue matériel, elles peuvent contenir trois sortes de dispositions. En premier lieu, elles doivent fixer les principaux objectifs de l'État en matière de localisation des grandes infrastructures de transport et des grands équipements (gares TGV, aéroports, etc.), ainsi qu'en matière de préservation des espaces naturels, des sites et des paysages. Ceci correspond à leur fonction essentielle et par conséquent leur contenu minimal. La DTA peut ici être relativement précise car il s'agit de questions qui relèvent pour l'essentiel de la compétence de l'État, lequel peut, au besoin, imposer ses projets aux collectivités territoriales par la voie de PIG (C. urb., art. L. 123-9). En deuxième lieu, les DTA peuvent fixer, sur certaines parties du territoire, les orientations fondamentales de l'État en matière d'aménagement et d'équilibre entre les perspectives de développement, de protection et de mise en valeur des territoires. À cet égard, la DTA doit être moins précise, pour ne pas ôter toute marge de manœuvre dans le chef des autorités décentralisées dans l'élaboration des documents locaux d'urbanisme. En troisième lieu, enfin, les DTA peuvent également préciser pour les territoires concernés les modalités d'application de la loi montagne ou de la loi littoral. À ce titre, et s'agissant de la loi littoral, une DTA peut par exemple délimite les EPR, les espaces urbanisés de la bande des 100 m, les espaces remarquables, définir ce qu'est une extension limitée de l'urbanisation, etc. Cette fonction s'est avérée extrêmement intéressante, dans la mesure où – sans aller jusqu'aux dérogations proscrites par le Conseil constitutionnel (décis. 26 janv. 1995, n° 94-358 DC) –, elle permet d'adapter aux contextes locaux les contraintes et concepts indéterminés de ces lois et donne ainsi aux acteurs locaux un certain pouvoir de modulation des exigences qu'elles recèlent. C'est d'ailleurs ce qu'avait admis le Conseil d'État (CE 27 juill. 2005, *Cté sauvegarde du port Vauban Vieille-ville et Antibes Est*, n° 264336, *Lebon* 378 ; *BJDU* 2005. 243, concl. Y. Aguila ; *RDI* 2005. 462 ; CE 3 juin 2009, *Cne Rognac*, n° 310587, *BJDU* 2009. 208, concl. M. Guyomar, obs. J.-C. B.).

Les effets des DTA. Quant à leurs effets, les DTA étaient à l'origine opposables tant aux documents (suivant le principe de compatibilité limitée) qu'aux autorisations d'urbanisme. Depuis la loi Grenelle II, l'article L. 111-1-1 (nouvellement consacré à la hiérarchie des normes d'urbanisme), leur opposabilité aux documents d'urbanisme n'est plus prévue. Il est simplement précisé que les dispositions des DTA qui précisent les modalités d'application des lois montagne et littorale s'appliquent aux personnes et opérations qui y sont mentionnées. Elles ne sont donc vraisemblablement plus opposables qu'aux autorisations d'urbanisme (dans une mesure qu'elles peuvent d'ailleurs déterminer), et seulement en ce qui concerne leurs dispositions qui précisent les modalités d'application des lois montagne et littorale. Lorsque de telles dispositions existent, elles forment d'ailleurs une sorte d'écran entre les autorisations en cause et ces lois, qui ne s'appliquent plus directement mais à travers « le filtre » de la DTA. Attention cependant, cet effet « d'éviction » ne fonctionne que dans la mesure où la DTA est suffisamment précise et est, *a fortiori*, compatible avec les dispositions législatives qu'elle entend appliquer. Si tel n'est pas le cas, la DTA est écartée et les lois Montagne et Littoral redeviennent directement applicables, et s'imposent aux autorisations dans un rapport de conformité (CE sect. 16 juill. 2010, *MEEDDM c/ Sté Les Casuccie*, n° 313768, *BJDU* 2010. 268 concl. G. Dumortier, obs. J. Trémeau ; CAA Nantes, 14 févr. 2014, n° 12NT02974, *Environnement* 5/2014, n° 38, comm. M ; Sousse). 74 ■

B. Les directives territoriales d'aménagement et de développement durable (DTADD)

Le régime des DTADD créées par la loi ENE du 12 juillet 2010 est fixé par les articles L. 113-1 s. du Code de l'urbanisme. Bien qu'elles présentent un certain nombre de traits communs évidents avec les DTA issues de la loi de 1995, elles s'en distinguent par différents aspects relevant aussi bien de leur procédure d'élaboration, que de leur contenu et de leurs effets. 75 ■

L'élaboration des DTADD. Les DTADD sont élaborées par l'État, en association avec les collectivités territoriales et EPCI concernés, qui sont appelées à émettre un avis (simple) sur le projet (C. urb., art. L. 113-2). À l'instar des anciennes DTA, les DTADD sont approuvées par décret en Conseil d'État après évaluation environnementale (C. urb., art. L. 113-3 et L. 121-10). Le caractère étatique du document n'est donc nullement remis en cause. Initialement, les DTADD ne devaient faire l'objet d'aucune enquête publique ou mise à disposition du public, ce qui était assez surprenant. Par la suite elles ont été soumises aux règles de participation du public posées par la loi du 27 décembre 2012 et le décret du 28 mai 2013. Et finalement, la loi ALUR du 24 mars 2014 a défini un régime de mise à disposition du public pendant un mois, dont l'autorité administrative doit tirer un bilan, bilan qui devra à son tour être rendu public au plus tard lors de l'approbation de la DTADD (art. L. 113-3) 76 ■

Des procédures sont prévues pour la modification (si le changement ne porte pas atteinte à l'économie générale du document) et la révision (si tel est le cas) des DTADD (C. urb., art. L. 113-5 et L. 113-6). Ces procédures ont toutes deux également été « démocratisées » par la loi ALUR. La révision présente la particularité de faire intervenir plus substantiellement les collectivités territoriales et EPCI associés à l'élaboration, et de ne pouvoir intervenir qu'après une nouvelle évaluation environnementale.

77 *Le contenu des DTADD.* Les DTADD sont à la fois plus et moins complètes que les anciennes DTA. Plus complètes, car elles peuvent déterminer les priorités de l'État dans des domaines accrus par rapport à la situation antérieure. Elles peuvent ainsi déterminer les objectifs et orientations de l'État en matière d'urbanisme, de logement, de transports et de déplacements, de développement des communications électroniques, de développement économique et culturel, d'espaces publics, de commerce, de préservation des espaces naturels, agricoles et forestiers, des sites et des paysages, de cohérence des continuités écologiques, d'amélioration des performances énergétiques et de réduction des émissions de gaz à effet de serre. Leur champ d'intervention est donc vaste, mais encore faut-il que le territoire sur lequel elles interviennent présente des enjeux nationaux dans un ou plusieurs de ces domaines (C. urb., art. L. 113-1).

D'un autre côté, les DTADD sont moins complètes que les anciennes DTA, dans la mesure où elles n'ont pas la faculté de préciser les modalités d'application des lois Montagne et Littoral. Cela n'est pas excessivement problématique s'agissant des zones de Montagne. En effet, l'article L. 145-7 du Code de l'urbanisme prévoit que lorsque les DTA n'y ont pas déjà pourvu, des décrets en Conseil d'État, pris après enquête publique démocratisée et sur proposition des comités de massif, peuvent adapter les seuils et critères des études d'impact et des enquêtes publiques, désigner les espaces, paysages et milieux les plus remarquables du patrimoine naturel et culturel montagnard, ou encore préciser, en fonction de la sensibilité de chaque massif, les modalités d'application de l'article L. 145-3 du Code de l'urbanisme (principe d'urbanisation en continuité et principes de préservation des terres nécessaires au maintien et au développement des activités agricoles pastorales et forestières ainsi que des espaces, paysages et milieux caractéristiques du patrimoine naturel et culturel montagnard). En revanche, cette situation est davantage regrettable s'agissant de la loi Littoral, puisqu'aucun document d'urbanisme à caractère général (ce que ne sont pas les SAR et le PADDUC puisqu'ils ne concernent que certaines collectivités, v. ss 81 s.) n'est désormais habilité par la loi à en préciser – et donc à en adapter en fonction des circonstances locales comme ont pu le faire les DTA – les modalités d'application (nous paraît ainsi sujet à caution le jugement qui admet qu'un SCOT précise et infléchisse les dispositions de la loi littoral, faisant de surcroît écran entre cette loi et le PLU : TA Toulon, 20 févr. 2014, *Préfet du Var*, n° 1302200, *BJDU* 6/2014, p. 446, concl. A. Gautron et obs. J. T.).

78 *Les effets des DTADD.* Dès lors qu'elles n'ont pas la faculté de préciser les modalités d'application des lois montagne et littoral, les DTADD ne sont pas opposables aux autorisations d'occupation du sol. Plus surprenant, les DTADD ne sont pas non plus directement opposables aux documents d'urbanisme. Cela témoigne de l'intention de la loi ENE de simplifier la hiérarchie des normes d'urbanisme (H. Coulombié, « Loi ENE : la nouvelle hiérarchie des normes en matière d'urbanisme conséquence de la disparition des DTA », *Constr.-Urb.* 1/2011. Étude 1). Cependant, elles peuvent l'être à travers la procédure de projet d'intérêt général (PIG). L'article L. 113-4 prévoit en effet que pendant un délai de 12 ans suivant la publication de la DTADD, l'autorité administrative peut, après avis des collectivités territoriales concernées et de leurs groupements, qualifier de PIG les projets de protection des espaces naturels, agricoles et forestiers ou des espaces soumis à des risques, les constructions, les travaux, les installations et les aménagements nécessaires à la mise en œuvre de la DTADD. C'est ainsi la mise en œuvre de la procédure de PIG qui permet à l'État d'imposer aux

communes et intercommunalités de prendre en compte ses projets dans leurs documents d'urbanisme. À défaut, le préfet peut engager une révision d'office à cette fin. La DTADD est donc, en harmonie avec la conception initiale des DTA, un instrument permettant à l'État d'imposer aux collectivités territoriales ses priorités en matière d'aménagement du territoire. Il est vrai que celles-ci sont consultées avant la qualification du projet en tant que PIG, et qu'elles sont en quelque sorte « prévenues », puisque les ambitions de l'État sont affichées à l'avance dans la directive. Mais on peut se demander, avec le professeur Lebreton, si la DTADD ne s'apparentera pas à une sorte de « catalogue dans lequel le préfet pourra faire son marché, mettant dans le panier des PIG tel projet lourd d'aménagement et laissant sur l'étal la compensation qui lui était associée ? » (J.-P. Lebreton, « Mouton noir dans le pré du Grenelle », *AJDA* 2010. 1449 ; pour une appréciation mitigée des DTADD : P. Hocreitère, « Les DTADD : régression par rapport aux DTA », *RDI* 2011. 74).

Pour finir, on rappellera que l'institution des DTADD n'a pas fait disparaître les DTA existantes ou en cours d'élaboration, qui survivent suivant le régime défini plus haut.

§ 2 Les schémas de planification stratégique

Dès avant la décentralisation, l'État s'est doté, au fil des années, d'instruments d'orientation pour l'aménagement de territoires plus ou moins vastes, dépassant largement l'échelle locale. Leur régime juridique était incertain mais le pouvoir central pouvait toujours en assurer le respect au niveau local grâce à son pouvoir hiérarchique. Le transfert des compétences réalisé par la loi du 7 janvier 1983 a contraint l'État, privé de pouvoir hiérarchique sur les communes, à un effort d'organisation juridique pour leur imposer ses choix d'aménagement du territoire. Il s'est alors doté de différents instruments, que sont le schéma directeur de la région Ile-de-France (A), les schémas d'aménagement régional de l'outre-mer (B), le plan d'aménagement et de développement durable de la Corse (C) et les schémas de mise en valeur de la mer (D). Seront systématiquement évoqués l'élaboration, le contenu, étant d'ores et déjà précisé que tous comportent une évaluation environnementale, la place dans la hiérarchie des normes et les effets de ces documents. 79

A. Le schéma directeur de la région Ile-de-France (SDRIF)

Le SDRIF couvre l'ensemble de la région Ile-de-France. Son régime est fixé aux articles L. 141-1 s. du Code de l'urbanisme. L'initiative de son établissement appartient soit à la région Ile-de-France, soit à l'État, mais il est élaboré par la région en association avec l'État. La région doit par ailleurs recueillir les propositions des conseils départementaux des départements intéressés, du conseil économique et social régional et des chambres consulaires. En vertu de l'article L. 121-10, le SDRIF doit faire l'objet d'une évaluation environnementale. À l'issue de cette élaboration, le projet de schéma leur est soumis pour avis. Il est ensuite soumis à enquête publique. Le schéma est enfin adopté par le conseil régional puis approuvé par décret en Conseil d'État (le SDRIF actuellement en vigueur a été approuvé par décret n° 2013-1241 du 27 décembre 2013). Une fois en vigueur, il peut être révisé (art. L. 141-1) ou modifié, dans les conditions et suivant la procédure prévues à l'article L. 141-1-1 du Code de l'urbanisme. 80

Le SDRIF a pour objectif de maîtriser la croissance urbaine et démographique et l'utilisation de l'espace tout en garantissant le rayonnement international de cette région. Il précise les moyens à mettre en œuvre pour corriger les disparités spatiales, sociales et économiques de la région, coordonner l'offre de déplacement et préserver les zones rurales et naturelles afin d'assurer les conditions d'un développement durable de la région. À cette fin, il détermine notamment la destination générale de différentes parties du territoire, les moyens de protection et de mise en valeur de l'environnement, la localisation des grandes infrastructures de transport et des grands équipements. Il détermine également la localisation préférentielle des extensions urbaines, ainsi que des activités industrielles, artisanales, agricoles, forestières et touristiques.

Quant à sa place dans la hiérarchie des normes, il est notamment prévu que le SDRIF doit respecter les règles générales d'aménagement et d'urbanisme prévues au Livre Ier du code ainsi que les servitudes d'utilité publique et les dispositions nécessaires à la mise en œuvre de projets d'intérêt général relevant de l'État et d'opérations d'intérêt national. S'agissant de ses effets, enfin, le SDRIF n'est pas opposable aux autorisations d'occupation du sol. En revanche, il est opposable aux documents locaux d'urbanisme suivant le principe de compatibilité limitée (C. urb., art. L. 111-1-1). Ainsi, il ne s'impose en principe qu'aux SCOT, mais en l'absence de SCOT, ce sont les PLU, les cartes communales ou les documents en tenant lieu qui doivent être compatibles avec lui. Des conditions sont par ailleurs posées à l'intervention d'une déclaraton d'utilité publique ou d'une déclaration de projet qui ne serait pas compatible avec le SDRIF (art. L. 141-1-2).

B. Les schémas d'aménagement régional (SAR) de l'outre-mer

81 L'article L. 4433-7 du Code général des collectivités territoriales prévoit que les conseils régionaux de Guadeloupe, de Guyane, de Martinique, de Mayotte et de la Réunion (la Guyane et la Martinique n'étant plus mentionnées dans la version à venir de l'article L. 4433-7) adoptent un schéma d'aménagement qui fixe les orientations fondamentales à moyen terme en matière de développement durable, de mise en valeur du territoire et de protection de l'environnement (D. Blanchet, « Le droit de l'urbanisme dans les départements et les régions d'outre-mer », *DAUH* 2004. 215). Ces SAR sont approuvés par décret en Conseil d'État à l'issue d'une procédure en principe initiée par le conseil régional, conduite par le président du conseil régional, et à laquelle sont associés différents organismes pubics (CGCT, art. L. 4433-9). Ils font l'bjet d'une évaluation environnementale. Une fois en vigueur, le SAR peut être modifié par décret en Conseil d'État si la modification ne porte pas atteinte à l'économie générale du schéma. En toute hypothèse, le conseil régional doit procéder à une analyse du schéma et délibérer sur son maintien en vigueur ou sur une mise en révision complète ou partielle au moins touts les dix ans, faute de quoi le schéma devient caduc.

Les SAR déterminent notamment la destination générale des différentes parties du territoire de la région, l'implantation des grands équipements d'infrastructures et de transport, la localisation préférentielle des extensions urbaines, des activités industrielles, portuaires, artisanales, agricoles, forestières, touristiques et relatives aux énergies renouvelables ainsi que celles relatives aux nouvelles technologies de l'information et de la communication. Enfin, ils définissent les principes permettant d'assurer la combinaison des différents modes de transports et la coordination des politiques de mobilité mises en place par les autorités organisatrices.

Quant à leur place dans l'organisation normative, les SAR sont soumis aux règles générales d'aménagement et d'urbanisme prévues par le code, en particulier aux DTA, ainsi qu'à différentes normes issues de législations étrangères à l'urbanisme proprement dit (CGCT, art. L. 4433-8). Un dispositif spécial de mise en compatibilité est prévu (art. L. 4433-10). Ils doivent également respecter les servitudes d'utilité publique et les dispositions nécessaires à la mise en œuvre d'opérations d'intérêt national, ainsi que la législation en matière de protection des sites et des paysages ainsi qu'en matière de protection des monuments classés ou inscrits.

Enfin, les effets des SAR sont proches de ceux du SDRIF : ils sont opposables aux documents locaux d'urbanisme suivant le principe de compatibilité. Ils ne sont pas opposables aux autorisations d'urbanisme, mais le Conseil d'État a jugé que les opérations telles que les ZAC doivent être compatibles avec les SAR (CE 18 oct. 2006, *Min. délégué aux libertés locales*, n° 264292).

C. Le plan d'aménagement et de développement durable de la Corse (PADDUC)

Le PADDUC est censé remplacer le schéma d'aménagement de la Corse adopté en 1992 par l'État, faute pour les autorités locales de l'avoir élaboré dans le délai qui leur était imparti. L'adoption du PADDUC s'avérant également compliquée (H. Coulombié et C. Giorsetti, « Le PADDUC à la croisée des chemins », *Constr.-Urb.* 2010. Étude 5), le législateur est récemment intervenu afin d'apporter quelques amendements à son régime fixé aux articles L. 4424-9 s. du Code général des collectivités territoriales (L. 5 déc. 2011, *AJDA* 2011. 2323 ; *Constr.-urb.* 3/2012 et 5/2012, étude n° 5, comm. H. Coulombié et T. Gillicq ; *JCP* A 3/2012, n° 2019, comm. D. Gillig ; v. également loi n° 2014-58 du 27 janv. 2014). Une différence importante entre le PADDUC et les schémas de panification stratégique précédemment envisagés tient à son caractère décentralisé. En effet, si l'État est associé à son élaboration, c'est l'Assemblée de Corse qui est compétente pour l'approuver, après enquête publique. A l'heure actuelle, le projet de PADDUC est sur le point d'être soumis à cette enquête. Il devrait être approuvé avant l'été 2015. 82

Le contenu du PADDUC est potentiellement très riche, ce qui lui permet d'être considéré comme équivalent à un certain nombre de documents (schéma régional des infrastructures et des transports et schéma de mise en valeur de la mer notamment). De manière générale, il a pour objet de définir, dans le respect des articles L. 110 et L. 121-1 du Code de l'urbanisme, une stratégie de développement durable du territoire en fixant les objectifs de la préservation de l'environnement de l'île et de son développement économique, social, culturel et touristique, tout en garantissant l'équilibre territorial. Dans cette perspective, il peut déterminer notamment les espaces naturels, agricoles et forestiers ainsi que les sites et paysages à protéger ou à préserver, l'implantation des grandes infrastructures de transport et des grands équipements, la localisation préférentielle ou les principes de localisation des extensions urbaines, des activités industrielles, artisanales, commerciales, agricoles, forestières, touristiques, culturelles et sportives. Il comporte même une carte indiquant la destination générale des différentes parties du territoire de l'île. Le PADDUC peut encore préciser les modalités d'application des lois Montagne et Littoral. Ses prescriptions à ce titre sont d'ailleurs logiquement opposables aux autorisations d'urbanisme. Pour le reste, il s'impose – à l'instar du SDRIF et des SAR – aux documents locaux d'urbanisme dans un rapport de compatibilité limitée.

D. Les schémas de mise en valeur de la mer (SMVM)

83 Les SMVM ont été créés par la loi du 7 janvier 1983 pour succéder aux « schémas d'aptitude et d'utilisation de la mer » qui avaient vu le jour en 1972. Leur régime a cependant été modifié à plusieurs reprises par la suite, notamment par la loi Littoral de 1986 et par la loi relative au développement des territoires ruraux (DTR) de 2005 (complétées par différents décrets, Décr. 5 déc. 1986 ayant été modifié en dernier lieu par Décr. 8 nov. 2007). Sous l'empire de la loi de 1983, l'élaboration des SMVM relevait de la compétence exclusive de l'État et ils étaient approuvés par décret en Conseil d'État. Depuis la loi DTR, la procédure est en principe déconcentrée et associe les collectivités et les EPCI concernés, ainsi qu'un certain nombre d'organismes publics et privés intéressés (à cet égard, et plus généralement sur le régime des SVMV : CE 3 mars 2008, *Laporte*, n° 278168, *BJDU* 2008. 162, concl. F. Lenica ; *RDI* 2008. 356). Cette loi a également ouvert la possibilité d'en faire, comme cela était déjà le cas des SAR et du PADDUC, un chapitre individualisé du SCOT lorsque celui-ci couvre une ou plusieurs communes littorales. Dans ces hypothèses, la procédure d'établissement du SMVM est en principe la même que celle du document principal, sous réserve d'un « droit de regard » de l'État plus (sur les SAR et les SCOT) ou moins (sur le PADDUC) étendu.

Dans tous les cas, le SMVM fixe les orientations fondamentales de l'aménagement, de la protection et de la mise en valeur du littoral. Il détermine d'une part, la vocation générale des différentes zones et notamment les zones affectées au développement industriel et portuaire, aux cultures marines et aux activités de loisir et, d'autre part, les vocations des différents secteurs de l'espace maritime et les principes de compatibilité applicables aux usages correspondants, ainsi que les conséquences qui en résultent pour l'utilisation des divers secteurs de l'espace terrestre qui sont liés à l'espace maritime. Il peut aussi édicter les sujétions particulières intéressant les espaces maritime, fluvial ou terrestre attenants nécessaires à la préservation du milieu marin et littoral. Il arrête enfin les mesures de protection du milieu marin. Autrement dit, le SMVM a vocation à couvrir un espace sur lequel il est possible de dégager une problématique terre-mer en termes de concurrence, de complémentarité ou tout simplement parce que les intérêts de l'espace terrestre et de l'espace marin sont liés.

À la différence des schémas de planification stratégique envisagés précédemment, les SMVM ne sont pas mentionnés à l'article L. 111-1-1 du Code de l'urbanisme et il n'est plus prévu qu'ils ont les mêmes effets que les DTA. Leurs effets juridiques sont donc relativement incertains, du moins lorsqu'ils ne sont pas intégrés à un autre document dont ils acquièrent les caractéristiques. Il est néanmoins certain que les SMVM doivent se conformer aux dispositions de la « loi littoral » (CE 7 juill. 1997, *Madaule, Lebon* T. 115 ; *BJDU* 1997. 35, concl. J.-Cl. Bonichot ; *RD publ.* 1998. 303, obs. J.-P. Lebreton ; CE 3 mars 2008, *Assoc. Bassin d'Arcachon Écologie*, n° 278168, *RDI* 2008. 356, obs. P. S.-C.) et qu'ils ne sont pas directement opposables aux autorisations d'urbanisme. En revanche, il est probable qu'ils le soient aux documents locaux d'urbanisme dans un rapport de compatibilité limitée.

Compléments pédagogiques

Mémo

On a coutume de dire que le droit de l'urbanisme est « décentralisé ». Une telle présentation est pour le moins approximative. Si l'on veut signifier par là que la compétence en matière d'urbanisme aurait été globalement transférée au niveau local, elle est même erronée. En réalité, *la loi du 7 janvier 1983 a décentralisé au niveau communal l'élaboration de la règle d'urbanisme à condition qu'elle s'inscrive dans une planification* (POS devenu PLU). Cette décentralisation ne réalise pas pour autant une « appropriation » de leur territoire par les communes. Car nonobstant le *principe de libre administration des collectivités territoriales* qui la fonde, les politiques locales d'urbanisme ne peuvent qu'être assujetties au respect d'un certain nombre de *finalités d'intérêt général.* On n'oubliera pas à cet égard que, malgré son apparente technicité, le droit de l'urbanisme est porteur, au-delà de son périmètre traditionnel, d'un certain nombre d'enjeux majeurs en termes notamment d'environnement ou de protection contre les risques, mais aussi de « valeurs sociales », si l'on songe par exemple à la mixité sociale. L'article L. 121-1 du Code de l'urbanisme en donne l'illustration la plus nette. C'est bien évidemment à l'État qu'il revient de formuler ces finalités dans lesquelles les politiques locales doivent s'inscrire. *Il s'agit donc de recenser les supports juridiques de l'expression de la volonté de l'État sur le territoire et, par là même, de préciser le périmètre de l'encadrement normatif des documents locaux d'urbanisme.* Cet examen permet par ailleurs de se familiariser avec la structure particulière du droit de l'urbanisme qui décline toute la gamme de la règle de droit, des principes posés par le législateur aux prescriptions des documents locaux d'urbanisme en passant par les orientations que déterminent par exemple des documents de planification stratégique.

Quid

■ Développement durable n° 26

Codifié à l'article L. 110-1 du Code de l'environnement, inscrit depuis la loi SRU à l'article L. 121-1 du Code de l'urbanisme, dont il irrigue l'ensemble des préoccupations aujourd'hui et consacré par l'article 6 de la Charte constitutionnelle de l'environnement, le développement durable peut être défini comme visant à satisfaire les besoins de développement et la santé des générations présentes, en conciliant la protection et la mise en valeur de l'environnement, le développement économique et le progrès social, sans compromettre la capacité des générations futures à répondre aux leurs.

■ Directive territoriale d'aménagement (et de développement durable) n°s 70 s.

Institué par la loi du 4 février 1995 d'orientation pour l'aménagement et le développement du territoire (C. urb., art. L. 111-1-1), ce document de planification stratégique a pour objet de fixer, sur certaines parties du territoire, les orientations fondamentales de l'État en matière d'aménagement et d'équilibre entre les perspectives de développement, de protection et de mise en en valeur des territoires. La loi portant engagement national pour l'environnement du 12 juillet 2010 lui a substitué la directive territoriale d'aménagement et de développement durable, dont la dimension environnementale est plus marquée et dont les objectifs pourront être réalisés en recourant à la procédure de projet d'intérêt général.

■ Lois d'aménagement et d'urbanisme n°s 37 s.

En même temps que la décentralisation de l'urbanisme, le législateur a conféré ce « label » aux lois dont la fonction était d'être le support de l'expression de la volonté de l'État sur le territoire. La loi SRU a cependant supprimé les lois d'aménagement et d'urbanisme en tant que catégorie juridique. Mais leurs prescriptions et dispositions demeurent applicables sous l'appellation plus neutre de « dispositions particulières relatives à certaines parties du territoire » comme le littoral, les zones de montagne ou les abords des aérodromes.

■ Principe d'équilibre n° 27

C'est un principe classique du droit de l'urbanisme qui était formulé par l'article L. 121-10 du Code de l'urbanisme avant la loi SRU. Tel qu'il est désormais défini à l'article L. 121-1, il impose aux documents locaux de déterminer les conditions permettant d'assurer l'équilibre entre le renouvellement urbain, le développement urbain maîtrisé, la restructuration des espaces urbanisés, la revitalisation des centres urbains et ruraux ; l'utilisation économe des espaces naturels, la préservation des espaces affectés aux activités agricoles et forestières, et la protection des sites, des milieux et paysages naturels ; ainsi que la sauvegarde des ensembles urbains et du patrimoine bâti remarquables.

■ Diversité des fonctions urbaines n° 28

Inscrit à l'article L. 121-1 depuis la loi SRU, le principe de diversité des fonctions urbaines interdit aux documents d'urbanisme de découper la ville en secteurs monofonctionnels, comme le prônait jadis la Charte d'Athènes. Il leur impose, au contraire, de réunir, au sein d'une même zone, les installations et constructions destinées aux fonctions de logement, de travail, de commerce et d'animations culturelles.

■ Mixité sociale n° 28

Introduit à l'origine par la loi d'orientation pour la ville du 13 juillet 1991, le principe de mixité sociale est désormais repris à l'article L. 121-1 du Code de l'urbanisme. Il impose aux documents locaux d'urbanisme de prévoir des capacités de construction et de réhabilitation suffisantes pour la satisfaction, sans discrimination des besoins présents et futurs en matière d'habitat, d'activités économiques, notamment commerciales, d'activités sportives ou culturelles. Outre l'obligation de prendre en compte cet objectif de mixité sociale, les communes doivent aussi participer directement à sa mise en œuvre au travers de la réalisation de logements locatifs sociaux dans le cadre du

« 20 % communal » qui leur est imposé par l'article 55 de la loi SRU (CCH, art. L. 302-5).

■ Renouvellement urbain n° 27

Conception nouvelle de l'évolution urbaine qui consiste à favoriser la reconstruction de la ville sur elle-même en favorisant la densification et en luttant corrélativement contre l'étalement urbain et le gaspillage des espaces agricoles et naturels.

Documents

Cons. const. 7 déc. 2000, n° 2000-436 DC, loi sur la solidarité et le renouvellement urbains (extrait) (*Rec. Conc. const.* p. 176)

Le Conseil constitutionnel,

Vu la Constitution ; [...]

Sur l'article 4 :

Considérant que l'article 4 de la loi déférée remplace les dispositions des articles L. 123-1 et suivants du Code de l'urbanisme consacrées aux plans d'occupation des sols, par les nouveaux articles L. 123-1 à L. 123-20 relatifs aux plans locaux d'urbanisme ;

Considérant, en premier lieu, qu'aux termes du quatrième alinéa de l'article L. 123-1, les plans locaux d'urbanisme « fixent les règles générales et les servitudes d'utilisation des sols permettant d'atteindre les objectifs mentionnés à l'article L. 121-1, qui peuvent notamment comporter l'interdiction de construire... » ;

Considérant qu'en vertu de l'article L. 121-1 du même code, dans sa rédaction issue de l'article 1er de la loi déférée : « Les schémas de cohérence territoriale, les plans locaux d'urbanisme et les cartes communales déterminent les conditions permettant d'assurer :

1° L'équilibre entre le renouvellement urbain, un développement urbain maîtrisé, le développement de l'espace rural, d'une part, et la préservation des espaces affectés aux activités agricoles et forestières et la protection des espaces naturels et des paysages, d'autre part, en respectant les objectifs du développement durable ;

2° La diversité des fonctions urbaines et la mixité sociale dans l'habitat urbain et dans l'habitat rural, en prévoyant des capacités de construction et de réhabilitation suffisantes pour la satisfaction, sans discrimination, des besoins présents et futurs en matière d'habitat, d'activités économiques, notamment commerciales, d'activités sportives ou culturelles et d'intérêt général ainsi que d'équipements publics, en tenant compte en particulier de l'équilibre entre emploi et habitat ainsi que des moyens de transport et de la gestion des eaux ;

3° Une utilisation économe et équilibrée des espaces naturels, urbains, périurbains et ruraux, la maîtrise des besoins de déplacement et de la circulation automobile, la préservation de la qualité de l'air, de l'eau, du sol et du sous-sol, des écosystèmes, des espaces verts, des milieux, sites et paysages naturels ou urbains, la réduction des nuisances sonores, la sauvegarde des ensembles urbains remarquables et du patrimoine bâti, la prévention des risques naturels prévisibles, des risques technologiques, des pollutions et des nuisances de toute nature » ;

Considérant que les députés requérants font grief à ces dispositions, notamment en ce qu'elles assignent un objectif de « mixité sociale » aux documents d'urbanisme, d'être trop imprécises

pour pouvoir imposer des obligations aux collectivités territoriales ou à leurs groupements sans méconnaître les articles 34 et 72 de la Constitution ;
Considérant que, si le législateur peut, sur le fondement des dispositions des articles 34 et 72 de la Constitution, assujettir les collectivités territoriales ou leurs groupements à des obligations et à des charges, c'est à la condition que celles-ci répondent à des exigences constitutionnelles ou concourent à des fins d'intérêt général, qu'elles ne méconnaissent pas la compétence propre des collectivités concernées, qu'elles n'entravent pas leur libre administration et qu'elles soient définies de façon suffisamment précise quant à leur objet et à leur portée ;
Considérant qu'eu égard à l'imprécision des objectifs qu'elles mentionnent, les dispositions précitées de l'article 1er de la loi déférée méconnaîtraient les articles 34 et 72 de la Constitution si elles soumettaient les collectivités territoriales à une obligation de résultat ; qu'il ressort toutefois des travaux parlementaires que ces dispositions doivent être interprétées comme imposant seulement aux auteurs des documents d'urbanisme d'y faire figurer des mesures tendant à la réalisation des objectifs qu'elles énoncent ; qu'en conséquence, il appartiendra au juge administratif d'exercer un simple contrôle de compatibilité entre les règles fixées par lesdits documents et les dispositions précitées de l'article L. 121-1 ; que, sous cette réserve, les dispositions critiquées ne sont pas contraires aux articles 34 et 72 de la Constitution [...]

CAA Nantes,14 mai 2012, *Cne Boissy-les-Perche*, n° 10NT02174 (extraits)

Considérant qu'il ressort des pièces du dossier, et notamment du plan d'aménagement et de développement durable, que l'ouverture de 18 hectares à l'urbanisation, prévue par le plan local d'urbanisme de Boissy lès Perche, devrait permettre la construction de 35 à 60 logements et l'installation de 80 à 150 habitants, alors même que cette commune, dont la population est passée de 1999 à 2005 de 534 à 525 habitants avant d'augmenter à nouveau légèrement, connaît une stabilité démographique ; que cette ouverture à l'urbanisation ne sera pas concentrée en continuité du bourg, excepté le développement de l'écart du Guêlin, mais s'effectuera autour des hameaux des Loges, de La Noë-Malabry, de Cocherel et des Landes ; qu'elle omet de prendre en compte l'existence d'emplacements constructibles inoccupés, notamment dans le hameau du Moulin-à-Vent proche du bourg, dans celui de La Noë-Malabry, ainsi que dans le lotissement des Loges ; que la consommation d'espace résultant des possibilités ainsi définies est accrue par les dispositions de l'article AU5 du règlement du plan local d'urbanisme, imposant, pour les terrains constructibles, des superficies minimales de 2 500 m² à La Noë-Malabry et à Cocherel, de 2 000 m² aux Loges et de 1 500 m² au Guêlin et aux Landes et par celles de l'article AU14 de ce règlement, exigeant un coefficient d'occupation du sol de 0.1 en dehors du bourg ; que selon les propres termes du projet d'aménagement et de développement durable, un tel parti d'urbanisme autorise « un développement urbain extensif, grand consommateur d'espace » ; que, dans ces conditions, et alors même que les surfaces ouvertes à l'urbanisation ne représenteraient qu'une portion réduite du territoire communal, les auteurs du plan local d'urbanisme ont méconnu les dispositions de l'article L. 121-1 précité du Code de l'urbanisme en n'assurant pas le respect du principe de l'équilibre entre le développement urbain et la gestion économe des espaces naturels et ruraux [...]

Biblio

1) Sur le renouvellement urbain

- « Droit et politique de renouvellement urbain », *Cah. GRIDAUH* 10/2004, série droit de l'urbanisme.
- H. Charles, « De l'urbanisme au renouvellement urbain, le droit des sols dans la tourmente », in *Mélanges Moderne*, Dalloz, 2004, p. 69.
- M. Deguergue, « Brèves réflexions sur la solidarité dans ses rapports avec le renouvellement urbain », in *Mélanges Moreau*, Economica, 2003, p. 83.
- J.-P. Demouveaux, « La notion de renouvellement urbain », *DAUH* 2002. 125.
- É. Fatôme et J.-P. Lebreton, « Opération d'aménagement et tissu urbain existant », *AFDUH* 2000. 129.
- G. Godfrin, *Aménagement urbain et bâti existant*, LGDJ, 1999.
- H. Périnet-Marquet, « Les autres législations concourant au renouvellement urbain », *Cah. GRIDAUH,* préc., p. 239.
- B. Phémolant, « Les outils de l'urbanisme pour le renouvellement urbain », *DAUH* 2001. 233.
- O. Piron, « Le renouvellement urbain : tentative d'approche systémique », *DAUH* 2001. 213.
- M. Sauvez, *La ville et l'enjeu du renouvellement urbain*, rapport au ministre de l'Environnement, Doc. fr., sept. 2001.
- L. Vasselin et C. Badlou, « L'action de l'État pour le renouvellement urbain », *Ét. fonc.* 2001, n° 93, p. 10.

2) Sur la densification

- S. Pérignon, « Densification, une vérité devenue folle... », *Constr.- Urb.* n° 9, Septembre 2012, repère 8.
- S. Pérignon, « Pour en finir avec les urbanistes », *BJDU* 3/2014, p. 163 (urbanisme idéologique...)

3) Sur la mixité sociale

- J.-Ph. Brouant, « Mixité sociale, droit au logement et communautarisme », *DAUH* 2002. 159.
- E. Deschamps, *Le droit public et la ségrégation urbaine (1943-1997)*, Thèse Lyon II, 1997.
- Y. Jegouzo, « La loi du 14 nov. 1996 relative à la mise en œuvre du pacte de relance pour la ville et la globalisation des politiques urbaines », *AFDUH* 1996. 5.
- S. Joubert, *Droit à la ville, Droit de la ville*, Thèse Paris II, 1997.
- P. Quilichini, *La politique locale de l'habitat*, Le Moniteur, 2006 ; « Logement et décentralisation après la loi Liberté et Responsabilités locales du 13 août 2004 », *DAUH* 2005. 15.
- F. Zitouni, « L'enrichissement du droit au logement », *DAUH* 2001. 171 ; « La mesure de la mixité dans les politiques urbaines », *AJDA* 2003. 1807.

4) Sur la loi Littoral

A. Doctrine

- J.-M. Becet, « Le droit de l'urbanisme littoral », PU Rennes, 2002 ; « Vers une véritable politique d'urbanisme littoral », *AJDA* 1993. 116, n° spéc.
- N. Calderaro et J. Lacrouts, *Le littoral*, 2ᵉ éd., Le Moniteur, 2005.
- J. Caillosse, « Qui a peur du droit littoral ? », *RJ envir.* 1993. 514.

- H. Coulombié et C. Le Marchand, *Droit du littoral et de la montagne*, Litec, coll. « Urbanisme et construction », 2010.
- Ph. Godfrin, « La loi du 3 janvier 1986 relative à l'aménagement, la protection et la mise en valeur du littoral », *AJDA* 1986. 359.
- J.-C. Hélin, R. Hostiou et a., « La loi du 3 janvier 1986 relative à l'aménagement, la protection et la mise en valeur du littoral », *RFDA* 1986. 675-749.
- R. Hostiou, « Espaces remarquables du littoral : le changement dans la continuité », *AJDA* 2005. 370.
- M. Paillet, « Les dix ans de la loi littoral », *RJ envir.* 1997, n° spéc.

B. Jurisprudence commentée

- L. Benoit, E. Coent-Bochard et P. Larromec, « La loi littoral devant les cours administratives d'appel », *AJDA* 2002. 393.
- N. Calderaro, *Loi Littoral et loi Montagne*, Guide de jurisprudence commentée, EFE, 2005.
- M. Sousse, « 10 ans d'application de la loi Littoral », Environnement 11/2012, étude n° 14

C. Rapports parlementaires

- DATAR, *Construire ensemble un développement équilibré du littoral*, Doc. fr., 2004.
- P. Gélard, *L'application de la « loi littoral » pour une mutualisation de l'aménagement du territoire*, Doc. Sénat, n° 421, 21 juill. 2004.
- J. Leguen, *Rapport d'information sur la loi littoral*, Doc. AN n° 1470, 21 juill. 2004.
- Rapp. d'information sur la loi Littoral de Mme O. Herviaux et M. J. Bizet, fait au nom de la commission du développement durable du Sénat, n° 297 (2013-2014), 21 janv. 2014

5) Sur la loi Montagne

A. Doctrine

- Association française de droit de l'urbanisme, « Montagne et droit. Dix ans d'application de la loi montagne et actualité législative », *LPA* 21 févr. 1996, n° 23.
- Ph. Billet, « Le droit à l'assaut de la montagne : de la directive "montagne" à la loi sur le développement des territoires ruraux », *Envir.* 2005. Chron. 9.
- H. Charles, « Urbanisme et montagne », *AJDA* 1993, n° spéc. 125.
- H. Coulombié et C. Le Marchand, *Droit du littoral et de la montagne*, Litec, coll. « Urbanisme et construction », 2010.
- P. Danna, « Vingt ans après, que faire de la loi Montagne ? », *DAUH* 2006. 29.
- - C. Devès, « Loi Montagne et protection du patrimoine naturel montagnard », *JCP*-A 6/2013, n° 2034.
- J.-P. Henry et Ph. Ségur (dir.), *L'avenir de la loi montagne. Évolution des conditions d'application*, PU Perpignan, 1999.
- Ph. Juen, « L'érosion des principes d'urbanisation issus de la loi Montagne », *Constr.-urb.* 11/2012, étude n° 10.
J.-F. Joye, « Encadrer localement l'urbanisme en zone de montagne : recours au droit adapté aux massifs ou crédibilité du droit commun ? », *Constr.-Urb.* 11/2012, étude n° 11.

B. Jurisprudence commentée

- N. Calderaro, *Loi Littoral et loi Montagne*, Guide de jurisprudence commentée, EFE, 2005.
- C. Devès, « Loi Montagne et protection du patrimoine naturel montagnard », *JCP*-A 6/2013, n° 2034.

C. Rapports parlementaires

- J.-P. Amoudry, *L'avenir de la montagne.Un développement équilibré dans un environnement préservé*, Sénat, Rapport de la mission commune chargée de dresser un bilan de la politique de la montagne et en particulier de l'application de la loi du 9 janvier 1985, de son avenir et de ses nécessaires adaptations, n° 15, 2002-2003.

6) Sur les dispositions d'urbanisme particulières aux constructions aux abords des aérodromes

- R. Goy, « La loi du 11 juillet 1985 relative à l'urbanisme aux abords des aérodromes », *RFDA* 1986. 934.

7) Sur les directives territoriales d'aménagement (DTA) et les directives territoriales d'aménagement et de développement durable (DTADD)

A. Bibliographie

- P. Baffert, « La planification stratégique », *AJDA* 2010. 1688 (dossier spéc. loi Grenelle II, 1re partie).
- Colloque IDEFI-CREDECO, « Les directives territoriales d'aménagement », *Droit et Ville* 50/ 2000 : Y. Jegouzo, « Rapport introductif » ; G. Martin, « Les DTA et les normes et documents d'environnement » ; E. Graszk, « Les thèmes abordés dans les DTA », P. Hocreitère, « L'apport des documents qualifiés de directives territoriales d'aménagement », P.-P. Danna, « La procédure d'élaboration des directives territoriales d'aménagement », H. Jacquot, « Les effets des DTA à l'égard des documents et des autorisations d'urbanisme ».
- J.-H. Driard, « La mauvaise application d'une bonne idée : les directives territoriales d'aménagement », *Dr. adm.* 1999. 6.
- P. Hocreitère, « Les DTADD : régression par rapport aux DTA », *RDI* 2011. 74, dossier spéc. loi Grenelle II.
- C. Lvovschi-Blanc, « Des directives territoriales d'aménagement (DTA) aux directives territoriales d'aménagement te de développement durable (DTADD) », *RLCT* 2010, n° spéc. Grenelle II.
- S. Traoré, « Les directives territoriales d'aménagement et de développement durables de la loi du 12 juillet 2010 et les critères des documents d'urbanisme », *JCP* A 2010, n° 2286.

B. Sur la DTA Alpes-Maritimes

- CE 27 juill. 2005, *Cté de sauvegarde du port Vauban Vieille-ville et Antibes Est*, n° 264336, *Lebon* 378 ; *Constr.-Urb.* 2005, n° 250, note L. Le Corre ; *BJDU* 2005. 243, concl. Y. Aguila ; *RDI* 2005. 462, obs. P. S-C.*AJDA* 2006. 432, note P.-P. Danna.
- H. Charles, « Enfin la première directive territoriale d'aménagement : la DTA des Alpes-Maritimes », *DAUH* 2004. 159.
- Décr. n° 2003-1169 2 déc. 2003, *JO* 9 déc. 2003. 20969.

C. Sur la DTA des bassins miniers nord lorrains

- *Constr.-Urb.* 2005, n° 21, obs. G. Godfrin.
- Décr. n° 2005-918, 2 août 2005, *JO* 5 août 2005. 12815.

D. Sur la DTA de l'estuaire de la Seine

- Décr. n° 2006 -834, 10 juill. 2006, *JO* 19 juill. 2006. 10828.

E. Sur la DTA de l'estuaire de la Loire

- *Constr.-Urb.* 2006, n° 201, obs. G. Godfrin.
- Décr. n° 2006-884, 17 juill. 2006, *JO* 19 juill. 2006. 10828.

F. Sur la DTA de l'aire métropolitaine lyonnaise

- *Constr.-Urb.* 2007, n° 38, obs. G. Godfrin.
- Décr.n° 2007-45, 9 janv. 2007, *JO* 12 janv. 2007. 774.

8) Sur le schéma directeur de l'Île-de-France (SDRIF)

- J.-P. Lebreton, « Le désolant statut du schéma directeur de l'Ile-de-France », *AJDA* 2008. 1681.
- G. Marcou, « Le schéma directeur de la région Ile-de-France entre aménagement du territoire et urbanisme », *AJDA* 2004. 1393 ; « Le SDRIF et la planification spatiale en Ile-de-France », *DAUH* 2004. 175.
- C. Maugüé, « Quelques considérations sur le décret du 31 août 2005 ouvrant la procédure de révision du SDRIF », *AJDA* 2005. 2344.
- L. Touvet, « Le nouveau schéma directeur de la région Île-de-France », *BJDU* 1994, n° 4, p. 3.

9) Sur le schéma d'aménagement régional et le projet d'aménagement et de développement durable de la Corse (PADUC)

- H. Coulombi et C. Giorsetti, « Le PADDUC à la croisée des chemins », *Constr.-Urb.* 2010. Étude 5.
- D. Gillig, « Le plan d'aménagement et de développement durable de Corse (PADDUC) après la loi du 5 décembre 2011 », *JCP* A 23 janv. 2012, n° 3, comm. 2019.
- R. Romi, « La Corse et l'environnement : de la confirmation à l'expérimentation (à propos du nouveau statut de la Corse touchant à l'environnement) », *RFDA* 2002. 702.

10) Sur les schémas d'aménagement régional de l'outre-mer

D. Blanchet, « Le droit de l'urbanisme dans les départements et les régions d'outre-mer », *DAUH* 2004. 215

A. Sur le SAR de la Réunion

- P. Soler-Couteaux, « Le SAR de la Réunion : une expérience et un modèle pour les documents d'aménagement », in *Droit et Anthropologie de la complexité, Mélanges Mas*, Economica, 1996, p. 347.
- CE 18 oct. 2006, *Min. Intérieur et Aménagement du territoire c/ Begue, Cne Saint Leu, RDI* 2006. 507, obs. P. S.-C.
- Décr. n° 95-1169, 6 nov. 1995, *JO* 8 nov. 1995. 16356.

B. Sur le SAR de la Martinique

- P. Hocreitère, « La Martinique se dote d'un schéma d'aménagement régional innovant », *Mon. TP* 12 mars 1999. 4972 ; *Ét. fonc.* 1999, n° 83, p. 21.
- CE 25 juin 2003, *Sté Usine du Marin, Coll. terr.* 2003. 198, obs. L. Erstein ; *BJDU* 2003. 240, concl. S. Austry.
- Décr. 23 déc. 1998, *JO* 24 déc. 1998. 19512, abrogé et modifié par Décr. n° 2005-1323, 20 oct. 2005, *JO* 27 oct. 2005.

C. Sur le SAR de la Guadeloupe

- Décr. n° 2001-16, 5 janv. 2001, *JO* 7 janv. 2001. 335.

11) Sur le SMVM

- A. Fuchs-Cessot, « Un nouveau souffle pour les schémas de mise en valeur de la mer ? », *RLCT* 2008/38. Perspectives 1099.

Quiz

1) Sujet corrigé

Dissertation

Énoncé

Nature et portée des principes de l'article L. 121-1 du Code de l'urbanisme.

Voir le corrigé en fin de rubrique.

2) Sujet d'examen

Dissertation

La loi littoral est-elle trop protectrice des espaces auxquels elle s'applique ?

3) Corrigé

Dissertation

Introduction

Rappeler qu'aux termes de l'article L. 110 du Code de l'urbanisme, la compétence en matière d'urbanisme est partagée. Insister, en conséquence, sur la nécessité de mettre en place un encadrement normatif des documents locaux d'urbanisme qui doivent concourir à la mise en œuvre d'une politique nationale d'urbanisme. C'est ainsi à partir de 1983, en même temps que la décentralisation, que la question de l'encadrement normatif des documents d'urbanisme décentralisés s'est posée.

Plusieurs articles du Code de l'urbanisme y étaient alors consacrés, notamment l'article L. 110 mais aussi l'article L. 121-10 qui assignait aux documents d'urbanisme le respect d'un objectif d'équilibre entre l'aménagement et la protection que les articles L. 122-1 et L. 123-1 déclinaient ensuite à propos respectivement du contenu des schémas directeurs et des POS. Mais l'article L. 110 pouvait sembler manquer de cohérence, au fur et à mesure de l'enrichissement progressif des finalités politiques de l'urbanisme. Par ailleurs, leur formulation se trouvait dispersée dans l'article L. 110 mais aussi dans les autres articles précités du code, ce qui n'était guère de nature à en assurer la lisibilité. Ces limites avaient été relevées par le rapport du Conseil d'État, *L'urbanisme : pour un droit plus efficace*, Doc. fr., 1992.

L'intérêt de l'article L. 121-1, issu de la loi SRU, est ainsi de codifier dans le Code de l'urbanisme, une synthèse de l'ensemble des principes susceptibles de gouverner le contenu des documents locaux d'urbanisme. Cet article a par la suite été amendé, en particulier par la loi portant Engagement national pour l'environnement de 2010. À l'heure actuelle, les objectifs qu'il assigne aux documents d'urbanisme sont regroupés en trois points, sous la houlette du développement durable (sous-jacent dans l'énoncé de l'article L. 110 et, depuis la loi « Grenelle II », placé en tête de l'article L. 121-1, comme pour en irriguer tous les aspects et, à travers lui, l'ensemble des documents d'urbanisme) :

– Le principe d'équilibre entre l'aménagement et la protection résultait déjà de l'article L. 121-10 ancien du Code de l'urbanisme mais le contenu de l'article L. 121-1 sur ce point illustre les préoccupations contemporaines. En effet, s'il est toujours assigné aux documents locaux d'urbanisme de prévoir suffisamment d'espaces constructibles, ils doivent désormais, dans la réalisation de cette fin, chercher un équilibre entre le renouvellement urbain, un développement urbain maîtrisé et le développement de l'espace rural. Il convient, par conséquent, de privilégier l'intervention sur l'existant, la reconstruction de la ville sur elle-même, et de favoriser la densification de la ville en luttant corrélativement contre l'étalement urbain, facteur de gaspillage foncier.

D'autre part, l'objectif de protection apparaît plus qualitatif du fait de l'introduction de la notion de « développement durable ».

– Le principe de mixité sociale n'est pas une innovation de loi SRU. Avant elle, les lois du 13 juillet 1991 d'orientation pour la ville et du 14 novembre 1996 relative à la mise en œuvre du pacte de relance pour la ville avaient affirmé le droit à la ville et le droit au logement compris comme passant par la mixité sociale. Il s'agit d'assurer la diversité de l'habitat au sein d'un même espace dans lequel doivent coexister logements sociaux et non sociaux, afin de renforcer la solidarité entre citoyens.

Quant à l'objectif de diversité des fonctions urbaines, il constitue une réaction contre la vision fonctionnelle de la ville qui a prédominé au lendemain de la Seconde Guerre mondiale sous l'influence de la Charte d'Athènes. Il appartient désormais aux auteurs des documents d'urbanisme de ne pas oublier cette vision nouvelle de la ville et de la mettre en œuvre.

Ces préoccupations d'ordre économique et social sont complétées par des objectifs très contemporains d'amélioration des performances énergétiques, de développement des communications électroniques, de diminution des obligations de déplacements et de développement des transports collectifs, qui annoncent l'entrée sur la scène de l'urbanisme des objectifs proprement environnementaux.

– Les préoccupations environnementales ne sont pas absolument nouvelles en droit de l'urbanisme. Notamment, le principe d'utilisation économe de l'espace, qui vise à maîtriser l'expansion urbaine périphérique et le mitage, en limitant « l'artificialisation » des sols, était déjà présent dans l'article L. 110, et il se retrouve aujourd'hui au sein du principe d'équilibre inscrit au 1° de l'article L. 121-1. Le développement urbain doit donc avoir lieu, autant qu'il est possible, dans la ville existante, sous réserve de l'obligation de sauvegarder les ensembles urbains remarquables et le patrimoine bâti. Mais ce n'est pas tout, il appartient aujourd'hui aux documents d'urbanisme de favoriser la réduction des émissions de gaz à effet de serre et la maîtrise de l'énergie et la production énergétique à partir de sources renouvelables, la préservation de la qualité de l'air, de l'eau, du sol et du sous-sol, des ressources naturelles, mais aussi de la biodiversité et des écosystèmes, préoccupations typiques du Grenelle de l'environnement.

La richesse de cet énoncé pose naturellement la question de son caractère normatif, autrement dit de sa sanction (II), et des modalités de la concrétisation, c'est-à-dire de la mise en œuvre des principes qu'il contient (I).

Plan

I. La concrétisation des principes de l'article L. 121-1

A. La mise en œuvre de l'objectif de développement durable et du principe d'équilibre

B. La mise en œuvre des objectifs sociaux, économiques et environnementaux

II. La normativité des principes de l'article L. 121-1

A. La sanction assurée par le contrôle de légalité

B. La sanction assurée par le contrôle juridictionnel

Éventuellement, un mot de conclusion sur la promotion du développement durable, inscrit à l'article 6 de la Charte constitutionnelle de l'environnement entrée en vigueur 2005, par les documents d'urbanisme et le droit de l'urbanisme en général.

chapitre 3

Le partage de la compétence sur le territoire

Plan analytique

section 1

Le principe de subordination des prévisions locales d'urbanisme

§ 1 L'État garant de la légalité

§ 2 L'État partenaire

A. L'assistance technique et financière à l'élaboration des documents d'urbanisme

B. La mission d'information *via* le « porter à connaissance »

C. Le rôle de personne publique associée à l'élaboration des documents d'urbanisme

§ 3 L'État tuteur

A. Un pouvoir d'empêcher

B. Un pouvoir d'imposer

C. Un pouvoir de substitution

section 2

L'harmonisation des projets publics sur le territoire

§ 1 Le principe d'harmonisation

§ 2 Les instruments de l'harmonisation

A. L'harmonisation normative

B. L'harmonisation institutionnelle

C. L'harmonisation procédurale

Compléments pédagogiques

Le partage de la compétence sur le territoire

La compétence d'urbanisme est une compétence partagée, qui s'organise de manière générale autour de deux grands principes : un principe de subordination des prévisions locales aux normes nationales (section 1) et un principe d'harmonisation des prévisions et décisions d'utilisation de l'espace des différentes collectivités publiques (section 2). 84

section 1

Le principe de subordination des prévisions locales d'urbanisme

Le corps des principes et objectifs constituant l'encadrement normatif des prévisions locales d'urbanisme dans un ensemble lui-même hiérarchisé est d'une incontestable richesse. Il reste cependant à s'assurer de l'effectivité de l'assujettissement à ces normes des orientations, règles et décisions locales en matière d'urbanisme. C'est une mission constitutionnelle (Constit., art. 72, al. 6) que l'État assume en matière d'urbanisme en endossant tour à tour trois habits : garant pur et simple de la légalité (§ 1), partenaire (§ 2) ou encore tuteur des autorités locales (§ 3). 85

§ 1 L'État garant de la légalité

Le Conseil constitutionnel a fait du contrôle de légalité une condition de la constitutionnalité de la décentralisation (Cons. const. 25 févr. 1982, n° 82-137 DC). Concernant les actes d'urbanisme, celui-ci s'exerce dans les conditions du droit commun, conformément aux articles L. 2131-1 s. du Code général des collectivités territoriales. Sont ainsi soumis à l'obligation de transmission – conditionnant le caractère exécutoire de l'acte – les actes réglementaires intervenant en matière d'urbanisme ainsi que les permis de construire et les autres autorisations d'utilisation du sol et le certificat d'urbanisme. Et le préfet, dont les recours sont soumis à l'obligation de notification de l'article R. 600-1, peut déférer ces actes au tribunal administratif s'il les estime illégaux, le cas échéant après avoir exercé un recours gracieux, puisque celui-ci présente l'avantage de conserver le délai du recours contentieux (CE 18 mai 1998, *Cne Allonzier-la-Caille*, n° 163708, *BJDU* 1998. 178, concl. J.-Cl. Bonichot). 86

Pour plus d'efficacité, le *déféré préfectoral*[Q] peut être accompagné d'une demande de suspension, qui bénéficie d'un régime plus favorable que lorsqu'elle émane d'un requérant quelconque (CGCT, art. L. 2131-6). D'abord, la suspension est automatiquement accordée (pour un délai d'un mois à compter de la réception) si la demande est formulée dans les 10 jours de la réception de l'acte. Ensuite, passé ce délai, le préfet n'a pas à apporter la preuve d'une situation d'urgence. La suspension est accordée simplement si l'un des moyens invoqués paraît, en l'état de l'instruction, propre à créer un doute sérieux quant à la légalité de l'acte attaqué. Enfin, il est statué sur la demande de suspension dans un délai d'un mois.

En pratique, les préfets n'ont pas toujours tendance à exercer leurs prérogatives en matière de contrôle de légalité. Il faut dire que la carence dans l'exercice du contrôle de légalité n'est susceptible d'engager la responsabilité de l'État que pour faute lourde (CE, sect., 21 juin 2000, *Min. Équipement et Transports c/ Cne Roquebrune-Cap-Martin*, *Lebon* 236 ; *BJDU* 2000. 191, concl. L. Touvet ; *RFDA* 2000. 1096, note P. Bon ; CE, ass., 6 oct. 2000, *Min. Intérieur c/ Cne Saint-Florent*, *Lebon* 395 ; *RD publ.* 2000. 1257, concl. L. Touvet), solution certes favorable à une plus grande autonomie des collectivités territoriales, mais peu propice à l'exercice le plus scrupuleux du contrôle de légalité.

§ 2 L'État partenaire

■ 87 Sous l'empire de la loi d'orientation foncière du 30 décembre 1967, les POS étaient confectionnés par l'État, avec la participation des communes. Depuis la loi du 7 janvier 1983, la compétence pour élaborer les documents locaux d'aménagement et d'urbanisme est décentralisée, mais l'État reste présent, à différents titres : il offre une assistance technique et financière aux autorités compétentes (A), assume une mission d'information via le « porter à connaissance » (B), et joue un rôle de personne publique associée (C).

A. L'assistance technique et financière à l'élaboration des documents d'urbanisme

■ 88 Au moment de l'adoption des lois de décentralisation de 1982-1983, le législateur a posé en principe que tout transfert de compétences devait être accompagné des moyens financiers et humains permettant de l'assumer. Il en fut ainsi en matière d'urbanisme.

En ce qui concerne les moyens financiers, il est prévu (C. urb., art. L. 121-7) que les dépenses assumées par les communes ou groupements de communes au titre de l'établissement des documents d'urbanisme font l'objet d'une compensation par l'État dans les conditions définies par les articles 1614-1 et L. 1614-3 du Code général des collectivités territoriales. Par ailleurs, ces dépenses doivent être inscrites en section d'investissement du budget. Elles ouvrent donc droit aux attributions du Fonds de compensation pour la TVA.

S'agissant des moyens humains, il est acquis depuis la décentralisation et confirmé par la loi SRU, que les services extérieurs de l'État peuvent, si nécessaire, être gratuitement mis à la disposition des communes et groupements de communes pour l'élaboration et la gestion de tous leurs documents d'urbanisme. Les services de l'État agissent alors en concertation permanente avec le maire ou le président de l'EPCI, qui peuvent leur adresser toutes les instructions nécessaires à l'accomplissement de leur mission (C. urb., art. L. 121-7). Cette mission n'est pas anodine pour l'État, qui peut voir sa responsabilité engagée si le document d'urbanisme se révèle défectueux et cause un préjudice. Cependant, sa condamnation est subordonnée à la condition que le préjudice dont il est demandé réparation soit la conséquence d'une faute commise par les agents de l'État en refusant ou en négligeant d'exécuter un ordre ou une instruction du maire (CE, sect., 21 juin 2000, *Min. Équipement et Transports c/ Cne Roquebrune-Cap-Martin*, préc.).

Outre cette possibilité de mise à disposition des services de l'État, les communes et EPCI compétents en matière de documents d'urbanisme peuvent également créer avec l'État et les institutions qui contribuent à l'aménagement et au développement de leur territoire des organismes de réflexion et d'études appelés « agences d'urbanisme », dont le champ d'intervention potentiel a été significativement élargi par la loi ALUR du 24 mars 2014. Ainsi, elles peuvent non seulement participer à l'élaboration des documents d'urbanisme et de planification, notamment les SCOT et les PLU, mais aussi de suivre les évolutions urbaines et de développer l'observation territoriale, de préparer les projets d'agglomération métropolitains et territoriaux, ou encore de contribuer à diffuser l'innovation, les démarches et les outils du développement territorial durable et la qualité paysagère et urbaine (art. L. 121-3 ; N. Lerousseau, « Les agences d'urbanisme », *DAUH* 2003. 109). Ils peuvent, enfin, recourir aux conseils du Conseil d'architecture, d'urbanisme et de l'environnement (C. urb., art. L. 121-7) ou encore utiliser des bureaux d'études, publics ou privés.

B. La mission d'information *via* le « porter à connaissance »

Le *« porter à connaissance »*[Q] est une institution essentielle dans la participation de l'État à l'élaboration des documents d'urbanisme locaux. À ce titre, le préfet doit communiquer aux communes ou à leurs groupements compétents le cadre législatif et réglementaire à respecter, ainsi que les projets des collectivités territoriales et de l'État en cours d'élaboration ou existants » (C. urb., art. L. 121-2). Il revient ainsi au préfet, lorsqu'il est informé de la décision d'élaborer ou de réviser un document d'urbanisme, de porter à la connaissance du maire ou du président de l'EPCI ou du syndicat mixte compétent, « notamment », les DTADD, les dispositions relatives aux zones de montagne et au littoral éventuellement applicables, les servitudes d'utilité publique ainsi que le le schéma régional de cohérence écologique (art. R. 121-1). Le préfet doit également communiquer les projets d'intérêt général et les opérations d'intérêt national et fournir les études techniques dont dispose l'État en matière de prévention des risques et de protection de l'environnement (C. urb., art. L. 121-2 et R 121-1). Ces obligations ne sont plus enfermées dans un délai de trois mois. Depuis la loi SRU, il est prévu qu'au cours de l'élaboration du document, le préfet communique au maire ou au président de l'établissement public tout élément nouveau. Enfin, depuis un décret du 14 février 2013, le porter à connaissance s'applique aussi en cas de modofication des documents d'urbanisme (II de l'article R. 121-1). 89

Le porter à connaissance étant une mesure préparatoire, de simple information, n'ayant aucun caractère décisoire en soi, il ne peut être attaqué par la voie du recours pour excès de pouvoir. En revanche, dans la mesure où il constitue une obligation à la charge de l'État, son omission peut justifier l'engagement de sa responsabilité s'il en est résulté un préjudice (CE, sect., 21 juin 2000, *Min. Équipement et Transports c/ Cne Roquebrune-Cap-Martin*, préc.). Cette hypothèse est d'autant moins improbable que « le cadre législatif et réglementaire à respecter » est de plus en plus dense... Reste à savoir si cette responsabilité pourrait être engagée s'agissant d'éléments dont les autorités locales ne pouvaient, pour une raison ou pour une autre, ne pas avoir connaissance (en dehors du porter à connaissance)? .

C. Le rôle de personne publique associée à l'élaboration des documents d'urbanisme

90 Le Code de l'urbanisme pose un principe général d'élaboration associée des documents d'urbanisme (C. urb., art. L. 121-4), dont il décline ensuite les modalités précises de mise en œuvre (*v.* par ex. art. L. 122-6 et L. 122-7 ; à propos du SCOT et art. L. 123-7 et L. 123-8 à propos du PLU). En ce qui concerne l'État, les textes disposent qu'il est associé à l'élaboration du projet de SCOT ou de PLU si l'exécutif territorial ou le préfet le demandent. Il ne s'agit donc pas d'une association automatique en théorie, mais elle tend évidemment à l'être en pratique.

Pour en terminer avec les interventions de l'État dans l'élaboration des documents d'urbanisme, signalons qu'il peut en outre formuler des observations au cours de l'enquête publique, comme n'importe quel citoyen (CE 30 nov. 2007, *Min. Transports, Équipement, Tourisme et Mer c/ Chevrand et Padilla*, n° 284721, *BJDU* 2007. 350, concl. L. Olléon ; *RDI* 2008. 164, obs. P. S.-C.).

§ 3 L'État tuteur

91 Outre qu'il n'est pas un partenaire comme les autres, l'État n'est pas qu'un partenaire des communes, et ses interventions contraignantes vont parfois même au-delà du simple contrôle de légalité. En effet, l'État dispose en matière d'urbanisme d'un certain nombre d'attributions relevant de la tutelle en lui permettant, d'une part, de s'opposer à l'entrée en vigueur de documents d'urbanisme qui iraient à l'encontre de principes ou orientations et prescriptions à caractère national (A), d'autre part, d'imposer leur amendement quand leurs dispositions seraient de nature à entraver la mise en œuvre d'objectifs ou de projets présentant un tel caractère (B) et, enfin, de veiller à la prise en compte des projets d'intérêt général et des opérations d'intérêt national (C).

A. Un pouvoir d'empêcher

92 Dans le droit commun des collectivités locales depuis l'acte I de la décentralisation, les actes de leurs organes délibérants ou exécutifs deviennent exécutoires dès leur transmission au préfet. C'est largement le cas en droit de l'urbanisme. Mais il est un certain nombre d'hypothèses dans lesquelles il en va différemment.

La première concerne la délibération approuvant le SCOT qui ne devient exécutoire que deux mois après sa transmission au préfet. Dans ce délai, celui-ci peut notifier par lettre motivée au président de l'établissement public en charge du document les modifications qu'il estime nécessaire d'apporter au schéma lorsque les dispositions de celui-ci ne sont pas compatibles avec toute une série de contraintes et objectifs nationaux, ou en compromettent gravement la réalisation (C. urb., art. L. 122-11-1 ; v. ss 169). Dans ce cas, le SCOT ne devient exécutoire qu'après la publication et la transmission au préfet de la délibération apportant les modifications demandées.

La seconde concerne la délibération approuvant un PLU lorsque le territoire de la commune n'est pas couvert par un SCOT (C. urb., art. L. 123-12). Dans cette hypothèse, le PLU ne devient exécutoire qu'à l'expiration d'un délai d'un mois suivant sa transmission, délai dans lequel le préfet peut notifier à la commune les modifications qu'il estime nécessaire d'apporter au plan. Ces modifications ne peuvent certes être demandées que pour l'un des motifs limitativement énumérés par l'article L. 123-12 du Code de l'urbanisme (v. ss 273). Mais la liste est longue. Et le PLU ne peut entrer en vigueur tant que les amendements demandés n'ont pas été réalisés.

Ces dispositifs appellent trois remarques. Tout d'abord, étant donné l'atteinte que le pouvoir d'empêcher est susceptible de porter à la libre administration des collectivités territoriales, les demandes de modification faites par le préfet peuvent être contestées par la voie de l'excès de pouvoir, éventuellement assorti d'une demande de suspension (RM 11 juill. 2013, *JO* Sénat, p. 2063, n° 05527), et le préfet ne peut invoquer devant le juge un motif autre que celui qui a justifié sa demande (CE, sect., 9 avr. 1993, *Cne Contamines-Montjoie*, *Lebon* 126; *RFDA* 1993. 1019, concl. J.-C. Bonichot). Ensuite, il est clair qu'étant donné le rôle joué par l'État durant l'élaboration des documents d'urbanisme, tel qu'on vient de le décrire, sa mise en œuvre devrait rester exceptionnelle. Enfin, il n'y a pas lieu d'être surpris qu'aucun dispositif similaire ne soit prévu concernant les cartes communales, puisque celles-ci font l'objet d'une approbation conjointe par le conseil municipal et le préfet (v. ss 143).

B. Un pouvoir d'imposer

La mission impartie à l'État de veiller au respect des objectifs définis à l'article L. 121- 93 ■
1 et des normes d'urbanisme de caractère national se concrétise également par un pouvoir d'exiger la mise en compatibilité des documents locaux d'urbanisme incompatibles avec les prescriptions et objectifs nationaux. Des procédures spécifiques sont aménagées à cette fin.

S'agissant du SCOT, la procédure de mise en compatibilité d'office est prévue par l'article L. 122-16, modifié en dernier lieu par la loi ALUR du 24 mars 2014. De manière générale, cette procédure autorise le préfet à exiger de l'autorité compétente qu'elle procède à la modification ou à la révision du schéma afin de le rendre compatible avec une norme supérieure – lois Montagne et Littoral, DTA, SDRIF, etc. – en vertu de la hiérarchie établie par l'article L. 111-1-1, et à y procéder d'office si l'organe compétent n'a pas donné suite à cette demande dans les délais qui lui sont impartis (v. ss 187 et v. ss 195). En ce qui concerne le PLU, le même type de procédure de mise en compatibilité d'office avec les normes nationales est prévu par l'article L. 123-14-1 du Code de l'urbanisme, également modifié par la loi ALUR (v. ss 390 s.).

Outre ces procédures « classiques » de mise en compatibilité d'office des documents locaux d'urbanisme avec les contraintes supérieures de la hiérarchie des normes, le législateur a organisé des procédures de mise en compatibilité pour tirer les conséquences d'une déclaration d'utilité publique ou d'une *déclaration de projet*[Q]. Ainsi, lorsque la réalisation d'un projet public ou privé de travaux, de construction ou d'opération d'aménagement, présentant un caractère d'utilité publique ou d'intérêt général, nécessite une mise en compatibilité d'un SCOT ou d'un PLU, ce projet peut faire l'objet d'une DUP ou, si une DUP n'est pas requise, d'une déclaration de projet (art. L. 122-15 et L. 123-14). Dans cette hypothèse, l'enquête publique porte à la fois sur l'utilité publique ou l'intérêt général du projet et sur la mise en compatibilité du document d'urbanisme qui en est la conséquence. En outre, la DUP ou la déclaration de projet ne peuvent intervenir qu'au terme d'une procédure spécifique (prévue aux articles L. 122-16-1 pour le SCOT et L. 123-14-2 pour le PLU).

Plus récemment, ont été organisées deux nouvelles procédures de mise en compatibilité des normes d'urbanisme « contrariantes », qui présentent une triple originalité : d'une part de permettre non seulement la modification de documents d'urbanisme mais également l'adaptation de normes supérieures, d'autre part, d'autoriser une instruction « anticipée » des autorisations d'urbanisme nécessaires et, enfin, d'avoir essentiellement vocation à bénéficier à des projets d'initiative privée (ce qui n'est certes pas exclu dans les cas précédents, en particulier pour la déclaration de projet, mais n'est tout de même pas le principe). Il s'agit de la procédure intégrée pour le logement (PIL, issue de l'ordonnance n° 2013-888 du 3 oct. 2013, v. P. Soler-Couteaux, « Deux nouvelles ordonnances pour accélérer les projet sde construction », *RDI* 2014. 8 ; L. Santoni, « La PIL : une déclaration de projet « spéciale logement » », *Constr.-urb.* 11/2013, comm. 147 ; Y. Jégouzo et J.-P. Lebreton, « Le droit de l'urbanisme au défi de l'accélération de la construction », *AJDA* 2013. 2487) et de la procédure intégrée pour l'immobilier d'entreprise (PIIE, issue de l'ordonnance n° 2014-811 du 17 juill. 2014, v. L. Santoni, « Chéri, j'ai « encore » modifié les documents d'urbanisme », *Constr.-urb.* 10/2014, comm. n° 125), régies par l'article L. 300-6-1 du Code de l'urbanisme. Le décret d'application de l'ordonnance relative à la PIL est codifié aux articles R. 300-15 et s (Décr. n° 2015-218 du 25 févr. 2015, commenté par L. Santoni, *Constr.-Urb.* 512015, n° 68). Il n'était pas indispensable à l'entrée en vigueur du dispositif et ne s'applique qu'aux PIL engagées postérieurement à sa publication au *Journal officiel* du 27 février 2015. La lecture du dispositif donne une idée de la complexité de ces procédures dérogatoires, dont le succès est loin d'être garanti (v. également l'instruction du Gouvernement du 18 mars 2015 relative à la procédure intégrée pour le logement, NOR : ETLL1502551J, qui présente et explicite la procédure dans son ensemble).

C. Un pouvoir de substitution

■ 94 L'article L. 121-2 du Code de l'urbanisme chargeant l'État de veiller à la prise en compte des projets d'intérêt général (1) et des opérations d'intérêt national (2), des prérogatives ont été organisées à cette fin.

■ 95 *Le projet d'intérêt général.* Le *projet d'intérêt général (PIG)*[Q] est une procédure contemporaine de la décentralisation de l'urbanisme (Sur cette procédure, v. la circulaire interministérielle du 27 juin 1985 s'y rapportant, *JO* 3 août 1985, p. 8876 s.). Il s'agissait d'éviter que le transfert aux communes de la compétence en matière de planification urbaine ne leur permette de compromettre, d'empêcher ou de rendre plus difficile la mise en œuvre d'un projet dont l'intérêt dépasse le seul cadre communal (réalisation d'une ligne du TGV ; extension d'un équipement public ; mise en place d'un périmètre de risques...). Le pouvoir a donc été donné aux préfets de qualifier de PIG un certain nombre de projets, afin de pouvoir contraindre les collectivités territoriales à les prendre en compte dans leurs documents d'urbanisme (C. urb., art. L. 121-9, L. 121-9-1, R. 121-4 et R. 121-4-1). Quels sont donc les projets susceptibles d'être qualifiés de PIG ? Et comment est organisée leur prise en compte par les documents d'urbanisme ?

La qualification de PIG. Peuvent être qualifiés de PIG trois sortes de projets : d'une part, 96 ■
les constructions, travaux, installations et aménagements nécessaires à la mise en œuvre des orientations générales d'urbanisme applicables dans le périmètre de l'opération d'intérêt national de la Défense (C. urb., art. L. 141-3) ; d'autre part, les mesures nécessaires à la mise en œuvre des DTADD (C. urb., art. L. 113-4 ; v. ss 77) ; et, enfin, plus généralement, les projets remplissant un certain nombre de conditions (C. urb., art. L. 121-9, R. 121-4-1), de fond et de forme (au sens large). En ce qui concerne les conditions de fond, il ne peut s'agir que d'un projet d'ouvrage, de travaux ou de protection (CE 3 févr. 1992, *Cne Soulom*, *Lebon* 52, *RJ envir.* 1992. 385, concl. Dutreil, note R. Lafore ; CE 19 juill. 2010, *Cauvin*, n° 318465), et ce projet doit répondre à l'une des destinations énumérées au 1° de l'article L. 121-9 du Code de l'urbanisme (opération d'aménagement, fonctionnement d'un service public, protection du patrimoine naturel ou culturel, prévention des risques, etc.). Le projet doit par ailleurs être suffisamment avancé et défini dans ses caractéristiques essentielles (localisation, dimensions, etc.). Et il doit enfin présenter un caractère d'utilité publique, celle-ci étant mesurée à l'aune de la théorie du bilan au sens de la jurisprudence *Ville nouvelle Est* (CE 3 févr. 1992, *Cne Soulom*, préc. ; CE 21 juin 1999, *Cne Courneuve*, n° 179612 ; CE, sect., 30 oct. 1992, *Min. Affaires étrangères et Sec. d'État Grands Travaux c/ Assoc. de sauvegarde du site Alma Champ de Mars*, *Lebon* 384 ; CAA Marseille, 25 juin 2013, *Commune du Cannet-des-Maures*, n° 10MA03954, LPA 212/2013, p. 7, concl. S. Deliancourt).

Les conditions de forme sont relatives à l'auteur du projet et à son état juridique d'avancement. Son auteur ne peut être qu'une personne ayant la capacité d'exproprier (État, région, département, commune, établissement public, etc.), à l'exclusion cependant des autorités compétentes pour élaborer les documents d'urbanisme concernés puisque dans ce cas, elles peuvent inscrire elles-mêmes dans le document les mesures nécessaires à la mise en œuvre du projet. Le projet doit avoir fait l'objet, soit d'une délibération ou d'une décision d'une personne ayant la capacité d'exproprier, arrêtant le principe et les conditions de sa réalisation et mise à la disposition du public, soit d'une inscription dans un des documents de planification prévus par les lois et règlements, approuvée par l'autorité compétente et ayant fait l'objet d'une publication. Un projet d'élargissement de chemins départementaux ayant fait l'objet d'emplacements réservés dans un POS approuvé publié remplit par exemple cette dernière condition (CE 4 févr. 1991, *Dpt Val de Marne*, n° 81587).

Les projets qui remplissent ces conditions peuvent être qualifiés de PIG par arrêté préfectoral en vue de leur prise en compte par un document d'urbanisme (C. urb., art. R. 121-4). Lorsqu'un tel arrêté est pris, il doit être notifié à la personne publique compétente pour élaborer le document d'urbanisme faisant obstacle à la réalisation du projet. Cette notification fait courir un délai de trois ans à l'expiration duquel l'arrêté devient caduc. Mais il peut être renouvelé, du moins si les conditions posées pour la qualification d'un projet en tant que PIG sont toujours remplies. Le juge administratif peut être amené à en juger, puisque l'arrêté qui (re) qualifie un projet en tant que PIG peut faire l'objet d'un recours pour excès de pouvoir (CE, sect., 30 oct. 1992, *Min. Affaires étrangères et Sec. d'État Grands Travaux c/ Assoc. de sauvegarde du site Alma Champ de Mars*, préc.) et, éventuellement, d'un référé-suspension. Le juge administratif exerce un contrôle entier sur le respect des conditions posées par les textes, ce qui n'est pas surprenant étant donné l'atteinte portée par la procédure de PIG à l'autonomie administrative des collectivités territoriales (en revanche n'étant pas directement opposable aux autorisations d'urbanisme, le PIG ne porte pas, en lui-même, atteinte au droit au respect des biens, garanti par l'article 1er du premier protocole additionnel à la Conv. EDH: CE 4 juin 2012, *Sarl du parc d'activités de Blotzheim*, n° 340213, *BJDU* 2012. 347, concl. D. Botteghi et obs. C. Landais). Par ailleurs, s'il n'exige évidemment pas la compatibilité du projet avec les schémas directeurs locaux, le juge se livre tout de même à un contrôle restreint du respect de la loi du 10 juillet 1976 sur la protection de la nature (CE 4 juill. 1997, *Les Verts Ile-de-France*, n° 143842). Enfin, le juge administratif n'exerce qu'un contrôle de l'erreur manifeste d'appréciation lorsque le préfet refuse de qualifier une opération de « projet d'intérêt général » (CE 7 févr. 2007, *Sté Sagace, Sté Méditerranéenne de nettoiement*, n° 287252, *BJDU* 2007. 166, concl. Y. Aguila ; *RDI* 2007. 358, obs. P. S.-C.).

■ 97 *La prise en compte des PIG.* Les PIG doivent être pris en compte par les autorités responsables de l'élaboration et de l'évolution des documents locaux d'urbanisme (des PLU et SCOT au premier chef mais aussi, depuis la loi ENE, de nombreux autres documents, lorsque la déclaration est adoptée par l'État, qui doivent en permettre la réalisation). Cette prise en compte peut passer par différentes voies, dont les traits généraux ont été exposés dans les développements précédents. Ainsi, cette prise en compte peut tout d'abord avoir lieu dès l'élaboration du document, puisque les PIG sont au nombre des informations que le préfet doit porter à la connaissance des communes ou établissements publics concernés (C. urb., art. R. 121-2). Ensuite, lorsqu'un PIG n'a malgré tout pas été suffisamment ou correctement pris en compte dans un SCOT ou un PLU non couvert par un SCOT, le préfet peut, depuis la loi Grenelle II, en différer l'entrée en vigueur s'il demande cette prise en compte dans le délai qui lui est imparti (C. urb., art. L. 122-11 et L. 123-12). Enfin, la nécessité de prendre en compte un nouveau PIG peut fonder la mise en œuvre par le préfet des procédures de mise en compatibilité d'office des SCOT et des PLU, c'est-à-dire que le préfet peut enjoindre aux autorités compétentes de modifier ou réviser leur document pour intégrer le PIG, et même si nécessaire réaliser lui-même l'amendement qui s'impose (art. L. 122-16 et L. 123-14-1). Dans ce cas, la notification du PIG doit préciser les incidences du projet sur le document (C. urb., art. R. 121-4). L'arrêté approuvant l'amendement d'office peut être soumis au juge de l'excès de pouvoir et il est possible, à cette occasion, de soulever l'exception d'illégalité des décisions arrêtant le projet et le qualifiant de PIG puisqu'elles forment, avec la modification du document d'urbanisme, une opération complexe (CE 4 juill. 1997, *Les Verts Ile-de-France*, préc.).

■ 98 *Les opérations d'intérêt national.* Les *opérations d'intérêt national (OIN)*[Q] s'inscrivent dans le cadre de la politique nationale d'aménagement du territoire, c'est pourquoi elles bénéficient d'un régime à différents égards dérogatoire par rapport au droit commun des opérations d'aménagement. Quelles sont donc ces opérations ? Et de quelles règles dérogatoires sont-elles susceptibles de bénéficier ?

■ 99 *Les opérations concernées.* L'article L. 121-9-1 pose que des décrets arrêtent la liste des OIN à la prise en compte desquelles l'État doit veiller en vertu de l'article L. 121-2. Cette liste figure aujourd'hui à l'article R. 121-4-1, qui qualifie par exemple d'OIN les travaux relatifs à l'opération d'aménagement du quartier d'affaires de La Défense, à l'opération d'aménagement Euroméditerranée à Marseille, ou encore à l'aménagement et au développement des aérodromes de Paris-Charles-de-Gaulle, de Paris-Orly et de Paris-Le Bourget. La loi ENL du 13 juillet 2006 avait ouvert la possibilité, durant une période limitée, de qualifier d'OIN certains programmes de réalisation de logements, mais aucun décret n'est intervenu dans le délai défini par la loi pour donner vie à cette catégorie particulière d'OIN.

Le régime des OIN. Il est particulier. Par rapport aux documents locaux d'urbanisme, le Code de l'urbanisme s'efforce d'assurer leur prise en compte : d'une part elles font partie des informations que le préfet doit porter à la connaissance des communes et groupements de communes qui élaborent leurs documents d'urbanisme ; d'autre part, compte tenu de la définition des PIG, il est clair que de nombreux travaux nécessaires à la réalisation des OIN peuvent être qualifiés de PIG. Dans les communes dépourvues de document d'urbanisme, il est prévu que les OIN sont autorisées en dehors des parties actuellement urbanisées de la commune (C. urb., art. L. 111-1-2, I 2°). Concernant les autorisations d'occupation des sols situées dans les OIN, elles sont délivrées au nom de l'État (C. urb., art. L. 422-2, c) ; de plus, le sursis à statuer peut être opposé à toute demande d'autorisation portant sur des travaux susceptibles de compromettre la réalisation d'une opération d'aménagement située dans le périmètre d'une OIN. Enfin, en ce qui concerne les opérations d'aménagement « de droit commun », les ZAC ne peuvent y être créées que par le préfet (C. urb., art. L. 311-1). 100 ■

section 2

L'harmonisation des projets publics sur le territoire

Le Code de l'urbanisme pose un principe d'harmonisation des prévisions et décisions d'utilisation de l'espace, qu'il convient de présenter en lui-même (§ 1) avant de mettre en lumière les instruments permettant – plus ou moins – de le réaliser (§ 2). 101 ■

§ 1 Le principe d'harmonisation

Le principe d'harmonisation des projets publics sur le territoire est posé par l'article L. 110 du Code de l'urbanisme, aux termes duquel « Le territoire français est le patrimoine commun de la nation. Chaque collectivité publique en est le gestionnaire et le garant dans le cadre de ses compétences ». On ne saurait mieux dire que l'urbanisme est, par nature, une compétence partagée. Mais encore faut-il, pour aménager un cadre de vie plus conforme aux préoccupations fondamentales et toujours plus nombreuses qui animent le droit de l'urbanisme (dont l'article L. 110 C. urb. dresse un inventaire exhaustif), que « les collectivités publiques harmonisent, dans le respect réciproque de leur autonomie, leurs prévisions et leurs décisions d'utilisation de l'espace ». 102 ■

La question qui se pose est alors celle de la portée normative de l'article L. 110. Et cette question n'est pas purement théorique : l'enjeu est de savoir si un organisme ou une collectivité publique pourrait l'invoquer directement à l'appui d'un recours contre une décision dont ils estimeraient que, contrariant leur projet sur un espace concerné, elle méconnaît le principe d'harmonisation (P. Hocreitère, « Sur la portée normative de l'article L. 110 du Code de l'urbanisme », *Dr. adm.* nov. 1993, p. 1). Il ne s'agit pas là d'hypothèse d'école. On sait que la doctrine administrative n'a pas à l'origine reconnu à l'article L. 110 un caractère normatif (Circ. n° 91-57 du 31 juill. 1991, *JCP* N 1991. Prat. 447). Toutefois, sur le principe, on ne voit pas ce qui permettrait de dénier un tel caractère à un texte législatif (v. le pertinent rappel du débat sur la valeur juridique du préambule de la Constitution par J.-P. Lebreton, « L'encadrement des DTA par le droit de l'urbanisme », *Droit et Ville* 2000, n° 50, p. 35). Par ailleurs, force est de constater que le juge ne considère pas le moyen tiré de la méconnaissance de l'article L. 110 comme inopérant (CE 21 oct. 1994, *Cne Bennwihr, Lebon* T. 1235 ; *RD publ.* 1996. 284, obs. J.-P. Lebreton ; CE 27 janv. 1995, *Assoc. Ile-de-France Environnement, ibid.* p. 285), du moins lorsqu'il est invoqué à l'encontre d'une décision relevant du Code de l'urbanisme (CE 29 mars 2000, *Isas*, n° 199545, *Constr.-Urb.* 2000. 157, obs. D. Larralde). Mais il est vrai que la jurisprudence n'offre pas d'exemple d'annulation d'une décision intervenue en matière d'urbanisme au motif qu'elle aurait méconnu le principe d'harmonisation énoncé à l'article L. 110. Les seules annulations prononcées au regard de cette disposition ne le sont pas tant en raison d'une atteinte portée au principe d'harmonisation qu'en raison de la méconnaissance des objectifs qu'il assigne aux prévisions et décisions d'utilisation de l'espace des collectivités publiques, et le plus souvent en combinaison avec l'article L. 121-1. Il est vrai qu'une décision n'exclut pas absolument la normativité du principe d'harmonisation, mais la formule « en tout état de cause » utilisée par le juge porte plutôt à en douter (CE 28 juill. 2000, *Port Autonome de Nantes Saint-Nazaire*, n° 135835, *Constr.-Urb.* 2000. 307, obs. D. Larralde).

§ 2 Les instruments de l'harmonisation

103 Les principaux instruments de l'harmonisation des prévisions et décisions d'utilisation de l'espace résident dans la hiérarchie des normes établie par le Code de l'urbanisme (A) ainsi que dans un certain nombre d'institutions (B) et de procédures (C) organisées par ce code.

A. L'harmonisation normative

104 Afin d'organiser l'agencement des différentes normes (et par conséquent des compétences) relatives à l'urbanisme, le législateur a pris soin d'établir une hiérarchie, aujourd'hui pour l'essentiel inscrite à l'article L. 111-1-1 du Code de l'urbanisme. Réécrit par les lois Grenelle II et ALUR, ce texte fait du SCOT la pièce centrale, la clé de voûte pourrait-on dire, de la hiérarchie des normes d'urbanisme (D. Péano, « La hiérarchie des normes à l'épreuve du Grenelle II », *Constr.-Urb.* 9/2011. Éude n° 10). Pour ce faire, il organise un système de compatibilité limitée, en vertu duquel la légalité d'un document d'urbanisme n'est appréciée qu'au regard du document immédiatement supérieur et non au regard de l'ensemble des normes situées plus haut dans la hiérarchie des normes (H. Jacquot, « Sur la règle de la compatibilité limitée en droit de l'urbanisme », *Mélanges Jégouzo*, Dalloz, 2009, p. 607). Ainsi, en vertu du principe de compatibilité limitée, les SCOT et les schémas de secteur doivent notamment être compatibles avec les dispositions particulières aux zones de montagne, au littoral et aux zones de bruit des aérodromes, les SAR, le SDRIF, et le

PADDUC, tandis que les PLU n'y sont directement soumis qu'en l'absence de SCOT. En présence d'un SCOT, c'est théoriquement par rapport à celui-ci que la légalité interne du PLU est appréciée. De même, les autorisations d'urbanisme ne sont pas instruites au regard de l'ensemble des règles intégrant la hiérarchie des normes d'urbanisme. Elles le sont essentiellement par rapport aux documents locaux d'urbanisme que constituent le POS, le PLU ou la carte communale, lesquels sont censés avoir intégré l'ensemble des contraintes supérieures. Mais elles sont placées dans une relation de conformité avec ces documents, plus exigeante que la simple compatibilité. En effet, tandis que celle-ci tolère un certain écart entre les deux paramètres de référence, du moment qu'il n'en résulte aucune contrariété, celle-là requiert une totale adéquation entre les deux. De manière générale, c'est l'exigence de *compatibilité*[Q] qui prévaut entre les différents documents et normes d'urbanisme, et ce en vertu des exigences constitutionnelles de libre administration des collectivités territoriales et de non instauration d'une tutelle d'une collectivité sur une autre (Constit., art. 72 et Cons. const. 7 déc. 2000, n° 2000-436 DC, *SRU*).

105 ■ L'harmonisation normative résulte également de l'intégration dans la hiérarchie des normes d'urbanisme d'un nombre croissant de contraintes procédant d'autres législations, telle la législation environnementale. Les SCOT (et à défaut les PLU) doivent ainsi notamment être compatibles avec les chartes des parcs naturels régionaux et des parcs nationaux, les orientations fondamentales d'une gestion équilibrée de la ressource en eau et les objectifs de qualité et de quantité des eaux définis par les schémas directeurs d'aménagement et de gestion des eaux, ainsi qu'avec les objectifs de protection définis par les schémas d'aménagement et de gestion des eaux. Et ils doivent de surcroît « prendre en compte », notamment, depuis la loi ENE les schémas régionaux de cohérence écologique (outils de mise en œuvre des trames bleues et des trames vertes) ainsi que les plans climat-énergie territoriaux et, depuis la loi ALUR, les schémas régionaux des carrières, lorsque ces documents existent bien entendu. Le juge aura sûrement assez rapidement à préciser quel degré de contrainte fait peser le rapport de « prise en compte » sur les SCOT (et en son absence sur les PLU). Cependant, on peut d'ores et déjà pressentir que, le législateur n'ayant pas repris les exigences bien connues de conformité et de compatibilité, il a sans doute souhaité instaurer un rapport moins contraignant encore que cette dernière (en ce sens, par analogie, CE 28 juill. 2004, *Assoc. de défense de l'environnement et a.*, n° 256511, *BJCL* 2004. 613, concl. M. Guyomar, note J.-C. Bonichot : la norme subordonnée ne doit pas, en principe, s'écarter des orientations fondamentales du paramètre de référence sauf, sous le contrôle du juge, pour un motif d'intérêt général).

La mise en place de cette hiérarchie est assurément de nature à faciliter l'harmonisation des prévisions et décisions d'utilisation de l'espace prise par les différentes collectivités publiques dans le cadre de leurs compétences respectives. Mais elle n'est pas sans limites. D'une part, ainsi qu'on l'a observé dans le chapitre précédent, le principe de compatibilité ne rend pas si bien compte de la réalité des rapports entre les normes législatives et les documents locaux d'urbanisme. Ceux-ci demeurent par exemple soumis à la loi littoral si les documents intermédiaires n'en reprennent pas suffisamment ou pas correctement les contraintes, et ce dans un rapport en vérité souvent plus proche de la conformité que de la compatibilité. D'autre part, l'accroissement incessant du nombre des normes initialement extérieures à l'urbanisme mais qu'il faut aujourd'hui intégrer dans les documents d'urbanisme – (l'article L. 111-1-1 n'étant en outre pas exhaustif, v. notamment les articles L. 123-1-9 et L. 123-1-10 en ce qui concerne les PLU et l'article L. 122-1-13 s'agissant des SCOT, ou encore l'article L. 350-1 du Code de l'environnement, prévoyant que les SCOT et les PLU doivent être compatibles avec les directives de protection et de mise en valeur des paysages) rend l'harmonisation extrêmement complexe. À tel point que le législateur donne de plus en plus de moyens à l'État de jouer le rôle de garant de la hiérarchie des normes d'urbanisme, ce qui lui permet évidemment d'imposer avant tout ses propres projets.

B. L'harmonisation institutionnelle

106 L'harmonisation institutionnelle des prévisions et décisions des différentes collectivités en matière d'utilisation de l'espace constitue potentiellement la forme la plus achevée de cette gestion du patrimoine commun de la nation dont parle l'article L. 110. C'est en effet sans doute dans la collaboration à l'élaboration d'un document que l'harmonisation a le plus de chance de se réaliser de manière cohérente. Mais ce n'est pas la seule formule envisageable. Le droit de l'urbanisme en donne d'autres modèles, qu'il paraît intéressant de présenter ici : la commission de conciliation et la mise en œuvre par le département d'une politique de protection des espaces naturels sensibles ainsi que des espaces agricoles et naturels périurbains.

107 *La commission de conciliation.* La loi du 7 janvier 1983 avait institué, dans chaque département, une commission de conciliation en matière d'élaboration des documents d'urbanisme dont l'existence et le rôle ont été confirmés par la suite (C. urb., art. L. 121-6 et R. 121-6 à R. 121-13). Elle est composée à parts égales d'élus communaux désignés par les maires et les présidents des EPCI compétents en matière d'urbanisme du département et de personnes qualifiées (en matière d'aménagement, d'urbanisme, d'architecture ou d'environnement) désignées par le préfet. Elle élit en son sein un président qui doit être un élu local.

Les lois SRU et ALUR ont tour à tour élargi sa saisine : elle peut aujourd'hui être saisie par le préfet, les communes ou leurs groupements compétents en matière d'urbanisme, les organismes et personnes associés mentionnés à l'article L. 121-4, ainsi que les associations mentionnées à l'article L. 121-5. Cette saisine est, dans certains cas, obligatoire. Ainsi, lorsqu'une commune ou un groupement de communes membres de l'établissement public en charge du SCOT estime que l'un de ses intérêts essentiels est compromis par les dispositions du projet de schéma arrêté, le préfet doit la consulter (C. urb., art. L. 122-9). Cependant, sa saisine est essentiellement facultative : elle peut être saisie d'un projet de document d'urbanisme arrêté ou approuvé. C'est une première cause de la faiblesse de l'harmonisation institutionnelle. En outre, la commission n'a compétence que pour arbitrer les conflits entre l'État et les communes ou intercommunalités ; elle ne peut être saisie par une commune en vue de régler un différend qui oppose cette dernière à l'EPCI dont elle est membre, et inversementou leurs groupements. Enfin, elle ne peut en toute hypothèse émettre que des propositions.

Un alinéa spécifique est dédié à la commission de conciliation du département du Rhône, également compétente sur le territoire de la métropole lyonnaise (al. 5 de l'art. L. 121-6).

108 *Les espaces naturels sensibles.* La mise en œuvre de la politique de protection des espaces naturels sensibles (ENS) des départements constitue une excellente expérimentation d'un mécanisme d'harmonisation des politiques publiques sur un

territoire. La loi du 18 juillet 1985 a perfectionné une politique, entamée dès 1959, de protection des espaces sensibles en dotant les départements de la compétence pour mettre en œuvre une politique de protection, de gestion et d'ouverture au public des espaces naturels sensibles, boisés ou non (C. urb., art. L. 142-1). Mais nonobstant la compétence reconnue au département, le législateur a d'emblée précisé que sa politique devait être compatible avec les DTA ou, en leur absence, avec les dispositions particulières aux zones de montagne et au littoral, ainsi qu'avec les orientations des SCOT et des chartes intercommunales de développement et d'aménagement, lorsqu'ils existent.

Pour la mise en œuvre de ce service public de la protection de l'environnement (T. confl. 22 oct. 2007, *Doucedame c/ Dpt Bouches-du-Rhône*, n° C-3625, *Envir.* 2008, n° 69, obs. J.-M. Février), le conseil départemental peut créer des zones de préemption (C. urb., art. L. 142-3 et *infra*). Toutefois, dans les communes dotées d'un POS ou d'un PLU, elles ne peuvent l'être qu'avec l'accord du conseil municipal. En l'absence d'un tel document, et à défaut d'accord des communes concernées, l'accord du représentant de l'État est requis. Des zones de préemption peuvent également, à certaines conditions (al. 9 de l'art. L. 142-3) être délimitées par le Conservatoire de l'espace littoral et des rivages lacustres, mais forcément en dehors des zones délimitées par le département. A l'inverse, une zone d'aménagement différé peut être légalement créée sur un territoire où le département a créé une zone de préemption au titre des espaces naturels sensibles (CE, sect., 3 juill. 1998, *Préfet dpt Yvelines* et *Dpt Yvelines* (2 esp.), *BJDU* 1998. 293).

Si ce droit de préemption appartient prioritairement au département, celui-ci n'en a pas l'exclusivité. En effet, outre qu'il peut en déléguer l'exercice à un grand nombre d'autorités à l'occasion d'une aliénation, il est prévu que lorsque le département n'exerce pas son droit de préemption, la commune ou le Conservatoire du littoral, s'il est territorialement compétent, peuvent se substituer à lui. Il en va de même de l'établissement public chargé de la gestion d'un parc national ou d'un parc naturel régional sur ces territoires et, à défaut pour eux d'exercer ce droit de substitution, la commune peut elle-même exercer le droit de préemption (al. 8 de l'art. L. 142-3).

Les espaces agricoles et naturels périurbains. La loi n° 2005-157 du 23 février 2005 109 ■
relative au développement des territoires ruraux (DTR) habilite le département à délimiter des périmètres d'intervention dans le cadre de la mise en œuvre d'une politique de protection et de mise en valeur des espaces agricoles et naturels périurbains (C. urb., art. L. 143-1) (J.-Ch. Car et J. Tremeau, « La protection et la mise en valeur de l'espace péri-urbain après la loi du 23 février 2005 relative au développement des territoires ruraux », *BJDU* 2005. 82 ; Décr. n° 2006-821, 7 juill. 2006 ; *Constr.-Urb.* 2006, n° 202, obs. G. Godfrin). Ces périmètres sont arrêtés avec l'accord des communes concernées ou des EPCI compétents, après avis de la chambre d'agriculture et enquête publique. Ils doivent être compatibles avec les SCOT et ne peuvent inclure des terrains situés dans une zone urbaine ou à urbaniser d'un PLU, dans un secteur constructible d'une carte communale ou dans un périmètre de zone d'aménagement différé. Mais réciproquement, les PLU et les cartes communales ne peuvent pas classer dans une zone urbaine ou à urbaniser ou rendre constructibles les terrains inclus dans le périmètre (C. urb., art. L. 143-4). Enfin, une fois arrêté, le périmètre peut être modifié par le département mais toute modification ayant pour

effet d'en retirer un ou plusieurs terrains ne peut intervenir que par décret (C. urb., art. L. 143-5).

À l'intérieur de ce périmètre, le département arrête, en accord avec les communes ou les EPCI compétents, un programme d'action qui précise les aménagements et les orientations de gestion destinés à favoriser l'exploitation agricole, la gestion forestière, la préservation et la valorisation des espaces naturels et des paysages. Il peut procéder à des acquisitions foncières directement à l'amiable, par expropriation ou par exercice du droit de préemption (J.-Ph. Meng et J.-J. Ferec, « Le droit de préemption spécifique dans les espaces agricoles et naturels péri-urbains », *Defrénois* 2007. 38511, 1re partie, et 38520, 2e partie). D'autres intervenants peuvent également procéder à des acquisitions soit avec l'accord du département, soit à sa demande et en son nom (C. urb., art. L. 143-3, modifié par la loi n° 2014-58 du 27 janv. 2014).

C. L'harmonisation procédurale

■ 110 L'harmonisation normative et l'harmonisation institutionnelle s'avérant parfois difficilement réalisables, et le rôle prééminent de l'État dans un grand nombre d'aspects de l'aménagement du territoire étant régulièrement rappelé par le législateur, c'est en fin de compte l'État qui reste le maître du jeu de l'harmonisation. C'est clairement ce qui ressort de l'exposé des prérogatives inhérentes à la figure de « l'État tuteur » décrite plus haut : pouvoir d'empêcher l'entrée en vigueur des documents locaux qui ne prendraient pas bien en compte les contraintes nationales et pouvoir d'imposer, le cas échéant par substitution, l'intégration des nouvelles contraintes dans les documents existants. Ce dernier mot donné à l'État en matière d'harmonisation des prévisions et décisions d'utilisation de l'espace des différentes collectivités publiques n'est certes pas surprenant dans l'État unitaire modérément décentralisé que reste la France, mais force est de reconnaître que, dans ce contexte, l'harmonisation se réalise rarement au désavantage de l'État.

Compléments pédagogiques

Mémo

L'article L. 110 du Code de l'urbanisme rappelle en termes solennels que la compétence d'urbanisme est une compétence partagée : « Le territoire français est le patrimoine commun de la nation. Chaque collectivité en est le gestionnaire et le garant dans le cadre de ses compétences [...] ». Ce principe fonde d'abord la légitimité de l'État à assurer la réalité de *l'assujettissement des prévisions locales d'urbanisme aux principes de la politique nationale de l'aménagement et de l'urbanisme*. La loi l'habilite à le faire sur des modes variés allant des mécanismes classiques du contrôle de légalité, à l'exercice de véritables pouvoirs de tutelle, en passant par un partenariat avec les communes. Mais l'article L. 110 comporte également une exigence *d'harmonisation des projets publics* qui ont une implication spatiale sur le territoire dans le respect réciproque par les collectivités publiques de leur autonomie. La loi assure, par diverses prévisions spécifiques, la mise en œuvre de cette obligation. Cependant, au-delà de ces mécanismes particuliers, on peut douter du caractère intrinsèquement normatif (ou normatif en lui-même) de l'article en cause.

Quid

■ Déféré préfectoral n° 86

C'est le recours, institué en même temps que la décentralisation, par lequel le préfet saisit l'auteur de l'acte (recours gracieux) ou le juge administratif (recours contentieux) d'une demande tendant à ce que le premier retire son acte ou à ce que le second l'annule en raison de l'illégalité dont il est affecté.

■ Opération d'intérêt national (OIN) n°s 98 s.

Opérations d'aménagement qui s'inscrivent dans le cadre de la politique nationale d'aménagement du territoire, dont la liste est fixée par décret (C. urb., art. L. 121-9-1 et R. 121-4-1), et qui bénéficient d'un régime dérogatoire destiné à en faciliter la réalisation. En particulier, les autorisations d'occupation du sol y sont délivrées au nom de l'État et le sursis à statuer peut être opposé à toute demande d'autorisation portant sur des travaux susceptibles de compromettre la réalisation d'une opération d'aménagement située dans le périmètre de l'opération.

■ Porter à connaissance n° 89

C'est l'une des formes que prend la participation de l'État à l'élaboration des documents locaux d'urbanisme locaux. Il se traduit par la communication par le préfet aux communes ou aux EPCI des informations nécessaires à l'exercice de leurs compétences en matière d'urbanisme. Le préfet doit notamment fournir les études techniques dont dispose l'État en matière de prévention des risques et de protection de l'environnement.

■ Déclaration de projet n° 93

La déclaration de projet est une procédure qui est d'abord apparue dans le code de l'environnement, avec la loi du 27 février 2002 relative à la démocratie de proximité. Elle a fait son entrée dans le Code de l'urbanisme l'année suivante (L. n° 2003-710 du 1er août 2003 d'orientation et de programmation pour la ville), à l'article L. 300-6, modifié à différentes reprises depuis lors et complété par deux décrets d'application en date des 9 juin 2004 (n° 2004-531) et 22 mars 2010 (n° 2010-304). L'objet de ce dispositif – dont la clarté n'est au demeurant pas la première vertu – est d'ouvrir aux collectivités publiques une procédure de mise en compatibilité de documents d'urbanisme avec certaines actions ou opérations dont elles reconnaissent l'intérêt général mais ne nécessitant pas d'expropriation. Ces projets peuvent consister, soit dans la réalisation d'un programme de construction, soit d'une action ou opération d'aménagement au sens de l'article L. 300-1 du Code de l'urbanisme. La procédure de mise en compatibilité des PLU (et des POS) avec la déclaration de projet est une procédure légère et en tous cas efficace, car permettant l'adaptation rapide des PLU « contrariants » aux projets susceptibles d'en bénéficier. Elle est sensiblement alourdie lorsque le projet est susceptible d'avoir des incidences notables sur l'environnement, auquel cas une évaluation environnementale doit être réalisée.

■ Projet d'intérêt général (PIG), n° 95

Procédure instituée en même temps que la décentralisation des compétences en matière d'urbanisme. Elle habilite le préfet à imposer à une commune ou à un EPCI compétent la modification ou la révision de son document d'urbanisme et, à défaut de s'y substituer, en vue de permettre la réalisation d'un projet d'ouvrage, de travaux ou de protection présentant un caractère d'utilité publique et, pour cette raison, qualifié préalablement par lui de « projet d'intérêt général ».

■ Compatibilité n° 104

La conformité, la compatibilité et la prise en compte désignent des relations de contrainte, d'intensités distinctes, existant entre différentes normes. La conformité est la relation la plus exigeante. Elle n'autorise qu'une très faible distance entre la norme supérieure et la norme subordonnée. Le rapport de compatibilité est plus souple. S'il ne tolère aucune contrariété entre les paramètres de référence, il admet une certaine distance, l'auteur de la norme inférieure bénéficiant d'une certaine marge de manœuvre par rapport aux prescriptions de la norme qui s'impose à lui. S'agissant du SDRIF, le Conseil d'État a précisé que « le rapport de compatibilité entre le SDRIF, d'une part, les schémas directeurs, les POS et les documents d'urbanisme en tenant lieu, d'autre part, et par la suite la portée normative du SDRIF doivent être regardés comme s'appliquant aux options fondamentales et aux objectifs essentiels de l'aménagement et du développement par lesquels s'exprime la cohérence globale des orientations du SDRIF » (avis du 5 mars 1991, EDCE 1991). Bien évidemment, des orientations et objectifs se prêtent naturellement mieux à une exigence de compatibilité que des prescriptions très précises, qui appellent naturellement un contrôle de conformité. L'exigence de prise en compte, enfin, est celle qui ménage le plus de liberté au profit de l'auteur de la norme subordonnée, qui peut aller jusqu'à contrarier la norme supérieure si un motif d'intérêt général le justifie (sur ces notions : H. Jacquot, « La notion de prise en compte dans un document de planification spatiale : enfin une définition jurisprudentielle », *in DAUH* 2005. 71 ; J.-C. Bonichot, « Compatibilité, cohérence, prise en compte : jeux de mots ou jeux de rôle ? », in *Mélanges en l'honneur d'Henri Jacquot*, PU Orléans, 2006. 49 ; P. Baffert et O. Bonneau, « La « prise en compte » par les SCoT et les PLU des documents de programmation indépendants du droit de l'urbanisme : de la nécessité de bien s'entendre sur les mots », *BJDU* 4/2012, p. 260).

Documents

CE 21 juin 2000, *Min. Équipement, Transports et Logement c/ Cne Roquebrune-Cap-Martin*, n° 202058 (extraits)

(*Lebon* 236 ; *Dr. adm.* 2000. 195 et 242, note L. Touvet ; *Constr.-Urb.* 2000, n° 257, obs. D. Larralde ; *RD publ.* 2000. 1257, concl. L. Touvet ; *RDI* 2000. 553, obs. J. Morand-Deviller ; *RFDA* 2000. 1096, note P. Bon ; *D.* 2002. Somm.526, obs. D. de Béchillon)

Sur les conclusions d'appel de la commune de Roquebrune-Cap-Martin, tendant à ce que l'État la garantisse entièrement des condamnations mises à sa charge :

Considérant qu'il ressort des pièces du dossier que, par une lettre en date du 29 avril 1992, le préfet des Alpes-Maritimes a porté à la connaissance de la commune de Roquebrune-Cap-Martin les prescriptions nationales et particulières et les servitudes d'utilité publique applicables à la zone d'aménagement concerté de Saint-Roman, ainsi que les informations qu'il estimait utiles à l'élaboration du plan d'aménagement de ladite zone ; qu'il a en particulier, s'agissant des prescriptions nationales et particulières, expressément indiqué qu'étaient applicables au territoire de la commune de Roquebrune-Cap-Martin les dispositions du Code de l'urbanisme issues de la loi du 3 janvier 1986 et de son décret d'application du 20 septembre 1989 relatives à la protection du littoral, et rappelé les principales restrictions en matière de constructibilité qui en découlent ; qu'il a ainsi satisfait à l'obligation d'information instituée par les prescriptions susrappelées du Code de l'urbanisme ; que, par suite, le préfet n'a pas commis dans l'accomplissement de cette obligation de faute de nature à engager la responsabilité de l'État ;

Considérant que si, à l'occasion de la révision du schéma directeur de l'agglomération de Menton, le préfet des Alpes-Maritimes a ultérieurement communiqué à la commune de Roquebrune-Cap-Martin un plan sur lequel les terrains aménagés par la Société au Service du Développement ne figurent pas dans la zone littorale entrant dans le champ d'application de la loi du 3 janvier 1986, cette circonstance est, en tout état de cause, postérieure à la création de la ZAC de Saint-Roman et à la délivrance d'un permis de construire à ladite société ; que, par suite, la commune ne peut s'en prévaloir pour rechercher la responsabilité pour faute de l'État ;

Considérant que les services de l'État mis à la disposition des communes pour l'élaboration des documents d'urbanisme et l'instruction des demandes d'occupation des sols agissent en concertation permanente avec le maire qui leur adresse toutes instructions nécessaires pour l'exécution des tâches qui leur sont confiées ; que la responsabilité de l'État ne peut être engagée à ce titre envers les communes que lorsqu'un de ses agents commet une faute en refusant ou en négligeant d'exécuter un ordre ou une instruction du maire ; qu'il ne ressort pas de l'instruction qu'une faute de cette nature ait été commise en l'espèce ;

Considérant que la circonstance que le préfet des Alpes-Maritimes s'est abstenu de déférer au tribunal administratif le plan d'occupation des sols de la commune de Roquebrune-Cap-Martin sur le fondement duquel a été délivré le permis de construire litigieux, ne revêt pas le caractère d'une faute lourde, seule de nature à engager en pareil cas la responsabilité de l'État envers la commune ;

Considérant qu'il résulte de tout ce qui précède que la commune de Roquebrune-Cap-Martin n'est pas fondée à soutenir que c'est à tort que, par le jugement attaqué, le tribunal administratif de Marseille a rejeté ses conclusions tendant à ce que l'État la garantisse de la totalité des condamnations prononcées à son encontre au profit de la Société au Service du Développement ; [...]

CE 6 oct. 2000, *Min. Intérieur c/ Cne Saint-Florent et a.*, n° 205959 (extraits)

Considérant qu'aux termes de l'article 72 de la Constitution : « Les collectivités territoriales de la République (...) s'administrent librement par des conseils élus et dans les conditions prévues par la loi. Dans les départements et les territoires, le délégué du Gouvernement a la charge des intérêts nationaux, du contrôle administratif et du respect des lois » ; qu'aux termes de l'article 3 de la loi du 2 mars 1982 susvisée, dans sa rédaction issue de la loi du 22 juillet 1982 : « Le représentant de l'État dans le département défère au tribunal administratif les actes mentionnés au paragraphe II de l'article précédent qu'il estime contraires à la légalité dans les deux mois suivant leur transmission » ; que l'article L. 163-11 du Code des communes alors en vigueur dispose que « les lois et règlements qui concernent le contrôle administratif et financier des communes sont applicables aux syndicats des communes » ;

Considérant que les carences de l'État dans l'exercice du contrôle de légalité des actes des collectivités locales prévu par les dispositions précitées de la loi du 2 mars 1982 ne sont susceptibles d'engager la responsabilité de l'État que si elles constituent une faute lourde ; que, dès lors, en jugeant que l'abstention prolongée du préfet de la Haute-Corse de ne pas déférer au tribunal administratif plusieurs délibérations du bureau du syndicat intercommunal à vocation multiple du Nebbio constituait une faute de nature à engager la responsabilité de l'État, sans rechercher si cette faute devait être regardée comme une faute lourde, la cour a entaché son arrêt d'une erreur de droit ; que, par suite, le ministre de l'Interieur est fondé à demander l'annulation de l'arrêt attaqué ; [...]

(Au fond : reconnaissance de l'existence d'une faute lourde du préfet en s'abstenant pendant trois années consécutives de déférer au tribunal administratif neuf délibérations dont l'illégalité ressortait avec évidence des pièces qui lui étaient transmises et dont les conséquences financières étaient graves pour les communes concernées ; mais atténuation de la responsabilité de l'État du fait des fautes commises par les communes sollicitant réparation elles-mêmes).

CAA Bordeaux, 8 avr. 1993, *Desfougères*, n° 91BX00268

Sur la responsabilité de l'État et de la commune de Sainte-Marie-de-Ré :

Considérant qu'aux termes de l'article R. 111-3 du Code de l'urbanisme : « La construction sur des terrains exposés à un risque, tel que : inondation... peut, si elle est autorisée, être subordonnée à des conditions spéciales. Les terrains sont délimités par arrêté préfectoral pris après consultation des services intéressés et enquête dans les formes prévues par le décret n° 59-701 du 6 juin 1959 relatif à la procédure d'enquête préalable à la déclaration d'utilité publique et avis du conseil municipal » ;

Considérant que Mme Desfougères a obtenu le 23 mars 1987, un permis de construire une maison d'habitation au lieudit « Le Petit Bois » dans la commune de Sainte-Marie-de-Ré ; que cette maison a subi des désordres, au cours de l'hiver 1987-1988, par suite de l'inondation du terrain sur lequel elle se trouve ;
Considérant qu'il résulte de l'instruction que, d'une part, à la date à laquelle la demande de permis de construire présentée par Mme Desfougères a été instruite, le préfet de la Charente-Maritime n'avait pas mis en œuvre la procédure de délimitation des zones exposées aux risques d'inondation, notamment dans la commune de Sainte-Marie-de-Ré ; que le terrain de la requérante était situé dans une zone humide au-dessous du niveau de la mer exposée aux risques d'inondation par suite des remontées de la nappe phréatique lors des hautes marées ; qu'ainsi l'abstention du préfet a constitué une faute de nature à engager la responsabilité de l'État envers Mme Desfougères ; que, d'autre part, en délivrant le permis de construire à l'intéressée, alors qu'il connaissait le caractère inondable du secteur du « Petit Bois », le maire a également commis une faute distincte de nature à engager la responsabilité de la commune envers la requérante ; qu'en conséquence l'État et la commune de Sainte-Marie-de-Ré doivent être condamnés à réparer chacun pour moitié les dommages litigieux ;
Considérant, toutefois, que l'imprudence commise par Mme Desfougères en ne s'assurant pas elle-même de la sécurité du lieu où elle a implanté sa construction atténue dans la proportion des deux tiers la responsabilité encourue par l'État et la commune ; qu'il suit de là, que Mme Desfougères est fondée à demander la reformation du jugement attaqué qui a rejeté ses requêtes ; [...]

Biblio

1) Sur les PIG

- J.-C. Helin et R. Hostiou, « Participation, décentralisation et déconcentration, une nouvelle donne en matière de grands projets », *AJDA* 2002. 298.
- J.-P. Lebreton, « Le flou du PIG », in *Mélanges Jacquot*, PU Orléans, 2006, p. 343.
- B. Phémolant, « Déclaration d'utilité publique, projets d'intérêt général et documents d'urbanisme », *AJDA* 2002. 1101.
- A.-M. Tournepiche, « La pérennité des projets d'intérêt général dans un droit de l'urbanisme en mutation », *RDI* 2001. 313.

2) Sur les espaces naturels sensibles

- P. Couttenier, *Du périmètre sensible à l'espace naturel sensible. Contribution à l'étude d'une évolution législative*, Thèse Montpellier I, 1990.
- R. Cristini, « Le département et l'aménagement urbain : les espaces naturels sensibles », *RFDA* 1986. 304.
- P. Le Louarn, « Du périmètre à l'espace : Une évolution attendue de la législation des périmètres sensibles », *RJ envir.* 1986. 14.
- J.-L. Lenclos, « La taxe départementale des espaces naturels sensibles », *RJ envir.* 1997. 189.
- H. Périnet-Marquet, « Le droit de préemption dans les espaces naturels sensibles », *RJ envir.* 1997. 173.

- M. Prieur, « Pour une véritable politique départementale de protection et de gestion des espaces naturels », *RJ envir.* 1997. 171 ; « Les mesures complémentaires de protection des espaces naturels sensibles », *ibid.*, 183.

3) Sur la loi n° 2005-157 du 23 février 2005 relative au développement des territoires ruraux et le décret n° 2006-821 du 7 juillet 2006

- Ph. Benoit-Cattin, « Nouvelles dispositions prévues par la loi de développement », *Constr.-Urb.* 2005, n° 89 et 91.
- J.-Ch. Car et J. Tremeau, « La protection et la mise en valeur de l'espace péri-urbain après la loi du 23 février 2005 relative au développement des territoires ruraux », *BJDU* 2005. 82.
- D. Dutrieux, « La loi relative au développement des territoires ruraux : les dispositions concernant le droit de l'urbanisme », *JCP* N 2005, n° 176.
- G. Godfrin, *Constr.-Urb.* 2006. 202, obs. sur le décret.
- J.-F. Struillou, « La protection des espaces péri-urbains après la loi sur le développement des territoires ruraux. De la planification à l'intervention foncière », *DAUH* 2005. 43.

Quiz

1)Sujet corrigé

Dissertation

Énoncé

Le territoire français est le patrimoine commun de la nation.

Voir le corrigé en fin de rubrique.

2) Sujet d'examen

Dissertation

Le rôle de l'État dans l'harmonisation des projets publics sur le territoire.

3) Corrigé

Dissertation

Introduction

Placé en tête du Code de l'urbanisme (C. urb., art. L. 110) au moment où, en 1983, les communes se voyaient transférer des compétences substantielles en matière d'urbanisme ; ce principe implique que la décentralisation n'a pas réalisé une « appropriation » de leur territoire au profit des communes, mais que toutes les collectivités publiques, à la fois gestionnaires et garantes du territoire, ont vocation à inscrire leurs projets sur celui-ci et doivent pouvoir en obtenir la traduction spatiale. Il en résulte pour elles une double obligation de respect réciproque de leur autonomie et d'harmonisation de leurs prévisions et décisions d'utilisation de l'espace.

À l'origine, la doctrine n'a vu dans l'article L. 110 que l'énoncé par le législateur de principes généraux. Cela l'a conduite à lui contester toute portée normative. Force est pourtant de constater que les principes qui en résultent sont de plus en plus souvent invoqués et que le juge ne rejette pas comme inopérant le moyen tiré de la méconnaissance de cette disposition (I). La mise en œuvre du principe et de l'obligation d'harmonisation demeure cependant largement perfectible (II).

I. Une portée normative certaine

L'affirmation selon laquelle le territoire français constitue un patrimoine commun fonde de manière immédiate une obligation pour les collectivités publiques de respect réciproque de leur autonomie (A) et d'harmonisation de leurs prévisions et décisions sur l'espace (B).

A. Le principe d'autonomie des collectivités publiques

Le principe d'autonomie résulte, pour les collectivités locales, du principe constitutionnel de libre administration. Sa mise en œuvre est le fait du législateur et le juge ne manque pas de sanctionner sa méconnaissance.

1. La mise en œuvre par le législateur

Au moment où il décentralisait un certain nombre de compétences, dont l'urbanisme, le législateur a pris soin de rappeler que cela ne devait en aucun cas permettre l'établissement d'une tutelle d'une collectivité locale sur une autre.

Plus tard, à l'occasion de l'adoption de la loi SRU, il a pris la précaution de limiter la compétence du SCOT à la détermination des orientations générales de l'organisation de l'espace et des grands équilibres entre les espaces urbains et à urbaniser et les espaces naturels et agricoles ou forestiers pour ne pas obérer l'autonomie communale.

2. La sanction par le juge

Le Conseil d'État a eu l'occasion de rappeler, à propos des anciens schémas directeurs, qu'ils ne devaient pas entrer dans un degré de détail qui conduirait à méconnaître l'autonomie communale et les principes énoncés à l'article L. 110 et ce, à peine d'illégalité (CE, avis, 5 mars 1991). On a vu que le législateur a entendu améliorer la mise en œuvre de ce principe au moment de l'adoption de la loi SRU. La même chose ne saurait être dire avec la loi Grenelle II…

Au contentieux, le juge administratif applique le principe à la matière des documents d'urbanisme. Il sanctionne ainsi un schéma directeur qui contenait des règles relatives au mode d'organisation de la coopération intercommunale. Un tel document ne peut, en effet, comporter que des dispositions fixant les orientations fondamentales de l'aménagement des territoires concernés, à l'exclusion des questions étrangères à l'utilisation du sol (CAA Paris, 2 oct. 2001, *Cne Toussus-le-Noble, RFDA* 2002. 420).

B. L'obligation d'harmonisation

Le législateur décline l'obligation d'harmonisation sous différentes formes.

1. Une obligation de prise en compte

Il n'est pas rare que le législateur précise lui-même qu'un document de planification de l'espace doit prendre en compte d'autres documents établis à l'initiative d'autres collectivités ou services publics.

Il revient, par exemple, aux SAR de l'outre-mer et de la Corse et au PADDUC de prendre en compte les programmes de l'État. De même, les SCOT prennent en compte un certain nombre de programmes d'équipement, ains que les schémas régionaux de cohérence écologique (support des trames vertes et bleues) et les plans climat-énergie territoriaux.

L'obligation va parfois au-delà de la simple prise en compte : ainsi, le PLU doit être compatible avec le SCOT, et le SCOT doit l'être avec tout une série de normes supérieures, telles les lois Montagne et Littoral (C. urb., art. L. 111-1-1), ou les chartes des parcs naturels.

2. Une fonction d'harmonisation

Même dans le silence des textes qui les régissent, il est évident que les SCOT ont également une fonction d'harmonisation des projets publics entre les personnes publiques associées et les communes membres des EPCI en charge de leur élaboration.

Mais le législateur confie parfois une telle fonction à un document de planification de manière expresse. Il revient ainsi aux SAR de l'outre-mer et de la Corse et au PADDUC d'harmoniser les programmes des collectivités territoriales et de leurs établissements et services publics (C. urb., art. L. 144-2 et CGCT, art. L. 4433-8).

Il reste que la mise en œuvre de cette obligation d'harmonisation demeure sans doute perfectible.

II. Une mise en œuvre perfectible

Le principe posé à l'article L. 110 oblige à concevoir des mécanismes d'harmonisation (A) mais également les modalités de la solution des inévitables conflits (B).

A. Les mécanismes de l'harmonisation

On vérifie ici à nouveau que le législateur n'a pas su inventer des mécanismes qui permettent de sortir du modèle hiérarchique traditionnel.

1. L'harmonisation institutionnelle

L'élaboration associée des documents d'aménagement et d'urbanisme constitue un mécanisme tout à fait général d'harmonisation des projets publics sur le territoire. Mais il existe par ailleurs des mécanismes plus spécifiques. Ainsi, la mise en œuvre de la politique de protection des espaces naturels sensibles des départements constitue une expérimentation d'un mécanisme d'harmonisation des politiques publiques sur un territoire car le législateur a précisé que la politique du département devait être compatible avec les DTA ou, en leur absence, avec les dispositions particulières aux zones de montagne et au littoral mais aussi avec les orientations des SCOT et des chartes intercommunales de développement et d'aménagement, lorsqu'ils existent. Il a également organisé un partage du droit de préemption dans ces espaces, entre différentes personnes publiques.

2. Le relais de l'État

L'État peut être amené à mettre en œuvre l'obligation d'harmonisation des prévisions et décisions des collectivités territoriales sur leur espace. Il peut le faire au moyen de mêmes instruments que ceux qui lui permettent de faire prévaloir sa politique sur l'ensemble du territoire national. Mais il dispose également d'instruments spécifiques.

La procédure de projet d'intérêt général peut être mise en œuvre à la demande de toute personne publique qui a la capacité d'exproprier. C'est donc le préfet qui, par le biais de la qualification de PIG, va pouvoir contraindre une commune à réviser son PLU et, à défaut, le faire en ses lieu et place.

C'est encore le préfet qui par le biais d'une déclaration d'utilité publique va modifier un SCOT ou un PLU pour assurer la compatibilité de ladite DUP avec le document d'urbanisme concerné.

Dans le même esprit, la procédure dite de « la déclaration de projet » permet à l'État mais aussi à une collectivité territoriale ou à un établissement public responsable d'un projet de travaux, d'aménagements ou d'ouvrages qui a fait l'objet d'une enquête publique, de se prononcer sur l'intérêt général d'une opération qui ne nécessite pas le recours à l'expropriation. En cas de désaccord entre la collectivité qui porte le projet et la personne gestionnaire du document d'urbanisme, c'est encore le préfet qui opère la mise en compatibilité.

Le préfet dispose, par ailleurs, d'instruments juridiques spécifiques pour harmoniser, mais sous le régime de la contrainte, les prévisions des collectivités : il peut ainsi s'opposer à l'entrée en vigueur du PLU d'une commune non couverte par un SCOT pour un nombre croissant de raisons (C. urb., art. L. 123-12) ; il peut également s'opposer à ce qu'un SCOT devienne exécutoire dans toute une série d'hypothèses (elles aussi de plus en plus nombreuses – C. urb., art. L. 122-11) ; et il s'est même vu reconnaître, par la loi « Grenelle II », le pouvoir de procéder à la mise en compatibilité d'office du schéma avec les normes d'urbanisme supérieures (C. urb., art. L. 122-15-1 nouv.), ce qui jusqu'à présent ne s'appliquait qu'aux PLU.

B. La solution des conflits

1. Les modes non contentieux

Une illustration : Le législateur reconnaît aux communes et groupements de communes la possibilité d'exercer un droit de retrait du périmètre d'un SCOT lorsqu'ils estiment que l'un de leurs intérêts essentiels est compromis par les dispositions du projet de schéma en lui imposant notamment des nuisances ou des contraintes excessives. La mise en œuvre de cette faculté se fait là encore sous l'égide de l'État mais fait intervenir, en outre, la commission de conciliation.

Lorsqu'ils n'ont pas obtenu ces modifications malgré un avis favorable du préfet, le conseil municipal ou l'organe délibérant de l'EPCI peuvent, dans un délai de deux mois suivant la notification qui leur est faite de la délibération approuvant le schéma, décider de se retirer. Dans ce cas, le préfet, par dérogation au droit commun du Code général des collectivités territoriales, constate le retrait et, dès la publication de son arrêté, les dispositions du schéma concernant la commune ou l'EPCI sont abrogées.

La loi SRU a amélioré sur ce point les garanties conférées aux communes ou groupements de communes éventuellement concernés par rapport au régime antérieur et cela sur deux points. D'une part, leur intervention va se situer en amont de l'approbation du SCOT puisqu'ils peuvent demander que les modifications soient apportées au projet de schéma arrêté et non plus au schéma approuvé, comme c'était le cas précédemment ; d'autre part, le délai qui leur est imparti pour faire part de leur demande de modification passe de quinze jours à trois mois. Par ailleurs, le préfet a désormais l'obligation de saisir la commission de conciliation. Ce n'était pas le cas dans le régime antérieur, mais la commune ou le groupement de communes avait la possibilité de la saisir directement.

On pourrait cependant imaginer une réforme de la commission de conciliation dans la perspective d'une extension de ses interventions. En effet, en l'état actuel du droit positif, la commission n'a pas de compétence obligatoire pour arbitrer les conflits entre l'État et les communes ou leurs groupements. Par ailleurs, et c'est sa seconde faiblesse, elle ne peut qu'émettre des propositions qu'elle formule dans un délai de deux mois à compter de sa saisine.

2. Le recours au juge

Le recours au juge demeure possible dans la mesure où le moyen tiré de la violation de l'article L. 110 n'est pas inopérant.

Ses pouvoirs ne sont cependant guère adaptés à la fonction qui consiste à assurer l'harmonisation des projets publics. Il ne saurait en effet donner lieu qu'à un contrôle très restreint de la part du juge.

titre 2

Les prévisions locales d'urbanisme

En 1983, le législateur a voulu que la compétence pour élaborer la règle locale d'urbanisme revienne aux communes, auxquelles sont progressivement amenées à se substituer les intercommunalités. Celle-ci leur a donc été transférée sous la condition que le contenu de la règle procède d'une prévision, c'est-à-dire d'une planification. Il est vrai que la liberté (inter)communale est encadrée. Elle est néanmoins réelle. Elle se décline à plusieurs niveaux. En premier lieu, les communes et groupements de communes ont le choix entre concevoir un projet urbain et édicter les règles de nature à en permettre la mise en œuvre dans le cadre d'un plan local d'urbanisme (PLU) (chapitre 6) ou ne pas formaliser un tel projet et s'en tenir à un corps minimal de règles qu'elles peuvent, le cas échéant, appliquer dans le cadre d'une réflexion plus sommaire sur leur territoire, en se dotant d'une carte communale (chapitre 4). En deuxième lieu, elles peuvent choisir d'inscrire leur projet de ville dans une réflexion stratégique intercommunale à moyen ou long terme et adhérer à un établissement public en charge d'élaborer un schéma de cohérence territoriale (SCOT), ce à quoi elles seront d'ailleurs progressivement contraintes (chapitre 5). 111

chapitre 4

L'urbanisme minimum et les cartes communales

Plan analytique

section 1

La règle de la constructibilité limitée

§ 1 L'identification des « parties actuellement urbanisées »

§ 2 Les exceptions à la règle de la constructibilité limitée

A. Les exceptions par nature

B. Les exceptions justifiées par un intérêt communal

section 2

Le règlement national d'urbanisme

§ 1 Le champ d'application du RNU

§ 2 La portée du RNU : la distinction entre les règles impératives et les règles permissives

§ 3 Le contenu des règles générales d'urbanisme

A. Les règles applicables aux entrées de ville

B. Les règles relatives à la localisation et à la desserte des constructions (C. urb., art. R. 111-2 à R. 111-15)

C. L'implantation et le volume des constructions (C. urb., art. R. 111-16 à R. 111-20)

D. L'aspect des constructions (C. urb., art. R. 111-21 à R. 111-24)

section 3

Les cartes communales

§ 1 L'élaboration des cartes communales

§ 2 Le contenu des cartes communales

§ 3 Les effets des cartes communales

Compléments pédagogiques

Afin de permettre le développement et l'aménagement le plus harmonieux possible de l'espace, en tenant compte des spécificités et des ambitions de chaque territoire, le législateur a mis en place les outils d'une planification à l'échelle communale et intercommunale. Élaborer un document d'urbanisme représente cependant un travail long et coûteux qui, par conséquent, ne s'impose que lorsque les autorités locales se trouvent confrontées à de réels problèmes d'utilisation de l'espace, ce qui n'est pas toujours le cas. En effet, toutes les communes de France n'ont pas nécessairement besoin d'un document d'urbanisme aussi complet et complexe que ne l'est le PLU. Pour autant, l'acte de construire doit tout de même être réglementé. C'est pourquoi le législateur a posé le principe selon lequel les communes non couvertes par un PLU sont soumises à un « urbanisme minimum », constitué de la règle de la constructibilité limitée (section 1) et du règlement national d'urbanisme (section 2), sauf à se doter d'une carte communale, permettant d'écarter la première et de préciser les modalités d'application du second (section 3). 112

section 1

La règle de la constructibilité limitée

La règle de la constructibilité limitée résulte de la loi du 7 janvier 1983 relative à la répartition des compétences entre l'État et les collectivités locales. Elle répond à une double préoccupation : lutter contre le gaspillage de l'espace par la dispersion de l'urbanisation en milieu rural (ce que l'on appelle communément le « mitage ») et inciter les communes qui rencontreraient un réel problème de pression foncière à se doter d'un document local d'urbanisme (la décentralisation de la compétence pour délivrer les autorisations d'urbanisme étant liée à l'adoption d'un document d'urbanisme). En vertu de cette règle, inscrite à l'article L. 111-1-2 du Code de l'urbanisme, dans les communes dépourvues de PLU, de carte communale ou de tout document d'urbanisme en tenant lieu (CE 5 juill. 1993, *Lebail c/ Daguerre*, n° 107166, *BJDU* 1994. 17, concl. Ch. Vigouroux), il n'est en principe possible de construire que dans les parties actuellement urbanisées (PAU) de la commune. Reste à savoir ce que sont les PAU, et dans quelle mesure il est possible de déroger au principe d'inconstructibilité hors PAU. 113

§ 1 L'identification des « parties actuellement urbanisées »

114 La notion de PAU n'est pas définie par le Code de l'urbanisme, ce qui n'est pas au demeurant condamnable. En effet, compte tenu de la diversité des communes dans lesquelles la règle étudiée va être amenée à s'appliquer, cette notion doit être laissée à l'appréciation de l'autorité locale sous le contrôle du juge.

En réalité, l'identification des PAU est effectuée à partir d'une vision quasi photographique de la structure du bâti au moment de l'instruction de la demande de certificat ou d'autorisation d'urbanisme. C'est la méthode que suggère une réponse du ministre chargé de l'urbanisme (*JOAN* 5 nov. 1984, n° 44) que le juge administratif a faite sienne : la notion de PAU doit être entendue comme incluant les divers secteurs de constructions agglomérées existant au moment de l'instruction de la demande. Au regard de ce critère, la situation de parcelles situées à l'extérieur du bourg (CE 27 juin 1997, *Amsellem*, n° 163008) dans des espaces vierges de toutes constructions (CE 26 nov. 1990, *SA Sté Hotelière et immobilière Paris-Provence, SNC Gilbert Cespo*, *Lebon* T. 1041) ou dans une vaste zone agricole ne soulève guère de difficulté. Dans ces cas-là, peu importe que la parcelle soit ou non convenablement desservie par les équipements (CE 26 nov. 1990, *SA Sté Hotelière et immobilière Paris-Provence, SNC Gilbert Cespo,* préc.).

115 Les difficultés naissent lorsque la parcelle, tout en étant située hors de la zone agglomérée proprement dite, n'en est pas considérablement éloignée. La doctrine administrative indique, à cet égard, que les parcelles en contiguïté des bourgs doivent être considérées comme relevant des PAU (Rép. min., *JOAN* 5 nov. 1984, préc.). Le juge a repris cette conception et met en œuvre ici plusieurs critères, ou indices, pour identifier les PAU. Le premier est bien sûr celui de la contiguïté avec ces dernières. Selon le cas, il relèvera alors, soit la proximité de plusieurs parcelles qui supportent des constructions même si elles sont situées sur le territoire d'une commune limitrophe à celle du terrain concerné (CE 29 juin 2005, *Sté SEMMARIS c/ Min. Équipement,* n° 262328, *BJDU* 2005. 274, concl. F. Seners et obs. J.-C. B.) soit, en sens contraire, le fait que le terrain concerné en est trop éloigné ou en est séparé par une coupure d'urbanisation (CE 14 déc. 1992, *Lanson, Lebon* T. 1217, *RFDA* 1993. 792, concl. S. Lasvignes). Outre la proximité, le juge prend également en compte dans son appréciation le sens du développement de l'urbanisation (v. concl. S. Lasvignes sur CE 13 oct. 1993, *Garigout*, n° 131824, *BJDU* 1994. 43 ; CE 26 juill. 1996, *Pruvost*, n° 160065). Il admet ainsi qu'une parcelle est située dans les PAU si sa constructibilité participe au mouvement général d'urbanisation de la commune par exemple le long d'une voie qui a déterminé une urbanisation linéaire (CAA Lyon, 20 janv. 1998, *Cts Romeas*, n° 97LY02011). Enfin, la proximité des réseaux est également prise en considération mais toujours comme un élément confortatif (CE 4 oct. 1999, *Hays*, n° 108111).

116 En cohérence avec ces critères, la doctrine administrative (Rép. min., *JOAN* 5 nov. 1984, préc.) et le juge considèrent de façon générale que doivent être considérés comme des PAU les hameaux existants et les parcelles en contiguïté de ces hameaux. La principale difficulté tient alors à l'identification d'un hameau. Il faut que la partie du territoire communal concernée regroupe un nombre suffisant d'habitations

disposant de voies d'accès (CE 22 mars 1991, *Velay*, n° 86811 ; CE 20 sept. 1991, *Peccoux*, n° 96501), caractérisant un « secteur de constructions agglomérées » (CE 11 juill. 1988, *Min. Équipement c/ Bricaud*, n° 85210) ou « un regroupement d'habitations » (CE 30 oct. 1987, *Cadel*, *Lebon* T. 1015) et desservies par les réseaux eau et électricité ou susceptibles de l'être en raison de leur proximité, étant précisé qu'il est toujours possible de réaliser un assainissement individuel. En revanche, la présence de quelques constructions souvent édifiées de façon dispersée ne suffit pas à conférer à la zone concernée le caractère d'un hameau (CE 30 oct. 1996, *Sengler*, n° 135442). Les parcelles situées à proximité des hameaux peuvent également ressortir des PAU, les considérations de proximité sont alors déterminantes (CE 30 oct. 1987, *Cadel*, préc. ; CE 14 déc. 1992, *Lanson*, préc. ; CE 19 nov. 1993, *Houllemare*, n° 125030). Cette jurisprudence sur les hameaux participe de l'idée que la construction projetée ne doit pas venir aggraver la dispersion de l'habitat, ce que la règle de la constructibilité limitée a précisément pour objet d'éviter. À l'inverse, logiquement, une construction pourra être autorisée si elle contribue à diminuer la dissémination du bâti en permettant une densification sans porter atteinte à des intérêts agricoles ou à des sites et paysages de valeur.

L'identification des PAU relève de l'appréciation souveraine des juges du fond, qui n'est pas susceptible d'être discutée devant le juge de cassation (CE 12 mai 1997, *SCI Ifana* et *Sté Coprotour* (2 esp.), n° 163352 et 151359 *BJDU* 1997. 214, concl. J.-D. Combrexelle), sauf dénaturation des faits ou erreur de droit, non constituée lorsqu'un juge du fond retient, pour l'application de l'article L. 111-1-2, un critère tiré, d'une part, de la localisation de la parcelle en cause et, d'autre part, de sa dimension (CE 26 juill. 1996, *Pruvost*, préc).

§ 2 Les exceptions à la règle de la constructibilité limitée

Elles sont posées par l'article L. 111-1-2 du Code de l'urbanisme (I, 1° à 4°). Elles n'ont cessé de se développer depuis 1983, mais la loi ALUR, du 24 mars 2014, s'est attachée à renforcer le contrôle des dérogations entraînant une réduction des surfaces agricoles (II de l'article L. 111-1-2). Elles peuvent être présentées en distinguant entre les exceptions par nature (A) et les exceptions justifiées par un intérêt communal (B). 117

A. Les exceptions par nature

Sont admis hors PAU : en premier lieu (1° du I de l'art. L. 111-1-2), l'adaptation, le changement de destination, la réfection, l'extension des constructions existantes (sur la notion de construction existante : CE, sect., 28 janv. 1998, *Préfet Var c/ Ferran*, n° 176286, *BJDU* 1998. 213 ; P. Hocreitère, « L'existence des constructions », *Dr. adm.* 2000. 1. Sur la notion d'extension : CE 8 juin 1994, *Lecoq et Roux-Michon*, n° 136081, *BJDU* 1994. 46, concl. S. Fratacci et CE 15 avr. 1996, *Bonnet*, n° 98060) ou la construction de bâtiments nouveaux à usage d'habitation à l'intérieur du périmètre regroupant les bâtiments d'une ancienne exploitation agricole, dans le respect des traditions architecturales locales. Cette dernière exception a été ajoutée par la loi « Boutin » du 25 mars 2009, dans le but de redynamiser le tissu rural français. L'exception relative au changement de destination des constructions existantes avait quant à elle été ajoutée par la loi « Urbanisme et habitat » de 2003. Elle est 118 particulièrement intéressante pour les agriculteurs dans la mesure où elle leur permet de vendre les bâtiments de leur exploitation à des non-agriculteurs qui les utiliseront comme habitation. En deuxième lieu, peuvent être autorisées en dehors des PAU, les constructions et installations nécessaires à l'exploitation agricole (CAA Marseille, 23 sept. 2004, *Nou*, n° 00MA00726), à des équipements collectifs dès lors qu'elles ne sont pas incompatibles avec l'exercice d'une activité agricole, pastorale ou forestière sur le terrain sur lequel elles sont implantées, à la réalisation d'aires d'accueil ou de terrains de passage des gens du voyage, à la mise en valeur des ressources naturelles et à la réalisation d'opérations d'intérêt national. Cette deuxième série d'exceptions énumérées au 2° du I de l'article L. 111-1-2 vise donc des travaux ayant un lien avec l'agriculture ou une certaine dimension d'intérêt général. En troisième lieu, relèvent encore des exceptions les constructions et installations incompatibles avec le voisinage des zones habitées et l'extension mesurée des constructions et installations existantes (CE 2 févr. 1996, *Cne Luc*, n° 138448, *BJDU* 1996. 82, concl. J. Arrighi de Casanova ; sur les notions d'extension mesurée et d'extension limitée, v. rép. QE n° 09535, JO Sénat 5 juin 2014.1331). Cette exception est susceptible de s'appliquer aux constructions sources de nuisances (sonores ou olfactives par ex.) et notamment un certain nombre d'installations classées pour la protection de l'environnement. La jurisprudence a également admis son application à un parc d'éoliennes (CE 16 juin 2010, *Leloustre*, n° 311840, *BJDU* 2010. 173, concl. C. Roger-Lacan et obs. J. T.).

■ 119 En vertu de la loi de modernisation de l'agriculture et de la pêche du 27 juillet 2010, les constructions et installations visées au 2° de l'article L. 111-1-2 devaient, lorsqu'elles avaient pour conséquence une réduction des espaces agricoles, être précédées d'un avis de la commission départementale de la consommation des espaces agricoles. Depuis la loi ALUR et la loi d'avenir pour l'agriculture, l'alimentation et la forêt du 13 octobre 2014, ce sont tous les aménagements, installations et travaux mentionnés aux 2° et 3° du I de l'article L. 111-1-2, et la construction de bâtiments nouveaux visée par le 1 du même article, ayant pour conséquence une réduction des surfaces situées dans les espaces autres qu'urbanisés et sur lesquelles est exercée une activité agricole ou qui sont à vocation agricole, qui doivent être précédés d'un avis de la commission départementale de la préservation des espaces naturels, agricoles et forestiers prévue à l'article L. 112-1-1 du code rural et de la pêche maritime. Cet avis est réputé favorable s'il n'est pas intervenu dans un délai d'un mois à compter de la saisine de la commission par le préfet. En toute hypothèse, il ne s'agit que d'un avis simple.

B. Les exceptions justifiées par un intérêt communal

■ 120 Le 4° de l'article L. 111-1-2 prévoit une exception au profit des « constructions ou installations, sur délibération motivée du conseil municipal, si celui-ci considère que l'intérêt de la commune, en particulier pour éviter une diminution de la population communale, le justifie, dès lors qu'elles ne portent pas atteinte à la sauvegarde des espaces naturels et des paysages, à la salubrité et à la sécurité publique, qu'elles n'entraînent pas un surcroît important de dépenses publiques et que le projet n'est pas contraire aux objectifs visés à l'article L. 110 et aux dispositions des chapitres V et VI du livre 1er ou aux directives territoriales d'aménagement précisant leurs modalités d'application ». Cette exception générique est susceptible de concerner un grand nombre de projets. Il peut s'agir d'une construction modeste destinée à l'installation d'une famille – qui peut permettre de sauver une école – ou d'un préposé des PTT (CE 25 nov. 1988, *Min. Équipement c/ Stauffer*, *Lebon* T. 760 et 761 ; *AJDA* 1989. 264, note F. Bouyssou). L'exception peut également s'appliquer à une activité économique ou une entreprise créatrice d'emplois (CE 29 juin 1994, *Pierard*, n° 126959) ou, plus généralement être motivée par la contribution du projet à l'essor économique local. Elle peut aussi concerner de petites opérations réalisées notamment sous forme de permis de construire groupé ou lotissement. En revanche, le motif tiré du ralentissement de la croissance de la population est, s'il n'est pas suffisamment démontré, insuffisant pour établir l'intérêt d'une commune (CE 17 déc. 2007, *Min. Transports* n° 295'25 ; *BJDU* 2008. 6, concl. A. Courrèges ; *RDI* 2008. 165, obs. P.-S. C.). Bien entendu, il ne résulte de cette exception aucune compétence du conseil municipal pour délivrer l'autorisation d'urbanisme sollicitée. Sa délibération est simplement une pièce composant le dossier d'instruction.

Le juge examine au cas par cas la légalité de l'exception revendiquée par la commune en fonction de l'importance de la construction autorisée (CE 2 avr. 1993, *Cne Saint-Martial-d'Albarède*, *Lebon* 97), du caractère plus ou moins approprié de sa localisation par rapport à sa destination (CE 12 oct. 1992, *Duyck*, n° 85663 ; CE 21 juin 1995, *Marichal*, n° 138210) et de l'intérêt économique et social qu'elle présente pour la commune (CE 29 juin 1994, *Piérard*, préc. ; CE 12 oct. 1992, *Duyck*, *préc.*). S'agissant d'une exception à la règle de la constructibilité limitée, le juge est particulièrement exigeant à l'égard de la motivation de la délibération du conseil municipal. Celle-ci doit faire apparaître de manière explicite l'intérêt de la commune en vue de justifier le bien fondé de l'exception (v. CE 17 déc. 2007, *Min. Transports c. Malot*, préc.). Cependant, cet examen ne peut avoir lieu qu'à l'occasion d'un recours contre le permis ou son refus. En effet, la délibération motivée du Conseil municipal n'a aucun caractère décisoire ; elle n'est qu'un acte préparatoire nécessaire à l'appréciation de la demande de permis de construire. Elle est donc insusceptible de faire en elle-même l'objet d'un recours pour excès de pouvoir (CAA Bordeaux 6 déc. 2004, *Assoc. de sauvegarde de l'église de Castels et du château de Fages*, n° 00BX01437, *JCP* A 2005, n° 1157, obs. Ph. Billet).

Enfin, précisons que depuis les lois ALUR et Avenir de l'agriculture, évoquées plus haut, la délibération du conseil municipal est soumise à l'avis conforme de la commission départementale de la préservation des espaces naturels, agricoles et forestiers, avis – ici encore – réputé favorable s'il n'est pas intervenu dans un délai d'un mois à compter de la saisine de la commission (al. 2 du II de l'art. L. 111-1-2)

section 2

Le règlement national d'urbanisme

L'article L. 111-1 du Code de l'urbanisme habilite le pouvoir réglementaire à fixer par 121
décrets en Conseil d'État les règles générales d'utilisation des sols. L'habilitation est très large – à la limite de l'incompétence négative – puisqu'il est ainsi autorisé à établir « les *règles générales*[Q] applicables en matière d'utilisation du sol, notamment en ce qui concerne la localisation, la desserte, l'implantation et l'architecture des

constructions, le mode de clôture et la tenue décente des propriétés et des constructions». Sur ce fondement se sont succédé plusieurs règlements nationaux, depuis 1955. Toutefois c'est un décret du 5 janvier 2007 qui réalise, depuis 1961, le premier toilettage important de cet ensemble de prescriptions désormais regroupées sous l'intitulé de règlement national d'urbanisme (RNU). On étudiera successivement son champ d'application (§ 1), sa portée, qui renvoie à la distinction entre les règles permissives et les règles impératives (§ 2) et, enfin, son contenu (§ 3).

§ 1 Le champ d'application du RNU

122 Le champ d'application matériel du RNU ne présente aucune originalité : il s'applique aux constructions, aménagements, installations et travaux faisant l'objet d'un permis de construire, d'un permis d'aménager ou d'une déclaration préalable, ainsi qu'aux autres utilisations du sol régies par le Code de l'urbanisme (art. R. 111-1).

Le champ d'application territorial du RNU appelle davantage d'explications. À cet égard en effet, le principe a varié dans le temps. À l'origine, le RNU était applicable sur l'ensemble du territoire mais les documents d'urbanisme pouvaient contenir des dispositions particulières susceptibles de les écarter. Le décret du 5 juillet 1977 avait inversé cette logique en écartant l'application du RNU pour les territoires couverts par un document d'urbanisme, à l'exclusion de quelques articles dits « d'ordre public ». Le décret du 5 janvier 2007 se rattache plutôt à la logique initiale en posant le principe d'une application territoriale générale du RNU sous réserve des exceptions qu'il énumère (C. urb., art. R. 111-1, a et b). Demeurent par exemple applicables sur le territoire des communes couvertes par un document d'urbanisme les prescriptions relatives à la salubrité et à la sécurité publique (C. urb., art. R. 111-2), à la conservation et à la mise en valeur des vestiges archéologiques (C. urb., art. R. 111-4), à la protection de l'environnement (C. urb., art. R. 111-15) ou encore à l'esthétique des constructions (C. urb., art. R. 111-21).

La question qui se pose alors est celle de savoir de quelle façon ces dispositions doivent, le cas échéant, se combiner avec celles du PLU ayant le même objet. Sur ce point, le Conseil d'État semble considérer que les dispositions d'un PLU n'évincent les dispositions d'ordre public du RNU ayant le même objet que si elles sont plus contraignantes (CE 20 avr. 2005, *Sté Bouygues Telecom*, n° 248233, *BJDU* 2003. 115, obs. J.-C. B. ; CE 18 nov. 2011, *Puy-Fonters*, n° 324301, *BJDU* 3/2012. 195, obs. J. T. ; CE 29 oct. 2012, Association Cultures et citoyenneté, n° 332257, dans les tables du recueil *Lebon*, *RDI* 2/2013, p. 111, obs. P. Soler-Couteaux). L'idée qui ressort de la jurisprudence est donc que le RNU n'a pas qu'un caractère supplétif ; ses dispositions d'ordre public constituent bien une sorte d'urbanisme minimum auquel il ne peut être dérogé, ce qui pourrait prêter le flanc à la critique (sur l'applicabilité du RNU, en particulier de l'article R. 111-2 C. urb. en présence de normes issues d'autres législations mais ayant le même objet, v. ss 131 s.). En revanche, lorsqu'un POS ou un PLU comporte des prescriptions au moins équivalentes (ou *a fortiori* plus sévères), l'autorité compétente ne peut se dispenser de les appliquer en n'exerçant son contrôle qu'au regard du RNU. En somme, les dispositions d'ordre public du RNU permettent d'opposer une norme là où le PLU n'en contient pas, voire de compléter celles du PLU lorsqu'elles sont moins contraignantes, mais en aucun cas d'affaiblir les normes plus exigeantes contenues dans le règlement du document d'urbanisme.

§ 2 La portée du RNU : la distinction entre les règles impératives et les règles permissives

123 ■

Le champ d'application très vaste des règles concernées explique qu'elles ne puissent avoir un contenu très précis. Les règles du RNU sont ainsi généralement formulées avec des référents qui ne sont pas absolus mais relatifs aux constructions alentours. Par ailleurs, et surtout, la plupart des prescriptions du RNU ont un caractère simplement « permissif ».

On distingue en effet, au sein du RNU, entre les règles « permissives » et les règles « impératives ». La formulation de cette différenciation peut induire en erreur, car elle ne renvoie pas à une distinction entre des règles qui seraient obligatoires et d'autres simplement facultatives pour les administrés. Toutes sont opposables aux autorisations d'occupation du sol. En réalité, les règles permissives sont celles qui laissent une marge d'appréciation à l'autorité administrative saisie de la demande d'autorisation d'occupation du sol. Il s'agit de lui permettre d'adapter l'application de la règle à la diversité des situations. À l'opposé, les règles impératives sont celles qui ne laissent aucune marge d'appréciation à l'administration. Elles édictent des interdictions ou des contraintes rigoureuses. C'est la rédaction de la règle qui, très classiquement, permet d'opérer la distinction. Les règles permissives, les plus nombreuses, sont rédigées avec le verbe « pouvoir » (par ex. : « Le projet peut être refusé ou n'être accepté que sous réserve de l'observation de prescriptions spéciales si... » ou « le permis ou la décision prise sur la déclaration préalable peut imposer... »). Les règles impératives sont formulées avec le verbe « devoir » (« le permis ou la décision prise sur la déclaration préalable doit respecter... » ou « les constructions doivent... »).

La distinction entre ces deux types de règles n'est pas sans conséquences sur les modalités du contrôle juridictionnel. En premier lieu, dans la mesure où les règles permissives laissent à l'autorité qui est chargée d'instruire la demande un pouvoir discrétionnaire, le juge fait application de la règle, classique en cette matière, de l'examen particulier des circonstances de l'affaire. Il en résulte que l'autorité compétente ne peut procéder par une mesure générale qui lierait par avance l'exercice de sa compétence, telle, par exemple, celle interdisant toute construction sur une falaise (CE 22 oct. 1982, *Le Queau*, n° 31661).

En second lieu, l'intensité du contrôle exercé par le juge administratif sur les décisions d'octroi ou de refus d'autorisation fondées sur le RNU varie selon le type de disposition en cause. Les décisions fondées sur une prescription impérative donnent toujours lieu à un *contrôle normal*ᑫ. Celles fondées sur une disposition permissive donnent lieu à un contrôle dissymétrique. En cas de refus, le juge administratif exerce un contrôle normal car l'administration est en situation de *compétence liée*ᑫ. Le juge s'assure donc que le refus était bien nécessaire à la sauvegarde de l'intérêt général en cause. Il vérifie, par exemple, que les éléments qui ont justifié le refus n'auraient pas pu être traités par de simples prescriptions moins contraignantes (CE 12 mai 1989, *Min. Équipement c/ SCI « Azur Parc »*, n° 96665). En revanche, dans le cas de la délivrance de l'autorisation, le juge s'en tient à un contrôle restreint, limité – en ce qui concerne le contrôle de la qualification juridique des faits – à l'erreur manifeste d'appréciation, c'est-à-dire l'erreur particulièrement grossière commise par l'autorité administrative (CE, ass., 29 mars 1968, *Sté du lotissement de la plage de Pampelonne*, *Lebon* 211, concl. Vught).

§ 3 Le contenu des règles générales d'urbanisme

124 Les dispositions du règlement national d'urbanisme sont regroupées en trois sections relatives à la localisation et à la desserte des constructions (B), à l'implantation et au volume des constructions (C) ainsi qu'à l'aspect des constructions (D). Avant de les exposer selon ce schéma, il convient de rendre compte de la règle générale instituée par l'article L. 111-1-4 du Code de l'urbanisme, issu de la loi n° 95-101 du 2 février 1995 relative au renforcement de la protection de l'environnement qui impose des prescriptions générales applicables aux « entrées de ville » (A).

A. Les règles applicables aux entrées de ville

125 *Finalité.* Pour assurer, la qualité de la construction, de l'aménagement et de l'urbanisation le long des principaux axes non encore urbanisés, le législateur a inséré dans le Code de l'urbanisme une mesure de sauvegarde garantissant le respect d'une réglementation spécifique. L'objectif poursuivi consiste à freiner l'urbanisation désordonnée des principaux axes routiers en créant une zone tampon qui permettra de desserrer le linéaire urbain qui enserre étroitement la plupart des entrées de villes (Circ. min. n° 96-32, 13 mai 1996). Il l'a cependant fait de manière maladroite (v. obs. G. Godfrin sur Rép. min. n° 59318, *Constr.-Urb.* 2005. 247 et sur CAA Lyon, 17 nov. 2005, *Cne Ferney-Voltaire*, n° 04LY00852, *Constr.-Urb.* 2006. 93). La protection esthétique des entrées de ville a par la suite été spécifiquement renforcée par la loi Grenelle II.

126 *Contenu initial : la servitude d'inconstructibilité.* La servitude d'inconstructibilité instituée par l'article L. 111-1-4 du Code de l'urbanisme ne concerne que les espaces non urbanisés qui longent certaines infrastructures. En premier lieu, s'agissant des infrastructures concernées, elle est applicable à toutes les communes dont le territoire ou une partie du territoire longe une autoroute, une route express ou une déviation (au sens du Code de la voirie routière) ou encore une route classée à grande circulation. Son application est donc subordonnée au classement des voies dans l'une ou l'autre de ces catégories, étant précisé que depuis une loi du 17 mai 2011, le SCOT peut l'étendre à d'autres catégories de voies. L'article L. 111-1-4 n'est cependant, dans tous les cas, applicable qu'aux seules voies ouvertes à la circulation. Il s'ensuit que la servitude d'inconstructibilité ne concerne pas les espaces non urbanisés situés à proximité d'un terrain grevé d'un emplacement réservé inscrit au POS destiné à la réalisation d'une voie de circulation automobile. En second lieu, concernant cette fois les espaces visés, la servitude ne s'applique qu'aux constructions et installations nouvelles dans des zones non encore urbanisées : il ne s'agit donc pas de restructurer le tissu urbain existant mais d'infléchir l'évolution des espaces encore naturels. Le caractère urbanisé ou non d'un espace s'apprécie au regard de la réalité physique et non en fonction des limites de l'agglomération au sens du Code de la voirie routière ou du zonage retenu par le document d'urbanisme. Cette réalité résulte d'un faisceau d'indices : nombre de constructions existantes ; distance du terrain en cause par rapport au bâti existant ; contiguïté avec des parcelles bâties ; niveau de desserte par les équipements (CE 17 déc. 2004, *Laillevaux, Lebon* 434 ; *Constr.-Urb.* 2005, n° 67, obs. Ph. Benoit-Cattin ; *BJDU* 2005. 3, concl. D. Chauvaux ; *RDI* 2005. 134, obs. P. S.-C.). Ces critères sont dégagés par la jurisprudence relative à la notion de « parties

actuellement urbanisées» visée à l'article L. 111-1-2 du Code de l'urbanisme qui institue le principe de constructibilité limitée.

Exceptions. La servitude d'inconstructibilité instituée par l'article L. 111-1-4 du Code de l'urbanisme comporte trois sortes d'exceptions. Les premières sont applicables de plein droit et concernent : - les constructions ou installations liées ou nécessaires aux infrastructures routières (stations de péage, stations services, équipements implantés dans les aires de repos le long des autoroutes) ; - les services publics exigeant la proximité immédiate des infrastructures routières (services publics de secours et d'exploitation) ; - les bâtiments d'exploitation agricole (serres, silos, hangars, bâtiments d'élevage...) ; - les réseaux d'intérêt public. Par ailleurs, l'adaptation, le changement de destination, la réfection ou l'extension des constructions existante bénéficient également d'un régime d'exception. La dérogation doit être appréciée au regard de la jurisprudence relative aux exceptions au principe de la constructibilité limitée instituée par l'article L. 111-1-2 du Code de l'urbanisme (v. ss 117 s.). 127 ■

Une deuxième sorte d'exception peut résulter d'une démarche de projet urbain mise en œuvre par les communes. En effet, les communes ont la possibilité de rendre inapplicable l'interdiction de construire à la condition qu'elles se dotent d'un document d'urbanisme comportant une réflexion urbanistique sur la qualité des entrées de ville (CE 21 mai 2008, *Assoc. d'Environnement Attainville Ma Campagne*, n° 296347, *Constr.-Urb.* 2008. 131, obs. G. Godfrin). Le législateur a donc été particulièrement respectueux de la décentralisation des compétences en matière d'urbanisme puisque les PLU sont autorisés à déroger à l'inconstructibilité de principe lorsque les règles d'implantation qu'ils arrêtent résultent d'une étude justifiant, en fonction des spécificités locales, qu'elles sont compatibles avec la prise en compte des nuisances, de la sécurité, de la qualité architecturale, ainsi que de la qualité de l'urbanisme et des paysages. Depuis la loi du 23 février 2005 relative au développement des territoires ruraux, il en va de même dans les communes dotées d'une carte communale, à l'initiative du conseil municipal après accord du préfet et avis de la commission départementale des sites.

Enfin, aux exceptions qui précèdent, la loi du 23 février 2005 relative au développement des territoires ruraux a ajouté une possibilité de dérogation, avec l'accord du préfet, lorsque les contraintes géographiques ne permettent pas d'implanter les installations ou les constructions au-delà de la marge de recul prévue au premier alinéa de l'article L. 111-1-4, dès lors que l'intérêt que représente pour la commune l'installation ou la construction projetée motive la dérogation (sur cette réforme, Ph. Benoit-Cattin, *Constr.-Urb.* 2005. 89-II).

La suppression de la référence au règlement local de publicité. La loi Grenelle II du 12 juillet 2010 avait complété le troisième alinéa de l'article L. 111-1-4 du Code de l'urbanisme d'une disposition, obligeant l'autorité compétente en matière de PLU à élaborer et approuver, dans les entrées de ville, un règlement local de publicité en même temps que le document d'urbanisme. Le but était de remédier à la prolifération anarchique de la publicité que la réglementation antérieure de la publicité extérieure n'avait pas permis d'éviter. 128 ■

La loi ALUR, du 24 mars 2014, a supprimé toute référence au règlement local de publicité au sein de l'article dédié aux entrées de ville. Le règlement local de publicité n'est plus obligatoire. Son régime est fixé aux articles L. 581-14 et s. du code de l'environnement (modifié en dernier lieu par la loi n° 2014-626 du 18 juin 2014 relative à l'artisanat, au commerce et aux très petites entreprises, dite loi « ACTPE » ou loi « Pinel »).

B. Les règles relatives à la localisation et à la desserte des constructions (C. urb., art. R. 111-2 à R. 111-15)

■ 129 Cette section du RNU est la plus riche en prescriptions. Celles-ci ont le plus souvent un caractère permissif et concernent principalement la sécurité publique, la desserte par des équipements collectifs, la protection des sites et la protection de l'environnement.

■ 130 *La salubrité et la sécurité publique*. L'article R. 111-2 du Code de l'urbanisme permet de refuser ou de n'accepter le projet que sous réserve de l'observation de prescriptions spéciales s'il est de nature à porter atteinte à la salubrité ou à la sécurité publique du fait de sa situation, de son importance ou de son implantation à proximité d'autres installations. La salubrité semble inclure l'agrément des voisins, le juge ayant annulé sur ce terrain un permis de construire un important silo aux environs d'une zone d'habitation (CE 5 juin 1987, *Roussel*, n° 81511) ou encore l'autorisation de réaliser un lotissement situé à proximité d'une porcherie (CE, sect., 21 mars 1980, *Peyrusque*, n° 12888, *Lebon* 157 ; *AJDA* 1981. 108, note F. Bouyssou). Concernant la sécurité, cette préoccupation inclut celle des usagers de l'immeuble à construire comme celle des tiers. Doivent par conséquent être pris en compte à ce titre non seulement les risques d'atteinte à la sécurité publique auxquels l'immeuble projeté peut être exposé mais aussi ceux qu'il peut engendrer, par exemple en accroissant le risque d'incendie (CE 1er mars 2004, *Cne Villelaure*, n° 209942, *Constr.-Urb.* 2004. 91 et 110, obs. Ph. Benoit-Cattin ; CE 22 avr. 2005, *Letouzey*, n° 257743, *RDI* 2005. 342, obs. P.S.-C.). Aussi bien, le Conseil d'État a précisé que, particulièrement lorsque la construction projetée est à destination d'habitation, l'autorité compétente doit tenir compte d'une éventuelle accumulation de risques et nuisances, y compris s'ils ne sont pas directement liés entre eux. Ainsi, même si aucun des risques ou nuisances n'est de nature, à lui seul, à le fonder, un refus de permis de construire peut être justifié lorsque le cumul des risques ou nuisances est de nature à compromettre gravement les conditions et le cadre de vie des futurs occupants (CE 16 juill. 2014, n° 356643, Environnement 10/2014, n° 72, comm. D. Gillig).

■ 131 La référence à l'implantation du projet est, par ailleurs, de nature à permettre à l'autorité compétente de refuser un permis de construire ou de l'assortir de prescriptions lorsque la construction projetée est susceptible de causer ou de subir elle-même des nuisances du fait de la proximité d'autres installations. Par exemple, un permis de construire un parc éolien à proximité d'un radar météorologique peut être refusé, sur le fondement de l'article R. 111-2 du Code de l'urbanisme, en raison de la perturbation importante que son fonctionnement engendrerait sur la détection des phénomènes météorologiques dangereux (CE 30 déc. 2013, Société EDP Renewables France, n° 352693, *AJDA* 2014, p. 15 ; dans la même affaire, CAA Douai, 30 juin 2011, in° 09DA01149 , *AJDA* 2011.1497, chron. X. Larue). S'agissant de la distance à respecter entre les bâtiments agricoles et les bâtiments à usage d'habitation ou à usage professionnel, des normes spécifiques sont prévues par le Code rural (C. rur., art. L. 111-3) et parfois par les *règlements sanitaires départementaux*[Q] édictés sur le fondement du Code de la santé publique, qui sont opposables aux autorisations d'urbanisme (CE 7 janv. 2004, *Nouqué*, n° 229101 ; CE 31 juill. 2009, *Combes, Centre d'équitation Soisy-Val-de-Seine*, n° 296197), ce qui n'exclut cependant probablement pas nécessairement l'application de l'article R. 111-2 du Code de l'urbanisme en cas de circonstances particulières. De même, concernant certaines formes de risques répertoriés tels que l'inondation, l'avalanche, l'affaissement, l'érosion ou l'éboulement, l'appréhension des risques peut se faire de manière plus globale, systématique et anticipée à travers les plans de prévention des risques, qui sont des servitudes d'utilité publique opposables aux autorisations d'urbanisme. Mais l'existence d'un plan de prévention des risques n'exclut pas nécessairement l'application de l'article R. 111-2 du Code de l'urbanisme. L'existence de normes générales intervenues sur le fondement de législations autres que l'urbanisme ne paralyse donc vraisemblablement pas l'application de l'article R. 111-2, à la différence des avis le cas échéant émis par des services spécialisés au cours de l'instruction de l'autorisation. En effet, il a été jugé que lorsque le service départemental d'incendie et de secours a émis un avis favorable au projet envisagé sous réserve de la réalisation, qu'il a estimée possible, d'une réserve d'eau de 30 m³ située à moins de 50 m du bâtiment, les dispositions de l'article R. 111-2 du Code de l'urbanisme ne permettent pas au maire de se borner à refuser le permis de construire demandé, mais doivent le conduire à assortir sa délivrance de prescriptions spéciales destinées à pallier les risques d'incendie (CE 9 juill. 2010, *Cne La Roque-sur-Pernes*, n° 304463, *Constr.-Urb.* 2011. 1, obs. J.-L. Seynaere).

En toute hypothèse, le risque justifiant le refus d'autorisation ou les prescriptions au 132 ■
titre de l'article R. 111-2 doit être avéré. Les risques incertains, du type de ceux parfois attribués aux antennes relais de téléphonie mobile, ne relèvent pas de l'article R. 111-2, qui est une norme de prévention ; tout au plus peuvent-ils relever du principe de précaution (CE 30 janv. 2012, *Sté Orange France*, n° 344992 et 44993, *BJCL* 2012. 348, concl. D. Botteghi et note E. Carpentier ; sur l'applicabilité du principe de précaution aux autorisations d'urbanisme, v. ss 136). En revanche, dans la mesure où elles comportent des risques certains, les autorisations d'implanter des éoliennes peuvent être refusées ou assorties de prescriptions sur le fondement de l'article R. 111-2 (CE 6 nov. 2006, *Assoc. « Préservation des paysages exceptionnels du Mézenc »*, n° 281072, *JCP* A 2006. 1296, concl. Y. Aguila, *RDI* 2008. 251, obs. F.-G. Trebulle). En ce qui concerne les *installations classées pour la protection de l'environnement*[Q], il a été jugé que l'article R. 111-2 peut fonder l'émission de prescriptions dès lors qu'elles sont distinctes de celles qui pourraient être émises au titre de la police spéciale des installations classées (CE 20 mars 2000, *Sté Carrefour-France*, n° 191418, *Constr.-Urb.* 2000. 156, obs. D. Larralde).

S'agissant d'une disposition permissive du RNU, le choix de l'autorité administrative de ne pas faire application de l'article R. 111-2 ne donne lieu qu'à un contrôle restreint. Pour autant, il n'est pas si rare que le juge constate une erreur manifeste d'appréciation (CE 5 déc. 2001, *Bordier*, n° 205816 *RDI* 2002. 159, obs. P. S.-C ; en référé : CE 13 juill. 2006, *Min. Transports c/ Begue*, n° 269720, *BJDU* 2006. 347, concl. Y. Aguila) et le Conseil d'État ne sanctionne l'appréciation des faits opérée par les juges du fond qu'en cas de dénaturation (CE 19 nov. 1999, *Cne Port La Nouvelle c/ Santaeulla*, n° 190303, *Constr.-Urb.* 2000. 52).

Les règles relatives à la sécurité et à la salubrité publique sont complétées par l'article R. 111-3 du Code de l'urbanisme qui permet de refuser ou de n'accepter que sous réserve de prescriptions spéciales les projets qui, en raison de leur localisation, sont susceptibles d'être exposés à des nuisances graves, dues notamment au bruit.

133 *La desserte et les équipements collectifs.* L'article R. 111-5 du Code de l'urbanisme dispose que « le projet peut être refusé sur des terrains qui ne seraient pas desservis par des voies publiques ou privées dans des conditions répondant à son importance ou à la destination des constructions ou des aménagements envisagés et notamment si les caractéristiques de ces voies rendent difficile la circulation ou l'utilisation des engins de lutte contre l'incendie. Il peut également être refusé ou n'être accepté que sous réserve de l'observation de prescriptions spéciales si les accès présentent un risque pour la sécurité des usagers des voies publiques ou pour celle des personnes utilisant ces accès. Cette sécurité doit être appréciée compte tenu, notamment de la position des accès, de leur configuration ainsi que de la nature et de l'intensité du trafic » (CE 22 oct. 1982, *Sté Sobeprim*, *Lebon* 356). Ces dispositions peuvent être opposées à une autorisation de lotir et désormais un permis d'aménager (CE 24 janv. 1994, *Moyal*, n° 112718, *BJDU* 1994. 21, concl. Toutée ; CE 28 juill. 2000, *Cne Decines-Charpieu*, n° 199325, *BJDU* 2000. 240, concl. S. Austry). Elles s'appliquent à la desserte du terrain à construire et non à la desserte des constructions autorisées (CE 26 oct. 2005, *Cne Sceaux*, n° 265488, *BJDU* 2006. 40, concl. R. Keller).

En ce qui concerne l'accès du propriétaire et des tiers (autres que les services de lutte contre l'incendie), sont prises en compte toutes les voies, quel que soit leur statut, pourvu qu'elles soient ouvertes à la circulation publique (CE 9 mai 2012, *n° 335932, Bartolo, Lebon* ; *AJDA* 2012.974). Mais l'exigence du texte est également satisfaite si le pétitionnaire établit l'existence d'une servitude de passage sur une voie privée (CE 23 juin 1982, *Gerbier*, *Lebon* 246 ; *RDI* 1982. 506, obs. Y. Gaudemet et D. Labetoulle ; F. Bouyssou, « Voies privées et permis de construire », *RFDA* 1985. 901). Dans ce cas, la production de la servitude n'est pas une conditions de recevabilité de la demande d'autorisation (CE 11 juin 2014, *Blanchard*, n° 346333, dans les tables du recueil *Lebon* ; *BJDU* 6/2014, p. 463, concl. D. Hédary et obs. J. T. ; *RDI* 2014, p. 477, obs. P. Soler-Couteaux). En revanche, bien que cela ne soit pas toujours évident à réaliser en pratique, il semble que cette production puisse être exigée pour apprécier le respect des règles relatives à la desserte du terrain (CE 26 févr. 2014, *Commune du Castellet*, n° 356571 (sera mentionné dans les tables du recueil *Lebon*), *BJDU* 4/2014, p. 261, concl. S. Von Coester et obs. J. T. ; *RDI* 6/2014, p. 366, obs. P. Soler-Couteaux ; *AJDA* 2014, p. 996, note B. Pauvert). L'exigence d'une simple attestation du droit de passage serait dans certains cas plus aisée à satisfaire. Quoi qu'il en soit, bien évidmment, l'administration et le juge administratif ne sont pas habilités à apprécier la validité de cette servitude (CE 19 févr. 1986, n° 56003, Ramel ; CE 24 sept. 2012, n° 336598, *Assoc. des Amis de Saint-Palais-sur-Mer*, *Lebon ; RDI* 2012.642, obs. P. S-C ; *AJCT* 2012.577, obs. R. Grand).

En ce qui concerne les possibilités d'accès au terrain des services publics d'incendie et de secours, il appartient seulement à l'autorité compétente et au juge de s'assurer que les caractéristiques physiques d'une voie d'accès permettent l'intervention de leurs engins, la circonstance que cette voie ne serait pas ouverte à la circulation publique ou grevée d'une servitude de passage étant, compte tenu des dispositions des articles L. 1424-2 à L. 1424-4 du Code général des collectivités territoriales, sans incidence (CE 26 févr. 2014, *Commune du Castellet*, pérc.).

Enfin, l'accessibilité du site aux engins de lutte contre l'incendie n'étant qu'un des éléments qui peuvent justifier le refus d'un permis de construire, l'avis favorable des services de lutte contre l'incendie ne fait pas obstacle à ce qu'un permis soit refusé sur le fondement de l'article R. 111-4 du Code de l'urbanisme si l'accès au site est dangereux pour un autre motif (CE 11 juill. 2001, *SCI Audibert-Ponte*, n° 213055, *RDI* 2001. 540, obs. L. Derepas).

Dans le prolongement du précédent, l'article R. 111-6 du Code de l'urbanisme permet de délivrer le permis sous condition de l'observation de prescriptions spéciales tenant à la réalisation de voies privées ou de tous autres aménagements particuliers nécessaires au respect des conditions de sécurité mentionnées au deuxième alinéa de l'article R. 111-5 du Code de l'urbanisme ou à la réalisation d'emplacements de stationnement des véhicules hors de la voie publique (CE 15 janv. 1982, *SA Les Maisons Bruno Petit*, *Lebon* T. 785 et 787). Ici encore, l'appréciation que portent les juges du fond sur l'erreur manifeste d'appréciation éventuellement commise par l'administration n'est pas susceptible d'être discutée devant le juge de cassation en l'absence de dénaturation des faits de la cause (CE 23 avr. 1997, *Ballon et Crevel*, n° 161328). 134 ■

Concernant les stationnements, l'article R. 111-6 du Code de l'urbanisme comporte des dispositions particulières à la construction ou aux travaux de transformation ou d'amélioration de logements locatifs financés avec un prêt aidé par l'État. Il prévoit enfin que « le nombre des accès sur les voies publiques peut être limité dans l'intérêt de la sécurité. En particulier, lorsque le terrain est desservi par plusieurs voies, le projet peut n'être autorisé que sous réserve que l'accès soit établi sur la voie où la gêne pour la circulation sera la moindre ».

Les articles R. 111-8 à R. 111-12 du Code de l'urbanisme concernent la desserte par les réseaux d'eau potable et d'assainissement. Il est notamment précisé que lorsqu'un réseau public d'alimentation en eau passe à proximité du terrain le raccordement est obligatoire. Ces dispositions se combinent avec celles du règlement sanitaire départemental.

À cela il convient d'ajouter l'article R. 111-13 du Code de l'urbanisme, lequel énonce que le projet peut être refusé s'il impose, par sa situation ou son importance, la réalisation par la commune d'équipements publics nouveaux hors de proportion avec ses ressources actuelles ou sont de nature à entraîner un surcroît important des dépenses de fonctionnement des services publics (CE 18 juill. 1973, *Min. Équipement c/ SCI « Le Moulin Bellanger »*, *Lebon* 529). Face à un refus de permis de construire, le juge s'assure de la réalité de l'augmentation des dépenses alléguées (CAA Lyon, 14 avr. 1998, *Min. Aménagement du Territoire c/ SCI La Baralade*, n° 95LY02161). L'autorité administrative n'est jamais tenue d'accepter l'offre du pétitionnaire de prendre à sa charge les équipements nouveaux (CE 5 avr. 1991, *SCI Moulin Moyen*, n° 87126 ; CE 22 oct. 1982, *Sté Chanteloup Lieuville*, *Lebon* 786 ; *RDI* 1983. 54, chron. Y. Gaudemet et D. Labetoulle), de même qu'elle peut refuser un permis de construire pour insuffisance de l'alimentation en eau potable alors même que le propriétaire a réalisé une conduite de sa propre initiative (CE 11 juin 2014, *Commune de Champcella*, n° 361074, *BJDU* 5/2014.346, concl. S. Von Coester et obs. J. T. ; *RDI* 2014.478, obs. P. S-C).

La protection des sites, des espaces naturels et agricoles. L'objectif de protection des sites se retrouve dans l'article R. 111-4 du Code de l'urbanisme, prévoyant que le projet peut être refusé ou n'être accepté que sous réserve de l'observation de prescriptions spéciales s'il est de nature, par sa localisation et ses caractéristiques, à compromettre la conservation ou la mise en valeur d'un site ou de vestiges archéologiques. Un 135 ■

auteur a discuté la raison d'être de cet article au regard de la loi du 17 janvier 2001 relative à l'archéologie préventive (G. Godfrin, « La réforme inaboutie du règlement national d'urbanisme », *Constr.-Urb.* 2007. Études 3).

La protection des espaces naturels et agricoles anime quant à elle l'article R. 111-14 permettant de refuser une autorisation ou de l'assortir de prescriptions si le projet est de nature, par sa localisation ou sa destination, à favoriser une urbanisation dispersée incompatible avec la vocation des espaces naturels environnants (a) ou à compromettre les activités agricoles ou forestières (b), ou encore l'exploitation des ressources du sous-sol (c). Le *a* de l'article R. 111-14, qualifié de dispositif « anti-mitage », vise à l'instar de l'article L. 111-1-2 du Code, à lutter contre l'urbanisation dispersée (CE 9 déc. 1983, *Chardon*, *Lebon* 910 ; CE 21 juill. 1989, *Marin*, n° 87257). Depuis le décret du 5 janvier 2007 et contrairement à une jurisprudence antérieure contestable (CE 15 févr. 2006, *Bobot,* n° 268241, *RDI* 2006. 149, obs. P. S.-C.), il n'est toutefois applicable qu'en dehors des PAU. Quant au *b* de l'article R. 111-14, il n'autorise pas le refus d'un permis de construire au motif que, dans le secteur concerné, les seules constructions autorisées devraient être celles des exploitants agricoles pour les besoins de leur travail, car « si ces dispositions visent à prévenir des atteintes aux conditions d'exercice des activités agricoles ou forestières elles n'ont ni pour objet ni pour effet de n'autoriser la délivrance de permis de construire qu'aux seuls exploitants agricoles » (CE 15 avr. 1996, *Min. Équipement c/ Eydieux*, n° 126291). Plus généralement, il ne permet pas de refuser un permis de construire concernant des travaux sur une construction existante (CE 29 déc. 1993, *Delarue*, n° 137616).

Enfin, signalons que dans un souci de garantie d'une certaine qualité de vie et afin, plus spécifiquement, de lutter contre la déshumanisation de certains grands ensembles, l'article R. 111-7 du Code de l'urbanisme permet de subordonner le permis de construire au maintien ou à la création d'espaces verts ou à la réalisation d'aires de jeux et de loisirs.

136 *La protection de l'environnement.* L'article R. 111-15 du Code de l'urbanisme pose, dans sa rédaction issue du décret du 5 janvier 2007 que « le permis ou la décision prise sur la déclaration préalable doit respecter les préoccupations d'environnement définies aux articles L. 110-1 et L. 110-2 du Code de l'environnement. Le projet peut n'être accepté que sous réserve de l'observation de prescriptions spéciales si, par son importance, sa situation ou sa destination, il est de nature à avoir des conséquences dommageables pour l'environnement ». Après l'entrée en vigueur de la Charte constitutionnelle de l'environnement en 2005, ces dispositions confortent la brèche ouverte dans le principe de l'indépendance des législations respectivement environnementale et urbanistique. L'ampleur de cette brèche reste toutefois à préciser. En effet, tandis que le Conseil d'État a admis, revenant sur sa jurisprudence antérieure (CE 20 avr. 2005, *Sté Bouygues Télécom*, n° 248233, *AJDA* 2005. 1191, concl. Y. Aguila ; *BJDU* 2005. 115, obs. J.-C. Bonichot ; *RDI* 2005. 254, obs. F.-G. Trébulle et 348, obs. P. Soler-Couteaux), l'application du *principe de précaution*[Q], inscrit à la fois dans la Charte de l'environnement et à l'article L. 110 du Code de l'environnement, dans le cadre de l'instruction des autorisations d'urbanisme (CE 19 juill. 2010, *Assoc. du quartier « Les hauts de Choiseul »*, n° 328687, *RDI* 2010. 508, obs. P. S.-C. ; *Constitutions* 2010. 611, obs. E. Carpentier), il a néanmoins considéré que l'existence d'une police spéciale ayant précisément pour objet de mettre en œuvre le principe de précaution dans le domaine de l'implantation des antennes relais de téléphonie mobile fait obstacle, sauf « éléments circonstanciés » difficilement concevables en vérité, à ce que les maires refusent les autorisations d'urbanisme nécessaires à ces installations en invoquant le principe de précaution (CE 30 janv. 2012, *Sté Orange France*, préc., dans la lignée de CE, ass., 26 oct. 2011, *Cne Saint-Denis et a.*, n° 326492, *AJDA* 2011. Chron. 2219, par J.-H. Stahl et X. Domino ; pour une vision générale de la place du principe de précaution en droit de l'urbanisme, v. P. Soler-Couteaux, « Principe de précaution : l'urbanisme est-il à la hauteur de l'enjeu ? », *RDI* 2012. 241 ; F. Scanvic, « Les prérogatives du maire en matière d'urbanisme face au principe de précaution », *AJCT* 2012. 554 ; C. Denizeau, « Principe de précaution et droit de l'urbanisme », *RFDA* 2012. 864 ; F. Polizzi, « Comment l'autorisation d'urbanisme peut-elle prendre en compte le principe de précaution ? », *BJDU* 2/2014. 89). Ceci ne préjuge du reste nullement du sort qui pourrait être réservé à d'éventuels refus d'autorisation fondés sur le principe de précaution dans d'autres domaines (en particulier s'ils ne sont pas couverts par une police « super spéciale » au niveau national), ou fondés sur d'autres principes inscrits aux articles L. 110-1 et L. 110-2 du Code de l'environnement. La question présente une acuité d'autant plus grande que l'article R. 111-15 du Code de l'urbanisme est une disposition d'ordre public du RNU et que, contrairement à l'ancien article R. 111-14-2 (CE 7 févr. 2003, *Sté civile d'exploitation agricole le Haras d'Achères*, n° 220215) qu'il reprend en substance, l'article R. 111-15 ne permet semble-t-il pas seulement d'émettre des prescriptions, mais bien de refuser les autorisations d'urbanisme (CE 30 janv. 2012, *Sté Orange France*, préc.). Quoi qu'il en soit, il est certain que la prise en compte nouvelle des principes fondamentaux du droit de l'environnement lorsde l'instruction des demandes d'autorisations d'urbanisme n'habilité pas l'autorité compétente pour instruire à dmander des pièces non prévues dans le dossier de la demande d'autorisation d'urbanisme (CE 21 oct. 2013, *Société Orange France c/ Commune d'Issy-les-Moulineaux*, n° 360481, dans les tables du recueil *Lebon*, *RDI* 1/2014, p. 61, obs. P. Soler-Couteaux ; *Constr.-urb.* 12/2013, n° 166, comm. X. Couton).

C. L'implantation et le volume des constructions (C. urb., art. R. 111-16 à R. 111-20)

La deuxième section du RNU regroupe les règles, très techniques, de prospect. Ces règles liant la hauteur des constructions à leur éloignement des voies et des bâtiments voisins ont pour objet de garantir aux occupants des constructions des conditions minimales d'hygiène, d'éclairage, de vue et d'ensoleillement. Ces dispositions sont impératives, sauf dérogations accordées par décision motivée conformément à l'article R. 111-20 du Code de l'urbanisme. Elles ne s'appliquent que dans les communes non dotées d'un document local d'urbanisme. 137

L'article R. 111-16 du Code de l'urbanisme concerne l'implantation de deux ou plusieurs bâtiments sur un même terrain et vise à garantir l'ensoleillement et l'éclairage des baies des pièces principales des constructions. Il permet notamment d'imposer une distance minimale de 3 m entre deux bâtiments non contigus.

L'article R. 111-17 du Code de l'urbanisme dispose que « lorsque le bâtiment est édifié en bordure d'une voie publique, la distance complétée horizontalement en tout point de l'immeuble au point le plus proche de l'alignement opposé doit être au moins égale à la différence d'altitude entre ces deux points ». C'est la plus connue des règles de prospect. Elle est représentée par l'équation « L = H », ce qui traduit le fait qu'en principe la distance minimale entre le bâtiment et la voie doit être supérieure ou égale à la hauteur dudit bâtiment.

L'article R. 111-18 du Code de l'urbanisme est relatif à l'implantation des constructions par rapport aux limites séparatives des fonds voisins. Il énonce qu'« à moins que le bâtiment à construire ne jouxte la limite parcellaire, la distance comptée horizontalement de tout point de ce bâtiment au point de la limite parcellaire qui en est le plus rapproché doit être au moins égale à la moitié de la différence d'altitude entre ces deux points, sans pouvoir être inférieure à trois mètres ». Cette règle est présentée selon l'équation « L = H/2 ». Il convient de préciser qu'une servitude de cour commune peut permettre de considérer la limite parcellaire comme déplacée (CE 17 janv. 1975, *Copropriété de l'immeuble Bellini-Défense*, *Lebon* 33). Il a également été jugé que la distance est ici calculée « toutes saillies comprises », ce qui englobe notamment un balcon (CE 28 févr. 1969, *SCI « Les Thamaries »*, *Lebon* 131).

Faisant application de la jurisprudence du Conseil d'État (CE, sect., 27 mai 1988, *Sekler*, *Lebon* 223 ; v. ss 625), l'article R. 111-19 du Code de l'urbanisme ajoute que lorsqu'un immeuble existant n'est pas conforme aux prescriptions que l'on vient d'énoncer, le permis de construire ne peut être accordé que pour des travaux qui ont pour objet d'améliorer la conformité de l'implantation ou du gabarit de cet immeuble avec ces prescriptions, ou pour des travaux qui sont sans effet sur l'implantation ou le gabarit de cet immeuble.

■ 138 Les dispositions relatives à l'implantation et au volume des constructions peuvent faire l'objet de dérogations accordées par décisions motivées de l'autorité compétente, après avis du maire de la commune lorsque celui-ci n'est pas l'autorité compétente. En outre, le préfet peut leur apporter des aménagements sur les territoires où l'élaboration d'un PLU a été prescrite mais où celui-ci n'a pas encore été approuvé (C. urb., art. R. 111-20). Si la dérogation confère une souplesse indispensable au stade de l'application de la règle, elle encourt la critique de constituer une atteinte au principe d'égalité devant la loi. Il n'est donc pas surprenant que la jurisprudence ait été amenée à fixer, en quelque sorte, une déontologie de la dérogation. La première règle cardinale tient à l'objet de la dérogation. Elle doit être justifiée par un intérêt général (CE 3 mai 1974, *Barthes*, *Lebon* 1217 ; CE, sect., 16 déc. 1977, *Cluzeau*, *Lebon* 509 ; *AJDA* 1978. 457, concl. M. A. Latournerie). Le second principe général que la jurisprudence a été amenée à poser est celui selon lequel les dérogations ne peuvent être légalement prescrites que si les atteintes qu'elles portent à l'intérêt général que les prescriptions du règlement ont pour objet de protéger ne sont pas excessives eu égard à l'intérêt général que présente cette dérogation (CE 23 nov. 1994, *Voituret*, n° 101959). Dans le cadre de son contrôle, le juge met donc en balance l'intérêt général garanti par la règle d'urbanisme et l'intérêt général justifiant la dérogation (CE 7 déc. 1990, *MUL c/ Renzetti*, n° 70111).

D. L'aspect des constructions (C. urb., art. R. 111-21 à R. 111-24)

■ 139 La plus connue des dispositions de cette section est l'article R. 111-21 du Code de l'urbanisme qui introduit en la matière des considérations d'esthétique. Ce texte, applicable même en présence d'un PLU, permet de refuser le projet ou de ne l'accepter que sous réserve de prescriptions spéciales « si les constructions, par leur situation, leur architecture, leurs dimensions ou l'aspect extérieur des bâtiments ou ouvrages à édifier ou à modifier, sont de nature à porter atteinte au caractère ou à l'intérêt des lieux avoisinants, aux sites, aux paysages naturels ou urbains, ainsi qu'à la conservation des perspectives monumentales ». Cette disposition permet d'assurer une protection minimale au profit de sites ne bénéficiant pas de l'application des lois de 1913 et de 1930 sur les sites et les monuments historiques. Le Conseil d'État a, en effet, jugé qu'un permis pouvait être annulé sur le fondement de l'article R. 111-21 alors même que les sites en cause n'avaient fait l'objet d'aucune mesure de protection particulière (CE 6 mai 1970, *SCI « Résidence Reine Mathilde »*, *Lebon* 308, concl. G. Guillaume, *RD publ.* 1971. 232, note M. Waline). Constitue ainsi une violation de ces règles le permis de construire autorisant la réalisation de 300 logements, même de taille modeste, dans le cadre sauvage du lac de Saint Cassien (CE 9 mai 1979, *SCI « Résidence de Castellon »*, n° 08864), ou le permis de construire 52 logements dans un site pittoresque de l'estuaire de la Gironde (CE 5 févr. 1990, *Sté Jarry-Maiano*, n° 82068). À l'inverse, le moyen doit être rejeté lorsque les sites avoisinants ne présentent aucun caractère particulier (CE 3 févr. 1988, *Le Morzedec*, n° 64201) ou si des prescriptions spéciales suffisantes sont prévues dans le permis pour assurer le respect des préoccupations animant l'article R. 111-21 (CE 28 janv. 1987, *Billaud*, n° 65554). Le Conseil d'État a en outre précisé que l'article R. 111-21 peut être opposé à des travaux qui seraient susceptibles d'affecter l'aspect du bâtiment sur lequel ils sont exécutés et qui mérite d'être protégé (CE 1er juill. 2009, *SCI Château de Ledeuix*, n° 309133). Enfin, il a expliqué que pour rechercher l'existence d'une atteinte à un paysage naturel de nature à fonder le refus de permis de construire ou les prescriptions spéciales accompagnant le délivrance de ce permis, il convient d'apprécier, dans un premier temps, la qualité du site naturel sur lequel la construction est projetée et d'évaluer, dans un second temps, l'impact que cette construction, compte tenu de sa nature et de ses effets, pourrait avoir sur le site ; en revanche, les dispositions de l'article R. 111-21 excluent qu'il soit procédé dans le second temps du raisonnement, pour apprécier la légalité des permis de construire délivrés, à une balance d'intérêts divers en présence, autres que ceux visés à cet article (CE 13 juill. 2012, *Assoc. Engoulevent*, n° 345970, *BJDU* 2012.362, concl. X. de Lesquen et obs. C. Landais ; *AJDA* 2013, p. 755, note G. J. Martin et J.-C. Mselatti).

L'article R. 111-22 du Code de l'urbanisme permet, dans les secteurs présentant une unité d'aspect, de limiter la hauteur des constructions à celle des bâtiments voisins. L'article R. 111-23 du Code de l'urbanisme impose que les murs séparatifs et les murs aveugles, lorsqu'ils ne sont pas construits avec les mêmes matériaux que la façade principale, aient un aspect qui s'harmonise avec celui des façades. Enfin, l'article R. 111-24 du Code de l'urbanisme permet de subordonner les constructions industrielles ainsi que les bâtiments provisoires à l'aménagement d'un écran de verdure ou à l'observation d'une marge de reculement.

section 3

Les cartes communales

140 La règle de la constructibilité limitée est très contraignante pour les communes qui ne se sont pas dotées d'un document local d'urbanisme, car elle constitue un frein à toute expansion urbaine et peut donc s'avérer extrêmement paralysante. Le législateur a en effet conçu cette règle comme une mesure de sauvegarde, permettant de maintenir en l'état les espaces naturels et agricoles dans les communes qui n'ont pas mené, à l'occasion de l'élaboration d'un document d'urbanisme, de réflexion sur leur politique d'aménagement du territoire. Elle vise donc dans le même temps à inciter les communes à se couvrir d'un document d'urbanisme. Cependant, certaines communes ne connaissent pas une pression foncière telle qu'il soit justifié de se doter d'un document aussi complexe et coûteux qu'un PLU. Dans de nombreuses petites communes rurales, le document d'urbanisme simplifié que constitue la carte communale peut suffire.

→ La carte communale est un document d'urbanisme créé par la loi SRU du 13 décembre 2000, mais il ne s'agit pas d'une création *ex nihilo*. Elles sont les héritières des cartes communales, nées de la pratique dans les années 70, par lesquelles les communes non couvertes par un POS précisaient les modalités d'application du RNU, plus précisément des dispositions permissives du RNU, sur leur territoire. Il s'agissait en fin de compte de directives (au sens de la jurisprudence *Crédit foncier de France*) par lesquelles l'autorité administrative venait par avance et pour plus de sécurité juridique, encadrer souplement l'exercice de son pouvoir discrétionnaire. Elles étaient donc opposables aux administrés mais ne pouvaient pas être attaquées par la voie du recours pour excès de pouvoir et ne disposaient d'aucune base juridique solide (leur seul ancrage textuel étant la circulaire du 16 mars 1977 relative à la sauvegarde des espaces ruraux et naturels, dite « anti-mitage »). Leur utilité étant cependant avérée, le législateur en a consacré l'existence en 1983, sous l'appellation « MARNU », celles-ci ayant non seulement la faculté de préciser les modalités d'application du RNU (d'où leur appellation) mais également de suspendre l'application de la règle de constructibilité limitée. Compte tenu de ces effets, le juge administratif avait admis les recours directs intentés contre les MARNU (CE, sect., 22 juill. 1992, *Synd. viticole de Pessac-Léognan, Lebon* 297). Mais les MARNU avaient dans l'esprit du législateur de 1983 une vocation simplement transitoire (dans l'attente de l'adoption d'un POS) et n'étaient pas conçues comme de véritables documents d'urbanisme.

141 La loi SRU du 13 décembre 2000 s'est efforcée de remédier à cette situation en redonnant aux MARNU leur appellation initiale de « cartes communales » et en les consacrant en tant que véritables documents d'urbanisme. Les cartes communales, qui peuvent être élaborées à l'échelle du territoire communal ou dans le cadre d'une intercommunalité, sont ainsi désormais conçues comme une réelle alternative au PLU (les deux documents sont d'ailleurs exclusifs l'un de l'autre : CE, avis, 22 nov. 2007, *Flory*, req. n° 303421, *Constr.-Urb.* 2008. 28, obs. G. Godfrin ; *RDI* 2008. 229, obs. P. S.-C.). Et elles sont dotées d'un régime juridique adapté à leur « nouveau » statut

(C. urb., art. L. 124-1 s.), qu'il s'agisse de leur élaboration (§ 1), leur contenu (§ 2), ou encore de leurs effets (§ 3).

§ 1 L'élaboration des cartes communales

Un mot de l'aspect matériel et financier pour commencer : les cartes communales constituant de véritables documents d'urbanisme, les communes peuvent bénéficier de la mise à disposition des services de l'État (C. urb., art. L. 121-7). Par ailleurs, un décret du 6 janvier 2004 a rendu éligibles à la dotation générale de décentralisation les dépenses exposées par les communes ou leurs groupements pour l'élaboration des cartes communales (CGCT, art. L. 1614-41). Enfin, l'article L. 121-7 a été complété par la loi Urbanisme et Habitat d'un alinéa qui rend éligibles au FCTVA les dépenses exposées par les communes ou les EPCI pour les études, l'élaboration, la modification et la révision de leurs documents d'urbanisme. Ces dépenses sont donc désormais inscrites en section d'investissement. 142 ■

S'agissant de la collectivité compétente, il peut s'agir de la commune ou de l'intercommunalité, celle-ci ayant vocation à devenir la collectivité compétente en principe. Avant la loi ALUR, le transfert de compétence était facultatif. La loi ALUR du 24 mars 2014 a tenté de le rendre obligatoire. Comme en matière de PLU et de documents d'urbanisme en tenant lieu, il est prévu que les communautés de communes et communautés d'agglomération créées postérieurement à l'entrée en vigueur de la loi sont désormais compétentes de plein droit en matière de cartes communales. Celles qui existaient à la date de publication de la loi et celles issues d'une fusion postérieure à cette date deviennent quant à elles en principe compétentes en ces matières à l'expiration d'un délai de trois ans à compter de la publication de la loi (c'est-à-dire le 27 mars 2017), sauf si dans les trois mois précédant le terme de ce délai, au moins 1/4 des communes représentant au moins 20 % de la population s'y opposent. Si un tel blocage a lieu, un nouveau transfert de plein droit est prévu le premier jour de l'année suivant l'élection du président de la communauté consécutive au renouvellement général des conseils municipaux et communautaires. Mais les communes peuvent encore s'y opposer dans les mêmes conditions. De même, si le transfert n'a pas eu lieu dans le délai initial de trois ans, il est prévu que l'organe délibérant de l'EPCI peut également à tout moment se prononcer par un vote sur le transfert de cette compétence à la communauté, ce qui emporte le transfert sauf si les communes membres s'y opposent aux mêmes majorités, dans les trois mois suivant le vote. Enfin, si le transfert n'a pas eu lieu au 27 mars 2017, les communes membres peuvent individuellement décider de transférer leur compétence en matière de PLU, documents d'urbanisme en tenant lieu et cartes communales à la communauté de communes ou à la communauté d'agglomération dont elles relèvent, dans les conditions prévues à l'article L. 5211-17 du Code général des collectivités territoriales. En fin de compte, le transfert de compétence à l'intercommunalité n'est pas encore véritablement obligatoire, aucune date butoir sans échappatoire n'ayant été fixée. Les hypothèses de modification du périmètre de l'EPCI compétent, de modification du périmètre de la carte et de fusion d'EPCI sont envisagées aux alinéas 9 et 10 de l'article L. 124-2 du Code de l'urbanisme.

En ce qui concerne la procédure d'élaboration à proprement parler (C. urb., art. L. 124-2 al. 3 et R. 124-4 s.), c'est le conseil municipal ou l'organe délibérant de l'EPCI qui est compétent pour décider d'élaborer ou de réviser la carte communale. La procédure est ensuite conduite par le maire ou le président de l'EPCI compétent. À leur demande, ou de sa propre initiative, le préfet peut procéder à un porter à connaissance (v. ss 89). Au cours de la procédure d'élaboration du document, le maire ou le président de l'EPCI doivent procéder à plusieurs consultations. Outre diverses institutions administratives mentionnées dans les textes, c'est le public qui doit être consulté. En effet, à la différence des anciennes MARNU, les cartes communales sont soumises à enquête publique. Le dossier soumis au public est composé des pièces mentionnées à l'article R. 123-8 du Code de l'environnement et, le cas échéant, des avis émis par les organismes consultés en application de l'article L. 124-2. Il peut être complété par tout ou partie des documents figurant dans le porter à connaissance (C. urb., art. R 121-1). Les modalités de l'organisation et du déroulement de l'enquête sont strictement identiques à celles prévues en matière de PLU (v. ss 252 s.). En revanche, à la différence des PLU, l'élaboration des cartes communales ne donne pas lieu à une procédure de concertation. Et elles ne permettent pas d'opposer le sursis à statuer (CAA Bordeaux, 7 févr. 2013, n° 12BX00218).

■ 143 Les cartes communales, comme les MARNU antérieurement, sont soumises à une double approbation, du conseil municipal, ou de l'organe délibérant de l'EPCI, puis du préfet. Plus précisément, elles sont approuvées par le conseil municipal l'organe délibérant de l'EPCI, puis transmises pour approbation au préfet qui dispose d'un délai de deux mois pour se prononcer. À l'expiration de ce délai, le préfet est réputé avoir approuvé la carte communale. Il résulte de ce dispositif que si les cartes communales ne peuvent résulter de la seule délibération du conseil municipal (CE 15 avr. 1996, *Coudie*, n° 87678), celle-ci n'est pas pour autant une simple mesure préparatoire. Elle s'analyse comme une décision à effet différé jusqu'à la publication des deux décisions du conseil municipal et du préfet. Il en résulte que la délibération du premier peut être directement contestée devant le juge de l'excès de pouvoir jusqu'à l'expiration du délai de recours qui a commencé à courir à compter de cette publication (CE, avis, 28 nov. 2007, *Flory*, n° 303421, préc.).

L'approbation ou la révision de la carte communale produit ses effets dès l'exécution des formalités suivantes : affichage (qui doit durer un mois mais c'est le premier jour qui est pris en compte ici) de la délibération et de l'arrêté préfectoral en mairie ou au siège de l'EPCI et dans les maires des communes membre du groupement et mention de cet affichage dans un journal diffusé dans le département. D'autres mesures de publicité sont prévues par les textes, mais elles ne conditionnent pas l'entrée en vigueur de la carte. Chacune de ces formalités de publicité doit mentionner le ou les lieux où le dossier peut être consulté.

■ 144 Une fois en vigueur, la carte communale peut faire l'objet de procédures de révision, de modification simplifiée et de mise à jour. La procédure de révision est identique à la procédure d'élaboration. Toutefois, le projet de révision n'est soumis à la commission départementale de la préservation des espaces naturels, agricoles et forestiers que s'il a pour conséquence, dans une commune située en dehors d'un SCOT approuvé, une réduction des surfaces des secteurs où les constructions ne sont pas admises. La modification simplifiée, introduite par l'ordonnance du 5 janvier 2012, peut être envisagée lorsque la commune ou l'EPCI envisage de rectifier une erreur matérielle. Elle est engagée à l'initiative du maire ou du président de l'EPCI qui établit le projet de modification. Le projet de modification et l'exposé de ses motifs sont ensuite mis à disposition du public pendant un mois, dans des conditions lui permettant de formuler ses observations. Ces observations sont enregistrées et conservées. Les modalités de la mise à disposition sont précisées par l'organe délibérant de l'EPCI ou le conseil municipal et portées à la connaissance du public au moins huit jours avant le début de cette mise à disposition. A l'issue de la mise à disposition, le maire ou le président de l'établissement public en présente le bilan devant le conseil municipal ou l'organe délibérant de l'établissement public, qui en délibère et adopte le projet, éventuellement modifié pour tenir compte des observations du public, par délibération motivée. Depuis la loi ALUR, enfin, les cartes communales peuvent faire l'objet d'une procédure de mise à jour de l'annexe contenant les servitudes d'utilité publique applicables sur le territoire. La procédure est identique à celle qui s'applique en matière de PLU (v. art. L. 126-1 du Code de l'urbanisme et infra ss...).

§ 2 Le contenu des cartes communales

Dans la détermination de leur contenu, les cartes communales sont soumises au même encadrement normatif que les autres documents d'urbanisme. Elles doivent donc d'une part, respecter les principes énoncés par les articles L. 110 et L. 121-1 du Code de l'urbanisme (C. urb., art. L. 121-1 et L. 124-2) et, d'autre part, respecter les documents et normes situées au-dessus d'elles dans la hiérarchie des normes d'urbanisme suivant le principe de compatibilité limitée (v. ss 53, v. ss 104 et art. L. 111-1-1, complété par le 8e alinéa de l'article L. 124-2 du Code de l'urbanisme.). 145 ■

En ce qui concerne leur composition matérielle, les cartes communales, comportent, en premier lieu, à l'instar des autres documents d'urbanisme un rapport de présentation. Celui a pour objet d'expliquer les choix retenus pour la délimitation des secteurs au regard des articles L. 110 et L. 121-1 du Code de l'urbanisme. Il a également pour fonction d'analyser l'état initial de l'environnement, d'exposer les prévisions de développement, notamment en matière économique et démographique et d'évaluer les incidences des choix de la carte communale sur l'environnement, ainsi que d'exposer la manière dont elle prend en compte le souci de sa préservation et de sa mise en valeur (C. urb., anc. art. R. 124-2). La composante environnementale du rapport de présentation des cartes communales est d'autant plus importante que, depuis la loi Grenelle II du 12 juillet 2010, complétée par le décret du 2 mai 2012, certaines d'entre elles doivent faire l'objet d'une évaluation environnementale (C. urb., art. L. 121-10 et Décr. n° 2012-995 du 23 août 2012 relatif à l'évaluation environnementale des documents d'urbanisme, codifié sur ce point à l'article R. 124-2-1 du Code de l'urbanisme). Il s'agit des cartes communales qui permettent la réalisation d'activités, de travaux, d'aménagements, d'ouvrages ou d'installations mentionnés à l'article L. 414-4 du Code de l'environnement, c'est-à-dire qui sont susceptibles d'affecter de manière significative un site Natura 2000.

Les cartes communales comprennent également un ou plusieurs documents graphiques délimitant les secteurs où les constructions sont autorisées et ceux où elles ne le sont pas (qui peuvent semble-t-il inclure des PAU au sens de l'articel L. 111-1-2, v. CAA Nantes, 5 avril 2013, *Ministère de l'Ecologie c. Guillore et SCI du Duc*, n° 11NT02567, *RDI* 12/2013, p. 610, obs. R. Bonnefont), à l'exception « 1° De l'adaptation, du changement de destination, de la réfection ou de l'extension des 146 ■

constructions existantes (sur la notion de construction existante : CAA Nantes, 19 avril 2013, n° 11NT02878, *Constr.-urb.* 6/13, n° 81, comm. P. Cornille) ; 2° Des constructions et installations nécessaires : à des équipements collectifs ou à des services publics (à certaines conditions) ; à l'exploitation agricole ou forestière ; à la mise en valeur des ressources naturelles » (C. urb., anc. art. R. 124-3). Et le texte précise que les documents graphiques peuvent préciser qu'un secteur est réservé à l'implantation d'activités, notamment celles qui sont incompatibles avec le voisinage des zones habitées. On retrouve ici à peu de choses près les exceptions à la règle de constructibilité limitée posée à l'article L. 111-1-2 du Code de l'urbanisme, ce qui est assez logique, cette disposition définissant une constructibilité minimale sur l'ensemble du territoire, qui ne saurait être réduite par une carte communale. En effet, il nous paraît qu'elles ne peuvent réduire les possibilités de construction dans les parties actuellement urbanisées de la commune. De même, elles ne peuvent s'opposer à la construction en dehors des parties actuellement urbanisées des installations et ouvrages qui y sont autorisés par le législateur dans le cadre des exceptions énoncées à l'article L. 111-1-2 du Code de l'urbanisme. De telles solutions résultent de ce qu'un document à caractère réglementaire ne saurait réduire des possibilités de construire accordées par la loi elle-même. Il en fut, au demeurant, ainsi jugé sous l'empire des anciennes MARNU (v. Biblio). Cela étant, tous les auteurs ne partagent pas ce point de vue (obs. G. Godfrin sous CAA Nancy, 2 juin 2005, *Min. Équipement*, n° 01NC00319, *Constr.-Urb.* 2005. 187). Quoi qu'il en soit, les documents graphiques peuvent également délimiter des secteurs dans lesquels la reconstruction à l'identique d'un bâtiment détruit par un sinistre n'est pas autorisée. À défaut, cette reconstruction est autorisée dès lors que le bâtiment a été régulièrement édifié (C. urb., art. L. 111-3 ; v. ss 628 s.). Il y a évidemment place pour un contrôle par le juge de l'erreur manifeste sur le classement des terrains résultant de la carte communale.

Les cartes communales peuvent en outre préciser les modalités d'application du RNU (C. urb., art. L. 124-1), ou moins de certaines de ses règles. Il est vrai que le pouvoir réglementaire n'a prévu aucun support spécifique pour ce faire, puisque selon l'article R. 124-1 du Code de l'urbanisme, les cartes communales ne comportent qu'un rapport de présentation et des documents graphiques, dont le contenu vient d'être exposé. Mais dans la mesure où cette fonction est prévue par la loi (art. L. 124-1) et participe de l'essence des cartes communales (l'historique dressé en introduction de cette section), on voit mal comment un tel support pourrait être invalidé par le juge administratif (v. cependant, CAA Nancy, 18 avril 2013, n° 12NC01446, *Constr.-urb.* 6/13, n° 81, comm. P. Cornille). L'autorité compétente pour élaborer la carte peut donc préciser – et de façon plus contraignante qu'à l'époque où les MARNU étaient de simples directives – la façon dont s'appliqueront sur le territoire couvert par la carte les dispositions permissives du RNU. Celles-ci deviendront alors un peu plus impératives, en restreignant le pouvoir discrétionnaire de l'autorité compétente pour délivrer les autorisations d'urbanisme, ce qui pourra ouvrir la voie à un contrôle normal du juge sur les autorisations d'urbanisme attaquées en excès de pouvoir au motif qu'elles auraient méconnu les modalités d'application du RNU prévues par la carte.

Enfin, la loi ALUR a indirectement imposé aux cartes communales d'être assorties d'annexes, en prévoyant que les servitudes d'utilité publique affectant l'utilisation du sol sur le territoire couvert par la carte devraient y être annexées (C. urb. art. L. 126-1), cette annexion dans le délai prescrit étant une condition d'opposabilité desdites servitudes (v. *infra*).

§ 3 Les effets des cartes communales

L'approbation d'une carte communale a pour premier intérêt de permettre à la 147 ■
commune d'échapper à la règle de la constructibilité limitée puisque leurs documents graphiques ont pour fonction de délimiter les secteurs constructibles et ceux qui ne le sont pas. Par ailleurs, sur les territoires qu'elle couvre, les autorisations d'occuper et d'utiliser le sol sont instruites et délivrées sur le fondement des règles générales d'urbanisme (C. urb., art. L. 111-1 à L. 111-12), notamment du RNU (CE 13 juill. 2011, *Min. Écologie c/ Guilleux*, n° 335066, *Constr.-Urb.* 2011. 122, note X. Couton ; *BJDU* 2011. 271, concl. C. Landais ; *RDI* 2011. 515, obs. P. S.-C., rappelant qu'une carte communale n'est pas un document tenant lieu de plan local d'urbanisme au sens de l'article R. 111-1 C. urb.), le cas échéant suivant les modalités prévues par la carte, et des autres dispositions législatives et réglementaires applicables.

Enfin, l'approbation d'une carte communale emporte deux conséquences totalement originales par rapport aux anciennes MARNU. La première réside dans le transfert à la commune de la compétence pour délivrer les AOS, initialement prévu par la loi SRU, modifiée par la loi du 2 juillet 2003 Urbanisme et Habitat et encore par la loi ALUR du 24 mars 2014. Aujourd'hui, il est prévu que ce transfert est automatique dans les communes qui se sont dotées d'une carte communale après la date de publication de la loi ALUR (le 26 mars 2014). Dans les communes qui se sont dotées d'une carte communale avant cette date, le transfert de compétence ne se réalise que s'il a été décidé par le conseil municipal. Cependant, en l'absence de décision du conseil municipal en ce sens au 1er janvier 2017, le transfert se réalisera automatiquement. Enfin, lorsque le transfert de compétence à la commune est intervenu, il est définitif (art. L. 422-1 C. urb.). La seconde est issue de la loi Urbanisme et Habitat : le conseil municipal peut, par délibération, instituer un droit de préemption urbain spécifique dans un ou plusieurs périmètres délimités par la carte, en vue de la réalisation d'un équipement ou d'une opération d'aménagement. La délibération qui met en place ce droit de préemption doit donc indiquer (à la différence du droit de préemption urbain découlant de l'approbation d'un PLU), pour chaque périmètre, l'équipement ou l'opération projetée (C. urb., art. L. 211-1, al. 2).

Compléments pédagogiques

Mémo

La diversité et la complexité des enjeux dont la règle d'urbanisme est porteuse amènent idéalement à inscrire son édiction dans le cadre d'une *réflexion à moyen et long terme sur le développement urbain, matérialisée par un document d'urbanisme*. La mise en œuvre d'un tel outil ne se justifie néanmoins que si la commune connaît une véritable *pression foncière*. À défaut, elle n'y a pas nécessairement intérêt. Mais lorsque celle-ci décide de ne pas se doter d'un document d'urbanisme, elle est alors soumise à un « urbanisme minimum », en premier lieu à la *règle malthusienne dite de « la constructibilité limitée »*. Celle-ci signifie que *les constructions ne peuvent être autorisées que dans ses parties actuellement urbanisées*. En second lieu, dans ces secteurs constructibles, l'acte de construire est encadré par des *règles générales d'utilisation des sols* définies au niveau national, sur le fondement de *l'article L. 111-1 du Code de l'urbanisme*. Ces règles sont regroupées *au sein d'un règlement national d'urbanisme*. Dans la période récente cependant, la loi SRU a doté les *petites communes* d'un instrument plus adapté à leurs besoins. Les *cartes communales* constituent ainsi un véritable document d'urbanisme qui leur permet d'exclure l'application de la règle de la constructibilité limitée sans avoir à mettre en œuvre la procédure lourde d'élaboration d'un plan local d'urbanisme, en même temps que de préciser les modalités d'application du règlement national d'urbanisme sur leur territoire. Elles leur permettent également d'instituer sur leur territoire un droit de préemption urbain spécifique et, si elles le souhaitent, d'exercer en lieu et place de l'État la *compétence pour délivrer les permis de construire*.

Quid

■ Compétence liée n° 123

Une autorité a une compétence liée si elle est obligée de prendre une décision dans un sens déterminé dès lors que certaines conditions sont remplies. Elle s'oppose à la compétence discrétionnaire, qui existe lorsque les textes laissent une marge d'appréciation à l'administration compétente pour décider.

■ Contrôle normal n° 123

Le contrôle normal s'oppose au contrôle restreint. Dans le premier cas, le juge exerce sans restriction son contrôle sur la qualification juridique des faits à laquelle a procédé l'autorité administrative pour prendre sa décision. Dans le second, qui s'applique en présence d'un pouvoir discrétionnaire, il ne sanctionne que l'erreur manifeste d'appréciation commise par l'autorité administrative.

■ Installations classées pour la protection de l'environnement n° 132

Activités susceptibles de présenter des dangers ou des inconvénients soit pour la commodité du voisinage, soit pour la santé, la sécurité, la salubrité publique, soit pour l'agriculture, soit pour la protection de la nature et de l'environnement, soit pour la conservation des sites et des monuments ainsi que des éléments du patrimoine archéologique. Elles sont, à ce titre, soumises à un contrôle administratif résultant d'une législation indépendante de l'urbanisme (le droit de l'environnement) sous la forme d'un régime d'autorisation ou de déclaration.

■ Principe de précaution n° 136

Issu du domaine de la santé avant de pénétrer le champ de l'environnement, ce principe a d'abord été inscrit à l'article L. 110-1 du Code de l'environnement, puis à l'article 6 de la Charte constitutionnelle de l'environnement, et enfin à l'article R. 111-15 du Code de l'urbanisme. Il exige (dans sa version constitutionnelle) que lorsque la réalisation d'un dommage, bien qu'incertaine en l'état des connaissances scientifiques, pourrait affecter de manière grave et irréversible l'environnement, les autorités publiques veillent, dans leurs domaines d'attributions respectifs, à la mise en œuvre de procédures d'évaluation des risques et à l'adoption de mesures provisoires et proportionnées afin de parer à la réalisation du dommage.

■ Règlement sanitaire départemental nos 131 s.

Règlement départemental arrêté par le préfet et comportant des règles d'hygiène et de sécurité. Il complète les règles du Code de la santé publique et en précise les modalités locales d'application. Il est opposable aux autorisations d'urbanisme.

■ Règles générales d'urbanisme nos 121 s.

Les règles générales d'urbanisme résultent du règlement national d'urbanisme codifié aux articles R. 111-1 s. du Code de l'urbanisme. Elles sont applicables sur l'ensemble du territoire national aux communes qui ne sont pas couvertes par un document local d'urbanisme ainsi que, pour certaines d'entre elles (dites « d'ordre public »), aux communes qui le sont. Ces règles sont opposables aux constructions, travaux, installations et aménagements, faisant l'objet d'un permis de construire ou d'aménager ou d'une déclaration préalable, ainsi qu'aux autres utilisations du sol régies par le Code de l'urbanisme.

Document

CE, avis, 28 nov. 2007, *Flory*, n° 303421

Vu, enregistré le 7 mars 2007 au secrétariat du contentieux du Conseil d'État, le jugement du 15 février 2007 par lequel le tribunal administratif de Nice, avant de statuer sur les demandes de Mme Nicole A, demeurant (...), tendant à l'annulation de la délibération du 3 mars 2003 et de l'arrêté préfectoral du 26 juin 2003 par lesquels le conseil municipal de Cipières puis le préfet des Alpes-Maritimes ont approuvé la carte communale de la commune de Cipières, a décidé, par application de l'article L. 113-1 du Code de justice administrative de transmettre le dossier de ces demandes au Conseil d'État en soumettant à son examen les questions suivantes : 1°) Dans le cadre de la procédure d'adoption de la carte communale par le conseil municipal et le préfet prévue au troisième alinéa de l'article L. 124-2 du Code de l'urbanisme la délibération par laquelle le conseil municipal approuve cette carte revêt-elle le caractère d'une mesure préparatoire ou d'une décision pouvant être déférée au juge de l'excès de pouvoir 2°) Dans le cas où la délibération revêtirait le caractère d'une mesure préparatoire, est-il possible d'exciper de son illégalité à l'occasion du recours exercé contre l'arrêté préfectoral approuvant la carte communale 3°) Les dispositions de l'article L. 124-1 du Code de l'urbanisme font-elles obstacle à ce qu'une commune engage une procédure d'approbation de la carte communale alors même qu'elle est dotée d'un plan d'occupation des sols ou d'un plan local d'urbanisme qui n'est pas encore abrogé

Vu les autres pièces du dossier ;

Vu le Code de l'urbanisme ;

Vu le code de justice administrative ;

Après avoir entendu en séance publique :

le rapport de M. François Delion, Maître des Requêtes,

les conclusions de M. François Séners, Commissaire du gouvernement ;

Rend l'avis suivant :

1°) Aux termes du troisième alinéa de l'article L. 124-2 du Code de l'urbanisme, dans sa rédaction issue de la loi n° 2000-1208 du 13 décembre 2000 en vigueur à la date à laquelle s'est noué le litige qui a conduit à la présente saisine : Les cartes communales sont approuvées, après enquête publique, par le conseil municipal et le préfet. Les cartes communales approuvées sont tenues à la disposition du public.. La loi n° 2003-590 du 2 juillet 2003 a modifié cet alinéa, qui est désormais ainsi rédigé : les cartes communales sont approuvées après enquête publique, par le conseil municipal et le préfet. Elles sont approuvées par délibération du conseil municipal puis transmises pour approbation au préfet, qui dispose d'un délai de deux mois pour les approuver. À l'expiration de ce délai, le préfet est réputé les avoir approuvées. Les cartes communales approuvées sont tenues à la disposition du public.

Il résulte de ces dispositions, qui sont d'ailleurs sur ce point en continuité avec les dispositions antérieures de l'article L. 111-1-3 du Code de l'urbanisme relatives à l'édiction des modalités d'application des règles générales d'urbanisme (MARNU), que l'adoption de la carte communale est subordonnée à une double approbation du conseil municipal et du représentant de l'État. Par suite, et nonobstant la circonstance que les dispositions introduites par la loi du 2 juillet 2003 précitée précisent que le préfet intervient après le conseil municipal, la délibération par laquelle l'organe délibérant de la commune approuve la carte communale ne revêt pas le caractère d'une mesure préparatoire à la décision du représentant de l'État mais d'une décision à effet différé jusqu'à la publication de ces deux décisions dans les conditions prévues par l'article R. 124-8 du Code de l'urbanisme. La délibération du conseil municipal peut dès lors être directement contestée devant le juge de l'excès de pouvoir jusqu'à l'expiration du délai de recours qui a commencé à courir à compter de cette publication.

2°) Compte tenu de la réponse apportée à la première question, la deuxième question devient sans objet.

3°) Aux termes de l'article L. 124-1 du Code de l'urbanisme, dans sa rédaction issue de la loi du 13 décembre 2000 précitée : Les communes qui ne sont pas dotées d'un plan local d'urbanisme peuvent élaborer, le cas échéant dans le cadre de groupements intercommunaux, une carte communale précisant les modalités d'application des règles générales d'urbanisme prises en application de l'article L. 111-1.

Il résulte de ces dispositions que, dès lors que le plan local d'urbanisme et la carte communale sont deux documents d'urbanisme exclusifs l'un de l'autre, une carte communale ne peut être

légalement mise en vigueur que si la commune n'est pas dotée d'un plan d'occupation des sols ou d'un plan local d'urbanisme applicable. En conséquence, si ces dispositions ne font pas obstacle à ce qu'une collectivité dotée d'un tel plan engage la procédure d'élaboration d'une carte communale, cette dernière ne peut entrer en vigueur que si le plan ne l'est plus.
Le présent avis sera notifié à Mme Nicole A, à la commune de Cipières, au préfet des Alpes-Maritimes et au ministre de l'écologie, du développement et de l'aménagement durable.
Il sera publié au Journal officiel de la République française.

Biblio

1) Sur le règlement national d'urbanisme

- R. Christini, « Le nouveau RNU », *DAUH* 2008. 13.
- G. Godfrin, « La réforme inaboutie du règlement national d'urbanisme », *Constr.-Urb.* 2007. Études 3.

2) Sur la notion de document d'urbanisme

- J.-P. Lebreton, « Document d'urbanisme : l'émergence d'une notion jurisprudentielle », *AFDUH* 1998. 33.
- E. Le Cornec, « Les critères du document d'urbanisme : une analyse critique », *Dr. adm.* 1997. Chron. 174.
- S. Traoré, « Les documents d'urbanisme : plaidoyer pour une étude systématique de la notion », *RLCT* 2012. 2238.
- S. Traoré, *Les documents d'urbanisme. Contribution à une étude systématique*, Lamy, coll. « Axe Droit », 2012.

3) Sur Les règles applicables aux entrées de ville

- T. Cabot, « Le PLU doit veiller sur les « entrées de ville », *Mon. TP* 15 avr. 2005. 100.
- A. Givaudan, « Entrées de villes : on s'est encore tiré une balle dans le pied », *Ét. fonc.* 1999, n° 76, p. 42.
- V. Le Coq, « La question des entrées de ville », *Gaz. Pal.* 26-27 mars 1997, p. 5.
- A.-L. Mosset et J. Dubois-Maury, « Paysages : de nouvelles règles pour les entrées de villes », *Ét. fonc.* 1997, n° 75, p. 14.
- P. Planchet, « L'article L. 111-1-4 du Code de l'urbanisme : une nouvelle forme de contrainte d'urbanisme », *RFDA* 1998. 828.
- J.-P. Strebler, « Grenelle II et affichage publicitaire », *Envir.* 2010. Étude 28.

4) Sur les cartes communales

- N. Chauvin, « Les cartes communales », *AFDUH* 2001. 73.
- J-F Merlet, « Cartes communales, le clair-obscur d'un nouveau régime », *LPA* 12 mars 2001, p. 4.
- P. Soler-Couteaux, « L'élaboration et la gestion des schémas de cohérence territoriale, des plans locaux d'urbanisme et des cartes communales », *BJDU* 2000. 388.
- S. Traoré, « Les nouvelles cartes communales », *Ét. fonc.* 2001, n° 91, p. 33.

5) Sur l'article L. 111-3 du Code rural

- Ph. Benoit-Cattin, *Constr.-Urb.* 2005. 89.
- B. Drobenko, « De la délivrance du permis de construire en zone rurale », *Constr.-Urb.* 2000. 42.
- D. Dutrieux, « La loi relative au développement des territoires ruraux : les dispositions concernant le droit de l'urbanisme », *JCP* N 2005. 176.
- D. Gilllig, « Assouplissement du principe de réciprocité des règles d'implantation des bâtiments agricoles vis-à-vis des habitations et immeubles habituellement occupés par des tiers », *Envir.* 2005. 52.

Quiz

1) Sujet corrigé

Cas pratique

Énoncé

La commune de Mullenheim est une petite commune rurale de 517 habitants. Elle n'est pas couverte par un plan local d'urbanisme ou un document d'urbanisme en tenant lieu opposable aux tiers.

M. Christian Bitz y est propriétaire d'un terrain de 75 ares sur lequel il a construit, il y a une dizaine d'années environ, un hangar agricole de 250 m² nécessaire à son activité d'exploitant céréalier. Ce terrain est raccordé aux principaux réseaux publics et situé à proximité d'un stade de football. Il est par ailleurs distant d'environ 60 m d'un lotissement à usage d'habitation réalisé au milieu des années 1970 – dans lequel M. Bitz est propriétaire d'un appartement qu'il occupe – et de 450 m du centre du village.

M. Christian Bitz envisage de déposer une demande de permis de construire sur son terrain en vue d'y implanter une construction à usage d'habitation individuelle représentant 175 m² de surface de plancher.

Son architecte attire toutefois son attention sur le fait que l'autorité compétente en matière de délivrance des autorisations d'urbanisme risque d'opposer un refus à sa demande de permis de construire, sur le fondement des dispositions de l'article L. 111-1-2 du Code de l'urbanisme.

Pensez-vous que ces craintes exprimées sont fondées ?

Voir le corrigé en fin de la rubrique.

2) Sujet d'examen

Dissertation

Les antennes-relais de téléphonie et le droit de l'urbanisme.

3) Corrigé

Cas pratique

Introduction

Aux termes de l'article L. 111-1-2 du Code de l'urbanisme, en l'absence de plan local d'urbanisme ou de carte communale opposable aux tiers, ou de tout document d'urbanisme en tenant lieu, il n'est en principe de possibilité de construire que dans les parties actuellement urbanisées de la commune. En dehors de ces secteurs, il est toutefois possible de réaliser certaines opérations, dans quatre séries d'exceptions prévues par l'article L. 111-1-2 lui-même.

Il convient donc d'examiner : en premier lieu, si le terrain de M. Christian Bitz est situé dans les parties actuellement urbanisées de la commune de Mullenheim ; si tel n'est pas le cas et en second lieu, il conviendra de rechercher si la construction envisagée est susceptible d'entrer dans l'une des exceptions prévues par l'article L. 111-1-2.

I. Le terrain de Monsieur Christian Bitz est-il situé dans les parties actuellement urbanisées de la commune de Mullenheim ?

Pour l'application du principe de constructibilité limitée, toute la question est de savoir ce qu'il faut entendre par « partie actuellement urbanisée ».

Dans certains cas, il ne fait guère de doute qu'un terrain est situé dans une partie actuellement urbanisée de la commune. Il en va notamment ainsi lorsqu'il se trouve situé à l'intérieur du centre du village, et qu'il est entouré de part et d'autre de constructions.

Inversement, un terrain situé à plusieurs kilomètres d'un bourg, en rase campagne, éloigné de toute construction, peut être qualifié sans trop de difficulté de terrain situé en dehors des parties urbanisées de la commune.

Mais dans la majorité des cas, il est plus délicat d'apprécier la situation exacte de la parcelle. Plusieurs indices sont alors utilisés pour apprécier si le terrain se trouve situé dans une partie actuellement urbanisée de la commune. Ces indices sont souvent utilisés cumulativement. Ils portent essentiellement sur le nombre de constructions existantes dans le secteur concerné, la distance par rapport au centre du village et la desserte du terrain par les équipements publics.

Il convient donc, en l'espèce, de confronter la situation du terrain aux critères, ou plus exactement aux indices, utilisés par le juge administratif pour identifier une partie urbanisée de la commune. Ceux-ci sont principalement au nombre de trois.

A. Le nombre de constructions

Ce critère est souvent utilisé par la jurisprudence (CE 30 oct. 1987, *Cadel*, n° 812361). Ainsi, le juge considère que constitue une partie actuellement urbanisée : sept habitations construites dans une zone comprise entre un chemin départemental et un chemin communal (TA Besançon, 21 janv. 1987, *Voignier*, req. n° 14.315). Il en va différemment, s'agissant de quatre parcelles bâties, groupées en deux îlots distincts et en outre situées à 500 m du centre du village (TA Toulouse 16 déc. 1987, *Mengue*, n° 86.1512).

En l'espèce, le terrain de M. Bitz est situé à environ 60 m de constructions à usage d'habitation qui sont implantées aux limites des parties urbanisées de la commune. Par ailleurs, seul un hangar agricole existe sur sa parcelle.

Au regard du critère tiré du nombre de constructions, il existe donc de fortes probabilités qu'un refus de permis de construire soit opposé à M. Christian Bitz.

B. La distance du terrain par rapport au centre du village

Ce critère est généralement combiné avec d'autres : la présence ou non de constructions à proximité, les équipements publics... Le juge considère comme situé en dehors des parties urbanisées de la commune : un terrain situé à plus de 850 m du centre du village (TA Toulouse, 15 déc. 1987, *Berthier*, n° 86.1646) ; un terrain situé à plus de 150 m de la partie agglomérée d'une zone dépourvue de toute construction proche (TA Poitiers, 27 mai 1987, *Épx Caute*, req. n° 86.548). Il en va autrement d'un terrain situé à une vingtaine de mètres du panneau annonçant l'entrée de l'agglomération et à proximité immédiate de plusieurs constructions (TA Nancy, 29 janv. 1987, *Mangin*, n° 85.220).

En l'espèce, le terrain concerné est situé à environ 450 m du centre du village de Mullenheim, à proximité d'un stade de football et au sein d'une vaste zone naturelle.

Au regard du critère de la distance du terrain par rapport au centre du village, un refus de permis de construire est donc très probable.

C. La desserte du terrain par les équipements publics

La desserte par les équipements publics (voirie, eau, assainissement, électricité...) est une condition nécessaire, mais jamais suffisante à l'identification d'une partie urbanisée de la commune (TA Strasbourg, 15 Juin 2004, *Littel*, n° 02.01723 ; TA Clermont-Ferrand, 18 juin 1985, *Reviron*, *RFDA* 1986. 476, note Briseul).

En l'espèce, le terrain est raccordé aux principaux réseaux. Mais cette situation n'est pas de nature à établir qu'il est situé dans les parties actuellement urbanisées de la commune. En effet, les autres critères énoncés plus haut sont plutôt défavorables.

Il est donc possible de conclure que les craintes exprimées par l'architecte de M. Bitz sont fondées, dès lors qu'il apparaît que le terrain d'assiette du projet de construction est situé au sein d'une vaste zone naturelle, de sorte que ladite construction favoriserait une urbanisation dispersée.

II. Le projet peut-il s'inscrire dans les exceptions à la règle de la constructibilité limitée ?

L'article L. 111-1-2 du Code de l'urbanisme prévoit quatre exceptions à la règle de la constructibilité limitée, c'est-à-dire quatre séries d'hypothèses dans lesquelles certains travaux, constructions, installations ou aménagements sont réalisables en dehors même des parties actuellement urbanisées de la commune. Il convient de les présenter, avant de voir si le projet de M. Bitz serait susceptible de bénéficier de l'une d'entre elles.

A. Les exceptions au principe de constructibilité limitée

Les quatre séries hypothèses permettant de déroger à la règle de constructibilité limitée, progressivement élargies, sont les suivantes :

1. L'adaptation, le changement de destination, la réfection, l'extension des constructions existantes ou la construction de bâtiments nouveaux à usage d'habitation à l'intérieur du périmètre regroupant les bâtiments d'une ancienne exploitation agricole, dans le respect des traditions architecturales locales ;

2. Les constructions et installations nécessaires à l'exploitation agricole, à des équipements collectifs dès lors qu'elles ne sont pas incompatibles avec l'exercice d'une activité agricole, pastorale ou forestière sur le terrain sur lequel elles sont implantées, à la réalisation d'aires d'accueil ou de terrains de passage des gens du voyage, à la mise en valeur des ressources naturelles et à la réalisation d'opérations d'intérêt national.

3. Les constructions et installations incompatibles avec le voisinage des zones habitées et l'extension mesurée des constructions et installations existantes.

4. Les constructions ou installations, sur délibération motivée du conseil municipal, si celui-ci considère que l'intérêt de la commune, en particulier pour éviter une diminution de la population communale, le justifie, dès lors qu'elles ne portent pas atteinte à la sauvegarde des espaces naturels et des paysages, à la salubrité et à la sécurité publique, qu'elles n'entraînent pas un surcroît important de dépenses publiques et que le projet n'est pas contraire aux objectifs visés à l'article L. 110 et aux dispositions des chapitres V et VI du titre IV du livre Ier ou aux directives territoriales d'aménagement précisant leurs modalités d'application.

B. M. Bitz pourrait-il bénéficier de l'une de ces exceptions ?

Ce n'est pas évident. Tout d'abord, on ne voit pas bien quel intérêt communal pourrait justifier que le projet de M. Bitz bénéficie d'un appui particulier du conseil municipal au titre du 4° de l'article L. 111-2. Son projet ne constitue par ailleurs en rien une construction, éligible au 3° de l'article en cause, car incompatible avec le voisinage des zones habitées et l'extension mesurée des constructions et installations existantes.

Ensuite, M. Bitz pourrait éventuellement tenter de faire valoir que la construction projetée est nécessaire « à l'exploitation agricole ». En effet, un hangar de 250 m^2 environ qui lui sert à entreposer des engins agricoles ainsi que l'outillage nécessaire à son activité d'exploitant céréalier est déjà édifié sur son terrain. Cette situation explique d'ailleurs qu'il envisage de réaliser une construction à usage d'habitation à proximité immédiate de ce hangar, car la présence de sa maison d'habitation permettrait de limiter les risques de vol du matériel et des engins agricoles stockés dans ce bâtiment. Il y a toutefois peu de probabilités que ces éléments soient pris en considération par l'administration pour qualifier son projet en tant que construction « nécessaire à l'exploitation agricole » au sens du 2° de l'article L. 111-1-2.

Enfin, si la loi Molle du 25 mars 2009 a introduit dans la première série d'exceptions de l'article L. 111-1-2 la possibilité d'implanter de nouvelles constructions en dehors des parties actuellement urbanisées de la commune (avec comme préoccupation première les anciens cols-masures normands), celle envisagée par M. Bitz ne semble pas remplir les conditions requises. En effet, le texte mentionne « la construction de bâtiments nouveaux à usage d'habitation à l'intérieur du périmètre regroupant les bâtiments d'une ancienne exploitation agricole, dans le respect des traditions architecturales locales », ce qui ne semble pas être le cas de la construction envisagée par M. Bitz, puisque son exploitation agricole n'a apparemment pas cessé de fonctionner.

Conclusion

Le projet de M. Bitz étant situé en dehors des parties actuellement urbanisées de la commune de Mullenheim et ne correspondant à aucune des exceptions au principe de constructibilité limitée aménagées par l'article L. 111-1-2, il se verra très vraisemblablement opposer un refus de permis de construire.

L'autorité administrative est d'ailleurs en situation de compétence liée pour refuser le permis de construire sollicité (CE 19 nov. 1993, *Houllemare*, *Lebon* T. 1103).

Par conséquent, l'architecte de M. Christian Bitz a eu raison d'attirer son attention sur les risques de refus de permis de construire. Cela évitera à M. Christian Bitz d'engager en pure perte des frais de constitution d'un dossier de demande de permis de construire.

chapitre 5

Le schéma de cohérence territoriale

Plan analytique

section 1

L'élaboration du schéma de cohérence territoriale

§ 1 La délimitation du périmètre du schéma de cohérence territoriale

§ 2 L'élaboration du projet de schéma de cohérence territoriale

- **A.** L'établissement public chargé de l'élaboration du SCOT
- **B.** La confection du projet de SCOT
- **C.** L'arrêt du projet de SCOT
- **D.** L'enquête publique et l'approbation du schéma
- **E.** L'éventuel retrait d'une commune ou d'un EPCI du SCOT

§ 3 L'entrée en vigueur du schéma de cohérence territoriale

section 2

Le contenu du schéma de cohérence territoriale

§ 1 Le rapport de présentation

§ 2 Le projet d'aménagement et de développement durables

§ 3 Le document d'orientations et d'objectifs

§ 4 Les documents graphiques

section 3

Les effets du schéma de cohérence territoriale

§ 1 Les effets liés à l'existence d'un schéma de cohérence territoriale

- **A.** La subordination du SCOT
- **B.** La subordination au SCOT

§ 2 Les effets liés à l'inexistence d'un schéma de cohérence territoriale

section 4

La gestion et l'évolution du schéma de cohérence territoriale

Compléments pédagogiques

Le schéma de cohérence territoriale

La loi d'orientation foncière du 30 décembre 1967 a, en matière d'aménagement et d'urbanisme, opéré une distinction plus nette qu'auparavant entre la fonction prospective et la fonction réglementaire des documents d'aménagement. Elle l'a fait au travers de deux catégories de documents de planification : les schémas directeurs d'aménagement et d'urbanisme (SDAU) qui avaient pour objet de fixer les grandes lignes de l'aménagement du territoire d'une agglomération et de la région avoisinante à moyen ou long terme et les plans d'occupation des sols (POS) qui avaient essentiellement pour finalité la définition des règles d'occupation et d'utilisation des sols sur le territoire communal. La loi du 7 janvier 1983 a substitué les schémas directeurs aux SDAU dans le but d'élargir leur vocation à l'ensemble du territoire, c'est-à-dire également aux zones rurales alors qu'antérieurement, ils visaient à orienter le développement des seules agglomérations urbaines. 148

Dans le principe, l'idée de planification de l'aménagement du territoire à une échelle *supra* communale s'est révélée pertinente. Les schémas directeurs ont toutefois suscité plusieurs critiques. Les unes étaient relatives à leur contenu : alors que dans l'esprit de leurs concepteurs, ils étaient censés être des documents d'orientation, la formule selon laquelle ils devaient « déterminer la destination générale des sols » avait conduit leurs rédacteurs à y inclure un véritable zonage du territoire concerné et, ainsi, à en faire des « super-POS ». Et, toujours du point de vue de leur contenu, on leur fit le grief de ne pas prendre en compte les problématiques des politiques urbaines pourtant devenues essentielles à l'époque contemporaine, tels les déplacements, les transports en commun, le stationnement des véhicules ou l'urbanisme commercial. Une autre critique consistait à relever leur absence de suivi et de gestion et par conséquent leur très grande difficulté à évoluer.

Au moment de la réforme opérée par la loi SRU, le législateur a pris acte de ces critiques. Il est ainsi parti de la constatation que les schémas directeurs ne prenaient pas suffisamment en compte un certain nombre de fonctions urbaines pourtant fondamentales dans la définition d'une stratégie territoriale. Il est vrai que ces problématiques faisaient souvent l'objet d'une planification spécifique (plan de déplacements urbains ; programme local de l'habitat ; *schéma de développement commercial*[Q], etc.) et que le principe de l'indépendance des législations était en partie surmonté par l'obligation faite à ces divers documents de se prendre mutuellement « en considération » (sur cette notion : J.-C. Bonichot, « Comptabilité, cohérence, prise en considération : jeux de mots ou jeux de rôle ? », *Mélanges Jacquot*, PU Orléans, 2006, p. 49). Mais il n'en restait pas moins que la planification à l'échelle de l'agglomération avait, avec le temps, pris l'aspect d'un « mille-feuille », ce qui était assurément peu propice à la cohérence de l'aménagement du territoire.

Le choix a donc été fait, par le législateur SRU, non d'intégrer au document d'aménagement et d'urbanisme intercommunal l'ensemble des politiques publiques ayant des incidences sur l'aménagement du territoire, mais de créer des liens plus 149 forts entre ce document et les plans et programmes sectoriels. Le nouveau document créé par la loi devait ainsi constituer l'instrument majeur permettant d'assurer la cohérence de l'aménagement du territoire à une échelle pluri-communale. Son appellation -schéma de cohérence territoriale (SCOT) – signifie sa vocation à établir une cohérence entre une politique générale s'inspirant des principes de l'article L. 121-1 du Code de l'urbanisme, des politiques sectorielles et les documents locaux d'urbanisme. Il constitue ainsi le trait d'union entre les politiques nationales d'aménagement et les politiques publiques locales. Outre ce changement de conception générale, le législateur SRU s'est efforcé de rendre les SCOT plus attractifs que ne l'étaient les schémas directeurs, par différents moyens agissant en synergie : la « démocratisation » de leur procédure d'élaboration, l'assouplissement de leur contenu (moins directif que ne l'était celui des schémas directeurs) et le renforcement de leurs effets (une « sanction » étant mise en place dans les communes non couvertes par un SCOT).

Le SCOT a ainsi été présenté à juste titre comme l'innovation majeure de la loi SRU du 13 décembre 2000. De fait, il a incontestablement été une réussite, au bénéfice des corrections apportées à son régime, les plus remarquables ayant été le fait de la loi « Urbanisme et habitat » du 2 juillet 2003. Ce succès a été confirmé par la loi « Grenelle II » du 12 juillet 2010 qui a mis en place un système progressif qui devrait conduire à ce qu'à l'horizon 2017-2020, l'ensemble du territoire français soit couvert par des SCOT (v. J.-P. Strebler, « Grenelle II et SCOT : des ambitions renforcées et une présence plus forte de l'État », *RDI* 2011. 78 ; J.-P. Strebler, « Une si longue attente... Les dispositions du décret du 29 février 2012 relatives au SCOT », *RDI* 2012. 254). L'autre apport remarquable de la loi « Grenelle II » tient à ce qu'elle permet au SCOT d'être plus prescriptif, ceci pour contourner la difficulté politique à imposer l'intercommunalité des PLU (M. David, « Le caractère prescriptif des SCOT », *AJDA* 2011. 483). La loi n° 2014-366 du 24 mars 2014 pour l'accès au logement et un urbanisme rénové dite « ALUR » s'est, quant à elle, limitée à réajuster le régime juridique des SCOT. Sur le plan symbolique toutefois, elle a entendu accentuer leur « rôle intégrateur », c'est-à-dire leur capacité de constituer une forme de synthèse des normes juridiques supérieures de manière à ce que les documents de rang inférieur puissent s'en tenir à leur obligation de compatibilité avec le SCOT sans avoir à se préoccuper desdites normes supérieures (J.-Ph. Strebler, Changements d'ALUR modérés pour les SCOT, *RDI* 21014.300). Il en résulte, par exemple, que le moyen tiré de la méconnaissance de la loi Littoral par un PLU est inopérant dès lors que le SCOT précise la loi dans ses dispositions (TA Toulon, *n° 13022200, Préfet du* Var, *BJDU* 6/ 2014.446, concl. A. Gautron). On signalera, enfin que, sur un autre plan, une ordonnance du 5 janvier 2012 est venue réorganiser les procédures d'élaboration, de révision et de modification du SCOT (J.-P. Strebler, « Après l'ordonnance du 5 janvier 2012 : le nouveau régime d'élaboration et de gestion des SCOT », *RDI* 2012. 248)

C'est l'état du droit issu de ces récentes réformes, dont le socle demeure cependant celui bâti en 2000 par la loi SRU, que l'on s'efforcera d'expliciter au fil des développements à venir, en présentant successivement les règles relatives à son élaboration (section 1), à son contenu (section 2), à ses effets juridiques (section 3) et enfin à sa gestion et à son évolution (section 4).

section 1

L'élaboration du schéma de cohérence territoriale

Les SDAU créés en 1967 étaient du ressort et de la responsabilité de l'État, même si le travail de confection s'effectuait en commun avec les collectivités locales, ce que l'on appelait « l'élaboration conjointe ». Par la loi du 7 janvier 1983, le législateur a fait du schéma directeur un document décentralisé. Il était désormais élaboré à l'initiative des communes, même si l'État n'était évidemment pas absent du processus, étant « associé » à celui-ci. À l'expérience, la question fut cependant posée de la pertinence de ce choix, à tel point que le Conseil d'État, ayant constaté l'incapacité des schémas directeurs à réussir une planification cohérente de l'espace, avait envisagé, soit leur suppression, soit leur « recentralisation » *(L'urbanisme : pour un droit plus efficace*, Doc. fr., 1992, p. 69 s.). Mais le législateur SRU, persistant à croire à l'intérêt d'une planification urbaine d'essence intercommunale, ne l'a suivi dans aucune de ces voies. Même si le préfet dispose dans l'élaboration du SCOT d'un certain nombre d'attributions non négligeables (et plus importantes encore depuis les lois Grenelle II et ALUR), celle-ci reste pour l'essentiel décentralisée. 150 ■

Elle peut être présentée, suivant l'ordre chronologique de son déroulement, en évoquant successivement la délimitation du périmètre (§ 1), l'élaboration du projet de SCOT (§ 2) et enfin l'entrée en vigueur du SCOT (§ 3).

§ 1 La délimitation du périmètre du schéma de cohérence territoriale

L'initiative de la délimitation d'un périmètre de SCOT est, en principe, décentralisée (C. urb., art. L. 122-3). Le SCOT est, en effet, élaboré à l'initiative des communes ou de leurs groupements (EPCI) compétents, c'est-à-dire principalement des métropoles (CGCT, art. L. 5217-2), des communautés urbaines (CGCT, art. L. 5215-20-I, 2°), des communautés d'agglomération (CGCT, art. L. 5216-5-I, 2°), des syndicats d'agglomération nouvelle (CGCT, art. L. 5333-2) et, depuis la loi ALUR, des communautés de communes (CGCT, art. L. 5214-16), qui sont compétentes de plein droit en matière de SCOT en vertu de la loi. Il appartient ainsi à leurs organes délibérants de déterminer un projet de périmètre en vue de le proposer au préfet. 151 ■

La portée du principe a néanmoins été atténuée par la loi Grenelle II qui, dans la perspective d'une couverture totale du territoire par des SCOT, a donné un pouvoir d'initiative nouveau aux préfets (C. urb., art. L. 122-5-1 et L. 122-5-2). Lorsque le préfet constate que l'absence de SCOT nuit gravement à la cohérence des politiques publiques dont ce document a vocation à permettre la coordination (urbanisme, habitat, développement économique, développement rural, transports et déplacements, etc.) ou à la préservation et à la remise en bon état des continuités écologiques, ou conduit à une consommation excessive de l'espace, il demande aux EPCI 152 ■

compétents en matière de SCOT de déterminer un périmètre de SCOT. De même, lorsque le périmètre d'un SCOT existant ne permet pas la mise en cohérence des politiques publiques, le préfet demande aux établissements publics prévus à l'article L. 122-4 du Code de l'urbanisme et aux communes non membres d'un tel établissement, susceptibles d'être concernés, de délibérer sur l'extension d'un périmètre existant (C. urb., art. L. 122-5-1). Si les EPCI et les communes n'ont pas, dans un délai de six mois à compter de la réception de la lettre du préfet donné suite à son initiative, le préfet arrête un projet de périmètre après avis de la commission départementale de la coopération intercommunale. Cet arrêté dresse la liste des EPCI et des communes concernés, auxquels il est notifié et qui ont trois mois pour donner leur avis au préfet. A l'issue de ce délai, le périmètre peut être délimité ou étendu par arrêté du préfet, avec l'accord des EPCI compétents et des communes concernés, cet accord devant être exprimé à la majorité qualifiée de l'article L. 122-3-IV. Le même arrêté crée l'établissement public en charge du SCOT ou en étend le périmètre. Ce pouvoir nouveau donné aux préfets (qui peut également être exercé sur proposition d'un EPCI chargé d'un SCOT ou compétent en matière de SCOT) ne sera probablement pas aisé à manier et ne sera certainement pas très souvent mis en œuvre. Dans son principe, cependant, il traduit bien le « retour de l'État » et le renforcement du SCOT voulus par le législateur en 2010.

153 Que son initiative soit décentralisée ou étatique, le périmètre de SCOT doit remplir un certain nombre de conditions. Il doit, en premier lieu, être d'un seul tenant et sans enclave. Cette condition pourrait être difficile à réaliser s'il n'était pas admis qu'un périmètre de SCOT puisse être présenté au préfet même en l'absence d'accord de l'ensemble des communes qui y sont incluses. Mais précisément, la loi pose que le projet de périmètre est déterminé à la majorité des deux tiers au moins des communes intéressées représentant plus de la moitié de la population totale de celles-ci ou de la moitié au moins des communes intéressées représentant les deux tiers de la population totale. Pour le calcul de cette majorité, les EPCI comptent pour autant de communes qu'ils en comportent. Leur initiative est donc prépondérante (C. urb., art. L. 122-3-III). Le grief d'atteinte à la libre administration des collectivités territoriales résultant de ce mécanisme n'a pas été retenu par le Conseil constitutionnel à l'occasion du recours formé contre la loi SRU (Cons. const. 7 déc. 2000, n° 2000-436 DC, *BJDU* 2000. 379, obs. L. Touvet ; *AJDA* 2001. 18, comm. J.-E. Schoettl ; J.-H. Stahl, « Le principe delibre administration a-t-il une portée normative ? », *Nouveaux Cah. Cons. Const.* 2014/1. 264). Il faut dire qu'outre le caractère prescriptif limité des SCOT (du moins avant la loi Grenelle II) et l'obligation de simple compatibilité des PLU, le législateur a offert différentes garanties aux communes. On verra qu'une porte de sortie – certes étroite – leur est ouverte avant l'entrée en vigueur du document. De plus, la loi a tempéré le risque d'inclusion forcée des communes isolées, non membres d'un EPCI compétent en matière de SCOT, en prévoyant, en ce qui les concerne, que la majorité qualifiée visée ci-dessus doit comprendre au moins un tiers d'entre elles. En second lieu, une autre condition relative au périmètre du SCOT est posée qui n'est pas sans lien avec la première : lorsque ce périmètre concerne des EPCI compétents en matière de SCOT, il doit en principe recouvrir la totalité du périmètre de ces établissements. Toutefois, lorsque le périmètre d'un de ces établissements n'est pas lui-même d'un seul tenant, le périmètre du schéma peut ne pas comprendre la totalité de ses communes membres à condition d'englober la totalité de la partie ou des parties d'un seul tenant qui le concerne. En troisième lieu, le périmètre doit tenir compte des périmètres de tout une série de documents étrangers au droit de l'urbanisme à strictement parler, mais que la loi SRU et parfois, plus encore, la loi « Grenelle II » s'est efforcée de connecter à ce droit, souvent par l'intermédiaire du SCOT : plans de déplacements urbains, schémas de développement commercial, programmes locaux de l'habitat et chartes intercommunales de développement et d'aménagement, lorsque ces documents existent bien évidemment. Il doit également prendre en compte les déplacements urbains, notamment les déplacements entre le domicile et le lieu de travail et de la zone de chalandise des commerces, ainsi que les déplacements vers les équipements culturels, sportifs, sociaux et de loisirs. À ces conditions issues de la loi SRU, la loi ALUR en a ajouté deux autres. D'une part, le périmètre doit prendre en compte de façon cohérente les besoins de protection des espaces naturels et agricoles et les besoins et usages des habitants en matière d'équipements, de logements, d'espaces verts, de services et d'emplois. D'autre part, à compter du 1er juillet 2014, il ne peut correspondre au périmètre d'un seul EPCI, cette interdiction faisant écho à la volonté du législateur de promouvoir les PLU intercommunaux.

Le projet de périmètre est communiqué au préfet. Ce dernier recueille l'avis du ou des conseils départementaux concernés. Il est réputé positif s'il n'a pas été formulé dans un délai de trois mois. Le préfet arrête le périmètre du SCOT après avoir vérifié, en tenant compte des situations locales et éventuellement des autres périmètres arrêtés ou proposés, que le périmètre retenu respecte les conditions ci-dessus rappelées et permet la mise en cohérence des questions d'urbanisme, d'habitat, de développement économique, de déplacements et d'environnement (C. urb., art. L. 122-3-IV). La jurisprudence n'a pas encore eu l'occasion de préciser l'étendue du pouvoir ainsi reconnu au préfet, difficile à déterminer aujourd'hui, car s'il est clair que l'esprit des lois SRU et « urbanisme et habitat » va plutôt dans le sens de sa limitation, tel est nettement moins le cas de celui des lois « Grenelle II » et « ALUR ». Quoi qu'il en soit, une fois le périmètre arrêté par le préfet et l'arrêté publié conformément à l'article à l'article R. 122-12 du Code de l'urbanisme, le processus d'élaboration du SCOT peut commencer. 154 ■

§ 2 L'élaboration du projet de schéma de cohérence territoriale

Il convient de présenter d'abord l'établissement public chargé de l'élaboration du SCOT (A) avant d'aborder successivement les modalités de la confection du projet de document (B) avant qu'il ne soit arrêté (C), soumis à l'enquête publique et approuvé (D). À ce stade, une commune ou un EPCI membre peuvent exercer leur droit de retrait (E). 155 ■

A. L'établissement public chargé de l'élaboration du SCOT

Jusqu'à l'intervention de la loi « ALUR », le SCOT ne pouvait être élaboré que par un EPCI ou par un syndicat mixte « fermé », c'est-à-dire exclusivement constitué de communes et EPCI compétents. Les départements et la région étaient ainsi exclus de l'élaboration et du suivi du SCOT en considération de ce que l'urbanisme relève de la compétence des communes et de leurs EPCI et de ce que le SCOT n'a de conséquences 156 ■

juridiques que sur les communes. En outre, il avait paru utile de mettre ici en œuvre le principe d'absence de tutelle d'une collectivité sur une autre. Depuis le 1er juillet 2014, il n'est plus possible, du fait de la loi « ALUR », de délimiter de nouveaux périmètres de SCOT ne correspondant qu'à un seul EPCI compétent. Mais cette restriction ne concerne que les futurs périmètres. Il reste donc parfaitement possible que les EPCI antérieurement en charge de SCOT « mono-EPCI » continuent à en assurer le suivi et la gestion (J.-Ph. Strebler, Changements d'ALUR modérés pour les SCOT, *RDI* 21014, sp. P. 306). Un SCOT peut, par ailleurs et comme par le passé, être élaboré par un syndicat mixte « fermé ». En revanche, depuis la loi « ALUR », il peut l'être également et de manière générale, par un syndicat mixte « ouvert » à condition que toute les communes et EPCI compétents compris dans le périmètre du SCOT y aient adhéré et lui aient transféré la compétence en matière de SCOT. Mais, dans une telle hypothèse, seuls les communes et les EPCI compris dans le périmètre du SCOT peuvent prendre part aux délibérations concernant ce schéma. Cette possibilité devrait notamment concerner les syndicats de pays qui pourront ainsi élaborer un SCOT ne couvrant pas l'intégralité de leur périmètre (C. art. L. 122-4 ; sur le cas des pôles d'équilibres territoriaux, v. J.-Ph. Strebler, préc., *RDI* 21014, sp. p. 306). Par ailleurs, le législateur a progressivement organisé les conséquences des modifications des périmètres des EPCI sur le périmètre du SCOT lui-même. Le principe est que lorsqu'elles ont respecté les conditions prévues par le code général des collectivités territoriales, la décision consacrant l'entrée dans l'établissement emporte élargissement au nouveau membre du périmètre du SCOT tandis que celle qui consacre le retrait de l'établissement emporte réduction du périmètre du schéma, sans qu'aucun arrêté préfectoral n'ait à constater cette extension ou cette réduction. En cas d'extension du périmètre, l'établissement public doit engager la procédure d'évolution du SCOT au plus tard lorsqu'il doit délibérer au vu de l'analyse des résultats de son application (C. art. L. 122-5-I et V). En cas de réduction du périmètre du SCOT, les dispositions du document sont abrogées pour les communes ou EPCI qui se sont retirées (C. art. L. 122-5-II et V). On signalera enfin que la charte d'un parc naturel régional peut tenir lieu de SCOT pour les communes de ce parc qui ne sont pas comprises dans le périmètre d'un SCOT, à la condition que cette charte comporte un chapitre individualisé. Le périmètre du SCOT est délimité comme il a été dit ci-dessus (C. urb., art. L. 122-4-3).

157 L'établissement public chargé d'élaborer le SCOT est une pièce essentielle dans le régime juridique du SCOT, avec lequel il entretient des liens existentiels. En effet, audelà de son élaboration, cet établissement est chargé de son approbation, de son suivi et de sa révision et sa dissolution emporte abrogation du schéma, sauf si un autre établissement public en assure le suivi. Dans ce cas, ce dernier doit adopter un schéma couvrant l'intégralité du périmètre du SCOT au plus tard à la suite de l'analyse des résultats de l'application du schéma (C. urb., art. L. 122-4).

B. La confection du projet de SCOT

158 C'est le président de l'établissement public qui conduit la procédure d'élaboration du SCOT. L'établissement public peut bénéficier de l'assistance technique et financière de l'État, qui va également assurer sa mission d'information à travers le « porter à connaissance ». Mais il est également entouré dans l'exercice de sa mission.

L'intervention des « tiers » peut se réaliser au titre de la concertation, de l'association et des consultations.

La concertation. La première mission de l'établissement public chargé du SCOT consiste à prendre une délibération prescrivant l'élaboration du schéma. Celle-ci doit préciser les objectifs poursuivis et les modalités de la concertation avec les habitants, les associations locales et les autres personnes concernées (C.art. L. 122-6 et L. 300-2 ; sur l'importance de préciser les objectifs poursuivis, v. à propos des PLU, CE 10 févr. 2010, n° 327149, Cne de Saint Lunaire, *Lebon* T. p. 921 ; *RDI* 2010.333, obs. P. S-C ; CE 17 avril 2013, *n° 348311, Commune de Ramatuelle, Constr.-Urb.* 2013, n° 82, note L. Santoni ; *BJDU* 6/2013.424, concl. M. Vialettes ; *AJDA* 2013.1931, note E. Carpentier ; *JCP* A 2013, n° 395, obs. L. Erstein ; AJCT 2013.476, obs. J-B. Sibileau ; *RDI* 2013.488, obs. P. S-C ; B. Delaunay, L'apport de la loi du 27 décembre 2012 et de l'ordonnance du 5 août 2013 aux régimes d'information et de participation du public en droit de l'urbanisme, DAUH 2014.91). Cette phase de concertation n'existait pas à l'époque des schémas directeurs. Mais ainsi qu'il a été dit, le législateur SRU s'est efforcé de rendre les SCOT plus attractifs, ce qui s'est traduit notamment par la création de cette étape permettant l'appropriation collective du document dès l'origine et tout au long du processus d'élaboration. Cette délibération fait l'objet d'une publicité renforcée (C. urb. art. R. 122-14). Elle doit par ailleurs être notifiée à la commission départementale de la préservation des espaces naturels, agricoles et forestiers prévue à l'article L. 112-1-1 du Code rural et de la pêche maritime (C. urb., art. L. 122-6). 159 ■

L'association. La délibération qui vient d'être évoquée doit être notifiée à toute une série de personnes en vue de leur association à l'élaboration du SCOT (C. urb., art. L. 122-6). Leur cercle a été élargi par l'ordonnance du 5 janvier 2012 à des organismes et personnes qui jusque-là pouvaient simplement demander à être consultées (C. urb., art. L. 121-4). Sont ainsi associés à l'élaboration du SCOT (dans la limite de ce qui les concerne) principalement l'État, les régions, les départements, les autorités compétentes en matière de transports urbains et les syndicats mixtes de transports, les EPCI compétents en matière de PLH et les chambres consulaires. On relèvera particulièrement que les établissements publics en charge des SCOT limitrophes ont la qualité de personnes publiques associées, ce qui va dans le sens de la démarche « inter-SCOT » prônée par la loi « ALUR » (art. 131). En revanche, depuis la même loi ALUR, les communes limitrophes n'ont plus cette qualité. En ce qui concerne l'État, l'article L. 122-6-1 du Code de l'urbanisme précise qu'à la demande du président de l'établissement public chargé du SCOT ou du préfet, les services de l'État sont associés à l'élaboration du projet de SCOT. 160 ■

Les consultations. Dans la mesure, où les autorités et organismes associés incluent désormais un certain nombre de ceux qui auparavant n'étaient que consultés à leur demande, le champ des consultations s'en est trouvé réduit d'autant. Il est ainsi prévu que le président de l'établissement public chargé du SCOT doit, si elles en font la demande, consulter la commission départementale de la préservation des espaces naturels, agricoles et forestiers (CDPENAF) prévue à l'article L. 112-1-1 du code rural et de la pêche maritime, les communes limitrophes, ainsi que les associations mentionnées à l'article L. 121-5 du Code de l'urbanisme (C. urb., art. L. 122-6-2). 161 ■

Outre ces consultations obligatoires si elles sont demandées, l'article L. 122-6-2 du Code de l'urbanisme ouvre au président de l'établissement public chargé du SCOT (ou à son représentant) la faculté de recueillir l'avis de tout organisme ou association compétent en matière d'aménagement du territoire, d'urbanisme, d'environnement, d'architecture, d'habitat et de déplacements, y compris des collectivités territoriales des États limitrophes.

C. L'arrêt du projet de SCOT

■ 162 L'arrêt du projet de SCOT doit être précédé d'un débat sur les orientations générales du projet d'aménagement et de développement durables (PADD) qui doit avoir lieu, au sein de l'organe délibérant de l'établissement public, au moins quatre mois avant l'examen du projet de schéma (C. urb., art. L. 122-7). Ce délai vise à garantir le primat des choix politiques sur les considérations techniques dans le processus d'élaboration du SCOT. Il s'agit de faire en sorte que le SCOT soit avant tout la traduction d'un projet politique sur le territoire, et d'éviter qu'il ne soit que la reproduction d'un ensemble de contraintes techniques plus ou moins surmontables.

Il appartient ensuite à l'organe délibérant, d'une part, de tirer le bilan de la concertation, d'autre part, d'arrêter le projet de SCOT. Mais cela peut être fait par une délibération unique qui fait l'objet d'une publicité spécifique (C. urb., art. R. 122-9).

Dans le cas où le SCOT comporte un chapitre individualisé valant schéma de mise en valeur de la mer, ses dispositions relatives aux orientations fondamentales de protection du milieu marin, à la gestion du domaine public maritime doivent être soumises pour accord au préfet avant que le projet ne soit arrêté (C. urb., art. L. 122-7-1).

Une fois le projet de schéma arrêté, il doit être transmis pour avis à toute une série d'autorités, notamment aux personnes publiques associées, aux communes et aux groupements de communes membres de l'établissement public, ainsi qu'à la commission départementale de la préservation des espaces naturels, agricoles et forestiers (CDPENAF) prévue à l'article L. 112-1-1 du code rural et de la pêche maritime, si le schéma a pour conséquence une réduction des surfaces des zones agricoles. Il doit également être communiqué pour avis, mais seulement s'ils en font la demande, aux EPCI directement intéressés et aux communes limitrophes et au représentant de l'ensemble des organismes d'habitations à loyer modéré. Leur avis est réputé favorable s'il n'intervient pas dans un délai de trois mois après transmission du projet de schéma (C. urb., art. L. 122-8).

■ 163 C'est dans ce délai que les communes initialement intégrées « de force » dans le périmètre du schéma vont pouvoir réagir. Il est en effet prévu que lorsqu'une commune ou un groupement de communes membre de l'établissement public chargé du SCOT estime que l'un de ses intérêts essentiels est compromis par les dispositions du projet de schéma en lui imposant, notamment, des nuisances ou des contraintes excessives, la commune ou le groupement de communes peut, dans le délai de trois mois à compter de la notification du projet arrêté, saisir le préfet par délibération motivée qui précise les modifications demandées au projet de schéma. Le préfet a alors à son tour trois mois pour donner un avis motivé, après avoir consulté la commission de conciliation prévue à l'article L. 121-6 du Code de l'urbanisme. Cet avis devrait être considéré comme faisant grief et donc susceptible d'un recours pour excès de pouvoir. Une fois cet avis rendu, l'enquête publique peut débuter (C. urb., art. L. 122-9)

D. L'enquête publique et l'approbation du schéma

Le dossier soumis à l'enquête publique par le président de l'établissement public est constitué de deux ensembles. D'une part, le projet de SCOT qui comporte le rapport de présentation, le PADD, le document d'orientation et d'objectifs ainsi que les documents graphiques. D'autre part, sont joints au dossier les avis des collectivités et organismes associés, ainsi que ceux recueillis en application des articles L. 122-6-2 (avis des organismes, personnes ou associations consultés à leur demande ou à l'initiative du président), L. 122-7-1 (accord du préfet lorsque le SCOT comporte un chapitre individualisé valant SMVM), L. 122-8 (avis des autorités auxquelles le projet de schéma arrêté a été transmis) et L. 122-9 (avis du préfet et délibération de la commune qui considère que ses intérêts essentiels sont menacés par le projet de schéma ; TA Grenoble, 26 fév. 2015, n° 1300942, *Communauté de Communes de la Bourne à l'Isère RDI* 2015., obs. J-Ph. Strebler) du Code de l'urbanisme. L'avis de la commission départementale de la préservation des espaces naturels, agricoles et forestiers (CDPENAF) est également joint au dossier (art. L. 112-1 du code rural et de la pêche maritime). 164 ■

L'enquête publique se déroule suivant les modalités prévues par les articles R. 123-7 à R. 123-23 du Code de l'environnement, le président de l'établissement public chargé du SCOT exerçant de nombreuses attributions en principe attribuées au préfet dans ce type d'enquête (C. urb., art. L. 122-10, R. 122-10). 165 ■

À l'issue de l'enquête publique, le SCOT peut éventuellement être modifié mais seulement pour tenir compte des avis qui ont été joints au dossier, des observations du public et du rapport du commissaire ou de la commission d'enquête (CE 12 mars 2010, *Lille Métropole cnté urb.*, req. n° 312108, *Lebon* T. 1012 ; *BJDU* 2010. 6, concl. É. Geffray ; *ibid.* 310 ; *RDI* 2010. 402, obs. P. S.-C.). Cette possibilité n'est toutefois pas sans limites. En effet, outre que le chapitre individualisé valant schéma de mise en valeur de la mer ne peut être modifié qu'avec l'accord du préfet (C. urb., art. L. 122-11), les modifications doivent être conformes à l'intérêt général et ne sauraient porter atteinte à l'économie générale du projet soumis à enquête publique, même si elles sont imposées par la nécessité d'assurer le respect de dispositions législatives, comme les lois « Montagne » ou « littoral » (v. à propos du POS, CE 30 mai 1966, *Pouvillon*, *Lebon* 355, concl. G. Braibant ; 6 nov. 1995, *Clément*, req. n° 145220, *RDI* 1996. 199, obs. Y. Gaudemet et L. Touvet ; 25 nov. 1998, *Chevalier*, req. n° 163902, *BJDU* 1999. 36, concl. Ch. Maugüé). Dans ce cas, il y aurait lieu de reprendre la procédure d'élaboration depuis l'origine. 166 ■

Le schéma, éventuellement modifié dans les limites qui viennent d'être précisées, est approuvé par l'organe délibérant de l'établissement public chargé de l'élaboration du SCOT (C. urb., art. L. 122-11). L'article R. 122-8 du Code de l'urbanisme rappelle cependant que, conformément à l'article L. 112-3 du code rural et de la pêche maritime, le SCOT ne peut être approuvé qu'après avis de la chambre d'agriculture et, le cas échéant, de l'Institut national de l'origine et de la qualité dans les zones d'appellation d'origine contrôlée et du Centre national de la propriété forestière 167 ■

lorsqu'il prévoit une réduction des espaces agricoles ou forestiers. Ces avis sont rendus dans un délai de deux mois à compter de la saisine. En l'absence de réponse à l'issue de ce délai, l'avis est réputé favorable.

La délibération qui approuve le SCOT fait l'objet d'une publicité spécifique (C. urb., art. R. 122-13). Le SCOT approuvé est tenu à la disposition du public (C. urb., art. L. 122-11-1). Il est transmis au préfet ainsi qu'aux personnes et organismes associés.

E. L'éventuel retrait d'une commune ou d'un EPCI du SCOT

168 La commune ou l'EPCI qui avait pris une délibération motivée considérant que ses intérêts essentiels étaient menacés par le projet de schéma arrêté doit se voir notifier le SCOT approuvé. Si elle n'a pas obtenu les modifications demandées malgré un avis favorable du préfet, le conseil municipal ou l'organe délibérant de l'EPCI peut, dans un délai de deux mois suivant la notification, décider de s'en retirer (C. urb., art. L. 122-12). Par dérogation au droit commun du code général des collectivités territoriales, le préfet ne peut alors que constater le retrait de la commune ou de l'EPCI et les dispositions du schéma concernant la commune ou l'EPCI sont abrogées dès la publication de l'arrêté du préfet. Ces dispositions ne sont toutefois pas applicables lorsque l'établissement public chargé du SCOT est une communauté urbaine, une métropole, une communauté d'agglomération ou une communauté de communes. En effet, si une commune membre d'un tel EPCI venait à estimer que ses intérêts essentiels sont compromis par le projet de SCOT, c'est la composition même de cet établissement public qui serait remise en cause. Dans ce cas, ce sont donc les règles relatives au retrait des communes prévues par la loi du 12 juillet 1999 qu'il conviendrait d'appliquer.

Il reste que l'éventualité du retrait d'une commune ou d'un EPCI peut s'avérer très problématique s'il en résulte une enclave ou une coupure dans le périmètre du SCOT. Mais, il est fort probable que dans de telles hypothèses, le préfet se sera gardé de donner un avis favorable lors de son intervention au titre de l'article L. 122-9 du Code de l'urbanisme. Cette disposition se justifie par la nature de ces EPCI qui sont fondés sur la volonté des communes qui les constituent d'élaborer des projets communs de développement et d'aménagement à l'intérieur d'un périmètre pertinent.

§ 3 L'entrée en vigueur du schéma de cohérence territoriale

169 Le SCOT est publié et transmis au préfet dans les conditions de droit commun (CGCT, art. L. 2131-1 et L. 2131-2). Cependant, par dérogation au régime général des actes administratifs locaux, il ne devient pas immédiatement exécutoire. Il n'acquiert ce caractère qu'à l'expiration d'un délai de deux mois à compter de sa transmission au contrôle de légalité, et à condition que le préfet n'ait présenté aucune demande de modification dans ce délai. Si tel est le cas, celui-ci notifie par lettre motivée à l'établissement public chargé du SCOT les modifications qu'il estime nécessaire d'apporter au schéma lorsque les dispositions de celui-ci ne sont pas compatibles avec les DTA maintenues en vigueur après la publication de la loi ENE (ou avec les

prescriptions particulières prévues à l'article L. 145-7) et, en l'absence de celles-ci, avec les dispositions des lois Montagne et Littoral, ou compromettent gravement les principes énoncés aux articles L. 110 et L. 121-1 du Code de l'urbanisme, sont contraires à un projet d'intérêt général, autorisent une consommation excessive de l'espace, notamment en ne prévoyant pas la densification des secteurs desservis par les transports ou les équipements collectifs, ou ne prennent pas suffisamment en compte les enjeux relatifs à la préservation ou à la remise en bon état des continuités écologiques. Dans ce cas, le SCOT ne devient exécutoire qu'après l'intervention, la publication et la transmission au préfet des modifications demandées (C. urb., art. L. 122-11-1). Il s'agit d'un régime assez sévère, dans son principe assez proche de la tutelle, et qui a été considérablement enrichi dans ses modalités par la loi Grenelle II, constamment animée par cette idée que l'amélioration de la protection de l'environnement ne saurait se faire sans renforcement des prérogatives de l'État Cela étant, la décision du préfet est susceptible de contestation (rép. min. in° 05527, *JO* Sénat 11 juillet 2013.2063 ; *BJDU* 5/2013.407).

Lorsqu'il est exécutoire, le SCOT est transmis aux personnes publiques associées, aux EPCI compétents en matière de PLU et aux communes comprises dans son périmètre. Il demeure tenu à la disposition du public.

section **2**

Le contenu du schéma de cohérence territoriale

La structure du SCOT n'a pas été fondamentalement affectée par les réformes intervenues après la loi SRU, à ceci près que le projet d'aménagement et de développement durables (PADD) a été désolidarisé du rapport de présentation, et que le document d'orientations générales (DOG) a cédé la place à un document d'orientation et d'objectifs (DOO). Ainsi, le SCOT comprend aujourd'hui, selon l'article L. 122-1-1 du Code de l'urbanisme, un rapport de présentation (§ 1), un projet d'aménagement et de développement durables (§ 2) et un document d'orientation et d'objectifs (§ 3), chacun de ces éléments pouvant être assorti de documents graphiques (§ 4). 170 ■

§ 1 Le rapport de présentation

Le rapport de présentation est devenu avec le temps une pièce incontournable de tout document d'aménagement et d'urbanisme (CE 29 oct. 1997, *Assoc. Urbanisme ou Environnement*, *Lebon* 382 ; *AFDUH* 1998. 218, chron. J.-P. Demouveaux et J.-P. Lebreton). Cela tient à la fonction d'information et d'explication des choix faits dans le document qui est la sienne. Celle-ci est d'autant plus substantielle que le contenu des SCOT est complexe et donc d'une lecture difficile. Les éléments de son contenu sont inscrits à l'article L. 122-1-2 issu de la loi Grenelle II. Il doit d'abord comporter l'explication des choix retenus pour établir le PADD et le DOO en 171 ■

s'appuyant sur un diagnostic assez général du territoire. Ce diagnostic porte notamment sur les besoins en matière d'environnement. Cette dernière thématique a été renforcée par la loi Grenelle 2, complétée par la loi ALUR par la référence expresse à la biodiversité. Depuis la loi « Grenelle II » qui va dans le sens du renforcement de l'économie du foncier et de la lutte contre l'étalement urbain, le rapport de présentation du SCOT doit présenter une analyse de la consommation d'espaces naturels, agricoles et forestiers au cours des 10 années précédant l'approbation du schéma et justifier les objectifs chiffrés de limitation de cette consommation compris dans le DOO. En complément, il doit, depuis la loi ALUR, identifier, en prenant en compte la qualité des paysages et du patrimoine architectural, les espaces dans lesquels les plans locaux d'urbanisme doivent analyser les capacités de densification et de mutation en application de l'article L. 123-1-2. Et depuis la loi du 13 octobre 2014 d'avenir pour l'agriculture, l'alimentation et la forêt, le rapport de présentation doit aussi répertorier les besoins en matière d'agriculture et de préservation du potentiel agronomique. Le rapport de présentation doit enfin décrire son articulation avec les documents auxquels il est subordonné, tous documents énumérés aux articles L. 111-1-1-I et II et L. 122-1-13 avec lesquels le SCOT doit être compatible ou qu'il doit prendre en compte. Le contenu du rapport de présentation est ensuite plus précisément réglementé par l'article R. 122-2 du Code de l'urbanisme, qui comporte huit points dont les deux premiers et le cinquième reprennent en substance l'article législatif.

■ 172 *Evaluation environnementale.* Les autres éléments du contenu du rapport de présentation répondent à l'obligation de soumettre le SCOT à l'évaluation environnementale imposée par le droit européen (Dir. n° 2001/42/CE ; C. urb., art. L. 121-10-I, 3°). A ce titre, il doit décrire et évaluer les incidences notables que peut avoir le document sur l'environnement. Il présente les mesures envisagées pour éviter, réduire et, dans la mesure du possible, en compenser les incidences négatives. Il expose les raisons pour lesquelles, notamment du point de vue de la protection de l'environnement, parmi les partis d'aménagement envisagés, le projet a été retenu. Il contient les informations qui peuvent être raisonnablement exigées, compte tenu des connaissances et des méthodes d'évaluation existant à la date à laquelle est élaboré ou révisé le document, de son contenu et de son degré de précision et, le cas échéant, de l'existence d'autres documents ou plans relatifs à tout ou partie de la même zone géographique ou de procédures d'évaluation environnementale prévues à un stade ultérieur (C. urb., art. L. 121-11). C'est cette obligation que transcrit l'article R. 122-2 précité.

§ 2 Le projet d'aménagement et de développement durables

■ 173 Le PADD constitue en quelque sorte l'âme du SCOT, comme pour tous les documents d'urbanisme qui en comportent un d'ailleurs (J.-P. Lebreton, « Les projets d'aménagement et de développement durable (PADD) », *DAUH* 2002. 63). Il exprime, en effet, le projet politique animant l'ensemble du document. C'est la raison pour laquelle un décret du 9 juin 2004 est venu le désolidariser du rapport de présentation dans lequel il était inséré auparavant.

Plus précisément, il appartient au PADD de fixer, en tenant compte, le cas échéant, de la charte de développement du pays, les objectifs des politiques publiques sur le territoire couvert par le SCOT dans un très grand nombre de domaines dont la liste a été substantiellement allongée par la loi Grenelle II. Sont ainsi concernées les politiques publiques d'urbanisme, du logement, des transports et des déplacements, d'implantation commerciale, d'équipements structurants, de développement économique, touristique et culturel, de développement des communications électroniques de qualité paysagère, de protection et de mise en valeur des espaces naturels, agricoles et forestiers, de préservation et de mise en valeur des ressources naturelles, de lutte contre l'étalement urbain, de préservation et de remise en bon état des continuités écologiques. A ce contenu, la loi « ALUR » a ajouté qu'en matière de déplacements, ces objectifs intègrent une approche qualitative prenant en compte le temps de déplacement (C. urb., art. L. 122-1-3).

§ 3 Le document d'orientations et d'objectifs

Cette troisième composante du SCOT constitue la partie opérationnelle du document, celle dans laquelle se trouvent les instruments permettant de réaliser, plus ou moins directement, les objectifs fixés dans le PADD. La loi Grenelle II a remplacé le document d'orientations générales (DOG) qu'avait créé la loi SRU, par un document d'orientations et d'objectifs (DOO) « plus vert » mais aussi – contrairement à ce que pourrait laisser imaginer son appellation et à l'ambition de la loi SRU – plus prescriptif que son prédécesseur, ce qui n'est pas sans faire difficulté au regard du principe constitutionnel de libre administration des collectivités territoriales. Le DOO a en effet vocation à contenir un très grand nombre de normes (C. urb., art. L. 122-1-4 à L. 122-1-11). 174 ■

Compétences obligatoires. Le DOO doit avant tout, dans le cadre de la mise en œuvre du principe d'équilibre, déterminer les orientations générales de l'organisation de l'espace et les grands équilibres entre les espaces urbains et à urbaniser et les espaces ruraux, naturels, agricoles et forestiers. Cette fonction n'est pas nouvelle (CE 10 janv. 2007, *Féd. dptale de l'hôtellerie de plein air de Charente-Maritime*, req. n° 269239, *RDI* 2007. 186, obs. P. S.-C.). Elle résultait déjà de la loi SRU, qui avait sciemment évité de reprendre la formule employée antérieurement s'agissant des schémas directeurs qui devaient déterminer la « destination générale des sols », considérée comme trop contraignante pour les POS et trop « rigidifiante » pour le développement urbain. Dès lors, si le SCOT peut, dans les documents graphiques accompagnant le DOO, identifier des espaces en les affectant à telle ou telle fonction très générale, il ne saurait établir un zonage trop précis. Dans la même perspective, il appartient également au DOO de définir les conditions d'un développement urbain maîtrisé et les principes de restructuration des espaces urbanisés, de revitalisation des centres urbains et ruraux, de mise en valeur des entrées de ville, de valorisation des paysages et de prévention des risques. Plus généralement, le DOO assure la cohérence d'ensemble des orientations arrêtées dans ces différents domaines (C. urb., art. L. 122-1-4). 175 ■

Vient ensuite une longue énumération dont les dix points traduisent bien les préoccupations actuelles du droit de l'urbanisme, les unes agissant en synergie avec les autres. Ainsi, outre qu'il doit de façon générale définir les objectifs et les principes de la politique de l'urbanisme et de l'aménagement, ainsi que les grands projets d'équipements et de services (VI), le DOO doit déterminer les conditions d'un développement équilibré dans l'espace rural entre l'habitat, l'activité économique et artisanale, et la préservation des sites naturels, agricoles et forestiers (I). Afin de protéger l'environnement, il lui revient aussi d'une part, de déterminer, en les localisant ou même en les délimitant dans les documents graphiques, les espaces et sites naturels, agricoles et forestiers à protéger et, d'autre part, de préciser suivant les objectifs phares du Grenelle de l'environnement, les modalités de protection des espaces nécessaires au maintien de la biodiversité et à la préservation ou à la remise en bon état des continuités écologiques. À cela, la loi « ALUR » a ajouté l'obligation de transposer les dispositions pertinentes des chartes des parcs naturels régionaux et leurs délimitations cartographiques à une échelle appropriée. Une telle obligation a constitué la contrepartie de l'absence d'opposabilité directe des chartes de PNR aux PLU. La transposition des chartes par le DOO vise ainsi à permettre leur déclinaison dans les PLU et les cartes communales (sur cette question, v. J.-Ph. Strebler, Changements d'ALUR modérés pour les SCOT, *RDI* 21014, sp. p. 302). En outre, depuis la loi « Grenelle II », le DOO devait arrêter des objectifs chiffrés de consommation économe de l'espace et de lutte contre l'étalement urbain, ceux-ci pouvant être ventilés par secteur géographique. La loi du 13 octobre 2014 a fait de cette ventilation géographique une obligation de même qu'elle impose au DOO de décrire les enjeux qui sont propres à chaque secteur géographique (C. urb., art. L. 122-1-5-II). Le III est relatif à l'articulation entre l'urbanisation et le développement des transports collectifs. Il permet notamment au DOO de subordonner l'ouverture de nouvelles zones à l'urbanisation à leur desserte par de tels transports. Le IV vise à favoriser la densification et habilite notamment le DOO à imposer préalablement à toute ouverture à l'urbanisation d'un secteur nouveau l'utilisation de terrains situés en zone urbanisée et desservis par les réseaux ou la réalisation d'une étude de densification des zones déjà urbanisées.

176 *Compétences facultatives.* Participant de préoccupations du même ordre, viennent ensuite différentes facultés susceptibles d'accroître considérablement les contraintes résultant du SCOT pour les documents subordonnés et parfois même directement pour les constructeurs. Ainsi, le DOO peut, par exemple, définir des secteurs dans lesquels l'ouverture de nouvelles zones à l'urbanisation est subordonnée à l'obligation de respecter soit des performances énergétiques et environnementales renforcées, soit des critères de qualité renforcés en matière d'infrastructures et réseaux de communications électroniques (V). Il peut également, en tenant compte de divers paramètres, délimiter des secteurs dans lesquels le PLU ne peut fixer une densité maximale de construction inférieure à un certain seuil (VIII). Et le texte précise que dans ces secteurs, les règles des documents subordonnés qui seraient contraires aux normes minimales de hauteur, d'emprise au sol et d'occupation des sols fixées par le DOO cessent de s'appliquer passé un délai de 2 ans à compter de la publication du schéma, de sa révision ou de sa modification. Le dispositif est particulièrement contraignant et expéditif et l'on comprend qu'il ait été très discuté au Sénat. Non moins notable, car il pourra en résulter des règles de densité minimale (et non plus seulement maximale comme c'était le cas avant la loi Grenelle II), le DOO peut, sous réserve d'une justification particulière, définir des secteurs, situés à proximité des transports collectifs existants ou programmés, dans lesquels les PLU doivent imposer une densité minimale de construction (IX). Cette faculté est, pour les particuliers, potentiellement beaucoup plus contraignante que la précédente. Dans le premier cas en effet, le SCOT interdit aux PLU d'imposer une densité faible, mais il ne crée pas d'obligations pour les constructeurs, qui restent libres de construire peu densément. En revanche, dans les secteurs où sera imposée une densité minimale des constructions, le propriétaire ne pourra pas choisir de construire moins dense. Cependant, la mise en œuvre de ce dispositif est subordonnée à l'existence d'une (pour l'heure assez énigmatique) « justification particulière », et il n'est pas ici prévu de sanction automatique à l'égard des règles du PLU incompatibles (ce sont les règles normales de la mise en compatibilité qui s'appliqueront). Le DOO peut aussi définir des objectifs à atteindre en matière de maintien ou de création d'espaces verts dans les zones faisant l'objet d'une ouverture à l'urbanisation (C. urb., art. L. 122-1-5-VII) ou préciser des objectifs de qualité paysagère (C. urb., art. L. 122-1-5-X). Enfin, parmi les autres facultés remarquables désormais ouvertes aux auteurs des SCOT, signalons que le DOO peut, par secteur, définir des normes de qualité urbaine, architecturale et paysagère applicables en l'absence de PLU ou de document d'urbanisme en tenant lieu et directement opposables aux autorisations d'urbanisme (C. urb., art. L. 122-1-6), étant précisé que les cartes communales ne sont pas considérées comme tenant lieu de PLU.

Transports et déplacements. Appelé à jouer un rôle majeur en ce domaine, le DOO doit 177 ■
définir les grandes orientations de la politique des transports et de déplacements et les grands projets d'équipements et de dessertes par les transports collectifs. Après quoi il peut fixer des obligations non plus seulement minimales mais aussi maximales de réalisation d'aires de stationnement pour les véhicules motorisés ainsi que des obligations minimales de réalisation d'aires de stationnement pour les véhicules non motorisés. Ecartant le principe de compatibilité, la loi dispose que les PLU devront imposer ces prescriptions (C. urb., art. L. 122-1-8).

Logement. Devant également se préoccuper de la problématique du logement, de 178 ■
plus en plus présente dans le droit de l'urbanisme contemporain, le DOO a pour mission de définir les objectifs et les principes de la politique de l'habitat au regard, notamment, de la mixité sociale. Il lui appartient en conséquence de préciser les objectifs d'offre de nouveaux logements, éventuellement répartis entre les EPCI ou par commune, ainsi que les objectifs de la politique d'amélioration et de la réhabilitation du parc de logements existant public ou privé (C. urb., art. L. 122-1-7 ; CAA Lyon, 8 nov. 2011, n° 10LY01628, *Soc. Investissements internationaux et participations, AJDA* 2012.391, note J-Ph. Brouant ; *LPA* 7 juin 2012, n° 114, note J-M. Staub).

Aménagement commercial. Le SCOT joue par ailleurs un rôle important en matière 179 ■
d'aménagement commercial. En effet, les autorisations d'équipements commerciaux et cinématographiques de même que les permis de construire tenant lieu d'autorisation d'exploitation commerciale doivent être compatibles avec le DOO (C. urb., art. L. 122-1-15). À cet égard, celui-ci doit préciser les orientations relatives à l'équipement commercial et artisanal. A ce titre, il définit les localisations préférentielles des commerces en prenant en compte les objectifs de revitalisation des centres-villes, de maintien d'une offre commerciale diversifiée de proximité permettant de répondre aux besoins courants de la population tout en limitant les obligations de déplacement et les émissions de gaz à effet de serre, de cohérence entre la localisation des équipements commerciaux et la maîtrise des flux de personnes et de marchandises, de consommation économe de l'espace et de préservation de

l'environnement, des paysages et de l'architecture. Le Conseil d'État a eu l'occasion de préciser l'étendue de l'habilitation ainsi conférée au DOO. Ce dernier doit s'en tenir à fixer des orientations et des objectifs d'implantations préférentielles des activités commerciales, définis en considération des exigences d'aménagement du territoire, de protection de l'environnement ou de qualité de l'urbanisme. En revanche, il ne peut interdire par des dispositions impératives certaines opérations de création ou d'extension relevant du code de commerce. Cela étant, il peut parfaitement exprimer ces objectifs sous forme quantitative que les commissions d'aménagement commercial mettront néanmoins en œuvre dans le respect du principe de compatibilité (CE 11 juill. 2012, *n° 353880, SAS SODIGOR, JCP* A 2012, n° 2340, note J-M. Talau ; CE 12 déc. 2012, n° 353496, *Soc. Davalex*, *Lebon* T. 618 ; *AJCT* 2013.211, obs. J-Ph. Strebler ; *BJDU* 2/2013.97, concl. G. Dumortier ; *RDI* 2013.112, obs. P. S-C. : à propos de la fixation d'un seuil en matière d'équipements commerciaux ; CE 27 juin 2013, *n° 356548, SCCV du Cap West, JCP* A 2013, act., n° 595 ; v. aussi, CJUE, 24 mars 2011, *C-400/08, Commission c/ Royaume d'Espagne,* RJEP 2011, n° 52, note F. Donnat ; *JCP* A 2011, n° 2277, note J-M. Talau et TA Orléans, 16 juin 2009, n° 0602577, *JCP* A 2009, n° 2260, note F. Edazzi)

180 Le Conseil d'État a cependant expressément réservé l'habilitation supplémentaire conférée par la loi au DOO lorsqu'il comporte un *document d'aménagement commercial*[Q] qui a connu quelques péripéties. En effet, après que la loi « Grenelle II » a imposé au DOO de comporter le document d'aménagement commercial que la loi du 4 août 2008 de modernisation de l'économie (LME) avait institué comme un outil facultatif (J-Ph. Borel, Le document d'aménagement commercial, élaboration et intégration dans les SCOT : état des lieux depuis la loi Grenelle II, *AJCT* 20013.237), la loi « ALUR » l'a purement et simplement supprimé, renforçant d'ailleurs au passage les prérogatives du DOO en matière d'aménagement commercial (J-M. Talau, L'impact du SCOT sur l'urbanisme commercial, à nouveau en question : la jurisprudence et le projet de loi ALUR, *JCP* A 2013, n° 2190). Mais la loi du 18 juin 2014 relative à l'artisanat, au commerce et aux très petites entreprises dite « loi PINEL » l'a rétabli sous la forme d'un document d'aménagement artisanal et commercial devenu optionnel. Ce document a pour fonction de localiser des secteurs d'implantation périphérique mais aussi des centralités urbaines dans lesquels se posent des enjeux spécifiques du point de vue du commerce en rapport avec l'aménagement du territoire et le développement durable. Il confère une habilitation supplémentaire au DOO qui peut alors déterminer les conditions d'implantation des équipements commerciaux qui, du fait de leur importance, sont susceptibles d'avoir un impact significatif sur l'aménagement du territoire et le développement durable. Il est précisé que ces conditions privilégient la consommation économe de l'espace, notamment en entrée de ville, par la compacité des formes bâties, l'utilisation prioritaire des surfaces commerciales vacantes et l'optimisation des surfaces dédiées au stationnement. Elles portent également sur la desserte de ces équipements par les transports collectifs et leur accessibilité aux piétons et aux cyclistes ainsi que sur leur qualité environnementale, architecturale et paysagère, notamment au regard de la performance énergétique et de la gestion des eaux (C. urb., art. L. 122-1-9). Comme on l'a dit, ce document confère une habilitation supplémentaire au DOO qui peut être plus prescriptif et aller au-delà de la détermination des localisations préférentielles. La contrepartie en sera cependant une obligation de justification renforcée portant d'une part, sur le caractère significatif de l'impact des équipements commerciaux sur l'aménagement du territoire et le développement durable et, d'autre part, sur le caractère proportionné des prescriptions qui leur seront imposées au regard de l'impact précédemment identifié (D. Moreno, Intégration de l'urbanisme commercial dans l'urbanisme général : une réforme presque aboutie, *BJDU* 5/14.335).

Zones de montagne et de littoral. Enfin, le SCOT comporte des éléments supplémentaires dans les zones de montagne et de littoral. Dans les premières, le DOO définit la localisation, la consistance et la capacité globale d'accueil et d'équipement des UTN d'intérêt régional et les principes d'implantation et la nature des UTN d'intérêt local (C. urb., art. L. 122-1-10 ; v. également les facultés ouvertes par C. urb., art. R. 122-1, R. 122-3). Dans les secondes, le SCOT peut, lorsqu'il comprend une ou plusieurs communes littorales, comporter un chapitre individualisé valant SMVM (C. urb., art. L. 122-1-11, R. 122-3), qui doit cependant suivre un processus d'adoption particulier. 181 ■

§ 4 Les documents graphiques

La partie rédactionnelle du SCOT qui vient d'être présentée peut être assortie de documents graphiques. De manière générale, les documents graphiques ne doivent pas être négligés dans la mesure où ceux qui assortissent le DOO sont opposables (C. urb., art. R. 122-1 ; CE 2 déc. 1991, *Chambre dptale d'agriculture des Alpes-Maritimes*, *Lebon* T. 1246), suivant les modalités qu'il convient d'envisager. 182 ■

Le Code de l'urbanisme précise que lorsque les documents graphiques accompagnant le DOO délimitent des espaces ou sites à protéger ou des secteurs dans lesquels les PLU ne peuvent fixer une densité maximale de construction inférieure à un certain seuil (C. urb., en application respectivement du II et du VIII de l'art. L. 122-1-5), ils doivent permettre d'identifier les terrains situés dans ces secteurs. Le zonage sera donc ici nécessairement précis (C. urb., art. R. 122-3).

De même, il est prévu que le document graphique du DAC doit permettre d'identifier les terrains situés dans les zones d'aménagement commercial délimitées en application de l'article L. 122-1-9 ancien du Code de l'urbanisme. Depuis la loi PINEL du 18 juin 2014, le document d'aménagement artisanal et commercial doit s'en tenir à localiser les secteurs qu'il identifie.

section 3

Les effets du schéma de cohérence territoriale

Le législateur SRU ayant mis en place un mécanisme de sanction, du moins d'incitation, applicable dans les communes non couvertes par un SCOT, il convient de distinguer les effets liés à l'existence d'un SCOT (§ 1) de ceux résultant de l'inexistence d'un tel document (§ 2). 183 ■

§ 1 Les effets liés à l'existence d'un schéma de cohérence territoriale

184 Lorsqu'un SCOT entre en vigueur, il prend place dans une hiérarchie des normes qui, dans son architecture issue de la loi « Grenelle II » et formalisée en particulier à l'article L. 111-1-1 du Code de l'urbanisme, donne au SCOT un rôle de véritable clé de voûte. Le SCOT constitue ainsi une sorte d'interface entre les règles supérieures qu'il doit respecter (A) et toute une série de documents et d'actes administratifs qui lui sont soumis (B). C'est ce que l'on entend signifier en parlant de son rôle « intégrateur » que la loi « ALUR » a entendu renforcer en réécrivant l'article L. 111-1-1 du Code de l'urbanisme.

A. La subordination du SCOT

185 *Identification des normes supérieures.* Les SCOT doivent tout d'abord respecter les principes énoncés aux articles L. 110 et L. 121-1 du Code de l'urbanisme (C. urb., art. L. 122-1-1). À cet égard, le juge administratif n'exerce qu'un contrôle de la *compatibilité*[Q] des orientations et objectifs du SCOT avec les thématiques énumérées par ces articles (Cons. const. 7 déc. 2000, n° 2000-436 DC, *SRU*). Ensuite, l'article L. 111-1-1 du Code de l'urbanisme leur impose d'être compatibles, s'il y a lieu, avec les lois Montagne et Littoral ainsi qu'avec les dispositions particulières aux zones de bruit des aérodromes (v. aussi, C. urb., art. L. 147-1). Il en est de même vis-à-vis du SDRIF (v. aussi, C. urb., art. L. 141-1), des SAR des régions d'outre-mer et de Mayotte, du PADDUC, des chartes des parcs naturels régionaux et des parcs nationaux, des orientations fondamentales d'une gestion équilibrée de la ressource en eau et les objectifs de qualité et de quantité des eaux définis par les schémas directeurs d'aménagement et de gestion des eaux (SDAGE), ainsi qu'avec les objectifs de protection définis par les schémas d'aménagement et de gestion des eaux (SAGE), les objectifs de gestion des risques d'inondation définis par les plans de gestion des risques d'inondation et les orientations fondamentales et les dispositions de ces plans définies en application des 1° et 3° du même article L. 566-7, lorsque ces plans sont approuvés (v. aussi, C. urb., art. L. 122-1-13). Ils doivent également être compatibles avec les directives de protection et de mise en valeur des paysages. Les doivent par ailleurs « prendre en compte » les programmes d'équipement de l'État, des collectivités territoriales et des établissements publics et services publics. Mais également, lorsqu'ils existent les schémas régionaux de cohérence écologique (SRCE), les plans climat-énergie territoriaux (PCET), les schémas régionaux de développement de l'aquaculture marine et les schémas régionaux des carrières.

186 *Compatibilité et prise en compte.* La richesse de cette énumération pourrait légitimement porter à s'interroger sur la possibilité réelle pour les SCOT de se conformer aux exigences de la hiérarchie des normes. Mais elle est compensée par la relativité du rapport établi par le législateur entre le SCOT et les règles auxquelles il est subordonné. En effet, il ne s'agit jamais que de rapports de compatibilité ou de « prise en compte ». La relation de compatibilité est moins exigeante que la relation de conformité : tandis que celle-ci requiert une totale adéquation du document subordonné au document de référence, celle-là tolère un certain écart entre eux du moment qu'il n'en résulte aucune contrariété. Quant à l'exigence de « *prise en compte*[Q] », elle est,

d'une certaine manière plus exigeante que la précédente puisqu'elle consiste en ce que la norme subordonnée ne doit pas, en principe, s'écarter des orientations fondamentales du paramètre de référence. Elle peut toutefois exceptionnellement le faire, sous le contrôle du juge et pour un motif d'intérêt général (CE 28 juill. 2004, *Assoc. de défense de l'environnement et a.*, req. n° 256511, *BJCL* 2004. 613, concl. M. Guyomar, note J.-C. Bonichot ; H. Jacquot, La notion de prise en compte dans un document de planification spatiale : enfin, une définition jurisprudentielle, *DAUH* 2005.71 ; J-C. Bonichot, Compatibilité, cohérence, prise en compte : jeux de mots ou jeux de rôle ?, Mélanges H. Jacquot, PU Orléans, 2006.49 ; Ph. Baffert et O. Bonneau, La « prise en compte » par les SCOT et les PLU des documents de programmation indépendants du droit de l'urbanisme : la nécessité de bien s'entendre sur les mots, *BJDU* 2012.264).

Mise en compatibilité. Le non-respect du rapport de subordination dans lequel se trouve le SCOT peut être sanctionné au contentieux en cas d'irrégularité initiale. Mais dans le cas où il résulte de l'intervention ultérieure d'un document auquel le SCOT est subordonné, celui-ci doit être mis en compatibilité ou prendre en compte le document concerné dans un délai de trois ans (C. urb., art. L. 111-1-1-III) en mettant en œuvre selon le cas la procédure de révision ou de modification (C. urb., art. R. 122-12). A l'issue de ce délai, le préfet peut y procéder d'office (C. urb., art. L. 122-16 et R. 122-12). On rappellera, par ailleurs, que l'autorité administrative est en principe tenue de ne pas appliquer les règlements illégaux (CE, sect., 14 nov. 1958, *Ponard*, req. n° 35399, *Lebon* 554). 187 ■

Exception d'illégalité. Le contrôle de la régularité d'un SCOT ne saurait être exercé par la voie de l'exception à l'occasion d'un recours contre un PLU ou contre une déclaration d'utilité publique, ces derniers n'étant ni des actes d'application, ni des acte pris sur le fondement du premier (CE 10 janv. 2007, *Féd. dptale de l'hôtellerie de plein air de Charente-Maritime*, req. n° 269239, *RDI* 2007. 186, obs. P. S.-C. ; CE 15 oct. 2007, *Féd. dptale de l'hôtellerie de plein air de Charente-Maritime*, req. *n° 269301* ; *Constr.-Urb.* 2008, n° 14, obs. G. Godfrin ; *RJEP* 2007. 297, concl. C. Verot ; *RDI* 2007. 446, obs. P. S.-C.), même si la modification du schéma a précisément eu pour objet de permettre la réalisation de l'acte en cause (CE, sect., 25 févr. 2005, *Assoc. « Préservons l'avenir à Ours Mons Taulhac »*, req. n° 248060, *BJDU* 2005. 43, concl. M. Guyomar ; *RFDA* 2005. 608, concl. et note R. Hostiou ; *RDI* 2005. 343, obs. P. S.-C.). 188 ■

B. La subordination au SCOT

Le SCOT crée des contraintes pour toute une série de documents et d'actes administratifs (C. urb., art. L. 122-1-15). Il faut donc préciser quelles sont les parties opposables du SCOT, les actes tenus de les respecter et l'intensité du rapport entre ceux-ci et celles-là. 189 ■

Les éléments normatifs du SCOT. Dans l'état du droit antérieur à la loi SRU, aucune distinction n'était faite dans les textes quant à la normativité des différentes composantes des schémas directeurs. La loi disposait seulement que les programmes et décisions de l'administration devaient être compatibles avec leurs dispositions. L'administration, le justiciable et le juge étaient ainsi régulièrement confrontés à la difficulté de repérer les éléments opposables de tel ou tel schéma (dans l'arrêt *Adam*, 190 ■

le Conseil d'État avait vérifié que l'acte subordonné au SDAU ne méconnaissait ni les options fondamentales du schéma, ni la destination générale des sols et qu'il ne compromettait ni le maintien des espaces boisés, ni la protection des sites tels qu'ils étaient localisés par le schéma : CE, ass., 22 févr. 1974, *Adam*, *Lebon* 31 ; *AJDA* 1974. 197, chron. Franc et Boyon ; *RD publ.* 1974. 1780, note M. Waline ; *AJPI* 1974. 428, note R. Hostiou ; *RD publ.* 1975. 485, concl. M. Gentot ; *JCP* 1975. II. 18064, note R. Odent). Cette difficulté a été levée par la loi SRU et son décret d'application qui ont pris soin de préciser que les éléments normatifs du SCOT sont le DOO et les documents graphiques dont il est assorti (C. urb., art. L. 122-1-15 et R. 122-1).

■ 191 *Les actes subordonnés au SCOT.* Les actes ainsi tenus de respecter le DOO et les documents graphiques du SCOT sont nombreux et variés (C. urb., art. L. 122-1-15, R. 122-5). Il s'agit des programmes locaux de l'habitat, des plans de déplacements urbains, des schémas de développement commercial, des plans locaux d'urbanisme, des plans de sauvegarde et de mise en valeur et des cartes communales ; de la délimitation des périmètres d'intervention prévus à l'article L. 143-1 du Code de l'urbanisme (délimités par les départements pour la protection et la mise en valeur des espaces agricoles et naturels périurbains), des zones d'aménagement différé et des périmètres provisoires de zones d'aménagement différé ; ainsi que des zones d'aménagement concerté ; des lotissements, des remembrements réalisés par des associations foncières urbaines, des constructions soumises à autorisations, lorsque ces opérations ou constructions portent sur une surface de plancher de plus de 5 000 m² (CAA Lyon, 8 nov. 2011, n° 10LY01628, *Soc. Investissements internationaux et participations, AJDA* 2012.391, note J-Ph. Brouant ; LPA 7 juin 2012, n° 114, note J-M. Staub) ; de la constitution, par des collectivités et établissements publics, de réserves foncières de plus de 5 ha d'un seul tenant ; des autorisations d'exploitation commerciale ou cinématographique ((CE 11 juill. 2012, n° 353880, *SAS SODIGOR, JCP* A 2012, n° 2340, note J-M. Talau ; CE 12 déc. 2012, n° 353496, *Soc. Davalex*, *Lebon* T. 618 ; *AJCT* 2013.211, obs. J-Ph. Strebler ; *BJDU* 2/2013.97, concl. G. Dumortier ; *RDI* 2013.112, obs. P. S-C. ; CE 12 déc. 2012, *n° 353545, Soc. Abredis, BJDU* 2/2013.97, concl. G. Dumortier ; CE 26 janv. 2015, *n° 370329, Synd. Mixte et de programmation de l'agglomération lyonnaise*) et, pour finir, les permis de construire tenant lieu d'autorisation d'exploitation commerciale. Les déclarations d'utilité publique ne sont pas directement visées par l'énumération des actes subordonnés au SCOT, mais il se déduit de l'article L. 122-15 du Code de l'urbanisme qu'elles en font partie.

La multiplicité et la diversité des actes tenus de respecter le SCOT n'a rien de surprenant, dans la mesure où la vocation première de ce document depuis la loi SRU est d'assurer une mise en cohérence de l'ensemble des politiques publiques relatives à l'aménagement du territoire à une échelle pluri-communale. Il est donc parfaitement normal qu'il s'impose, outre aux documents et à certaines opérations d'urbanisme, aux documents de planification sectorielle procédant d'une législation étrangère à l'urbanisme. Par ailleurs, bien que sous l'empire de la législation antérieure à la loi SRU, le Conseil d'État a toujours considéré que l'énumération des programmes et décisions de l'administration astreints à l'obligation de compatibilité était limitative (CE 2 mars 1977, *Domat*, req. n° 01112, *AJDA* 1977. 447, note Y.-M. Danan ; CE, sect., 22 juill. 1992, *Synd. viticole de Pessac et Léognan*, *Lebon* 297 ; *AJDA* 1993. 61, note J.-P. Lebreton ; 4 juill. 1997, *Les Verts Ile-de-France*, *Lebon* 487 ; *RDI* 1997. 576, J. Morand-Deviller et L. Touvet), il n'est pas inconcevable qu'en ce qui concerne les constructions, travaux, installations et aménagement, certaines prescriptions du DOO se voient reconnaître une opposabilité directe alors même que l'opération envisagée n'atteindrait pas le seuil de 5 000 m² de surface de plancher. Il pourrait s'agir des normes de qualité urbaine, architecturale et paysagère applicables en l'absence de PLU ou de document en tenant lieu et qui peuvent être définies en application de l'article L. 122-1-6 du Code de l'urbanisme. Il pourrait également s'agir des normes de densité en deçà desquelles les documents d'urbanisme ne peuvent descendre, sous peine de voir leurs règles automatiquement écartées (C. urb., art. L. 122-1-5- VIII).

Rappelons pour finir que les actes qui doivent entretenir un rapport de compatibilité avec le SCOT n'en sont pas pour autant des mesures d'application ou des mesures prises pour son application ou sur son fondement. Il en résulte qu'est inopérant le moyen tiré de l'illégalité de celui-ci lorsqu'il est invoqué à l'encontre de l'un de ces actes.

L'intensité du rapport de subordination au SCOT. À première vue, la réponse à la 192 ■
question de l'intensité du rapport de subordination entre les actes qui viennent d'être recensés et le DOO et les documents graphiques du SCOT est assez simple. Selon l'article L. 122-1-15 du Code de l'urbanisme, il s'agit d'une obligation de compatibilité, c'est-à-dire d'une relation relativement souple de non-contrariété. Cette option se justifie doublement. D'une part, elle permet de sauvegarder les exigences constitutionnelles de libre administration des collectivités territoriales et de non instauration d'une tutelle d'une collectivité sur une autre (Const., art. 72 ; Cons. const. 7 déc. 2000, n° 2000-436 DC, *SRU,* préc.). D'autre part, elle est cohérente avec la nature prospective et le contenu du SCOT qui doit s'en tenir à fixer des objectifs et des orientations générales. Il ne saurait donc avoir des effets contraignants analogues à ceux d'un document investi d'une fonction de réglementation. C'est d'ailleurs ce qu'avait admis le législateur dès 1967 s'agissant des SDAU.

Il résulte de cette exigence de compatibilité que si les contrariétés flagrantes entre les PLU et les SCOT doivent être sanctionnées (v. par ex. CE 21 sept. 1992, *Assoc. de défense de Juan-les-Pins et de ses pinèdes*, req. n° 116491 ; CE 21 mars 1994, *Cne Châtelet-en-Brie*, req. n°s 112033, 112034 ; CE 16 juin 1995, *Assoc. « Clameur »*, req. n° 133295 ; CE 31 janv. 1992, *Cne Croissy-Beaubourg*, req. n° 120738 ; CE 14 déc. 1998, *Cne Vémars*, req. n° 156715, *BJDU* 1999. 91, concl. H. Savoie ; *RDI* 1999. 223, chron. J. Morand-Deviller), tel n'est généralement pas le cas de tous les défauts de concordance entre les orientations du schéma et les options du document local d'urbanisme (CE 9 déc. 1998, *Assoc. « Rassemblement pour l'étude de la nature et l'aménagement de Roissy-en-Brie et de son district »*, req. n° 153515 ; CE 26 mars 1990, *Bertrand*, req. n° 58965 ; CAA Douai, 16 mai 2012, *n° 11DA00690, Cne Rosoy-en-Mulien, JCP* A 2012, n° , note D. Gillig). Les discordances sont en particulier admises lorsqu'elles portent sur des superficies limitées (CE 19 mars 1993, *Cne Saint Egrève*, req. n° 119147 ; CE 10 juin 1998, *SA Leroy Merlin*, *Lebon* 221 ; *BJDU* 1998. 248, concl. H. Savoie ; comp. CE 3 avr. 1998, *Sté pour l'étude, la protection et l'aménagement de la nature en Touraine*, req. n°s 133333, 133334 ; CE 26 mars 2001, *SARL Le Blanc Coulon*, req. n° 205629, *RDI* 2001. 265, obs. P. S-C. ; CE 3 mai 2004, *Cne Deuil-la-Barre*, req. n° 251383, *BJDU* 2004. 173, concl. H. Mitjaville). Par ailleurs, la discordance sera d'autant moins sanctionnée sur le terrain de l'incompatibilité qu'elle participe à la réalisation d'une autre orientation du schéma de portée équivalente (CE 23 déc. 1987, *Centre national d'ophtalmologie des Quinze-Vingt*, *Lebon* 63 ; *RFDA* 1988. 968, concl. O. Schrameck ; CE 29 déc. 1999, *Cne Moze-sur-Louet*, req. n° 197206 ; *La Gazette* 17 avr. 2000. 52, note A.-M. Mazetier ; (CE 11 juill. 2012, *n° 353880, SAS SODIGOR, JCP* A

2012, n° 2340, note J-M. Talau ; CE 12 déc. 2012, *n° 353496, Soc. Davalex*, *Lebon* T. 618, AJCT 2013.211, obs. J-Ph. Strebler ; *BJDU* 2/2013.97, concl. G. Dumortier ; *RDI* 2013.112, obs. P. S-C). Enfin, il semble qu'une mesure de compensation puisse « sauver » une incompatibilité (une telle possibilité a été déduite, *a contrario*, d'une affaire dans laquelle le Conseil d'État avait retenu l'incompatibilité de l'atteinte apportée par un POS à des espaces naturels protégés par le schéma directeur en relevant qu'aucune mesure de compensation n'avait été prise : CE 7 déc. 1990, *Cne Lège-Cap-Ferret*, *Lebon* 111). Mais la jurisprudence ne va pas jusqu'à admettre que les auteurs du document local d'urbanisme revoient à l'échelle de l'espace communal les conditions dans lesquelles le schéma a conçu la mise en œuvre de la cohérence globale des orientations qu'il a arrêtées. Au demeurant, la jurisprudence s'établit en ce sens (CE 23 oct. 1992, *Cne Poligny*, *Lebon* T. 1362).

■ 193 Pour autant, force est de reconnaître que la compatibilité est un rapport à géométrie variable. Ainsi que le relève M. Labetoulle dans sa préface à l'ouvrage consacré par le ministère de l'Équipement à la notion de compatibilité, celle-ci « ne se laisse que malaisément définir dans l'absolu ; ce n'est que rapprochée (...) des deux règles ou décisions qu'elle met en relation, qu'elle prend vraiment forme, contenu et signification ; (...) en somme notion plus fonctionnelle et instrumentale que conceptuelle ». Il en résulte que l'appréciation de la compatibilité est susceptible de varier en fonction des actes comparés. Le Conseil d'État a ainsi une conception plutôt large de la compatibilité des déclarations d'utilité publique concernant des grands travaux d'équipement avec les orientations des schémas directeurs (CE, ass., 22 févr. 1974, *Adam*, préc. ; CE 15 mars 1996, *Chambre d'agriculture des Alpes-Maritimes*, req. n°s 161963, 161966, 162033 et 162043). Il se montre en revanche plus strict à l'égard des documents d'urbanisme subordonnés aux SCOT. Il a d'ailleurs précisé, dans un avis du 5 mars 1991 émis à propos des schémas directeurs que pour être compatibles, au-delà de la simple exigence négative de non contrariété, les POS doivent permettre positivement la réalisation de ceux des objectifs et options que le schéma avait retenus pour la période d'application dudit document et non simplement, ne pas compromettre la réalisation des objectifs et options retenus pour une phase ultérieure. Cela signifie que les documents locaux d'urbanisme subordonnés aux SCOT doivent contenir des prescriptions propres à permettre la réalisation des options du schéma qui sont immédiatement nécessaires à la mise en œuvre du parti d'aménagement qu'il définit. Enfin, il est fort probable que le renforcement du caractère prescriptif du SCOT ait pour conséquence un renforcement de l'exigence de compatibilité. Il ne semble pourtant pas que le Conseil d'État entende en accepter une mutation qui la rapprocherait d'une exigence de conformité, même dans le cas où le paramètre de référence est un indicateur chiffré et non un objectif ou une orientation, comme cela pourra être le cas en matière de densité ou de stationnements par exemple (CE 11 juill. 2012, *n° 353880, SAS SODIGOR*, *JCP* A 2012, n° 2340, note J-M. Talau ; CE 12 déc. 2012, *n° 353496, Soc. Davalex*, *Lebon* T. 618 ; AJCT 2013.211, obs. J-Ph. Strebler ; *BJDU* 2/2013.97, concl. G. Dumortier ; *RDI* 2013.112, obs. P. S-C : à propos de la fixation d'un seuil en matière d'équipements commerciaux ; v. M. David, « Le caractère prescriptif des SCOT », *AJDA* 2011. 483 et H. Périnet-Marquet, « Conformité : le retour », *Constr.-Urb.* 2011. Repère 5).

■ 194 *Sanction du rapport de subordination au SCOT.* L'incompatibilité initiale d'un acte subordonné au SCOT justifie son annulation par le juge administratif. À cet égard, il a été précisé que l'appréciation portée sur la compatibilité ou l'incompatibilité d'un POS avec un schéma directeur relève de l'appréciation souveraine des juges du fond. Elle est donc insusceptible d'être discutée devant le juge de cassation en l'absence de dénaturation (CE 29 déc. 1999, *Cne Moze-sur-Louet*, préc. ; 9 juin 1999, *Min. Équipement, Transports et Tourisme*, req. n°s 159159, 160143).

Délai de mise en compatibilité. Dans le cas où l'incompatibilité est survenue postérieurement à l'approbation du SCOT, des mécanismes spécifiques de mise en compatibilité sont prévus. Les PLU, les documents en tenant lieu et les cartes communales doivent être rendus compatibles dans un délai que la loi « ALUR » a fixé à un an afin de renforcer le rôle intégrateur du SCOT (sur la portée de cette notion : (TA Toulon, n° 13022200, *Préfet du* Var, *BJDU* 6/2014.446, concl. A. Gautron). Ce délai est toutefois porté à trois ans si la mise en compatibilité implique une révision (C. urb., art. L. 111-1-1-IV). A l'issue de ce délai, le préfet peut mettre en œuvre une procédure de mise en compatibilité (C. urb., art. L. 123-14-1). La gestion de ce double délai ne pourra être qu'un facteur d'insécurité (J-Ph. Strebler, Changements d'ALUR modérés pour les SCOT, *RDI* 2014, sp. p. 311). Les *programmes locaux de l'habitat*[Q] et les *plans de déplacements urbains*[Q] doivent, quant à eux, être mis en compatibilité dans un délai de trois ans (C. urb., art. L. 122-1-15). Ces délais de mise en compatibilité ne confèrent cependant pas aux documents concernés une sécurité absolue. En effet, d'une part, les documents subordonnés au SCOT doivent être compatibles avec les articles L. 110 et L. 121-1 et d'une certaine manière, le SCOT, au travers de son rapport de présentation ou de son évaluation environnementale, peut révéler une telle incompatibilité. D'autre part, les mécanismes de mise en compatibilité ne font pas obstacle à l'application du principe selon lequel l'administration est tenue de ne pas appliquer les règlements illégaux, le Conseil d'État ayant considéré que le maire est tenu de ne pas faire application d'un POS devenu illégal du fait de son incompatibilité avec un schéma directeur (CE, avis, 9 mai 2005, *Marangio*, req. n° 277280, *RFDA* 2005. 1024, concl. E. Glaser ; *RDI* 2005. 346, obs. P. S.-C.). 195

§ 2 Les effets liés à l'inexistence d'un schéma de cohérence territoriale

Le fait pour une commune de n'être pas couverte par un SCOT n'est pas neutre. En premier lieu, cette circonstance a pour conséquence de retarder l'entrée en vigueur de son PLU afin de permettre au préfet d'exercer un contrôle de légalité particulier (C. urb., art. L. 123-12). En second lieu, surtout, ses possibilités de développement sont considérablement restreintes par un principe d'urbanisation limitée (C. urb., art. L. 122-2 et L. 122-2-1). En effet, afin d'inciter les communes à se regrouper dans le cadre de SCOT, de sorte que leur réflexion en matière d'aménagement du territoire ne se limite pas à leurs frontières et tienne compte des préoccupations des communes voisines, la loi SRU a mis en place un principe restreignant les possibilités de développement de l'urbanisation dans les communes non couvertes par un SCOT. L'objectif n'est d'ailleurs pas seulement de « sanctionner » les communes qui ne font pas l'effort de s'engager dans un SCOT, mais aussi d'éviter le « mitage » et plus généralement de sauvegarder les espaces non encore urbanisés dans l'attente d'une réflexion concertée avec les communes voisines sur leur devenir. La portée du 196 principe d'urbanisation limitée avait été considérablement atténuée par la loi « urbanisme et habitat » du 2 juillet 2003. Mais il a ensuite été à nouveau significativement renforcé d'abord par la loi ENE du 12 juillet 2010, puis par la loi ALUR du 24 mars 2014. Avant d'exposer le régime de l'urbanisation limitée, il faut préciser que pour son application, les SAR des régions d'outre-mer, le SRDIF, le PADDUC et jusqu'à son approbation le schéma d'aménagement de la Corse, ont valeur de SCOT (C. urb., art. L. 122-2, *in fine*).

197 Dans sa dernière version le principe d'urbanisation limitée interdit, dans les communes qui ne sont pas couvertes par un SCOT, l'ouverture de certains secteurs à l'urbanisation (S. Traoré, Loi ALUR : La réforme de la règle de « l'urbanisation limitée », *JCP* A 2014, n° 2255 ; sur la notion d'ouverture à l'urbanisation : CE 14 nov. 2007, *Guitteny-Moreau*, req. n° 290147, *BJDU* 2007. 355, concl. A. Courrèges ; *Constr.-Urb.* 2007, n° 230, obs. G. Godfrin ; *RDI* 2008. 55, obs. P. S.-C. ; CAA Bordeaux, 8 juill. 2008, *Cne Isles*, req. n° 07BX00166), à l'occasion de l'élaboration ou de l'évolution de tout document d'urbanisme, et non plus seulement d'un PLU.

Dans les communes couvertes par un PLU ou un document en tenant lieu, les secteurs concernés sont les zones à urbaniser délimitées après le 1er juillet 2002 et les zones naturelles, agricoles ou forestières (C. urb., art. L. 122-2-I, *1°* et *2°*). Dans celles couvertes par une carte communale, il s'agit des secteurs non constructibles (C. urb., art. L. 122-2-I, *3°*). En outre, dans les communes sans SCOT, ni document d'urbanisme, les constructions et installations incompatibles avec le voisinage des zones habitées et, lorsqu'elles existent, leur extension mesurée (C. urb., art. L. 122-2-II et L. 111-1-2, *3°*), de même que celles susceptibles d'être autorisées par délibération motivée du conseil municipal (C. urb., art. L. 111-1-2, *4°*) ne sont pas permises dans les secteurs situés en dehors des parties actuellement urbanisées des communes. Enfin, dans les communes non couvertes par un SCOT, il ne peut être délivré d'autorisation d'exploitation commerciale et cinématographique à l'intérieur d'une zone ou secteur rendu constructible après l'entrée en vigueur de la loi urbanisme et habitat (C. urb., art. L. 122-2-III).

198 Si le principe est particulièrement sévère, des conditions ont toujours été posées à son application. En effet, s'il est certainement indispensable d'éviter toute consommation « anarchique », au sens où elle ne s'inscrirait pas dans une réflexion préalable à un niveau intercommunal, des espaces naturels dans les zones où il existe une pression foncière, il est nettement moins utile et pourrait s'avérer fatal de le faire dans les espaces ruraux en voie de désertification. C'est la raison pour laquelle la loi SRU avait limité l'application le champ d'application géographique du principe selon des critères qui ont été modifiés par les lois urbanisme et habitat, puis Grenelle 2. En l'état actuel du droit positif, et jusqu'au 31 décembre 2016, le principe d'urbanisation limitée ne s'applique pas dans les communes situées, en tout ou en partie, à plus de quinze kilomètres du rivage de la mer ou plus de quinze kilomètres de la limite extérieure d'une unité urbaine de plus de 15 000 habitants (CE 26 mars 2014, n° 369007, *Cne Saumane-de-Vaucluse*, *Constr-Urb*. 2014, n° 79, note L. Santoni).. On relèvera que cette notion d'unité urbaine est plus large que celle d'agglomération utilisée antérieurement. En effet, elle englobe la totalité des communes identifiées par l'Insee comme constituant un tel ensemble statistique. À cet égard, on entend par unité urbaine une commune ou un ensemble de communes présentant une zone de bâti continu (pas de coupure de plus de 200 m entre deux constructions) qui compte au moins 2000 habitants ; sur la notion d'unité urbaine : CAA Marseille, ord. 13 juill. 2010, n° 10MA02140, *Préfet du* Vaucluse, *DAUH* 2011, p. 203, chron. Demouveaux, Lebreton et Noury ; CAA Lyon, 15 mai 2014, n° 12LY0659, *Commune de Saumane de Vaucluse*). Ainsi, à compter du 1er janvier 2017, le principe d'urbanisation limitée sera applicable à toutes les communes non couvertes par un SCOT ; qu'elles soient sujettes à pression foncière ou non et qu'il y ait ou non une rupture géographique entre la commune concernée et l'unité urbaine. Et il sera alors d'autant moins possible d'y échapper que les possibilités d'y déroger sont fortement réduites par la loi ALUR. Cela étant, à partir de cette date aussi, dans le cas où l'absence de SCOT ou l'insuffisance manifeste du périmètre d'un SCOT poserait un grave problème de maîtrise de l'urbanisation, le préfet pourra demander aux communes ou aux EPCI compétents d'élaborer un SCOT ou d'étendre le périmètre du schéma existant (C. urb., art. L. 122-5-1).

La loi SRU a prévu un mécanisme de dérogation au principe d'urbanisation limitée et 199 ■
de restriction de la délivrance des autorisations d'exploitation commerciale ou cinématographique. Dans la rédaction de l'article L. 122-2-1 issue de la loi ALUR, la dérogation est accordée par le préfet. Toutefois, jusqu'au 31 décembre 2016, elle relève de la compétence de l'établissement public en charge du SCOT si un périmètre incluant la commune concernée a été arrêté. Dans les deux cas, la dérogation doit être précédée de l'avis de la commission départementale de la préservation des espaces naturels, agricoles et forestiers et si son octroi relève du préfet, de celui de l'établissement public en charge du SCOT. Sur le fond, les conditions de la dérogation ont été considérablement restreintes par la loi ALUR. En effet, alors qu'elle était largement de droit depuis la loi urbanisme et habitat (CE 28 nov. 2011, *Cne Chatuzange-le-Goubet*, req. n° 350108, *BJDU* 2012. 189, concl. X. de Lesquen ; *RDI* 2012. 117, obs. J.-Ph. Strebler), elle ne peut désormais être accordée « que si l'urbanisation envisagée ne nuit pas à la protection des espaces naturels, agricoles et forestiers ou à la préservation et à la remise en bon état des continuités écologiques, ne conduit pas à une consommation excessive de l'espace, ne génère pas d'impact excessif sur les flux de déplacements et ne nuit pas à une répartition équilibrée entre emploi, habitat, commerces et services ».

section 4

La gestion et l'évolution du schéma de cohérence territoriale

La loi SRU a institué une obligation de suivi du SCOT pour éviter la cristallisation 200 ■
qu'avaient connue les schémas directeurs (§ 1). Par ailleurs, elle avait prévu une procédure de révision (§ 2), à laquelle la loi du 2 juillet 2003 « Urbanisme et habitat » a ajouté une procédure de modification (§ 3), et auxquelles il faut encore ajouter des procédures spécifiques de mise en compatibilité du SCOT (§ 4). Toutes ces procédures ont été retouchées par l'ordonnance du 5 janvier 2012. C'est l'état du droit issu de cette dernière réforme, que nous présenterons dans les développements à suivre.

§ 1 Le suivi du SCOT

201 Afin d'éviter que les SCOT ne soient frappés de la même obsolescence que celle qu'avaient connue les schémas directeurs, la loi SRU a mis en place une procédure de suivi du SCOT, sous la forme de ce que l'on a appelé une clause de rendez-vous (C. urb., art. L. 122-13). Cette clause consiste à exiger qu'au plus tard à l'expiration d'un délai de six ans (10 avant la loi « Grenelle II ») à compter de la délibération ayant approuvé le schéma, sa révision complète, ou ayant décidé son maintien en vigueur, l'établissement public chargé du SCOT procède à une analyse des résultats de l'application du schéma, notamment en matière d'environnement, de transports et de déplacements, de maîtrise de la consommation de l'espace et d'implantations commerciales et délibère sur son maintien en vigueur ou sur sa révision partielle ou complète. Il s'agit de valider périodiquement les orientations du schéma. Cette délibération est communiquée au public et à l'autorité environnementale. Elle fait l'objet d'une publicité spécifique (C. urb., art. R. 122-13). Elle est extrêmement importante car le code prévoit qu'en son absence, le SCOT est caduc (P. Soler-Couteaux, « De l'analyse et du suivi des documents d'urbanisme », *Mélanges Fatôme*, Dalloz, 2011, p. 419).

§ 2 La révision du SCOT

202 *Champ d'application.* Le recours à la procédure de révision s'impose dans trois hypothèses : lorsque les changements envisagés portent sur les orientations définies par le PADD ; sur les dispositions du DOO relatives aux espaces et sites naturels, agricoles, forestiers ou urbains à protéger (C. urb., art. L. 122-1-5, II) ou à la politique de l'habitat en ayant pour effet de diminuer l'objectif global concernant l'offre de nouveaux logements (C. urb., art. L. 122-1-7, 1°). Il convient donc d'être particulièrement vigilant lors de l'écriture de ces parties du SCOT (C. urb., art. L. 122-14).

203 *Procédure.* La procédure de révision du SCOT est la procédure la plus lourde. Elle obéit globalement aux mêmes règles que son élaboration initiale (C. urb., art. L. 122-6 à L. 122-12), à ceci près que le débat sur les orientations du PADD peut avoir lieu dès la mise en révision du schéma. La révision entre en vigueur dans les conditions prévues à l'article L. 122-11-1 du Code de l'urbanisme. On peut, en outre, préciser que la circonstance qu'une procédure de révision soit en cours ne fait pas obstacle à la mise en œuvre des procédures de modification ou de mise en compatibilité. La révision du SCOT requiert par ailleurs une évaluation environnementale (C. urb., art. R. 121-16).

§ 3 La modification du SCOT

204 *Champ d'application.* La procédure de modification s'applique dans tous les cas où l'établissement public chargé du SCOT envisage de modifier le document d'orientation et d'objectifs et que la procédure de révision ne s'impose pas (C. urb., art. L. 122-14-1).

205 *Procédure. Droit commun.* Elle est engagée à l'initiative du président de l'établissement public chargé du SCOT, qui établit le projet de modification. Ce dernier doit

être notifié au préfet et aux personnes publiques associées mentionnées à l'article L. 121-4 du Code de l'urbanisme avant l'ouverture de l'enquête publique. Il est soumis à enquête publique régie par le code l'environnement. À l'issue de celle-ci, la modification, éventuellement amendée pour tenir compte des avis qui ont été joints au dossier, des observations du public et du rapport du commissaire ou de la commission d'enquête, est approuvée par l'organe délibérant de l'établissement public chargé du SCOT. Elle entre en vigueur dans les conditions prévues à l'article L. 122-11-1 du Code de l'urbanisme.

Modification simplifiée. La procédure simplifiée s'applique au cas d'ajustement de certaines orientations du DOO et lorsqu'il ne s'agit que de rectifier une erreur matérielle (C. urb., art. L. 122-14-3). Dans ces hypothèses, une enquête publique ne s'impose pas. Il lui est substituée une simple mise à disposition du public, pendant un mois, du projet de modification, de l'exposé de ses motifs et, le cas échéant, des avis émis par les personnes associées mentionnées à l'article L. 121-4 du Code de l'urbanisme. La mise à disposition est réalisée dans des conditions définies par l'organe délibérant de l'établissement public chargé du SCOT. Ces conditions doivent être portées à la connaissance du public au moins huit jours avant le début de la mise à disposition et lui permettre de formuler des observations, qui devront ensuite être enregistrées et conservées. La mise à disposition peut n'être organisée que sur le territoire des EPCI ou communes concernés par la modification simplifiée. À son issue, le président de l'établissement public en présente le bilan devant l'organe délibérant qui en délibère et adopte le projet, le cas échéant modifié pour tenir compte des avis émis et des observations formulées lors de la mise à disposition. La modification simplifiée devient exécutoire dès sa publication et sa transmission au préfet, par dérogation aux règles normalement applicables en vertu de l'article L. 122-11-1 du Code de l'urbanisme. 206 ■

§ 4 La mise en *compatibilité du SCOT*[Q]

Le Code de l'urbanisme organise une procédure de mise en compatibilité du SCOT pour l'essentiel commune à plusieurs hypothèses (C. urb., art. L. 122-16-1). Il s'agit d'abord de sa mise en compatibilité avec une déclaration d'utilité publique (DUP) ou une *déclaration de projet*[Q] (C. urb., art. L. 300-6 et L.122-15 ; J.-P. Lebreton, « Histoire de la déclaration de projet », *Mélanges Fatôme*, Dalloz, 2011, p. 229). Signalons que lorsque la déclaration de projet porte atteinte aux orientations définies par le PADD du schéma ou change les dispositions du document d'orientation et d'objectifs relatives aux espaces et sites naturels, agricoles forestiers ou urbain à protéger, une évaluation environnementale est requise (C. urb., art. R. 121-16). Il s'agit ensuite de la mise en œuvre de la *procédure intégrée pour le logement ou pour l'immobilier d'entreprise*[Q] (C. urb., art. L. 300-6-1). On exposera ici les éléments essentiels du régime de ces procédures en renvoyant aux développements plus détaillés consacrés au plan local d'urbanisme qu'elles concernent également (v. ss 386 s.). 207 ■

Il s'agit enfin, dans un tout autre esprit, de la mise en compatibilité par le préfet du SCOT avec les règles de fond qu'il est tenu de respecter en vertu de la hiérarchie des normes résultant de l'article L. 111-1-1 du Code de l'urbanisme (C. urb., art. L. 122-16). À cet égard, il convient de faire une distinction selon la provenance des règles à 208 ■

intégrer ; Lorsqu'il s'agit de mettre en compatibilité le SCOT avec une DTA, la loi Montagne ou la loi littoral, ou lorsqu'il s'agit de permettre la réalisation d'un PIG postérieur à l'approbation du SCOT, le préfet en informe immédiatement l'établissement public chargé du SCOT. En ce qui concerne les autres documents avec lesquels le SCOT doit être compatible ou qu'il doit prendre en compte, et dont la liste est rappelée à l'article L. 122-16 du Code de l'urbanisme, un délai de trois ans est laissé à l'établissement public pour opérer de sa propre initiative la mise en compatibilité qui s'impose (C. urb., art. L. 111-1-1). À l'expiration de ce délai, le préfet adresse à l'établissement public un dossier indiquant les motifs pour lesquels il considère que le SCOT n'est pas compatible avec l'un de ces documents ainsi que les modifications qu'il estime nécessaire de lui apporter pour le mettre en compatibilité. L'établissement public a alors deux mois pour faire savoir au préfet s'il entend opérer la mise en compatibilité nécessaire. S'il répond négativement, ne répond pas dans ce délai ou n'a pas procédé à la mise en compatibilité demandée à l'issue d'un délai d'un an à compter de la notification initiale du préfet, ce dernier engage et approuve cette mise en compatibilité.

■ 209 *Examen conjoint.* Dans tous les cas, les dispositions proposées pour assurer la mise en compatibilité font l'objet d'un examen conjoint de l'État, de l'établissement public en charge du SCOT et des personnes publiques associées. Cet examen conjoint doit avoir lieu avant l'ouverture de l'enquête publique. Une association agréée peut demander à être consultée (C. urb., art. R. 122-13, R. 122-13-1, R. 122-13-2 et R. 122-13-3). Le procès-verbal de la réunion d'examen conjoint doit figurer au dossier d'enquête publique.

■ 210 *Enquête publique.* Dans tous les cas également, le projet de mise en compatibilité est soumis à une enquête publique régie par le code de l'environnement. Elle est engagée par le préfet lorsque le SCOT doit être mis en compatibilité avec une norme supérieure et dans le cas de la mise en compatibilité avec une déclaration d'utilité publique. Dans cette dernière hypothèse, le SCOT ne peut faire l'objet d'une procédure de révision ou de modification entre l'ouverture de l'enquête publique et l'adoption de la déclaration d'utilité publique. C'est encore le préfet qui engage l'enquête dans le cas d'une mise en compatibilité avec une déclaration concernant un projet porté par une personne publique autre que l'établissement public en charge du SCOT. Dans les autres cas, c'est le président de cet établissement public qui organise l'enquête publique. Celle-ci peut n'être organisée que sur le territoire des communes concernées par le projet de mise en compatibilité.

■ 211 *Adoption de la mise en compatibilité.* La proposition de mise en compatibilité du SCOT, éventuellement modifiée pour tenir compte des avis qui ont été joints au dossier, des observations du public, du rapport du commissaire ou de la commission d'enquête et du procès-verbal de la réunion d'examen conjoint est adoptée par la déclaration d'utilité publique. Dans le cas de la procédure de mise en compatibilité du schéma avec des règles supérieures, elle est également adoptée par arrêté préfectoral. Lorsque la procédure de mise en compatibilité avec une déclaration de projet a été engagée par l'État, c'est aussi un arrêté préfectoral qui l'adopte et il emporte approbation des nouvelles dispositions du schéma. Dans ce cas, cependant, l'adoption de la déclaration de projet doit être précédée d'un avis de l'établissement public en charge du SCOT (C. urb., art. R. 122-13-3). La mise en compatibilité est encore approuvée par arrêté préfectoral lorsque la procédure intégrée pour le logement ou l'immobilier d'entreprise a été engagée par l'État.

Dans le cas de la mise en compatibilité du SCOT avec une déclaration de projet, c'est normalement l'organe délibérant de l'établissement public qui adopte la déclaration de projet et cette adoption emporte approbation des nouvelles dispositions du schéma (C. urb., art. R. 122-13-1 et R. 122-13-2). L'acte mettant en compatibilité le SCOT entre en vigueur dans les conditions prévues à l'article L. 122-11-1 du Code de l'urbanisme. Toutefois, lorsque la déclaration de projet est portée par une personne publique autre que l'établissement public en charge du SCOT, son organe délibérant dispose d'un délai de deux mois à compter de la réception du dossier par ladite personne publique pour approuver ou refuser la mise en compatibilité du schéma. A défaut d'une délibération dans ce délai ou en cas de refus, c'est le préfet qui approuve la mise en compatibilité (C. urb., art. R. 123-12-2).

Compléments pédagogiques

Mémo

L'inscription des prévisions locales d'urbanisme dans une planification exige une *vision à long terme du développement d'un territoire* exprimant nécessairement une solidarité d'agglomération. Celle-ci est formalisée dans un document de caractère prospectif, pour autant non dénué de toute portée juridique, puisqu'il s'impose aux documents à caractère réglementaire, eux-mêmes immédiatement opposables aux décisions d'utilisation des sols. Cette fonction prospective a longtemps été assurée par les *schémas directeurs institués par la loi du 30 décembre 1967 d'orientation foncière.* Ceux-ci ont toutefois fait l'objet de critiques tenant principalement à leur contenu à la fois trop précis relativement à la destination générale des sols et incomplet quant à la déclinaison des problématiques des principaux aspects sectoriels des politiques urbaines à l'époque contemporaine. C'est la raison de *leur remplacement par les schémas de cohérence territoriale (SCOT) institués par la loi SRU*. Ceux-ci ne remettent pas en cause le principe de l'indépendance des législations puisque subsistent les différents documents et schémas établis sur le fondement de législations propres aux aspects sectoriels des politiques publiques relatives notamment aux déplacements, au logement ou à l'urbanisme commercial. Mais ils ont pour fonction de mettre en cohérence une vision politique locale de l'aménagement du territoire concerné, s'inspirant néanmoins des principes de l'art. L. 121-1 du Code de l'urbanisme, et les politiques sectorielles en s'imposant aux documents spécialisés en termes de compatibilité. Leur parti d'aménagement s'exprime dans *un rapport de présentation, un projet d'aménagement et de développement durables (PADD) et un document d'orientations et d'objectifs (DOO). C'est ce dernier qui va s'imposer notamment aux plans locaux d'urbanisme (PLU), schémas de développement commercial (SDC), programmes locaux de l'habitat (PLH) ou plans de déplacements urbains (PDU).*

Les SCOT ont, par ailleurs, un rôle « intégrateur ». On veut dire par là que leurs orientations et objectifs doivent être compatibles ou prendre en compte un ensemble de normes supérieures énumérées à l'article L. 111-1-1 du Code de l'urbanisme de manière à ce que les documents qui leur sont inférieurs n'aient qu'à être compatibles avec eux pour être garantis du respect de la hiérarchie des normes.

Quid

■ Compatibilité du SCOT **n°s 185, 207**

Le SCOT s'impose en termes de compatibilité à un certain nombre de documents et schémas et lui-même doit être compatible avec des documents supérieurs énumérés à l'article L. 111-1-1 du Code de l'urbanisme. Sur le plan juridique, le rapport de compatibilité exprime un rapport hiérarchique. Il se distingue de la conformité en ce qu'elle exige un rapport de stricte identité tandis qu'il se satisfait de la non-contrariété. Le document inférieur ne doit donc pas remettre en cause les orientations du SCOT. Sur le plan pratique, le rapport de compatibilité implique que le document inférieur mette en œuvre les orientations et objectifs du SCOT.

■ Déclaration de projet n° 207

Procédure prévue à l'article L. 300-6 du Code de l'urbanisme (distincte de celle prévue à l'art. L. 126-1 C. envir.), donnant aux personnes publiques la possibilité de se prononcer, après enquête publique, par une déclaration de projet, sur l'intérêt général d'une action ou d'une opération d'aménagement au sens du livre III du Code de l'urbanisme ou de la réalisation d'un programme de construction. Elle permet d'obtenir la mise en compatibilité des documents d'urbanisme qui font obstacle à la réalisation du projet.

■ Plan de déplacements urbains (PDU) n° 195

Document qui a pour objet de définir les principes de l'organisation des transports de personnes et de marchandises, de la circulation et du stationnement, dans le périmètre de transports urbains. Il couvre l'ensemble du territoire compris à l'intérieur du périmètre. Il vise à assurer un équilibre durable entre les besoins en matière de mobilité et de facilité d'accès, d'une part, et la protection de l'environnement et de la santé, d'autre part. Il a comme objectif un usage coordonné de tous les modes de déplacements, notamment par une affectation appropriée de la voirie, ainsi que la promotion des modes les moins polluants et les moins consommateurs d'énergie. Il précise les mesures d'aménagement et d'exploitation à mettre en œuvre afin de renforcer la cohésion sociale et urbaine et d'améliorer l'accessibilité des réseaux de transports publics aux personnes handicapées ou à mobilité réduite ainsi que le calendrier des décisions et réalisations.

■ Document d'aménagement commercial n°s 180 s.

L'urbanisme commercial constitue, surtout depuis la loi SRU, un volet important du SCOT qui devait définir les objectifs relatifs à l'équipement commercial et artisanal. La question s'est cependant posée de savoir si au-delà de la localisation préférentielle des commerces, le SCOT pouvait et devait avoir un caractère plus prescriptif dans certaines zones. C'était la fonction du document d'aménagement commercial créé par la loi sur la modernisation de l'économie, rendue obligatoire par la loi Grenelle 2, puis supprimé par la loi ALUR pour être enfin rendu optionnel par la loi Pinel du 18 juin 2014 sous la forme d'un document d'aménagement artisanal et commercial. Sa fonction est de déterminer les conditions d'implantation des équipements commerciaux qui, du fait de leur importance, sont susceptibles d'avoir un impact significatif sur l'aménagement du territoire et le développement durable.

■ Prise en compte n° 186

Le SCOT doit prendre en compte un certain nombre de documents énumérés à l'article L. 111-1-1. Cette relation est d'une certaine manière plus exigeante que la compatibilité en ce qu'elle consiste en ce que la norme subordonnée ne doit pas, en principe, s'écarter des orientations fondamentales de la norme de référence. Elle peut toutefois le faire exceptionnellement et sous le contrôle du juge.

■ Programme local de l'habitat (PLH) n° 195

Document de synthèse qui définit, pour une durée de six ans, les orientations d'une politique locale de l'habitat visant à répondre aux besoins globaux de logements. À partir d'un diagnostic qui met en évidence les dysfonctionnements du marché local de l'habitat, le PLH énonce les principes et les objectifs d'une politique de l'habitat permettant d'y remédier, ainsi que les actions à mener pour atteindre ces objectifs.

■ Schéma de développement commercial n° 148

Document, approuvé par l'observatoire départemental d'équipement commercial, qui rassemble des informations disponibles sur l'activité commerciale et son environnement économique. Il comporte une analyse prospective qui indique les orientations en matière de développement commercial et les secteurs d'activité commerciale à privilégier. Il doit être compatible avec le document d'aménagement artisanal et commercial qui peut être intégré au SCOT.

■ Procédure intégrée pour le logement ou pour l'immobilier d'entreprise n° 207

Il s'agit d'une procédure permettant de mettre le SCOT en compatibilité afin de permettre la réalisation une opération d'aménagement ou la construction de logements ou celle d'un projet immobilier de création ou d'extension de locaux d'activités économiques. Sa particularité consiste à permettre outre la mise en compatibilité du SCOT, l'adaptation de documents supérieurs qui pourraient faire obstacle à celle-ci.

Document

Discours de C. Duflot, ministre de l'Égalité des territoires et du Logement, pour la clôture des 8e rencontres nationales des SCOT (extraits)
(29 juin 2012, Nantes)

Mesdames et Messieurs les parlementaires (…)

Je tenais tout d'abord à vous remercier de m'avoir invitée à conclure ces 8e rencontres nationales des Scot, dont je sais qu'elles ont été riches en questions, en échanges, en débats, riches aussi en convictions.

Il me paraissait important de pouvoir vous dire, en clôture de ces deux journées de travaux, à quel point la vision prospective des territoires, qui se traduit dans les schémas de cohérence territoriale, est à mes yeux essentielle, et d'autant plus fondamentale pour la ministre de l'égalité des territoires que je suis.

La création de ce ministère répond en effet à l'ambition de se doter d'un objectif d'aménagement équilibré et durable des territoires. On n'y arrivera pas sans une connaissance fine des territoires, sans une vision globale de l'avenir, sans une planification stratégique renouvelée et participative qui fasse des politiques sectorielles autant d'outils et de leviers pour le développement durable des territoires.

La planification spatiale, c'est pour moi la traduction du projet politique de l'avenir d'un territoire, une vision stratégique sur le moyen ou long terme qui engage une communauté d'acteurs, et fixe une ambition pour et avec la population.

Les Schémas de cohérence territoriale (SCOT) créés il y a plus de 10 ans, ont vu leur contenu modifié ces dernières années pour prendre en compte les enjeux environnementaux et de développement durable. En devenant plus prescriptifs, ils n'ont rien perdu pour autant de leur caractère stratégique.

La stratégie doit s'incarner : il faut l'accompagner d'éléments d'évaluation future, d'indicateurs chiffrés permettant de mesurer les efforts réalisés, et de vérifier si le projet d'aménagement demande à être retouché... Pour autant, ce sont les objectifs et les orientations qu'ils définissent qui doivent être précis et les SCOT ne sauraient se substituer aux PLU, qui doivent traduire et décliner, de manière opérationnelle la stratégie définie pour le territoire. Une fois élaborés, ces schémas doivent vivre, s'adapter. Il faut que les habitants participent et jugent l'efficacité des orientations prises.

Les territoires, ce sont ici de grandes métropoles régionales, là, des agglomérations, des villes moyennes, des territoires ruraux, avec parfois leurs spécificités : le littoral et son arrière-pays, la montagne haute ou moyenne, les anciens bassins miniers avec leurs séquelles (risques miniers...) et leurs difficultés de reconversion, les régions touristiques : saturées en été, vidées en hiver, les vallées inondables, les estuaires qui exacerbent les conflits d'usage entre développement économique et portuaire d'une part, protection des écosystèmes naturels d'autre part (...).

La solidarité territoriale se vivra d'abord au niveau de l'intercommunalité à l'échelle des aires urbaines, des bassins de vie, des pays ou des parcs naturels régionaux (SCOT, voire inter-SCOT) et des agglomérations ou des intercommunalités de proximité (PLU intercommunaux avec PLH). La planification à une échelle plus large permet non seulement de coordonner l'organisation spatiale, mais de mutualiser les ressources financières, fiscales et humaines dans un esprit d'union, de solidarité, et d'économie de moyens.

La planification stratégique est plus que jamais indispensable mais elle est aussi plus complexe car elle doit être davantage encore intégratrice.

On le sait, le changement climatique est une donnée incontournable qu'il faut anticiper à travers une vision stratégique de la ville et des territoires durables. La planification spatiale permet ainsi de définir un projet politique d'aménagement qui favorise un développement durable articulé avec les plans climat-énergie territoriaux et les agendas 21.

Je souhaite même aller plus loin en matière d'intégration. En effet, l'articulation entre l'échelle des bassins de vie et l'échelle régionale me paraît fondamentale. C'est pourquoi je souhaite donner une portée plus forte aux schémas régionaux rassemblés en un document unique (air-énergie-climat, aménagement du territoire, transports, cohérence écologique), ce qui passe par la compatibilité des SCOT avec ces documents régionaux. Cette articulation n'est pas uniquement « descendante », elle doit être aussi « ascendante », toutes les études réalisées durant l'élaboration des SCOT devant nourrir la réflexion et le contenu des documents régionaux. Et de la même manière que les SCOT ne sont pas des super-PLU, les schémas régionaux dont je parle n'ont pas vocation à devenir des super-SCOT. Je veux au contraire donner de la cohérence, de la lisibilité et de l'efficacité à chacune des échelles. La valorisation de trames vertes et bleues est un enjeu important des documents de planification pour permettre d'enrayer la perte de biodiversité : on ne peut plus accepter la perte accélérée d'espèces fragiles facilitée par le fractionnement des habitats, la réduction des zones humides, les coupures de continuités écologiques.

Au chapitre des défis à relever, celui de la diversification énergétique passera par des documents d'urbanisme qui permettront le développement des énergies renouvelables intégrées au paysage et au patrimoine architectural.

Autre enjeu majeur, celui de l'étalement urbain quand des dizaines de milliers d'hectares sont artificialisés chaque année en France, transformant la qualité du cadre de vie. La consommation de terres agricoles met par ailleurs en péril l'économie agricole alors que la demande sociale porte précisément sur une production agricole de meilleure qualité et proche des lieux de vie. L'étalement urbain génère également des surcoûts pour les politiques publiques, puisque les infrastructures de transport, les réseaux : électricité, eau, assainissement, éclairage public, transports en commun doivent être allongés ou multipliés. C'est la raison pour laquelle l'avenir des territoires ruraux, où les déplacements se font quasi exclusivement en voitures particulières, où les enjeux agricoles sont au cœur de l'économie locale, où le cadre de vie subit des modifications définitives, est un sujet de préoccupation particulier.

Face à une augmentation de coût de l'énergie, de nombreuses familles ont de plus en plus de difficultés à gérer leur budget transports. Aussi, la réflexion prospective sur les modes d'organisation spatiale de ces territoires est-elle une priorité. Ainsi, le recours au transport à la demande peut être mieux organisé. Le mitage inconsidéré du milieu rural doit être stoppé. L'élaboration de SCOT sur ces territoires est donc aussi importante si ce n'est plus, que dans les villes et les agglomérations.

En milieu urbain, il est tout aussi nécessaire de favoriser un urbanisme économe en ressources foncières et en énergies, qui s'appuie sur la tradition de la ville européenne plurielle, mixte et compacte, intégrant la présence de la nature en son sein pour limiter par exemple le phénomène des îlots de chaleur et répondre à la demande de ses habitants.

Une urbanisation maîtrisée et compacte facilitera par ailleurs l'aménagement numérique du territoire. Un équipement performant par la fibre optique permettra d'offrir des services tout en évitant des déplacements obligatoires, émetteurs de gaz à effet de serre.

Les Scot intègrent également une réflexion essentielle sur l'aménagement commercial. J'ai très bien entendu votre préoccupation sur ce sujet et je traiterai le sujet. C'est à la fois le moteur de l'animation et des rencontres pour la population dans les centres-villes, dans les centres bourgs et les centres de village et le symptôme d'un renoncement quand le développement de zones exclusivement commerciales défigure nos entrées de ville, quand l'implantation de centres commerciaux en périphérie des agglomérations, et de centres logistiques autour des nœuds routiers, contribue à l'étalement urbain. Il faut plus que jamais penser l'urbanisme commercial à l'aune de l'évolution des modes de commerce. Pour toutes ces raisons et pour penser l'avenir, je vous rejoins, Monsieur le Président, sur la nécessité d'aller au bout de la réforme de l'urbanisme commercial.

C'est également à l'échelle du bassin de vie que doit s'organiser la mobilité pour favoriser les transports publics, les modes doux ou actifs (vélo, marche...). L'égalité des territoires passera par l'optimisation du réseau ferré, une intermodalité facilitée, des transports urbains plus confortables et plus performants, notamment pour desservir les équipements structurants des agglomérations et les quartiers enclavés.

On assiste par exemple aujourd'hui à la mobilisation des habitants pour faire ré-ouvrir d'anciennes gares désaffectées... Les espaces autour des gares intermodales et des stations de transports sont destinés à devenir des espaces stratégiques, porteurs de projets urbains où il faut promouvoir la densification urbaine.

Sur le sujet de la densité, nous avons un gros effort de pédagogie à faire vis-à-vis de nos concitoyens afin que la densification soit acceptée. Elle doit s'effectuer non pas de manière aveugle et uniforme, mais de manière mesurée et bien comprise, en respectant les formes urbaines et architecturales propres aux paysages et aux caractéristiques de chaque territoire. C'est la raison pour laquelle la loi de majoration des droits à construire votée par l'ancienne majorité sera abrogée. Elle laissera la place à une autre façon d'aborder le sujet, qui s'appuiera là aussi sur la réalité de vos territoires, qui fera confiance à la créativité et à l'innovation, au sur-mesure, et à la qualité urbaine, architecturale et environnementale ! Les SCOT sont les lieux du débat sur ces sujets, c'est ce qu'a voulu le législateur.

Le SCOT, c'est aussi le document de planification qui doit préparer l'organisation de l'accueil des nouveaux logements en lien avec les programmes locaux de l'habitat, avec une répartition intercommunale basée sur une armature urbaine solide, qui réponde au principe de mixité sociale et fonctionnelle. Je rappelle les objectifs du gouvernement dans ce domaine : 500 000 nouveaux logements par an, dont 150 000 logements sociaux. Vous avez parlé de la loi SRU, Monsieur Retière : je vous confirme qu'on renforcera l'objectif de mixité sociale en passant de 20 à 25 % et en tenant compte des réalités locales.

Pour cela, les documents de planification doivent être accompagnés d'une véritable stratégie foncière, avec l'aide des établissements publics fonciers qui ont vocation à être généralisés. Ainsi, ce sont les liens transversaux « urbanisme-habitat-transports-services-emplois » qui sont au cœur des réflexions sur les territoires de demain. C'est pourquoi je tiens à souligner l'intérêt des SCOT. Ils doivent permettre d'anticiper et préparer des projets d'aménagement durable, à la bonne échelle.

Je sais que l'exercice d'élaboration d'un SCOT est difficile et parfois laborieux. Il a aussi une vertu pédagogique aujourd'hui reconnue : les élus me le disent: « au début, il y avait souvent des sujets tabous entre nous (la répartition du logement social, la densification...). Au bout de quelques réunions, les inquiétudes s'estompent, les discussions sont franches, mais des solutions partagées sont trouvées... ». Il ne faut pas opposer planification et projet, les processus sont itératifs, la planification doit être au service des projets mais de bons projets, des projets de qualité pour nos citoyens pour nos territoires, adaptés à chaque spécificité, aux atouts et richesses des territoires.

Un mot pour finir, sur le rôle de l'État :

Pour toutes ces raisons qui font des SCOT le document de planification des territoires, je souhaite que l'on accompagne la couverture progressive du territoire national par des SCOT. Or, l'égalité des territoires passe par leur capacité à faire. C'est pourquoi, nous allons continuer à encourager l'élaboration de SCOT ruraux, à aider les élus à recourir à une ingénierie de qualité.

Un guide pratique sur l'élaboration des SCOT, à l'attention principalement des élus, et élaboré en partenariat avec notamment la fédération nationale des SCOT, sera disponible début 2013.

Nous allons également capitaliser les enseignements de la démarche nationale « SCOT-Grenelle », qui a permis d'accompagner 12 SCOT qui ont accepté d'être les « laboratoires » de la mise en œuvre de la nouvelle loi. Ainsi, les SCOT de nouvelle génération, mettront en évidence la cohérence globale du projet de territoire, en montrant l'articulation avec les territoires ou les SCOT voisins. Les démarches d'inter-SCOT témoignent de cette volonté.

Les SCOT constituent l'opportunité de développer une réflexion de prospective territoriale ambitieuse, par l'étude de scénarios contrastés de développement à long terme, intégrant les sujets des émissions de gaz à effet de serre, du changement climatique, d'une production énergétique diversifiée, de systèmes de transport nouveaux à mettre en place, d'un cadre de vie de meilleure qualité... Ce faisant, ils sont l'expression d'une vision politique volontaire, aussi claire que possible, de l'avenir du territoire.

Les services de l'État dans les DREAL et les DDT, appuyés par le réseau scientifique et technique du ministère, sont présents sur le terrain pour aider à élaborer ces documents de planification volontaristes, porteurs d'un urbanisme durable pour nos territoires. Je l'ai dit la semaine dernière aux directeurs régionaux en charge de l'aménagement et du logement : le ministère de l'égalité des territoires s'appuiera sur les cohérences générées au niveau des DREAL, entre politiques de transports, de l'environnement, de l'industrie et de l'habitat, qui permettent de disposer dans chaque territoire d'une structure capable de décliner les objectifs du Grenelle. Mais il s'agira d'aller plus loin, dans une concertation rénovée entre les directions, et dans la contractualisation que le préfet de région sera chargé d'organiser.

Vous aurez à vos côtés l'État, intègre mais pas intégriste, dans un rôle renouvelé, comme animateur de la dynamique de contractualisation entre les parties prenantes et comme garant de l'effectivité des engagements pris, qui ne fera pas preuve d'autoritarisme. Ce n'est pas une question de prestige ou d'autorité, c'est une question d'efficacité pour changer au quotidien la vie des gens.

Biblio

1) Loi SRU

- C. Benoit, *Le SCOT*, Le Moniteur, coll. « Guides juridiques », 2002.
- J.-Cl. Bonichot, « Les nouveaux schémas de cohérence territoriale, pari risqué ou ambition raisonnée ? », *GRIDAUH* 2001. 47.
- H. Jacquot et J.-P. Lebreton, « La refonte de la planification urbaine », *AJDA* 2001. 27.
- P. Soler-Couteaux, « L'élaboration et la gestion des schémas de cohérence territoriale, des plans locaux d'urbanisme et des cartes communales », *BJDU* 2000. 388.
- S. Traoré, *Les schémas de cohérence territoriale de la loi SRU du 13 décembre 2000*, L'Harmattan 2001.
- J. Trémeau, « Le contenu des documents d'urbanisme », *BJDU* 2001. 382 ; « Le contenu des nouveaux documents d'urbanisme, commentaire du décret n° 2001-280 du 27 mars 2001 », *BJDU* 2001. 306.

2) Loi Urbanisme et Habitat

- C. Benoit, « Le schéma de cohérence territoriale après la loi urbanisme et habitat », *RGCT* 28/2003. 627.
- P. Soler-Couteaux, « L'ardente obligation du schéma de cohérence territoriale », *AJDA* 2003. 1528.

3) Loi Grenelle II

- P. Baffert, « Loi engagement national pour l'environnement (Grenelle II) : l'urbanisme se met au vert », *BJDU* 2010. 412.
- E. Carpentier, « Les apports du Grenelle II au droit de l'urbanisme », *Dr. et patr.* janv. 2012, n° 210, p. 59.
- P. Galan, « La réforme des documents d'urbanisme par la loi engagement national pour l'environnement », *JCP* 2010. Étude 2322.
- A. Graboy-Grobesco, « La loi Grenelle II et les documents de planification territoriale », *Dr. adm.* 2011. Étude 4.
- J.-L. Pissaloux, « Le renforcement des schémas de cohérence territoriale par la loi Grenelle II », *RLCT* 2010. n° spéc. Grenelle II.
- P. Soler-Couteaux, J-Ph. Strebler, « L'ardente obligation de grenelliser le SCOT », *RDI* 2013.70
- J.-P. Strebler, « Grenelle II et SCOT : des ambitions renforcées et une présence plus forte de l'État », *RDI* 2011. 78, dossier spéc. Loi Grenelle II.
- Documents disponibles sur le site internet de la Fédération nationale des SCOT : www.fedescot.org.

3) Loi ALUR

- X. Couton, « Les modifications apportées aux documents d'urbanisme locaux par la loi ALUR », *Constr.-Urb.* 2014, Etude 2
- J-P. Lebreton, « La planification urbaine dans la loi ALUR », *AJDA* 19/2014.1088
- R. Noguellou, « La loi ALUR : aspects de droit de l'urbanisme », *DAUH* 2014.27
- J-Ph. Strebler, « Changements d'ALUR modérés pour les SCOT », *RDI* 2014.300 ; La loi ALUR et les schémas de cohérence territoriale, *AJCT* 2014.355

Quiz

1) Sujet corrigé

Cas pratique

Énoncé

Vous êtes consulté par le maire d'une commune qu'un arrêté préfectoral a intégré contre son gré dans un périmètre de schéma de cohérence territoriale (SCOT) constitué sur l'initiative des EPCI et de communes compris dans le périmètre. Celui-ci souhaiterait savoir si cette intégration contrainte dans le périmètre du SCOT est régulière, notamment au regard du principe de libre administration des collectivités locales. Dans l'affirmative, il vous demande s'il existe des voies de droit lui permettant de sortir le territoire de sa commune du périmètre du SCOT et, en toute hypothèse, de refuser tout projet qui porterait atteinte à ses intérêts.

Voir le corrigé en fin de rubrique.

2) Sujet d'examen

Dissertation

Le SCOT : Document prospectif ou prescriptif ?

3) Corrigé

Cas pratique

I. L'intégration de la commune dans le périmètre du SCOT

Une commune peut être intégrée de manière contrainte dans le périmètre d'un SCOT proposé au préfet. En effet, l'article L. 122-3-III du Code de l'urbanisme dispose que le projet de périmètre est déterminé, selon les cas, par les conseils municipaux ou l'organe délibérant du ou des EPCI compétents, à la majorité des deux tiers au moins des communes intéressées représentant plus de la moitié de la population totale de celles-ci ou la majorité de la moitié au moins des communes intéressées représentant les deux tiers de la population totale. Il s'agit sans doute d'une faculté attentatoire à la libre administration des collectivités territoriales. Néanmoins, le Conseil constitutionnel a rejeté le grief d'inconstitutionnalité formulé sur ce point lors de son contrôle de la loi SRU si bien que cette disposition ne pourrait probablement plus faire l'objet d'une question prioritaire de constitutionnalité malgré les modifications ultérieures de la loi SRU. Le Conseil constitutionnel en a décidé ainsi en considération des garanties que la loi confère aux communes concernées. En premier lieu, la loi a tempéré le risque d'inclusion forcée des communes isolées non-membres d'un EPCI compétent en matière de SCOT, en prévoyant en ce qui les concerne que la majorité doit comprendre au moins un tiers d'entre elles. En second lieu – et l'on touche ici à la deuxième interrogation du maire – une porte de sortie est virtuellement ouverte aux communes qui ne souhaitent pas intégrer le périmètre d'un SCOT.

II. La possibilité pour la commune de sortir du périmètre du SCOT

Une procédure est aménagée pour permettre aux communes intégrées contre leur gré dans le périmètre d'un SCOT de sortir dudit périmètre. Cette faculté est cependant elle-même fortement encadrée. En effet, le projet de SCOT arrêté doit être transmis pour avis à toute une série d'autorités mentionnées à l'article L. 122-8 et notamment aux communes et aux groupements de communes membres de l'établissement public en charge du SCOT et donc à la commune concerné. Celle-ci aura alors trois mois pour exprimer son avis. A défaut, il sera réputé favorable. Si elle estime que projet de schéma compromet l'un de ses intérêts essentiels en lui imposant, notamment, des nuisances ou des contraintes excessives, elle pourra, dans le délai de trois mois ci-dessus mentionné, saisir le préfet par une délibération motivée. Cette délibération doit préciser les modifications demandées au projet de schéma (C. urb., art. L. 122-9). Le préfet dispose alors lui-même d'un délai de trois mois pour consulter la commission de conciliation prévue à l'article L. 121-6 et donner un avis motivé. La délibération motivée de la commune et l'avis du préfet sont joints au dossier de l'enquête publique sur le projet de SCOT.

Si le préfet émet un avis défavorable aux modifications demandées par la commune, elle sera maintenue dans le périmètre du SCOT, sauf à contester en excès de pouvoir l'avis rendu par le préfet et à obtenir un avis favorable à l'issue de cette procédure. En revanche, si le préfet entend ses revendications et émet un avis favorable aux modifications qu'elle demande, une porte de sortie lui sera ouverte. En effet, l'article L. 122-12 du Code de l'urbanisme dispose que lorsqu'une commune ou un EPCI qui a pris une délibération motivée considérant que ses intérêts essentiels sont menacés par le projet de schéma arrêté n'a pas obtenu les modifications demandées malgré un avis favorable du préfet, le conseil municipal ou l'organe délibérant de l'EPCI peut, dans un délai de deux mois suivant la notification qui lui est faite de la délibération approuvant le schéma, décider de s'en retirer. Et par dérogation au droit commun du Code général des collectivités territoriales, le préfet ne peut alors que constater le retrait de la commune ou de l'EPCI et les dispositions du schéma concernant la commune ou l'EPCI sont abrogées dès la publication de l'arrêté du préfet. On notera que ces dispositions ne sont pas applicables aux communautés urbaines, aux métropoles, communautés d'agglomération et communautés de communes. En effet, en pareil cas, si une commune membre d'un tel EPCI venait à estimer que ses intérêts essentiels sont compromis par le projet de SCOT, c'est la composition même de cet établissement public qui serait mise en cause. Dans cette hypothèse, ce sont donc les règles relatives au retrait des communes prévues par la loi du 12 juillet 1999 qu'il conviendrait d'appliquer.

On précisera en outre que si la commune ne se trouve pas en périphérie du schéma, son retrait risque de compromettre l'existence même du SCOT, puisqu'il en résulterait que le périmètre du SCOT ne serait plus d'un seul tenant et sans enclave, ce qui est interdit aux termes de l'article L. 122-3-II du Code de l'urbanisme.

III. L'opportunité pour la commune de ne pas intégrer le périmètre du SCOT

Il n'est pas certain que la commune ait intérêt à rester indéfiniment en marge de tout SCOT, car le fait pour une commune de n'être pas couverte par un SCOT n'est pas neutre. En premier lieu, cette circonstance a pour conséquence de retarder l'entrée en vigueur de son PLU afin de permettre au préfet d'exercer sur un contrôle de légalité particulier. En second lieu, surtout, ses possibilités de développement urbain sont considérablement limitées. En effet, afin d'inciter les communes à se regrouper dans le cadre de SCOT, de sorte que leur réflexion en matière d'aménagement du territoire ne se limite pas à leurs frontières et tienne compte des préoccupations des communes voisines, la loi SRU a mis en place un principe restreignant les possibilités de développement de l'urbanisation dans les communes non couvertes par un SCOT. Ce principe, inscrit à l'article L. 122-2 du Code de l'urbanisme a été significativement renforcé par la loi ENE du 12 juillet 2010 puis par la loi ALUR du 24 mars 2014. Dans sa plus récente version, ce principe interdit, dans les communes qui ne sont pas couvertes par un SCOT, toute modification ou révision du PLU en vue d'ouvrir à l'urbanisation une zone à urbaniser délimitée après le 1er juillet 2002 ou une zone naturelle, agricole ou forestière ou les secteurs non constructibles des cartes communales. Il est vrai que ce principe n'est pas d'application générale. À l'heure actuelle, il ne s'applique qu'aux communes situées à moins de 15 kilomètres du rivage de la mer ou d'une unité urbaine de plus de 15 000 habitants. Mais en toute hypothèse, cette exclusion cessera de s'appliquer le 1er janvier 2017. Entretemps, il existe un régime de dérogation mais il a été considérablement encadré par la loi ALUR. Dans un tel contexte, il n'est pas certain que la commune ait intérêt à refuser systématiquement d'intégrer un périmètre de SCOT.

chapitre 6

Les plans locaux d'urbanisme

Plan analytique

6

Les plans locaux d'urbanisme

Le plan local d'urbanisme (PLU) est le document qui fixe les règles d'urbanisme 212 applicables sur le territoire de l'EPCI compétent pour l'établir ou, le cas échéant, de la commune. Il traduit en termes politiques, réglementaires et graphiques les principaux objectifs de l'intercommunalité ou de la commune en matière d'utilisation des sols. C'est dès lors le principal document au regard duquel sont instruites les demandes d'autorisation d'occupation et d'utilisation du sol.

Le PLU a été créé par la loi du 13 décembre 2000 relative à la Solidarité et au Renouvellement urbains (SRU), afin de remplacer les plans d'occupation des sols (POS). Ces derniers avaient été institués par la loi d'orientation foncière du 30 décembre 1967 pour fixer les règles générales et les servitudes d'utilisation du sol, c'est-à-dire pour constituer un document à caractère réglementaire, à la différence des SDAU puis des schémas directeurs, conçus, quant à eux, comme des documents à caractère prospectif. À la différence de ces derniers d'ailleurs, les POS ont eu un véritable succès, amplifié par leur décentralisation au début des années 80, et ont ainsi joué un rôle central dans le système de planification urbaine. À tel point qu'à la veille de la réforme SRU, 15 000 communes étaient couvertes par un POS concernant ainsi un peu plus de 80 % de la population. Nonobstant ce réel succès, les POS avaient fait l'objet de plusieurs critiques tournant, pour l'essentiel, autour de leur caractère trop stéréotypé et de leur incapacité à promouvoir un véritable projet urbain, ainsi que de leur insuffisante propension à protéger les zones naturelles et agricoles et à lutter contre l'étalement urbain et l'artificialisation des espaces périurbains. C'est afin de remédier à ces défaillances que les PLU ont été créés. Ceux-ci doivent en effet notamment comporter un projet d'aménagement et de développement durable (PADD) et sont, grâce à la nouvelle physionomie de leur zonage, plus propices à une meilleure protection des espaces non urbanisés.

La loi « Grenelle II » du 12 juillet 2010, complétée par un décret d'application en date du 29 février 2012, n'a pas profondément bouleversé l'architecture du PLU issu de la loi SRU (H. Jacquot et J.-P. Lebreton, « La réforme du plan local d'urbanisme », *AJDA* 2010. 1697 ; J.-Ph. Strebler, « Grenelle II et PLU : gérer la transition », *RDI* 2011. 378 ; P. Soler-Couteaux, « Le PLU « Grenelle » : un arbre qui cache la forêt », *RDI* 2011. 89 ; (P. Soler-Couteaux, « Les dispositions du décret n° 2012-290 du 29 février 2012 relatives aux PLU », *RDI* 2012. 262). En particulier, face à l'opposition d'un grand nombre d'élus locaux peu favorables à cette option, elle n'est pas allée jusqu'à rendre obligatoire le transfert de la compétence pour élaborer le PLU à une structure intercommunale. Elle s'est donc limitée à l'encourager, en même temps qu'elle a donné aux auteurs des PLU un certain nombre de nouveaux outils pour garantir une meilleure protection de l'environnement (préservation des espaces naturels et lutte contre le réchauffement climatique en particulier). Par ailleurs, elle a habilité le Gouvernement à modifier les dispositions du Code de l'urbanisme régissant les procédures d'élaboration, de modification et de révision des documents d'urbanisme afin de les clarifier et les simplifier, ce qui fut fait par une ordonnance du 5 janvier

2012, entrée en vigueur le 1er janvier 2013 (P. Soler-Couteaux, « Le PLU après l'ordonnance n° 2012-290 du 5 janvier 2012 », *RDI* 2012. 257), et complétée – mieux vaut tard que jamais – par un décret d'application n° 2013-142 du 14 février 2013.

A son tour, la loi pour l'accès au logement et un urbanisme rénové (dite « ALUR ») du 24 mars 2014 n'a pas remis en cause les grandes orientations prises depuis près de quinze ans en matière de planification urbaine locale. Au contraire, elle les a renforcées en favorisant encore la densification des espaces bâtis et la sauvegarde des espaces naturels, agricoles et forestiers. Elle a par ailleurs fait un nouveau pas sur la voie de l'intercommunalisation des PLU, en prévoyant le transfert automatique de la compétence en matière de PLU à tous les EPCI dans un délai de trois ans suivant la publication de la loi. Il est vrai que la faculté très largement ouverte aux communes de s'opposer à ce transfert a considérablement réduit la portée réelle du principe. Mais sur le plan des idées, un cap a incontestablement été franchi (v. P. Soler-Couteaux, « la loi ALUR et le PLU : la généralisation progressive de l'intercommunalité », *RDI* 2014. 314). Quant aux dispositions relatives au contenu du PLU, le législateur s'est, comme trop souvent, empressé de venir atténuer la rigidité des règles qu'il venait de poser (v. en particulier L. n° 2014-1170 du 13 oct. 2014 d'avenir pour l'agriculture, l'alimentation et la forêt, concernant l'inconstructibilité des zones naturelles, agricoles, et forestières). La même inconstance s'est appliquée aux très emblématiques dispositions de la loi ALUR relatives à la caducité des POS (E. Wormser, « La mort annoncée des plans d'occupation des sols : plus tard, plus tard... », *Constr.-Urb.* 2014, n° 11).

213 Malheureusement, toutes les communes n'ont pas joué le jeu du PLU et un nombre non négligeable d'entre elles ont préféré conserver leur POS, dont l'article L. 123-19 du Code de l'urbanisme prévoit qu'ils ont les mêmes effets que les PLU (ce qui leur permettait notamment de conserver leur zones NB et de définir assez librement la constructibilité de leurs zones naturelles). Il est vrai que des règles avaient été posées pour organiser la conversion des POS en PLU. Notamment, le même article prévoit depuis plus de dix ans que lorsqu'un POS fait l'objet d'une révision, il doit être converti en PLU. Les « incitations » législatives n'ayant pas suffi, la loi ALUR a fini par programmer la caducité des POS non convertis en PLU au plus tard le 31 décembre 2015. Logiquement, cette caducité n'aura pas pour effet de remettre en vigueur le document antérieur. A compter du 1er janvier 2016, c'est l'urbanisme minimum (v. *supra...*) qui s'appliquera sur le territoire des communes dont le POS aura été frappé de caducité. Par exception, le législateur a prévu que lorsqu'une procédure de révision du POS (devant aboutir à sa conversion en PLU) aura été engagée avant le 31 décembre 2015, cette procédure pourra être menée à terme, sous réserve d'être achevée au plus tard le 26 mars 2017 (si tel n'est pas le cas, le POS ayant bénéficié de cette extension de vigueur sera caduc).

Cette échéance est toutefois rapidement apparue trop sévère et potentiellement contre-productive dans la perspective – liée mais distincte – de l'intercommunalisation des PLU. En effet, il a semblé au législateur qu'ajouté aux exigences de « grenellisation » des PLU avant le 31 décembre 2016 (al. 3 du V de l'article 19 de la loi Grenelle 2), et de mise en compatibilité avec les SCOT (qui eux-mêmes doivent être « grenellisés »), ce bref délai risquait d'inciter les communes à se lancer dès à présent dans l'élaboration de PLU simplement communaux, alors que c'est aujourd'hui le PLU *intercommunal* (PLUI) que le législateur entend promouvoir. C'est la raison pour laquelle la loi n° 2014-1545 du 20 décembre 2014, relative à la simplification de la vie des entreprises et portant diverses dispositions de simplification et de clarification du droit et des procédures administratives, a introduit un dispositif transitoire nouveau, permettant de repousser les échéances fixées par la loi ALUR et favoriser l'engagement de procédures d'élaboration de PLUI. Ainsi, il est prévu que les EPCI qui ont engagé ou engagent une procédure d'élaboration d'un PLUI entre la date de promulgation de la loi ALUR et le 31 décembre 2015, échapperont, outre à la date butoir de « grenellisation » des PLU et au délai de mise en compatibilité des PLU avec les normes supérieures (al. 2 et 4 de l'art. L. 111-1-1), aux dates de caducité des POS issues de la loi ALUR et inscrites aux deux derniers alinéas de l'article L. 123-19 du Code de l'urbanisme. Deux conditions sont toutefois posées : le débat sur le PADD devra avoir lieu avant le 27 mars 2017 et l'approbation du PLUI avant le 31 décembre 2019, faute de quoi les POS et les dispositions non « grenellisées » des PLU communaux maintenus en vigueur seront privés d'effet (à compter du 28 mars 2017 ou du 1er janvier 2020 selon le cas).

Cette inconstance du droit ne facilite certes pas sa lecture. Et cette difficulté est encore accrue du fait que la partie réglementaire du Code de l'urbanisme n'a pas encore été mise en harmonie avec les nouvelles dispositions législatives. On s'efforcera malgré tout de présenter l'état du droit issu de l'ensemble de ces réformes, plus ou moins achevées, en se consacrant successivement à l'élaboration des PLU (section 1), à leur contenu (section 2), à leurs effets (section 3) et à leur évolution (section 4). Enfin, quelques mots devront être dits de l'inéluctable problématique du contentieux du PLU (section 5). 214 ■

section 1

L'élaboration du plan local d'urbanisme

L'élaboration du PLU est une opération complexe. La procédure débute par la délibération de l'organe délibérant compétent de l'EPCI compétent ou du conseil municipal qui en prescrit l'établissement et se termine par la délibération du même organe compétent qui l'approuve. Elle comporte deux grandes étapes : l'une s'ouvre par la décision prescrivant l'élaboration du document et s'achève avec l'arrêt du projet de plan. La seconde débute par une enquête publique et se clôt par l'approbation du PLU. 215 ■

La loi SRU a apporté un certain nombre d'innovations relatives au régime de l'élaboration des PLU. La première tient à ce qu'une concertation doit être organisée pendant toute la phase de l'élaboration du projet de PLU. La deuxième résulte de la volonté du législateur de concevoir cette procédure de manière à faire apparaître un véritable projet urbain. Cet objectif se traduit par l'obligation d'une part, de faire précéder l'établissement dudit projet d'un diagnostic qui devra être exposé dans le rapport de présentation (C. urb., art. L. 123-1-2) et d'autre part, d'organiser au sein de l'organe délibérant de l'EPCI ou, le cas échéant, du conseil municipal un débat sur les orientations générales du projet d'aménagement et de développement durable (C. urb., art. L. 123-9). Enfin, la troisième tient à la réforme des modalités de l'association dont l'objectif était d'assurer une sécurité juridique accrue du PLU en épurant la procédure d'élaboration de toutes les règles de forme ou de procédure inutiles et dont la méconnaissance était de nature à entraîner l'annulation du document. Ce troisième objectif a été poursuivi par l'ordonnance n° 2012-11 du 5 janvier 2012 qui, plus généralement s'est employée à clarifier et simplifier les procédures d'élaboration, de modification et de révision des documents d'urbanisme.

On traitera d'abord de la question du périmètre du PLU (§ 1) avant de présenter les différentes étapes de la procédure d'élaboration : de la mise en place (§ 2) à l'approbation (§ 6) en passant par le régime de l'élaboration (§ 3) et l'arrêt du projet (§ 4) et l'enquête publique (§5).

§ 1 Le périmètre du plan local d'urbanisme

216 *Le principe du PLU « intégral ».* La réforme opérée par la loi SRU a visé à conférer au PLU un rôle d'encadrement de l'ensemble des activités et opérations menées par la collectivité en matière d'aménagement du territoire et à réintégrer les politiques urbaines dans un document unique support d'un véritable projet. Cette fonction a déterminé le choix de son périmètre : le PLU doit couvrir l'intégralité du territoire de la collectivité compétente pour l'élaborer, c'est-à-dire l'intégralité du territoire communal s'il est élaboré par une commune et (depuis la loi Grenelle 2 du 12 juillet 2010) l'intégralité du territoire intercommunal s'il est élaboré par un EPCI (C. urb., art. L. 123-1 II). La loi ALUR du 24 mars 2014 a ajouté dans cette seconde hypothèse, qui a vocation à devenir la règle, que les EPCI compétents en matière de PLU peuvent décider l'élaborer ou de réviser un PLU couvrant l'intégralité de leur territoire dès que bon leur semble et, au plus tard, lors de la révision d'un des PLU applicables dans leur périmètre.

Trois exceptions sont prévues. D'une part, le PLU n'a pas à couvrir les parties du territoire comprises dans un plan de sauvegarde et de mise en valeur. D'autre part, dans les communes couvertes par un schéma de cohérence territoriale qui identifie les secteurs d'aménagement et de développement touristique d'intérêt intercommunal, un PLU partiel couvrant ces secteurs peut, à certaines conditions, être élaboré par un EPCI compétent (C. urb, IV de l'art. L. 123-1). Enfin, depuis la loi ALUR, il est prévu qu'en cas de déclaration d'illégalité ou d'annulation par voie juridictionnelle de l'intégralité d'un PLU couvrant le territoire d'une commune située dans le périmètre d'un EPCI compétent, celui-ci peut approuver un PLU sur le territoire de la commune concernée (C. urb., art. L. 123-1 V).

Le principe de couverture intégrale du territoire par le PLU emporte diverses conséquences. La première réside dans la suppression par la loi SRU de la faculté d'élaborer des plans d'aménagement de zone (PAZ) dans les zones d'aménagement concerté (v. *infra 1019 s.*). Ensuite, les anciens POS partiels ont dû être, sans délai, complétés afin de couvrir l'intégralité du territoire de la commune. Enfin, en cas d'annulation partielle d'un PLU, l'autorité compétente est tenue d'élaborer sans délai les nouvelles dispositions du plan applicables à la partie du territoire ou intercommunal concerné (C. urb., art. L. 123-1 V).

217 *Modification des limites communales.* En cas de modification de la limite territoriale entre deux communes, les dispositions du PLU applicables à la partie de territoire communal détachée d'une des communes restent applicables dans ce territoire après le rattachement à l'autre commune. Toutefois, ces dispositions sont abrogées si la

commune de rattachement a précisé, dans le dossier soumis à enquête publique, qu'elle entendait que la modification de limite territoriale emporte abrogation des dispositions du PLU applicables à la partie rattachée. Cette faculté n'est cependant pas ouverte à la commune de rattachement si celle-ci est membre du même EPCI compétent en matière de PLU que la commune d'origine (C. urb., art. L. 123-1-1).

Modification du périmètre de l'EPCI, fusion d'EPCI. Les règles applicables en cas de 218 ■
modification du périmètre d'un EPCI ou de fusion d'EPCI sont prévues à l'article L. 123-1-1 du Code de l'urbanisme, intégralement réécrit par la loi ALUR et désormais spécialement consacré à ces questions. Ainsi en cas de modification du périmètre d'un EPCI compétent en matière de PLU ou en cas de fusion d'au moins deux EPCI, les dispositions du ou des PLU applicables aux territoires concernés par cette modification ou cette fusion restent applicables. Elles peuvent être modifiées selon les procédures de modification ou de mise en compatibilité, jusqu'à l'approbation ou la révision d'un PLU couvrant l'intégralité du territoire de l'EPCI concerné. Celui-ci engage la procédure d'élaboration ou de révision de ce plan lorsqu'il le décide et au plus tard lorsqu'il doit réviser un des PLU applicables dans son périmètre.

Lorsqu'un EPCI compétent dont le PLU est en cours d'élaboration, de révision, de modification ou de mise en compatibilité avec une déclaration de projet intègre dans son périmètre une commune ou un EPCI, il peut mener la procédure à son terme dans son périmètre initial ou étendre la procédure d'élaboration ou de révision à la commune ou à l'EPCI nouvellement intégré si le débat sur le PADD n'a pas encore eu lieu au moment de leur intégration. De façon assez similaire, lorsqu'au moins deux EPCI fusionnent, l'établissement public nouvellement compétent peut achever dans leur périmètre initial les procédures d'élaboration, de révision, de modification ou de mise en compatibilité avec une déclaration de projet de leur PLU engagées avant la fusion. Mais l'EPCI nouvellement compétent peut également étendre la procédure d'élaboration ou de révision d'un de ces plans à l'ensemble de son territoire, si le débat sur le PADD de ce plan n'a pas eu lieu au moment de la fusion. Dans ces deux hypothèses, l'EPCI nouvellement compétent doit achever la procédure en cours dans un délai de deux ans à compter de l'intégration ou de la fusion.

Lorsque le périmètre d'un PLU en cours d'élaboration ou de révision est intégré dans sa totalité dans le périmètre d'un EPCI compétent en matière de PLU, ce plan ne peut être approuvé ou révisé que par l'établissement public nouvellement compétent, et il ne peut l'être dans son périmètre initial que si le débat sur le PADD a été tenu avant cette intégration et si l'approbation ou la révision a lieu dans le délai de deux ans suivant l'intégration. Lorsque le périmètre d'un PLU en cours de modification ou de mise en compatibilité est intégré dans sa totalité dans le périmètre d'un EPCI compétent en matière de PLU, la procédure ne peut être menée à son terme que par l'établissement public nouvellement compétent, dans son périmètre initial, et ce dans un délai de deux ans à compter de son intégration.

Dans ces différentes hypothèses, l'établissement public nouvellement compétent est substitué de plein droit, à la date de l'intégration ou de la fusion, dans tous les actes et délibérations afférents à la procédure engagée avant l'intégration ou la fusion.

§ 2 La mise en place de l'élaboration du plan local d'urbanisme

219 Il s'agit d'étudier ici les opérations préliminaires au travail d'élaboration du PLU à proprement parler, à savoir les modalités de la prescription de son élaboration (A), la concertation (B) et l'association (C).

A. La prescription de l'élaboration du PLU

220 Plusieurs questions se posent ici. D'abord celle de l'autorité compétente pour prescrire l'élaboration du PLU puis celle du contenu de la délibération comportant cette prescription, la notification et les transmissions dont elle doit faire l'objet, de même que sa publicité. Il conviendra enfin d'aborder la question de ses effets.

221 *L'autorité compétente pour prescrire l'élaboration du PLU.* Le PLU est élaboré à l'initiative et sous la responsabilité de l'EPCI compétent ou de la commune. Son établissement est prescrit par une délibération (C. urb., art. L. 123-6). C'est le président de l'EPCI ou le maire qui conduit la procédure d'élaboration (C. urb., art. R. 123-15).

222 *Compétence d'un EPCI.* La compétence des EPCI en matière de PLU devient progressivement le principe (P. Soler-Couteaux, « La loi ALUR et le PLU : la généralisation progressive de l'intercommunalité », *RDI* 2014.314 ; S. Traoré, « Le Plan local d'urbanisme intercommunal et la loi ALUR », *AJCT* 2014, n° 350). En effet, en élargissant constamment leur objet depuis la loi SRU, le législateur a rendu inéluctable l'intercommunalisation des PLU. On voit mal, il est vrai, comment des politiques pertinentes d'aménagement du territoire incluant aujourd'hui, outre les questions classiques d'esthétique et de viabilité urbaines, les problématiques d'environnement, de transport, de logement, d'aménagement commercial ou encore le développement des communications électroniques, pourraient être décidées à l'échelon communal, surtout si l'on songe à l'émiettement communal français. Dès avant la loi ALUR, le législateur avait doté de la compétence en matière de PLU les communautés urbaines (CGCT, art. L. 5215-20) et les syndicats et communautés d'agglomération nouvelle (CGCT, art. L. 5333-2). La loi ALUR a souhaité aller beaucoup plus loin, mais elle s'est heurtée à une vive opposition au Sénat (relayant les objections de l'association des maires de France). Le dispositif de compromis qui en ressort est le suivant (art. 136 de la loi) : les communautés de communes et les communautés d'agglomération créées postérieurement à l'entrée en vigueur de la loi sont désormais compétentes de plein droit en matière de PLU, de document d'urbanisme en tenant lieu et de carte communale (CGCT, art. L. 5214-16 I, 1° et L. 5216-5 I, 2°). Celles qui existaient à la date de publication de la loi et celles issues d'une fusion postérieure à cette date deviennent quant à elles en principe compétentes en ces matières à l'expiration d'un délai de trois ans à compter de la publication de la loi (c'est-à-dire le 27 mars 2017), sauf si dans les trois mois précédant le terme de ce délai, au moins 25 % des communes représentant au moins 20 % de la population s'y opposent. On note au passage que les « majorités » requises pour s'opposer au transfert sont tellement faibles (comparées en particulier à celles fixées à l'article L. 5211-5 du CGCT, qui subordonne les transferts de compétences à une majorité des deux tiers au moins des conseils municipaux représentant plus de la moitié de la population totale ou de la

moitié des conseils municipaux représentant les deux tiers de la population) qu'il peut s'avérer plus difficile après la loi ALUR qu'avant de transférer aux communautés la compétence en matière de PLU. Quoi qu'il en soit, si un tel blocage a lieu, un nouveau transfert de plein droit est prévu le premier jour de l'année suivant l'élection du président de la communauté consécutive au renouvellement général des conseils municipaux et communautaires. Mais les communes peuvent encore s'y opposer dans les mêmes conditions. De même, si le transfert n'a pas eu lieu dans le délai initial de trois ans, il est prévu que l'organe délibérant de l'EPCI peut également à tout moment se prononcer par un vote sur le transfert de cette compétence à la communauté, ce qui emporte le transfert sauf si les communes membres s'y opposent aux mêmes majorités, dans les trois mois suivant le vote. Enfin, si le transfert n'a pas eu lieu au 27 mars 2017, les communes membres peuvent individuellement décider de transférer leur compétence en matière de PLU, documents d'urbanisme en tenant lieu et cartes communales à la communauté de communes ou à la communauté d'agglomération dont elles relèvent, dans les conditions prévues à l'article L. 5211-17 du Code général des collectivités territoriales. Dans toutes ces hypothèses, si une commune avait engagé, avant la date de transfert de la compétence, une procédure d'élaboration, de révision, de modification ou de mise en compatibilité avec une déclaration de projet de son PLU, de son document d'urbanisme en tenant lieu ou de sa carte communale, la communauté de communes ou la communauté d'agglomération devenue compétente peut décider, en accord avec cette commune, de poursuivre sur son périmètre initial ladite procédure (IV de l'art. 136 de la loi ALUR). Enfin l'article L. 5211-62 du Code général des collectivités territoriales précise désormais que lorsqu'un EPCI à fiscalité propre exerce la compétence relative au PLU, son organe délibérant tient, au moins une fois par an, un débat portant sur la politique locale de l'urbanisme.

Lorsque la compétence en matière de PLU a été transférée à un EPCI, la question se pose nécessairement des relations entre l'EPCI et les communes membres. Le Code de l'urbanisme dispose que les premiers élaborent le PLU en « collaboration » (depuis la loi ALUR, et non plus simplement en « concertation ») avec les communes membres (C. urb., art. L. 123-6). Les modalités de cette collaboration doivent être définies par l'organe délibérant de l'EPCI après avoir réuni une conférence intercommunale rassemblant, à l'initiative de son président, l'ensemble des maires des communes membres. En pratique, il s'agit de mettre en place une conférence intercommunale (v. Ph. Peynet, « La conférence intercommunale, nouvelle instance instituée par la loi ALUR dans le cadre de l'élaboration d'un plan local d'urbanisme intercommunal (PLUI) », *AJCT* 2015. 153).

Compétence communale. Lorsque – comme cela devrait être de plus en plus exceptionnel – la compétence en matière de PLU n'a pas été transférée à l'EPCI à fiscalité propre dont la commune est membre, celle-ci doit tout de même mettre en place une collaboration avec celui-là (C. urb., art. L. 123-6). 223 ■

Le contenu de la délibération. La délibération qui prescrit l'élaboration d'un PLU doit comporter un double volet (C. urb., art. L. 123-6 et L. 300-2). D'une part, elle doit préciser les objectifs poursuivis par la collectivité sous peine d'entacher le PLU d'illégalité (CE 10 févr. 2010, *Cne Saint-Lunaire*, n° 327149, *Lebon* T. 1012 ; *BJDU* 2010. 182, concl. L. Derepas ; *AJDA* 2010. 294, obs. A. Vincent ; *RDI* 2010. 333, obs. P. S.-C. ; CAA Lyon, 29 nov. 2011, *Cne Seyssuel*, n° 10LY01907, *RDI* 2012. 113, obs. P. S.-C.). 224 ■

D'autre part, elle doit préciser les modalités de la concertation. En principe, ces précisions doivent figurer dans la même délibération (les modalités de la concertation devant logiquement être adaptées aux objectifs poursuivis). Mais le Conseil d'État a admis que les deux volets puissent prendre la forme de deux délibérations successives, notifiées conformément aux dispositions de l'article L. 123-6 du Code de l'urbanisme, pourvu que cette circonstance n'ait pas pour effet de priver d'effet utile la concertation organisée sur les objectifs poursuivis par l'élaboration du PLU (CE 17 avril 2013, *Commune de Ramatuelle*, n° 348311, *BJDU* 6/2013, p. 424, concl. M. Vialettes et obs. Ph Baffert ; *RDI* 2013. 488, obs. P. S.-C. ; *Constr.-urb.* 6/13, n° 82, comm. L. Santoni ; *AJDA* 2013. 1931, note E. Carpentier).

■ 225 *Les notifications et transmissions de la délibération.* La délibération qui prescrit l'élaboration du PLU et précise les objectifs poursuivis ainsi que les modalités de la concertation est notifiée au préfet, aux présidents du conseil régional et du conseil départemental et, le cas échéant, au président de l'établissement public en charge du SCOT, ainsi qu'au président de l'autorité compétente en matière d'organisation des transports urbains et, si ce n'est pas la même personne, à celui de l'EPCI compétent en matière de programme local de l'habitat dont la commune est membre, au syndicat d'agglomération nouvelle et aux représentants des personnes associées mentionnées à l'article L. 121-4. Cette notification illustre les prérogatives que leur confère l'association. Lorsque la commune est limitrophe d'un SCOT sans être elle-même couverte par un autre schéma, la délibération est également notifiée à l'établissement public chargé du SCOT limitrophe (C. urb., art. L. 123-6). Cette dernière obligation résulte de la loi du 2 juillet 2003 Urbanisme et Habitat, le législateur ayant jugé souhaitable que l'établissement public chargé d'un SCOT soit, dans ce cas, informé de l'établissement d'un PLU par les communes périphériques à son territoire.

■ 226 *La publicité de la délibération.* La délibération qui prescrit l'établissement du PLU et définit les modalités de la concertation fait l'objet d'une publicité sous la forme d'un affichage pendant un mois au siège de l'EPCI compétent et dans les mairies des communes membres concernées ou en mairie (v. concl. Ch. Maugüé sur CE, sect., 28 juin 1996, *Féd. pour les espaces naturels et l'environnement catalan*, n° 160434, *BJDU* 1996. 366). Cet affichage fait l'objet d'une mention en caractères apparents (v. CE 26 oct. 1990, *Kutschera*, *Lebon* T. 1031) dans un journal diffusé dans le département (CE 4 mars 1991, *Ville Valence*, *Lebon* T. 1248 ; CAA Nantes 30 déc. 1996, *Michel Le Chaton*, n° 94NA1013, *BJDU* 1997. 94, concl. D. Devillers ; CE 20 mars 1998, *Cne Coulommes*, *Lebon* 101). Elle est également publiée au recueil des actes administratifs mentionné soit à l'article R. 2121-10, soit à l'article 5211-41 du CGCT selon qu'il s'agit d'une délibération du conseil municipal d'une commune de 3 500 habitants et plus ou d'une délibération de l'organe délibérant d'un EPCI comportant au moins une commune de 3 500 habitants et plus. Chacune de ces formalités de publicité mentionne le ou les lieux où le dossier peut être consulté (C. urb., art. R. 123-24 et R. 123-25).

■ 227 *Les effets de la délibération.* Le principal effet de la délibération tient à la possibilité pour l'autorité compétente de décider de surseoir à statuer sur les demandes d'autorisation concernant les constructions, installations ou opérations qui seraient de nature à compromettre ou à rendre plus onéreuse l'exécution du futur plan

(C. urb., art. L. 123-6). Cet effet est conditionné par sa réception en préfecture et par l'exécution de l'ensemble des formalités de publicité auxquelles elle est astreinte, la date à prendre en compte pour l'affichage étant celle du premier jour où il est effectué (C. urb., art. R. 123-25).

B. La concertation

La concertation. La *concertation*[Q] doit associer pendant toute la durée de l'élaboration du projet de PLU, les habitants, les associations locales et les autres personnes concernées (J.-C. Hélin, « La concertation de l'article L. 300-2 du Code de l'urbanisme », *AJDA* 2006. 2332). 228 ■

Modalités de la concertation. C'est l'organe délibérant lui-même qui doit fixer les modalités de la concertation. Celles-ci doivent, pendant une durée suffisante et selon des moyens adaptés au regard de l'importance et des caractéristiques du projet, permettre au public d'accéder aux informations relatives au projet et aux avis requis par les dispositions législatives ou réglementaires applicables et de formuler des observations et propositions qui sont enregistrées et conservées par l'autorité compétente (CE 10 mai 1996, *Cne Saint Jorioz*, n° 155169 ; CAA Bordeaux, 20 déc. 2001, *Assoc. pour la protection du site du bord de l'eau et de la plaine Bouliac-Latresne*, n° 98BX02090, *RJ envir.* 2002. 518, obs. G. Monédiaire ; CAA Bordeaux 4 mars 2010, *SCI MPV Paris*, n° 08BX03261, *Envir.* 2010. 88, note D. Gillig). S'agissant de l'élaboration du PLU, on peut envisager plusieurs étapes de la concertation au stade du diagnostic territorial, de l'élaboration du PADD et sur le projet de document avant qu'il ne soit arrêté. 229 ■

Durée de la concertation. La concertation doit être organisée pendant toute la durée de l'élaboration du projet. Elle doit commencer très tôt, à un moment où toutes les options sont encore ouvertes. Il en résulte qu'elle ne saurait intervenir à un stade où l'élaboration du document est trop avancée pour qu'il puisse encore être considéré comme un projet (CE, ass., 21 juin 1996, *Assoc. Aquitaine Alternatives*, *Lebon* T. 1232 ; *CJEG* 1997. 9, concl. D. Piveteau ; CE 13 juin 2005, *SAS Laporte Holding*, n° 261751 et CE 27 juin 2005, *Goislard*, n° 262028, *Constr.-Urb.* 2005. 188, obs. G. Godfrin). De même, elle doit se poursuivre pendant toute la durée de cette élaboration, c'est-à-dire jusqu'à la délibération arrêtant le projet de PLU. Cette délibération peut d'ailleurs simultanément tirer le bilan de la concertation (C. urb., art. L. 300-2 et R. 123-18). 230 ■

Bilan de la concertation. À l'issue de la concertation, l'organe délibérant de la collectivité en arrête le bilan. Le projet arrêté peut comporter des modifications par rapport aux prévisions portées précédemment à la connaissance des habitants et autres personnes concernées, dès lors que ces modifications n'affectent ni la nature, ni les options essentielles du projet envisagé (CE 18 mars 1994, *Copropriété « Le Melchior »*, *Lebon* T. 1244). La délibération qui tire le bilan de la concertation fait grief et peut faire l'objet d'un recours pour excès de pouvoir (CE 24 mai 1995, *Ville Meudon*, *Lebon* 208). Elle ne présente cependant pas un caractère réglementaire (CE 2 févr. 1998, *Assoc. « Les Amis de l'église Sainte Cœur de Marie de Concarneau »*, n° 160354). Le bilan de la concertation doit enfin être joint au dossier de l'enquête publique sur le PLU. 231 ■

Contentieux de la concertation. La loi du 2 juillet 2003 Urbanisme et Habitat a modifié l'article L. 300-2 pour préciser que les documents d'urbanisme ne sont pas illégaux du 232 ■

seul fait des vices susceptibles d'entacher la concertation, dès lors que les modalités définies par la décision ou la délibération en définissant les modalités ont été respectées. Le Conseil d'État en a déduit que l'insuffisance des modalités de la concertation ne peut être invoquée qu'à l'occasion d'un recours contre la délibération qui prescrit ces modalités; non à l'appui d'un recours contre la délibération approuvant le PLU, dès lors qu'elles ont été respectées (CE 8 oct. 2012, *Commune d'Illats*, n° 338760, *BJDU* 2012.459 ; concl. X. de Lesquen et obs. Ph. Baffert ; *RDI* 2012. 640, obs. P. Soler-Couteaux ; *Environnement* 12/2012, n° 93, comm. D. Gillig). En revanche, il est tout à fait possible d'invoquer le non-respect des modalités de la concertation telles qu'elles ont été définies par la délibération à l'occasion d'un recours contre la délibération finale approuvant le PLU (CAA Lyon, 11 oct. 2011, n° 10LY01217, *Constr.-Urb.* 2011. 171, note D. Gillig ; CAA Douai, 8 déc. 2011, *Cne Templeuve*, n° 10DA01597, *Constr.-Urb.* 2012. 23, note P. Cornille ; TA Amiens 23 févr. 2010, *ADDRD*, n° 0701889, *AJDA* 2010. 1551 : non-respect des modalités de la concertation dans une deuxième phase de l'arrêt du document).

C. L'association

■ 233 *Personnes publiques associées.* La liste des personnes publiques associées à l'élaboration des PLU (et jadis des POS) n'a cessé de s'allonger. Elle inclut aujourd'hui l'État, les régions, les départements, les autorités compétentes en matière d'organisation des transports urbains, les EPCI compétents en matière de programme local de l'habitat et les organismes de gestion des parcs naturels régionaux et des parcs nationaux. Les chambres de commerce et d'industrie territoriales, les chambres de métiers, les chambres d'agriculture et, dans les communes littorales, les sections régionales de la conchyliculture sont également associées et assurent les liaisons avec les organisations professionnelles intéressées. Il faut enfin ajouter à cette liste les syndicats d'agglomération nouvelle, l'établissement public en charge du SCOT si la commune est incluse dans le périmètre d'un tel schéma et, si tel n'est pas le cas, les établissements publics chargés des SCOT limitrophes du territoire objet du plan (C. urb., art. L. 121-4).

La participation des organismes consulaires est traditionnelle. Elle résulte de la loi du 27 décembre 1973 d'orientation du commerce et de l'artisanat pour les chambres de commerce et d'industrie et les chambres de métiers et de la loi du 31 décembre 1976 pour les chambres d'agriculture. L'association des départements et des régions est plus récente. Elle a été instituée par la loi du 7 janvier 1983. Elle procède de la nécessité d'harmoniser les différents intérêts dont ces collectivités ont recueilli la charge consécutivement à la décentralisation. La loi SRU a ajouté à la liste des personnes associées, les autorités compétentes en matière d'organisation des transports urbains et les organismes de gestion des parcs naturels régionaux et la loi n° 2006-436 du 14 avril 2006 l'a complétée par les organismes gérant les parcs nationaux (C. envir., art. L. 331-5). Peu de temps plus tard, afin de renforcer le contenu des documents d'urbanisme au regard des objectifs en matière de logement, la loi portant engagement national pour le logement (ENL) a encore étendu la liste aux EPCI compétents en matière de PLH. Enfin, l'ordonnance du 5 janvier 2012 a encore conféré le statut de personnes publiques associées aux syndicats d'agglomération nouvelle et aux EPCI en charge des SCOT. La loi ALUR s'est heureusement abstenue de compléter cette liste, tout en s'efforçant d'en clarifier la présentation.

Définition des modalités de l'association. La loi SRU a voulu éviter tout formalisme dans la définition des modalités d'association à la procédure d'élaboration du PLU de manière à réduire les risques contentieux. C'est la raison pour laquelle l'organe délibérant n'a plus l'obligation de définir les modalités de l'association des personnes publiques. L'article L. 121-4 énumère simplement une liste de personnes et organismes qui doivent être associés dans les conditions prévues aux articles L. 123-7 et L. 123-8. Autrement dit, dans la phase du travail interne à l'administration, celle-ci reste totalement libre de son organisation. Néanmoins, l'absence de formalisme ne doit pas conduire à méconnaître le principe de l'association. Et il conviendra de porter une particulière attention à ce que celle-ci soit effective. On peut à cet égard rappeler que sous l'empire de la législation antérieure, il avait été jugé que l'association ne pouvait se borner à une simple audition de la personne publique qui avait demandé à être associée (CE 23 déc. 1987, *Centre national d'ophtalmologie des Quinze-Vingts*, *Lebon* 433 ; *RFDA* 1988. 965, concl. O. Schrameck). 234 ■

Modalités de l'association. Concernant les services de l'État, même si l'article L. 123-7 du Code de l'urbanisme dispose qu'ils sont associés à l'initiative du président de l'EPCI, du maire ou à la demande du préfet, cette nouvelle rédaction est de faible portée par rapport au droit antérieur. Concernant les personnes publiques et organismes autres que l'État, l'association prend la forme d'une consultation chaque fois qu'ils en font la demande (par la voix de leur président) pendant la durée de l'élaboration du plan (C. urb., art. L. 123-8 et R. 123-16). Cette consultation constitue donc pour eux un droit dont la méconnaissance entraînerait l'illégalité de la procédure d'élaboration du plan (v. sous l'empire de la législation antérieure : CE 24 juill. 1987, *Cne Génissac*, *Lebon* 271), sous réserve du jeu de la jurisprudence *Danthony* (CE, ass., 23 déc. 2011, *Danthony*, n° 335033, concl. G. Dumortier, *RFDA* 2012, p. 284, suivies d'une note de P. Cassia ; *AJDA* 2012, p. 195, chron. X. Domino et A. Bretonneau). L'association ne se limite cependant pas à cette seule consultation. Pour rendre compte de sa réalité, il faut prendre en considération toute une série de prérogatives qui n'appartiennent qu'aux personnes publiques associées tout au long de la procédure d'élaboration du document : obligation de leur notifier la délibération qui prescrit ladite élaboration (C. urb., art. L. 123-6) ; obligation de les consulter sur le projet de PLU arrêté (C. urb., art. L. 123-9, al. 2) ; obligation d'annexer leurs avis dans le dossier soumis à enquête publique (C. urb., art. L. 123-10) ; possibilité de saisir la commission de conciliation (C. urb., art. L. 121-6). En revanche, l'association à l'élaboration du LPU ne donne pas à l'État le droit à participer à la détermination du parti d'aménagement de la commune (CE 15 oct. 2014, *Commune d'Offemont*, n° 370866, *RDI* 10/2014, p. 531, obs. P. Soler-Couteaux). 235 ■

Conflits d'intérêt. Nonobstant le fait que la loi SRU n'a voulu soumettre l'administration à aucun formalisme s'agissant du travail interne d'élaboration du PLU, il nous semble que la jurisprudence antérieure qui prohibait la représentation des usagers et celle des propriétaires au sein de l'organe chargé de l'élaboration du POS, conserve tout son intérêt. En effet, s'il était démontré que de telles personnes ont été associées à l'élaboration du document de manière effective et dans des conditions de nature à en infléchir les options, il ne fait guère de doute que sa légalité en serait affectée (CE 5 janv. 1979, *Assoc. pour la protection et l'embellissement du site de La Baule-Escoublac*, *Lebon* 7 ; CE 3 nov. 1982, *Bonnaire*, *Lebon* 363 ; CE 23 avr. 1986, *Min. Urbanisme, Logement, Transports c/ Barbet*, *Lebon* 121 ; *AJDA* 1986. 383, concl. D. Latournerie ; CE 236 ■

23 avr. 1997, *Joly*, n° 172130 ; CE 30 déc. 2002, *Assoc. « Expression Village »*, n° 229099, *BJDU* 2003. 176, concl. S. Austry).

De même conserve toute son actualité la jurisprudence qui sanctionnait la participation à l'élaboration du POS de personnes y ayant un intérêt personnel dans la mesure où elles n'avaient pas conservé une attitude impartiale pendant les travaux auxquels elles avaient pris part (CE 28 janv. 1998, *Merrain*, n° 160042) et où leur participation avait effectivement infléchi le contenu du document (CE 30 avr. 1982, *Assoc. pour l'aménagement, la défense et l'expansion harmonieuse du site d'Antibes-Juan-les-Pins*, *Lebon* T. 777 ; *AJDA* 1982. 665, note F. Bouyssou ; CE 26 févr. 1982, *Assoc. pour la renaissance d'Uzès*, *Lebon* 549 ; CE 21 avr. 1982, *Sté Omnium Entreprise Dumesny*, *Lebon* T. 777 ; *AJDA* 1982. 665, note F. Bouyssou). Au demeurant, un conseiller municipal n'est pas intéressé à l'approbation d'un PLU s'il n'y a pas un intérêt distinct de celui de la généralité des habitants de la commune (CAA Douai, 8 sept. 2014, *Commune de Vignemont*, n° 13DA00765, *RDI* 12/2014, p. 656, obs. P. Soler-Couteaux). On relèvera que la détention de l'intérêt relève du contrôle de cassation mais que l'appréciation de la part prise par le conseiller intéressé à l'adoption de la décision litigieuse relève de l'appréciation souveraine des juges du fond (CE 30 déc. 2002, *Assoc. « Expression Village »*, préc.).

§ 3 L'élaboration du projet de plan local d'urbanisme

237 L'élaboration du PLU commence par l'établissement d'un diagnostic (A) auquel le porter à connaissance contribue en apportant les éléments d'information en possession de l'État (B). Par ailleurs, elle n'est pas qu'un exercice strictement interne aux administrations compétentes. Elle donne donc lieu à un certain nombre de consultations (C).

A. Le diagnostic

238 L'une des idées directrices de la loi SRU a été de faire en sorte que les PLU soient porteurs d'un véritable projet urbain. Leur procédure d'élaboration a été pensée en conséquence de ce choix et l'obligation de faire précéder l'établissement de ce document de la réalisation d'un diagnostic a été conçue comme permettant d'y contribuer. Ce diagnostic doit, par ailleurs, être exposé dans le rapport de présentation (C. urb., art. L. 123-1-2). Cette obligation n'est cependant pas une véritable nouveauté. En l'état antérieur du droit, le juge administratif sanctionnait déjà un rapport de présentation faisant état de données erronées ou obsolètes dès lors qu'elles auraient été de nature à influer sur la détermination du parti d'urbanisme (CE 11 déc. 1996, *Assoc. pour la protection et l'amélioration du cadre de vie à Bourg-La-Reine*, n° 155253 ; v. aussi concl. J. Arrighi de Casanova sur CE 30 oct. 1995, *Assoc. « Le cadre de vie des Bruyérois »*, n° 153777, *BJDU* 1995. 376).

Le diagnostic doit être établi au regard des prévisions économiques et démographiques et des besoins répertoriés en matière de développement économique, de surfaces et de développement agricoles, de développement forestier, d'aménagement de l'espace, d'environnement, notamment en matière de biodiversité, d'équilibre social de l'habitat, de transports, de commerce, d'équipements et de services. Il faut insister toutefois sur le fait que l'article L. 121-1 du Code de l'urbanisme fait obligation aux PLU de déterminer les conditions permettant d'assurer la réalisation des objectifs qu'il énonce. Dans ces conditions, le diagnostic comportera un volet « figure imposée » puisqu'il devra situer l'EPCI compétent ou la commune au regard de ces principes. Du diagnostic découleront, en effet, les objectifs qu'ils s'assigneront dans la détermination du projet d'aménagement et de développement durables (v. ss 275 s.).

B. Le porter à connaissance

Étendue. Le porter à connaissance est l'une des manifestations de la participation de l'État à l'élaboration des documents d'urbanisme locaux. La loi SRU l'a réformé en ce, notamment, qu'il devient « continu ». Ainsi, au cours de l'élaboration du document, le préfet doit communiquer au maire tout élément nouveau. Dans sa rédaction issue de l'ordonnance du 5 janvier 2012, le préfet informe la personne publique en charge du PLU du cadre législatif et réglementaire à respecter, ce qui recouvre les dispositions particulières applicables au territoire concerné, notamment les directives territoriales d'aménagement en vigueur, les dispositions relatives aux zones de montagne et au littoral, les servitudes d'utilité publique, les projets d'intérêt général et les opérations d'intérêt national au sens des articles L. 121-9 et L. 121-9-1 du Code de l'urbanisme, le plan régional de l'agriculture durable ainsi que le plan pluriannuel régional de développement forestier. Il transmet également les projets des collectivités territoriales et de l'État en cours d'élaboration ou existants. Il fournit enfin à titre d'information l'ensemble des études techniques en matière d'urbanisme dont il dispose, notamment en matière de prévention des risques et de protection de l'environnement, pour autant qu'elles sont nécessaires à l'exercice de leur compétence par les collectivités concernées. Les informations transmises dans le cadre du porter à connaissance sont tenues à la disposition du public par la personne publique en charge du PLU. Elles peuvent, en tout ou en partie, être annexées au dossier d'enquête publique (C. urb., art. L. 121-2 et R. 121-1). 239 ■

Nature juridique. Le porter à connaissance constitue une mesure préparatoire, à caractère informatif, prenant place dans la procédure d'élaboration du document et ne saurait, pour cette raison, être déféré au juge administratif par la voie du recours pour excès de pouvoir (TA Nantes, 28 déc. 1995, *Gousseau*, n° 911634 ; v. ss 89). 240 ■

C. Les consultations

Il faut distinguer les consultations obligatoires (dont certaines sont systématiques tandis que d'autres ne doivent être réalisées que dans certaines circonstances) et les consultations facultatives. Les premières sont indispensables. En ne faisant pas droit à une demande de consultation relevant de celles qui sont obligatoires, l'autorité compétente entache d'irrégularité le document approuvé (CE 20 mars 1985, *Assoc. pour la sauvegarde du paysage rural de Saint-Martin-du-Vivier et de ses environs*, n° 25193 et 50440, *RFDA* 1985. 909, note Ph. Benoit-Cattin). 241 ■

Les consultations obligatoires à caractère général. Outre les consultations auxquelles le président de l'EPCI compétent ou le maire doit procéder au titre de l'élaboration associée (art. L. 121-4), il est tenu de consulter à chaque fois qu'ils en forment la demande au cours de l'élaboration du plan, les présidents des EPCI voisins compétents, les maires des communes voisines, ainsi que le président de l'établissement 242 ■

public en charge d'un SCOT dont la commune, lorsqu'elle n'est pas couverte par un tel schéma, est limitrophe, ou de leurs représentants. Par « compétents », il faut entendre « compétents en matière de documents d'urbanisme ». Quant au qualificatif « voisin », il ne signifie pas limitrophe. On peut donc penser qu'il renvoie moins à des considérations spatiales qu'à des considérations tenant à l'impact des options arrêtées par le PLU sur la situation des personnes publiques voisines. En ce sens, il viserait celles qui sont comprises dans une aire de solidarité urbaine. Doit également être consulté à sa demande le président de l'EPCI auquel la commune appartient (et qui, par hypothèse, n'est pas compétent en matière de PLU) (C. urb., art. L. 123-8 et R. 123-16). Les organismes de HLM propriétaires ou gestionnaires de logements situés sur le territoire de la commune peuvent également demander à être consultés. L'autorité compétente doit alors leur notifier le projet de PLU afin de recueillir leur avis, cet et avis étant réputé favorable s'il n'a pas été rendu dans un délai de deux mois (dernier alinéa de l'art. L. 123-8). Enfin, l'article L. 121-5 du Code de l'urbanisme précise que les associations locales d'usagers agréées, ainsi que les associations agréées mentionnées à l'article L. 141-1 du code de l'environnement sont consultées, à leur demande, pour l'élaboration du PLU.

243 *Les consultations obligatoires particulières. Tout d'abord, l'article L. 123-6 pose que* toute élaboration d'un PLU d'une commune située en dehors du périmètre d'un SCOT approuvé et ayant pour conséquence une réduction des surfaces des espaces naturels, agricoles et forestiers est soumise pour avis à la commission départementale de la préservation des espaces naturels, agricoles et forestiers prévue à l'article L. 112-1-1 du Code rural et de la pêche maritime. En outre, conformément à l'article L. 112-3 du code rural et de la pêche maritime, le PLU ne peut être approuvé qu'après avis de la chambre d'agriculture de l'Institut national de l'origine et de la qualité dans les zones d'appellation d'origine contrôlée et, le cas échéant, du Centre national de la propriété forestière lorsqu'il prévoit une réduction des espaces agricoles ou forestiers. Ces avis sont rendus dans un délai de deux mois à compter de la saisine. En l'absence de réponse à l'issue de ce délai, l'avis est réputé favorable(C. urb., art. R. 123-17).

Lorsque le PLU est élaboré par une commune qui n'est ni membre d'un EPCI compétent en matière de PLU ni membre d'une autorité organisatrice de transports urbains, et qui est située à moins de 15 km de la périphérie d'une agglomération de plus de 50 000 habitants, le maire recueille l'avis de l'autorité organisatrice des transports urbains sur les orientations du projet d'aménagement et de développement durables. Cet avis est rendu dans un délai de deux mois à compter de la saisine. En l'absence de réponse à l'issue de ce délai, il est réputé favorable. Cette disposition ne s'applique pas aux communes situées en Ile-de-France (C. urb., art. L. 123-9-1 et R. 123-16).

Il faut également rappeler que l'ouverture à l'urbanisation des zones à urbaniser délimitées après le 1er juillet 2002 ainsi que des zones naturelles, agricoles et forestières des PLU des communes dont le territoire n'est pas couvert par un SCOT est subordonnée à l'accord de l'établissement public en charge de l'élaboration du SCOT lorsqu'il existe (jusqu'au 31 déc. 2016) ou à celui du préfet, donné dans un cas comme dans l'autre après avis de la commission départementale de la consommation des espaces agricoles prévue à l'article L. 112-1-1 du Code rural et de la pêche maritime (C. urb., art. L. 122-2-1 ; CE 28 nov. 2011, *Cne Chatuzange-le-Goubet*, n° 350108, *BJDU* 2012. 189, concl. X. de Lesquen ; *RDI* 2012. 117, obs. J.-Ph. Strebler).

Lorsque le PLU tient lieu de plan de déplacements urbains doivent également être consultés s'ils en formulent la demande les représentants des professions et des usagers des voies et modes de transport, les représentants d'associations de protection de l'environnement agréées au titre de l'article L. 141-1 du Code de l'environnement (CE 27 mai 1983, *Stefan*, *Lebon* T. 901 ; CE 30 déc. 1998, *Assoc. syndicale autorisée des arrosants de La-Foux*, n° 149988, *Constr.-Urb.* 1999. 100), ainsi que des associations de personnes handicapées ou dont la mobilité est réduite (C. urb., art. L. 123-8).

Enfin, lorsque le PLU entre dans le champ d'application de l'évaluation environnementale (v. C. urb. art. L. 121-10), la personne publique qui l'élabore doit transmettre pour avis le projet de document et son rapport de présentation à une autorité administrative de l'État compétente en matière d'environnement (C. urb., art. L. 121-12). Et lorsqu'un tel PLU est susceptible de produire des effets notables sur l'environnement d'un autre État membre de l'Union européenne, il est transmis pour avis aux autorités de cet État, à la demande de celles-ci ou à l'initiative des autorités françaises (C. urb. art. L. 121-13).

Les consultations facultatives. L'autorité qui conduit la procédure d'élaboration peut également recueillir l'avis de tout organisme ou association compétent en matière d'aménagement du territoire, d'urbanisme, d'environnement, d'architecture, d'habitat et de déplacements, y compris des collectivités territoriales des États limitrophes (C. urb., art. L. 123-8). Cette possibilité ne concerne toutefois qu'une audition ponctuelle et non une participation permanente aux travaux d'élaboration du PLU (CE 4 avr. 1997, *Joly*, n° 172130). La référence aux organismes des collectivités territoriales des États limitrophes permet de promouvoir une certaine coopération transfrontalière d'autant que les documents d'urbanisme applicables aux territoires frontaliers doivent prendre en compte l'occupation des sols dans les territoires des États limitrophes (C. urb., art. L. 121-4-1 et L. 123-8). 244 ■

§ 4 L'arrêt du projet de plan local d'urbanisme

À l'issue du travail d'élaboration du projet de PLU, celui-ci est arrêté par l'organe délibérant de l'EPCI compétent ou le conseil municipal (B). Cette délibération met un terme à la période d'élaboration du document et en cristallise le contenu. Elle obéit à un régime juridique assez précis (C). Toutefois, la loi SRU a mis en place un formalisme préalable à l'approbation du projet (A). 245 ■

A. La phase antérieure à l'approbation du projet : le débat sur les orientations du PADD et le bilan de la concertation

Débat sur les orientations du PADD. Dans le souci de faire apparaître clairement les grandes options du PADD au cours de la phase d'élaboration du projet de PLU, un débat sur ses orientations générales doit être organisé au plus tard deux mois avant que le projet de PLU ne soit arrêté (C. urb., art. L. 123-9). Ce débat doit se tenir au sein de l'organe délibérant de l'EPCI compétent et des conseils municipaux et au sein du conseil municipal, lorsque le PLU est élaboré par une commune non-membre d'un EPCI compétent (C. urb., art. L. 123-9 et L. 123-18). Ne portant que sur les orientations 246 ■

générales du PADD et non sur le projet de PLU, le débat peut intervenir dès que lesdites orientations sont suffisamment définies. On s'accorde à dire qu'il s'agit là d'un débat sans vote à l'instar de celui que doit avoir le conseil municipal sur les orientations budgétaires dont on indiquera qu'il est insusceptible de recours contentieux (TA Nice, 19 janv. 2007, *Lang c/ Cne Mouans-Sartoux*, n° 0201628 ; *BJDU* 2007, n° 5, concl. F. Dieu). Il constitue néanmoins une formalité substantielle et son absence, comme son éventuelle irrégularité, affecterait la délibération approuvant le PLU.

La tenue de ce débat permet par ailleurs, si les orientations qui y sont exprimées traduisent un état suffisamment avancé du projet, de fonder un sursis à statuer sur les demandes d'autorisation concernant des constructions, installations ou opérations qui seraient de nature à compromettre ou à rendre plus onéreuse l'exécution du futur plan (CE 1er déc. 2006, *Sté GFLBI*, n° 296543, *Constr.-Urb.* 2007. 15, obs. G. Godfrin ; *RDI* 2007. 191, obs. P. S.-C.).

■ 247 *Bilan de la concertation.* La délibération qui arrête le projet de PLU peut simultanément tirer le bilan de la concertation (C. urb., art. L. 300-2 et R. 123-18). Cette délibération ne présente pas un caractère réglementaire (CE 2 févr. 1998, *Assoc. « Les Amis de l'Église Saint-Cœur de Marie de Concarneau »*, n° 160354 ; CAA Marseille 27 déc. 2001, *Daudet et assoc. « Grande Motte 2000 plus »*, n° 00MA01598 et 00MA01601, *RJ envir.* 2002. 518, obs. G. Monédiaire).

B. La délibération arrêtant le projet de PLU

■ 248 Bien que le texte ne le précise pas, le projet arrêté doit nécessairement comporter l'ensemble des pièces qui composent le dossier de PLU, à savoir un rapport de présentation, un projet d'aménagement et de développement durables, des orientations d'aménagement et de programmation, un règlement, des annexes et, le cas échéant, un programme d'orientations et d'actions (ainsi que les documents graphiques accompagnant ces composantes écrites). Cette composition résulte de ce que le projet arrêté va constituer l'un des éléments du dossier soumis à l'enquête publique (C. urb., art. R. 123-19). Elle est, par ailleurs, dictée par le fait que le conseil municipal doit disposer de l'ensemble des éléments composant le dossier du document soumis à son approbation. Celui-ci doit en outre avoir connaissance des avis émis par les collectivités ou organismes associés ou consultés. À défaut, la délibération arrêtant le projet de PLU serait entachée d'illégalité (CE 29 nov. 1993, *Cne Annecy-le-Vieux*, *Lebon* T. 1084 ; *BJDU* 1994. 31, concl. G. Le Chatelier). Il en va du droit de tout membre du conseil municipal d'être informé des affaires de la commune (CGCT, art. L. 2121-13).

La délibération arrêtant le projet de PLU est un acte préparatoire. Il en découle que le recours pour excès de pouvoir est irrecevable à son encontre même à raison de ses vices propres, sauf pour le préfet qui lui, demeure recevable à former contre cet acte un déféré dans le cadre du contrôle de légalité (CE, ass., 15 avr. 1996, *Synd. CGT des hospitaliers de Bédarieux*, *Lebon* 130 ; *AJDA* 1996. 405, chron. J.-H. Stahl et D. Chauvaux). Les vices ayant affecté la délibération arrêtant le projet de PLU peuvent néanmoins être invoqués à l'appui d'un recours dirigé contre la délibération approuvant le document ou sa révision (CE 25 févr. 1998, *Cne Évreux et SCI du Bois-Jolet*, n° 150708 et 150819, *BJDU* 1998. 102, concl. P. Hubert).

Une fois arrêté, le projet de PLU devient un document administratif communicable en application de la loi du 17 juillet 1978 comme cela résulte d'un avis de la commission d'accès aux documents administratifs émis à propos du dossier de POS (CADA 29 juill. 1982, *Michaud*). Au demeurant, ce droit d'accès est expressément rappelé dans l'énoncé des prérogatives des associations locales d'usagers et des associations agréées (C. urb., art. L. 121-5). Le droit à la communication couvre l'ensemble des documents établis à l'occasion de la préparation du projet (CADA, avis, 17 mars 1983, *Bonaimé*; CADA 2 déc. 1982, *Quemin*; CE 11 févr. 1983, *Min. Urbanisme et Logement c/ Assoc. Atelier libre d'urbanisme de la région lyonnaise*, n° 35565; A. Bretonneau, « L'accès aux documents d'état civil, de police administrative et d'urbanisme », *AJCT* 2011. 378).

C. Le régime juridique du projet arrêté

Consultations. Le projet de PLU arrêté est soumis pour avis aux personnes publiques associées à son élaboration. Cela constitue une illustration des prérogatives particulières qui sont les leurs. Par ailleurs, il est soumis, à leur demande, aux communes limitrophes et aux EPCI directement intéressés (sur cette notion, concl. F. Lenica sur CE 3 mars 2008, *Assoc. Bassin d'Arcachon Écologie*, n° 278168; *BJDU* 2008. 356; TA Pau, 26 févr. 1997, n° 951510, *Desbiaux*, *BJDU* 1998. 89, concl. D. Pagès; *AFDUH* 1998. 161, obs. J.-P. Demouveaux et J.-P. Lebreton; CAA Bordeaux, 17 déc. 1998, *Cne Lourdes*, n° 97BX00635, *Constr.-Urb.* 1999.101). Il est également soumis à la commission départementale de la préservation des espaces naturels, agricoles et forestiers prévue à l'article L. 112-1-1 du Code rural et de la pêche maritime qui contribue ainsi à la mise en œuvre de l'objectif de réduction de la consommation des sols et à l'établissement public chargé d'un SCOT dont la commune est limitrophe, lorsqu'elle n'est pas couverte par un tel document. Ces personnes et cette commission donnent un avis dans les limites de leurs compétences propres, au plus tard trois mois après transmission du projet de plan; à défaut, ces avis sont réputés favorables (C. urb., art. L. 123-9). 249 ▪

Lorsque le PLU est élaboré par un EPCI compétent, le projet arrêté est, en outre, notifié pour avis aux communes couvertes par le projet de PLU. Cet avis est donné dans un délai de trois mois. À défaut, il est réputé favorable (C. urb., art. L. 123-18). Le projet doit être transmis dans son intégralité aux conseils municipaux des communes membres (CAA Lyon, 14 mars 2002, *Cnté urb. Lyon*, n° 02LY00292, *RDI* 2002. 278, obs. P. S.-C.). Lorsqu'une commune membre émet un avis défavorable sur les orientations d'aménagement et de programmation ou les dispositions du règlement qui la concernent directement, l'organe délibérant compétent de l'EPCI délibère à nouveau et arrête le projet de PLU à la majorité des deux tiers de ses membres (C. urb., art. L. 123-9).

Évolution du projet arrêté. À ce stade, le PLU n'est encore qu'un projet susceptible d'évoluer. Le conseil municipal pourra donc modifier le projet de PLU arrêté, soit pour tenir compte des avis et observations des personnes consultées ou, le cas échéant, des propositions de la commission de conciliation, soit parce que ces modifications lui apparaissent nécessaires. Ces modifications ne peuvent être le fait que de l'organe délibérant (v. C. urb., art. R. 123-10 ancien: CE 28 avr. 1993, *Gorisse*, *Lebon* T. 1084). Toutefois, si ces modifications devaient être substantielles ou susceptibles d'affecter les intérêts d'une personne publique associée, il conviendrait, comme 250 ▪

cela a été jugé en l'état antérieur du droit, que l'organe délibérant arrête à nouveau le document et qu'il soit procédé à une nouvelle consultation (CE 5 avr. 1993, *Coz*, n° 99656 et 107135).

251 *Publicité.* Le Code de l'urbanisme, particulièrement ses articles R. 123-24 et R. 123-25, n'impose aucune publicité particulière de la délibération qui arrête le projet de PLU. Elle est donc astreinte à un simple affichage en mairie ou au siège de l'EPCI pendant un mois (art. R. 123-18), mais non à une mention dans un journal diffusé dans le département. En effet, une telle publicité ne s'impose pas s'agissant d'un document qui n'est pas opposable aux tiers.

§ 5 L'enquête publique

252 L'enquête publique qui précède la délibération approuvant le PLU constitue le pivot de la seconde phase de l'élaboration du PLU. C'est un moment essentiel dans l'élaboration d'un PLU. L'enquête publique remplit au moins trois fonctions. Elle est d'abord – à l'instar de la concertation – source de démocratie dans le processus d'élaboration du PLU et contribue ainsi à la mise en œuvre du principe constitutionnel d'information et de participation du public aux décisions ayant une incidence sur l'environnement. Ensuite, elle permet également d'apporter un éclairage nouveau sur les choix projetés par l'administration et peut ainsi l'aider à affiner ses décisions. Enfin, en cas de contentieux, l'enquête publique peut faciliter le travail des avocats et du juge.

Le régime de l'enquête publique (C. envir., art. L. et R. 123-1 et s.) a été réformé par la loi n° 2010-788 du 12 juillet 2010 portant engagement national pour l'environnement et le décret n° 2011-2018 du 29 décembre 2011 portant réforme de l'enquête publique relative aux opérations susceptibles d'affecter l'environnement (Y. Jégouzo, « La réforme des enquêtes publiques et la mise en œuvre du principe de participation », *AJDA* 2010. 1812 ; M.-B. Lahorgue, « Quelles avancées pour l'information et la participation du citoyen aux décisions publiques ayant une incidence environnementale ? », *Envir.* 2011. Étude 9 ; B. Delaunay, « De l'enquête publique au débat public. La consultation des personnes intéressées », *JCP* A 2011. 2073 ; J.-C. Hélin, « Une utile rénovation de l'enquête publique environnementale », *AJDA* 2012. 255 ; R. Hostiou, « La loi du 12 juillet 2010 portant engagement national pour l'environnement : les modifications apportées au droit des enquêtes publiques », *Dr. adm.* 2010. Étude 25 ; « L'enquête publique après les textes d'application du *Grenelle II :* Quoi de neuf ? », *JCP* A 2012. 2066).

Il faut étudier l'organisation (A), le déroulement (B) et les suites de l'enquête publique (C), tout en relevant qu'au stade où elle intervient, le projet est déjà un document achevé, doté d'une forte cohérence qu'il pourra sembler difficile de remettre en cause.

A. L'organisation de l'enquête publique

253 *Autorité compétente pour ouvrir et organiser l'enquête et régime de l'enquête.* Le projet de PLU est soumis à enquête publique par le président de l'EPCI compétent ou, le cas échéant, par le maire, suivant le régime prévu aux articles L. 123-3 et R. 123-1 et s. du Code de l'environnement (C. urb., art. L. 123-10 ; C. envir., art. R. 123-19 et L. 123-3).

Le commissaire-enquêteur. L'autorité compétente pour ouvrir et organiser l'enquête saisit, en vue de la désignation d'un commissaire enquêteur ou d'une commission d'enquête le président du tribunal administratif dans le ressort duquel se situe le siège de cette autorité et lui adresse une demande qui précise l'objet de l'enquête ainsi que la période d'enquête proposée. Le président du tribunal administratif ou le magistrat délégué par lui à cette fin désigne dans un délai de quinze jours un commissaire enquêteur ou les membres, en nombre impair, d'une commission d'enquête (C. envir., art. R. 123-5). Les modalités de la désignation du commissaire-enquêteur (ou de la commission d'enquête) visent à garantir son indépendance. Il doit, en outre, faire preuve d'impartialité. Ces deux notions doivent être distinguées car la loi a mis en place un régime d'incompatibilités pour assurer la première (C. envir., art. L. 123-4, L. 123-5 et R. 123-4) de laquelle participe également la nomination par le président du tribunal administratif (C. envir., art. R. 123-5 ; CE 17 juin 1998, *Assoc. de l'amicale des loisirs et du temps libre longevillais*, n° 168977, *BJDU* 1998. 340, concl. J.-Cl. Bonichot) alors que la seconde est exclusivement jurisprudentielle (Ph. Papin, « L'impartialité du commissaire-enquêteur », *CJEG* 1983. 165). 254 ■

Publicité de l'enquête. Publicité de l'avis. Le président de l'EPCI ou, le cas échéant, le maire, doit publier un avis relatif à l'ouverture de l'enquête 15 jours au moins avant qu'elle ne débute et rappelé dans les mêmes termes dans les huit premiers jours de celle-ci (C. envir., art. L. 123-10 et R. 123-11). Toutefois, la circonstance que la réitération de la publicité ne soit pas intervenue dans le délai réglementaire n'est pas sanctionnée, si cette circonstance n'a pas fait obstacle à l'information des intéressés sur l'existence de l'enquête et son déroulement (CE 14 mars 1986, *Brown*, n° 55123 ; CE 17 juin 1998, *Assoc. de défense des propriétaires longevillais*, préc. ; CE 28 juill. 2000, *Port autonome de Nantes-Saint-Nazaire*, n° 135835 ; cette situation relèverait aujourd'hui de la jurisprudence *Danthony* : CE, ass., 23 déc. 2011, *Danthony*, n° 335033, concl. G. Dumortier, *RFDA* 2012, p. 284, suivies d'une note de P. Cassia ; *AJDA* 2012, p. 195, chron. X. Domino et A. Bretonneau). 255 ■

Formes de la publicité. Cette publication doit intervenir sous plusieurs formes (C. envir., art. R. 123-11). D'abord, dans deux journaux régionaux ou locaux diffusés dans le département (CE 4 mars 1991, *Ville Valence*, *Lebon* T. 1248 ; CAA Nantes, 30 déc. 1996, *Michel Le Chaton*, préc. ; CAA Nancy, 29 mars 2001, *Schierenbeck*, n° 97NC00222, *RJ envir.* 2002. 101 ; CE 17 juin 1998, *Assoc. de défense des propriétaires longevillais*, préc.), où elle doit apparaître en caractères apparents (CE 26 oct. 1990, *Kutschera*, *Lebon* T. 1031). Ensuite, l'autorité compétente pour ouvrir et organiser l'enquête doit désigner les lieux où cet avis doit être publié par voie d'affiches et, éventuellement, par tout autre procédé. Cet avis est publié 15 jours au moins avant l'ouverture de l'enquête (sur la preuve de l'affichage : CAA Nantes, 21 juill. 1999, *Cne La Chapelle-Heullin*, n° 97NT00476 ; CAA Nantes, 17 nov. 1999, *Épx Goutallier*, n° 98NT00116, *Constr.-Urb.* 2000. 190, obs. D. Larralde ; CAA Nantes, 22 nov. 2000, *Min. Équipement c/ Bassaisteguy, SCI « La Bergère »*, n° 98NT2745, *RJ envir.* 2002. 102) et pendant toute la durée de celle-ci. Il en résulte que le seul affichage sur des panneaux électroniques est insuffisant eu égard à son absence de continuité (CAA Nantes, 17 nov. 1999, *Goutallier*, préc.). Il en va de même du seul affichage en mairie (CE 19 juin 1992, *Cté de sauvegarde du patrimoine du pays de Montpellier*, *Lebon* 241 ; *RD publ.* 1992. 1508, concl. H. Legal), sauf si un tel affichage est adéquat au regard de la taille et de l'importance démographique de la commune concernée (TA Versailles, 256 ■

27 févr. 1996, *Principi c/ Cne Auvers-sur-Oise*, n° 95912 et 95913, *BJDU* 1996. 454). La simple distribution de prospectus ne suffit pas non plus (TA Poitiers, 17 mars 1993, *Baudoin*, *JCP* N 1994. 246). Enfin, l'avis d'enquête est également publié sur le site internet de l'autorité compétente pour ouvrir et organiser l'enquête, lorsque celle-ci dispose d'un site.

257 *Contenu de l'avis.* L'avis portant l'ouverture de l'enquête publique à la connaissance des administrés doit comporter un grand nombre d'éléments grandement utile pour leur information (C. envir., art. L. 123-10 et R. 123-9). Il s'agit pour l'essentiel de l'objet de l'enquête ; la décision pouvant être adoptée au terme de l'enquête et les autorités compétentes pour la prendre ; le nom et les qualités du commissaire enquêteur, ou des membres de la commission d'enquête, et de leurs suppléants ; les lieux, ainsi que les jours et heures où le public pourra consulter le dossier d'enquête et présenter ses observations sur le registre ouvert à cet effet ou en cas de pluralité de lieux d'enquête, le lieu où toute correspondance relative à l'enquête peut être adressée au commissaire enquêteur ou à la commission d'enquête. L'avis mentionne également les lieux, jours et heures où le commissaire enquêteur ou la commission d'enquête se tiendra à la disposition du public pour recevoir ses observations ; le cas échéant, la date et le lieu des réunions d'information et d'échange envisagées ; la durée et les lieux où, à l'issue de l'enquête, le public pourra consulter le rapport et les conclusions du commissaire enquêteur ou de la commission d'enquête ; l'existence d'une évaluation environnementale, ou, à défaut, d'un dossier comprenant les informations environnementales se rapportant à l'objet de l'enquête, et le lieu où ces documents peuvent être consultés ; l'existence de l'avis de l'autorité administrative de l'État compétente en matière d'environnement ; l'information selon laquelle, le cas échéant, le dossier d'enquête publique est transmis à un autre État, membre de l'Union européenne ou partie à la convention sur l'évaluation de l'impact sur l'environnement dans un contexte transfrontière, signée à Espoo le 25 février 1991, sur le territoire duquel le projet est susceptible d'avoir des incidences notables ; l'identité de la ou des personnes responsables du projet, plan ou programme ou de l'autorité auprès de laquelle des informations peuvent être demandées ; le cas échéant, l'adresse du site internet sur lequel des informations relatives à l'enquête pourront être consultées, ou les moyens offerts au public de communiquer ses observations par voie électronique.

Toutefois, pour essentielles qu'elles soient au regard d'une parfaite information du public, l'absence ou l'insuffisance de l'une ou de l'autre de ces mentions n'est pas invariablement de nature à entacher d'irrégularité la procédure consultative (CAA Paris, 27 mars 2001, *Cne Noisy-le-Roi*, n° 00PA02764 et 00PA02875, *Coll. terr.* 2001. 266, obs. L. Erstein : la désignation du commissaire-enquêteur a pu intervenir après l'arrêté du maire prescrivant l'enquête publique en raison de la publication ultérieure du nom et de la qualité de celui-ci ; CE 7 déc. 1990, *Cne Ampus*, n° 110508 ; CE 19 juin 1992, *Cté de sauvegarde du patrimoine du pays de Montpellier*, n° 88080, *RD publ.* 1992. 1508, concl. H. Legal ; CE 21 sept. 1992, *Assoc. de défense de Juan-les-Pins*, *Lebon* T. 1369 ; CE 2 déc. 1992, *Cne Bény-Bocage*, n° 116013 ; CE 25 sept. 1996, *Synd. des copropriétaires de l'immeuble 75-77 rue Dutot,* n° 109754, *Lebon* 352 ; CE 28 juill. 2000, *Port autonome de Nantes-Saint-Nazaire,* préc.). Le pragmatisme du juge trouve cependant sa limite lorsqu'il lui apparaît que l'insuffisance de la publicité ne permet pas de regarder le public comme ayant été mis à même de présenter ses observations (CE 19 févr. 1997, *Cne Echirolles*, *Lebon* T. 1117 ; CE 28 oct. 1998, *Caen*, n° 156627 ; CAA

Paris, 13 juin 2002, *de Batz et a.*, n° 00PA2385, 00PA2386, 00PA2411, 00PA2420, 00PA2520 et 00PA2561).

Droit à la communication. Toute personne peut, sur sa demande et à ses frais, obtenir communication du dossier d'enquête publique auprès de l'autorité compétente pour ouvrir et organiser l'enquête dès la publication de l'arrêté d'ouverture de l'enquête (C. urb., art. R. 123-9). 258 ■

Information des communes. Un exemplaire du dossier soumis à enquête est adressé pour information, dès l'ouverture de l'enquête, au maire de chaque commune sur le territoire de laquelle le projet est situé et dont la mairie n'a pas été désignée comme lieu d'enquête. Mais s'agissant du PLU, cette formalité est réputée satisfaite dès lors que les conseils municipaux concernés ont été consultés en application de la réglementation de l'urbanisme (C. envir., art. R. 123-12) 259 ■

B. Le déroulement de l'enquête publique

*Composition du dossier. Le dossier soumis à enquête doit évidemment comporter le projet de PLU tel qu'il a arrêté par l'autorité compétente, avec toutes ses composantes (C. urb. art. L. 123-10 et R. 123-19). La jurisprudence récente fait toutefois montre d'indulgence en admettant que si des amendements ont été apportés au projet, l'absence de consultation nouvelle des personnes publiques associées ne vicie pas nécessairement le document (*CE 26 févr. 2014, *Blanc et Société Gestion camping-caravaning*, n° 351202, *rec.* T., *BJDU* 3/2014, p. 198, concl. A Lallet et obs. X. de L.). *Il doit également comporter, en annexe,* les avis recueillis en application des articles L. 121-5, L. 123-8, L. 123-9, et, le cas échéant, du premier alinéa de l'article L. 123-6 (même article ; v. *supra*, les consultations... ; CE 29 nov. 1993, *Cne Annecy-le-Vieux*, n° 141350, *BJDU* 1994. 35, concl. G. Le Chatelier : sur l'avis de l'État ; CE 4 déc. 1995, *Cne Salses-le-Château*, n° 157968, *BJDU* 1995. 490 ; *RDI* 1996. 200, note Y. Gaudemet et L. Touvet). L'absence des avis des personnes publiques associées entache d'illégalité le document (CAA Nancy, 10 oct. 2013, *M. A. c. Commune de Trigny*, n° 12NC01726, *Environnement* 12/2013, n° 87, comm. D. Gillig ; CAA Marseille, 5 déc. 2013, *Commune de Venelles*, n° 12MA00521, *Environnement* 2/2014, n° 19, comm. D. Gillig). En vertu de l'article R. 123-8 du code de l'environnement (auquel renvoie l'art. R. 123-19 du Code de l'urbanisme), le dossier soumis à l'enquête doit contenir tout une série d'éléments d'information, notamment l'étude d'impact et son résumé non technique ou l'évaluation environnementale et son résumé non technique, et, le cas échéant, la décision d'examen au cas par cas de l'autorité administrative de l'État compétente en matière d'environnement ; en l'absence d'étude d'impact ou d'évaluation environnementale, une note de présentation précisant les coordonnées du responsable projet de plan, l'objet de l'enquête, les caractéristiques les plus importantes du plan et présentant un résumé des principales raisons pour lesquelles, notamment du point de vue de l'environnement, le projet soumis à enquête a été retenu ; la mention des textes qui régissent l'enquête publique en cause et l'indication de la façon dont cette enquête s'insère dans la procédure d'élaboration du plan, ainsi que la ou les décisions pouvant être adoptées au terme de l'enquête et les autorités compétentes pour prendre la décision d'autorisation ou d'approbation ; les avis rendus à titre obligatoire sur le projet ; et le bilan de la concertation. Enfin, le dossier peut être complété des informations ayant 260 ■

été données par le préfet dans le cadre du porter à connaissance (C. urb., art. R. 123-19 et R. 121-1).

261 *Sincérité de la consultation.* Le juge s'assure que le dossier comporte l'ensemble des éléments qui doivent être soumis à l'enquête. Ainsi, l'omission de l'un d'entre eux est susceptible d'affecter la légalité du document (CE 30 mai 1994, *Cté écologique perpignanais*, n° 129281 ; CE 8 juin 1994, *Vigier*, n° 096571, *RDI* 1994. 647). De même, l'enquête est irrégulière lorsqu'elle a porté sur un dossier comportant des erreurs, à moins qu'elles n'aient pas vicié la procédure consultative (CE 25 sept. 1996, *Synd. des copropriétaires de l'immeuble 75-77 rue Dutot*, préc.). De même, à propos de la modification d'un POS, le juge a été amené à sanctionner un dossier insuffisamment explicite sur la portée du changement apporté à la rédaction du préambule du règlement d'une zone (CE 30 janv. 1995, *Cne Orsay*, n° 138086 à 138129, *BJDU* 1995. 26, concl. S. Fratacci). Cependant, plus sensible aux considérations liées à la sécu juridique, le juge se montre moins sévère dans la période récente. Ainsi, la Cour administrative d'appel de Bordeaux a par exemple jugé, faisant application de la jurisprudence *Danthony,* que l'incomplétude temporaire du dossier d'enquête publique sur un projet de PLU ne vicie pas la procédure d'élaboration de ce document dès lors qu'il n'est pas établi que l'irrégularité en cause a été susceptible d'exercer, en l'espèce, une influence sur le sens de la décision prise ou d'avoir privé les personnes intéressées des garanties auxquelles elles ont droit (CAA Bordeaux, 10 janv. 2013, *M. Saint Marc*, n° 12BX00047, *AJDA* 2013, p. 723).

262 *Sérieux de la consultation.* Il est d'abord garanti par le juge qui s'assure que la période choisie pour l'enquête qui relève du pouvoir discrétionnaire des autorités publiques a néanmoins permis au public de présenter effectivement ses observations. Au demeurant, ce moyen, fréquemment invoqué, est le plus souvent rejeté (CE 23 juin 1967, *Synd. des propriétaires, commerçants et habitants du quartier de la Charité*, *CJEG* 1968. 128, note P. Magnier ; CE 5 juin 1981, *Assoc. fédérative régionale pour la protection de la nature*, n° 21346 et 21585 ; *CJEG* 1981. 158, concl. Y. Robineau ; *RD publ.* 1992. 253, chron. J.-M. Auby ; CE 10 mars 1995, *Union dptale pour la sauvegarde de la vie, de la nature et de l'environnement dans le Var*, *Lebon* 129 ; CE 11 juin 1997, *Félix*, n° 138665 et 138770, AFDUH 1998. 104).

263 *Durée de l'enquête.* Le sérieux de la consultation est par ailleurs garanti par la durée de l'enquête, fixée par l'autorité compétente pour ouvrir et organiser l'enquête, qui ne peut être inférieure à 30 jours et ne peut excéder deux mois, sauf décision motivée du commissaire-enquêteur qui peut prolonger l'enquête pour une durée maximale de 30 jours, notamment lorsqu'il décide d'organiser une réunion d'information et d'échange avec le public durant cette période de prolongation de l'enquête (C. envir., art. L. 123-9 et R. 123-6). Le juge exerce son contrôle sur l'effectivité de cette durée minimale (CE 6 juill. 1977, *Cne Saint-Paul-les-Trois-Châteaux*, *Lebon* 860 ; CE 29 juin 1990, *Poncin*, n° 75945, *Lebon* T. 818 ; CE 21 janv. 1991, *Ferrut*, n° 81159). Par ailleurs, les jours et heures, ouvrables ou non, où le public pourra consulter un exemplaire du dossier et présenter ses observations sont fixés de manière à permettre la participation de la plus grande partie de la population, compte tenu notamment de ses horaires normaux de travail. Ils comprennent au minimum les jours et heures habituels d'ouverture au public de chacun des lieux où est déposé le dossier ; ils

peuvent en outre comprendre des heures en soirée ainsi que plusieurs demi-journées prises parmi les samedis, dimanches et jours fériés (C. envir., art. R. 123-10).

Suspension de l'enquête. Pendant l'enquête publique, si le président de l'EPCI ou, le cas échéant, le maire estime nécessaire d'apporter des modifications substantielles au projet de PLU, il peut, après avoir entendu le commissaire enquêteur, suspendre l'enquête pendant une durée maximale de six mois. Cette possibilité de suspension ne peut être utilisée qu'une seule fois. Pendant ce délai, le nouveau projet, accompagné du rapport environnemental intégrant ces modifications, est transmis pour avis à l'autorité administrative de l'État compétente en matière d'environnement. À l'issue de ce délai et après que le public a été informé des modifications apportées, l'enquête est prolongée d'une durée d'au moins 30 jours (C. envir., art. L. 123-14-I). 264 ■

Utilité de l'enquête : émission et prise en compte des observations du public. L'enquête publique a, concernant un projet de PLU, essentiellement pour objet d'assurer l'information et la participation du public (C. envir., art. L. 123-1). Ainsi, pendant la durée de l'enquête, le public peut consigner ses observations, propositions et contre-propositions sur le registre d'enquête, tenu à sa disposition dans chaque lieu où est déposé un dossier. Les observations, propositions et contre-propositions peuvent également être adressées par correspondance au commissaire enquêteur au siège de l'enquête, et le cas échéant, selon les moyens de communication électronique indiqués dans l'arrêté d'ouverture de l'enquête (C. envir., art. R. 123-13). Le commissaire-enquêteur peut également procéder à des visites de lieux (C. envir. art. R. 123-15) auditionner toute personne ou service qu'il lui paraît utile de consulter (C. envir., art. R. 123-16) et demander l'organisation d'une réunion publique (C. envir., art. R. 123-17). 265 ■

Le préfet est lui aussi en droit de formuler les observations au cours de l'enquête publique (CE 30 nov. 2007, *Min. Transports, Équipement, Tourisme et Mer c/ Chevrand et Padilla*, n° 284721, *Constr.-Urb.* 2008. 9, obs. G. Godfrin ; *BJDU* 2007. 350, concl. L. Olléon ; *RDI* 2008. 164, obs. P. S.-C.).

Depuis la réforme de l'enquête publique opérée par la loi ENE, les observations et propositions recueillies au cours de l'enquête doivent être prises en considération par le maître d'ouvrage et par l'autorité compétente pour prendre la décision (C. envir., art. L. 123-1). L'utilité de l'enquête est donc directement déterminée par la manière dont les observations du public sont reprises par le commissaire-enquêteur et par leur portée (CE 13 oct. 1995, *Laruelle*, n° 157019 : à propos d'erreur dans le rapport). Ainsi, à l'issue de l'enquête publique, il a un double rôle. Il doit d'abord faire une synthèse fidèle des observations du public et une analyse des propositions et contre-propositions produites durant l'enquête (C. envir., art. L. 123-15). Il n'est cependant pas tenu de répondre à toutes les observations qui lui sont présentées (CE 12 juill. 1993, *Murtin*, n° 90958). Il doit, par ailleurs, consigner dans un document séparé, ses conclusions motivées, en précisant si elles sont favorables avec ou sans réserves ou défavorables au projet (CE 5 mars 1997, *Synd. intercnal pour les études et l'aménagement de l'agglomération boulonnaise*, n° 169507, *RDI* 1997. 422, obs. J. Morand-Deviller et L. Touvet ; CAA Nantes, 22 nov. 2000, *Min. Équipement c/ Bassaisteguy*, n° 98NT2745, *RJ envir.* 2002. 103 ; CAA Nantes 29 juin 2001, *Raffaud*, *ibid.* p. 104. Sur le contrôle du juge de cassation relativement au caractère favorable ou défavorable des conclusions : CE 11 juin 1999, *Dpt Savoie*, n° 172897). Il n'est cependant pas tenu de faire sienne l'opinion, même unanime, des intéressés (CE 10 juill. 1968, *Troussier*, *Lebon*

T. 971 ; *AJDA* 1969. 109, note A. Homont). En résumé : il n'est pas tenu de répondre à chacune des observations présentées lors de l'enquête, mais il doit indiquer, au moins sommairement, en donnant son avis personnel, les raisons qui déterminent le sens de son avis (CE 20 mars 1985, *Cne Morigny-Champigny*, n° 47682, *Lebon* 660 ; CE 14 juin 2002, *Cne Gemenos*, n° 228530).

■ 266 Le commissaire-enquêteur dispose d'un délai d'un mois pour transmettre à l'autorité compétente pour organiser l'enquête le dossier de l'enquête accompagné du ou des registres et pièces annexées, avec le rapport et ses conclusions motivées, en précisant si elles sont favorables, favorables sous réserves ou défavorables au projet. Il transmet simultanément une copie du rapport et des conclusions motivées au président du tribunal administratif. Ce délai peut être prolongé à la demande du commissaire-enquêteur. Mais si à son expiration, il n'a pas remis son rapport et ses conclusions motivées, ni justifié d'un motif pour le dépassement du délai, l'autorité compétente pour organiser l'enquête peut, après une mise en demeure restée infructueuse, demander au président du tribunal administratif de dessaisir le commissaire enquêteur et de lui substituer son suppléant ou un nouveau commissaire enquêteur. Celui-ci doit, à partir des résultats de l'enquête, remettre le rapport et les conclusions motivées dans un maximum de 30 jours à partir de sa nomination (C. envir., art. L. 123-15 et R. 123-19). La remise du rapport épuise la compétence du commissaire-enquêteur (CE 17 janv. 1990, *Witry-les-Reims*, *Lebon* T. 1030).

■ 267 Le manquement du commissaire-enquêteur à l'obligation qui est la sienne de formuler un avis personnel motivé peut être de nature à entacher d'illégalité la délibération approuvant le PLU (CAA Lyon, 28 juill. 2003, *Albertin,* n° 98LY01346, *RJ envir.* 2004. 84, note Hostiou ; CAA Douai, 17 mars 2005, *Assoc. Vie et paysages, Cne Rozoy-Bellevalle*, n° 03DA00544, *RJ envir.* 2006. 74, note Hostiou). Mais un tel manquement peut aussi être absous par application de la jurisprudence *Danthony* (CAA Paris, 13 juin 2013, n° 12PA05113, *Commune de Pommeuse, RDI* 2013.546, obs. P. S-C). En cas d'action en responsabilité, le préjudice qui en résulte n'est cependant pas imputable à l'État, mais à la seule collectivité en charge du PLU (CAA Lyon, 31 mai 2011, n° 09LY02412, *JCP* A 2011. 2340, note J-C. Hélin et R. Hostiou ; *RDI* 2011. 635, obs. P. S.-C.).

C'est pourquoi, si à la réception des conclusions, l'autorité compétente pour organiser l'enquête, constate que l'insuffisance ou le défaut de motivation de ces conclusions est susceptible de constituer une irrégularité dans la procédure, elle peut en informer le président du tribunal administratif dans un délai de 15 jours, par lettre d'observation. Si l'insuffisance ou le défaut de motivation est avéré, celui-ci dispose de 15 jours pour demander au commissaire enquêteur de compléter ses conclusions. En l'absence d'intervention de la part du président du tribunal administratif, la demande est réputée rejetée. Cette décision n'est pas susceptible de recours. Par ailleurs, dans un délai de 15 jours à compter de la réception des conclusions du commissaire enquêteur, le président du tribunal administratif peut également intervenir de sa propre initiative auprès de leur auteur pour qu'il les complète, lorsqu'il constate une insuffisance ou un défaut de motivation de ces conclusions susceptible de constituer une irrégularité dans la procédure. Le commissaire enquêteur est tenu de remettre ses conclusions complétées à l'autorité compétente pour organiser l'enquête et au président du tribunal administratif dans un délai d'un mois (C. urb., art. R. 123-20).

Une copie du rapport et des conclusions est communiquée par le président de l'EPCI compétent ou, le cas échéant, le maire au préfet pour y être sans délai tenue à la disposition du public pendant un an à compter de la date de clôture de l'enquête. Lorsqu'elle a publié l'avis d'ouverture de l'enquête sur son site internet, l'autorité compétente pour organiser l'enquête publique peut mettre le rapport et les conclusions du commissaire enquêteur ou de la commission d'enquête sur ce même site mais doit néanmoins le tenir à la disposition du public (C. urb., art. R. 123-21).

Le Conseil d'État avait jugé que l'obligation de tenir à la disposition du public le rapport et les conclusions du commissaire enquêteur n'impose pas au conseil municipal ou à l'organe délibérant de l'EPCI de recueillir les observations du public sur ces documents avant d'approuver le POS. Dans ces conditions, une délibération procédant à cette approbation ne pouvait être regardée comme illégale du seul fait qu'elle était intervenue dès la réception par le maire du rapport et des conclusions et avant que ces documents ne soient mis à la disposition du public (CE 19 déc. 2007, *Cne Ungersheim*, n° 281803, *Lebon* T. 1118 ; *BJDU* 2008. 185, concl. T. Olson ; *RDI* 2008. 54, obs. P. S.-C.). Telle n'avait pas été la solution retenue par la Cour dans cette dernière affaire, ni plus récemment par la Cour administrative d'appel de Lyon pour laquelle s'il est vrai qu'aucune disposition n'impose au conseil municipal de recueillir les observations du public sur le rapport et les conclusions du commissaire-enquêteur avant l'approbation du projet des documents d'urbanisme, aucune disposition ne fait toutefois, à l'inverse, obstacle à ce que le public présente des observations sur les résultats de l'enquête, ne serait-ce que pour alerter les auteurs du projet sur des erreurs matérielles ; que, par suite, l'obligation d'information immédiate du public sur les résultats de l'enquête constitue un élément substantiel des règles régissant l'organisation des enquêtes publiques dont la méconnaissance entache d'illégalité la délibération qui à l'issue de cette procédure, approuve la révision d'un PLU (CAA Lyon, 30 nov. 2010, n° 08LY02380, *Envir.* 2011. 23, note D. Gillig ; *JCP* A 2011. 2122, note M. Moritz). Par conséquent, il serait prudent que l'approbation du PLU n'intervienne pas avant la mise à disposition du public du rapport et des conclusions du commissaire-enquêteur. 268 ■

C. Les suites de l'enquête publique

Il faut ici examiner les marges de manœuvre dont dispose l'autorité administrative compétente consécutivement à l'enquête publique. À cet égard, il faut d'abord rappeler que l'enquête publique est une procédure purement consultative. L'autorité compétente pour élaborer le PLU n'est donc, en aucun cas, liée par l'avis du commissaire-enquêteur. Ainsi, un avis défavorable n'a pas, en lui-même, d'incidence sur la poursuite de l'élaboration du document. Toutefois, un tel avis est, le cas échéant, de nature à rendre plus aisé le prononcé d'une suspension. En effet, le juge administratif, saisi par la voie du référé, d'une demande de suspension d'une décision prise après des conclusions défavorables du commissaire-enquêteur, lui fait droit si elle comporte un moyen propre à créer, en l'état de l'instruction, un doute sérieux quant à la légalité de celle-ci. La condition tenant à l'urgence n'est donc pas requise (C. envir., art. L. 123-16 repris à CJA, art. L. 554-12). 269 ■

En deuxième lieu, l'autorité compétente ne peut modifier le projet soumis à l'enquête publique que pour tenir compte des observations du public et du rapport du commissaire-enquêteur, mais également des avis qui ont été joints au dossier

(C. urb., art. L. 123-10 ; CE 12 mars 2010, *Lille Métropole Cnté urb.*, n° 312108, *Lebon* T. 1012 ; *BJDU* 2010. 6, concl. E. Geffray ; *AJDA* 2010.1546, note L. Desfonds ; *RDI* 2010.402, obs. P. S-C. ; CE 4 juin 2014, n° 365236, *Périllat-Amédée,* Rec. T., *Constr.-urb.* 7-8/2014, n° 93, comm. L. Santoni ; *Environnement* 8-9/2014, n° 65, comm. D. Gillig : en l'espèce, la modification du zonage n'avait pas été demandée par le propriétaire du terrain, mais était la conséquence logique de la décision de faire droit aux demandes de changement de zonage). On rappellera à cet égard que le préfet lui-même peut déposer des observations à l'enquête publique (CE 30 nov. 2007, *Min. Transports, Équipement, Tourisme et Mer c/ Chevrand et Padilla*, req. n° 284721, *BJDU* 2007. 350, concl. L. Olleon ; *Constr.-Urb.* 2008, n° 9, obs. G. Godfrin ; *RDI* 2008. 164, obs P.S.-C), mais non la commune auteur du document (CAA Versailles, 6 juin 2013, *Commune de Montrouge*, n° 11VE02069, *AJDA* 1/2014.57, note I. Agier-Cabanes ; *RDI* 2013.605, obs. P. S-C ; CAA Bordeaux, 17 juill. 2013, *Association Qualité de vie sanilhacoise*, n° 11BX03249 ; *Environnement* 11/2013, n° 77, comm. D. Gillig).

En troisième lieu, les modifications concernées ne doivent pas porter atteinte à l'économie générale du projet soumis à enquête publique (CE 20 mai 1966, *Pouvillon*, *Lebon* 355, concl. G. Braibant, précisant en outre que les modifications envisagées doivent être conformes à l'intérêt général, ce qui interdit par exemple une modification de zonage ne concernant qu'une parcelle ; CE 6 nov. 1995, *Clément*, n° 149220 ; CE 25 nov. 1998, *Chevalier*, n° 163902, *BJDU* 1999. 36, concl. Ch. Maugüé ; CE 12 mars 2010, *Lille Métropole Cnté urb.*, n° 312108, préc.). La notion d'économie générale n'est définie ni par les textes, ni par la jurisprudence. Cette dernière considère qu'il y a atteinte à l'économie générale du document lorsqu'il résulte des modifications qui lui sont apportées « une inflexion sensible du parti d'urbanisme initialement retenu » (CE 7 janv. 1987, *Duplaix*, n° 65201, 65202, 65203 et 65205, *AJDA* 1987. 431, obs. J.-B. Auby ; CE 17 juin 1996, *Épx Chailloux*, n° 155771 ; CE 10 nov. 1997, *Murtin*, n° 129155 ; CAA Paris 19 déc. 1996, *Cne Orsay*, n° 95PA00124 et 95PA00553). L'exigence selon laquelle les amendements réalisés postérieurement à l'enquête ne doivent pas porter atteinte à l'économie générale du document s'applique même si elles sont imposées par la nécessité d'assurer le respect de dispositions législatives, comme les lois « Montagne » ou « Littoral » (CE 1er juin 1984, *Assoc. de défense des propriétaires de Saint Gervais*, *Lebon* 198 ; CE 4 janv. 1995, *Cne Narbonne c/ Arditi*, n° 153533), ou de prendre en compte une servitude d'utilité publique (v. par analogie, CE 14 mars 2003, *Assoc. syndicale du lotissement des rives du Rhône*, n° 235421, *Constr.-Urb.* 2003. 185, obs. Ph. Benoit-Cattin ; *Coll. terr.* 2004. 11, obs. Ph. Benoit-Cattin ; *BJDU* 2003. 24, concl. J.-H. Stahl ; *RDI* 2003. 367, obs. A. Robineau-Israel). Dans tous ces cas, il y a en principe lieu de procéder à une nouvelle enquête après que le conseil municipal aura arrêté à nouveau le document (CE 14 mars 2003, *Assoc. Synd. du lotissement des rives du Rhône*, préc.). Mais la réforme des enquêtes publiques a apporté des aménagements à cette obligation. Lorsqu'au vu des conclusions du commissaire enquêteur, le président de l'EPCI ou, le cas échéant, le maire estime souhaitable d'apporter au projet de PLU des changements qui en modifient l'économie générale, il peut ouvrir une enquête complémentaire portant sur les avantages et inconvénients de ces modifications pour le projet et pour l'environnement. Avant l'ouverture de l'enquête publique complémentaire, le nouveau projet accompagné du rapport environnemental intégrant ces modifications, est transmis pour avis à l'autorité administrative de l'État compétente en matière d'environnement (C. urb., art. L. 123-14, II).

Les spécificités concernant les ZAC. L'article R. 123-19 du Code de l'urbanisme précise que l'enquête publique relative au PLU peut valoir enquête préalable à la déclaration d'utilité publique des opérations, acquisitions ou expropriations prévues à ce plan à l'intérieur d'une ZAC. Pour ce faire, il est toutefois nécessaire que le dossier soumis à l'enquête (réalisée suivant le régime prévu par le code de l'environnement) comporte les pièces mentionnées à l'article R. 112-4 ou à l'article R. 112-5 du Code de l'expropriation. 270 ■

§ 6 L'approbation du PLU

La délibération. Après l'enquête publique, le PLU est approuvé par délibération de l'organe délibérant de l'EPCI compétent ou, le cas échéant, du conseil municipal (C. urb., art. L. 123-10). Il convient ici de prendre particulièrement garde à respecter les conditions de légalité propres à cette délibération, notamment celles relatives à la convocation et à l'information des conseillers municipaux (CAA Paris 1er juin 2004, *Desplanques*, préc. ; CAA Marseille, 19 juill. 2013, *Commune de Trans en Provence*, n° 11MA001158 ; *Environnement* 11/2013, n° 78, comm. D. Gillig). Depuis la loi ALUR, il est prévu que l'approbation par un EPCI doit être précédée d'une conférence intercommunale rassemblant les maires des communes membres, au cours de laquelle sont présentés les avis qui ont été joints au dossier, les observations du public et le rapport du commissaire ou de la commission d'enquête. Par ailleurs, lorsque le PLU est approuvé par une métropole, y compris la métropole de Lyon, le conseil de la métropole l'approuve à la majorité simple des votes exprimés. 271 ■

Précisons que lorsque le projet d'élaboration, de modification ou de révision du PLU a pour objet ou pour effet de modifier les règles d'urbanisme applicables à l'intérieur d'un périmètre de ZAC créée à l'initiative d'une personne publique autre que l'autorité compétente en matière de PLU, l'avis de cette personne publique est requis préalablement à l'approbation du PLU. Lorsque la ZAC a été créée à l'initiative d'un EPCI, cette approbation ne peut intervenir qu'après avis favorable de cet établissement public (C. urb. art. L. 123-16). Dans le premier cas, l'avis est réputé émis en l'absence de réponse à l'expiration d'un délai de trois mois suivant la saisine de la personne publique. Dans le second, le silence gardé par l'EPCI pendant le même délai vaut rejet (art. R. 123-20). Il s'agit donc d'une prérogative importante.

Les mesures de publicité. La délibération approuvant le PLU fait l'objet de mesures de publicité renforcées (C. urb., art. R. 123-24 et R. 123-25). Elle est affichée pendant un mois au siège de l'EPCI compétent et dans les mairies des communes membres concernées ou en mairie si le PLU est élaboré par la commune (v. concl. Ch. Maugüé sur CE, sect., 28 juin 1996, *Féd. pour les espaces naturels et l'environnement catalan*, n° 160434, *BJDU* 1996. 366 ; *Lebon* 253). En outre, mention de cet affichage est insérée en caractères apparents (CE 26 oct. 1990, *Kutschera*, *Lebon* T. 1031) dans un journal diffusé dans le département (CE 4 mars 1991, *Ville Valence*, *Lebon* T. 1248 ; CAA Nantes, 30 déc. 1996, *Le Chaton*, préc. ; CE 20 mars 1998, *Cne Coulommes*, *Lebon* 101). Elle est également publiée au recueil des actes administratifs mentionné, soit à l'article R. 2121-10, soit à l'article 5211-41 du Code général des collectivités territoriale, selon qu'il s'agit d'une délibération du conseil municipal d'une commune de 3 500 habitants et plus, ou d'une délibération de l'organe délibérant d'un EPCI comportant au moins une commune de 3 500 habitants et plus. Chacune de ces 272 ■

formalités indique le ou les lieux où le dossier peut être consulté. Le plan est, en outre, tenu à la disposition du public (C. urb., art. L. 123-10).

273 *L'entrée en vigueur du PLU.* La délibération approuvant le PLU d'une commune dont le territoire est couvert par un SCOT produit ses effets juridiques, après qu'elle a été publiée et transmise au contrôle de légalité dans les conditions définies aux articles L. 2131-1 et L. 2131-2 du Code général des collectivités territoriale. La date à prendre en compte pour l'affichage est celle du premier jour où il a été effectué (C. urb., art. R. 123-25). Lorsque le territoire de la commune n'est pas couvert par un SCOT, l'acte publié approuvant le PLU ne devient exécutoire que dans le délai d'un mois suivant sa transmission au préfet dans les conditions définies par les dispositions précitées du Code général des collectivités territoriale. Dans ce délai, le préfet peut notifier à l'EPCI ou à la commune les modifications qu'il estime nécessaire d'apporter au plan au regard d'un certain nombre d'intérêts énumérés par le législateur. Dans ce cas, le PLU ne devient exécutoire qu'après l'intervention, la publication et la transmission au préfet des modifications demandées (C. urb., art. L. 123-12). Le Conseil d'État a considéré que la question de la conformité de ce dispositif au principe de libre administration des collectivités territoriales ne présentait pas un caractère sérieux (CE 15 oct. 2014, *Min. du Logement et de l'Egalité des territoires c. Commune de Privas*, n° 377088, *AJDA* 2014.2342).

section 2

Le contenu du plan local d'urbanisme

274 La loi ALUR du 24 mars 2014 a modifié assez considérablement les dispositions du Code de l'urbanisme relatives au contenu des PLU. Une difficulté à l'heure actuelle tient néanmoins à ce que les dispositions réglementaires du Code de l'urbanisme ayant le même objet n'ont pas encore été mises en harmonie avec les nouvelles normes législatives. Celles qui sont incompatibles avec celles-ci doivent d'ores et déjà être considérées comme implicitement abrogées. Les autres demeurent applicables, tant qu'elles n'ont pas été modifiées. Enfin, certaines habilitations législatives nouvelles n'ont pas encore leur traduction réglementaire, ce qui ne fait pas nécessairement obstacle à leur application (la jurisprudence administrative sur cette question est casuistique), mais rend nécessairement malaisée leur mise en œuvre.

Un premier hiatus concerne les dispositions qui énumèrent les composantes du PLU (C. urb. art. L. 123-1 I, L. 123-1-1-1 et R. 123-1), auxquels la loi ALUR a jouté des composantes dans le cas où ils sont élaborés par une intercommunalité. Mais le contenu « minimal » du PLU n'a pas été modifié. Ainsi, un PLU comprend toujours un rapport de présentation (§ 1), un projet d'aménagement et de développement durables (§ 2), des orientations d'aménagement et de programmation (§ 3), un règlement (§ 4) et des annexes (§ 5), chacun de ces éléments étant susceptible de comporter un ou plusieurs documents graphiques, ce qui sera nécessairement le cas du règlement et souvent celui des orientations d'aménagement et de programmation ainsi que des annexes. Outre ce contenu « minimal », certains PLU peuvent comporter des éléments supplémentaires, en particulier lorsqu'ils sont élaborés dans le cadre d'une intercommunalité (§ 6). On s'attachera à présenter le contenu de chacune de ces composantes du PLU, mais également sa valeur juridique et plus spécifiquement son opposabilité aux demandes d'autorisation d'urbanisme.

§ 1 Le rapport de présentation

Le rapport de présentation a longtemps été négligé par les auteurs des POS. Cette situation était d'autant plus regrettable qu'il joue un rôle essentiel dans la compréhension du document d'urbanisme dans son ensemble. C'est pourquoi la pratique et la jurisprudence s'étaient efforcées d'inciter les auteurs des POS à prêter davantage de soin à son élaboration, et ce mouvement a été poursuivi par le législateur depuis le début des années 2000. Afin de bien mesurer l'importance de cette composante du PLU, il convient d'en présenter non seulement le contenu (A), mais également les fonctions (B) et les effets (C). 275 ■

A. Le contenu du rapport de présentation

Le contenu minimal du rapport de présentation a été modifié et complété de manière importante par la loi SRU. Les lois qui ont suivi, et en dernier lieu la loi ALUR, n'ont pas contribué à l'alléger. C'est d'autant plus regrettable qu'outre son contenu « minimal », le rapport de présentation du PLU doit parfois, au surplus, contenir une évaluation environnementale spécifique. Enfin, on se permettra quelques observations critiques, après avoir signalé l'existence d'un contenu facultatif. 276 ■

Le contenu minimal du rapport de présentation. Le contenu du rapport de présentation est réglementé par les articles L. 123-1-2 (complété par la loi ALUR) et R. 123-2 du Code de l'urbanisme. Il en résulte que le rapport de présentation doit d'abord exposer le diagnostic établi sur le territoire que couvre le PLU au regard des prévisions économiques et démographiques et des besoins répertoriés en matière de développement économique, de surfaces et de développement agricoles, de développement forestier, d'aménagement de l'espace, d'environnement, notamment en matière de biodiversité, d'équilibre social de l'habitat, de transports, de commerce, d'équipements et de services (v. *supra...*). Cette obligation ne constitue pas une véritable innovation, mais les éléments à intégrer dans le diagnostic sont de plus en plus nombreux. Il ne fait donc guère de doute que, comme par le passé, le juge administratif sanctionnerait un diagnostic qui ferait état de données erronées ou obsolètes dès lors qu'elles présenteraient un caractère substantiel, c'est-à-dire qu'elles auraient été de nature à influer sur la détermination du parti d'urbanisme (CE 30 oct. 1995, *Assoc. « Le cadre de vie des Bruyérois »*, n° 153777 ; *BJDU* 1995. 376, concl. J. Arrighi de Casanova ; CE 11 déc. 1996, *Assoc. pour la protection et l'amélioration du cadre de vie à Bourg-la-Reine*, n° 155253 ; CE 15 mai 2013, *Cne de Gurmençon*, 340554). 277 ■

Ensuite, le rapport de présentation a une fonction justificatrice et explicative (et donc herméneutique) importante. Il doit en effet expliquer les choix retenus pour établir le PADD et justifier les objectifs qui y sont exprimés au regard des objectifs de consommation de l'espace fixés, le cas échéant, par le SCOT et au regard des dynamiques économiques et démographiques. En outre, il lui revient d'exposer les motifs de la 278 ■

délimitation des zones, ainsi que des règles et des orientations d'aménagement et de programmation qui y sont applicables, notamment au regard des objectifs et orientations du PADD. Il s'agit là d'une nouveauté issue de la loi SRU, qui a voulu contraindre les auteurs des documents locaux d'urbanisme à mettre en perspective les moyens et les fins. L'article R. 123-2 du Code de l'urbanisme précise encore que le rapport de présentation doit justifier l'institution des secteurs des zones urbaines où les constructions ou installations d'une superficie supérieure à un seuil défini par le règlement sont interdites en application du a de l'article L. 123-2. Mais à vrai dire, cette précision n'était pas indispensable car ce sont en définitive toutes les servitudes d'urbanisme instituées (sous forme de règles ou d'orientations) par le PLU qui doivent être justifiées dans le rapport de présentation. Et il est évident que plus la contrainte sur le droit de propriété est importante, plus la justification doit être solide. Il ne serait pas aberrant que le juge considère illégales les règles dont l'existence ne serait pas spécifiquement justifiée au regard d'un but d'urbanisme.

Dans la même perspective, l'article R. 123-2 prévoit qu'en cas de modification, de révision ou de mise en compatibilité du PLU, le rapport de présentation doit être complété par l'exposé des motifs des changements apportés (CE 27 juill. 2005, *Belin*, n° 228554 ; *RDI* 2006. 465, obs. P.S.-C. : sur le contenu du rapport de présentation consécutivement à une annulation ; CE 17 juill. 2013, *SFR*, n° 350380, *BJDU* 6/2013, p. 435, concl. A. Lallet et obs. J. T. ; *Constr.-urb.* 10/2013, n° 130, comm. L. Santoni ; *AJDA* 2013, p. 2326, note J.-B. Sibileau).

279 Enfin, le rapport de présentation doit comporter toute une série d'éléments qui vont lui donner une coloration environnementale marquée. Ainsi lui revient-il, classiquement, d'analyser l'état initial de l'environnement et évaluer les incidences des orientations du plan sur l'environnement, en exposant la manière dont le plan prend en compte le souci de sa préservation et de sa mise en valeur. Dans le prolongement de cette obligation, il lui faut préciser les indicateurs qui devront être élaborés pour l'évaluation des résultats de l'application du plan prévue à l'article L. 123-12-1. Il doit également présenter une analyse de la consommation d'espaces naturels, agricoles et forestiers au cours des dix années précédant l'approbation du plan ou depuis la dernière révision du document d'urbanisme (exigence plus précise qu'elle ne l'était avant la loi ALUR). Par ailleurs, densification étant un objectif majeur aujourd'hui assigné aux documents d'urbanisme (v. *supra*...), le rapport de présentation doit également analyser la capacité de densification et de mutation de l'ensemble des espaces bâtis, en tenant compte des formes urbaines et architecturales et exposer les dispositions qui favorisent la densification de ces espaces ainsi que la limitation de la consommation des espaces naturels, agricoles ou forestiers. Les problématiques de stationnement étant aussi essentielles, le rapport de présentation doit, depuis la loi ALUR, établir un inventaire des capacités de stationnement de véhicules motorisés, de véhicules hybrides et électriques et de vélos des parcs ouverts au public et des possibilités de mutualisation de ces capacités. Enfin, le rapport de présentation doit préciser les indicateurs qui devront être élaborés pour l'évaluation des résultats de l'application du plan prévue à l'article L. 123-12-1.

De façon générale, on le voit, le rapport de présentation comporte une dimension environnementale marquée. Ceci ne date pas d'hier. C'est en effet l'article 2 de la loi du 10 juillet 1976 relative à la protection de la nature qui a posé le principe selon lequel les documents d'urbanisme doivent respecter les préoccupations d'environnement (Y. Jégouzo, « Le rapport de présentation et la prise en compte de l'environnement », *RFDA* 1988. 327). Le juge administratif a d'ailleurs régulièrement sanctionné l'insuffisance de l'analyse de l'état initial de l'environnement, souvent à l'occasion de la révision des POS (v. par ex. CE 22 nov. 1985, *Min. urb. c/ Daniau*, *Lebon* 342 ; CE 3 juill. 1992, *Cne Riedisheim*, n° 87252, *AJDA* 1993. 71, note H. Jacquot ; CE 5 févr. 1997, *Cne Roquevaire*, n° 152674, *BJDU* 1997. 100, concl. J.-M. Delarue ; CE 12 mai 1997, *Cté de sauvegarde de Chateldon*, n° 151462). Au demeurant, la dimension environnementale du rapport de présentation est encore accrue lorsque le PLU entre dans le champ d'application de l'évaluation environnementale spécifique exigée par le droit communautaire.

L'évaluation environnementale. La directive n° 2001/42/CE du Parlement européen et du Conseil, du 27 juin 2001, relative à l'évaluation de certains plans et programmes sur l'environnement impose aux États membres la réalisation d'une évaluation environnementale spécifique lors de l'élaboration de leurs plans et programmes susceptibles d'avoir des incidences notables sur l'environnement. Si les SCOT sont systématiquement soumis à cette évaluation, il en va différemment des PLU. Aux termes de l'article L. 121-10 du Code de l'urbanisme dans sa rédaction issue de la loi Grenelle II (précisé par le Décr. n° 2012-995 du 23 août 2012 relatif à l'évaluation environnementale des documents d'urbanisme), y sont soumis les PLU qui sont susceptibles d'avoir des effets notables sur l'environnement, au sens de l'annexe II à la directive, compte tenu notamment de la superficie du territoire auquel ils s'appliquent, de la nature et de l'importance des travaux et aménagements qu'ils autorisent et de la sensibilité du milieu dans lequel ceux-ci doivent être réalisés (*a*), ou qui comprennent les dispositions des plans de déplacements urbains (*b*). La directive permettant que l'évaluation environnementale s'intègre dans les procédures existantes des États membres qui les régissent, l'ordonnance n° 2004-489 du 3 juin 2004 a fait le choix de l'insérer dans le rapport de présentation (C. urb., art. L. 121-11). Cette option n'a certes pas contribué à alléger le rapport de présentation, déjà hypertrophié. 280 ■

Le contenu du rapport de présentation des PLU soumis à cette évaluation est réglementé par les articles L. 121-11 et R. 123-2-1 du Code de l'urbanisme. Il doit notamment décrire la manière dont il s'articule avec les autres documents, plans et programmes avec lesquels il doit être compatible ou qu'il est censé prendre en considération, ce qui n'est plus exigé des PLU non soumis à évaluation environnementale. Il lui faut exposer les caractéristiques des zones susceptibles d'être touchées de manière notable par la mise en œuvre du plan et analyser les incidences éventuelles de l'adoption du plan sur certaines zones particulièrement sensibles, comme les sites Natura 2000. L'explication des choix retenus pour établir le PADD doit se faire au regard notamment des objectifs de protection de l'environnement établis au niveau international, communautaire ou national. Il lui appartient également de présenter les mesures envisagées pour éviter, réduire et, si possible, compenser s'il y a lieu, les conséquences dommageables de la mise en œuvre du plan sur l'environnement. Enfin, il doit contenir un résumé non technique des éléments précédents et une description de la manière dont l'évaluation a été effectuée. Quant au « niveau » des informations qui doivent être fournies, l'ordonnance de 2004 n'a donné aucune précision. Il convient donc de se reporter à l'annexe I de la directive, qui exige une information « appropriée », c'est-à-dire une information satisfaisante 281 ■

compte tenu des connaissances et des méthodes d'évaluation existant à la date à laquelle est élaboré ou révisé le document.

Au total et de manière générale, on peut considérer que l'obligation de l'évaluation environnementale ne bouleverse pas, en apparence, le contenu du rapport de présentation dans sa fonction d'analyse, de motivation et d'information (P. Soler-Couteaux, « Le rapport de présentation des documents d'urbanisme à l'heure de l'évaluation environnementale », *Constr.-Urb.* 2006. Étude 4). Néanmoins, l'obligation sur chacun de ces points est incontestablement renforcée, se rapprochant en fin de compte de la structure et du contenu de l'étude d'impact dont les documents d'urbanisme sont jusqu'à présent dispensés (CE 24 juill. 1981, *Assoc. pour la sauvegarde du Pays-de-Rhuys, Lebon* 341 ; *AJDA* 1982. 173, note J. Chapuisat).

Sur le plan procédural aussi, l'évaluation environnementale comporte des exigences particulières (C. urb. art. L. 121-12 et s.). Le projet de document et son rapport de présentation doivent être transmis à une autorité administrative de l'État compétente en matière d'environnement, laquelle peut par ailleurs être consultée en tant que de besoin sur le degré de précision des informations que doit contenir le rapport environnemental. Si le document est susceptible d'avoir des incidences notables sur l'environnement d'un autre État membre de l'Union européenne, il est également transmis pour avis aux autorités de cet État. Enfin, l'autorité compétente pour approuver le document doit informer le public, l'autorité environnementale et, le cas échéant, les autorités étrangères de l'approbation et mettre à leur disposition le rapport de présentation comportant notamment des indications relatives à la manière dont il a été tenu compte de l'évaluation environnementale et des consultations auxquelles il a été procédé ainsi qu'aux motifs qui ont fondé les choix opérés par le plan, compte tenu des diverses solutions envisagées.

■ 282 *Le contenu facultatif.* A titre facultatif, l'article L. 123-1-6 prévoit que le rapport de présentation peut comporter un échéancier prévisionnel de l'ouverture à l'urbanisation des zones à urbaniser et de la réalisation des équipements correspondants. L'exercice de cette faculté constitue un engagement plus « moral » que juridique de la collectivité, puisque comme on le verra, le rapport de présentation n'est pas une composante opposable du PLU. C'est d'ailleurs probablement la raison pour laquelle la loi Grenelle II est venue ouvrir la possibilité de placer cet échéancier dans les orientations d'aménagement et de programmation, qui sont, quant à elles, opposables (v. ss 290).

■ 283 *Observations critiques.* Le rapport de présentation du PLU est devenu extrêmement compliqué à réaliser et pratiquement illisible. Une solution pourrait consister à en désolidariser l'évaluation environnementale, qui serait exigée pour tous les PLU, tout en ôtant les dispositions à vocation environnementale figurant aujourd'hui systématiquement dans le rapport de présentation et souvent redondantes avec l'évaluation environnementale lorsqu'elle est réalisée. Par ailleurs, il pourrait être bienvenu de placer la justification des servitudes crées par le document au plus près de celles-ci, dans le règlement ou dans les orientations d'aménagement et de programmation. Cette forme de motivation n'en serait que plus utile et, sans doute, plus pertinente. La justification des objectifs poursuivis et l'explication des choix opérés dans le PADD pourrait elle aussi figurer dans le PADD lui-même. Ainsi, le rapport de présentation ne conserverait pour l'essentiel qu'une fonction de matérialisation du diagnostic général sur le territoire et de présentation de l'articulation entre le plan et les autres normes et documents avec lesquels il est en rapport, ce qui n'est déjà pas une mince affaire.

B. La fonction du rapport de présentation

Le rapport de présentation constitue pour les auteurs du PLU une obligation analogue à la motivation. Or, la motivation des actes administratifs a une double fonction. En premier lieu, elle vise à informer les personnes qui en sont les destinataires. En ce sens, le commissaire du gouvernement Lasserre avait observé que le rapport de présentation du POS permet « de comprendre l'économie générale du plan, de connaître ses grandes orientations, de vérifier que celles-ci sont conformes aux normes ou aux préoccupations supérieures, toutes choses qui n'apparaissent pas toujours clairement dans le règlement du POS divisé en autant de règles qu'il existe de zones et dans les documents graphiques parfois difficilement lisibles » (concl. sur CE 22 nov. 1985, *MULT c/ Daniau*, *Lebon* 342). Il a d'ailleurs été admis que l'obligation d'établir un rapport de présentation dispense le POS de celle de la motivation (CE 27 juin 1986, *Lecorquillier*, n° 55941). En second lieu, la motivation facilite le travail du juge appelé à contrôler la légalité de l'acte auquel elle se rapporte. Le rapport de présentation donne ainsi au juge une référence objective dans l'exercice de son contrôle, qu'il soit saisi d'un moyen tenant à l'erreur manifeste d'appréciation dont le document serait entaché ou qu'il soit confronté à une difficulté d'interprétation des prescriptions du règlement ou des orientations d'aménagement et de programmation (v. ss 286, les effets du rapport de présentation). 284 ■

La fonction d'information du rapport de présentation justifie que le juge soit relativement indifférent à la forme qu'il prend au sein du dossier pourvu qu'un document en tenant lieu ait un contenu en rapport avec les exigences réglementaires et sa finalité (CE 22 nov. 1985, *MULT c/ Daniau*, préc. ; CE 11 mars 1992, *Levis Saint Nom*, n° 10352 ; CE 8 janv. 1993, *Assoc. des riverains du Front de Seine-Parc de Passy*, n° 130157). Ses insuffisances peuvent aussi être palliées par d'autres documents (CE 9 mars 1990, *Stockhausen et Trudelle*, n° 42563 et 42595, *RDI* 1990. 353). Ces solutions se justifient par la circonstance que l'essentiel consiste dans l'existence de l'information et non dans sa localisation.

À raison de sa fonction, l'obligation d'établir un rapport de présentation concerne, en principe, aussi bien le document initial que sa révision, sa modification ou sa mise en conformité. D'ailleurs, tous ces cas, il est exigé qu'il soit complété par l'exposé des motifs des changements apportés. Au demeurant, le rapport de présentation d'une simple modification pourra être plus succinct que celui d'une révision, opération qui présente, par son ampleur, une plus grande analogie avec l'adoption initiale du document (CE, sect., 8 juin 1990, *Assoc. de sauvegarde du patrimoine martiniquais*, *Lebon* 149 ; CE 14 oct. 1992, *Assoc. Lindenkuppel et a.*, n° 99865 ; CE 26 juill. 1996, *Cne Angy*, n° 141050 ; CE 12 juin 1995, *Assoc. intercnale contre un projet de carrière*, n° 139750, *BJDU* 1995. 281, concl. J.-Cl. Bonichot). 285 ■

En substance, l'expression du parti d'urbanisme doit permettre aux administrés d'exercer utilement leur contrôle sur le bien fondé des choix opérés (CE 7 déc. 1990, *Cne Ampus* préc. ; CE 7 déc. 1990, *Homs*, n° 110808). Ainsi, l'exigence du rapport de présentation est tout à fait générale. Elle concerne même la mise en compatibilité du PLU avec une déclaration d'utilité publique (CE 22 nov. 2002, *Cté fédératif pour la mise à deux fois deux voies de la Nationale 60*, n° 200294, *RDI* 2003. 195, obs. P. S.-C.).

La fonction qui est la sienne justifie enfin que le rapport de présentation doive, selon l'expression consacrée, justifier en fait et, lorsqu'il y a lieu, en droit, le parti d'aménagement retenu par le document d'urbanisme (v. concl. S. Fratacci sur CE 25 mars 1996, *Cne Horbourg-Wihr*, n° 171754, *BJDU* 1996. 115). À cet égard, il faut prendre garde à ne pas déterminer le contenu de la motivation en considération de la seule lecture de l'article R. 123-2 ; car chaque fois qu'une disposition du Code de l'urbanisme – et elles sont nombreuses – impose une justification particulière aux auteurs du document, elle doit trouver sa place dans le rapport de présentation (art. L. 111-1-4, L. 145-3-III, L. 146-4-I). Plus largement encore, si l'on veut bien se rappeler que le droit de l'urbanisme est une police administrative spéciale, ce sont toutes les servitudes d'urbanisme inscrites dans le document qui devrait être précisément motivées dans le rapport de présentation.

C. Les effets du rapport de présentation

286 Le rapport de présentation n'a pas d'effets juridiques propres. Il ne peut, par lui-même, édicter des servitudes relatives à l'utilisation du sol (CE 12 juin 1995, *Assoc. intercnale contre un projet de carrière*, préc.). Toutefois, même s'il n'a pas de caractère normatif, il n'en est pas pour autant dépourvu de portée juridique.

Tout d'abord, le juge contrôle l'existence du rapport de présentation. Cela dit, il n'est pas formaliste sur la forme qu'il emprunte pourvu que le dossier comporte tous les renseignements requis (CE 22 nov. 1985, *MULT c/ Daniau*, préc. ; CE 8 janv. 1993, *Cne Nogent-sur-Marne*, n° 132104). Le contrôle porte également sur le caractère suffisant de chacune de ses rubriques. À cet égard, l'absence ou l'insuffisance du rapport de présentation est de nature à entacher le PLU d'irrégularité au titre de la légalité externe (CE 27 mai 1977, *Min. Équipement c/ Chéreau*, *Lebon* 258). Cependant l'insuffisance du rapport de présentation ne peut être invoquée par la voie de l'exception, passé un délai de six mois à compter de la prise d'effet du document (C. urb., art. L. 600-1, al. 3). Ensuite, le juge s'assure de la cohérence entre les énonciations du rapport de présentation et les composantes normatives du document, une incohérence manifeste pouvant affecter la légalité du document (CE 25 nov. 1994, *Le Rouge de Guerdavid*, n° 125293, *BJDU* 1994. 21, concl. S. Daël ; CE 30 déc. 1998, *Barbe*, *Lebon* 526 ; *BJDU* 1999. 105, concl. J.-D. Combrexelle ; *RDI* 1999. 225, obs. L. Touvet). Il contrôle également la cohérence des prescriptions du règlement du plan et du zonage avec les options annoncées dans le rapport de présentation (CE 4 sept. 1995, *Falcoz*, n° 144733 et 144816).

Dans sa fonction herméneutique, le rapport de présentation sert par ailleurs de point d'appui au contrôle exercé par le juge sur la légalité des composantes normatives du PLU, qu'il permet de comprendre et d'interpréter. Ainsi, le juge peut se référer au rapport de présentation pour décider si le classement de terrains dans une zone est ou non entaché d'erreur manifeste d'appréciation (CE 25 nov. 1994, *Le Rouge de Guerdavid*, préc. ; CE 30 déc. 1996, *Cne La Boissière*, n° 136796). Enfin, le juge se fonde sur le rapport de présentation pour apprécier s'il a été porté une atteinte à l'économie générale du plan postérieurement à l'enquête publique (CE 30 déc. 1998, *Vaillant-Orsoni*, n° 171740, *Constr.-Urb.* 1999. 102).

§ 2 Le projet d'aménagement et de développement durables

Le *projet d'aménagement et de développement durables (PADD)*[Q] est une composante majeure des documents d'urbanisme depuis la loi SRU. Il est d'ailleurs la traduction la plus visible de l'esprit de la réforme : les documents d'urbanisme ne doivent plus se limiter à constater l'existant, mais doivent être le support d'un véritable projet politique en matière d'urbanisme et d'aménagement du territoire. Le PADD, qui constitue en soi, depuis sa création par la loi SRU, une composante à part entière du dossier de PLU, est précisément le lieu d'expression de ce projet. Voyons donc quels sont son contenu (A) puis son opposabilité (B). 287 ■

A. Le contenu du PADD

Aux termes de la loi SRU, le PADD comportait deux parties, l'une obligatoire, l'autre facultative. La première définissait les orientations générales d'aménagement et d'urbanisme retenues pour l'ensemble de la commune. C'est ce qu'on appelle classiquement le parti d'urbanisme ou d'aménagement, c'est-à-dire un ensemble d'objectifs généraux cohérents entre eux et concernant la définition d'un aménagement équilibré du territoire communal et la déclinaison de ses principales composantes. La seconde permettait de donner ce que l'on a appelé des « coups de loupe » sur certaines parties du territoire communal. Elle se traduisait par des orientations d'aménagement relatives à des quartiers ou à des secteurs à mettre en valeur, réhabiliter, restructurer ou aménager. La loi du 2 juillet 2003 Urbanisme et Habitat les a clairement dissociées du projet politique général. Depuis lors, seule la première composante constitue le PADD, l'autre relevant des orientations d'aménagement, devenues orientations d'aménagement et de programmation avec la loi Grenelle II (v. ss 290 s.). 288 ■

Le contenu du PADD est aujourd'hui principalement défini par l'article L. 123-1-3, l'article R. 123-3 du Code de l'urbanisme prévoyant des contenus supplémentaires dans les PLU élaborés par un EPCI (v. ss 322). En vertu de cet article le PADD définit d'abord les orientations générales des politiques d'aménagement, d'équipement, d'urbanisme, de paysage, de protection des espaces naturels, agricoles et forestiers, et de préservation ou de remise en bon état des continuités écologiques. Il arrête ensuite les orientations générales concernant l'habitat, les transports et les déplacements, le développement des communications numériques, l'équipement commercial, le développement économique et les loisirs, retenus pour l'ensemble de l'EPCI ou de la commune. Le PADD doit envisager tous ces aspects. Enfin, il fixe des objectifs *chiffrés* (depuis la loi ALUR, à l'instar de ce qui a été mis en place pour le SCOT dès la loi Grenelle II) de modération de la consommation de l'espace et de lutte contre l'étalement urbain. Il s'agit en somme d'écrire le projet politique retenu sur le territoire en matière d'aménagement et d'urbanisme, ces termes englobant l'ensemble des nombreuses problématiques qui viennent d'être mentionnées et sur lesquelles le PADD a vocation à fixer le cap.

B. L'opposabilité du PADD

■ 289 Le décret d'application de la loi SRU avait rendu le PADD opposable dans les mêmes conditions que le règlement. Cette formule avait suscité de vives réserves des élus. Il est vrai que si cette opposabilité convenait aux orientations d'aménagement qu'il pouvait contenir, elle était mal adaptée à la généralité du projet politique au cœur du PADD. C'est la raison pour laquelle la loi Urbanisme et Habitat a, par la suite, désolidarisé ces orientations d'aménagement du PADD, les premières demeurant opposables tandis que le second ne l'était plus (CE 1er déc. 2006, *Société GLFBI*, *BJDU* 2007. 183, concl. M.-H. Mitjaville ; *Constr.-Urb.* 2007, comm. 15, note G. Godfrin ; *RDI* 2007. 191, obs. P.S.-C.).

Il n'en va pas différemment après les lois Grenelle II et ALUR : le PADD n'est toujours pas opposable aux demandes d'autorisations d'urbanisme. Ceci ne signifie pas qu'il puisse être négligé par les auteurs du PLU car il constitue en quelque sorte la colonne vertébrale du document. Chaque composante voit d'ailleurs son propre contenu relié au PADD. Ainsi, on l'a vu, le rapport de présentation doit expliquer les choix retenus pour établir le PADD et justifier les objectifs compris dans le PADD. On verra également que les orientations d'aménagement et de programmation doivent respecter les orientations du PADD et que les prescriptions du règlement doivent être cohérentes avec le PADD. La légalité, et donc l'opposabilité, de ces orientations et prescriptions est donc suspendue à leur adéquation avec le PADD.

La question qui se pose est alors de savoir quelle sera l'intensité du contrôle exercé par le juge, le cas échéant par la voie de l'exception à l'occasion d'un recours contre une autorisation d'urbanisme, sur la cohérence entre les composantes opposables du PLU et le PADD. Un contrôle relativement distant ne serait pas malvenu, car il est clair qu'un contrôle trop exigeant serait source d'insécurité juridique. D'ailleurs, dans la mesure où l'on a souvent attribué le mal de l'insécurité du droit de l'urbanisme à sa structure hiérarchique, qui en fait le terrain d'élection de l'exception d'illégalité, on peut se demander s'il est bien opportun de l'avoir introduite dans la structure même du PLU... Quoi qu'il en soit, l'hypothèse envisagée justifie que le plus grand soin soit prêté à la rédaction du PADD. Et cela est d'autant plus nécessaire que, comme on le verra, l'atteinte à l'économie générale du PADD est un des critères qui oblige à passer par la procédure lourde de révision lorsque l'on souhaite faire évoluer le contenu du PLU (v. ss 350). Une bonne rédaction du PADD peut donc en quelque sorte « élargir » le champ de la procédure de modification pour le PLU en cause.

§ 3 Les orientations d'aménagement et de programmation

■ 290 Suivant la méthode annoncée, on traitera de leur contenu (A) puis de leur opposabilité (B).

A. Le contenu des orientations d'aménagement et de programmation

■ 291 Les orientations d'aménagement, devenues orientations d'aménagement et de programmation, constituent en quelque sorte des « coups de loupe » sur certaines parties du territoire communal, où sont envisagées des actions concrètes spécifiques, d'aménagement, mise en valeur, réhabilitation, restructuration, etc. Ainsi qu'on l'a déjà signalé, sous l'empire de la loi SRU, ces orientations d'aménagement faisaient partie intégrante du PADD, qui était opposable dans son ensemble. Mais cette opposabilité indifférenciée posait en pratique d'importantes difficultés compte tenu de la généralité intrinsèque du projet politique comparée à la précision des programmes politiques sectoriels que constituaient les orientations d'aménagement. Pour autant, l'opportunité de maintenir la faculté pour le PLU de donner des « coups de loupe » sous la forme d'orientations d'aménagement, sur certaines parties du territoire communal, n'était pas discutée. C'est pourquoi la loi Urbanisme et habitat de 2003 ne l'a pas remise en cause. Elle a simplement sorti les orientations d'aménagement du PADD, pour en faire une composante à la fois autonome (sous la forme, le cas échéant, de schémas d'aménagement) et facultative du PLU et a organisé leur opposabilité aux autorisations d'urbanisme, dans un rapport de simple compatibilité cependant. Ce schéma n'a pas été fondamentalement remis en cause par la loi Grenelle II, mais celle-ci l'a tout de même légèrement retouché.

La loi du 12 juillet 2010, a remplacé les orientations d'aménagement par des orientations d'aménagement et de programmation (OAP), dont le contenu « basique » n'est pas très différent de celui des anciennes orientations d'aménagement (v. C. urb., les articles L. 123-1-4, dans sa rédaction antérieure à la loi ALUR, et R. 123-3-1). Toutefois, l'éventuel échéancier prévisionnel de l'ouverture à l'urbanisation des zones à urbaniser et de la réalisation des équipements correspondants peut depuis lors figurer dans les OAP, et non plus seulement dans le rapport de présentation (ce qui n'est au demeurant pas anodin quant à son caractère contraignant). Par ailleurs les dispositions propres aux ZAC, prévues aux a et b de l'article L. 123-3, peuvent figurer, outre dans le règlement, dans les OAP ou leurs documents graphiques (C. urb., art. R. 123-3-2). Surtout, en plus de ce contenu fondamental concernant l'aménagement, les OAP peuvent, dans le cadre de la loi Grenelle II, contenir d'importantes dispositions relatives à l'habitat ainsi qu'aux transports et aux déplacements lorsque le PLU est élaboré par un EPCI (v. ss 322). Dans cette hypothèse, donc, les OAP étaient beaucoup plus riches que les anciennes orientations d'aménagement.

La loi ALUR du 24 mars 2014 a voulu recentrer les AOP sur les questions d'urbanisme et d'aménagement, comme c'était le cas depuis la loi SRU et jusqu'à la loi Grenelle II, les problématiques de logement et de transport ayant désormais davantage vocation à être traitées dans le programme d'orientation et d'actions (POA) qui figurera à l'avenir au sein des PLUI (v. infra...). Ainsi, en ce qui concerne l'aménagement, les OAP peuvent définir les actions et opérations nécessaires pour mettre en valeur l'environnement, notamment les continuités écologiques, les paysages, les entrées de villes et le patrimoine, lutter contre l'insalubrité, permettre le renouvellement urbain et assurer le développement de la commune. Elles peuvent favoriser la mixité fonctionnelle en prévoyant qu'en cas de réalisation d'opérations d'aménagement, de construction ou de réhabilitation, un pourcentage de ces opérations est destiné à la réalisation de commerces. Elles peuvent encore comporter un échéancier prévisionnel de l'ouverture à l'urbanisation des zones à urbaniser et de la réalisation des équipements correspondants. Elles peuvent porter sur des quartiers ou des secteurs à mettre en valeur, réhabiliter, restructurer ou aménager. Elles peuvent prendre la forme de schémas d'aménagement et préciser les principales caractéristiques des voies et espaces publics. Enfin, depuis la loi du 20 décembre 2014 relative à la simplification de la vie des entreprises, les OAP peuvent adapter la délimitation des périmètres, en fonction de la qualité de la desserte, où s'applique le plafonnement des places de stationnement prévu à l'article L. 123-1-13 pour la construction de logements à proximité des transports (C. urb., 1 de l'article L. 123-1-4).

En ce qui concerne l'habitat et les transports, les AOP des PLUI tenant lieu de PLH et le cas échéant de PDU précisent certaines actions et opérations d'aménagement permettant de poursuivre certains des objectifs inscrits dans le code de la construction et de l'habitation et dans le code des transports (2 et 3 de l'article L. 123-1-4). Il n'est en revanche plus prévu que les OAP puissent elles-mêmes tenir lieu de PLU et/ou de PDU.

Enfin, *last but not least*, la loi ALUR a donné la possibilité aux OAP les PLUI non couverts par un SCOT de contenir les orientations relatives à l'équipement commercial et artisanal figurant normalement dans le document d'orientations et d'objectifs du SCOT en vertu de l'article L. 122-1-9 du Code de l'urbanisme (dernier alinéa de l'art. L. 123-1-4).

B. L'opposabilité des orientations d'aménagement et de programmation

292 Les OAP sont, à l'instar des anciennes orientations d'aménagement, opposables aux autorisations d'urbanisme, mais dans un rapport de simple compatibilité (C. urb., art. L. 123-5). Et encore faut-il qu'elles ne prétendent pas aller au-delà de ce que leur autorisent les textes. Il a en effet été jugé que la délimitation, dans les documents graphiques d'un PLU, au titre des orientations d'aménagement, d'une zone verte au sein d'une zone AU ne suffit pas, par elle-même, à conférer à cette zone un caractère inconstructible (CE 26 mai 2010, *Dos Santos*, n° 320780, *BJDU* 2010. 193, concl. E. Geffray ; *RDI* 2010. 404, obs. P. S.-C.).

§ 4 Le règlement et ses documents graphiques

293 Le règlement du PLU constitue l'élément essentiel du dossier. Il inclut des documents graphiques (A) dont la vocation première est de découper le territoire en différentes zones, auxquelles vont correspondre différents degrés de constructibilité, et une partie écrite (B) précisant les règles d'urbanisme applicables dans les zones où les constructions, travaux, installations et/ou aménagements sont admis. C'est donc lui qui, dans le respect des objectifs assignés aux documents d'urbanisme et en cohérence avec le PADD, détermine le plus précisément les droits d'utiliser ou d'occuper le sol et les conditions dans lesquelles ces droits peuvent être exercés. De ce point de vue, il est heureux que la loi urbanisme et habitat de 2003 soit venue lui donner un fondement législatif. Aujourd'hui, cette base législative se trouve principalement à l'article L. 123-1-5 du Code de l'urbanisme, mais pas seulement (il faut notamment y ajouter les art. L. 123-1-11 et L. 123-1-12). Ainsi qu'il a déjà été dit, une difficulté se pose à l'heure actuelle dans la mesure où les dispositions réglementaires du Code de l'urbanisme relatives au règlement du PLU n'ont pas été mises en harmonie avec les dispositions législatives, modifiées dans des proportions non négligeables ces derniers mois, en particulier pour la loi ALUR du 24 mars 2014 et par la loi d'avenir pour l'agriculture, l'alimentation et la forêt du 13 octobre 2014. On s'attachera à présenter

le contenu du règlement du PLU résultant de ces réformes inachevées, en imaginant que les décrets d'application à venir ne bouleverseront pas la structure actuelle du règlement.

A. Les documents graphiques du règlement

Il importe de présenter le contenu des documents graphiques du règlement avant de poser la question de leur opposabilité. 294 ■

Le contenu des documents graphiques. L'objet des documents graphiques est d'abord de réaliser un découpage de l'ensemble du territoire couvert par le PLU en différents types de zones dont la nomenclature est prédéterminée par le Code de l'urbanisme, ce que l'on appelle traditionnellement le « zonage ». Ensuite, les documents graphiques doivent ou peuvent faire apparaître un certain nombre d'espaces, secteurs, emplacements, périmètres, etc., qui sont autant de « zonages particuliers » dans lesquels des contraintes particulières sont susceptibles de s'appliquer. 295 ■

1. *Le zonage général*

Le zonage général. Le zonage permet de déterminer la constructibilité « géographique » sur le territoire couvert par le PLU, c'est-à-dire de savoir quels sont les secteurs constructibles, le cas échéant sous réserve de l'existence de servitudes spécifiques, et ceux qui sont inconstructibles. Il consiste, concrètement, dans un découpage du territoire couvert par le PLU en différentes zones, en fonction des caractéristiques actuelles des parcelles concernées et de la destination qu'il est envisagé de leur donner à l'avenir, donc avec une certaine marge d'appréciation (le juge administratif n'exerce traditionnellement qu'un contrôle restreint sur le zonage, v. ss 424), mais l'on ne saurait exclure un approfondissement du contrôle). Ainsi, depuis la loi SRU, le Code de l'urbanisme distingue quatre sortes de zones auxquelles il attribue une certaine aptitude à recevoir d'éventuels constructions, travaux, installations et aménagements. Il s'agit des zones urbaines (U), à urbaniser (AU), agricoles (A) et naturelles et forestières (N). Les anciennes zones NB des POS, zones de mitage et de non-projet par excellence, n'ont plus d'équivalent depuis la loi SRU. La loi ALUR ne remet pas manifestement en cause cette distinction, mais en se référant systématiquement aux zones « naturelles, agricoles et forestières », elle suggère tout de même une évolution qui pourrait, *a minima*, consister à rapatrier les zones d'exploitation forestière dans les zones agricoles ou, plus radicalement, à ne plus distinguer entre les zones agricoles et naturelles (et forestières). Il faut dire que – comme on va le voir – les régimes qui s'y appliquent aujourd'hui sont très largement similaires (en dehors, pour l'essentiel, du mécanisme de transfert des droits de construire qui n'est prévu que pour les zones N). 296 ■

Les zones urbaines (zones U). Motifs de classement. Les *zones urbaines*[Q] des PLU correspondent aux anciennes zones U des POS. Aux termes de l'article R. 123-5 du Code de l'urbanisme, « peuvent être classés en zone urbaine, les secteurs déjà urbanisés et les secteurs où les équipements publics existants ou en cours de réalisation ont une capacité suffisante pour desservir les constructions à implanter ». Les zones U sont donc des zones déjà bâties ou au moins déjà équipées en voies et réseaux divers (VRD) et susceptibles d'accueillir des constructions. En principe, donc, les secteurs déjà desservis par les voiries et réseaux divers doivent être classés en zone U. Cependant, 297 ■

le classement en zone U d'un secteur certes équipé mais méritant une protection particulière pourra être sanctionné comme étant entaché d'une erreur manifeste d'appréciation (CE 10 févr. 1997, *Cne Théoule-sur-Mer*, n° 91352). Dans ce cas, le secteur devra plutôt être classé en zone naturelle.

Du point de vue fonctionnel, les zones urbaines n'ont pas de spécificité (à la différence en particulier des zones agricoles). On peut aussi bien y trouver ou y envisager de l'habitat que des activités économiques, touristiques, de loisirs, etc. Et l'objectif de mixité des fonctions urbaines issu de la loi SRU devrait d'ailleurs conduire à ce qu'elles présentent toujours un haut niveau de diversité fonctionnelle.

■ 298 *Constructibilité.* Les terrains situés en zone U sont en principe constructibles. Ils peuvent être qualifiés de « terrains à bâtir » au sens de l'article L. 13-15, II du Code de l'expropriation. Dans la mesure où le texte ne permet de classer en zone U que des secteurs déjà urbanisés, déjà équipés, ou bien où les équipements sont en cours de réalisation, on peut s'interroger sur le bien fondé de la solution consistant à admettre que l'autorité administrative puisse refuser une autorisation d'urbanisme en zone U sur le fondement de l'ancien article L. 421-5 devenu L. 111-4 (CE 5 nov. 1984, *Assoc. SOS Boulevard de Strasbourg*, *Lebon* 351 ; Rép. min., 5 juill. 1999, n° 32424, *JOAN* Q 18 oct. 1999. 6084 ; J.-L. Maillot, « Demandes de permis de construire et application de l'article L. 421-5 du Code de l'urbanisme », *LPA* 25 oct. 1999, n° 212, p. 4).

■ 299 *Les zones à urbaniser (zones AU). Motifs de classement.* Les zones AU des PLU correspondent aux anciennes zones NA des POS. Selon l'article R. 123-6 du Code de l'urbanisme, « peuvent être classés en zone à urbaniser les secteurs à caractère naturel de la commune destinés à être ouverts à l'urbanisation ». Situées le plus souvent dans le prolongement de zones urbanisées, les zones AU constituent des réserves foncières destinées à l'urbanisation à plus ou moins long terme (J.-P. Lebreton, « Les zones à urbaniser des plans locaux d'urbanisme », *DAUH* 2005. 87 ; J.-P. Henry et Ph. Capsié, « L'ouverture à l'urbanisation des zones AU », *DAUH* 2002, p. 105).

■ 300 *Constructibilité.* Les terrains situés en zone AU ne sont en principe pas immédiatement constructibles, faute d'être desservis par les équipements indispensables à leur viabilité, et ne sont donc pas qualifiables en tant que terrains à bâtir. Mais ils ont vocation à le devenir le cas échéant, suivant un calendrier prévisionnel que les auteurs du PLU peuvent inscrire dans le rapport de présentation ou dans les OAP. Plus précisément, pour la détermination de la constructibilité des zones AU, une distinction est opérée selon que les voies et réseaux divers (VRD) existant à la périphérie immédiate de la zone ont, ou non, une capacité suffisante pour desservir les constructions à implanter dans l'ensemble de cette zone (distinction qui était née auparavant dans la jurisprudence relative aux zones NA). Si tel est le cas (on parle alors de « zone AU souple » ou zone 1AU), les OAP et le règlement définissent les conditions d'aménagement et d'équipement de la zone et les constructions peuvent être autorisées soit lors de la réalisation d'une opération d'aménagement d'ensemble (zone d'aménagement concerté, lotissement ou permis groupé, par ex.), soit au fur et à mesure de la réalisation des équipements internes à la zone prévus par les OAP et le règlement. Dans le cas contraire, la zone est dite « zone AU stricte », ou 2AU, et son ouverture à l'urbanisation peut être subordonnée à une modification ou à une révision du PLU.

Encadrement de l'usage des zones 2AU. Afin de promouvoir les objectifs de densification et de limitation de l'étalement urbain, la loi ALUR a mis en place des règles nouvelles visant à limiter les risques d'abus des collectivités dans l'utilisation des zones 2AU. En effet, il est apparu que certains PLU avaient parfois tendance à sur-dimensionner leurs zones 2AU, se constituant ainsi d'importantes réserves foncières en dehors de tout projet d'aménagement et nuisant dans le même temps à l'utilisation optimale des zones urbaines. En premier lieu, il a été prévu que le passage par la procédure de révision s'imposerait pour ouvrir à l'urbanisation une zone AU qui, dans les neuf ans suivant sa création, n'a pas été ouverte à l'urbanisation ou n'a pas fait l'objet d'acquisitions foncières significatives de la part de la commune ou de l'EPCI compétent, directement ou par l'intermédiaire d'un opérateur foncier (art. L. 123-13, I, 4°, qui entrera en vigueur le 1er juillet 2015). Selon le ministère du logement, pour le calcul du délai de 9 ans, il y aura lieu de considérer qu'une révision générale du PLU, maintenant une zone 2AU préexistante, constituera pour celle-ci un nouveau point de départ du délai. Par ailleurs, les acquisitions foncières prises en compte seront celles réalisées par la collectivité ou par l'intermédiaire d'un opérateur foncier, quelle que soit l'ancienneté de ces acquisitions, de sorte qu'une collectivité qui aura acquis une part significative du foncier d'une zone 2AU ne se verra plus opposer le dispositif. Enfin, le caractère « significatif » des acquisitions et la notion d'opérateur foncier intermédiaire devront être interprétés souplement (v. fiche réalisées par le Ministère du Logement et de l'égalité des territoires sur la loi ALUR et la lutte contre l'étalement urbain, mais 2014, accessible sur internet à l'adresse suivante : http://www.territoires.gouv.fr/IMG/pdf/alur_fiche_lutte_contre_l_etalement_urbain.pdf). 301 ■
En second lieu, même lorsque les conditions du recours à la révision ne seront pas remplies, la modification visant à ouvrir à l'urbanisation devra être précédée d'une délibération motivée de l'organe délibérant de l'EPCI ou de la commune justifiant l'utilité de cette ouverture au regard des capacités d'urbanisation encore inexploitées dans les zones déjà urbanisées et la faisabilité opérationnelle d'un projet dans ces zones. Est ainsi posé une sorte de principe de subsidiarité de l'ouverture à l'urbanisation des zones 2AU, la collectivité ne pouvant y procéder si son projet pouvait être réalisé dans des conditions similaires dans les zones U ou 1AU existantes (art. L. 123-13-1).

Les zones agricoles (A). Motifs de classement. Les zones A correspondent pour l'essentiel aux anciennes zones NC des POS qui avaient cependant non seulement vocation à protéger les terres agricoles, mais aussi les secteurs de richesse du sous-sol (carrières par ex.), protection qui ne relève plus des zones A. En effet, selon l'article R. 123-7 du code de l'environnement, peuvent être classés en zone A les secteurs de la commune, équipés ou non, à protéger en raison du potentiel agronomique, biologique ou économique des terres agricoles. S'agissant des POS (mais cette solution est probablement encore valable aujourd'hui), le Conseil d'État a jugé que bien que le critère déterminant pour le classement en zone agricole soit la richesse naturelle des terres, ceci ne fait pas obstacle à ce que l'autorité administrative compétente retienne, parmi les motifs justifiant un tel classement, des considérations liées à la protection contre les risques d'incendie, dès lors qu'un classement ainsi motivé concourt à la protection des richesses naturelles qui caractérisent les parcelles en cause et le secteur dans lequel elles s'insèrent (CE 6 juin 2007, *Cnté urb. Marseille-Provence-Métropole*, n° 266656, *BJDU* 2007. 113, concl. S. Verclytte). 302 ■

303 *Principe d'inconstructibilité.* La constructibilité des zones A est, en principe, extrêmement réduite, beaucoup plus que celle des zones NC des POS qui pouvait être assez librement définie par les auteurs du document (CE 15 déc. 2010, *Castado*, n° 331671, *RDI* 2011. 121, obs. P. S.-C. ; L. Yousry, « Les zones agricoles dans les plans d'occupation des sols et le juge administratif », *RD rur.* 1990, n° 179, p. 38). Elle a, en dernier lieu, été redéfinie par la loi ALUR du 24 mars 2014 et la loi d'avenir pour l'agriculture du 13 octobre 2014, la seconde s'étant efforcée d'assouplir un peu les règles posées par la première. Aujourd'hui, la constructibilité des zones A est donc définie par une combinaison de l'article L. 123-1-5, II, 6° du Code de l'urbanisme et de l'article R. 123-7 (dans la mesure où il demeure compatible avec le premier). Le principe qui soustend implicitement l'ensemble du dispositif est celui de l'inconstructibilité de ces zones, mais diverses exceptions sont posées.

304 *Exceptions.* Une première exception concerne les constructions et installations nécessaires à l'exploitation agricole. Ce peut être le cas de la résidence de l'exploitant, mais seulement si sa présence à proximité de l'exploitation est indispensable (v. notamment CE 7 nov. 2012, *Epoux Gaigne et commune de Grans*, n° 334424, mentionnée dans les tables du recueil *Lebon*, *BJDU* 5/2013, p. 339, concl. C. Legras et obs. J.-.T.). L'administration considère dans cette perspective qu'un agriculteur qui a pris sa retraite ne peut plus prétendre à l'obtention d'un permis de construire un bâtiment à usage d'habitation dans le périmètre son exploitation (Rép. min. 27 mars 2007, *BJDU* 2007. 162). Le contrôle du juge administratif est particulièrement rigoureux (CE 4 déc. 2013, *Commune de Condat-sur-Vienne*, n° 362639, *BJDU* 3/2014, p. 220, obs. J. T. ; *Constr.-urb.* 2/2014, n° 22, comm. P. Cornille), et la même rigueur se retrouve dans la jurisprudence judiciaire (Crim. 18 nov. 2008, n° 08-82.868, *Sté WALD SOHN, AJDA* 2009. 787, note P.-E. Durand ; Civ. 3e, 25 juin 2014, n° 11-27343, *BJDU* 6/2014, p. 461, obs. J. T. ; *Constr.-urb.* 9/2014, n° 109, comm. P. Cornille, jugeant que la vente d'un bien agricole sans autorisation de changement de destination est susceptible d'être annulée, dès lors que l'acquéreur qui désire en faire un logement est victime d'une erreur sur une qualité essentielle de la chose ; J.-P. Demouveaux, « Qui a le droit de construire en zone agricole ? », *Ét. fonc.* 2001, n° 91, p. 6). Sont également admises dans les zones agricoles les constructions et installations nécessaires à des équipements collectifs (châteaux d'eau ou parcs éoliens par exemple, v. CE 13 juill. 2012, *Société EDP Renewables France*, n° 343306, *Environnement* 10/2012, n° 83, comm. D. Gillig) ou à des services publics, dès lors qu'elles ne sont pas incompatibles avec l'exercice d'une activité agricole, pastorale ou forestière dans l'unité foncière où elles sont implantées et qu'elles ne portent pas atteinte à la sauvegarde des espaces naturels et des paysages (art. R. 123-7). En troisième lieu, les auteurs du PLU peuvent, délimiter dans les zones A des secteurs de taille et de capacité d'accueil limitées (STECAL), dans lesquelles pourront être autorisées des constructions, des aires d'accueil et des terrains familiaux locatifs destinés à l'habitat des gens du voyage, ou encore des résidences démontables constituant l'habitat permanent de leurs utilisateurs (définies par le décret du 27 avril 2015, *BJDU* 5/2015, comm. E. Carpentier). Les autres aménagements sont vraisemblablement interdits. En revanche – qui peut le plus peut le moins – il semblerait cohérent que les travaux sur construction existante y soient admis. Ces secteurs sont délimités après avis de la commission départementale de la préservation des espaces naturels, agricoles et forestiers, avis est réputé favorable s'il n'est pas intervenu dans un délai de trois mois à compter de la saisine. Le règlement doit préciser, pour ces STECAL, les conditions de hauteur, d'implantation et de densité des constructions, permettant d'assurer leur insertion dans l'environnement et leur compatibilité avec le maintien du caractère agricole de la zone. Il doit également fixer les conditions relatives aux raccordements aux réseaux publics, ainsi que les conditions relatives à l'hygiène et à la sécurité auxquelles les constructions, les résidences démontables ou les résidences mobiles doivent satisfaire (premiers alinéas du 6° du II de l'article L. 123-1-5). Imposer de telles prescriptions dans les STECAL n'est pas une faculté pour les auteurs du PLU, c'est une obligation (CAA Nantes, 17 janv. 2014, n° 12NT01588, *Environnement* 5/2014, n° 43, comm. D. Gillig). On rappellera que la possibilité de délimiter des STECAL dans les zones A avait été ouverte par la loi Grenelle II, afin de contrer la jurisprudence administrative (CE 31 mars 2010, *Cne Chateauneuf-du-Rhône*, n° 313762, *BJDU* 2010. 94, concl. C. Roger-Lacan et obs. J.T. ; *RDI* 2010. 334, obs. P.S.-C.) qui avait condamné la pratique du « pastillage » des zones agricoles, consistant à délimiter de petites zones N au sein des zones A, afin d'y ouvrir des possibilités de construire (v. J.-F. Rouhaud, « Le nouveau régime des « zones agricoles » et des « zones naturelles » des plans locaux d'urbanisme », *BJDU* 2012. 432). Certains abus ayant été constatés, la loi ALUR a précisé que la délimitation de STECAL ne pourrait se faire qu' « à titre exceptionnel » (condition nouvelle qui n'a, selon la doctrine administrative, pas pour effet de remettre en cause les STECAL délimités antérieurement à la loi ALUR et ne présentant pas ce caractère : RM n° 67830 *JO* AN Q, 9 déc. 2014, p. 1035). Quatrième exception (issue de la loi « Urbanisme et Habitat » du 2 juillet 2003, supprimée par la loi ALUR puis réinstaurée par la loi d'avenir pour l'agriculture) : en dehors des STECAL, les bâtiments désignés à cet effet par le règlement peuvent faire l'objet d'un changement de destination dès lors que ce changement de destination ne compromet pas l'activité agricole ou la qualité paysagère du site. Ces bâtiments pourront donc être transformés en lieux de résidence de non-agriculteurs, ce qui est évidemment de nature à en faciliter la vente et à en accroître la valeur. Le changement de destination est toutefois soumis à l'avis conforme de la commission départementale de la préservation des espaces agricoles, naturels et forestiers prévue à l'article L. 112-1-1 du Code rural et de la pêche maritime (avant-dernier alinéa du 6° du II de l'article L. 123-1-5 ; on note qu'il n'est plus exigé que les bâtiments en question présentent un intérêt architectural ou patrimonial particulier). En cinquième lieu, enfin, en dehors des STECAL encore, les bâtiments d'habitation peuvent faire l'objet d'une extension dès lors que cette extension ne compromet pas l'activité agricole ou la qualité paysagère du site. Afin d'encadrer cette faculté, il est prévu que le règlement précise les conditions de hauteur, d'implantation et de densité des extensions permettant d'assurer leur insertion dans l'environnement et leur compatibilité avec le maintien du caractère agricole de la zone (dernier alinéa du 6° du II de l'article L. 123-1-5).

Les zones naturelles (N). Les zones N des PLU correspondent essentiellement aux 305
anciennes zones ND des POS, à ceci près que l'existence de risques ou de nuisances n'est pas en soi un motif de classement en zone N. Selon l'article R. 123-8 du Code de l'urbanisme, en effet, peuvent être classés en zone naturelle et forestière, les secteurs de la commune, équipés ou non, à protéger en raison, soit de la qualité des sites, milieux et espaces naturels, des paysages et de leur intérêt, notamment du point de vue esthétique, historique ou écologique (a), soit de l'existence d'une exploitation forestière (b), soit de leur caractère d'espaces naturels (c). L'existence d'équipements n'exclut pas un classement en zone N, mais encore faut-il que le secteur présente encore suffisamment un caractère naturel. Dans le cas contraire, l'objectif de

densification assigné aux documents d'urbanisme devrait conduire à qualifier le secteur en zone U ou AU. C'est un des éléments devant être pris en compte lors de la reconversion des zones NB des POS, zones d'habitat diffus (de « mitage »), qui n'ont pas d'équivalent dans les PLU.

■ 306 *Principe d'inconstructibilité.* La constructibilité des zones N est aujourd'hui très largement similaire à celle des zones A. Elle a, en même temps que celle des zones A, été redéfinie par la loi ALUR du 24 mars 2014 et la loi d'avenir pour l'agriculture du 13 octobre 2014, la seconde s'étant efforcée d'assouplir les règles posées par la première. Elle résulte à présent d'une combinaison de l'article L. 123-1-5, II, 6° du Code de l'urbanisme et de l'article R. 123-8 (dans la mesure où il demeure compatible avec le premier). Le principe qui sous-tend implicitement l'ensemble du dispositif est celui de l'inconstructibilité de ces zones, mais diverses exceptions sont posées.

■ 307 *Exceptions.* Une première série d'exceptions concerne les constructions et installations nécessaires à l'exploitation agricole (v. à cet égard ce qui a été dit dans le paragraphe consacré aux zones A, ci-dessus) et forestière, ainsi que les constructions et installations nécessaires à des équipements collectifs (idem) ou à des services publics, dès lors qu'elles ne sont pas incompatibles avec l'exercice d'une activité agricole, pastorale ou forestière dans l'unité foncière où elles sont implantées et qu'elles ne portent pas atteinte à la sauvegarde des espaces naturels et des paysages (art. R. 123-8). En deuxième lieu, les auteurs du PLU peuvent délimiter dans les zones N (aux mêmes conditions que dans les zones A), des secteurs de taille et de capacité d'accueil limitées (STECAL), dans lesquelles pourront être autorisées les mêmes opérations. Le règlement doit comporter les mêmes précisions que dans les zones A (v. ci-dessus). En troisième lieu, à l'instar de ce qui peut se faire dans les zones A, le règlement peut (en dehors des STECAL), désigner des bâtiments qui pourront faire l'objet d'un changement de destination dès lors que ce changement de destination ne compromet pas l'activité agricole ou la qualité paysagère du site. Le changement de destination est toutefois dans ce cas soumis à l'avis conforme de la commission départementale de la nature, des paysages et des sites. En quatrième lieu, dans les mêmes conditions que dans les zones A encore, les bâtiments d'habitation peuvent faire l'objet d'une extension dès lors que cette extension ne compromet pas l'activité agricole ou la qualité paysagère du site. En cinquième et dernier lieu enfin (et là se trouve la seule différence significative dans le régime des zones N par rapport à celui des zones A) les articles L. 123-4 et R. 123-8 dernier alinéa offrent la possibilité aux auteurs du PLU de délimiter, au sein des zones N ainsi classées en raison de la qualité des paysages (a de l'article R. 123-8), des périmètres au sein desquels les terrains pourront bénéficier de transferts des droits de construire virtuellement reconnus aux autres mais insusceptibles d'être mis en œuvre. L'objectif est de compenser la servitude pesant sur les terrains inconstructibles et de favoriser un regroupement des constructions dans les secteurs les moins sensibles de la zone en cause. Dans ces secteurs (réceptacles de droits de construire), les constructions ne peuvent être autorisées qu'après de tels transferts, les possibilités de construire propres aux terrains situés dans ces secteurs s'ajoutant alors aux possibilités transférées. Afin d'éviter tout abus, le règlement devra fixer une densité maximale de construction (qui devrait pouvoir être exprimée par un rapport entre la surface du terrain et la surface de plancher constructible). Dans sa rédaction actuelle, l'article R. 123-8 précise que les terrains présentant un intérêt pour le développement des exploitations agricoles et forestières ne peuvent être inclus dans les périmètres bénéficiant des transferts de « coefficient d'occupation des sol » (seule la référence au COS s'accorde mal avec la législation nouvelle, mais sur le fond, on peut vraisemblablement considérer que cette condition demeure posée). En ce qui concerne les terrains « émetteurs » de droits de construire, il est prévu que la totalité du terrain dont les possibilités de construction sont transférées est frappée de plein droit d'une servitude administrative d'interdiction de construire constatée par un acte authentique publié au fichier immobilier. Cette servitude ne peut être levée que par décret pris sur avis conforme du Conseil d'État (art. L. 123-4). Toute la question est aujourd'hui de savoir comment seront définis les droits de construire en cause et s'ils pourront l'être à travers un rapport entre la superficie des terrains et la surface de plancher constructible.

2. *Les zonages particuliers*

Les zonages particuliers. Outre les quatre grands types de zones, les documents graphiques peuvent, ou le cas échéant doivent, faire apparaître un certain nombre de zonages particuliers. Ceux-ci sont trop nombreux pour être tous présentés ici. Seuls certains d'entre eux le seront. Pour en connaître la liste exhaustive, il convient de se reporter aux dispositions du Code de l'urbanisme les prévoyant (C. urb., principalement les art. L. 123-1-5, L. 123-2, R. 123-11 et R. 123-12, ces derniers ayant toutefois vocation a être retouchés pour intégrer et prolonger les dernières évolutions législatives). 308 ■

Les *espaces boisés classés (EBC)*[Q] *(C. urb., art. R. 123-11, a).* Les auteurs du PLU peuvent délimiter des EBC (C. urb., art. L. 130-1). Ce classement concerne les bois, forêts, parcs à conserver, à protéger ou à créer, qu'ils relèvent ou non du régime forestier, enclos ou non, attenant ou non à des habitations. Ce classement peut également s'appliquer à des arbres isolés, des haies ou réseaux de haies, des plantations d'alignements. L'article L. 130-1 du Code de l'urbanisme permet ainsi de protéger des espaces boisés ou forestiers urbains ou périurbains en raison de leur fonction écologique et sociale et de leur contribution à l'amélioration du paysage urbain et naturel dans la mesure où ils constituent des coupures d'urbanisation. Dans ce classement, l'administration dispose traditionnellement d'un pouvoir très largement discrétionnaire (CE 17 juin 1988, *Metral*, n° 66703 : cas rarissime d'annulation). Celle-ci peut, en effet, classer n'importe quel terrain en espace boisé à condition qu'il puisse être raisonnablement boisé ultérieurement. La décision est indifférente au régime de la propriété, à la configuration ou à la situation des parcelles. Ainsi, le classement peut intervenir alors même que le terrain concerné n'est pas entièrement planté d'arbres ou que le boisement est de médiocre qualité (CE 26 juin 1996, *Desplanques*, n° 129637) ou encore que la zone concernée fait déjà l'objet d'une urbanisation légère (CE 31 juill. 1996, *Moyal*, n° 129551). Il n'est même pas subordonné à l'existence d'un boisement (CE 14 déc. 1984, *Cordier*, n° 43338, *Lebon* T. 771 ; *AJDA* 1986. 79, note R. Hostiou ; CE 27 sept. 1985, *Amicale du domaine de Sainte Rose*, n° 58342 ; CE 5 déc. 1986, n° 55448). Enfin, ainsi qu'il a déjà été signalé, la loi littoral impose aux PLU de classer en espaces boisés les parcs et ensembles boisés existants les plus significatifs de la commune après consultation de la commission départementale des sites (C. urb., art. L. 146-6). 309 ■

Le classement interdit tout changement d'affectation ou tout mode d'occupation du sol de nature à compromettre la conservation, la protection ou la création des boisements (C. urb., art. L. 130-1, al. 2 ; CE 7 juin 1991, *Préfet de la Corse du Sud c/*

Raccat, n° 78893, *Lebon* 224, *AJDA* 1991. 813, concl. C. de Montgolfier ; à propos du passage d'une ligne à très haute tension : CE 13 oct. 1982, *Cne Roumare*, n° 23553, *Lebon* T. 983 ; à propos de la construction d'une rampe d'accès à un parc de stationnement ou de voies d'accès : CE 20 janv. 1984, *VilleAngers*, n° 39503 ; à propos d'une piscine : CAA Nantes, 15 avr. 1998, *Préfet d'Indre-et-Loire*, n° 97NT01909 ; en revanche, l'acquisition par voie d'expropriation d'un espace boisé classé afin de le mettre à disposition du public a été jugée compatible avec sa conservation : CE 18 févr. 1987, *Sté civile urbaine et rurale d'exploitation et d'aménagement*, n° 56434). Le classement a également en principe pour conséquence de soumettre les coupes et abattages d'arbres à déclaration préalable (C. urb., art. L. 130-1, al. 5). D'une manière générale, les travaux réalisés en violation de l'article L. 130-1 du Code de l'urbanisme constituent un délit pénal (C. urb., art. L. 160-1 ; Crim. 4 nov. 2003, *Dr. envir.* 2004. 37, obs. R. Léost).

Le Conseil d'État a considéré que les restrictions apportées à l'exercice du droit de propriété par le régime des EBC ne méconnaissent pas l'article 2 de la Déclaration des droits de l'homme et du citoyen de 1789, dans la mesure où elles ont une finalité d'intérêt général, sont assorties de garanties de procédure et de fond et sont proportionnées à l'objectif poursuivi (CE 17 févr. 2011, *Doré*, n° 344445, *BJDU* 3/2011. 189, concl. M. Vialettes, obs. J. T. ; *RDI* 2011. 236, obs. P. S.-C.). Il faut dire aussi que si l'existence d'un EBC limite les possibilités d'occupation et d'utilisation du sol, le calcul de la surface constructible sur un terrain comprenant un EBC se fait en prenant en compte la surface de l'EBC (C. urb., art. R. 123-10). Il n'en résulte donc aucune diminution de la surface constructible.

■ 310 *Les emplacements réservés (C. urb., art. L. 123-1-5 V, et R. 123-11 d).* Le PLU peut fixer des emplacements réservés aux voies et ouvrages publics, aux installations d'intérêt général (CE 25 sept. 1996, *Synd. des copropriétaires de l'immeuble 75/77 rue Dutot*, n° 109754, *Lebon* 352 ; *AFDUH* 1996. 219, obs. J.-P. Demouveaux et J.-P. Lebreton : à propos d'un édifice cultuel ; R. Noguellou, « Les emplacements réservés des PLU », *Mélanges Pierre Bon*, Dalloz, 2014, p. 1015) ainsi qu'aux espaces verts (CE 30 juill. 1997, *Assoc. Cté de défense et de protection du site de Cordes*, n° 160007, *Lebon* 313 ; *RDI* 1997. 578, obs. J. Morand-Deviller et L. Touvet) et, depuis la loi ALUR, aux espaces nécessaires aux continuités écologiques. On se demande si cette nouvelle prévision est bien à sa place ici (compte tenu du régime des emplacements réservés) et si elle n'est pas redondante avec le 2° et le 5° du III de l'article L. 123-1-5, qui offrent d'autres instruments destinés au maintien des continuités écologiques. Quoi qu'il en soit, précisons que rien ne s'oppose en principe à ce qu'un emplacement réservé soit délimité sur le domaine public (CE 28 juill. 2000, *Port autonome de Nantes-Saint-Nazaire*, n° 135835, *Lebon* 334 ; *Constr.-Urb.* 2000. 306, obs. D. Larralde ; *Coll. terr.* 2000. 279, obs. L. Erstein).

Pour éviter qu'ils ne fassent l'objet d'une utilisation incompatible avec leur destination future et pour garantir leur disponibilité dans les meilleures conditions à leurs bénéficiaires, ces terrains étaient soumis à une servitude d'urbanisme particulière qui tenait à ce que la construction y était interdite sous réserve qu'à titre exceptionnel, un permis de construire à titre précaire pût y être délivré (C. urb.,ce qui résultait de l'ex art. L. 423-1) ; la construction devait alors être supprimée à la première demande du bénéficiaire de la réserve, sans indemnité, à moins que le permis ait fixé une date d'enlèvement plus lointaine. On doute que les pouvoirs publics aient entendu remettre en cause ce régime, mais force est de constater que l'inconstructibilité des emplacements réservés est aujourd'hui dépourvue de fondement légal certain, puisqu'elle n'est toujours pas prévue par les normes régissant ces emplacements, tandis que les nouvelles dispositions relatives au permis précaire (art. L. 433-1 et s.) ne font plus spécifiquement référence aux emplacements réservés. Sous l'empire de l'article L. 433-1 et suivants en tous cas, la jurisprudence et la doctrine administrative semblent s'orienter vers une exigence de motivation spécifique des permis délivrés à titre précaire, mettant bien en évidence la nécessité de la construction autorisée (v. TA Nice, 26 févr. 2013, *Mme Pasquier et Association de défense des plages de la Garoupe, BJDU* 4/2013, p. 281 et RM 03615, JO Sénat 25 avril 2013, p. 1549, *BJDU* 4/2013, p. 316 ; V. *infra*).

Étant donné la contrainte que fait peser l'emplacement réservé sur le droit de propriété, un droit de délaissement est ouvert, c'est-à-dire que le propriétaire touché par l'emplacement réservé peut mettre le bénéficiaire de la réserve en demeure de l'acquérir, faute de quoi la réserve disparaîtra (C. urb., art. L. 123-17). La procédure est réglementée par les articles L. 230-1 s. du Code de l'urbanisme : la collectivité ou le service public destinataire de la mise en demeure doit se prononcer dans le délai d'un an à compter de la demande du propriétaire. Dans ce délai, trois possibilités : soit la collectivité et le propriétaire parviennent à un accord sur un prix d'acquisition de l'immeuble réservé et celui-ci doit alors être payé dans un délai de deux ans à compter de la demande initiale ; soit la collectivité souhaite acquérir l'immeuble mais ne parvient pas à un accord sur le prix avec le propriétaire, auquel cas l'un ou l'autre doivent (dans un délai de trois mois à compter de l'expiration du délai d'un an) saisir le juge de l'expropriation qui va fixer le prix de l'immeuble et prononcer le transfert de propriété ; soit la collectivité ne respecte pas les délais impartis par le Code de l'urbanisme, et la réserve n'est plus opposable. Le droit de délaissement est une garantie du droit de propriété, qui rend d'ailleurs la servitude découlant d'un emplacement réservé compatible avec de droit au respect des biens protégé par le Convention EDH (CEDH 23 avr. 1996, *Phocas France, Rec. CEDH* 1996. II. 542 ; CE 19 déc. 2007, *Geoffroy*, n° 297148, *BJDU* 2007. 417, concl. C. Landais ; plus généralement, E. Carpentier, « Nouvelle étape dans La conventionnalisation du droit de l'urbanisme : le cas des réserves foncières », *BJDU* 2002. 410). Cette garantie est par ailleurs suffisante pour assurer la conformité du mécanisme au droit constitutionnel de propriété ; l'absence de droit de rétrocession l'assortissant n'est pas constitutif d'une incompétence négative (v. Civ. 3e, 11 avr. 2013, *Chiarelli c/ Commune de Rosny-sous-Bois*, n° 13-40.004, *AJDA* 2013.768, jugeant la question sérieuse et CC, 21 juin 2013, n° 325 QPC, *AJDA* 2013. 1304, *BJDU* 3/2014, p. 196, obs. J. T., concluant à la conformité à la Constitution).

En outre, l'institution et le maintien des emplacements réservés se fait sous le contrôle du juge administratif. À cet égard, il a certes été jugé que l'établissement d'une réserve relève du pouvoir discrétionnaire de la commune (CE 5 févr. 1997, *Gaudart de Soulages*, n° 132391) et que celle-ci n'a pas à justifier, pour décider la création d'un emplacement réservé, d'un projet précis et déjà élaboré de voie ou d'ouvrage publics, d'équipement d'intérêt général ou d'espace vert (CE 9 oct. 1985, *Min. Urbanisme c/ Ferrari*, n° 49963 ; CE 7 juill. 2008, *Cne Verdun*, n° 296438, *BJCL* 2008. 579, concl. A. Courrèges et obs. M. G.). De plus, le juge s'interdit de contrôler l'opportunité du tracé choisi (CE 5 juill. 1995, *Chaigne*, n° 155636). Mais il exerce un contrôle de l'erreur manifeste d'appréciation sur l'établissement ou le maintien d'un emplacement réservé (CE 6 oct. 1995, *Secher*, n° 151075, *BJDU* 1995. 437, concl. Ch. Maugüé ; CE 10 juin 1998, *Cne Cipières*, n° 168718 ; TA Nice 18 janv. 1996, *SCI*

Bejypo et SARL Carrelages Marmorini, n° 95-1872 et 95-1873, *BJDU* 1/1996. 27, concl. N. Calderaro ; *RFDA* 1996. 580, concl. ; *AJPI* 1997. 217, obs. B. Stemmer et C. Corinaldesi). Le juge exerce également son contrôle sur le maintien dans le temps d'un emplacement réservé, ceci en fonction des circonstances particulières à chaque situation (CE 17 mai 2002, *Kergall*, n° 221186, *Constr.-Urb.* 2002. 212, obs. Ph. Benoit-Cattin ; *BJDU* 2002. 195, concl. Ch. Maugüé ; *RDI* 2002. 335, obs. L. Derepas : jugeant que le maintien d'un terrain en emplacement réservé pendant plus de 40 ans, sans réalisation du projet fondant la réserve, reposait dans les circonstances de l'espèce sur une erreur manifeste d'appréciation). L'annulation d'un emplacement réservé a pour seul effet de rendre applicable aux terrains intéressés les règles d'utilisation du sol fixées par le plan pour les zones où ces terrains sont situés (CE 31 juill. 1996, *Assoc. volxienne de défense de l'environnement et de la sécurité*, n° 134068, *RD publ.* 1998. 621, obs. J.-P. Lebreton).

311 *Les pré-emplacements réservés (C. urb., art. L. 123-2, c).* L'article L. 123-2, c du Code de l'urbanisme issu de la loi SRU et modifié par la loi ENL habilite également le PLU à instituer dans les zones U et AU une servitude consistant « à indiquer la localisation prévue et les caractéristiques des voies et ouvrages publics, ainsi que les installations d'intérêt général et les espaces verts à créer ou à modifier, en délimitant les terrains qui peuvent être concernés par ces équipements » (C. urb., art. R. 123-12, 4, *d*). Il s'agit d'une sorte de pré-emplacement réservé. La servitude en cause est moins contraignante que celle résultant d'un emplacement réservé dans la mesure où elle ne limite pas les possibilités de construire au seul permis précaire, (si cette limitation existe encore, v. ce qui a été dit ci-dessus), mais elle est tout de même assortie d'un droit de délaissement (C. urb., art. R. 123-17, al. 2 renvoyant à l'art. L. 230-1). Un projet envisagé dans un tel périmètre doit seulement être compatible avec le maintien de la servitude et la réalisation ultérieure de l'équipement dans le périmètre concerné (CAA Paris, 6 juin 2014, *SCI Suchet Montmorency*, n° 12PA03899, n° 12PA03901, n° 12PA03931).

Dans le même ordre d'idées, le PLU peut, en matière d'équipement des zones, préciser le tracé et les caractéristiques des voies de circulation à conserver, à modifier ou à créer, y compris les rues ou sentiers piétonniers et les itinéraires cyclables, les voies et espaces réservés au transport public et délimiter les zones qui sont ou peuvent être aménagées en vue de la pratique du ski et les secteurs réservés aux remontées mécaniques en indiquant, le cas échéant, les équipements et aménagements susceptibles d'y être prévus (art. L. 123-1-5, IV, 1°). L'intérêt d'une telle identification est notamment de dispenser de l'enquête préalable aux classements de voies et places publiques communales le classement ultérieur des voies ainsi délimitées (C. urb., art. R. 123-19).

Enfin, au delà du champ de l'urbanisme strictement entendu, l'approbation du PLU dispense de l'enquête préalable aux classements et déclassements de voies et places publiques communales prévus à ce plan, sous réserve que celui-ci précise la catégorie dans laquelle elles doivent entrer et que ces classements et déclassements figurent parmi les opérations soumises à l'enquête publique sur le PLU (C. urb., art. R. 123-19, qui exige des formalités supplémentaires s'agissant des voiries nationale et départementale).

312 *Les servitudes de l'article L. 123-2 du Code de l'urbanisme.a et b.* L'article L. 123-2 issu de la loi SRU ouvre aux auteurs des PLU la possibilité d'instituer, dans les zones U et (depuis la loi ENL) AU du PLU, des servitudes spécifiques. Outre celle consistant dans une sorte de pré-emplacement réservé qui vient d'être évoquée, deux servitudes sont concernées.

La première consiste à interdire, sous réserve d'une justification particulière, dans un périmètre délimité et pour une durée maximale de cinq ans, dans l'attente de l'approbation par la commune d'un projet d'aménagement global, les constructions ou installations d'une superficie supérieure à un seuil défini par le règlement (C. urb., art. L. 123-2, *a* et R. 123-12, 4, *b*). Quel que soit ce seuil, les travaux ayant pour objet l'adaptation, le changement de destination, la réfection ou l'extension limitée des constructions existantes sont quant à eux autorisés. L'objectif est d'éviter de compromettre ou de rendre plus complexe la mise en œuvre de ses projets d'aménagement par l'EPCI ou la commune, à un moment où ils ne sont pas encore précisément arrêtés. Cependant, il ne doit pas en résulter une charge excessive pour le droit de propriété. C'est pourquoi une limite temporelle est prévue, le règlement devant préciser à quelle date la servitude sera levée, étant précisé qu'elle ne saurait être instituée pour plus de cinq ans. Par ailleurs, le droit de délaissement est ouvert (C. urb., art. R 123-17, al. 2 renvoyant à l'art. L. 230-1).

La deuxième consiste pour les auteurs du PLU à réserver des emplacements en vue de la réalisation de programmes de logements qu'il définit, dans le respect de l'objectif de mixité sociale (C. urb., art. L. 123-2, b et R. 123-12, 4°, *c*). Il s'agit de donner le pouvoir aux autorités locales d'imposer dans certains secteurs aux promoteurs immobiliers la réalisation de logements sociaux ou intermédiaires, dans le cadre de programmes dont les caractéristiques sont prédéfinies par les auteurs du PLU. Et la Cour administrative d'appel de Nantes a précisé que les dispositions en cause, si elles permettent de fixer un pourcentage de SHON qui devra être affecté à la réalisation de logements à caractère social, ne peuvent être regardées comme interdisant, par elles-mêmes, aux auteurs d'un PLU de fixer, dans le cadre du programme de logements qu'ils définissent, la surface minimale totale à construire, ainsi que le nombre minimum de logements à édifier sur le terrain ainsi grevé de servitude (CAA Nantes, 15 juill. 2011, n° 10NT02554, *RDI* 2011. 582, obs. P. S.-C.).., confirmé par CE 26 juin 2013, *M. Nicolas*, n° 353408, *Lebon T; BJDU* 5/2013, p. 356, concl. X. de Lesquen ; *Constr.-urb.* 9/2013, n° 112, comm. P. Cornille ; *RDI* 2013. 490, obs. P. S-C.). Il s'agit donc d'une servitude remarquablement contraignante (même si le PLU peut prévoir qu'en cas de division d'un terrain sur lequel elle porte, elle s'appliquera globalement : CAA Paris 6 juin 2014, n° 12PA03899), mais qui, à l'instar de la précédente, est assortie d'un droit de délaissement (C. urb., art. R. 123-17 al. 2 renvoyant à l'art. L. 230-1). Tel n'est plus le cas de celle qui fut un temps inscrite à l'ex-*d* de l'article L. 123-2 du Code de l'urbanisme mais que la loi « MoLLE » a expatrié de cet article sans doute jugé trop protecteur du droit de propriété ou trop peu protecteur de l'intérêt général.

Les servitudes au service de la diversification du parc de logements (art. L. 123-1-5, II, 3° et 313 ■
4°). La loi du 25 mars 2009, de mobilisation de mobilisation pour le logement et la lutte contre l'exclusion, dite loi « MoLLE » a donné aux auteurs des PLU deux « nouveaux » instruments au service de la diversification du parc de logements, dans le prolongement de la servitude du *b* de l'article L. 123-2 du Code de l'urbanisme qui vient d'être présentée, dont la matérialisation apparaîtra également dans les documents graphiques (C. urb., art. R. 123-12, 4°, e et f ; E. Carpentier, « Loi Boutin : l'urbanisme au service du logement, notamment... », *BJDU* 2009. 92).

Le premier de ces instruments, aujourd'hui prévu à l'article L. 123-1-5, II, 3°, autorise les auteurs du PLU à délimiter, dans les zones U ou AU, des secteurs dans lesquels les programmes de logements doivent comporter une proportion de logements d'une taille minimale qu'ils fixent. L'objectif est de permettre aux communes de lutter contre la tendance de certains promoteurs immobiliers à ne réaliser que des logements de petite taille, inaptes à satisfaire la diversité des besoins en la matière. Le respect de ces prescriptions suppose toutefois que l'administration contrôle la distribution intérieure du programme de logements, ce qui a conduit à modifier la liste des pièces à joindre aux demandes d'autorisations d'occupation du sol, afin d'y inclure les plans intérieurs des constructions. Ainsi, depuis la loi ALUR du 24 mars 2014, un nouvel alinéa de l'article L. 423-1 du Code de l'urbanisme prévoit que, sur demande du maire, un plan intérieur du projet concerné doit être joint au dossier de demande d'autorisation d'urbanisme lorsque le projet est relatif à la construction de logements collectifs. Se posera en outre la question du maintien dans le temps de la superficie requise, que le droit de la copropriété ne saurait à lui seul garantir (Civ. 3e, 26 mai 1988, n° 86-19.350).

L'autre instrument au service de la diversification du parc de logements prévu par la loi MoLLE est à présent inscrit à l'article L. 123-1-5, II, 4°, qui donne la possibilité aux auteurs du PLU de délimiter, dans les zones U ou AU, des secteurs dans lesquels, en cas de réalisation d'un programme de logements, un pourcentage de ce programme doit être affecté à des catégories de logements qu'il définit dans le respect des objectifs de mixité sociale (CAA Marseille, 27 mai 2014, *Préfet des Pyrénées*, n° 12MA02829 : les dispositions du PLU sur ce point sont opposables à un permis d'aménager). Cette faculté, sans doute destinée à promouvoir l'offre de logements sociaux et intermédiaires, n'était à vrai dire pas absolument nouvelle en 2009. Elle était auparavant inscrite au *d* de l'article L. 123-2 du Code de l'urbanisme, issu de la loi ENL du 13 juillet 2006 qui ne visait toutefois que les logements « locatifs sociaux ou intermédiaires ». Pour autant sa « délocalisation » au sein du Code de l'urbanisme n'est pas anodine, dans la mesure où elle aboutit à priver la servitude en cause du droit de délaissement assortissant toutes celles de l'article L. 123-2, lequel s'était – bien qu'aménagé – avéré excessivement paralysant pour les collectivités. De fait, la seule garantie désormais attachée à la servitude « quotas de logements déterminés » consistera, comme pour l'ensemble des servitudes d'urbanisme en principe, dans un éventuel (voire hypothétique) engagement de la responsabilité sans faute de l'administration (CE, sect., 3 juill. 1998, *Bitouzet*, *Lebon* 288). Enfin, observons que si ce dispositif poursuit des objectifs comparables à ceux visés par le *b* de l'article L. 123-2, il est tout de même moins contraignant. En effet, dans le cas de l'article L. 123-1-5, II, 4°, il ne s'agit pas de réserver un emplacement déterminé à la réalisation de programmes de logement d'un type prédéterminé, mais d'identifier un secteur au sein du territoire communal où, lorsque la réalisation d'un programme de logement sera envisagée, une fraction de ce programme devra consister à réaliser les logements exigés par la collectivité. Il en résulte que dans ce cas, la servitude ne produit d'effets que si le propriétaire réalise un programme de logements, mais il demeure libre d'utiliser ses terrains à d'autres fins (TA Versailles, 30 sept. 2013, *M. R. c/ Commune de Yerres*, n° 1105042, *LPA* 29 juill. 2014, n° 150, p. 5, chron. F. Bretéché).

314 *Quelques autres indications figurant dans les documents graphiques.* Les documents graphiques sont aussi le lieu pour identifier et délimiter les quartiers, îlots et voies dans lesquels doit être préservée ou développée la diversité commerciale, notamment

à travers les commerces de détail et de proximité, et définir, le cas échéant, les prescriptions de nature à assurer cet objectif (C. urb., art. L. 123-1-5, II, 5°). Ils peuvent également identifier et localiser les éléments de paysage et délimiter les quartiers, îlots, immeubles, espaces publics, monuments, sites et secteurs à protéger, à mettre en valeur ou à requalifier pour des motifs d'ordre culturel, historique, architectural ou écologique, et définir, le cas échéant, les prescriptions de nature à assurer leur préservation (art. L. 123-1-5, III, 2°). Depuis la loi Grenelle 2, les documents graphiques peuvent délimiter des secteurs, situés à proximité des transports collectifs, existants ou programmés, dans lesquels est imposée une densité minimale de constructions (art. L. 123-1-5, III, 3° et R. 123-4), ce qui constitue une contrainte lourde sur le droit de propriété. Ils peuvent aussi identifier des périmètres dans lesquels la délivrance du permis de construire peut être subordonnée à la démolition de tout ou partie des bâtiments existants sur le terrain où l'implantation de la construction est envisagée (art. L. 123-1-5, III, 4°). Les documents graphiques sont aussi le support indiqué pour localiser, dans les zones U, les terrains cultivés et les espaces non bâtis nécessaires au maintien des continuités écologiques (la référence à ces espaces est issue de la loi ALUR) à protéger et inconstructibles quels que soient les équipements qui, le cas échéant, les desservent (C. urb., art. L. 123-1-5, III, 5° et R. 123-12, 1°). Il s'agit de protéger des terrains qui sont enclavés dans une zone U et dont la faible dimension ne justifie pas un classement en zone A ou N (CE 12 juill. 1993, *Cnté urb. Strasbourg*, *Lebon* T. 1093). Ils peuvent délimiter les zones mentionnées à l'article L. 2224-10 du Code général des collectivités territoriales concernant l'assainissement et les eaux pluviales (art. L. 123-1-5, IV, 2°). Ils font également apparaître, dans les zones A et N, les STECAL et les bâtiments identifiés comme pouvant faire l'objet d'un changement de destination (C. urb., art. L. 123-1-5, II, 6° et R. 123-12, 2) ; dans les zones N les secteurs où le transfert de droits de construire prévu à l'article L. 123-4 est possible (C. urb., art. R. 123-12, 3°). Les documents graphiques font en outre, le cas échéant, apparaître les secteurs où des performances énergétiques et environnementales renforcées, ou des critères de qualité renforcés en matière d'infrastructures et réseaux de communications électroniques, doivent être respectés (art. L. 123-1-5, III, 6° et IV, 3°). Ils peuvent contenir des indications relatives au relief des espaces auxquels il s'applique (art. L. 123-1-8). Afin de promouvoir la densification, les auteurs du PLU peuvent, dans les zones U, déterminer des secteurs à l'intérieur desquels un dépassement des règles relatives au gabarit, à la hauteur et à l'emprise au sol résultant du document est autorisé pour permettre l'agrandissement ou la construction de bâtiments à usage d'habitation. Ce dépassement, fixé pour chaque secteur, ne peut excéder 20 % pour chacune des règles concernées et l'application du dépassement ainsi autorisé ne peut conduire à la création d'une surface de plancher supérieure de plus de 20 % à la surface de plancher existante (art. L. 123-1-11). Enfin, et bien que notre liste ne soit pas exhaustive, dans les ZAC, les documents graphiques du PLU peuvent préciser la localisation et les caractéristiques des espaces publics à conserver, à modifier ou à créer, ainsi que la localisation prévue pour les principaux ouvrages publics, les installations d'intérêt général et les espaces verts (précisions qui peuvent se trouver dans le règlement ou dans les OAP) ; et il peut également déterminer la surface de plancher dont la construction est autorisée dans chaque îlot, en fonction, le cas échéant, de la nature et de la destination des bâtiments (C. urb., art. L. 123-3 et R. 123-3-2).

L'opposabilité des documents graphiques. Sous le régime antérieur à la loi SRU, les documents graphiques ne pouvaient pas établir par eux-mêmes de servitudes d'urbanisme (CE 27 mai 1977, *Chéreau*, n° 97875, *Lebon* 258 ; J.-B. Auby, « Le régime juridique des documents graphiques des plans d'urbanisme », *RDI* 1988. 401), sauf pour déterminer le classement d'une parcelle (CE 31 juill. 1996, *Levasseur*, n° 144990, *Lebon* T. 1128 ; CE 29 déc. 2000, *Grele*, n° 206695, *Lebon* T. 1109 ; *RDI* 2001. 93, obs. P. S.-C.). Seul le règlement, dont les documents graphiques étaient alors autonomes et qui ne comportait qu'une partie écrite, était opposable. Il en résultait, par exemple, que faute d'être corroborée par les dispositions du règlement, la présence d'un symbole graphique sur le plan ne pouvait, par elle-même, valoir institution d'une servitude (CE 17 nov. 1999, *Fotso* n° 186258, *BJDU* 2000. 18, concl. A. Seban), ce qui valait également pour les espaces boisés (CE 24 févr. 1989, *Auzely*, n° 71298). *A fortiori*, en cas de contradiction entre le règlement du POS et les documents graphiques, le règlement l'emportait (CE 20 janv. 1978, *Épx Roehn-Beretta*, *Lebon* 27 ; CAA Nantes, 23 avr. 1997, *Cne Cesson-Sévigné*, n° 94NT01083).

Les choses sont différentes aujourd'hui. Depuis la loi du 2 juillet 2003 « Urbanisme et Habitat », l'article L. 123-5 du Code de l'urbanisme dispose que « le règlement et ses documents graphiques sont opposables ». Il en résulte que les documents graphiques (désormais intégrés au règlement) n'ont pas nécessairement à être corroborés par la partie écrite du règlement pour créer des servitudes ; que certaines règles, telles les règles d'implantation, peuvent n'être matérialisées que dans les documents graphiques ; mais aussi que les éventuelles discordances entre les deux sont aujourd'hui moins aisées à résoudre qu'elles ne l'étaient auparavant.

B. La partie écrite du règlement

316 La base législative de la partie écrite du règlement figure principalement à l'article L. 123-1-5 du Code de l'urbanisme, mais également dans un certain nombre des dispositions suivantes, l'ensemble étant développé dans la partie réglementaire correspondante du code. Ainsi qu'il a déjà été signalé, ces dispositions réglementaires doivent aujourd'hui être appliquées avec prudence car, n'ayant pas été modifiées suite aux dernières réformes législatives importantes, elle ne sont plus toujours applicables en l'état (sur la restriction des habilitations législatives par la loi ALUR, v J.-Ph. Strebler, « La loi ALUR et le contenu des PLU. La limitation des capacités réglementaires des PLU », *AJCT* 2014, p. 360). Cette partie du règlement, opposable au même titre et en vertu de la même disposition que les documents graphiques du règlement (C. urb., art. L. 123-5), n'en demeure pas moins riche potentiellement, même si elle n'est pas sans limites, certaines prévisions excédant les pouvoirs reconnus aux auteurs des règlements de PLU.

317 *Le contenu potentiel du règlement.* L'article R. 123-4 du Code de l'urbanisme pose que le règlement fixe les règles applicables à l'intérieur de chacune des zones U, AU, A et N délimitées dans les documents graphiques, suivant le schéma prévu à l'article R. 123-9 (C. urb., l'article A. 123-2 qui régissait la présentation du règlement des POS n'a pas été modifié postérieurement à la loi SRU et n'a pas d'équivalent pour les PLU aujourd'hui). Or, aux termes de l'article R. 123-9, dans sa rédaction actuelle, le règlement peut comprendre tout ou partie d'une série de 16 règles, qu'il conviendra d'envisager successivement. On verra cependant que, suite aux réformes législatives récentes, certaines d'entre elles ont perdu leur base légale et ne peuvent donc plus figurer dans les PLU, tandis que de nouvelles règles devraient voir le jour sur la base des nouvelles habilitations législatives. Faute de décrets d'application précisant la

nouvelle physionomie du règlement du PLU « alurisé », on ne peut avoir la certitude que la présentation que nous allons retenir corresponde à celle pour laquelle optera le Gouvernement. On s'efforcera donc de présenter le contenu potentiel de la partie écrite du règlement d'un PLU « post-ALUR » en imaginant que, pour éviter tout bouleversement inutile, ceux-ci conserveront la structure du règlement en articles ayant chacun un objet déterminé et la majeure partie de la numérotation qui prévaut à l'heure actuelle (sauf si le pouvoir réglementaire opte pour un classement des articles en trois parties, s'inspirant des trois sections centrales de l'article L. 123-1-5 : l'usage des sols et la destination des constructions ; les caractéristiques architecturales, urbaines et écologiques ; l'équipement des zones). Avant cela, quelques précisions doivent être apportées.

Un contenu essentiellement facultatif. En premier lieu, il est important d'avoir à l'esprit qu'il s'agit d'un contenu *potentiel* et, pour l'essentiel, non obligatoire (au sens où les articles du règlement n'ont pas nécessairement à être remplis ; bien entendu, lorsqu'une règle a été fixée à un article, elle doit être respectée). Cela ressortait déjà notamment de l'article R. 123-9 du Code de l'urbanisme aux termes duquel « le règlement *peut* comprendre tout ou partie des règles suivantes ». Seuls les articles 6 et 7 devaient impérativement être « normés » dans la partie écrite du règlement, ou au moins dans ses documents graphiques. La jurisprudence confirmait cette absence d'obligation de donner un contenu aux articles du règlement (CE 18 nov. 1983, *Barats*, *Lebon* T. 902 ; CE 22 juin 1984, *Assoc. SOS Paris*, n° 36046 ; CE 6 avr. 1992, *Assoc. des amis de Saint-Palais-sur-mer*, n° 104455, *Lebon* 408 ; *AJDA* 1992. 761, note H. Jacquot ; CE 30 sept. 2011, *Cne Saint-Maur-des-Fosses*, n° 339619, *Dr. adm.* 2011. 105, note J.-B. Auby ; *RDI* 2011. 637, obs. P.-S.C.). Cela résulte encore nettement de la rédaction de l'article L. 123-1-5, qui distingue entre ce que *doit* (I) et ce que *peut* (II à V) contenir le règlement du PLU. Ainsi, le contenu minimal obligatoire du règlement du PLU réside dans le zonage général, la fixation de règles permettant d'atteindre les objectifs visés à l'article L. 121-1 et la fixation de certaines règles dans certains secteurs particuliers tels les STECAL (v. *supra*...). Dans la mesure où leur définition est conditionnée par les circonstances locales, et où elles sont également mentionnées au titre des prescriptions facultatives, il nous semble que les règles d'implantation ne sont plus obligatoires, v. *infra*). Les auteurs du PLU n'ont pas à « remplir » tous les articles du PLU. Ils ne doivent fixer de règles que lorsque celles-ci sont nécessaires pour atteindre les objectifs assignés aux documents d'urbanisme, et encore faut-il que ces règles, restreignant le droit de propriété, soient proportionnées à l'objectif qu'elles se proposent d'atteindre (et, on l'a dit plus haut, qu'elles soient formellement justifiées dans le rapport de présentation). Des règles qui n'auraient pas de raison d'être valable pourraient vraisemblablement être jugées illégales. En outre, fixer peu de règles dans le règlement (tout en fixant des orientations dans les OAP) peut être une façon de promouvoir, dans certains secteurs, un urbanisme de projet.

La possibilité de discriminer en fonction de la destination. En deuxième lieu, il faut savoir que les règles édictées dans une même zone peuvent être différenciées selon la destination des constructions. Cette possibilité est prévue par l'article R. 123-9 du Code de l'urbanisme, qui énumère dans le même temps une série de neuf destinations entre lesquelles les auteurs du PLU peuvent discriminer (habitation, hébergement hôtelier, bureaux, commerce, artisanat, industrie, exploitation agricole ou forestière, entrepôt et services publics et d'intérêt collectif). S'il est loisible aux auteurs des PLU de préciser, pour des motifs d'urbanisme et sous le contrôle du juge, le contenu des catégories énumérées à l'article R. 123-9, la liste qu'il dresse est limitative (CE 30 déc. 2014, *Sté Groupe Patrice Pichet*, n° 360850, *BJDU* 2/15.83, concl. F. Aladjidi ; *RDI* 2015.143, obs. P.S.C.). La question s'est toutefois posée de la simpliste rigidité des destinations de l'article R. 123-9 au regard de la complexité des enjeux de l'aménagement urbain. C'est pourquoi le législateur a, par deux fois, habilité le gouvernement à fixer, par décret en Conseil d'État, la liste des destinations des constructions que les règles édictées par les PLU peuvent prendre en compte. Cette liste doit permettre de distinguer d'une part, la destination des bâtiments, dans un objectif de mixité fonctionnelle (Loi ALUR, art. 157-VI) et, d'autre part, les locaux destinés à des bureaux, ceux destinés à des commerces et ceux destinés à des activités de services où s'effectue l'accueil d'une clientèle (Loi PINEL du 18 juin 2014, art. 59).

La possibilité de prévoir des exceptions. Le PLU peut prévoir des exceptions aux règles qu'il pose (CE 17 févr. 1997, *Cne Vourles*, *Lebon* T. 701), à condition que celles-ci soient précisément définies (CE 10 nov. 1993, *Sylvestre*, n° 95302, *BJDU* 1994. 73, concl. S. Fratacci ; CE 2 mars 1994, *Cne Maromme*, n° 140198, *BJDU* 1994. 3, concl. J. Arrighi de Casanova). Lorsque tel n'est pas le cas, l'exception est inapplicable et la règle ne peut souffrir qu'une adaptation mineure (v. ss 341).

Un formalisme relatif. Si l'opposabilité de la partie écrite du règlement concerne essentiellement les règles qui sont le cas échéant fixées dans ses différents articles, le règlement applicable à chaque zone peut être précédé d'un préambule qui précise la vocation générale de celle-ci et qui a une valeur obligatoire si les indications qu'il donne sont suffisamment précises (CE 6 déc. 1993, *Épx Val*, *Lebon* T. 1092-1110 ; *BJDU* 1994. 38, concl. S. Daël ; CE 30 déc. 1998, *Barbe*, *Lebon* 526 ; *BJDU* 1999. 105, concl. J.-D. Combrexelle ; *RDI* 1999. 221 et 225, obs. L. Touvet).

Enfin, le règlement peut être accompagné d'annexes, ayant pour fonction de rappeler la définition de dispositions législatives ou réglementaires, ou de préciser certaines notions utilisées (v. P. Hocreitère, « À propos de la présentation et du contenu du règlement des PLU », *Dr. adm.* 2003. Chron. 15 ; CE 15 nov. 2000, *Marlangeon*, n° 195431).

Ceci étant précisé, voyons à présent les règles que peut contenir le règlement d'un PLU « alurisé », en les regroupant en fonction des aspects urbanistiques qu'ils ont vocation à régir. Nous reprendrons la numérotation applicable avant l'intervention de la loi ALUR, dans la mesure où le décret d'application de la loi relatif au règlement des PLU, qui en modifiera vraisemblablement la présentation, n'a pas encore été publié.

■ 318 *La nature de l'occupation et de l'utilisation du sol (art. 1 et 2).* La partie écrite du règlement vient en complément des documents graphiques pour préciser l'affectation des sols selon les usages principaux qui peuvent en être faits ou la nature des activités qui peuvent y être exercées et définir, en fonction des situations locales, les règles concernant la destination et la nature des constructions autorisées (C. urb., art. L. 123-1-5, 1° et 2°).

À cet égard cependant, tandis que les POS pouvaient, en leur article 1er, énumérer limitativement les occupations et utilisations du sol autorisées dans chacune des zones, tel n'est plus le cas des PLU qui ne peuvent lister dans ce même article que les occupations et utilisations du sol interdites. En conséquence, tout ce qui n'est pas expressément prohibé est en principe autorisé dans la mesure où la nature de la zone le permet (ainsi qu'on l'a vu, les zones A et N sont aujourd'hui peu « accueillantes »). Et encore faut-il que l'interdiction soit justifiée par des motifs d'urbanisme (CE 8 juin 2010, *Sarl Immo Concept*, n° 317469). Le règlement peut ainsi par exemple interdire les exhaussements du sol, les piscines, les terrains de camping, ou les constructions à usage industriel, qui devront alors être distinguées des constructions à usage artisanal (CE 12 févr. 2003, *Joubert,* n° 243319, *BJDU* 5/2003. 333 ; concl. S. Austry, obs. L. Touvet). Cette façon de procéder est non seulement plus conforme à l'idée que l'on se fait d'un état libéral, dans lequel la liberté est la règle et la restriction de police l'exception, mais elle est aussi plus propice au développement de la diversité des fonctions urbaines voulue par la loi SRU.

L'article 2 est quant à lui le lieu où peuvent être énumérées les occupations et utilisations du sol soumises à des conditions particulières. À l'instar des exclusions de l'article 1er, les admissions conditionnelles de l'article 2 vont déterminer le caractère plus ou moins ségrégatif ou spécialisé de la zone. Dans un cas comme dans l'autre, étant donné l'objectif de mixité urbaine assigné aux documents d'urbanisme, il est clair que ces dispositions ne sauraient être utilisées de telle sorte qu'elles aboutissent à imprimer à certaines zones un caractère par trop monofonctionnel, sauf justification particulière (protection des populations contre les nuisances ou contre les risques par ex.).

La desserte des terrains (art. 3 et 4). Les dispositions suivantes du règlement du PLU 319 ■
peuvent réglementer la desserte des terrains par les voies et réseaux divers (VRD) (art. L. 123-1-5, IV, 2°). L'article 3 peut ainsi fixer des conditions de desserte des terrains par les voies publiques ou privées ainsi que des conditions d'accès aux voies ouvertes au public (G. Liet-Veaux, « À propos de l'accès aux voies publiques : règles d'urbanisme et droit de propriété », *Dr. adm.* 2002, n° 20, p. 9). Il faut insister sur le fait que c'est bien de la desserte des *terrains* dont il est question, non de la desserte des constructions qui y seront implantées. À défaut de définition spécifique dans le PLU, la voie publique s'entend d'un alignement à l'autre, c'est-à-dire chaussée et trottoirs compris (CE 19 juin 2002, *Cne Beausoleil,* n° 219647 et 219648, *BJDU* 2002. 201, concl. D. Chauvaux ; *RDI* 2002. 429, obs. P. S.-C.). De façon générale, l'objectif que doit rechercher la règle d'urbanisme est de favoriser une desserte convenable des constructions, compte tenu de leur importance et de leur destination (CE 14 nov. 1990, *Synd. des copropriétaires des « Terrasses fleuries »,* n° 53677), et de permettre l'accès aux moyens de secours et de lutte contre l'incendie (CE 20 juill. 1990, *Beausire,* n° 99841). Concrètement, ces conditions de desserte peuvent consister dans la prévision d'une largeur minimale de la voie (CE 13 mars 1981, *Lefebvre,* n° 11126 ; CE 22 août 2002, n° 246554) permettant le croisement des véhicules (CE 19 mars 1997, *SCI « La Bergerie »,* n° 123859), ou imposer un accès direct, voire au contraire l'interdire, compte tenu des conditions générales de circulation (CE 23 janv. 1981, *Épx Servouze,* n° 13130). Il peut être exigé que les voies en impasse soient aménagées de telle sorte que les véhicules puissent faire demi-tour (CE 19 mai 1993, *Ville Colombes,* n° 90047), ou bien encore que les servitudes de désenclavement soient constatées par acte authentique ou par voie judiciaire, auquel cas le simple accord des voisins est insuffisant pour permettre la délivrance du permis de construire (CE 11 avr. 2005, *Cne Bessan,* n° 258250, *BJDU* 2005. 148, concl. E. Prada-Bordenave et obs. J.-C. B. ; *Constr.-Urb.* 2005. 144, note P. Benoit-Cattin). En règle générale, cependant, si l'administration et le juge administratif doivent, pour l'application des règles d'urbanisme relatives à la desserte et à l'accès des engins d'incendies et de secours, s'assurer de l'existence d'une desserte suffisante de la parcelle par une voie ouverte à la circulation publique, et le cas échéant de l'existence d'un titre créant une servitude de passage donnant accès à cette voie, il ne leur appartient pas de vérifier ni la

validité de cette servitude, ni l'existence d'un titre permettant l'utilisation de la voie, si elle est privée, qu'elle dessert, dès lors que celle-ci est ouverte à la circulation publique (CE 9 mai 2012, *Bartolo*, n° 335932).

L'article 4 peut quant à lui poser des conditions de desserte des terrains par les réseaux publics d'eau, d'électricité et d'assainissement, ainsi que, dans les zones relevant de l'assainissement non collectif (CGCT, art. L. 2224-10), les conditions de réalisation d'un assainissement individuel. On retrouve ici la vocation du droit de l'urbanisme en tant que droit de contrôle des équipements publics et de leur utilisation. En matière d'assainissement, l'article L. 2224-10 du Code général des collectivités territoriales, issu de la transposition d'une directive communautaire, impose aux communes ou aux EPCI compétents, de délimiter un zonage d'assainissement distinguant entre des zones d'assainissement collectif, dans lesquelles la collectivité assure la collecte des eaux usées, ainsi que leur stockage, leur épuration et leur rejet, et des zones d'assainissement non collectif, dans lesquelles la personne publique n'assure obligatoirement que le contrôle des dispositifs autonomes d'assainissement. Les conditions de réalisation des dispositifs d'assainissement individuels peuvent être prévues dans ce zonage, qui ne constitue pas par lui-même un document d'urbanisme mais est opposable aux autorisations d'occupation du sol (CE, avis, 26 oct. 2005, *Assoc. défendre la qualité de la vie à Plan d'Aups Sainte-Baume*, n° 281877, *JCP* A 2005. 1378, note P. Billet), ou bien à l'article 4 du règlement du PLU. Ce sera souvent le cas lorsque, comme l'y autorise le 11° de l'article L. 123-1-5, le PLU contient le zonage d'assainissement en lieu et place du schéma spécialement prévu à cet effet.

On observera que même si le règlement s'abstient de fixer les normes susceptibles de figurer aux articles 3 et 4, l'instruction des autorisations d'urbanisme n'est pas indifférente aux questions de desserte des terrains. En effet, d'une part, aux termes de l'article L. 111-4 (C. urb., ex L. 421-5), le permis doit être refusé lorsque, compte tenu de la destination de la construction ou de l'aménagement projeté, des travaux portant sur les réseaux publics de distribution d'eau, d'assainissement ou de distribution d'électricité sont nécessaires pour assurer la desserte du projet, et que l'autorité compétente n'est pas en mesure d'indiquer dans quel délai et par quelle collectivité publique ou par quel concessionnaire de service public ces travaux doivent être exécutés. D'autre part, l'article R. 111-5 du Code de l'urbanisme, qui est une disposition d'ordre public du RNU (v. ss 122 etv. ss 133 ; CE 21 mars 1990, *Assoc. Charcot-Valdo*, n° 87325), pose que le projet peut être refusé sur des terrains qui ne seraient pas desservis par des voies publiques ou privées dans des conditions répondant à son importance ou à la destination des constructions ou des aménagements envisagés ; et qu'il peut également être refusé ou n'être accepté que sous réserve de prescriptions spéciales si les accès présentent un risque pour la sécurité des usagers des voies publiques ou pour celle des personnes utilisant ces accès.

320 *La dimension des terrains (art. 5).* Dans le sillage de l'article L. 123-1-5, 12°, l'article R. 123-9 du Code de l'urbanisme permettait au règlement des PLU de fixer, comme pouvaient le faire les POS, des superficies minimales des terrains constructibles (SMTC). La loi SRU avait ainsi maintenu ce moyen de contrôle de la densité, dont le juge administratif avait auparavant admis la légalité malgré l'absence de fondement légal très précis (CE 29 juin 1990, *Prouteau*, n° 77656), bien qu'il fût en assez net désaccord avec les objectifs nouvellement assignés aux documents d'urbanisme, et parfois en réalité utilisé à des fins moyennement avouables (ne permettre l'installation dans la zone que des populations les plus favorisées). Mais précisément, compte tenu des objectifs de densification et de mixité sociale qu'il s'était assignés, le législateur SRU avait strictement conditionné cette faculté en exigeant que l'institution d'une superficie minimale soit justifiée par des contraintes techniques relatives à la réalisation d'un dispositif d'assainissement non collectif. De fait, une telle superficie minimale ne pouvait alors plus être instituée qu'en l'absence de réseau collectif d'assainissement, cette prescription permettant d'éviter la pollution susceptible de résulter d'une trop grande concentration de dispositifs individuels d'assainissement. Cette restriction drastique de la possibilité d'instituer une superficie minimale avait cependant suscité de vives critiques de certains élus locaux, qui avaient conduit le législateur à assouplir significativement son encadrement. La loi « Urbanisme et habitat » du 2 juillet 2003 avait en effet ajouté une condition alternative à l'institution d'une superficie minimale, qui pouvait également être justifiée par la nécessité de préserver l'urbanisation traditionnelle ou l'intérêt paysager de la zone considérée. Les SMTC pouvaient ainsi de nouveau être instituées assez librement. Il en ira tout autrement à l'avenir puisque la loi ALUR a supprimé la possibilité pour les PLU de fixer des SMTC, avec effet immédiat. Ainsi, non seulement les PLU ne peuvent instituer de nouvelles SMTC, mais celles qu'ils contiennent sont abrogées par la loi. Elles ne peuvent plus être opposées aux demandes d'autorisation d'urbanisme déposées après la publication de la loi (art. 157-IV de la loi ALUR). En revanche, les SMTC des POS non encore convertis ne sont pas affectées puisque le contenu des POS demeure déterminé par l'article L. 123-1 du Code de l'urbanisme dans sa rédaction antérieure à la loi SRU (C. urb., art. L. 123-19). Elles demeurent donc opposables aux autorisations d'urbanisme. Dans cette perspective, signalons que la jurisprudence du Conseil d'État a jugé qu'étant donné l'abrogation de l'article L. 111-5 du Code de l'urbanisme par la loi SRU, un POS ne peut imposer, pour l'appréciation du respect de la superficie minimale, de prendre en compte les terrains bâtis détachés de la parcelle objet du permis de construire (CE 2 août 2011, *Reynaud c/ Cne Meyreuil*, n° 334287, publié au *Lebon* ; *RDI* 2011. 581, obs. P. S.-C. ; *BJDU* 2011. 445, concl. B. Dacosta et obs. J. T.). On peut dès lors se demander s'il continuera à l'avenir d'admettre que lorsqu'est en cause un permis de construire valant autorisation de division (v. ss 1053 s.), un POS puisse imposer de prendre en compte la superficie de chaque terrain d'assiette issu de la division à intervenir pour apprécier le respect de la superficie minimale (CE 26 oct. 2005, *Cne Sceaux*, n° 265488, *BJDU* 2006, n° 1, p. 40, concl. R. Keller), et non la superficie de l'entité support du permis dans son ensemble. La jurisprudence la plus récente était plutôt dans le sens de veiller à ce que l'administration ne fasse pas produire d'effets restrictifs de constructibilité trop importants (CE 25 sept. 2013, *Commune d'Eveux*, n° 352112, *BJDU* 6/2013, p. 445, concl. X. de Lesquen, jugeant qu'une SMTC ne saurait par elle-même avoir pour objet ou pour effet d'interdire l'édification de plusieurs constructions sur une même unité foncière). Mais elle n'est pas univoque (CAA Nancy, 24 mars 2014, n° 13NC01609, *RDI* 12/2014, p. 654, obs. P. Soler-Couteaux, considérant que la SMTC doit être appliquée aux 13 lots créés par le lotissement et non à la totalité du terrain d'assiette dudit lotissement).

L'implantation des constructions (art. 6 à 8). Le règlement du PLU peut fixer des règles 321
d'implantation des constructions par rapport aux voies et emprises publiques (art. 6 ; sur la notion de voie publique : CE 11 juin 2014, *M. Doix*, n° 346681, *LPA* 216/2014, p. 13, obs. D. Dutrieux), aux limites séparatives (art. 7), et par rapport aux autres constructions sur une même propriété (art. 8). Ces règles, dites « de prospect », ont

originellement pour objet de garantir une certaine hygiène, en évitant l'entassement des constructions. Elles contribuent aussi de façon significative à donner sa forme au paysage urbain. Avant la réécriture de l'article L. 123-1-5 par la loi ALUR, il était admis qu'à la différence de la dernière (CE 30 déc. 1998, *Barbe, Lebon*.526 ; *BJDU* 2/ 1999.105, concl. J-D. Combrexelle ; *RDI* 1999.221, obs. J. Morand-Deviller et ibid. 225, obs. L. Touvet ; CE 18 juin 2010, *Ville de Paris*, n° 326708, *Lebon* ; *Droit adm.* 2010, n° 125, obs. R. Noguellou ; *AJDA* 2010.1235, obs. Y. Jégouzo ; *AJCT* 2010.87, obs. M-C. Mehl-Schouder ; *RDI* 2010.570, obs. P. S-C), les deux premières ne sont pas réellement facultatives, puisque si elles ne figurent pas dans la partie écrite du règlement, elles doivent au moins figurer dans les documents graphiques. Il est difficile de savoir si cette exigence sera maintenue à l'avenir. Il est vrai que le I de l'article L. 123-1-5, qui définit le contenu obligatoire des PLU, vise spécialement les règles d'implantation. Mais dans la mesure où il est précisé que ces règles doivent être définies « en fonction des circonstances locales », on pourrait concevoir que de telles règles n'aient pas à être posées dans tous les cas où elles ne seraient pas justifiées par de telles circonstances (autrement dit dans tous les cas où elles ne seraient pas nécessaires pour atteindre un but assigné au PLU). Le caractère facultatif des règles d'implantation est en outre conforté par la circonstance qu'elles sont également mentionnées parmi les règles optionnelles à l'article L. 123-1-5, III, 1°. Il est au demeurant remarquable que cette disposition ne vise que les « conditions d'alignement sur la voirie et de distance minimale par rapport à la limite séparative ». Les règles d'implantation des constructions les unes par rapport aux autres sur une même propriété ne sont pas visées. Peut-être faut-il en déduire que les PLU ne sont plus habilités à poser de telles règles ? Dans ce cas, il faudrait aussi en conclure qu'à l'instar de ce qui a été exposé s'agissant des SMTC, elles ne peuvent plus être opposées aux demandes d'autorisation d'urbanisme déposées après la publication de la loi.

Lorsque de telles règles sont fixées, elles ne le sont pas nécessairement en valeur absolue. Elles sont parfois régies par rapport à la hauteur des bâtiments (CE 19 déc. 1990, *Dutilleul-Francœur*, n° 98956), cette hauteur devant alors être mesurée à l'égout du toit, sauf précision dans le règlement (CE 14 avr. 1995, *SCI Les terrasses de la mer, Lebon* 1079). De façon générale, les auteurs du PLU sont libres de préciser les modalités d'application des règles d'implantation qu'ils fixent. Mais la jurisprudence a fixé un certain nombre de principes « supplétifs », applicables en l'absence de précision du règlement sur la question. Ainsi, sauf précision contraire du règlement, les distances d'implantation devront être mesurées en tout point d'un bâtiment. Seront donc prises en compte les parties saillantes significatives d'une façade telles que des balcons (CE 2 nov. 1994, *Flament, Lebon* 1260). En revanche, ne sont en principe pas prises en compte les parties souterraines des bâtiments (CE 11 févr. 2002, *Urset*, n° 221350, *BJDU* 2002. 16, concl. Séners ; *RDI* 2002. 253, obs. L. Derepas). De même, sauf précision contraire, l'obligation d'implantation à l'alignement, imposée par un POS, doit s'entendre de la « limite du domaine public au droit des parcelles privées » (CE 16 mars 2001, *Chomel*, n° 214489, *BJDU* 2001. 89, concl. C. Maugüé). Sauf précision contraire encore, les règles encadrant l'implantation des constructions les unes par rapport aux autres sur un même terrain s'appliquent non seulement à des bâtiments distincts situés en vis-à-vis sur un même terrain mais aussi aux façades en vis-à-vis d'un même bâtiment qui entourent une cour couverte (CE 11 juill. 2014, *Perez*, n° 356324, *rec.* T.). Par ailleurs, le règlement a la possibilité de prévoir que les distances seront différentes si est en cause un mur pignon, s'il s'agit de bâtiments annexes, ou s'il s'agit d'aménagements sur bâtiment existant. Il a également été jugé que si les voies privées ne sont *a priori* pas concernées par l'article 6 du PLU (CE 29 juill. 2002, *Cne Saint Symphorien d'Ozon,* n° 242288, *RDI* 2002. 551, obs. P. Soler-Couteaux), il peut en aller différemment si le règlement le prévoit expressément (CE 8 nov. 1991, *Cne Retoufley*, n° 97245). Les servitudes de cour commune doivent quant à elles être prises en compte pour l'application des règles d'implantation des constructions, même en l'absence de mention explicite dans le document d'urbanisme applicable (CE 24 janv. 2014, *SCI Circée*, n° 35729, rec. T., *RDI* 4/2014, p. 228, obs. P. S-C ; *Constr.-urb.* 3/2014, n° 40, comm. P. Cornille ; G. Godfrin, « La servitude de cour commune : 50 ans d'incertitude », *Constr.-Urb.* 2008. Études 4 et 5). Enfin, le Conseil d'État a admis que l'implantation en limite séparative puisse être autorisée sous réserve d'accord entre les propriétaires concernés, ce qui revient à conditionner la délivrance du permis de construire à l'obtention d'un accord préalable entre voisins (CE 12 mars 1990, *Serais*, n° 80401 ; CE 23 juin 2004, *SCI Paris Heine source Ville Paris,* n° 253917, *BJDU* 2004. 236, chron. Phémolant et Raunet).

Outre cette réglementation de droit public, l'implantation des constructions devra aussi tenir compte des servitudes de vue ou de jour résultant du droit privé (C. civ., art. 675 s.) dont l'objet n'est pas éloigné des préoccupations d'intérêt général issues de la réglementation d'urbanisme (v. obs. P. Benoit-Cattin sous CE 7 mai 2003, *de Boisdeffre*, n° 251196, *Constr.-Urb.* 2003. 237 ; v. aussi, F. Donnat, concl. sur CE 18 mai 2005, *Carlotti, BJDU* 2005. 330). Mais ces servitudes ne sont pas prises en compte lors de l'instruction du permis de construire, délivré sous réserve des droits des tiers.

La densité des constructions : emprise au sol, hauteur et coefficient d'occupation du sol 322 ■
(art. 9, 10 et 14). La densité des constructions est principalement régie par les articles 9, 10 et 14 du règlement du PLU, respectivement consacrés à l'emprise au sol des constructions, à leur hauteur et au coefficient d'occupation du sol. Traditionnellement, seuls des *maxima* pouvaient être fixés. Mais afin de promouvoir l'objectif de densification et, par là même, la protection de l'environnement, la loi Grenelle II a ouvert la possibilité aux auteurs des PLU d'imposer, dans des secteurs situés à proximité des transports collectifs existants ou programmés, une densité minimale de constructions (C. urb., art. L. 123-1-5, III 3°, et art. R. 123-4). C'est dire que les règles de densité des constructions pourront à l'avenir prendre la forme, non seulement de plafonds, mais aussi de planchers, celles-ci n'étant vraisemblablement pas nécessairement exclusives de celles-là, l'essentiel étant toujours que toutes les règles soient justifiées par des motifs d'urbanisme.

L'article 9 du règlement peut fixer des règles relatives à l'emprise au sol des constructions. Cette faculté n'a jamais eu de base légale très précise, mais elle peut être rattachée aux règles concernant l'aspect extérieur des constructions, leurs dimensions, leurs conditions d'alignement sur la voirie et de distance minimale par rapport à la limite séparative et l'aménagement de leurs abords, afin de contribuer à la qualité architecturale et paysagère (1° du III de l'article L. 123-1-5). Ces règles prennent souvent la forme d'un coefficient d'emprise au sol, qui exprime le rapport entre la superficie de la construction, comptée en principe au niveau du sol, et la superficie totale du terrain d'assiette du projet. Concernant le terrain de référence pour le calcul de l'emprise au sol, dans l'hypothèse où cette propriété est à cheval sur plusieurs zones, il y aura lieu de retenir uniquement la fraction de la propriété située dans la zone dans laquelle est applicable le coefficient (CE 26 févr. 1988, *Sales*, n° 64507, *Lebon* 89). En ce qui concerne la surface de la construction, il est préférable, pour éviter les difficultés, que le règlement précise les éléments à prendre en compte. À cet égard, en l'absence de précisions, il a été jugé qu'une terrasse ni hors d'eau, ni hors d'air et située au rez-de-chaussée n'avait pas à être prise en compte dans le calcul de l'emprise au sol de la construction (CE 31 oct. 1986, *Min. Urbanisme c/ Wastin*, n° 54427 ; CAA Douai, 27 juin 2013, *Commune du Touquet-Paris-Plage*, n° 12DA00332 ; *Constr.-urb.* 9/2013, n° 115, comm. L ; Santoni ; *Etudes foncières* 165/13, p. 65, chron. D. Dutrieux). Il en va de même pour des parkings dès lors qu'ils sont enterrés (CE 14 oct. 2002, *Cne Lavandou,* n° 244714, *BJDU* 2002. 360, concl. G. Goulard ; *AJDA* 2003. 40, note J.-P. Markus ; *RDI* 2003. 106), ce qui témoigne de la tendance du juge administratif à valoriser la définition permettant le meilleur exercice du droit de construire, et à retenir l'interprétation la plus conforme à la vocation esthétique de la règle. Cependant, le juge contrôle que l'éventuelle réunion de parcelles contiguës ayant permis la délivrance d'un permis de construire au regard des règles d'emprise au sol n'ait pas été effectuée dans le seul but de contourner la règle (CE 30 déc. 2002, *SCI HLM de Lille et environs,* n° 232584, *BJDU* 2003. 192, concl. S. Austry).

La hauteur des constructions peut être réglementée par l'article 10 du PLU (art. L. 123-1-5, III 1°). Cette prescription est, en complément des règles de prospect, déterminante pour la morphologie urbaine. La règle peut être exprimée en mètres ou en niveaux (R+1, R+2, etc.). Lorsqu'elle est exprimée en mètres, et que le règlement ne contient aucune précision contraire, la hauteur se mesure à partir du terrain naturel existant dans son état antérieur au commencement des travaux (CE 27 oct. 2000, *SCI Vista Amena*, n° 195651, *BJDU* 2000. 340, concl. D. Chauvaux, *RDI* 2001. 95, obs. P. S.-C.) jusqu'à l'égout du toit (CE 21 mars 2003, *Assoc. de défense du site d'Annecy-le-Vieux*, n° 222852, *BJDU* 2003. 339, concl. S. Austry). La surélévation du sol avant le dépôt de la demande de permis sans motif vraisemblable autre que le contournement de la règle de hauteur est susceptible d'être qualifiée de fraude par le juge (CE 9 juin 2004, *De Ribas,* n° 248042, *BJDU* 2004. 373, concl. F. Donnat, obs. L. Touvet, *RDI* 2004. 458, obs. P. S.-C.). Lorsqu'elle est exprimée en niveaux, la règle est *a priori* plus souple puisqu'en fonction de la hauteur sous plafond de chacun des niveaux, l'altitude générale de l'immeuble sera susceptible de variation, sauf à ce que le règlement du PLU combine le nombre de niveaux avec une règle métrique, ce qui est également possible (CE 28 mai 2001, *Cne Bohars*, n° 218374).

L'article 14 du règlement était jusqu'à présent consacré au *coefficient d'occupation du sol (COS)*[Q] (ancien article L. 123-1-5, 13°), défini comme le rapport exprimant le nombre de mètres carrés de surface de plancher ou le nombre de mètres cubes susceptibles d'être construits par mètre carré de sol (art. R. 123-10). Le COS était la quintessence des règles de densité. Bien entendu, il apparaissait peu compatible avec les objectifs assignés aux documents d'urbanisme depuis la loi SRU. C'est pourquoi, tout en le maintenant, la loi SRU avait, afin de promouvoir la densification, posé le principe de la régénération des droits à construire sur les terrains issus de divisions, abrogé l'ancien article L. 111-5 et supprimé le certificat d'urbanisme qui l'accompagnait. Le principe ayant semblé trop « contraignant » à certains élus, loi Urbanisme et Habitat avait instauré la possibilité de mettre en place ce que l'on appelait un « pilotage de COS » pour éviter la régénération des droits à construire sur les terrains issus de divisions. Ce mécanisme, inscrit à l'article L. 123-1-1 devenu L. 123-1-11, autorisait le PLU à prévoir que, si une partie avait été détachée depuis moins de 10 ans d'un terrain dont les droits à construire résultant de l'application du COS avaient été partiellement ou totalement utilisés, il ne pouvait plus être construit que dans la limite des droits n'ayant pas déjà été utilisés.

Cette limitation de la densité (et parfois de la mixité sociale) a toutefois fini par devenir insupportable aux yeux du législateur, qui a fini par supprimer l'habilitation donnée aux auteurs des documents d'urbanisme de fixer un COS (E. Wormser, « Pour qui sonne le glas des COS ? », *Constr-urb.* 2014, dossier 3). On doute fort que la jurisprudence continue d'admettre la pratique dite du « COS de fait » (CE 18 oct. 2002, *Segui*, n° 216736, *RDI* 2003. 105, obs. P.S.-C. ; CE 19 juin 2006, *Cloix*, n° 278361, *BJDU* 2006. 424, concl. Y. Struillou), sauf peut-être pour les POS. Car à l'image de ce qui a été fait pour les SMTC, le COS n'a pas été supprimé des POS, dont le contenu demeure déterminé par l'article L. 123-1 du Code de l'urbanisme dans sa rédaction antérieure à la loi SRU (art. L. 123-19). A l'inverse, les COS inscrits dans les PLU et les plans de sauvegarde et de mise en valeur ont cessé d'être applicables aux demandes d'autorisation d'urbanisme déposées après la publication de la loi (art. 157-IV de la loi ALUR). Notons que les conséquences attachées à la suppression du COS concernent quant à elles l'ensemble des documents d'urbanisme. En particulier, la possibilité de mettre en place un pilotage de COS a été supprimée et cette suppression vaut aussi bien pour les POS que pour les PLU ; de même, la répartition de la surface de plancher maximale autorisée dans le périmètre d'un lotissement ne pourra désormais être fixée qu'au regard de la combinaison des règles de densité, et la superficie de plancher attribuée à chaque lot sera, quant à elle, répartie librement par le lotisseur, dans le permis d'aménager ou lors de la vente ou de la location des lots (les art. R. 442-9 s. devront être modifiées en conséquence) (v. P. Soler-Couteaux, « Le renforcement des outils de lutte contre la consommation foncière et l'étalement urbain », *RDI* 2014. 376).

On ne saurait exclure, au demeurant, que des prescriptions analogues au COS réapparaissent ponctuellement, dans certaines zones particulières dans lesquelles le législateur a prévu que le règlement du PLU devrait fixer des règles de densité (en sus des règles de hauteur et d'implantation). Certes, la densité peut être contrôlée par d'autres moyens (notamment en combinant les règles de hauteur et d'emprise au sol). Mais le mode de contrôle le plus simple et le plus efficace n'est-il pas d'attribuer des mètres carrés de surface de plancher (ou des mètres cubes) constructible en fonction de la surface de terrain ? Il nous semble que oui. Pourraient ainsi réapparaître (sauf à ce que les règlements d'application ou la jurisprudence à venir l'excluent) des règles semblables au COS, d'abord, dans les zones A et les zones N pour encadrer la faculté d'étendre les constructions existantes reconnue au dernier alinéa du 6° du II de l'article L. 123-1-5, qui prévoit que le règlement précise les conditions de hauteur, d'implantation *et de densité* des extensions permettant d'assurer leur insertion dans l'environnement et leur compatibilité avec le maintien du caractère naturel, agricole ou forestier de la zone. Ensuite, c'est dans les STECAL que des « COS » pourraient être fixés, puisque le législateur a posé que, dans ces secteurs, le règlement devrait préciser les conditions de hauteur, d'implantation *et de densité* des constructions, permettant d'assurer leur insertion dans l'environnement et leur compatibilité avec le maintien du caractère naturel, agricole ou forestier de la zone (premiers alinéas du 6° du II de l'article L. 123-1-5). Moins discutable encore, l'article L. 123-1-11 réécrit par la loi ALUR prévoit que dans les secteurs bâtis des zones urbaines issus d'une opération d'aménagement d'ensemble d'un domaine boisé, antérieure au XXe siècle, et ayant conservé leur caractère remarquable de parc, le PLU « peut comporter des dispositions réglementant la surface de plancher des constructions en fonction de la taille des terrains si la préservation de la qualité des boisements et espaces verts le justifie ». Enfin, l'article L. 123-3 du Code de l'urbanisme prévoit encore que, dans les zones d'aménagement concerté, le PLU peut déterminer la surface de plancher dont la construction est autorisée dans chaque îlot. Bien entendu, ces prescriptions restrictives de densité devront toujours être justifiées de façon circonstanciée dans le rapport de présentation.

323 *L'aspect extérieur des constructions (art. 11).* L'article 11 du règlement peut contenir des règles relatives à l'aspect extérieur des constructions. Ces dispositions visent à permettre à l'administration de contribuer à la qualité architecturale et paysagère, à la performance énergétique et à l'insertion des constructions dans le milieu environnant (art. L. 123-1-5, III, 1°). Elles sont donc de nature à fonder un contrôle des aspects architecturaux des projets de construction (v. par ex. sur l'interdiction d'utiliser des bardeaux en couverture lorsque le règlement prévoit l'usage de tuiles, CE 11 mai 1990, *Bastide*, n° 80914 ; sur l'obligation d'utiliser des matériaux ayant l'aspect et la couleur de la tuile vieillie, CE 15 déc. 2000, *Bessol*, n° 186877 ; sur la fixation de règles pour l'inclinaison des pentes de toiture, CE 23 oct. 2002, *Cne Chamonix Mont Blanc*, n° 219663, *BJDU* 2002. 367, concl. P. Collin ; *RDI* 2003. 107, obs. P. Soler-Couteaux ; sur l'interprétation de l'article UG 11 du PLU de Paris, v. CE 16 juin 2015, *Sté Grands magasins de La Samaritaine*, n° 372011). En revanche, ne concernant que leur aspect extérieur, elles ne sauraient fonder un contrôle de l'aménagement intérieur d'un bâtiment (CE 9 juill. 1997, *Cne Megève*, *Lebon* 303), Par ailleurs, d'après une réponse ministérielle, la loi n'autorise pas les PLU à prescrire ou à interdire l'emploi de certains matériaux, de telles exigences n'étant justifiées que dans des secteurs nécessitant une protection particulière, tels les abords des monuments historiques ou les ZPPAUP (réponse à J. F. Legrand, *JO* Sénat Q 17 juill. 2003. 2303). L'administration n'est ainsi maîtresse que de l'apparence des constructions, non de leur « qualité ».

En l'absence de normes posées à l'article 11 du règlement, l'aspect extérieur des constructions peut également être contrôlé sur le fondement de l'article R. 111-21 du Code de l'urbanisme, prévoyant que le permis de construire peut être refusé ou n'être accordé que sous réserve de l'observation de prescriptions spéciales si les constructions, par leur situation, leur architecture, leurs dimensions ou l'aspect extérieur des bâtiments ou ouvrages à édifier ou à modifier, sont de nature à porter atteinte au caractère ou à l'intérêt des lieux avoisinants, aux sites, aux paysages naturels ou urbains ainsi qu'à la conservation des perspectives monumentales. Cette disposition permissive du RNU laisse une importante marge d'appréciation à l'administration, le juge n'exerçant qu'un contrôle restreint sur les refus d'autorisation d'urbanisme fondés sur l'article R. 111-21 du Code de l'urbanisme. Et s'agissant d'une disposition d'ordre public du RNU, elle peut même être appliquée simultanément avec les prescriptions de l'article 11 (CE 14 nov. 1990, *Collin*, *Lebon* 328), du moins tant que l'article 11 du règlement comporte des contraintes moindres que celles du RNU (CE 20 avr. 2005, *Sté Bouygues Telecom*, n° 248233, *BJDU* 2003. 115, obs. J.-C. B. ; CE 18 nov. 2011, *Puy-Fonters*, n° 324301, *BJDU* 3/2012, obs. J. T.).

Outre des règles relatives à l'aspect extérieur des constructions à proprement parler, l'article 11 du règlement peut réglementer l'aménagement de leurs abords (art. L. 123-1-5, III, 1°) et éventuellement contenir des prescriptions de nature à assurer la protection des éléments de paysage, des quartiers, îlots, immeubles, espaces publics, monuments, sites... À ce titre, le PLU peut par exemple réglementer le nivellement des terrains (CE 16 juin 2000, *Cne Saint Genis-les-Olliers*, n° 188972), ou définir les caractéristiques que doivent respecter les clôtures, notamment leur nature, leur hauteur maximale, leur aspect extérieur et les matériaux ou végétaux constitutifs (CE 16 mars 1990, *Min. Équipement*, n° 80472 ; CE 20 déc. 2000, *Roma*, n° 209589). En revanche, compte tenu du fait que l'article 647 du Code civil fait du droit de se clore un attribut du droit de propriété, le PLU ne peut interdire les clôtures et les dispositions d'un tel document qui ont pour objet ou pour effet d'empêcher les propriétaires d'enclore leurs fonds sont entachées d'illégalité (CE 29 déc. 1993, *Chan*, *Lebon* T. 1119 ; *Defrénois* 1994. 1329, obs. S. Pérignon ; TA Rennes, 2 déc. 2011, *Waron*, n° 0803456, concl. P. Report, *AJDA* 2012. 899). Il en va probablement de même des dispositions prévoyant que des clôtures ne pourront être réalisées que si elles sont « absolument nécessaires » (en ce sens, obs. J.-C. Bonichot sous CE 3 nov. 2004, *Cne Berchères sur Vesgre*, n° 257874, *BJDU* 2004. 453). En revanche, un PLU peut légalement réglementer certains aspects de l'implantation des clôtures (hauteur, nature, aspect extérieur), afin par exemple de limiter les conséquences liées à un risque d'inondation (RM 36710, *JO* AN 13 mai 2014, p. 3921).

Les éléments d'accompagnement de la construction : les places de stationnement (art. 12). 324 ■
L'article 12, du règlement du PLU peut imposer des obligations en matière de réalisation d'aires de stationnement (art. L. 123-1-12 et L. 123-1-13), obligations qui, lorsque le PLU ne tient pas lieu de plan de déplacements urbains, doivent être compatibles avec celles définies par le SCOT en la matière (C. urb., art. L. 122-1-8 et R. 123-9). Il peut s'agir de minima mais aussi, particulièrement depuis la loi Grenelle II, de maxima, l'idée étant aujourd'hui de restreindre les possibilités de stationnement des véhicules motorisés afin d'inciter à l'utilisation des modes de transport collectifs et plus généralement alternatifs à l'automobile. Ainsi, l'article L. 123-1-12 prévoit-il que le règlement fixe les obligations minimales en matière de stationnement pour les vélos pour les immeubles d'habitation et de bureaux, dans le respect des conditions prévues au II de l'article L. 111-5-2 du CCH. A l'inverse, lorsque les conditions de desserte par les transports publics réguliers le permettent, le règlement peut fixer un nombre maximal d'aires de stationnement pour les véhicules motorisés à réaliser lors de la construction de bâtiments destinés à un usage autre que d'habitation (CE 30 juill. 2014, *Commune d'Auxonne*, n° 362763, *BJDU* 5/2014, p. 351, concl. F. Lambolez et obs. X. de Lesquen : lorsque l'article 12 du règlement du PLU ne pose d'obligation de création d'aires de stationnement que pour les constructions nouvelles à usage d'habitation, elle ne s'applique pas aux projets ayant pour objet de transformer un bâtiment existant, quand bien même il en résulterait une création de logements supplémentaires).

Afin d'assouplir la contrainte résultant de l'obligation de réaliser des aires de stationnement, la loi prévoit que dans les cas où le PLU impose la réalisation d'aires de stationnement pour les véhicules motorisés, celles-ci peuvent être réalisées sur le terrain d'assiette ou dans son environnement immédiat. Toutefois, si le bénéficiaire de l'autorisation d'urbanisme ne peut pas satisfaire à cette obligation, il peut en être tenu quitte en justifiant, pour les places qu'il ne peut réaliser lui-même, soit de l'obtention d'une concession à long terme dans un parc public de stationnement existant ou en cours de réalisation et situé à proximité de l'opération, soit de l'acquisition ou de la concession de places dans un parc privé de stationnement répondant aux mêmes conditions (il n'est plus possible de s'exempter de l'obligation de réaliser des aires de stationnement en acquittant la participation auparavant spécialement prévue à cet effet).

Pour éviter que certaines constructions ne s'accompagnent d'un nombre excessif de places de stationnement, le législateur a par ailleurs posé qu'il ne peut être exigé la réalisation de plus d'une aire de stationnement par logement lors de la construction de logements locatifs financés avec un prêt aidé par l'État, ainsi que lors de la construction des établissements assurant l'hébergement des personnes âgées et des résidences universitaires (art. L. 123-1-13, précisant que la notion de logement serait précisée par voie réglementaire). Le nombre d'aires de stationnement exigible par logement pour ces constructions est même ramené à dépasser 0,5 lorsqu'elles sont situées à moins de 500 mètres d'une gare ou d'une station de transport public guidé ou de transport collectif en site propre et que la qualité de la desserte le permet. Pour les autres catégories de logements ainsi situés, il ne peut être exigé la réalisation de plus d'une aire de stationnement par logement. Enfin, l'obligation de réaliser des aires de stationnement n'est pas applicable aux travaux de transformation ou d'amélioration de bâtiments affectés à des logements locatifs financés avec un prêt aidé par l'État, y compris dans le cas où ces travaux s'accompagnent de la création de surface de plancher (dans la limite d'un plafond fixé par décret en Conseil d'État).

La précision ultime (dernier alinéa de l'art. L. 123-1-13), selon laquelle, les PLU peuvent ne pas imposer la réalisation d'aires de stationnement lors de la construction des logements locatifs financés avec un prêt aidé par l'État, ainsi que lors de la construction des établissements assurant l'hébergement des personnes âgées et des résidences universitaires laisse perplexe. D'une part parce qu'elle laisse entendre que de telles prescriptions seraient dans les autres cas obligatoires. D'autre part parce qu'elle pourrait laisser croire aux constructeurs qu'ils sont, pour les constructions visées, dispensés du respect des obligations posées en matière de création d'aires de stationnement par le code de la construction et de l'habitation, ce dont on peut douter.

■ 325 *Les éléments d'accompagnement de la construction : les espaces libres, les aires de jeux et de loisirs, et les plantations (art. 13).* Le règlement peut instituer, en son article 13, des contraintes consistant à imposer aux constructeurs la réalisation d'espaces libres, d'aires de jeux et de loisirs et de plantations (cette faculté peut être rattachée à l'habilitation concernant l'aménagement des abords des constructions : art. L. 123-1-5, III, 1°). Il peut ainsi leur être imposé de réserver des espaces à une utilisation collective (CE 24 oct. 1990, *Rome*, n° 100474) ou de traiter en espaces verts un certain pourcentage de la superficie du terrain. Concernant les plantations, l'article 13 du règlement est souvent utilisé pour protéger les plantations existantes (CE 29 déc. 1999, *Ville Rennes*, n° 194188), ou subordonner leur destruction à leur remplacement par des plantations équivalentes, sauf contraintes techniques (CE 23 juill. 1993, *Bourgon*, *Lebon* 224).

■ 326 *Les éléments d'accompagnement de la construction : les surfaces non-imperméabilisées ou éco-aménageables (le coefficient de biotope).* La loi ALUR a habilité les auteurs de PLU a imposer une part minimale de surfaces non imperméabilisées ou éco-aménageables, éventuellement pondérées en fonction de leur nature, afin de contribuer au maintien de la biodiversité et de la nature en ville (art. L. 123-1-5, III, 1°). On parle de « coefficient de biotope », qui pourrait (dans l'attente des décrets d'application relatifs au règlement du PLU au moins) être inscrit à l'article 14 du règlement des PLU

« alurisés », en lieu et place du COS qui a disparu. Bien qu'il puisse être rapproché d'autres facultés existantes (possibilité d'imposer la réalisation espaces verts ou de fixer un coefficient d'emprise au sol), ce nouvel outil ne se confond pas avec elles et pourra fonder des prescriptions plus contraignantes. Le ministère du Logement évoque la réalisation d'espaces libres en pleine terre, de surfaces artificialisées mais végétalisées, ou encore de toitures et murs végétalisés (Ministère du Logement et de l'Egalité des territoires, « La biodiversité dans les plans locaux d'urbanisme et dans les schémas de cohérence territoriale », juin 2014, accessible à l'adresse suivante : http://www.territoires.gouv.fr/IMG/pdf/alur_fiche_la_biodiversite_dans_les_plu_et_scot.pdf). Nul doute que les documents d'urbanisme pourront se montrer plus inventifs que cette liste (qui n'a rien de très innovant à vrai dire), dès lors que la prescription permettra de contribuer au maintien de la biodiversité et de la nature en ville. Ils pourront d'ailleurs s'inspirer de ce qui se fait en Allemagne, puisque c'est semble-t-il la ville de Berlin qui a été la première à mettre en œuvre avec succès cet instrument permettant de réintroduire la nature dans les tissus urbains denses.

Les obligations en matière de performances énergétiques et environnementales et en matière d'infrastructures et réseaux de communications électroniques (art. 15 et 16). Les articles 15 et 16 du règlement ont fait leur entrée à l'article R. 123-9 du Code de l'urbanisme avec le décret du 29 février 2012, pris pour l'application de la loi Grenelle II. Depuis la loi SRU, qui avait supprimé les possibilités de dépassement de COS, les règlements de PLU ne contenaient plus que 14 articles. Ils peuvent depuis lors en contenir deux de plus. L'article 15 peut imposer (notamment dans les secteurs que le PLU ouvre à l'urbanisation, mais pas seulement) des obligations renforcées en matière de performances énergétiques et environnementales, ce qui consistera à exiger plus, en matière d'isolation thermique par exemple, que ce qui résulte du Code de la construction et de l'habitation en la matière (C. urb. art. L. 123-1-5, III, 6°). L'article 16 peut quant à lui imposer (uniquement dans les secteurs que le PLU ouvre à l'urbanisation cette fois) des obligations renforcées en matière d'infrastructures et réseaux de communications électroniques (C. urb. art. L. 123-1-5, IV, 3°), la desserte par ces réseaux étant aujourd'hui presque aussi importante que la desserte par les réseaux d'eau et d'électricité. 327 ■

Les limites du contenu du règlement du PLU. Quelles sont les limites auxquelles sont soumis les auteurs des PLU lorsqu'ils réglementent l'occupation et l'utilisation du sol, autrement dit quels sont les pouvoirs de ce document ? Ces limites tiennent à la double circonstance que les auteurs du plan tirent leurs pouvoirs d'une habilitation législative (C. urb., art. L. 123-1-5 pour l'essentiel) et que l'urbanisme reste largement encore une police (P. Hocreitère, « Jusqu'où peut-on aller avec les règles d'occupation et d'utilisation du sol ? », *Mon. TP* 17-24 mai 1996 ; J.-B. Auby, « Réflexions sur les caractères de la règle d'urbanisme », *RDI* 1995. 39). 328 ■

Le Conseil d'État a rappelé la nécessité d'une base législative pour que les auteurs d'un document d'urbanisme puissent restreindre le droit des personnes à disposer de leurs biens (CE sect. 27 juill. 2012, *Hoffmann c. Cne Callian*, n° 342908, publié au recueil, *BJDU* 6/2012, p. 446, concl. X. de Lesquen et obs. Ph. Baffert ; *Constr.-urb.* 10/2012, n° 145, comm. J. Tremeau ; *AJDA* 2012, p. 1851, chron. X. Domino et A. Bretonneau, *RDI* 10/2012, p. 523, obs. P. Soler-Couteaux, arrêt annulant l'article d'un POS interdisant par principe les lotissements dans une zone NB). En application de la réserve de loi, le règlement du PLU ne peut de surcroît prescrire de règles que relatives à l'occupation ou à l'utilisation des sols, ce dont la jurisprudence retient une conception assez large au demeurant. Un document d'urbanisme peut ainsi réglementer le campisme, considéré comme réalisant une véritable occupation du sol (v. concl. Ch. Vigouroux sur CE, sect., 13 mai 1994, *Cne la Tranche-sur-Mer*, n° 112758, *Lebon* 240 ; *AJDA* 1994. 626). En revanche, il n'est pas certain qu'il puisse régir l'installation des antennes paraboliques (TA Lille, 29 mai 1997, *Préfet de la région Nord-Pas-de-Calais c/ Cne Seclin*, *BJDU* 1997. 235 ; v. cependant Rép. min. n° 43898, *JOAN* Q 20 janv. 1997 et n° 698, *JO* Sénat Q 11 sept. 1997). Compte tenu de l'impact esthétique de ces installations, il ne serait pas choquant que cette faculté leur soit reconnue. Ensuite, les documents d'urbanisme ne peuvent poser que des règles de fond. Il ne leur appartient pas d'imposer des règles relevant de la légalité externe des autorisations d'urbanisme autres que celles prévues par le code, ni de modifier les compétences déterminées par celui-ci (CE, sect., 21 mars 1986, *Copropriété de l'immeuble « Les Périades »*, *Lebon* 78 ; *AJDA* 1986. 385, concl. J.-Cl. Bonichot ; CE 4 févr. 1994, *n° 104051, Cne de Léognan,* rec. T ; CE 29 juill. 1994, *Cne Moline-en-Queyras*, n° 118846, *BJDU* 1994. 54, concl. S. Daël ; CE 7 juill. 1999, *Michelland*, n° 181312 ; v. chron. précitée X. Domino et A. Bretonneau, *AJDA* 2012, p. 1851). Enfin, le Conseil d'État avait sanctionné le règlement d'un POS qui imposait une surface minimale de plancher de 35 m² par logement, au motif que ni le Code de l'urbanisme, ni aucune autre disposition législative ou réglementaire ne pouvaient fonder l'édiction « d'une règle qui régit l'agencement intérieur des bâtiments d'habitation et non leur emprise au sol, leur hauteur ou leur aspect extérieur » (CE 9 juill. 1997, *Cne Megève*, *Lebon* 303 ; *BJDU* 1997. 331, concl. L. Touvet ; CE 11 déc. 1998, *Cne Bartenheim*, n° 155143, *BJDU* 1999. 39, concl. E. Honorat ; CE 14 juin 2004, *Mariotte*, n° 243811). Mais il en va différemment sur ce point depuis l'insertion en 2009 dans le Code de l'urbanisme d'une disposition autorisant le règlement du PLU à délimiter, dans les zones U ou AU, des secteurs dans lesquels les programmes de logements doivent comporter une proportion de logements d'une taille minimale qu'il fixe (possibilité issue de issu de la loi du 25 mars 2009 de mobilisation pour le logement et la lutte contre l'exclusion et aujourd'hui inscrite à l'art. L. 123-1-5, II, 3°).

En revanche, le Conseil d'État a précisé que rien ne fait obstacle à ce que les règles et servitudes édictées sur le fondement de l'article L. 123-1 du Code de l'urbanisme (devenu L. 123-1-5) régissent des situations qui font par ailleurs, l'objet d'une réglementation en vertu des dispositions du Code civil. Un POS peut donc par exemple réglementer la longueur de vue directe à réserver par rapport aux limites de propriété (CE 10 févr. 2006, *Esteban*, n° 259837, *BJDU* 3/20006. 170, concl. P. Collin ; *RDI* 2006. 147, obs. P. S.-C. ; H. Périnet-Marquet, « Code civil et droit de l'urbanisme », *Mélanges Jacquot*, PU Orléans, 2006, p. 447).

■ 329 L'existence d'une législation spécifique (et plus particulièrement d'une police spéciale) en telle ou telle matière ne fait pas nécessairement obstacle à ce que le PLU contienne également des règles la régissant, dès lors que la législation la plus spécifique n'épuise pas la matière et que ces règles reposent sur un motif d'urbanisme et puissent être rattachées à une habilitation législative précise donnée aux auteurs des documents d'urbanisme. En matière d'installations classées par exemple, la jurisprudence a admis que le POS réglemente l'implantation d'une décharge sans que puisse y faire obstacle le fait que les décharges industrielles sont, en outre, régies par la législation des installations classées (CE 4 déc. 1985, *Synd. intercnal de voirie du canton de Plancoët*, *Lebon* T. 696 ; CE 12 févr. 1997, *Sté Soccoim*, n° 156895) ; de même, il a été admis qu'un POS interdise l'exploitation des carrières sur le territoire communal (CE 21 oct. 1983, *Quemin*, *Lebon* 422), et ce alors même que la partie du territoire communal couverte par l'interdiction était destinée à une telle exploitation en application de la réglementation qui la régit (CE 8 déc. 1997, *SA GSM Atlantique*, n° 137046, *RDI* 1998. 231, obs. L. Touvet et J. Morand-Deviller). Pour autant, les pouvoirs du PLU ne sont pas ici sans limites. Car s'il peut interdire ou réglementer un type d'activité dans une zone, il ne lui est pas possible légalement de prétendre régir l'exercice de l'activité elle-même : par exemple, un POS ne peut fixer une durée d'exploitation des carrières (CE 29 avr. 1998, *Sté Cosson c/ Min. Environnement*, n° 168895 et 173915, *BJDU* 1998. 170, concl. Girardot, obs. L. Touvet). Pareille interdiction ne répond à aucune finalité du droit de l'urbanisme et empiète sur les finalités propres à la législation concernée.

En ce qui concerne la réglementation de la construction, entendue ici strictement et non en tant que mode d'occupation du sol, il faut tenir compte de ce que depuis la loi d'orientation foncière du 30 décembre 1967, les législations de l'urbanisme et de la construction sont indépendantes. La philosophie des règles d'urbanisme est de définir une enveloppe, une forme, une physionomie urbaine et ceci compte tenu de multiples facteurs tels que l'affectation dominante des espaces considérés, la localisation des constructions, des objectifs d'aménagement souhaités. Le droit de la construction rassemble, quant à lui, les règles et les normes techniques concernant le volume et l'aménagement interne des immeubles. Elles portent essentiellement sur les surfaces, les ouvertures, les aérations, les branchements, les évacuations et les accès. En 1967, le législateur a voulu ainsi nettement les distinguer et, plus encore, les rendre exclusives l'une de l'autre. Le droit de l'urbanisme reste fondamentalement une police et les occupations du sol qu'il régit sont soumises par principe à un régime d'autorisation. Le droit de la construction constitue, quant à lui, une réglementation dont l'application est laissée à la responsabilité du constructeur et dont la méconnaissance est sanctionnée *a posteriori*. C'est la différence entre un régime de police et un régime de liberté réglementée. Il serait donc peu conforme à l'esprit de cette législation que, sous couvert de l'habilitation donnée au PLU, celui-ci réintègre dans un régime d'autorisation un aspect de l'occupation du sol qui relève d'un régime de liberté. Il en résulte que, comme l'écrit P. Hocreitère, « la règle d'urbanisme ne saurait interférer avec les règles techniques de construction, les modalités de financement du logement, son agencement intérieur ou son usage ; la règle d'urbanisme ne peut réaliser une immixtion à l'intérieur du volume-enveloppe que le droit de la construction a seule vocation à régir ». Cependant, un règlement de PLU peut, par ailleurs, réserver un secteur à l'habitat de type individuel (sous réserve de ne pas compromettre l'exigence de mixité fonctionnelle) dès lors qu'une telle prescription ne fait pas référence à un mode d'occupation mais se trouve justifiée par des motifs d'urbanisme, par exemple conserver à certains quartiers un caractère pavillonnaire en agissant sur les règles relatives à l'emprise au sol, à l'implantation ou la hauteur, aux espaces verts, en un mot au volume-enveloppe car, dans ce cas, il s'agit plus d'un problème de perception ou de morphologie urbaine que de distribution intérieure des constructions.

Enfin, le caractère de police du droit de l'urbanisme implique que, même lorsqu'elles répondent aux finalités qui leur sont assignées par la loi, les restrictions apportées par les documents d'urbanisme aux droits et libertés fondamentaux doivent être nécessaires, adaptées et proportionnées au but d'intérêt général poursuivi, et en toute hypothèse, ne pas excéder un certain seuil au-delà duquel le droit ou la liberté serait vidé de sa substance (S. Pérignon, « Le nouvel ordre urbanistique. Urbanisme, propriété, Libertés », éd. du Cridon, 2004, p. 151 s.). Ainsi, le Conseil d'État a déjà jugé illégale la prescription d'un règlement ayant pour effet de priver les propriétaires du droit de disposer de leur bien, attribut essentiel du droit de propriété (CE 28 juin 1996, *Durnez*, *Lebon* T. 1208 ; *BJDU* 1996. 182, concl. R. Schwartz). De manière générale, pourrait être sanctionnée toute règle qui infligerait au droit de propriété une atteinte injustifiée ou disproportionnée (TA Versailles, 17 déc. 1998, *Briatte c/ Cne Vésinet*, n° 982006 ; CAA Douai, 14 mars 2002, *Obled c/ Cne Lille*, n° 99DA20036). En ce qui concerne la liberté du commerce et de l'industrie (principe général du droit) et la liberté d'entreprendre (de valeur constitutionnelle), si l'intégration des documents d'aménagement commercial aux documents d'urbanisme a pour conséquence que la question de leurs interactions ne se pose plus en termes de concurrence de polices, il n'en demeure pas moins que les prescriptions des documents d'urbanisme concernant les activités commerciales ne doivent pas les restreindre au-delà de ce qui est nécessaire à la réalisation de l'objectif légal poursuivi. Il est clair que la montée en puissance des exigences constitutionnelles et conventionnelles en matière de protection des droits et libertés ne peut qu'inciter le juge administratif à renforcer son contrôle sur l'exercice de la police de l'urbanisme.

§ 5 Les annexes du plan local d'urbanisme

330 *Le contenu des annexes.* Les articles R 123-13 et R 123-14 du Code de l'urbanisme énumèrent les éléments que les annexes doivent indiquer, à titre d'information, sur un ou plusieurs documents graphiques. Les listes sont longues. Doivent ainsi par exemple être matérialisés dans les annexes les secteurs sauvegardés, les zones d'aménagement concerté, les zones de préemption (en espaces naturels sensibles, droit de préemption urbain et périmètres de zone d'aménagement différé), les zones à l'intérieur desquelles s'applique le permis de démolir, les périmètres des zones délimitées en application de l'article L. 111-5-2 du Code de l'urbanisme à l'intérieur desquelles certaines divisions foncières sont soumises à déclaration préalable, les périmètres de sursis à statuer en application de l'article L. 111-10, les périmètres des secteurs dans lesquels un programme d'aménagement d'ensemble a été approuvé, les périmètres fixés par les conventions de projet urbain partenarial, les périmètres dans lesquels le premier alinéa de l'article L. 111-6-2 du Code de l'urbanisme ne s'applique pas, le périmètre des secteurs relatifs au taux de la taxe d'aménagement, le périmètre des secteurs affectés par un seuil minimal de densité, ou encore les servitudes d'utilité publique applicables sur le territoire couvert par le PLU et appartenant aux catégories figurant sur la liste annexée à l'article R. 126-3 (C. urb., art. L. 126-1).

Le contenu des annexes est par ailleurs enrichi par certaines dispositions extérieures au Code de l'urbanisme. L'article L. 125-6 III du code de l'environnement prévoit par exemple, depuis sa réécriture par la loi ALUR, que les secteurs d'information sur les sols sont indiqués sur un ou plusieurs documents graphiques et annexés au PLU ou au document d'urbanisme en tenant lieu ou à la carte communale (v. L. Balzano et C. Billmann, « Les apports de la loi « ALUR » dans le domaine des sites et sols pollués », *RDI* 2014. 432).

L'opposabilité des annexes. Les annexes n'ont pas de caractère normatif par elles-mêmes (CE 23 avr. 1997, *Épx Ballon et Crevel*, n° 161328), elles n'ont qu'un caractère informatif, et l'omission d'un élément censé y figurer a des conséquences limitées. D'une part, elle ne rend en principe pas le POS ou le PLU illégal (CE 3 nov. 1982, *Synd. des propriétaires de Port-Dun, Lebon* T. 778 ; CE 6 avr. 1992, *Assoc. des Amis de Saint-Palais-sur-Mer*, n° 104454, *Lebon* 408 ; *AJDA* 1992. 761, note H. Jacquot). Mais la doctrine administrative semble considérer qu'une information erronée dans les annexes puisse justifier l'engagement de la responsabilité de la commune (Rép. min, *JO Sénat* 26 août 2004. 1947). D'autre part, l'omission d'un élément censé figurer dans les annexes ne le rend pas inopposable en principe. Il en va toutefois différemment des servitudes d'utilité publique mentionnées à l'article R. 126-3, pour lesquelles l'article L. 126-1 du Code de l'urbanisme prévoit qu'après l'expiration d'un délai d'un an à compter, soit de l'approbation du plan, soit, s'il s'agit d'une servitude nouvelle, de son institution, seules les servitudes annexées au plan peuvent être opposées aux demandes d'autorisation d'occupation du sol (CE 9 mars 1990, *Stockhausen, Trudelle*, n° 42563 et 42595). Au demeurant, une telle situation devrait être exceptionnelle, car il est également prévu que le représentant de l'État est tenu de mettre le maire ou le président de l'EPCI compétent en demeure d'annexer au PLU les servitudes qui doivent l'être, et que si cette formalité n'a pas été effectuée dans le délai de trois mois, le représentant de l'État y procède d'office. 331 ■

§ 6 Les contenus spécifiques des PLU intercommunaux

Afin d'inciter à l'intercommunalisation des PLU, à défaut d'avoir pu l'imposer, la loi Grenelle II a considérablement renforcé la spécificité des PLU intercommunaux, en leur offrant des contenus (et donc des pouvoirs) supplémentaires par rapport aux PLU simplement communaux. Ce mouvement a été poursuivi par la loi ALUR, qui a posé le principe du transfert de plein droit de la compétence en matière de PLU à toutes les EPCI à fiscalité propre. 332 ■

Tout d'abord, les PLU intercommunaux peuvent comporter des plans de secteur qui couvrent chacun l'intégralité du territoire d'une ou plusieurs communes membres de l'EPCI et qui précisent les OAP ainsi que le règlement spécifiques à ce secteur (C. urb., art. L. 123-1-1-1 et R. 123-1). Cette faculté vise à permettre une certaine individualisation des communes au sein de l'intercommunalité, ce qui peut être de nature à rassurer certaines des plus hostiles d'entre elles à l'abandon de leur compétence en matière de PLU au profit d'une structure intercommunale. Mais afin d'éviter que le PLU intercommunal ne soit qu'une collection de PLU communaux, le rapport de présentation et le PADD restent communs. Cette faculté ne concerne cependant plus que les communautés de communes et les communautés d'agglomération ; depuis la loi ALUR, les communes intégrées dans une communauté urbaine ne peuvent plus en bénéficier (et il en va logiquement de même des métropoles). Aujourd'hui comme hier du reste, si les communes concernées par le projet de PLU peuvent demander à être couvertes pas un tel plan, la décision relève du conseil communautaire.

Ensuite, la plupart des composantes qui ont été présentées dans les paragraphes précédents sont enrichies pour les PLU intercommunaux, particulièrement en matière de logement et de déplacements, puisque les PLUI peuvent tenir lieu de PLH et de PDU (la loi ALUR a supprimé l'obligation de fusionner ces trois documents).

Ainsi, le rapport de présentation de ces PLU doit comporter un diagnostic spécifique sur le fonctionnement du marché local du logement et sur les conditions d'habitat, et lorsque l'EPCI compétent est autorité organisatrice des transports urbains, exposer les dispositions retenues en matière de transports et de déplacements dans le PADD et dans les OAP (C. urb., art. R. 123-2-2). Celles des OAP pourront être substantielles. Les AOP des PLUI tenant lieu de PLH et/ou de PDU doivent en effet préciser certaines actions et opérations d'aménagement permettant de poursuivre certains des objectifs inscrits dans le code de la construction et de l'habitation et dans le code des transports (2 et 3 de l'article L. 123-1-4). Mais il n'est plus prévu, depuis la loi ALUR, que les OAP puissent elles-mêmes tenir lieu de PLU et/ou de PDU. C'est désormais une nouvelle composante du PLUI – le programme d'orientations et d'actions (POA) – qui intégrera le volet transports et déplacements et le volet habitat du document. En effet, l'article L. 123-1 I du Code de l'urbanisme pose que lorsque le PLU tient lieu de PLH et le cas échéant de PDU, il comporte un PAO (qui peut, comme les autres composantes, s'accompagner de documents graphiques) comprenant toute mesure ou tout élément d'information nécessaire à la mise en œuvre de la politique de l'habitat ou des transports et des déplacements définie par le PLU. Le PAO n'est pas opposable aux autorisations d'occupation du sol. En ce qui concerne les spécificités du règlement, l'article L. 123-1-12 alinéa 4 pose que lorsque le PLU tient lieu de PDU, le règlement fixe les obligations minimales en matière de stationnement pour les véhicules non motorisés. Il détermine des secteurs à l'intérieur desquels les conditions de desserte et de transports publics réguliers permettent de réduire ou de supprimer les obligations minimales en matière de réalisation d'aires de stationnement pour les véhicules motorisés. A l'intérieur de ces secteurs, il fixe un nombre maximal d'aires de stationnement pour les véhicules motorisés, lors de la construction de bâtiments destinés à un usage autre que l'habitation.

A ce contenu enrichi en matière de déplacements et de logement s'ajoute un auto-contrôle renforcé, puisque les bilans périodiques des PLU tenant lieu de PLH doivent être réalisés tous les six ans (et non tous les neuf ans comme c'est le cas pour les autres PLU), avec un bilan intermédiaire à l'échéance triennale.

Enfin, *last but not least*, depuis la loi Grenelle II, les PLUI peuvent, lorsqu'ils ne sont pas couverts par un SCOT, après accord du préfet, comprendre celles des dispositions d'urbanisme qui ressortissent à la seule compétence des SCOT, le PLU ayant alors les effets du SCOT (C. urb. art. L. 123-1-7). Le texte précise que l'accord du préfet porte exclusivement sur le fait que le périmètre du PLU permet la mise en cohérence des questions d'urbanisme, d'habitat, de développement économique, de déplacements et d'environnement. Il n'a donc aucun droit de regard sur le contenu des dispositions en cause, en dehors du contrôle de légalité qu'il est appelé à exercer avant l'entrée en vigueur du PLU (v. ss 273). Dans le prolongement de cette habilitation, la loi ALUR a donné la possibilité aux OAP les PLUI non couverts par un SCOT de contenir les orientations relatives à l'équipement commercial et artisanal figurant normalement dans le document d'orientations et d'objectifs du SCOT en vertu de l'article L. 122-1-9 du Code de l'urbanisme (dernier alinéa de l'art. L. 123-1-4).

section 3

Les effets du plan local d'urbanisme

Le principal effet d'un PLU est l'opposabilité des normes qu'il contient dans le processus d'instruction des autorisations d'urbanisme (§ 1), mais ce n'est pas le seul. D'autres effets méritent d'être signalés (§ 2). 333

§ 1 L'opposabilité du PLU

Si le PLU n'est véritablement opposable à l'administration et aux usagers qu'à compter de son approbation et après que la dernière des formalités requises à cette fin a été accomplie, il n'est pas dénué d'effets lorsqu'il n'est encore qu'à l'état de projet. Il convient donc d'envisager l'opposabilité du PLU prescrit (A) avant de s'attarder davantage sur l'opposabilité du PLU pleinement entré en vigueur (B). 334

A. L'opposabilité du PLU prescrit

Étant donné la longueur de la procédure d'établissement d'un PLU, ne lui faire produire d'effets qu'une fois ce processus achevé ne serait pas sans inconvénients. En particulier, pendant toute la durée de son élaboration, l'administration ne pourrait s'opposer à la réalisation d'opérations pourtant contraires aux prévisions du futur plan, pas plus qu'elle ne pourrait exiger desdites opérations qu'elles soient conformes à ses objectifs. C'est pourquoi, tout en supprimant l'opposabilité du POS rendu public et l'applicabilité anticipée, le législateur SRU a reconnu certains effets à la délibération prescrivant l'établissement du PLU et autorisé l'administration à opposer, dès ce stade, des mesures de sauvegarde aux projets dont la réalisation serait de nature à rendre plus difficile, voire impossible sa mise en œuvre dans l'avenir. 335

En premier lieu, le code prévoit que sur les territoires où l'établissement d'un PLU a été prescrit, le préfet peut, après avis du maire, apporter des aménagements aux règles du RNU relatives à l'implantation et au volume des constructions (C. urb., art. R. 111-16 s.). Cette faculté n'est pas sans limite. La jurisprudence a précisé que les dérogations accordées sur le fondement de l'article R. 111-20 du Code de l'urbanisme ne sauraient être accordées que si les atteintes qu'elles portent à l'intérêt général que les prescriptions d'urbanisme ont vocation à protéger ne sont pas excessives eu égard à l'intérêt général que présente la dérogation (CE 16 déc. 1977, *Min. Équipement c/ Cluzeau*, *Lebon* 509).

En second lieu, le dernier alinéa de l'article L. 123-6 prévoit qu'à compter de la publication de la délibération prescrivant l'élaboration du PLU, l'autorité compétente peut décider de surseoir à statuer, dans les conditions et délai prévus à l'article L. 111-8 du Code de l'urbanisme, sur les demandes d'autorisation concernant des constructions, installations ou opérations qui seraient de nature à compromettre ou à rendre plus onéreuse l'exécution du futur plan. Il s'agit là d'un pouvoir particulièrement contraignant pour les administrés et important pour l'administration, puisque celle-ci peut refuser de se prononcer sur l'autorisation d'occupation du sol dont la délivrance est sollicitée en se prévalant des incidences du projet sur les dispositions d'un document d'urbanisme dont l'élaboration n'est pas achevée. C'est pourquoi le Conseil d'État exige que le plan en cours d'élaboration ait atteint un état d'avancement suffisant et que l'administration en connaisse la teneur essentielle pour que le sursis à statuer puisse être légalement opposé (v. ss 647 s. et CE 4 déc. 1981, *Manceau*, n° 30736, *AJPI* 1982. 102).

B. L'opposabilité du PLU entré en vigueur

336 L'opposabilité du PLU est principalement régie par l'article L. 123-5 du Code de l'urbanisme, qui en précise l'étendue et les limites. Avant d'examiner ces deux aspects, rappelons que cette opposabilité ne concerne que le règlement et ses documents graphiques qui s'imposent au titre d'une exigence de conformité, et les OAP et leurs documents graphiques le cas échéant qui s'imposent dans un rapport de compatibilité. Le rapport de présentation, le PADD, les annexes et, lorsqu'il existe, le POA, ne sont (en eux-mêmes) pas opposables.

337 *L'étendue de l'opposabilité du PLU.* L'article L. 123-5 du Code de l'urbanisme précise le champ d'application personnel et matériel du PLU.

338 *Le champ d'application personnel du PLU.* Le PLU est opposable à toute personne publique ou privée (C. urb., art. L. 123-5). Il contraint aussi bien les propriétés publiques que les propriétés privées. Les bâtiments publics doivent donc, au même titre que les bâtiments privés, respecter les prescriptions du règlement du PLU. Par ailleurs, l'appartenance de terrains au domaine public ne constitue pas en soi un obstacle à ce qu'ils fassent l'objet de prévisions et de prescriptions édictées par un document local d'urbanisme (CE 28 juill. 2000, *Port autonome de Nantes-Saint-Nazaire*, n° 135835, *Constr.-Urb.* 2000. 306, obs. D. Larralde). Ainsi, et par exemple, les concessions d'endigage et les concessions portuaires sont au nombre des travaux qui ne peuvent être entrepris ni, par suite, autorisés sur les territoires des communes où s'applique un tel plan, s'ils ne sont pas compatibles avec ses règles (CE, ass., 30 mai 1973, *Min. Aménagement du territoire c/ Schwetzoff, Lebon* 264 ; CE, ass., 15 févr. 1980, *Assoc. pour la protection du site du vieux Pornichet*, n° 08596, *Lebon* 85 ; *JCP* 1980. II. 19375, concl. B. Genevois, note G. Liet-Veaux ; CE 2 févr. 2004, *Assoc. des cinq cantons La Barre, Assoc. « Pays Basque écologie »*, n° 215763, *BJDU* 2004. 177, concl. D. Piveteau ; *RDI* 2004. 218, obs. P. S.-C.). Le POS ou le PLU peuvent même, à l'occasion, être opposés à des contrats conclus par les communes (CAA Marseille, 27 juin 2000, *Préfet Pyrénées Orientales, Avalonne*, n° 98MA00352 et 98MA00578, *Contrats Marchés publ.* 2001. 22, obs. P. S.-C. ; TA Paris, 20 juin 2002, *Wehbi*, n° 9906417/9908365, *Contrats Marchés publ.* 2002. 186, obs. P. S.-C.).

339 *Le champ d'application matériel du PLU.* Le PLU est opposable à l'exécution de tous travaux, constructions, plantations, affouillements ou exhaussements des sols, pour la création de lotissements et l'ouverture des installations classées appartenant aux catégories déterminées dans le plan (C. urb., art. L. 123-5 ; CE 9 juill. 2003, *Sté Énergie Grand Littoral SNC*, n° 240761, *BJDU* 2004. 99, concl. F. Séners). Cette opposabilité n'est d'ailleurs pas dépendante de la soumission de l'opération en question à une autorisation d'urbanisme : la méconnaissance des règles posées par un PLU (et plus généralement des règles d'urbanisme de fond) constitue une infraction pénale,

même si les travaux incriminés n'étaient pas soumis à autorisation (Crim. 9 nov. 1994, *Abitan*, n° 94-80962 ; *JCP* N 1996. II. 758, note M. Ricard).

En vertu du principe d'indépendance des législations, le PLU n'est en principe pas opposable dans le cadre de l'instruction des demandes d'autorisation effectuées en vertu de législations autres que l'urbanisme. Par exemple, le PLU n'est pas opposable aux demandes d'autorisation de défrichement, régies par le code forestier (CE 15 déc. 1977, *Cne Saint-Rémy-L'Honoré*, n° 118091, *BJDU* 1998. 73). Il n'est pas davantage opposable à une autorisation de création d'une centrale nucléaire (CE 1er mars 2013, *Soc. Roozen France et SCI des Serres*, n° 340859 et 340957). Depuis la loi ALUR cependant, un nouvel alinéa de l'article L. 123-5 précise que, lorsque le PLU tient lieu de PDU, les actes pris au titre de la police du stationnement et de la circulation, ainsi que les actes et décisions relatifs à la voirie et à la gestion du domaine public routier doivent être compatibles ou rendus compatibles avec les dispositions du PLU tenant lieu de plan de déplacements urbains, dans les conditions définies aux articles L. 1214-5 et L. 1214-6 du Code des transports.

Les limites de l'opposabilité du PLU. Il convient de se poser la question de la possibilité d'obtenir des dérogations aux règles posées par la PLU. À cet égard, le principe résultant de l'article L. 123-1-9 du Code de l'urbanisme est assez strict, puisqu'il pose – dans le prolongement d'un choix opéré en 1976 concernant les POS – que les règles et servitudes définies par un PLU ne peuvent faire l'objet d'aucune dérogation, ce qui est évidemment propice au respect du principe d'égalité. Mais il excepte immédiatement certaines adaptations mineures. Par ailleurs, des possibilités de dérogations sont ouvertes par les articles L. 123-5 et L. 123-5-1 du Code de l'urbanisme , et il faut encore y ajouter les toujours plus nombreuses possibilités de déroger aux règles de densité aménagées par les textes. 340 ■

Les adaptations mineures. L'article L. 123-1-9 admet que les règles du PLU puissent faire l'objet d'adaptations mineures dès lors que celles-ci sont rendues nécessaires par la nature du sol, la configuration des parcelles ou le caractère des constructions avoisinantes. Cette faculté fait cependant l'objet de trois séries de limites. D'une part, la notion d'adaptation mineure n'autorise par nature qu'un faible écart par rapport à la règle d'urbanisme (CE 30 juill. 1997, *Rousset*, n° 117103). La jurisprudence se montre à cet égard assez sévère, un écart de plus de 10 % par rapport à la règle étant en général sanctionné (CE 9 juin 1999, *Royevaz*, n° 169158, *RDI* 2000. 160, obs. L. Touvet ; CE 30 juin 1999, *Guttierez*, n° 194720, P. Hocreitère, « Les principes du juge en matière d'adaptations mineures », *LPA* 26 janv. 1987, p. 12). D'autre part, l'énumération des raisons qui sont de nature à justifier l'adaptation mineure est limitative, ce qui exclut toute autre justification, comme l'existence d'une servitude de droit privé (CE 17 mars 1993, *SCI Impasse Brémont*, n° 87786) ou l'insuffisance de la superficie du terrain d'assiette (CE 26 janv. 1996, *Sté Sorman*, n° 118683). Enfin, l'adaptation doit être, non seulement souhaitable ou même utile, mais bien nécessaire (autrement dit indispensable) au regard des raisons qui peuvent la fonder. De manière générale, le juge se montre assez strict en matière d'adaptations mineures (CE 27 sept. 1993, *SCI « Les Balcons du Lac »*, n° 124633, *BJDU* 1994. 69, concl. F. Scanvic ; CE 8 oct. 1993, *Pastor*, n° 128272, *BJDU* 1993. 66), mais il en admet la légalité lorsque les conditions sont remplies (v. par ex. CE 10 nov. 1989, *Hasler*, n° 81133, *AJDA* 1990. 116, concl. M. de Guillenchmidt ; CE 30 juill. 1997, *Sté parisienne de réalisation immobilière*, n° 125598, *RDI* 1997. 581, obs. J. Morand-Deviller et L. Touvet). Et il 341 ■

considère même que lorsque le permis de construire peut être délivré grâce à une adaptation mineure, l'autorité administrative commet une erreur de droit en refusant de l'instruire (CE 15 mai 1995, *Cne Marmaz*, n° 118919, *RDI* 1995. 739, obs. Y. Gaudemet et L. Touvet).

342 *Les possibilités de dérogations ouvertes par l'article L. 123-5.* L'article L. 123-5 du Code de l'urbanisme définit trois hypothèses dans lesquelles l'autorité compétente pour délivrer le permis de construire peut, après avoir recueilli les accords du préfet et du maire ou du président de l'EPCI compétent en matière de PLU (lorsqu'ils ne sont pas ceux qui délivrent le permis de construire), octroyer des dérogations à une ou plusieurs règles du PLU. Tel est, en premier lieu, le cas pour permettre la reconstruction de bâtiments détruits ou endommagés à la suite d'une catastrophe naturelle survenue depuis moins d'un an, lorsque les prescriptions imposées aux constructeurs en vue d'assurer la sécurité des biens et des personnes sont contraires aux règles du PLU. Il s'agit là d'une protection importante, et peut-être excessive car non limitée par les considérations de sécurité des propriétaires. Elle est indépendante du droit de reconstruire à l'identique prévu à l'article L. 111-3 du Code de l'urbanisme (v. ss 628 s.). En deuxième lieu, des dérogations peuvent être accordées pour permettre la restauration ou la reconstruction d'immeubles protégés au titre de la législation sur les monuments historiques, lorsque les contraintes architecturales propres à ces immeubles sont contraires aux règles du PLU. Il s'agit ici d'éviter que les règles d'urbanisme ne paralysent la conservation du patrimoine historique immobilier (sur « Les travaux sur les immeubles protégés au titre des monuments historiques », v. P. Charron, *AJCT* 9/2013, p. 388). Enfin, il est prévu depuis la loi « Boutin » du 25 mars 2009 que des dérogations aux règles du PLU ou du document d'urbanisme en tenant lieu soient accordées pour autoriser des travaux nécessaires à l'accessibilité des personnes handicapées à un logement existant (sur la procédure, art. R. 431-31 issu d'un décret du 18 juin 2009 ; avant l'intervention de cette loi, v. G. Godfrin, « PLU et handicap », *Constr.-Urb.* 2008. 180).

343 *Les possibilités de dérogations ouvertes par l'article L. 123-5-1.* L'ordonnance n° 2013-889 du 3 octobre 2013 relative au développement de la construction de logement a inséré dans le Code de l'urbanisme un nouveau dispositif permettant à l'autorité compétente pour délivrer les autorisations d'urbanisme d'accorder au pétitionnaire des dérogations à certaines règles du règlement du PLU ou du document d'urbanisme en tenant lieu, dans les conditions et selon les modalités définies à l'article L. 123-5-1 du Code de l'urbanisme (modifié par la loi du 20 déc. 2014 relative à la simplification de la vie des entreprises). L'objectif est de favoriser la création de logements dans les secteurs où la demande est la plus forte, en supprimant les obstacles résultant des règles d'urbanisme. Le dispositif (dont les modalités d'application ont été précisées par un décret n° 2013-891 du 3 octobre 2013 et une circulaire du 28 mai 2014 relative au développement de la construction de logement par dérogation aux règles d'urbanisme et de la construction, NOR : ETLL 1400077C) ne s'applique que dans trois sortes de communes, qui se caractérisent par un déficit en matière de logement : les communes dans lesquelles s'applique de la taxe annuelle sur les logements vacants, les communes de plus de 15 000 habitants en forte croissance démographique figurant sur la liste prévue au septième alinéa de l'article L. 302-5 du code de la construction et de l'habitation, ainsi que celles appartenant à une des zones d'urbanisation continue de plus de 50 000 habitants mentionnées à l'article 18 de la loi

n° 89-462 du 6 juillet 1989. Dans ces communes, l'autorité compétente, peut, en tenant compte de la nature du projet et de la zone d'implantation dans un objectif de mixité sociale, accorder, par décision motivée, cinq types de dérogation : 1° Déroger aux règles relatives au gabarit et à la densité (c'est-à-dire au COS dans les communes couvertes par un POS) pour autoriser une construction destinée principalement à l'habitation à dépasser la hauteur maximale prévue par le règlement, sans pouvoir dépasser la hauteur de la construction contiguë existante calculée à son faîtage et sous réserve que le projet s'intègre harmonieusement dans le milieu urbain environnant. Cette hypothèse a vocation à s'appliquer aux projets de construction sur un terrain non bâti ou une « dent creuse » en contiguïté avec au moins une construction existante qui dépasserait la hauteur autorisée par le règlement d'urbanisme. 2° Déroger aux règles relatives à la densité et aux obligations en matière de création d'aires de stationnement pour autoriser la surélévation d'une construction achevée depuis plus de deux ans, lorsque la surélévation a pour objet la création de logement ou un agrandissement de la surface de logement, étant précisé que si le projet est contigu à une autre construction, elle peut également déroger aux règles de gabarit pour autoriser la surélévation à dépasser la hauteur maximale dans les conditions et limites fixées au 1° ; dans cette hypothèse, l'ordonnance a prévu que le préfet pourrait également accorder des dérogations à certaines exigences résultant du CCH, v. art. L. 111-4-1 du CCH ; la demande doit alors être jointe à la demande de permis de construire). 3° Déroger aux règles relatives à la densité et aux obligations en matière de création d'aires de stationnement pour autoriser la transformation en immeuble à usage principal d'habitation d'un immeuble existant par reconstruction, rénovation ou réhabilitation, dans la limite du gabarit de l'immeuble existant ; ici, il faut évidemment que la destination habitation soit admise dans le règlement de la zone. 4° Déroger en tout ou partie aux obligations de création d'aires de stationnement applicables aux logements lorsque le projet de construction de logements est situé à moins de 500 mètres d'une gare ou d'une station de transport public guidé ou de transport collectif en site propre, en tenant compte de la qualité de la desserte, de la densité urbaine ou des besoins propres au projet au regard des capacités de stationnement existantes à proximité ; rappelons que dans les périmètres éligibles à cette dérogation, le PLU ne peut en toute hypothèse exiger plus d'une place de stationnement par logement. 5° Déroger aux règles de retrait fixant une distance minimale par rapport aux limites séparatives, dans des conditions précisées par décret en Conseil d'État, pour autoriser une construction destinée principalement à l'habitation, sous réserve que le projet s'intègre harmonieusement dans le milieu urbain environnant. Cette ultime possibilité de dérogation, issue de la loi du 20 décembre 2014, n'entrera en vigueur que lorsque son décret d'application aura été publié. Les quatre premières hypothèses de dérogation font chacune l'objet d'une fiche technique apportant (en sus de la circulaire évoquée plus haut) des précisions et recommandations sur l'interprétation de l'ordonnance (ces fiches sont accessibles sur le site internet du Ministère du Logement et de l'Egalité des territoires, à l'adresse suivante : http://www.territoires.gouv.fr/les-ordonnances-pour-accelerer-la-construction-de-logements).

Le décret du 3 octobre 2013 précise les modalités d'instruction des demandes de permis accompagnées d'une demande de dérogation. Est à noter une majoration du délai d'instruction d'un mois pour les demandes de permis ne dérogeant qu'aux seules règles d'urbanisme et de deux mois pour celles dérogeant aux règles du Code de la construction et de l'habitation.

De façon générale, ce dispositif est très révélateur de ce qu'est le droit de l'urbanisme contemporain : un droit dont le contenu et les instruments, trop peu repensés avant d'être réformés, sont devenus tellement en décalage avec les objectifs politiques nouveaux qui lui sont assignés, que seule sa mise à l'écart par des possibilités de dérogation de plus en plus franches semble permettre de les atteindre. Il est du reste remarquable (et critiquable) que les dérogations permises par l'article L. 123-5-1 du Code de l'urbanisme puissent être accordées ou refusées au cas par cas, par une décision qui devra certes toujours être motivée, mais dans l'exercice d'un pouvoir assez discrétionnaire en définitive. Espérons que le contrôle juridictionnel prémunira les administrés contre le risque d'arbitraire qui pourrait en découler (v. R. Noguellou, « Le droit de l'urbanisme, nouvelles réformes en attendant la loi ALUR », *Dr. Adm.*, 12/2013, alerte 94 ; G. Godfrin, « Dérogation d'urbanisme : la levée d'un tabou ? » *DAUH* 2014.61 ; X. Couton, « Développement de la construction de logement : les réformes se suivent... et se ressemblent », Constr.-urb. 11/2013, comm. 149 ; J. Andréani, « La faculté de déroger aux règles du plan local d'urbanisme introduite par l'article L. 123-5-1 du Code de l'urbanisme », *AJCT* 2014. 204 ; P. Soler-Couteaux, « Deux nouvelles ordonnances pour accélérer les projets de construction », *RDI* 2014. 8).

344 *Les possibilités de déroger aux règles de densité.* Depuis que la densification est devenu l'un des maîtres-mots (maîtres-maux selon certains, v. S. Pérignon, « Densification, une vérité devenue folle », *Constr.-Urb.* n° 9/2012, repère 8) du droit de l'urbanisme, les possibilités de bénéficier de majorations de l'ensemble des règles de densité se multiplient. Tout d'abord, l'article L. 127-1 du Code de l'urbanisme prévoit que le règlement peut délimiter des secteurs à l'intérieur desquels la réalisation de programmes de logements comportant des logements locatifs sociaux bénéficie d'une majoration du volume constructible tel qu'il résulte des règles relatives au gabarit, à la hauteur et à l'emprise au sol (la référence au COS a été supprimée par la loi ALUR, ce qui implique que lorsque celui-ci a pu être maintenu, l'article L. 127-1 ne permet plus d'y déroger). Cette majoration, fixée pour chaque secteur, ne peut excéder 50 %. Pour chaque opération, elle ne peut être supérieure au rapport entre le nombre de logements locatifs sociaux et le nombre total des logements de l'opération.

Selon les articles L. 128-1 et L. 128-2, ensuite, le conseil municipal ou l'organe délibérant de l'EPCI compétent en matière de PLU peut, dans les zones U ou AU, autoriser par une délibération spécifique, un dépassement des règles relatives au gabarit (celles relatives la densité d'occupation des sols ne sont plus visées) résultant du PLU ou du document d'urbanisme en tenant lieu, pour les constructions satisfaisant à des critères de performance énergétique élevée ou alimentées à partir d'équipements performants de production d'énergie renouvelable ou de récupération (les critères de performance et équipements pris en compte sont définis à l'article R. 111-21 du CCH). Ce dépassement ne peut toutefois être autorisé que dans une limite de 30 % (ramenés à 20 % dans un certain nombre de secteurs protégés), dans le respect des autres règles établies par le document, et dans le respect des servitudes d'utilité publique. Cette faculté de dépassement peut être modulée ou supprimée dans les conditions prévues à l'article L. 128-2 du Code de l'urbanisme.

Ces deux dispositifs ne sont pas exclusifs l'un de l'autre, mais leur application combinée ne peut conduire à autoriser un dépassement de plus de 50 % du volume autorisé par le gabarit de la construction (art. L. 128-3).

Par ailleurs, l'article L. 123-1-11 al. 2 – issu de la loi MoLLE du 25 mars 2009 et dont l'application est exclusive de celle des deux précédents – permet à l'autorité compétente en matière de PLU de délimiter des secteurs, au sein des zones U, à l'intérieur desquels un dépassement des règles relatives au gabarit, à la hauteur, à l'emprise au sol (le COS n'est plus mentionné) est autorisé pour permettre l'agrandissement ou la construction de bâtiments à usage d'habitation. Cette possibilité de majoration, qui doit être fixée dans chaque secteur, est aujourd'hui plafonnée à 20 %. Ce plafond avait été relevé à 30 % par la loi du 20 mars 2012, adoptée à l'initiative du Président Sarkozy à la fin de son mandat, mais la majorité qui lui a succédé est revenue aux 20 % initiaux, tout en supprimant le dispositif de majoration des droits à construire (ex très éphémère article L. 123-1-11-1) qu'avait mis en place cette même loi. Ce dispositif avait au demeurant donné lieu à de nombreuses critiques de la doctrine (Y. Jégouzo, « De l'urbanisme de projet à l'urbanisme sommaire », *AJDA* 2012. 626 ; D. Gillig, « La majoration des droits à construire, un dispositif inefficace et constitutionnellement douteux », *Constr.-urb.* 6/2012, alerte 45). Il a été abrogé par la loi n° 2012-955 du 6 août 2012 (G. Godfrin, « Feu la majoration de 30 % des droits à construire – Ou les enseignements d'un ratage législatif », *BJDU* 4/2012, p. 265), qui a cependant prévu que toute majoration née de l'application de cet article et en vigueur à la date de la promulgation de la loi continue à s'appliquer aux demandes de permis et aux déclarations déposées avant le 1er janvier 2016, sauf si l'autorité compétente prend une délibération mettant fin à l'application de cette majoration. Précisons pour finir que pour la mise en œuvre de l'article L. 123-1-11, al. 2, un second plafond est fixé : l'application du dépassement ainsi autorisé ne peut conduire à la création d'une surface de plancher supérieure de plus de 20 % à la surface de plancher existante.

Enfin, la loi ALUR a inséré dans le même article un nouvel alinéa (al. 1er de l'article L. 123-1-11) aux termes duquel dans les secteurs bâtis des zones urbaines issus d'une opération d'aménagement d'ensemble d'un domaine boisé, antérieure au XXe siècle, et ayant conservé leur caractère remarquable de parc, le PLU peut comporter des dispositions réglementant la surface de plancher des constructions en fonction de la taille des terrains si la préservation de la qualité des boisements et espaces verts le justifie. Ce nouvel alinéa, issu d'un amendement présenté par deux députés, est malheureusement assez révélateur de la façon dont on légifère aujourd'hui. D'une part, sous des dehors de « généralité », il ne vise en réalité que certains secteurs prédéterminés (Maisons-Laffitte, le Vésinet et le Lys de Chantilly). D'autre part, il permet de réinstaurer un COS dans les PLU au moment même où le législateur clame sa disparition, et sans le dire ouvertement de surcroît.

§ 2 Les autres effets du plan local d'urbanisme

L'entrée en vigueur du PLU entraîne le transfert au profit du maire agissant au nom 345
de la commune de la compétence en matière de délivrance des certificats d'urbanisme, des permis de construire, d'aménager et de démolir ainsi que pour les décisions intervenant sur déclaration préalable (art. L. 422-1). Ce transfert de compétence est définitif. Ainsi, en cas d'annulation du PLU, la compétence ne retourne pas au préfet, même lorsque des modalités d'application du RNU avaient été approuvées (CE 30 déc. 2002, *Jeandey*, n° 239380, *Constr.-Urb.* 2003. 142, obs. P. Cornille ; *BJDU* 2003. 34, concl. D. Piveteau ; *RDI* 2003. 200, obs. P. S.-C.). Toutefois, lorsque l'annulation n'a pas pour effet de remettre en vigueur un document d'urbanisme antérieur, mais fait revivre l'urbanisme minimum sur le teritoire, le maire ou le président de

l'EPCI doit recueillir l'avis conforme du préfet sur les demandes de permis ou les déclarations préalables postérieures à cette annulation (art. L. 422-6 ; CE 5 févr. 1988, *SCI des Granges blanches*, n° 72942, *AJDA* 1988. 537, concl. M. Fornacciari ; CE 6 avr. 1992, *Assoc. des amis de Saint-Palais-Sur-Mer*, n° 104454, *Lebon* 408 ; *AJDA* 1992. 761, note H. Jacquot ; CE 30 déc. 2002, *Jeandey*, préc.).

L'adoption d'un PLU confère par ailleurs à la collectivité toute une série de prérogatives dont elle ne peut bénéficier qu'à cette seule condition. On les mentionnera pour mémoire en renvoyant, pour chacune d'elles, aux développements qui leur sont consacrés. Il s'agit : de la possibilité d'instituer un droit de préemption urbain sur tout ou partie des zones U et AU (C. urb., art. L. 211-1) ; de délimiter des emplacements réservés (C. urb., art. L. 123-1, 8°) ; ou encore de procéder au classement d'espaces boisés à conserver ou à créer (C. urb., art. L. 130-1).

Enfin, au delà du champ de l'urbanisme strictement entendu, l'approbation du PLU dispense de l'enquête préalable aux classements et déclassements de voies et places publiques communales prévus à ce plan, sous réserve que celui-ci précise la catégorie dans laquelle elles doivent entrer et que ces classements et déclassements figurent parmi les opérations soumises à l'enquête publique sur le PLU (C. urb., art. R. 123-19, qui exige des formalités supplémentaires s'agissant des voiries nationale et départementale).

section 4

La gestion et l'évolution du plan local d'urbanisme

346 *Présentation générale.* Concevoir un régime juridique de la gestion des documents d'urbanisme est une tâche délicate. Un tel régime doit, en effet, permettre d'établir un équilibre entre des considérations contradictoires dont il convient de rappeler les termes. D'une part, il doit privilégier la stabilité de ces documents parce qu'elle est indispensable à la sécurité juridique qu'ils ont pour vocation d'assurer. Mais, d'autre part, il doit organiser les conditions de leur évolution chaque fois que des événements extérieurs, soit remettent fondamentalement en cause les orientations du projet urbain arrêté initialement, soit obligent à l'adapter de manière plus ponctuelle. On peut alors avoir plusieurs conceptions de la réalisation de cet équilibre. La première consiste à favoriser l'adaptation du document à l'évolution des circonstances dans les conditions les plus souples. Le risque est évidemment que les autorités compétentes se dispensent de faire un véritable effort de réflexion dans la détermination de ses options fortes pour le moyen terme et qu'en définitive, elles l'adaptent au gré des projets présentés par chaque pétitionnaire – alors que, dans la pureté des principes, c'est le projet qui devrait s'y adapter. La seconde consiste à limiter les possibilités de modifier le plan au risque d'être rapidement gêné par des options obsolètes au regard des évolutions qui se font jour.

Prenant en compte ces considérations contradictoires, la loi du 31 décembre 1976 a distingué deux procédures pour faire évoluer le POS : la révision et la modification (v. J.-P. Lebreton, « La rentabilité des plans d'occupation des sols », *AJPI* 1978. 459 ; et sur l'origine de la distinction : A. Givaudan, « Le casse-tête de la modification et de la révision des plans d'occupation des sols », *RFDA* 1988. 123). La mise en œuvre de l'une ou de l'autre dépendait de l'importance du changement apporté à son contenu. Pour l'essentiel ce dispositif a été maintenu par la loi SRU.

Les apports des lois SRU et Urbanisme et Habitat. Tout en conservant les deux procédures de la révision et de la modification, les lois SRU et Urbanisme et Habitat en ont réformé les champs d'application respectifs. En particulier, le PADD étant devenu la pièce centrale du PLU, c'est atteinte à l'économie générale du PADD (et non plus du plan dans son ensemble) qui est devenu le principal critère permettant d'opérer le départ entre les procédures de révision et de modification. Par ailleurs, en contrepartie de la suppression de la procédure de l'application anticipée du PLU, la loi SRU avait institué une procédure de révision d'urgence, elle-même transformée en procédure de révision simplifiée par la loi Urbanisme et Habitat en raison des incertitudes et, par conséquent, des risques contentieux attachés à la notion d'urgence. La loi SRU a également mis un terme à l'interdiction d'abroger un POS qui résultait de la loi du 7 janvier 1983 (CE 18 avr. 1988, *SCI « Le Tahiti »*, *Lebon* 140). 347 ■

Quelques temps plus tard, pour tenter de faciliter la construction dans un contexte de crise, la loi n° 2009-179 du 17 février 2009, pour l'accélération des programmes de construction et d'investissement publics et privés, est venue enrichir les procédures de gestion du PLU d'une modification simplifiée.

La réforme opérée par l'ordonnance n° 2012-11 du 5 janvier 2012. À l'occasion de l'adoption de la loi du 12 juillet 2010 portant engagement national pour l'environnement, le législateur a habilité le gouvernement à clarifier et simplifier les procédures d'élaboration, de modification et de révision des documents d'urbanisme. De fait, un seul article regroupait antérieurement les procédures de révision, révision simplifiée, modification et modification simplifiée, ce qui n'en facilitait pas la lisibilité. C'est la raison pour laquelle la matière a été éclatée en plusieurs articles par l'ordonnance du 5 janvier 2012. Comme l'indique le rapport au Président de la République, l'effort de clarification s'est traduit par la mise en place de dispositions propres à chaque procédure d'évolution des SCOT et des PLU, selon un plan identique, afin de permettre de définir nettement le champ d'application de chacune de ces procédures et les conditions de leur mise en œuvre (J.-P. Lebreton, « La réforme des procédures d'élaboration et de gestion des documents d'urbanisme », *AJDA* 2012. 647 ; P. Soler-Couteaux, « Le PLU après l'ordonnance n° 2012-290 du 5 janvier 2012 », *RDI* 2012. 257). Il est vrai cependant qu'à considérer le nombre de procédures d'évolution du PLU, l'objectif de simplification dans le sens de l'urbanisme de projet ne semble pas atteint (P. Hocreitère, « De quelques aspects relatifs aux nouvelles procédures d'évolution des plans locaux d'urbanisme », *Constr.-Urb.* 2013, Etude 2). En vérité, l'objectif de clarification du champ d'application des différentes procédures ne l'est pas plus. 348 ■

Il convient donc de présenter d'abord les procédures de « droit commun » que sont la révision (§ 1) et la modification (§ 2). On étudiera ensuite les modalités d'évolution du PLU permettant la réalisation d'une opération d'aménagement ou de construction. Il s'agit de la mise en compatibilité avec une déclaration de projet (§ 3) et de la procédure intégrée pour le logement et pour l'immobilier d'entreprise (§4). Ceci exposé, il faudra consacrer des développements à la procédure de mise à jour du PLU dont la portée est évidemment plus restreinte (§5). Les PLU peuvent également être modifiés à l'initiative de l'État pour les mettre en compatibilité soit avec une déclaration d'utilité publique (§6) soit avec des normes supérieures (§7). Depuis 2004, les PLU, comme d'autres documents d'urbanisme, doivent faire l'objet d'un suivi de leur application, notamment du point de vue de leurs effets sur l'environnement et d'une analyse des résultats de leur application dont il faut exposer les modalités et les sanctions (§8). On traitera enfin de l'abrogation du PLU qui est, elle, plus radicale (§ 9).

§ 1 La révision du PLU

■ 349 On présentera successivement le champ d'application de la révision (A) puis les procédures de révision (B).

A. Champ d'application

■ 350 Dans un premier temps, l'ordonnance du 5 janvier 2012 a repris à droit constant le champ d'application de la procédure de révision. Elle s'impose d'abord lorsque l'EPCI ou la commune envisage de changer les orientations définies par le PADD. Par « changement », il faut sans doute entendre non pas toute modification simplement rédactionnelle du PADD, mais une modification qui réalise une atteinte à ses orientations, autrement dit à un ou plusieurs éléments du parti d'aménagement (voir la rédaction de l'art. L. 123-13-II). Il doit être également recouru à la révision lorsque la modification a pour effet de réduire un espace boisé classé, une zone agricole ou une zone naturelle et forestière (TA Toulon, 2 juill. 2010, *Préfet du Var*, req. n° 0900421, *AJDA* 2010. 1954, concl. M. Revert : illégalité d'une modification permettant l'installation de centrales photovoltaïques en zone N) ; soit de réduire une protection édictée en raison des risques de nuisance (v. sous le régime des POS : CE 7 janv. 1991, *Cne la Rochefoucauld c/ SA Sochater*, req. n° 81756 ; 5 juill. 1995, *Cne Vihiers*, req. n° 161505 ; 30 avr. 1997, *Cne Quevillon*, req. n° 159224 ; CAA Paris, 20 déc. 2001, *Assoc. pour la protection de la qualité de la vie à Goupillères c/ Cne Goupillères*, req. n° 98PA00344 ; CAA Lyon, 17 nov. 2005, *Cne Ferney-Voltaire*, req. n° 04LY00852 ; 11 oct. 2011, *Ctés cnes Isle Crémieu*, req. n° 10LY01577, *Constr.-Urb.* 2011, n° 170, note D. Gillig : la réduction d'une zone non aedificandi instituée par rapport à l'axe d'une route classée à grande circulation, sur le fondement de L. 111-1-4 du Code de l'urbanisme constitue la réduction d'une protection édictée en raison de risques de nuisance), de la qualité des sites, des paysages ou des milieux naturels, ou d'une évolution de nature à induire de graves risques de nuisance (C. urb., art. L. 123-13-I).

■ 351 À cela la loi ALUR du 24 mars 2014 a ajouté l'obligation de mettre en œuvre la procédure de révision pour ouvrir à l'urbanisation une zone à urbaniser qui, dans les neuf ans suivant sa création, n'a pas été ouverte à l'urbanisation ou n'a pas fait l'objet d'acquisitions foncières significatives de la part de la commune ou de l'établissement public de coopération intercommunale compétent, directement ou par l'intermédiaire d'un opérateur foncier (C. urb. art. L. 123-13-I, 4° ; entrée en vigueur au 1er juillet 2015). Le législateur est, en effet, parti du constat selon lequel les zones 2AU se sont multipliées et sont surdimensionnées jusqu'à constituer des réserves foncières déconnectées de tout projet d'aménagement. Il en résulte que l'opportunité d'ouvrir des zones à l'urbanisation n'est pas évaluée et que, du coup, les potentialités des terrains disponibles ne sont pas suffisamment mises en œuvre. Le recours à la révision devrait donc être l'occasion d'une telle évaluation. Il ne s'impose toutefois que si, dans le délai de neuf ans, la collectivité publique n'a pas procédé à des acquisitions significatives dans la zone montrant ainsi son implication dans le développement de la zone (J-P. Lebreton, « La planification urbaine dans la loi ALUR », *AJDA* 19/2014.1088 ; Ph. Billet, « Loi ALUR et lutte contre l'étalement urbain », *JCP* A 2014, n° 2259 ; P. Soler-Couteaux, « Le renforcement des outils de lutte contre la consommation foncière et l'étalement urbain », *RDI* 2014.376).

B. Procédures

L'ordonnance du 5 janvier 2012 a introduit une distinction entre une procédure de droit commun et une procédure simplifiée. Mais dans tous les cas, la révision est prescrite par délibération de l'organe délibérant de l'EPCI ou du conseil municipal (C. urb., art. L. 123-13-I). Elle peut être mise en œuvre dès son approbation (CE 6 mai 1988, *Assoc. Saint gilloise « Progrés et Avenir », Lebon* T. 901). 352 ■

Procédure de droit commun. Elle est calquée sur l'élaboration du PLU. Elle doit donc faire l'objet d'une délibération sur les objectifs poursuivis et arrêtant les modalités de la concertation. Cependant, le débat sur les orientations du PADD, qui doit avoir lieu au sein de l'organe délibérant de l'EPCI et des conseils municipaux des communes membres ou au sein du conseil municipal dans le cas d'un PLU communal, peut être organisé lors de la délibération prescrivant la révision (C. urb., art. L. 123-9). Il peut par ailleurs n'avoir lieu qu'au sein de la ou des communes concernées par la révision d'un PLU intercommunal (C. urb., art. L. 123-18). On rappellera, en outre, la nécessité de consulter la chambre d'agriculture et, le cas échéant, l'institut national de l'origine et de la qualité dans les zones d'appellation d'origine contrôlée et du centre national de la propriété forestière lorsque la révision prévoit une réduction des espaces agricoles ou forestiers (C. urb., art. R. 123-17) ou encore la personne publique qui a pris l'initiative de la création d'une ZAC lorsque le projet de révision a pour effet de modifier les règles d'urbanisme applicables dans son périmètre (C. urb., art. L. 123-16). Cet avis doit être émis dans un délai de trois mois à compter de la saisine. Mais le silence de l'EPCI à l'origine de la ZAC vaut rejet du projet (C. urb., art. R. 123-20). 353 ■

La révision du PLU oblige évidemment ses auteurs à mettre à jour le PADD et le rapport de présentation (CE, sect., 8 juin 1990, *Assoc. de sauvegarde du patrimoine martiniquais, Lebon* 149 ; CE 12 juin 1995, *Assoc. intercnale contre un projet de carrière*, req. n° 139750, *BJDU* 1995. 281, concl. J.-C. Bonichot). Concernant ce dernier, il est complété par l'exposé des motifs des changements apportés (C. urb. art. R. 123-2). L'importance de sa mise à jour est par ailleurs fonction de l'incidence de la révision sur ses différentes rubriques, notamment celles relatives à l'environnement. On ne peut que constater la particulière exigence du juge en la matière (CE 25 mars 1996, *Assoc. des propriétaires et résidents pour la sauvegarde du Moulleau*, req. n° 148521, *BJDU* 1996. 109, concl. S. Fratacci). Elle est, au demeurant, d'autant plus stricte que la révision a pour objet de permettre la réalisation d'aménagements importants dans une zone sensible (CE 25 mars 1996, *Cne Horbourg-Wihr*, req. n° 171754, *BJDU* 1996. 113, concl. S. Fratacci). Par ailleurs, les révisions des PLU soumis à l'évaluation environnementale sont elles-mêmes soumises à une telle évaluation. Concernant les PLU soumis à l'évaluation environnementale au cas par cas, leurs révisions sont 354 ■

soumises à cette même évaluation si elles sont-elles-mêmes, après examen au cas par cas, susceptibles d'avoir des incidences notables sur l'environnement (C. urb., art. R. 121-16).

355 *Procédure simplifiée.* Elle est mise en œuvre lorsque la révision a pour objet de réduire un espace boisé classé, une zone agricole ou une zone naturelle et forestière, une protection édictée en raison des risques de nuisance, de la qualité des sites, des paysages ou des milieux naturels, ou est de nature à induire de graves risques de nuisance, à l'exclusion d'une évolution ayant pour effet de porter atteinte aux orientations définies par le PADD.

Lorsqu'il décide d'engager une procédure de révision simplifiée, le président de l'EPCI compétent, ou le maire, saisit l'organe délibérant de l'établissement public ou le conseil municipal qui délibère sur les objectifs poursuivis et les modalités de la concertation conformément à l'article L. 300-2 du Code de l'urbanisme (C. urb., art. R. 123-21).

Le projet de révision arrêté fait par ailleurs, à l'initiative du président de l'EPCI, ou du maire, l'objet d'un examen conjoint de l'État, de l'EPCI compétent ou de la commune, et, des personnes publiques associées (régions ; départements ; autorités compétentes en matière d'organisation des transports urbains ; EPCI compétents en matière de programme local de l'habitat et des organismes de gestion des parcs naturels régionaux et des parcs nationaux ; syndicats d'agglomération nouvelle, de l'établissement public en charge du SCOT lorsque le territoire objet du plan est situé dans le périmètre de ce schéma et des établissements publics en charge des SCOT limitrophes du territoire objet du plan lorsque ce territoire n'est pas couvert par un tel document (C. urb., art. L. 123-13-II). Lorsque le PLU relève de la compétence d'un EPCI, les maires des communes concernées par le projet de révision simplifiée sont invités à participer à l'examen conjoint (C. urb., art. L. 123-18). Cet examen conjoint doit avoir lieu avant l'ouverture de l'enquête publique. Au cours de la procédure, une association agréée peut, par ailleurs, demander à être consultée (C. urb., art. R. 123-21).

On rappellera, en outre, la nécessité de consulter la chambre d'agriculture et, le cas échéant, l'institut national de l'origine et de la qualité dans les zones d'appellation d'origine contrôlée et le centre national de la propriété forestière lorsque la révision prévoit une réduction des espaces agricoles ou forestiers (C. urb., art. R. 123-17).

Le projet de révision simplifiée, accompagné du procès-verbal de la réunion d'examen conjoint, est soumis à l'enquête publique par le président de l'établissement public ou par le maire dans les formes prévues par le code de l'environnement (C. urb., art. R. 123-21).

La délibération qui approuve la révision du PLU peut simultanément tirer le bilan de la concertation (C. urb., art. R. 123-21).

356 *Caractère exécutoire.* L'acte révisant le PLU entre en vigueur dans les mêmes conditions que l'approbation initiale (C. urb., art. L. 123-15 ; CE 13 févr. 2015, *Cne Pithiviers*, req. n° 370458, *Const.-Urb.* 2015, n° 49, note X. Couton ; *RDI* 2015. 194, obs. P. S.-C. ; *BJDU* 3/2015. 158, concl. B. Bohnert).

C. Effets de la révision

La mise en révision du PLU entraîne deux effets. D'une part, celui-ci demeure en vigueur et continue à s'appliquer pendant toute la période de révision. Toutefois, entre la mise en révision d'un PLU et l'approbation de cette révision, il peut être décidé une ou plusieurs révisions en la procédure simplifiée. De même, plusieurs procédures simplifiées de révision peuvent être menées conjointement (C. urb., art. L. 123-13, III). D'autre part, le sursis à statuer peut être opposé à toute demande d'autorisation concernant des constructions, installations ou opérations qui seraient de nature à compromettre ou à rendre plus onéreuse l'exécution du futur plan (C. urb., art. L. 123-6 et L. 111-8 ; v. ss 647 s.). 357 ■

La révision correspond à une nouvelle élaboration du PLU (CE 30 sept. 1996, *Cts Cambier*, req. n° 146246). Il en résulte que les dispositions reprenant celles du document antérieur n'ont pas le caractère de décisions purement confirmatives (CAA Marseille, 22 avr. 1999, *Cne Castellet*, req. n° 96MA01103, *RFDA* 2001. 206, obs. J.-C. Ricci). Par conséquent, l'exception d'illégalité d'un PLU approuvé ne peut être soulevée à l'appui de conclusions dirigées contre la délibération approuvant sa révision dès lors que le document révisé s'est substitué au plan initial (CE 21 juin 1995, *Dubail*, req. n° 103038). 358 ■

§ 2 La modification du PLU

Avant d'exposer le champ d'application de la modification (A) et les procédures qui s'y appliquent (B), il convient d'indiquer qu'une erreur dans le choix de la procédure de révision ou de modification est susceptible d'affecter la légalité du document d'urbanisme au titre de sa légalité interne (CE 20 nov. 1996, *Assoc. « Protection Aigue-Bouzaize-Saint-Martin »*, req. n° 123537). Par conséquent, le vice tenant à l'irrégularité de la procédure peut être invoqué par la voie de l'exception d'illégalité sans que la condition de délai fixée à l'article L. 600-1 du Code de l'urbanisme soit opposable. 359 ■

A. Champ d'application

Le recours à la procédure de modification est ouvert lorsque l'EPCI, ou la commune, envisage de modifier le règlement, les orientations d'aménagement et de programmation, ou le programme d'orientations et d'actions, mais sous réserve que les orientations définies par le PADD ne s'en trouvent pas affectées et que les modifications envisagées n'entrent pas dans le champ des autres cas où il doit être recouru à la révision (C. urb., art. L. 123-13-I). On saluera l'heureuse disparition de la notion d'atteinte à l'économie générale du PADD qui constituait précédemment le principal curseur entre les procédures de révision et de modification. 360 ■

B. Procédures

Là encore, l'ordonnance du 5 janvier 2012 a introduit une distinction entre une procédure de droit commun et une procédure simplifiée. Mais dans tous les cas, la procédure est engagée à l'initiative du président de l'EPCI ou du maire, qui établit le projet de modification et le notifie au préfet et aux mêmes personnes publiques associées que pour la révision avant l'ouverture de l'enquête publique ou avant la 361 ■

mise à disposition du public du projet (C. urb., art. L. 123-13-1 ; CE 4 juin 2014, *n° 360950, Cne de Magland,* Rec. T. ; Constr.-urb. 2014, n° 94, comm. X. Couton). Le projet de modification d'un PLU intercommunal est également notifié aux communes membres concernées (C. urb., art. L. 123-18). On relèvera que le projet est notifié et non soumis pour avis. Le préfet comme les personnes publiques associées peuvent néanmoins formuler des observations (CAA Nancy, 18 déc. 2014, *n° 14NC00174, Communauté urbaine de Strasbourg*). Dans ce cas, elles sont jointes au dossier d'enquête publique (C. urb., art. L. 123-13-2). En outre, lorsque le projet de modification porte sur l'ouverture à l'urbanisation d'une zone, une délibération motivée de l'organe délibérant de l'EPCI compétent ou du conseil municipal justifie l'utilité de cette ouverture au regard des capacités d'urbanisation encore inexploitées dans les zones déjà urbanisées et la faisabilité opérationnelle d'un projet dans ces zones.

■ 362 *Procédure de droit commun.* Elle trouve à s'appliquer lorsque les modifications ont pour effet d'abord de majorer de plus de 20 % les possibilités de construction, résultant dans une zone, de l'application de l'ensemble des règles du plan. Mais cela ne concerne pas certaines majorations que le règlement peut décider dans certains cas particuliers qui relèvent de la modification simplifiée (v. ss 365 s.). La procédure de droit commun s'applique également aux modifications qui ont pour effet soit de diminuer ces possibilités de construire ; soit de réduire une zone urbaine (U) ou à urbaniser (AU) (C. urb., art. L. 123-13-2).

■ 363 En raison même de son objet, la modification ne nécessitera pas, *a priori*, une mise à jour du PADD. En revanche, le rapport de présentation devra être complété par l'exposé des motifs des changements apportés (C. urb., art. R. 123-2 ; CE 30 janv. 1995, *Cne Orsay*, req. n°s 138086, 138129, *BJDU* 1995. 26, concl. S. Fratacci). Celui qui accompagnait le plan initial ne peut en tenir lieu (CE 1er avr. 1992, *Cne Bullion*, req. n° 118911). Toutefois, son contenu n'a pas à être aussi complet que lors de l'établissement initial du plan (CE 14 oct. 1992, *Assoc. Lindenkuppel*, *Lebon* T. 1378 ; *JCP* N 1993. II. 154, note M.-Ch. Rouault ; CAA Paris, 23 oct. 1995, *SCI « Sergent Clémenceau »*, req. n° 94PA01256).

■ 364 Le projet de modification, établi, comme on l'a dit, par le président de l'EPCI (ou par le maire) est soumis à enquête publique par l'une ou l'autre de ces autorités. Celle-ci est réalisée conformément aux dispositions du code de l'environnement. Elle peut cependant n'être organisée que sur le territoire des communes concernées par la modification d'un PLU intercommunal.

À l'issue de l'enquête publique, le projet, éventuellement modifié pour tenir compte des avis qui ont été joints au dossier, des observations du public et du rapport du commissaire ou de la commission d'enquête, est approuvé par délibération de l'organe délibérant de l'EPCI ou du conseil municipal (C. urb., art. L. 123-13-2).

■ 365 *Procédure simplifiée.* La procédure de modification simplifiée pourra d'abord être mise en œuvre lorsque le règlement institue certaines majorations du droit à construire. Tel est le cas lorsqu'il est modifié dans certains secteurs pour autoriser un dépassement des règles relatives au gabarit, à la hauteur et à l'emprise au sol dans les zones urbaines (C. urb., art. L. 123-1-11, al. 2) ; pour faire bénéficier la réalisation de programmes de logements comportant des logements locatifs sociaux d'une majoration du volume constructible (C. urb., art. L. 127-1) ou pour autoriser, dans les zones urbaines ou à urbaniser, un dépassement des règles relatives au gabarit résultant du PLU pour les constructions satisfaisant à des critères de performance énergétique élevée (C. urb. art. L. 128-1). Il en est de même lorsque le projet de modification a pour unique objet la rectification d'une erreur matérielle. En revanche, la modification simplifiée ne peut plus être utilisée dans les cas précédemment énumérés par l'article R. 123-20-1 abrogé par le décret n° 2013-142 du 14 février 2013.

La procédure simplifiée se distingue de la procédure de droit commun en ce que le projet de modification n'est pas soumis à l'enquête publique, mais fait l'objet d'une mise à disposition (C. urb., art. L. 123-13-3). Celle-ci est annoncée par un avis publié en caractères apparents dans un journal diffusé dans le département et affiché au siège de l'EPCI compétent et, dans ce cas, dans les mairies des communes membres concernées ou en mairie. Cette publication intervient huit jours au moins avant le début de la mise à disposition et l'avis est affiché dans le même délai et pendant toute la durée de la mise à disposition du public. Il précise l'objet de la modification simplifiée, le lieu et les heures où le public pourra consulter le dossier et formuler des observations (C. urb., art. R. 123-24 et R. 123-25). 366 ■

La mise à disposition porte sur le projet de modification, l'exposé de ses motifs et le cas échéant, les avis émis par les personnes publiques associées à la procédure. Ses modalités sont précisées par l'organe délibérant de l'EPCI ou de la commune de manière à permettre au public de formuler ses observations notamment sous la forme d'un registre déposé au siège de l'EPCI ou de la mairie. Lorsque la modification simplifiée d'un PLU intercommunal n'intéresse qu'une ou plusieurs communes, la mise à disposition du public peut n'être organisée que sur le territoire de ces communes. En toute hypothèse, celle-ci doit durer au moins un mois.

À l'issue de la mise à disposition, le président de l'établissement public ou le maire en présente le bilan devant l'organe délibérant de l'établissement public ou le conseil municipal. Celui-ci en délibère et adopte le projet éventuellement modifié pour tenir compte des avis émis et des observations du public par délibération motivée.

L'acte modifiant le PLU entre en vigueur dans les mêmes conditions que l'approbation initiale ou la révision. Toutefois l'acte approuvant une modification simplifiée devient exécutoire à compter de sa publication et de sa transmission au préfet, à l'exclusion de tout droit de veto de celui-ci (C. urb., art. L. 123-15).

§ 3 La mise en compatibilité d'un PLU avec une déclaration de projet

La procédure de la déclaration de projet a été instituée par la loi du 27 février 2002 relative à la démocratie de proximité (C. envir., art. L. 126-1 ; P. Bon, « Déclaration de projet d'intérêt général et déclaration d'utilité publique », *RDI* 2002. 287 ; E. et Y. Landot, « Déclaration de projet : l'hydre aux pieds d'argile », *BJDU* 2006. 410 ; J.-P. Lebreton, « Histoire de la déclaration de projet », *Mélanges Fatôme*, Dalloz, 2011, p. 229). Elle concernait les aménagements, ouvrages ou travaux exécutés par les personnes publiques susceptibles d'affecter l'environnement et qui, pour cette raison, devaient être soumis à enquête publique en application de l'article L. 123-1 du code 367 ■

de l'environnement. Elle les obligeait à se prononcer sur l'intérêt général du projet concerné même s'il ne requerrait pas une déclaration d'utilité publique car il n'était pas envisagé de procéder à des expropriations.

Ultérieurement, la loi du 1er août 2003 d'orientation et de programmation pour la ville et la rénovation urbaine a donné aux collectivités territoriales et leurs groupements la faculté de se soumettre volontairement à la procédure de déclaration de projet. L'intérêt de cette soumission volontaire était de leur permettre de procéder à la mise en compatibilité du PLU lorsqu'il n'avait pas prévu l'opération (C. urb., art. L. 300-6). La loi ENL du 13 juillet 2006 a ensuite étendu cette faculté à l'État et à ses établissements publics dans un tout autre esprit. Elle avait pour objet de leur permettre de surmonter l'opposition d'une commune et de modifier le classement en zone inconstructible ou très peu constructible de terrains que l'État destinait à la réalisation de logements. Mais dans ce cas, il ne peut être recouru à la procédure de mise en compatibilité que si la déclaration de projet – qu'elle soit d'ailleurs le fait de l'État ou d'un de ses établissements publics, du département ou de la région ou d'un établissement public d'aménagement – ne porte pas atteinte à l'économie générale du PADD du SCOT et, en son absence, à celle du PADD du PLU. La loi du 12 juillet 2010 portant engagement national pour l'environnement a étendu le champ d'application de la procédure mise en œuvre par l'État au SDRIF, aux SAR des régions d'outre-mer, au PADDUC, aux chartes des parcs naturels régionaux ou nationaux, aux schémas directeurs d'aménagement et de gestion des eaux et aux schémas de gestion des eaux, aux ZPPAUP, aux schémas régionaux de cohérence écologique et aux plans climat-énergie territoriaux. Enfin, alors qu'à l'origine, la déclaration de projet permettait aux collectivités concernées de se prononcer, après enquête publique, sur l'intérêt général d'une action ou d'une opération d'aménagement, la loi n° 2009-323 du 25 mars 2009 de mobilisation pour le logement et la lutte contre l'exclusion a, dans le but qui était le sien élargi le champ d'application de la déclaration de projet à la réalisation de programmes de construction.

368 L'ordonnance du 5 janvier 2012 reprend à droit constant la procédure de mise en compatibilité du PLU avec une déclaration de projet prise pour permettre la réalisation d'un projet, dont il est désormais précisé qu'il peut être public ou privé, de travaux, de construction ou d'opération d'aménagement présentant un caractère d'utilité publique ou d'intérêt général (sur le contrôle de l'intérêt général du projet : CE 3 oct. 2011, *n° 350210, Synd. Mixte des transports en commun Tisseo et Soc. de mobilité de l'agglomération toulousaine, Lebon* T.). En conséquence, la procédure de révision simplifiée qui avait été mise en place en 2003 par la loi Urbanisme et Habitat pour se substituer à la révision d'urgence de la loi SRU, est absorbée par la procédure de déclaration de projet dans la mesure où elles ont le même objet. Elle est en conséquence supprimée (C. urb., art. L. 123-14 ; B. Phémolant, « Déclaration d'utilité publique, projets d'intérêt général et documents d'urbanisme », *AJDA* 2002. 1102). Mais comme en matière de révision simplifiée, le juge exercera un entier contrôle sur l'intérêt général du projet (CAA Lyon, 13 nov. 2007, *Assoc. Sauvons le square Delestraint et Lafond,* req. n° 07LY00369, *JCP* A 2008, n° 2072, note Ph. Billet ; CE 23 oct. 2013, n° 350077, Commune de Crolles, *Lebon* T ; *Constr.-Urb.* 2014, n° 1, note L. Santoni ; *AJDA* 2013.2122 ; *RDI* 2013.57 obs. P. S-C).

La procédure de mise en compatibilité avec une déclaration de projet peut donc être mise en œuvre soit par l'EPCI en charge du PLU ou, le cas échéant la commune (C. urb., art. R. 123-23-2), soit par une collectivité territoriale, un groupement de collectivités ou un établissement public dépendant d'une collectivité, autre que les précédents (C. urb., art. R. 123-23-3), soit par l'État ou un établissement public de l'État (C. urb., art. R. 123-23-4). Ces personnes publiques peuvent avoir recours à la procédure en vue de la réalisation d'une opération pour laquelle ils sont soumis à la procédure de déclaration de projet en application de l'article L. 126-1 du Code de l'environnement ou lorsqu'ils ont volontairement décidé de se prononcer par déclaration de projet sur l'intérêt général d'une action ou d'une opération d'aménagement ou de la réalisation d'un programme de construction, public ou privé incompatible avec le PLU. On indiquera, en outre, que la convention conclue dans le cadre d'un projet d'intérêt majeur (PIM) vaut déclaration de projet des actions ou des opérations d'aménagement et des projets d'infrastructures pour lesquelles il précise qu'il vaut déclaration d'intérêt général (C. urb., art. L. 350-1 à L. 350-7). C'est d'ailleurs pourquoi le projet lui-même fait l'objet d'une enquête publique. Dans ce cas, l'autorité administrative engage la procédure de mise en compatibilité avec le SCOT (C. urb., art. L. 12215) ou le PLU (C. urb., art. L. 123-16).

Procédure. À titre liminaire, il faut se poser la question de savoir si la procédure de mise en compatibilité avec une déclaration de projet est une procédure autonome ou si elle doit être combinée avec la procédure de droit commun de l'élaboration et de la révision du PLU. Par exemple, requiert-elle l'organisation d'une concertation ou éventuellement d'un débat sur les orientations du PADD ? Il nous semble que la formule du législateur selon laquelle « la déclaration de projet d'une opération qui n'est pas compatible avec les dispositions d'un PLU ne peut intervenir qu'au terme de la procédure prévue par l'article L. 123-14-2 » conduit à retenir le premier terme de l'alternative. Ainsi, elle n'a pas à faire l'objet d'une concertation (CE 10 nov. 2006, *Assoc. de défense du Rizzanèese*, req. n° 275013, *Constr.-Urb.* 2006, n° 246, obs. G. Godfrin ; CE 16 avr. 2010, n° 320667, *Assoc. Alacaly*, *Lebon* T. 881 ; jugé, à propos d'une révision simplifiée, que les modalités de la concertation devaient être définies avant l'examen conjoint : CAA Nantes, 10 oct. 2014, n° 13NT00915, *Jalladeau*, *RDI* 2014.658, obs. J-Ph. Strebler). On relèvera au soutien de cette solution que la procédure de déclaration de projet est commune avec celle de la déclaration d'utilité publique emportant mise en compatibilité à propos de laquelle le Conseil d'État a jugé qu'elle constituait une procédure autonome (CE 21 mars 2001, *Sté. Euroraft et a.*, n° 209459, *RDI* 2001. 266, obs. P. S.-C. ; 22 nov. 2002, *Cté fédératif pour la mise à deux fois deux voies de la Nationale 60*, n° 200294, *RDI* 2003. 195, obs. P. S.-C. ; 10 nov. 2006, *Assoc. de défense du Rizzanèese*, préc.). 369 ■

La procédure elle-même est largement commune avec celle régissant la mise en compatibilité avec une déclaration d'utilité publique. Elle est menée, selon le cas, soit par le président de l'organe délibérant de l'EPCI compétent ou, le cas échéant, le maire, soit par le président de l'organe délibérant de la collectivité ou du groupement de collectivités responsable du projet ou, lorsque le projet émane d'un établissement public dépendant d'une collectivité ou d'un groupement de collectivités, par le président de l'organe délibérant de cette collectivité ou de ce groupement (C. urb., art. R. 123-23-3), soit par le préfet (C. urb., art. R. 123-23-4).

Examen conjoint. La procédure se caractérise par un aménagement des modalités de l'association dans le sens d'un allègement justifié par son objet. Préalablement à l'ouverture de l'enquête publique, les dispositions proposées par le porteur du projet pour assurer la mise en compatibilité font l'objet d'un examen conjoint à l'initiative 370 ■

de l'autorité chargée de la procédure. Participent à l'examen conjoint l'État, l'EPCI compétent ou, le cas échéant, la commune. Y participent également les personnes publiques associées à savoir, d'une part, les régions et les départements, les autorités compétentes en matière d'organisation des transports urbains, les EPCI compétents en matière de programme local de l'habitat et les organismes de gestion des parcs naturels régionaux et des parcs nationaux et, d'autre part, les syndicats d'agglomération nouvelle, l'établissement public en charge du SCOT lorsque le territoire objet du plan est situé dans le périmètre de ce schéma et les établissements publics en charge des SCOT limitrophes du territoire objet du plan lorsque ce territoire n'est pas couvert par un tel document. En outre, dans le cas d'un PLU intercommunal, le maire de la ou des communes intéressées par le projet est invité à participer à cet examen conjoint (C. urb., art. L. 123-14-2). Une carence sur ce point n'est pas susceptible d'être couverte par l'application de la jurisprudence *Danthony* (CAA Nantes, 10 oct. 2014, *n° 13NT00915, Jalladeau*, préc.).

■ 371 *Évaluation environnementale.* La loi du 12 juillet 2010 portant engagement national pour l'environnement a complété l'article L. 300-6 pour astreindre les dispositions nécessaires à la mise en compatibilité à une évaluation environnementale lorsque l'action, l'opération d'aménagement ou le programme de construction est susceptible d'avoir des incidences notables sur l'environnement. Plus précisément, pour les PLU soumis à l'évaluation environnementale, la déclaration de projet requiert elle-même une telle évaluation lorsqu'elle change les orientations définies par le PADD, réduit un espace boisé classé, une zone agricole ou une zone naturelle et forestière ou réduit une protection édictée en raison des risques de nuisance, de la qualité des sites, des paysages ou des milieux naturels, ou induit une évolution de nature à induire de graves risques de nuisance. Pour les PLU soumis à l'évaluation environnementale au cas par cas, celle-ci doit être réalisée s'il est établi, après examen au cas par cas, qu'elle est susceptible d'avoir des incidences notables sur l'environnement (C. urb., art. R. 121-16).

■ 372 *Consultation.* On rappellera la nécessité de consulter la chambre d'agriculture et, le cas échéant, l'institut national de l'origine et de la qualité dans les zones d'appellation d'origine contrôlée et du centre national de la propriété forestière lorsque la mise en compatibilité prévoit une réduction des espaces agricoles ou forestiers (C. urb., art. R. 123-17). En outre, une association agréée peut demander à être consultée.

■ 373 *Enquête publique.* Le projet de mise en compatibilité, accompagné du procès-verbal de l'examen conjoint, est soumis à une enquête publique réalisée conformément au code de l'environnement soit par le président de l'EPCI compétent ou, le cas échéant, le maire, soit par le préfet, lorsque la mise en compatibilité est nécessaire pour permettre la réalisation d'un projet d'une personne publique autre que l'EPCI compétent ou, le cas échéant, la commune (C. urb., art. L. 123-14-2). L'enquête publique porte, rappelons-le, sur la déclaration de projet et la mise en compatibilité du PLU qui en est la conséquence (C. urb., art. L. 123-14).

■ 374 *Approbation.* À l'issue de l'enquête publique, le dossier de mise en compatibilité du PLU, le rapport et les conclusions du commissaire enquêteur ou de la commission d'enquête ainsi que le procès-verbal de la réunion d'examen conjoint sont soumis par l'autorité chargée de la procédure à l'organe délibérant de l'EPCI compétent en matière de PLU ou, le cas échéant, au conseil municipal. Dans le cas où ces derniers sont porteurs de la procédure, il leur appartient de décider de la mise en compatibilité du PLU (C. urb., art. R. 123-23-2). Si le projet est modifié consécutivement à l'enquête publique, la déclaration de projet indique la nature et les motifs des principales modifications qui lui ont été apportées au vu de ses résultats. Toutefois, celles-ci ne peuvent en altérer l'économie générale (C. envir., art. L. 126-1).

Dans le cas, où la déclaration de projet est à l'initiative d'une collectivité territoriale, d'un groupement de collectivités ou d'un établissement public dépendant d'une collectivité, autre que l'EPCI compétent en matière de PLU ou la commune, le dossier de mise en compatibilité du plan local d'urbanisme, éventuellement modifié pour tenir compte des avis joints au dossier d'enquête publique, des observations du public et des résultats de l'enquête, le rapport et les conclusions du commissaire enquêteur ou de la commission d'enquête ainsi que le procès-verbal de la réunion d'examen conjoint sont soumis par l'autorité chargée de la procédure à l'organe délibérant de l'établissement public de coopération intercommunale compétent ou au conseil municipal. Ceux-ci disposent d'un délai de deux mois à compter de la réception de l'avis du commissaire enquêteur ou de la commission d'enquête pour approuver la mise en compatibilité du plan. En l'absence de délibération dans ce délai ou en cas de désaccord, le préfet statue par arrêté et notifie sa décision au président de l'EPCI compétent ou au maire dans les deux mois suivant la réception en préfecture de l'ensemble du dossier. Le préfet notifie à la personne publique qui réalise l'opération soit la délibération de l'EPCI compétent ou de la commune soit la décision qu'il a prise (C. urb., art. R. 123-23-3).

Enfin, dans le cas où l'État est à l'origine de la déclaration de projet, l'organe délibérant de l'EPCI compétent en matière de PLU ou le conseil municipal émettent un avis (C. urb., art. L. 123-14-2-III) et disposent d'un délai de deux mois, à compter de la réception du dossier de mise en compatibilité, éventuellement modifié dans les conditions exposées précédemment, pour approuver la mise en compatibilité. Comme précédemment également, en l'absence de délibération dans ce délai ou en cas de désaccord, le préfet statue par arrêté et notifie sa décision au président de l'EPCI compétent ou au maire dans les deux mois suivant la réception en préfecture de l'ensemble du dossier (C. urb., art. R. 123-23-4).

Publicité de la décision de mise en compatibilité. La décision ou la délibération pronon- 375 ■
çant la déclaration de projet ainsi que la délibération ou l'arrêté mettant le PLU en compatibilité deviennent exécutoires dans les mêmes conditions que la délibération qui le modifie ou le révise. Elles doivent faire l'objet des mêmes mesures de publicité (C. urb., art. R. 123-24, *d*, R. 123-25).

Contentieux. Ces décisions sont évidemment susceptibles de recours et le juge admi- 376 ■
nistratif pourrait exercer un contrôle du bilan de la déclaration de projet (CAA Bordeaux, 10 juin 2010, *Assoc. Trans'cub*, req. n° 09BX00943, *Constr.-Urb.* 2011, n° 5, obs. L. Santoni).

§ 4 La procédure intégrée pour le logement et pour l'immobilier d'entreprise

377 La loi n° 2013-569 du 1er juillet 2013 habilite le gouvernement à adopter par ordonnance huit séries de mesures de nature à accélérer les projets de construction. Il s'agissait, en effet, d'atteindre l'objectif de la construction de 500 000 logements par an, dont 150 000 logements sociaux alors que le constat est fait par ailleurs des difficultés que les Français rencontrent pour se loger. À ce titre, une ordonnance n° 2013-888 du 3 octobre 2013 met en place une « procédure intégrée pour le logement » (PIL) que la loi d'habilitation annonçait. Elle a été complétée par un décret n° 2015-218 du 25 févr. 2015 et une instruction du 18 mars 2015 (*Const.-Urb.* 2015, n° 68, note L. Santoni). Une autre ordonnance n° 2014-811 du 17 juillet 2014 complète le mécanisme en l'étendant à l'immobilier d'entreprise (PIE) (P. Soler-Couteaux, « Deux nouvelles ordonnances pour accélérer les projets de construction », *RDI* 2014.8. L. Santoni, « Une déclaration de projet « spéciale logement » », *Constr.-Urb.* 2013, n° 147 et « Chéri, j'ai (encore) modifié les documents d'urbanisme », *Constr.-urb.* 2014, n° 125 ; J-F. Joye, « La procédure intégrée pour le logement, nouvelle procédure de modification rapide des normes d'urbanisme », *DAUH* 2014.81 ; R. Noguellou, « Droit de l'urbanisme : nouvelles réformes en attendant la loi ALUR », *DA* 12/2013, alerte 94).

L'objectif est de constituer, à côté des autres procédures d'évolution des documents d'urbanisme et notamment du PLU, une procédure nouvelle permettant de lever les obstacles à la réalisation de projets présentant un intérêt général majeur, qui pourraient résulter des règles d'urbanisme en vigueur. La procédure elle-même est pour l'essentiel calquée sur celles de mise en compatibilité des documents d'urbanisme avec une déclaration de projet ou une déclaration d'utilité publique. Elle présente cependant l'originalité de permettre, en outre, l'adaptation des normes supérieures qui s'imposent à eux dans la mesure où ces normes pourraient elles-mêmes être de nature à s'opposer à leur modification (C. urb., art. L. 300-6-1).

378 *Mise en compatibilité des documents d'urbanisme. Champ d'application.* La mise en œuvre de la procédure est subordonnée à la condition que la réalisation du projet d'urbanisme (opération d'aménagement, construction, projet immobilier de création ou d'extension de locaux d'activités économiques) nécessite la mise en compatibilité du PLU. Sur le plan spatial, le projet doit être situé au sein d'une unité urbaine au sens de l'INSEE (CGCT, art. L. 5210-1-1, *2°*). Quant à son contenu, il doit être d'intérêt général, mais la loi précise expressément, concernant la PIL qu'il peut relever d'un maître d'ouvrage public ou privé. Il doit, par ailleurs, concourir, à l'échelle de la commune, à la mixité sociale dans l'habitat dans le respect de la diversité des fonctions urbaines. Concernant la PIE, le projet doit présenter un intérêt majeur pour l'activité économique locale ou nationale au regard de l'objectif de développement durable. Cet intérêt économique s'apprécie compte tenu du caractère stratégique de l'activité concernée, de la valeur ajoutée qu'il produit, de la création ou de la préservation d'emplois qu'il permet ou du développement du territoire qu'il rend possible.

379 *Procédure.* L'initiative de la procédure appartient à l'État ou ses établissements publics ou aux collectivités territoriales ou leurs groupements compétents pour élaborer le

PLU à mettre en compatibilité ou compétents pour autoriser ou réaliser l'opération d'aménagement ou de construction. La personne publique qui a pris l'initiative est alors considérée comme le porteur de l'opération d'aménagement ou de construction. La procédure elle-même est, comme on l'a dit, identique à celle prévue par le Code de l'urbanisme pour la mise en compatibilité du PLU avec une déclaration de projet, une déclaration d'utilité publique ou une norme supérieure (C. urb., art. L. 123-14-2 ; v. 367 s., 385 s. et 389 s.). Elle a été précisée par un décret n° 2015-218 du 25 février 2015 (*JO* 27 févr. 2015).

Evaluation environnementale. Les dispositions de mise en compatibilité font l'objet d'une évaluation environnementale préalablement à la réalisation de l'examen conjoint. Elles en sont néanmoins dispensées si l'étude d'impact du projet a inclus l'analyse de leur incidence sur l'environnement. 380 ■

Adaptation des normes supérieures. Le gouvernement est parti du constat que la hiérarchie des normes – dont on connaît la particulière complexité (v. C. urb., art. L. 111-1-1) – peut être de nature à rendre impossible l'évolution d'un document d'urbanisme et particulièrement d'un PLU dès lors que les dispositions résultant de la mise en compatibilité seraient en contradiction avec une norme supérieure. C'est pourquoi lorsque la mise en compatibilité d'un PLU impose l'adaptation d'une norme supérieure, l'État procède à cette adaptation. 381 ■

Champ d'application. Les documents susceptibles d'être adaptés sont énumérés par l'article L. 300-6-1-IV. Il s'agit des directives territoriales d'aménagement ; des schémas directeurs d'aménagement et de gestion des eaux ; des schémas d'aménagement et de gestion des eaux ; des ZPPAUP ; des aires de mise en valeur de l'architecture et du patrimoine (AVAP) ; des plans de prévention des risques naturels prévisibles, relatifs aux risques d'inondation à cinétique lente dans les zones urbaines des PLU, hors champs d'expansion des crues ; des plans de prévention des risques naturels prévisibles relatifs aux risques liés aux cavités souterraines et aux marnières dans l'hypothèse d'un comblement de la cavité ou de la marnière ; des plan de prévention des risques miniers dans l'hypothèse d'un comblement des cavités minières ou d'une étude du sous-sol démontrant l'absence de telles cavités ; des schémas régionaux de cohérence écologique (SRCE) ; des plans climat-énergie territorial ; des plans de déplacements urbains ; des programmes locaux de l'habitat. Ces documents ne peuvent cependant faire l'objet que d'adaptations afin de privilégier la sécurité et la stabilité juridique des normes hiérarchiquement supérieures aux documents d'urbanisme. Cet impératif se traduit par trois limites aux adaptations dont elles peuvent faire l'objet. D'une part, elles ne doivent pas méconnaître les objectifs fixés par les documents concernés, ni porter atteinte à l'intérêt culturel, historique ou écologique des zones concernées. D'autre part, elles ne peuvent pas modifier la vocation de l'ensemble de la zone où se situe le projet, mais seulement prévoir des exceptions ponctuelles. Enfin, le rapport au Président de la République indique que la procédure intégrée ne saurait contrevenir au principe de lutte contre l'étalement urbain et l'artificialisation des sols dans la mesure où elle a vocation à ne concerner que les seuls projets urbains. C'est pourquoi les chartes des parcs naturels ne figurent pas au nombre des documents susceptibles de faire l'objet d'adaptations. 382 ■

Procédure. Les adaptations sont présentées par l'État qui met en œuvre la procédure de mise en compatibilité des documents d'urbanisme avec des normes supérieures 383 ■

(C. urb., art. L. 123-14-2 ; v. ss 390 s.). Lorsque l'adaptation porte sur le SRCE, le comité régional « trame verte et bleue » participent à l'examen conjoint avec les autorités et services compétents pour élaborer les documents qui font l'objet d'adaptations. Les dispositions d'adaptation font l'objet d'une évaluation environnementale dans les mêmes conditions que pour la mise en compatibilité. L'enquête publique porte à la fois sur les dispositions adaptées et sur la mise en compatibilité et peut englober plusieurs schémas et documents. Elle est donc organisée sous le régime de l'enquête unique, le dossier comportant les pièces exigées au titre de chacune des enquêtes initialement requises et une note de présentation non technique. Elle fait l'objet d'un rapport unique du commissaire-enquêteur mais de conclusions motivées au titre de chacune des enquêtes (C. env., art. L. 123-6).

384 *Instruction des autorisations.* Dès l'engagement de la procédure intégrée et si le projet d'aménagement ou de construction est suffisamment précis, les pièces nécessaires à la délivrance des autorisations que requiert la réalisation du projet peuvent être transmises aux autorités compétentes pour délivrer ces autorisations. La transmission est faite par l'autorité qui a engagé la procédure (C. urb., art. L. 300-6-1-VI).

§ 5 La mise à jour du PLU

385 En 1976, le législateur a voulu que le POS rassemble le maximum d'informations sur le droit d'occuper ou d'utiliser le sol dans la commune, même lorsqu'il relève d'autres réglementations que celle de l'urbanisme. C'est notamment le rôle de ses annexes qui doivent donc également enregistrer les modifications de ces règles. À cette fin, l'article R. 123-22 du Code de l'urbanisme prévoit une procédure de mise à jour qui doit être mise en œuvre chaque fois qu'il est nécessaire de modifier le contenu des annexes du PLU.

La procédure de mise à jour est légère puisqu'elle résulte d'un arrêté du président de l'EPCI ou du maire qui constate qu'il y a été procédé. Aucun délai n'est fixé pour l'intervention de cet arrêté qui est, par lui-même, dépourvu de tout effet juridique (CE 5 févr. 1997, *Bertrand*, *Lebon* T. 1205). Toutefois, l'inscription des servitudes d'utilité publique dans les annexes du PLU doit intervenir dans un délai de trois mois suivant la mise en demeure adressée par le préfet à la commune. À défaut, le préfet y procède d'office par arrêté (C. urb., art. R. 123-22, al. 3). Ce pouvoir du préfet s'explique par la circonstance que le report desdites servitudes dans le document d'urbanisme conditionne leur opposabilité à l'acte de construire (C. urb., art. L. 126-1). Les arrêtés de mise à jour sont affichés pendant un mois au siège de l'EPCI et, dans ce cas, dans les mairies des communes membres concernées ou en mairie.

§ 6 La mise en compatibilité du PLU avec une déclaration d'utilité publique

386 Durant longtemps, le droit de l'expropriation et celui de l'urbanisme ont été considérés comme indépendants. Cette position a cependant été abandonnée par l'arrêt *Dame Veuve Barbaro* par lequel le Conseil d'État a considéré que les travaux prévus par les déclarations d'utilité publique sont au nombre de ceux qui ne peuvent être ni

entrepris, ni, par suite, autorisés sur les territoires des communes où s'applique un plan d'urbanisme, s'ils ne sont pas compatibles avec ce plan (CE 11 janv. 1974, *Lebon* 22).

Ainsi afin d'éviter toute discordance entre la déclaration d'utilité publique et le PLU, le Code de l'urbanisme (C. urb., art. L. 123-14, L. 123-14-2, repris par C. expr., art. L. 122-5) a organisé les conditions de la mise en compatibilité du document avec l'opération soumise à la déclaration d'utilité publique. Dans l'hypothèse où cette dernière ne serait pas compatible avec les dispositions du PLU, c'est en quelque sorte le PLU qui s'incline à condition que l'enquête publique concernant l'opération ait porté à la fois sur l'utilité publique de l'opération et sur la mise en compatibilité du document qui en est la conséquence. Le Conseil d'État considère que cette procédure ne porte pas atteinte au principe de la libre administration des collectivités territoriales et ne justifie pas que le Conseil constitutionnel soit saisi d'une question prioritaire de constitutionnalité (CE 15 sept. 2010, *Thalineau*, req. n° 330734, *BJDU* 2010. 432, concl. M. Guyomar ; *BJCL* 2010. 594, concl. M. Guyomar).

C'est au préfet que revient le pouvoir d'adapter le PLU pour rendre ses prescriptions compatibles avec la mise en œuvre d'un projet déclaré d'utilité publique. Cette procédure se distingue nettement de celle qui permet au préfet de modifier ou de réviser le document local d'urbanisme pour l'adapter à l'évolution des contraintes *supra* communales. En effet, la prérogative dont le préfet se trouve investi ne constitue pas ici un pouvoir de substitution mais procède d'un pouvoir propre.

Champ d'application. L'exigence de compatibilité de la déclaration d'utilité publique avec le PLU est absolue (CE 28 juill. 2000, *Cts Cerise*, req. n° 170564, *Constr.-Urb.* 2000, n° 274, note D. Larralde ; 6 mars 1992, *Masteau*, *Lebon* T. 1368 ; 8 janv. 1993, *Truze*, *Lebon* 1117 ; 21 janv. 1977, *Péron-Magnan*, *Lebon* 30). Le préfet l'apprécie à la date de l'acte déclaratif d'utilité publique et non à celle de l'arrêté de cessibilité (CE 10 nov. 1982, *Noiron*, *Lebon* T. 641-643) et si l'incompatibilité est établie, la procédure de mise en compatibilité doit être appliquée à l'exclusion de toute autre. En effet, la déclaration d'utilité publique d'une opération qui n'est pas compatible avec les dispositions d'un PLU ne peut intervenir qu'au terme d'une procédure de mise en compatibilité (C. urb., art. L. 123-14 ; CE, avis, 6 déc. 1972, *DUP de la construction de la section de l'autoroute A4 dite « traversée de Reims »*). 387 ■

En revanche, sa mise en œuvre n'est pas nécessaire si la déclaration d'utilité publique se révèle compatible avec le document d'urbanisme (sur l'appréciation de la compatibilité : CE 11 janv. 1974, *Vve Barbaro*, préc. ; 29 janv. 1982, *Haon*, req. n° 9246, *CJEG* 1982. 186, concl. O. Dutheillet de Lamothe, note J.-M. Pilate ; 9 juill. 1982, *Min. Industrie c/ Cté dptal de défense contre les couloirs de lignes à très haute tension*, *Lebon* 277 ; 13 oct. 1982, *Cne Roumare et Cté de défense pour la protection du site de Roumare*, req. n°s 23553, 25570, *CJEG* 1983. 53 ; 6 mai 1985, *Lurton c/ EDF*, req. n° 30476, *CJEG* 1986. 83 ; *ibid.* 67, chron. Cl. Dufau, « La compatibilité des lignes électriques et des postes de transformation avec les plans d'occupation des sols » ; CE, avis, 2 oct. 1979, req. n° 325478 ; CAA Versailles, 10 mai 2007, *Cne Montgeron*, req. n° OSVE01455, *JCP* A 2007, n° 2208, obs. G. Pellissier). Elle n'est pas non plus nécessaire si la réalisation du projet n'implique aucune expropriation (CE, sect., 30 oct. 1992, *Min. Affaires étrangères et SE aux grands travaux c/ Assoc. de sauvegarde du site Alma-Champ de Mars*, préc.).

388 *Procédure.* La procédure de mise en compatibilité est autonome par rapport aux procédures de droit commun de l'élaboration, de la modification et de la révision (CE 21 mars 2001, *Sté Euroraft et a.*, req. n° 209459, *RDI* 2001. 266, obs. P. S.-C. ; 22 nov. 2002, *Cté fédératif pour la mise à deux fois deux voies de la Nationale 60*, req. n° 200294, *RDI* 2003. 195, obs. P. S.-C.). En particulier, elle ne requiert pas l'organisation d'une concertation (CE 10 nov. 2006, *Assoc. de défense du Rizzanèese*, n° 275013, *Const.-Urb.* 2006, n° 246, obs. G. Godfrin).

Les dispositions que le préfet propose pour assurer la mise en compatibilité du PLU doivent être nécessairement en rapport avec l'opération et définies avec une précision suffisante. A défaut, la procédure de mise en compatibilité ne peut être mise en œuvre (CE 3 avr. 1991, *Fabre, n° 109411, 109617, Lebon* 117). Ces dispositions font l'objet, à son initiative, d'un examen conjoint avant l'ouverture de l'enquête publique (CE 4 juill. 1997, *Cne Derval, n° 159380, Lebon* T.). Y participent l'EPCI compétent ou, le cas échéant, la commune et, avec les personnes publiques associées comme dans la procédure de déclaration de projet (v. ss 93). En outre, lorsque le projet nécessite la mise en compatibilité d'un PLU intercommunal, le maire de la ou des communes concernées est invité à participer à l'examen conjoint. Le même formalisme ne semble cependant pas être exigé pour l'abrogation de l'acte déclaratif de l'utilité publique (CE 5 mai 1999, *Assoc. Saône-Rhin*, req. n°s 192904, 192945).

On rappellera la nécessité de consulter la chambre d'agriculture et, le cas échéant, l'institut national de l'origine et de la qualité dans les zones d'appellation d'origine contrôlée et du centre national de la propriété forestière lorsque la mise en compatibilité prévoit une réduction des espaces agricoles ou forestiers (C. urb., art. R. 123-17). En outre, une association agréée peut demander à être consultée au cours de la procédure (C. urb., art. R. 123-23-1).

Le préfet ouvre ensuite l'enquête publique, dont on rappellera qu'elle a un double objet en ce qu'elle porte sur la déclaration d'utilité publique et sur la mise en compatibilité du PLU qui en est la conséquence, dans les formes prévues par le code de l'environnement (C. urb., art. R. 123-23-1 ; CAA Bordeaux, 30 juill. 2001, *Deguy et Clavaud,* req. n° 98BX00879). Elle peut donc donner lieu à l'établissement de deux dossiers distincts (CE 22 mai 1996, *Min. Mer c/ Assoc. Bernerie-Envir.*, n° 116111, *Lebon* 190). Entre l'ouverture de l'enquête publique et l'adoption de la déclaration d'utilité publique, le PLU ne peut pas faire l'objet d'une modification ou d'une révision portant sur les dispositions faisant l'objet de la mise en compatibilité.

Le dossier de mise en compatibilité doit comprendre notamment le rapport de présentation du PLU (CE 22 nov. 2002, *Cté fédératif pour la mise à deux fois deux voies de la Nationale 60*, préc.) et le procès-verbal d'examen conjoint.

À l'issue de l'enquête, le dossier de mise en compatibilité du PLU, le rapport et les conclusions du commissaire-enquêteur (CE 4 juill. 1997, *Cne Derval, n° 159380*), ainsi que le procès-verbal de la réunion des personnes publiques associées dans le cadre de l'examen conjoint, sont soumis par le préfet à l'organe délibérant de l'EPCI ou, le cas échéant, au conseil municipal. Ceux-ci disposent d'un délai de deux mois pour émettre leur avis. À défaut, l'avis est réputé favorable, même si le maire s'est abstenu de convoquer le conseil municipal (CE 12 mars 1999, *Cne Artemare*, req. n° 159791).

La mise en compatibilité du PLU, éventuellement modifié pour tenir compte des avis joints au dossier et du résultat de l'enquête est approuvée par la déclaration d'utilité publique, elle-même signée par le préfet. Le ministre chargé de l'urbanisme la contresigne ou la cosigne lorsqu'elle n'est pas de la compétence du préfet.

La déclaration d'utilité publique emporte approbation des nouvelles dispositions du PLU. Inversement, son annulation entraîne celle de la modification du document qu'elle a engendrée (CE 29 déc. 1993, *Ville Royan*, req. n° 148567). Dans ce cas particulier, la décision comportant à la fois une déclaration d'utilité publique et une mise en concordance, elle revêt un caractère réglementaire (CE, avis, 28 avr. 1993, *Ville Royan*, *Lebon* 139), à la différence de la déclaration d'utilité publique prise isolément (CE 15 oct. 1999, *Dupasquier et Cté de propositions pour l'A75*, req. n° 180298).

La DUP emportant mise en compatibilité ne peut pour autant être qualifiée de document d'urbanisme ou de document en tenant lieu (CE 11 déc. 1996, *Assoc. de défense de l'environnement orangeais*, req. n° 173212). Elle ne constitue pas non plus une mesure d'application d'un document d'urbanisme. Il en résulte que le moyen tiré de l'illégalité de ce dernier ne peut être invoqué à l'encontre d'un acte déclaratif d'utilité publique, alors même que le document d'urbanisme ou sa modification auraient eu pour objet de rendre possible l'opération déclarée d'utilité publique (CE, sect., 25 févr. 2005, *Assoc. « Préservons l'avenir à Ours Mons Taulhac »*, *AJDA* 2005. 463, chron. S. Brondel ; *Lebon* 83 ; *BJDU* 2005. 44, concl. M. Guyomar ; *JCP* A 2005, n° 1212, note Ph. Billet ; *RDI* 2005. 343, obs. P. S.-C.).

Publicité de la décision de la déclaration d'utilité publique emportant mise en compatibilité. La décision prononçant la déclaration d'utilité publique devient exécutoire après l'accomplissement des mêmes mesures de publicité que l'approbation ou la révision du PLU (C. urb., art. R.* 123-24, *c*, R. 123-25). 389

§ 7 La mise en compatibilité du PLU avec des normes supérieures

Si le PLU est un document dont l'élaboration et la gestion sont décentralisées, il convient de rappeler que la compétence reconnue aux autorités locales doit, en application de l'article L. 110 du Code de l'urbanisme, s'exercer dans le respect des contraintes *supra* communales. Par ailleurs, celles-ci sont susceptibles d'évolution. Il appartient donc à l'EPCI compétent ou, le cas échéant, la commune, de mettre le PLU en compatibilité avec des documents, normes et objectifs qui s'imposent à lui. À défaut, le préfet a le pouvoir de se substituer à l'autorité compétente pour y procéder (C. urb., art. L. 123-14-1, R. 123-23 et R. 123-23-4). 390

Il est ainsi habilité à procéder à la révision ou à la modification du PLU en lieu et place de l'EPCI compétent ou de la commune à une double condition tenant d'une part, à l'apparition de nouvelles contraintes *supra* communales et, d'autre part, à la carence de la collectivité concernée après qu'elle a été mise en demeure. Ce n'est que si ces conditions sont réunies que le préfet peut se substituer à l'autorité locale selon une procédure qu'il faut exposer.

Champ d'application. La procédure peut être mise en œuvre lorsqu'un PLU doit être révisé ou modifié pour être rendu compatible avec une DTA ou avec les dispositions particulières aux zones de montagne et du littoral ou pour permettre la réalisation d'un nouveau projet d'intérêt général. Par ailleurs, le PLU doit être rendu compatible avec le SCOT (C. urb., art. L. 111-1-1-IV) et, à défaut de SCOT, il doit être rendu compatible ou prendre en compte les documents et objectifs qui s'imposent au SCOT 391 énumérés à l'article L. 111-1-1-I et II. De même, il doit être rendu compatible avec le schéma de mise en valeur de la mer, s'il en existe un et avec les dispositions du plan de déplacements urbains et du programme local de l'habitat dans un délai de trois ans. Ce délai est ramené à un an pour permettre la réalisation d'un ou plusieurs programmes de logements prévus dans un secteur de la commune par le PLH et nécessitant une modification du PLU (C. urb., art. L. 123-1-9). Dans tous ces cas, si l'EPCI compétent ou la commune n'a pas procédé à la mise en compatibilité ou à la prise en compte dans les délais fixés, le préfet met en œuvre la procédure de mise en compatibilité.

392 *Procédure.* Lorsque le PLU doit être rendu compatible, le préfet en informe l'EPCI compétent, ou la commune, en lui adressant un dossier indiquant les motifs pour lesquels il considère que le PLU n'est pas compatible avec l'autre document ainsi que les modifications qu'il estime nécessaires de lui apporter pour le mettre en compatibilité ou, bien que le texte ne le dise pas expressément, de prise en considération. Bien que les textes ne le précisent plus, on peut penser que le juge verra dans l'information en cause une décision faisant grief susceptible de faire l'objet d'un recours pour excès de pouvoir (CE, sect., 30 oct. 1992, *Min. Affaires étrangères et SE aux grands travaux c/ Assoc. de sauvegarde du site Alma-Champ de Mars*, *AJDA* 1992. 821, concl. F. Lamy, note Y. Jegouzo ; *Lebon* 384 ; *JCP* N 1993. II. 85, note J. Morand-Deviller).

Dans un délai d'un mois à compter de l'information, l'EPCI, ou la commune, fait connaître s'il entend opérer la mise en compatibilité nécessaire. À défaut d'accord dans ce délai, ou, en cas d'accord, à défaut d'une délibération approuvant dans un délai de six mois à compter de la notification initiale du préfet, la mise en compatibilité, le préfet engage la procédure selon les mêmes modalités qu'une déclaration de projet portée par l'État (C. urb., art. R. 123-23 et R. 123-23-4).

393 *Publicité.* L'arrêté du préfet décidant la mise en compatibilité fait l'objet de mesures de publicité et d'information particulières (C. urb., art. R. 123-24, *b*, R. 123-25).

394 *Effets.* Il convient d'insister sur les effets particuliers attachés à la seule procédure de révision. Dès que le préfet l'a prescrite, d'une part, il peut être sursis à statuer sur chaque demande d'occuper ou d'utiliser le sol (C. urb., art. L. 123-6) ; d'autre part, toute demande d'occuper ou d'utiliser le sol situé dans le champ de la révision doit être soumise à son avis conforme du préfet (C. urb., art. L. 421-5, *b*).

§ 8 L'évaluation et le suivi du PLU

395 *Analyse des résultats du PLU.* L'article 10 de la directive n° 2001/42/CE du Parlement européen et du Conseil du 27 juin 2001 relative à l'évaluation des incidences de certains plans et programmes sur l'environnement dispose : « *les États membres assurent le suivi des incidences notables sur l'environnement de la mise en œuvre des plans et programmes, afin d'identifier, à un stade précoce, les impacts négatifs imprévus et d'être en mesure d'engager les actions correctrices qu'ils jugent appropriées* ». La transposition de la directive en général et de cette obligation en particulier a été le fait de l'ordonnance n° 2004-489 du 3 juin 2004 modifiée par la loi du 12 juillet 2010 portant engagement national pour l'environnement. Après quelques hésitations, le

législateur impose que les PLU fassent l'objet d'une analyse des résultats de leur application au regard des objectifs de l'article L. 121-1 neuf ans au plus tard après la délibération portant approbation ou révision du PLU. Cette analyse donne lieu à une délibération sur l'opportunité de le réviser (C. urb., art. L. 123-12-1 ; P. Soler-Couteaux, « De l'analyse et du suivi des documents d'urbanisme », *Mélanges Fatôme*, Dalloz, 2011, p. 419).

Le rapport de présentation du PLU doit, quant à lui, définir les critères, indicateurs et modalités retenus pour l'analyse des résultats de l'application du PLU. Ils doivent permettre notamment de suivre les effets du plan sur l'environnement afin d'identifier, le cas échéant, à un stade précoce, les impacts négatifs imprévus et envisager, si nécessaire, les mesures appropriées (C. urb., art. R. 123-2-1, 6°).

PLU tenant lieu de PLH et de PDU. Lorsque le PLU tient lieu de PLH, l'organe délibérant de l'EPCI réalise, trois ans au plus tard à compter de la délibération portant approbation ou révision du plan, un bilan de l'application de ses dispositions relatives à l'habitat au regard des objectifs prévus à l'article L. 302-1 du Code de la construction et de l'habitation. Ce bilan est transmis au préfet de département. Il est réalisé tous les trois ans dès lors que le plan n'a pas été mis en révision. Par ailleurs, l'analyse des résultats est organisée tous les six ans. Le préfet quant à lui, peut demander les modifications qu'il estime nécessaire d'apporter au plan lorsque ce dernier ne répond pas aux objectifs définis à l'article L. 302-2 du Code de la construction et de l'habitation. Dans un délai d'un mois, l'EPCI fait connaître au préfet s'il entend procéder aux modifications. A défaut d'accord ou à défaut d'une délibération approuvant les modifications demandées dans un délai d'un an à compter de la demande de modifications, le préfet engage une modification ou une révision du plan (C. urb., art. L. 123-12-1). On rappellera ici que le préfet peut s'opposer à l'entrée en vigueur d'un PLU dans le cas où il ne répondait pas aux objectifs de répartition équilibrée et diversifiée de l'offre de logements, de renouvellement du parc immobilier et d'accroissement du nombre de logements et de places d'hébergement nécessaires. 396

§ 9 L'abrogation du PLU

L'interdiction d'abroger un POS, édictée par la loi du 7 janvier 1983 (C. urb., anc. art. L. 123-4-1), avait été critiquée dans la mesure où elle pouvait empêcher une commune de renoncer à un document qui se serait révélé dans les faits peu adapté à ses besoins. Cette interdiction a donc été remise en cause par la loi SRU. Ainsi, un ancien POS ou un PLU peuvent être abrogés lorsqu'ils ne correspondent plus au parti d'urbanisme initialement retenu (C. urb., art. R. 123-22-1 ; H. Jacquot « L'abrogation des documents d'urbanisme locaux et le principe du parallélisme des formes », *Mélanges Moderne, Mouvement du droit public*, Dalloz, 2004, p. 233). 397

Procédure. L'abrogation est prononcée par l'organe délibérant de l'EPCI compétent en matière de PLU ou par le conseil municipal après enquête publique. Le dossier soumis à l'enquête est composé d'un rapport exposant les motifs et les conséquences juridiques de l'abrogation projetée. Lorsqu'il est saisi d'une demande d'abrogation, l'exécutif territorial peut la rejeter si les dispositions concernées ne sont pas entachées d'illégalité. En revanche, si elles sont illégales, il doit l'inscrire à l'ordre du jour 398 de l'organe délibérant pour lui permettre de prononcer l'abrogation des dispositions illégales (CE, avis, 2 oct. 2013, *n° 367023, M. Vincent, Lebon* T. 874 ; *Constr.-Urb.* 2013, n° 148, note X. Couton ; *RDI* 2013.606, obs. P. S-C ; *AJDA* 18/2014.1046, note C-A. Dubreuil).

399 *Publicité.* La délibération qui abroge le document d'urbanisme fait l'objet des mesures de publicité prévues à l'article R. 123-25 (C. urb., art. R. 123-24).

section 5

Le contentieux du plan local d'urbanisme

400 La croissance du contentieux des documents locaux d'urbanisme et, plus encore, l'augmentation du nombre des annulations, ne peuvent qu'inquiéter si l'on veut bien considérer le coût économique de l'insécurité juridique en une telle matière. Pour partie, cette situation n'est que le reflet d'une évolution plus générale dont on sait qu'elle va dans le sens d'un accroissement des recours dans tous les domaines, situation d'autant plus périlleuse pour les actes réglementaires, qui peuvent être contestés par la voie de l'exception. Mais pour partie également, elle s'explique par des facteurs propres au droit de l'urbanisme (complexité de la hiérarchie des normes en la matière ; formalisme des procédures d'élaboration des documents ; enjeux financiers importants étant donné l'impact de la matière sur le prix de l'immobilier). La règle d'urbanisme est ainsi affectée d'une instabilité préoccupante.

Le juge administratif et, à sa suite, le législateur ont entendu lutter contre cette précarité de la règle d'urbanisme en simplifiant d'abord sur les règles de procédure. Ils ont voulu également limiter les conséquences de l'annulation des documents locaux d'urbanisme sur les autorisations individuelles délivrées sur leur fondement. En dernier lieu, la loi ALUR a accru les pouvoirs du juge pour permettre, chaque fois qu'il est possible, la régularisation des documents entachés d'illégalité. La difficulté tient à ce que ces initiatives ne concernent pas les causes mêmes de l'instabilité observée, qui tiennent souvent encore à une insuffisante prise en compte des contraintes juridiques à l'occasion de leur élaboration de même qu'au caractère défectueux de la rédaction de la règle d'urbanisme. Leurs auteurs devraient avoir l'attention d'autant plus attirée par l'importance de l'expertise juridique en cette matière que l'insécurité a toujours un coût élevé pour les opérateurs (et qu'elle contribue, par conséquent, à un renchérissement de la charge foncière) comme pour la collectivité, qui se trouve privée de certains instruments comme le droit de préemption et, surtout, peut voir sa responsabilité engagée.

Après avoir exposé le contentieux de la légalité du PLU (§ 1) et examiné les effets attachés à son illégalité (§ 2), on présentera le contentieux de la responsabilité (§ 3).

§ 1 Le contentieux de la légalité du PLU

401 L'étude du contentieux de la légalité du PLU est de nature à éclairer sur certaines des causes de son instabilité et permet de relever les moyens qui sont mis en œuvre pour

y porter remède. On insistera sur la facilité de la mise en œuvre du contrôle juridictionnel et sur son efficacité accrue par la réforme des procédures d'urgence devant le juge administratif (A) avant de souligner la diversité des moyens susceptibles d'être invoqués et par conséquent l'étendue du contrôle juridictionnel (B).

A. La mise en œuvre du contrôle juridictionnel du PLU

Comme on l'a dit, le PLU est un acte réglementaire. Il est donc susceptible de faire l'objet de tous les recours qui peuvent être formés contre un tel acte : recours direct, demande de suspension, recours préfectoral, demande d'abrogation et exception d'illégalité. 402 ■

Le recours direct. Sans reprendre l'étude du recours pour excès de pouvoir, on mettra l'accent sur certains de ses aspects relatifs essentiellement à sa recevabilité qui, en la matière, contribuent à la précarité du document. Ceci n'a du reste pas empêché la suppression en 2007 de l'obligation, à peine d'irrecevabilité, de la notification des recours contre les documents d'urbanisme (C. urb., art. L. 600-3 devenu R. 600-1). 403 ■

Les actes susceptibles de recours. L'élaboration du PLU comme sa modification ou sa révision sont émaillées d'une série d'actes dont seuls ceux qui font grief sont susceptibles de recours, à l'exclusion des simples actes préparatoires. Il convient de les identifier. Il s'agit, en premier lieu, de la délibération prescrivant l'établissement du plan dans la mesure où elle produit des effets de droit, comme la possibilité d'opposer le sursis à statuer (CE 3 nov. 1982, *Royer*, *Lebon* 366) et qui délibère par ailleurs sur les objectifs poursuivis et arrête les modalités de la concertation (C. urb., art. L. 123-6 ; CE 24 mai 1995, *Ville Meudon*, req. n°s 150360, 153859). Le recours direct s'impose ici d'autant plus que les documents d'urbanisme astreints à l'organisation d'une concertation ne sont pas illégaux du seul fait des vices susceptibles d'entacher la concertation, dès lors que les modalités définies par la délibération organisant les modalités de celle-ci ont été respectées (C. urb., art. L. 300-2). En aval, la délibération par laquelle le conseil municipal tire le bilan de la concertation est elle-même susceptible de recours. En deuxième lieu, l'acte approuvant le PLU constitue évidemment une décision susceptible de recours (CE 8 févr. 1974, *Cne Montory*, *Lebon* 93). Mais, en troisième lieu, font également grief : le refus opposé par un maire à une demande de modification du POS tendant au classement d'un terrain dans une zone déterminée (CE 25 sept. 1996, *Lyon-Caen*, req. n° 130036, *RDI* 1997. 69, obs. Y. Gaudemet et L. Touvet) ou à la suppression d'un emplacement réservé (CE 6 oct. 1995, *Secher*, req. n° 151075, *BJDU* 1995. 437, concl. Ch. Maugüé) ; 404 ■

En revanche, ne constituent pas des décisions faisant grief : l'arrêté ayant pour objet de prescrire l'enquête publique (CE, sect., 5 janv. 1979, *Assoc. pour la protection et l'embellissement du site de La Baule-Escoublac*, *Lebon* 7) ; la délibération du conseil municipal adoptant le projet de modification du POS, considérée comme une mesure préparatoire à l'acte d'approbation (CE 2 déc. 1991, *Cne la Chaussée-Tirancourt*, *Lebon* T. 1248 ; *RFDA* 1992. 205, concl. R. Abraham) et qui ne saurait probablement être contestée même en raison de ses vices propres (par analogie avec CE, ass., 15 avr. 1996, *Synd. CGT des hospitaliers de Bédarieux*, *AJDA* 1996. 405, chron. J. H. Stahl et D. Chauvaux ; *Lebon* 130) ; le porter à connaissance qui constitue une mesure à caractère informatif, prenant place dans la procédure d'élaboration du document.

Ne font pas grief non plus les décisions confirmatives. Ainsi, le recours formé contre une disposition d'un POS modifié identique à celle du document initial a été jugé irrecevable car la modification sur ce point est analysée comme une mesure confirmative (CE 30 sept. 1996, *Cst Cambier*, req. n° 146246, *RDI* 1997. 69, obs. Y. Gaudemet et L. Touvet). Mais cette solution doit probablement être relativisée. On peut penser que si le maintien du classement d'un terrain a été réévalué et procède d'un choix délibéré, la délibération qui l'approuve ne peut se voir reconnaître un caractère purement confirmatif (CE 31 mai 1995, *SA Plâtres Lambert*, req. n° 139727).

405 *La qualité donnant intérêt à agir.* D'une manière générale, l'intérêt pour agir est libéralement apprécié par le juge administratif. Toute personne susceptible de se voir opposer les dispositions du document local d'urbanisme a un tel intérêt. L'intérêt peut être individuel. C'est notamment celui du propriétaire agissant contre le zonage que le plan retient pour son terrain ou un habitant agissant contre des dispositions dont il estime qu'elles portent atteinte au caractère ou à l'esthétique de la ville (CE 9 mars 1990, *Stockhausen et Trudelle*, *Lebon* T. 1034 : la qualité d'habitant de la commune donne intérêt à contester l'ensemble des dispositions du POS).

L'intérêt peut être également collectif. Les associations de défense de l'environnement peuvent ainsi agir contre le PLU si cela est conforme aux buts qu'elles se sont assignées dans leurs statuts (CE 24 oct. 1994, *Cne La Tour du Meix*, req. n° 123316 ; 26 oct. 1994, *Cne Quiberon*, req. n° 137032, *BJDU* 1994. 17, concl. S. Lasvignes). Encore faut-il que la personne qui a présenté le recours en leur nom y ait été dûment habilitée par l'organe désigné par les statuts ; il appartient au juge de le vérifier au besoin d'office. À cet égard, le Conseil d'État a jugé qu'« en l'absence, dans les statuts d'une association ou d'un syndicat, de stipulation réservant expressément à un autre organe la capacité de décider de former une action devant le juge administratif, celle-ci est régulièrement engagée par l'organe tenant des mêmes statuts le pouvoir de représenter en justice cette association ou ce syndicat » (CE, sect., 3 avr. 1998, *Féd. de la plasturgie*, *AJDA* 1998. 460, obs. F. Raynaud ; *ibid.* 413, P. Fombeur ; *Lebon* 127 ; 17 juin 1998, *Assoc. de défense des propriétaires longevillais*, req. n° 169463, *BJDU* 1998. 340, concl. J.-Cl. Bonichot).

En ce qui concerne les personnes morales de droit public, une commune peut, par exemple, avoir intérêt à contester la légalité du PLU d'une commune voisine (CE 19 mars 1993, *Cne Saint-Egrève*, req. n° 119147).

406 *Le délai pour agir.* Concernant l'acte approuvant le POS, le Conseil d'État a été amené à préciser que le délai de recours démarrait – quelle que soit la date à laquelle il avait été rendu exécutoire – à compter de la plus tardive des deux dates correspondant, l'une au premier jour de la période d'affichage en mairie, l'autre à la seconde des deux insertions effectuées dans la presse (CE, sect., 28 juin 1996, *Féd. pour les espaces naturels et l'environnement catalan*, *Lebon* 253 ; *BJDU* 1996. 366, concl. contraires Ch. Maugüé ; 3 nov. 1989, *Assoc. interdptale et intercnale pour la protection du lac de Sainte-Croix*, *Lebon* T. 986). Encore faut-il que la publicité, et notamment l'affichage en mairie, ait été complète et régulière (sur la diffusion dans le département : CE 4 mars 1991, *Ville Valence*, *Lebon* T. 1248 ; sur la régularité de l'affichage en mairie : concl. Ch. Maugüé sur CE, sect.,, 28 juin 1996, *Féd. pour les espaces naturels et l'environnement catalan*, préc.). Ces solutions peuvent être appliquées, dans leur principe, aux PLU.

Toutes les causes traditionnelles de prorogation du délai de recours sont également de nature à prolonger le délai de recours contre le PLU. Ainsi la saisine du préfet en vue qu'il exerce le contrôle de légalité du plan proroge le délai jusqu'à la décision explicite ou implicite par laquelle il se prononce sur cette demande (CE 8 janv. 1993, *Cne Nogent-sur-Marne,* req. n° 132104). Le Conseil d'État a cependant apporté plusieurs restrictions en la matière. En premier lieu, la prorogation du délai n'est attachée qu'à un véritable recours gracieux, ce que n'est pas une simple lettre (CE 30 mai 2001, *SCI Les Jardins de Mennecy*, req. n° 204434, *RDI* 2001. 400, obs. L. Derepas ; v. concl. C. Landais, sur CE 30 mai 2007, *SCI Agyr*, req. n° 288519). En second lieu, l'effet conservatoire du recours gracieux sur le recours contentieux ne s'applique qu'aux seules conclusions qu'il comporte. Par conséquent, les conclusions du recours contentieux tendant à l'annulation totale d'un document d'urbanisme sont irrecevables si elles ont été précédées d'un recours gracieux qui, lui, avait trait seulement au classement des terrains du requérant (CE 10 juin 1996, *Aschehoug-Chapus*, req. n° 158218).

Les référés. Deux sortes de référés peuvent être engagés contre un PLU. Dans un cas 407 ■
comme dans l'autre, le juge est tenu, s'il ordonne la suspension du document, de se prononcer sur l'ensemble des moyens de la requête qu'il estime, en l'état du dossier, susceptibles de fonder la suspension (C. urb., art. L. 600-4-1, égal. applicable à l'annulation).

Le référé-suspension. Le requérant peut accompagner son recours au fond tendant à 408 ■
l'annulation du PLU d'une requête tendant à sa suspension (CJA, art. L. 521-1). Pour caractériser l'urgence, le juge des référés doit examiner si son exécution est de nature à porter atteinte, de manière suffisamment grave et immédiate, à un intérêt public, à la situation du requérant ou aux intérêts qu'il entend défendre (CE, sect., 28 févr. 2001, *Préfet des Alpes-Maritimes et Sté Sud-Est Assainissement*, *Lebon* 109). Il lui appartient de porter cette appréciation à la fois concrètement, compte tenu des justifications fournies par le requérant et objectivement, compte tenu de l'objet et de la portée de la décision contestée en considération des circonstances de chaque espèce (CE 16 mai 2001, *Cne Saint-Suliac*, req. n° 229739, *Coll. terr.* 2001. 234, obs. Th. Célérier ; *BJDU* 2001. 196, concl. P. Fombeur). Il en résulte que, dans le principe, rien ne s'opposerait à ce que soit prononcée la suspension d'une délibération approuvant un PLU, dès lors que la condition d'urgence serait caractérisée (CE 5 nov. 2001, *Cne Cannet-des-Maures*, *Lebon* 540 ; 11 janv. 2006, *Assoc. « Défense du site caussolois »*, req. n° 282217, *BJDU* 2006. 59, concl. F. Séners). Le juge de Cassation exige du juge des référés qu'il fasse apparaître les raisons de droit et de fait pour lesquelles il considère que l'urgence est caractérisée ou non, mais le respect de cette exigence s'apprécie au regard des justifications apportées dans la demande et de l'argumentation présentée en défense (CE 25 avr. 2001, *Assoc. des habitants du littoral du Morbihan*, préc.).

Le référé spécialement ouvert en cas d'avis défavorable à l'issue de l'enquête. La loi du 409 ■
30 juin 2000 a mis en place des procédures spéciales de référé, permettant d'obtenir la suspension de certains actes administratifs dans un bref délai mais sans condition d'urgence. Celle qui intéresse les documents d'urbanisme est organisée par l'article L. 123-16 du Code de l'environnement (auquel renvoie CJA, art. L. 554-12) aux termes duquel le juge administratif des référés, saisi d'une demande de suspension d'une décision prise après des conclusions défavorables du commissaire enquêteur ou de la commission d'enquête, doit automatiquement faire droit à cette demande si elle

comporte un moyen propre à créer, en l'état de l'instruction, un doute sérieux quant à la légalité de celle-ci. Le Conseil d'État a admis l'application de ce mécanisme aux PLU (CE 13 juill. 2007, *SOCEM*, req. n° 298772 ; v. égal. CE 19 mars 2008, *Min. Transports c/ Assoc. pour la sauvegarde du Gers*, req. n° 305593, *BJDU* 2008. 129, concl. Y. Aguila : application à une carte communale). Cette disposition ne fait toutefois pas obstacle à ce que le juge des référés écarte, mais à titre exceptionnel, la demande de suspension, même si l'un des moyens invoqués paraît propre à créer un doute sérieux quant à la légalité de la décision contestée, lorsque la suspension de l'exécution de cette décision porterait à l'intérêt général une atteinte d'une particulière gravité (CE, sect., 16 avr. 2002, *Cne Conflans-Sainte-Honorine et a.*, req. n° 355792, *Lebon à paraître* ; *RDI* 2012. 415, obs. P. S.-C.).

■ 410 *Les recours préfectoraux.* En matière d'urbanisme, le déféré préfectoral s'exerce dans les conditions du droit commun, étant précisé que si le recours pour excès de pouvoir dirigé contre les actes à caractère préparatoire est irrecevable, même à raison de leurs vices propres, ce principe ne s'applique pas au déféré préfectoral (CE, ass., 15 avr. 1996, *Synd. CGT des hospitaliers de Bédarieux*, *AJDA* 1996. 405, chron. J.-H. Stahl ; *ibid.* 366, chron. D. Chauvaux ; *Lebon* 130). Le préfet peut assortir son recours en annulation d'une demande de suspension à laquelle il est fait droit si l'un des moyens invoqués paraît, en l'état de l'instruction, propre à créer un doute sérieux quant à la légalité de l'acte attaqué. La condition d'urgence n'est donc pas requise (v. ss 778 ; CJA, art. L. 554-1 ; CGCT, art. L. 2131-6). Et de façon plus remarquable encore, il est prévu que si le préfet demande la suspension d'une décision en matière d'urbanisme dans les 10 jours à compter de sa réception, celle-ci est automatiquement suspendue. Mais si le tribunal administratif n'a pas statué au terme d'un délai d'un mois à compter de la réception de l'acte en préfecture, il redevient exécutoire (CJA, art. L. 554-2 ; CGCT, art. L. 2131-6).

■ 411 *La demande d'abrogation.* Sous le régime antérieur à la loi SRU, issu de la loi du 27 janvier 1983, un POS ne pouvait normalement pas être abrogé (C. urb., anc. art. L. 123-4-1 ; CE 18 avr. 1988, *Sté civile Le Tahiti*, *Lebon* 140). Le principe général du droit issu de la jurisprudence Alitalia (CE, ass., 3 févr. 1989, *Lebon* 44) et selon lequel l'autorité administrative est tenue de faire droit à la demande d'abrogation d'un règlement illégal n'était donc d'aucune utilité dans la matière qui nous occupe. Cependant, le Conseil constitutionnel, appelé à se prononcer sur la constitutionnalité de la loi du 9 février 1994 en tant qu'elle limitait dans le temps la possibilité d'invoquer l'exception d'illégalité d'un POS pour vice de forme ou de procédure (C. urb., art. L. 600-1) a considéré que la disposition contestée ne portait pas une atteinte excessive au droit au recours dans la mesure, notamment, où elle n'a ni pour objet, ni pour effet de limiter la possibilité ouverte à tout requérant de demander l'abrogation d'actes réglementaires illégaux et de former des recours pour excès de pouvoir contre d'éventuelles décisions de refus explicites ou implicites (Cons. const. 21 janv. 1994, n° 93-335 DC ; J. Morand-Deviller, « Le Conseil constitutionnel et la "petite" loi portant diverses dispositions en matière d'urbanisme », *Rev. adm.* 1994. 75 ; P. Hocreitère, « Le juge constitutionnel et la loi du 9 février 1994, commentaire de la décision du 21 janvier 1994 », *RFDA* 1995. 4). Et de fait, la juridiction administrative a admis la recevabilité de tels recours (CE 25 mai 1994, *SIVOM La Souffel*, req. n° 109321, *BJDU* 1994. 16, concl. J.-Cl. Bonichot ; 27 avr. 1998, *Cne l'Ecotay-L'Olme*, req. n° 170665, *BJDU* 1998. 272, concl. J.-D. Combrexelle). Il en résulte que toute personne intéressée peut solliciter l'abrogation d'un POS ou d'un PLU, et ce d'autant que la loi SRU a abrogé l'article L. 123-4-1. La procédure d'abrogation a été organisée par le décret n° 2004-531 du 9 juin 2004 relatif aux documents d'urbanisme, modifié en 2012 (C. urb., art. R. 123-22-1 ; H. Jacquot, « L'abrogation des documents d'urbanisme locaux et le principe du parallélisme des formes », *Mélanges Moderne, Mouvements du droit public*, Dalloz, 2004, p. 233 ; CE, avis, 2 oct. 2013, *n° 367023, M. Vincent*, Rec. T ; *RDI* 2013.606, obs. P. S-C ; *AJDA* 18/2014.1046, note C-A. Dubreuil).

La demande de modification ou de révision. Toute personne intéressée peut solliciter du maire la modification ou la révision du PLU et attaquer le refus qui lui serait opposé. Nonobstant la compétence du conseil municipal pour approuver la modification ou la révision, le maire est compétent pour rejeter une telle demande (CAA Versailles, 6 avr. 2006, *Meichel*, req. n° 281663, *Coll. terr.* 2006. 102, obs. G. Pellissier ; rapp. CE 6 déc. 1995, *Préfet des Deux-Sèvres*, req. n°s 127841, 127842 ; 6 déc. 1995, *Préfet du Morbihan*, req. n° 047715 et CE, avis, 2 oct. 2013, *n° 367023*, préc ;). Dans le cas où cette décision de rejet est annulée, le juge peut enjoindre à la commune de mettre en œuvre, dans un délai qu'il fixe, une procédure de modification du document concerné (TA Versailles, 4 mars 2003, *SCA La Francilienne*, req. n° 014838, *RDI* 2003. 588, obs. P. S.-C.). 412 ■

L'exception d'illégalité. L'expiration du délai de recours à l'encontre du PLU approuvé le rend définitif. Il ne peut donc plus être attaqué par la voie d'un recours direct. Pour autant, il n'est pas incontestable, puisqu'à l'instar de tout acte réglementaire, son illégalité peut être soulevée par la voie de l'exception à l'occasion d'un recours dirigé contre une décision prise pour son application ou sur son fondement (CE 24 janv. 1902, *Avézard*, *Lebon* 44 ; D. Labouysse, « L'exception d'illégalité de la règle d'urbanisme locale », *Const.-Urb.* 2015, Étude 10). Si l'exception d'illégalité ne produit pas les mêmes effets que l'annulation – puisque le juge se borne, pour la solution du litige, à écarter le document illégal qui, par ailleurs, est maintenu dans l'ordonnancement juridique – il n'en reste pas moins que l'acte attaqué pris sur le fondement du document dont l'illégalité est constatée encourt l'annulation du fait de cette illégalité. On comprend ainsi que la possibilité d'invoquer l'illégalité du PLU par la voie de l'exception est susceptible d'affecter les autorisations d'utilisation des sols d'une très grande précarité et ce, d'autant plus que la procédure d'élaboration de ce document est assimilée à une opération complexe. C'est contre cette situation que le juge et le législateur ont voulu réagir. 413 ■

Bien qu'il ait considéré que les autorisations d'urbanisme ne constituaient pas des actes d'application du document local d'urbanisme (CE, sect., 12 déc. 1986, *Gepro*, *AJDA* 1987. 275, concl. Ch. Vigouroux ; *Lebon* 282 ; même solution à propos d'un certificat d'urbanisme : CE 2 déc. 1987, *Cézian*, *Lebon* T. 1006-1011), le juge administratif a néanmoins admis l'opérance de l'exception d'illégalité du document d'urbanisme soulevée à l'occasion d'un recours formé contre une autorisation d'urbanisme délivrée en considération des règles d'urbanisme qu'il prescrit (CE, sect., 9 juin 1990, *Assaupamar*, *AJDA* 1991. 701, chron. E. Honorat et R. Schwarz ; *Lebon* 149 ; *CJEG* 1991. 7, concl. H. Toutée et étude Y. Jegouzo). Le législateur ayant précisé en 1994 que l'annulation ou la déclaration d'illégalité d'un document d'urbanisme a pour effet de remettre en vigueur le document d'urbanisme en tenant lieu immédiatement antérieur (C. urb., art. L. 121-8 ; v. ss 430) le Conseil d'État a subordonné la mise en œuvre de cette exception d'illégalité à la condition que les conclusions du requérant contiennent des moyens dirigés à la fois contre la règle en considération de laquelle l'autorisation d'urbanisme a été délivrée et contre celle qui lui serait substituée en application de l'article L. 121-8 du Code de l'urbanisme dans le cas où il serait fait droit à son argumentation (CE, sect., 7 févr. 2008, *Cne Courbevoie*, req. n° 297227, *BJDU* 2007. 459, concl. A. Courrèges ; *AJDA* 2008. 582, chron. C. Landais et F. Lenica ; *RDI* 2008. 240, note P. Soler-Couteaux ; *BJDU* 2009. 2, note E. Fatôme).

■ **414** Concernant les actes qui relèvent de l'évolution du PLU, l'exception d'illégalité ne peut être recevable lorsque la « chaîne d'illégalité » s'est interrompue. Ainsi en a-t-il été jugé à propos du POS mis en révision : l'exception d'illégalité du plan approuvé ne peut être soulevée à l'appui d'un recours contre l'acte prescrivant la révision ou approuvant celle-ci dès lors que le POS révisé s'est substitué au plan initial (CE, avis, 8 déc. 1988, *EDCE* 1988, n° 40, p. 292 ; CE 22 juill. 1994, *Assoc. de sauvegarde du patrimoine martiniquais (ASSAUPAMAR)*, req. n°s 93147, 100773, *Lebon* T. 5 ; *BJDU* 1994. 87, concl. F. Loloum ; CE 21 avr. 2000, *Perraudin*, n° 152068, *Constr.-Urb.* 2000, n° 220, obs. D. Larralde : à l'occasion du recours contre la modification d'un POS, le juge rejette comme inopérant des moyens fondés sur l'illégalité de modifications résultant d'une précédente modification du document).

■ **415** Le législateur est par ailleurs intervenu pour limiter les effets dévastateurs de l'exception d'illégalité. L'article L. 600-1 du Code de l'urbanisme a ainsi limité à six mois le délai durant lequel l'illégalité pour vice de forme ou de procédure d'un POS, d'un PLU ou d'un document en tenant lieu peut être invoquée par voie d'exception. Dans le principe, cette remise en cause du caractère perpétuel de l'exception d'illégalité, afin de promouvoir la stabilité des règles d'urbanisme et par là même la sécurité juridique, a été critiquée comme portant atteinte au principe de légalité et au droit d'accès à la justice. Le Conseil constitutionnel en a néanmoins admis la constitutionnalité en considérant que la disposition contestée, d'un caractère exceptionnel et d'une portée limitée, ne porte pas d'atteinte substantielle aux droits des intéressés d'exercer des recours. Par ailleurs, le Conseil relève que la disposition litigieuse n'a ni pour objet, ni pour effet de limiter la possibilité ouverte à tout requérant de demander l'abrogation d'actes réglementaires illégaux et de former des recours pour excès de pouvoir contre d'éventuelles décisions de refus explicites ou implicites (Cons. const. 21 janv. 1994, préc.).

La limitation ainsi instituée s'applique à tout contentieux concernant un document d'urbanisme ou un document en tenant lieu, notion que le juge entend assez largement en l'occurrence (à propos d'un PPR : CE 30 déc. 2011, *Vacher*, req. n° 324310, *BJDU* 2012. 112, concl. C. Roger-Lacan et obs. C.L.). Elle est mise en œuvre tant par le juge administratif que par le juge pénal (Crim. 22 mai 2013, *n° 12-83.846*, Constr.-urb. 2013, n° 116, note J-M. Février ; sur la charge de la preuve : Crim. 19 oct. 2004, *n° 04-82.485*).). Et, pour l'autorité administrative compétente, elle constitue une restriction au principe selon lequel elle est tenue de ne pas appliquer un règlement illégal (CE, avis, 9 mai 2005, *Marangio*, req. n° 277280, *Lebon* 195 ; *RFDA* 2005. 1024, concl. E. Glaser ; *BJDU* 2005.162, concl., obs. J-C. B ; *RDI* 2005. 346, obs. P. S.-C.).

Aux termes de l'alinéa 2 de l'article L. 600-1, la limitation s'applique également à l'acte prescrivant l'élaboration ou la révision d'un document d'urbanisme. Le Conseil d'État en a tiré la conséquence que le moyen tiré d'une illégalité affectant la délibération qui a décidé l'établissement d'un PLU n'est pas recevable à l'appui d'un recours contre la délibération qui l'approuve (CE 23 déc. 2014, n° 368098, *Cne Laffrey, Lebon* T. ; Constr.-Urbanisme 2015, n° 18, note L. Santoni ; *AJDA* 11/2015, note Y. Pittard ; *RDI* 2015.92, obs. P. S-C.). Rendu à propos de l'insuffisance du contenu de la convocation du conseil municipal à la délibération au cours de laquelle l'élaboration du PLU a été prescrite, la solution pourrait être étendue à toute illégalité affectant cette délibération invoquée par la voie de l'exception à l'encontre de la délibération approuvant un PLU. On peut en effet considérer que les illégalités entachant la délibération initiale affectent la procédure d'élaboration du document. Cette délibération constitue, en effet, le premier acte d'une procédure complexe qui conduit à l'approbation du plan. S'il en était ainsi, pourrait être remise en cause la jurisprudence *Cne de Saint Lunaire* qui annule la délibération approuvant un PLU au motif qu'à l'origine de la procédure le conseil municipal n'a pas délibéré sur les objectifs poursuivis (CE 10 févr. 2010, n° 327149, *BJDU* 2010.182, concl. L. Derepas ; *RDI* 2010.333, obs. P. S-C ; *RLCT* 59/10.44, note J-L. P., *DAUH* 2011.214, chron. Demouveaux, Lebreton et Noury ; ibid. 472, n° 849, chron. Ch. Debouy et H. Perinet-Marquet). Il pourrait d'autant plus en aller ainsi que c'est désormais par une seule et même délibération que le conseil municipal prescrit l'élaboration du PLU et précise les objectifs poursuivis ainsi que les modalités de la concertation (C. urb., art. L. 123-6). Mais, pour le moment, la tendance des juridictions administratives est plutôt d'analyser les vices affectant la délibération de prescription comme ne constituant pas une illégalité pour vice de forme ou de procédure (CAA Nancy, 13 mars 2014, n° 13NC00997 ; CAA Lyon, 13 nov. 2014, n° 13LY03241,*Constr.-Urb.* 2015, n° 1, note L. Santoni ; CAA Lyon, 27 janv. 2015, n° 14LY01961, *Cne Saint-Bon-Tarentaise, Constr.-Urb.* 2015, n° 33, note L. Santoni).

D'une manière générale, il reste donc à la jurisprudence à préciser la notion de vice de forme ou de procédure, ce qui ne relève pas toujours de l'évidence (v. concl. S. Lasvignes sur CE, sect., 5 mai 1995, *Sté coopérative maritime Bidassoa et a.*, req. n° 140579, *AJDA* 1995. 463). Le Conseil d'État a par exemple considéré que l'absence d'étude d'impact dans le dossier de création d'une ZAC constituait une illégalité de fond, non couverte par l'article L. 600-1 du Code de l'urbanisme (CE 2 févr. 2004, *Assoc. des Cinq cantons La Barre et Assoc. « Pays Basque Écologie »*, req. n° 215763, *BJDU* 2004. 177, concl. D. Piveteau, *RDI* 2004. 218, obs. P. S.-C.).

Par ailleurs, l'article L. 600-1 n'est pas opposable lorsque le vice de procédure concerne, soit la méconnaissance substantielle ou la violation des règles de l'enquête publique, soit l'absence du rapport de présentation ou des documents graphiques à laquelle l'insuffisance a été assimilée (CE 12 juin 1995, *Assoc. intercnale contre un projet de carrière,* req. n° 139750, *BJDU* 1995. 281, concl. J.-C. Bonichot). Il ne l'est pas non plus lorsque le PLU fait l'objet d'un recours en annulation devant une juridiction du fond (CE 5 nov. 2014, *n° 362021, SCA de Château-l'Arc*, Rec. T ; *AJDA* 11/2015.650, note Y. Pittard ; *RDI* 2015.39, obs. P. S-C).

B. L'étendue du contrôle juridictionnel

Le contrôle exercé sur les POS s'est le plus souvent résumé à la légalité externe (1), du fait notamment que leur procédure d'élaboration obéissait à un formalisme rigoureux. Aujourd'hui, il est de plus en plus fréquent que ce contrôle porte également sur la légalité interne (2). Cela tient probablement à quatre séries de raisons au moins : l'allègement par la loi SRU des formalités entourant la procédure d'adoption des 416 ■

PLU ; la familiarisation du juge avec ces actes particuliers que constituent les documents de planification urbaine ; l'article L. 600-4-1 qui oblige le juge qui suspend ou annule un acte intervenu en matière d'urbanisme à se prononcer sur l'ensemble des moyens de la requête qu'il estime susceptibles de fonder l'annulation (D. Chabanol, « L'article L. 600-4-1 du Code de l'urbanisme, une réponse dangereuse à un problème de mode », *AJDA* 2001. 216 ; J.-CL. Bonichot, « Vers une plus grande sécurité juridique ? », *BJDU* 2000. 403 ; CE 1er mars 2012, *n° 342993, Cne de Theix*, Rec. *Lebon* : l'appel est recevable, même si l'appelant ne conteste pas tous les moyens d'annulation retenus en première instance et que les moyens non contestés sont de nature, à eux seuls, à entraîner l'annulation) et surtout, la montée en puissance des règles de fond auxquelles sont assujettis les PLU. On pense notamment aux articles L. 110 et L. 121-1 du Code de l'urbanisme.

■ 417 *Le contrôle de la légalité externe du PLU.* Le contrôle de la légalité externe porte sur la compétence, la forme et la procédure.

■ 418 *La compétence.* Cette question est d'ordre public. Elle peut donc être soulevée d'office par le juge. Elle est susceptible de se poser principalement lorsque l'élaboration du PLU a été confiée à un EPCI. Il convient alors de s'assurer que les statuts de l'établissement public concerné lui donnent bien cette compétence (CE 10 mai 1989, *District de Reims c/ Cne Saint-Brice-Courcelles, Lebon* 121 ; *RFDA* 1990. 188, concl. B. Stirn). Mais la question de compétence s'est aussi posée à propos de l'initiative de la modification du PLU (CE 4 juin 2014, *n° 360950, Cne de Magland, Lebon* T. ; Constr.-urb. 2014, n° 94, comm. X. Couton). Elle est aujourd'hui réglée par la loi C. urb., art. L. 123-13-1).

■ 419 *Les vices de forme ou de procédure.* Même si la loi SRU a entendu alléger le formalisme accompagnant l'élaboration du PLU, celle-ci demeure assujettie au respect de règles de forme et de procédure qui sont substantielles. Ainsi, le juge est particulièrement vigilant au respect des règles de publicité. Si la méconnaissance des règles de publicité de l'acte d'approbation d'un POS a pour seul effet de le rendre inopposable (CE 11 juin 1993, *Sté Landrieu*, req. n° 89497, *RFDA* 1993. 842), en revanche, celle qui touche l'acte prescrivant son établissement a eu pour conséquence, non pas seulement de le rendre inopposable aux tiers, mais de l'entacher d'illégalité (CE 15 mai 1987, *Ville Levallois-Perret, Lebon* T. 1006 ; CAA Lyon, 17 août 2010, n° 08LY01672, Environnement Développement durable 2010, n° 149, obs. D. Gillig). De même, la violation des règles de publicité relatives à l'acte prescrivant l'enquête publique est de nature à vicier l'acte d'approbation de même que l'irrégularité qui affecte l'avis d'enquête publique (CE 4 mars 1991, *Ville Valence c/ Fourel, Lebon* T. 1248). Enfin, la régularité de l'enquête publique elle-même, fait également l'objet d'un contrôle minutieux (CE 26 janv. 1979, *Épx Lorans, Lebon* 31 ; *AJDA* 1979. 95, chron. O. Dutheillet de Lamothe ; *ibid.* 80, chron. Y. Robineau). Cela étant, dans le cas où le PLU est affecté d'un vice de forme ou de procédure, le juge peut, dans certaines conditions, surseoir à statuer jusqu'à sa régularisation (v. ss 426). Le contrôle juridictionnel sur ces questions de forme et de procédure appelle par ailleurs deux séries de précisions.

■ 420 *Exception d'illégalité.* Quelle qu'ait été la volonté du législateur de rendre moins contraignant le formalisme de l'élaboration des documents d'urbanisme, principalement en ce qui concerne les modalités de l'association, il n'a pu éviter de susciter de nouvelles règles de forme et de procédure qu'exige le principe de participation du public à l'élaboration des décisions administratives, notamment celles qui ont un impact sur l'environnement. A ce titre, la loi SRU a généralisé l'obligation de concertation pendant toute la durée de l'élaboration du projet de PLU, ce qui risquait d'être source de contentieux. Mais au nom de la sécurisation des documents de planification, le législateur a, dans le même temps, voulu encadrer la possibilité d'invoquer les vices de forme ou de procédure par la voie de l'exception. C'est ainsi que la loi du 2 juillet 2003 Urbanisme et Habitat est venue préciser que les documents d'urbanisme astreints à une obligation de concertation ne sont pas illégaux du seul fait des vices susceptibles d'entacher la concertation, dès lors que les modalités définies par la délibération qui l'organise ont été respectées (C. urb., art. L. 300-2). Le Conseil d'État applique strictement cette restriction. Il faut rappeler, par ailleurs, que par le jeu de l'article L. 600-1 du Code de l'urbanisme, les vices de forme et de procédure perdent leur efficacité dès que six mois se sont écoulés depuis l'entrée en vigueur du document.

La jurisprudence Danthony. Dans le même esprit que celui qui a inspiré la loi Urbanisme et Habitat précitée, l'article 70 de la loi du 17 mai 2011 de simplification et d'amélioration de la qualité du droit dispose que : *« Lorsque l'autorité administrative, avant de prendre une décision, procède à la consultation d'un organisme, seules les irrégularités susceptibles d'avoir exercé une influence sur le sens de la décision prise au vu de l'avis rendu peuvent, le cas échéant, être invoquées à l'encontre de la décision ».* Appelé à appliquer ce texte, le Conseil d'État a considéré que l'article 70 précité ne fait qu'énoncer un principe plus général selon lequel *« s'agissant des irrégularités commises lors de la consultation d'un organisme, si les actes administratifs doivent être pris selon les formes et conformément aux* procédures *prévues par les lois et les règlements, un vice affectant le déroulement d'une procédure administrative préalable, suivie à titre obligatoire ou facultatif, n'est de nature à entacher d'illégalité la décision prise que s'il ressort des pièces du dossier qu'il a été susceptible d'exercer en l'espèce, une influence sur le sens de la décision prise ou qu'il a privé les intéressés d'une garantie (...) »* (CE, ass., 23 déc. 2011, n° 335033, *Danthony*, *Lebon*.649 ; *Droit adm.* 2012, n° 22, note F. Melleray ; *RFDA* 2012.284, concl. G. Dumortier, p. 296, note P. Cassia et p. 423, note R. Hostiou ; *AJDA* 2012.1609, chron. X. Domino et A. Bretonneau ; *JCP* G 2012, n° 558, note D. Connil ; *JCP* A 2012, n° 2089, obs. C. Broyelle). Ainsi, comme l'indiquent les chroniqueurs de l'*AJDA*, la méthode *Danthony* oblige le juge à se poser trois questions dans cet ordre : la procédure administrative préalable est-elle constitutive d'une garantie ? Si oui, les personnes au bénéfice desquelles cette garantie a été instituée en ont-elles été privées en raison du vice constaté ? Cette première partie de l'interrogation du juge n'est, somme toute, que la reprise de la jurisprudence antérieure. Si une réponse négative est apportée soit à la première, soit à la seconde question, le vice a-t-il été de susceptible d'exercer, en l'espèce, une influence sur le sens de la décision prise ? L'application de cette méthode procède donc de l'office du juge. Ainsi, il lui appartient d'écarter, le cas échéant, de lui-même, un moyen tiré de la méconnaissance d'un vice de procédure qui, au regard de la solution *Danthony,* ne serait pas de nature à entraîner l'illégalité de l'acte attaqué. Point n'est besoin qu'elle soit invoquée en défense. Et ce faisant, le juge ne soulève pas un moyen d'ordre public qu'il devrait préalablement communiquer aux parties. Il se borne à exercer son office. 421 ■

La jurisprudence *Danthony* intéresse évidemment la matière de l'urbanisme soit indirectement, soit directement. Indirectement : par exemple, à propos de l'insuffisance de la note de synthèse destinée à informer les membres d'un conseil municipal sur la délibération approuvant la révision d'un document local d'urbanisme, le Conseil d'État relève que le conseil municipal avait délibéré moins de sept mois auparavant sur le projet de révision du PLU. La synthèse faisait, quant à elle, état des avis des personnes publiques associées et des suites qui leur avaient été réservées, en explicitant la modification apportée au plan soumis à approbation par rapport au projet de révision. Et l'arrêt prend soin de relever que le conseil municipal était composé de la même manière. En conséquence, l'insuffisance relevée de la note de synthèse n'avait pas, dans les circonstances de l'espèce, exercé une influence sur le sens de la délibération et n'avait pas, par elle-même privé les membres du conseil municipal d'une garantie (CE 17 juill. 2013, n° 350380, *Soc. française de radiotéléphone SFR*, *Constr.-urb.* 2013, n° 130, note L. Santoni ; comp. CAA Marseille, 8 juill. 2010, n° 09MA00654, *Environnement Développement durable* 2010, n° 149, obs. D. Gillig). Plus directement : s'agissant, par exemple, d'une insuffisante prise en compte des observations du public par le commissaire-enquêteur, elle peut ne pas avoir privé les intéressés d'une garantie, ni exercé une influence sur le sens de la décision (CAA Paris 13 juin 2013, n° 12PA05113, *Commune de Pommeuse, RDI* 2013, obs. P. S-C. ; CAA Douai, 9 avril 2014, n° 12DA01458, *MSE Le Moulin de Sechen, RDI* 2014.39, obs. P. S-C.). En revanche, la mise en œuvre de la jurisprudence *Danthony* ne parviendra sans doute que très rarement à neutraliser une insuffisance de l'avis personnel et motivé du commissaire-enquêteur (CAA Marseille, 23 juin 2014, n° 13MA03130, *RDI* 2014.37, obs. P. S-C. ; CAA Bordeaux, 10 juill. 2014, n° 12BX02495, *SNC Eurovia Management* ; CE 28 nov. 2014, n° 361105, *Giat Industriei*).

422 *Le contrôle de la légalité interne du PLU.* Le contrôle de la légalité interne du PLU se présente comme ayant un domaine *a priori* limité. Par la nature même du droit de l'urbanisme, les moyens tirés de l'atteinte portée à la propriété privée ou à la liberté du commerce et de l'industrie ou de de la violation du principe d'égalité peuvent apparaître, en effet, largement inopérants. Pour autant, ce contrôle se développe et il n'est pas rare qu'il débouche sur des annulations sur le fondement du détournement de pouvoir ou de la violation de la loi, ce dernier moyen étant alimenté par le renforcement des objectifs assignés aux documents d'urbanisme, notamment par les articles L. 110 et L. 121-1.

423 *Le détournement de pouvoir.* Les servitudes instituées par les documents locaux d'urbanisme doivent répondre à un intérêt général (CE, sect., 7 févr. 1986, *Colombet, Lebon* 29) et reposer sur des préoccupations d'urbanisme. C'est dans ce cadre qu'il y a place pour un contrôle du détournement de pouvoir des règles du plan. Ces dernières ne doivent pas viser, par exemple, à régulariser un permis de construire annulé (CE 25 juin 1982, *SCI « Jemmapes-République », Lebon* T. 780) ou une construction irrégulièrement édifiée (CE 18 févr. 1981, *Cne Châlons-sur-Marne, Lebon* T. 593 ; *RDI* 1981. 213, chron. Y. Gaudemet), à favoriser une personne (CE 1er mars 2006, *Prigent*, n° 272507, *Constr.-Urb.* 2006, n° 116, obs. G. Godfrin ; 6 nov. 2006, *Assoc. Les Amis du Château d'Henouville*, req. n° 277829, *Constr.-Urb.* 2006, n° 248, obs. G. Godfrin : *BJDU* 2007. 146, concl. Ch. Devys) ou un projet de construction (CE 4 mai 1998, *Cne Saint-Sauveur-sur-Ecole*, n° 151749, *BJDU* 1998. 174, concl. J.-H. Stahl), à défavoriser un lotisseur déterminé (CE 29 juin 1983, *Cne Beaulieu-sur-Mer, Lebon* 283) ou à interdire une opération particulière (CAA Marseille, 15 déc. 2005, *Synd. d'agglo. nouvelle Ouest Provence*, req. n° 05MA02730, *AJDA* 2006. 668, note S. Deliancourt). Plus généralement, un classement limité à une seule parcelle appartenant à des personnes privées et ne trouvant aucune justification dans les orientations d'un POS est jugé comme entaché de détournement de pouvoir (CE 5 avr. 1996, *Cne Oinville-sur-Montcient c/ Mercier*, req. n° 86291).

Il faut toutefois insister sur le fait que le détournement de pouvoir est, selon l'expression de N. Chauvin facilement « exonéré » (N. Chauvin, *L'illégalité des plans d'occupation des sols*, LGDJ, 1996, p. 241). En effet, dans l'esprit de la jurisprudence *Ville Sochaux*, si un intérêt public apparaît dans le classement contesté, le détournement de pouvoir est alors écarté (CE 29 déc. 1995, *Cne Peynier*, req. n° 156101, *RDI* 1996. 201, obs. Y. Gaudemet et L. Touvet). Il n'en va différemment que lorsqu'il ressort des pièces du dossier que l'autorité compétente n'a poursuivi, en fait, aucun but d'intérêt général (CE 28 sept. 1998, *Cne Pont-Sainte-Marie*, req. n° 168561, *BJDU* 1998. 351, concl. A. Roul ; 6 nov. 2006, *Assoc. les amis du château d'Henouville*, préc.). Par ailleurs, le Conseil d'État ne contrôle pas, en cassation, s'il y a eu ou non détournement de pouvoir, mais il faut néanmoins que le juge d'appel ait correctement motivé son arrêt en s'assurant que la disposition concernée présentait bien un caractère d'intérêt général (CE 28 juill. 1999, *Assoc. Fouras environnement écologie et a.*, req. n° 189941 ; 6 nov. 2006, *Assoc. les amis du château d'Henouville*, préc.).

L'erreur de droit (la violation de la loi) et l'erreur de fait (exactitude matérielle et qualification juridique). Il est de coutume de mettre l'accent sur l'aspect limité du contrôle juridictionnel sur ce terrain en raison, notamment, du caractère largement inopérant de certains moyens mais également du contrôle minimum que le juge exerce sur le contenu des documents locaux d'urbanisme. Il ne faut cependant pas méconnaître la réalité des limites des pouvoirs de leurs auteurs. Ils sont d'abord astreints au respect de normes supérieures exprimant des contraintes *supra* ou intercommunales auxquelles on se contentera de renvoyer. Ensuite, ils sont limités par la double circonstance, déjà examinée, d'une part, que les auteurs du PLU tirent leurs pouvoirs d'une habilitation législative et, d'autre part, que l'urbanisme reste fondamentalement une police. 424 ■

Il peut surprendre cependant que bien que l'urbanisme soit encore essentiellement une police, le juge n'exerce qu'un contrôle de l'erreur manifeste d'appréciation, tant sur le zonage (CE 23 mars 1979, *Cne Bouchemaine*, *Lebon* 129 ; D. Bailleul, « Le classement manifestement erroné d'un terrain en zone inconstructible par le plan local d'urbanisme », *BJDU* 2008. 310), que sur le parti d'urbanisme mis en œuvre au travers des prescriptions du règlement. La matière est, en effet, réfractaire au contrôle du bilan coût-avantage, que le juge exerce, par exemple, en matière d'expropriation. Cela tient aux raisons exposées par le président Labetoulle dans ses conclusions sur l'arrêt *Commune de Bouchemaine* : « La théorie du bilan ne nous paraît applicable que dans les cas où, sans trop d'artifice l'on peut mettre en balance et exprimer en données comparables les avantages et les inconvénients d'une solution (...). Mais, dans le cas d'un POS et notamment du classement d'une zone, prétendre pouvoir réaliser une telle "pesée" serait irréaliste (...). Il est souvent difficile de porter un jugement sur le bien-fondé de tel point particulier d'un POS sans, de proche en proche, s'interroger sur la cohérence de l'ensemble, ce qui suppose alors la référence à des données trop nombreuses et hétérogènes pour qu'il soit réaliste de songer à un bilan ».

Il ne faut pourtant pas déduire de l'utilisation de la technique de l'erreur manifeste d'appréciation une prétendue insuffisance du contrôle du juge sur les documents locaux d'urbanisme. Cela serait faux d'abord parce que, bien que rares, les annulations de zonage à raison d'une telle erreur ne sont pas exceptionnelles (P. Comte, « Réflexion sur l'utilisation de l'erreur manifeste d'appréciation dans le contentieux des plans d'occupation des sols », *RFDA* 1990. 72 ; P. Lamorlette et J.-P. Demouveaux, « L'erreur manifeste d'urbanisme », *Ét. fonc.* mars 1994, n° 62, p. 20). Ensuite, il ne faut pas exagérer la différence qu'il y aurait, du point de vue du contrôle du juge, entre le contrôle du bilan et celui de l'erreur manifeste. Dans la mesure où le contrôle de l'erreur manifeste n'interdit pas au juge de prendre en considération certains éléments de désutilité du projet qui lui est soumis, il est difficile de voir une différence pratique sensible entre ces deux formes de contrôle (v. en ce sens, concl. M. Rougevin-Baville sur CE 19 oct. 1979, *Assoc. pour la sauvegarde du pays de Rhuys*, req. n° 11725). Enfin, étant donné le développement des normes encadrant les documents d'urbanisme dont témoigne notamment l'enrichissement des articles L. 110, L. 121-10 du Code de l'urbanisme, on peut s'attendre à un renforcement du contrôle du juge sur leur légalité interne. Il faut cependant rappeler que s'agissant de confronter le PLU à ces normes supra communales, le juge n'exerce qu'un contrôle de compatibilité et non un contrôle de conformité (Cons. const. 7 déc. 2000, n° 2000-436 DC ; CE 15 mai 2013, *n° 340554, Cne de Gurmençon*, *Lebon* T.).

C. Les pouvoirs du juge

■ 425 Les conséquences de l'annulation d'un PLU seront examinées ci-après mais on peut deviner qu'elles sont aussi diverses que dévastatrices (Ph. Boulisset et S. Zarli, Les conséquences de l'annulation du PLU ou du POS de la commune, *AJDA* 2011.1060). C'est pourquoi, dans le perfectionnement du souci de sécurité qui constitue l'un des fils conducteurs du contentieux de l'urbanisme, la loi ALUR a doté le juge de pouvoirs nouveaux afin que toute illégalité affectant le document d'urbanisme ne conduise pas inéluctablement à son annulation (C. urb., art. L. 600-9 ; Ph. Billet, ALUR et contentieux de l'urbanisme, *JCP* A 2014, n° 2264).

■ 426 *Le sursis à statuer.* Lorsque saisi de conclusions dirigées contre un PLU (mais également un SCOT ou une carte communale), le juge estime que celui-ci est entaché d'une illégalité susceptible d'être régularisée, il peut, après avoir invité les parties à présenter leurs observations et si les autres moyens ne sont pas fondés, surseoir à statuer jusqu'à l'expiration d'un délai qu'il fixe afin de permettre la régularisation du document (v. à propos d'un SCOT : TA Grenoble, 26 févr. 2015, n° 1300942, *Communauté de Communes de la Bourne à l'Isère*, *RDI* 2015, obs. J-Ph. Strebler ; P. Hocreteire, « Régulariser plutôt qu'annuler : une première application de l'article L. 600-9 du Code de l'urbanisme, *Constr.- Urb.* 2015, Étude 6 ; CAA Nantes, 11 mai 2015, n° 13NT03248, *Constr.-Urb.* 2015, n° 81, note L. Santoni). Cette faculté lui est ouverte dans les conditions suivantes. Si l'illégalité touche le fond du document, le sursis à statuer n'est possible que si la régularisation peut intervenir sous couvert d'une procédure de modification (CAA Lyon, 27 janv. 2015, n° 14LY01961, *Constr-Urb.* 2015, n° 33, note L. Santoni). Si l'illégalité affecte la forme ou la procédure, il ne peut être prononcé que si elle est survenue après la tenue du débat sur les orientations du PADD, pour les PLU et les SCOT. Dans le délai fixé pour la régularisation, le document d'urbanisme reste applicable. Si la régularisation intervient dans le délai fixé, elle est notifiée au juge, qui statue après avoir invité les parties à présenter leurs observations.

Annulation partielle. L'annulation d'un document d'urbanisme peut être totale ou partielle, en fonction du caractère indivisible ou non de la disposition annulée avec le reste du document (CE 13 nov. 2002, *SA Foncière Paris*, req. n° 185637, *Coll. terr.* 2003. 36, obs. Th. Célérier ; *RDI* 2003. 197, obs. P. S.-C.). Sur le plan procédural, lorsqu'il entend ne prononcer que l'annulation partielle, le juge n'a pas à recueillir au préalable les observations des parties (CAA Paris, 6 juin 2014, n° 12PA03899, *SCI Suchet Montmorency, Lebon* T.). Et l'usage de cette faculté relève de son appréciation souveraine (CE 15 oct. 2014, n° 359175, *SCI des Fins d'Annecy, Lebon* T. ; *RDI* 2014.43, obs. P. S-C.). Par ailleurs, si l'annulation est en principe rétroactive, ses effets dans le temps peuvent aujourd'hui théoriquement être modulés par le juge (CE, ass., 11 mai 2004, *Assoc. AC !*, *Lebon* 97 ; *AJDA* 2004. 1183, chron. Landais et Lenica ; *RFDA* 2004. 438, étude Stahl et Courrèges ; *ibid.* 454, concl. Devys ; v. cep. CAA Lyon, 29 juin 2010, *Payerne*, req. n° 09LY02176, *AJDA* 2010. 2104, note C. Vinet ; *JCP* A 2011, n° 2007, note M. Moritz). Le juge est cependant souverain pour moduler les effets dans le temps de l'annulation partielle qu'il prononce (CAA Bordeaux, 11 juill. 2013, n° 11BX02706, *SCI Les Chevêches, RDI* 2014.65, obs. P. S-C). 427 ■

En cas d'annulation partielle, la loi SRU a prévu que l'autorité compétente élabore sans délai les nouvelles dispositions du plan applicables à la partie du territoire communal concernée par l'annulation. De même en cas de déclaration d'illégalité ou d'annulation par voie juridictionnelle de l'intégralité d'un PLU couvrant le territoire d'une commune située dans le périmètre d'un EPCI compétent, celui-ci peut approuver un PLU sur le territoire de la seule commune concernée (C. urb., art. L. 123-V).

La loi ALUR a par ailleurs institué une divisibilité contentieuse des éléments constituant le dossier du PLU intercommunal. Si, après avoir écarté les autres moyens invoqués à l'encontre du PLU, le juge estime qu'un vice affecte un plan de secteur, le programme d'orientations et d'actions ou les orientations d'aménagement et de programmation relatives à l'habitat ou aux transports et déplacements, il peut limiter à cette partie la portée de l'annulation qu'il prononce (C. urb., art. L. 600-9). Le texte indique plus précisément que le juge dispose de cette faculté lorsque l'illégalité affecte « notamment » les éléments précités. L'emploi de l'adverbe laisse la possibilité ouverte au juge de prononcer une annulation partielle dans d'autres hypothèses, par exemple une erreur de délimitation des zones et, plus généralement le mécanisme est utilisable pour toutes les dispositions divisibles des documents d'urbanisme (Rép. min. n° 11992, *JO* Sénat Q 7 août 2014.1892 ;2014, veille n° 81, obs. D. Gillig). Enfin, le juge a la possibilité de procéder à une annulation partielle de sa seule initiative, mais les parties au contentieux peuvent également le lui demander (Rép. min. n° 54806, *JOAN* Q 16 sept. 2014.7865).

§ 2 La gestion du plan local d'urbanisme illégal

La question de la gestion du document local d'urbanisme entaché d'illégalité se pose essentiellement lorsque cette illégalité a été constatée par une décision juridictionnelle (A). Il reste qu'en dehors même de toute décision de cette nature, l'autorité administrative est tenue de ne pas faire application d'un règlement illégal. Le Conseil d'État a précisé les conditions de l'application de ce principe général au cas particulier d'un document local d'urbanisme (B). 428 ■

A. Les effets de l'annulation ou de la déclaration d'illégalité du PLU

429 Parmi les nombreux effets de l'annulation ou de la déclaration d'illégalité d'un PLU (disparition par voie de conséquence du droit de préemption ; alourdissement de la procédure d'instruction des autorisations d'urbanisme, etc. ; P. Boulisset et S. Zarli, « Les conséquences de l'annulation du POS ou du PLU pour la commune » *AJDA* 2011. 1060), il convient de s'interroger particulièrement sur deux points. Premièrement, quelle norme est applicable en lieu et place du document annulé ? Deuxièmement, quel sort réserver aux autorisations d'urbanisme délivrées sur le fondement de ce document ?

430 *Les effets de l'illégalité du PLU sur la règle d'urbanisme applicable.* Traditionnellement, l'annulation de l'acte administratif a pour effet de le faire disparaître mais également de faire, le cas échéant, renaître l'acte auquel il s'était substitué. Cependant, le Conseil d'État s'était éloigné de cette solution pour considérer que l'annulation d'un POS n'avait pas pour conséquence de faire revivre le document antérieur mais pour effet de rendre applicable les règles d'urbanisme minimales du RNU (CE 25 nov. 1991, *Assoc. des Amis de Saint-Palais-sur-Mer*, *Lebon* 408 ; *AJDA* 1992. 173, chron. C. Maugüé et R. Schwartz). Il craignait, en effet, de contraindre la collectivité publique à devoir faire application de règles d'urbanisme devenues désuètes du fait des évolutions démographiques, de la modification du tissu économique ou du changement de la politique locale d'urbanisation. De même, alors que classiquement, la constatation par la voie de l'exception de l'illégalité d'un acte réglementaire ne le fait pas disparaître de l'ordonnancement juridique et que, par conséquent, le juge ne peut faire application des dispositions auxquelles il s'est substitué (CE, ass., 18 janv. 1980, *Bargain*, *Lebon* 29), le Conseil d'État a été amené à poser de manière prétorienne que la constatation de l'illégalité d'un POS avait pour effet de rendre à nouveau applicables les règles générales d'urbanisme (CE, sect., 8 juin 1990, *Assaupamar, AJDA* 1991. 701, chron. E. Honorat et R. Schwartz ; *Lebon* 149 ; *CJEG* 1991. 7, concl. H. Toutée, étude Y. Jegouzo ; CE 13 mars 2002, *Heuskeshoven*, req. n° 228570, *Constr.-Urb.* 2002, n° 153, obs. P. Cornille). La solution se justifiait par la circonstance qu'elles n'étaient pas abrogées par le POS mais simplement suspendues dans leur application.

Ces solutions n'étaient cependant pas exemptes de critiques. C'est pourquoi le législateur est intervenu, en 1994 (L. « Bosson ») pour poser que « l'annulation ou la déclaration d'illégalité (...) d'un plan local d'urbanisme (...) ou d'un plan d'occupation des sols ou d'un document d'urbanisme en tenant lieu a pour effet de remettre en vigueur (...) le plan local d'urbanisme ou le plan d'occupation des sols ou le document d'urbanisme en tenant lieu immédiatement antérieur » (C. urb., art. L. 121-8). La même règle s'applique à l'annulation ou à la déclaration d'illégalité d'un SCOT, d'un schéma directeur ou d'une carte communale. La solution a le mérite de la simplicité. Elle s'applique même en cas d'annulation partielle à la condition que les dispositions rendues applicables de ce fait soient compatibles avec les dispositions d'urbanisme maintenues en vigueur (CE 13 nov. 2002, *SA Foncière Paris*, préc., *RDI* 2003. 197, obs. P. S.-C.). Cela étant, l'autorité administrative reste tenue de ne pas appliquer le document remis en vigueur si ses dispositions sont elles-mêmes entachées d'illégalité, même si cette illégalité n'a pas été constatée par un juge.

Les effets de l'illégalité du PLU sur les autorisations d'occupation ou d'utilisation du sol. La situation des autorisations d'urbanisme futures n'est pas très compliquée. Ainsi qu'on l'a déjà précisé, l'annulation du PLU est sans conséquence sur le transfert de la compétence pour délivrer les autorisations d'urbanisme qui s'est opéré lors de son adoption, ce transfert étant définitif (C. urb., art. L. 422-1 ; CE 30 déc. 2002, *Jeandey,* req. n° 239380, *BJDU* 2003. 34, concl. D. Piveteau ; *RDI* 2003. 200, obs. P. S.-C.). Toutefois, si cette annulation n'a pas pour effet de faire revivre un document d'urbanisme antérieur par application de l'article L. 121-8, les décisions en matière d'autorisations d'urbanisme intervenant postérieurement à l'annulation doivent être précédées de l'avis conforme du préfet (C. urb., art. L. 422-6 ; CE 5 févr. 1988, *SCI des Granges Blanches, Lebon* T. 1081 ; 6 avr. 1992, *Assoc. des Amis de Saint-Palais-sur-Mer,* req. n° 104454, *AJDA* 1992. 761, note H. Jacquot ; *Lebon* 408). Sur le fond, ces demandes seront instruites au regard des règles remises en vigueur consécutivement à l'annulation. 431 ■

La situation des autorisations d'urbanisme délivrées antérieurement à l'annulation ou à la déclaration d'illégalité du PLU, et plus précisément de celles délivrées sous l'empire du document d'urbanisme illégal, est plus délicate. Dans la pureté des principes, en effet, l'illégalité du document d'urbanisme devrait entraîner de manière automatique leur annulation pour défaut de base légale. C'est ce qu'admettait le juge administratif jusqu'au milieu des années 80. Mais, vu le potentiel de déstabilisation que l'application mécanique de ce principe renfermait, le Conseil d'État en a fortement atténué la portée dans les rapports entre les documents d'urbanisme et les autorisations d'urbanisme délivrées sous leur empire. Il a en effet considéré que l'annulation d'un POS n'entraîne pas de plein droit celle d'un permis de construire délivré sous l'empire de ce plan, sauf lorsque cette annulation a été prononcée en raison de l'illégalité d'une disposition ayant pour objet de rendre possible l'octroi du permis litigieux (CE, sect., 12 déc. 1986, *Gepro, AJDA* 1987. 275, concl. Ch. Vigouroux ; *Lebon* 282). Puis il a ajouté qu'en dehors de ce cas, ou plus généralement de l'hypothèse dans laquelle l'octroi de l'autorisation aurait été impossible sans l'illégalité du document, il appartient au juge, s'il est saisi de moyens en ce sens par la partie qui critique le permis de rechercher si le projet de construction autorisé est ou non compatible avec les dispositions d'urbanisme redevenues applicables à la suite de l'annulation du plan (CE 28 janv. 1987, *Cté de défense des espaces verts c/ SA Le Lama,* req. n° 39146, *AJDA* 1987. 281, concl. Ch. Vigouroux). La solution est identique lorsque l'illégalité du document local d'urbanisme est invoquée par la voie de l'exception (CE, sect., 8 juin 1990, *Assaupamar,* préc.). L'idée est que le document d'urbanisme fournit simplement un cadre à la délivrance des autorisations d'occupation du sol, qui bénéficient d'une certaine autonomie par rapport à lui et ne constituent pas de simples mesures d'application de ce document. 432 ■

C'est ce qu'a confirmé le Conseil d'État dans sa jurisprudence plus récente, amendant légèrement la jurisprudence Gepro pour tenir compte de l'intervention depuis lors de la loi de 1994. Ainsi explique-t-il, dans un arrêt Commune de Courbevoie, que si les autorisations d'urbanisme ne peuvent être délivrées que pour des projets qui respectent la réglementation d'urbanisme en vigueur, elles ne constituent pas pour autant des actes d'application de cette réglementation. Par suite, un requérant demandant l'annulation d'un permis de construire ne saurait utilement se borner à soutenir qu'il a été délivré sous l'empire d'un document d'urbanisme illégal, quelle 433 ■

que soit la nature de l'illégalité dont il se prévaut. En revanche, dès lors que l'annulation ou la déclaration d'illégalité d'un document d'urbanisme a pour effet de remettre en vigueur le document d'urbanisme immédiatement antérieur, il peut être utilement soutenu devant le juge qu'un permis de construire a été délivré sous l'empire d'un document d'urbanisme illégal – sous réserve, en ce qui concerne les vices de forme ou de procédure, des dispositions de l'article L. 600-1 du même code –, à la condition que le requérant fasse en outre valoir que ce permis méconnaît les dispositions pertinentes ainsi remises en vigueur (CE, sect., 7 févr. 2008, *Cne Courbevoie*, req. n° 297227, *Lebon 41* ; *BJDU* 2008. 459, concl. A. Courrèges ; *AJDA* 2008. 582, chron. C. Landais et F. Lenica ; *BJDU* 2009. 2, note E. Fatôme ; *RDI* 2008. 240, note P. S.-C.). Rendue à propos d'une déclaration d'illégalité, cette solution a ensuite été logiquement transposée à l'hypothèse d'une annulation du document d'urbanisme (CE 16 nov. 2009, *SARL Les Résidences de Cavalière*, req. n°s 308623, 308624, *RDI* 2010. 75, obs. P. S.-C.). En revanche, le Conseil d'État ne l'a pas étendue à l'hypothèse d'un refus de permis de construire opposé sur le fondement d'un document local d'urbanisme par ailleurs annulé (CE 30 déc. 2009, *Cne Cannet-des-Maures*, req. n° 319942, *BJDU* 2010. 16, concl. A. Courrèges ; *RDI* 2010. 224 obs. P. S.-C. ; CE 16 mai 2011, *n° 324967, Soc. LDG Développement, Lebon* T.). Selon lui en effet, l'annulation ou la déclaration d'illégalité du document d'urbanisme entraîne en principe de manière automatique l'annulation du refus d'autorisation fondé sur ses dispositions, sauf si l'administration établit que les règles redevenues applicables, voire d'autres règles d'urbanisme, justifiaient ce refus.

B. L'interdiction d'appliquer un PLU illégal

434 Appelé à préciser la portée et les conditions de la mise en œuvre du principe selon lequel l'autorité administrative ne peut appliquer un règlement illégal (CE, sect., 14 nov. 1958, *Ponard*, *Lebon* 554), le Conseil d'État a entendu concilier ce principe général du droit avec le particularisme du contentieux de l'urbanisme. Il a, en outre, donné aux autorités locales des indications claires sur l'attitude à adopter et les initiatives à prendre face à une telle situation.

Ainsi a-t-il expliqué, dans un avis *Marangio* que le principe posé de longue date par l'arrêt *Ponard* s'applique aux dispositions d'un POS ou d'un PLU, en l'absence même de toute décision juridictionnelle qui en aurait prononcé l'annulation ou les aurait déclarées illégales. Mais encore faut-il concilier ce principe avec les règles spécifiques au contentieux des documents d'urbanisme : d'une part, celle selon laquelle l'illégalité pour vice de forme ou de procédure d'un document local d'urbanisme ne peut plus être invoquée après l'expiration d'un délai de six mois à compter de la prise d'effet du document en cause (C. urb., art. L. 600-1) ; d'autre part, celle en vertu de laquelle l'annulation ou la déclaration d'illégalité d'un document d'urbanisme a pour effet de remettre en vigueur le document antérieur, dont le Conseil d'État considère qu'elle doit être étendue à l'hypothèse de la mise à l'écart d'un document considéré comme illégal par l'autorité administrative. Ceci étant précisé, le Haut conseil affirme que lorsqu'il statue sur une demande d'autorisation d'urbanisme, le maire doit s'abstenir d'appliquer les dispositions illégales du POS ou du PLU, sauf si l'illégalité est couverte par l'art. L. 600-1 du Code de l'urbanisme et appliquer les règles d'urbanisme remises en vigueur issues du document immédiatement antérieur ou, si celui-ci est aussi illégal, les règles générales d'urbanisme. Enfin, il lui appartient d'indiquer dans sa décision les illégalités relevées et de saisir le conseil municipal d'une demande d'abrogation, de modification ou de révision du document (CE, avis, 9 mai 2005, *Marangio, Lebon* 195, *RFDA* 2005. 1024, concl. E. Glaser ; *BJDU* 2005.162. concl., obs. J.-C. B. ; *RDI* 2005. 346, obs. P. S.-C.). C'est en effet la moindre des choses que le maire saisisse le conseil municipal, car cette solution aboutit tout de même à ce qu'il soit en position d'écarter l'application d'un document d'urbanisme qui relève du conseil municipal (v. à propos d'une demande d'abrogation : CE, avis, 2 oct. 2013, *M. Vincent,* n° 367023, *Lebon* T. 874 ; *RDI* 2013.606, obs. P. S-C ; *AJDA* 18/2014.1046, note C-A. Dubreuil).

Plus récemment, le Conseil d'État a été amené à préciser que lorsque l'illégalité du PLU a été constatée par un juge, ayant assimilé l'insuffisance du rapport de présentation à son absence et l'ayant donc sanctionnée, le maire est tenu d'écarter le document et d'appliquer le droit remis en vigueur du fait de sa déclaration d'illégalité bien que plus de six mois se soient écoulés depuis l'entrée en vigueur du document (CE 10 oct. 2011, *Cne Ramatuelle*, req. n° 329623, *Dr. adm.* déc. 2011, *BJDU* 2011. 453, concl. M. Vialettes ; *RDI* 2011. 639, obs. P. S.-C.).

§ 3 Le contentieux de la responsabilité du plan local d'urbanisme

Le PLU a des répercussions immédiates sur l'utilisation qui peut être faite par les propriétaires des terrains leur appartenant. Il n'est donc pas étonnant que ces derniers cherchent à mettre en jeu la responsabilité de l'administration pour obtenir réparation chaque fois qu'ils estiment subir un préjudice à raison des effets négatifs de ce document d'urbanisme sur leur droit de construire et particulièrement, sur la valeur vénale de leur propriété. En matière d'urbanisme, la responsabilité des personnes publiques suit, en principe, les règles classiques de la responsabilité administrative (B). Mais cette affirmation doit être fortement tempérée du fait de l'existence d'une règle de non-indemnisation des servitudes d'urbanisme résultant de l'article L. 160-5 du Code de l'urbanisme (A). 435 ■

A. Le principe de non-indemnisation des servitudes d'urbanisme

L'article L. 160-5 pose le principe général selon lequel : « N'ouvrent droit à aucune indemnité les servitudes instituées par application du présent code en matière de voirie, d'hygiène et d'esthétique ou pour d'autres objets et concernant, notamment, la hauteur des constructions, la proportion des surfaces bâties et non bâties dans chaque propriété, l'interdiction de construire dans certaines zones et en bordure de certaines voies, la répartition des immeubles entre diverses zones ». Le même article réserve deux exceptions à ce principe tandis que d'autres dispositions du Code de l'urbanisme en écartent l'application pour certaines des servitudes qu'elles instaurent. 436 ■

L'origine du principe. Elle est ancienne. Il a été posé, à peu près, dans sa forme actuelle par l'article 80 de la loi du 15 juin 1943 (v. concl. R. Abraham sur CE, sect., 3 juill. 1998, *Bitouzet, Lebon* 289 ; *RFDA* 1998. 1244 ; concl. F. Séners sur CE, sect., 29 déc. 2004, *n° 257804, Sté d'aménagement des coteaux de Saint Blaine, Lebon* 478 ; 437 ■

Dr. adm. 2005, n° 27, note J.-G. Mahinga; *BJDU* 2005. 185, concl. F. Séners; *RDI* 2005. 141, obs. P. S.-C.). Sa justification est d'ordre pratique. Il s'agit d'éviter qu'une indemnisation trop générale des propriétaires lésés suivant les règles classiques de la responsabilité administrative n'aboutisse à gêner l'action des personnes publiques sur l'organisation de leur territoire.

■ 438 *Le champ d'application du principe.* Il est lui-même des plus général. En effet, l'article L. 160-5 instaure un régime légal d'indemnisation, exclusif de tout autre, et au regard duquel le juge administratif doit, au besoin même d'office, examiner toute demande d'indemnisation d'une servitude d'urbanisme (CE, sect., 19 déc. 1984, *Sté des ciments Lafarge-France*, *Lebon* 432 ; CE 10 juin 1988, *SA Éts Bonnargent-Guyon*, *Lebon* 238 ; *AJDA* 1989. 54, obs. J.-B. Auby). Le principe concerne toutes les servitudes instituées en application du Code de l'urbanisme dont l'article L. 160-5 donne lui-même une liste non limitative, mais seulement celles-là (CE, sect., 29 déc. 2004, *n° 257804, Sté d'aménagement des Coteaux de Saint-Blaine*, préc. : les servitudes créées par un plan de prévention des risques n'en sont pas). Elles peuvent résulter aussi bien d'une réglementation nationale (CE, sect., 4 mars 1977, *Min. Équipement c/ SA Simottel*, *Lebon* 122 ; *AJDA* 1977. 313, concl. D. Labetoulle) que d'une réglementation locale (CE 7 oct. 1991, *Proucelle*, req. n° 83540). C'est donc une part très importante de la planification urbaine qui échappe au droit commun de la responsabilité, étant cependant précisé que l'article L. 160-5 est sans incidence sur la responsabilité contractuelle de la collectivité (CE 29 déc. 1997, *Sté civile des Néo-Polders*, req. n° 146753, *BJDU* 1998. 129, concl. C. Bergeal).

■ 439 *Les exceptions au principe.* Le principe de non-indemnisation des servitudes d'urbanisme connaît des exceptions et des aménagements résultant du Code de l'urbanisme et de la jurisprudence du Conseil d'État.

■ 440 *Les exceptions résultant du Code de l'urbanisme.* Outre le droit de délaissement qu'ouvre l'institution de certaines servitudes (comme les emplacements réservés ou celles de C. urb., l'art. L. 123-2 ; v. 311 s.) et qui peut être analysée comme une forme d'indemnisation des servitudes en cause, l'article L. 160-5 prévoit que le principe de non-indemnisation ne s'applique pas s'il résulte de la servitude d'urbanisme une atteinte à des droits acquis ou une modification à l'état antérieur des lieux déterminant un dommage direct, matériel et certain (CE 7 janv. 2000, *Sté « Lady Jane »*, req. n° 187042, conformité à la CEDH du PSMV du Marais à Paris). Le cas échéant, et à défaut d'accord amiable, cette indemnité est fixée par le tribunal administratif, qui doit tenir compte de la plus-value donnée aux immeubles par la réalisation du PLU, ou du document en tenant lieu.

On s'accorde à considérer que l'exception tenant à la modification de l'état antérieur des lieux est destinée à demeurer d'une application limitée (CE 24 juill. 1981, *Woll Brett*, *Lebon* 316 ; 25 mars 1983, *Pauvert*, req. n° 34383, *RDI* 1983. 320, obs. J.-L. Bergel). En particulier, le classement de terrains en zone inconstructible par un POS a été jugé comme n'entraînant pas une telle modification (CE 5 mai 1982, *Fauresse*, req. n° 22569, *CJEG* 1982. 403, note J.-P. Papin).

La seconde exception, concernant l'atteinte à des droits acquis, est quant à elle principalement appelée à jouer lorsque la victime est, avant l'établissement de la servitude d'urbanisme, titulaire d'une autorisation d'urbanisme régulière. Il peut s'agir d'une autorisation de lotir (CE 4 mars 1977, *Min. Équipement c/ SA Constructions*

Simottel et *Cst Guillerot* (2 esp.), *AJDA* 1977. 313, concl. D. Labetoulle; *Lebon* 122; 13 févr. 1987, *Anrigo*, *AJDA* 1987. 596, note E. Fatôme; *Lebon* 58; *JCP* N 1988. II. 197, note R. Vandermeeren), ou d'un permis de construire (CE 8 nov. 1989, *Degouy*, *AJDA* 1990. 126, chron. E. Honorat et E. Baptiste; *Lebon* 228), ou encore d'une autorisation en matière de carrière (CE 19 déc. 1985, *Sté des ciments Larfarge-France*, *AJDA* 1985. 225, note G. Liet-Veaux; *Lebon* 132; *CJEG* 1985. 91, note L. Richer), voire d'une autorisation de remembrement (CE 14 mars 2001, *Cne Granville*, req. n° 171502, *RDI* 2001. 267, obs. P. S.-C.). En revanche, une convention d'aménagement ne crée pas de droit acquis à la délivrance d'un permis de construire au profit de la société liée à la commune par une telle convention (CE 8 janv. 1993, *Sté « Compagnie fermière et foncière de Font-Romeu »*, req. n° 132413).

Cette seconde exception est donc *a priori* d'application plus large que la première, mais elle est tout de même strictement appliquée par le Conseil d'État. Rappelons d'abord qu'elle n'ouvre droit à indemnisation que pour autant que le titulaire de l'autorisation créatrice de droits est empêché de la mettre en œuvre par le fait d'une servitude d'urbanisme, ce que ne sont pas les servitudes instituées sur le fondement du code de l'environnement (CE 29 déc. 2004, *Sté d'aménagement des coteaux de Saint-Blaine*, préc.). Par ailleurs, elle ne bénéficie qu'au titulaire des droits acquis lui-même. Ainsi, l'autorisation de lotir ne donne pas de droits à l'acquéreur d'un lot dans un lotissement (CE 24 oct. 1980, *Thureau*, req. n° 18847, *JCP* 1983. II. 19957, obs. A. Gourio; 27 juin 2007, *Miell*, req. n° 280693, *BJDU* 2007. 233, concl. F. Séners; *RDI* 2007. 449, obs. P. S.-C.). La rigueur de cette solution est cependant atténuée par les dispositions de l'article L. 442-14 du Code de l'urbanisme qui dispose que « Le permis de construire ne peut être refusé ou assorti de prescriptions spéciales sur le fondement de dispositions d'urbanisme nouvelles intervenues dans un délai de cinq ans suivant la décision de non-opposition ou l'achèvement des travaux ». Cette disposition fait au demeurant obstacle à ce que le lotisseur puisse prétendre à une indemnité en raison du classement des terrains concernés en zone inconstructible durant cette période (CE 29 juin 2001, *SA Blanc*, n° 210217, *Lebon* 322; *RDI* 2001. 537, obs. L. Derepas).

Enfin, selon les prescriptions de l'article L. 160-5, le juge n'accepte d'indemniser au titre de ces deux exceptions que les préjudices qui sont la conséquence directe, matérielle et certaine d'une servitude d'urbanisme. Il accepte donc d'indemniser à ce titre les dépenses engagées par le lotisseur en conséquence de l'autorisation qui lui avait été donnée (CE 4 mars 1977, *Min. Équipement c/ SA « Constructions Simottel »*, préc.), mais non la dépréciation du terrain devenu inconstructible (CE 13 févr. 1987, *Anrigo* et 6 mars 1987, *SNC « Guillaume, Cerrito, De Montera et Cie »*, préc.), ou la privation des bénéfices escomptés de l'opération. Il considère, en effet, que de tels dommages ne résultent pas directement de l'atteinte portée par la servitude aux droits du lotisseur.

L'exception aménagée par le Conseil d'État. La rigueur du principe de non-indemnisation des servitudes d'urbanisme ayant suscité d'importantes critiques, et les exigences résultant des droits constitutionnel et plus encore conventionnel étant de moins en moins contournables (J.-F. Struillou, *Protection de la propriété privée immobilière et prérogatives de puissance publique*, L'Harmattan, 1996; Ch. Schwing, *Recherche sur l'adéquation du droit de l'urbanisme français à la convention européenne des droits de l'homme*, PUAM, 2004; A.-F. Zattara, *La dimension constitutionnelle et européenne du droit de propriété*, LGDJ, 2001; G. Liet-Veaux, « L'indemnisation des servitudes 441 d'urbanisme : prélude à une réforme législative », *Rev. adm.* 1984. 461 et F. Bouyssou, « Les garanties *supra*-législatives du droit de propriété », *D.* 1984. Chron. 231), le Conseil d'État est venu aménager une exception supplémentaire, manifestement inspirée de la jurisprudence européenne, au principe posé par l'article L. 160-5 du Code de l'urbanisme. Ainsi a-t-il posé, en des termes très généraux, que cette disposition « ne fait pas obstacle à ce que le propriétaire dont le bien est frappé d'une servitude prétende à une indemnisation dans le cas exceptionnel où il résulte de l'ensemble des conditions et circonstances dans lesquelles la servitude a été instituée et mise en œuvre, ainsi que de son contenu, que ce propriétaire supporte une charge spéciale et exorbitante, hors de proportion avec l'objectif d'intérêt général poursuivi » (CE, sect., 3 juill. 1998, *Bitouzet*, *Lebon* 288, concl. R. Abraham ; *RFDA* 1998. 1243, concl. ; *BJDU* 1998. 363, concl. ; D. de Béchillon, « Le Conseil d'État, la Convention européenne des droits de l'homme et la non-indemnisation des servitudes d'urbanisme », *RFDA* 1999. 841 ; J.-F. Struillou, « Cour européenne des droits de l'homme et Conseil d'État : une nouvelle limitation au principe de non-indemnisation des servitudes d'urbanisme ? », *AFDUH* 1999. 61).

■ 442 Sans doute cette assertion a-t-elle éloigné le spectre d'une condamnation « de principe » par la Cour de Strasbourg, les servitudes d'urbanisme relevant depuis lors en théorie d'un régime proche de la responsabilité sans faute, pour rupture de l'égalité devant les charges publiques. Mais le risque de condamnations ponctuelles de la France, au cas par cas, n'est certainement pas nul, dès lors que cette exception semble très rarement mise en œuvre en pratique (*v.* par ex., CE 2 juill.1999, *Valentini*, req. n° 176894, *RDI* 2000. 161, obs. L. Touvet ; 14 mars 2001, *Cne Granville*, préc ; 27 juin 2007, *Mielle*, req. n° 280693). Par ailleurs, il n'était pas certain que cette exception supplémentaire suffise à assurer la conformité du principe en cause avec le principe constitutionnel d'égalité devant les charges publiques (*v.* en particulier Décis. n° 85-198 DC du 13 déc. 1985, *Amendement Tour Eiffel*), de surcroît dans un contexte où les plus-values générées par les règles d'urbanisme sont de plus en plus systématiquement imposées. Mais le Conseil d'État a considéré, de façon assez audacieuse, que tel qu'interprété dans sa jurisprudence *Bitouzet* (qu'il cite expressément), l'article L. 160-5 n'a pour effet « ni de priver le propriétaire, dont le bien serait frappé d'une telle servitude, de la propriété de son bien, ni de porter à cette propriété une atteinte d'une gravité telle que le sens et la portée de ce droit s'en trouvent dénaturés, ni d'exclure tout droit à réparation du préjudice résultant d'une telle servitude ». La question de la conformité du principe de non-indemnisation des servitudes d'urbanisme aux droits et libertés que la Constitution garantit n'est donc pas sérieuse et ne mérite pas d'être renvoyée au Conseil constitutionnel (CE 16 juill. 2010, *SCI La Saulaie*, req. n° 334665 et *SCI agricole de Château l'Arc et SCI des Hameaux de Château l'Arc*, req. n° 339342, *BJDU* 2010. 460, concl. J. Boucher et obs. J. T.).

B. La responsabilité pour faute

■ 443 Si les servitudes d'urbanisme légalement instituées ne peuvent qu'exceptionnellement engager la responsabilité de l'administration, cette responsabilité est en revanche en principe engagée lorsque la collectivité publique commet une faute et que cette faute est à l'origine d'un préjudice actuel, direct et certain.

Concernant le fait générateur de la responsabilité, on peut rappeler que toute illégalité est fautive. Le classement illégal d'un terrain (sur lequel on a vu que le juge exerce un contrôle restreint) peut ainsi justifier l'engagement de la responsabilité de l'administration, soit parce qu'il en est résulté une servitude d'inconstructibilité erronée, soit parce qu'il a autorisé à tort l'urbanisation d'un secteur (CE 27 juill. 1979, *Blanc*, *Lebon* 352). Encore faut-il, au demeurant, que la faute commise soit « de nature à engager la responsabilité de l'administration », ce qui n'est pas toujours le cas des illégalités externes, lesquelles peuvent par ailleurs rarement être considérées comme à l'origine directe du préjudice (v. à cet égard, mais non dépourvue d'ambiguïté : CAA Paris, 4 mai 2004, *Minard*, req. n° 00PA00631, *JCP* A 2004, n° 1502, note Ph. Billet ; *Ét. fonc.* 2004, n° 109, p. 38, obs. J.-P. Demouveaux). Peuvent également engager la responsabilité de l'administration les promesses non tenues par elle (CAA Lyon, ass. plén., 31 déc. 1993, *Épx Eymain-Mallet*, req. n° 92LY01605 ; CEDH 18 nov. 2010, req. nos 18990/07, 23905/07, *Cst Richet et Le Ber c/ France*, *JCP* A 2001, n° 2005, note D. Bailleul), comme la promesse faite par la commune de modifier son document d'urbanisme pour permettre la réalisation d'un projet. De tels accords sont d'ailleurs souvent entachés de nullité dans la mesure où le maire ne peut s'engager au nom de la commune à modifier ou à maintenir la réglementation d'urbanisme. La commune ne commet donc aucune faute en ne les appliquant pas. Mais sa responsabilité est retenue sur le fondement de la faute résultant de l'engagement illégal (CAA Paris, 10 juin 1993, *Dupuy*, req. n° 92PA00977 ; CAA Lyon, 31 déc. 1993, *Épx Eymain-Mallet*, préc. ; CAA Nantes, 27 sept. 2005, *Sorimmo*, req. n° 04NT00321, *Constr.-Urb.* 2006, n° 45, obs. P. Cornille).

En ce qui concerne la personne publique responsable, il s'agit généralement de la 444 ■
commune, puisque c'est elle qui est compétente pour élaborer les documents d'urbanisme depuis les lois de décentralisation et, de plus en plus, les EPCI compétents. Toutefois, la responsabilité de l'État, ou plus généralement du service auquel l'autorité compétente aura délégué l'instruction (C. urb., art. R. 423-15), est susceptible d'être engagée à raison de la participation à l'élaboration du document d'urbanisme de ses services mis à disposition d'une commune, si l'un de ses agents a refusé ou négligé d'exécuter un ordre ou une instruction du maire, et non dans le cadre de la responsabilité contractuelle de droit commun (CE 27 oct. 2008, *Cne Poilly-lez-Gien*, req. n° 297432, *BJDU* 2008. 370, concl. A. Courrèges ; *RDI* 2009. 129, obs. P. S.-C.). Par ailleurs, la responsabilité de l'État est susceptible d'être engagée à raison des fautes qu'il aurait commises par exemple dans le cadre du porter à connaissance (v. à propos du PAZ dans une ZAC, CE, sect., 21 juin 2000, *Min. Équipement et Transports c/ Cne Roquebrune-Cap-Martin*, req. n° 202058, *RD publ.* 2000. 1257, concl. L. Touvet).

Compléments pédagogiques

Mémo

Pour nécessaire qu'il soit que la *règle locale d'urbanisme* procède d'une *prévision à moyen et long terme*, elle doit nécessairement s'inscrire de manière instantanée dans un *document à caractère réglementaire* opposable aux décisions d'utilisation des sols. Depuis la loi d'orientation foncière du 30 décembre 1967, cette fonction a été assurée par les *plans d'occupation des sols* (POS) avant que la loi du 13 décembre 2000 relative à la Solidarité et au Renouvellement urbains (SRU) ne vienne leur substituer des *plans locaux d'urbanisme* (PLU). Cette réforme de l'instrument privilégié de l'urbanisme réglementaire vise à ce qu'il constitue de manière plus affirmée le *support d'un véritable projet politique pour le territoire concerné*. C'est en ce sens que le *projet d'aménagement et de développement durable* (PADD) a été placé au cœur de la réforme. Il fait ainsi l'objet d'un document particulier au sein du dossier qui constitue le PLU et le *rapport de présentation* doit expliquer les choix retenus pour l'établir. Il a pour fonction de constituer la *matrice du PLU* avec laquelle les règlements applicables à chacune des zones que celui-ci détermine doivent être en cohérence.

Quid

■ Coefficient d'occupation des sols (COS) n° 322

Rapport entre la surface de plancher de la construction et la surface du terrain sur lequel elle est édifiée. Il a pour fonction de déterminer la densité de construction admise sur une parcelle. Etant peu compatible avec l'objectif actuel de densification, la loi ALUR l'a supprimé des PLU.

■ Concertation n° 228

La concertation, rendue obligatoire lors de l'élaboration du PLU par la loi SRU, est une forme de consultation du public et des personnes intéressées au stade où un projet n'est pas encore arrêté. C'est pourquoi elle doit se poursuivre durant toute la phase de l'élaboration de celui-ci. Elle ne doit donc pas être confondue avec l'enquête publique qui est une consultation du public sur un projet arrêté. À l'issue de la phase de concertation, le bilan en est tiré devant le conseil municipal qui en délibère. Cette délibération peut être prise simultanément avec l'arrêt du projet de PLU.

■ Espaces boisés classés n° 309

Espaces constitués de bois, forêts, parcs à conserver, à protéger ou à créer, arbres isolés, haies ou réseaux de haies, plantations d'alignements, qu'ils soient soumis ou non au régime forestier, enclos ou non, attenants ou non à des habitations. Leur classement a notamment pour effet d'interdire tout changement d'affectation ou tout mode d'occupation du sol de nature à compromettre la conservation, la protection ou la création des boisements.

■ Projet d'aménagement et de développement durable (PADD) n°s 287 s.

Le PADD est un élément du dossier de PLU. Il définit les orientations générales d'aménagement et d'urbanisme retenues pour l'ensemble de la commune. C'est l'expression du projet politique des auteurs du PLU. Il n'est pas directement opposable aux demandes d'autorisation d'utilisation du sol. Mais le règlement et, le cas échéant, les orientations d'aménagement doivent être en cohérence avec lui.

■ Zone urbaine n° 297

Délimitée par le règlement du PLU, cette zone (U) concerne les secteurs déjà bâtis ou dans lesquels les équipements publics existants ou en cours de réalisation ont une capacité suffisante pour desservir les constructions à édifier. La zone U est en principe constructible.

Documents

Cons. const. 21 janv. 1994, n° 93-335, loi portant diverses dispositions en matière d'urbanisme et de construction (extraits)

- Sur l'article 3 de la loi :

Considérant que cet article introduit notamment au Code de l'urbanisme un article L. 600-1 qui prive les requérants de la faculté d'invoquer par voie d'exception devant les juridictions administratives l'illégalité pour vice de procédure ou de forme, des schémas directeurs, des plans d'occupation des sols ou des documents d'urbanisme en tenant lieu ainsi que des actes prescrivant l'élaboration ou la révision d'un document d'urbanisme ou créant une zone d'aménagement concerté, après l'expiration d'un délai de six mois à compter de la date de prise d'effet du document en cause ; que les dispositions de l'article L. 600-1 susvisé, précisent cependant que ces restrictions ne sont pas applicables en cas d'absence de mise à disposition du public des schémas directeurs, en cas de méconnaissance substantielle ou de violation des règles de l'enquête publique sur les plans d'occupation des sols, ou enfin en cas d'absence du rapport de présentation ou des documents graphiques ;

Considérant que les auteurs de la saisine soutiennent que les restrictions ainsi apportées à la possibilité d'exciper de l'illégalité externe d'un acte administratif portent au principe de légalité une atteinte manifestement excessive qui n'est au surplus justifiée par aucune considération d'intérêt général ; qu'ils font valoir que les obligations de l'État de veiller au respect des intérêts nationaux par les collectivités territoriales, résultant de l'article 72 de la Constitution, sont méconnues ; que seraient de même méconnues les stipulations de la Convention européenne de sauvegarde des droits de l'homme et des libertés fondamentales et du Traité sur l'Union européenne qui garantissent l'accès à la justice ; qu'enfin les saisissants exposent que la garantie des droits prévue à l'article 16 de la Déclaration des droits de l'homme et du citoyen n'est pas assurée, dès lors que les dispositions en cause ont pour effet de pérenniser des règlements illégaux ;

Considérant que la restriction apportée par les dispositions contestées est limitée à certains actes relevant du seul droit de l'urbanisme ; qu'elle a été justifiée par le législateur eu égard à la multiplicité des contestations de la légalité externe de ces actes ; qu'en effet, le législateur a entendu prendre en compte le risque d'instabilité juridique en résultant, qui est particulièrement marqué en matière d'urbanisme, s'agissant des décisions prises sur la base de ces actes ; qu'il a fait réserve des vices de forme ou de procédure qu'il a considérés comme substantiels ; qu'il a maintenu un délai de six mois au cours duquel toute exception d'illégalité peut être invoquée ; que les dispositions qu'il a prises n'ont ni pour objet ni pour effet de limiter la possibilité ouverte à tout requérant de demander l'abrogation d'actes réglementaires illégaux ou devenus illégaux et de former des recours pour excès de pouvoir contre d'éventuelles décisions de refus explicites ou implicites ; que dès lors il n'est pas porté d'atteinte substantielle au droit des intéressés d'exercer des recours ; qu'ainsi le moyen tiré d'une méconnaissance de l'article 16 de la Déclaration des droits de l'homme et du citoyen manque en fait ;
Considérant que les dispositions ci-dessus analysées ne sauraient être regardées comme de nature à porter atteinte aux prérogatives de l'État énoncées à l'alinéa 3 de l'article 72 de la Constitution en vertu duquel « Dans les départements et les territoires, le délégué du Gouvernement a la charge des intérêts nationaux, du contrôle administratif et du respect des lois » ;
Considérant enfin que l'appréciation de la constitutionnalité des dispositions que le législateur estime devoir prendre ne saurait être tirée de la conformité de la loi avec les stipulations d'un traité ou d'une convention internationale, mais résulte de la confrontation de la loi avec les seules exigences de caractère constitutionnel ;
Considérant qu'il résulte de ce qui précède que les griefs invoqués à l'encontre de l'article 3 de la loi doivent être écartés ; [...]

CE, sect., 3 juill. 1998, *Bitouzet*, n° 158592

Vu la requête sommaire et le mémoire complémentaire enregistrés les 17 mai 1994 et 15 septembre 1994 au secrétariat du Contentieux du Conseil d'État, présentés pour M. Claude Bitouzet, demeurant... ; M. Bitouzet demande que le Conseil d'État annule l'arrêt du 17 mars 1994 par lequel la cour administrative d'appel de Paris a rejeté sa requête tendant à l'annulation du jugement du 19 avril 1991 par lequel le tribunal administratif de Versailles a rejeté sa demande tendant à la condamnation de l'État à lui payer avec intérêts, une somme de 1 218 830 F en réparation du préjudice que lui a causé le déclassement de ses terrains dans le plan d'occupation des sols de la commune de Béthemont-la-Forêt ; [...]
Considérant qu'aux termes de l'article L. 160-5 du Code de l'urbanisme, « N'ouvrent droit à aucune indemnité les servitudes instituées par application du présent code... et concernant, notamment, l'utilisation du sol, la hauteur des constructions, la proportion des surfaces bâties et non bâties dans chaque propriété, l'interdiction de construire dans certaines zones et en bordure de certaines voies, la répartition des immeubles entre diverses zones. Toutefois, une indemnité est due s'il résulte de ces servitudes une atteinte aux droits acquis ou une modification à l'état antérieur des lieux déterminant un dommage matériel, direct et certain... » ;
Considérant que M. Bitouzet critique l'arrêt attaqué pour n'avoir pas écarté ces prescriptions législatives au motif qu'elles seraient incompatibles avec l'article 1er du Protocole additionnel à la convention européenne de sauvegarde des droits de l'homme et des libertés fondamentales, qui stipule : « Toute personne physique ou morale a droit au respect de ses biens. Nul ne peut être privé de sa propriété que pour cause d'utilité publique et dans les conditions prévues par la loi et les principes généraux du droit international. – Les dispositions précédentes ne portent pas

atteinte au droit que possèdent les États de mettre en vigueur les lois qu'ils jugent nécessaires pour réglementer l'usage des biens conformément à l'intérêt général... » ;
Considérant que si les stipulations ci-dessus reproduites ont pour objet d'assurer un juste équilibre entre l'intérêt général et les impératifs de sauvegarde du droit de propriété, elles laissent au législateur une marge d'appréciation étendue, en particulier pour mener une politique d'urbanisme, tant pour choisir les modalités de mise en œuvre d'une telle politique que pour juger si leurs conséquences se trouvent légitimées, dans l'intérêt général, par le souci d'atteindre les objectifs poursuivis par la loi ;
Considérant que, d'une part, l'article L. 160-5 du Code de l'urbanisme subordonne le principe qu'il édicte de non-indemnisation des servitudes d'urbanisme à la condition que celles-ci aient été instituées légalement, aux fins de mener une politique d'urbanisme conforme à l'intérêt général et dans le respect des règles de compétence, de procédure et de forme prévues par la loi ; que, d'autre part, cet article ne pose pas un principe général et absolu, mais l'assortit expressément de deux exceptions touchant aux droits acquis par les propriétaires et à la modification de l'état antérieur des lieux ; qu'enfin, cet article ne fait pas obstacle à ce que le propriétaire dont le bien est frappé d'une servitude prétende à une indemnisation dans le cas exceptionnel où il résulte de l'ensemble des conditions et circonstances dans lesquelles la servitude a été instituée et mise en œuvre, ainsi que de son contenu, que ce propriétaire supporte une charge spéciale et exorbitante, hors de proportion avec l'objectif d'intérêt général poursuivi ; que, dans ces conditions, le requérant n'est pas fondé à soutenir que l'article L. 160-5 du Code de l'urbanisme serait incompatible avec les stipulations de l'article 1er du protocole additionnel à la convention européenne de sauvegarde des droits de l'homme et des libertés fondamentales ;
Considérant qu'il ne ressort pas du dossier soumis aux juges du fond que ni par son contenu ni par les conditions dans lesquelles il est intervenu le classement des terrains de M. Bitouzet en zone inconstructible par le plan d'occupation des sols de la commune de Béthemont-la-Forêt ait fait peser sur le requérant une charge spéciale et exorbitante, hors de proportion avec les justifications d'intérêt général sur lesquelles reposait ce document d'urbanisme ; que c'est, par suite, par une exacte qualification des faits de la cause, contrairement à ce que soutient le requérant, que la cour administrative d'appel a considéré que M. Bitouzet n'avait pas droit à indemnité ;
Considérant qu'il résulte de tout ce qui précède que M. Bitouzet n'est pas fondé à demander l'annulation de l'arrêt du 17 mars 1994 de la cour administrative d'appel de Paris » .

Biblio

1) Bibliographie générale

A. Loi SRU

- I. Cassin, *Le PLU*, Le Moniteur, coll. « Guides juridiques », 2002.
- T. Célérier, « Plans locaux d'urbanisme (PLU) », *JCP N* 2001. 895 ; « Plans locaux d'urbanisme (L. du 13 déc. 2000), *Coll. terr.* 2001. Chron. 5.
- P. Hocreitère, *Le plan local d'urbanisme*, Berger-Levrault, 2004.
- H. Jacquot et J.-P. Lebreton, « La refonte de la planification urbaine », *AJDA* 2001. 27.
- J.-P. Lebreton, « Le plan local d'urbanisme », *DAUH* 2001. 59.

B. Loi Urbanisme et Habitat

- D. Larralde, « PLU : La contre-réforme », *Constr.-Urb.* 2003, n° 8, p. 5.
- P. Soler-Couteaux, « Après la loi SRU, la loi Urbanisme et Habitat : continuité dans la lettre ; rupture dans l'esprit », *RDI* 2004. 1 ; « La loi Urbanisme et Habitat du 2 juillet 2003 : point final ou point de départ ? », *AFDUH* 2004. 15.

C. Loi ENL

- F. Bouyssou, « Le plan local d'urbanisme après la loi ENL », *Constr.-Urb.* 2006. Chron. 13.
- G. Godfrin, « La maîtrise foncière publique dans la loi ENL », *Constr.-Urb.* 2006. Chron. 15.
- P. Soler-Couteaux, « L'impact de la loi ENL sur le droit de l'urbanisme », *RDI* 2006. 407.

D. Loi Grenelle II

- Ph. Baffert, « Loi engagement national pour l'environnement (Grenelle II) : l'urbanisme se met au vert », *BJDU* 2010. 412.
- Ph. Baffert et K. Destarac, « Comment rédiger les PLU après la loi Grenelle 2 », *BJDU* 2011. 255
- E. Carpentier, « Les apports du Grenelle II au droit de l'urbanisme », *Dr. et patr.* janv. 2012, n° 210, p. 59.
- P. Galan, « La reforme des documents d'urbanisme par la loi engagement national pour l'environnement », *JCP* A 2010. Étude 2322.
- A. Graboy-Grobesco, « La loi Grenelle II et les documents de planification territoriale », *Dr. adm.* 2011. Étude 4.
- H. Jacquot et J.-P. Lebreton, « La réforme du PLU », *AJDA* 2010, dossier spéc. loi Grenelle II, 1re partie, p. 1697.
- P. Soler-Couteaux, « Le plan local d'urbanisme "Grenelle" : un arbre qui cache la forêt », *RDI* 2011. 89, dossier spéc. loi Grenelle II.

E. Loi ALUR

- X. Couton, « Les modifications apportées aux documents d'urbanisme locaux par la loi ALUR », *Constr.-urb.* 5/2014, article 2.
- J.-P. Lebreton, « La planification urbaine dans la loi ALUR », *AJDA* 2014. 1088
- F. Lerique, « Le PLU intercommunal », *RLCT* 104/2014, p. 51.
- F. Priet, « Le nouveau PLU », *RFDA* 2014. 557.
- J.-Ph. Strebler, « Focus : la loi ALUR et le contenu des PLU », *AJCT* 2014. 360.
- S. Traoré, « Le plan local d'urbanisme intercommunal et la loi ALUR », *AJCT* 2014. 350.

2) Bibliographie sélective

A. L'élaboration et la gestion des PLU

- H. Jacquot, « La gestion des plans locaux d'urbanisme et des plans d'occupation des sols (POS) », *AJDA* 2003. 1534.
- D. Maillot, « Modification et révision du plan local d'urbanisme », *Droit et Ville* 2002, n° 53, p. 127.
- B. Phémolant, « Déclaration d'utilité publique, projets d'intérêt général et documents d'urbanisme », *AJDA* 2002. 1101.
- F. Priet, « La révision d'urgence des plans locaux d'urbanisme », *RDI* 2002. 296.
- P. Soler-Couteaux, « L'élaboration et la gestion des schémas de cohérence territoriale, des plans locaux d'urbanisme et des cartes communales », *BJDU* 2000. 388 ; « L'élaboration du plan

local d'urbanisme », *Droit et Ville* 2002, n° 53, p. 94 ; « Le PLU après l'ordonnance n° 2012-290 du 5 janvier 2012 », *RDI* 2012. 257.
- V. Tessier, « La procédure de modification du PLU », *JCP* A 6/2015 n° 2034

B. Sur le contenu des PLU

■ *Articles généraux*

- F. Bouyssou, « Le contenu des plans locaux d'urbanisme », *Droit et Ville* 2002, n° 53, p. 111.
- J. P. Lebreton, « Le contenu du PLU après la loi du 2 juillet 2003 », *AJDA* 2003. 1542.
- J. Trémeau, « Le contenu des documents d'urbanisme », *BJDU* 2001. 382 ; « Le contenu des nouveaux documents d'urbanisme, commentaire du décret n° 2001-280 du 27 mars 2001 », *BJDU* 2001. 306.

■ *Sur le projet d'aménagement et de développement durable dans le PLU*

- P. Hocreitère, « Plan local d'urbanisme et projet d'aménagement et de développement durable », *RDI* 2003. 7.
- J.-P. Lebreton, « Les projets d'aménagement et de développement durable (PADD) », *DAUH* 2002. 63.
- R. Trapitzine, « Le PADD, un outil qui doit faire ses preuves », *Ét. fonc.* 2001, n° 90 ; « PADD et PLU, une nouvelle démarche d'aménagement », *Ét. fonc.* 2002, n° 96, p. 22 ; « La non opposabilité du PADD : comment devancer les risques ? », *Ét. fonc.* 2003, n° 102, p. 16.

■ *Sur le règlement du PLU et le COS*

- P. Hocreitère, « À propos de la présentation et du contenu du règlement des plans locaux d'urbanisme », *Dr. adm.* 2003. 15.
- H. Jacquot, « Coefficient d'occupation des sols », *Dalloz Action Urbanisme*, n° 2198.
- Cl. Le Marchand et G. Godfrin, « Le COS au secours de la planète », *Constr.-Urb.* 2007. Repère 9.
- P. Soler-Couteaux, « Le renforcement des outils de lutte contre la consommation foncière et l'étalement urbain », *RDI* 2014. 376.
- E. Wormser, « ALUR : pour qui sonne le glas des COS ? », *Constr.-urb.* 5/2014, dossier 3.

■ *Sur les zonages particuliers (espaces boisés classés et emplacements réservés)*

- A.- Bernard, « L'acquisition des immeubles réservés », *AJPI* 1982. 365 ; « Emplacements réservés et plans d'occupation des sols », *AJPI* 1992. 360.
- J.-P. Cordelier, « Le nouveau régime des emplacements réservés », *RDI* 1987. 1.
- J. Doucède, « Le sort des terrains réservés par un plan d'occupation des sols », *AJPI* 1987. 13.
- P. Hocreitère, « Espaces boisés », *Dalloz Action Urbanisme*, 2000, n° 3746.
- H. Jacquot, « Emplacements réservés », *Dalloz Action Urbanisme*, 2000, n° 3458.
- V. Lavallée, « Emplacements réservés : les nouvelles garanties des propriétaires », *Ét. fonc.* 1986, n° 31, p. 31.
- D. Musso, « Suppression des emplacements réservés », *JCP N* 1987. Prat. 87 ; « Le point sur les emplacements réservés », *BJDU* 1996. 158.
- S. Pérignon, « Les emplacements réservés à la voirie publique », *Droit et Ville* 1982, n° 14, p. 63.
- P. R., « La protection des espaces boisés », *AJPI* 1973. 907.

C. Sur le contentieux du PLU

■ *Sur le contentieux de la légalité du PLU*

- J.-B. Auby, « La loi du 9 février 1994 et le contentieux de l'urbanisme », *RFDA* 1995. 25.- Ph. Benoît-Cattin, « Le contentieux de l'urbanisme après la loi Bosson du 9 février 1994 », *JCP* N 1994. I. 207.
- D. Labouysse, « L'exception d'illégalité de la règle d'urbanisme locale », *Constr.-Urb.* 2015, Étude 10.
- F. Bouyssou, « Nouvelles dispositions en matière d'urbanisme », *AJDA* 1994. 208.
- N. Chauvin, *L'illégalité des plans d'occupation des sols*, LGDJ, 1996.
- F. Danemans, « Les nouvelles dispositions issues de la loi du 9 février 1994 », *AJPI* 1994. 526.
- P.-P. Danna, « Vers une évolution du contrôle de la légalité interne des documents d'urbanisme ? », *RFDA* 2000. 368.
- Y. Jegouzo, « Les modifications apportées au droit de l'urbanisme par la loi du 9 février 1994 », *RDI* 1994. 153.
- Ph. Billet, « ALUR et contentieux de l'urbanisme », *JCP* 2014. 2264.
- Cl. Le Marchand, « Loi du 9 février 1994 portant diverses dispositions en matière d'urbanisme et de construction », *JCP* N 1994. I. 307.

■ *Sur le contentieux de la responsabilité du PLU*
- R. Abraham, « Les incidences de la Convention européenne des droits de l'homme sur le contentieux administratif français », *RFDA* 1990. 1063.
- J.-B. Auby, « Le principe de non-indemnisation des servitudes instituées en application du Code de l'urbanisme », *Droit et Ville* 1981, n° 10, p. 169.
- F. Bouyssou, « Respect du droit de propriété et droit de l'urbanisme », *AJDA* 2003. 2135.
- Ch. Debouy, « Les systèmes de responsabilité », *AJDA* 1993. n° spéc. p. 33.
- P.-L. Frier, « Servitudes administratives. Non indemnisation », *Dalloz Action Urbanisme*, 2000, n° 8871.
- R. Hostiou, « La non indemnisation des servitudes d'urbanisme », *AJDA* 1993. n° spéc. p. 27.- G. Liet-Veaux, « L'indemnisation des servitudes d'urbanisme : prélude à une réforme législative », *Rev. adm.* 1984. 461.
- J.-F. Struillou, *Protection de la propriété privée immobilière et prérogatives de puissance publique*, L'Harmattan, 1996, p. 389 s.
- F. Sudre, « La protection du droit de propriété par la Cour européenne des droits de l'homme », *D.* 1988. Chron. 71.
- Ch. Schwing, *Recherche sur l'adéquation du droit de l'urbanisme français à la Convention européenne des droits de l'Homme*, PUAM, 2004.
- A-F. Zattara, *La dimension constitutionnelle et européenne du droit de propriété*, LGDJ, 2001.

Quiz

1) Sujet corrigé

Commentaire d'avis

Énoncé

CE, avis, 9 mai 2005, *Marangio*, n° 277280

« 1°) En vertu d'un principe général, et sous réserve de ce qui sera dit plus bas, il incombe à l'autorité administrative de ne pas appliquer un règlement illégal. Ce principe trouve à s'appliquer, en l'absence même de toute décision juridictionnelle qui en aurait prononcé l'annulation ou les aurait déclarées illégales, lorsque les dispositions d'un document d'urbanisme, ou certaines d'entre elles si elles en sont divisibles, sont entachées d'illégalité. Celles-ci doivent alors être écartées, sous le contrôle du juge de l'excès de pouvoir, par l'autorité chargée de délivrer des autorisations d'utilisation ou d'occupation des sols, sans qu'il y ait lieu de distinguer selon que l'illégalité en cause affecterait ou non des dispositions spécialement édictées pour permettre l'opération faisant l'objet de la demande d'autorisation. N'étaient de nature à faire obstacle à l'application de ce principe, lorsqu'elles étaient en vigueur, ni les dispositions de l'article L. 123-4-1 ancien du Code de l'urbanisme, qui interdisaient au conseil municipal d'abroger le plan d'occupation des sols, même illégal, de la commune, ni celles du second alinéa de l'article L. 125-5 ancien du même Code, qui ne lui permettaient, en cas d'annulation ou de déclaration d'illégalité du plan d'occupation des sols, d'écarter le plan d'occupation des sols immédiatement antérieur au profit des règles générales du Code de l'urbanisme que dans le cas où l'illégalité de ce plan résultait de changements intervenus dans les circonstances de fait ou de droit, et non lorsqu'elle l'affectait depuis l'origine. Il appartient toutefois au maire, lorsque, statuant sur une demande d'autorisation, il estime devoir écarter le plan d'occupation des sols ou le plan local d'urbanisme en vigueur, d'indiquer dans sa décision les illégalités dont le plan lui paraît être entaché et de saisir, afin qu'il y soit remédié, le conseil municipal d'une demande d'abrogation, de modification ou de révision de ce plan.

2°) Aux termes de l'article L. 600-1 du Code de l'urbanisme : L'illégalité pour vice de forme ou de procédure d'un schéma directeur, d'un schéma de cohérence territoriale, d'un plan d'occupation des sols, d'un plan local d'urbanisme, d'une carte d'urbanisme ou d'un document d'urbanisme en tenant lieu ne peut être invoquée par voie d'exception, après l'expiration d'un délai de six mois à compter de la prise d'effet du document en cause. Les dispositions de l'alinéa précédent sont également applicables à l'acte prescrivant l'élaboration ou la révision d'un document d'urbanisme. Les deux alinéas précédents ne sont pas applicables lorsque le vice de forme concerne : soit l'absence de mise à disposition du public des schémas directeurs, soit la méconnaissance substantielle ou la violation des règles de l'enquête publique (...) ; soit l'absence du rapport de présentation ou des documents graphiques. Ces dispositions, par lesquelles le législateur a, ainsi que l'a jugé le Conseil constitutionnel dans sa décision n° 93-335 DC du 21 janvier 1994, entendu prendre en compte le risque d'instabilité juridique, particulièrement marqué en matière d'urbanisme, résultant, pour les décisions prises sur la base des actes qui y sont mentionnés, de la multiplicité des contestations de la légalité externe de ces derniers, ont implicitement mais nécessairement institué une dérogation au principe général rappelé ci-dessus. Saisi d'une demande d'autorisation, le maire est donc tenu, lorsqu'il y statue après l'expiration d'un délai de six mois à compter de sa prise d'effet, de se fonder sur le document d'urbanisme en vigueur dès lors que sa légalité n'est affectée que par des vices de procédure ou de forme au sens des dispositions précitées de l'article L. 600-1, réserve étant faite de ceux qui sont mentionnés à ses trois derniers alinéas, au nombre desquels ne figure pas l'insuffisance du rapport de présentation. Cette règle ne fait cependant pas obstacle à ce que tout intéressé demande l'abrogation ou la modification du document d'urbanisme et forme un recours pour excès de pouvoir contre une éventuelle décision de refus implicite ou explicite.

3°) Aux termes de l'article L. 121-8 du Code de l'urbanisme, reprenant et modifiant les dispositions du premier alinéa de l'article L. 125-5 ancien du même Code : L'annulation ou la déclaration d'illégalité d'un schéma de cohérence territoriale, d'un plan local d'urbanisme, d'une carte communale, d'un schéma directeur ou d'un plan d'occupation des sols ou d'un document d'urbanisme en tenant lieu a pour effet de remettre en vigueur le schéma de cohérence territoriale, le schéma directeur ou le plan local d'urbanisme, la carte communale ou le plan d'occupation des sols ou le document d'urbanisme en tenant lieu immédiatement antérieur. Il résulte de ces dispositions que lorsque, par application des règles exposées ci-dessus, l'autorité chargée de délivrer des autorisations d'utilisation ou d'occupation des sols ne peut appliquer le document d'urbanisme en vigueur ou certaines de ses dispositions, il lui appartient de se fonder, pour statuer sur les demandes dont elle est saisie, sur les dispositions pertinentes du document immédiatement antérieur. Dans le cas où celles-ci seraient elles-mêmes affectées d'une illégalité dont la nature fait obstacle à ce qu'il en soit fait application, elle est tenue de se fonder sur le document encore antérieur ou, à défaut, sur les règles générales fixées par les articles L. 111-1 et suivants et R. 111-1 et suivants du Code de l'urbanisme ».

Voir le corrigé en fin de rubrique.

2) Sujet d'examen

Dissertation

Le PLU après la loi ALUR.

3) Corrigé

Commentaire d'avis

Introduction

– Rappeler qu'il s'agit d'un avis rendu par le Conseil d'État sur demande d'une juridiction de première instance à propos du refus d'un maire d'accorder un permis de construire en raison de l'illégalité du POS en vigueur (« avis contentieux »).

– SOULIGNER que cet avis donne l'occasion au Conseil d'État de combiner un principe général du droit avec les particularismes du droit du contentieux de l'urbanisme.

– INSISTER sur le souci de conciliation entre l'objectif de sécurité juridique et le principe de légalité.

I. L'autorité administrative est tenue de ne pas appliquer un POS/PLU illégal, même en l'absence de toute décision juridictionnelle qui en aurait prononcé l'annulation, ou l'aurait déclaré illégal.

A. L'avis fait application d'un principe général du droit…

1. L'avis constitue une déclinaison du principe général du droit selon lequel « l'autorité compétente, saisie d'une demande d'abrogation d'un règlement illégal, est tenue d'y déférer » (CE, ass., 3 févr. 1989, *Cie Alitalia*, *AJDA* 1989. 387, note O. Fouquet).

2. Il confirme des solutions jurisprudentielles anciennes et bien établies.

– CE, sect., 14 nov. 1958 *Ponard, Lebon* 554 : « Considérant que s'il incombe à l'autorité administrative de ne pas appliquer un texte réglementaire illégal, même s'il est définitif, et si ladite illégalité peut être soulevée à tout moment par tout intéressé en cas de litige concernant une décision individuelle, cette autorité ne peut légalement annuler ou rapporter un tel texte, en l'absence de prescription législative l'habilitant à déroger au principe que les règlements ne disposent que pour l'avenir, que si le délai du recours contentieux n'est pas expiré au moment où elle édicte le retrait du texte illégal ou si celui-ci a fait l'objet d'un recours gracieux ou contentieux formé dans ledit délai ».

– CE, avis, 8 déc. 1988, n° 344158, *in* Y. Gaudemet, B. Stirn, T. Dal Farra, F. Rolin, *Les grands avis du Conseil d'État*, Dalloz, 1997, n° 30, p. 293 s. : « Si, comme l'a décidé le Conseil d'État statuant en contentieux, ces dispositions s'opposent à ce qu'un plan d'occupation des sols, même illégal, soit abrogé, elles n'ont eu ni pour objet ni pour effet d'écarter le principe général selon lequel il incombe à l'autorité administrative de ne pas appliquer un règlement illégal ».

– CAA Paris, ass. plén., 18 mai 1999, *Cne Clairefontaine-en-Yvelines*, *BJDU* 1999. 254, concl. B. Phémolant : « Considérant que dans ces conditions, le maire de la commune, saisi par la société SAD CAR d'une demande de certificat d'urbanisme portant sur les parcelles ainsi classées, devait, dans l'exercice de la compétence propre qu'il tient de la loi pour statuer sur une telle demande, écarter, comme il l'a fait à bon droit, l'application du règlement, devenu illégal, relatif à la Zone UH du POS de la commune fut-ce ce plan devenu définitif ; que, par suite, la commune de Clairefontaine-en-Yvelines est fondée à soutenir que les premiers juges ont commis une erreur de droit en affirmant que le maire ne pouvait, de sa propre autorité, écarter l'application d'une disposition qu'il estimait illégale du POS approuvé par le conseil municipal de la commune ».

B. …en le combinant avec les spécificités du contentieux de l'urbanisme

1. Ce n'est que sous certaines réserves qu'il incombe à l'autorité administrative de ne pas appliquer un règlement illégal, et par conséquent, d'écarter l'application des dispositions illégales d'un document d'urbanisme.

2. En effet, les spécificités du droit de l'urbanisme, et en particulier les contraintes processuelles propres au contentieux de l'urbanisme, font obstacle à la mise en œuvre du principe général du droit. Ainsi, en vertu de l'article L. 600-1 du Code de l'urbanisme, l'administration, saisie d'une demande d'autorisation, est tenue, lorsqu'elle y statue après l'expiration d'un délai de six mois à compter de sa prise

d'effet, de se fonder sur le document d'urbanisme en vigueur dès lors que sa légalité n'est affectée que par des vices de forme ou de procédure autres que ceux mentionnés dans les trois derniers alinéas de l'article L. 600-1.

3. Mais cette limite apportée au principe général du droit ne fait pas obstacle à ce que tout intéressé demande l'abrogation ou la modification du document d'urbanisme en cause et forme un recours pour excès de pouvoir contre une éventuelle décision de refus. Cette précision vient confirmer la position tenue par le Conseil constitutionnel, dans sa décision n° 93-335 DC du 21 janvier 1994, aux termes de laquelle l'article L. 600-1 « n'a ni pour objet, ni pour effet de limiter la possibilité ouverte à tout requérant de demander l'abrogation d'actes réglementaires illégaux ou devenus illégaux et de former des recours pour excès de pouvoir contre d'éventuelles décisions ».

II. Les conséquences du principe général du droit sur les règles d'urbanisme qui doivent être appliquées par l'autorité compétente en matière de délivrance des autorisations d'urbanisme

A. L'obligation pour l'administration d'appliquer les dispositions du document d'urbanisme immédiatement antérieur

1. Conséquence de l'illégalité d'un document d'urbanisme sur la règle applicable : application des dispositions de l'article L. 121-8 du Code de l'urbanisme, rendant caduque la solution jurisprudentielle qui prévalait antérieurement et qui était issue de l'arrêt CE 25 nov. 1991, *Assoc. des Amis de Saint-Palais-sur-Mer*, *Lebon* 408.

2. Au cas particulier, il appartient donc à l'administration, lorsqu'elle écarte l'application des dispositions illégales du document d'urbanisme en cause, de se fonder, pour statuer sur les demandes d'autorisations dont elle est saisie, sur les dispositions du document d'urbanisme immédiatement antérieur.

B. L'obligation pour l'administration d'écarter les dispositions du document d'urbanisme immédiatement antérieur dans la mesure où celles-ci seraient elles-mêmes affectées d'une illégalité dont la nature ferait obstacle à leur application

1. Dans le cas où les dispositions du document d'urbanisme immédiatement antérieur sont elles-mêmes affectées d'une illégalité dont la nature fait obstacle à ce qu'il en soit fait application, elle est tenue de se fonder sur le document d'urbanisme encore antérieur, ou à défaut, sur les règles contenues dans le règlement national d'urbanisme.

2. Les conséquences de cette solution : l'obligation pour l'administration de se livrer à un audit des documents d'urbanisme applicables.

titre 3

Les contraintes extérieures à l'urbanisme

La sauvegarde du patrimoine, la protection de l'environnement et la prévention des risques sont des préoccupations majeures du droit de l'urbanisme et figurent parmi les finalités assignées à la règle édictée sur son fondement (C. urb., art. L. 110 et L. 121-1 ; v. ss 24 s.). Néanmoins, le droit de l'urbanisme n'a pas l'exclusivité de ces préoccupations. Nombre d'entre elles sont prises en compte par des législations distinctes de lui et, pour cette raison, dites « indépendantes » mais qui néanmoins affectent l'occupation ou l'utilisation du sol. Cette situation de concurrence – qui n'est pas exceptionnelle si l'on songe au concours des polices – a obligé à penser l'articulation et à organiser les rapports entre le droit de l'urbanisme et ces législations particulières. 445

Leur mise en œuvre se traduit souvent par l'édiction de servitudes d'utilité publique désignées dans le Code de l'urbanisme par la formule « limitations administratives au droit de propriété ». Mais leur support n'est pas toujours aussi clairement identifié. Elles se traduisent parfois par ce qu'il faut bien appeler des « objets juridiques non identifiés ». Il faut donc examiner de manière générale les rapports que les « contraintes » engendrées par ces législations entretiennent avec la règle d'urbanisme ainsi que les conditions de leur opposabilité à l'acte de construire ou d'aménager (chapitre 7). On abordera ensuite de manière thématique les principales de ces législations en s'en tenant là encore à leurs rapports avec la règle d'urbanisme. Elles sont relatives à la protection et à la mise en valeur du patrimoine (chapitre 8), à la sauvegarde des espaces naturels (chapitre 9), à la lutte contre les pollutions et nuisances (chapitre 10) et à la prévention des risques (chapitre 11).

chapitre 7

Les servitudes d'utilité publique

Plan analytique

section 1

La nature des servitudes d'utilité publique

§ 1 L'identification des principales servitudes d'utilité publique

§ 2 La question de la qualification des servitudes d'utilité publique en tant que documents d'urbanisme

section 2

Les effets des servitudes d'utilité publique en droit de l'urbanisme

§ 1 Servitudes d'utilité publique et règle d'urbanisme

§ 2 Servitudes d'utilité publique et autorisations d'urbanisme

Les servitudes d'utilité publique

Il n'y a pas que les dispositions ou servitudes d'urbanisme qui affectent l'utilisation du sol. Il en va de même de certaines *servitudes d'utilité publique (SUP)*[Q] qui ont une incidence sur les possibilités de construction. Il faut commencer par en qualifier la nature (section 1), avant de voir quels sont leurs effets en droit de l'urbanisme (section 2). 446

section 1

La nature des servitudes d'utilité publique

Il convient d'identifier les principales servitudes d'utilité publique susceptibles d'affecter l'utilisation du sol (§ 1) avant de s'interroger quant à leur nature au regard de la notion de « document d'urbanisme » (§ 2). 447

§ 1 L'identification des principales servitudes d'utilité publique

Les SUP affectant l'utilisation des sols font l'objet d'une liste dressée par décret en Conseil d'État et annexée au Code de l'urbanisme (art. R. 126-1 s.). Elles sont classées en quatre catégories. La première regroupe celles relatives à la conservation du patrimoine, comme les réserves naturelles, les périmètres de protection des monuments historiques classés ou inscrits (L. du 31 déc. 1913 sur les monuments historiques), les sites inscrits et les sites classés (L. du 2 mai 1930 sur la protection des sites), les zones de protection du patrimoine architectural urbain et paysager désormais remplacées par les aires de mise en valeur de l'architecture et du patrimoine, ou encore les règles applicables dans le cœur des parcs nationaux. La deuxième catégorie rassemble les SUP relatives à l'utilisation de certaines ressources et certains équipements. Il s'agit par exemple des servitudes relatives aux canalisations de transport et de distribution de chaleur. Le troisième groupe porte sur les servitudes relatives à la défense nationale et le quatrième sur celles relatives à la salubrité et à la sécurité publiques, parmi lesquelles on trouve notamment les plans de prévention des risques naturels ou technologiques. En revanche, un décret instituant une zone spéciale de recherches et d'exploitation de carrières n'établit pas une SUP (CE 8 déc. 1997, *Sté GSM Atlantique*, n° 137046), pas plus qu'un plan simple de gestion agréé, pris en application des articles L. 222-1 s. du Code forestier (CE 12 mars 1999, *Gpt forestier de la Haute Pommeraie*, n° 142490, *RDI* 1999. 222). Ces documents ne font pas partie de la liste annexée à l'article R. 126-1 du Code de l'urbanisme. 448

§ 2 La question de la qualification des servitudes d'utilité publique en tant que documents d'urbanisme

■ 449 Bien que les SUP soient instituées sur le fondement de législations étrangères à l'urbanisme, le Conseil d'État les a parfois qualifiées de documents d'urbanisme, au sens de telle ou telle prévision du Code de l'urbanisme. À l'époque où l'article L. 600-3 devenu R. 600-1 exigeait la notification des recours contre les documents d'urbanisme (ce qui n'est plus le cas depuis le 1er oct. 2007), il avait ainsi considéré que les plans de prévention des risques relevaient de cette exigence (CE, avis, 3 déc. 2001, *SCI 2-4 rue de la Poissonnerie*, *Lebon* 628 ; *BJDU* 2002. 54, concl. P. Fombeur ; *AJDA* 2002. 177, note H. Jacquot ; *RFDA* 2002. 282, note N. Chauvin ; *RDI* 2002. 267, obs. L. Derepas), de même que les zones de protection du patrimoine architectural urbain et paysager (CAA Bordeaux, 28 juin 2001, *Feneau*, n° 98BX01696) mais non les chartes des parcs naturels régionaux, qui ne constituent pas des SUP (CE 27 févr. 2004, *Centre régional de la propriété foncière de Lorraine-Alsace*, n° 198124, *RDI* 2004. 219, obs. P. S.-C.). Le Conseil d'État avait également qualifié les prescriptions des SUP de « dispositions d'urbanisme » au sens de l'article L. 600-2 concernant les effets de l'annulation d'un refus d'autorisation d'occuper le sol sur la règle d'urbanisme applicable à l'occasion d'une nouvelle instruction (CE, avis, 12 juin 2002, *Préfet de la Charente-Maritime*, n° 244634, *Lebon* 213, *BJDU* 2002. 220, concl. S. Boissard, note J.-C. B. ; *AJDA* 2002. 1080, note J.-P. ; Lebreton ; *RDI* 2002. 427, obs. L. Derepas). Enfin, plus récemment, il les a fait bénéficier de la protection partielle contre l'exception d'illégalité instituée par l'article L. 600-1 (CE 30 déc. 2011, *Vacher*, n° 324310, *BJDU* 2012. 112, concl. C. Roger-Lacan, obs. C. L.).

section 2

Les effets des servitudes d'utilité publique en droit de l'urbanisme

■ 450 On peut examiner la question sous les deux angles classiques en la matière. D'une part, les rapports entre les servitudes d'utilité publique et les règles d'urbanisme (§ 1) ; d'autre part, la question de l'opposabilité des servitudes d'utilité publique aux autorisations d'urbanisme (§ 2).

§ 1 Servitudes d'utilité publique et règle d'urbanisme

■ 451 Les relations entre le droit de l'urbanisme et les servitudes d'utilité publique sont normalement gouvernées par le *principe de l'indépendance des législations*[Q]. Par exemple, la circonstance qu'un décret de classement d'un site pris au titre de la loi du 2 mai 1930 englobe des parcelles classées en zone constructible par le document local d'urbanisme ne peut être utilement soulevée à l'appui d'un recours contre ce classement (CE 8 déc. 1993, *Amelin*, n° 120674 à 120715 ; CE 8 juin 1998, *Cté d'intérêt local Faron Est, Lebon* 417) ou encore le moyen tiré de ce qu'un décret de classement méconnaîtrait certaines dispositions du Code de l'urbanisme est inopérant (CE 22 mars 1999, *Cne de Théoule-sur-Mer*, n° 178455). Cela ne signifie pas que les prévisions d'urbanisme, par essence généralistes, et les limitations de l'usage du sol instituées dans le cadre de polices spécialisées s'ignorent mutuellement.

Avant la loi SRU cependant, l'article L. 123-1 du Code de l'urbanisme imposait aux POS de respecter les servitudes d'utilité publique affectant l'utilisation du sol. C'est d'ailleurs toujours le cas du SDRIF (C. urb., art. L. 141-1) et des SAR de l'outre-mer (CGCT, art. L. 4433-8). Par ailleurs, leurs rapports de présentation devaient justifier de ce respect (C. urb., art. R. 123-17 ancien).

La loi SRU n'a pas reconduit le dispositif sous cette forme. Le principe d'indépendance des législations s'en est trouvé renforcé. Les lois Grenelle II et ALUR n'ont pas contredit cette évolution, les SUP n'étant pas au nombre des normes et objectifs s'imposant aux documents locaux d'urbanisme en vertu de l'article L. 111-1-1 du Code de l'urbanisme. Au demeurant, ces documents étant censés mettre en œuvre les objectifs fixés à l'article L. 121-1, que visent également certaines SUP, il pourrait en résulter une certaine subordination des documents d'urbanisme aux principes et règles résultant des polices administratives plus spécialisées (dans la promotion de tel ou tel objectif) que constituent les SUP et un contrôle de compatibilité. Il a d'ailleurs été jugé que le moyen tiré de ce que le classement auquel procède un PLU est en contradiction avec des SUP n'est pas inopérant (CE 29 oct. 2013, *M. Jeannin c/ Commune d'Ollioules*, n° 348682, *BJDU* 2/2014, p. 110, concl. X. de Lesquen ; *RDI* 2014.60, obs. P. S.-C.). Selon le Conseil d'État, la circonstance qu'un terrain soit grevé d'une SUP ne fait pas en soi obstacle à son classement en tant qu'espace boisé classé, mais encore faut-il s'assurer que la servitude, compte tenu de ses caractéristiques et des obligations, notamment d'entretien, qui en découlent, n'est pas inconciliable avec ce classement.

§ 2 Servitudes d'utilité publique et autorisations d'urbanisme

Bien qu'elles procèdent de législations étrangères à l'urbanisme, les servitudes d'utilité publique dont la liste figure en annexe des articles R. 126-1 à R. 126-3 du Code de l'urbanisme sont opposables aux autorisations d'urbanisme. Mais cette opposabilité est conditionnée par l'annexion, dans un certain délai, des SUP au document d'urbanisme (C. urb. art. L. 126-1). Cette annexion est en principe réalisée suivant la procédure prévue à l'article R. 123-22 pour la mise à jour du PLU (art. R. 126-2). Si elle n'est pas réalisée, le préfet est tenu de mettre le maire ou le président de l'EPCI compétent en demeure de procéder à cette annexion, et d'y procéder d'office si cette formalité n'a pas été effectuée dans le délai de trois mois suivant la mise en demeure. Il devrait donc être exceptionnel que les SUP censées être annexées au PLU ou à la carte communale ne l'aient pas été. Dans ce cas, il est néanmoins prévu que les SUP cessent d'être opposables aux autorisations d'occupation du sol à l'expiration d'un délai d'un an à compter, soit de l'approbation du plan ou de la carte communale soit, s'il s'agit d'une servitude nouvelle, de son institution (CAA Paris 19 mai 1998, *Min. Équipement, Transports et Logement c/ Bruche*, n° 96PA01165, *BJDU* 1998. 426, concl. B. Phémolant : un plan d'alignement existant au moment de l'élaboration 452 ■

du POS continue de produire effet, alors même qu'il n'est pas repris au POS, jusqu'à l'expiration d'un délai d'un an suivant l'approbation de celui-ci). Dans l'hypothèse où le plan ou la carte a été approuvé, ou la servitude instituée, avant la publication du décret complétant la liste des SUP à annexer aux documents d'urbanisme, le délai d'un an court à compter de cette publication (al. 3 de l'art. L. 126-1). Si les SUP non annexés dans les délais requis ne sont plus opposables aux autorisations d'urbanisme, elles n'en demeurent pas moins exécutoires (Rép. Min. n° 106042, *JOAN* 8 mai 2011, p. 3574).

Le certificat d'urbanisme doit, quant à lui, indiquer les limitations administratives au droit de propriété, donc les SUP applicables au terrain sur lequel il porte. L'effet de cristallisation de la règle qui s'attache au certificat s'y applique également, sous réserve de celles qui ont pour objet la préservation de la sécurité ou de la salubrité publique (C. urb., art. L. 410-1).

chapitre 8

La protection et la mise en valeur du patrimoine

Plan analytique

La protection et la mise en valeur du patrimoine

La protection du patrimoine est une politique publique ancienne qui s'est élargie à la mesure de l'identification des patrimoines à protéger. Ils sont désormais non seulement architecturaux mais également urbains, paysagers ou encore archéologiques. Cette préoccupation n'est pas absente du droit de l'urbanisme. Les documents d'urbanisme doivent en effet, au titre des objectifs que leur assigne l'article L. 121-1 du Code de l'urbanisme, assurer la sauvegarde des ensembles urbains et du patrimoine bâti remarquables, ainsi que la qualité urbaine, architecturale et paysagère des entrées de ville. Pour ce faire, les PLU peuvent notamment identifier des éléments de paysage ou de patrimoine immobilier à protéger, à mettre en valeur ou à requalifier et définir, le cas échéant, les prescriptions de nature à assurer leur protection (C. urb., art. L. 123-1-5, 7°; *v.* égal. L. 123-1-5, 5°). Par ailleurs, dans les parties de communes nécessitant une protection particulière en raison de la qualité des sites, les divisions foncières peuvent être soumises à déclaration préalable (C. urb., art. L. 111-5-2). Enfin, on verra que la sauvegarde et la mise en valeur du patrimoine bâti ou non bâti constituent un motif un objectif d'aménagement de nature à justifier l'exercice du droit de préemption (C. urb., art. L. 300-1). 453

Ces prérogatives propres au droit de l'urbanisme ne font cependant que s'ajouter à différentes législations plus spécifiques, visant à la protection et à la mise en valeur de tel ou tel aspect du patrimoine, et avec lesquelles le droit de l'urbanisme coexiste. Il paraît donc intéressant de présenter ces différentes réglementations protectrices des monuments historiques et des sites (section 1), des secteurs sauvegardés (section 2), des paysages (section 3) et du patrimoine archéologique (section 4).

section 1

La protection des monuments historiques et des sites

La protection des monuments historiques et des sites résulte principalement des lois du 31 décembre 1913 sur les monuments historiques (§ 1) et du 2 mai 1930 sur la protection des sites (§ 2). Le dispositif résultant de cette législation a fait l'objet de nombreuses critiques. La première porte sur son manque d'unité alors même que ces textes ont des objets analogues. La deuxième concerne l'insuffisance du cadre juridique et l'absence de normes préétablies, qui donnent à la protection la forme de décisions individuelles faisant une part trop belle au pouvoir discrétionnaire de l'architecte des Bâtiments de France (ABF). La troisième, enfin, résulte de la constatation que ce régime de protection relève largement de l'État, ce qui peut apparaître en 454 décalage avec la décentralisation des compétences en matière d'urbanisme. L'institution des zones de protection du patrimoine architectural, urbain et, depuis la loi « paysage » du 8 janvier 1993, paysager (ZPPAUP), a eu pour objet de répondre à ces critiques (§ 3). Elle y est à peu près parvenue (A. de Lajartre, « La protection des monuments historiques, contrainte ou atout des collectivités territoriale ? », *AJCT* 2013. 384), mais la volonté de donner un nouveau dynamisme à la protection du patrimoine urbain, a conduit le législateur à créer des aires de mise en valeur de l'architecture et du patrimoine (AMVAP ou AVAP), censées se substituer aux ZPPAUP dans un délai de six ans (nouvelle rédaction de l'art. L. 642-8 du Code du patrimoine) à compter de l'entrée en vigueur de la loi ENE du 12 juillet 2010 qui les a créées (§ 4).

§ 1 La protection des monuments historiques

455 La loi de 1913 constitue l'un des textes fondamentaux assurant la sauvegarde du patrimoine. Modifiée à différentes reprises depuis lors, elle est aujourd'hui codifiée dans le Code du patrimoine (art. L. 621-1 s.). À l'origine, elle ne protégeait que des édifices présentant un intérêt majeur du point de vue historique ou artistique et qui, pour cette raison, étaient, selon qu'ils présentaient un intérêt plus ou moins grand, classés ou inscrits. Puis, une loi du 25 février 1943, modifiant l'article 13 *bis* de la loi du 31 décembre 1913, a étendu la protection aux abords des monuments historiques. Ainsi, lorsqu'un immeuble est situé dans le champ de visibilité d'un édifice classé ou inscrit (c'est-à-dire dans un rayon de 500 m et avec covisibilité entre les deux), ou adossé à un tel édifice, il ne peut faire l'objet d'aucune transformation ou modification de nature à en affecter l'aspect sans autorisation préalable (la loi n° 2012-387 du 22 mars 2012 relative à la simplification du droit et à l'allègement des démarches administratives a aligné le régime des travaux réalisés sur les immeubles adossés aux monuments historiques sur celui des immeubles situés dans leur champ de visibilité). C'est principalement en cela que la protection des monuments historiques intéresse le droit de l'urbanisme. C'est la raison pour laquelle le classement ou l'inscription doivent, comme les autres SUP, être mentionnés dans les annexes du PLU. Par ailleurs, les ordonnances n° 2005-1128 du 8 septembre 2005 et n° 2005-1527 du 8 décembre 2005 se sont attachées à simplifier l'articulation entre cette procédure spécifique d'autorisation et les autorisations d'urbanisme (le principe étant que l'autorisation d'urbanisme tient lieu de l'autorisation prévue à l'article L. 621-31 du Code du patrimoine dès lors que la décision a fait l'objet de l'accord de l'architecte des Bâtiments de France ; art. R. 425-1, modifié par le décret n° 2014-1314 du 31 oct. 2014 portant simplification du régime des travaux sur les immeubles adossés aux monuments historiques ou situés dans leur champ de visibilité et adaptation de l'organisation administrative dans le domaine du patrimoine).

§ 2 La protection des sites

456 La loi de 1930 s'attache à protéger les sites naturels mais également les sites urbains selon la même technique que la loi sur les monuments historiques (C. envir., L. 341-1 s.). En application de ces dispositions, est établi dans chaque département une liste des monuments naturels et des sites dont la conservation ou la préservation présente, au point de vue artistique, historique, scientifique, légendaire ou pittoresque, un

intérêt général. Les sites peuvent être inscrits ou classés. L'inscription sur l'inventaire des sites entraîne, sur les terrains compris dans les limites fixées par l'arrêté, l'obligation pour les intéressés de ne pas procéder à des travaux autres que ceux d'exploitation courante en ce qui concerne les fonds ruraux et d'entretien normal en ce qui concerne les constructions sans avoir avisé, quatre mois d'avance, l'administration de leur intention. Le classement d'un site soumet, quant à lui, à un régime d'autorisation toute destruction ou modification de l'état ou de l'aspect du site (C. envir. art. L. 341-10). La loi permettait, enfin, d'établir des zones de protection étendues autour des sites classés ou inscrits. Mais, la loi du 7 janvier 1983 relative à la répartition des compétences entre les communes, les départements, les régions et l'État (art. 72) a supprimé la possibilité de créer, pour l'avenir, de nouvelles zones de cette nature. Toutes ces restrictions à la liberté d'occuper et d'utiliser le sol sont constitutives de SUP.

§ 3 Les zones de protection du patrimoine architectural, urbain et paysager (ZPPAUP)

La loi du 7 janvier 1983 a créé les zones de protection du patrimoine architectural, urbain et paysager (ZPPAUP) dont l'objet est de délimiter des périmètres de protection en fonction des caractéristiques propres d'un ensemble architectural digne d'intérêt et d'y édicter des prescriptions adaptées à ses besoins. Leur principal intérêt est ainsi de conférer une traduction spatiale aux SUP résultant des lois de 1913 et 1930 et de permettre une intervention plus cohérente et plus décentralisée, particulièrement depuis l'ordonnance du 8 septembre 2005, autour des monuments historiques et dans les quartiers et sites à protéger (C. patr., art. L. 642-1 s.). 457 ■

La loi Grenelle II a prévu le remplacement à terme des ZPPAUP par les AMVAP et immédiatement supprimé la possibilité de créer de nouvelles ZPPAUP. Cependant, dans la mesure où les ZPPAUP existantes peuvent demeurer en vigueur jusqu'au 13 juillet 2016 (la loi ALUR ayant allongé d'un an le délai initialement prévu), il reste utile de présenter leurs principaux effets (A) ainsi que les règles régissant leur évolution et leur transformation en AMVAP (B).

A. Les effets des ZPPAUP

Il convient d'examiner les effets des ZPPAUP aussi bien sur les règles d'urbanisme que sur les autorisations d'occupation du sol. 458 ■

Les effets des ZPPAUP sur les règles d'urbanisme. Assez logiquement l'article R. 111-1 du Code de l'urbanisme précise que les dispositions de l'article R. 111-21 du même code relatif à l'aspect extérieur des constructions ne sont pas applicables dans les ZPPAUP. En revanche, il a été jugé qu'une ZPPAUP ne peut faire obstacle au droit que tout particulier tient de l'article L. 111-3 du Code de l'urbanisme de reconstruire à l'identique un bâtiment détruit par un sinistre (CE 23 nov. 2005, *Cne Bagnères-de-Bigorre*, n° 279721, *Constr.-Urb.* 2006. 94, obs. G. Godfrin ; *BJDU* 2006. 92, concl. Ch. Devys). Plus généralement, les ZPPAUP posent des règles (normes architecturales, esthétiques, relatives au bâti ou au traitement des espaces libres) ayant le caractère de SUP et qui s'imposent en tant que telles. Il en résulte que, lorsque la commune est dotée d'un PLU, les dispositions de la ZPPAUP doivent être intégralement reprises 459 ■

dans ses annexes. Elles peuvent ainsi compléter les prescriptions de ce document, notamment par des mesures qu'il n'a pas le pouvoir d'édicter. L'opposabilité de la ZPPAUP ne prive cependant pas les autorités compétentes en matière de document d'urbanisme de la prérogative qui est la leur de définir les règles d'urbanisme applicables sur l'ensemble du territoire qu'il couvre. Une commune peut donc édicter des règles destinées à préserver son patrimoine architectural (par ex. C. urb., sur le fondement de l'art. L. 123-1-5, 7°) y compris dans les secteurs inclus dans une ZPPAUP. Si deux règles distinctes sur un même sujet sont posées, le juge estime que la plus sévère l'emporte (CAA Lyon, 7 juill. 2005, n° 02LY01647). Si aucune des deux ne peut être regardée comme plus sévère, ce sont les dispositions de la ZPPAUP – norme plus spécialisée – qui devront l'emporter.

460 *Les effets des ZPPAUP sur les autorisations d'utilisation du sol.* La création de la ZPPAUP a peu d'effets sur le champ d'application des autorisations d'urbanisme, si ce n'est que le permis de démolir est obligatoire dans ces zones (C. urb., art. R. 421-38 ; CE 14 mai 2014, *SCI Alpanga*, n° 359847, *BJDU* 4/2014, p. 312, concl. A. Lallet et obs. M. V. ; *Constr.-urb.* 7-8/2014, n° 97, comm. X. Couton) et que les clôtures doivent y être précédées d'une déclaration préalable (C. urb., art. R. 421-12). Ses effets sont plus importants sur le régime de ces autorisations. En effet, la ZPPAUP a pour conséquence de soumettre tous les travaux de construction, de démolition, de transformation et de modification de l'aspect des immeubles inclus dans son périmètre à autorisation spéciale, accordée par l'autorité administrative compétente en matière de permis de construire après avis de l'architecte des Bâtiments de France, cette autorisation tenant alors lieu de l'autorisation requise au titre du Code du patrimoine (C. patr., anc. art. L. 642-3 ; C. urb., L. 425-1 et R. 425-2).. Cependant, tandis que les demandes d'autorisations déposées depuis le 1er octobre 2010 dans le périmètre de ZPPAUP obéissent à la nouvelle procédure mise en place pour les AMVAP (C. patr., nouv. art. L. 642-6), celles déposées avant cette date obéissent aux règles anciennes, modifiées en dernier lieu par la loi Grenelle I du 3 août 2009, qui avait transformé l'avis conforme de l'architecte des Bâtiments de France en avis simple (C. patr., anc. art. L. 642-3).

À l'énoncé de ce qui précède, on peut légitimement se demander quel intérêt une commune peut avoir à l'institution d'une ZPPAUP puisqu'elle a pour effet de subordonner à l'avis d'une autorité spécifique la délivrance de toute autorisation de travaux portant sur des immeubles compris dans son périmètre. En réalité, elle peut y trouver plusieurs intérêts bien réels. D'une part, l'architecte des Bâtiments de France devra émettre son avis au regard de prescriptions objectives à l'édiction desquelles, de surcroît, la commune a participé. Il s'agit là d'un réel progrès si l'on veut bien considérer que, dans les zones situées aux abords des monuments historiques ou des sites, celui-ci exerce son pouvoir en se fondant sur une appréciation qui ne s'appuie sur aucune règle préétablie et connue de tous. D'autre part, la loi organise une procédure de recours contre l'avis de l'architecte des Bâtiments de France (C. patr., art. L. 642-6 et C. urb., R. 424-14). Il convient d'indiquer également que le ministre de l'Urbanisme peut évoquer tout dossier d'autorisation dont l'architecte des Bâtiments de France ou le préfet sont saisis. Enfin, les infractions dans les ZPPAUP font l'objet de sanctions prévues par le Code de l'urbanisme (C. patr., art. L. 642-4 et C. urb., L. 480-1 s.).

B. Les règles régissant l'évolution des ZPPAUP et leur transformation en AMVAP

La loi avait pris soin d'organiser la transition entre *les ZPPAUP et les AMVAP*[Q] (C. patr., art. L. 642-8 ancienne rédaction). Cet article prévoit désormais simplement que les ZPPAUP mises en place avant le 14 juillet 2010, date de l'entrée en vigueur de la loi Grenelle II, continuent à produire leurs effets de droit jusqu'à ce que s'y substituent des AMVAP. Cette substitution devait initialement être réalisée dans un délai de cinq ans à compter de cette même date. Compte tenu du retard pris dans la transformation des ZPPAUP existantes (environ 670 sur l'ensemble du territoire) en AMVAP (moins d'une centaine de ZPPAUP ayant été transformées début 2014), et face au risques inhérents à la disparition des ZPPAUP non converties, ce délai a été prolongé d'un an par la loi ALUR du 24 mars 2014. 461 ■

Reste que l'on peut douter que les AMVAP finiront effectivement par remplacer les ZPPAUP. Peu après l'adoption de la loi ALUR, Mme Filipetti, alors ministre de la Culture, s'était en effet engagée à supprimer toute échéance couperet, permettant ainsi « de préserver l'acquis des ZPPAUP et des AVAP ». Le projet de loi « Patrimoines » qu'elle portait proposait la création d'un seul outil d'identification et de protection, appelé à ce stade « cité historique », intégrant automatiquement les actuels secteurs sauvegardés, les ZPPAUP et les AMVAP (Rép. Min. n° 0747S, *JO Sénat* 28 mai 2014, p. 4296). L'idée de créer des « cités historiques », constitutives de SUP, a été reprise par Mme Pellerin dans l'avant-projet de loi « création artistique, architecture et patrimoine ». Ce texte, qui devrait être soumis au Conseil des ministres début 2015, prévoit que « Le règlement de l'aire de mise en valeur de l'architecture et du patrimoine ou de la zone de protection du patrimoine architectural, urbain et paysager continue de produire ses effets de droit dans le périmètre de la cité historique jusqu'à ce que s'y substitue un plan de sauvegarde et de mise en valeur ou un plan local d'urbanisme conforme aux dispositions de l'alinéa précédent ».

§ 4 Les aires de mise en valeur de l'architecture et du patrimoine (AMVAP)

Les AMVAP ont été instituées par la loi Grenelle II du 12 juillet 2010, complétée par un décret d'application en date du 19 décembre 2011, une circulaire du 2 mars 2012, puis un arrêté du 12 avril 2012. Elles ont vocation à se substituer aux ZPPAUP qui, comme on l'a dit, devraient disparaître au plus tard le 14 juillet 2016 (J.-C. Ricci, « Les aires de mise en valeur de l'architecture et du patrimoine : simples variations sémantiques ou révolution pratique ? », *BJDU* 2011. 3 ; X. Couton, « régime des travaux dans les AVAP », *Constr.-urb.* 7/2012, n° 111 ; P. Planchet, « Le patrimoine et le paysage face au défi environnemental », *AJDA* 2010.1705 ; P. Planchet, « De la ZPPAUP à l'AVAP », *AJDA* 2011. 1552). Leur création vise à donner un nouveau dynamisme à la protection du patrimoine, plus empreint de développement durable. Selon l'art. L. 642-1 du Code du Patrimoine, en effet, les AMVAP ont pour objet de promouvoir la mise en valeur du patrimoine bâti et des espaces dans le respect du développement durable. Par ailleurs, leur création a été l'occasion de solutionner le délicat problème de l'avis de l'architecte des Bâtiments de France, qui pose en définitive la question du pouvoir d'intervention de l'État dans les mécanismes 462 ■

décentralisés de protection du patrimoine. Voyons les principales règles régissant leur création et leur évolution (A), leur contenu (B) et, surtout, leurs effets (C).

A. La création et l'évolution des AMVAP

463 L'initiative de création des AMVAP est, comme l'était celle des ZPPAUP, décentralisée. Elle appartient aux communes et EPCI compétents en matière de PLU, qui peuvent délimiter un périmètre, conformément à l'objet des AMVAP. Celui-ci n'est pas très différent de celui des ZPPAUP puisqu'elles peuvent être instituées sur un ou des territoires présentant un intérêt culturel, architectural, urbain, paysager, historique ou archéologique. On relèvera que le motif archéologique est explicite tandis que le motif esthétique n'est plus qu'implicite. Le projet d'aire est transmis pour avis à un certain nombre d'autorités. Il doit être soumis, dès sa conception à concertation (C. urb., art. L. 300-2), puis à enquête publique (C. patr., art. L. 642-3, modifié par l'ordonnance du 5 janvier 2012). Au cours de la procédure, une commission consultative doit être créée. Cette instance, inspirée de la commission locale du secteur sauvegardé, a pour mission d'assurer le suivi de la conception du projet d'aire et, par la suite, de la mise en œuvre des règles applicables dans son périmètre. À la fin de la procédure, l'AMVAP est créée par délibération de l'autorité qui a pris l'initiative de sa création, après accord du préfet cependant. L'État conserve ainsi un droit de regard sur la création des AMVAP. Mais le ministre de la Culture n'a plus de pouvoir d'évocation à ce stade.

Une AMVAP peut évoluer selon trois procédures. La procédure de révision – identique à la procédure de création – s'impose lorsqu'il est porté atteinte à l'économie générale de ses dispositions relatives à la protection du patrimoine bâti et des espaces naturels ou urbains (C. patr., art. L. 642-4). Dans le cas contraire, la procédure « allégée » de modification, sans concertation, ni consultation, peut être mise en œuvre. Enfin, depuis le 1er janvier 2014, l'AMVAP peut être adaptée dans le cadre des procédures intégrées pour le logement ou pour l'immobilier d'entreprise prévues à l'article L. 300-6-1 du Code de l'urbanisme (v. *supra*).

B. Le contenu des AMVAP

464 Les AMVAP contiennent (C. patr. art. L. 642-2) d'abord un rapport de présentation des objectifs de l'aire. Elles comportent ensuite un règlement qui comporte des prescriptions relatives à la qualité architecturale des constructions nouvelles ou des aménagements de constructions existantes ainsi qu'à la conservation ou à la mise en valeur du patrimoine bâti et des espaces naturels ou urbains. Les prescriptions peuvent donc concerner aussi bien les espaces naturels, non bâtis, que les espaces urbanisés. Par ailleurs, et ceci reflète plus le droit de l'urbanisme contemporain, le règlement peut contenir des normes relatives à l'intégration architecturale et à l'insertion paysagère des constructions, ouvrages, installations ou travaux visant tant à l'exploitation des énergies renouvelables ou aux économies d'énergie qu'à la prise en compte d'objectifs environnementaux. Éventuellement, le règlement peut prévoir la possibilité d'adaptations mineures de ses prescriptions (C. patr., art. D. 642-5). Enfin, l'AMVAP comporte un document graphique faisant apparaître le périmètre de l'aire, une typologie des constructions, les immeubles protégés, bâtis ou non, dont la conservation est imposée et, le cas échéant, les conditions spéciales relatives à l'implantation, à la morphologie et aux dimensions des constructions.

C. Les effets des AMVAP

On peut distinguer les effets des AMVAP, qui sont des servitudes d'utilité publique, sur les règles d'urbanisme et sur les autorisations d'urbanisme. 465 ■

Les effets des AMVAP sur les règles d'urbanisme. Les liens entre l'AMVAP et le PLU sont nombreux. En premier lieu, l'AMVAP est fondée sur un diagnostic architectural, patrimonial et environnemental, prenant en compte les orientations du PADD du PLU (C. patr., art. L. 642-1). En deuxième lieu, il est prévu – ce qui est nouveau par rapport aux ZPPAUP – que lorsque le projet d'AMVAP n'est pas compatible avec les dispositions du PLU, l'aire ne peut être créée que si celui-ci a été préalablement mis en compatibilité avec ses dispositions selon la procédure définie à l'article L. 123-16 du Code de l'urbanisme. Dans ce cas, l'enquête publique est commune. Il en va de même en cas de révision ou de modification de l'aire (C. patr., art. L. 642-3). En troisième lieu, l'AMVAP est une servitude d'utilité publique. Elle doit donc être insérée dans les annexes du PLU. 466 ■

Assez logiquement, il est prévu que les dispositions de l'article R. 111-21 du Code de l'urbanisme ne sont pas applicables dans le périmètre des AMVAP. Enfin, l'article L. 642-7 du Code du patrimoine pose que les SUP instituées pour la protection du champ de visibilité des immeubles inscrits ou classés au titre des monuments historiques et des sites inscrits, ne sont pas applicables dans le périmètre de l'AMVAP.

Les effets des AMVAP sur les autorisations d'utilisation du sol. Tous les travaux ayant pour objet ou pour effet de transformer ou de modifier l'aspect d'un immeuble, bâti ou non, compris dans le périmètre d'une AMVAP sont, à l'exception de ceux réalisés sur un monument historique classé, soumis à une autorisation préalable délivrée par l'autorité compétente en matière d'autorisations d'urbanisme (C. patr., art. L. 642-6 ; pour les travaux ne nécessitant pas d'autorisation au titre du Code de l'urbanisme, v. C. patr., art. D. 642-11 s.). Cette autorisation vaut également au titre du Code du patrimoine. Cependant, elle doit être précédée de l'avis conforme, et non plus simple de l'architecte des Bâtiments de France (ABF), qui a un mois, et non plus deux, pour donner son avis. Celui-ci est réputé favorable à l'expiration du délai d'un mois. L'État a donc retrouvé avec la loi Grenelle II un pouvoir que lui avait ôté la loi Grenelle I, mais des voies de recours administratif et contentieux sont ouvertes (Rép. min. *JOAN* 13 mars 2012. 2288 ; question n° 112895, *JOAN* 28 juin 2011. 6762 ; sur ces recours, v. F. Polizzi, « Que faire face à un désaccord de l'ABF sur une demande d'autorisation d'urbanisme ? », *BJDU* 2011. 12). Par ailleurs, l'autorité compétente pour délivrer l'autorisation peut, au cours de l'instruction, consulter la commission consultative de l'aire et, à son issue, assortir l'autorisation de prescriptions particulières destinées à rendre le projet conforme aux prescriptions du règlement de l'aire. 467 ■

Le décret du 19 décembre 2011 instaure une sanction pénale en cas de violation des dispositions relatives à l'autorisation spéciale de travaux dans les AMVAP. Ces dispositions sont codifiées aux articles D. 642-1 à D. 642-29 du Code du patrimoine.

section 2

Les secteurs sauvegardés

468 La loi du 4 août 1962 sur les secteurs sauvegardés, dite « loi Malraux », bien qu'ayant un objet similaire aux lois de 1913 et 1930 s'en distingue néanmoins. D'une part, elle ne vise pas ponctuellement à la protection d'un monument ou d'un site mais cherche à protéger les quartiers anciens dans leur ensemble parce que comme le disait André Malraux, « un chef-d'œuvre isolé est un chef-d'œuvre mort ». C'est pourquoi, les secteurs sauvegardés doivent présenter « un caractère historique, esthétique ou de nature à justifier la conservation, la restauration et la mise en valeur de tout ou partie d'un ensemble d'immeubles, bâtis ou non » (C. urb., art. L. 313-1). D'autre part, les protections mises en place par la loi s'inscrivent dans le cadre d'une planification spatiale. Elles sont, en effet, fondées sur l'élaboration de plans de sauvegarde et de mise en valeur (PSMV), qui peuvent tenir lieu de PLU, alors même qu'ils ne couvrent le plus souvent qu'une partie du territoire communal. Bien que le rôle des collectivités territoriales ait été accru en la matière par une ordonnance du 28 juillet 2005 et un décret du 25 mars 2007 (Y. Jégouzo, « La réforme du régime des secteurs sauvegardés entre en vigueur », *AJDA* 2007. 667), l'élaboration de ces documents continue de relever essentiellement de l'État (§ 1). Pour le reste, le régime des PSMV est largement analogue à celui des PLU, qu'il s'agisse de leur contenu (§ 2) ou de leurs effets (§ 3).

§ 1 L'élaboration et l'évolution des plans de sauvegarde et de mise en valeur

469 Les PSMV concernent les « secteurs sauvegardés » qu'il convient de délimiter préalablement à l'établissement des règles qui leur seront applicables. Ceux-ci sont créés par le préfet, mais sur demande ou avec l'accord de la commune ou, le cas échéant, de l'EPCI compétent en matière de PLU et après avis de la commission nationale des secteurs sauvegardés (C. urb., art. L. 313-1-I ; R. 313-18 s.).

Bien que le régime des PSMV soit largement aligné sur celui des PLU, leur procédure d'élaboration comporte de réelles spécificités, en raison de la dimension nationale de la politique concernée (C. urb., art. L. 313-1-II et R. 313-7 s.). Le PSMV fait l'objet d'une élaboration conjointe par l'État et la commune ou l'EPCI compétent en matière de PLU, ce qui signifie que l'instruction est conduite par le préfet et le maire, les deux étant placés sur un pied d'égalité tout au long de la procédure. Tout d'abord, le préfet désigne avec l'accord du maire l'architecte chargé de concevoir le plan. Il définit dans les mêmes conditions les modalités de la concertation. Ils consultent les personnes publiques associées qui sont les mêmes que pour les documents d'urbanisme. Le préfet ou le maire peut consulter la commission locale du secteur sauvegardé qui est, par ailleurs, présidée par le maire et ils lui soumettent ensemble le projet de plan pour avis. Ce dernier est ensuite soumis à l'enquête publique. Le plan, éventuellement modifié consécutivement à l'enquête, est approuvé par arrêté du préfet, ou par décret en Conseil d'État après avis de la commission nationale en cas d'avis défavorable du conseil municipal (sur la publication du plan : C. urb., art. R. 313-22 ; sur le délai de recours contre le plan : CE 7 janv. 2000, *Sté « Lady Jane »*, n° 187042, *BJDU* 2000. 31, concl. G. Bachelier).

Avant la loi du 31 décembre 1976, les PSMV étaient qualifiés de permanents. Depuis des mécanismes permettant de les faire évoluer ont été mis en place. Ils sont calqués sur ceux des PLU et prennent la forme d'une révision qui obéit aux mêmes règles que son établissement (C. urb., art. L. 313-1-IV et R. 313-14) ou d'une modification si celle-ci n'emporte pas d'atteinte à son économie générale ou une réduction d'un espace boisé classé (art. L. 313-1, IV et R. 313-15).

§ 2 Le contenu du plan de sauvegarde et de mise en valeur

Les PSMV obéissent à la structure classique des documents d'urbanisme, c'est-à-dire un rapport de présentation, un règlement assorti de documents graphiques, des orientations d'aménagement et des annexes (C. urb., art. R. 313-2 à R. 331-6). Leur contenu matériel est également largement identique à celui des PLU, même s'ils sont cependant beaucoup plus précis en raison de leurs finalités et du caractère limité de leur périmètre. Ainsi, l'article L. 313-1, III du Code de l'urbanisme leur rend applicable la majeure partie des dispositions relatives aux PLU, notamment celles permettant de fixer des règles générales et servitudes d'utilisation des sols pouvant aller jusqu'à l'interdiction de construire. À la différence des PLU toutefois, ils ne comportent pas de PADD puisque, par hypothèse, il ne concerne qu'une partie du territoire communal. Par ailleurs, les PSMV peuvent indiquer les immeubles ou parties intérieures ou extérieures d'immeubles dont la démolition, l'enlèvement ou l'altération sont interdits et dont la modification est soumise à des conditions spéciales ou dont la démolition ou la modification pourra être imposée par l'autorité administrative à l'occasion d'opérations d'aménagement publiques ou privées (CE 7 janv. 2000, *Sté « Lady Jane »*, préc. : compatibilité avec la CEDH du PSMV du Marais à Paris bien qu'il ait pour effet de provoquer la démolition d'un immeuble). Enfin il est expressément prévu que le règlement et les documents graphiques peuvent comporter des règles relatives aux matériaux à utiliser (art. R. 313-4). 470

§ 3 Les effets du plan de sauvegarde et de mise en valeur

On distinguera les effets du PSMV sur les règles d'urbanisme et sur les autorisations d'urbanisme. 471

Les effets du PSMV sur les règles d'urbanisme. Le PLU et le PSMV sont tous deux des documents de planification urbaine. Leur contenu est ainsi largement identique sous réserve des règles propres au second justifiées par la spécificité de son objet. On comprend, dans ces conditions, qu'ils ne puissent pas se superposer. Le PSMV va donc, selon l'expression consacrée par le Code de l'urbanisme, tenir lieu de PLU. C'est pourquoi d'ailleurs la prescription du plan de sauvegarde consécutive à la délimitation du secteur sauvegardé vaut mise en révision du PLU (C. urb., art. L. 313-3, II). La mise en place d'une politique de conservation et de mise en valeur des quartiers anciens doit cependant faire partie intégrante du projet urbain exprimé par la commune dans son PADD. C'est pourquoi le PSMV doit être compatible avec le 472

PADD du PLU. Lorsque le projet de PSMV comporte des dispositions qui ne sont pas compatibles avec lui, il ne peut être approuvé que si l'enquête publique, organisée par le préfet, après accord de la commune ou de l'EPCI compétent, a porté à la fois sur le projet de plan de PSMV et sur la modification ou la révision du PLU. L'approbation du PSMV emporte alors modification ou révision du PLU (art. L. 313-1, IV).

Le Code de l'urbanisme organise par ailleurs une coordination entre le PSMV et les autres législations relatives à la protection du patrimoine. Ainsi, aux termes de l'article L. 313-2-1, les immeubles situés dans un secteur sauvegardé couvert par un plan approuvé ne sont pas soumis aux servitudes d'utilité publique résultant des lois de 1913 et de 1930 codifiée, pour cette dernière, à l'article L. 341-1 du Code de l'environnement, ceci afin d'éviter une double consultation de l'architecte des Bâtiments de France.

■ 473 *Les effets du PSMV sur les autorisations d'utilisation du sol. Alors qu'ils étaient auparavant* soumis à une autorisation spéciale, constructions, travaux, installations et aménagements envisagés dans les secteurs sauvegardés sont désormais soumis au droit commun des autorisations d'urbanisme. Mais précisément, la circonstance que l'opération envisagée se situe dans un secteur sauvegardé a souvent pour conséquence de la soumettre à un régime de contrôle préalable renforcé (permis de construire ou permis d'aménager, par exemple, alors que si les mêmes travaux étaient envisagés en dehors d'un tel secteur, ils ne nécessiteraient qu'une déclaration préalable). La principale originalité de ce point de vue tient à ce que les règles du PSMV sont susceptibles de s'appliquer aussi bien aux travaux extérieurs qu'à des travaux à l'intérieur des immeubles. On peut aussi préciser qu'à compter de la publication de l'acte créant le secteur sauvegardé, tout travail ayant pour effet de modifier l'état des immeubles est soumis à l'accord de l'architecte des Bâtiments de France (C. urb., art. L. 313-2 et R. 313-17 ; CE 10 déc. 1993, *Dragon c/ Maire d'Aix-en-Provence,* n° 124900 *:* sur la notion de « modification de l'état des immeubles »). Enfin, dans la mesure où la création du secteur vaut mise en révision du PLU, un sursis à statuer peut être opposé aux demandes d'autorisations d'urbanisme à compter de la publication de la décision créant le secteur et prescrivant l'élaboration du plan.

section 3

La protection des paysages

■ 474 Jusqu'à l'intervention de la loi n° 93-14 du 8 janvier 1993, la protection et la mise en valeur des paysages reposaient sur plusieurs législations et réglementations plus ou moins spécifiques, comme la législation sur les monuments historiques et les sites, le droit de l'environnement (L. du 10 juill. 1976 relative à la protection de la nature not.) ou encore le droit de l'urbanisme. La loi de 1993 a donc innové en traitant spécifiquement, pour la première fois dans un texte unique, de la protection, de la gestion et de la mise en valeur des paysages. Cependant, elle a dans le même temps renforcé la prise en compte des paysages par les autres législations. C'est elle par exemple qui a étendu l'objet des ZPPAU à la protection du paysage. Elle a également modifié le Code rural (C. envir., art. L. 333-1) et le Code de l'urbanisme.

C'est ainsi que depuis son intervention, les PLU peuvent identifier et localiser les éléments de paysage à mettre en valeur ou à requalifier et définir, le cas échéant, les prescriptions de nature à assurer leur protection (C. urb., art. L. 123-1-5, III, 2°). La loi « paysage » habilite également les documents locaux d'urbanisme à classer en espaces boisés des arbres isolés, des haies ou réseaux de haies et des plantations d'alignement (C. urb., art. L. 130-1). Dans les parties de communes nécessitant une protection particulière en raison de la qualité des sites, des milieux naturels et des paysages, le conseil municipal peut décider de soumettre à déclaration préalable les divisions foncières qui ne sont pas soumises à un permis d'aménager. L'autorité compétente peut alors s'opposer à la division si celle-ci est de nature à compromettre gravement le caractère naturel des espaces, la qualité des paysages ou le maintien des équilibres biologiques (C. urb., art. L. 111-5-2). Enfin, la loi paysage a complété le dossier de la demande de permis de construire par un « volet paysager » (C. urb., anc. art. R. 421-2) devenu « projet architectural » (art. R. 431-8).

La loi paysage institue, par ailleurs, une planification spatiale sous la forme des directives de protection et de mise en valeur des paysages dont les prescriptions s'imposent aux documents locaux d'urbanisme (C. envir., art. L. 350-1) et sont opposables aux demandes d'autorisation de défrichement, d'occupation et d'utilisation du sol en l'absence de document d'urbanisme ou en présence d'un document d'urbanisme incompatible avec ses dispositions (même article). Il reste que la protection des paysages reposera encore longtemps sur le droit de l'urbanisme puisque seules deux directives ont été pour l'heure approuvées : la directive de protection et de mise en valeur des paysages des Alpilles (Décr. n° 2007-212, 4 janv. 2007 ; *Constr.-Urb.* 2007. 37, obs. G. Godfrin) et la directive de protection et de mise en valeur des paysages du Mont-Salève (Décr. n° 2008-189, 27 févr. 2008).

section **4**

La protection du patrimoine archéologique

Si pendant longtemps l'archéologie préventive n'a fait l'objet d'aucune réglementa- 475 ■
tion, il n'en va plus de même depuis l'adoption de la loi n° 2001-44 du 17 janvier 2001 relative à l'archéologie préventive, modifiée à diverses reprises par la suite et complétée par un décret n° 2004-490 du 3 juin 2004. En application de cette législation, les opérations de construction d'ouvrages ou de travaux qui, en raison de leur localisation, de leur nature ou de leur importance, affectent ou sont susceptibles d'affecter des éléments du patrimoine archéologique ne peuvent être entreprises que dans le respect des mesures de détection et, le cas échéant, de conservation et de sauvegarde par l'étude scientifique ainsi que par des demandes de modification de la consistance des opérations (Décr., art. 1er). Sont ainsi concernés par priorité les projets réalisés dans les zones définies par arrêté du préfet de région dans le cadre de l'établissement de la carte archéologique nationale (Décr., art. 5). Mais le préfet de région peut également décider ponctuellement d'édicter des prescriptions lorsqu'un projet est susceptible d'affecter des éléments de patrimoine archéologique alors

même qu'il est localisé hors des zones précitées (Décr., art. 6 et 7). Ces prescriptions constituent des servitudes administratives susceptibles de fonder un refus de prorogation de permis de construire (CE 23 févr. 2005, *Brouchot*, n° 271131). L'article R. 425-31 du Code de l'urbanisme prévoit d'ailleurs que lorsque le projet entre dans le champ d'application de l'article 4 du décret du 3 juin 2004, le dossier joint à la demande de permis comprend les pièces exigées à l'article 8 de ce décret et que la décision ne peut intervenir avant que le préfet de région ait statué, dans les conditions prévues à l'article 18 de ce décret sur les prescriptions d'archéologie préventive. Dans le cas où le préfet de région a imposé des prescriptions, les travaux de construction ou d'aménagement ne peuvent pas être entrepris avant l'exécution de ces prescriptions.

Rappelons pour finir qu'en vertu de l'article R. 111-4 du Code de l'urbanisme, qui est une disposition d'ordre public du RNU, une autorisation d'urbanisme peut être refusée ou assortie de prescriptions particulières si le projet est de nature, par sa localisation et ses caractéristiques, à compromettre la conservation ou la mise en valeur d'un site ou de vestiges archéologiques.

chapitre 9

La sauvegarde des espaces naturels

Plan analytique

section 1

Les parcs nationaux et les parcs naturels régionaux

§ 1 Les parcs nationaux

§ 2 Les parcs naturels régionaux

section 2

Les inventaires du patrimoine naturel

§ 1 Les zones naturelles d'intérêt écologique, faunistique et floristique

§ 2 Les sites Natura 2000

La sauvegarde des espaces naturels

La sauvegarde des espaces naturels est une préoccupation de plus en plus présente en droit de l'urbanisme. Les articles L. 110 et L. 121-1 du Code de l'urbanisme font d'ailleurs de la protection des milieux naturels et des paysages, de l'utilisation économe des espaces naturels, de la préservation des espaces affectés aux activités agricoles et forestières, et de la protection des sites, des milieux et paysages naturels, des objectifs que doivent poursuivre les collectivités publiques en cette matière. Et différents moyens leur sont donnés dans cette perspective. Le PLU va par exemple comporter des zones naturelles, agricoles et forestières dans lesquelles la constructibilité est très limitée (v. ss 302 s.). Il peut également identifier et localiser les sites et secteurs à protéger pour des motifs d'ordre écologique (C. urb., art. L. 123-1-5, III, 2°) et, depuis la loi ALUR, imposer une part minimale de surfaces non imperméabilisées ou éco-aménageables, éventuellement pondérées en fonction de leur nature, afin de contribuer au maintien de la biodiversité et de la nature en ville (art. L. 123-1-5, III, 1°). Par ailleurs, dans les parties de communes nécessitant une protection particulière en raison de la qualité des milieux naturels, le conseil municipal peut décider de soumettre à déclaration préalable les divisions foncières non soumises à un permis d'aménager. L'autorité compétente pourra s'opposer à la division si elle est de nature à compromettre gravement le caractère naturel des espaces ou le maintien des équilibres biologiques (C. urb., art. L. 111-5-2). Enfin, comme on le verra, la sauvegarde et la mise en valeur des espaces naturels constituent un objectif d'aménagement de nature à justifier l'exercice du droit de préemption (C. urb., art. L. 300-1 ; v. ss 968 s.). 476

Surtout, les documents d'urbanisme doivent respecter un certain nombre de dispositifs de protection des espaces naturels extérieurs au droit de l'urbanisme, et au premier chef des espaces compris dans les parcs naturels nationaux et régionaux (section 1). Il faut cependant relever que leur articulation n'est pas toujours clairement assurée s'agissant d'inventaires du patrimoine naturel (section 2) et des arrêtés de protection du biotope (section 3) dont les effets juridiques ne sont pas, à raison de leur nature même, clairement déterminés.

section 1

Les parcs nationaux et les parcs naturels régionaux

On examinera successivement le régime attaché aux parcs nationaux (§ 1) et aux parcs régionaux (§ 2), sous le seul angle de son rapport avec les documents d'urbanisme. 477

§ 1 Les parcs nationaux

478 On présentera successivement la procédure de création des parcs nationaux, le contenu de leurs chartes constitutives et leurs effets.

479 *La création des parcs nationaux.* Les parcs nationaux sont créés sur le fondement d'une loi du 22 juillet 1960 modifiée à différentes reprises par la suite, notamment par une loi du 14 avril 2006 (C. envir., art. L. 331-1 à L. 331-25 et R. 331-1 à R. 331-85). Peut être classé en parc national tout espace terrestre ou maritime, lorsque le milieu naturel, particulièrement la faune, la flore, le sol, le sous-sol, l'atmosphère et les eaux, les paysages et, le cas échéant, le patrimoine culturel qu'ils comportent présentent un intérêt spécial et qu'il importe d'en assurer la protection en les préservant des dégradations et des atteintes susceptibles d'en altérer la diversité, la composition, l'aspect et l'évolution. Le classement est opéré, après enquête publique, par décret en Conseil d'État (pour le déclassement : CE, ass., 20 nov. 1981, *Assoc. pour la protection de la vallée de l'Ubaye, Lebon* 429 ; *AJDA* 1982. 72, chron. B. Lasserre et F. Tiberghien ; *RD publ.* 1982. 75, concl. B. Genevois). Quant à la modification des parcs nationaux, le Conseil d'État a précisé que les dispositions transitoires de la loi du 14 avril 2006 ont pour effet d'autoriser le pouvoir réglementaire à procéder, pendant la période transitoire comprise entre l'entrée en vigueur de la loi et l'approbation, par décret en Conseil d'État, de la charte du parc concerné, à des ajustements limités du périmètre du cœur de parc, indépendamment de la procédure d'extension de celui-ci prévue par l'article R. 331-15 du Code de l'environnement (CE, sect., *Cne de Hures-la-Parade*, req. 337144 et *Cne de Lourdios-Ichêre*, req. 328866, AJCT 2012. 377, comm. M. Molinier-Dubost).

480 *Le contenu de la charte constitutive du parc national.* Une charte est établie pour chaque parc national. Cette charte définit un projet de territoire traduisant la solidarité écologique entre les deux zones composant le parc. Elle comporte d'abord une aire d'adhésion. Celle-ci est définie comme tout ou partie du territoire des communes qui, ayant vocation à faire partie du parc national en raison notamment de leur continuité géographique ou de leur solidarité écologique avec le cœur du parc, ont décidé d'adhérer à la charte du parc national et de concourir volontairement à cette protection. Pour cette zone, la charte du parc détermine des orientations de protection, de mise en valeur et de développement, et indique les moyens de les mettre en œuvre. La charte comporte ensuite un ou plusieurs cœurs, définis comme les espaces terrestres et maritimes à protéger. Pour cette zone, elle définit les objectifs de protection du patrimoine naturel, culturel et paysager et précise les modalités d'application des règles générale de protection définies par le décret de création du parc.

481 *Les effets de la charte du parc national en droit de l'urbanisme.* En ce qui concerne les autorisations d'urbanisme dont la délivrance est demandée dans le cœur du parc, il est prévu que les travaux, à l'exception des travaux d'entretien normal et, pour les équipements d'intérêt général, les travaux de grosses réparations de même que les constructions et les installations sont interdits en dehors des espaces urbanisés, sauf autorisation spéciale de l'établissement public du parc délivrée après avis de son conseil scientifique. Dans les espaces urbanisés, ils sont cependant possibles mais soumis à l'autorisation spéciale de l'autorité administrative après avis de

l'établissement public du parc. Dans un cas comme dans l'autre, lorsque les travaux, constructions et installations sont soumis à une autorisation d'urbanisme, l'avis conforme des autorités mentionnées tient lieu d'autorisation spéciale. Outre ces règles, le décret de création du parc peut comporter des prescriptions applicables aux travaux construction et installations (C. envir., art. L. 331-4-I). Toutes ces règles constituent des servitudes d'utilité publique qui doivent en conséquence être annexées aux PLU pour les rendre opposables aux autorisations d'urbanisme. Enfin, l'art. L. 331-6 prévoit qu'à compter de la décision de l'autorité administrative prenant en considération la création d'un parc national, il peut être sursis à statuer sur les demandes d'autorisation d'urbanisme concernant des travaux, constructions et installations projetés dans les espaces ayant vocation à figurer dans le cœur du parc national et qui auraient pour effet de modifier l'état des lieux ou l'aspect des espaces en cause (C. urb., art. L. 111-8).

S'agissant des rapports entre les parcs nationaux et les documents d'urbanisme, signalons que les organismes gérant les parcs nationaux sont associés à l'élaboration des SCOT et des PLU couvrant les communes dont tout ou partie du territoire est situé dans le parc ou sa zone périphérique (C. envir., art. L. 331-5 et C. urb., art. L. 121-4). Par ailleurs, les SCOT et, à défaut de SCOT, les PLU et les cartes communales doivent être compatibles avec les chartes des parcs nationaux et plus précisément avec ses objectifs de protection et ses orientations (C. envir., art. L. 331-3 et C. urb., art. L. 111-1-1). Lorsque ces documents d'urbanisme ont été approuvés antérieurement à l'approbation de la charte, ils doivent être mis en compatibilité avec elle dans un délai de trois ans à compter de l'approbation de la charte.

§ 2 Les parcs naturels régionaux

On traitera, comme pour les parcs nationaux, de la procédure de création des parcs naturels régionaux (PNR), puis du contenu et des effets de leurs chartes constitutives. 482 ■

La création des PNR. Les PNR ont été institués par un décret du 1er mars 1967 modifié à plusieurs reprises. Ils trouvent aujourd'hui leur fondement législatif dans la loi Paysage du 8 janvier 1993 (C. envir., art. L. 333-1 à L. 333-3), modifiée par la loi du 14 avril 2006, la loi Grenelle II du 12 juillet 2010, et la loi ALUR du 24 mars 2014. Ils constituent un cadre privilégié pour les actions menées par les collectivités publiques en faveur de la préservation des paysages et du patrimoine naturel et culturel. Ils concourent ainsi à la politique de protection de l'environnement. Mais ils ont également pour vocation de contribuer à la politique d'aménagement du territoire, au développement économique et social et à la politique d'éducation et de formation du public. C'est en cela qu'ils se distinguent des parcs nationaux dont la vocation est exclusivement la conservation des milieux et des espèces. 483 ■

La création d'un PNR prend la forme d'une charte élaborée par la région avec l'ensemble des collectivités territoriales concernées et en concertation avec les partenaires intéressés. Le projet est soumis à enquête publique, puis approuvé par les collectivités territoriales concernées et adopté par décret portant classement en PNR pour une durée maximale de 12 ans. Sa révision est assurée par l'organisme de gestion du parc (C.envir., art. L. 333-1). Eu égard à la nature et à la portée de la charte d'un parc naturel régional, ainsi qu'aux conditions de son adoption, le juge de l'excès de pouvoir est fondé à s'assurer que la décision délimitant le périmètre du parc n'est pas entachée d'erreur manifeste d'appréciation au regard de l'ensemble des critères énoncés à l'article R. 333-4 du Code de l'environnement (CE 20 déc. 2013, *Assoc. France nature environnement*, n° 363667).

484 *Le contenu de la charte constitutive du PNR.* La charte détermine des orientations de protection, de mise en valeur et développement et les mesures permettant de les mettre en œuvre, les unes et les autres applicables sur le territoire du parc. À cette fin, elle comporte un plan élaboré à partir d'un inventaire du patrimoine indiquant les différentes zones du parc et leur vocation. Elle détermine, en outre, les orientations et les principes fondamentaux de protection des structures paysagères au sein du parc (C. envir., art. L. 333-1-II).

485 *Les effets de la charte du PNR en droit de l'urbanisme. De manière générale, une charte de PNR n'a vocation qu'à orienter l'action des pouvoirs publics ; elle ne peut légalement imposer, par elle-même, d'obligations aux tiers (CE, sect., 8 févr. 2012, Unicem de Rhône-Alpes, n° 321219). Plus spécifiquement,* les chartes des PNR n'aboutissent pas à la création de servitudes d'utilité publique ; elles ne sont donc pas directement opposables aux autorisations d'urbanisme. Enfin, lorsqu'il était encore applicable aux documents d'urbanisme, le Conseil d'État a jugé qu'elles ne constituaient pas des documents d'urbanisme au sens de l'article R. 600-1 du Code de l'urbanisme (CE 27 févr. 2004, *Centre régional de la propriété foncière de Lorraine-Alsace*, n° 198124, *JCP* A 2004. 1327, note Ph. Billet ; *RDI* 2004. 219, obs. P. S.-C.).

Cependant, les SCOT et, à défaut de SCOT, les PLU et les cartes communales doivent être compatibles avec les chartes des PNR et, plus précisément avec les orientations et mesures de la charte (C. envir., art. L. 333-1 et C. urb., art. L. 111-1-1 ; CE 12 févr. 2014, *Commune d'Epinay-Champlâtreux*, n° 357215, *AJDA* 2014, p. 1338, note T. Pouthier ; *Environnement* 5/2014, n° 42, comm. D. Gillig). A ce titre, le SCOT doit même, depuis la loi ALUR, transposer les dispositions pertinentes des chartes de parcs naturels régionaux et leurs délimitations cartographiques à une échelle appropriée, afin de permettre leur déclinaison dans les PLU ou les documents en tenant lieu et les cartes communales (art. L. 122-1-5, II). Lorsque ces documents d'urbanisme ont été approuvés antérieurement à l'approbation de la charte, ils doivent être mis en compatibilité avec elle dans un délai de trois ans à compter de cette approbation. Par ailleurs, le syndicat mixte de gestion du PNR est associé à l'élaboration des SCOT et des PLU couvrant les communes dont tout ou partie du territoire est situé dans le parc ou sa zone périphérique (C. envir., art. R. 333-14 et C. urb., L. 121-4).

Enfin, la loi ALUR a donné aux chartes de PNR le pouvoir de tenir lieu de SCOT pour les communes du parc qui ne sont pas comprises dans le périmètre d'un tel document. Pour ce faire, il suffit que la charte comporte un chapitre individualisé comprenant un rapport de présentation, un PADD et un document d'orientations et d'objectifs, éventuellement assortis de documents graphiques. La délimitation du périmètre et la procédure d'élaboration obéissent aux règles applicables aux SCOT (C. urb. art. L. 122-4-3). Ce « mélange des genres » ne sera pas forcément aisé à gérer au contentieux.

section 2

Les inventaires du patrimoine naturel

La protection du patrimoine naturel nécessite d'abord qu'il fasse l'objet d'inventaires scientifiques permettant d'identifier les éléments susceptibles de faire l'objet d'une telle protection. Ces inventaires sont dépourvus d'effets juridiques propres. Néanmoins, leur contenu ne peut être ignoré notamment à l'occasion de l'établissement des documents d'urbanisme. Parmi ces inventaires, il faut insister tout particulièrement sur les zones naturelles d'intérêt écologique, faunistique et floristique (ZNIEFF) (§ 1) et les sites Natura 2000 (§ 2). 486 ■

§ 1 Les zones naturelles d'intérêt écologique, faunistique et floristique

Après avoir rappelé l'origine des *Zones naturelles d'intérêt écologique, faunistique et floristique (ZNIEFF)*[Q], on précisera leurs effets. 487 ■

L'origine des ZNIEFF. Définies comme des secteurs du territoire national où ont été identifiés des éléments rares, remarquables, protégés ou menacés du patrimoine naturel, les ZNIEFF remontent à 1982. Une circulaire du 14 mai 1991 a relancé ce programme en vue d'établir des ZNIEFF dites de la deuxième génération. Mais c'est la loi « paysage » du 8 janvier 1993 qui leur a donné un fondement législatif. Elle a été sur ce point modifiée par la loi n° 2002-276 du 27 février 2002 relative à la démocratie de proximité qui dispose : « L'inventaire du patrimoine naturel est institué pour l'ensemble du territoire national terrestre, fluvial et marin. On entend par inventaire du patrimoine l'inventaire des richesses écologiques, faunistiques, floristiques, géologiques, minéralogiques et paléontologiques » (C. envir., art. L. 411-5-I). C'est l'État qui en assure la conception, l'animation et l'évaluation. Mais les régions peuvent être associées à l'établissement de l'inventaire, de même que les collectivités territoriales peuvent contribuer à la connaissance du patrimoine naturel par la réalisation d'inventaires locaux. Les ZNIEFF sont hiérarchisées entre elles : les ZNIEFF de type I correspondent à des sites contenant des espèces ou un type d'habitat de grande valeur écologique qui doivent faire l'objet d'une attention toute particulière lors de l'élaboration de tout projet d'aménagement et de gestion ; les ZNIEFF de type II concernent de grands espaces naturels ayant une cohérence écologique et paysagère aux potentialités biologiques importantes et dont la dynamique d'ensemble doit être respectée dans les programmes de développement. 488 ■

Les effets des ZNIEFF. Simple inventaire, elles ne sont pas en elles-mêmes porteuses de normes et ne s'imposent pas aux documents locaux d'urbanisme (CE 14 janv. 1994, *Coll. terr. Corse*, *Lebon* 16). Pour autant, ceux-ci ne sauraient les ignorer. En effet, elles ont été conçues notamment pour servir de documents de référence à ces derniers de manière à ce que l'identification des espaces naturels à protéger par eux soit, en quelque sorte, « objectivisée ». Cette fonction est confirmée par la loi en ce qu'elle 489 ■

impose au préfet de communiquer toutes informations contenues dans ces inventaires et utiles à l'élaboration des documents d'urbanisme (C. envir., art. L. 411-5-I). Le classement en zone constructible de terrains situés en ZNIEFF est ainsi susceptible d'annulation pour erreur manifeste d'appréciation.

Par ailleurs, si les ZNIEFF ne sont pas porteuses de servitudes d'utilité publique qui seraient ainsi opposables aux autorisations d'urbanisme, l'inclusion de parcelles dans une ZNIEFF fait partie des éléments que l'administration doit prendre en considération lorsqu'elle qualifie un espace au regard des prévisions des lois Montagne (CE 9 juin 2004, *Cne Peille*, n° 254691) et Littoral (CE 3 sept. 2009, *Cne Canet-en-Roussillon*, n° 306298, *BJDU* 2009. 440, concl. R. Keller et obs. E.G. ; CAA Marseille, 30 juill. 2013, *Syndicat mixte Ports Toulon Provence (SMPTP)*, n° 11MA01118 ; *JCP*-A 15/2014, n° 2117, concl. S. Deliancourt ; *Environnement* 1/2014, n° 3, comm. M. Sousse). Elles sont également à prendre en compte dans le cadre des études d'impact.

§ 2 Les sites Natura 2000

490 Les sites Natura 2000, dont l'identification est exigée par le droit communautaire, sont de deux sortes : les zones de protection spéciale pour les oiseaux (Dir. « oiseaux », 2 avr. 1979, remplacée par Dir. n° 2009/147/CE 30 nov. 2009) et les zones spéciales de conservation pour les autres espèces (Dir. « Habitats », 22 mai 1992). Après une condamnation en manquement faute de transposition de ces directives (CJCE 6 avr. 2000, *Commission c/ France*, n° C-256/98, Rec. CJCE I. 02487 ; *Dr. envir.* 2000. 15, note L. Le Corre), le gouvernement a entamé cette transposition avec une ordonnance du 11 avril 2001 (C. envir., art. L. 414-1 s.), modifiée à différentes reprises par la suite, en dernier lieu par la loi Grenelle II, et deux décrets de la même année également modifiés (C. envir., art. R. 414-1 s.).

En application de ces textes, les sites désignés comme zones protection spéciale et zones spéciales de conservation concourent sous l'appellation commune de sites « Natura 2000 » à la formation du réseau européen Natura 2000. Le périmètre de ces zones est proposé au ministre chargé de l'environnement par le préfet qui recueille préalablement l'avis des communes. Le ministre désigne les zones de protection spéciale et notifie sa décision à la Commission européenne. Pour les zones spéciales de conservation, il les propose à la Commission qui décide de leur inscription sur la liste des sites d'importance communautaire. Dans ce cas, le ministre prend un arrêté classant la zone dans les sites Natura 2000. S'agissant des deux types de zones, seul l'arrêté ministériel les rend juridiquement opposables (J.-M. Février, « La gestion des sites Natura 2000 », *AJDA* 2004. 1394). Mais il ne s'agit pas de servitudes d'utilité publique qui seraient opposables aux autorisations d'urbanisme. En revanche, elles doivent, à l'image des ZNIEFF, être prises en compte lors du classement des parcelles qu'elles couvrent par les documents d'urbanisme, notamment dans le cadre de leur évaluation environnementale. Elles doivent également être mises en compte dans le cadre des études d'impact.

chapitre 10

La lutte contre les pollutions et les nuisances

Plan analytique

section 1

Les plans de déplacements urbains

section 2

Les schémas d'aménagement et de gestion des eaux

La lutte contre les pollutions et les nuisances

Cet aspect de la politique de protection de l'environnement donne lieu à l'établissement de plusieurs documents dont il convient d'examiner la nature et les rapports avec les documents d'urbanisme. Il s'agit particulièrement des plans de déplacements urbains au regard de l'enjeu sur la pollution de l'air (section 1) et des schémas d'aménagement et de gestion des eaux en considération de la protection de la ressource (section 2). 491

section 1

Les plans de déplacements urbains

Les plans de déplacements urbains (PDU) ont été créés par la loi du 30 décembre 1982 d'orientation des transports intérieurs (LOTI) (C. transp., art. L. 1214-1 s.). Ils étaient à l'époque facultatifs et leur portée limitée à la définition des principes généraux de l'organisation des transports, de la circulation et du stationnement dans le périmètre des transports urbains, afin de rationaliser l'usage des différents modes de transport et de diminuer la part du trafic automobile. Ils sont par la suite devenus obligatoires dans les périmètres de transports urbains inclus dans les agglomérations de plus de 100 000 habitants et la loi du 30 décembre 1996 sur l'air, transposant une directive de 1976 sur la qualité de l'air ambiant, les a inscrits dans une logique plus nettement affirmée de protection de l'environnement, encore accrue avec la loi Grenelle II du 12 juillet 2010. Désormais, ils ont pour objectif un usage coordonné de tous les modes de déplacements, notamment par une affectation appropriée de la voirie, ainsi que la promotion des modes les moins polluants et les moins consommateurs d'énergie. 492

Surtout, les PDU se sont trouvés progressivement connectés au droit de l'urbanisme au fur et à mesure que celui-ci s'est ouvert aux préoccupations environnementales et à des législations dont il était auparavant parfaitement indépendant. Ainsi, depuis la loi SRU du 13 décembre 2000, ils sont intégrés à la hiérarchie des normes d'urbanisme, entre les SCOT et les PLU (sauf en Ile-de-France où la hiérarchie est un peu différente, v. C. transp., art. L. 1214-9 s.). Ainsi, ils doivent être compatibles avec les orientations des SCOT, dont on rappellera que le PADD doit fixer les objectifs des politiques publiques des transports et des déplacements (intégrant depuis la loi ALUR une approche qualitative prenant en compte les temps de déplacement), des schémas de secteur et des directives territoriales d'aménagement (C. transp., art. L. 1214-7). Les PLU (C. urb., art. L. 123-1-9) et les cartes communales (C. urb., art. L. 124-2) doivent, quant à eux, être compatibles avec eux, alors que la LOTI n'imposait qu'une prise en considération des PDU par les POS. Le PDU peut même ouvrir des possibilités de dérogations aux règles prévues par le PLU en matière de stationnement. En effet, selon l'article L. 1214-4 du Code des transports, le PDU délimite des périmètres à l'intérieur desquels les conditions de desserte par les transports publics réguliers permettent de réduire ou de supprimer les obligations imposées par les PLU et les PSMV en matière de réalisation d'aires de stationnement, ou à l'intérieur desquels les documents d'urbanisme fixent un nombre maximum d'aires de stationnement à réaliser lors de la construction de bâtiments à usage autre que d'habitation. Le PDU précise, en outre, en fonction notamment de la desserte en transports publics réguliers et, le cas échéant, en tenant compte de la destination des bâtiments, les limites des obligations imposées par les PLU et les PSMV en matière de réalisation d'aires de stationnement pour les véhicules motorisés et les minima des obligations de stationnement pour les véhicules non motorisés. L'objectif est bien entendu toujours de limiter les déplacements automobiles et de promouvoir les modes de transport alternatifs, afin de préserver l'environnement et la qualité de vie dans les centres urbains.

Les PLUI peuvent même, lorsque leur auteur est autorité organisatrice des transports urbains, tenir lieu de PDU. Avec la loi Grenelle II, il était prévu que le PDU était une composante obligatoire des OAP des PLUI. Mais cette fusion obligatoire s'est avérée difficile à mettre en œuvre, du fait notamment de l'opposabilité des OAP, alors que dans la mesure où ils ne procèdent pas du Code de l'urbanisme et où les règles qu'ils fixent ne constituent pas des servitudes d'utilité publique, les PDU ne sont « traditionnellement » pas directement opposables aux autorisations d'urbanisme (CE 27 févr. 2006, *Assoc. Alcaly*, n° 257688). La loi ALUR a donc rendu l'incorporation du PDU au PLUI facultative et a créé au sein de ces documents une nouvelle composante spécialement destinée à recevoir le PDU (et le programme local de l'habitat) : le programme d'orientations et d'actions (POA) (v. supra). Lorsque le PLU tient lieu de PDU, le règlement peut comporter des règles spécifiques en matière de stationnement (art. L. 123-1-12 al. 4).

section 2

Les schémas d'aménagement et de gestion des eaux

■ 493 Le droit contemporain de l'eau résulte de la politique de lutte contre la pollution des eaux douces entreprise par les pouvoirs publics en 1959. Une impulsion décisive a été donnée par la loi du 3 janvier 1992 modifiée à différentes reprises par la suite, notamment pour transposer la directive européenne n° 2000/60/CE du 2 octobre 2000 établissant un cadre pour une politique communautaire dans le domaine de l'eau. Afin d'assurer une gestion équilibrée et durable de la ressource en eau, conciliant les intérêts liés à la protection de la ressource et ceux liés à sa valeur économique et sociale, la loi a mis en place des outils de planification adaptés aux unités hydrographiques que sont le bassin ou le sous-bassin. Aux bassins ou groupements de bassins, correspond le document le plus général, le schéma directeur d'aménagement et de gestion des eaux (SDAGE ; C. envir., art. L. 212-1). Aux sous bassins ou groupements de sous bassins, correspond le schéma d'aménagement et de gestion des eaux (SAGE) auquel il revient de fixer les objectifs généraux de gestion équilibrée prévue par les SDAGE (C. envir., art. L. 212-3).

Quant aux rapports entre ces instruments de planification des politiques de l'eau et le droit de l'urbanisme, on retiendra d'abord que n'étant pas porteurs de servitudes d'utilité publique, ils ne sont pas opposables aux autorisations d'urbanisme. Ensuite, en ce qui concerne leur opposabilité aux documents d'urbanisme, une évolution s'est produite. La loi de 1992 rendait et continue à rendre les dispositions du SDAGE et du SAGE opposables en termes de compatibilité aux programmes et décisions administratives dans le domaine de l'eau (CE 8 nov. 1999, *Assoc. de liaison anti canal du Val de Saône*, n° 197568 ; CE 14 avr. 1999, *Cne la Petite Marche*, n° 185935). Les autres décisions administratives devaient seulement les prendre en compte (H. Jacquot, « La notion de prise en compte d'un document de planification spatiale : enfin une définition jurisprudentielle », *DAUH* 2005. 71 ; J.-Cl. Bonichot, « Compatibilité, cohérence, prise en compte : jeux de mots ou jeu de rôle », *Mélanges Jacquot*, PU Orléans, 2006, p. 49). C'était le cas par exemple des déclarations d'utilité publique (CE 9 juin 2004, *Assoc. « Alsace Nature » du Haut-Rhin*, n° 254174, *BJCL* 2004. 613, concl. F. Donnat ; CE 28 juill. 2004, *Assoc. de défense de l'environnement et a., Féd. nationale SOS Environnement et a.*, *BJCL* 2004. 615, concl. M. Guyomar). Apparemment les documents d'urbanisme relevaient de cette seconde catégorie (CAA Douai, 25 sept. 2003, *Assoc. SAVE*, n° 00DA0657, *AJDA* 2004. 830, note J.-P. Lebreton). Par la suite, la loi du 21 avril 2004 a supprimé toute exigence de prise en compte du SDAGE et du SAGE par les décisions autres que celles prises dans le domaine de l'eau, ce qui avait potentiellement pour conséquence de soustraire les documents d'urbanisme au respect des SDAGE et des SAGE. Mais dans le même temps, la loi de 2004 est venue expressément astreindre les SCOT, les PLU et les cartes communales à une obligation de compatibilité avec les orientations fondamentales d'une gestion équilibrée de la ressource en eau et les objectifs de qualité et de quantité des eaux définis par les SDAGE et les SAGE, les autorités compétentes ayant trois ans pour procéder à la mise en compatibilité (P. Ibanez, « L'intégration d'une planification communautaire des eaux dans la hiérarchie des normes d'urbanisme », *JCP* A 2004. 1544).

Dans le dernier état de la législation, non affectée sur ce point par la loi ALUR, la loi Grenelle II du 12 juillet 2010 ayant entendu faire du SCOT la clé de voûte de la hiérarchie des normes d'urbanisme, en consacrant le principe de compatibilité limitée. Elle a, en conséquence, réorganisé les rapports entre les instruments de planification des politiques de l'eau et les documents d'urbanisme. L'article L. 111-1-1 du Code de l'urbanisme impose ainsi désormais la compatibilité des SCOT avec les orientations fondamentales d'une gestion équilibrée de la ressource en eau et les objectifs de qualité et de quantité des eaux définis par les SDAGE, ainsi qu'avec les objectifs de protection définis par les SAGE, et donne trois ans aux autorités compétentes pour, le cas échéant, procéder à la mise en compatibilité. Ce n'est qu'à défaut de SCOT que les PLU, les documents en tenant lieu et les cartes communales doivent être compatibles, et le cas échéant rendus compatibles dans un délai de trois ans, avec ces orientations et objectifs des SDAGE et des SAGE.

chapitre

11

La prévention des risques

Plan analytique

La prévention des risques

La protection contre les risques et nuisances est une responsabilité de la puissance publique, qui s'exerce dans un grand nombre de domaines, y compris en droit de l'urbanisme. Comme on l'a vu, les documents d'urbanisme doivent déterminer les conditions permettant d'assurer la prévention des risques naturels prévisibles, des risques miniers, des risques technologiques, des pollutions et des nuisances de toute nature (C. urb., art. L. 121-1). Le règlement national d'urbanisme comporte quant à lui une disposition d'ordre public permettant à l'autorité administrative de refuser un projet ou de ne l'accepter que sous réserve de l'observation de prescriptions spéciales lorsqu'il serait de nature à porter atteinte à la sécurité publique (C. urb., art. R. 111-2). Le préfet peut, pour sa part, au travers de la procédure de projet d'intérêt général, imposer l'adoption par un document local d'urbanisme des mesures nécessaires à la prévention des risques (art. L. 121-9). La prise en compte du risque et l'édiction de prescriptions adaptées suppose cependant qu'il soit non seulement identifié mais également correctement évalué. C'est pourquoi le législateur a confié à l'État la responsabilité de cette mission dans le cadre de l'élaboration de plans de prévention des risques (PPR), de différentes sortes. Il paraît intéressant d'exposer l'origine et l'objet des principaux d'entre eux (section 1) avant d'en présenter les effets en droit de l'urbanisme (section 2). 494

section 1

L'origine et l'objet des principaux PPR

Si les plans de prévention des risques miniers (C. minier nouv., L. 174-5 s.) sont, pour d'évidentes raisons, assez peu répandus, il en va différemment des plans de prévention des risques naturels prévisibles (PPRNP) (§ 1) et, depuis quelques années, des plans de prévention des risques technologiques (PPRT) (§ 2). 495

§ 1 L'origine et l'objet des PPRNP

La loi du 13 juillet 1982 relative à l'indemnisation des victimes des catastrophes naturelles avait créé, outre une garantie couvrant les dommages dus à un risque naturel, les plans d'exposition aux risques naturels prévisibles (PER) qui s'imposaient aux communes en tant que servitudes d'utilité publique annexées aux POS. Mais il subsistait parallèlement d'autres documents, tels les plans de surface submersible ou les plans de zones sensibles aux incendies de forêt, dont la variété perturbait la lisibilité de la politique de prévention des risques naturels. C'est pourquoi la loi du 2 février 1995 relative au renforcement de la protection de l'environnement a mis en 496 place les plans de prévention des risques naturels prévisibles (PPRNP), appelés à se substituer à l'ensemble des documents existants antérieurement, ceux-ci étant d'ailleurs automatiquement convertis en PPRNP).

Selon l'article L. 562-1 du Code de l'environnement, les risques que peuvent anticiper les PPRNP sont essentiellement les inondations, les mouvements de terrain, les avalanches, les incendies de forêt, les séismes, les éruptions volcaniques, les tempêtes ou les cyclones. Dans chaque cas, le plan peut délimiter des zones exposées aux risques dans lesquelles il peut, en fonction de la nature et de l'intensité du risque, soumettre à des conditions particulières, voire interdire les constructions, travaux installations et aménagements, ou encore définir les mesures de prévention, de protection et de sauvegarde qui doivent être prises par les collectivités publiques ou les particuliers.

§ 2 L'origine et l'objet des PPRT

■ 497 Si la prévention des risques technologiques est une préoccupation ancienne, la création des *Plans de prévention des risques technologiques (PPRT)*[Q] est relativement récente. Elle fait suite à l'accident de l'usine AZF à Toulouse en septembre 2001, ayant causé la mort de 31 personnes. À cette époque, des instruments de prévention des risques technologiques existaient. En particulier, la loi du 22 juillet 1987 avait donné aux préfets la possibilité de mettre en place des servitudes d'éloignement (C. envir., art. L. 515-8 à L. 515-12), ayant le caractère de servitudes d'utilité publique. Mais elles ne pouvaient en principe concerner que les seules installations nouvelles sur des sites nouveaux et non les installations existantes. C'est une des raisons pour lesquelles une loi du 30 juillet 2003 est venue en élargir le champ d'application. Elles peuvent désormais s'appliquer à raison des risques supplémentaires créés par une installation nouvelle sur un site existant ou par la modification d'une installation existante, nécessitant la délivrance d'une nouvelle autorisation. La loi a, en outre, crée les plans de prévention des risques technologiques, nouvel instrument de maîtrise de l'urbanisation autour des établissements à risques.

Les PPRT ne peuvent être institués qu'autour des installations classées comportant des risques très importants et pouvant entraîner des effets sur la salubrité, la santé et la sécurité publiques directement ou par pollution du milieu (C. envir., art. L. 515-15). Il s'agit de celles autour desquelles les servitudes d'éloignement pouvaient déjà être instaurées sur le fondement de la loi du 22 juillet 1987 (art. L. 515-8). Mais à la différence desdites servitudes, les PPRT peuvent concerner les établissements existants (v. S. Defix, « La procédure et les finalités du plan de prévention des risques technologiques », *AJDA* 3013, p. 635).

section 2

Les effets des PPR en droit de l'urbanisme

■ 498 Ainsi qu'il a déjà été signalé (v. ss 449), le juge administratif a qualifié les PPR de documents d'urbanisme au sens de l'article R. 600-1, à l'époque où l'obligation de notification s'appliquait aussi aux recours contre les documents d'urbanisme. Il a également qualifié leurs prescriptions de « dispositions d'urbanisme » au sens de l'article L. 600-2 concernant les effets de l'annulation d'un refus d'autorisation d'occuper le sol sur la règle d'urbanisme applicable à l'occasion d'une nouvelle instruction (CE, avis, 12 juin 2002, *Préfet de la Charente-Maritime*, req. n° 244634, *Lebon* 213 ; *BJDU* 2002. 220, concl. S. Boissard, note J.-C. B. ; *AJDA* 2002. 1080, note J.-P. Lebreton ; *RDI* 2002. 427, obs. L. Derepas). Plus récemment, il les a fait bénéficier de la protection partielle contre l'exception d'illégalité instituée par l'article L. 600-1 (CE 30 déc. 2011, *Vacher*, n° 324310, *BJDU* 2012. 112, concl. C. Roger-Lacan, obs. C. L.).

Pour autant, les PPR ne sont pas intégrés à la hiérarchie des normes d'urbanisme. Ils n'ont donc pas à être compatibles avec celles-ci et ne s'imposent pas aux documents d'urbanisme, qui n'ont pas à en reprendre les prescriptions (CE 14 mars 2003, *Assoc. synd. du lotissement des rives du Rhône*, n° 235421, *Constr.-Urb.* 200. 185, obs. Ph. Benoit-Cattin ; *BJDU* 2003. 24, concl. J.-H. Stahl). Mais comme toutes les servitudes d'utilité publique, leurs prescriptions s'y ajoutent dans le cadre de l'instruction des autorisations d'urbanisme auxquelles ils sont opposables, de façon anticipée le cas échéant (C. envir. art. L. 562-2 ; CC, 9 sept. 2014, n° 2014-411 QPC. C'est pourquoi ils doivent être annexés au PLU (C. urb., art. L. 126-1). Ils sont même opposables aux demandes de reconstruction à l'identique (CE 17 déc. 2008, *Falcoz*, *Lebon* 467 ; *RDI* 2009. 262, obs. P. S.-C.).

En revanche, étant adoptés sur le fondement d'une législation étrangère au Code de l'urbanisme, les PPR n'entrent pas dans le champ d'application du principe de non indemnisation posé par l'article L. 160-5 (et *a fortiori* des exceptions dont il est assorti). En ce qui concerne les PPRN, le Conseil d'État a jugé que si le législateur a entendu faire supporter par le propriétaire concerné l'intégralité du préjudice résultant de l'inconstructibilité de son terrain nu résultant des risques naturels le menaçant, un droit à indemnisation est ouvert dans le cas où ce propriétaire supporterait une charge spéciale et exorbitante hors de proportion avec l'objectif d'intérêt général poursuivi (CE, sect., 29 déc. 2004, *Sté d'aménagement des Coteaux de Saint-Blaine*, n° 257804, *Lebon* 478 ; *Constr.-Urb.* 2005. 50, obs. Ph. Benoit-Cattin ; *RJEP/CJEG* 2005. 105, concl. F. Séners ; *RDI* 2005. 141, obs. P. S.-C. ; *BJDU* 3/2005. 180, concl. Seners et obs. J. Trémeau).

La question se pose, par ailleurs, de l'articulation des PPR avec les instruments existants en droit de l'urbanisme et qui peuvent être mis en œuvre dans le cadre de la prévention des risques dans le cas où les prescriptions du PPR n'apparaîtraient pas suffisantes. Dans ce cas, le préfet pourra édicter un projet d'intérêt général (v. ss 95 s.). De même, l'autorité administrative compétente pourra se fonder sur l'article R. 111-2 du Code de l'urbanisme pour refuser une autorisation d'urbanisme ou l'assortir de prescriptions, ce qui sera d'autant plus justifié que le PPR sera en cours d'élaboration et n'aura pas été rendu opposable par anticipation. A l'inverse, l'existence d'un PPR ne fait pas en elle-même obstacle à ce que l'autorité compétente pour délivrer les autorisations d'urbanisme fasse application de l'article R. 111-2 de façon plus restrictive, dès lors que cette application est nécessaire (CE 4 mai 2011, *Commune de Fondettes*, req. 321357, dans les tables recueil *Lebon*, *BJDU* 3/11, p. 202, concl. E. Geffray et bs. C. L. ; *RDI* 7-8/11, p. 411, obs. P. S.-C. : il appartient à l'autorité compétente pour délivrer une autorisation d'urbanisme, si les particularités de la situation qu'il lui appartient d'apprécier l'exigent, de préciser dans l'autorisation, le cas échéant, les conditions d'application d'une prescription générale contenue dans 499 ■

le PPR applicable ou de subordonner, en application des dispositions de l'article R. 111-2, la délivrance du permis de construire sollicité à d'autres prescriptions spéciales, si elles lui apparaissent nécessaires, que celles du PPR). Enfin, les communes dotées d'un POS ou d'un PLU peuvent instituer un droit de préemption urbain dans le périmètre des PPRT (C. urb., art. L. 211-1), mais non dans celui des PPRNP (Rép. min., n° 31510, *JOAN* Q 22 juin 2004. 4703 ; *JCP* N 2004. 1109).

Les infractions aux prescriptions édictées par les PPR sont sanctionnées des peines prévues à l'article L. 480-4 du Code de l'urbanisme et, sous certaines réserves, un grand nombre des dispositions relatives aux infractions au droit de l'urbanisme (C. urb., art. L. 480-1 s.) sont également applicables à ces infractions (C. envir., art. L. 562-5 et L. 515-24).

11

Compléments pédagogiques

Mémo

Le droit de l'urbanisme subit depuis une quinzaine d'années une évolution considérable qui affecte ses finalités et qui est parfois perçue comme mettant en péril sa cohérence. Il a, en effet, été amené à organiser la réception en son sein de considérations qui ne relevaient pas de ses *préoccupations traditionnelles, telles la protection de l'environnement ou les préoccupations à caractère social*. Néanmoins, celles-ci sont également prises en charge de manière plus spécialisée par des *législations distinctes* de lui et, pour cette raison dites « *indépendantes* ». Celles-ci sont notamment relatives à la *protection du patrimoine* et à la *sauvegarde des espaces naturels et des paysages*, à la *lutte contre les pollutions et les nuisances* ou encore à la *prévention des risques*. La difficulté vient de ce qu'elles affectent l'occupation ou l'utilisation du sol au même titre que la règle d'urbanisme, ce qui a obligé à penser l'articulation et à organiser les *rapports entre le droit de l'urbanisme et ces législations particulières*. Les termes de ce rapport sont relativement clairs lorsque les contraintes qui en résultent adoptent le support juridique de la *servitude d'utilité publique*. Mais ils sont plus hétérogènes et moins cernés lorsqu'elles se traduisent par ce qu'il faut bien appeler des *« objets juridiques non identifiés »*. Il s'organise alors de manières diverses par articulation entre d'une part, les documents d'urbanisme et les schémas, orientations ou prescriptions issues de ces législations indépendantes et, d'autre part, entre les autorisations exigées au titre de l'urbanisme et celles requises au titre de ces législations.

Quid

■ Principe de l'indépendance des législations n° 451

Principe du droit public qui trouve fréquemment à s'appliquer dans les rapports entre le droit de l'urbanisme et des législations autres qui ont un impact sur l'occupation des sols. Il implique qu'une autorisation accordée au titre d'une législation X ne vaut pas autorisation au titre d'une législation Y, malgré les similitudes d'objets existant entre ces deux législations. Il implique également que l'annulation de l'une est sans effet sur l'autre.

■ Plan de prévention des risques technologiques (PPRT) n°s 497 s.

Établi par le préfet de département, il a pour objet de limiter les effets d'accidents susceptibles de survenir dans des installations susceptibles de créer, par danger d'explosion ou d'émanation de produits nocifs, des risques très importants pour la santé ou la sécurité des populations voisines et pour l'environnement.

■ Servitudes d'utilité publique n°s 446 s.

Ces servitudes sont instituées dans un but d'utilité publique, selon les règles propres à chacune des législations qui les prévoient. Ayant des incidences sur les possibilités d'occupation et d'utilisation des sols, leur existence et les modalités de leur prise en compte par les documents d'urbanisme sont fixées par l'article L. 126-1 du Code de l'urbanisme et une liste est annexée à l'article R. 126-1. Il s'agit par exemple des plans de prévention des risques, des zones de protection du patrimoine architectural, urbain et paysager ou des aires de mise en valeur de l'architecture et du patrimoine.

■ Zones de protection du patrimoine architectural, urbain et paysager (ZPPAUP) et aires de mise en valeur de l'architecture et du patrimoine (AMVAP) n°s 461 s.

Les Aires de mise en valeur de l'architecture et du patrimoine (AMVAP), créées par la loi Grenelle II, ont vocation à succéder aux Zones de protection du patrimoine architectural, urbain et paysager (ZPPAUP) (à moins que les deux ne survivent dans les futures « cités historiques » dont la création est aujourd'hui envisagée). Leurs régimes résultent des dispositions du Code du patrimoine. Leur institution est décentralisée. Elles peuvent être instituées sur un ou des territoires présentant un intérêt culturel, architectural, urbain, paysager, historique ou archéologique. Elles définissent des normes destinées à permettre la protection de l'intérêt en vue duquel elles ont été instituées. Afin d'en garantir le respect, les autorisations d'urbanisme nécessaires à la réalisation d'un grand nombre de travaux devront être précédées d'un avis de l'architecte des bâtiments de France.

■ Zone naturelle d'intérêt écologique, faunistique et floristiques (ZNIEFF) n°s 487 s.

La ZNIEFF se définit par l'identification d'un secteur du territoire national particulièrement intéressant sur le plan écologique. L'ensemble de ces secteurs constitue l'inventaire des espaces naturels exceptionnels ou représentatifs. Ces inventaires sont dépourvus d'effets juridiques propres. Néanmoins, leur contenu ne peut être ignoré notamment à l'occasion de l'établissement des documents d'urbanisme.

Documents

CE 4 mai 2011, *Cne Fondettes*, n° 321357 (extraits)
(Concl.. E. Geffray, *BJDU* 3/2011. 202 ; *RDI* 7-8/11. 411, obs. P. S.-C. ; *Envir.* 7/11, n° 92, comm. D. Gillig)

Considérant qu'il ressort des pièces du dossier soumis aux juges du fond que, par un arrêté du 11 juillet 2005, le maire de Fondettes (Indre-et-Loire) a délivré à la commune un permis de construire en vue de la réalisation, au lieudit La Prairie d'Islate, d'une aire de stationnement pour gens du voyage, d'une superficie de 7 211 m², comportant six bornes sanitaires dont une accessible aux personnes à mobilité réduite, un bâtiment destiné au gardien d'une surface hors œuvre nette totale de 186 m² ainsi que vingt-quatre emplacements de stationnement ; que, par un jugement du 9 mai 2007, le tribunal administratif d'Orléans a rejeté la demande de la société civile immobilière (SCI) Chatigny et de deux habitants de la commune tendant à l'annulation de cet arrêté ; que la commune de Fondettes se pourvoit en cassation contre l'arrêt du 24 juin 2008 par lequel la cour administrative d'appel de Nantes a annulé le jugement du 9 mai 2007 du tribunal administratif d'Orléans et l'arrêté du 11 juillet 2005 du maire de Fondettes ;

Sans qu'il soit besoin d'examiner les autres moyens du pourvoi ;

Considérant qu'aux termes de l'article R. 111-2 du Code de l'urbanisme, dans sa rédaction en vigueur à la date de délivrance du permis de construire contesté : Le permis de construire peut être refusé ou n'être accordé que sous réserve de l'observation de prescriptions spéciales si les constructions, par leur situation ou leurs dimensions, sont de nature à porter atteinte à la salubrité ou à la sécurité publique. Il en est de même si les constructions projetées, par leur implantation à proximité d'autres installations, leurs caractéristiques ou leur situation, sont de nature à porter atteinte à la salubrité ou à la sécurité publique. ; qu'aux termes de l'article L. 562-4 du Code de l'environnement : Le plan de prévention des risques naturels prévisibles approuvé vaut servitude d'utilité publique. Il est annexé au plan d'occupation des sols, conformément à l'article L. 126-1 du Code de l'urbanisme (...) ;

Considérant que les prescriptions d'un plan de prévention des risques naturels prévisibles, destinées notamment à assurer la sécurité des personnes et des biens exposés aux risques d'inondation et valant servitude d'utilité publique, s'imposent directement aux autorisations de construire, sans que l'autorité administrative soit tenue de reprendre ces prescriptions dans le cadre de la délivrance du permis de construire ; qu'il incombe toutefois à l'autorité compétente pour délivrer une autorisation d'urbanisme, si les particularités de la situation qu'il lui appartient d'apprécier l'exigent, de préciser dans l'autorisation, le cas échéant, les conditions d'application d'une prescription générale contenue dans le plan ou de subordonner, en application des dispositions précitées de l'article R. 111-2 du Code de l'urbanisme, la délivrance du permis de construire sollicité à d'autres prescriptions spéciales, si elles lui apparaissent nécessaires, que celles du plan de prévention des risques naturels prévisibles ;

Considérant qu'il ressort des pièces du dossier soumis aux juges du fond que les parcelles faisant l'objet du permis de construire contesté sont classées en zone d'aléa fort (A3) par le plan de prévention des risques naturels d'inondation de la Loire, approuvé par arrêté préfectoral du 29 janvier 2001 ; que le règlement de ce plan autorise, en zone A3 d'aléa fort, l'implantation de terrains d'accueil des gens du voyage, ainsi que des sanitaires et éventuellement du local de gardien nécessaires à ces terrains d'accueil, sous réserve des prescriptions qu'il édicte, notamment celle qui prévoit que ces constructions et installations doivent être aptes à résister structurellement aux remontées de nappes et à une inondation dont le niveau serait égal aux plus hautes eaux connues ;

Considérant qu'il résulte de ce qui précède qu'en jugeant que les dispositions du règlement du plan de prévention des risques naturels prévisibles d'inondation de la Loire impliquaient que le maire de Fondettes assortît le permis de construire sollicité de prescriptions propres à assurer la sécurité des personnes et des biens exposés aux risques d'inondation, sans indiquer quelles atteintes à la sécurité publique ou quels risques appelaient l'édiction de précisions ou de prescriptions complémentaires, et en en déduisant que le maire avait entaché l'autorisation litigieuse d'une erreur manifeste d'appréciation au regard des dispositions de l'article R. 111-2 du Code de l'urbanisme, la cour administrative d'appel de Nantes a insuffisamment motivé son arrêt et commis une erreur de droit ; que la commune de Fondettes est donc fondée à demander l'annulation de l'arrêt qu'elle attaque ; (...)

CE, sect., 8 févr. 2012, Union des industries de carrières et matériaux de construction de Rhône-Alpes, n° 321219, publié au recueil *Lebon* (extraits)

Considérant qu'à l'appui de sa requête tendant à l'annulation du décret du 30 juillet 2008 portant classement du parc naturel régional du massif des Bauges, dont l'article 2 adopte la nouvelle charte du parc naturel régional, en tant qu'il adopte certaines dispositions de cette charte applicables aux carrières, l'Union des industries de carrieres et materiaux de construction de Rhone-Alpes soulève un moyen unique tiré de ce que les dispositions figurant au point 5 du document intitulé « Spécifications particulières des carrières du territoire du Parc » imposent aux exploitants de carrières le respect d'obligations pour l'exercice de leur activité et édictent ce faisant des règles de procédure et de fond opposables aux tiers et méconnaissant la législation particulière applicable aux carrières ;

Considérant qu'il résulte (des dispositions du code de l'environnement relatives aux parcs naturels régionaux) que la charte d'un parc naturel régional est un acte destiné à orienter l'action des pouvoirs publics dans un souci de protection de l'environnement, d'aménagement du territoire, de développement économique et social et d'éducation et de formation du public sur le territoire du parc et à assurer la cohérence de cette action avec les objectifs qui y sont définis ; qu'il appartient, dès lors, à l'État et aux différentes collectivités territoriales concernées de prendre les mesures et de mener les actions propres à assurer la réalisation des objectifs de la charte et de mettre en œuvre les compétences qu'ils tiennent des différentes législations, dès lors qu'elles leur confèrent un pouvoir d'appréciation, de façon cohérente avec les objectifs ainsi définis ; que toutefois la charte d'un parc naturel régional ne peut légalement imposer par elle-même des obligations aux tiers, indépendamment de décisions administratives prises par les autorités publiques à leur égard ; qu'elle ne peut davantage subordonner légalement les demandes d'autorisations d'installations classées pour la protection de l'environnement à des obligations de procédure autres que celles prévues par les différentes législations en vigueur ; que si les orientations de protection, de mise en valeur et de développement que la charte détermine pour le territoire du parc naturel régional sont nécessairement générales, les mesures permettant de les mettre en œuvre peuvent cependant être précises et se traduire par des règles de fond avec lesquelles les décisions prises par l'État et les collectivités territoriales adhérant à la charte dans l'exercice de leurs compétences devront être cohérentes, sous réserve que ces mesures ne méconnaissent pas les règles résultant des législations particulières régissant les activités qu'elles concernent ; que leur légalité est également subordonnée à leur compatibilité avec l'objet que le législateur a assigné aux parcs naturels régionaux et à leur caractère nécessaire pour la mise en œuvre des orientations de la charte ; (...)

Biblio

1) Bibliographie générale

- H. Groud, « Les rapports d'hétéronomie entre droit de l'urbanisme et droit français de l'environnement », *Constr.-Urb.* 2007. Étude 17.

2) Sur les ZPPAUP et les AMVAP

- D. de Bellescize, « De l'ancienne à la nouvelle législation sur la protection du patrimoine architectural et des sites : les zones de protection du patrimoine architectural et urbain (ZPPAU) », *RD publ.* 1986. 771.
- F. Bouyssou, « Quartiers anciens et documents d'urbanisme : secteurs sauvegardés et ZPPAU », *Droit et Ville* 1985, n° 79.
- A. Marinos, « Zones de protection du patrimoine architectural, urbain et paysager », *AJDA* 2011. 1532.
- A. H. Mesnard, « Droit de l'urbanisme et nouveau droit du patrimoine : la philosophie des ZPPAUP », *Constr.-Urb.* 2007. Étude 14.
- P. Le Louarn, « De l'État prescripteur à l'État partenaire, le cas des ZPPAUP et des périmètres de protection modifiés », in *Mélanges Jacquot*, PU Orléans, 2006, p. 327.
- J.-C. Ricci, « Les aires de mise en valeur de l'architecture et du patrimoine : simples variations sémantiques ou révolution pratique ? », *BJDU* 2011. 3.

3) Sur les PSMV

- F. Bouyssou, « Quartiers anciens et documents d'urbanisme : secteurs sauvegardés et ZPPAU », préc.
- S. Traoré, « La mise en cohérence du régime juridique des PSMV par l'ordonnance du 28 juillet 2005 relative aux secteurs sauvegardés », *Coll. terr.* 2006. 5.
- J. Morand-Deviller, « Les secteurs sauvegardés acte II », *BJDU* 2005. 398.

4) Sur l'archéologie préventive

A. Sur la loi n° 2001-44 du 17 janvier 2001 relative à l'archéologie préventive

- P.-L. Frier, « La réforme de l'archéologie », *AJDA* 2001. 182.
- C. Saujot, « La loi n° 2001-44 du 17 janvier 2001 relative à l'archéologie préventive », *JCP* 2001. 1351.

B. Sur la loi n° 2003-707 du 1er août 2003

- C. Saujot, « La nouvelle réforme de l'archéologie préventive (Loi n° 2003-707 du 1er août 2003) », *JCP* G 2003, n° 185, p. 2229.

C. Sur le décret n° 2004-490 du 3 juin 2004 relatif aux procédures administratives et financières en matière d'archéologie préventive

- P.-L. Frier, « L'archéologie préventive, suite et fin ? … » *AJDA* 2004. 1587 ; (dir.), *Le nouveau droit de l'archéologie préventive*, L'Harmattan, 2004.

5) Sur les parcs nationaux et régionaux

- J.-M. Février, « Les parcs à l'heure de la réforme », *Envir.* 2006. Chron. 9.
- R. Chrisitni, « Réforme des parcs nationaux et droit de l'urbanisme » *DAUH* 2007. 173.
- E. Untermayer, « L'adaptation des parcs nationaux existants au régime issu de la loi du 14 avril 2006 », *AJDA* 2012. 1458.

6) Sur les ZNIEFF

- L. Le Corre et A. Noury, « Un inventaire du patrimoine naturel : les ZNIEFF », *RJ envir.* 1996. 387.

7) Sur les SDAGE

- S. Muller, « Le schéma d'aménagement et de gestion de l'eau (SAGE), outil de gestion locale de l'eau », *Dr. envir.* 2005. 125.

8) Sur les risques

- J.-P. Boivin, « Le PLU : une matrice efficace pour la gestion des risques dans le cadre communal ? », *BDEI* n° 1/2003. 4.
- S. Defix, « L'articulation entre le droit des risques naturels et le droit de l'urbanisme », *AJCT* 2012. 425.
- X. Larrouy-Castera et J.-P. Ourliac, *Risques et urbanisme*, Le Moniteur, coll. « Guides juridiques », 2004.
- M. Moliner-Dubost, « Maîtrise spatiale des nuisances et des risques. Le règlement d'urbanisme », *Ét. Fonc.* 2003, n° 106, p. 24.
- J.-M. Pontier, « La puissance publique et la prévention des risques », *AJDA* 2003. 1752.
- J. Tremeau, « Le risque d'inondation et le droit de l'urbanisme », in *Mélanges Jegouzo*, Dalloz, 2009, p. 757.

9) Sur les PPRN

A. Sur la loi n° 95-101 du 2 février 1995 relative au renforcement de la protection de l'environnement

- A. Berramdane, « L'obligation de prévention des catastrophes et risques naturels », *RD publ.* 1997. 1717.
- N. Calderaro, « Le juge administratif et la prévention des risques naturels », *BJDU* 1999. 86.
- P. Cambot, « Inondation et droit de l'urbanisme », in *Mélanges Moderne, Mouvements du droit public*, Dalloz, 2004, p. 38.
- H. Legrand, « La loi du 2 février 1995 et la prévention des risques naturels », *RFDA* 1996. 228.
- B. Godbillon, « L'autorisation de construire et le risque naturel », *AJDA* 1999. 768.
- E. Le Cornec, « Les autorités de l'urbanisme face aux risques naturels », *AJDI* 1999. 198.
- Ph. Ségur, « La catastrophe et le risque naturels. Essai de définition juridique », *RD publ.* 1997. 1693.

B. Sur la loi n° 2003-699 du 30 juillet 2003 relative à la prévention des risques technologiques et naturels et à la réparation des dommages (C. envir., art. L. 211-12)

- L. Le Corre, « La prévention du risque naturel et industriel après la loi du 30 juillet 2003 », *Constr.-Urb.* 2005. 6.

10) Sur les PPRT

A. Sur la loi n° 2003-699 du 30 juillet 2003 relative à la prévention des risques technologiques et naturels et à la réparation des dommages

- J.-P. Boivin et S. Hercé, « La loi du 30 juillet 2003 sur les risques technologiques et naturels majeurs », *AJDA* 2003. 1765.
- L. Le Corre, « La prévention du risque naturel et industriel après la loi du 30 juillet 2003 », préc.
- A. Noury, « La maîtrise de l'urbanisation autour des établissements industriels à risques », *DAUH* 2004. 69.

- S. Traoré, « L'impact de la loi du 30 juillet 2003 relative à la prévention des risques sur le droit de l'urbanisme », *Dr. adm.* 2004. 72.

B. Sur les PPRT

- P. Billet, « Les plans de prévention des risques technologiques ; vers une reconfiguration du voisinage des installations à risques », *Dr. envir.* 2003, n° spéc. « Risques technologiques et naturels », n° 113, p. 215.
- H. Arbousset, « Le plan de prévention des risques technologiques est-il un outil pertinent de sauvegarde des personnes ? » *JCP* A 2010. 2013.

11) Sur les plans de sauvegarde et de mise en valeur

- J. Morand-Deviller, « Les secteurs sauvegardés acte II », *BJDU* 2005. 398 ; « L'actualité des secteurs sauvegardés », *DAUH* 2006. 91.
- G. Godfrin, « La réformette des secteurs sauvegardés », *Constr.-Urb.* 2005. Étude 11 ; sur Décr. n° 2007-452, 25 mars 2007, *Constr.-Urb.* 2007. 12.

Quiz

1) Sujet corrigé

Commentaire d'arrêt

Énoncé

Commentez l'arrêt suivant :

CE 30 déc. 2011, Vacher, n° 324310 (extraits), concl. C. Roger-Lacan

Vu le pourvoi sommaire et les mémoires complémentaires, enregistrés les 21 janvier, 21 avril et 20 novembre 2009 au secrétariat du contentieux du Conseil d'État, présentés pour M. Gérard Vacher, demeurant... ; M. Vacher demande au Conseil d'État :
1°) d'annuler l'arrêt n° 07VE00843 du 20 novembre 2008 par lequel la cour administrative d'appel de Versailles a rejeté sa requête tendant, d'une part, à l'annulation du jugement n° 0405752 du 31 janvier 2007 du tribunal administratif de Versailles rejetant sa demande d'annulation de l'arrêté du maire de Neuilly-sur-Seine du 24 août 2007 refusant de lui délivrer un permis de construire un immeuble d'habitation et de surélever un immeuble existant sur un terrain situé 17/19 boulevard Vital-Bouhot à Neuilly-sur-Seine, d'autre part, à l'annulation pour excès de pouvoir de cet arrêté ;
2°) de mettre à la charge de la commune de Neuilly-sur-Seine le versement de la somme de 4000 euros au titre de l'article L. 761-1 du code de justice administrative ;
Vu les autres pièces du dossier ;
Vu la note en délibéré, enregistrée le 14 décembre 2011, présentée pour M. Vacher ;
Vu le code de l'environnement ;
Vu le Code de l'urbanisme ;
Vu le code de justice administrative ; (...)

Sans qu'il soit besoin d'examiner les autres moyens du pourvoi ;
Considérant qu'il ressort des pièces du dossier soumis aux juges du fond que la décision de refus de permis de construire opposée à M. Vacher est fondée sur l'incompatibilité de son projet avec la réglementation annexée au plan de prévention des risques d'inondation (PPRI) de la Seine dans les Hauts-de-Seine, approuvé par un arrêté préfectoral du 9 janvier 2004, au motif que le terrain d'implantation est situé en zone rouge de ce plan où les constructions nouvelles à usage d'habitation sont proscrites et l'extension de constructions est limitée à 20 % de la surface hors œuvre nette préexistante ; que le requérant a soutenu, tant en première instance qu'en appel, que ce terrain n'était pas submersible car situé à une cote supérieure à la cote de référence retenue par le plan, soit la cote maximale atteinte par le niveau des eaux lors de la crue centennale de 1910 ; que, dès lors, en affirmant qu'il n'était pas allégué par le requérant que la cote maximale de crue à laquelle il faisait référence correspondait à celle de la crue de 1910, la cour administrative d'appel de Versailles a dénaturé ses écritures ; qu'il suit de là que M. Vacher est fondé à demander l'annulation de l'arrêt attaqué ;
Considérant que, dans les circonstances de l'espèce, il y a lieu, par application de l'article L. 821-2 du Code de justice administrative, de régler l'affaire au fond ;
Sur l'exception d'illégalité de l'arrêté préfectoral du 9 janvier 2004 approuvant le plan de prévention des risques d'inondation de la Seine dans les Hauts-de-Seine :
Considérant qu'à l'appui de ses conclusions dirigées contre la décision du 3 août 2004, M. Vacher excipe de l'illégalité du plan de prévention des risques d'inondation de la Seine dans les Hauts-de-Seine qui, contrairement à ce qui est soutenu, est opposable à la décision attaquée ;
En ce qui concerne la légalité externe de cet arrêté :
Considérant, d'une part, qu'aux termes de l'article L. 600-1 du Code de l'urbanisme : « L'illégalité pour vice de forme ou de procédure d'un schéma directeur, d'un schéma de cohérence territoriale, d'un plan d'occupation des sols, d'un plan local d'urbanisme, d'une carte communale ou d'un document d'urbanisme en tenant lieu ne peut être invoquée par voie d'exception, après l'expiration d'un délai de six mois à compter de la prise d'effet du document en cause. Les dispositions de l'alinéa précédent sont également applicables à l'acte prescrivant l'élaboration ou la révision d'un document d'urbanisme ou créant une zone d'aménagement concerté. Les deux alinéas précédents ne sont pas applicables lorsque le vice de forme concerne : (...) - soit la méconnaissance substantielle ou la violation des règles de l'enquête publique sur les schémas de cohérence territoriale, les plans locaux d'urbanisme et les cartes communales ; - soit l'absence du rapport de présentation ou des documents graphiques » ;
Considérant, d'autre part, qu'aux termes de l'article L. 562-1 du Code de l'environnement, dans sa rédaction alors en vigueur : « I. - L'État élabore et met en application des plans de prévention des risques naturels prévisibles tels que les inondations, les mouvements de terrain, les avalanches, les incendies de forêt, les séismes, les éruptions volcaniques, les tempêtes ou les cyclones. II. - Ces plans ont pour objet, en tant que de besoin : 1° De délimiter les zones exposées aux risques, dites "zones de danger", en tenant compte de la nature et de l'intensité du risque encouru, d'y interdire tout type de construction, d'ouvrage, d'aménagement ou d'exploitation agricole, forestière, artisanale, commerciale ou industrielle ou, dans le cas où des constructions, ouvrages, aménagements ou exploitations agricoles, forestières, artisanales, commerciales ou industrielles pourraient y être autorisés, prescrire les conditions dans lesquelles ils doivent être réalisés, utilisés ou exploités ; 2° De délimiter les zones, dites "zones de précaution", qui ne sont pas directement exposées aux risques mais où des constructions, des ouvrages, des aménagements ou des exploitations agricoles, forestières, artisanales, commerciales ou industrielles

pourraient aggraver des risques ou en provoquer de nouveaux et y prévoir des mesures d'interdiction ou des prescriptions telles que prévues au 1° ; 3° De définir les mesures de prévention, de protection et de sauvegarde qui doivent être prises, dans les zones mentionnées au 1° et au 2°, par les collectivités publiques dans le cadre de leurs compétences, ainsi que celles qui peuvent incomber aux particuliers ; 4° De définir, dans les zones mentionnées au 1° et au 2°, les mesures relatives à l'aménagement, l'utilisation ou l'exploitation des constructions, des ouvrages, des espaces mis en culture ou plantés existants à la date de l'approbation du plan qui doivent être prises par les propriétaires, exploitants ou utilisateurs (...) » ; qu'aux termes de l'article L. 562-4 du même code : « Le plan de prévention des risques naturels prévisibles approuvé vaut servitude d'utilité publique. Il est annexé au plan d'occupation des sols, conformément à l'article L. 126-1 du Code de l'urbanisme » ;
Considérant qu'il résulte de la combinaison de ces dispositions que les plans de prévention des risques naturels prévisibles constituent des documents qui, élaborés à l'initiative de l'État, ont pour objet de définir des zones exposées à des risques naturels à l'intérieur desquelles s'appliquent des contraintes d'urbanisme importantes et ont ainsi pour effet de déterminer des prévisions et règles opposables aux personnes publiques ou privées au titre de la délivrance des autorisations d'urbanisme qu'elles sollicitent ; que, par suite, les plans de prévention des risques naturels constituent des documents d'urbanisme tenant lieu de plan d'occupation des sols ou de plan local d'urbanisme, au sens des dispositions de l'article L. 600-1 du Code de l'urbanisme ;
Considérant qu'il suit de là que M. Vacher n'était plus recevable le 10 avril 2007, date d'enregistrement de sa requête au greffe de la cour administrative d'appel de Versailles, à se prévaloir pour la première fois, par voie d'exception, de l'illégalité du PPRI de la Seine dans les Hauts-de-Seine approuvé le 9 janvier 2004 en invoquant des moyens tirés respectivement de l'illégalité de l'arrêté préfectoral du 29 avril 1998 prescrivant l'élaboration de ce plan à raison de l'irrégularité de ses modalités d'affichage et de l'insuffisance de la consultation menée auprès des communes concernées, et de l'insuffisance de l'affichage de l'avis d'ouverture d'enquête publique ;
Considérant, en revanche, qu'en vertu des cinquième et sixième alinéas de l'article L. 600-1 du Code de l'urbanisme, M. B était recevable à invoquer les vices substantiels dont aurait été entachée, selon lui, la procédure d'enquête publique préalable à ce plan, ainsi que l'absence de rapport de présentation ;
Considérant toutefois, d'une part, que le moyen tiré de ce que le rapport de présentation du plan ferait défaut manque en fait ;
Considérant, d'autre part, que M. B soutient que la procédure d'enquête publique s'est déroulée en méconnaissance des conditions prévues aux articles L. 123-1 et suivants du Code de l'environnement ; que, si, en vertu des dispositions de l'article L. 562-3 du Code de l'environnement, dans sa rédaction issue de la loi du 30 juillet 2003, l'enquête publique préalable à l'adoption d'un plan de prévention des risques naturels prévisibles doit être organisée dans les conditions prévues aux articles L. 123-1 et suivants du même code, il résulte des dispositions de l'article L. 562-7 de ce code que les conditions d'application de l'article L. 562-3 devaient être précisées par un décret en Conseil d'État, qui n'a été édicté que le 4 janvier 2005 et qui a précisé que ses dispositions ne seraient applicables qu'aux enquêtes publiques prescrites par un arrêté d'ouverture pris postérieurement au dernier jour du dernier mois suivant sa publication ; que, par suite, le requérant n'est pas fondé à soutenir que l'irrégularité de l'enquête publique aurait vicié la procédure ; (...)

Voir le corrigé en fin de rubrique.

2) Sujet d'examen

Dissertation

Le droit de l'urbanisme et les risques.

3) Corrigé

Commentaire d'arrêt

Introduction

- Rappel des faits et de la procédure jusqu'à la cassation.
- Problématique : que penser de la qualification des PPR en tant que « documents d'urbanisme tenant lieu de plan d'occupation des sols ou de plan local d'urbanisme, au sens des dispositions de l'article L. 600-1 du Code de l'urbanisme » ?

I. Une qualification prévisible

A. Une qualification en harmonie avec les préoccupations actuelles en droit de l'urbanisme

Problématique qui s'inscrit dans la dialectique légalité / sécurité juridique.

Problématique très présente en droit administratif en général et plus particulièrement en droit et en contentieux de l'urbanisme (v. L. Bosson 1994 et L. ENL 2006).

Prévalence à l'heure actuelle de l'impératif de sécurité juridique ; solution en harmonie avec cette dynamique.

B. Une qualification qui s'appuie sur différents précédents jurisprudentiels

À l'époque où l'article L. 600-3 du Code de l'urbanisme devenu R. 600-1 exigeait la notification des recours contre les documents d'urbanisme (ce qui n'est plus le cas depuis le 1er oct. 2007), il avait ainsi considéré que les plans de prévention des risques relevaient de cette exigence (CE, avis, 3 déc. 2001, *SCI 2-4 rue de la Poissonnerie*, *Lebon* 628).

Le Conseil d'État avait également qualifié les prescriptions des SUP de « dispositions d'urbanisme » au sens de l'article L. 600-2 concernant les effets de l'annulation d'un refus d'autorisation d'occuper le sol sur la règle d'urbanisme applicable à l'occasion d'une nouvelle instruction (CE, avis, 12 juin 2002, *Préfet de la Charente-Maritime*).

La Cour administrative d'appel de Bordeaux avait déjà qualifié les PPRNP de documents d'urbanisme au sens de l'article L. 600-1 (31 août 2006, *SAFA*, n° 04BX00807).

En revanche, les dispositions de l'article L. 160-5 du Code de l'urbanisme ne s'appliquent pas dès lors que les PPRNP ne constituent pas des servitudes d'urbanisme instituées par le Code de l'urbanisme (CE 29 déc. 2004, *Sté d'aménagement de coteaux de Sainte-Blaine*).

II. Une qualification critiquable

A. L'imprécision de la qualification

La notion de « document d'urbanisme » a été définie par le Conseil d'État dans différents arrêts (privilégiant tantôt un critère formel, tantôt un critère matériel). Voir CE, avis, 7 janv. 1997, *Assoc. de défense du site de l'environnement* ; CE 7 juill. 2000, *Secrétaire d'État au logement* : à propos des PEB ; ou encore CE, avis, 3 déc. 2001, *SCI des 2 et 4 rue de la Poissonnerie*, n° 236910, s'agissant d'un PPR et se référant à l'objet et aux effets du document à savoir, respectivement la détermination des prévisions et règles touchant à l'affectation et à l'occupation des sols et le caractère opposable de ces prévisions et règles aux demandes d'autorisation d'utilisation ou d'occupation des sols.

En l'espèce, le Conseil d'État privilégie le critère matériel : il qualifie les PPR de documents d'urbanisme après avoir observé qu'ils constituent des documents élaborés à l'initiative de l'État et ayant pour objet de définir des zones exposées à des risques naturels à l'intérieur desquelles s'appliquent des contraintes d'urbanisme importantes ; qu'ils ont ainsi pour effet de déterminer des prévisions et règles opposables aux personnes publiques ou privées au titre de la délivrance des autorisations d'urbanisme qu'elles sollicitent, ce qui justifie de les qualifier de documents d'urbanisme.

Mais il existe une tendance forte du Conseil d'État à qualifier tel ou tel document de document d'urbanisme « au sens de » telle ou telle disposition du Code de l'urbanisme (v. les arrêts cités en B du I).

La notion reste donc relativement floue (plus fonctionnelle que théorique).

B. Les limites de la qualification

Le Conseil va plus loin que l'assimilation générale des PPRNP à des documents d'urbanisme, en considérant que ces PPR doivent être considérés comme des documents d'urbanisme tenant lieu de POS/PLU.

Cette solution apparaît contestable, pour plusieurs séries de raisons :

- les PPRNP n'ont pas vocation à se substituer aux POS/PLU mais ils se superposent seulement à ces derniers dans le territoire qu'ils couvrent : au demeurant, ils sont seulement annexés aux POS/PLU au titre des servitudes d'utilité publique ;

- contrairement aux POS/PLU, les PPRNP ne comportent aucun projet d'aménagement global et ne réglementent pas le territoire auquel il s'applique dans toutes ses composantes d'urbanisme. Il s'agit seulement d'un document sectoriel à la différence des POS/PLU qui poursuivent une problématique d'aménagement global ;

- un PPR ne saurait avoir pour effet d'écarter la règle de constructibilité limitée qui s'applique dans les communes non couvertes par un document d'urbanisme ; il ne saurait donc « tenir lieu de PLU » au sens de l'article L. 111-1-2 du Code de l'Urbanisme.

partie 2

La police de l'urbanisme

Le droit de l'urbanisme double sa fonction réglementaire d'une fonction de police. Le Conseil d'État a, dans son audit du Code de l'urbanisme, rappelé cette dimension essentielle qui est la sienne. Très classiquement donc, ledit code a mis en place un régime administratif de contrôle du respect de la règle d'urbanisme (titre 1). Mais il organise également la répression des infractions à cette règle, qu'elle soit une règle de fond ou une règle de procédure. Ainsi, par exemple, lorsque les constructeurs s'abstiennent de demander les autorisations nécessaires ou lorsqu'ils n'en respectent pas les prescriptions, la sanction de ces manquements est assurée principalement par le juge pénal (titre 2). L'existence de ces régimes administratif et répressif n'exclut cependant pas un contentieux civil. En effet, les autorisations administratives sont délivrées sous réserve des droits des tiers. Ceux-ci peuvent donc toujours faire valoir, devant le juge civil, les droits auxquels une occupation du sol porterait atteinte (titre 3). 500

titre 1

Le régime administratif

La réglementation de l'urbanisme est complexe. Cette constatation s'impose avec la force de l'évidence. Et cette complexité se heurte au besoin de sécurité des constructeurs, car pour eux, le seul fait de s'engager dans un projet a un coût. On conçoit donc qu'avant même de solliciter l'autorisation de le réaliser, ils puissent éprouver la nécessité d'être renseignés sur la situation du terrain d'assiette, voire sur la faisabilité du projet lui-même. Ce besoin d'information a abouti à la mise en place, au début des années soixante-dix, d'un instrument d'information et de stabilisation du droit, dont le régime a régulièrement évolué depuis : le certificat d'urbanisme, auquel a été récemment ajouté un certificat de projet (chapitre 12). 501

Au stade de la réalisation du projet, il est souvent nécessaire d'obtenir préalablement une autorisation d'occupation ou utilisation du sol. Jusque récemment, le régime de ces autorisations d'urbanisme était très complexe et par conséquent peu propice à la sécurité juridique à laquelle aspirent naturellement les constructeurs et opérateurs économiques. C'est la raison pour laquelle les pouvoirs publics se sont efforcés de le simplifier lors d'une grande réforme entrée en vigueur le 1er octobre 2007 (chapitre 13).

chapitre 12

Les certificats d'urbanisme et le certificat de projet

Plan analytique

section 1

L'objet et le contenu des certificats d'urbanisme

§ 1 Le certificat d'urbanisme d'information

§ 2 Le certificat d'urbanisme pré-opérationnel

section 2

La délivrance des certificats d'urbanisme

§ 1 La demande

§ 2 La décision

section 3

Les effets des certificats d'urbanisme

§ 1 L'étendue de la garantie offerte par le certificat d'urbanisme

A. Le contenu de la garantie

B. La durée de la garantie

C. Les bénéficiaires de la garantie

§ 2 Limites de la garantie offerte par le certificat d'urbanisme

section 4

Le contentieux des certificats d'urbanisme

§ 1 Le contentieux de l'annulation

§ 2 Le contentieux de l'urgence

§ 3 Le contentieux de la responsabilité

A. La faute de nature à engager la responsabilité de l'administration

B. La collectivité responsable

C. Le préjudice indemnisable

section 5

Le certificat de projet

Compléments pédagogiques

Les certificats d'urbanisme et le certificat de projet

Il est apparu très tôt que les propriétaires et les constructeurs avaient besoin de disposer d'une information fiable sur les servitudes susceptibles de limiter l'exercice du droit de construire sur un terrain. Cette nécessité a donné lieu, dès 1950, à la pratique des notes de renseignements d'urbanisme. Par la suite, la loi du 16 juillet 1971 a donné une base légale à cette information en créant un nouvel instrument : le certificat d'urbanisme (C. urb., art. L. 410-1 s.). Plus précisément, le législateur a mis en place à cette époque deux certificats d'urbanisme, l'un (« de type a » ou « d'information ») prenant parti sur la constructibilité du terrain objet de la demande (le certificat étant alors dit « positif » ou « négatif »), l'autre (« de type b » ou « opérationnel ») se prononçant plus spécifiquement sur la faisabilité d'un projet déterminé. Et ce nouvel instrument était d'autant plus intéressant qu'il permettait, à la différence de la note de renseignements d'urbanisme – qu'il n'avait au demeurant pas fait disparaître – de stabiliser pendant un certain temps les règles de fond applicables au terrain. 502

Ainsi conçu, le certificat d'urbanisme souleva deux séries de réserves. De l'administration d'abord, pour laquelle il était extrêmement délicat de délivrer un certificat positif ou négatif, c'est-à-dire de se prononcer sur la constructibilité d'un terrain sans avoir la connaissance précise de la consistance du projet envisagé alors que, par ailleurs, un certain nombre de règles générales d'urbanisme ont un caractère permissif. Réserves ensuite du détenteur du certificat d'urbanisme en ce qu'il ne lui conférait, ainsi qu'on l'exposera, qu'une garantie limitée. Cette situation avait amené le Conseil d'État à proposer soit le retour au régime de la note de renseignements d'urbanisme, soit une réforme de nature à faire en sorte que le certificat d'urbanisme engage l'autorité administrative sur toutes les servitudes pesant sur le terrain (CE, *Rapport annuel 1972-1973, Étude sur différents problèmes juridiques en matière d'urbanisme*, juill. 1974). Plus récemment, il fut amené à prôner le maintien du certificat d'urbanisme dans lequel il voyait un moyen efficace de préserver les droits acquis des particuliers dans une période marquée par l'instabilité des documents d'urbanisme. Mais il proposait dans le même temps qu'il soit délivré en se limitant à indiquer la situation du terrain au regard de la réglementation d'urbanisme, sans se prononcer sur la faisabilité de tel ou tel projet (*L'urbanisme : pour un droit plus efficace*, Doc. fr., 1992).

Le législateur n'a pas exactement suivi ces propositions mais il s'en est inspiré. La loi SRU du 13 décembre 2000 a mis fin au caractère positif ou négatif du certificat d'urbanisme d'information et supprimé les certificats des anciens articles R. 315-54 du Code de l'urbanisme (certificat d'urbanisme à l'occasion des divisions foncières en vue de l'implantation de bâtiments non constitutives de lotissements) et L. 111-5 (certificat d'urbanisme de contrôle de densité ; J. Tremeau, « La réforme des certificats d'urbanisme », *Dr. et Patr.* 2002. 109). L'ordonnance du 8 décembre 2005 relative au permis de construire et aux autorisations d'urbanisme a quant à elle supprimé le formulaire de demande de note de renseignement, tenté de remédier au problème du délai de délivrance des certificats d'urbanisme et finalement renoncé à créer un troisième type de certificat d'urbanisme qui aurait constitué une véritable pré-autorisation (J.-C. Bonichot, « L'ordonnance du 8 décembre 2005 et le nouveau régime des autorisations d'urbanisme », *BJDU* 2005. 405 ; J. Tremeau, « La nouvelle réforme des certificats d'urbanisme », *BJDU* 2007. 21). Aujourd'hui, il existe donc deux types de certificats d'urbanisme : un certificat d'urbanisme dit « d'information », qui renseigne abstraitement sur la situation d'un terrain au regard du droit de l'urbanisme sans se prononcer sur sa constructibilité, et un certificat d'urbanisme dit « opérationnel », qui prend position sur la faisabilité d'une opération déterminée.

■ 503 Le régime des certificats d'urbanisme issu de ces dernières réformes ne soulève pas de question de constitutionnalité (CE 7 oct. 2010, *Berreterot*, n° 323882, *BJCL* 2011. 765, concl. P. Collin et obs. J. T.). Il n'est pourtant pas parfait et il ne serait pas surprenant qu'il fasse bientôt l'objet d'une nouvelle réforme. On s'en apercevra en étudiant leurs objets et contenus respectifs (section 1), leurs conditions de délivrance (section 2) et leurs effets (section 3), ainsi que les contentieux qu'ils sont susceptibles de générer (section 4).

■ 504 Les pouvoirs publics ayant toutefois tendance à crééer de nouveaux instruments plutôt qu'à améliorer ceux qui existent déjà, une ordonnance du 20 mars 2014 a créé, à titre expérimental, un nouveau certificat de projet. Bien qu'il n'affecte que marginalement le droit de l'urbanisme, il conviendra de présenter les grandes lignes du régime juridique qui y est attaché (section 5).

section 1

L'objet et le contenu des certificats d'urbanisme

■ 505 Le contenu des certificats d'urbanisme varie en fonction de leur objet selon qu'ils visent à obtenir une information sur la situation d'un terrain (§ 1) ou une décision sur la faisabilité d'une opération (§ 2).

§ 1 Le certificat d'urbanisme d'information

■ 506 Ce certificat – également qualifié de certificat d'urbanisme « de type a », « ordinaire » ou « neutre » – permet simplement d'obtenir de l'administration une information sur la situation du terrain. Il indique les dispositions d'urbanisme (nature de la zone dans laquelle il se trouve, existence d'un périmètre de préemption, d'un espace boisé classé, etc.), les limitations administratives au droit de propriété, autrement dit les servitudes d'utilité publique, et la liste des taxes et participations d'urbanisme qui lui sont applicables (C. urb., art. L. 410-1, a). Lorsque le projet est soumis à avis ou accord d'un service de l'État, le certificat d'urbanisme le mentionne également, de même que lorsqu'un sursis à statuer pourrait être opposé (à condition bien entendu que les conditions pour qu'il soit opposé soient d'ores et déjà réunies au moment de la délivrance du certificat). Le certificat d'urbanisme indique en outre si le bien est situé ou non à l'intérieur du périmètre d'un des droits de préemption définis par le Code de l'urbanisme (C. urb., art. R. 410-15) et, depuis la loi ALUR, si le terrain est situé dans un site répertorié sur la carte des anciens sites industriels et activités de services publiée par l'État ou sur un ancien site industriel ou de service dont le service instructeur a connaissance (C. env., art. L. 125-6, IV). En revanche, depuis la loi SRU, le certificat d'urbanisme d'information ne se prononce plus sur la constructibilité du terrain (c'est la raison pour laquelle il est dit « neutre »). Et depuis l'entrée en vigueur de l'ordonnance du 8 décembre 2005 (afin, paraît-il, de ne pas en retarder la délivrance et de s'orienter plus facilement vers un traitement informatisé des demandes de ce type de certificat), le certificat d'urbanisme d'information ne renseigne plus sur la desserte du terrain par les équipements publics. C'est assez regrettable car la desserte d'un terrain est un déterminant essentiel de sa constructibilité. Mieux vaudra donc souvent solliciter un certificat opérationnel.

§ 2 Le certificat d'urbanisme pré-opérationnel

Le certificat d'urbanisme opérationnel – autrement appelé certificat d'urbanisme « de type b » ou « détaillé » – donne les mêmes indications que le certificat ordinaire (règles d'urbanisme, servitudes d'utilité publique et taxes et participations d'urbanisme), mais il comporte des précisions supplémentaires. En premier lieu, il renseigne sur l'état des *équipements publics*[Q] existants ou prévus. En second lieu surtout, il précise, en considération des indications figurant dans la demande (nature de l'opération envisagée, localisation approximative et destination des bâtiments projetés) si le terrain peut être utilisé pour la réalisation de l'opération projetée. Le certificat d'urbanisme opérationnel sera donc, selon le cas, positif ou négatif (on peut dire « favorable » ou « défavorable » pour éviter toute confusion avec le certificat d'urbanisme d'information pré-SRU). L'administration n'a d'ailleurs à cet égard pas d'échappatoire : si elle peut assortir sa décision de prescriptions (C. urb., art. R. 410-14), elle ne peut surseoir à statuer sur la demande de certificat. 507 ■

Il faut s'interroger sur la marge d'appréciation dont l'administration dispose pour délivrer un certificat d'urbanisme positif ou négatif au regard des règles d'urbanisme. D'abord, il résulte de la jurisprudence qu'elle est en situation de compétence liée lorsque le projet de construction envisagé méconnaît une règle d'urbanisme à caractère impératif (le certificat d'urbanisme doit être négatif ou au moins assorti de prescriptions). C'est le cas par exemple lorsqu'il est situé en dehors des parties actuellement urbanisées de la commune au sens de l'article L. 111-1-2 du Code de l'urbanisme (CE 12 févr. 1990, *Caussade*, n° 83643), sauf si le pétitionnaire peut bénéficier des exceptions à la règle de la constructibilité limitée. L'autorité administrative ne peut alors légalement délivrer un certificat d'urbanisme négatif en se fondant sur la seule localisation du terrain (CE 25 févr. 1998, *SCI « Les Peupliers »*, *Lebon* 62 ; *RDI* 1998. 233, obs. J. Morand-Deviller et L. Touvet ; dans le même esprit, s'agissant du principe d'inconstructibilité dans la bande littorale de 100 m : CE 11 févr. 2004, *SA France Travaux*, n° 212855, *Constr.-Urb.* 2004. 85, obs. Ph. Benoit-Cattin ; *RDI* 2004. 214, obs. P. S.-C.). Ensuite, surtout, la question se pose de savoir si l'administration est tenue de délivrer un certificat d'urbanisme négatif lorsque l'application d'une règle permissive pourrait fonder un refus d'autorisation. Il ne 508 ■

semble pas, dans la mesure où le législateur délégué n'a pas, en 2005, repris à l'article L. 410-1 du Code de l'urbanisme la disposition selon laquelle lorsque toute demande d'autorisation pourrait, du seul fait de la localisation du terrain, être refusée en fonction des dispositions d'urbanisme, et notamment des règles générales d'urbanisme, la réponse à la demande de certificat d'urbanisme est négative. Cette disposition, issue de la loi du 22 juillet 1983, visait à mettre un terme à la situation antérieure résultant de la jurisprudence *Blouet* (CE 22 févr. 1980, *Lebon* 111 ; sur cette question, v. D. Larralde, « Réforme des certificats d'urbanisme : le changement dans la continuité », *JCP* N 2006. Étude 101). Mais dans la mesure où la demande de certificat d'urbanisme « b » doit aujourd'hui indiquer la localisation approximative de la construction, et où la plupart des règles permissives du RNU sont liées à cette localisation, on pourrait concevoir une obligation pour l'administration de délivrer un certificat d'urbanisme négatif dès lors que l'une de ces règles pourrait justifier un refus d'autorisation d'urbanisme, et une interdiction (sauf circonstance nouvelle) de refuser une telle autorisation en raison de la localisation de la construction lorsqu'elle avait préalablement délivré un certificat positif. La sécurité juridique n'en serait que renforcée. Cette question, sur laquelle on reviendra, mériterait d'être creusée.

■ 509 La situation n'est pas non plus parfaitement limpide en ce qui concerne l'état des équipements publics. Il est clair que leur insuffisance peut être, en elle-même, un motif de délivrance d'un certificat négatif, sans qu'il soit besoin de rechercher si une règle d'urbanisme impose le refus de toute construction. C'est le sens de la jurisprudence du Conseil d'État (CE, sect., 25 févr. 1983, *Audibert*, *Lebon* 3 ; *AJDA* 1983. 329, chron. B Lasserre et J.-M. Delarue ; CE 26 déc. 2012, *Société établissements Laval et Lecamus*, n° 351680 ; *BJDU* 3/2013, p. 206, concl. X. de Lesquen et obs. J. T.). Il n'est cependant pas certain, malgré la règle posée par l'article L. 111-4 du Code de l'urbanisme (ancien art. L. 421-5), que l'insuffisance des équipements oblige l'autorité compétente à délivrer un certificat d'urbanisme négatif. Il pourrait en effet sembler excessif de contraindre l'autorité compétente à délivrer un certificat d'urbanisme négatif pour le seul motif qu'elle n'est pas en mesure d'indiquer, au moment de l'instruction, qui devra réaliser les travaux d'équipement nécessaires et dans quel délai. L'administration dispose donc probablement ici d'une marge d'appréciation. Mais il n'en est pas mois sûr, alors, qu'un refus de permis de construire fondé sur l'insuffisance des équipements publics pourra toujours succéder à un certificat d'urbanisme positif (CE 13 déc. 1996, *Luccisano*, n° 119548, *Lebon* T. 1218 ; *BJDU* 1997. 106, concl. J.-H. Stahl). Ceci d'autant plus que, comme on va le voir, les effets stabilisateurs du certificat d'urbanisme ne concernent pas les équipements publics.

section 2

La délivrance des certificats d'urbanisme

■ 510 Les conditions et modalités de la délivrance des certificats d'urbanisme appellent des développements relatifs à leur demande (§ 1) et à la décision prise par l'administration (§ 2).

§ 1 La demande

La demande d'un certificat d'urbanisme est toujours facultative. En particulier, elle n'est pas exigée préalablement au dépôt d'une demande de permis de construire (CE 4 juill. 1986, *Cne La Neuville-en-Hez c/ Tuloup,* n° 60754). Toutefois, la pratique en est très répandue en raison de la sécurité qu'il est susceptible de donner tant à l'acquéreur qu'au vendeur et au notaire dans le cadre de transactions portant sur des terrains à bâtir. 511 ■

Toute personne, même si elle n'est pas propriétaire du terrain, peut solliciter la délivrance d'un certificat d'urbanisme. Au demeurant, la demande ne doit mentionner que la seule identité du demandeur, à l'exclusion de celle du propriétaire. Dans tous les cas, elle précise la localisation, la superficie et les références cadastrales du terrain. Dans le cas du certificat opérationnel, la demande indique, en outre, la nature de l'opération envisagée ainsi que sa localisation approximative et la destination des bâtiments projetés, mais non la surface de plancher des bâtiments comme c'était le cas antérieurement. Elle est accompagnée d'une note descriptive succincte de l'opération indiquant, lorsque le projet concerne un ou plusieurs bâtiments, leur destination et leur localisation approximative dans l'unité foncière, ainsi que, lorsque des constructions existent sur le terrain, un plan du terrain indiquant l'emplacement des constructions (C. urb., art. R. 410-1). Quelle que soit l'autorité compétente pour statuer, la demande de certificat d'urbanisme doit être adressée, dans un souci de simplification administrative, à la mairie de la commune dans laquelle se trouve situé le terrain (art. R. 410-3).

§ 2 La décision

L'instruction et l'intervention d'une décision sur la demande de certificat d'urbanisme doivent allier célérité et fiabilité. C'est pourquoi, le pouvoir réglementaire s'est, en 2007, efforcé d'encadrer l'instruction et de fixer des délais pour l'intervention des différents avis requis au cours de celle-ci (C. urb., art. R. 410-6 à R. 410-10). Il a en conséquence institué un mécanisme de certificat d'urbanisme tacite pour sanctionner l'objectif de célérité mais qui ne va guère toutefois dans le sens de la sécurité. Il faut par ailleurs préciser, en tenant compte des nouveautés introduites par le décret du 27 février 2014, l'autorité compétente pour délivrer et instruire les demandes de certificats d'urbanisme. Enfin, il faudra envisager le contenu du certificat. 512 ■

Compétence. Les règles relatives à la compétence pour délivrer les certificats d'urbanisme sont, depuis le décret du 5 janvier 2007, totalement identiques à celles régissant la délivrance des autorisations d'occupation du sol (C. urb., art. R. 410-11, renvoyant aux art. R. 422-1 à R. 422-4), auxquelles il convient donc de se reporter (v. ss 634 s.). 513 ■

Instruction. Lorsque la décision est prise au nom de la commune ou d'un EPCI, l'instruction est effectuée au nom et sous l'autorité du maire ou du président de l'EPCI (art. R. 410-4). Mais l'autorité compétente peut toutefois décider de la confier aux services de la commune, à une collectivité territoriale ou à un groupement de collectivités, à un syndicat mixte (depuis le décret du 26 février 2014), à une agence 514 ■

départementale, voire, pour les petites communes, aux services déconcentrés de l'État (art. R. 410-5). Lorsque la délivrance du certificat relève de la compétence de l'État, l'instruction est effectuée par les services déconcentrés de l'État qui doivent recueillir l'avis du maire ou du président de l'EPCI (art. R. 410-6). Dans le cas du certificat opérationnel, l'autorité compétente recueille l'avis des collectivités et services gestionnaires des réseaux. Leurs avis sont réputés favorables s'ils n'ont pas été émis dans le délai d'un mois (art. R. 410-10). L'absence de consultation entache d'illégalité le certificat (CAA Nantes, 21 juill. 2014, *Commune de Saint-Philibert*, n° 12NT02189).

515 *Délais.* Le délai d'instruction est d'un mois pour le certificat d'information (art. R. 410-9) et de deux mois pour le certificat opérationnel (art. R. 410-10). Ce délai court à compter de la réception de la demande en mairie. À la différence de ce qu'avait décidé la jurisprudence antérieure à la réforme de 2007 (CE 9 nov. 1992, *Coz*, n° 94138), il est désormais prévu qu'à défaut de notification d'un certificat dans ces délais, le silence de l'administration vaut délivrance d'un certificat d'urbanisme tacite, lequel n'est jamais qu'un certificat d'urbanisme de type a, même lorsque c'est un certificat d'urbanisme de type b qui était demandé (art. R. 410-12). Il s'agit là d'une véritable innovation, qui ne permet certes plus à l'administration d'empêcher la stabilisation des droits inhérente au certificat d'urbanisme en s'abstenant de répondre à une demande. Mais on peut s'interroger sur l'intérêt d'un acte d'information tacite (G. Godfrin, « Certificat d'urbanisme : informer en silence », *Constr.-Urb.* 2007. Études 6). Apparemment, la naissance d'un certificat d'urbanisme tacite ne dispense pas l'administration de répondre à la demande (Rép. min. Écologie n° 5242, *Constr.-Urb.* 2008. 29 ; obs. G. Godfrin). Cependant, le pétitionnaire est peu armé pour l'y contraindre.

516 *Contenu de la décision.* Sauf s'il est tacite, le certificat d'urbanisme contient les éléments mentionnés plus haut et qui varient selon le contenu de la demande (C. urb., art.a ou b de l'art. L. 410-1). Si le projet décrit dans la demande de certificat d'urbanisme opérationnel n'est pas complètement conforme aux règles d'urbanisme, l'autorité compétente peut néanmoins délivrer un certificat positif en l'assortissant de prescriptions (R. 410-14). Dans ce cas, de même que lorsqu'il est défavorable, le certificat d'urbanisme doit être motivé. Par ailleurs, le certificat d'urbanisme précise les conditions dans lesquelles il devient exécutoire (art. R. 410-18) et le demandeur est informé de la date de sa transmission au contrôle de légalité (art. R. 410-19). Enfin, le certificat d'urbanisme étant un acte individuel créateur de droits, il doit comporter, outre la signature de son auteur, la mention, en caractères lisibles, du prénom et du nom et de la qualité de celui-ci en application de l'article 4 de la loi du 12 avril 2000 relative aux droits des citoyens dans leurs relations avec les administrations (CE 29 juin 2005, *Lusignet*, n° 276808, *Constr.-Urb.* 2005. 224, obs. P. Cornille, note en lien avec un autre arrêt : CE 29 juin 2005, *Lusignet*, n° 276508).

section 3

Les effets des certificats d'urbanisme

La délivrance d'un certificat d'urbanisme, qu'il soit d'information ou pré-opérationnel, crée des droits au profit de son détenteur. Ces droits ne portent pas sur l'obtention d'une autorisation d'occupation ou d'utilisation du sol mais sur le fait que la demande sera instruite en fonction des règles de droit qui y sont mentionnées. La garantie qu'il donne (§ 1) est cependant limitée (§ 2), même si elle a été étendue par la loi SRU. Pour autant, il reste un instrument irremplaçable eu égard à l'instabilité des règles locales d'urbanisme. 517 ■

§ 1 L'étendue de la garantie offerte par le certificat d'urbanisme

Les certificats d'urbanisme ont pour intérêt essentiel de cristalliser pendant un certain temps les règles applicables à la date de leur délivrance. Voyons quels sont le contenu (A), la durée (B) et les bénéficiaires de la garantie ainsi offerte (C). 518 ■

A. Le contenu de la garantie

La cristallisation du droit réalisée par le certificat d'urbanisme concerne les règles d'urbanisme, la plupart des servitudes d'utilité publique ainsi que les taxes et participations d'urbanisme en vigueur à la date de sa délivrance, peu important d'ailleurs que le certificat les ait ou non correctement mentionnées. La question se pose pour finir de savoir dans quelle mesure le certificat d'urbanisme opérationnel offre davantage de garanties que le certificat d'information. 519 ■

Règles d'urbanisme. L'effet de cristallisation qui s'attache aux certificats d'urbanisme couvre d'abord les dispositions d'urbanisme telles qu'elles existaient à la date du certificat. Il en résulte par exemple que l'autorité compétente pour délivrer le permis de construire ne pourra pas le refuser au motif que le document local d'urbanisme a été modifié depuis la délivrance du certificat, fût-ce sous la forme du classement du terrain en espace boisé (CE 23 nov. 1994, *Min. Équipement,* n° 135215). 520 ■

Le bénéficiaire d'un permis de construire peut ainsi avoir intérêt à solliciter la délivrance d'un certificat d'urbanisme alors même qu'il dispose d'une autorisation en cours de validité. Cela permet de se mettre à l'abri d'un refus de prorogation dudit permis car celle-ci n'est de droit que si les prescriptions d'urbanisme n'ont pas évolué de façon défavorable à l'égard du projet (C. urb., art. R. 424-21). Il en va de même du permis modificatif dans la mesure où sa délivrance est, en cas de changement de la réglementation d'urbanisme, subordonnée à la condition que les modifications envisagées n'apportent pas d'atteintes supplémentaires aux nouvelles règles d'urbanisme (CE, sect., 26 juill. 1982, *Le Roy, Lebon* 316 ; *JCP* 1982. II. 19892, concl. Y. Robineau, obs. G. Liet-Veaux). On observe ainsi dans la pratique que le certificat d'urbanisme est un instrument commode dont l'intérêt se trouve peut-être situé là où on ne l'attend pas et dont toutes les possibilités ne sont pas toujours exploitées.

Dans cet ordre d'idées, il n'est pas négligeable non plus que l'existence d'un certificat d'urbanisme en cours de validité fasse également obstacle à l'exercice d'un droit de préemption qui aurait été instauré postérieurement à sa délivrance (Rép. min. n° 03713 : *JO* Sénat Q 12 sept. 2013, p. 2644).

■ 521 *Servitudes d'utilité publique.* La loi SRU a accru la garantie offerte par le certificat d'urbanisme en l'étendant aux limitations administratives au droit de propriété, à l'exclusion cependant des servitudes d'utilité publique qui ont pour objet la préservation de la sécurité et de la salubrité publique (C. urb., art. R. 126-3, ann., IV).

■ 522 *Taxes et participations.* L'effet de cristallisation du certificat d'urbanisme s'applique au régime des taxes et participations en vigueur au moment de sa délivrance. L'administration ne peut donc assujettir le constructeur au paiement des taxes et participations instituées postérieurement à sa délivrance, mais il suffit que le principe de la participation ait été en vigueur. Le Conseil d'État a ainsi jugé, s'agissant de la participation pour voies et réseaux, que le certificat d'urbanisme peut indiquer qu'elle pourra être réclamée même si la délibération arrêtant pour chaque voie nouvelle ou pour chaque réseau la part du coût des travaux mis à la charge des propriétaires riverains n'a pas encore été prise (CE 22 janv. 2010, *Cne la Foye-Monjault*, n° 312425, *BJDU* 2010. 12, note J. T. ; *RDI* 2010. 225 obs. J.-Ph. Strebler). S'agissant de la taxe d'aménagement, la loi du 29 décembre 2010 a prévu que si l'autorisation est déposée pendant la période de validité d'un certificat d'urbanisme, le taux le plus favorable est appliqué (C. urb., art. L. 330-20). La même règle s'applique concernant la redevance d'archéologie préventive (C. patr., art. L. 524-8 I), Enfin, concernant le versement pour sous-densité, l'article 28-II-B de la même loi a prévu que la garantie offerte par le quatrième alinéa de l'article L. 410-1 du Code de l'urbanisme n'est pas applicable aux certificats d'urbanisme émis avant le 1er mars 2012.

■ 523 *Les garanties supplémentaires offertes par le certificat d'urbanisme opérationnel.* Le certificat d'urbanisme de type b est plus riche que le certificat d'urbanisme de type a et la question se pose naturellement de savoir s'il offre davantage de garanties. La réponse est nuancée. En premier lieu, il est certain que bien qu'il renseigne sur ce point, il n'offre aucune garantie en ce qui concerne l'état des équipements publics existants ou prévus. Une saturation des équipements survenue entre la délivrance d'un certificat favorable et la demande de l'autorisation d'urbanisme correspondante peut donc parfaitement justifier un refus de délivrance de l'autorisation d'urbanisme. En second lieu, en revanche, il nous semble que dans la mesure où la demande de certificat d'urbanisme détaillé doit indiquer la nature de l'opération envisagée ainsi que la localisation approximative et la destination des bâtiments projetés, la réponse de l'administration devrait constituer une « pré-décision » sur ces différents éléments. Au demeurant, l'article R. 410-13 emploie l'expression de « décision » de l'administration sur ce point, alors que concernant la desserte par les équipements publics, il n'est question de décision que sur les « modalités » de cette desserte. L'utilité du certificat d'urbanisme n'en serait en tous cas que renforcée. Ceci ne signifie pas qu'un certificat d'urbanisme opérationnel favorable ne peut en aucun cas être suivi d'un refus d'autorisation, mais que ce refus ne saurait (sauf circonstance nouvelle) être fondé sur la localisation ou la destination des bâtiments projetés.

B. La durée de la garantie

La durée de validité des certificats a été fixée uniformément à 18 mois à compter de leur délivrance par l'ordonnance du 8 décembre 2005. Ce délai court à compter de leur signature et non de leur notification. En ce qui concerne les certificats tacites, il court à compter de la date à laquelle ils sont nés, nonobstant toute délivrance ultérieure d'un certificat exprès (art. R. 410-18). Le délai de validité n'est pas interrompu ou suspendu lorsque le certificat a été annulé par une décision de justice même infirmée ultérieurement (CE 13 juin 2003, *SCI Eivlys*, n° 218312, *BJDU* 2003. 246, concl. D. Piveteau; *Defrénois* 2003. 37824, note Ph. Benoit-Cattin; *RDI* 2003. 473, obs. A. Robineau-Israël). L'expiration de ce délai n'a d'autre effet que de priver le détenteur du certificat du droit au maintien de la règle d'urbanisme; elle ne rend pas sans objet le recours éventuellement introduit à son encontre (CE 17 oct. 1980, *Min. Équipement c/ Cts Brousselle*, *Lebon* T. 930; CE 6 juin 2012, *Vidal*, n° 329123). 524 ■

La validité du certificat peut être prorogée plusieurs fois par périodes d'une année sur une demande présentée deux mois au moins avant l'expiration du délai de validité. La prorogation est cependant subordonnée à la condition que les prescriptions d'urbanisme, les servitudes administratives de tous ordres et le régime des taxes et participations d'urbanisme applicables au terrain n'aient pas changé. A défaut de notification d'une décision expresse portant prorogation du certificat d'urbanisme dans le délai de deux mois suivant la réception en mairie de la demande, le silence gardé par l'autorité compétente vaut prorogation du certificat d'urbanisme. La prorogation prend effet au terme de la validité de la décision initiale (art. R. 410-17-1). Pour finir, la question se pose de savoir si la durée de validité d'un certificat d'urbanisme devrait également être prorogée, de fait, en cas d'annulation ou de retrait d'un refus d'autorisation d'urbanisme. Le dispositif de l'article L. 600-2 et l'exigence de sécurité juridique pourraient inciter le juge à en décider ainsi. Mais aucun texte ne le prévoit expressément (v. d'ailleurs CAA Nancy, ass. plén., 16 nov. 2000, *Cne Marly*, n° 97NC02057, *Constr.-Urb.* 2001. 96, obs. P. Cornille; *RFDA* 2001. 755, obs. D. Giltard).

C. Les bénéficiaires de la garantie

Les certificats d'urbanisme garantissent leurs détenteurs. Ils ont, en effet, un caractère réel et non personnel car ils sont un constat porté sur un terrain ou sur la réalisation d'une opération sur un terrain. Cette considération explique que leur bénéfice peut être invoqué par toute personne ayant régulièrement déposé dans leur délai de validité une demande de permis de construire, à condition qu'elle soit complète (CAA Lyon, 15 févr. 2005, *Cne Saint Péray c/ Dumas*, n° 02LY00167 et 02LY00173, *Constr.-Urb.* 2005. 143, obs. P. Cornille; *JCP* A 2005. 1211, note Ph. Billet), et ce, sans que puisse lui être opposée la circonstance que le certificat dont elle se prévaut aurait été demandé par un tiers (TA Versailles, 7 déc. 1993, *Sanglier c/ Préfet des Yvelines*, n° 901387, *Defrénois* 1994. 35803, obs. S. Pérignon). 525 ■

§ 2 Limites de la garantie offerte par le certificat d'urbanisme

526 Même si leurs effets ont été renforcés par la loi SRU, la garantie que confèrent les certificats d'urbanisme comporte trois séries de limites. La première tient à ce que la garantie ne s'étend pas aux contenus erronés du certificat, la deuxième résulte de ce qu'ils ne peuvent en aucun cas être assimilés à une pré-autorisation d'utilisation du sol et la troisième est à relier à la possibilité qu'ils soient retirés ou annulés. Ces limites expliquent qu'à l'occasion d'une acquisition en vue de bâtir, un certificat d'urbanisme, même positif, ne permet pas au notaire de remplir son obligation d'information et de conseil (Civ. 1re, 20 mars 2014, n° 13-14121, *BJDU* 4/2014, p. 273, obs. J. T. ; *Defrénois* 19/2014, p. 1040, obs. Y. Dagorne-Labbé).

527 *L'absence de garantie concernant les contenus erronés du certificat d'urbanisme.* Ainsi que l'avait précisé le Conseil d'État (CE 11 févr. 2004, *SA France Travaux*, préc.), le certificat d'urbanisme ne garantit à celui qui s'en prévaut l'application que des règles existantes, autrement dit légalement applicables, à la date à laquelle il est délivré (C. urb., art. L. 410-1). En ce qui concerne les taxes et participations d'urbanisme, l'application de ce principe a conduit le Conseil d'État à juger que la circonstance que l'auteur du certificat d'urbanisme a omis de mentionner une participation ou une taxe légalement applicable à la date de sa délivrance n'est pas de nature à créer de droits acquis à ne pas acquitter les sommes dues à ce titre lors de la délivrance de l'autorisation (CE 22 janv. 2010, *Cne la Foye-Monjault, préc.*).

528 *Le certificat d'urbanisme n'est pas une pré-autorisation.* Selon une jurisprudence constante, les certificats d'urbanisme ne produisent aucun des effets qui s'attacheraient à une pré-autorisation (CE 28 janv. 1981, *Min. Environnement c/ SCI Provence, Lebon* 969 ; CE 13 juin 2003, *SCI Eivlys*, préc.).

À l'inverse de cette jurisprudence, il a été envisagé, dans le cadre de la réforme des autorisations d'urbanisme de 2005-2007, de créer un troisième certificat d'urbanisme à mi-chemin entre le certificat d'information et l'autorisation (Rapport au garde des Sceaux, « Propositions pour une meilleure sécurité juridique des autorisations d'urbanisme », *BJDU* 2005. 73, extraits). Il aurait permis à l'autorité administrative compétente pour délivrer l'autorisation d'indiquer son accord sur un projet lorsque la demande, présentée par un architecte, aurait précisé les principales caractéristiques du projet architectural envisagé et notamment, l'emprise, la hauteur et la superficie des constructions projetées. Il aurait fait l'objet de mesures de publicité. Le permis de construire, d'aménager ou de démolir n'aurait pu être annulé du fait de l'illégalité des dispositions ayant fait l'objet d'un accord de l'autorité compétente sauf à ce que le certificat d'urbanisme ait préalablement été retiré ou annulé pour excès de pouvoir par la juridiction administrative. Mais cette proposition n'a pas été reprise à l'occasion de la réforme des autorisations d'urbanisme.

529 Il en résulte que si le détenteur du certificat d'urbanisme ayant conclu à la faisabilité du projet a un droit à ce que sa demande de permis soit instruite sur le fondement des règles applicables au moment de sa délivrance, il peut néanmoins se voir opposer un refus en application de règles d'urbanisme permissives (du moins si leur application n'est pas liée la localisation ou la destination de la construction projetée). Par

ailleurs, la demande de certificat d'urbanisme opérationnel est transmise aux autorités et services intéressés dont l'avis ou l'accord, particulièrement celui de l'architecte des Bâtiments de France, conditionnera la réponse à une demande d'autorisation (C. urb., art. R. 410-3). Toutefois, contrairement aux gestionnaires de réseaux, aucun délai ne leur est imparti pour émettre leurs avis ou accords. Dès lors, ils pourront être défavorables pour le premier et refusé pour le second dans le cadre de l'instruction de l'autorisation. En outre, dans la mesure où le certificat n'offre aucune garantie en ce qui concerne la desserte par les équipements publics, un refus de permis fondé sur leur insuffisance pourra toujours suivre un certificat d'urbanisme positif (CE 13 déc. 1996, *Luccisano*, n° 119548, *Lebon* T. 1218 ; *BJDU* 1997. 106, concl. J.-H. Stahl). Enfin, il a été nouvellement jugé que l'autorité compétente peut opposer un sursis à statuer à une demande de permis de construire pourtant déposée dans le délai de validité du certificat d'urbanisme, même si celui-ci avait à tort omis d'en mentionner la possibilité (CE 3 avril 2014, *Commune de Langolen*, n° 362735, *BJDU* 3/2014, p. 209, concl. X. de Lesquen ; *Constr.-Urb.* 5/2014, n° 74, obs. J.-M. Février ; *AJDA* 2014, p. 1404, note J.-B. Sibileau). La solution est discutable, car le sursis à statuer ne constitue pas, à proprement parler, une disposition d'urbanisme ou une limitation administrative au droit de propriété en vigueur à la date de délivrance du certificat. Il s'agit, en réalité, d'une règle de procédure dont l'opposabilité reste, à notre sens, conditionnée par les mentions du certificat d'urbanisme. L'article L. 410-1 du Code de l'urbanisme distingue d'ailleurs très clairement les règles de fond applicables à la date de délivrance du certificat d'urbanisme, des règles de procédure dont il précise qu'elles doivent être expressément mentionnées dans le certificat (v. obs. critiques P. S.-C. sous CAA Nancy, 16 mai 2013, *Epoux Accad-Guillois c. Commune d'Arbois*, n° 12NC01139). La moindre des garanties serait que les conditions du sursis fussent d'ores et déjà réunies au moment de la délivrance du certificat (et non seulement au moment où l'autorité administrative statie sur la demande d'autorisation d'urbanisme, comme le suggère l'arrêt de la Cour administrative d'appel de Nancy). En pareille hypothèse (où le sursis à statuer est opposé « par surprise »), le bénéficiaire du certificat d'urbanisme n'a alors d'autre ressource que d'engager la responsabilité pour faute (inhérente à l'illégalité du certificat) de l'administration (CE 10 nov. 2004, *Robin*, n° 245711, *Constr.-Urb.* 2005. 12, obs. N. Rousseau. F. Bouyssou, « La validité du certificat d'urbanisme délivré pendant la période d'élaboration du POS », *Droit et Ville* 1980. 269). La question reste cependant discutée (D. Larralde, « Réforme des certificats d'urbanisme : le changement dans la continuité », *JCP* N 2006. Étude 101).

Le certificat d'urbanisme peut être retiré ou annulé. Le détenteur d'un certificat d'urbanisme ne peut se prévaloir des règles qu'il mentionne que pour autant que celui-ci est maintenu. Or il peut être facilement remis en cause tant par les tiers que par l'administration. Il est vrai que les possibilités de retrait ont été considérablement restreintes par la jurisprudence *Ternon*, qui subordonne le retrait d'un acte administratif explicite créateur de droit à la double condition qu'il soit illégal et que le retrait intervienne dans un délai de quatre mois à compter de sa signature (CE, ass., 26 oct. 2001, *Ternon*, *Lebon* 497, concl. F. Séners ; v. égal. E. Fatôme et M. Raunet, « Le retrait des certificats et autorisations d'urbanisme après la loi du 12 avril 2000 et l'arrêt Ternon », *AFDUH* 2003. 51 ; v. circ. secrétaire d'État au logement, 23 avr. 2002, *BJDU* 2002. 232). Si le certificat d'urbanisme est tacite, le délai de retrait est de deux mois à compter de la naissance du certificat (article 23 de la loi du 12 avril 2000 relative aux droits des citoyens dans leurs relations avec l'administration). Le retrait doit, en 530 ■

outre, être précédé de la procédure contradictoire prévue par l'article 24 de la loi du 12 avril 2000 relative à la démocratie de proximité (CE 23 avr. 2003, *Sté Bouygues Immobilier*, n° 249712, *Constr.-Urb.* 2003. 261, obs. Ph. Benoit-Cattin ; *BJDU* 2003. 95, concl. F. Séners ; *RDI* 2003. 472, obs. A. Robineau-Israel).

Pour autant, la jurisprudence *Ternon* et la loi DCRA ne remettent pas en cause les solutions antérieures selon lesquelles le droit au maintien des règles d'urbanisme énoncées par un certificat d'urbanisme ne peut avoir pour effet de justifier la délivrance par l'autorité administrative d'une autorisation fondée, soit sur une appréciation erronée de l'application des règles d'urbanisme (CE 11 oct. 1989, *Cléry*, *Lebon* T. 996 ; *AJDA* 1990. 114, concl. S. Daël), soit sur des règles qui n'étaient pas légalement applicables au projet présenté (CE 17 juin 1977, *Cochet et Cortes*, *Lebon* 281 ; CE 11 févr. 2004, *SA France Travaux*, préc.), soit sur des règles entachées d'illégalité (CE 4 nov. 1994, *SCI « Le Parc de Vaugien »*, n° 102929 et 103109, *BJDU* 1994. 30, concl. Ch. Maugüé). Dans ce dernier cas, il est cependant jugé que lorsque l'illégalité a été sanctionnée par l'annulation du document local d'urbanisme, les droits acquis par le bénéficiaire du certificat sont ceux résultant des dispositions d'urbanisme redevenues applicables à la date du certificat (TA Versailles 25 mars 1997, *Assoc. « Vivre au Bout Galeux » c/ Cne Palaiseau*, n° 964453).

Cette précarité du certificat d'urbanisme est accrue par l'important risque d'annulation auquel il est exposé, notamment – on va le voir – du fait de l'absence de forclusion opposable à la plupart des nombreux requérants potentiels.

section 4

Le contentieux des certificats d'urbanisme

531 Trois types de contentieux méritent d'être évoqués : le contentieux de l'excès de pouvoir (§ 1), les référés (§ 2) et le contentieux de la responsabilité (§ 3).

§ 1 Le contentieux de l'annulation

532 À la différence de l'ancienne note de renseignements (CE 10 juill. 1964, *Min. Construction c/ Duffaut*, n° 61054), le certificat d'urbanisme est un acte faisant grief. En effet, bien que la jurisprudence ait un temps laissé penser que le recours pour excès de pouvoir n'était recevable que contre les certificats d'urbanisme opérationnels, et non contre les certificats d'urbanisme d'information, dont l'appellation peut d'ailleurs induire en erreur sur ce point (v. not. CAA Nantes, 24 mai 2005, *L'octroi Bel Air*, n° 04NT00023 et CAA Marseille 29 janv. 2009, *Funel*, n° 06MA02386), le Conseil d'État a reconnu « qu'eu égard aux effets qu'ils sont susceptibles d'avoir pour leurs destinataires et pour les tiers intéressés, les certificats d'urbanisme doivent être regardés, que la demande à laquelle ils répondent ait ou non précisé une opération particulière, comme des décisions administratives susceptibles de faire l'objet d'un recours pour excès de pouvoir » (CE 6 juin 2012, *Vidal*, n° 329123, *BJDU* 4/2012, p. 488, concl. C. Landais ; *AJDA* 36/2012, p. 2019, Note J. Tremeau). Cette solution est parfaitement cohérente dans la mesure où les certificats d'urbanisme ont toujours

pour effet de cristalliser le droit applicable au terrain sur lequel ils portent, qu'ils soient demandés sur le fondement du a ou du b de l'article L. 410-1 (H. Jacquot, « Sur la dissociation des fonctions d'information et de stabilisation du certificat d'urbanisme d'information générale », *Mélanges Fatôme*, Dalloz, 2011, p. 165). Dans ce nouveau contexte jurisprudentiel, on peut se demander si la solution selon laquelle les participations financières n'étant pas exigées dès la délivrance du certificat d'urbanisme, mais seulement au moment où la construction est entreprise, les dispositions du certificat relatives aux participations financières ne font pas grief et ne sont pas susceptibles d'être contestées par la voie du recours pour excès de pouvoir (CE 15 avr. 1996, *Épx Maurice*, *Lebon* T. 671 ; *BJDU* 1996. 348, concl. C. Chantepy). De même, on peut se demander si sera confirmée la jurisprudence en vertu de laquelle la mention erronée de ce que le terrain objet de la demande serait situé dans un périmètre d'exercice du droit de préemption urbain ne constitue pas une décision susceptible de faire l'objet d'un recours contentieux (CAA Nancy, ass. plén., 16 nov. 2000, *Cne Marly*, préc.).

L'intérêt à agir à agir contre un certificat d'urbanisme est, comme toujours en contentieux administratif, entendu très largement. Néanmoins, il a été jugé que n'ont pas intérêt à agir contre un certificat négatif le notaire ou le géomètre qui en ont demandé la délivrance pour le compte de l'un de leurs clients (CE 17 janv. 1990, *Trotel*, n° 81827, *Lebon* T. 1038 ; *JCP* N 1990. II. 97, note P. Gérard ; *AJDA* 1990. 576, note J.-B. Auby ; CAA Lyon, 21 oct. 2003, *Comet*, n° 99LY01436), pas plus que le maire qui l'a fait pour le compte de l'un de ses administrés (CE 28 juin 1996, *Cne Bures-en-Bray*, n° 135333, *BJDU* 1996. 435, concl. J. Arrighi de Casanova). Quant au certificat positif, il peut être largement contesté par les tiers, et même en partie par son destinataire. En effet, les dispositions, prescriptions et mentions d'un certificat d'urbanisme sont considérées comme divisibles. Par conséquent, son destinataire peut demander l'annulation de celles qui, dans un certificat d'urbanisme même positif, conditionnent la constructibilité du terrain objet de la demande, et notamment des contraintes d'urbanisme (CE 21 mai 2012, *Berreterot*, n° 323882, *BJDU* 2012. 284, concl. P. Collin et obs. C. Landais ; *RDI* 11/2012, p. 579, obs. P. Soler-Couteaux, à propos de la mention, dans un certificat d'urbanisme positif, de la possibilité d'un sursis à statuer ultérieur ; CAA Paris, 7 févr. 1995, *De Corlieu*, n° 94PA00829 ; et concl. C. Landais sur CE 19 déc. 2007, *Geoffroy*, n° 297148, *BJDU* 2007. 418). 533 ■

Concernant les délais de recours, si une forclusion pourrait certainement être opposée à celui qui en a reçu la notification indiquant les voies et délais de recours, il en va différemment des tiers, pour lesquels aucun délai de recours ne court jamais puisqu'aucune mesure de publicité n'est prévue concernant les certificats d'urbanisme (CE 17 juin 1977, *Cochet et Courtes*, *Lebon* 281 ; CE 5 avr. 2006, *Dumont*, n° 275742, *BJDU* 2006. 232, concl. M.-H. Mitjaville). On a parfois soutenu que seule la publication du certificat à la mairie et sur le terrain pourrait mettre un terme au bout de deux mois à cette incertitude en faisant courir le délai de recours (P.-L. Frier, « Le certificat d'urbanisme peut-il paralyser le contentieux du permis de construire ? », *JCP* N 1989. I. 11). Mais telle ne semble pas être la position à laquelle pourrait se rallier la juridiction administrative (v. concl. Ch. Maugüé sur CE 4 nov. 1994, *SCI « Le Parc de Vaugien »*, préc.). Quoi qu'il en soit, il est certain que le recours continue à être recevable même au-delà du délai de validité du certificat (CE 17 oct. 1980, *Min. Équipement c/ Cts Brousselle*, *préc.* ; CE 6 juin 2012, *Vidal*, n° 329123). Et l'insécurité est 534 ■

d'autant plus grande que les tiers peuvent même exciper de l'illégalité du certificat lorsque le titulaire de l'autorisation d'urbanisme attaquée prétendra se prévaloir de ses mentions (v. sur ce point, concl. Ch. Maugüé sur CE 4 nov. 1994, *SCI « Le Parc de Vaugien »*, *BJDU* 1994. 32). Enfin, le certificat d'urbanisme ayant une nature essentiellement recognitive, une nouvelle demande peut être déposée à tout moment sans que le certificat délivré à sa suite puisse être considéré comme une décision purement confirmative (CE 3 févr. 1984, *Vve Bourgeois*, *Lebon* 42). Chaque certificat fait donc courir un nouveau délai de recours.

De fait, la plus rigoureuse des conditions de recevabilité des recours contre les certificats d'urbanisme réside dans l'obligation, étendue aux certificats d'urbanisme par le décret du 5 janvier 2007 (auparavant, v. CE, avis, 13 oct. 2000, *Procarione*, *Lebon* 421 ; *BJDU* 2000. 275, concl. P. Fombeur), de notification du recours dans un délai de 15 jours suivant son introduction (sur l'application dans le temps et l'étendue de cette obligation : CE 29 oct. 2010, n° 338345 et CE 1er avr. 2010, *Roques et Hirigoyen*, n° 334113, *BJDU* 2010. 135, concl. A. Courrèges ; *Constr.-Urb.* 2010. 139, note G. Godfrin ; *JCP* A 2010. 2279, note D. Dutrieux). Cette obligation s'impose également en cas de recours administratif ou de déféré préfectoral.

Consécutivement à une annulation, le juge administratif peut prescrire à l'administration de délivrer un nouveau certificat d'urbanisme. Toutefois, le requérant ne peut semble-t-il pas se prévaloir des dispositions de l'article L. 600-2 du Code de l'urbanisme et exiger que sa demande soit instruite sur la base des dispositions en vigueur à l'époque de sa première demande, nonobstant celles intervenues postérieurement (CAA Nancy, ass. plén., 16 nov. 2000, *Cne Marly*, préc.). En revanche, si le certificat d'urbanisme a été annulé en raison de l'illégalité des règles d'urbanisme sur lesquelles il se fondait, l'administration est tenue d'instruire sur la base de la réglementation d'urbanisme redevenue applicable (CAA Nantes, ass. plén., 11 déc. 1996, *Thomas*, *Lebon* 621).

§ 2 Le contentieux de l'urgence

535 La loi du 30 juin 2000 relative au référé devant la juridiction administrative a institué des procédures d'urgence, particulièrement le référé-suspension (CJA, art. L. 521-1). Si, en principe, le juge administratif refuse de suspendre l'application d'un certificat d'urbanisme positif faute d'urgence (TA Lyon, ord., 28 janv. 2003, *Birabeau*, *AJDA* 2003. 263, obs. F. Aubert), il considère qu'il peut y avoir, dans certaines circonstances, urgence à suspendre l'exécution d'un certificat d'urbanisme négatif (CE 5 déc. 2001, *Cne Contes*, n° 0300332, *BJDU* 2002. 60, concl. S. Austry ; *RDI* 2002. 271, obs. P. S.-C.). Dans ce cas, le juge des référés peut enjoindre à l'autorité administrative de délivrer, après nouvelle instruction, un certificat d'urbanisme dans un délai qu'il fixe (CE, sect., 20 déc. 2000, *Ouatah*, *Lebon* 643 ; *AJDA* 2001. 146, chron. M. Guyomar et P. Colin ; *RFDA* 2001. 371, concl. F. Lamy ; CE 9 juill. 2001, *Min. Intérieur c/ Le Berre*, *Lebon* T. 1121 ; CE 9 mai 2001, Delivet, n° 231076, *BJDU* 2001. 287, concl. S. Austry ; *RDI* 2001. 399, obs. P. S.-C.).

§ 3 Le contentieux de la responsabilité

Il faut examiner, pour finir, les conditions dans lesquelles l'administration peut voir sa responsabilité engagée en raison des fautes commises dans l'exercice de sa compétence pour délivrer les certificats d'urbanisme. Il s'agit d'un cas d'application de la responsabilité pour faute de l'administration, susceptible d'être engagée si la faute, de nature à engager la responsabilité de l'administration, peut être considérée comme la cause directe d'un préjudice indemnisable (CE, sect., 10 juill. 1964, *Min. Construction*, *Lebon* 399, *D.* 1964. 722, concl. J. Rigaud ; CE 17 déc. 1965, *Jaquet*, *Lebon* 699 ; *RD publ.* 1966. 759, note M. Waline ; les mêmes principes s'appliquent à la délivrance des notes de renseignements d'urbanisme, v. CE 16 mai 2012, *Commune de Beautheil*, n° 338371, *BJDU* 2012.388, concl. D. Hédary et obs. J. T.). 536 ■

Avant la réforme de 2005-2007, ayant créé le certificat d'urbanisme tacite, la question pouvait se poser sous l'angle de la responsabilité de l'administration du fait de la délivrance tardive d'un certificat d'urbanisme (CE 22 févr. 1980, *Min. Environnement et Cadre de vie c/ Duhoux*, n° 13826 ; récemment CE 6 juin 2012, *Vidal*, n° 329123). Aujourd'hui, la question ne se pose plus que sous l'angle de la responsabilité incombant à l'administration en cas de renseignements inexacts ou erronés qui ont causé un dommage. La responsabilité du fait des mentions du certificat d'urbanisme, qu'il soit positif ou négatif, n'en est qu'une application.

A. La faute de nature à engager la responsabilité de l'administration

La faute peut résulter d'une erreur, inexactitude ou omission, dans les renseignements contenus dans le certificat. Il s'agit, par exemple, d'une erreur sur la densité constructible d'un terrain (CE 24 juin 1988, *Bobin c/ Min. Urbanisme*, *Lebon* 259 ; CE 17 juin 1983, *SCI Italie-Vandrezanne*, n° 27694) ou d'une indication erronée faisant à tort apparaître un terrain comme inconstructible (CE 3 déc. 1986, *Bellenger de Croisilles,* n° 40163) ou, au contraire, comme constructible (CE 7 mai 2007, *Sté Immobilière de la Banque de Bilbao*, n° 282311, *BJDU* 2007. 216, concl. Y. Aguila ; *Constr.-Urb.* 2007. 167, obs. G. Godfrin). La faute peut aussi résulter de l'omission de mentionner une insuffisance de la desserte en équipements publics (CE 3 oct. 1990, *Min. Équipement c/ Valleret*, req. n° 96666) ou d'indiquer que le terrain était situé dans un site classé (CE 13 juin 1980, *Poisson,* n° 12647) ou encore de la mise en révision du document d'urbanisme et de la possibilité par conséquent d'opposer un sursis à statuer (CE 10 nov. 2004, *Robin*, n° 245711, *Constr.-Urb.* 2005. 12, obs. N. Rousseau). 537 ■

On doit cependant se poser la question de l'avenir de ces solutions. En effet, l'article L. 410-1 dispose désormais que l'effet de cristallisation qui s'attache au certificat d'urbanisme s'étend non pas seulement aux dispositions d'urbanisme, au régime des taxes et participations et aux limitations administratives qu'il mentionne, mais inclut celles qui existaient à la date de sa délivrance. Cette nouvelle rédaction pourrait permettre à l'administration de faire valoir qu'une éventuelle omission fautive n'est pas de nature à engager sa responsabilité puisqu'elle aura été sans conséquence sur les droits que son détenteur peut prétendre tirer du certificat d'urbanisme (D. Larralde, « Réforme des certificats d'urbanisme : le changement dans la continuité », *JCP* N 2006. Étude 101).

B. La collectivité responsable

538 La collectivité responsable est celle dont relève l'auteur du certificat d'urbanisme illégal. Ce sera donc la commune dans la mesure où celui-ci aura été délivré par le maire dans les communes disposant d'un PLU ou d'une carte communale lorsque, dans ce dernier cas, le transfert de compétence pour délivrer les autorisations d'urbanisme a eu lieu (v. supra...). Toutefois, l'État pourra lui-même être condamné à supporter, dans le cadre du régime de responsabilité qui lui est propre, tout ou partie de l'indemnisation dès lors qu'il aura concouru à la production du dommage (TA Nice, 6 nov. 1997, *Hubert Anders c/ Cne Hyères et Préfet du Var*, n° 933196, 97805 et 97807, *BJDU* 1998. 28, concl. A. Poujade).

C. Le préjudice indemnisable

539 Pour qu'il y ait lieu à indemnisation, encore faut-il que la faute de service ait eu pour conséquence directe un préjudice prouvé (CE 13 nov. 2002, *SCI Les Rosiers*, n° 230289, *Constr.-Urb.* 2003. 136, obs. P. Cornille). Ce peut être le cas en cas de délivrance (erronée) d'un certificat d'urbanisme négatif ayant empêché de vendre le bien, mais encore faut-il que l'intéressé puisse justifier, à la date à laquelle le certificat d'urbanisme lui a été opposé, d'un projet suffisamment constitué de vente ou de construction au cours de la période de validité du certificat (CE 13 déc. 2010, *Gayte*, n° 317261, *BJDU* 2011. 56 concl. B. Bourgeois-Machureau et obs. C. L.). Ce n'est à l'inverse pas le cas lorsque le terrain sur lequel un certificat comportant des mentions erronées a été délivré reste constructible (CE 3 mai 2002, *Cne Pessines*, n° 224282, *Constr.-Urb.* 2002. 181, obs. P. Cornille ; *Coll. terr.* 2002. 174, obs. L. Erstein). En revanche, le juge indemnise l'acquéreur qui a acheté un terrain qui s'est révélé inconstructible ou moins constructible qu'annoncé dans le certificat (CE 7 mai 2007, *Sté immobilière de la Banque de Bilbao*, préc. ; CE 17 juin 1983, *SCI Italie-Vandrezanne*, n° 27694).

Concernant l'indemnisation de la perte de valeur du terrain, le juge administratif compare les frais d'acquisition (y compris les frais annexes), à la valeur de la parcelle évaluée au prix du terrain non constructible et tient compte de la non-productivité des sommes indûment engagées (CE 13 juin 1980, *Poisson*, n° 12647 ; CE 13 nov. 2002, *SCI Les Rosiers*, préc.). Si le terrain a été revendu, il indemnise le préjudice résultant de l'immobilisation du capital engagé pour son acquisition (CE 10 nov. 2004, *Robin*, préc.). Mais il considère qu'il n'y a pas lieu à indemnisation si le prix de revente est supérieur au prix d'achat (CE 5 nov. 1969, *Jaquet*, préc.). L'acquéreur n'est par ailleurs pas fondé à demander le remboursement des frais et pertes afférents à l'emprunt destiné à financer la construction, qu'il a souscrit avant l'obtention du permis de construire (CE 13 juin 1980, *Poisson*, préc. ; CE 14 oct. 1977, *SCI « Le Bélier »*, n° 03416 ; CE 5 nov. 1969, *Jaquet*, préc.). On ne saurait donc que conseiller au détenteur d'un certificat d'urbanisme de n'entreprendre aucuns travaux préparatoires à la construction proprement dite avant d'avoir obtenu une autorisation d'urbanisme.

Dans l'hypothèse où l'acquéreur n'a pas donné suite à une promesse de vente sur la base des indications erronées d'un certificat d'urbanisme, une indemnité lui est accordée au titre des frais d'acte et honoraires d'architecte (CE 16 oct. 1989, *Pariente*, n° 71305). Dans le cas où la victime a été empêchée de vendre un terrain ou l'a vendu à un prix inférieur à sa valeur, le Conseil d'État indemnise la perte qu'elle subit (CE 3 déc. 1986, *Bellenger de Croisilles*, n° 40163). Bien entendu, dans tous les cas, la faute de la victime peut être totalement ou partiellement exonératoire de la responsabilité de l'administration (CE 17 oct. 1973, *Mouzin-Lizys*, *Lebon* 573).

section 5

Le certificat de projet

Le certificat de projet est un nouvel outil à la disposition des porteurs de projets incluant une occupation ou une utilisation du sol, créé à titre expérimental par l'ordonnance n° 2014-356, du 20 mars 2014 (*AJDA* 2014 p. 652, J.-M. Pastor), prise en application de l'article 13 de la loi du 2 janvier 2014 habilitant le Gouvernement à simplifier et à sécuriser la vie des entreprises. 540 ■

Le dispositif vise à donner une plus grande visibilité et une plus grande stabilité du droit (procédures et règles de fond) applicable à certains projets d'envergure. Il est expérimenté dans quatre régions : Aquitaine, Bretagne, Champagne-Ardenne et Franche-Comté. Le champ des projets éligibles diffère selon les régions, de façon à tenir compte le plus possible des spécificités locales. Sont systématiquement concernés les projets d'installations classées pour la protection de l'environnement (à l'exception des installations d'élevage en Bretagne). En Aquitaine et en Franche-Comté, sont également visés les projets d'installations, d'ouvrages ou de travaux destinés à l'accueil d'une ou plusieurs entreprises. En Franche-Comté enfin, sont également éligibles les projets de lotissement.

Dans ces régions et pour ces projets, il est possible de demander au préfet de département un certificat de projet. Le contenu du dossier de demande, la procédure et les conditions de délivrance du certificat de projet ont été précisés par le décret n° 2014-358 du 20 mars 2014. La demande de certificat de projet peut être accompagnée d'une demande d'examen au cas par cas de l'impact environnemental, d'une demande de certificat d'urbanisme et d'une demande tendant à examiner si le projet est susceptible de donner lieu à des prescriptions de diagnostic archéologique.

Aux termes de l'article 4 du décret, lorsqu'une demande du certificat d'urbanisme est jointe à la demande de certificat de projet, elle comporte les pièces et informations mentionnées à l'article R. 410-1 du Code de l'urbanisme. Des procédures distinctes sont prévues selon que le certificat d'urbanisme est délivré au nom de l'État ou au nom de la commune. Dans tous les cas, lorsqu'une décision sur la demande de certificat d'urbanisme a été prise avant la délivrance du certificat de projet, le certificat d'urbanisme est annexé au certificat de projet ; lorsqu'à la date de délivrance du certificat de projet est intervenu un certificat d'urbanisme tacite, le certificat de projet le mentionne et indique les effets du caractère tacite de celui-ci.

Quant au certificat de projet lui-même, le préfet dispose d'un délai de deux mois pour le délivrer. Le contenu du certificat est détaillé par l'article 2 de l'ordonnance. En premier lieu, le certificat de projet identifie les régimes, décisions et procédures auxquels le projet envisagé est soumis ainsi que, lorsque son implantation est déterminée avec une précision suffisante, les différents zonages qui lui sont applicables ; il mentionne les autres régimes et procédures dont le projet est susceptible de relever ; il décrit les principales étapes de l'instruction et donne la liste des pièces requises pour chacune des procédures identifiées comme nécessaires à la réalisation du projet ; et il fournit tout autre renseignement ou élément que le préfet souhaite porter à la connaissance du demandeur, notamment les aspects du projet d'ores et déjà détectés comme pouvant faire obstacle à sa réalisation ou sur lesquels des modifications devraient être apportées. En second lieu, le certificat de projet comporte, pour chacune des étapes des procédures relevant de la compétence du préfet de département, un engagement sur un délai maximal d'instruction, sous réserve de prorogations ou d'interruptions de délai.

Quant aux effet du certificat de projet, il est prévu que les mentions qui sont portées au certificat de projet et les engagements de délai qu'il comporte engagent la responsabilité de l'administration à l'égard de son titulaire. Des mentions erronées et le non respect des délais pourraient donc fonder l'engagement de la responsabilité de l'État si un préjudice en est résulté. Il est par ailleurs prévu que le certificat de projet a – à l'instar du certificat d'urbanisme – un effet de « cristallisation » du droit applicable au projet pendant un délai de dix-huit mois suivant la notification du certificat. Mais cette cristallisation ne s'applique pas aux autorisations d'urbanisme (article 3 de l'ordonnance, sauf celles intégrées aux autorisations uniques susceptibles d'être délivrées pour certaines installations classées pour la protection de l'environnement, également créées à titre expérimental par l'ordonnance n° 2014-355 du 20 mars 2014). Le certificat de projet n'a donc pas vocation à remplacer, mais bien à compléter, le certificat d'urbanisme.

L'expérimentation devrait durer trois ans (des certificats de projet pourront être délivrés dans les quatre régions concernées jusqu'au 31 mars 2017). Une évaluation est prévue, afin de définir avec le plus de pertinence les modalités de la généralisation à envisager.

Compléments pédagogiques

Mémo

Le droit de l'urbanisme a, de manière remarquable, organisé les modalités de la délivrance d'une information fiable sur les *dispositions susceptibles d'affecter le droit de construire sur un terrain*. C'est la fonction du *certificat d'urbanisme* instituée à l'origine par la loi du 16 juillet 1971. Celui-ci peut se limiter à délivrer une information parfaitement objective ; on dit qu'il est « neutre ». Il peut également prendre position sur la faisabilité d'une opération déterminée. Ce certificat dit « pré-opérationnel » est alors, selon le cas, positif ou négatif. Dans les deux, le certificat d'urbanisme est un acte *créateur de droits*. En effet, *la demande d'autorisation d'urbanisme déposée à l'intérieur de son délai de validité (18 mois) est instruite sur le fondement des dispositions* d'urbanisme, servitudes d'utilité publique et du régime des taxes et participations existants au moment de sa délivrance. Pour utile qu'ils soient, ces certificats présentent une double limite. D'une part, le certificat « pré-opérationnel » ne constitue en aucun cas une pré-autorisation si bien que, en dehors de quelques éléments sur lesquels l'administration décide dans le certificat, le projet est *susceptible de subir nombre des aléas de l'instruction* d'une autorisation d'urbanisme. D'autre part, les droits qu'ils confèrent ne valent que pour autant que tient leur support. Or, *faute d'être publiés*, les certificats d'urbanisme peuvent être *contestés par les tiers sans condition de délai*. Par ailleurs, l'administration n'est jamais tenue de faire application des règles erronées ou illégales qu'ils auraient mentionnées. Son détenteur n'a alors d'autre voie que d'engager la responsabilité de l'administration qui les a délivrés.

Quid

■ Équipements publics n°s 507 s.

Le Code de l'urbanisme précise que le certificat d'urbanisme indique « l'état des équipements publics » existants ou prévus. La notion d'« équipements publics » recouvre ici les réseaux publics de distribution d'eau, d'assainissement et d'électricité visés à l'article L. 421-5 du Code de l'urbanisme, ainsi que la voirie publique. Elle se distingue des équipements publics exceptionnels et des équipements propres dont la réalisation peut être imposée aux bénéficiaires d'autorisations d'urbanisme.

Document

Formulaire Cerfa n° 13410-02

MINISTÈRE CHARGÉ DE L'URBANISME

Liberté • Égalité • Fraternité
RÉPUBLIQUE FRANÇAISE

Imprimer
Enregistrer
Réinitialiser

1/4

Demande de

Certificat d'urbanisme

cerfa
N° 13410*02

Vous pouvez utiliser ce formulaire pour :

- Connaître le droit de l'urbanisme applicable sur un terrain
- Savoir si l'opération que vous projetez est réalisable

Cadre réservé à la mairie du lieu du projet

C U ___ ___ ___ ___
Dpt Commune Année N° de dossier

La présente demande a été reçue à la mairie

le ___ Cachet de la mairie et signature du receveur

1 - Objet de la demande de certificat d'urbanisme

☐ **a) Certificat d'urbanisme d'information**
Indique les dispositions d'urbanisme, les limitations administratives au droit de propriété et la liste des taxes et participations d'urbanisme applicables au terrain

☐ **b) Certificat d'urbanisme opérationnel**
Indique en outre si le terrain peut être utilisé pour la réalisation de l'opération projetée

2 - Identité du ou des demandeurs

Le demandeur sera le titulaire du certificat et destinataire de la décision
Si la demande est présentée par plusieurs personnes, indiquez leurs coordonnées sur la fiche complémentaire.

Vous êtes un particulier Madame ☐ Monsieur ☐
Nom : ___ Prénom : ___

Vous êtes une personne morale
Dénomination : ___ Raison sociale : ___
N° SIRET : ___ Catégorie juridique : ___
Représentant de la personne morale : Madame ☐ Monsieur ☐
Nom : ___ Prénom : ___

3 - Coordonnées du demandeur

Adresse : Numéro : ___ Voie : ___
Lieu-dit : ___ Localité : ___
Code postal : ___ BP : ___ Cedex : ___
Si le demandeur habite à l'étranger : Pays : ___ Division territoriale : ___

☐ **J'accepte de recevoir par courrier électronique les documents transmis en cours d'instruction par l'administration à l'adresse suivante :** ....@...............
J'ai pris bonne note que, dans un tel cas, la date de notification sera celle de la consultation du courrier électronique ou, au plus tard, celle de l'envoi de ce courrier électronique augmentée de huit jours.

4 - Le terrain

Localisation du (ou des) terrain(s)
Les informations et plans (voir liste des pièces à joindre) que vous fournissez doivent permettre à l'administration de localiser précisément le (ou les) terrain(s) concerné(s) par votre projet.
Le terrain est constitué de l'ensemble des parcelles cadastrales d'un seul tenant appartenant à un même propriétaire

Adresse du (ou des) terrain(s) :
Numéro : ___ Voie : ___
Lieu-dit : ___ Localité : ___
Code postal : ___ BP : ___ Cedex : ___
Références cadastrales : section et numéro[1] (si votre projet porte sur plusieurs parcelles cadastrales, veuillez indiquer les premières ci-dessous et les suivantes sur une feuille séparée) : ___
Superficie du (ou des) terrain(s) (en m²) : ___

1 En cas de besoin, vous pouvez vous renseigner auprès de la mairie

5 - Cadre réservé à l'administration - Mairie -

Articles L.111-4 et R.410-13 du code de l'urbanisme

État des équipements publics existants

Le terrain est-il déjà desservi ?

Équipements :

Voirie : Oui ❑ Non ❑

Eau potable : Oui ❑ Non ❑

Assainissement : Oui ❑ Non ❑

Électricité : Oui ❑ Non ❑

Observations :

État des équipements publics prévu

La collectivité a-t-elle un projet de réalisation d'équipements publics desservant le terrain ?

Équipements		Par quel service ou concessionnaire?	Avant le
Voirie	Oui ❑ Non ❑		
Eau potable	Oui ❑ Non ❑		
Assainissement	Oui ❑ Non ❑		
Électricité	Oui ❑ Non ❑		

Observations :

6 - Engagement du (ou des) demandeurs

Je certifie exactes les informations mentionnées ci-dessus.

À

Le :

Signature du (des) demandeur(s)

Votre demande doit être établie en deux exemplaires pour un certificat d'urbanisme d'information ou quatre exemplaires pour un certificat d'urbanisme opérationnel. Elle doit être déposée à la mairie du lieu du projet.
Vous devrez produire :
- un exemplaire supplémentaire, si votre projet se situe en périmètre protégé au titre des monuments historiques ;
- deux exemplaires supplémentaires, si votre projet se situe dans un cœur de parc national.

Si vous êtes un particulier : la loi n° 78-17 du 6 janvier 1978 relative à l'informatique, aux fichiers et aux libertés s'applique aux réponses contenues dans ce formulaire pour les personnes physiques. Elle garantit un droit d'accès aux données nominatives les concernant et la possibilité de rectification. Ces droits peuvent être exercés à la mairie. Les données recueillies seront transmises aux services compétents pour l'instruction de votre demande.
Si vous souhaitez vous opposer à ce que les informations nominatives comprises dans ce formulaire soient utilisées à des fins commerciales, cochez la case ci-contre : ❑

(www.formulaires.modernisation.gouv.fr)

Biblio

- F. Bouyssou, « Nature juridique et force véritable du certificat d'urbanisme : la fin des illusions », *JCP* N 1977. I. 328 ; « Le certificat d'urbanisme : des garanties incertaines », *Droit et Ville* 1980, p. 7.
- Ph. Boulisset, *Les certificats d'urbanisme*, Edilaix, coll. « Point de droit », 2010.
- P. Cornille, « Réforme des certificats d'urbanisme par la loi SRU : le grand désarroi », *Constr.-Urb.* 2001. Chron. 11 ; *JCP* N 2001. 1636.
- J.-H. Driard, « Certificat d'urbanisme : les apports de la loi n° 2000-1028 du 13 déc. 2000 », *JCP* N 2001. 1852.
- D. Dutrieux, « Le certificat d'urbanisme », *LPA*, 27 janvier 2010 n° 19, p. 8.
- E. Fatôme (dir.), G. Godfrin, et J. Tremeau, Rapport de recherche relatif au certificat d'urbanisme, 18 février 2014, consultable sur internet à l'adresse suivante : http://www.gridauh.fr/comptes-rendus-de-travaux/contrats-de-recherche/rapport-de-recherche-relatif-au-certificat-durbanisme
- G. Godfrin, « Certificat d'urbanisme : informer en silence », *Constr.-Urb.* 2007. Étude 6.
- G. Godfrin, « Qu'est-ce qu'un certificat d'urbanisme ? », *Constr.-Urb.* 2009. Étude 22.
- L. Goutalier, « Les effets du certificat d'urbanisme sur les droits de préemption du Code de l'urbanisme », *BJDU* 2014, p. 79.
- P. Hocreitère, *Guide pratique du certificat d'urbanisme*, 2e éd., Berger-Levrault, 2004.
- H. Jacquot, « La réforme du certificat d'urbanisme d'information », *BJDU* 2000. 399.
- D. Larralde, « Les effets du certificat d'urbanisme : stabilité d'une illusion », *Dr. adm.* 2005. Étude 6 ; « Réforme des certificats d'urbanisme : le changement dans la continuité », *JCP* N 2006. Act. 101 ; « Les habits neufs du certificat d'urbanisme », *JCP* N 2007. Act. 154.
- S. Pérignon, « Le nouveau certificat d'urbanisme », *AJDA* 2001. 51 ; « Nouveautés sur les certificats d'urbanisme », *Droit et Ville* 2002, n° 54, p. 11.
- S. Pérignon, *Le certificat d'urbanisme en cinquante questions*, Le Moniteur, coll. « Guides juridiques », 2009.
- J. Tremeau, « La réforme des certificats d'urbanisme », *Dr. et patr.* 2002. 109.
- J. Tremeau, « La nouvelle réforme des certificats d'urbanisme », *BJDU* 2007. 21.
- J. Tremeau, « Le certificat d'urbanisme, un an après », *DAUH* 2009. 35.

Quiz

1) Sujet corrigé

Cas pratique

Énoncé

Par une demande déposée le 7 octobre 2014, Christian Berger a sollicité la délivrance d'un certificat d'urbanisme au titre de l'article L. 410-1 b) du Code de l'urbanisme en vue d'être informé sur la possibilité de réaliser un bâtiment comportant 19 logements à destination d'habitation sur un terrain situé 7, Place de deux Frères à Roquebrune-Cap-Martin.

Par une décision en date du 16 novembre 2014, le maire de la dite commune lui a délivré un certificat d'urbanisme mentionnant que :

- le terrain est situé en zone UA ;

- le terrain est situé à l'intérieur du périmètre du droit de préemption urbain de la commune ;

- le terrain peut être utilisé pour la réalisation de l'opération mentionnée dans la demande ;

- le terrain est desservi par l'ensemble des équipements publics existants ;

- la taxe locale d'équipement est applicable.

Sur la base de ce certificat d'urbanisme, Laurence Loup, qui exerce la profession d'ophtalmologiste, a acquis auprès de Christian Berger son terrain au prix de 2,5 millions d'euros, auquel il convient d'ajouter les frais accessoires (notaire, droits d'enregistrement, etc.) pour un montant de 75 000 €.

Elle a déposé le 28 décembre 2014 une demande de permis de construire qui lui a été accordé le 13 février 2015.

À la suite de la transmission du dossier de permis de construire au contrôle de légalité, le préfet des Alpes-Maritimes a demandé le 14 mars 2015 au maire de Roquebrune-Cap-Martin de retirer cette autorisation, pour deux séries de raisons :

- d'une part, le terrain d'assiette de l'opération de construction en cause se trouve situé en zone B du plan d'exposition au bruit approuvé par arrêté préfectoral du 19 juillet 1999, dans laquelle sont interdites les constructions à destination d'habitation ;

- d'autre part, ce terrain n'est pas desservi par le réseau public de distribution d'eau.

Compte tenu de l'illégalité du permis de construire en cause, le maire de Roquebrune-Cap-Martin décide de le rapporter par un arrêté du 7 avril 2015.

Laurence Loup a consulté un avocat en vue d'être éclairée sur les suites à donner à cette affaire.

Celui-ci déconseille à sa cliente d'introduire un recours en annulation, mais l'incite vivement à engager la responsabilité pécuniaire de la Commune de Roquebrune-Cap-Martin en réparation du préjudice qu'elle a subi en raison des renseignements erronés figurant sur le certificat d'urbanisme délivré le 16 novembre 2014 à Christian Berger.

Au titre de l'opération de promotion immobilière, Laurence Loup a en effet engagé les dépenses suivantes :

- achat du terrain au prix de 2,5 millions d'euros, auquel il convient d'ajouter les frais accessoires (notaire, droits d'enregistrement, etc.) pour un montant de 75 000 € ;

- honoraires d'architecte liés à la constitution du dossier de demande de permis de construire : 112 000 € ;

- taxe foncière de 6 000 € ;

- honoraires d'un conseil juridique, pour un montant de 7 500 €.

Traitez ce cas pratique en examinant successivement le fondement de l'action indemnitaire susceptible d'être engagée par Laurence Loup et les chefs de préjudice susceptibles d'être indemnisés.

Voir le corrigé en fin de rubrique.

2) Sujet d'examen

Dissertation

Le certificat d'urbanisme incomplet.

3) Corrigé

Cas pratique

Introduction

- Rappeler les faits.

- Rappeler que le certificat d'urbanisme est attaché au terrain, non à la personne qui l'a demandé.

- Rappeler les conditions d'engagement de la responsabilité pour faute de l'administration : faute, préjudice, lien de causalité entre la faute et le préjudice.

- Annoncer la problématique et le plan : la délivrance d'un certificat d'urbanisme erroné est-elle constitutive d'une faute de nature à engager la responsabilité de la commune de Roquebrune-Cap-Martin ? Dans l'affirmative, quels sont les préjudices qui sont susceptibles d'être indemnisés ?

I. La responsabilité de la Commune de Roquebrune-Cap-Martin peut-elle être engagée en raison de l'illégalité du certificat d'urbanisme ?

A. Le principe

La responsabilité de l'administration peut être engagée du fait de renseignements inexacts ou erronés.

- Rappeler que de manière générale, la jurisprudence considère que les renseignements erronés constituent des agissements fautifs (CE 26 mai 1976, *Sté normande de construction*, *Lebon* 275). Dès lors que l'administration est amenée à fournir des renseignements aux administrés à leur demande, elle ne saurait donc délivrer des renseignements inexacts sans être déclarée fautive.

- Préciser que les certificats d'urbanisme sont une terre d'élection de cette jurisprudence : en effet, la fonction du certificat d'urbanisme est d'informer le pétitionnaire sur les dispositions d'urbanisme applicables et les limitations administratives au droit de propriété, et, dans certains cas (C. urb., art. L. 410-1, b) de lui indiquer si le terrain concerné peut être utilisé pour la réalisation d'une opération bien déterminée.

Le certificat d'urbanisme doit donc non seulement comporter des informations exactes mais également des informations complètes. À défaut, la responsabilité de l'administration peut être engagée par la personne qui, induite en erreur par les lacunes du certificat, a subi un préjudice en conséquence de cette faute (CE, sect., 13 juin 1980, *Poisson* ; CE 7 mai 2007, *Sté immobilière de la Banque de Bilbao et de Viscaya d'Ilbarritz*).

B. En l'espèce

Le certificat d'urbanisme délivré le 16 novembre 2014 est entaché d'illégalité.

Il comporte en effet une erreur, et présente un caractère incomplet.

Contrairement à ce que le certificat d'urbanisme mentionne, le terrain n'est pas desservi par le réseau public d'alimentation en eau potable.

Le certificat d'urbanisme en cause omet de préciser que le terrain est concerné par un PEB qui en restreint totalement les possibilités d'urbanisation.

En délivrant un certificat d'urbanisme positif alors que la situation de la parcelle litigieuse imposait la délivrance d'un certificat d'urbanisme négatif, le maire a donc commis une faute qui est de nature à engager la responsabilité de la commune à l'égard de Laurence Loup (CE 3 oct. 1990, *Min. Équipement, Logement, Aménagement du territoire et Transports*).

II. Quels sont les préjudices susceptibles d'être indemnisés parmi ceux mis en avant par Laurence Loup ?

A. Le principe (les caractéristiques du préjudice indemnisable)

De manière générale, le préjudice doit être personnel, direct et certain. Il doit être la conséquence directe de la faute commise par l'administration.

En matière d'urbanisme, l'ensemble des frais exposés en pure perte ou inutilement du fait de la faute de l'administration sont indemnisables (CE 9 déc. 1983, *Sté d'études d'un grand hôtel international à Paris*).

L'imprudence fautive de l'acquéreur du terrain peut toutefois exonérer la commune d'une partie de sa responsabilité. Il en va notamment ainsi lorsque l'acquéreur est un professionnel de l'immobilier (CE 7 mai 2007, *Sté immobilière de la Banque de Bilbao et de Viscaya d'Ilbarritz*).

B. En l'espèce

En ce qui concerne les frais d'acquisition du terrain et les frais accessoires à celle-ci : ce chef de préjudice est indemnisable (CE 17 juin 1983, *SCI Italie-Vandrezanne*). Mais il est fort probable que le juge saisi ne condamnera pas la commune à verser à Laurence Loup la totalité du prix d'acquisition du terrain. En effet, il convient de déduire de la valeur d'achat du terrain le prix du terrain non constructible dont la victime demeure propriétaire (TA Nice, 6 nov. 1997, *Anders c/ Cne Hyères* ; CE 7 mai 2007, *Sté immobilière de la Banque de Bilbao et de Viscaya d'Ilbarritz*).

En ce qui concerne les honoraires d'architecte liés à la constitution du dossier de demande de permis de construire : ce chef de préjudice est indemnisable (CE 17 juin 1983, *SCI Italie-Vandrezanne*) dès lors qu'il est en relation directe avec la faute commise par la commune.

En ce qui concerne les impôts fonciers : ce chef de préjudice peut être indemnisé dès lors qu'il a un lien direct et certain avec le certificat d'urbanisme sur la base duquel Laurence Loup a acquis le terrain.

En ce qui concerne les honoraires d'un conseil juridique : ce chef de préjudice n'est pas la conséquence directe de la faute imputable à la commune. Il entre davantage dans les frais irrépétibles de l'article L. 761-1 du Code de justice administrative.

En conclusion, préciser que Laurence Loup n'a pas la qualité de professionnel de l'immobilier de sorte que l'acquisition par elle du terrain, sur la base des éléments mentionnés dans le certificat d'urbanisme, n'est pas susceptible de constituer une imprudence fautive de sa part qui serait de nature à exonérer la commune de tout ou partie de sa responsabilité.

chapitre 13

Le contrôle de l'utilisation des sols

Plan analytique

section 1

Le champ d'application des autorisations d'urbanisme

§ 1 Les démolitions

§ 2 Les constructions nouvelles

- **A.** La notion de construction nouvelle
- **B.** Les constructions nouvelles dispensées de toute formalité
- **C.** Les constructions nouvelles soumises à déclaration préalable

§ 3 Les modifications de l'existant

- **A.** Les travaux sur construction existante
- **B.** Les changements de destination

§ 4 Les autres travaux, les installations et aménagements

- **A.** Les divisions foncières
- **B.** Les installations et aménagements propres aux loisirs
- **C.** Les installations et aménagements propres aux gens du voyage
- **D.** La création de parkings et d'espaces publics
- **E.** Les travaux portant sur le sol ou la végétation
- **F.** Les travaux, installations et aménagements dans certains périmètres protégés

section 2

Le régime des autorisations d'urbanisme

§ 1 La délivrance des autorisations d'urbanisme

- **A.** L'auteur de la demande
- **B.** La présentation de la demande
- **C.** L'instruction
- **D.** La décision

§ 2 Les effets des autorisations d'urbanisme

- **A.** Une autorisation
- **B.** La portée des droits du bénéficiaire

C. La durée de validité des permis et de la décision de non-opposition sur déclaration

D. Le contrôle de la conformité

section 3

Le contentieux des autorisations d'urbanisme

§ 1 Le contentieux de la légalité des autorisations d'urbanisme

A. Les conditions de recevabilité du recours pour excès de pouvoir

B. Les pouvoirs du juge

C. La transaction

§ 2 Les procédures d'urgence

A. Typologie des référés

B. Les effets de la suspension

§ 3 Le contentieux de la responsabilité

A. L'engagement de la responsabilité de l'administration par le pétitionnaire

B. L'engagement de la responsabilité de l'administration par les tiers

C. La détermination du patrimoine responsable

Compléments pédagogiques

13

Le contrôle de l'utilisation des sols

Le permis de construire a été institué par une loi du 15 juin 1943, qui visait à en faire 541
l'acte unique devant se substituer à tous les permis qui étaient exigés par les lois et règlements antérieurs préalablement à l'édification d'une construction ou à la réalisation de travaux sur une construction existante. Jusqu'à la loi d'orientation foncière du 30 décembre 1967, il a sanctionné aussi bien les règles d'urbanisme que les règles de construction. Mais dans un but de simplification et d'allégement de la procédure régissant sa délivrance, il n'assure plus, depuis cette loi, que le respect des règles d'urbanisme. Dans le même temps cependant, l'évolution du permis de construire s'est opérée dans le sens d'une extension de son champ d'application au-delà des constructions, aux installations et travaux divers. Cette extension a été telle que la loi du 6 janvier 1986, relative à diverses simplifications administratives en matière d'urbanisme a été amenée à introduire des allégements à l'obligation du permis de construire en élargissant le régime déclaratif. Sa portée est cependant restée limitée.

Ainsi dans l'état du droit antérieur à la réforme de 2005-2007, le Code de l'urbanisme ne comportait pas moins de 11 régimes différents d'autorisation et plus de quatre régimes de déclarations. Ce foisonnement lui a d'ailleurs été reproché en même temps que la complexité engendrée par le mélange des règles de fond et de procédure, le tout entraînant une insécurité souvent dénoncée par les professionnels et les praticiens. La réforme des autorisations d'urbanisme a fait l'objet d'un rapport présenté au Garde des Sceaux par Maître Philippe Pelletier dont l'intitulé illustre les préoccupations du moment : « Propositions pour une meilleure sécurité juridique des autorisations d'urbanisme » (*JCP*-A 2005, n° 1203). Elles ont été relayées par l'ordonnance du 8 décembre 2005, relative au permis de construire et aux autorisations d'urbanisme, complétée (outre par L. Engagement national pour le logement, 13 juill. 2006, qui l'a ratifiée) par un décret du 5 janvier 2007 (décret n° 2007-18). L'objectif de cette grande réforme, entrée en vigueur le 1er octobre 2007, était de clarifier, de simplifier et de sécuriser le droit des autorisations d'urbanisme. Il a, en grande partie, été atteint (P. Planchet « Premiers résultats de la réforme des autorisations d'urbanisme », *AJDA* 2009. 73 ; F. Polizzi : « Évaluation de la nouvelle procédure d'instruction des autorisations d'urbanisme », *AJDA* 2009. 79), même si, après quelques années de pratique, il s'est avéré nécessaire d'apporter à la réforme – et plus spécifiquement au droit des lotissements – quelques corrections (Rapport Gridauh, « Pour une réforme du droit des lotissements », *AJDA* 2010. 1180). C'est ce à quoi se sont employés, sur le fondement d'une habilitation incluse dans la loi Grenelle II, l'ordonnance du 22 décembre 2011, relative à certaines corrections à apporter au régime des autorisations d'urbanisme, et un décret du 29 janvier 2012 pris pour son application, entrés en vigueur le 1er mars 2012, en même temps que les réformes de la fiscalité de l'urbanisme et des surfaces de plancher (v. P. Planchet, « Autorisations d'urbanisme : une réforme sans vague », *AJDA* 2012.641 ; P. Soler-Couteaux, « Réforme des autorisations d'urbanisme : correction de la copie », *RDI* 2012.308). L'état du droit des autorisations d'urbanisme n'étant, apparemment, toujours pas satisfaisant, le pouvoir réglementaire est une nouvelle fois venu l'amender avec le décret n° 2014-253 du 27 février 2014, relatif à certaines corrections à apporter au régime des autorisations d'urbanisme. Ce décret, applicable aux autorisations d'urbanisme déposées à compter du 1er avril 2014, poursuit une multitude d'objectifs, parmi lesquels : simplifier le régime des autorisations, alléger la procédure d'instruction, intégrer les préoccupations environnementales dans les procédures d'urbanisme, permettre les échanges dématérialisés entre les usagers et d'administration, ou encore remédier aux effets induits par la réforme de la surface de plancher.

■ 542 De façon générale, ces textes ont procédé à une meilleure délimitation du champ d'application des autorisations d'urbanisme (section 1), dont le nombre a été significativement réduit puisque n'existent plus aujourd'hui, outre la très spécifique autorisation des remontées mécaniques et d'aménagement des pistes de ski (C. urb., art. L. 472-1 et L. 473-1), qu'un permis de construire, un permis d'aménager, un permis de démolir et une déclaration préalable (liste encore trop longue pour certains : A. Verdier-Maillot, « Il faut supprimerla déclaration préalable », *Constr.-Urb.* 2/2015, étude 3). Par ailleurs, ils ont considérablement simplifié et sécurisé le régime de l'instruction et de la délivrance des autorisations d'occupation et d'utilisation du sol (section 2). Une fois ces éléments présentés, on s'intéressera au contentieux des autorisations d'urbanisme (section 3).

section 1

Le champ d'application des autorisations d'urbanisme

■ 543 La réforme initiée en 2005 est venue inverser la logique du Code de l'urbanisme en matière de contrôle des occupations et utilisations du sol (C. urb., art. L. 421-1 s. ; Ch. Maugüé et E. Crépey, « La réforme des autorisations d'urbanisme », *RFDA* 2007. 539). Désormais, le principe est – hors le cas des constructions nouvelles, pour lesquelles la règle est la soumission au permis de construire – que les travaux, installations, aménagements et démolitions sont exempts de contrôle de l'administration préalablement à leur réalisation. Il n'en va différemment que s'ils figurent dans une des listes établies par le décret du 5 janvier 2007 pour préciser, suivant la méthode énumérative, le champ d'application des différents permis et de la déclaration préalable. De fait, la présentation du champ d'application des différentes autorisations suppose d'envisager successivement les quatre grands types d'opérations susceptibles de requérir une autorisation d'urbanisme : les démolitions (§ 1), les constructions nouvelles (§ 2), les modifications de l'existant (§ 3), et enfin les autres travaux, installations et aménagements (§ 4). Avant de s'engager dans cet exposé, deux précisions méritent d'être apportées.

En premier lieu, il arrive qu'une opération normalement soumise à un contrôle préalable au titre du Code de l'urbanisme en soit dispensée du fait de l'existence d'un contrôle au titre d'une autre législation. Or, malgré la constance de l'affirmation du principe de l'indépendance des législations, les pouvoirs publics se sont efforcés, particulièrement en 2005, de rationaliser l'action administrative en coordonnant les différents contrôles (Y. Jégouzo, « Les opérations soumises à une autorisation prévue par une législation étrangère à l'urbanisme », *AJDA* 2007. 249). Ainsi, l'article L. 421-5 *d)* dispense d'autorisation d'urbanisme certaines opérations du fait que leur contrôle est exclusivement assuré par une autre autorisation ou une autre législation. Dans ces hypothèses, l'autorisation au titre de l'autre législation vaut autorisation au titre du Code de l'urbanisme (C. urb., art. R. 425-23 à R. 425-29). Tel est le cas lorsque le projet porte sur une construction édifiée sur un monument historique dès lors que l'autorisation délivrée au titre de l'article L. 621-9 du Code du patrimoine a fait l'objet d'un accord de l'autorité compétente pour statuer sur le permis de construire. Tel est également le cas lorsqu'un affouillement ou un exhaussement du sol porte sur un projet situé sur le domaine public, puisque dans ce cas le permis de stationnement ou l'autorisation d'occupation de ce domaine dispense de la déclaration préalable ou du permis d'aménager.

En second lieu, il convient de garder à l'esprit que l'exemption de toute formalité préalable au titre du Code de l'urbanisme ne dispense pas les constructions, travaux, installations et aménagements de l'obligation de conformité aux règles d'urbanisme. L'article L. 421-8 rappelle en effet qu'à l'exception de ceux de faible durée ou de caractère temporaire, ils doivent être conformes aux dispositions mentionnées à l'article L. 421-6, à savoir, les dispositions législatives et réglementaires relatives à l'utilisation des sols, à l'implantation, la destination, la nature, l'architecture, les dimensions, l'assainissement des constructions et l'aménagement de leurs abords. Mais en l'absence de contrôle *a priori*, il reviendra au juge pénal ou civil de sanctionner leur méconnaissance.

§ 1 Les démolitions

Conformément à la logique nouvelle qui anime le régime des autorisations d'urbanisme, le principe est que les démolitions de constructions existantes ne sont subordonnées à aucune formalité préalable (D. Larralde, « Permis de démolir », *JCP* N 200. 1052 ; G. Ghaye, « Redéfinition du périmètre et du régime du permis de démolir », *BJDU* 2007. 257). Par exception cependant, elles doivent être précédées de la délivrance d'un permis de démolir dans deux grandes séries d'hypothèses (C. urb., art. L. 421-3 et R. 421-26) : en premier lieu, lorsqu'elles sont réalisées dans une commune ou une partie de commune où le conseil municipal a décidé d'instituer le permis de démolir (C. urb., art. R. 421-27) ; en second lieu, lorsque la construction relève d'une protection particulière, notamment si la construction dont la démolition est envisagée est inscrite au titre des monuments historiques, si elle se trouve dans le champ de visibilité d'un immeuble classé ou inscrit au titre des monuments historiques, si elle est située dans un secteur sauvegardé, une ZPPAUP ou une AMVAP, ou encore dans un site inscrit ou classé (art. R. 421-28). Au demeurant, la pouvoir réglementaire a prévu que certaines démolitions seraient toujours dispensées de permis de démolir. Il s'agit notamment des démolitions couvertes par le secret de la défense nationale, de celles effectuées sur un bâtiment menaçant ruine ou insalubre ou en application d'une décision de justice devenue définitive, ainsi que des démolitions de bâtiments frappés de servitude de reculement en exécution de plans d'alignement approuvés (art. R. 421-29). 544

Cette nouvelle réglementation du champ d'application du permis de démolir appelle trois remarques. En premier lieu, on constate qu'il n'est plus fait référence à la notion de bâtiment (C. urb., anc. art. L. 430-2) mais à celle de construction, plus englobante. Une piscine non couverte, qui n'est pas un bâtiment mais constitue une construction (CE 30 déc. 2002, *Laguette*, n° 219632, *BJDU* 2003. 41, concl. M. Guyomar ; CE 7 avr. 2011, *Jehl*, n° 330306, *BJDU* 2011. 282, concl. M. Vialettes) en relève donc potentiellement. En deuxième lieu, les textes associent à la démolition le fait de rendre inutilisable une construction. Ainsi en va-t-il, en cas de démolition seulement partielle (CE 14 mai 2014, *SCI Alpanga*, n° 359847, *BJDU* 4/2°14. 312, concl. A. Lallet et obs. M. V. ; *Constr.-urb.* 7-8/2014, n° 97, comm. X. Couton) et – en dehors même de toute atteinte au gros œuvre, laquelle a toujours été assimilée à une démolition – lorsqu'une construction est rendue impropre à sa destination, autrement dit lorsqu'elle ne peut matériellement plus être affectée à son usage. En troisième lieu, enfin, l'article L. 451-1 prévoit que le permis de construire ou le permis d'aménager peuvent autoriser la démolition. Il n'est donc pas nécessaire de commencer par solliciter un permis de démolir lorsque la démolition doit être suivie d'une opération relevant de l'une de ces autorisations. Il s'agit là d'une simplification appréciable, car avant la réforme, le permis de construire ne pouvait pas être déposé tant que le permis de démolir n'avait pas été délivré. Il en résultait une perte de temps et de moyens pour les demandeurs et les instructeurs. Au demeurant, lorsque la démolition d'un bâtiment situé dans un site inscrit est nécessaire à une opération de construction et que la demande de permis de construire porte à la fois sur la démolition et la construction, le permis de construire, qui autorise également la démolition, ne peut intervenir qu'avec l'accord exprès de l'architecte des Bâtiments de France (CE 16 mars 2015, n° 380498).

S'agissant des motifs susceptibles de fonder un refus d'autorisation de démolition, nous verrons (v. ss 620) que la réforme a recentré le permis de démolir sur des objectifs purement « patrimoniaux », la protection du parc de logements n'étant plus au nombre des intérêts protégés par le permis de démolir.

§ 2 Les constructions nouvelles

545 Aux termes de l'article L. 421-1, alinéa 1er du Code de l'urbanisme, les constructions nouvelles, même ne comportant pas de fondations, doivent en principe être précédées de la délivrance d'un permis de construire. Par exception au principe, cependant, le Code de l'urbanisme établit des listes de constructions nouvelles ne relevant pas du permis de construire, certaines étant dispensées de toute formalité, tandis que les autres sont assujetties à déclaration préalable. Un système de basculement du champ d'une de ces « options » à l'autre est organisé, les principaux critères étant l'ampleur, la nature, la localisation et la durée d'implantation de la construction. C'est ce que l'on verra, après avoir envisagé la notion de construction nouvelle (A), en présentant les constructions dispensées de toute formalité (B) puis celles soumises à déclaration préalable (C).

A. La notion de construction nouvelle

546 Le principe selon lequel toute construction nouvelle est soumise au permis de construire est simple dans sa formulation. Pour son application, les choses sont un

peu plus complexes. Encore faut-il savoir, en effet, ce qu'il convient d'entendre par « construction nouvelle ». Cette notion n'a jamais été conceptuellement définie par le Code de l'urbanisme. Celui-ci précise toutefois qu'une construction ne comporte pas nécessairement de fondations, ce qui implique que des bâtiments et ouvrages simplement posés sur le sol, comme les piscines hors-sol (v. Rép. min. n° 28734 : *JOAN* Q 24 sept. 2013, p. 10004) ou les yourtes, constituent des constructions. Par ailleurs, sont expressément qualifiés de constructions – mais souvent exemptés de permis de construire, on le verra – une série d'ouvrages, tels que les piscines, les habitations légères de loisirs, les éoliennes, les châssis et les serres, les murs, les canalisations, les caveaux et monuments funéraires, etc. La notion de construction nouvelle, qu'il appartiendra encore à la jurisprudence de préciser, est donc tout de même plus encadrée législativement qu'elle ne l'était auparavant.

Pour ce qui n'a pas été prédéterminé par le législateur, il est probable que certains apports de la jurisprudence antérieure ne seront pas remis en cause. Par exemple, on peut imaginer que sera maintenue la jurisprudence selon laquelle une construction n'est pas nécessairement située au-dessus du sol mais peut aussi se situer au-dessous, c'est-à-dire être enterrée (Crim. 14 oct. 1980, n° 79-93911, *RDI* 1981. 141, chron. G. Roujou de Boubée ; CE 9 mars 1983, *Sté Sogeparc-Paris*, *Lebon* 98 ; CE 26 oct. 1992, *Giovanolla*, *Lebon* T. 1394). L'inclusion expresse des caveaux parmi les constructions devrait d'ailleurs y inciter. De même, on peut penser que la reconstruction ou la reconstitution d'un ouvrage continueront d'être assimilées à des constructions nouvelles en principe soumises à autorisation, même si les règles régissant l'instruction sont parfois plus favorables dans ces hypothèses (C. urb., art. L. 111-3 et v. ss 628 s.). Il en est ainsi allé, par le passé, de la reconstruction d'un bâtiment incendié, alors même que des matériaux épargnés par le feu avaient été utilisés (CE 20 juin 1969, *Pogorzalek*, *Lebon* 333), de la construction d'une maison à l'emplacement d'une ruine (Crim. 7 févr. 1989, *Bull. crim.* n° 55), ou encore de la construction d'un immeuble collectif en lieu et place d'un ancien hôtel (CE 20 juill. 1990, *SCI « Les balcons de l'Estuaire »*, *Lebon* 225).

Bien sûr, si l'opération en cause peut être qualifiée de travaux sur construction existante, ce sont les règles applicables à ce type de travaux qu'il faudra appliquer (v. ss 556 s.). Enfin, si elle peut être qualifiée de travaux d'entretien ou de réparations ordinaires, elle sera toujours dispensée d'autorisation préalable au titre du Code de l'urbanisme.

B. Les constructions nouvelles dispensées de toute formalité

547 Le Code de l'urbanisme dispense un certain nombre de constructions nouvelles de toute formalité préalable (art. R. 421-2 à R. 421-8). Ces exemptions sont essentiellement justifiées, outre par leur nature et leur implantation en mer (art. R. 421-8-1), soit par la nature ou la très faible importance de la construction, soit par sa courte durée d'implantation, soit par le fait qu'elle nécessite le secret.

Précisons d'ores et déjà que l'importance de la construction est appréciée au regard, non seulement de sa hauteur et de sa *surface de plancher*[Q] (définie aux articles L. 112-1, R. 112-2 et ss. du Code de l'urbanisme, précisés par une circulaire n° DEVL1202266C du 3 février 2012, BO n° 5 du 25 mars 2012 ; F. Bourdon et S. Pérignon, « Surface de plancher et densité de construction », Le Moniteur 2012 ; F. Priet, « La réforme de la définition de la surface de plancher », *AJDA* 2012. 630 ; F. Bourdon, « Nouvelle définition de la surface de plancher : objectifs et résultats »,

BJDU 2012. 97), mais également de son emprise au sol, dont la prise en compte a été rendue nécessaire par la substitution de la notion de surface de plancher aux anciennes notions de surfaces hors œuvre nette et brute (SHON et SHOB). En effet, cette réforme avait en elle-même pour conséquence de soustraire à tout contrôle au titre de l'urbanisme un certain nombre de constructions qui ne représentaient plus aucune surface de plancher (telles les constructions non closes) mais ne sont pas pour autant anodines au regard des préoccupations qui animent la police de l'urbanisme. La référence à l'emprise au sol a permis de les réintégrer dans le champ des autorisations d'urbanisme, celle-ci étant définie comme la projection verticale du volume de la construction, tous débords et surplombs inclus, à l'exclusion toutefois des ornements, tels que les éléments de modénature et les marquises, ainsi que des débords de toiture lorsqu'ils ne sont pas soutenus par des poteaux ou des encorbellements (C. urb., art. R. 420-1 réécrit par le décret du 27 février 2014, pour mettre un terme à l'interprétation erronée de la rédaction antérieure de cet article par la circulaire précitée du 3 février 2012, III, 1, croquis 18).

■ 548 *Les constructions d'une nature particulière ou de très faible importance.* Sont de manière générale dispensées de toute formalité préalable au titre du Code de l'urbanisme, sauf lorsqu'elles sont implantées dans un secteur sauvegardé ou dans un site classé ou en instance de classement, les constructions nouvelles dont la hauteur est inférieure ou égale à 12 m, et dont l'emprise au sol ainsi que la surface de plancher sont inférieures ou égales à 5 m² (art. R. 421-2, a). Cette dispense de contrôle au profit des petites constructions n'est pas nouvelle, mais ses contours ont évolué. En effet, outre la prise en compte récente de l'emprise au sol de la construction, le seuil de l'exemption a été relevé de deux à cinq m² par le décret du 28 février 2012. Cette évolution s'inscrit dans le mouvement consistant à élargir la catégorie des ouvrages de faible dimension. En 2007 déjà, les pouvoirs publics avaient relevé le plafond de la dispense de 1,50 m à 12 m, ce qui avait rendu inutile la prévision de dispositions spécifiques concernant, par exemple, les statues, les poteaux, pylônes et candélabres (C. urb., anc. art. R. 421-1, 6° et 8°), dont la hauteur n'excède généralement pas 12 m.

■ 549 Sont ensuite également exemptées de contrôle préalable au titre de l'urbanisme différentes sortes de constructions spécifiques, dès lors, souvent, qu'elles sont de faibles dimensions (art. R. 421-2 b à m). Il s'agit notamment des habitations légères de loisirs implantées dans les emplacements prévus pour les recevoir et dont la surface de plancher est inférieure ou égale à 35 m² ; des auvents, rampes d'accès et terrasses amovibles susceptibles d'être accolés aux habitations légères de loisirs et résidences mobiles de loisirs, dès lors que certaines conditions sont remplies (art. R. 421-8-2) ; des éoliennes terrestres dont la hauteur du mât et de la nacelle au-dessus du sol est inférieure à 12 m ; des ouvrages de production d'électricité à partir de l'énergie solaire installés sur le sol dont la puissance crête est inférieure à trois kilowatts et dont la hauteur maximale au-dessus du sol ne peut pas dépasser 1,80 m ; des piscines dont le bassin a une superficie inférieure ou égale à 10 m² ; des châssis et serres dont la hauteur au-dessus du sol est inférieure ou égale à 1,80 m ; des murs dont la hauteur au-dessus du sol est inférieure à 2 m, sauf s'ils constituent des clôtures régies par l'article R. 421-12 ; ou encore des clôtures, y compris celles nécessaires à l'activité agricole et forestière, sous réserve des exceptions prévues à l'article R. 421-12 (sur la notion de clôture, *v.* Circ. 25 juill. 1986, *JCP* N 1986. Prat. 9891 ; CE 2 mars 1994, *Cne Côtes-de-Corps*, n° 136550 et 136932, *BJDU* 1995. 74, concl.

J. Arrighi de Casanova ; CE 10 févr. 1997, *Renollet*, n° 119441, *BJDU* 1997. 47, concl. L. Touvet). La pratique ayant révélé certaines insuffisances de la liste initiale, le pouvoir réglementaire y a ajouté les terrasses de plain-pied, les plates formes et petites fosses nécessaires à l'activité agricole, ainsi que les travaux de ravalement, en dehors des cas prévus à l'article R. 421-17-1 (*m* de l'article R. 421-2). Cette dernière référence est non seulement inutile mais troublante. Troublante, parce que les ravalements ne constituent à l'évidence pas des constructions mais des travaux sur construction existante ; inutile, parce que, comme on le verra, le principe s'agissant des travaux sur constructions existante est qu'il sont dispensés de toute formalité préalable au titre du Code de l'urbanisme.

Sont encore dispensés de toute formalité au titre du Code de l'urbanisme en raison de leur seule nature particulière les murs de soutènement (auparavant, *v.* CE 10 févr. 1997, *Renollet, préc.)* et les ouvrages d'infrastructure terrestre, maritime, fluviale, portuaires ou aéroportuaires, ainsi que les outillages, les équipements ou les installations techniques qui y sont directement liés (art. R. 421-3 ; sur la notion d'ouvrage d'infrastructure aéroportuaire : CE 24 avril 2013, Ministre de l'écologie, n° 359277). Il en va de même des installations de production d'électricité à partir de sources d'énergie renouvelable, y compris leurs ouvrages de raccordement aux réseaux publics d'électricité, notamment les éoliennes, lorsqu'elles sont implantées sur le domaine public maritime immergé au-delà de la laisse de la basse mer (art. R. 421-8-1). Et sont encore dispensés d'autorisation les canalisations, lignes ou câbles, lorsqu'ils sont souterrains (art. R. 421-4).

À la différence des précédentes, cette dernière exemption (tout comme la précédente, par hypothèse) s'applique en dehors de toute condition relative à la localisation des constructions en cause dans un secteur protégé ou non, ce qui est assez exceptionnel. En effet, celles de l'article R. 421-3 du Code de l'urbanisme ne s'appliquent pas dans les secteurs sauvegardés dont le périmètre a été délimité et – comme il a été dit plus haut – celles de l'article R. 421-2 du Code de l'urbanisme ne jouent ni dans ces secteurs, ni dans les sites classés ou en instance classement. Dans ces sites et secteurs, les constructions en cause devront être précédées, d'une formalité, permis de construire ou déclaration préalable selon les cas.

Les constructions implantées pour une courte durée. L'article R. 421-5 du Code de l'urbanisme dispense de toute formalité au titre du Code de l'urbanisme les *constructions « temporaires »*[Q], c'est-à-dire implantées pour une durée n'excédant pas trois mois (en principe) et dès lors qu'elles sont destinées à certains usages (CE, ord. réf., 18 juill. 2012, *SARL Tom Tea*, n° 360789, considérant qu'un projet consistant en la construction d'un établissement de restaurant de plage démontable, d'une surface d'environ 170 m² pour le bâti, accompagné d'une terrasse et structure de 550 m², eu égard à ses caractéristiques et à l'usage auquel il est destiné n'entre pas dans les catégories de constructions dispensées de permis de construire par les articles L. 421-5 et R. 421-5 du Code de l'urbanisme). Cette disposition est particulièrement adaptée à l'implantation des chapiteaux de cirque au cœur des villages de France en été, mais son champ d'application est beaucoup plus large. Par ailleurs, la durée d'implantation libre peut être plus longue dans une série d'hypothèses : un an en ce qui concerne les constructions nécessaires au relogement d'urgence des personnes victimes d'un sinistre ou d'une catastrophe naturelle ou technologique ; une année scolaire en ce qui concerne les classes démontables installées dans les établissements scolaires ou universitaires pour pallier les insuffisances temporaires de capacités d'accueil ; la 550 durée du chantier, en ce qui concerne les constructions temporaires directement nécessaires à la conduite des travaux ; ou encore la durée d'une manifestation culturelle, commerciale, touristique ou sportive, dans la limite d'un an, en ce qui concerne les constructions ou installations temporaires directement liées à cette manifestation (C. urb., art. a à d de l'art. R. 421-5). Elle est en revanche généralement plus courte dans les secteurs protégés, notamment les sites classés ou en instance de classement et les secteurs sauvegardés (C. urb., art. R. 421-6 et R. 421-7). Dans tous les cas, le constructeur est tenu, à l'expiration du délai – dont la preuve ne sera pas toujours évidente à rapporter compte tenu précisément de l'absence d'autorisation – de remettre les lieux dans leur état initial (dernier alinéa de l'article R. 421-5). Cette remise en état est d'autant plus indispensable que l'article L. 421-8 dispense les constructions temporaires du respect des règles d'urbanisme de fond, situation confirmée par la doctrine administrative (Rép. min. *JO* Sénat Q 20 nov. 2008. 2326 ; *BJDU* 2008. 383).

551 Lorsqu'une construction est implantée pour une durée limitée, mais supérieure aux limites posées par les textes régissant les constructions temporaires, et qu'elle entend déroger aux règles d'urbanisme, l'administration peut exceptionnellement l'autoriser en délivrant un permis précaire (C. urb., art. L. 433-1 s.). L'arrêté accordant le permis de construire prescrit l'établissement aux frais du demandeur d'un état descriptif des lieux. Il peut fixer un délai à l'expiration duquel le pétitionnaire devra enlever la construction autorisée et remettre les lieux en l'état, sans indemnité. Poser une date limite de maintien de la construction est parfois même une obligation (C. urb., art. R. 433-1). En l'absence même de délai prévu dans le permis, la remise en l'état gratuite s'impose à la première demande du bénéficiaire de la réserve ou de l'expropriant lorsque la construction est située sur un emplacement réservé ou dans le périmètre d'une déclaration d'utilité publique. On déduit de cette nouvelle rédaction que les permis précaires ne sont plus cantonnés aux emplacements réservés (ce que confirme la jurisprudence du CE, 18 févr. 2015, *Association de valorisation du quartier Paris-Maillot-Dauphine*, n° 385959, *BJDU* 2015. 180, concl. X. de Lesquen), ce qui au demeurant porte à s'interroger sur l'existence aujourd'hui d'une base légale permettant de restreindre la constructibilité dans les emplacements réservés. Par ailleurs, on peut s'interroger sur le caractère véritablement dérogatoire ou non du permis précaire (H. Périnet-Marquet, « Permis précaire ou permis dérogatoire ? », *Constr.-Urb.* 2006. Chron. 21). Il est clair que l'absence d'encadrement de ces dérogations par le législateur n'est pas loin de constituer une incompétence négative. Dans le silence du législateur, les juges du fond s'efforcent de contenir la possibilité de déroger aux règles d'urbanisme en exigeant systématiquement que les dérogations accordées soient limitées (dans le temps et quant à leur objet) et justifiées au regard des circonstances ou de la nature du projet ; l'idée générale qui anime la jurisprudence est clairement que le permis précaire ne peut être délivré qu'à titre exceptionnel et que son octroi doit être solidement motivé (v. notamment TA Montreuil, 27 juin 2013, *Mme Fitoussi et Cornu*, n° 1302200 ; TA Nice, 26 févr. 2013, *Mme Pasquier et Association de défense des plages de la Garoupe*, n° 0900962, *BJDU* 2013. 280, obs. C. L.). La doctrine administrative va dans le même sens (Rép. Min. n° 3615, *JO* Sénat Q. 25 avril 2013, p. 1349). Il est vrai que l'objet du permis précaire n'est certainement pas de permettre de « s'asseoir » sur les règles d'urbanisme sans justification rationnelle et sérieuse. Le Conseil d'État a ainsi précisé, au terme d'une interprétation très constructive de la loi, qu'un permis précaire ne peut être délivré qu'à titre exceptionnel, pour des constructions temporaires, répondant à une nécessité caractérisée, tenant notamment à des motifs d'ordre économique, social, culturel ou d'aménagement, et ne dérogeant pas de manière disproportionnée aux règles d'urbanisme applicables eu égard aux caractéristiques du terrain d'assiette, à la nature de la construction et aux motifs rendant nécessaire le projet (CE 18 févr. 2015, *Association de valorisation du quartier Paris-Maillot-Dauphine*, préc.).

Enfin, il faut distinguer des constructions temporaires (dispensées de contrôle) et des constructions précaires (relevant du permis précaire), les *constructions saisonnières*[Q]. Celles-ci ne sont pas plus dispensées du respect des règles d'urbanisme que de permis. Mais elles relèvent d'un permis spécifique, issu de la loi SRU : le permis saisonnier. Ainsi, lorsqu'une construction est destinée à être périodiquement démontée et réinstallée, le permis précise la ou les périodes de l'année pendant lesquelles la construction doit être démontée. Un nouveau permis n'est pas exigé lors de chaque réinstallation (C. urb., art. L. 432-1). Mais l'autorisation devient caduque si la construction n'est pas démontée périodiquement à la date fixée par l'autorisation (CE 13 juill. 2011, *Sarl Love Beach*, n° 320448, *Constr.-Urb.* 2011. 124, note X. Couton) et définitivement à l'issue du délai imparti par le permis, lequel ne peut excéder cinq ans (C. urb., art. L. 432-2). En cas de renouvellement d'un permis saisonnier arrivé à expiration, les taxes et participations d'urbanisme ne sont pas exigibles. 552 ■

Les constructions nécessitant le secret. L'article R. 421-8 du Code de l'urbanisme dispense de permis de construire certaines constructions nécessitant le secret pour des motifs de sécurité. Il s'agit notamment des constructions couvertes par le secret de la défense nationale et des constructions situées dans l'enceinte des établissements pénitentiaires. Cette dispense est applicable quelles que soient l'importance, la durée d'implantation et la localisation de la construction. 553 ■

C. Les constructions nouvelles soumises à déclaration préalable

Le Code de l'urbanisme soumet un certain nombre de constructions nouvelles à une simple déclaration préalable (R. 421-9 à R. 421-12). Sont de manière générale et en premier lieu, concernées les constructions de dimensions réduites, répondant à l'une des deux séries d'exigences suivantes : mesurer moins de 12 m de haut et représenter une emprise au sol et une surface de plancher comprises entre 5 et 20 m² ou mesurer plus de 12 m mais représenter une surface de plancher et une emprise au sol inférieures ou égales à 5 m² (art. R. 421-9, a et c). Il en résulte que les constructions nouvelles représentant plus de 20 m² d'emprise au sol ou de surface de plancher sont en principe toujours soumises au permis de construire. De même que celles qui mesurent plus de 12 m de haut et représentent plus de 5 m² de surface de plancher et d'emprise au sol, ce qui est par exemple généralement le cas des antennes relais de téléphonie mobile, qui s'accompagnent d'installations techniques qui créent de la surface de plancher (CE 20 juin 2012, *Richard*, n° 344646 ; *RDI* 12012. 525, obs. P. S.-C. ; *AJDA* 2012. 1812, note J.-E. Martin-Lavigne). 554 ■

En deuxième lieu, ne sont ensuite soumises qu'à déclaration préalable toute une série de constructions présentant une nature particulière et/ou des dimensions relativement modestes (mais pas suffisamment faibles pour qu'elles puissent être dispensées de toute formalité). Il s'agit notamment des habitations légères de loisirs implantées dans les lieux destinés à les recevoir et mesurant plus de 35 m² de surface de plancher ; des murs dont la hauteur au-dessus du sol est supérieure ou égale à 2 m ; des piscines (même hors-sol) dont le bassin a une superficie inférieure ou égale à 100 m² et qui ne sont pas couvertes ou dont la couverture, fixe ou mobile, a une hauteur au-dessus du sol inférieure à 1,80 m ; des châssis et des serres dont la hauteur au-dessus du sol est comprise entre 1,80 m et 4 m, et dont la surface au sol n'excède pas 2 000 m² sur une même unité foncière ; ou encore des ouvrages de production d'électricité à partir de l'énergie solaire installés sur le sol en fonction de leur puissance et de leur hauteur (autres items de l'art. R. 421-9).

Il faut prêter attention à ce que la formalité allégée que constitue la déclaration préalable ne suffit plus, dans toutes les hypothèses énumérées à l'article R. 421-9, dès lors que la construction projetée est située dans un site classé ou en instance de classement ou dans un secteur sauvegardé dont le périmètre a été délimité. Lorsque tel est le cas, un permis de construire est nécessaire.

En troisième lieu, certaines constructions nouvelles normalement dispensées de contrôle préalable au titre de l'urbanisme doivent être précédées d'une déclaration préalable lorsqu'elles sont envisagées dans certains secteurs protégés, tels les secteurs sauvegardés, les sites classés ou en voie de l'être, et toute une série d'autres périmètres faisant l'objet de protections particulières (réserves naturelles, parcs nationaux, périmètres délimités dans les PLU en application de l'article L. 123-1-5, 7°, etc). Il s'agit notamment de certains ouvrages d'infrastructure (C. urb., art. R. 421-10), des murs quelle que soit leur hauteur, des constructions mesurant moins de 12 m de haut et moins de 20 m² de surface de plancher comme d'emprise au sol (art. R. 421-11, I), des éoliennes terrestres dont la hauteur du mât et de la nacelle au-dessus du sol est inférieure à 12 m, des terrasses de plain-pied (art. R. 421-11, II *b* et *g*), ou encore des clôtures (art. R. 421-12).

§ 3 Les modifications de l'existant

■ 555 Parmi les modifications de l'existant, deux sortes d'opérations méritent d'être envisagées distinctement, même si le Code de l'urbanisme les traite conjointement : les travaux sur construction existante (A) et les changements de destination (B).

A. Les travaux sur construction existante

■ 556 Le principe retenu par le Code de l'urbanisme en ce qui concerne les travaux sur construction existante est celui de la dispense d'autorisation (F. Polizzi, « Comment envisager des travaux sur une construction au regard du droit de l'urbanisme ? », *BJDU* 2015. 3 ; « Le régime des travaux sur construction existante », *BJDU* 2010. 338 ; H. Jacquot, « Les travaux sur les constructions existantes », *DAUH* 2007. 117 ; P. Hocreitère, « L'existence des constructions. La notion de construction existante en droit de l'urbanisme », *Dr. adm.* 2000. Étude 1). Mais cette règle n'est pas absolue (art. L. 421-1, al. 2 et R. 421-13). Certains sont, en raison de leur nature ou de leur localisation, soumis au permis de construire, ou au moins à déclaration préalable, sauf s'ils peuvent être qualifiés de travaux d'entretien ou de réparations ordinaires, puisque ceux-ci sont toujours dispensés de formalité préalable au titre du droit de l'urbanisme, ou s'ils sont réalisés sur les constructions et installations mentionnés aux articles R. 421-8 (constructions nécessitant le secret pour des motifs de sécurité) et

R. 421-8-1 (installations de production d'électricité à partir de sources d'énergie renouvelable implantées sur le domaine public maritime).

Avant de présenter travaux sur construction existante soumis à formalité préalable, précisons que l'application de ce régime suppose en toute hypothèse que la construction sur laquelle les travaux sont envisagés puisse effectivement être qualifiée d'existante. Pour cela, la construction doit non seulement être physiquement existante (il ne doit pas s'agir d'une ruine), mais elle doit aussi être juridiquement existante, c'est-à-dire qu'elle doit avoir été autorisée conformément aux procédures applicables lors de son édification (P.Si tel n'est pas le cas, la demande d'autorisation devra porter non seulement sur les travaux projetés, mais aussi sur la construction illégalement édifiée, et relèvera donc du régime des constructions nouvelles (v. *infra*, la jurisprudence *Thalamy*, v. ss 587).

Les travaux sur construction existante soumis à permis de construire. La liste des travaux sur construction existante devant être précédés d'un permis de construire est inscrite aux articles R. 421-14 à R. 421-16 du Code de l'urbanisme. Il s'agit d'abord, et de façon générale, des travaux ayant pour effet la création d'une surface de plancher ou d'une emprise au sol supérieure à 20 m², ce plafond étant, depuis le 1er janvier 2012, porté à certaines conditions à 40 m² dans les zones U des PLU et documents d'urbanisme en tenant lieu, ou encore des travaux ayant pour effet de modifier les structures porteuses ou la façade du bâtiment, lorsque ces travaux s'accompagnent d'un changement de destination (C. urb., art. R. 421-14). Dans les secteurs sauvegardés, doivent également être précédés d'un permis de construire les travaux portant sur certains immeubles protégés à différents titres (art. R. 421-15). Enfin, quel que soit leur lieu d'implantation, les travaux portant sur un immeuble ou une partie d'immeuble inscrit au titre des monuments historiques sont systématiquement soumis à permis de construire (art. R. 421-16). En revanche et enfin, depuis le décret du 5 décembre 2011, les travaux ayant pour effet de modifier le volume du bâtiment et de percer ou d'agrandir une ouverture sur un mur extérieur ne nécessitent plus un permis de construire (art. R. 421-1, anc.). 557 ▪

Les travaux sur construction existante soumis à déclaration préalable. L'article R. 421-17 dresse une liste de travaux sur construction existante, d'ampleur moindre que ceux qui viennent d'être évoqués mais non négligeables pour la police de l'urbanisme, et devant par conséquent être précédés d'une déclaration préalable. Il s'agit notamment des travaux ayant pour effet de modifier l'aspect extérieur d'un bâtiment existant, sauf s'ils s'agit de travaux de ravalement (v. ci-dessous) ; des travaux qui ont pour effet la création soit d'une emprise au sol ou d'une surface de plancher comprise entre 5 et 20 m², ce plafond pouvant être porté à 40 m² dans les zones U des PLU et documents en tenant lieu ; des travaux effectués à l'intérieur des immeubles dans certains secteurs sauvegardés ; ou encore des travaux portant sur des constructions spécialement identifiées. Ne sont en revanche logiquement plus mentionnés les travaux ayant pour effet de transformer 10 m² de surface hors œuvre brute en surface hors œuvre nette, puisque ces notions ont été remplacées par la seule notion de surface de plancher. 558 ▪

Le cas particulier des travaux de ravalement. Le régime des travaux de ravalement n'a – contrairement aux ambitions affichées – pas été simplifié par les dernières réformes qui s'en sont occupées. Auparavant, les travaux de ravalement faisaient partie des travaux sur 559 ▪

construction existante soumis à déclaration préalable (anc. a de l'art. R. 421-17). Ce contrôle systématique a toutefois été considéré excessif. C'est pourquoi le pouvoir réglementaire a souhaité alléger le contrôle des opérations de ravalement (ce qui a été fait par le décret du 27 févr. 2014). Mais il l'a fait de façon pour le moins alambiquée. Ainsi, en premier lieu, l'article R. 421-2 *m* pose le principe de dispense d'autorisation préalable pour les travaux de ravalement. Comme on l'a déjà dit, cette prévision n'est pas particulièrement bienvenue, pour deux raisons. D'abord, parce que l'article R. 421-2 régit les constructions nouvelles et que les ravalements ne constituent à l'évidence pas des constructions mais des travaux sur construction existante ; ensuite, parce que, comme on vient de le voir, le principe s'agissant des travaux sur constructions existante est qu'il sont dispensés de toute formalité préalable au titre du Code de l'urbanisme. En second lieu, l'article R. 421-17-1 pose que les travaux de ravalement effectués sur des constructions situées dans toute une série de secteurs qu'il énumère (dans un secteur sauvegardé, dans le champ de visibilité d'un monument historique, dans un site inscrit ou dans un site classé ou en instance de classement, etc) doivent être précédés d'une déclaration préalable, lorsqu'ils ne sont pas soumis à permis de construire en application des articles R. 421-14 à R. 421-16 (par exemple su le ravalement porte sur un immeuble inscrit au titre des monuments historiques ou s'il s'accompagne d'un changement de destination). Il n'est pas certain que ce nouveau régime soit porteur de plus simplicité et de sécurité juridique que ne l'était le précédent.

B. Les changements de destination

560 La réforme des autorisations d'urbanisme a considérablement apporté au droit des changements de destination (J.-Ph. Meng, « De quelques questions soulevées par le contrôle des changements de destination », *AJDA* 2009. 87), qu'il s'agisse de leur régime ou de la notion même de changement de destination.

561 *La notion de changement de destination.* Le Gouvernement a pris soin d'apporter deux précisions essentielles sur la notion même de changement de destination en droit de l'urbanisme (C. urb., art. R. 421-14 et R. 421-17), ce qui est plus que bienvenu compte tenu des divergences jurisprudentielles existant auparavant autour de cette notion. En premier lieu, il a donné à la notion de changement de destination une acception exclusivement fonctionnelle : le changement de destination consiste à passer de l'une à l'autre des neuf destinations limitativement énumérées à l'avant dernier alinéa de l'article R. 123-9 du Code de l'urbanisme qui dispose, on l'a vu, que les règles figurant dans le règlement du PLU « peuvent être différentes, dans une même zone, selon que les constructions sont destinées à l'habitation, à l'hébergement hôtelier, aux bureaux, au commerce, à l'artisanat, à l'industrie, à l'exploitation agricole ou forestière ou à la fonction d'entrepôt. En outre, des règles particulières peuvent être applicables aux constructions et installations nécessaires aux services publics ou d'intérêt collectif ». Cette précision apporte une sécurité juridique appréciable, car ce critère n'était pas toujours celui retenu par les juges auparavant, y compris au sein de la juridiction administrative, qui retenait parfois le critère tiré de l'incidence du changement opéré sur la règle d'urbanisme (CE 4 nov. 1996, *Cne Nantes c/ Syndic de la copropriété « Fleurs d'Armor »*, n° 109619, *BJDU* 1996. 414, concl. Ch. Maugüé). À présent les choses sont claires, seul le passage d'une destination à une autre au regard des catégories de l'article R. 123-9 est constitutif d'un changement de destination. Dès lors, par

exemple, la transformation d'un habitat individuel en habitat collectif ne devrait plus constituer un changement de destination, pas plus que des travaux ayant simplement pour effet de changer l'activité commerciale précédemment exploitée (CE 25 juin 1986, *Min. Urbanisme c. Cne Digne*, n° 49457 ; CE 16 nov. 2005, *SNC Lidl*, n° 278997). De même, la location en meublé pour une courte durée n'a pas pour effet de changer la destination de l'immeuble qui demeure à destination d'habitation (même si à Paris, il s'agit d'un changement d'usage contrôlé au titre du Code de la construction et de l'habitation, v. G. Daudré et P. Wallut, « Locations meublées de courte durée - Le permis de louer à Paris », *JCP* N 2012, n° 15, act. 429 et G. Daudré et P. Wallut, « Aperçu critique sur les dispositions de la loi Alur relatives au contrôle de l'usage d'habitation », *JCP* N 2014, n° 15, 1157). Sans doute l'énumération des 9 destinations envisagées à l'article R. 123-9 n'est-elle pas tout à fait satisfaisante, dans la mesure où les collectivités publiques souhaiteraient parfois pouvoir distinguer au sein même de ces destinations. C'est d'ailleurs la raison pour laquelle le Parlement a récemment, à deux reprises, invité le Gouvernement à revoir la liste des destinations de l'article R. 123-9, afin de permettre de promouvoir la mixité fonctionnelle (art. 157 VI de la loi ALUR du 24 mars 2014) et de distinguer les activités de service avec accueil de clientèle des activités de bureau et de commerce (art. 59 de la loi Pinel du 18 juin 2014). Mais la référence à une énumération limitative de destinations est tout de même source de prévisibilité du droit.

En second lieu, les dispositions du Code de l'urbanisme relatives au changement de destination précisent que pour leur application, les locaux accessoires d'un bâtiment (c'est-à-dire les combles et greniers, les garages et caves, les balcons, loggias et vérandas, les remises, les ateliers, les celliers, etc.) sont réputés avoir la même destination que le local principal. C'est donc la destination globale du bâtiment qui importe pour apprécier l'existence ou non d'un changement de destination, et non celle de chaque élément qui le compose. La destination principale l'emporte sur la destination accessoire du local (CE 30 déc. 2013, *Mc Kenna*, n° 358535, *Dr. Adm.* 5/2014, n° 34, comm. J.-L. Seynaeve : l'aménagement d'une chambre de 11 m² dans les combles d'un bâtiment d'une surface de 52 m² à usage de chai et de garage n'entraîne pas de changement de destination de ce bâtiment). Il s'agit là encore d'une nouveauté car, avant la réforme, la jurisprudence était au contraire dans le sens de considérer le changement de destination par local (v. par ex. CE 5 avr. 1996, *Caisse générale de retraite des cadres par répartition*, n° 133813, *BJDU* 1996. 195, concl. G. Goulard). Même si quelques difficultés résiduelles ne manqueront sûrement pas de se présenter (v. Rép. min. n° 8845 : *JOAN* Q 12 mars 2013, p. 2841, comm. L. Santoni, *Constr.-Urb.* 5/13, n° 66), cette précision est bienvenue, car simplificatrice et source de sécurité juridique.

Il reste à savoir quelle importance donner à l'usage réel d'un bâtiment lorsque celui-ci se trouve en contradiction avec sa destination juridique, c'est-à-dire avec la destination en vue de laquelle sa construction a été autorisée. Le Conseil d'État a, ces dernières années, fait primer tantôt le fait (CE 12 janv. 2007, *Fernandez*, n° 274362, *BJDU* 2007. 188, concl. M.-H. Mitjavile et obs. J.-C. B. ; *RDI* 2007. 188, obs. P.-S. C.), tantôt le droit (CE 27 juill. 2009, *SCI La Paix*, n° 305920, *BJDU* 2009. 281, concl. M. Guyomar et obs. J.-C. B. ; *RDI* 2009. 556, obs. P. S.-C.). Mais c'est en fin de compte cette seconde option qui semble devoir l'emporter dans la jurisprudence la plus récente sur la question. Pour apprécier l'existence d'un changement de destination, l'administration doit prendre en compte la destination initiale du bâtiment ainsi que, 562 ■

le cas échéant, tout changement ultérieur de destination qui a fait l'objet d'une autorisation (CE 12 mars 2012, *Cne Ramatuelle*, n° 336263, *BJDU* 2012. 303, concl. X. de Lesquen et obs. J. T. ; CE 16 mars 2015, *De La Marque*, n° 369553, publié au recueil *Lebon*, *BJDU* 2015. 194). Ce retour à l'orthodoxie juridique est heureux.

563 *Le régime des changements de destination.* À l'inverse du principe affiché lors de la réforme, les changements de destination sont aujourd'hui toujours soumis à un contrôle préalable au titre du Code de l'urbanisme. Ils sont en règle générale soumis à déclaration préalable (C. urb., art. R. 421-17, b), ce qui ne manquera probablement pas de poser la délicate question de l'effectivité du contrôle (*JO* Sénat Q 31 janv. 2008. 1521 ; Rép. min. Écologie n° 1724, *Constr.-Urb.* 2008. 53, obs. G. Godfrin). Cependant, c'est d'un permis de construire qu'ils doivent être précédés lorsqu'ils s'accompagnent de travaux ayant pour effet de modifier les structures porteuses ou la façade du bâtiment (art. R. 421-14, c), ou plus généralement – et bien évidemment – de travaux sur construction existante en eux-mêmes soumis à permis de construire (v. ss 557). Ce contrôle systématique des changements de destination est une nouveauté appréciable par rapport à la situation qui prévalait avant la réforme entrée en vigueur en 2007. Auparavant, en effet, les changements de destination n'étaient soumis à un contrôle administratif préalable que s'ils s'accompagnaient de la réalisation de travaux. Il en résultait une importante insécurité juridique, car il n'est pas rare que les règles d'urbanisme de fond varient en fonction de la destination des constructions et l'exemption d'autorisation ne dispense pas de les respecter.

§ 4 Les autres travaux, les installations et aménagements

564 La catégorie des travaux, autres que ceux envisagés précédemment, installations et aménagements (TIA) est une catégorie nouvelle créée lors de la réforme de 2005-2007. Elle a vocation à fédérer toute une série d'opérations, assez hétéroclites, et ne présente par conséquent pas la même unité « conceptuelle » que les catégories précédentes. Pour autant, le Gouvernement est parvenu à soumettre les TIA à un régime assez homogène, conforme à l'esprit de la réforme (C. urb., art. R. 421-18). Le principe est qu'ils sont dispensés d'autorisation préalable au titre de l'urbanisme (art. R. 421-18), sauf s'ils figurent sur une des listes les soumettant soit à permis d'aménager (art. R. 421-19 à R. 421-22), soit à déclaration préalable (art. R. 421-23 à R. 421-25). Le départ entre les trois options (absence de contrôle, déclaration préalable ou permis d'aménager) s'opère ici encore en fonction de l'ampleur, de la nature, de la localisation ou de la durée d'implantation du projet, éléments auxquels s'ajoute cette fois un souci d'éviter les contrôles redondants. C'est ce que l'on verra en envisageant successivement – mais sans prétendre à l'exhaustivité – différentes sortes de TIA : les divisions foncières (A), les installations et aménagements propres aux loisirs (B) ou aux gens du voyage (C), la création de parkings et d'espaces publics (D), les travaux portant sur le sol ou la végétation (E), et pour finir les TIA soumis à un contrôle lorsqu'ils sont réalisés dans certains périmètres protégés (F).

A. Les divisions foncières

Deux types de divisions foncières sont soumis à autorisation d'urbanisme au titre des TIA (celles réalisées dans le cadre d'un permis de construire valant division – v. ss 1153 – étant essentiellement soumises au régime des constructions nouvelles) : les lotissements et les divisions réalisées dans les périmètres délimités en vertu de l'article L. 111-5-2 du Code de l'urbanisme. 565 ■

Les lotissements. La définition du lotissement a été modifiée, dans le sens d'un élargissement, par l'ordonnance du 8 décembre 2005, extension que n'a fait que confirmer l'ordonnance du 22 décembre 2011. Désormais, sous réserve des exclusions de l'article R. 442-1 du Code de l'urbanisme, « constitue un lotissement la division en propriété ou en jouissance d'une unité foncière ou de plusieurs unités foncières contiguës ayant pour objet de créer un ou plusieurs lots destinés à être bâtis » (art. L. 442-1 dans sa version entrée en vigueur le 1er mars 2012 ; E. Carpentier, « La définition du lotissement – Version 1.3.12 », *JCP* N 2012. Étude 1128). Depuis 2007, les lotissements doivent être précédés, soit d'une déclaration préalable, soit d'un permis d'aménager. Jusqu'au premier mars 2012, le départ entre les deux s'opérait en fonction, outre de la localisation, du nombre de lots créés et de la nécessité de travaux. Le problème est que les petits lotissements étaient systématiquement soumis à déclaration préalable (à laquelle s'attachent, de fait et en droit, moins de garanties pour les acquéreurs de lots) alors qu'ils nécessitaient parfois des travaux. C'est pourquoi le critère tenant au nombre de lots créés a été totalement supprimé en 2012 (v. J.-Ph. Meng, « Les corrections apportées aux régimes d'autorisation des lotissements », *JCP* N n° 11/2012, 1129). La ligne de partage alors tracée entre les lotissements relevant du permis d'aménager et ceux ne nécessitant qu'une déclaration préalable n'étant encore pas tout à fait satisfaisante, elle a été redessinée par le décret du 27 février 2014. Désormais, doivent être précédés de la délivrance d'un permis d'aménager les lotissements qui prévoient la création ou l'aménagement de voies, d'espaces ou d'équipements communs à plusieurs lots destinés à être bâtis et propres au lotissement (étant précisé que les équipements pris en compte sont les équipements dont la réalisation est à la charge du lotisseur), ou qui sont situés dans un secteur sauvegardé, dans un site classé ou en instance de classement (art. R. 421-19, *a*). Les autres doivent simplement être précédés d'une déclaration préalable (art. R. 421-23 *a*), l'absence d'un telle déclaration pouvant au demeurant être « rattrapée » lors de la demande de permis de construire (art. R. 442-2). La distinction est d'autant plus importante que le régime juridique attaché à ces deux types de lotissement est assez différent (v. ss 1159 s.). 566 ■

Les divisions réalisées dans les périmètres délimités en vertu de l'article L. 111-5-2. Ainsi qu'il a déjà été signalé, l'article L. 111-5-2 du Code de l'urbanisme autorise les communes à délimiter des périmètres, nécessitant une protection particulière en raison de la qualité des sites, des milieux naturels et des paysages, dans lesquels les divisions foncières non soumises à permis d'aménager seront systématiquement soumises à déclaration préalable, l'autorité compétente étant susceptible de s'opposer à la division si celle-ci, par son importance, le nombre de lots ou les travaux qu'elle implique est de nature à compromettre gravement le caractère naturel des espaces, la qualité des paysages ou le maintien des équilibres biologiques. Les contours de l'exigence de déclaration préalable aux divisions réalisées dans ces périmètres sont 567 ■

dessinés au *b* de l'article R. 421-23. Cette déclaration remplace l'ancien plan de division qui devait être envoyé en mairie et auquel le maire avait deux mois pour s'opposer.

B. Les installations et aménagements propres aux loisirs

568 *L'hébergement de loisirs.* Les opérations consistant à aménager ou modifier des terrains de camping et parc résidentiels de loisirs sont soumises à permis d'aménager (C. urb., art. R. 421-19, c à f) ou à déclaration préalable, en fonction notamment de leur capacité d'accueil (Ch. Maugüé, « La réorganisation des dispositions relatives au tourisme », *BJDU* 2007. 82 ; E. Carpentier, « L'hébergement léger de loisirs », *J.-C. Coll. territoriales*, fasc. 1316). Par exemple, doit être précédée de la délivrance d'un permis d'aménager la création ou l'agrandissement d'un terrain de camping permettant l'accueil de plus de 20 personnes ou de plus de six hébergements de loisirs constitués de tentes, de caravanes, de résidences mobiles de loisirs ou d'habitations légères de loisirs (art. R. 421-19, c). Il en va de même, de l'aménagement de terrains pour permettre l'installation d'au moins deux résidences démontables créant une surface de plancher totale supérieure à 40 mètres 2, définies à l'article R. 111-46-1 et constituant l'habitat permanent de leurs utilisateurs (m de l'art. R. 421-19). Mais en deçà de ces seuils, une déclaration préalable suffit (art. R. 421-23, c et l). Par ailleurs, relève de la déclaration préalable l'installation, en dehors des terrains de camping et parcs résidentiels de loisirs, d'une caravane, lorsque la durée de cette installation est supérieure à trois mois par an (art. R. 421-23 d). Lorsqu'elle est réalisée dans ces espaces ou pour une durée inférieure à trois mois, l'installation d'une caravane est exemptée d'autorisation, de même que dans les hypothèses prévues à l'article R. 421-23-1.

569 *Les activités de loisirs.* Diverses opérations visant à aménager des espaces destinés à certaines activités de loisirs doivent être précédées d'un permis d'aménager. Tel est le cas de l'aménagement de terrains pour la pratique des sports ou loisirs motorisés, de parc d'attractions ou d'aires de jeux et de sports d'une superficie supérieure à 2 ha, ou de golfs d'une superficie supérieure à 25 ha (g à i de l'art. R. 421-19). Ces deux dernières opérations doivent même être précédées d'un permis d'aménager, quelle que soit leur importance, lorsqu'elles sont envisagées dans les secteurs sauvegardés dont le périmètre a été délimité, les sites classés ou en instance de classement et les réserves naturelles (art. R. 421-20).

C. Les installations et aménagements propres aux gens du voyage

570 Avant le décret du 27 février 2015 (*BJDU* 5/2015, comm. E. Carpentier), l'aménagement d'une aire d'accueil des gens du voyage était toujours soumis à déclaration préalable (art. R. 421-23 k). Cependant, la loi ALUR l'y ayant également invité, le gouvernement s'est attaché à rationaliser le régime applicable à l'aménagement des terrains permettant l'installation des résidences mobiles des gens du voyage, lesquels doivent toujours être situés dans des secteurs constructibles ou dans les STECAL (art. L. 441-1 issu de la loi ALUR). Il est désormais prévu que l'aménagement d'une aire d'accueil ou d'un terrain familial doit être précédé de la délivrance d'un permis d'aménager dès lors qu'il permet l'installation de plus de deux résidences mobiles

constituant l'habitat permanent des gens du voyage (nouveau l de l'article R. 421-19) ; dans les autres cas, une déclaration préalable est suffisante (art. R. 421-23 k). Cet encadrement de plus en plus fort de l'installation des gens du voyage est assurément propice à leur sédentarisation, ce que souhaitent peut-être les pouvoirs publics, mais qui est perçu comme peu respectueux de leur culture par les intéressés.

L'installation d'une résidence mobile constituant l'habitat permanent des gens du voyage doit également être précédée d'une déclaration préalable si elle dure plus de trois mois consécutifs (art. R. 421-23 *j*) ; dans le cas contraire, elle est libre de contrôle préalable au titre du droit de l'urbanisme (G. Terrien, « L'accueil des gens du voyage », *JCP* A 2007. 2127).

D. La création de parkings et d'espaces publics

La création des aires de stationnement ouvertes au public, des dépôts de véhicules et des garages collectifs de caravanes doit être précédée d'une déclaration préalable dès qu'ils sont susceptibles de contenir de 10 à 49 unités (C. urb., art. R. 421-23, *e*). Au-delà de ce seuil, un permis d'aménager est nécessaire (C. urb., art. R. 421-19, *j*). En deçà, aucune formalité préalable n'est exigée en vertu du Code de l'urbanisme, sauf si la création est envisagée dans un secteur sauvegardé dont le périmètre a été délimité, un site classé ou une réserve naturelle, auquel cas un permis d'aménager est toujours requis. Il en va de même de la création d'espaces publics dans ces périmètres protégés (C. urb., art. R. 421-20) 571 ■

E. Les travaux portant sur le sol ou la végétation

Les affouillements et exhaussements du sol peuvent, en fonction de leur importance (profondeur, hauteur et surface concernée) et de leur localisation, être soumis à permis d'aménager (art. R. 421-19, k et R. 421-20) ou à déclaration préalable (art. R. 421-23, f). Les coupes et abattages d'arbres sont quant à elles soumises à déclaration préalable lorsqu'elles sont réalisées dans des espaces boisés classés (art. R. 421-23, g). 572 ■

F. Les travaux, installations et aménagements dans certains périmètres protégés

On a vu que la circonstance que des TIA soient réalisés dans des espaces protégés peut avoir pour conséquence un élargissement de leur contrôle, le permis d'aménager étant par exemple exigé quelle que soit l'importance d'une opération, alors qu'il ne l'est, pour le même type d'opération, qu'au-delà de certains seuils en dehors de ces espaces (C. urb., art. R. 421-20, al. 2 et 3). Dans d'autres cas, la localisation de l'opération dans un secteur protégé va purement et simplement déclencher un contrôle, inexistant en dehors de ces périmètres (J.-R. Etchegaray, « La réforme des autorisations d'urbanisme et les zones protégées. Secteurs sauvegardés, ZPPAUP et PLU », *JCP* N 2007. 1062). Ainsi, en va-t-il notamment, outre des espaces publics déjà évoqués, de la création ou de la modification d'une voie dans un secteur sauvegardé (art. R. 421-21), ou encore des aménagements mentionnés aux a, b, c et d de l'article R. 146-2, lorsqu'ils sont réalisés dans les espaces remarquables ou milieux du littoral qui sont identifiés dans un document d'urbanisme comme devant être préservés en application de l'article L. 146-6 (art. R. 421-22). Ces opérations doivent être précédées 573 ■

d'un permis d'aménager. D'autres doivent être précédées d'une déclaration préalable. Tel est le cas de certains travaux portant sur un élément identifié par la commune comme présentant un intérêt patrimonial ou paysager (art. R. 421-23, h et i), des travaux ayant pour effet de modifier l'aménagement des abords d'un bâtiment existant dans un secteur sauvegardé (art. R. 421-24), ainsi que toute une série de travaux sur les voies et espaces publics dans divers périmètres protégés (art. R. 421-25).

■ 574 Pour en finir avec le champ d'application des autorisations d'urbanisme, il importe d'apporter une ultime précision. Le Conseil d'État a posé que des travaux qui relèvent en principe du régime de la déclaration préalable, doivent cependant être autorisés par un permis de construire, le cas échéant modificatif, dans les cas où, soit ils forment avec une construction déjà autorisée par un permis de construire en cours de validité et dont la réalisation n'est pas encore achevée un ensemble immobilier unique, soit, en l'absence même d'un ensemble immobilier unique, ils modifient une construction déjà autorisée et en cours d'achèvement (CE 12 nov. 2012, *Société Caro Beach Village*, n° 351377, mentionnée dans les tables du recueil *Lebon*, *BJDU* 2013. 49, concl. A. Lallet ; *RDI* 2013. 115, obs. P. S.-C.). L'administration elle-même doit être vigilante. Car si le fait pour l'autorité administrative de délivrer un permis de construire en lieu et place d'une déclaration de travaux n'est pas constitutif d'une illégalité, l'inverse n'est évidemment pas vrai. L'autorité compétente est tenue de s'opposer aux travaux déclarés et d'inviter le pétitionnaire à présenter une demande de permis de construire lorsqu'il est constaté que des travaux sont, en vertu des dispositions du Code de l'urbanisme, soumis à l'obligation d'obtenir un permis de construire mais n'ont fait l'objet que d'une simple déclaration (CE 17 déc. 2003, *Bontemps*, n° 242282, *Constr.-Urb.* 2004. 62, obs. Ph. Benoit-Cattin ; CE 9 juill. 2014, n° 373295, *Commune de Chelles*, *BJDU* 5/2014. 395, concl. X. Domino et obs. M. Vialettes ; Constr.*-urb.* 2014, n° 127, obs. P. Cornille ; *RDI* 2014. 475, obs. P. S-C). L'erreur de droit commise par un juge du fond qui, dans une telle configuration, annule pour excès de pouvoir l'arrêté par lequel l'administration s'est opposée aux travaux, en se fondant sur un moyen qui ne pouvait qu'être écarté comme inopérant, est relevée d'office par le juge de cassation (CE 9 juill. 2014, n° 373295, *Commune de Chelles*, préc.). Dans ce cas en effet, le maire qui s'oppose au travaux est en situation de compétence liée et tous les arguments dirigés contre sa décision d'opposition sont inopérants.

section 2

Le régime des autorisations d'urbanisme

■ 575 Les auteurs de la réforme de 2005-2007 ont souhaité simplifier et sécuriser le régime des autorisations d'occupation et d'utilisation du sol, qu'ils se sont, dans cette double perspective, notamment efforcés d'unifier au maximum. C'est pourquoi, il sera fait référence indistinctement à la notion d'« autorisation d'urbanisme » pour les désigner, pour autant qu'il n'y a pas lieu de distinguer. On le constatera en s'intéressant à la délivrance (§ 1) puis aux effets (§ 2) des autorisations d'urbanisme.

§ 1 La délivrance des autorisations d'urbanisme

Les demandes d'autorisations d'urbanisme ne peuvent être le fait que de certaines personnes (A). Par ailleurs, leur présentation obéit à un formalisme que le législateur a voulu garant de sécurité juridique (B). Leurs dépôts déclenchent une instruction (C) qui aboutit à une décision (D). 576 ■

A. L'auteur de la demande

Commençons par présenter les règles générales applicables en la matière, avant d'envisager le cas particulier de la demande d'autorisation d'urbanisme sur une propriété publique. 577 ■

1. *Les règles générales*

Parce que le Code civil attache le droit de construire à la propriété du sol et bien que les autorisations d'urbanisme aient un caractère réel, seules certaines personnes peuvent en solliciter la délivrance. Dans tous les cas cependant, le demandeur n'a pas à justifier de sa qualité, mais simplement à en attester. 578 ■

Les personnes ayant qualité pour demander une autorisation d'urbanisme. L'article R. 423-1 du Code de l'urbanisme autorise trois séries de personnes à demander une autorisation d'urbanisme, étant d'ores et déjà précisé qu'en toute hypothèse, le bénéficiaire du permis ne peut le mettre en œuvre avant d'avoir acquis la maîtrise foncière des terrains. Sont en premier lieu visés le ou les propriétaires du ou des terrains (qualité reconnue au bénéficiaire d'une vente en l'état futur d'achèvement, le vendeur pouvant quant à lui être mandaté : CE 5 déc. 2005, *Sté Kaufman et Broad*, n° 258686, *AJDA* 2006. 561, note S. Pérignon ; *RDI* 2006. 151, obs. P. S.-C. Sur la répartition du droit de construire entre le propriétaire et l'usufruitier : J.-P. Mas et L. Calmels, « Unité foncière, droit de construire et démembrement de propriété », *Constr.-Urb.* 2007. Étude 12), leur mandataire (tel l'architecte en vertu d'un contrat d'architecte comportant un mandat ; sur la qualité de mandataire du syndicat de copropriété lorsque sont envisagés des travaux affectant les parties commune, la jurisprudence est nuancée : CE 11 févr. 2015, *M. A.*, n° 366296, *rec.* T.), ou encore une ou plusieurs personnes attestant être autorisées par eux à exécuter les travaux (par ex. l'acheteur potentiel du terrain ou le notaire chargé de sa vente, qui peut rédiger lui-même l'attestation). En cas d'indivision et en deuxième lieu, l'autorisation d'urbanisme peut être demandée par un ou plusieurs co-indivisaires ou leur mandataire. Cette règle s'applique à toutes les formes de propriété indivise (CE 13 déc. 2013, n° 356097, *M. Bélicar*, n° 356097, mentionnée dans les tables du recueil *Lebon*, *BJDU* 2014. 27, concl. X. de Lesquen ; *Constr.-Urb.* 3/2014, n° 42, comm. L. Santoni : à propos d'une demande de permis de construire sur un mur mitoyen). Tous les indivisaires n'ont donc pas nécessairement à donner leur accord (même arrêt), et le maire ne peut se fonder sur l'opposition de certains d'entre eux pour refuser l'autorisation sollicitée (CE 17 oct. 2014, n° 360968, *Commune de de Jouars-Pontchartrains*, Rec. T. ; *RDI* 2014. 657, obs. P. S-C.). En troisième lieu enfin, une autorisation d'urbanisme peut être sollicitée par une personne ayant qualité pour bénéficier de l'expropriation pour cause d'utilité publique. Elle peut le faire dès la publication de l'arrêté de mise à enquête publique et *a fortiori*, dès que la déclaration d'utilité publique est intervenue 579 ■

(CE 26 juill. 1982, *Min Environnement c/ Codol*, *Lebon* 288). En revanche, la demande n'est pas recevable dès lors qu'aucune procédure d'expropriation n'a été engagée (CE 19 juill. 1991, *Assoc. Yerroise pour la défense de l'environnement et de la nature c/ Ville Yerre*, *Lebon* T. 1258). Enfin le Conseil d'État est revenu sur une jurisprudence rendue sous l'empire du droit antérieur à 2007, en vertu de laquelle l'annulation d'une ordonnance d'expropriation prive rétroactivement la personne à qui le bénéficiaire de l'expropriation avait consenti une promesse de vente de sa qualité à demander un permis de construire (CE, sect., 19 juin 2015, *Cn ede Salbris*, n° 368667, *Lebon*, revenant sur CE 5 avr. 1993, *Cne Fréjus*, n° 117090). Plus généralement, la seule circonstance que le pétitionnaire perde, postérieurement à la délivrance du permis de construire, fût-ce à titre rétroactif, la qualité au titre de laquelle il avait présenté la demande de permis de construire n'est pas par elle-même de nature à entacher d'illégalité le permis de construire.

On notera à l'issue de cette présentation que l'article R. 423-1 confirme une solution déjà retenue par le juge administratif selon laquelle un seul permis peut être demandé par plusieurs personnes, le cas échéant sur deux terrains appartenant à chacun des demandeurs (CE 28 juill. 1999, *SA HLM « Le nouveau Logis centre Limousin »*, *Lebon* 272 ; *RDI* 2000. 160, obs. L. Touvet. ; *RDI* 3/2001. 207, obs. A. Koenig). Encore faut-il au demeurant probablement que les unités foncières constituant l'assiette de la demande soient contigües (cette condition, toute rationnelle, était présente dans la jurisprudence de 1999 et l'on peut penser que le pouvoir réglementaire n'a pas entendu la remettre en cause, mais il faut reconnaître qu'elle ne figure explicitement dans les textes qu'à propos du lotissement, v. C. urb., art. L. 442-1). Il est moins évident que la jurisprudence maintienne la condition posée en 1999 relative à la nécessaire unité d'ensemble (conceptuelle, architecturale, fonctionnelle, etc.) du projet, non reprise par les textes et dont l'application serait plus « créative ». L'intérêt du permis conjoint réside notamment dans la circonstance qu'elle ouvre droit à une appréciation globalisée, à l'échelle de l'îlot d'assiette du projet, du respect des règles d'urbanisme, du moins de certaines d'entre-elles. Dans l'arrêt *Le nouveau Logis centre Limousin* le Conseil d'État avait en effet posé que, dans une telle hypothèse, « le coefficient d'occupation du sol s'applique à la superficie du terrain d'assiette qui fait l'objet de la demande de permis de construire et non à la superficie de la propriété de chacun des pétitionnaires ». Dans une autre décision, il avait appliqué globalement au périmètre d'un permis conjoint le coefficient d'emprise au sol (CE 30 déc. 2002, *SCI d'HLM de Lille*, *BJDU* 2003. 192, concl. S. Austry). Selon P.-E. Durand, cependant, la mutualisation des contraintes d'urbanisme ne saurait concerner toutes les règles contenues dans le PLU (« Le permis de construire conjoint », *RDI* 2008. 422). En somme, on s'accorde avec le professeur Périnet-Marquet pour regretter que « le législateur (ait) consacré le principe de la possibilité d'obtenir une autorisation à plusieurs, mais (soit) resté d'une discrétion minimaliste sur son régime » (H. Périnet-Marquet, « Les autorisations de construire ou d'aménager délivrées à plusieurs personnes, première approche », Constr.-Urb. juin 2008, étude 6 ; sur cette question : H. Périnet-Marquet, « Permis de construire et opérations complexes », *Cah. GRIDAUH* 1999, n° 3, p. 5 ; « Les autorisations de construire ou d'aménager délivrées à plusieurs personnes, première approche », *Constr.-Urb.* 2008. Étude 6 ; S. Pérignon, « Ouvrages complexes et droit de l'urbanisme », *RDI* 1999. 522 ; P. Soler-Couteaux, « Le permis de construire d'opérations complexes », *RDI* 2003. 125 ; P.-E. Durand, « Le permis de construire conjoint », *RDI* 2008. 422 ; P. Soler-Couteaux, « La possibilité de demander une autorisation d'urbanisme à plusieurs », *RDI* 2009. 23).

L'absence de nécessité de justifier de sa qualité et la suffisance d'une attestation. Il est flagrant que le texte issu de la réforme de 2007 ne fait aucune référence à la notion de « titre habilitant à construire » (v. C. urb., anc. art. R. 421-1-1), source d'interrogations au contentieux et de difficultés pour l'administration en cas de contestation de la propriété ou d'immeuble en copropriété. Car précisément, les auteurs de la réforme ont considéré que cette question relève davantage du droit privé que du droit de l'urbanisme, c'est pourquoi la qualité du demandeur n'est plus contrôlée par l'administration et relève d'un système déclaratif, sous la responsabilité du pétitionnaire. Le dossier de demande d'autorisation d'urbanisme doit donc simplement comporter l'attestation du pétitionnaire qu'il entre bien dans l'une des catégories de personnes habilitées à solliciter la délivrance d'une autorisation d'urbanisme (C. urb., art. R. 431-5 ; R. 431-35 ; R. 441-1 ; R. 441-9 et R. 451-1). Et, sous réserve d'une fraude avérée, qui permettrait d'ailleurs tant le refus de l'autorisation (CE, 23 mars 2015, *M. Mme B. c. Commune d'Aspermont*, n° 348261) que son retrait sans condition de délai, l'autorisation ne sera pas affectée par les problèmes susceptibles de se poser à cet égard lors de la réalisation du projet. Portant sur des questions civiles, ils relèveront du juge judiciaire. Tirant les conséquences de ce nouvel état du droit, le Conseil d'État a jugé qu'en cas de travaux envisagés sur un immeuble en copropriété, le maire n'a à contrôler ni l'existence de l'accord des copropriétaires, ni sa validité ; il doit se contenter de l'attestation déclarative du demandeur et n'a donc pas à exiger la production des autorisations auxquelles la loi subordonne le droit, pour chacun des copropriétaires, de réaliser certains travaux (CE 15 févr. 2012, *Quennesson*, n° 333631, *RDI* 2012. 237, obs. P. Soler-Couteaux ; *BJDU* 2012. 296, concl. F. Aladjidi et obs. J. T. ; *LPA* 2012, n° 120, p. 26, note D. Dutrieux ; *AJDA* 2012.1017, note B. Hachem ; CE 6 déc. 2013, n° 354703, *M. Bannerot*, Rec. T. ; *BJDU* 1/2014.21, concl. S. Von Coester ; *RDI* 2013.123, obs. P. S-C ; CE 27 févr. 2012, *SCI Thierry*, req. n° 354422). La même évolution a, logiquement, été consacrée s'agissant des travaux envisagés sur un mur mitoyen (CE 13 déc. 2013, *M. Bélicar*, n° 356097, préc.). Il en est donc probablement fini de la jurisprudence administrative passablement complexe, animée par la théorie dite du « propriétaire apparent » (B. Hachem, « La théorie du propriétaire apparent, ou la chronique d'une mort (peut-être) annoncée », *AJDA* 2011. 2277). Pour autant, dans la mesure où l'attestation du propriétaire relève de sa responsabilité, la jurisprudence antérieure n'a pas nécessairement perdu son intérêt pour lui. En effet, elle reste de nature à l'éclairer sur la question de savoir s'il est en mesure d'attester valablement de sa qualité pour solliciter une autorisation d'urbanisme (v. par ex. à propos d'un mur mitoyen CE 10 oct. 2007, *Cne Toulouse*, n° 248908 et 248969, *BJDU* 2007. 422, concl. D. Casas ; sur l'ensemble de la question, v. F. Polizzi, « Quel contrôle exercer sur la qualité pour demander une autorisation d'urbanisme ? », *BJDU* 2012. 419 ; P. Cassia, « Le contrôle de la qualité pour demander une autorisation d'urbanisme », *JCP* A 26/2015, n° 2202). 580 ■

En outre, lorsque l'autorité compétente saisie d'une déclaration préalable ou d'une demande de permis de construire vient à disposer au moment où elle statue, sans avoir à procéder à une instruction lui permettant de les recueillir, d'informations de nature à établir son caractère frauduleux ou faisant apparaître, sans que cela puisse donner lieu à une contestation sérieuse, que le pétitionnaire ne dispose, contrairement à ce qu'implique l'article R. 423-1 du Code de l'urbanisme, d'aucun droit à la déposer, il lui revient de s'opposer à la déclaration ou de refuser la demande de permis pour ce motif (CE 23 mars 2015, *Loubier*, n° 348261, *rec.* ; *JCP* A 26/2015, n° 2203, comm. F. Dunyach).

Si le pétitionnaire ne produit pas l'attestation requise – elle est cependant incluse dans le formulaire CERFA –, il appartient à l'administration d'exiger qu'il la fournisse car il fut jugé par le passé que le dossier de la demande peut toujours être régularisée au cours de l'instruction (CE 7 mars 1969, *Ville Lille*, *Lebon* 149 ; *D.* 1969. 279, concl. G. Guillaume ; CE 22 mars 1985, *Talbot*, *Lebon* 813). L'administration devra par ailleurs exiger cette pièce tant à l'occasion du permis initial que d'un permis modificatif (CE 8 mars 2002, *Bréault*, n° 215190, *Constr.-Urb.* 2002. 129, obs. Ph. Benoit-Cattin). On peut penser que le défaut de cette attestation serait de nature à entacher le permis de construire d'illégalité (CE 15 mars 1989, *SARL European Homes*, n° 66906).

2. *Le cas particulier de la demande d'autorisation d'urbanisme sur une propriété publique*

581 Une distinction s'impose ici selon que la parcelle d'assiette du projet est destinée à demeurer dans le domaine public ou si, au contraire, le maître du domaine a décidé du principe de son déclassement ou si encore elle relève du domaine privé de la personne publique concernée.

582 *La propriété publique est une dépendance du domaine public.* Lorsque le projet de construction porte sur une dépendance du domaine public qui est destinée à le rester, la demande de permis de construire doit aujourd'hui simplement comporter une pièce exprimant l'accord du gestionnaire du domaine pour engager la procédure d'autorisation d'occupation temporaire du domaine public (C. urb., art. R. 431-13). Il n'est donc plus nécessaire que le pétitionnaire dispose d'une autorisation d'occupation du domaine public (CE 19 mai 1976, *Sté foncière et maritime de Bormes-les-Mimosas*, *Lebon* 265 ; CE 23 sept. 2005, *Cne Saint-Vallier-sur-Rhône c/ Sté Saria Industries*, n° 276772, *BJDU* 2006. 29, concl. P. Collin ; E. Fatôme, « À propos des rapports entre domaine public et droit de l'urbanisme », *Mélanges Jacquot*, PU Orléans, 2006, p. 209). L'attestation par le propriétaire de son intention d'engager une procédure d'occupation temporaire suffit. Sont également remises en cause les solutions qui exigeaient que le titre fût approprié à la nature de l'ouvrage à édifier. En revanche, devrait être maintenue l'exigence que l'accord soit produit avant qu'il ne soit statué sur la demande (CE 8 avr. 1994, *SA « Centaure Normandie » et Cne Bosgouet*, n° 132721 et 133425, *BJDU* 1994. 49, concl. S. Lasvignes). De même, l'accord de l'autorité domaniale devrait continuer à être requis même si l'emprise réalisée est limitée (CE 20 mai 1994, *Cté d'intérêt local de Champvert*, n° 106555 ; à propos des constructions en surplomb de la voie publique, rép. min., n° 39053, *JOAN* Q, 14 oct. 2014.8650 ; Rép. min. n° 08398, *JO* Sénat, Q 16 oct. 2014.2352 ; Sur le cas des balcons surplombant la voirie communale : CAA Lyon 5 févr. 2013, n° 11LY00177 ; Rép. min. n° 39053, *JOAN* Q 14 oct. 2014.8650 ; *RDI* 2014.543). En revanche, le raccordement d'une installation de production d'électricité au réseau électrique (qui incombe au gestionnaire du réseau), se rattachant à une opération distincte de la construction de cette installation et étant sans rapport avec la procédure de délivrance du permis de construire l'autorisant, la délivrance de ce permis n'est pas subordonnée, hors l'hypothèse où l'installation serait elle-même implantée, en tout ou en partie, sur le domaine public, à l'obtention préalable d'une autorisation d'occupation du domaine public (CE 4 juin 2014, *Société Ferme éolienne de Tourny*, n° 357176).

Concernant la délivrance du permis lui-même, les solutions antérieures ne paraissent pas devoir être remises en cause. D'une manière générale, il ne peut l'être que si la construction envisagée est compatible avec l'affectation du domaine public (CE, ass., 30 mars 1973, *Schwetzoff*, *Lebon* 264). Et si le document local d'urbanisme prévoit la réalisation d'équipements ou de constructions sur le domaine public, le permis ne pourra être délivré que si l'ouvrage est compatible à la fois avec l'affectation des sols telle qu'elle résulte du document d'urbanisme et avec l'affectation du domaine public (CE 20 janv. 1982, *Le Corre*, *Lebon* 24).

À défaut de l'accord du gestionnaire du domaine, le permis de construire ne pourra, en principe, être délivré qu'à la suite d'une procédure régulière de déclassement (CE 18 oct. 1995, *SCI du Parc de Vaugirard*, n° 122365). Mais lorsque l'autorité administrative a autorisé le pétitionnaire à déposer une demande de permis de construire consécutivement à un déclassement de la dépendance domaniale concernée, le moyen tiré de l'illégalité du déclassement est inopérant à l'appui d'un recours contre le permis délivré sous son couvert (CE 23 oct. 1995, *Cne Moiselles, et SEM Somac*, n° 125961 ; CE 23 avr. 2003, *Assoc. « Vivre à Endoume-Défense et environnement »*, n° 249918, *JCP* A 2003. 1901, note Ph. Billet : sur les conséquences de l'annulation du déclassement). Il en irait probablement de même du moyen tiré de l'illégalité des conditions de l'acquisition du bien déclassé.

La propriété publique est en cours de déclassement. La rigueur des principes ci-dessus énoncés est tempérée lorsque le maître du domaine a envisagé de façon certaine le déclassement de la dépendance domaniale constituant en tout ou partie l'assiette du projet (CE 10 juin 1983, *Delahaye*, *Lebon* 237 ; CE 29 mai 1985, *Assoc. de défense des Creillois de la rive gauche*, *Lebon* T. 809 ; CE 20 nov. 1991, *Sté Mosselloise d'aménagement et de construction*, n° 112047). Dans ce cas, il ne fait pas de doute que la délibération qui approuve le principe du déclassement et autorise la signature d'une promesse de vente des parcelles domaniales sous la condition suspensive de leur déclassement – délibération dont la légalité est cependant douteuse au regard de la domanialité publique – est de nature à permettre au pétitionnaire d'attester qu'il est autorisé à exécuter les travaux et à l'autorité compétente de délivrer le permis de construire (v. la jurisprudence citée précédemment, et en particulier CE 23 avr. 2003, *Assoc. « Vivre à Endoume-Défense et environnement »*, préc.). Le Conseil d'État jugeait d'ailleurs auparavant qu'une délibération approuvant le principe du déclassement et consentant une promesse de vente au pétitionnaire permettait à celui-ci de justifier d'un titre l'habilitant à construire au sens de l'ancien article R. 421-1-1 du Code de l'urbanisme. 583 ■

La propriété publique est une dépendance du domaine privé. Concernant enfin les dépendances du domaine privé d'une collectivité territoriale, seul l'organe délibérant peut habiliter le pétitionnaire à demander le permis (CAA Paris, 19 déc. 1996, *Assoc. Seine et Marnaise de sauvegarde de la nature*, n° 95PA00025), à l'exclusion d'un simple avis favorable de l'exécutif territorial à la cession (CE 14 déc. 1981, *SARL European Homes*, *Lebon* 467). En conséquence, le demandeur pourra attester être autorisé à exécuter les travaux dès lors qu'il a été désigné par le conseil municipal comme attributaire des terrains d'assiette, alors même qu'aucun titre n'a été signé (CE 8 janv. 1993, *Assoc. des riverains du Front de Seine*, n° 130157, et 132105 (2 esp), *LPA* 29 mars 1993, p. 12, concl. J.-Cl. Bonichot ; CE 5 mai 1999, *Ville Bayonne*, n° 161153, *BJDU* 1999. 221, concl. E. Honorat ; CE 29 déc. 2000, *Grele*, n° 206685, *RDI* 2001. 93, 584 ■

obs. P. S.-C.). Il pourra se fonder également sur l'engagement de la commune de lui accorder un bail emphytéotique (CE 26 févr. 1988, *Assoc. pour la sauvegarde du Parc de Saint Leu*, *Lebon* 90) ou toute autre promesse de contrat à condition que la collectivité soit engagée et que le projet en respecte les clauses (CE 21 déc. 1994, *Cne Saint-Alary-Soulan*, *Lebon* 580). De même, le concessionnaire du domaine nous semble avoir à ce titre une qualité suffisante pour attester être habilité à demander une autorisation d'urbanisme (CE 30 nov. 1992, *Féd. française de tennis*, n° 136156 et 136434).

B. La présentation de la demande

585 La question du contenu du dossier de la demande d'autorisation d'urbanisme est au cœur de la sécurité juridique que la réforme a voulu assurer au pétitionnaire. En effet, l'administration n'a plus la possibilité d'allonger indéfiniment le délai d'instruction en réclamant toutes sortes de pièces supplémentaires. Le code détermine désormais avec précision la liste des pièces que peut exiger l'administration et dont l'absence peut justifier un allongement du délai d'instruction. On le verra en présentant le contenu des demandes d'autorisation (2). Il faut cependant préalablement s'arrêter sur la question l'assiette, de l'objet, et du moment de la demande (1).

1. *L'assiette et l'objet de la demande*

586 *L'assiette du projet.* Le législateur et la jurisprudence font preuve d'un libéralisme grandissant sur la question de l'assiette des autorisations d'urbanisme. Ainsi qu'il a déjà été signalé, la demande peut être présentée par un ou plusieurs propriétaires et porter sur un ou plusieurs terrains. Cette solution résulte aujourd'hui notamment de l'article *R. 423-1. Les terrains doivent cependant être contigus (CAA Douai, 14 déc. 2012, *Oise Habitat*, n° 11DA01028 et 11DA01030). Cette condition avait d'ailleurs auparavant été posée par la jurisprudence (CE 28 juill. 1999, *SA HLM « Le nouveau Logis centre Limousin »*, *Lebon* 272) et elle est aujourd'hui explicite dans les textes les plus récents concernant le lotissement (art. L. 442-1 dans sa rédaction issue de l'ordonnance du 22 décembre 2011 ; sur les divisions primaires, v. ss 1148 s. et CAA Lyon, 12 nov. 2013, *M. D. c. Commune de Chaponost*, n° 13LY00584, *RDI* 2/2014. 130, obs. P. S.-C. Constr.-urb. 1/2014, n° 4, comm. L. Santoni). S'agissant des lotissements, et plus généralement des aménagements d'ailleurs, la liberté dans la constitution de l'assiette du projet est d'autant plus grande que la demande peut ne porter que sur une partie de la ou des unités foncières support du projet, et ce, que le lotissement soit soumis à permis d'aménager (art. R. 441-1) ou à déclaration préalable (art. R. 441-9). La limite la plus importante à la liberté du demandeur dans la constitution de l'assiette de son projet tient en définitive à ce qu'elle ne doit pas procéder d'une volonté de fraude à la règle d'urbanisme (CE 3 févr. 1978, *Meppiel*, *Lebon* 54 ; CE 25 janv. 1993, *Cts Saint-Guilly*, *Lebon* 1113 ; CAA Lyon 24 févr. 1994, *Robbe c/ SCI Malinvaud*, n° 92LY01507, *Defrénois* 1995. 36176, n° 8, note S. Pérignon ; CAA Nancy, 16 mai 2002, *SCI Hélios*, n° 97NC02596, *Defrénois* 2003. 37779, obs. J. Ph. Meng).

587 *L'objet de la demande.* Deux précisions doivent être apportées sur cette question. Tout d'abord, il a, par le passé, été jugé à propos du permis de construire que la demande doit viser l'ensemble des travaux projetés dès lors du moins qu'ils sont indissociables (CE 17 déc. 2003, *Bontemps*, n° 242282, *Constr.-Urb.* 2004. 62, obs. Ph. Benoit-Cattin ; *BJDU* 2004. 49, concl. F. Séners) ou qu'ils se rapportent à un ouvrage indivisible (CE 10 oct. 2007, *Demarres*, n° 277314, *BJDU* 2007. 282, concl. Y. Aguila, *Constr.-Urb.* 2007.

213, obs. P.-E. Durand ; *a contrario* CE 15 mai 2013, n° 345809 ; P.-E. Durand, « La divisibilité des ouvrages et des ensembles immobiliers en droit de l'urbanisme », *Constr.-Urb.* 2006. Étude 3 ; P. Soler-Couteaux, « L'unicité de l'autorisation de l'ensemble immobilier indivisible », *RDI* 2008. 128). Le fractionnement d'un ensemble indivisible en plusieurs autorisations est donc en principe illégal (CE 17 déc. 2003, *Bontemps*, préc.), voire frauduleux (CAA Paris, 18 oct. 2001, *Frack et Pinvin*, n° 98PA02786). Le Conseil d'État l'a récemment rappelé : lorsqu'une construction est constituée de plusieurs éléments formant, en raison des liens physiques ou fonctionnels entre eux, un ensemble immobilier unique, elle doit en principe faire l'objet d'un permis unique. Mais dans le même temps, il a admis que lorsque l'ampleur et la complexité du projet le justifient, notamment en cas d'intervention de plusieurs maîtres d'ouvrage, les éléments de la construction ayant une vocation fonctionnelle autonome peuvent faire l'objet de permis distincts, sous réserve que l'autorité administrative ait vérifié, par une appréciation globale, que le respect des règles et la protection des intérêts généraux que garantirait un permis unique sont assurés par l'ensemble des permis délivrés (CE, sect., 17 juill. 2009, *Cne Grenoble et Cnté d'agglomération Grenoble Alpes Métropole,* n° 301615, *Lebon* 270 ; *BJDU* 2009. 269, concl. J. Burguburu et obs. J.-C. B. ; *AJDA* 2009. 2127, note P. Soler-Couteaux ; *RDI* 2009. 568, obs. P.-E. Durand ; CAA Paris, 6 juin 2014, n° 12PA03899, *SCI Suchet Montmorency*, Rec. T ; cons. 27 et 28).

Une seconde précision doit être apportée concernant l'objet de la demande. En principe, celle-ci doit porter sur l'ensemble du projet envisagé, mais uniquement sur ce projet. Ainsi, en cas de travaux sur construction existante, la demande ne doit normalement porter que sur les travaux nouveaux envisagés. Néanmoins, si la construction existante a été édifiée sans autorisation, la demande de permis doit porter sur l'ensemble constitué de la construction existante et des travaux projetés (CE 9 juill. 1986, *Thalamy*, n° 51172, *Lebon* 201 ; *AJDA* 1986. 648, concl. Fornacciari ; CE 27 juill. 2012, *Sylvie Da Silva Soares. c/ Cne de Petite couronne*, n° 316155, *BJDU* 2012.398, concl. E. Crepey et obs. C. Landais). Le permis aura alors un effet de régularisation de l'ensemble de la construction mais il ne pourra en principe être délivré que si les règles d'urbanisme opposables au moment de la délivrance de l'autorisation le permettent (v. *infra*). Il en va de même si la construction existante a été réalisée en vertu et conformément à une autorisation par la suite retirée ou annulée (CE 9 mars 1989, *Macé*, *Lebon* T. 974 ; la solution étant logiquement différente au pénal puisque l'élément intentionnel fait alors défaut), ou si elle a été édifiée avec une autorisation, mais sans la respecter, ou encore si elle a fait l'objet de transformations sans les autorisations d'urbanisme requises. Il appartient alors au pétitionnaire qui envisage d'y faire de nouveaux travaux de déposer une déclaration ou de présenter une demande de permis portant sur l'ensemble des éléments de la construction qui ont eu (sauf application de C. urb., art. L. 111-2) ou auront pour effet de modifier le bâtiment tel qu'il avait été initialement approuvé, et ce même dans le cas où les éléments de construction résultant de ces travaux ne prennent pas directement appui sur une partie de l'édifice réalisé sans autorisation (CE 13 déc. 2013, *Mme Carn. c. Commune de Porspoder*, n° 349081, *rec.* T. 879, *BJDU* 1/2014, p. 35, concl. X. de Lesquen ; *Constr.-urb.* 2/2014, n° 27, comm. X. Couton ; *RDI* 2/2014, p. 125, obs. P. S.-C. ; solution qui va à l'encontre de la doctrine administrative antérieure : Rép. min. n° 27730, *JOAN* Q 16 déc. 2008. 10934, *BJDU* 2008. 461, affirmant que si les travaux projetés portent sur des éléments dissociables de l'immeuble édifié sans autorisation, la demande peut ne porter que sur ces seuls travaux, sans comprendre la partie existante).

588 *Le moment de la demande. La demande doit en principe être présentée (et l'autorisation obtenue) avant le commencement de la réalisation du projet. Construire sans autorisation d'urbanisme est en effet pénalement répréhensible (v. infra...). Il est toutefois possible de déposer une demande de permis a posteriori, afin de régulariser une construction.*

Par ailleurs, lorsque la réalisation d'un projet de construction nécessite la révision du PLU, aucune disposition ne fait obstacle à ce que le pétitionnaire anticipe l'issue de la procédure engagée à cet effet et dépose une demande de permis de construire avant que cette révision ne soit approuvée, en se prévalant des futures règles d'urbanisme (CE 21 mai 2014, Association Carton rouge, n° 372118 et 372119, JCP-A 40/2014, n° 2278, comm. C. Testard).

2. Le contenu du dossier de la demande

589 *Contenu minimal.* Le contenu du dossier de demande varie en fonction du projet. Dans tous les cas, le code énumère de façon exhaustive les pièces devant composer le dossier. Ces pièces sont énumérées par les formulaires CERFA et les notices explicatives établis pour chaque type de demande (l'utilisation d'un formulaire qui n'est plus en usage n'empêche au demeurant pas en soi de faire courir le délai d'instruction : Crim. 9 sept. 2014, n° 13-85.985, *Constr.-Urb.* 2014, n° 126, obs. X. Couton ; *RDI* 2014. 567, obs. G. Roujou de Boubée et 585, obs. P. S-C.). Le dossier de demande de permis de construire est par exemple réglementé par les articles R. 431-4 s. du Code de l'urbanisme, une série de dispositions énumérant les pièces systématiquement exigées (art. R. 431-5 à R. 431-12), une autre les pièces complémentaires exigibles en fonction de la situation ou de la nature particulières du projet (art. R. 431-13 à R. 431-33 ; par exemple si le projet se situe dans une ZAC ou un lotissement, ou s'il relève également d'une autre législation que l'urbanisme) et une dernière les informations demandées en vue de l'établissement des statistiques (art. R. 431-34). Les dispositions suivantes sont relatives aux déclarations préalables portant sur un projet de construction, sur des travaux sur une construction existante ou sur un changement de destination d'une construction (art. R. 431-35 à R. 431-37), le dossier de déclaration préalable portant sur un aménagement étant spécifique (art. R. 441-9 et R. 441-10). Les dossiers de demande de permis d'aménager (dont les dispositions communes figurent aux art. R. 441-1 à R. 441-8-1) varient aussi en fonction de l'opération sur laquelle ils portent : lotissement (art. R. 442-3 à R. 442-8), aménagement d'un terrain de camping (R. 443-6 à R. 443-8), etc.). Au-delà de cette variété, il apparaît cependant que certains éléments sont constamment exigés. Ainsi, toute demande d'autorisation d'urbanisme, y compris la demande de permis de démolir (art. R. 451-1 s.), doit préciser l'identité du ou des demandeurs, la localisation (avec généralement un plan permettant de connaître la situation du terrain à l'intérieur de la commune) et la superficie du ou des terrains, et le cas échéant, la nature des travaux.

Spécificité du dossier de demande de permis de construire. En ce qui concerne les particularités notables du dossier de demande de permis de construire (D. Larralde, « Composition du permis de construire », *JCP* N 2007. 1057), on signalera simplement qu'il doit comporter un projet architectural élaboré par un architecte (art. R. 431-7 et L. 431-1 s.), sauf si la construction ou son extension sont de faible importance (L. 431-3 et R. 431-2, modifié en dernier lieu par un décret n° 2012-677 du 7 mai 2012). En sont notamment dispensées les constructions dont la surface de plancher et l'emprise au sol n'excèdent pas 170 m² (800 pour les constructions à usage agricole). En ce qui concerne les extensions, le Conseil d'État a jugé qu'une extension inférieure au seuil de 170 m² d'un immeuble dont la surface de plancher est de 201 m² doit comporter un projet architectural (CE 30 mai 2007, *Copede*, n° 292741, *BJDU* 2007. 26, concl. C. Landais ; *RDI* 2007. 360, obs. P. S.-C.). Quant au contenu du projet architectural, l'article L. 431-2 du code précise qu'il doit définir « par des plans et documents écrits, l'implantation des bâtiments, leur composition, leur organisation et l'expression de leur volume, ainsi que le choix des matériaux et des couleurs ». Depuis la loi du 8 janvier 1993 dite « loi paysage », il comporte, en outre, un volet paysager qui « précise, par des documents graphiques ou photographiques, l'insertion dans l'environnement et l'impact visuel des bâtiments ainsi que le traitement de leurs accès et de leurs abords ». Ces exigences concernent aussi bien le permis initial que le permis modificatif (CE 4 févr. 2004, *Molinari*, n° 254223, *BJDU* 2004. 113, concl. F. Séners ; *RDI* 2004. 211, obs. P. S.-C.). Le contenu du projet architectural et du volet paysager et leur degré de précision doivent être en rapport avec les caractéristiques du projet. Il a ainsi été jugé que l'absence ou l'insuffisance du document graphique du volet paysager du permis de construire sont de nature à entraîner l'annulation du permis (CE 14 juin 2004, *Cne Ecouflant, Sté des Courses d'Angers*, n° 049461 et 249545, *RDI* 2004. 459, obs. P. S.-C.). Enfin, l'architecte est responsable vis-à-vis du maître d'ouvrage de la conformité du permis de construire au regard des règles d'urbanisme. Son annulation permet la mise en jeu de sa responsabilité (Civ. 3e, 17 nov. 1981, *Bull. civ.* III, n° 190 ; Civ. 3e, 28 févr. 2007, n° 06-10-832, *RDI* 2007. 272, obs. P. Boubli et H. Périnet-Marquet).

Une autre particularité notable tient à ce que depuis la loi d'orientation foncière du 30 décembre 1967, le permis de construire sanctionne les seules règles d'urbanisme, à l'exclusion des règles de construction. Cependant, le permis de construire doit respecter les règles d'accessibilité aux personnes handicapées (CAA Nantes, 9 févr. 2000, *SCI Les Tilleuls*, n° 98NT01332, *Constr.-Urb.* 2000. 226, obs. D. Larralde). À cet effet, la demande précise que le demandeur et, le cas échéant, l'architecte ont connaissance de l'existence des règles générales de construction et notamment des règles d'accessibilité propres aux personnes handicapées ou à mobilité réduite (C. urb., art. R. 431-2 ; F. Priet, « La clarification des responsabilités de l'administration et des opérateurs », *DAUH* 2007. 73). Lorsque les travaux projetés nécessitent une dérogation à ces règles, le dossier de la demande comporte les pièces nécessaires à son instruction (art. R. 431-31). Par ailleurs, lorsque le projet est tenu de respecter les dispositions mentionnées à l'article R. 111-20 du code de la construction et de l'habitation, la demande de permis doit contenir une attestation de prise en compte de la réglementation thermique (art. R. 111-20-1), et dans certains cas, une étude de faisabilité relative aux approvisionnements en énergie (art. R. 111-20-2).

Signalons pour finir que, depuis la loi ALUR du 24 mars 2014, un nouvel alinéa de l'article L. 423-1 du Code de l'urbanisme prévoit que « sur demande du maire, un plan intérieur du projet concerné doit être joint au dossier de demande de permis de construire ou à la déclaration préalable lorsque les demandes de permis de construire ou les déclarations préalables concernent la construction de logements collectifs ». Il faut dire que la suppression de cette obligation de joindre le plan intérieur en 2007 avait laissé en suspens d'importantes questions concernant le contrôle des dispositifs liés à la sécurité. En outre, il n'était pas possible de contrôler le respect des règles éventuellement fixées par les PLU concernant la taille des logements (faculté ouverte par la loi du 25 mars 2009 et aujourd'hui inscrite à l'article L. 123-1-5, II, 3°). Cette nouvelle obligation, reprise par le nouvel article R. 431-34-1, devrait remédier à ces difficultés. Il ne s'agit au demeurant pas d'un élément nécessaire à la complétude du dossier de permis, et dont la demande, formulée dans le premier mois, serait susceptible de différer le point de départ du délai d'instruction en l'interrompant jusqu'à réception.

■ 590 *Les contenus supplémentaires propres à certains projets spécifiques Projet nécessitant une démolition.* Lorsque les travaux projetés nécessitent la démolition de bâtiments soumis au régime du permis de démolir, la demande de permis de construire ou d'aménager doit soit être accompagnée de la justification du dépôt de la demande de permis de démolir, soit porter à la fois sur la démolition et sur la construction et l'aménagement (art. R. 431-21).

■ 591 *Projet soumis à concertation.* La loi ALUR du 24 mars 2014 a organisé une possibilité de soumettre certains projets de travaux ou d'aménagements nécessitant un permis de construire ou d'aménager (autres que ceux qui y sont systématiquement soumis) à une concertation préalable (III bis de l'art. L. 300-2). La décision d'organiser une telle concertation peut être prise au cas par cas, ou en application d'une décision qui aura préalablement défini les projets qui compte tenu de leur importance, de leur impact potentiel sur l'aménagement de la commune ou de la sensibilité du lieu où ils seront implantés, sont soumis à cette concertation. Dans un cas comme dans l'autre, le maître d'ouvrage doit transmettre à l'autorité compétente pour statuer un dossier de présentation du projet comportant au moins une description de sa localisation dans l'environnement et sur le terrain concerné, sa destination, les caractéristiques des constructions ou aménagements envisagés, comprenant un avant-projet architectural dans le cas où le projet comporte des bâtiments, ainsi que la desserte du projet par les équipements publics et l'aménagement de ses abords. L'autorité compétente met ce dossier à la disposition du public dans des conditions lui permettant d'en prendre connaissance et de formuler des observations ou propositions, qui sont enregistrées et conservées. Le bilan de la concertation doit alors être joint à la demande de permis. Cette concertation présente l'avantage de permettre de recueillir les observations du public avant même la finalisation de la demande de permis et donc le cas échéant de la faire évoluer en conséquence. En outre, elle dispense d'enquête publique les projets également soumis à étude d'impact

■ 592 *Projet soumis à étude d'impact.* L'article L. 431-16 a) du Code de l'urbanisme prévoit que le dossier joint à la demande de permis de construire doit comprendre une étude d'impact lorsque celle-ci est exigée en application du Code de l'environnement. La liste des projets de nature variée pour lesquels une telle étude est obligatoire est précisée parles articles R. 122-2 s. du Code de l'environnement. En l'état actuel du texte, elle est dressée par le tableau annexé à cet article (sur le champ exact de cette obligation : CE 25 févr. 2015, *Cté d'agglomération de Mantes-en-Yvelines*, n° 367335, *Lebon Tables, BJDU* 2015. 187, concl. X. de Lesquen). Ainsi, doivent notamment faire l'objet d'une étude d'impact les permis de construire d'une surface de plancher supérieure à 40 000 m2 lorsque le territoire communal est couvert par un PLU, un document d'urbanisme en tenant lieu ou une carte communale qui n'a pas fait l'objet d'une évaluation environnementale, et au « cas par cas » lorsque la surface de plancher est comprise entre 10 000 m2 et 40 000 m2 (entre 3 000 et 40 000 m2 lorsque le territoire communal n'est pas couvert par un PLU, un document d'urbanisme en tenant lieu ou une carte communale).

Projet relatif à une installation classée pour la protection de l'environnement. Dans un souci de coordination des procédures d'instruction, lorsque les travaux portent sur une installation classée, la demande de permis de construire doit être accompagnée de la justification du dépôt de la demande d'autorisation ou de la déclaration (art. R. 431-20). L'absence de cette pièce entache d'illégalité la délivrance du permis de construire (CE 20 juin 1984, *Assoc. « Les Amis de la Terre »*, *Lebon* 233). De même, la demande d'autorisation au titre des installations classées doit être accompagnée de la justification du dépôt de la demande de permis de construire (Décr. n° 77-1133 du 21 sept. 1977, art. 2). En revanche, l'autorité compétente au titre de l'urbanisme n'a pas à contrôler si l'installation classée relève du régime de la déclaration ou de celui de l'autorisation (CE 8 janv. 1997, *Assoc. pour la défense des habitants des Essarts et autres riverains*, n° 163035 et 165123, *RDI* 1997. 428, obs. L. Touvet ; v. cependant lorsque le document local d'urbanisme réglemente l'implantation et l'extension des installations classées soumises à autorisation dans certaines zones : CE 18 mai 1998, *Wabartha*, n° 172065 : il appartient au juge, saisi de la légalité d'un permis de construire relatif à une installation classée, de rechercher si cette installation satisfait aux conditions fixées par le règlement du POS applicable et, en particulier, si elle doit ou non être soumise à autorisation). De même, en application du principe de l'indépendance des législations, elle ne peut refuser l'autorisation d'urbanisme motif pris du refus de l'autorisation au titre des installations classées. 593

Les pouvoirs publics souhaitant faciliter l'obtention des autorisations nécessaires à l'implantation de certaines ICPE, ils ont lancé l'expérimentation, dans cinq régions et pour trois ans, d'une autorisation unique, valant à la fois autorisation ICPE, permis de construire, autorisation de défrichement, dérogation à l'interdiction de destruction d'espèces protégées et autorisation au titre du code de l'énergie (v. Ord. n° 2014-355 du 20 mars 2014 et Décr. n° 2014-450 du 2 mai 2014, relatifs à l'expérimentation d'une autorisation unique en matière d'installations classées pour la protection de l'environnement). Cette expérimentation concerne essentiellement les parcs éoliens et installations de méthanisation (art. 1er de l'ordonnance). Ainsi, lorsqu'un projet entrant dans le champ de l'expérimentation est soumis, en raison de son emplacement, de son utilisation ou de sa nature, à un régime d'autorisation ou à des prescriptions prévus par d'autres législations ou réglementations (que celles spécifiquement relatives aux ICPE), l'autorisation unique tient lieu d'autorisation au titre de ces législations ou réglementations dès lors que la décision a fait l'objet d'un accord de l'autorité administrative compétente. Le silence gardé pendant deux mois par l'autorité administrative compétente vaut accord. Si la demande et son instruction (dont les modalités ont été précisées par le décret) sont ainsi simplifiées, le droit opposable à la demande n'est pas affecté. Les textes précisent en effet que l'autorisation tenant lieu de permis de construire ne peut être accordée que si les mesures que spécifie l'arrêté préfectoral permettent de garantir la conformité des travaux projetés avec les exigences fixées à l'article L. 421-6 du Code de l'urbanisme (art. 3 de l'ordonnance). De même, l'autorisation unique n'échappe pas au régime du contrôle administratif et au régime pénal applicables aux autorisations d'urbanisme. En revanche, elle relève d'un régime contentieux spécifique, de pleine juridiction, dont les bases ont été définies à l'article 8 de l'ordonnance du 20 mars 2014.

594 *Projet soumis à autorisation au titre de l'urbanisme commercial.* Les procédures de délivrance des autorisations (d'urbanisme et d'équipement commercial) nécessaires à l'ouverture ou l'agrandissement des grandes surfaces commerciales étaient jusque récemment menées parallèlement, le pétitionnaire devant déposer deux demandes distinctes. Il était seulement exigé que la demande d'autorisation d'équipement commercial ait été déposée et reconnue complète lors du dépôt de la demande d'autorisation d'urbanisme (art. R. 431-27), celle-ci ne pouvant par ailleurs être délivrée tant que celle-là n'avait pas été obtenue ni mise en œuvre tant que les délais de recours contre l'autorisation d'équipement commerciale n'étaient pas expirés.

La loi ACTPE (dite loi « Pinel ») du 18 juin 2014 a voulu simplifier les procédures à suivre pour l'ouverture de grandes surfaces commerciales en créant un permis de construire valant autorisation d'aménagement commercial. Elle a donc abrogé l'article L. 425-7 du Code de l'urbanisme et mis en place un régime plus intégré. L'article L. 425-4 du Code de l'urbanisme prévoit ainsi désormais que lorsque le projet est soumis à autorisation d'exploitation commerciale, le permis de construire tient lieu d'autorisation dès lors que la demande de permis a fait l'objet d'un avis favorable de la commission départementale d'aménagement commercial ou, le cas échéant, de la Commission nationale d'aménagement commercial. Les règles relatives au dépôt des demandes de permis de construire valant autorisation d'exploitation commerciale a été précisé par le décret n° 2015-165 du 12 février 2015 relatif à l'aménagement commercial (C. com., art. R. 752-9 et R. 752-10 ; v. A. Guenneguez, *BJDU* 2015. 155 ; M-A. Renaux, *Constr.-Urb.* 6/2015 n° 89). Le permis délivré à l'issue de cette procédure obéit à un régime juridique particulier. Notamment, il est intransmissible, sous réserve de l'exception prévue à l'article L. 752-15 du Code de commerce afin de permettre à celui qui se présente comme promoteur (dans la demande de permis valant autorisation commerciale) de vendre en état futur d'achèvement les surfaces à édifier. Sur le plan contentieux, ces permis relèvent en premier et dernier ressort de la compétence des cours administratives d'appel (C. urb., art. L. 600-10). Par ailleurs, l'article L. 425-4 pose que la saisine de la commission nationale par les personnes mentionnées à l'article L. 752-17 du Code de commerce est un préalable obligatoire au recours contentieux dirigé contre ce permis (D. Moreno, « Intégration de l'urbanisme commercial dans l'urbanisme général : une réforme presque aboutie », *BJDU* 5/14.335 ; E. Wormser, « Le rapprochement incertain du régime processuel des autorisations individuelle d'urbanisme et d'environnement », *Constr.-Urb.* 2014, n° 13 ; Rép. Min n° 59146 *JOAN* Q 16 sept. 2014.7733 ; *Constr.-urb.* 2014 Veille n° 76, obs. D. Gillig).

595 *Projet de construction d'immeuble de grande hauteur ou d'établissement recevant du public.* Concernant les *immeubles de grande hauteur*[Q] et *établissements recevant du public*[Q], le permis de construire sanctionne, outre les règles d'urbanisme, les règles de construction codifiées au Code de la construction et de l'habitation (C. urb., art. L. 425-2, L. 425-3 et R. 425-14, R. 425-15). Les projets portant sur tels immeubles sont soumis à l'avis de la commission départementale de protection civile, de la sécurité et de l'accessibilité. C'est pourquoi, le dossier de la demande de permis de construire doit comporter les plans et documents énumérés par le Code de la construction et de l'habitation nécessaires à la formulation de l'avis de la commission (C. urb., art. R. 431-29 et R. 431-30 et ord. n° 2011-1916 du 22 déc. 2011 relative à certaines corrections à apporter au régime des autorisations d'urbanisme, précisant certaines règles applicables aux établissements recevant du public).

La sanction des absences, erreurs ou omissions. L'absence d'un des plans exigés par la réglementation de même que l'insuffisance des plans produits par le pétitionnaire ou encore le fait qu'ils contiennent des indications erronées, contradictoires entre elles ou ambiguës sont potentiellement de nature à entacher la légalité du permis de construire délivré dans ces conditions (CE 12 févr. 2003, *Goetz*, n° 228659, 229378 et 229880, *BJDU* 2003. 327, concl. S. Austry). 596 ■

Le juge exerce en la matière un contrôle strict sans doute mais dénué de tout formalisme excessif. Ainsi, s'il examine le caractère suffisant des indications contenues dans les plans produits, il considère qu'ils n'ont pas à faire apparaître les bâtiments voisins dès lors qu'il n'est pas porté atteinte à leur habitabilité (CE 5 juin 1991, *Lamothe*, n° 76196). Surtout, lorsque les plans comportent des erreurs ou omissions, elles ne sont sanctionnées par l'annulation de l'autorisation que si elles ont été de nature à influencer l'examen du dossier et fausser l'appréciation portée par l'administration sur la conformité du projet à la réglementation (CE 25 janv. 1993, *Sadowsky*, n° 78.242 et 78.423). Ainsi, l'absence d'un plan de masse coté dans les trois dimensions n'affecte pas la régularité du permis de construire si, par ailleurs, les plans et documents joints font apparaître les dimensions du bâtiment projeté et ses caractéristiques (CE 6 avr. 1990, *Assoc. diocésaine Sainte Anne*, n° 94152). La même solution vaut lorsque le plan de masse est incomplet (CE 24 oct. 1990, *Trividic*, n° 79684). Dans le même sens, un plan peut ne pas comporter l'indication des hauteurs de l'immeuble projeté, ni la cote des hauteurs du terrain naturel compte tenu des autres documents produits (CE 18 oct. 1991, *Barade*, n° 73186 ; CE 3 févr. 1992, *Girod*, n° 118855). Concernant des erreurs dans les plans produits, et dans le même esprit, il a été jugé que sont sans effet sur la légalité du permis de construire une erreur modeste sur la contenance d'un terrain (CE 4 mars 1983, *Assoc. SOS Paris*, *Lebon* 94), ou la seule production d'un plan inexact qui ne suffit pas à caractériser une fraude dès lors que l'administration était en mesure de comprendre l'implantation des édifices projetés (CE 27 mai 1983, *Chouleur et SCI « La Marseillaise »*, n° 17734 et 18132), de même qu'une référence cadastrale inexacte dès lors que les plans permettaient d'identifier sans ambiguïté le terrain concerné (CE 7 janv. 1987, *Ville Vitry-le-François*, n° 59987, 59988 et 60033 ; CE 23 déc. 1987, *Cté de sauvegarde de Port-Vauban-Vieille ville et Antibes*, n° 71807 et 72854). Le juge administratif a appliqué les mêmes principes à d'éventuelles insuffisances du projet architectural : une insuffisance du dossier n'est pas sanctionnée si l'administration était en mesure d'apprécier l'insertion du futur bâtiment dans son environnement ainsi que son impact visuel (CE 16 juin 2003, *Cristiani*, n° 232694, *Coll. terr.* 2003. 196, obs. L. Erstein ; CE 4 févr. 2004, *Molinari*, n° 254223, *BJDU* 2004. 113, concl. F. Séners ; *RDI* 2004. 211, obs. P. S.-C. ; CE 21 oct. 2005, *Épx Lejay c/ Cne Chesnay*, n° 276943, *BJDU* 2006. 35, concl. M.-H. Mitjaville). Et le Conseil d'État a encore récemment précisé que lorsque la délivrance d'une autorisation d'urbanisme intervient après une consultation subordonnée à la production d'éléments d'information ou de documents précis, leur caractère incomplet, lorsqu'il n'est pas d'une ampleur telle qu'il permettrait de les regarder comme n'ayant pas été produits, ne constitue pas nécessairement une irrégularité de nature à entacher d'illégalité l'autorisation délivrée. En pareil cas, il appartient au juge de l'excès de pouvoir de rechercher si ce caractère incomplet a fait obstacle à ce que l'autorité compétente dispose des éléments nécessaires pour se prononcer en connaissance de cause (CE 4 févr. 2013, *Cne de Sainte-Lanne*, n° 335589, *BJDU* 6/2013. 450, concl. D. Hédary et obs. J. T.). On voit donc que ce qui importe, c'est que l'administration ait pu porter une appréciation éclairée sur la conformité du projet à la réglementation en vigueur.

597 *Fraude.* Il faut cependant réserver le cas de la fraude. Si l'absence d'un plan, des erreurs ou des omissions dans son contenu relèvent de manœuvres destinées à tromper l'administration, l'autorisation délivrée dans ces conditions peut non seulement être annulée à raison de cette illégalité mais encore, comme elle ne crée pas de droits, être retirée à tout moment (CE 27 oct. 2000, *SCI Vista Amena*, n° 195651, *RDI* 2001. 95, obs. P. S.-C. ; CE 15 oct. 1999, *Chatin*, n° 180298, *Constr.-Urb.* 2000. 19, obs. P. Cornille ; D. Maillot, « Erreur et tentative de fraude dans les demandes d'autorisation d'urbanisme », *LPA* 17 déc. 1997, n° 151, p. 14 ; CE 15 mai 2013, *Société civile de construction et de vente « Le Clos de Bonne Brise »*, n° 341235, *BJDU* 4/2013. 282, concl. A. Lallet et obs. B. Poujade ; CE 3 juin 2013, Commune de Lamastre, n° 342673, mentionnée dans les tables du recueil *Lebon*, *BJDU* 4/2013, p. 291, concl. M. Vialettes et obs. X. D. L. ; *RDI* 2013. 382? obs. P. S.-C.), dans le respect néanmoins de la procédure contradictoire (CAA Bordeaux, 2 nov. 2006, *Staneck c/ Cne Saint-Paul*, n° 04BX01608, *Constr.-Urb.* 2007. 41, obs. N. Rousseau). Il faut également indiquer que, si la fraude est établie, le juge pénal peut condamner le pétitionnaire sans qu'il y ait lieu à un renvoi préjudiciel devant le juge administratif en application de l'article L. 480-13 (Crim. 9 sept. 2003, *Blanchet*, n° J-02-84334, *RDI* 2003. 600, obs. P. S.-C.).

598 *Renseignements complémentaires.* Si l'administration est tenue d'adresser une demande de pièces complémentaires lorsque le dossier est incomplet, elle n'est apparemment pas tenue d'inviter le pétitionnaire à compléter ou à modifier des pièces insuffisantes ou incomplètes de manière à rendre le dossier conforme aux exigences du Code de l'urbanisme (CAA Nancy, 24 avr. 2014, *Sté Euro-Hôtel*, req. n° 13NC01319, *RDI* 2014. 359, obs. P. Soler-Couteaux). La question s'est par ailleurs posée de savoir ce que l'administration est en droit de réclamer du pétitionnaire. À cet égard, les pouvoirs publics avaient, dès 2007, souhaité donner plus de sécurité juridique aux pétitionnaires et interdire à l'administration d'allonger indéfiniment le délai d'instruction en demandant sans cesse de nouvelles pièces complémentaires. Ils ont donc établi des listes limitatives de pièces composant les dossiers de demandes et donné à l'administration un délai d'un mois à compter de leur dépôt pour en examiner la complétude et, le cas échéant, réclamer les pièces manquantes. Le Conseil d'État avait dans cette perspective jugé que le principe de précaution n'habilite pas le maire à demander des pièces non prévues dans le dossier de la demande d'autorisations d'urbanisme (CE 21 oct. 2013, n° 360481, *Sté Orange France*, *Lebon* Tables ; *RDI* 2014. 61. obs. P. Soler-Couteaux ; *Constr.-urb.* 12/2013, n° 166, comm. X. Couton). Au-delà du délai d'un mois, si l'administration peut encore solliciter la production de ces pièces, cette demande ne lui permet plus d'allonger le délai d'instruction (CAA Lyon, 17 juin 2014, n° 12LY22801, *RDI* 2014. 586, obs. P. S-C. ; CAA Lyon, 5 nov. 2013, *Cne de Bourgoin-Jallieu*, req. n° 13LY01217 : un requérant peut exciper de l'illégalité de la décision de demande de pièces complémentaires à l'occasion d'un recours contre la décision de refus de permis de construire ou de sursis à statuer).

La pratique administrative a visiblement eu des difficultés à respecter ces nouveaux principes, l'administration ayant toujours tendance à demander les pièces qu'elle juge utiles, indépendamment de leur mention ou non dans la liste des pièces susceptibles d'être demandées. Il est vrai que les pièces prévues par la réglementation ne permettent pas toujours à l'administration d'apprécier pleinement la légalité du projet qui lui est soumis. Mais cela ne devrait pas justifier de demande de pièce hors liste. Le pouvoir réglementaire a d'ailleurs récemment complété les textes pour préciser systématiquement qu' « aucune autre information ou pièce ne peut être exigée par l'autorité compétente » (v. le décret n° 2015-482 du 27 avril 2015 ; E. Carpentier, *BJDU* 5/2015). Espérons que ce texte aide l'administration à perdre ses mauvaises habitudes.

En toute hypothèse, il semble préférable de fournir à l'administration les pièces qu'elle demande, même si cette demande est erronée et n'a aucune conséquence sur le délai d'instruction (sur ces difficultés : F. Polizzi, « Composition du dossier d'autorisation d'urbanisme : comment sortir de l'ambiguïté actuelle ? », *BJDU* 2011. 261). Le Conseil d'État a en effet jugé qu'en l'absence de production des pièces demandées, une demande de pièces complémentaire, même erronée, fait naître une décision tacite de refus. C'est d'ailleurs la raison pour laquelle une telle demande constitue une décision faisant grief. Au demeurant, l'annulation de cette demande ne rend pas le demandeur titulaire d'une décision implicite de non-opposition. Elle ne fait pas non plus disparaître la décision tacite d'opposition. Le juge ne peut en effet, en l'absence de conclusions dirigées contre cette décision, prononcer d'office son annulation par voie de conséquence de l'annulation de la demande de pièces complémentaires. Toutefois, le pétitionnaire peut confirmer sa demande auprès de l'autorité compétente sans avoir à reprendre l'ensemble des formalités exigées lors de l'instruction de la demande initiale (CE 8 avr. 2015, *Cne de Ferrières-en-Gâtinais*, n° 365804, *Constr.-urb.* 6/2015, n° 84, comm. L. Santoni ; *RDI* 6/2015. 312, obs. P. Soler-Couteaux).

C. L'instruction

L'objet de l'instruction est évidemment de porter une appréciation sur la conformité du projet aux dispositions législatives et réglementaires relatives à l'utilisation des sols. Il importe donc de savoir quelles règles sont sanctionnées lors de l'instruction des autorisations d'urbanisme (4). Avant cela, il convient cependant de présenter brièvement les services compétents pour instruire (1), d'examiner la question essentielle des délais d'instruction (2), et d'évoquer son déroulement (3). 599

1. *Le service instructeur*

Le service instructeur est compétent pour accomplir tous les actes d'instruction de l'autorisation d'urbanisme (CE 13 juill. 2011, *Cne Beuvilliers*, n° 325263, *RDI* 2011. 516, obs. P. S.-C.). L'instruction de la demande d'autorisation d'urbanisme relève de l'autorité compétente pour la délivrer. Ainsi, lorsque l'autorisation est délivrée au nom de l'État, l'instruction relève du service de l'État chargé de l'urbanisme (C. urb., art. R. 423-16 ; CE 5 déc. 2005, *Min. Équipement c/ Gadeyne et Guillemot*, req. n° 267132). Lorsque la commune a bénéficié de la décentralisation de la compétence pour délivrer les autorisations d'urbanisme (v. *infra*), l'instruction est ainsi assurée par les services municipaux ou par ceux d'une collectivité territoriale ou d'un EPCI, ceux d'un syndicat mixte ne constituant pas une collectivité territoriale, ou encore d'une agence départementale (C. urb., art. L. 422-1 ; R. 423-14 et R. 423-15 ; v. art. L. 422-3 ; R. 422-3 et R. 422-4). 600

Mais une commune peut également confier l'instruction aux services de l'État lorsqu'elle réunit les conditions de la mise à disposition gratuite (art. L. 422-8). Ce dispositif a été modifié par la loi ALUR (la nouvelle version entrant en vigueur le 1er juill. 2015), de telle sorte que ne puissent bénéficier de cette mise à disposition gratuite que les communes comptant moins de 10 000 habitants et ne faisant pas partie d'un EPCI regroupant 10 000 habitants ou plus, ou les EPCI compétents comptant moins de 10 000 habitants (v. Instr. Gouv. 3 sept. 2014 relative aux missions de la filière ADS dans les services de l'État et aux mesures d'accompagnement des collectivités locales pour l'instruction autonome des autorisations d'urbanisme en application de l'article 134 de la loi ALUR n° 2014-366 du 24 mars 2014 ; *Constr.-urb.* 20144, n° 140, obs. X. Couton). Cette délégation donne lieu à la conclusion d'une convention (art. R. 422-5). Le maire peut alors déléguer sa signature aux agents de l'État chargés de l'instruction dans les mêmes conditions qu'à ses propres agents (Rép. min. n° 37016 ; *JO AN*, 14 avril 2009, p. 3560). Pendant la durée de la mise à disposition, les services et personnels de l'État agissent en concertation avec le maire qui leur adresse toutes instructions nécessaires pour l'exécution des tâches qu'il leur confie. La jurisprudence en a déduit que la responsabilité de l'État envers la commune n'est susceptible d'être engagée que lorsqu'un agent de l'État commet une faute en refusant ou en négligeant d'exécuter un ordre ou une instruction du maire (CE 21 juin 2000, *Min. Équipement et Transports c/ Cne Roquebrune-Cap-Martin*, *Lebon* 236 ; *RD publ.* 2000. 1257, concl. L. Touvet ; *RDI* 2000. 553, obs. J. Morand-Deviller ; *RFDA* 2000. 1096, note P. Bon). En revanche, la délégation du pouvoir d'instruction ne peut intervenir au profit d'autres prestataires (Rép. min. n° 28824, *JO* AN, 17 juin 2014, p. 5026), en particulier d'un organisme privé (Rép. min., *JOAN* 12 nov. 1984. 4972 ; Rép. min. n° 26042, 1er mars 1999, *JOAN* Q 31 mai 1999. 3334 ; Rép. min. n° 06861 : *JO* Sénat Q 19 juin 2014, p. 1473), même une société d'économie mixte (Rép. min., *JOAN* 7 déc. 1992).

Lorsque l'instruction a été confiée à des prestataires extérieurs autres que les services de l'État, la doctrine administrative admet que la commune verse une redevance au prestataire. En effet, en l'absence d'un principe de gratuité, le paiement d'une redevance pour service rendu n'est pas incompatible avec la notion de service public administratif. En revanche, cette redevance ne saurait être répercutée en tout ou partie sur les pétitionnaires (Rép. min. n° 06861 : *JO* Sénat Q 19 juin 2014, p. 1473).

2. *Les délais d'instruction*

■ 601 La procédure d'instruction du permis de construire avait, par le passé, fait l'objet de nombreuses critiques tenant à l'imprévisibilité des délais et à l'impact de celle-ci sur la délivrance de l'autorisation. La modification la plus importante apportée par la réforme réalisée par l'ordonnance du 8 décembre 2005 porte en conséquence sur la prévisibilité et la garantie desdits délais (Y. Pittard, « La nouvelle procédure d'instruction des demandes d'autorisation d'occupation du sol : la maîtrise des délais », *BJDU* 2007. 15). Le mécanisme est le suivant. Lors du dépôt de la demande, le maire délivre un récépissé qui précise la date à laquelle, dans le silence de l'administration, un permis tacite interviendra ou celle à partir de laquelle les travaux pourront être entrepris lorsqu'ils sont soumis à déclaration (C. urb., art L. 424-1 et R. 423-4). Cette date est elle-même déterminée par la durée du délai d'instruction qui est fixée par le décret et qui ne peut être prolongée en dehors des cas et conditions qu'il prévoit

(C. urb., art. L. 423-1). L'instruction ne peut toutefois commencer que si le dossier de la demande est complet. Il fallait donc que des règles très claires soient fixées concernant la demande de pièces complémentaires. On s'attachera ainsi à déterminer le point de départ du délai d'instruction avant d'examiner sa durée et la conséquence de son expiration. Mais il faut, au préalable, préciser que le législateur a voulu sanctionner l'expiration du délai d'instruction par la généralisation du mécanisme de l'autorisation tacite (C. urb., art. L. 424-2 et R. 424-1). Ainsi, à l'issue de ce délai, le demandeur pourra en principe se prévaloir d'une telle autorisation sauf dans les hypothèses où elle est exclue (art. R. 424-2 et R. 424-3). Il est remarquable que les exclusions ne concernent que les permis. S'agissant de la déclaration préalable, le silence gardé par l'administration à l'issue du délai d'instruction équivaut toujours à une décision de non-opposition.

Le point de départ du délai d'instruction. Caractère complet du dossier. Le délai d'instruction court à compter de la réception en mairie d'un dossier complet (C. urb., art. R. 423-19 ; CE 13 déc. 2013, *Ville d'Ajaccio*, req. n° 356097 : le dossier est réputé complet lorsqu'il comprend les informations limitativement énumérées aux articles R. 431-5 à R. 431-33 du Code de l'urbanisme ; Crim. 9 sept. 2014, 13-85.985, Publié au bulletin ; *Constr.-urb.* 2014, n° 126, note X. Couton ; *RDI* 2014. 585, obs. P.S-C : le délai d'instruction d'une déclaration préalable court alors même que le déclarant l'a notifiée sur une formulaire qui n'est plus en usage ; l'administration ne peut se prévaloir de cette circonstance pour considérer que le délai d'instruction n'a pas démarré). Il n'en va différemment que pour les projets soumis à enquête publique pour lesquels le délai d'instruction part de la réception par l'autorité compétente du rapport du commissaire-enquêteur (v. en particulier art. R. 423-20 : projet susceptible de porter atteinte à l'environnement). Le dossier est réputé complet lorsqu'il comprend les éléments constitutifs d'une demande de permis de construire (art. R. 431-4), d'un permis d'aménager (art. R. 441-2 à R. 441-8), d'un permis de démolir (art. R. 451-2) ou d'une déclaration sur un projet de construction ou un changement de destination (art. R. 431-36) ou sur un projet d'aménagement (art. R. 441-10). 602 ■

L'énumération des pièces devant composer chaque demande par le Code de l'urbanisme est aujourd'hui clairement limitative. Il en résulte que l'administration ne saurait considérer qu'un dossier est incomplet pour le seul motif qu'elle souhaite obtenir des pièces non exigées par la réglementation, pas plus qu'elle ne saurait imposer la production de plans non prévus par celle-ci (CE 6 févr. 1981, *SCI de Kerambigorn*, *Lebon* 65 ; CAA Nantes, 15 nov. 2013, *Commune de Saran*, req. n° 12NT00997). En demandant au pétitionnaire de fournir de telles pièces, elle prend une décision faisant grief entachée d'illégalité. Et parallèlement, l'autorisation délivrée ne saurait être entachée d'illégalité pour le motif qu'elle ne comporterait pas des pièces non exigées (CE 19 janv. 1983, *Min. Environnement c/ Dehé*, n° 27615). Il est toutefois jugé que l'administration peut refuser de délivrer un permis de construire à raison de l'existence d'un risque connu en se fondant sur l'absence au dossier de la demande d'études suffisamment précises pour garantir la stabilité de la construction projetée. Il appartient alors au pétitionnaire de faire procéder aux études nécessaires (CE 14 mars 2003, *Ville Paris*, *Lebon* 129 ; *Constr.-Urb.* 2003. 189, obs. Ph. Benoit-Cattin ; *BJDU* 2003. 85, concl. M.-H. Mitjaville ; *RDI* 2003. 369, obs. A. Robineau-Israël ; *RFDA* 2004. 346, note A. Noury).

603 *Dossier incomplet.* L'autorité compétente dispose d'un délai d'un mois pour notifier au demandeur que son dossier est incomplet. Le récépissé de la demande doit le préciser (C. urb., art. R. 423-5, a). Il en résulte que le dossier est réputé complet si l'autorité compétente n'a pas notifié les pièces manquantes dans ce délai (C. urb., art. R. 423-22). Passé ce délai, l'administration pourra toujours les solliciter et le pétitionnaire aura probablement intérêt à déférer à sa demande. Mais cette demande n'aura pas pour effet de retarder le démarrage de l'instruction (C. urb., art. R. 423-41). La demande de pièces manquantes est, par ailleurs, entourée d'un certain formalisme. L'autorité compétente doit, en effet, les solliciter dans le délai qui lui est imparti par lettre recommandée ou par courrier électronique, en les indiquant de manière exhaustive (art. R. 423-38). Cet envoi précise, par ailleurs, que les pièces manquantes doivent être adressées en mairie dans le délai de trois mois à compter de la réception ; qu'à défaut de production de l'ensemble des pièces dans ce délai, la demande fera l'objet d'une décision tacite de rejet et que le délai d'instruction ne commencera à courir qu'à compter de leur réception (art. R. 423-39). Enfin, dans le délai d'un mois, l'autorité compétente peut toujours substituer une nouvelle demande de pièces à la précédente. Dans ce cas, cette demande nouvelle fait courir un nouveau délai de trois mois pour leur remise (art. R. 423-40).

604 *La durée de l'instruction.* L'ordonnance du 8 décembre 2005 renvoie au décret le soin de fixer les délais d'instruction (C. urb., art. L. 423-1). Aux termes de l'article R. 423-18, ceux-ci sont déterminés dans les conditions suivantes : un délai de droit commun qui est porté à la connaissance du demandeur par le récépissé de sa demande mais qui peut être modifié dans des cas limitativement énumérés ou faire l'objet d'une prolongation exceptionnelle.

605 *Délai de droit commun.* Le délai d'instruction de droit commun est d'un mois pour les déclarations préalables, de deux mois pour les demandes de permis de construire portant sur une maison individuelle (sur cette notion, CAA Marseille, 20 mars 2014, n° 12MA02180, *SCI L'Abadie c. Cne de Saint-Etienne-les-Orgues, BJDU* 5/2014.366, concl. M. Revert) et les demandes de permis de démolir, et de trois mois pour les autres demandes de permis de construire et pour les demandes de permis d'aménager (art. R. 423-23). Pour être légale, la décision ne doit pas seulement avoir été prise dans ce délai : elle doit également avoir été notifiée, la date prise en compte étant la date de première présentation au destinataire par les services postaux (v. CE 29 janv. 2014, *Commune de Soignolles-en-Brie*, n° 352808, *BJDU* 2014. 372, concl. X. de Lesquen).

606 *Modification du délai de droit commun.* Le Code de l'urbanisme énumère les cas dans lesquels le délai de droit commun est modifié parce que l'instruction de la demande exige la mise en œuvre d'une formalité administrative particulière (C. urb., art. R. 423-24 à R. 423-33). Les délais sont alors ajustés à ceux impartis aux personnes publiques, services ou commissions intéressés pour émettre leur avis ou donner leur accord. Dans certains cas, le délai est majoré. Il est ainsi majoré d'un mois lorsque le projet est soumis à un régime d'autorisation ou à des prescriptions prévus par d'autres législations ou réglementations que le Code de l'urbanisme , lorsqu'il est situé dans un secteur sauvegardé, ou lorsqu'il doit être soumis à l'avis de la commission départementale de la consommation des espaces agricoles (art. R. 423-24). Il est majoré de deux mois, par exemple, lorsqu'il y a lieu de consulter une commission départementale ou régionale (art. R. 423-25). Il est majoré de six mois dans toute une

série d'hypothèses, notamment lorsqu'il y a lieu de consulter une commission nationale (art. R. 423-27), lorsque le permis porte sur un immeuble inscrit au titre des monuments historiques ou un immeuble adossé à un immeuble classé au titre des monuments historiques, ou lorsqu'il porte sur un établissement recevant du public (art. R. 423-28). Et il est même porté à un an lorsque les travaux sont soumis à l'autorisation du ministre de la défense ou du ministre chargé des sites (art. R. 423-31).

Notification du délai modifié. Lorsque le délai de droit commun est modifié, l'autorité compétente doit le notifier au demandeur dans le délai d'un mois à compter de la réception ou du dépôt du dossier complet par lettre recommandée avec demande d'avis de réception ou par courrier électronique (art. R. 423-46 à R. 423-48). Cette notification expose les motifs de la modification du délai et indique, s'il y a lieu, que le silence éventuel de l'autorité compétente à l'issue de ce délai modifié vaut refus tacite du permis (art. R. 423-42). Cette notification est une condition de l'opposabilité de la modification du délai d'instruction (art. R. 423-43). Une copie doit en être adressée au préfet. 607

Prolongations exceptionnelles. L'ordonnance du 8 décembre 2005 a posé comme principe qu'aucune prolongation des délais de droit commun de l'instruction n'est possible en dehors des cas et conditions prévues par décret (C. urb., art. L. 423-1). À cet égard, le code prévoit une série cas de prolongations du délai d'instruction dites exceptionnelles parce que le motif qui justifie leur déclenchement n'était pas connu au moment du dépôt du dossier complet, ni même dans le mois suivant (C. urb., art. R. 423-34 à R. 423-37-1). Il en est notamment ainsi lorsque l'avis de l'architecte des Bâtiments de France fait l'objet d'un recours devant le préfet de région ou, en matière d'urbanisme commercial, lorsque la décision de la commission départementale est contestée. 608

Notification de la prolongation exceptionnelle. Lorsque l'instruction est susceptible de faire l'objet d'une prolongation exceptionnelle, la notification d'une modification du délai doit l'indiquer explicitement (C. urb., art. R. 423-45). La prolongation exceptionnelle elle-même doit être notifiée au demandeur avant l'expiration du délai d'instruction initialement indiqué dans le récépissé éventuellement modifié (C. urb., art. R. 423-44). Cette notification intervient par lettre recommandée avec demande d'avis de réception ou par courrier électronique (C. urb., art. R. 423-46 à R. 423-48). Une copie doit en être adressée au préfet. 609

Contestation des notifications. Les notifications de modification ou de prolongation exceptionnelle du délai d'instruction nous paraissent toujours constituer des décisions faisant grief susceptibles d'être contestées (CE 22 oct. 1982, *SOBEPRIM*, *Lebon* 357). Par ailleurs, les délais fixés par le code sont des délais maximaux. L'administration peut les abréger. Ainsi, l'instruction d'une demande de permis de construire en un seul jour ne constitue pas un détournement de pouvoir dans un cas où il s'agissait d'une nouvelle demande destinée à tenir compte des éléments qui avaient conduit le tribunal administratif à prononcer le sursis à exécution du précédent permis et qui, par rapport à lui, ne comportait que des modifications de faible importance (CE 10 mai 1996, *SCI « Le Rayon vert »*, n° 140027). Il en va différemment si la nouvelle demande portait sur un projet substantiellement modifié (CE 10 juill. 1996, *Sté Le Saint Alexis*, n° 139435 et 141702). 610

3. Le déroulement de l'instruction

611 Chaque projet doit, du point de vue du demandeur, faire l'objet d'un examen particulier (CE 22 oct. 1982, *Le Queau*, *Lebon* T. 786). Mais il doit également permettre aux administrations et services concernés, de faire valoir les intérêts dont ils ont la charge. C'est pourquoi, le dossier de la demande doit faire l'objet d'un certain nombre de transmissions (C. urb., art. R. 423-7 à R. 423-13) afin de recueillir leurs accords, avis ou décisions préalablement à la délivrance de l'autorisation (art. L. 422-4 et R. 423-50). Par ailleurs, eu égard à la nature, l'importance ou l'impact du projet, les tiers peuvent également être amenés à donner leur avis dans le cadre notamment d'une enquête publique.

Toutes ces formalités sont prescrites à peine d'entacher d'irrégularité la décision prise en leur absence (CE 31 mai 1978, *Min. Équipement. c/ Lévy*, n° 02622). Mais le Conseil d'État a récemment dégagé un principe selon lequel, si les actes administratifs doivent être pris selon les formes et conformément aux procédures prévues par les lois et règlements, un vice affectant le déroulement d'une procédure administrative préalable, suivie à titre obligatoire ou facultatif, n'est de nature à entacher d'illégalité la décision prise que s'il ressort des pièces du dossier qu'il a été susceptible d'exercer, en l'espèce, une influence sur le sens de la décision prise ou qu'il a privé les intéressés d'une garantie ; et il a ajouté que l'application de ce principe n'est pas exclue en cas d'omission d'une procédure obligatoire, à condition qu'une telle omission n'ait pas pour effet d'affecter la compétence de l'auteur de l'acte (CE, ass., 23 déc. 2011, *Danthony*, n° 335033, *AJDA* 2012. 195, chron. X. Domino et A. Bretonneau ; appliqué à une autorisation d'urbanisme par CAA Paris, ass. plén., 18 juin 2012, n° 11PA00758, *Fondation d'entreprise Louis Vuitton pour la création, AJDA* 2012. 1496, note M. Sirinelli).

L'autorité administrative ne peut imposer d'autres consultations que celles que prévoit le code. En particulier, le règlement du PLU ne peut créer de procédures consultatives dans la mesure où un tel document n'a pas pour objet et ne peut avoir pour effet d'ajouter des conditions aux dispositions législatives et réglementaires relatives à l'instruction des autorisations d'urbanisme (CE, sect., 21 mars 1986, *Copropriété de l'immeuble « Les Périades »*, *Lebon* 78 ; CE 29 juill. 1994, *Cne Moline-en-Queyras*, n° 118846, *BJDU* 1994. 54, concl. S. Daël).

612 *Les avis et accords.* Lorsque le projet porte sur une opération soumise à un régime d'autorisation prévu par une législation distincte de l'urbanisme dont l'application est contrôlée par un ministre autre que le ministre chargé de l'urbanisme, soit le permis tient lieu de l'autorisation prévue par l'autre législation dès lors qu'elle a fait l'objet d'un accord de l'autorité compétente (C. urb., art. L. 425-1 à L. 425-4), soit le permis est subordonné à l'intervention de l'accord qu'elle requiert (C. urb., art. R. 425-16 et ss.). Dans tous ces cas, l'autorité compétente pour délivrer le permis de construire doit recueillir les accords nécessaires (art. R. 423-51 et R. 425-1 à R. 425-22).

Lorsqu'une consultation est facultative mais que l'autorité administrative compétente pour délivrer le permis décide de la réaliser, cette consultation doit néanmoins être opérée selon les règles procédurales prévues par les textes, faute de quoi le permis pourra être entaché d'illégalité (CE 4 févr. 2013, *Commune de Sainte-Lanne*, n° 335589).

613 *Avis de l'architecte des Bâtiments de France.* Il convient de s'attarder sur l'avis de l'architecte des Bâtiments de France (ABF) dans la mesure où il est fréquemment requis (Ph. Juen, « L'architecte des bâtiments de France », *AJDA* 2011. 1557). Les règles

à cet égard ont été légèrement retouchées par le décret n° 2014-1314 du 31 octobre 2014 portant simplification du régime des travaux sur les immeubles adossés aux monuments historiques ou situés dans leur champ de visibilité et adaptation de l'organisation administrative dans le domaine du patrimoine (*Constr.-Urb.* 2014, n° 155, note X. Couton).

Champ d'application. Si les textes ne requièrent parfois qu'un avis simple (art. R. 425-30), il s'agit le plus souvent d'un avis conforme, autrement dit d'un accord. Il en est ainsi lorsque le projet est situé dans un secteur sauvegardé dont le périmètre a été délimité (C. urb., art. R. 423-54). Cet accord est également exigé lorsque le projet se trouve dans le champ de visibilité d'un édifice classé ou inscrit au titre des monuments historiques ou dans celui d'un parc ou d'un jardin classé ou inscrit ayant fait l'objet d'un périmètre de protection délimité dans les conditions fixées à l'article L. 621-30 du Code du patrimoine, ou porte sur un immeuble adossé à un immeuble classé au titre des monuments historiques (art. R. 425-1). Il en va de même lorsque le projet est situé dans une AMVAP ou une ZPPAUP (C. urb., art. R. 425-2). Dans ces deux derniers cas, le permis de construire tient lieu de l'autorisation requise au titre de la législation des monuments historiques. Pour l'application de cette législation, est regardé comme étant situé dans le champ de visibilité d'un immeuble classé ou proposé pour le classement, tout autre immeuble, nu ou bâti, visible du premier ou visible en même temps que lui et situé dans un périmètre n'excédant pas 500 m (art. 1er, al. 3 de la loi du 31 déc. 1913). Ce périmètre est en réalité un rayon : la servitude des « abords » est donc comprise dans un cercle de 500 m de rayon dont le centre se situe sur le monument classé ou inscrit (Rép. min., *JOAN* 7 août 2000. 4692). L'ordonnance du 8 septembre 2005 a cependant ouvert la faculté d'adapter ce périmètre, soit à l'occasion de la procédure de classement ou d'inscription des monuments historiques, soit à tout moment pour les monuments déjà classés ou inscrits (G. Godfrin, « En finir avec le rond bête et méchant de 500 mètres de rayon », *Constr.-Urb.* 2005. 219 ; décr. n° 2007-487, 30 mars 2007 relatif aux monuments historiques et aux zones de protection du patrimoine architectural urbain et paysager ; Circ. n° 2007-008, 4 mai 2007, *Constr.-Urb.* 2007. 192, obs. G. Godfrin). À défaut de remplir la double condition de distance et de visibilité, le projet n'a donc pas à être précédé de l'avis conforme de l'ABF.

Conséquences d'un avis défavorable. Lorsque l'avis conforme de l'ABF est défavorable (il 614
en va différemment lorsque l'avis est favorable : CE 11 mars 2009, *Cne Auvers-sur-Oise*, n° 307656, *BJDU* 2009. 226, concl. L. Derepas, obs. E. Geffray ; *RDI* 2009. 375 obs. P. S.-C.), l'autorité chargée de la délivrance du permis de construire se trouve en situation de compétence liée (CE 29 déc. 1999, *Ville Rennes*, n° 194188). Elle doit donc refuser l'autorisation sollicitée, sauf si l'avis est entaché d'illégalité. Tel sera par exemple le cas s'il se fonde sur la seule covisibilité, ou s'il se fonde sur un motif étranger à la protection des abords de l'immeuble protégé, par exemple l'intérêt présenté par un immeuble existant non protégé (CAA Paris, 12 nov. 1999, *Ville Paris c/ Assoc. du quartier Mouffetard*, n° 99PA00405). L'avis de l'ABF fait donc l'objet d'un contrôle du juge administratif qui peut, le cas échéant, recourir à l'expertise ou procéder à une visite des lieux (CE 28 juill. 1993, *Alexandre*, n° 76292 ; CE 10 juill. 1996, *Sté Hôtel de la Rade*, n° 136973 et 137348. Sur le contrôle du juge de cassation sur la covisibilité : CE 7 juill. 2000, *Assoc. pour la sauvegarde du Vieux Mennecy*, n° 203867). Mais la saisine du juge est subordonnée à l'exercice d'un recours administratif préalable obligatoire.

615 *Recours contre l'avis de l'ABF.* La loi n° 97-179 du 28 février 1997 relative à l'instruction des autorisations de travaux dans le champ de visibilité des édifices classés ou inscrits et dans les secteurs sauvegardés a mis en place une procédure de recours contre l'avis de l'ABF émis au titre de la protection des « abords » d'un monument historique, de l'existence d'un secteur sauvegardé et d'une ZPPAUP. La saisine du préfet de région n'était cependant ouverte qu'à la seule autorité compétente pour délivrer le permis de construire. Cette réforme a été un relatif échec, auquel a tenté de remédier la loi du 27 février 2002 relative à la démocratie de proximité, notamment en élargissant la saisine du préfet au demandeur (art. 112 de la loi ;I. Cassin, « Les “retouches” de la loi Démocratie de proximité au droit de l'urbanisme », *BJDU* 2002. 162 ; décr. n° 2004-142, 12 févr. 2004 pris pour son application). Ainsi l'autorité compétente dispose d'un délai de sept jours à compter de la réception de l'avis émis par l'ABF pour saisir le préfet par lettre recommandée (C. urb., art. R. 423-68). Le pétitionnaire dispose, quant à lui, d'un délai de deux mois à compter de la notification du refus d'autorisation de travaux pour saisir le préfet dans les mêmes conditions (art. R. 424-14). Le préfet de région dispose d'un délai qui peut aller, selon les cas, de 15 jours à deux mois à compter de sa saisine pour se prononcer. Il prend sa décision après avis de la commission régionale du patrimoine et des sites. Lorsque le préfet a été saisi par l'autorité compétente pour délivrer le permis, l'avis qu'il émet se substitue à celui de l'ABF (CE 19 févr. 2014, *Min. de la Culture et de la Communication*, n° 361769, publié au recueil *Lebon* ; *RDI* 2014.360, obs. P. S-C ; *AJCT* 2014, p. 329, obs. S. Defix ; *Constr.-Urb.* 5/2014, n° 76, comm. J.-M. Février : la décision du préfet ne fait pas grief ; elle ne peut être contestée qu'à l'appui d'un recours pour excès de pouvoir dirigé contre la décision de refus du permis de construire). S'il a été saisi par le demandeur et qu'il infirme l'avis de l'architecte des Bâtiments de France, le maire doit statuer à nouveau dans le délai d'un mois suivant la réception du nouvel avis. En l'absence de décision expresse du préfet dans le délai qui lui est imparti, le recours est réputé admis (art. R. 423-68 et R. 424-14). Il résulte de l'existence de cette procédure de recours que l'autorité compétente pour délivrer le permis de construire ne peut passer outre l'avis défavorable de l'ABF sans avoir préalablement saisi le préfet (CE 26 mars 2001, *Sec. d'État au Logement*, n° 216936, *RDI* 2001. 269, obs. P.S.-C. ; CE ass. 26 oct. 2001, *Eisenchteter*, *Lebon* 495 ; *AJDA* 2002. 118, chron. M. Guyomar et P. Colin ; CE 26 juill. 1982, *SCI L'Atlandide-Bougainville*, *Lebon* T. 789 ; CAA Nancy, 1er juill. 1999, *Préfet du Bas-Rhin*, n° 99-381, *BJDU* 1999. 430, concl. H. Blais). Il en va de même des pétitionnaires, qui ne peuvent saisir le juge d'un refus d'autorisation d'urbanisme fondé sur un avis conforme défavorable de l'ABF s'ils n'ont pas préalablement saisi le préfet (CE 28 mai 2010, *Dufour*, n° 327615, *RDI* 2010. 407, obs. P. S.-C. ; *JCP* A 2010. 2234, note J.-M. Pontier ; avis 30 juin 2010, n° 327615 ; CE 12 févr. 2014, *SNC Siber*, n° 359343 , *BJDU* 2/2014.139, concl. M. Vialettes ; *AJCT* 2014.332, obs. J-Ph. Borel ; Sur l'ensemble, v. F. Polizzi, « Que faire face à un désaccord de l'ABF sur une demande d'autorisation d'urbanisme ? », *BJDU* 2011. 12), sauf si l'autorité compétente pour délivrer le permis de construire a déjà elle-même contesté cet avis (CE avis du 30 juin 2010, *SARL Château d'Epinay*, n° 334747).

616 *Avis conforme du préfet.* L'avis conforme du préfet est requis dans deux cas (art. L. 422-5). En premier lieu, lorsque le projet est situé sur une partie du territoire non couverte par une carte communale, un PLU ou un document d'urbanisme en tenant lieu. Cet avis est donc logiquement requis en cas d'annulation par voie juridictionnelle ou d'abrogation d'une carte communale, d'un PLU ou d'un document d'urbanisme en tenant lieu, ou de constatation de leur illégalité par la juridiction administrative ou l'autorité compétente lorsque cette décision n'a pas pour effet de remettre en vigueur un document d'urbanisme antérieur. Cependant, depuis l'intervention de la loi SRU complétée par l'ordonnance du 8 décembre 2005, cet avis conforme ne doit être sollicité que pour les permis délivrés postérieurement à l'annulation, l'abrogation ou la constatation de l'illégalité (art. L. 422-6). Dans ce cas, l'avis porte normalement sur l'application au projet des règles d'urbanisme et des servitudes d'utilité publique. L'autorité compétente peut, ici encore, s'en écarter s'il est illégal (CE ass. 26 oct. 2001, *Eisenchteter*, préc.), sous le contrôle du juge bien entendu. En deuxième lieu, l'avis conforme du préfet est requis lorsque le projet est situé dans un périmètre où des mesures de sauvegarde prévues par l'article L. 111-7 peuvent être appliquées et que ce périmètre a été institué à l'initiative d'une personne autre que la commune. On peut penser, même si le code ne le précise plus expressément, que l'avis ne peut porter que sur l'application éventuelle des mesures de sauvegarde prévues par l'article L. 111-7 (CE 28 juill. 1993, *SARL Linck*, *Lebon* 229).

Délai. D'une manière générale, les services, commissions ou autorités consultés pour avis ou accord disposent d'un délai d'un mois à compter de la réception de la demande pour faire parvenir leur réponse motivée. À défaut, ils sont réputés avoir émis un avis favorable (C. urb., art. R. 423-59). Pour certains d'entre eux, le code fixe un délai différent (art. R. 423-60 à R. 423-71). Et dans certains cas, le silence du service ou de l'autorité vaut refus de leur accord (art. R. 423-62 ; R. 423-67-2). On relèvera particulièrement les délais particuliers consentis à l'ABF : deux mois lorsque le projet soumis à permis est situé dans un secteur sauvegardé, dans un site inscrit, dans un site classé ou en instance de classement, ou lorsque le permis de démolir porte sur un projet situé dans un périmètre de protection des immeubles classés ou inscrits au titre des monuments historiques ou sur un immeuble adossé à un immeuble classé au titre des monuments historiques ; quatre mois lorsqu'un permis de construire ou d'aménager porte sur un projet situé dans le périmètre de protection d'un immeuble classé ou inscrit au titre des monuments historiques ou sur un immeuble adossé à un immeuble classé au titre des monuments historiques (art. R. 423-67 et R. 423-67-1). De même, en matière d'archéologie préventive, le délai à l'issue duquel le préfet de région est réputé avoir renoncé à édicter une prescription de fouille ou demander la modification de la consistance du projet est de deux mois (art. R. 423-69). 617 ■

Les enquêtes publiques. Depuis la loi du 12 juillet 1983 relative à la démocratisation des enquêtes publiques et à la protection de l'environnement, la réalisation de diverses catégories d'aménagements, d'ouvrages et de travaux qui, par leur nature ou leurs caractéristiques, sont susceptibles de porter atteinte à l'environnement est soumise à enquête publique. L'article L. 123-2 du Code de l'environnement prévoit ainsi que font en principe l'objet d'une enquête publique préalablement à leur autorisation, les projets de travaux, d'ouvrages ou d'aménagements exécutés par des personnes publiques ou privées devant comporter une étude d'impact en application de l'article L. 122-1 du Code de l'urbanisme. Il s'agit notamment, dans les communes dépourvues de document d'urbanisme ou dont le document d'urbanisme n'a pas donné lieu à évaluation environnementale, des travaux, constructions et aménagements lorsque l'opération crée une *surface de plancher*[Q] supérieure ou égale à 40 000 m² ou dont le terrain d'assiette couvre une superficie supérieure à 10 ha. S'il peut être tentant, de « sectionner » un projet afin d'échapper à l'enquête publique, cette attitude est 618 ■

risquée. Comme on l'a dit en effet, le juge sanctionne la demande de deux permis distincts pour des travaux se rapportant à un ouvrage indivisible (v. not. CE 17 déc. 2003, *Bontemps*, n° 242282, *Constr.-Urb.* 2004. 62, obs. Ph. Benoit-Cattin ; *BJDU* 2004. 49, concl. F. Séners). Le déroulement de l'enquête publique est régi par les articles L. 123-3 et ss. du Code de l'environnement. Elle est organisée par le maire ou le préfet selon que le permis est délivré au nom de la commune ou au nom de l'État. Sa durée ne peut être inférieure à 30 jours (C. envir., L. 123-9). Le commissaire enquêteur doit remettre son avis dans le délai de 30 jours à compter de la clôture de l'enquête (C. envir., art. L. 123-15). Dans un délai de huit jours, l'autorité compétente informe le demandeur de la date de réception du rapport et de la substance des conclusions. Cet avis ne lie pas l'autorité compétente pour délivrer l'autorisation d'urbanisme.

Par exception au principe qu'il pose, l'article L. 123-2 du Code de l'urbanisme dispense certains projets d'enquête publique. Sont d'abord visés les projets de création de zone d'aménagement concerté et les projets de caractère temporaire ou de faible importance dont la liste est établie par décret en Conseil d'État. Ensuite, et depuis la loi n° 2014-1545 du 20 décembre 2014, relative à la simplification de la vie des entreprises et portant diverses dispositions de simplification et de clarification du droit et des procédures administratives, sont également dispensés d'enquête publique les demandes de permis de construire et de permis d'aménager portant sur des projets de travaux, de construction ou d'aménagement donnant lieu à la réalisation d'une étude d'impact après un examen au cas par cas effectué par l'autorité administrative de l'État compétente en matière d'environnement. Les concerant cependant, le législateur a tout de même prévu une simple mise à disposition du public du dossier de demande (selon les modalités prévues aux II et III de l'article L. 120-1-1 du même code).

Enfin, la loi ALUR du 24 mars 2014 a dispensé d'enquête publique les projets qui normalement en relèveraient mais ayant fait l'objet d'une étude d'impact et d'une concertation préalable. Pour ces projets aussi, une mise à disposition du public du dossier de demande est suffisante (C. urb., art. L. 300-2 III bis).

4. *Les règles de fond sanctionnées lors de l'instruction des autorisations d'urbanisme*

619 L'objet de l'instruction est de permettre à l'autorité administrative de s'assurer que le projet est conforme à la réglementation applicable. Le code énumère, à cet égard, les règles généralement opposables aux autorisations d'urbanisme. Mais tandis que la jurisprudence a posé des exigences supplémentaires concernant les travaux sur construction irrégulière, le législateur a quant à lui prévu des hypothèses dans lesquelles il est possible de déroger à la réglementation.

620 *Les règles opposables en principe. Le cas particulier des démolitions.* Certaines occupations et utilisations du sol relèvent de règles spécifiques. Tel est le cas des démolitions, puisque le code prévoit que permis de démolir peut être refusé ou n'être accordé que sous réserve de l'observation de prescriptions spéciales si les travaux envisagés sont de nature à compromettre la protection ou la mise en valeur du patrimoine bâti, des quartiers, des monuments et des sites (C. urb., art. L. 421-6). La nécessité de protéger le parc de logements ne fait donc plus partie des motifs susceptibles de fonder un refus de permis de démolir, la réforme de 2005-2007 l'ayant recentré sur son objet

« patrimonial » en lui ôtant toute vocation à contrôler l'évolution du parc de logements (G. Ghaye, « Redéfinition du périmètre et du régime du permis de démolir », *BJDU* 2007. 257).

Le cas particulier des clôtures. Concernant les clôtures (sur la notion de clôture : CE 17 oct. 2014, n° 359459, *ASL des propriétaires du lotissement de la Baie du Gaou Benat, Rec.* T : à propos d'une barrière levante ; v. aussi, CE 21 juill. 2009, *Petit-Jean,* n° 309356, *Rec.* T., à propos d'un portail installé à l'intérieur d'une propriété), les pouvoirs dont dispose l'autorité compétente en la matière sont nécessairement limités par le fait que c'est le Code civil qui garantit le droit de se clore. Avant 2007, l'autorité administrative pouvait faire opposition à l'édification d'une clôture si elle était de nature à faire obstacle à la libre circulation des piétons admise par les usages locaux (C. urb.,anc. art. L. 441-3 ; CE 2 mars 1994, *Cne Côtes-de-Corps*, n° 136577 ; CE 10 mai 1995, *Melin,* n° 126348 et 126943), ou si elle méconnaissait une règle fixée par le PLU concernant spécifiquement les clôtures (dans les limites que l'on a vues, v. ss 304). aujourd'hui, le contenu de l'ex. art. 441-3 n'ayant pas été repris, seules les règles spécifiquement fixées dans le PLU devraient pouvoir fonder une opposition à l'édification de clôtures (que le code traite tantôt comme des constructions, tantôt comme des ouvrages *sui generis*), ou des prescriptions spéciales concernant les clôtures. Ces considérations devraient être exclusives de toute autre, y compris de celles tenant à la circulation des engins de secours (CE 31 juill. 1996, *Viollet,* n° 136596 ; v. aussi, CE 2 mai 1990, *SCI « La Fare », Lebon* T. 1048). De même, le Conseil d'État a considéré que l'inscription d'une parcelle en emplacement réservé, en vue d'un aménagement destiné à la circulation du public, ne suffisait pas à elle seule (même avant 2007) à justifier légalement une opposition à l'édification d'une clôture (CE 20 févr. 2013, *SCI Césanne*, n° 335765) En cas de prescription spéciale, enfin, il a été jugé que celle-ci ne peut faire l'objet d'un recours de la part du pétitionnaire car elle constitue un tout indivisible avec l'autorisation accordée (CE 9 oct. 1996, *Seulin,* n° 126348 et 126943). 621 ■

Le cas général. En dehors de ces occupations et utilisations du sol particulières, l'article L. 421-6 du Code de l'urbanisme pose que le permis de construire ou d'aménager ne peut être accordé que si les travaux projetés sont conformes aux dispositions législatives et réglementaires relatives à l'utilisation des sols, à l'implantation, la destination, la nature, l'architecture, les dimensions, l'assainissement des constructions et à l'aménagement de leurs abords et s'ils ne sont pas incompatibles avec une déclaration d'utilité publique. Les mêmes règles sont opposables aux déclarations préalables (art. L. 421-7). Ne sont donc, par exemple, pas opposables aux autorisations d'urbanisme les traditions locales lorsqu'elles n'ont pas été reprises par le document d'urbanisme (CE 11 juill. 2011, *Cne de Neugartheim-Ittlenheim*, n° 344871 et Rép. Min. n° 21882 : *JO* Sénat Q 19 avr. 2012, p. 988). 622 ■

Les exigences supplémentaires concernant les travaux sur des constructions existantes irrégulières. Les travaux sur constructions existantes ont donné lieu à une littérature abondante (P. Hocreitère, « L'existence des constructions. La notion de construction existante en droit de l'urbanisme ». *Dr. adm.* 2000. Étude 1 ; J. Morand-Deviller, « Les travaux sur existants. Le champ d'application des autorisations », *RDI* 2000. 420 ; E. Fatôme, « Les travaux sur existants. Les règles de fond », *ibid.* p. 430 ; H. Jacquot, « Les travaux sur les constructions existantes », *DAUH* 2007. 117 ; F. Polizzi, « Le régime 623 ■

des travaux sur construction existante », *BJDU* 2010. 338). La question qui a le plus retenu l'attention de la doctrine est celle des règles opposables aux travaux réalisés sur de telles constructions lorsqu'elles sont irrégulières (M. Plaidy, « La sécurisation des constructions irrégulières au regard du droit de l'urbanisme », *BJDU* 2009. 414). À cet égard, la jurisprudence commande de distinguer selon que la construction est irrégulière depuis l'origine ou bien qu'elle est devenue irrégulière, la première pouvant être qualifiée d'illégale et la seconde de non-conforme (D. Dutrieux, « Construction illégale – construction non-conforme : ne pas confondre », *JCP* N 2006. 1261).

■ 624 *Les constructions illégales (irrégulières depuis l'origine).* Ainsi qu'il a déjà été signalé, lorsque des travaux sont envisagés sur une construction existante illégale (car réalisée ou modifiée sans autorisation), il faut présenter une demande de permis pour l'ensemble constitué par la construction existante et les travaux projetés, même si ceux-ci ne prennent pas appui sur une partie non autorisée de la construction (v. ss 542). Le permis aura alors un effet de régularisation de l'ensemble de la construction, mais il ne pourra en principe être délivré que si les règles d'urbanisme opposables au moment de la délivrance de l'autorisation le permettent (CE 9 juill. 1986, *Thalamy*, *Lebon* 201 ; *AJDA* 1986. 648, concl. Fornacciari, précisant les exigences résultant de la jurisprudence *Casseau* traitée ci-après, concernant les constructions devenues irrégulières). Il s'agit d'une règle sévère, que le législateur n'a pas remise en cause lors de la réforme des autorisations d'urbanisme, mais dont le Conseil d'État a par la suite atténué la sévérité. Il a en effet posé que dans le cas où l'autorité administrative envisage de refuser le permis sollicité parce que la construction dans son entier ne peut être autorisée au regard des règles d'urbanisme en vigueur à la date de sa décision, elle a toutefois la faculté, dans l'hypothèse d'une construction ancienne, à l'égard de laquelle aucune action pénale ou civile n'est plus possible, après avoir apprécié les différents intérêts publics et privés en présence au vu de cette demande, d'autoriser, parmi les travaux demandés, ceux qui sont nécessaires à sa préservation et au respect des normes, alors même que son édification ne pourrait plus être régularisée au regard des règles d'urbanisme applicables (CE 3 mai 2011, *Ely*, n° 320545, *BJDU* 2011. 275 concl. P. Colin, et obs. J. T. ; *RDI* 2011. 411, obs. P. S.-C. ; *AJDA* 2011. 1799, note E. Carpentier). Une dérogation à la jurisprudence *Thalamy* est donc mise en place par l'arrêt *Ely*, qui ne dispense pas le pétitionnaire de déposer une demande concernant l'ensemble de la construction irrégulière sur laquelle les travaux sont envisagés, mais permet à l'administration d'autoriser les travaux envisagés, voire seulement une partie d'entre eux, alors même que la construction qui en constitue le support ne serait pas régularisable. Les conditions posées (préservation de la construction existante et respect des normes), bien que reliées par la conjonction de coordination « et », nous sembleraient plus logiquement alternatives que cumulatives.

■ 625 *Les constructions non-conformes (devenues irrégulières).* Le régime applicable aux travaux sur une construction devenue non-conforme, le plus souvent du fait de l'évolution des règles d'urbanisme postérieurement à la réalisation régulière de la construction, est logiquement moins sévère que le précédent. Tout d'abord, la demande n'a pas à porter sur l'ensemble de la construction puisque celle-ci était initialement régulière. Ensuite, surtout, l'autorisation des travaux nouveaux envisagés n'est pas subordonnée à la « régularisation » de l'ensemble. Mais la jurisprudence a tout de même posé des exigences spécifiques relatives à ces travaux. Dans un premier temps, elle a posé la règle selon laquelle les travaux nouveaux ne peuvent être autorisés que si lesdits travaux contribuent à rendre l'immeuble plus conforme aux règles d'urbanisme (CE, sect., 23 déc. 1976, *Casseau*, *Lebon* 579). Dégagée à propos des dispositions du règlement national d'urbanisme relatives à l'implantation de l'immeuble par rapport à la limite parcellaire, cette solution a ensuite été étendue à d'autres dispositions dudit règlement (CE 25 janv. 1984, *Jegou*, *Lebon* T. 786), puis aux règles locales (CE 23 juill. 1983, *Ragueneau de Clinchamps*, *Lebon* T. 912). Elle est ainsi devenue tout à fait générale.

Mais je juge et le législateur sont par la suite venus atténuer la rigueur de cette jurisprudence. Ainsi le Conseil d'État a-t-il dans un deuxième temps posé que lorsque des travaux sont envisagés sur une construction devenue non-conforme à la réglementation d'urbanisme, les travaux nouveaux peuvent être autorisés s'ils sont, soit de nature à rendre la construction plus conforme à la règle d'urbanisme, soit étrangers à la règle que ladite construction méconnaît (CE, sect., 27 mai 1988, *Sekler*, *Lebon* 223 ; *RFDA* 1989. 321, concl. La Verpillère ; *AJDA* 1988. 456, note J.-B. Auby ; CE 15 oct. 1999, *Chatin*, n° 180298 ; CE 9 juill. 2008, *Min. Transports, Équipement, Tourisme et Mer*, n° 284831, *Lebon* T. 968 ; *Constr.-Urb.* 2008. 132, obs. G. Godfrin ; *BJDU* 2008. 324, concl. Y. Aguila, *RDI* 2008, obs. P. S.-C.). L'assouplissement de la solution de l'arrêt *Casseau* résulte donc de l'admission d'un second cas de délivrance du permis tenant à ce que les travaux nouveaux sont étrangers à la règle méconnue. Il était indispensable eu égard aux critiques dont la rigueur de la jurisprudence *Casseau* avait fait l'objet et dont la principale tenait au fait qu'elle revenait à conférer aux règles d'urbanisme les plus récentes un véritable effet rétroactif (v. concl. Ch. de la Verpillière sur l'arrêt *Sekler*, *RFDA* 1989. 322 ; obs. D. Labetoulle sous CE 29 mai 1985, *Synd. des copropriétaires du 6, rue des Clamarts*, *RDI* 1985. 365). Pour autant, la jurisprudence *Sekler* a par la suite été appliquée de façon remarquablement sévère. En particulier, le Conseil d'État a considéré que des travaux de surélévation d'une toiture n'étaient pas sans influence sur l'implantation irrégulière du bâtiment par rapport aux limites séparatives (CE 15 mai 1992, *Stalhy et Delchet* (2 esp.), *Lebon* 214 et 213, *AJDA* 1992. 701, note H. Jacquot ; CE 27 juill. 2005, *Damasceno Sobral*, n° 267678 ; v. aussi CE 26 juin 1991, *SCI des Marais*, n° 97330), ou sur les règles relatives au dimensionnement de la voie d'accès (CE 30 déc. 1998, *Cne Ramatuelle*, n° 189865). En revanche, un changement de destination est étranger à la règle d'implantation des constructions (CE 13 déc. 2013, *n° 356097, M. Belicar, BJDU* 1/2014.27, concl. X. de Lesquen ; AJCT 2014, p. 331, obs. R. Gand : à propos d'une demande de permis de construire sur un mur mitoyen).

La rigueur de la jurisprudence *Sekler* a ensuite et atténuée par la possibilité reconnue d'y déroger dans les documents d'urbanisme. Les conditions de la délivrance d'une autorisation d'urbanisme sur une construction non conforme aux prescriptions du document local d'urbanisme peuvent être déterminées par celui-ci, qui prévoira alors des règles particulières pour les constructions existantes (CE 25 févr. 1998, *Cne Saint-Leu-La-Forêt*, n° 165185, *BJDU* 1998. 110, concl. P. Hubert ; CE 29 juin 1998, *SA des eaux minérales d'Évian*, *Lebon* 257 ; CE 11 déc. 1998, *Min. Équipement, Transports et logement c/ Sté Bonnabelle*, n° 161592, *BJDU* 1999. 42, concl. E. Honorat).

Prescription administrative. La loi ENL du 13 juillet 2006, reprenant une préconisation du rapport Pelletier, a créé une prescription administrative, dont la portée n'est du 626 ■

reste pas évidente à définir. Aux termes de l'article L. 111-12 « Lorsqu'une construction est achevée depuis plus de 10 ans, le refus de permis de construire ou de déclaration de travaux ne peut être fondé sur l'irrégularité de la construction initiale au regard du droit de l'urbanisme... » (art. L. 111-12 ; sur ce dispositif, v P. Plaidy, « Travaux sur construction irrégulière – Quand le juge interprète l'encadrement par la loi de son pouvoir normatif », *BJDU* 6/2014, p. 423). L'objectif initial était certainement de limiter dans le temps l'application de la jurisprudence Thalamy, qui sanctionne sans limite temps les constructions réalisées sans autorisation, alors même que les actions civile (10 ans) et pénale (3 ans) sont prescrites. Mais l'Assemblée nationale n'a pas souhaité risquer de favoriser ainsi la construction sans autorisation d'urbanisme. C'est pourquoi elle a introduit, dans la liste des exceptions très compréhensibles au principe posé (*a* à *f* de l'article L. 111-12), une dérogation qui ôte au principe une grande part de sa portée potentielle initiale (*e*). Ainsi, la prescription administrative ne s'applique pas « a) Lorsque la construction est de nature, par sa situation, à exposer ses usagers ou des tiers à un risque de mort ou de blessures de nature à entraîner une mutilation ou des blessures de nature à entraîner une mutilation ou une infirmité permanente ; b) Lorsqu'une action en démolition a été engagée dans les conditions prévues par l'article L. 480-13 du Code de l'urbanisme ; c) Lorsque la construction est située dans un site classé en application des articles L. 341-2 s. du Code de l'environnement ou un parc naturel créé en application des articles L. 331-1 s. du même code ; d) Lorsque la construction est sur le domaine public ; e) Lorsque la construction a été réalisée sans permis de construire (alors qu'un permis aurait été nécessaire au moment de sa réalisation) ; f) Dans les zones visées au 1° du II de l'article L. 562-1 du Code de l'environnement », c'est-à-dire dans les « zones de danger » des plans de prévention des risques. Il faut sans doute ajouter à ces exceptions celle du permis obtenu par fraude. Quoi qu'il en soit, l'exclusion des constructions réalisées sans permis de construire a pour conséquence de réduire significativement la portée de cette prescription administrative. Celle-ci a par conséquent essentiellement vocation à jouer en faveur des constructions réalisées avec une autorisation mais n'ayant pas respecté cette autorisation (v. par exemple CAA Marseille, 22 sept. 2011, *SCI La Chapelle*, n° 09MA03419), ou modifiées sans respecter l'autorisation obtenue à cette fin (CE 16 mars 2015, *De La Marque*, n° 369553, publié au recueil *Lebon*, *JCP-A* 2015, act. 301, précisant bien que l'art. L. 111-12 ne saurait jouer si la construction a été édifiée ou modifiée sans les autorisations requises), à condition encore que les distances prises avec l'autorisation ne soient pas trop importantes (CAA Douai, 23 déc. 2011, *M. A. c. Commune de Caugé*, n° 10DA01601). Dans ce second cas, le délai de dix ans doit être décompté à compter de l'achèvement des travaux irréguliers et non de la construction initiale si elle a été régulièrement édifiée. Elle devrait également (si l'on interprète le texte strictement) pouvoir jouer au profit des constructions édifiées en vertu d'une autorisation annulée postérieurement à leur achèvement.

Pour finir avec les règles applicables aux travaux sur construction irrégulière, on précisera que celles-ci ne s'appliquaient jusque récemment que pour autant que les travaux portaient sur l'immeuble irrégulier, ou sur des immeubles prenant appui sur la construction irrégulière (CE 4 avr. 2007, n° 275463, *Constr.-Urb.* 2007. 132, obs. N. Rousseau). Si les travaux envisagés étaient divisibles, c'est-à-dire dissociables, de la construction irrégulière, les jurisprudences *Thalamy* et *Sekler* ne s'appliquent pas (CE 25 avr. 2001, *Alborn*, n° 207095, *Lebon* T. 1230 ; *RDI* 2001. 398, obs. P. S.-C. ; CE 10 oct. 2007, *Demoures*, n° 277314, *BJDU* 2007. 282, concl. Aguila ; CE 9 janv. 2009, *Ville*

Toulouse, n° 307265 : la réalisation d'une piscine dissociable d'une maison individuelle relève de la procédure déclarative et non du permis de construire modificatif quand bien même cette maison aurait été illégalement édifiée ; P. Soler-Couteaux, « L'unicité de l'autorisation de l'ensemble, immobilier indivisible », préc.). Cependant, ainsi qu'il a été signalé plus haut, le Conseil d'État a précisé il y a peu que l'obligation, en cas de travaux sur construction existante, de déposer une demande de permis sur l'ensemble des éléments de la construction qui ont eu ou auront pour effet de modifier le bâtiment tel qu'il avait été initialement autorisé, joue « même dans le cas où les éléments de construction résultant (des travaux projetés) ne prennent pas directement appui sur une partie de l'édifice réalisée sans autorisation » (CE 13 déc. 2013, *Mme Carn. c/ Commune de Porspoder*, n° 349081, préc.).

Les possibilités de mutualiser les contraintes d'urbanisme. En vertu de l'article R. 123-10-1 du Code de l'urbanisme, en cas de lotissement ou de permis de construire valant division, le respect des règles édictées par le PLU est apprécié à l'échelle de l'îlôt constituant l'assiette de la demande, et non à l'échelle des unités foncières issues de la division. Le Conseil d'État a précisé que ces dispositions sont « applicables notamment aux permis de construire » (CE 9 avr. 2015, *Cne de Tassin-la-Demi-Lune*, n° 372011), mais il ne s'agit jamais (outre des PCVD) que des permis de construire délivrés dans le périmètre des lotissements déclarés ou autorisés. 627 ■

Un faculté est reconnue aux auteurs de PLU d'écarter cette règle, ce qui surprend un peu étant donné l'atteinte au principe d'égalité que cela autorise en l'absence de base législative spécifique.

Quoi qu'il en soit, en dehors de ces hypothèses (PCVD, lotissements et permis délivrés au sein des lotissements), une appréciation globalisée du respect des règles d'urbanisme est également de droit en cas d'autorisation conjointe, mais comme on l'a déjà exposé, le régime de ces autorisations demeure aujourd'hui assez incertain (v. ss 579).

Les possibilités de déroger aux règles d'urbanisme. Outre les possibilités déjà évoquées de déroger à certaines règles du document d'urbanisme applicable ou du RNU (C. urb., art. L. 123-5 et R. 111-20), et l'absence de soumission aux règles d'urbanisme des constructions temporaires et précaires, le législateur a estimé opportun de faciliter la reconstruction ou la restauration de certaines constructions, en les dispensant, dans une certaine mesure, du respect des règles d'urbanisme normalement opposables. Ces possibilités sont prévues par l'article L. 111-3 du Code de l'urbanisme, en ses deux alinéas. Le premier concerne la reconstruction à l'identique des bâtiments détruits depuis moins de 10 ans ; le second la restauration des ruines. Il a également, plus récemment, interdit à l'autorité compétente pour délivrer les autorisations d'urbanisme de s'opposer à l'utilisation de certains matériaux, procédés et dispositifs particulièrement vertueux sur le plan environnemental (C. urb., art. L. 111-6-2). 628 ■

La reconstruction à l'identique des bâtiments détruits depuis moins de 10 ans. Le premier alinéa de l'article L. 111-3 du Code de l'urbanisme autorise la reconstruction à l'identique des bâtiments détruits ou démolis depuis moins de 10 ans, nonobstant toute disposition d'urbanisme contraire, sauf si la carte communale, le PLU ou le plan de prévention des risques naturels prévisibles en dispose autrement, dès lors qu'il a été régulièrement édifié. Ce dispositif n'est pas nouveau. Il est issu de la loi SRU du 13 décembre 2000. Mais il a évolué depuis lors. Au départ en effet, la loi SRU n'avait 629 ■

ouvert cette possibilité de déroger aux règles d'urbanisme qu'aux bâtiments détruits par sinistre (B. Pavy, « La reconstruction à l'identique d'un bâtiment détruit par sinistre après la loi SRU », *Defrénois* 2001. 37419). Tel n'est plus le cas depuis une loi du 12 mai 2009, qui a donc élargi le champ d'application de ce dispositif dérogatoire (aux cas de démolition en particulier). Par la suite, la loi Grenelle II est venue consacrer la jurisprudence *Falcoz* (CE 17 déc. 2008, *Falcoz c/ Cne Valloire*, n° 305409, *BJDU* 2009. 21, concl. I. de Silva ; *RDI* 2009. 262, obs. P. S.-C.) en permettant aux plans de préventions des risques naturels prévisibles d'exclure ou de restreindre cette possibilité, ce que ne pouvaient auparavant faire que le PLU et la carte communale (CAA Bordeaux, 21 nov. 2005, *Silvana Assier de Pompignan*, n° 02BX01600, *BJDU* 2006. 11, concl. Ph. Pouzoulet : un PLU peut valablement limiter le droit à reconstruction aux bâtiments détruits depuis moins de deux ans). Mais cette faculté n'est toujours pas ouverte aux ZPPAUP (CE 23 nov. 2005, *Cne Bagnères-de-Bigorre*, n° 279721, *BJDU* 2006. 92, concl. Ch. Devys). Enfin, le Conseil d'État a précisé que le droit ouvert par l'article L. 111-3 du Code de l'urbanisme n'a pas pour objet et ne saurait avoir pour effet de permettre aux propriétaires d'un bâtiment détruit de le reconstruire au-delà d'un délai raisonnable afin d'échapper à l'application de règles d'urbanisme devenues contraignantes ; il n'est ouvert que le temps nécessaire à l'obtention par le propriétaire de l'indemnisation par les assureurs ou les personnes responsables du sinistre (CE 9 mai 2012, *Cne de Tomino et Cne de Meira*, n° 341259, *BJDU* 2012. 277, concl. C. Roger-Lacan et obs. J. T.). Au demeurant, deux conditions n'ont pas évolué. D'abord, il s'est toujours agi d'une reconstruction à l'identique (Rép. min., *JOAN* Q 17 mars 2003. 2040 ; *Defrénois* 2003. 37762). Ensuite, le dispositif n'a jamais pu bénéficier qu'aux bâtiments régulièrement édifiés, condition que ne remplit pas un bâtiment construit sans permis ou en méconnaissance du permis de construire qui l'a autorisé ainsi qu'un bâtiment édifié en vertu d'un permis de construire annulé par le juge de l'excès de pouvoir ou retiré par l'administration. La condition de la régularité de la construction ne permet cependant pas d'invoquer l'illégalité du permis initial à l'occasion de la contestation du permis de construire autorisant la reconstruction (CE 5 mars 2003, *Lepoutre, Min. Équipement, Transports, Logement, Tourisme et Mer*, *Lebon* 117 ; *BJDU* 2003. 13, concl. J.-H. Stahl ; *RDI* 2003. 371, obs. A. Robineau-Israël). Toutefois, cette dernière restriction ne rend pas le requérant irrecevable à l'attaquer directement (CE 13 déc. 2006, *Caitucoli*, n° 284237, *RDI* 2007. 189, obs. P. S.-C.).

Lorsque ces conditions sont réunies, la reconstruction est un droit. Mais d'une part, cela ne dispense pas le propriétaire de solliciter la délivrance d'un permis de construire (CE 20 févr. 2002, *Plan*, n° 235725, *BJDU* 2002. 175, concl. E. Mignon ; *Defrénois* 2002. 37618, note S. Pérignon ; *RDI* 2002. 256, obs. P. S.-C.). D'autre part, ce droit ne présente pas un caractère absolu. Le permis peut, en effet, être refusé, sur le fondement de l'article R. 111-2 du Code de l'urbanisme, si les occupants de l'immeuble devaient être exposés à un risque certain et prévisible de nature à mettre gravement en danger leur sécurité (CE, avis, 23 févr. 2005, *Hutin*, n° 271270, *BJDU* 2005. 16, concl. Y. Aguila ; *Mon. TP* 15 juill. 2005, p. 50, note G. Le Chatelier).

630 *La restauration des ruines.* Le second alinéa de l'article L. 111-3, issu de la loi Urbanisme et Habitat du 2 juillet 2003, permet d'autoriser, sauf dispositions contraires des documents d'urbanisme et sous réserve des dispositions de l'article L. 421-5 (alors C. urb., art. L. 111-4), la restauration d'un bâtiment dont il reste l'essentiel des murs porteurs lorsque son intérêt architectural ou patrimonial en justifie le maintien et sous réserve de respecter les principales caractéristiques de ce bâtiment (Ph. Benoit-Cattin, *Constr.-Urb.* 2003. 203). Ce régime est autonome du précédent (CE 18 avr. 2008, *Min. Écologie*, n° 310273, *Constr.-Urb.* 2008. 115, obs. P. Cornille ; sur la définition des ruines, v. Rép. min. n° 6239 : *JOAN* Q 20 nov. 2012, p. 6772).

L'utilisation de certains matériaux, procédés et dispositifs particulièrement vertueux sur le plan environnemental. Souhaitant promouvoir les écoconstructions, a interdit aux autorités compétentes pour délivrer les autorisations d'urbanisme de s'opposer à l'utilisation de certains matériaux, procédés et dispositifs particulièrement vertueux sur le plan environnemental (C. urb., art. L. 111-6-2 ; M. Plaidy, « Le principe d'inopposabilité des règles d'urbanisme interdisant les dispositifs écologiques », *BJDU* 5/ 2011. 352). Comme souvent, l'équilibre entre les exigences inhérentes au respect de la légalité et la volonté de promouvoir coûte que coûte un objectif politique considéré important et urgent, l'équilibre n'est pas aisé à trouver. L'article L. 111-6-2 a d'ailleurs été modifié à deux reprises depuis son introduction dans le Code de l'urbanisme par la loi Grenelle II du 12 juillet 2010 (par la loi n° 2012-387 du 22 mars 2012 relative à la simplification du droit et à l'allégement des démarches administratives et la loi ALUR du 24 mars 2014, la dernière ayant significativement réduit la portée du dispositif). Dans sa rédaction actuelle, ce texte prévoit que « nonobstant les règles relatives à l'aspect extérieur des constructions des plans locaux d'urbanisme, des plans d'occupation des sols, des plans d'aménagement de zone et des règlements des lotissements, le permis de construire ou d'aménager ou la décision prise sur une déclaration préalable ne peut s'opposer à l'utilisation de matériaux renouvelables ou de matériaux ou procédés de construction permettant d'éviter l'émission de gaz à effet de serre, à l'installation de dispositifs favorisant la retenue des eaux pluviales ou la production d'énergie renouvelable correspondant aux besoins de la consommation domestique des occupants de l'immeuble ou de la partie d'immeuble concernés ». Avant la loi ALUR, le texte posait le même principe « Nonobstant toute disposition d'urbanisme contraire... », ce qui était évidemment beaucoup plus large. Les dispositifs, procédés et matériaux auxquels est susceptible de bénéficier cet article sont listés à l'article R. 111-50 (issu du décret n° 2011-830 du 12 juillet 2011, « clarifié » par le décret n° 2014-1414 du 27 nov. 2014). Il s'agit notamment des bois, végétaux et matériaux biosourcés utilisés en façade ou en toiture (une toiture végétale par exemple, v. RM n° 3140, *JOAN* Q 8 janv. 2013, p. 201), ainsi que des systèmes de production d'énergie à partir de sources renouvelables et des équipements de récupération des eaux de pluie, lorsque (dans un cas comme dans l'autre) ils correspondent aux besoins de la consommation domestique des occupants de l'immeuble ou de la partie d'immeuble concernée. Si l'autorisation d'urbanisme ne peut être refusée au motif que ces éléments ne respecteraient pas les règles d'urbanisme applicables relatives à l'aspect extérieur des constructions, elles peuvent néanmoins être assorties de prescriptions destinées à assurer la bonne intégration architecturale du projet dans le bâti existant et dans le milieu environnant. 631

En outre, afin de ne pas compromettre la sauvegarde de l'esthétique dans les secteurs qui le méritent le plus, le législateur a prévu que le principe ci-dessus exposé ne serait pas applicable dans certains périmètres (al. 2 de l'article L. 111-6-2), en particulier dans les secteurs sauvegardés, dans les ZPPAUP, dans les périmètres de protection des immeubles classés ou inscrits au titre des monuments historiques, dans les sites inscrits ou classés, ou encore à l'intérieur du cœur des parcs nationaux.

Il n'est pas applicable non plus lorsque les travaux portent sur un immeuble classé ou inscrit au titre des monuments historiques ou adossé à un immeuble classé, ou sur un immeuble protégé en application du 2° du III de l'article L. 123-1-5 du Code de l'urbanisme.

Enfin, la faculté à été reconnue à l'autorité compétente en matière de PLU de délimiter, après avis de l'ABF, des périmètres excluant l'application du principe posé par l'article L. 111-6-2. Le projet de délibération instituant un tel périmètre fait l'objet d'une mise à disposition du public. La délibération elle-même doit être motivée par la protection du patrimoine bâti ou non bâti, des paysages ou des perspectives monumentales et urbaines (al. 3 de l'article L. 111-6-2 et R. 111-50-1).

Pour éviter qu'il ne soit trop aisément fait obstacle à la volonté du législateur, il est enfin prévu qu'à compter de la publication de la loi Grenelle II, toute règle nouvelle qui, à l'intérieur d'un des périmètres visés aux deux alinéas précédents, interdirait ou limiterait l'installation des dispositifs énumérés au premier alinéa fait l'objet d'une justification particulière.

D. La décision

■ 632 La délivrance d'une autorisation d'urbanisme constitue l'exercice d'une prérogative de puissance publique qui ne peut faire l'objet d'un engagement contractuel (CAA Bordeaux, 8 mars 1999, *Popieul*, n° 95BX01703. P.-L. Frier, « Contrats et urbanisme réglementaire », *Dr. adm.* 2005. 13). Il convient de déterminer l'autorité compétente pour prendre cette décision (2), d'examiner le sens et les diverses formes sous lesquelles elle peut intervenir (3) et les prescriptions dont elle peut être assortie (4). Il faut également examiner dans quelles conditions l'administration peut procéder au retrait de la décision qu'elle a notifiée (5). Mais il faut auparavant indiquer que dans certains cas la délivrance de l'autorisation d'urbanisme est déterminée ou conditionnée par le sort d'une autorisation requise au titre d'une autre législation (1).

1. *La décision conditionnée*

■ 633 Le droit de l'urbanisme s'est préoccupé de déterminer les modalités de son articulation avec les législations indépendantes de lui mais qui régissent également l'occupation du sol. Cette articulation est organisée par un chapitre intitulé « Opérations soumises à un régime d'autorisation prévu par une autre législation », qui comporte trois sections. La première concerne les opérations pour lesquelles le permis ou la décision prise sur la déclaration préalable tient lieu de l'autorisation prévue par une autre législation, ce qui suppose souvent l'accord d'une autorité compétente au titre de l'autre législation (C. urb., art. L. 425-1 à L. 425-4 ; R. 425-1 à R. 425-15 et R. 425-16 à R. 425-22-1). Il en va notamment ainsi lorsque le projet porte sur un immeuble inscrit au titre des monuments historiques (art. R. 425-16). La section 3 (puisque la deuxième a été abrogée) porte sur les opérations pour lesquelles l'autorisation prévue par une autre législation dispense de permis ou de déclaration préalable (art. L. 425-5 et art. R. 425-23 à R. 425-29). Ainsi par exemple, lorsque le projet porte sur un immeuble classé au titre des monuments historiques, l'autorisation prévue au premier alinéa de l'article L. 621-9 du code du patrimoine dispense de permis de construire, de permis d'aménager, de permis de démolir ou de déclaration préalable dès lors que la décision a fait l'objet d'un accord de l'autorité compétente pour statuer sur les demandes de permis de construire. Enfin la quatrième et dernière section régit les opérations pour lesquelles la délivrance d'un permis ou la réalisation des travaux est différée dans l'attente de formalités prévues par une autre législation (art. L. 425-6 à L. 425-12 et R. 425-30 à R. 425-31 ; il s'agit notamment de l'autorisation de défrichement ou de l'autorisation du changement d'usage de locaux destinés à l'habitation). Dans certains cas même, la mise en œuvre de l'autorisation d'urbanisme est suspendue à l'expiration des délais de recours contre l'autorisation au titre de l'autre législation (par ex. lorsque le projet est soumis à une autorisation d'exploitation cinématographique : art. L. 425-8).

Sous réserve de ces aménagements, le principe de l'indépendance des législations produit tous ses effets. Ainsi avait-t-il été jugé (avant la création du permis valant autorisation d'exploitation commerciale) que la méconnaissance des règles d'urbanisme ne saurait, compte tenu de l'indépendance des législations, être utilement invoquée à l'appui d'un recours contre l'autorisation d'ouverture d'une grande surface commerciale (CE 22 nov. 1999, *Union commerciale économie et commerce trévoltien*, n° 194435 et 194436). De même, l'autorisation de défrichement ne présente pas avec le permis de construire un lien tel que les illégalités dont elle serait entachée puissent être invoquées à l'appui de conclusions dirigées contre le permis (CE, sect., 6 janv. 1997, *Assoc. des Amis de Saint-Palais-sur-Mer*, *Lebon* 4 ; *BJDU* 1996. 443, concl. J. Gaeremynck). Il en ira certainement différemment s'agissant des autorisations uniques susceptibles d'être délivrées pour certaines installations classées et valant à la fois autorisation d'urbanisme et autorisation de défrichement (v. *supra*), mais une possibilité d'annulation partielle a été expressément prévue (article 8, III de l'ordonnance n° 2014-355 du 20 mars 2014).

2. *L'autorité compétente*

Le principe de la décentralisation de la compétence en présence d'un document d'urbanisme. La délivrance des autorisations d'urbanisme est de la compétence du maire au nom de la commune lorsque celle-ci est couverte par un PLU ou un document d'urbanisme en tenant lieu, ainsi, que dans les communes qui se sont dotées d'une carte communale postérieurement au 26 mars 2014. Dans les communes qui se sont dotées d'une carte communale avant cette date, le maire n'est compétent, au nom de la commune, qu'après délibération du conseil municipal, mais en l'absence de décision du conseil municipal, la compétence sera automatiquement transférée au maire à compter du 1er janvier 2017 (C. urb., art. L. 422-1 a). Dans les situations autres que celles prévues au a) de l'art. L. 422-1, autrement dit en l'absence de document d'urbanisme, les autorisations d'urbanisme sont délivrées par le maire ou le préfet au nom de l'État (art. L. 422-1, b). 634 ■

Lorsque le transfert de compétence à la commune est intervenu, il est définitif (même disposition), nonobstant tous les avatars notamment contentieux dont les documents concernés peuvent faire l'objet. Dans les périodes transitoires, les règles d'instruction et de compétence sont celles applicables au jour du dépôt de la demande (art. L. 422-1 dernier alinéa). Lorsqu'une commune fait partie d'un EPCI, elle peut, en accord avec lui, lui déléguer sa compétence (art. L. 422-3), mais cette délégation porte alors sur l'ensemble des autorisations et actes relatifs à l'occupation ou à l'utilisation du sol (C. urb., art. R. 422-3). La délégation doit être renouvelée dans les six mois qui suivent le renouvellement du conseil municipal ou de celle du nouveau président de l'EPCI (art. R. 422-4).

Les exceptions au principe. Des exceptions au principe posé au a) de l'article L. 422-1 (celui de la décentralisation de la compétence pour délivrer les autorisations d'urbanisme dans les communes dotées d'un document d'urbanisme) sont prévues à l'article L. 422-2 pour une série de projets particulièrement sensibles ou intéressant directement l'État. Il s'agit d'éviter que la commune puisse faire obstacle à l'exercice par l'État de ses missions de service public (CE, avis, 6 sept. 2005, req. n° 371958, *AJDA* 2005. 2049, note T. T.). Ainsi, c'est l'autorité administrative de l'État qui est compétente pour se prononcer sur les constructions réalisées pour le compte d'États étrangers ou d'organisations internationales, de l'État (CE avis 6 sept. 2005, préc. ; CE 5 févr. 2014, n° 366208, *Cne de Bollène,* publié au Recueil *Lebon* ; *Droit adm.* 2014, n° 56, note J-L. Pissaloux ; *BJDU* 2/2014.117, concl. F. Aladjidi ; *JCP* A 2014, n° 2170, note Ph. Billet ; *RDI* 2014. 226 obs. P. S-C. : Un immeuble est érigé « pour le compte » de l'État lorsqu'il est destiné à l'une de ses missions de service public), de ses établissements publics et concessionnaires (depuis la loi MoLLE de 2009, ne sont plus concernés les travaux réalisés pour le compte de la région, de la collectivité territoriale de Corse, du département ou de leurs établissements publics et concessionnaires, qui relèvent aujourd'hui des règles de compétence de droit commun) ; sur celles réalisées à l'intérieur des périmètres des opérations d'intérêt national ; ou encore sur les opérations de logement situées dans les secteurs de « carence » arrêtés par le préfet et dans lesquels ce transfert de compétence a été prévu (nouveaux d de l'art. L. 422-2 et g de l'art. R. 422-2).

Lorsque la décision est prise au nom de l'État, elle émane en principe du maire, sauf dans les cas mentionnés à l'article R. 422-2 où elle émane du préfet (par ex. pour projets réalisés pour le compte d'États étrangers ou d'organisations internationales, de l'État, de ses établissements publics et concessionnaires ou pour les installations nucléaires de base).

Dans ces hypothèses, il est tout de même prévu que le préfet recueille l'avis du maire ou du président de l'établissement public de coopération intercommunale normalement compétent pour délivrer les autorisations d'urbanisme. Cet avis est requis dans un délai d'un mois pour les demandes de permis et de 15 jours pour les déclarations (C. urb., art. R. 423-72 ; CE 16 janv. 2008, *Dpt Haute-Garonne*, n° 305696, *Constr.-Urb.* 2008. 51, obs. P. Cornille).

■ 635 *Le principe d'impartialité.* D'une manière générale, le principe d'impartialité doit être respecté durant l'intégralité de la procédure d'instruction et de délivrance d'un permis de construire (CE 22 févr. 2008, *Assoc. Air pur environnement d'Hermeville*, n° 291372, *BJDU* 2008. 105, concl. Y. Aguila). Il en résulte qu'un maire ne saurait signer une autorisation d'urbanisme lorsqu'il est intéressé à sa délivrance. Dans ce cas, le conseil municipal doit désigner un autre de ses membres pour la délivrer (C. urb., art. L. 422-7). À défaut, elle est entachée d'illégalité. La notion d'« intéressement » est interprétée de manière relativement large par la jurisprudence. C'est ainsi que l'on considère qu'il y a intéressement non seulement lorsque cet intérêt est direct (maire propriétaire du terrain : Rép. min. n° 41971, *JOAN* Q 22 juin 1992. 2788. Maire titulaire de parts de SCI : CE 31 juill. 1996, *Cne Courpalay*, n° 116500 ; Maire architecte, maître d'œuvre ou entrepreneur : Rép. min. 23714, *JO* Sénat 1er févr. 2001. 418) mais encore lorsqu'il est indirect (épouse du maire gérante de la société qui doit réaliser les travaux de plomberie d'un programme immobilier : CAA Paris, 29 déc. 1994, *Sirot*, n° 94PA00328 ; Maire président d'un OPHLM : CE 24 juin 1988, *Dedin-Lasportas, Lebon* T. 1081. Maire, vice-président d'une SEM locale : CAA Paris, 26 oct.

1993, *Cne Chatillon*, n° 93PA00248, publié au recueil *Lebon* ; *Gaz. Pal.* 1993. *Pan. dr. adm.* p. 9 ; v. cependant CE 3 sept. 2008, *Rosso et Marcant*, n° 276115, *BJDU* 2008. 268, concl. P. Collin et obs. J.-C. B. ; *AJDA* 2009. 235, note S. Traoré). En revanche, n'est pas intéressé un maire qui donne l'autorisation à la commune de réaliser une construction sur son domaine (CE 23 oct. 2002, *Cne Chamonix-Mont-Blanc c/ Boegner*, n° 219663, *Constr.-Urb.* 2003. 22, obs. Ph. Benoit-Cattin ; *RDI* 2003. 108, obs. P. S.-C.) ; il n'y a donc aucune raison d'appliquer les dispositions de l'article L. 422-7 en pareil cas (CE 3 juill. 2009, *Lelin*, n° 321634, *BJDU* 2009. 285, concl. E. Geffray ; *LPA* 14 sept. 2009, n° 183, p. 10, note D. Dutrieux).

Projet « à cheval » sur deux communes. Lorsque le permis de construire porte sur une construction implantée sur le territoire de deux communes, il doit normalement faire l'objet, soit de deux arrêtés distincts, soit d'un arrêté conjoint des maires concernés. Il en va différemment si la partie du projet implanté sur le territoire de l'une des communes n'est pas soumise à permis de construire (CE 8 avr. 1994, *Sté Centaure Normandie*, n° 132721 et 133425). 636

La délégation. Le maire peut déléguer sa compétence pour délivrer les permis de construire à un adjoint dans les conditions prévues par l'article L. 2122-18 du Code général des collectivités territoriales (D. Gillig, « Qui est compétent pour signer, au nom de la commune, l'arrêté portant délivrance d'un permis de construire ? » *Constr-Urb.* 2014, Focus 1 ; CE 27 mars 2015, *Centre hospitalier Pierre Oudot* ; n° 367896, *Lebon* T.). Pour être exécutoire, la délégation doit faire l'objet d'une publicité par voie de publication ou d'affiches, même dans les communes de plus de 3500 habitants (CE 21 mai 2008, *Louvard*, n° 284801, *BJDU* 2008. 204, concl. Y. Aguila : à propos de Code général des collectivités territoriales, art. L. 2131-3 et L. 2122-29). Il faut, bien sûr, que l'objet de la délégation soit clairement précisé. En dehors d'une délégation formelle, le premier adjoint est également compétent pour se substituer au maire en cas d'empêchement de ce dernier (CGCT, art. L. 2122-18 ; CAA Lyon, 18 déc. 2012, *Cne de Nevers* , n° 12LY01030 : l'expiration du délai d'instruction d'un permis de construire pendant les congés du maire justifie que le premier adjoint prenne la décision de délivrer ce permis). Le préfet peut également déléguer sa signature au responsable du service de l'État dans le département chargé de l'instruction ou à ses subordonnés. Cette délégation de compétence ne dispense par le directeur départemental de l'équipement d'émettre de manière distincte l'avis qu'il doit, le cas échéant, donner au titre de l'instruction (C. urb., art. R. 422-2 ; CE 5 déc. 2005, *Min. Équipement c/ Gadeyne et Guillemot*, n° 267132). 637

La signature. Dans tous les cas, la décision doit respecter le formalisme imposé par l'article 4 de la loi du 12 avril 2000 relative aux droits des citoyens dans leurs relations avec l'administration, exigeant, outre la signature de l'auteur de la décision administrative, la mention, en caractères lisibles, de son prénom, de son nom et de sa qualité. Ce formalisme est prescrit à peine d'illégalité, sauf si d'autres mentions du document permettent d'identifier la personne qui en est l'auteur (CE 11 mars 2009, *Cne Auvers-sur-Oise*, n° 307656, *JCP* A 2009. 2097, note G. Pellissier ; *BJCL* 2009. 226, concl. L. Derepas, obs. E. Geffray ; *RDI* 2009. 375 obs. P. S.-C. ; S. Saunier, « La signature de la décision administrative : bilan d'étape de la jurisprudence depuis la loi du 12 avril 2000 », *RFDA* 2010. 489 ; Rép. min, n° 54804, *JOAN* Q 7 oct. 2014, p. 8463, *Constr.-Urb.* 2014, focus, n° 86, comm. D. Gillig). De même, il a été jugé que s'agissant 638 d'une décision explicite de non-opposition à des travaux déclarés ne comportant aucune prescription particulière, l'absence du nom et du prénom de l'auteur de la décision ne présentait pas en l'espèce un caractère substantiel (CE 14 mai 2008, B., n° 289745, *Constr.-Urb.* 2008. 118, obs. O. Chambord).

3. *Le sens et les formes de la décision*

■ 639 L'autorité compétente peut accorder l'autorisation, la refuser, ou opposer un sursis à statuer.

■ 640 *L'octroi de l'autorisation d'urbanisme.* La délivrance de l'autorisation résulte le plus souvent de la notification d'une décision. Mais le droit de l'urbanisme connaît de longue date un régime d'autorisation tacite, résultant du silence gardé par l'administration au terme du délai d'instruction, dont l'ordonnance du 8 décembre 2005 a généralisé le principe (C. urb., art. L. 424-2).

■ 641 *L'autorisation expresse.* Avant l'expiration du délai d'instruction, et en considération de la conformité du projet à la règle d'urbanisme, l'autorité compétente se prononce par un arrêté notifié directement au demandeur par lettre recommandée avec demande d'avis de réception postal (CE 5 janv. 1979, *Zeender*, *Lebon* 10 ; CE 6 févr. 1991, *Cne Sorèze c/ Carriès*, n° 111937 : la date de notification est acquise à la première présentation du pli) ou, lorsque la demande a indiqué cette possibilité (C. urb., art. R. 423-48), par courrier électronique (dans ce cas, le demandeur est réputé avoir reçu la notification à la date à laquelle il la consulte et, à défaut de consultation, à l'issue d'un délai de huit jours après son envoi). La décision d'octroi peut également être notifiée par lettre simple lorsqu'elle ne prévoit pas de participation et n'est pas assortie de prescriptions (C. urb., art. R. 424-10). La décision doit être motivée lorsque le permis est délivré à la faveur d'une dérogation ou d'une adaptation mineure, ou encore s'il est assorti de prescriptions (art. L. 424-3 et R. 424-5). D'une manière générale, le permis délivré doit être dépourvu d'ambiguïté (CE 3 févr. 2003, *Weber*, n° 239624, *RDI* 2003. 590, obs. P. S.-C. : le maire avait accordé le permis de construire tout en biffant un élément de la demande ; il commet ainsi une faute de nature à engager la responsabilité de la commune).

■ 642 *L'autorisation tacite.* L'autorisation ou la décision de non-opposition à un déclaration préalable – qui n'est qu'une variété d'autorisation (CE 23 oct. 2013, *SARL Prestig'Immo*, n° 344454, *Lebon* T. ; *BJDU* 2/2014.126, concl. A. Lallet ; *RDI* 2014. 63, obs. P. S.C ; *AJDA* 8/2014.463, note P. Planchet ; *JCP* A 2014, n° 2164, note A. Bourrel) - sont tacitement accordées si aucune décision n'est notifiée au demandeur à l'issue du délai d'instruction (C. urb., art. L. 424-2 ; R. 423-4 et R. 424-1 ; CE 30 janv. 2013, *Sarret*, n° 340652, Rec. *Lebon* T ; *BJDU* 2/2013, p. 123, concl. C. Legras et obs. X. D. L. ; *AJDA* 2013.1124, note J-B. Sibilleau ; *RDI* 2013. 225, obs. P. S-C. ; *Constr.-urb.* 3/13, n° 36, comm. X. Couton). La date de réception à prendre en compte est celle de la première présentation du pli recommandé (v. notamment CE 29 janv. 2014, *Commune de Soignolles-en-Brie*, n° 352808). L'autorité compétente doit en délivrer certificat sur simple demande du pétitionnaire ou de ses ayants-droit (art. R. 424-13). Dans un délai de deux mois à compter de l'intervention d'une autorisation (ou d'une non-opposition) tacite, un arrêté de l'autorité compétente peut fixer les participations exigibles de son bénéficiaire (art. L. 424-6). Elle n'est donc pas illégale du seul fait qu'elle ne prévoyait pas les participations concernées.

Les exceptions au permis tacite. Le principe selon lequel le silence gardé par l'administration à l'expiration du délai d'instruction vaut autorisation tacite connaît des exceptions (C. urb.,en ce qui concerne les permis il n'en connaît pas s'agissant des déclarations préalables, v. art. R. 424-2). Elles couvrent notamment les cas dans lesquels la délivrance d'une autorisation expresse serait normalement soumise à l'avis conforme d'une autorité chargée d'assurer le respect d'un intérêt public particulièrement important, par exemple du ministre de la Défense ou de l'autorité en charge des sites classés ou en instance de classement ; ou encore les hypothèses de travaux portant sur un immeuble inscrit au titre des monuments historiques ou soumis à enquête publique (art. R. 424-2, a, b et c). Une autre exception concerne les cas où le permis ne peut être délivré qu'après enquête publique (art. R. 424-2, d ; CE 11 févr. 2004, *SA France Travaux*, n° 212855, *BJDU* 2004. 35, concl. D. Chauvaux ; *RDI* 2004. 208, obs. P. S.-C.). Par ailleurs, le principe selon lequel aucun permis tacite ne peut être acquis lorsque le projet est soumis à l'avis conforme de l'ABF est maintenu, mais son application est restreinte au cas où celui-ci a notifié, dans le délai qui lui est imparti, un avis défavorable ou un avis favorable assorti de prescriptions (art. R. 424-3). Cet aspect de la réforme apporte une réelle amélioration de la situation antérieure dans laquelle le demandeur ne pouvait jamais bénéficier d'une autorisation tacite alors même que l'ABF avait émis un avis favorable au projet. Néanmoins, on peut craindre quelques difficultés dans sa mise en œuvre. 643 ■

On peut se poser la question de la sanction de la règle selon laquelle si le projet entre dans le champ d'application de l'une de ces exceptions, le demandeur doit en être informé dans un délai d'un mois à compter à compter du dépôt de son dossier (art. R. 423-5). Une telle omission est-elle de nature à faire naître un permis tacite ? La réponse est selon toute probabilité négative. En effet, il a été jugé dans l'état du droit antérieur à la réforme que même si l'administration avait omis d'informer le pétitionnaire de l'impossibilité pour lui d'obtenir un permis tacite, il ne pouvait s'en prévaloir à l'issue du délai d'instruction (CE 17 nov. 1999, *Cts Abounayan*, n° 180320, *RDI* 2000. 161, obs. L. Touvet). Mais en sens inverse, si l'administration avait indiqué à tort dans la lettre de notification qu'un permis de construire tacite ne pouvait être considéré comme acquis à l'issue des délais d'instruction, le caractère erroné de ce motif n'était pas de nature à empêcher la naissance au profit du pétitionnaire d'un permis tacite (CE 25 juin 2004, *SCI Maison Médicale*, n° 228437, *RDI* 2004. 461, obs. P. S.-C. ; *RD publ.* 2005. 570, note Ch. Guettier). Il n'y aucune raison que ces solutions soient remises en cause.

Le caractère exécutoire. Notification. L'autorisation d'urbanisme expresse est exécutoire à compter de sa notification au demandeur et de sa transmission au préfet lorsque l'autorité compétente est le maire au nom de la commune ou le président de l'EPCI (C. urb., art. L. 424-7). Sa mise en œuvre peut cependant être conditionnée par l'obtention d'une autorisation ou la réalisation de prescriptions requises au titre d'une législation indépendante de l'urbanisme (art. L. 425-8, L. 425-10 à L. 425-12, R. 425-30 et R. 425-31). Le permis de démolir devient exécutoire 15 jours après sa notification au demandeur et, s'il y a lieu, sa transmission au préfet s'il est explicite ; s'il est implicite, 15 jours après la date à laquelle il a été acquis (art. L. 424-9 et R. 452-1). On mesure l'intérêt qu'il y a à ce que la décision qui accorde l'autorisation précise les conditions dans lesquelles elle devient exécutoire (art. R. 424-11). Le permis tacite et la décision de non-opposition à une déclaration préalable sont, quant à eux, exécutoires à compter de la date à laquelle ils sont acquis (art. L. 424-8). La décision 644 ■

de non-opposition à la déclaration portant sur une coupe ou abattages d'arbres dans un espace boisé classé est exécutoire un mois après la date à laquelle elle est acquise (art. L. 424-9 et R. 130-2).

645 *Le caractère exécutoire. Transmission au contrôle de légalité.* Conformément au droit commun des actes des collectivités locales, la décision accordant ou refusant le permis de construire doit être transmise au préfet ou à son délégué dans l'arrondissement (CGCT, art. L. 2131-1 et L. 2131-2). Il en va ainsi également des décisions implicites, permis tacites ou décisions de non opposition à une déclaration préalable (CE 23 oct. 2013, *SARL Prestig'Immo*, n° 344454, préc.*)*. Cette transmission est accompagnée des dossiers et pièces d'instruction (C. urb., art. L. 424-7). Elle détermine le caractère exécutoire de la décision du maire en même temps qu'elle fait démarrer le délai de recours du préfet. C'est d'ailleurs pour cette raison que le maire doit informer le demandeur de la date à laquelle la décision et le dossier ont été transmis au préfet ou à son délégué dans l'arrondissement dans les conditions prévues par le Code général des collectivités territoriales (CGCT, art. R. 424-12). Une transmission à la direction départementale de l'Équipement, devenue direction départementale des territoires (CE 6 juill. 2007, *Cne Saint-Paul-Trois-Chateaux*, n° 298744, *BJDU* 2007. 237, concl. Ch. Devys ; *RDI* 2007. 362 obs. P. S.-C.) ou un envoi incomplet ne font pas courir le délai de recours du préfet. Ce dernier peut d'ailleurs solliciter la communication des pièces complémentaires sans être astreint à l'obligation de notifier cette demande alors même qu'elle préserve le dit délai (CE 18 oct. 2002, *Dumas*, n° 222957, *Constr.-Urb.* 2003. 24, obs. P. Cornille ; *Coll. terr.* 2003. 13, obs. T. Célérier ; *RDI* 2003. 107, obs. P. S.-C.). Le préfet peut par ailleurs déférer le refus du maire de lui communiquer les pièces et dossiers nécessaires au contrôle de légalité (TA Cayenne, 9 juin 2005, *Préfet de la Guyane c/ Cne Cayenne*, n° 04-0145, *AJDA* 2005. 2005, concl. O. Taoumi).

646 *L'affichage de l'autorisation.* L'affichage de l'autorisation ne conditionne pas son caractère excéutoire, mais il est important au contentieux. Il convient toutefois de distinguer car l'article R. 424-15 prévoit deux sortes d'affichage, dont une seule conditionne aujourd'hui les possibilités de recours des tiers. Le premier est un affichage sur le terrain, qui permet de déclencher le délai de recours des tiers. Ainsi, mention du permis explicite ou tacite ou de la déclaration préalable doit être affichée sur le terrain, de manière visible de l'extérieur, par les soins de son bénéficiaire, dès la notification de l'arrêté ou dès la date à laquelle le permis tacite ou la décision de non-opposition à la déclaration préalable est acquis, et pendant toute la durée du chantier. Cet affichage mentionne également l'obligation, prévue par l'article R. 600-1, de notifier tout recours administratif ou tout recours contentieux à l'auteur de la décision et au bénéficiaire de l'autorisation (v. *infra*...). Le second affichage doit être réalisé en mairie (il est sans incidence sur le déclenchement du délai de recours des tiers, mais est important pour leur information). En effet, dans les huit jours de la délivrance expresse ou tacite du permis ou de la décision de non-opposition à la déclaration préalable, un extrait du permis ou de la déclaration est publié par voie d'affichage à la mairie pendant deux mois. Lorsqu'une dérogation ou une adaptation mineure est accordée, l'affichage en mairie porte sur l'intégralité de l'arrêté. L'exécution de la formalité d'affichage en mairie fait l'objet d'une mention au registre chronologique des actes de publication et de notification des arrêtés du maire (CGCT, art. R. 2122-7).

Le sursis à statuer. Les conditions du sursis à statuer. La décision prise consécutivement à la demande d'autorisation peut consister en un sursis à statuer. Celui-ci constitue une mesure de sauvegarde qui peut être opposée dans les cas limitativement énumérés par l'article L. 111-7 du Code de l'urbanisme : lorsqu'une enquête publique préalable à la déclaration d'utilité publique d'une opération a été ouverte (art. L. 111-9) ; lorsque des travaux, des constructions ou installations sont susceptibles de compromettre ou de rendre plus onéreuse l'exécution de travaux publics dès lors que la mise à l'étude d'un projet de travaux publics a été prise en considération (art. L. 111-10) ; lorsque l'élaboration d'un PLU a été prescrite si la demande d'autorisation concerne des constructions, installations ou opérations de nature à compromettre ou à rendre plus onéreuse l'exécution du futur plan (C. urb., art. L. 123-6 ; CE 10 oct. 1990, *Bolhosa*, *Lebon* 272 ; CE 1er déc. 2006, *Société GLFBI*, n° 296543 ; CE 30 mai 2011, *Commune de Ramatuelle*, n° 327769, *Environnement* 2011, comm. 98, D. Gillig) ; à compter de la publication de l'acte créant une ZAC (C. urb., art. L. 311-2) ; pendant la période comprise entre la délimitation d'un secteur sauvegardé et l'intervention de l'acte rendant public le PSMV (C. urb., art. L. 313-2, al. 2). Sur le plan de la forme, le sursis doit être motivé, c'est-à-dire qu'il doit indiquer les considérations de fait et de droit qui ont constitué le fondement de la décision (art. L. 111-8 et R. 424-5). Il doit ainsi faire connaître celle des dispositions du document local d'urbanisme dont la réalisation de la construction projetée rendrait l'exécution plus difficile (CE 1er juill. 1974, *Cne Piscop*, *Lebon* 385 ; CE 10 janv. 1986, *Croquette*, *Lebon* T. 756. Sur le degré de motivation du sursis à statuer : CE 29 juill. 1994, *Cne Milhaud*, n° 129089, *BJDU* 1994. 49, concl. contraires S. Fratacci ; CE 13 avr. 2005, *Lavanchy*, n° 259805, *Constr.-Urb.* 2005. 168, obs. Ph. Benoit-Cattin). 647 ■

Le régime du sursis à statuer. Il est fixé par l'article L. 111-8 du Code de l'urbanisme. Sa durée ne peut excéder deux ans. À l'expiration de ce délai, une décision doit, sur simple confirmation du pétitionnaire, être prise par l'autorité compétente. Mais cette confirmation ne peut être présentée que dans les deux mois suivant l'expiration du délai de validité du sursis, du moins si le plan n'a pas été adopté entre temps (dans le cas où le plan est adopté avant l'expiration du délai indiqué par la décision de sursis, le demandeur dispose, pour confirmer sa demande, d'un délai qui court à compter de la date de l'adoption du plan et s'achève deux mois après l'expiration du délai qui lui avait été indiqué, v. CE 11 févr. 2015, *SCI Naq Gamma*, n° 361443, *rec.* T.). Ce délai de confirmation n'est toutefois opposable que s'il a été mentionné dans la décision de sursis (C. urb., art. R. 424-9 ; CE 6 nov. 1968, *Duvignac*, *Lebon* 553 ; CE 9 févr. 2001, *Frommweiler*, n° 198456, *Constr.-Urb.* 2001. 161, obs. P. Cornille). Par ailleurs, lorsqu'il était fondé sur une procédure d'élaboration ou de révision du PLU, le demandeur dispose, pour confirmer sa demande, d'un délai qui court à compter de la date de l'adoption du PLU et s'achève deux mois après l'expiration du délai qui lui avait été indiqué (CE 11 févr. 2015, *SCI Naq Gamma*, n° 361433, *Constr.-urb.* 4/2015, n° 53, comm. X. Couton). L'autorité compétente doit alors prendre une décision dans un délai de deux mois à compter de la confirmation. Elle ne peut opposer un nouveau sursis fondé sur le même motif que le sursis initial. En revanche, elle peut prendre une nouvelle décision de sursis si des motifs différents la rendent possible par application d'une disposition législative autre que celle qui a servi de fondement au sursis initial. Mais la durée totale des sursis ne peut en aucun cas excéder trois ans. À défaut pour l'autorité compétente d'avoir notifié une décision dans le délai de deux mois précité, l'autorisation est considérée comme accordée dans les termes où elle 648 ■

avait été demandée à la condition que la confirmation soit intervenue à l'issue du délai de validité du sursis et pas avant (CE 9 févr. 2001, *Frommweiler*, préc.). Aucune publicité n'est prévue pour cette autorisation tacite si bien qu'une fois qu'elle est intervenue, l'administration se trouve dessaisie et ne peut plus la retirer même dans le délai du recours contentieux (CE 25 mars 1996, *Fabbro*, n° 100136). Ce régime particulier fait obstacle à ce que puissent être opposées au pétitionnaire les dispositions de l'article R. 424-2 selon lesquelles le constructeur ne peut dans certains cas bénéficier d'un permis de construire tacite (CAA Lyon, 21 juill. 1998, *Cne Lans-en-Vercors*, n° 98LY00594).

649 *Le contentieux du sursis à statuer.* La décision de sursis à statuer procède du pouvoir discrétionnaire de l'administration (CE 3 mai 1952, *Leclerc*, *Lebon* 222 ; CE 23 oct. 1981, *Peyramaure*, *Lebon* 393) sous réserve du contrôle du juge saisi par la voie d'un recours pour excès de pouvoir qui peut lui-même être assorti d'une demande de suspension (CJA, art. L. 521-1 ; CE 9 oct. 2002, *Cne Aix-en-Provence*, n° 244783, *RDI* 2003. 113, obs. L. Derepas). Le juge administratif exerce en la matière un contrôle de l'erreur manifeste d'appréciation (CE 14 oct. 1977, *Ville du Pouliguen*, n° 021646 ; CE 26 janv. 1979, *Assoc. de défense de l'environnement en Vendée*, *Lebon* 25). Toutefois, lorsqu'il est prononcé à raison de la prescription de l'élaboration ou de la révision d'un PLU, la légalité du sursis à statuer est subordonnée à la condition que l'état d'avancement de l'élaboration ou de la révision soit suffisant pour que l'autorité administrative puisse être assurée que la réalisation du projet envisagé est de nature à compromettre ou à rendre plus onéreuse l'exécution du futur plan (CE 8 sept. 1995, *Merlin*, n° 119227), ce que l'autorité compétente est en mesure d'apprécier à la date à laquelle a eu lieu le débat sur les orientations du projet d'aménagement et de développement durables (CE 1er déc. 2006, *Sté GFLBI*, n° 296543, *Constr.-Urb.* 2007. 15, obs. G. Godfrin ; *RDI* 2007. 191, obs. P. S.-C.). Au contentieux, il appartient au juge du fond d'apprécier souverainement l'état d'avancement des travaux de révision du document (CE 25 avr. 2003, *SNC Diamant et Cie*, n° 208398, *BJDU* 2003. 198, concl. I. De Silva ; *RDI* 2003. 591, obs. P. S.-C.).

650 *Le refus ou l'opposition.* La décision refusant le permis ou s'opposant au projet déclaré fait en principe l'objet d'un arrêté notifié au demandeur par lettre recommandée avec demande d'avis de réception ou par voie électronique si cette option était inscrite dans la demande (C. urb., art. L. 424-1 et R. 424-10). Elle doit toujours être motivée (art. L. 424-3), par référence à l'une des normes opposables à l'autorisation demandée. Il ne suffit pas que la décision de refis ou d'opposition ait été prise dans le délai imparti pour l'instruction ; elle doit également être notifiée dans ce délai (CE 30 janv. 2013, *M. Franck Sarret*, n° 340652), faute de quoi elle sera analysée en un retrait de l'autorisation tacitement accordée (CE ass. 1er juin 1973, *Min. Équipement c. Épx Roulin*, *Lebon* 390 ; *AJDA* 1973. 491, note J.-P. Gilli ; CE 30 mai 2007, *SCI-Agur*, n° 288519, *BJDU* 2007. 288, obs. C. Landais ; CE 4 mars 1983, *Min. Urbanisme et Logement c. Coulon*, n° 41081 et 41082 ; CE 26 mars 1990, *Cne Mesnil-Saint-Père*, *Lebon* 75 ; *AJDA* 1990. 549, concl. R. Abraham, note J.-B. Auby). La notification du refus ou de l'opposition Le refus de permis peut exceptionnellement être implicite, dans les cas où le silence gardé par l'administration pendant le délai d'instruction ne peut valoir acceptation du projet (art. R. 424-2 et R. 424-3). Dans ce cas, le pétitionnaire a le droit d'obtenir la communication des motifs de cette décision sans délai, ainsi qu'un certificat attestant l'existence d'un permis tacite.

4. Les contenus spécifiques de la décision

L'autorisation d'urbanisme peut être accordée sous réserve que le projet respecte des prescriptions techniques. Elle peut aussi contenir des prescriptions à caractère financier. 651

Les prescriptions techniques. Elles peuvent, d'abord, consister en l'obligation faite au constructeur de réaliser et de financer, à l'intérieur du terrain d'assiette de la construction, des équipements nécessaires à la viabilité et l'équipement de la construction (C. urb., art. L. 332-6 et L. 332-15). D'autres prescriptions techniques peuvent avoir pour objet de permettre de rendre le projet plus satisfaisant ou plus conforme à la règle d'urbanisme. Elles peuvent notamment résulter des avis émis par les services consultés à l'occasion de la délivrance du permis. Elles ne peuvent toutefois impliquer que des modifications de détail du projet présenté (CE 5 mai 1972, *Rouge*, *Lebon* 349 ; CE 8 janv. 1982, *Assoc. Tradition et maintien des puces*, *Lebon* T. 786). En effet, si les prescriptions sont trop importantes au point qu'elles nécessiteraient la présentation d'un nouveau projet, le permis doit être refusé (CE 7 nov. 1973, *Guidicelli*, *Lebon* 624 ; CE 24 juill. 1977, *Sté L'union interimmobilière*, n° 96283). Les prescriptions techniques doivent encore être précises. En aucun cas, le permis de construire ne peut renvoyer à une concertation ultérieure la définition de celles qui seraient à respecter lors de la réalisation de la construction (CE 16 janv. 1987, *SCI « Ascodif »*, n° 64032). Elles doivent également être réalisables sauf à affecter la légalité de l'autorisation (CE 1er mars 1996, *Becaud*, n° 116820). Elles doivent, enfin, être motivées (C. urb., art. L. 424-3 et R. 424-5) mais, la motivation peut résulter du contenu même de la prescription (CE 24 nov. 1982, *Lalubin*, n° 29038 ; CE 4 janv. 1985, *Sté Sardi*, *Lebon* 1 ; CE 17 juin 1996, *Sté Scierie du Ternois*, n° 108304). 652

Enfin, la jurisprudence avait consacré le principe de l'indivisibilité du permis de construire, dont il résultait non seulement que le recours dirigé exclusivement contre une prescription technique était irrecevable (CE 11 mars 1987, *Sté à loyer modéré « Le Nouveau Logis »*, *Lebon* T. 1009), mais également que l'illégalité dont était affectée une telle prescription était de nature à entacher d'illégalité tout le permis de construire (CE 29 janv. 1971, *SCI « La Charmille de Montsoult » et Sté compagnie foncière métropolitaine*, *Lebon* 86, *AJDA* 1971. 234, concl. M. Gentot). La portée de cette jurisprudence a été sérieusement entamée dans la période récente, le Conseil d'État ayant admis que le titulaire d'une autorisation d'urbanisme est recevable à demander l'annulation d'une ou de plusieurs prescriptions dont celle-ci est assortie. À l'appui de telles conclusions, le requérant peut invoquer tout moyen relatif au bien-fondé des prescriptions qu'il critique ou au respect des exigences procédurales propres à leur édiction. Toutefois, le juge ne peut annuler ces prescriptions, lorsqu'elles sont illégales, que s'il résulte de l'instruction qu'une telle annulation n'est pas susceptible de remettre en cause la légalité de l'autorisation d'urbanisme et qu'ainsi ces prescriptions ne forment pas avec elle un ensemble indivisible (CE, Sect., 3 mars 2015, n° 358677, *Mme Ciaudo*, *Lebon* ; *AJDA* 17/2015.985, chron. J. Lessi et L. Dutheillet de Lamothe ; *RDI* 2015. 375, obs. P. S-C). Ainsi, le revirement n'est pas total puisque la divisibilité des prescriptions techniques n'est toujours pas systématique. Il n'est dès lors pas certain que cette évolution jurisprudentielle améliore réellement la situation du bénéficiaire de l'autorisation d'urbanisme confronté à une prescription qu'il estime irrégulière. Celui-ci aura en effet intérêt à se poser la question de la divisibilité de la prescription, sauf à prendre le risque d'une remise en cause de l'autorisation d'urbanisme dans son ensemble dans le cas où le juge viendrait à considérer la première comme indivisible de la seconde. La question de l'opportunité du recours sera par ailleurs d'autant plus délicate que l'appréciation de la divisibilité ou de l'indivisibilité de la prescription ne sera pas nécessairement aisée, notamment lorsque la prescription procède, comme dans l'affaire *Ciaudo*, d'un pouvoir d'appréciation de l'autorité compétente.

■ 653 *Les participations financières.* L'autorisation d'urbanisme est le fait générateur de participations financières à la réalisation des équipements publics. Leur nature et leur régime seront étudiés au titre du financement des actions d'urbanisme. Indiquons simplement à ce stade que le bénéfice d'une autorisation ou d'une non-opposition tacite ne permet pas d'échapper à ces participations. En effet, le Code de l'urbanisme prévoit que dans le délai de deux mois à compter de l'intervention d'un permis tacite ou d'une décision de non-opposition à une déclaration préalable, l'autorité compétente peut, par arrêté, fixer les participations exigibles du bénéficiaire du permis ou de la décision prise sur la déclaration préalable (C. urb., art. L. 424-6 et R. 424-8). Par ailleurs, la délivrance d'un permis modificatif ne constitue pas le fait générateur d'une nouvelle contribution, sauf lorsque les modifications apportées sont d'une importance telle qu'elles constituent, en réalité, un nouveau permis (CE 14 nov. 1990, *Chabert*, n° 88484, *LPA* 6 mars 1991, p. 4, concl. O. Fouquet ; CE 9 déc. 1991, *SCI « L'Océan »*, *Lebon* T. 1259). Enfin, si le constructeur ne réalise pas la construction autorisée, il n'est pas tenu au versement des participations (CE 1er juill. 1987, *SCI de la zone d'activités industrielles des terres de Saint-Lazare à Ris-Orangis*, *Lebon* 241). Du moins peut-il en principe en être déchargé, ce qui suppose tout de même la réunion de certaines conditions (CE 10 août 2005, *Sté Sinka*, n° 255037, *Lebon* T. ; *RDI* 2005. 467 obs. P. S.-C. et CE 13 juill. 2006, *Sté des établissements Laget*, n° 266494, *RDI* 2006. 394, obs. P. S.-C.).

Seules les taxes et participations prévues par le Code de l'urbanisme peuvent être exigées des constructeurs (art. L. 332-6 s.). Toute autre contribution est illégale même si elle a fait l'objet d'une convention entre la commune et le constructeur (P.-L. Frier, « Contrats et urbanisme : les obstacles juridiques », *Dr. adm.* 2005. 13). Une telle convention est d'ailleurs nulle en raison du caractère d'ordre public des dispositions du Code de l'urbanisme sur ce point. En revanche, en dehors du permis de construire, la commune peut mettre à la charge du propriétaire d'un terrain le coût de travaux dont la réalisation conditionne la délivrance d'une permission de voirie (CAA Lyon, 14 juin 1993, *Sté GRC-EMIN*, n° 92LY00514, dans la même affaire, CE 27 avr. 1998, *SA GRC-EMIN*, n° 150589). Le bénéficiaire pourra contester devant le juge administratif la légalité d'une contribution mise à sa charge par le permis de construire sans pour autant risquer de remettre en cause l'autorisation qui lui a été délivrée. En effet, la divisibilité des prescriptions relatives aux participations a été consacrée par le Conseil d'État (CE 13 nov. 1981, *Plunian*, *Lebon* 413, concl. D. Labetoulle) puis par la loi « Aménagement » du 18 juillet 1985 (C. urb., art. L. 332-7).

5. *Le retrait de l'autorisation d'urbanisme*

■ 654 *Les conditions du retrait.* L'administration qui a délivré un permis exprès ou tacite a la faculté de le retirer s'il est illégal (Civ. 3e, 23 mai 2007, *Sté Passariello*, n° 06-11.889, *BJDU* 2008. 29, note J. Tremeau ; *RDI* 2008. 58, obs. P. S.-C. : sur le devoir de conseil du notaire au moment de la conclusion de la vente ; Civ. 3e, 12 juin 2014, n° 13-18.446, *Constr.-urb.* 2014, n° 138, obs. P. Cornille : le retrait du permis entraîne la nullité de la vente du bien). Depuis la loi ALUR, cette faculté s'applique également aux décisions de non-opposition à déclaration préalable (v. la nouvelle rédaction de l'art. L. 424-5), alors que l'ordonnance du 8 décembre 2005 avait interdit le retrait de ces décisions. Il en résultait une complexité dans le régime du retrait des autorisations d'urbanisme, puisque la loi ENL avait quant à elle fixé à trois mois le délai ouvert à l'administration pour retirer les permis. L'impossibilité de rapporter les décisions de non-opposition à déclaration préalable était d'autant plus sévère pour l'administration que le délai d'instruction de ces déclarations n'est que d'un mois, et que le silence gardé par l'administration vaut toujours non-opposition. La loi ALUR a donc unifié le régime du retrait des autorisations d'urbanisme en prévoyant que « la décision de non-opposition à une déclaration préalable ou le permis de construire ou d'aménager ou de démolir, tacite ou explicite, ne peuvent être retirés que s'ils sont illégaux et dans le délai de trois mois suivant la date de ces décisions. Passé ce délai, la décision de non-opposition et le permis ne peuvent être retirés que sur demande expresse de leur bénéficiaire ».

Ainsi, sur le fond, le retrait ne peut être fondé que sur l'illégalité de l'autorisation (CE 17 mars 2004, *SCI Rivière*, n° 241804, *Dr. adm.* 2004. 103, note N. Rousseau ; *Constr.-Urb.* 2004. 114, obs. Ph. Benoit-Cattin) ; une autorisation d'urbanisme légale ne peut être retirée. En outre, le retrait est assujetti au respect d'un certain formalisme. En premier lieu, il doit être précédé de la procédure contradictoire prévue par la loi du 12 avril 2000 relative aux droits des citoyens dans leurs relations avec les administrations (art. 24 ; CE 23 av. 2003, *Sté Bouygues Immobilier,* n° 249712, *Lebon* 920, *Constr.-Urb.* 2003. 261, obs. Ph. Benoit-Cattin ; *BJDU* 2003. 95, concl. F. Séners), sauf si l'autorité administrative est en situation de compétence liée (CE, avis, 23 févr. 2005, *Hutin*, n° 271270, *Lebon* 79 ; *Constr.-Urb.* 2005. 115, obs. P. Cornille ; CE 21 juill. 2009, *Min. Écologie c/ Van Son*, n° 309501, *JCP* N 2009. 1295, note D. Dutrieux) ou en cas d'urgence, condition difficile à remplir (CE 21 nov. 2011, *Cne Bretigny-sur-Orge*, n° 347969) ou de circonstances exceptionnelles (CE 29 nov. 2004, *SCI Mocicom Immo*, n° 265642, *Constr.-Urb.* 2005. 47, obs. P. Cornille). La circonstance que l'autorisation ait été obtenu par fraude ne dispense pas l'administration du respect de ce principe du contradictoire. Cela étant, par application de la jurisprudence *Danthony* (CE, ass., 23 déc. 2011, n° 335033, *rec.* 649) la méconnaissance du principe du contradictoire, n'entache d'illégalité la décision de retrait que si, dans les circonstances particulières de l'espèce, l'intéressé a été effectivement privé de la garantie prévue par la loi (CE 24 mars 2014, *Cne du Luc-en-Provence,* n° 356142, *Rec.* T ; *BJDU* 3/2014, p. 204, concl. A. Lallet et obs. X. D. L. ; *AJCT* 2014, p. 395, note J-Ph. Borel ; *LPA* 22 juillet 2014 n° 145, p. 19, note D. Dutrieux). En second lieu, la décision qui retire une autorisation, même tacite, doit être motivée (TA Montpellier 26 mars 1982, *Laurent, Lebon* 478) et le juge ne peut substituer d'office un autre motif à celui retenu par l'administration pour prononcer le retrait (CE 9 févr. 2000, *SARL Construction de Giorgi, Lebon* 49 ; *Coll. terr.* 2000. 161, obs. Th. Célérier). Ces exigences de procédure et de forme sont susceptibles de rendre souvent illégaux les retraits « implicites » (ou induits), résultant par exemple de l'intervention d'un refus d'autorisation ou d'un sursis à statuer postérieurement à l'expiration du délai d'instruction et à la naissance d'une autorisation tacite (CE ass. 1er juin 1973, *Min. Équipement c/ Épx Roulin, Lebon* 390 ; *AJDA* 1973. 491, note J.-P. Gilli ; CE 30 mai 2007, *SCI-Agur*, n° 288519, *BJDU* 2007. 288, obs. C. Landais ; CE 26 mars 1990, *Cne Mesnil-Saint-Père, Lebon* 75 ; *AJDA* 1990. 549, concl. R. Abraham, note J.-B. Auby).

655 *Le délai de retrait.* Dans sa rédaction issue des lois ENL du 13 juillet 2006 et ALUR du 24 mars 2014, l'article L. 424-5 du Code de l'urbanisme (dont les termes sont rappelés ci-dessus) enferme le retrait des autorisations d'urbanisme dans undélai de trois mois, que l'autorisation soit expresse ou tacite.

Le délai commence à courir lors de la signature de l'acte, non de sa notification, ou lors de la naissance de la décision implicite (v. Circ. SE au Logement 23 avr. 2002, *BJDU* 2002. 232 ; CE 19 déc. 1952, *Mattéi, Lebon* 594). Pour être valable, il ne suffit pas que la décision de retrait ait été prise dans le délai de trois mois, comme c'est le cas dans le régime général des actes administratif (CE sect., 21 déc. 2007, *Sté Bretim*, n° 285515, *Lebon* 519 ; *RFDA* 2008. 471, concl. Y. Struillou ; *AJDA* 2008. 338, chron. J. Boucher et B. Bourgeois-Machineau ; S. Pérignon, « Un permis de construire définitif, quand le savoir ? », *Constr.-Urb.* 2008. Repère 3) ; encore faut-il qu'elle ait été notifié au titulaire de l'autorisation dans ce délai (CE 13 févr. 2012, *SPA de Vannes*, n° 351617, publiée au recueil *Lebon*, *BJDU* 2/2012, p. 128, concl. M. Vialettes et obs. C. L. ; *RDI* 2012. 239, obs. P.S.-C. ; *JCP*- N 18/2012, n° 1209, obs. D. Dutrieux ; *JCP*-A 41/2012, n° 2330, comm. Ph. Billet, qui estime que l'émission de la notification dans le délai de trois mois devrait suffire). En outre, elle doit avoir été transmise au préfet dans ce même délai (CE 14 nov. 2003, *SCI Les Jardins d'Éva*, n° 258396, *Constr.-Urb.* 2004. 57, obs. N. Rousseau). À ce propos, le Conseil d'État avait jugé, sous l'empire de la jurisprudence Ternon - mais la solution reste valable - que les observations du préfet n'ont aucune influence sur le calcul du délai de retrait (CE 14 oct. 2002, *SARL Detroit*, n° 248899, *Coll. terr.* 2003. 15, obs. Th. Célérier ; *BJDU* 2002. 364 ; *AJDA* 2002. 1456, concl. D. Chauvaux ; *RDI* 2003. 115, obs. L. Derepas). Par ailleurs, il a confirmé que le délai imparti à l'administration s'impose même lorsque l'acte concerné a fait l'objet d'un recours en annulation (CE 14 juin 2004, *SCI Saint Lazare*, n° 238199, *RDI* 2004. 462, obs. P. S.-C.). Enfin, il a jugé que l'exercice d'un recours gracieux conserve le délai du recours contentieux même si le délai de retrait de l'acte est expiré (CE 5 mai 2011, *Min. Écologie c/ Bertaud*, n° 336893, *RDI* 2011. 411, obs. P. S.-C.).

Passé le délai de trois mois précité, « le permis ne peut être retiré que sur demande explicite de son bénéficiaire » (art. L. 424-5). Cette formule aurait dû mettre un terme aux incertitudes quant à la possibilité pour un même pétitionnaire de disposer de deux permis sur une même unité foncière. La délivrance d'une seconde autorisation ne devrait à présent emporter retrait de la précédente que si le pétitionnaire le demande expressément (P. Soler-Couteaux, « Deux permis de construire sur un même terrain : fin d'un questionnement (à propos de CE 29 juin 2005, *Sté Semmaris*, n° 262328, et CE avis 6 juill. 2005, *Corcia et Assoc. des riverains des Hespérides et du Mourre-Rouge*, n° 277276) », *RDI* 2005. 407). Hélas, la Haute juridiction administrative ne semble pas l'avoir entendu ainsi (CE 23 juin 2014, *Société Castel Invest*, n° 366498, *JCP*-A 49/2014, n° 2343, concl. F. Aladjidi ; *Constr.-urb.* 10/2014, n° 129, comm. critique D. Dutrieux). C'est d'autant plus regrettable, que non seulement contraire à la lettre de l'article L. 424-5 du Code de l'urbanisme et peu respectueuse du principe posé à l'article 24 de la loi DCRA, cette jurisprudence pose d'importantes et fréquentes difficultés en pratique. Et l'on ne voit pas quel principe ou règle ferait obstacle à ce qu'un même bénéficiaire puisse avoir deux permis sur un même terrain, d'autant qu'il est sans difficulté admis que plusieurs permis puissent coexister sur un même terrain s'ils n'ont pas le même bénéficiaire. Compte tenu de la souplesse des règles relatives au transfert de permis de construire comme de celles relatives à la qualité pour demander une autorisation, le maintien de la jurisprudence *Vicqueneau* (CE 31 mars 1999, n° 156630, *rec.* T. 958, 1079 et 1083 ; *BJDU* 2/1999. 156) semble anachronique (jurisprudence également critiquée en son temps dans la mesure où le juge y considérait que l'annulation du second permis n'avait pas pour effet de faire revivre le premier). On reviendra sur cette question (v. ss 659). Quoi qu'il en soit, au-delà de cette hypothèse particulière, le retrait de l'acte créateur de droit sur la demande de son bénéficiaire suscite quelques questions que le juge devra trancher (obs. J.-Cl. Bonichot sur CE 26 sept. 2007, *Labeaume*, n° 290059, concl. E. Prada-Bordenave, *BJDU* 2007. 278).

Toujours au titre des dérogations au délai de trois mois, la doctrine administrative fait valoir qu'un permis qui intervient pour assurer l'exécution de la chose jugée en premier ressort (annulation d'un refus de permis avec injonction d'instruire à nouveau) peut être retiré au-delà du délai de trois mois prévu par les textes si la décision rendue en appel contredit celle rendue en première instance (Rép. Min. n° 08378, *JO* Sénat 27 févr. 2014, p. 545 ; Rép. Min. n° 38850, *JOAN* 25 févr. 2014, p. 1835).

Ajoutons que, selon le Conseil d'État, les dispositions de l'article L. 424-5 du Code de l'urbanisme n'ont ni pour objet ni pour effet de faire obstacle à ce que le représentant de l'État forme un recours gracieux jusqu'à l'expiration du délai dont il dispose pour déférer un tel acte au tribunal administratif, ni à ce que ce dernier délai soit interrompu par le recours gracieux. Ainsi, en l'absence de transmission ou en cas de transmission tardive d'un permis tacite notamment, le recours d'un préfet peut parfaitement être recevable alors même que le permis de construire ne peut plus être plus être retiré (CE 6 mai 2015, *Mme A.*, n° 366004, *rec.* T.).

Enfin, rappelons qu'une autorisation obtenue par fraude peut être retirée à tout moment dès lors qu'elle ne crée pas de droits (CE 27 avr. 1984, *Marchetti*, n° 42181 ; CE 27 oct. 2000, *SCI Vista Amena*, n° 195651, *RDI* 2001. 95, obs. P. S.-C. ; CE 18 mai 1998, *Épx Erding*, n° 273943, *BJDU* 1998. 277, concl. D. Chauvaux ; CE 27 juill. 2005, *Cne Générac*, n° 273943, *Constr.-Urb.* 2005. 286, obs. G. Godfrin ; sur cette question, D. Maillot, « Erreur et tentative de fraude dans les demandes d'autorisation d'urbanisme », *LPA* 17 déc. 1997, n° 151, p. 14).

Le contentieux du retrait. Sur le plan contentieux, le juge des référés peut ordonner la suspension d'une décision de retrait intervenue en dehors des délais qui sont impartis à l'autorité administrative, dès lors qu'elle était, en toute hypothèse, dessaisie (CE 14 oct. 2002, *SARL Detroit*, préc. et particulièrement les concl., *AJDA* 2002. 1458). Il peut bien entendu également l'annuler. 656

Lorsque le retrait de l'autorisation est suspendu ou annulé, le permis initial est rétabli à compter de la lecture de la décision juridictionnelle prononçant cette suspension ou cette annulation. Il en découle qu'un nouveau délai de validité court à partir de la notification de la décision juridictionnelle qui suspend (CAA Paris 27 nov. 2001, *Cne Soisy-sous-Montmorency*, n° 00PA00468 et 00PA00486 ; CAA Bordeaux 29 déc. 2006, *Cne Balma*, n° 03BX01646, *JCP* A 2006, n° 2147, p. 16, obs. A. Pariente ; *RDI* 2007. 363, obs. P.S.-C.) ou annule le retrait (CE 6 avr. 2007, *Chabran*, n° 296493, *Constr.-Urb.* 2007. 108, dos. G. Godfrin ; *BJDU* 2007. 153, concl. M. Guyomar ; *Defrénois* 2007. 38713, note Ph. Benoit-Cattin ; *RDI* 2007. 363, obs. P.S.-C.). Mais par ailleurs, un nouveau délai de recours s'ouvre alors contre le permis ainsi rétabli. Il court à compter de l'accomplissement de la formalité de l'affichage du permis rétabli (CE 6 avr. 2007, *A.*, n° 296493, *Constr.-Urb.* 2007. 108, obs. G. Godfrin et 128, obs. P. Cornille ; Rép. min. n° 01965 : JO Sénat Q 25 oct. 2012, p. 2405, *Constr.-urb.* 1/2013, alerte 1, D. Gillig.). L'arrêt *Chabran* semblait subordonner la « renaissance » d'un délai de recours à la condition que le retrait soit intervenu dans le délai de recours contentieux, mais cette condition n'est pas reprise dans une récente réponse ministérielle (Rép. min. n° 5548 : *JOAN* Q 23 oct. 2012, p. 5965, *JCP*-A 4/2013, n° 2019, comm. C. Debouy).

Le retrait du permis faisant l'objet d'un contentieux. Le retrait du permis contesté au contentieux a pour conséquence de faire perdre son objet à l'instance et d'entraîner le non-lieu à statuer. Mais il n'en va pas ainsi lorsque le retrait est suivi de la délivrance d'un nouveau permis et n'a d'autre objet que de ne pas retarder les travaux autorisés. Dans un tel cas, le juge administratif considère que le nouveau permis n'est qu'une décision modificative du précédent ; il n'y a donc pas non-lieu à statuer sur la requête dirigée contre ce dernier (CE 6 mars 2002, *Besombes*, n° 238478, *Coll. terr.* 2002. 146, obs. Th. Célérier ; *RDI* 2002. 342, obs. L. Derepas).

§ 2 Les effets des autorisations d'urbanisme

657 Le droit de construire est attaché à la propriété du sol. Il ne peut cependant s'exercer que dans le respect des dispositions législatives et réglementaires relatives à son utilisation. C'est l'objet des diverses autorisations d'urbanisme que de contrôler la conformité à ces dernières des constructions, aménagements ou démolitions projetés par ceux qui les sollicitent (C. urb., art. L. 421-6). Les effets qui s'y attachent résultent de la fonction qui est la leur. Elles permettent au pétitionnaire de réaliser ce qui constitue l'objet de sa demande (A) en considération de sa conformité à la règle d'urbanisme (B). Comme toute autorisation, leurs effets sont limités dans le temps (C). Enfin, un mécanisme de contrôle de la conformité de l'opération réalisée à l'autorisation sur le fondement de laquelle elle a pu être engagée est organisé (D).

A. Une autorisation

658 L'autorisation d'urbanisme confère à son bénéficiaire le droit de réaliser l'ouvrage ou d'effectuer les travaux et aménagements qu'il envisage dans les limites du projet qu'il a présenté (CE 13 juill. 1968, *Mendelssohn*, n° 66310 ; CE 13 nov. 1992, *Cne Nogent-sur-Marne*, n° 110878). Il ne peut se prévaloir d'autres droits que ceux-là. Il ne peut par exemple se prévaloir d'aucune garantie quant à l'état du sous-sol (CE 23 oct. 1963, *Vve Musy*, n° 57368, *Rev. adm.* 1963. 584, note G. Liet-Veaux ; CE 10 juin 1970, *Ville Nice c/ L'Aiglon*, *Lebon* 1248), même si la responsabilité de l'administration peut néanmoins être engagée lorsqu'elle a délivré l'autorisation en ayant la connaissance suffisamment précise d'un risque (CE 20 avr. 1966, *Loncq*, *Lebon* 268 ; CE 13 juin 2003, *Sté SMAC Acieroid*, n° 213991). Cette responsabilité peut cependant être atténuée par la faute de la victime (CE 2 oct. 2002, *Min. Équipement c/ Épx Grondin*, n° 232720, *Lebon* T. 924 ; *BJDU* 4/2002. 309, concl. I. de Silva ; *AJDA* 2003. 143, note C. Deffigier). Par ailleurs, la délivrance du permis ne saurait évidemment valoir renonciation par la collectivité au nom de laquelle il a été délivré à exproprier ou à préempter l'immeuble autorisé.

Les décisions prises au titre de l'urbanisme présentent une double nature. Elles ont d'abord un caractère « réel » en ce qu'elles ne sont pas prises en considération de la personne mais de la seule conformité de la construction, des travaux ou de l'aménagement projetés aux règles qu'elles ont pour vocation de sanctionner (CE 29 mai 1970, *Rousseau*, *Lebon* 380 ; cette affirmation mériterait néanmoins d'être nuancée aujourd'hui s'agissant des autorisations délivées dans les zones agricoles en considération de la qualité d'agriculteur du pétitionnaire). Elles revêtent néanmoins le caractère d'actes individuels créateurs de droits et confèrent, à ce titre, des droits acquis (CE 28 oct. 1959, *Quelavoine*, *Lebon* 1140 ; CE 30 nov. 1966, *Martin*, *Lebon* 1038 ; CE 20 oct. 2004, *SCI Logana*, n° 257690, *Lebon 381; Constr.-Urb.* 2004. 239, obs. Ph. Benoit-Cattin ; *BJDU* 2004. 299, concl. J.-H. Stahl, note S. Pérignon ; *RDI* 2005. 143, obs. P. S.-C.). Cette double nature explique le régime des modifications apportées à l'autorisation initiale (2) et celui de son transfert (3). Mais il convient préalablement de se poser la question de savoir si un pétitionnaire peut disposer de plusieurs autorisations sur la même unité foncière (1).

1. *Pluralité d'autorisations*

La question se pose de savoir si un même pétitionnaire peut être bénéficiaire de plusieurs permis de construire sur le même terrain. La jurisprudence n'a jamais été parfaitement claire sur cette problématique. Pendant un certain temps, elle était plutôt dans le sens de ne pas l'admettre, considérant généralement que l'octroi d'un nouveau permis à un même bénéficiaire sur un même terrain emportait nécessairement retrait du premier, dès lors au moins que le nouveau permis était définitif (CE 3 févr. 1982, *SCI Résidence de Saint Mandé*, n° 23224, *Lebon* T. 793 ; CE 31 mars 1999, *Vicqueneau*, n° 156630, *Lebon* 958 ; *BJDU* 1999. 268, concl. A. Daussun ; CE 19 avr. 2000, *Borusz*, n° 207469, *Lebon* 157 ; v. cependant auparavant CE 13 déc. 1974, *Min. Aménagement du territoire c/ De Gratet du Bouchage*, *Lebon* 629. P. Soler-Couteaux, « Deux demandes de permis de construire sur un même terrain : fin d'un questionnement », *RDI* 2005. 407). Mais c'est vers la solution inverse qu'elle semblait s'orienter à la veille même de la réforme des autorisations d'urbanisme (CE 29 juin 2005, *Sté Semmaris, Lebon* 269). La loi ENL n'a fait que conforter cette solution en interdisant le retrait des décisions de non-opposition à déclaration préalable et en limitant à trois mois le délai de retrait des permis étant précisé que « passé ce délai, le permis ne peut être retiré que sur demande explicite de son bénéficiaire » (C. urb., art. L. 424-5 ; S. Pérignon, « La sécurisation des autorisations d'urbanisme et des constructions existantes », *AJDA* 2006. 1551 ; P. Soler-Couteaux, « L'impact de la loi ENL sur le droit de l'urbanisme », *RDI* 2006. 407). La jurisprudence postérieure est cependant revenue à la solution initiale, tout en faisant valoir que si la délivrance d'un nouveau permis de construire au bénéficiaire d'un précédent permis, sur le même terrain, a implicitement mais nécessairement pour effet de rapporter le permis initial, ce retrait est indivisible de la délivrance du nouveau permis. Par suite, les conclusions aux fins d'annulation du permis initial ne deviennent sans objet du fait de la délivrance d'un nouveau permis qu'à la condition que le retrait qu'il a opéré ait acquis un caractère définitif, à la date à laquelle le juge qui est saisi d'un recours contre le second permis se prononce. Tel n'est donc pas le cas lorsque le nouveau permis de construire a fait l'objet d'un recours en annulation, quand bien même aucune conclusion expresse n'aurait été dirigée contre le retrait qu'il opère (CE 7 avr. 2010, *SCI La Tilleulière*, n° 311694, *BJDU* 2010. 142, concl. J. Burguburu, obs. C. L. ; *RDI* 2010. 406, obs. P. S.-C. ; *v.* égal. CE 14 mars 2011, *Cne Ajaccio*, n° 308987, *BJDU* 2011. 292, concl. J. Boucher, obs. C. L.). La jurisprudence la plus récente ne se réfère même plus au caractère définitif ou non du second permis. Selon le Conseil d'État en effet, lorsque, postérieurement à l'introduction du pourvoi contre une ordonnance par laquelle un tribunal administratif a suspendu un permis de construire, le maire accorde à l'intéressé un 659 ■

nouveau permis de construire portant sur le même terrain que celui sur lequel portait l'arrêté suspendu, le pourvoi perd *ipso facto* son objet, la délivrance du nouveau permis de construire ayant, implicitement mais nécessairement, pour effet de rapporter le permis de construire accordé par le premier arrêté, alors même que ce nouveau permis serait encore susceptible d'être annulé (CE 23 juin 2014, *Société Castel Invest*, n° 366498, *JCP*-A 49/2014, n° 2343, concl. F. Aladjidi ; *Constr.-Urb.* 10/2014, n° 129, comm. critique D. Dutrieux). Pour les raisons développées plus haut (v. *supra*), que ne peut que conforter le caractère réel des autorisations d'urbanisme, cette jurisprudence semble discutable.

2. *La modification de l'autorisation*

660 *Le critère et la définition.* Il est admis que, tant que le projet autorisé n'est pas achevé, le pétitionnaire peut lui apporter des modifications limitées sous réserve d'obtenir une modification de son autorisation initiale. Cette faculté est née d'une pratique qui remonte à une circulaire du 16 mars 1973 et admise par la jurisprudence (G. Liet-Veaux, « Le permis de construire modificatif », *JCP* N 2002. 1372). Les dossiers modificatifs sont aujourd'hui évoqués par le Code de l'urbanisme (*v.* not. art. L. 462-2, L. 600-5 et L. 600-5-1), mais c'est encore la jurisprudence qui en définit le régime. Sur le plan des principes, le modificatif trouve son fondement dans les droits acquis que le pétitionnaire tient de son autorisation. C'est ce qui explique que la jurisprudence exige du permis modificatif qu'il ait un lien avec le permis modifié.

Surtout, la délivrance d'un permis modificatif est subordonnée à la condition que les modifications ne remettent pas en cause la conception ou l'économie générale du projet autorisé par le permis initial ou, selon une formule analogue, soient dépourvues d'incidence sur la conception générale du projet initial (CE, sect., 26 juill. 1982, *Le Roy, Lebon* 316 ; *JCP* 1982. II. 19892, concl. Y. Robineau, obs. G. Liet-Veaux ; CE 4 févr. 2004, *Molinari*, n° 254223, *BJDU* 2004. 113, concl. F. Séners ; *RDI* 2004. 211, obs. P. S.-C.). C'est à partir de ce critère que le juge a été amené à opérer le partage entre ce qui relève du permis modificatif et ce qui présente en fait le caractère d'un nouveau permis « eu égard à la nature et à l'importance des modifications envisagées » (CE 5 juill. 1978, *SCI du Château, Lebon* 971 ; CE 27 févr. 1981, *Pras, Lebon* T. 967). Ainsi, même un accroissement de la surface hors œuvre nette d'un projet peut relever du permis modificatif (CE 27 avr. 1994, *Épx Bouchy*, n° 128478, *BJDU* 1994. 67, concl. J. Arrighi de Casanova ; CE 28 juill. 1999, *Sté d'HLM Le Nouveau Logis Centre Limousin, Lebon* 272 ; CE 21 déc. 2001, *SCI Le Complexe*, n° 211663, *Constr.-Urb.* 2002. 98, obs. Ph. Benoit-Cattin), de même que la construction d'une villa supplémentaire sur un terrain faisant déjà l'objet d'un permis de construire un ensemble immobilier composé de plusieurs bâtiments d'habitation distincts (CE 25 avr. 2001, *Alborn*, n° 207095, *Constr.-Urb.* 2001. 186, obs. P. Cornille ; *RDI* 2001. 398, obs. P. S.-C. ; v. aussi, CE 3 avr. 1987, *Monmarson*, n° 53869 ; CE 28 juill. 2000, *SNC Cannes Estérel*, n° 189861, *Constr.-Urb.* 2000. 310, obs. P. Cornille), ou encore la suppression d'un étage et une reduction importante de la SHON (CAA Marseille, 6 févr. 2014, *Militello c/ Cne de Marseille*, n° 12MA00957, *BJDU* 5/2014.358, concl. M. Revert). En revanche, en considération de l'impact de la modification, et notamment lorsque le programme ou l'implantation du bâtiment s'en trouvent substantiellement modifiés, le pétitionnaire devra solliciter un nouveau permis (CE 3 juill. 1974, *SCI « Les Pervenches », Lebon* 382 ; CE 5 juill. 1978, *SCI du Château, Lebon* 971 ; CE 7 févr. 1981, *Pras*, préc. ; CE 8 nov. 1985, *Cavel et Gillet, Lebon* 318 ; *AJDA* 1986. 126, note J. C. ; CE

1er déc. 1993, *Ville Beaune*, n° 110339, *BJDU* 1994. 23, concl. Ch. Vigouroux ; CE 8 févr. 1999, *Cne La Clusaz*, n° 171946 ; CE 22 nov. 2002, *François-Poncet, Coll. terr.* 2003. 61, obs. Th. Célérier : nouvelle division parcellaire). À l'inverse, le juge administratif peut requalifier une autorisation présentée par l'administration et le pétitionnaire comme un nouveau permis retirant un précédent et n'y voir, en réalité, qu'un permis modificatif (CE 6 mars 2002, *Besombes*, n° 238478, *Constr.-Urb.* 2002. 158, obs. N. Rousseau ; *Coll. terr.* 2002. 146, obs. Th. Célérier ; *RDI* 2002. 342, obs. L. Derepas). Mais, en toute hypothèse, il résulte de ce qui précède que le champ d'application du permis modificatif n'est pas tant déterminé par la nature des modifications que par leur impact et que le juge n'exige un nouveau permis que lorsqu'elles ont une incidence substantielle sur le projet initial.

Le régime du permis modificatif. Le demandeur de la modification de l'autorisation doit être en mesure d'attester qu'il est autorisé à la solliciter (v. sous l'empire de C. urb., art. R. 421-1-1 : CE 26 sept. 1994, *Épx Steiger*, n° 121074 et 138080 ; *BJDU* 1995. 50, concl. S. Fratacci : à propos d'un permis modificatif affectant les parties communes ou l'aspect extérieur d'une copropriété alors que l'assemblée générale des copropriétaires n'avait donné son autorisation qu'au seul permis initial ; CE 8 mars 2002, *Bréault*, n° 215190, *Constr.-Urb.* 2002. 129, obs. Ph. Benoit-Cattin), ce qui implique pour lui, par exemple, de disposer d'un mandat de l'article R. 261-5 du Code de la construction et de l'habitation, lorsqu'il a consenti des ventes en l'état futur d'achèvement (CE 5 déc. 2005, *Sté Kaufmann et Broad*, n° 258681, *Lebon* T. 1137. ; *AJDA* 2006. 561, note S. Pérignon ; *RDI* 2006. 151, obs. P. S.-C. ; v. désormais, art. R. 423-1). 661 ■

Pour le reste, l'une des principales vertus du permis modificatif est qu'il laisse subsister les droits acquis au titre du permis initial dont il ne se distingue pas. Cela entraîne plusieurs conséquences. D'une part, il ne peut être délivré que si le permis initial est en cours de validité. Et tant qu'il l'est, l'obtention d'un tel permis est obligatoire alors même que les modifications relèveraient de la déclaration de travaux s'ils étaient effectués sur une construction existante (CAA Paris, ass. plén., 13 déc. 1994, *Ville Paris*, n° 92PA01420 ; v. par analogie, CE 17 déc. 2003, *Bontemps*, n° 242282, *Constr.-Urb.* 2004. 62, obs. Ph. Benoit-Cattin). D'autre part, il n'ouvre pas un nouveau délai de recours contentieux à l'encontre des dispositions du permis initial qui ne sont pas affectées par la modification (CE 2 avr. 1977, *Guérini c/ Pourtaubordes*, *Lebon* 1239) mais il ne fait pas non plus courir un nouveau délai de validité du permis initial (CE, sect., 16 févr. 1979, *SCI « Cap Naïo »*, *Lebon* 66, concl. M. Rougevin-Baville). Il n'est pas non plus générateur de nouvelles taxes et participations (CE 14 nov. 1990, *Chabert*, n° 88484, *LPA* 6 mars 1991, concl. O. Fouquet ; CE 21 déc. 2001, *SCI Le Complexe*, préc.) à moins que les modifications soient d'une importance telle qu'elles constituent, en réalité, un nouveau permis (CE 9 déc. 1981, *SCI « L'océan »*, *Lebon* T. 1259). Pour les mêmes raisons, l'autorité administrative a l'obligation de le délivrer, même si le permis initial ainsi modifié n'est pas conforme aux règles d'urbanisme édictées depuis sa délivrance et si, du moins, les modifications envisagées n'apportent pas d'atteintes supplémentaires aux nouvelles règles d'urbanisme. Il en va ainsi *a fortiori* si les règles mises en œuvre à l'occasion de la décision modificative sont étrangères à celles méconnues par le premier permis (CE, sect., 26 juill. 1982, *Le Roy*, préc. ; CE 27 avr. 1994, *Bouchy*, préc.).

La succession de deux permis, le second étant présenté comme un permis modificatif, renferme cependant des pièges tant pour le demandeur que pour les requérants. Pour le premier, le Conseil d'État a émis pour avis que si un permis de construire peut être requalifié du fait de son objet et de sa portée en nouveau permis de construire, qui se substitue alors au permis initial, la délivrance d'un tel permis n'entre pas dans le régime du retrait, dès lors qu'elle intervient à la demande du bénéficiaire qui entend modifier son projet de construction (CE, avis, 6 juill. 2005, *Corcia et Assoc des riverains des Hespérides et du Mourre-Rouge,* n° 277276, *BJDU* 2005. 284, concl. F. Donnat ; *Defrénois* 2005. 38264, note Ph. Benoit-Cattin ; P. Soler-Couteaux, « Deux demandes de permis de construire sur un même terrain : fin d'un questionnement », *RDI* 2005. 407). Autrement dit, un constructeur peut avoir demandé le retrait de son permis sans le savoir ! Cette solution pourrait cependant être remise en cause par la disposition de la loi ENL du 13 juillet 2006 qui réduit le délai de retrait du permis de construire à trois mois et dispose que « passé ce délai, le permis ne peut être retiré que sur demande explicite de son bénéficiaire », tout son sens devant être donné au qualificatif « explicite » (C. urb., art. L. 424-5). On a vu que tel n'est pas encore vraiment le cas. Concernant les requérants, l'annulation d'un permis de construire modificatif qui constituait en réalité un nouveau permis suppose qu'ils démontrent l'illégalité du projet à la date de sa délivrance (CE 24 nov. 2003, *SCI Ariola*, n° 251814, *Constr.-Urb.* 2004. 59, obs. N. Rousseau). Par conséquent, lorsqu'un permis de construire modificatif doit être regardé en réalité comme un nouveau permis devenu définitif faute d'avoir été attaqué dans le délai du recours pour excès de pouvoir, ce nouveau permis doit être considéré comme légal dès lors que les requérants n'invoquent pas d'autres motifs d'illégalité que celui résultant de ce que le second permis aurait modifié un permis initial lui-même définitivement annulé (CAA Bordeaux, 14 févr. 2005, *Mirieu de Labarre et Mazet*, n° 00BX02878, *Constr.-Urb.* 2005. 117, obs. N. Rousseau). Enfin, le Conseil d'État a précisé que le délai de recours contre un permis nouveau ou un permis modificatif délivré en cours d'instance démarre à compter de son affichage et de sa notification (CE 23 mai 2011, *Paris-Habitat OPH*, n° 339610, *BJDU* 2011. 232, concl. C. Landais ; *RDI* 2011. 466 obs. P. S.-C.).

662 *Le permis modificatif et le permis de régularisation.* Le permis modificatif se substitue au permis initial dans tous les éléments qu'il modifie. Le pétitionnaire n'est alors autorisé à édifier les bâtiments autorisés qu'en se conformant aux corrections et adjonctions édictées par lui. Il peut donc être utilisé, et c'est une autre de ses vertus, pour régulariser le permis initial et le purger tant de ses vices de fond que de ses vices de forme ou de procédure (ce que reconnaissent aujourd'hui expressément les textes : art. L. 600-5 et L. 600-5-1 du Code de l'urbanisme). Ainsi, lorsqu'une autorisation a été délivrée en méconnaissance des dispositions législatives ou réglementaires relatives à l'utilisation du sol ou sans que soient respectées les formes ou formalités préalables à sa délivrance, l'illégalité qui en résulte peut être régularisée par la délivrance d'un permis modificatif, dès lors que celui-ci assure le respect des règles de fond applicables au projet en cause, répond aux exigences de forme ou a été précédé de l'exécution régulière de la ou des formalités qui avaient été omises (CE 9 déc. 1994, *SARL SERI,* n° 116447 ; *Lebon* T. 1261 ; CE 8 déc. 1995, *Assoc. de défense des riverains de Central Park, Lebon* T. 1098 ; CE 15 janv. 1997, *Assoc. pour la sauvegarde des espaces verts et du cadre de vie de Chatenay-Malabry*, n° 100494, *BJDU* 1997. 125, concl. R. Schwartz ; CE 2 févr. 2004, *SCI La Fontaine de Villiers,* n° 238315 ; *Lebon* T. 914 ; *BJDU* 2004. 25, concl. M. Guyomar, note J. Trémeau ; *RDI* 2004. 213, obs. P. S.-C.). L'éventuelle illégalité du permis initial ainsi purgée ne peut plus être invoquée. Dans le même sens, la délivrance d'un permis modificatif qui vient régulariser le permis initial permet au pétitionnaire de solliciter du juge des référés qu'il lève la suspension (CE 24 févr. 2003, *Cne Saint-Bon-Tarentaise-Courchevel c/ Perrier*, n° 248893 et 248941, *BJDU* 2003. 271, concl. L. Vallée). Mais la jurisprudence va plus loin: elle autorise le bénéficiaire de l'autorisation à reprendre les travaux sous couvert du permis modificatif sans avoir à revenir devant le juge des référés (CE 27 juill. 2006, *Min. Équipement c/ Patoulle*, n° 287836, *BJDU* 2006. 464, concl. E. Glaser; *RDI* 2006. 393, obs. P. S.-C. ; *JCP* A 2006. 1290, obs. Ph. Billet; v. égal., CE, sect., 5 nov. 2003, *Assoc. « Convention vie et nature pour une écologie radicale » et Assoc. pour la protection des animaux sauvages, Lebon* 444, concl. F. Lamy). Et si le juge des référés est saisi par le requérant pour prendre les « mesures utiles » afin que cesse la poursuite des travaux dont l'autorisation a été suspendue (*ibid.*), celui-ci est tenu de prendre en compte la mesure dans laquelle l'intervention d'un permis modificatif a remédié aux vices retenus par l'ordonnance de suspension à l'encontre du permis initial (CE 27 juill. 2006, *Min. Équipement c/ Patoulle*, préc. ; CE 6 févr. 2004, *Masier, Lebon* 45; *Coll. terr.* 2004. 92, obs. G. Pellissier; *BJDU* 2004. 138, concl. J.-H. Stahl; *RDI* 2004. 221, obs. P. S.-C. ; *JCP* A 2004. 1180, obs. R. Noguellou). Devant le juge judiciaire, délivrance d'un permis de régularisation fait obstacle à une demande en démolition sur le fondement de l'article L. 480-13 (Civ. 3e, 20 nov. 2013, n° 12-26.595, Constr.-urb. 2014, n° 8, note P. Cornille et Repère 3 de H. Périnet-Marquet). En revanche, elle n'exonère pas le constructeur de la faute résultant de l'infraction dont il a été reconnu coupable et ne fait pas disparaître le lien de causalité entre la faute pénalement sanctionnée et le préjudice subi par le voisin. Le préjudice doit donc être réparé entre la date de la commission de l'infraction et la délivrance du permis de régularisation (Crim. 13 nov. 2013, n° 10-84.430, Bull. ; *Constr.-urb.* 2014, n° 8, note P. Cornille et Repère 3 de H. Périnet-Marquet; v. précédemment, Civ. 3e, 8 févr. 1983, *RDI* 19830445).

3. *Le transfert de l'autorisation*

L'autorisation d'urbanisme est délivrée au regard de la qualité du demandeur mais également, ainsi qu'on l'a dit, en considération du projet envisagé sur un terrain. On a coutume d'exprimer cela en disant qu'il a un caractère « réel » (CE 29 mai 1970, *Rousseau, Lebon* 380). Il est donc, en conséquence, possible de le transférer (H. Périnet-Marquet, « Le transfert du permis de construire. Évolutions et incertitudes », *Droit et Ville* 1982, n° 13, p. 55; B. Stemmer, « Une création prétorienne et une application difficile: le transfert du permis de construire », *JCP* N 1981. 7857; Ch. Corinaldesi, « Le transfert de permis de construire », thèse Nice, oct. 1998; S. Pérignon, « Le transfert du permis de construire », *DAUH* 2005. 59). Ce mécanisme n'est pas prévu par le Code de l'urbanisme (qui néanmoins régit certaines de ses conséquences, v. art. L. 331-26 et infra), mais résulte de la jurisprudence selon laquelle : « Lorsque pendant la période de validité d'un permis de construire, la responsabilité de la construction est transférée du titulaire du permis à une ou plusieurs autres personnes, il n'y a pas lieu pour l'administration, de délivrer à celle-ci, un nouveau permis, mais simplement de transférer avec l'accord du propriétaire du terrain, le permis précédemment accordé » (CE 10 déc. 1965, *Synd. des copropriétaires de l'immeuble Pharo Pasteur, Lebon* 684). Il s'agit toutefois d'une simple pratique. Il en résulte d'abord que le transfert n'est pas nécessaire pour imposer au propriétaire, quel qu'il soit, le respect des prescriptions du permis (CE 6 mars 2006, *Ville Lyon*, n° 283987, *BJDU* 2006. 204, 663 ■

concl. C. Verot). Ensuite, celui qui met en œuvre un permis sans en avoir sollicité le transfert ne peut être sanctionné pénalement (Crim. 29 juin 1999, *Bull. crim.* n° 166).

■ 664 *Forme et conditions du transfert.* Le transfert est subordonné à l'intervention d'une décision administrative. Cette dernière donne lieu à une triple vérification. D'une part, l'autorité compétente doit vérifier que le nouveau bénéficiaire atteste de sa qualité à demander l'autorisation concernée (CE 25 avr. 1980, *SCI « Les Alyscamps »*, *Lebon* 201. *AJDA* 1980. 414, chron. Y. Robineau et M.-A. Feffer ; *JCP* 1980. II. 19455, concl. J.-F. Théry, note G. Liet-Veaux). Elle doit, d'autre part, s'assurer que l'autorisation dont le transfert est demandé est en cours de validité à la date à laquelle elle doit se prononcer (CE 4 juin 1982, *Sté Tradimo*, *Lebon* 213 ; *AJDA* 1982. 451, chron. F. Tiberghien et B. Lasserre ; *D.* 1982. 497, concl. B. Stirn ; CE 5 oct. 1983, *SCI Le Ludon Médoc*, *Lebon* T. 915 ; CE 27 oct. 2006, *SNC Lidl*, n° 278226, *Constr.-Urb.* 2007. 18, obs. P.-E. Durand ; *RDI* 2006. 514, obs. P. S.-C.). Elle doit recueillir enfin l'accord du titulaire initial (CE 20 oct. 2004, *SCI Logana*, n° 257690, *Lebon* 381 ; *Constr.-Urb.* 2004. 239, obs. Ph. Benoit-Cattin ; *BJDU* 2004. 299, concl. J.-H. Stahl, note S. Pérignon ; *RDI* 2005. 143, obs. P. S.-C. ; v. aussi CE 26 févr. 2003, *Sté Les Belles demeures du Cap Ferrat*, n° 249264, *Coll. terr.* 2003. 110, obs. Th. Célérier ; *RDI* 2003. 373, obs. A. Robineau-Israel ; *JCP* 2003. 10094, note J. Duval et V. Guinot). Sur ce point, la Cour de cassation retient que le juge des référés civils ne peut, sur le fondement de l'article 809 du Code de procédure civile, enjoindre au titulaire du permis de construire de donner son accord au transfert (Civ. 1re, 2 oct. 2001, *Cts Auger-Lantero c/ Épx Dillinger*, *Bull. civ.* I, n° 242 ; *D.* 2001. IR 3021).

Si ces conditions sont réunies, le transfert est de droit sans que l'administration puisse remettre en cause la légalité de l'autorisation initiale dès lors qu'elle est devenue définitive et ce alors même que la législation aurait changé depuis sa délivrance (CE 10 déc. 1965, *Synd. des copropriétaires de l'immeuble Pharo Pasteur*, préc. ; CAA Nantes, 29 avr. 1998, *Préfet du Finistère*, n° 96NT01661, *AJDI* 1998. 1104, concl. Ch. Jacquier). Encore faut-il que l'autorisation ait strictement le même objet. À défaut, il convient d'accompagner la demande de transfert d'une demande de modification de l'autorisation initiale (CAA Lyon, 21 juin 1994, *SARL Anciens Constructeurs*, n° 93LY01423, *JCP* N 1995. 329, obs. B. Stemmer).

Le transfert peut être partiel lorsque l'autorisation initiale porte sur deux constructions distinctes et que le transfert a lieu, pour chacune d'entre elles, en faveur de bénéficiaires différents (CE 24 juill. 1987, *Épx Rayrole*, n° 61614, *JCP* N 1988. 38, note B. Stemmer ; CAA Lyon, 21 juin 1994, *SARL Anciens Constructeurs*, préc. ; v. cependant, les réserves de la doctrine administrative à propos du transfert partiel d'un permis de construire valant division au profit d'une pluralité d'acquéreurs de lots qui édifieront chacun une maison individuelle, Rép. min. n° 79416, 25 mai 2010, *JOAN* Q 22 mars 2011. 2878 ; *RDI* mai 2011. 64 ; *RDI* 2011. 291, obs. P. S.-C.).

■ 665 *Effet du transfert.* La décision de transfert s'analyse comme une rectification du nom du bénéficiaire du permis (CE 18 juin 1983, *Cne Barroux*, n° 118690 ; CE 24 févr. 1992, *Sté Cogedim Ile-de-France*, n° 119134). Elle est cependant largement assimilée du point de vue de son régime au permis modificatif. Ainsi, l'autorité administrative ne peut, à cette occasion, imposer des prescriptions nouvelles. Enfin, la décision de transfert est sans influence sur le délai de validité de l'autorisation transférée et n'ouvre pas de nouveaux délais de recours à son encontre (CE 3 janv. 1975, *SCI « Cannes Bénéfiat »*, *Lebon* 2).

Aspects administratif et contentieux du transfert. Le transfert s'oppose d'abord à ce que le propriétaire du terrain d'assiette demande la prorogation de l'autorisation transférée et dépose une déclaration d'ouverture de chantier (CAA Bordeaux, 9 mars 2006, *Vivien Sanz*, n° 02BX02177, *Constr.-Urb.* 2006. 154, obs. P. Cornille). Il pose ensuite le problème des droits et obligations de ses bénéficiaires successifs et de leurs relations. Sur les plans administratif et contentieux, le bénéficiaire du transfert acquiert un intérêt personnel au maintien de l'autorisation (CAA Lyon, 10 nov. 1993, *SCI du Vittier*, n° 92LY01116), mais le demandeur du permis initial conserve un intérêt à intervenir à la procédure pour le défendre et son appel contre un jugement l'annulant est ainsi recevable (CE 17 sept. 1999, *Bourde*, n° 176561). En revanche, le recours dirigé contre le permis de construire est recevable nonobstant la circonstance qu'il n'a pas été notifié au bénéficiaire du transfert en application de l'article R. 600-1 du Code de l'urbanisme (CE 23 avr. 2003, *Assoc. Nos Villages et Lefaux*, n° 251608, *RDI* 2003. 470, obs. A. Robineau-Israel). Enfin, lorsqu'un permis ayant fait l'objet d'un transfert est ensuite partiellement annulé sur le fondement de l'article L. 600-5 du Code de l'urbanisme, l'arrêté de transfert n'est privé de base légale qu'à concurrence de l'annulation postérieure du permis et peut donc être annulé, à son tour, dans cette seule mesure (CAA Paris, 6 juin 2014, SCI Suchet Montmorency, n° 12PA03899 ; *RDI* 12/2014, p. 654, obs. P. Soler-Couteaux). 666 ■

Aspects financier et fiscal. Sur le plan des participations financières dont l'autorisation est assortie, le bénéficiaire du transfert en devient le redevable (CAA Paris 16 mai 2002, *SCI Résidence du Hameau*, n° 98PA00772 ; CAA Paris, 13 juin 2002, *SCI Les Remparts*, n° 99PA03946). Sur le plan fiscal, le législateur a réglé de manière explicite le cas du transfert total ou partiel de l'autorisation de construire ou d'aménager qui l'était jusque-là par la jurisprudence (art. L. 331-26 du Code de l'urbanisme et CE 5 avr. 2004, *Ascher*, n° 249644, *Lebon* 151 ; *BJDU* 2004. 122, concl. L. Vallée ; CE 15 juill. 2004, *Min. Équipement, Transport et Logement c/ SNC Norminter*, n° 215998, *Lebon* T. 662 et 910 ; *BJDU* 2004. 454, concl. G. Bachelier ; *AJDA* 2005. 391, note S. Tabey ; *Defrénois* 2005. 38157, note J.-Ph. Meng). Désormais, en cas de transfert total de l'autorisation, le redevable de la taxe d'aménagement est le nouveau titulaire du droit à construire ou d'aménager. Un titre d'annulation est émis au profit du redevable initial et de nouveaux titres de perception sont émis à l'encontre du ou des nouveaux titulaires du droit de construire. En cas de transfert partiel, un titre d'annulation des sommes correspondant à la surface transférée est émis au profit du titulaire initial du droit à construire et un ou des titres de perception sont émis à l'encontre du ou des titulaires du ou des transferts partiels. En cas de transfert total ou partiel, le ou les titres de perception sont émis dans les trente-six mois suivant l'émission du titre d'annulation. Enfin, lorsque la taxe qui fait l'objet d'un titre d'annulation a d'ores et déjà été acquittée par le redevable en tout ou partie et répartie entre les collectivités territoriales et les établissements publics bénéficiaires (ou reversée à la métropole de Lyon), le versement indu fait l'objet d'un remboursement par le comptable et un titre de perception est émis à l'égard des collectivités territoriales ou EPCI bénéficiaires pour les montants indûment reversés. Le comptable peut recouvrer ce titre par voie de compensation avec le produit de la taxe qu'il répartit par ailleurs ou par voie de prélèvement sur les avances prévues par le Code général des collectivités territoriales (C. urb., art. L. 331-26). Au regard de ces dispositions, on peut penser que des solutions anciennes conservent toute leur actualité. Il a été jugé par exemple que le titulaire initial du permis restait débiteur 667 ■

de la TLE lorsqu'il n'y avait pas eu transfert au profit du tiers qui a construit effectivement (CE 5 avr. 2004, *Ascher*, préc.). De même, le bénéficiaire du transfert ne pouvait prétendre à l'exonération de TLE prévue dans le cadre d'une reconstruction d'un bâtiment après sinistre (CGI, art. 1585 D). Cette exonération ne bénéficie, en effet, qu'au propriétaire sinistré ou à ses ayants droit (CE 15 juill. 2004, *Min. Équipement, Transport et Logement c/ SNC Norminter*, préc.). Il faut préciser enfin que concernant en particulier la redevance en vue de la réalisation d'aires de stationnement, les titulaires successifs de l'autorisation de construire et leurs ayants-cause sont tenus solidairement au paiement (C. urb., art. R. 332-18).

B. La portée des droits du bénéficiaire

668 La portée des droits conférés au pétitionnaire par les autorisations d'urbanisme doit être appréciée au regard de la considération qu'elles lui sont délivrées sur le seul fondement des règles d'urbanisme dont elles ont pour objet de s'assurer que le projet les respecte (1). Néanmoins, le droit de l'urbanisme n'est pas le seul corps de règles qui régit l'utilisation des sols. En particulier, plusieurs législations distinctes de lui et, pour cette raison, dites « indépendantes » emportent des contraintes pour l'acte de construire ou d'aménager et comportent leur propre régime de contrôle de la conformité des projets aux intérêts généraux dont elles ont la charge. Comme on a eu l'occasion de l'exposer à plusieurs reprises, le droit de l'urbanisme s'est préoccupé d'organiser ses relations avec ces législations et d'articuler ses mécanismes de contrôle avec ceux propres à celles-ci selon des procédés divers dont on peut avoir un aperçu à la lecture du chapitre du code intitulé « Opérations soumises à un régime d'autorisation prévu par une autre législation » (C. urb., art. L. 425-1 à L. 425-13). Du point de vue des effets des autorisations d'urbanisme, on observe que dans certains cas elles tiennent lieu de l'autorisation requise au titre de la législation étrangère à l'urbanisme (2) et que, dans d'autres, leur mise en œuvre est suspendue soit à l'accomplissement des formalités requises par l'autre législation, soit à l'exécution des prescriptions imposées sur son fondement (3).

1. *Une autorisation d'urbanisme*

669 L'affirmation selon laquelle le permis ou la décision prise sur une déclaration a pour objet de contrôler la conformité du projet aux règles d'urbanisme est globalement exacte. Les règles dont ils sanctionnent le respect sont, en effet, classiquement celles prescrites par les PLU et les documents d'urbanisme en tenant lieu ou par les cartes communales. Mais ce n'est pas tout.

670 *Servitudes d'utilité publique.* Il faut d'abord y ajouter les servitudes d'utilité publique dont l'existence doit être rappelée dans les annexes du PLU. À ce sujet, le Conseil d'État a rappelé que les prescriptions d'un plan de prévention des risques naturels prévisibles s'imposent directement aux autorisations de construire, sans que l'autorité administrative soit tenue de les reprendre dans le cadre de la délivrance du permis de construire (CE 4 mai 2011, *Cne Fondettes*, n° 321357, *BJDU* 2011. 202, concl. E. Geffray et obs. C. L. ; *RDI* 2011. 411, obs. P. S.-C.). Il incombe toutefois à l'autorité compétente pour délivrer une autorisation d'urbanisme, si les particularités de la situation qu'il lui appartient d'apprécier l'exigent, de préciser dans l'autorisation, le cas échéant, les conditions d'application d'une prescription générale contenue dans le plan ou de subordonner, en application des dispositions de l'article R. 111-2 du

Code de l'urbanisme, la délivrance du permis de construire sollicité à d'autres prescriptions spéciales, si elles lui apparaissent nécessaires, que celles du plan de prévention des risques naturels prévisibles (même arrêt).

Règles d'urbanisme des lotissements. Les autorisations d'urbanisme sanctionnent aussi les règles d'urbanisme des lotissements. Celles-ci sont en général prescrites par le règlement du lotissement. Mais il doit être, en outre, conforme soit aux dispositions contenues dans l'arrêté de lotir lui-même en ce qui concerne par exemple la *surface de plancher*[Q] constructible dans le lotissement (CE 29 juin 1990, *Min. Équipement, Logement, Aménagement du territoire et Transports c/ Prétet*, n° 81295, *AJDA* 1990. 848, obs. J.-B. Auby; CE 28 juill. 1993, *Alotto*, n° 115699; CE 25 mars 1998, *Saint-Marc*, n° 155100, *BJDU* 1998. 218), soit aux dispositions induites par un document annexe (v. à propos des indications d'un plan de division parcellaire ou d'un plan de masse: CE, sect. avis, 5 juill. 1991, *Cassieu et Gavinet*, *Lebon* 274). En revanche, les cahiers des charges ne sont pas, en principe, opposables aux demandes de permis de construire en raison de leur caractère d'actes contractuels de droit privé. Il en va cependant autrement lorsque, ayant été approuvés, ils ont acquis de ce fait un caractère réglementaire (CE 6 mars 1992, *Assoc. pour la protection de l'environnement de la route d'Aiffres*, n° 79911). 671

Cahier des charges des ZAC. Le cahier des charges d'une ZAC est également le support de la règle d'urbanisme. Cette dernière est alors sanctionnée par le permis de construire à la double condition que celui-ci ait été approuvé par l'autorité administrative et qu'il ait fait l'objet d'une mesure de publicité (CE 31 mai 1995, *Assoc. syndicale libre « Les allées du Château de Montigny »*, n° 107617). 672

Autres règles. Le règlement sanitaire départemental (D. Gillig, « Permis de construire et règlement sanitaire départemental: indépendance ou confusion? », *Envir.* 2006. Étude 10) ou un plan d'alignement (CE 27 oct. 1965, *Plagny*, *Lebon* 559) comportent également des règles relatives à l'occupation ou à l'utilisation des sols sanctionnées en tant que telles par les autorisations d'urbanisme (CE 16 janv. 1970, *De Fligue*, *Lebon* 31; *GADU* n° 16; CE 15 juin 1992, *Cne Montmorot*, *Lebon* 1391). Les documents locaux d'urbanisme ne sont néanmoins pas assujettis au respect du règlement sanitaire (CE 7 janv. 2004, *Nouque*, n° 229101, *BJDU* 2003. 408, concl. E. Glaser; *AJDA* 2004. 1099, note N. Chauvin; *RDI* 2004. 204, obs. P. S.-C.). 673

Droits et obligations de droit privé. En revanche, les autorisations d'urbanisme n'assurent pas le respect des droits et obligations existant dans les rapports entre personnes privées. C'est le sens de la formule selon laquelle elles sont délivrées « sous réserve du droit des tiers » (CE 18 mars 1983, *Siefert*, *Lebon* 130; *AJDA* 1983. 437, concl. D. Labetoulle). Il en résulte, par exemple que la circonstance que les travaux objet de la demande auraient pour conséquence de créer une vue directe sur la propriété du voisin n'a pas à être prise en compte par l'autorité compétente pour délivrer l'autorisation d'urbanisme (CE 14 oct. 2011, n° 331846, *Constr.-Urb.* 2011. 178, note D. Gillig). 674

2. L'extension des droits conférés par l'autorisation d'urbanisme : les autorisations d'urbanisme tenant lieu d'autres autorisations.

■ 675 Le Code de l'urbanisme dispose que l'autorisation d'urbanisme tient lieu de l'autorisation requise au titre de législations qui soumettent le projet à un régime d'autorisation ou à des prescriptions qui leur sont propres en raison de l'emplacement, de l'utilisation ou de la nature des constructions ou des travaux projetés (art. L. 425-1 à L. 425-4). La loi a sur ce point renvoyé au pouvoir réglementaire le soin d'identifier les situations concernées (C. urb., art. R. 425-1 à R. 425-15).

Cela concerne d'abord des législations dont l'objet est la protection d'intérêts publics relatifs notamment à la protection du patrimoine, à l'existence d'un risque ou à la préservation d'une ressource. Ainsi et par exemple, lorsque le projet est situé dans le champ de visibilité d'un édifice classé ou inscrit au titre des monuments historiques ou dans celui d'un parc ou d'un jardin classé ayant fait l'objet d'un périmètre de protection, ou lorsqu'il ou porte sur un immeuble adossé à un immeuble classé au titre des monuments historiques, l'autorisation délivrée sur le fondement du Code de l'urbanisme tient lieu de l'autorisation prévue à l'article L. 621-31 du Code du patrimoine dès lors que la décision a fait l'objet de l'accord de l'ABF (C. urb., art. R. 425-1). Il en va de même lorsque le projet est situé dans une AMVAP ou une ZPPAUP (art. R. 425-2) ou sur un territoire en instance de classement ou classé en réserve naturelle (art. R. 425-4) ou situé dans un futur parc national (art. R. 425-5 et R. 425-6). On peut ajouter à cette liste que la demande de permis de construire ou de la déclaration de travaux tient lieu de la déclaration exigée par l'article L. 341-1 du Code de l'environnement lorsque le projet est situé dans un site inscrit (art. R. 425-30).

L'autorisation d'urbanisme tient également lieu de l'autorisation requise au titre du Code de la construction et de l'habitation lorsque le projet porte sur un immeuble de grande hauteur (C. urb., art. L. 425-2 et R. 425-14) ou un établissement recevant du public (art L. 425-3 et R. 425-15) dès lors que l'autorité compétente a donné son accord. Cette dernière peut imposer des prescriptions qu'il appartient à l'autorisation d'urbanisme de mentionner.

Enfin, ainsi qu'il a déjà été signalé, depuis la loi ACTPE du 18 juin 2014, lorsque le projet est soumis à autorisation d'exploitation commerciale au sens de l'article L. 752-1 du code de commerce, le permis de construire tient lieu d'autorisation dès lors que la demande de permis a fait l'objet d'un avis favorable de la commission départementale d'aménagement commercial ou, le cas échéant, de la Commission nationale d'aménagement commercial (v. D. Moreno, « Intégration de l'urbanisme commercial dans l'urbanisme général : une réforme presque aboutie », *BJDU* 5/14.335 ; E. Wormser, « Le rapprochement incertain du régime processuel des autorisations individuelle d'urbanisme et d'environnement », *Constr.-Urb.* 2014, n° 13). Certains aspects du régime de ce permis sont prévus à l'article L. 425-4 du Code de l'urbanisme (v. ss 594).

3. La mise en œuvre de l'autorisation d'urbanisme

■ 676 Le législateur a, dans d'autres cas, organisé l'articulation entre le droit de l'urbanisme et certaines législations selon des modalités différentes. Il a jugé préférable que le projet qui fait l'objet de l'autorisation d'urbanisme ne puisse être mis en œuvre qu'au terme soit de l'accomplissement des formalités prévues par l'autre législation, soit de l'exécution des prescriptions imposées sur son fondement. En d'autres termes, dans tous ces cas et sous des formes diverses, l'urbanisme est « tenu en l'état » par l'autre législation. La décision prise au titre de l'urbanisme en fait alors expressément la réserve (C. urb., art. R. 424-6). Par ailleurs, lorsque le commencement des travaux est subordonné à une autorisation ou à une procédure prévue par une autre législation, le délai de validité du permis de construire court à compter de la date à laquelle les travaux peuvent commencer en application de cette législation si cette date est postérieure à sa notification ou à l'intervention d'un permis tacite (art. R. 424-20). Cela concerne plusieurs hypothèses.

Droit de l'urbanisme et droit des installations classées. La loi du 19 juillet 1976 a pour objet de soumettre à une police spéciale les installations pouvant être à l'origine de dangers ou d'inconvénients sérieux pour le voisinage et l'environnement et relatifs soit à la commodité du voisinage, soit à la santé, la sécurité, la salubrité publique, soit à l'agriculture, la protection de la nature ou de l'environnement, soit à la conservation des sites et des monuments. À son propos, le juge administratif rappelle de manière constante que le permis de construire n'a pas pour objet de vérifier la conformité des constructions aux prescriptions qu'elle édicte (CE 28 janv. 1970, *Sté Tournonaise de Boisselerie*, n° 71084). Il en résulte notamment qu'un requérant ne peut se prévaloir d'une illégalité affectant l'autorisation délivrée au titre des installations classées à l'appui d'un recours contre un permis de construire et réciproquement. Les deux décisions sont sans effet l'une sur l'autre (sur l'autonomie des deux législations : note F. Moderne, *Defrénois* 1980. 32206. Pour une critique du principe : F. Bouyssou, « Un principe à remettre en cause : l'indépendance du permis de construire et des installations classées », *Droit et Ville* 1981. 170). 677 ■

Il y a cependant des points de rencontre entre la législation d'urbanisme et celle relative aux installations classées. La loi du 20 avril 1932 prévoyait déjà que les décisions d'ouverture des installations classées classées devaient être compatibles avec les dispositions des plans d'urbanisme. aujourd'hui, l'article L. 123-5 du Code de l'urbanisme pose que la règlement et ses documents graphiques sont opposables à (...) l'ouverture des installations classées appartenant aux catégories déterminées dans le plan. Les documents d'urbanisme peuvent ainsi, dans les limites de leur objet et sans empiéter sur le champ de la police spéciale des installations classées, réglementer l'implantation des installations classées (CE 4 déc. 1985, *Synd. intercnal de voirie du canton de Plancoët et Féd. d'assoc. de protection de l'environnement et de la nature des côtes du Nord,* n° 45237, 527678 et 62207 ; CE 12 févr. 1997, *Sté SOCCOIM*, n° 156895 ; CE 15 sept. 2004, *SARL Lecouffe Darras*, n° 230665, *Envir.* 2004. 110, note D. Gillig). En conséquence, l'exception d'illégalité du document local d'urbanisme est recevable contre un arrêté autorisant l'exploitation d'une installation classée (CE 7 févr. 1986, *Colombet, RD publ.* 1986. 1161, concl. M. Dandelot).

Concernant l'articulation entre l'autorisation d'urbanisme et la délivrance de celle qui est requise au titre des installations classées, les travaux autorisés par la première ne peuvent être exécutés avant la clôture de l'enquête publique sur la seconde (C. urb., art. L. 425-10 et C. envir., art. L. 512-2). L'autorisation d'urbanisme pourra ainsi être délivrée dans les délais de droit commun. Son bénéficiaire pourra donc purger les délais de recours et de retrait pendant l'instruction de l'autorisation au titre des installations classées, mais les travaux eux-mêmes ne pourront commencer avant la clôture de l'enquête publique (D. Gillig, « Articulation entre les autorisations d'urbanisme et les autorisations de mise en service d'une installation classée », *Envir.* 2006. 22).

Les choses sont censées être plus simples de ce point de vue avec la création de l'autorisation unique, valant à la fois autorisation ICPE, permis de construire, autorisation de défrichement, dérogation à l'interdiction de destruction d'espèces protégées et autorisation au titre du code de l'énergie l'expérimentation, aujourd'hui expérimentée dans cinq régions et pour trois ans (v. Ord. n° 2014-355 du 20 mars 2014 et Décr. n° 2014-450 du 2 mai 2014, relatifs à l'expérimentation d'une autorisation unique en matière d'installations classées pour la protection de l'environnement), expérimentation qui concerne pour l'heure essentiellement les parcs éoliens et installations de méthanisation (art. 1er de l'ordonnance). Ainsi, lorsqu'un projet entrant dans le champ de l'expérimentation est soumis, en raison de son emplacement, de son utilisation ou de sa nature, à un régime d'autorisation ou à des prescriptions prévus par d'autres législations ou réglementations (que celles spécifiquement relatives aux ICPE), l'autorisation unique tient lieu d'autorisation au titre de ces législations ou réglementations dès lors que la décision a fait l'objet d'un accord de l'autorité administrative compétente (v. ss 594). Les travaux peuvent donc être entrepris dès la délivrance de l'autorisation.

678 *Urbanisme et archéologie préventive.* Les travaux dont la réalisation est subordonnée à l'obtention d'une autorisation d'urbanisme entrent, dès lors qu'ils affectent le sous-sol, dans le champ d'application de la loi du 17 janvier 2001 relative à l'archéologie préventive modifiée par la loi du 1er août 2003 et complétée par un décret d'application du 3 juin 2004. Aux termes de ces textes, les prescriptions archéologiques sont édictées par le préfet de région. La procédure est sommairement la suivante : le préfet de région est saisi par le préfet de département qui lui adresse un exemplaire du dossier de la demande dès qu'il a reçu les éléments transmis par le maire (Décr., art. 8-I, 1°). Lorsqu'il a reçu ce dossier, le préfet de région délivre à l'autorité qui l'a saisi un accusé de réception indiquant la date à compter de laquelle court le délai qui lui est imparti pour prescrire la réalisation d'un diagnostic ou faire connaître son intention d'édicter une prescription de fouille ou demander la modification de la consistance du projet (Décr., art. 9). Dans ce cas, le préfet de région doit notifier le contenu de cette prescription dans un délai variable en fonction de la nature de la prescription et qui court à compter de la date de réception du dossier (Décr., art. 18). Puis à compter de la réception du rapport de fouille, le préfet dispose à nouveau d'un délai de trois mois pour notifier, s'il y a lieu, le contenu des prescriptions postérieures au diagnostic (Décr., art. 19).

Ces délais propres à l'archéologie préventive ont amené le pouvoir réglementaire à déterminer leur impact sur la situation de l'autorisation instruite et délivrée sur le fondement du droit de l'urbanisme selon des procédures et délais qui lui sont propres. L'article 17 du décret du 13 juin 2004 règle le problème de la manière la plus nette : lorsque des prescriptions archéologiques ont été formulées ou que le préfet a fait connaître son intention d'en formuler, l'autorité compétente pour délivrer l'autorisation d'urbanisme l'assortit d'une mention précisant que leur exécution est un préalable à la réalisation des travaux. Dans ce cas, les travaux autorisés par elle ne peuvent être entrepris avant l'achèvement des opérations d'archéologie préventive (C. urb., art. L. 425-11 et R. 425-31). La durée de validité de l'autorisation d'urbanisme est en conséquence prolongée d'autant (C. urb., art. R. 424-20). Rappelons enfin que les modifications de la consistance du projet indiquées par le préfet ont valeur de prescriptions qui peuvent être de nature à imposer le dépôt d'une demande de modification de l'autorisation délivrée ou d'une nouvelle demande d'autorisation (CE 30 avr. 2003, *Union nationale des industries de carrières et de matériaux de construction (UNICEM)*, n° 244139, *BJDU* 2003. 344, concl. M.-H. Mitjaville. P.-L. Frier, « Archéologie préventive et opérations d'urbanisme » in *Le nouveau droit de l'Archéologie préventive*, L'Harmattan, 2004, p. 105. V. sous l'empire de la loi du 17 janv. 2001 : P.-P. Danna, « Urbanisme et archéologie préventive après la loi du 17 janvier 2001 : une hypothétique corrélation », *DAUH* 2002. 181).

Urbanisme et protection des sites. Lorsque le projet est situé dans un site inscrit, les travaux ne peuvent être entrepris avant l'expiration d'un délai de quatre mois à compter du dépôt de la demande ou de la déclaration (C. urb., art. R. 425-30). 679 ■

C. La durée de validité des permis et de la décision de non-opposition sur déclaration

La validité des autorisations d'urbanisme est limitée dans le temps (1). À l'expiration de ce délai, elles sont caduques (4). Mais le délai de péremption peut être interrompu (2) ou suspendu (3). 680 ■

1. *Le délai de validité des autorisations d'urbanisme*

Délai de validité initial. Le délai de validité des autorisations d'urbanisme est normalement de deux ans à compter de la notification de la décision au pétitionnaire ou de la délivrance d'une autorisation tacite (sur cette forme d'abrogation implicite des autorisations, d'urbanisme, v. F. Polizzi, « La sortie de vigueur d'une autorisation d'urbanisme », *BJDU* 5/2013. 327). Le même délai s'applique à la décision de non-opposition à une déclaration préalable (art. R. 424-17 et R. 424-18). Le Code de l'urbanisme prévoit toutefois que lorsque le commencement des travaux est subordonné à une autorisation ou à une procédure prévue par une autre législation, ce délai court à compter de la date à laquelle les travaux peuvent commencer en application de cette législation si cette date est postérieure à la notification du permis exprès ou à l'intervention d'un permis tacite (art. R. 424-20). Cela concerne notamment, ainsi qu'on vient de le voir, les travaux portant sur des installations classées (art. L. 425-10), ceux soumis au régime de l'archéologie préventive (L. 425-11 et R. 425-31) et ceux effectués dans les sites inscrits (art. R. 425-30). 681 ■

Exceptionnellement, afin de favoriser la construction dans un contexte de crise, des textes sont venus étendre le délai de validité des autorisations d'urbanisme. Le décret n° 2008-1353 du 19 décembre 2008 avait ainsi porté à trois ans le délai de validité des permis de construire et d'aménager ou de démolir et des décisions de non-opposition à déclaration en cours de validité au 20 décembre 2008 ou intervenus au plus tard le 31 décembre 2010. De la même manière, un décret n° 2014-1661 du 29 décembre 2014, a porté à trois ans le délai de validité des mêmes autorisations d'urbanisme (non-opposition à déclaration préalable incluse) en cours de validité à la date de publication du décret (le 30 déc.) ou délivrées postérieurement et au plus tard le 31 décembre 2015.

La prorogation. La durée de validité de l'autorisation d'urbanisme peut être prorogée pour une nouvelle année (C. urb., art. R. 424-21), voire deux en application du décret 682 ■

n° 2014-1661 du 29 décembre 2014, qui prévoit que lorsqu'une autorisation en cours de validité au 30 décembre 2014 a fait l'objet, avant cette date, d'une prorogation, le délai de validité résultant de cette prorogation est majoré d'un an. La prorogation est subordonnée à plusieurs conditions de forme et de fond. En premier lieu, il faut que le bénéficiaire ait adressé sa demande à l'autorité administrative deux mois au moins avant l'expiration du délai de validité (art. R. 424-22). Si le bénéficiaire de la décision a présenté la demande de prorogation moins de deux mois avant la fin de validité de l'autorisation, l'autorité administrative peut néanmoins accorder la prorogation. Il faut cependant qu'elle prenne une décision expresse d'octroi de la prorogation avant l'expiration du délai de validité de l'autorisation. À défaut, la péremption est acquise (CE 16 juin 1982, *Guiraud, Lebon* 237). En toute hypothèse, l'administration ne peut pas proroger une autorisation périmée (CE 5 oct. 1983, *Le Ludon-Médoc, Lebon* T. 915), mais si elle le fait, la prorogation pourra être regardée comme une nouvelle autorisation (CE 8 oct. 1976, *Assoc. pour la protection des sites de Saint-Pol-de-Léon, Lebon* 403).

En second lieu, la prorogation ne peut être accordée que si les prescriptions d'urbanisme et les servitudes administratives de tous ordres auxquelles est soumis le projet n'ont pas évolué de façon défavorable à son égard (art. R. 424-21 ; CE 19 févr. 1975, *SCI « Résidence Neptune », Lebon* 131). Ces considérations sont exclusives de toute autre, notamment l'évolution de la législation relative à l'urbanisme commercial ou l'apparition d'un risque (CE, sect., 5 nov. 2003, *Cne Eze et SCI « Les Blés d'or »* (2 esp.), *Lebon* 457; *BJDU* 2003. 360 et 367, concl. F. Séners; *JCP* A 2003. 2073, obs. R. Noguellou, et 2004. 1102 et 1245, obs. Ph. Billet; *Defrénois* 2004. 37937, note J.-Ph. Meng; *RDI* 2003. 596, obs. P. S.-C. ; F. Donnat et D. Casas, « Quels sont les motifs légaux d'un refus de proroger un permis de construire ? », *AJDA* 2003. 2257 ; « Qu'est-ce qu'une servitude administrative ? », *AJDA* 2003. 2260 ; J.-C. Bonichot, « Prorogation du permis de construire : du pouvoir de proroger au droit à la prorogation », *BJDU* 2003. 314; G. Godfrin, « Les ambiguïtés de la prorogation », *Constr.-Urb.* 2010. Repère 5). En revanche, l'arrêté édictant une mesure de remblaiement pour protéger des vestiges archéologiques découverts dans le cadre du diagnostic préalable à la délivrance du permis de construire constitue une évolution défavorable des servitudes administratives (CE 23 févr. 2005, *Min. Équipement c/ Assoc. de défense de l'environnement du Nivernais*, n° 271131, *Constr.-Urb.* 2005. 116, obs. N. Rousseau).

Auparavant le demandeur devait attester de sa qualité (CE 1er oct. 1993, *Cne Boos, Lebon* T. 584; v. art. R. 423-1); tel n'est plus le cas depuis le 1er octobre 2007 (CE 15 avr. 2015, *Cne de Perros-Guirec*, n° 371309, *Lebon* T.). L'autorité administrative doit se prononcer, par arrêté, dans les deux mois du dépôt de la demande. À défaut, elle est dessaisie et la prorogation est tacitement accordée (art. R. 424-23 ; CE 13 oct. 1978, *SCI « Résidence Neptune », Lebon* 367), même dans les cas où le silence suite à une demande de permis vaudrait refus. La prorogation prend effet à l'expiration du délai de validité de la décision initiale, et non à la date où elle intervient (art. R. 424-23 ; v. auparavant, CE 7 mai 2003, *Assoc. de sauvegarde du patrimoine martiniquais*, n° 251196, *BJDU* 2003. 255, concl. M. Guyomar). Combinée à la règle en vertu de laquelle la demande peut être présentée à n'importe quel moment avant les deux mois de fin de validité du permis, cette règle ne peut qu'inciter à demander la prorogation dès le lendemain de l'obtention du permis. C'est à ce moment que le demandeur a le plus de chances que les règles opposables n'aient pas évolué, et la prorogation accordée ne prendra effet qu'à l'expiration du délai de validité initial du permis.

L'arrêté de prorogation peut faire l'objet d'un recours et celui-ci peut être assorti d'une demande de référé-suspension (CE 10 mars 1982, *Cohen, Lebon* T. 790 ; CE 28 oct. 1987, *SCI « Résidence Neptune », Lebon* 332 ; *AJDA* 1988. 367, obs. J.-B. Auby). Le refus de prorogation peut également être attaqué et faire l'objet d'un référé-suspension (CE 30 mai 1979, *Assoc. des habitants du quartier Avenue Baron Séguier à Billière, Lebon* T. 929). De plus, s'il est illégal, il est de nature à permettre l'engagement de la responsabilité de l'administration (CE 26 févr. 1982, *SCI « Le Ludon-Médoc »*, n° 35123).

2. *L'interruption de la péremption*

La péremption n'est interrompue que si les travaux sont entrepris dans les deux ans à compter de l'intervention de la décision au titre de l'urbanisme ou, le cas échéant, au terme, soit de l'accomplissement des formalités prévues par une législation indépendante de l'urbanisme, soit de l'exécution des prescriptions imposées sur son fondement. Lorsque la déclaration porte sur un changement de destination ou sur une division de terrain sans travaux, les opérations doivent également débuter (et de fait être achevées) dans un délai de deux ans (C. urb., art. R. 424-17 et R. 424-18). Le démarrage des travaux suppose des actes matériels d'exécution à l'exclusion de la seule déclaration d'ouverture de chantier (CE 9 févr. 1977, *Vergès, Lebon* 81). De surcroît, ces actes matériels doivent avoir un lien suffisant avec le projet autorisé (CE 28 janv. 1987, *Cté de défense des espaces verts c/ SA « Le Lama »*, n° 39146, *AJDA* 1987. 279, concl. Ch. Vigouroux ; CE 16 avr. 1975, *Ville Louveciennes, Lebon* 240 ; *JCP* 1975. II. 18153, note G. Liet-Veaux). Ils doivent également être d'une importance en rapport avec celle du projet (CE 2 déc. 1987, *SCP « Val Rose », Lebon* 394 ; CE 10 juin 1994, *Cne Grigny*, n° 115054 ; CE 12 mai 1997, *Maréchal*, n° 126263, *RDI* 1997. 429, obs. J. Morand-Deviller et L. Touvet). Ce n'est le cas ni de l'aménagement de voies coupe-feu et d'une plate-forme d'évolution des véhicules (CE 16 févr. 1979, *SCI du « Cap Naïo », Lebon* 66, concl. M. Rougevin-Baville), ni de travaux de débroussaillement, de creusement et de préparation du terrain (CE 4 juin 1982, *Sté Tradimo, Lebon* 213 ; *AJDA* 1982. 451, chron. F. Tiberghien et B. Lasserre ; *D.* 1982. 497, concl. B. Stirn ; CE 28 juill. 1999, *SCI Jeanne d'Arc*, n° 191375 ; CE 21 juin 2002, *Cne Cannet-des-Maures*, n° 211864, *Constr.-Urb.* 2002. 216, obs. Ph. Benoit-Cattin ; *RDI* 2002. 431, obs. P. S.-C.), ni de travaux de sondages et d'enrochement (CE 15 juill. 2004, *Chabaud*, n° 260751, *RDI* 2004. 463, obs. P.S.-C.). D'une manière générale, le juge administratif ne prend pas en compte des travaux qui ont manifestement été réalisés dans le seul but d'échapper à la péremption (CE 3 janv. 1975, *SCI « Foncière Cannes-Bénéfiat », Lebon* 1 ; *AJPI* 1975. 211, concl. D. Labetoulle ; *GADU*, n° 27). Mais, dans cet esprit, le juge prend en compte de simples travaux de terrassement engagés avant la péremption du permis dès lors qu'ils se sont poursuivis par des travaux plus importants (CE 29 avril 1983, *SCI Résidences de l'Atlantique*, req. n° 20386 et CAA Marseille, 6 oct. 2011, *Sté Antior*, req. n° 10MA00919 ; CAA Marseille, 31 mars 2011, *Commune de Fréjus*, req. n° 09MA01666). La question de savoir si des travaux ont fait ou non échec à la péremption de l'autorisation relève de l'appréciation souveraine des juges du fond (CE 27 oct. 2006, *SNC Lidl*, n° 278226, *Constr.-Urb.* 2007. 18, obs. P.-E. Durand ; *BJDU* 2/2007. 118, concl. D. Cassas ; *RDI* 2007. 514, obs. P. S.-C.). 683

Une fois les travaux engagés, aucun délai n'est imposé au titulaire de l'autorisation pour les achever, alors même qu'un chantier qui s'éternise peut nuire à la qualité des lieux avoisinants et à la tranquillité des voisins. Mais une limite existe néanmoins, car 684 l'autorisation se périme également si les travaux entrepris à l'intérieur du délai de deux ans sont, passé ce délai, interrompus pendant un temps supérieur à une année. Dans le cas particulier où le pétitionnaire a obtenu un permis de démolir et un permis de construire, la réalisation des travaux de démolition interrompt la péremption du permis de construire dès lors qu'ils ont revêtu une certaine importance et qu'ils n'étaient pas dissociables des travaux de construction (CE 8 nov. 2000, *EURL Les Maisons Traditionnelles*, préc. ; v. aussi, CE 28 avr. 2004, *SAIC La Gauloise*, n° 263806, *Constr.-Urb.* 2004. 131, obs. P. Cornille). Mais à l'inverse, comme dans l'état antérieur du droit, l'interruption des travaux pendant plus d'un an après la démolition devrait avoir pour effet de rendre caduc le permis de construire.

Les dispositions du code relatives à la péremption du permis ne peuvent enfin recevoir application que si l'inexécution ou l'arrêt des travaux n'est pas imputable au fait de l'administration. En effet, l'obstacle mis par l'administration à l'exécution de l'autorisation est une cause d'interruption du délai de péremption (CE 26 juill. 1978, *Cté de défense des sites de Trégastel*, *Lebon* 314 ; *JCP* 1979. II. 19085, note F. Bouyssou). Comme l'explique Mme Maugüé, « cette solution est justifiée : elle fait obstacle à ce que l'administration puisse se prévaloir de ses actes illégaux ou contestés pour opposer la péremption d'une autorisation de construire » (concl. sur CE 30 juill. 2003, n° 255368, *Min. Équipement c. Thenault*, *BJDU* 2003. 411). Pour avoir un tel effet, le fait de l'administration doit porter directement sur la mise en œuvre de l'autorisation. Il en va ainsi de son retrait illégal (CE 26 oct. 1979, *SCI « Résidence Neptune »*, n° 12015 ; CE 23 oct. 1981, *Min. Environnement c/ SCI Le Domaine de Migron*, *Lebon* 29 ; CE 16 juin 1995, *Laugier*, *Lebon* T. 1028). De ce fait, il n'y a pas, à défaut d'autres circonstances particulières, d'urgence à en prononcer la suspension (CE 30 juill. 2003, *Min. Équipement c/ Thenault*, préc.). Le fait de l'administration peut aussi résulter de l'injonction faite par le maire au constructeur d'arrêter la construction accompagnée d'une menace de recours à la force publique (CE 24 avr. 1981, *SCI « Jacqueline »*, *Lebon* T. 976) ou encore du refus illégal d'un permis exprès quelques mois après la délivrance d'un permis tacite sur le même projet (CE 24 avr. 1981, *SCI « Deslandes-Rotrou »*, *Lebon* T. 976). En revanche, l'introduction par la commune d'une action en annulation de l'acte d'acquisition du terrain d'assiette de la construction autorisée ne rend pas la caducité du permis de construire imputable à l'administration (CE 29 déc. 1999, *SCI Les Cottages de Chantereine*, n° 185668, *BJDU* 2000. 40, concl. A. Seban), pas plus que le fait pour le pétitionnaire de n'avoir pu obtenir un arrêté d'alignement ou l'autorisation d'installer une grue (CAA Paris, 27 nov. 2001, *Deneau*, préc.). De même, l'inexécution des travaux doit être réellement imputable à l'administration et non au pétitionnaire lui-même (CE 9 févr. 1996, *SNC Aubertin*, n° 113889, *RDI* 1996. 365, chron. Y. Gaudemet et L. Touvet).

3. *La suspension de la péremption*

685 Le délai de péremption est évidemment suspendu lorsque l'autorisation est suspendue par le juge des référés. Il l'est également lorsque le permis ou la décision de non opposition à la déclaration préalable fait l'objet d'un recours en annulation devant la juridiction administrative ou d'un recours devant la juridiction civile. Le délai de validité du permis est alors suspendu jusqu'à la notification de la décision juridictionnelle irrévocable (C. urb., art. R. 424-19 ; P. Cornille et N. Rousseau, « Quelle sécurisation des constructeurs et des constructions par la loi ENL ? », *Constr.-Urb.* 2006. Chron. 14 ; Ph. Billet, « Les nouvelles règles de caducité du permis de construire »,

JCP A 2006. 1202). Il en va de même en cas de recours contre une décision prise pour l'autorisation, l'enregistrement ou le récépissé de déclaration d'une installation classée pour la protection de l'environnement lorsque le permis de construire a fait l'objet d'un dépôt de demande simultané avec la demande qui est à l'origine de la décision contestée (al. 2 du même article). La suspension a pour effet de prolonger la durée de validité du permis d'une durée égale à celle de l'instance contentieuse (v. antérieurement, CE 16 févr. 1979, *SCI Cap Naïo*, *Lebon* 66, concl. M. Rougevin-Baville ; CE 10 oct. 2003, *Cne Soisy-sous-Montmorency et SA pour l'aide à l'accession à la propriété des locataires*, n° 242373, *BJDU* 2003. 415, concl. E. Glaser). Le délai de validité de l'autorisation d'urbanisme est également suspendu en cas de force majeure (CE 28 janv. 1955, *Robert et Bernard*, *Lebon* 54, concl. Grévisse).

4. Les conséquences de l'expiration du délai de validité de l'autorisation

Au terme du délai de validité de l'autorisation d'urbanisme, sa caducité est acquise automatiquement et n'a pas à être constatée par une décision de l'administration (CE 16 avr. 1975, *Ville Louveciennes*, *Lebon* 240 ; *JCP* 1975. II. 18153, note G. Liet-Veaux ; CE 9 mars 1977, *Sté Eigener Herd*, *Lebon* T. 1008). Cela étant, la décision notifiant la péremption peut être contestée devant le juge administratif (CE, sect., 12 oct. 1984, *Lafon*, *Lebon* 331 ; *AJDA* 1985. 52, concl. B. Genevois ; CE 2 déc. 1987, *SCP « Val Rose »*, *Lebon* 394), y compris par voie de référé (CE 28 avr. 2004, *SAIC La Gauloise*, n° 262806, *Constr.-Urb.* 2004. 131, obs. P. Cornille ; CE 30 juill. 2003, *Min. Équipement c/ Thenault*, n° 255368). Elle n'est cependant soumise ni à l'obligation de motivation, ni au respect du contradictoire (TA Grenoble, 20 oct. 1999, *Sté Arc-en-ciel Promotion*, n° 974061). De même, le refus de l'autorité administrative de constater la caducité à la demande d'un tiers présente le caractère d'une décision faisant grief susceptible de faire l'objet d'un recours pour excès de pouvoir (CE 27 mars 2000, *Synd. des copropriétaires de l'immeuble « Le Lympia »*, n° 205430, qui semble revenir sur CE 17 mai 1995, *Gpt de défense de la colline des Baumettes*, n° 140569). Le tiers peut, en outre, demander la suspension en référé du rejet de sa demande tendant à ce qu'il soit ordonné au pétitionnaire d'interrompre ses travaux (CE 9 mai 2001, *Delivet*, n° 231076, *RDI* 2001. 399, obs. P. S.-C.). S'agissant dans les deux cas de décisions relatives à l'occupation ou à l'utilisation du sol, le recours doit faire l'objet de la notification prévue à l'article R. 600-1 du Code de l'urbanisme (CE 27 mars 2000, *Synd. des copropriétaires de l'immeuble « Le Lympia »*, préc. ; CE 28 juill. 1999, *SCI Jeanne d'Arc*, n° 191375). La caducité s'impose également au juge civil (Civ. 3e, 18 juin 2003, n° K01-02.474, *Bougare c/ SCI France*, *Constr.-Urb.* 2003. 262, obs. Ph. Benoit-Cattin ; *RDI* 2003. 597, obs. P. S.-C.). 686

Une fois la péremption acquise, l'autorisation ne peut légalement faire l'objet ni d'un transfert, ni d'un permis modificatif (CE 4 juin 1982, *Sté Tradimo*, *Lebon* 213 ; *AJDA* 1982. 451, chron. F. Tiberghien et B. Lasserre ; *D.* 1982. 497, concl. B. Stirn ; CE 22 avr. 1983, *SCI « La Frégère »*, *Lebon* T. 914 ; CE 30 sept. 1983, *Aranda*, *Lebon* T. 914 ; CE 15 mai 1995, *Roux*, n° 137653). La requête dirigée contre elle doit, par ailleurs, être rejetée dès lors qu'elle est périmée (CAA Marseille, 1er avr. 1999, *Préfet des Bouches-du-Rhône*, n° 98MA00507 ; CAA Marseille 22 avr. 1999, *Bracco*, n° 97MA00647 ; combiner désormais cette solution avec les dispositions de l'article C. urb., R. 424-19). Dans ce cas, les conclusions présentées en appel par le pétitionnaire et tendant à ce qu'il soit constaté qu'elle est encore valide sont irrecevables en tant qu'elles sont dirigées contre les motifs du jugement et non son dispositif (CE, sect., 3 févr. 1999, *Hôpital de Cosnes-Cours-sur-Loire, Lebon* 14). Par ailleurs, le moyen tiré de la caducité de l'autorisation n'est pas d'ordre public (CE 29 déc. 1999, *Sté Abeille Vie*, n° 177074). Enfin, la caducité est appréciée souverainement par le juge du fond et le juge de cassation n'exerce sur cette question qu'un contrôle de la dénaturation des faits (CE 28 juill. 1999, *SCI Jeanne d'Arc*, n° 191375 ; CE 21 juin 2002, *Cne Cannet-des-Maures*, préc. ; pour un cas de dénaturation : CE 9 mai 2001, *Delivet*, n° 231076, *RDI* 2001. 399, obs. P. S.-C.).

Si le pétitionnaire vient à commencer ou à reprendre les travaux, nonobstant la caducité de l'autorisation, l'autorité administrative est en droit d'ordonner leur interruption car, ainsi poursuivis, ils le sont en infraction (C. urb., art. L. 480-1). Une telle situation n'est toutefois pas assimilable au cas d'une construction sans autorisation. Il en résulte que lorsqu'elle constate la péremption d'une autorisation d'urbanisme et la réalisation de travaux postérieurement à cette péremption, l'autorité administrative est nécessairement conduite à porter une appréciation sur les faits. Elle n'est donc pas en situation de compétence liée. Par conséquent, les moyens tirés des vices de procédure dont serait entaché l'arrêté interruptif des travaux ne sont pas inopérants (CE 29 déc. 2006, *Min. Transports, Équipement, Tourisme et Mer*, n° 271164, *RDI* 2007. 367, obs. P. S.-C.). Il s'agit notamment de la méconnaissance du principe du contradictoire qui implique que le pétitionnaire ait été mis en mesure de présenter ses observations écrites (L. du 12 avr. 2000, art. 24, *Équipement c/ Frontoni*, n° 240853, *Constr.-Urb.* 2002. 222, obs. N. Rousseau).

D. Le contrôle de la conformité

■ 687 Dans la mesure où les autorisations d'urbanisme sont instituées pour garantir la conformité des projets concernés aux règles d'urbanisme et où la non-conformité est pénalement sanctionnée, dans la mesure également où la valeur patrimoniale d'un immeuble dépend largement de sa conformité, on comprend que le Code de l'urbanisme ait mis en place un système de contrôle *a posteriori* de la conformité des travaux à l'autorisation délivrée préalablement à leur réalisation.

Le régime du contrôle de la conformité a été réorganisé par l'ordonnance du 8 décembre 2005 (Ph. Benoit-Cattin, « La conformité des travaux », *Constr.-Urb.* 2007. Études 8 ; D. Larralde, « Contrôle de la conformité des travaux », *JCP* A 2007. 2035 ; F. Priet, « La clarification des responsabilités des responsabilités de l'administration et des opérateurs », *DAUH* 2007. 73 ; P. Soler-Couteaux, « Le contrôle de l'achèvement et de la conformité des travaux et aménagements : une réforme inachevée », *DAUH* 2009. 103). Le régime de vérification de la conformité qu'elle met en place, entrée en vigueur le 1er octobre 2007, couvre tous les travaux, qu'ils relèvent d'un permis de construire ou d'aménager ou d'une déclaration préalable ; il ne concerne cependant pas les démolitions. Ce nouveau régime a la spécificité d'être un régime essentiellement déclaratif, ne donnant pas lieu à une véritable de décision de l'administration sur la conformité (l'administration ne délivre plus de certificats de conformité). Avant de le présenter, il paraît utile de rappeler que l'autorité administrative dispose d'un droit de visite et de communication.

■ 688 *Le droit de visite et de communication.* Le préfet, l'autorité administrative compétente pour délivrer les autorisations d'urbanisme, ses délégués, ainsi que les fonctionnaires et les agents commissionnés à cet effet par le ministre chargé de l'urbanisme et assermentés, peuvent visiter les constructions en cours, procéder aux vérifications qu'ils jugent utiles et se faire communiquer tous documents techniques se rapportant à la réalisation des bâtiments. Ce droit de visite et de communication peut aussi être exercé après l'achèvement des travaux pendant trois ans (C. urb., art. L. 461-1).

Le régime du contrôle de la conformité. À l'issue des travaux, le constructeur adresse au maire de la commune (par lettre recommandée avec avis de réception, remise contre décharge ou courrier électronique) une déclaration attestant l'achèvement et la conformité des travaux (DAACT) à l'autorisation délivrée (C. urb., art. L. 462-1 et R. 462-1 à R. 462-4). Cette DAACT est signée est signée par le bénéficiaire de l'autorisation ou par l'architecte ayant dirigé les travaux. Dans certains cas, des attestations de prise en compte de diverses réglementations (acoustique et thermique notamment) doivent être jointes à cette déclaration (v. C. urb., les art. R. 462-3 et ss.). Ces attestations sont fournies sous l'entière responsabilité du déclarant. 689 ■

L'autorité administrative peut alors procéder au récolement dans un délai de trois mois, mais cela n'est pas une obligation, sauf dans certains cas, l'administration disposant alors d'un délai de cinq mois pour y procéder (art. R. 462-6). Les hypothèses dans lesquelles le récolement est obligatoire sont énumérées à l'article R. 462-7 du Code de l'urbanisme. Tel est notamment le cas lorsque les travaux concernent un immeuble de grande hauteur, un établissement recevant du public, un immeuble inscrit au titre des monuments historiques, ou encore lorsqu'ils sont réalisés dans un secteur sauvegardé ou dans un site classé ou en instance de classement.

Préalablement à tout récolement, l'autorité compétente en informe le bénéficiaire du permis. Lorsqu'elle constate une non-conformité, l'administration met le maître d'ouvrage en demeure de déposer un dossier modificatif ou de mettre les travaux en conformité avec l'autorisation accordée (art. R. 462-9). Quant au champ du contrôle, devrait être maintenue la jurisprudence en vertu de laquelle le contrôle de la conformité des caractéristiques de la construction au regard des prescriptions du permis inclut celles relatives à la destination de la construction mais non l'usage fait de celle-ci après son achèvement (CE 4 nov. 1996, *SARL Simofop*, *Lebon* 440 ; *RD publ.* 1998. 595, obs. J.-P. Lebreton ; *Defrénois* 1997. 36574, note S. Pérignon ; CE 11 déc. 2006, *Ville Paris*, n° 274851, *Constr.-Urb.* 2007. 104, obs. P. Cornille ; *BJDU* 2007. 371, concl. P.-M. Mitjaville ; *RDI* 2007. 192, obs. P.S.-C.). De même, le contrôle ne porte que sur le respect de l'autorisation, non sur la conformité aux règles d'urbanisme (CE 25 oct. 1993, *Cne Villars-les-Dombes*, n° 110781 ; CE 4 juill. 1994, *Simon-Michel*, n° 119829), et cela même si le permis a été obtenu par fraude (CE 9 févr. 1996, *Cne Coulanges-les-Nevers*, *Lebon* 34 ; *RDI* 1996. 365, obs. L. Touvet). *A fortiori* le contrôle n'a-t-il pas à porter sur le respect de législations étrangères à l'urbanisme comme les règles de construction. Enfin, la jurisprudence traditionnelle fait preuve d'un certaine indulgence vis-à-vis des écarts mineurs entre la construction réalisée et le projet autorisé (CE 4 juill. 1994, *Simon-Michel*, préc. ; CE 5 mai 1996, *Sté Merlin Immobilier*, n° 117115 ; CE 15 nov. 1996, *Dehlinger*, n° 127510 ; CE 5 févr. 1997, *SCI Les Toits de Venelles*, n° 137414)

Lorsqu'aucune vérification n'est intervenue dans le délai imparti à l'administration pour contrôler la conformité, une attestation certifiant qu'elle n'a pas été contestée est délivrée sous quinzaine par l'autorité compétente sur simple requête du bénéficiaire du permis ou à ses ayants droit. En cas de refus ou de silence de l'autorité compétente, cette attestation est fournie par le préfet (art. R. 462-10). Cette attestation (qui en doit pas être confondue avec le certificat de conformité qui pouvait être délivré avant le 1er octobre 2007) n'est pas une décision (CAA Nancy, ass. plén., 16 juin 2011, n° 10NC00782, *RDI* 2011. 584, obs. P.S.-C. ; *AJDA* 2011. 2129, note M. Wiernasz).

690 *Intérêts et limites du nouveau système.* Le principal effet de la DAACT est de faire courir le délai d'un an prévu à l'article R. 600-3 du Code de l'urbanisme et à l'expiration duquel le permis ne peut plus être contesté (CE 6 déc. 2013, *Mme Gouaty*, n° 358843, mentionnée dans les tables du recueil *Lebon*, *BJDU* 1/2014, p. 59, concl. S. Von Coester et obs. X. D. L. ; *RDI* 2/2014, p. 127, obs. P. S.-C ; *AJDA* 2014, p. 1116, note J. Tremeau ; *JCP*-N 51-52/2013, n° 2042, comm. D. Dutrieux). Si la solution est en bonne harmonie avec la lettre du texte, elle semble un peu formaliste au regard de son esprit. Quoi qu'il en soit, là s'arrêtent vraisemblablement les effets de la DAACT et de l'attestation de non-contestation de la conformité. Ces circonstances ne font vraisemblablement pas obstacle au jeu de la jurisprudence *Thalamy* (v. ss 587), et encore moins à une action civile ou pénale, même diligentée par l'administration (par exemple sur le fondement de sur l'art. L. 480-14). La doctrine administrative considère ainsi qu'indépendamment de la délivrance de l'attestation de non-contestation de la conformité, l'autorité de police peut toujours constater l'infraction pénale en dressant procès-verbal tant que le délai propre à cette action n'est pas prescrit (rép. min., n° 54790, *JOAN* 29 juin 2010, p. 7379 ; rép. min., n° 54460, *JOAN* 19 janv. 2010, p. 594).

S'agissant du certificat de conformité, la Cour de cassation a jugé que la délivrance d'un certificat attestant de la conformité de travaux à un permis de construire, ne fait pas disparaître la faute résultant de la violation d'une règle d'urbanisme recherchée sur le fondement de l'article 1382 du code civil, qui peut être établie par tous moyens (Civ. 3e, 23 oct. 2013, n° 12-24.919, *Bull.* ; *Constr.-Urb.* 2013, n° 170, obs. P. Cornille ; *Constr.-urb.* 2014, Repère 3 de H. Périnet-Marquet).

section 3

Le contentieux des autorisations d'urbanisme

691 Le contentieux de la légalité des autorisations d'urbanisme est un contentieux abondant. Il, représente, en effet, environ la moitié des recours formés en matière d'urbanisme. Son développement a été un temps si préoccupant que la doctrine et le législateur ont exploré de nouvelles voies pour l'encadrer (J.-Cl. Bonichot, « Vers une plus grande sécurité juridique ? », *BJDU* 2001. 403 ; P. Soler-Couteaux, « Le droit de l'urbanisme après la loi SRU : ni tout à fait le même, ni tout à fait un autre », *RDI* 2001. 301). Le nombre des recours semble pourtant s'être désormais stabilisé (D. Labetoulle, Une nouvelle réforme du contentieux de l'urbanisme, *RDI* 2013.508).

692 Dans la période récente, c'est donc plutôt la prévention et la dissuasion des actions abusives qui a préoccupé le législateur. En ce sens, la loi n° 2013-569 du 1er juillet 2013 a habilité le Gouvernement à prendre par voie d'ordonnance toute mesure de nature législative propre à accélérer le traitement des litiges dans le domaine de l'urbanisme et à prévenir les contestations dilatoires ou abusives. C'est sur ce

fondement qu'une ordonnance n° 2013-638 du 18 juillet 2013 relative au contentieux de l'urbanisme a été publiée (D. Gillig, « Réforme du contentieux de l'urbanisme. Regards critiques sur l'ordonnance n° 2013-368 du 18 juillet 2013 relative au contentieux de l'urbanisme », *JCP* A 2013, n° 2279 ; P. Cornille, « Propos iconoclastes sur l'ordonnance n° 2013-368 du 18 juillet 2013 relative au contentieux de l'urbanisme », *Constr.-Urb.* 2013, n° 134). Son contenu s'inspire largement des propositions du groupe de travail présidé par D. Labetoulle, chargé, en février 2013, par le Ministre de l'Égalité des territoires et du Logement de présenter des mesures concrètes pour « faciliter la réalisation de projets permettant la production de logements en sécurisant les opérations de construction et en luttant contre les recours regardés comme abusifs » (R. Noguellou, « La réforme du contentieux de l'urbanisme », *Droit adm.* 2013, focus, n° 55 ; D. Labetoulle, art. préc. ; Contentieux de l'urbanisme : « il faut modifier le comportement des acteurs », *AJDA* 21/2013. 1188 ; J-C. Bonichot, « Légalité et sécurité en matière d'urbanisme : Les propositions du groupe de travail Labetoulle », *BJDU* 4/2013.243 ; Ch. Wiels, « A la recherche d'une sécurisation accrue des autorisations d'urbanisme », *Les cahiers du CRIDON de Lyon* n° 68, nov. 2013.32 ; N. Fouilleul, « Recours abusifs : du rapport Labetoulle à l'ordonnance relative au contentieux de l'urbanisme », *BJDU* 5/2013.323 ; F. Priet, « La réforme du contentieux de l'urbanisme par l'ordonnance du 18 juillet 2013 et les textes subséquents », *DAUH* 2014.45 ; C. Mialot, « La réforme du contentieux de l'urbanisme du point de vue du requérant », *AJDA* 2013.2337).

Ces préoccupations successives ont, depuis une vingtaine d'années, conduit le législateur et le pouvoir réglementaire à introduire des règles procédurales particulières propres au contentieux de l'urbanisme. Elles ont en commun de tenter de concilier le principe fondamental du droit au recours avec le souci de la sécurité juridique des bénéficiaires des autorisations d'urbanisme. En effet, toutes les mesures envisagées de ce seul dernier point de vue sont susceptibles de heurter de manière frontale le droit au recours garanti par la Constitution et par la Convention européenne des droits de l'homme (Cons. const. 21 janv. 1994, *JO* 26 janv. 1994. 1382 ; J. Trémeau, « L'urbanisme et le Palais Royal », *Mélanges Genevois*, Dalloz, 2009, p. 1049). La question se pose, en outre, de savoir s'il est opportun de conférer une spécificité trop affirmée au contentieux de l'urbanisme par rapport au contentieux de droit commun (D. Labetoulle, « Droit du contentieux de l'urbanisme et droit du contentieux administratif », *Mélanges J. Waline Dalloz* 2002, p. 629 ; Ch. Debouy, « Vingt ans de réformes depuis la loi *Bosson* : construction d'un contentieux administratif spécial de l'urbanisme ? », *JCP* A 2014, n° 2233 ; E. Carpentier, « Que reste-t-il du recours pour excès de pouvoir en matière d'autorisation d'urbanisme ? », *RDP* 3/2015. 606). On présentera donc le contentieux de l'annulation des autorisations d'urbanisme en mettant l'accent sur ses particularités (§ 1) avant d'étudier la mise en œuvre des procédures d'urgence qui ont substantiellement contribué à renforcer l'efficacité du recours au juge (§ 2). À côté du contentieux de la légalité, le droit de l'urbanisme peut donner lieu, en outre et très classiquement, à un contentieux de la responsabilité (§ 3). 693

§ 1 Le contentieux de la légalité des autorisations d'urbanisme

694 Le contentieux de la légalité des autorisations d'urbanisme peut être le fait aussi bien des tiers que du préfet dans le cadre du contrôle de légalité. Il relève exclusivement de la juridiction administrative (C. urb., art. L. 480-13 ; v. ss 872). S'agissant d'un contentieux de l'excès de pouvoir qui n'a pas pour objet la défense des droits subjectifs, l'acquiescement donné par le requérant à une autorisation de construire et la renonciation à exercer tous recours et toutes actions, quelle que soit l'étendue de cet engagement, ne peut interdire à l'intéressé l'exercice du recours pour excès de pouvoir (CAA Paris, 30 déc. 1996, *Boyer c/ Cne Boulogne-Billancourt*, req. n° 94PA02185). Le pétitionnaire peut, quant à lui, contester toute décision lui faisant grief et notamment le refus de l'autorisation d'urbanisme qu'il sollicite.

On s'attachera aux particularités de ce contentieux au plan de la recevabilité (A) et des pouvoirs du juge (B).

A. Les conditions de recevabilité du recours pour excès de pouvoir

695 Dans une matière où les personnes morales sont particulièrement concernées, il convient d'insister d'abord sur la question de la capacité à agir (1). On traitera ensuite des décisions susceptibles de recours (2), de l'intérêt donnant qualité à agir en matière d'urbanisme (3) et de la question des délais de recours (4), avant de faire état d'une condition particulière de recevabilité propre à l'urbanisme, à savoir l'obligation de notification des recours (5).

1. *La capacité à agir*

696 *Personnes morales.* La question de la capacité des personnes morales peut être parfois délicate, notamment pour les sociétés civiles immobilières en formation (TA Besançon, 9 mai 1996, Bihr et a., req. n° 94-853, *BJDU* 1996. 144, concl. F. Garde ; CE 23 janv. 2006, Cne Blauzac, req. n° 284788, *Constr.-Urb.* 2006, n° 122 obs. P. Cornille).

697 *Représentation.* Le juge administratif vérifie, au besoin d'office, que le signataire du recours présenté au nom de la personne morale a été dûment habilité par l'organe compétent défini par ses statuts (CE 3 févr. 2003, Paganon, req. n° 240780 ; *Constr.-Urb.* 2003, n° 191, obs. Ph. Benoit-Cattin ; *BJDU* 2003. 55, concl. F. Seners ; *RDI* 2003. 384, obs. A. Robineau-Israel ; à propos de syndic de copropriété : CAA Bordeaux, 5 mars 2015, n° 13BX00658, *Constr.-Urb.* 2015, n° 72, note P. Corville). Renonçant à la distinction entre le pouvoir de représentation et celui d'agir en justice, il considère qu'en l'absence, dans les statuts d'une association ou d'un syndicat, de stipulation réservant expressément à un autre organe la capacité de décider d'engager une action judiciaire, celle-ci est régulièrement formée par l'organe tenant des mêmes statuts le pouvoir de représenter cette association ou ce syndicat en justice (CE, sect., 3 avr. 1998, Féd. de la plasturgie, req. nos 177962, 180754 et 183067 ; *AJDA* 1998. 460, obs. F. Raynaud ; ibid. 413, P. Fombeur ; *Lebon* 127 ; 17 juin 1998, Assoc. de défense des propriétaires longevillais, req. n° 169463, *BJDU* 1998. 340, concl. J.-Cl. Bonichot ; rapp. CE 29 déc. 1999, Éts public

d'aménagement du secteur IV de Marne-la-Vallée, req. n° 195046, *Constr.-Urb.* 2000, n° 81). Lorsque les statuts requièrent une habilitation expresse, il appartient au juge administratif de s'assurer que l'auteur du recours l'a sollicitée. Par exception cependant, le défaut d'habilitation à agir du président d'une association n'est pas de nature à rendre irrecevable sa demande de suspension lorsqu'elle est formée dans le cadre d'un référé (CE 13 déc. 2005, *Cne Cabries*, req. n° 280329, *RDI* 2006. 153, obs. P. S.-C.). En revanche, le juge administratif ne vérifie pas la régularité des conditions dans lesquelles l'habilitation a été donnée au regard des règles du droit privé régissant le fonctionnement interne de la personne morale en cause (CAA Lyon, 26 sept. 1995, *Cne Cannes*, req. n° 94LY01695, *AJDA* 1996. 247, chron. J. C. ; ibid. 204 ; CE 19 juin 2013, *SCI Ugari*, n° 347346, *Lebon* T. 450 ; *RDI* 2013. , obs. P. S-C).

2. *Les décisions susceptibles de recours*

La recevabilité du recours pour excès de pouvoir est subordonnée à des conditions tenant à l'acte attaqué et particulièrement à celle qu'il fasse grief, c'est-à-dire qu'il produise des effets juridiques. 698 ■

Le recours du pétitionnaire. Le pétitionnaire peut contester au premier chef le refus de permis ou l'opposition à une déclaration préalable ou encore la décision lui opposant un sursis à statuer (CE 13 juill. 1967, *Le Mouel*, req. n° 66512, *Lebon* 344 ; 11 oct. 1967, *SCI du Centre*, req. n° 66237, *Lebon* 1 ; 25 juill. 1986, *Min. Urbanisme c/ Dalla-Verra*, req. n° 64514). Il peut aussi, sous certaines conditions, contester les prescriptions dont est assortie l'autorisation d'urbanisme qui lui est délivrée (v. ss 652). 699 ■

Le cas de la décision purement confirmative ou superfétatoire. Le recours contre une autorisation « superfétatoire » est irrecevable car il ne fait pas grief aux tiers (CAA Bordeaux, 6 nov. 2006, *Assoc. des Belles Dames*, req. n° 03BX00390, *Constr.-Urb.* 2007, n° 39, obs. G. Godfrin). Par ailleurs, le pétitionnaire n'est recevable à attaquer un refus d'autorisation consécutif à un autre refus que si le second n'est pas simplement confirmatif. Tel est le cas en l'absence de tout changement dans les circonstances de fait ou de droit (CE 6 mai 1970, *Salmon-Martel*, req. n° 76837, *Lebon* 311 ; 13 nov. 1987, *Gondre*, req. n° 68964, *AJDA* 1988. 39, concl. O. Schrameck ; 28 févr. 1994, *Ville Lille*, req. nos 133096, 133266 ; 4 mars 1994, *Cne Vaulx-en-Velin*, req. n° 117080). En revanche, un refus opposé à un projet modifié par rapport à celui qui a fait l'objet d'un premier refus ne peut être considéré comme simplement confirmatif (CE 13 mars 1970, Sté chimique routière et des entreprises générales, req. n° 72610, *AJDA* 1970. 295, concl. M. Rougevin-Baville). Il en est de même s'il y a eu une évolution des règles d'urbanisme (CE 11 mars 1988, *Min. Urbanisme et Logement c/ Lamouroux*, req. n° 56729 ; v. égal., CE 16 nov. 1983, *Tribier*, req. n° 28951, *AJDA* 1984. 458, chron. B. Lasserre et S. Hubac ; *Lebon* 457 ; *Droit et Ville* 1984, n° 17, p. 178, concl. M. Roux). 700 ■

Mesures d'instruction. Dans l'état du droit antérieur à la réforme des autorisations d'urbanisme réalisée par l'ordonnance du 8 décembre 2005, il a été jugé que le pétitionnaire était recevable à attaquer le renvoi de son dossier, analysé comme un refus d'instruire la demande de permis (CE 14 févr. 1969, *SE au logement c/ Monmirel*, req. n° 70910, *Lebon* 95). Cette solution valait même si le renvoi était motivé par le caractère prétendument incomplet du dossier (CE 14 mars 1980, Bullette, req. n° 11690, *Lebon* T. 931). Il pouvait également demander l'annulation de la lettre lui 701 ■

demandant de compléter son dossier si les pièces exigées étaient inutiles à l'instruction de l'autorisation sollicitée ou de celle lui notifiant le délai d'instruction et comportant à tort la mention que son expiration ne ferait pas naître un permis tacite (CE 25 juin 2004, *SCI Maison Médicale Edison*, req. n° 228437, *AJDA* 2004. 1930, chron. C. Landais et F. Lenica ; *BJDU* 2004. 183, concl. D. Piveteau ; *RDI* 2004. 461, obs. P. S.-C.) ou encore celle qui prolongeait ledit délai. L'intérêt d'un tel recours était de faire constater, le cas échéant, la délivrance d'un permis tacite (CE 22 oct. 1982, *Sté Sobeprim*, req. n° 12522, *Lebon* 356). La solution était donc différente si le silence de l'administration ne pouvait faire naître une autorisation implicite (CE 29 juill. 1994, *Fournier*, req. n° 123342, *Lebon* 733 ; *BJDU* 51/1994. 57, concl. H. Savoie). Elle se justifiait par l'obligation faite à l'administration d'accuser réception de la demande dans un délai de 15 jours en sollicitant, s'il y a lieu, la communication de pièces complémentaires. Ces décisions conservent toute leur pertinence postérieurement à la réforme. Elles s'en trouvent même renforcées au regard de l'objectif de prévisibilité et de sécurité de l'instruction et de ses délais. Sous l'empire de la *réforme, il a été jugé que que la légalité de la décision fixant le délai d'instruction modifié peut être contestée par voie d'exception à l'occasion du recours pour excès de pouvoir dirigé contre le refus ou le retrait de permis de construire finalement opposé par l'autorité d'urbanisme, y compris dans le cas où elle ne serait plus elle-même susceptible de faire l'objet d'un tel recours, ces deux décisions relevant de la même opération administrative "* (CAA Lyon, 5 nov. 2013, *Commune de Bourgoin-Jallieu*, req. n° 13LY01217 ; v. aussi CE 8 avr. 2015, *Cne Ferrières-en-Gâtinais*, n° 365804, *Constr.-Urb.* n° 84, note L. Santoni ; *RDI* 2015. 312, obs. P. S.-C.). Le pétitionnaire peut enfin poursuivre l'annulation de la lettre constatant la caducité de l'autorisation d'urbanisme (CE 2 déc. 1987, *SCI « Val Rose »*, req. n° 56789). En revanche, le recours n'est pas recevable contre un avis même conforme de l'architecte des Bâtiments de France (CE 17 janv. 1975, *Min. Aff. culturelles c/ Lapey*re, req. n° 91098, *Lebon* 31 ; CAA Nancy, *Assoc. « Sauver Villette »*, req. n° 06NC00038, Envir. 2007. 150, obs. D. Gillig). Il en va de même de l'avis du préfet qui se substitue à celui de l'ABF dans le cas où un recours administratif a été formé contre celui-ci (CE 19 févr. 2014, *n° 361769, Min. de la Culture et de la Communication c/ Cne de Linas, Constr.-Urb.* 2014, n° 76, note J-M. Février ; *AJCT* 2014.329, obs. S. Defix ; *RDI* 2014. 360, obs. P. S-C).

702 *La divisibilité de l'autorisation d'urbanisme.* Écartant une application générale du principe d'indivisibilité des autorisations d'urbanisme – du reste récemment remis en cause (CE, sect., 13 mars 2015, *Mme Ciaudo*, n° 358677, *RDI* 2015. 375, obs. P. S.-C. ; *BJDU* 3/2015. 207, concl. A. Lallet ; *AJDA* 17/2015. 985, chron. Y. Lessi et L. Dutheillet de Lamothe), le juge administratif a admis la recevabilité du recours contre les participations financières dont elles peuvent être assorties (CE 8 févr. 1985, *Raballand*, req. n° 40184, *AJDA* 1985. 237, note J. C. ; *Lebon* 36). Cette solution jurisprudentielle a été confirmée par la loi du 18 juillet 1985 selon laquelle « l'illégalité des prescriptions exigeant des taxes ou des contributions aux dépenses d'équipements publics est sans effet sur la légalité des autres dispositions de l'autorisation de construire » (C. urb., art. L. 332-7). La divisibilité est également admise lorsque la prescription réalise en réalité une immixtion dans une législation indépendante de l'urbanisme (CAA Bordeaux, ord., 28 sept. 2005, *Cne Montech c/ Préfet*, req. n° 05BX01483, *AJDA* 2005. 2423). En revanche, les dispositions non financières de l'autorisation sont, en principe, indivisibles de celle-ci. Il en va notamment ainsi lorsque la prescription litigieuse apparaît comme un des supports de l'autorisation (CE 18 déc. 1992, Ferrand, req. n° 98403 ; 8 janv. 1988, Mazar, req. n° 73051), ou une condition de sa validité comme c'est le cas d'une prescription de sécurité (CE 11 mars 1987, *Sté HLM « Le Nouveau Logis »*, req. n° 45995, *Lebon* T. 1009). Dans ces hypothèses, l'irrégularité de la prescription litigieuse affecte d'ailleurs la légalité de l'autorisation dans son ensemble (CE 14 déc. 1992, *Léger*, req. n° 106685). Mais par exception, l'annulation d'une prescription accompagnant l'autorisation peut être prononcée dans la seule mesure où ses effets n'ont aucune incidence sur les prescriptions qui sont maintenues (CAA Nancy, 10 nov. 1993, *Haghebaert*, req. n° 92NC00714, *AJDA* 1994. 163, obs. J.-P. P. ; *BJDU* 1994. 104, concl. J.-P. Pietri). Cette hypothèse peut se rencontrer lorsqu'un permis de construire autorise plusieurs constructions physiquement distinctes.

Le recours des tiers. Les tiers peuvent évidemment former un recours contre une autorisation d'urbanisme. On rappellera cependant que le permis modificatif laisse subsister le permis initial dont il ne se distingue pas (v. ss 660). Dans cette mesure, il ne peut avoir pour effet d'ouvrir un nouveau délai de recours contentieux à l'encontre des dispositions du permis initial qui ne sont pas affectées par la modification (CE 2 avr. 1977, *Guérini c/ Pourtaubordes*, *Lebon* 1239 ; CAA Lyon, 18 janv. 1995, *Cne Pennes-Mirabeau*, req. n° 93LY00458). Le recours des tiers est recevable même si une seconde autorisation a été délivrée se substituant à celle attaquée car le litige n'est pas, pour autant, dépourvu d'objet (CE 5 oct. 1979, *SCI « Adal d'Arvor »*, *Lebon* 365 ; 19 mai 1982, *Papy*, req. n° 17256 ; 26 nov. 1986, *Fol*, *Lebon* 266 ; 7 oct. 1987, *Sylvestre*, req. n° 63638 ; 7 avr. 2010, *SCI La Tilleulière*, req. n° 311694, *BJDU* 2/2010. 142, concl. J. Burguburu, obs. Ch. L. ; *RDI* 2010. 406, obs. P. S.-C. ; CE 14 mars 2011, *Cne d'Ajaccio*, n° 308987, *BJDU* 4/2011. 292, concl. J. Boucher, obs. Ch. L.). Il en va différemment si la première autorisation a été retirée par l'autorité administrative qui l'a délivrée dans le délai de trois mois suivant la date de la décision ou, passé ce délai, à la demande du pétitionnaire (C. urb., art. L. 424-5). 703 ■

Les tiers peuvent également diriger leur action contre la lettre faisant savoir à un constructeur qu'il n'a pas besoin d'autorisation (CE 8 avr. 1987, *Monnot*, req. n° 56504, *Lebon* T. 1009), ou contre l'arrêté préfectoral accordant une dérogation en vue de sa délivrance (CE 11 oct. 1963, *Min. Construction*, req. n° 60018 ; 10 janv. 1969, *Min. Équipement c/ Brigant*, req. n° 74274 ; 16 janv. 1970, *Mandereau*, *Lebon* T. 1240). Et lorsqu'ils attaquent le certificat de non-opposition à une déclaration préalable, il faut entendre que leur recours est dirigé contre la décision de non-oppostion et qu'il est par conséquent, recevable (CE 12 déc. 2012, *n° 339220, SCEA GFA Pochon*, *Lebon* T. 1025, *Constr.-Urb.*, 2013, n° 17, note P. Cornille ; *BJDU* 3/2013.217, concl. M. Vialettes).

3. *L'intérêt donnant qualité à agir*

Depuis le début du XXe siècle, la notion d'« intérêt à agir » constitue l'instrument privilégié de l'ouverture croissante du recours pour excès de pouvoir et de ce qu'il est convenu d'appeler la « démocratisation » de cette action puisque c'est à ce résultat qu'aboutit la reconnaissance d'intérêts de plus en plus variés et, par là même, la tendance à protéger des intérêts de plus en plus nombreux. Concernant les autorisations d'urbanisme, la notion d'« intérêt à agir » est également largement entendue. Elle n'est cependant pas sans limites. Elles sont désormais exprimées par l'article L. 600-1-2 du Code de l'urbanisme issu de l'ordonnance n° 2013-638 du 18 juillet 2013, en ces termes : *« Une personne autre que l'État, les collectivités territoriales ou leurs groupements ou une association n'est recevable à former un recours pour excès de pouvoir contre un permis de construire, de démolir ou d'aménager que si la construction, l'aménagement ou les travaux sont de nature à affecter directement les conditions d'occupation,* 704 ■

d'utilisation ou de jouissance du bien qu'elle détient ou occupe régulièrement ou pour lequel elle bénéficie d'une promesse de vente, de bail, ou d'un contrat préliminaire mentionné à l'article L. 261-15 du code de la construction et de l'habitation » (sur l'application dans le temps de cette disposition qui affecte la substance du droit de former un recours pour excès de pouvoir : CE, avis, 18 juin 2014, n° 376113, *SCI Mounou, Lebon* ; *Droit adm.* 2014, n° 55, obs. J. Andreani ; *Constr.-urb.* 2014, n° 113, obs. D. Gillig). Comme le dit le Président Labetoulle, « il n'est pas très facile de prédire ce que sera dans quelques années la portée du nouvel article... À certains égards, on peut penser qu'il y a là surtout une sorte de codification da la jurisprudence existante ». Il y a donc quelque intérêt à examiner les principes selon lesquels le juge a jusque-là admis l'intérêt à agir des tiers avant de consacrer un développement spécifique à la question de l'intérêt collectif et d'étudier quelques cas particuliers. Mais il convient d'avoir à l'esprit que le même auteur indique que l' « on peut aussi voir les choses de façon un peu différente » et qu'il estime qu'on peut dire dès à présent « que le texte ne ferait pas obstacle à une appréciation plus restrictive de l'intérêt pour agir ». On peut penser *qu'a* minima le juge traitera avec plus de sévérité la fraude à la constitution de l'intérêt pour agir (CAA Marseille, 20 mars 2014, *n° 13MA02161*, *Constr.-Urb.* 2014, n° 81, note P. Cornille ; *RDI* 2014.588, obs. P. S-C).

705 *L'intérêt à agir des tiers dans le temps.* En principe, l'intérêt pour agir s'apprécie à la date d'introduction du recours. Néanmoins, la loi ENL du 13 juillet 2006, a limité la reconnaissance de l'intérêt pour agir des associations agréées aux seules décisions qui sont intervenues après la date de la délivrance de l'agrément (C. env., art. L. 142-1). Quant aux autres associations, la loi cantonne la recevabilité de leurs actions contentieuses contre une décision relative à l'occupation ou l'utilisation des sols à celles dont le dépôt des statuts en préfecture est intervenu antérieurement à l'affichage en mairie de la demande du pétitionnaire (C. urb., art. L. 600-1-1 ; sur la date à retenir pour le dépôt de la demande et la preuve de l'affichage, CAA Marseille 20 mars 2014, n° 13MA03143, *Assoc. Bien vivre aux Restanques*. V. S. Pérignon, « La sécurisation des autorisations d'urbanisme et des constructions existantes », *AJDA* 2006. 1551 ; P. Cornille et N. Rousseau, « Quelle sécurisation des constructeurs et des constructions par la loi ENL ? », *Constr.-Urb.* 2006. Chron. 14 ; H. Périnet-Marquet, « Régularisation, contentieux et préemption : trois difficultés d'interprétation de la loi ENL », *Constr.-Urb.* 2006. Chron. 9 ; P. Soler-Couteaux, « L'impact de la loi ENL sur le droit de l'urbanisme », *RDI* 2006. 407). La constitutionnalité de cette disposition a été confirmée par le Conseil constitutionnel (CE 6 avr. 2011, *Assoc. Vivraviry*, req. n° 345980 ; Décis. n° 2011-138 QPC, 17 juin 2011, *Assoc. Vivraviry*, *BJDU* 2011. 299, concl. C. Landais ; *RDI* 2011. 465, obs. P. S.-C. ; *JCP* A 2011, n° 2253, note Ph. Billet). Leur intérêt pour agir s'apprécie compte tenu de la rédaction de leurs statuts à la date du dépôt de la demande du pétitionnaire, à l'exclusion de leur modification ultérieure (TA Strasbourg, 5 nov. 2013, n° 11105780, *Assoc. « Des piscines pour tous »*, *RDI* 2014.173, obs. P. S-C.). L'ordonnance du 18 juillet 2013 a étendu cette condition à tout requérant. Sauf à ce qu'il soit en mesure de justifier de circonstances particulières, son intérêt à agir s'apprécie à la date d'affichage en mairie de la demande du pétitionnaire (C. urb., art. L. 600-1-3 ; v. antérieurement, CE 29 nov. 1999, *Boulanger*, req. n° 182214). Il s'agit d'éviter qu'une personne qui n'aurait pu initialement justifier d'un intérêt pour agir s'en constitue un artificiellement entre la délivrance du permis et l'expiration du délai de recours. La réserve des « circonstances particulières » vise à tenir compte de la situation des requérants de bonne foi.

Les caractères généraux de l'intérêt à agir des tiers. Le recours des tiers a jusque-là été très largement admis. Par exemple, l'exception d'illégitimité du requérant ne saurait lui être que très exceptionnellement opposée en excès de pouvoir (CE 27 févr. 1985, Grands travaux et constructions immobilières ; CE 28 déc. 2012, *Commune de Montsinéry-Tonnegrande* ; CE 24 févr. 2011, n° 343442, *Mme Verbeke Casabiancav, Lebon* T. V. également concl. S. Von Coester sur CE 6 déc. 2013, n° 354703, M. Bannerot, *BJDU* 1/2014.21). La limite traditionnelle de l'admission du recours tient alors à ce que le requérant doit s'y présenter en une qualité lui donnant intérêt à agir en même temps que cet intérêt doit, lui-même, présenter certains caractères et, particulièrement, être direct. Il y a là deux aspects de la recevabilité qui ne sont pas toujours suffisamment distingués et qui ne sont pas remis en cause, bien au contraire, par l'article L. 600-1-2. 706 ■

La nature de l'intérêt pour agir. Le caractère approprié de l'intérêt. Pour être recevable, le requérant doit se prévaloir d'un intérêt approprié ou encore adéquat. Cela signifie qu'il doit se présenter au recours en une qualité qui confère à l'intérêt dont il se prévaut une nature en rapport avec l'acte attaqué. Cette exigence découle de ce que la reconnaissance de l'intérêt pour agir est subordonnée à la condition que l'acte ait des conséquences fâcheuses pour l'intéressé (concl. Mosset sur CE, ass., 26 oct. 1956, *Assoc. générale des administrateurs civils, Lebon* 391). Cette exigence ne pourra qu'être maintenue sous l'empire de l'article L. 600-1-2 dès lors que le requérant devra démontrer que les conditions d'occupation, d'utilisation ou de jouissance de son bien sont affectées par une construction, un aménagement ou des travaux. 707 ■

L'intérêt non urbanistique ne donne ainsi aucune qualité à agir parce qu'il n'est pas suffisamment en rapport avec l'acte attaqué (CE, sect., 5 oct. 1979, *SCI Adal d'Arvor, Lebon* 365, concl. J.-M. Galabert). Par exemple, l'architecte auteur d'un projet autorisé par un permis de construire n'a pas intérêt à attaquer le permis modificatif comportant l'amendement du projet initial par un autre architecte (TA Paris, 3 févr. 2000, *Pétrovic*, req. n° 1679, *RDI* 2000. 329, obs. J. Morand-Deviller), pas plus que le refus du maire de constater la caducité du permis autorisant un projet dont il est l'auteur (CAA Marseille, 25 juill. 2014, n° 12MA03175, *M. Laclaverie*,). De même, l'intérêt commercial ne donne pas au concurrent une qualité à agir contre une autorisation d'urbanisme (CE, sect., 13 mars 1987, n° 55525, *Sté Albigeoise de spectacles et Sté Castres spectacles, AJDA* 1987.332, chron. M. Azibert et M. De Boisdeffre ; CE 8 avr. 1987, *Fourel c/ Sté nouvelle de la Grande Maison, AJDA* 1987. 367, chron. M. Azibert ; ibid. 332, M. de Boisdeffre ; D. 1988. 86, note Thouroude ; *Lebon* T. 1021 ; CE 11 juin 2014, *n° 360135, Soc. Devarocle, BJDU* 5/2014.391, concl. S. Von Coester ; *RDI* 2014.529, obs. P. S-C), pas plus que n'a qualité pour agir une association de commerçants (CAA Paris, ass. plén., 4 juill. 1996, *Sté de distribution et d'exploitation commerciale*, req. n° 94PA00226). Malgré les critiques de la doctrine (v. note M. Prieur sous TA Limoges, 23 juin 1987, *Union des commerçants de Limoges*, D. 1987. 484) et les arguments mis en avant par M. Vigouroux dans des conclusions contraires sur l'arrêt *Sté Albigeoise de spectacles et Sté Castres spectacles* (préc.), le Conseil d'État a régulièrement confirmé sa jurisprudence (CE 7 juill. 1993, *Sté Economats du Centre et Sté de distribution Centre-Est Sodice* SA, req. n° 94179 ; *AJDA* 1993. 830, obs. F. Bouyssou ; CE 8 juin 1994, *Sté Sosumar Leclerc*, req. n° 140620 ; CE 13 mai 1996, *Ville Limoges*, req. nos 117945, 117955 ; CE 1er avr. 1998, *Actise c/ Cne Joyeux*, req. n° 156446). Celle-ci se trouve désormais confortée par les dispositions issues de la loi n° 2014-626 du 18 juin 2014 relative à l'artisanat, au 708 ■

commerce et aux très petites entreprises aux termes desquelles le permis de construire tient désormais lieu d'autorisation d'exploitation commerciale. Dans ce cas, les personnes mentionnées à l'article L. 752-17 du Code de commerce sont recevables à attaquer le permis de construire mais ne peuvent en poursuivre l'annulation qu'en tant qu'il tient lieu d'autorisation d'exploitation commerciale. Par conséquent, les moyens relatifs à la régularité du permis en tant qu'il vaut autorisation de construire sont irrecevables à l'appui de telles conclusions (C. urb., art. L. 600-1-4; v. précédemment, CAA Lyon, 10 avr. 2012, *SAS Devarocle,* req. n° 11LY00852). On relèvera cependant que tout en déniant à un établissement commercial tout intérêt à contester un permis de construire délivré à une entreprise concurrente, même située à proximité, la Haute juridiction a réservé le cas où les caractéristiques particulières de la construction envisagée seraient de nature à affecter par elles-mêmes ses conditions d'exploitation. Dans une telle situation, en effet, il serait certes atteint dans ses intérêts commerciaux mais par l'effet des prescriptions d'urbanisme du permis de construire (CE 22 févr. 2002, *Sté France Quick SA*, req. n° 216088, *Constr.-Urb.* 2002, n° 130, obs. Ph. Benoit-Cattin; *RDI* 2002. 263, obs. P. S.-C.). Par ailleurs, rien n'interdit au concurrent de se prévaloir de sa qualité de voisin, même pour la première fois en appel, et d'un intérêt urbanistique (CE 10 déc. 1997, *Sté Norminter Gascogne-Pyrénées et Cne Pia*, req. nos 158064, 158192, *Constr.-Urb.* 1998, n° 176, obs. J.-R. Etchegaray).

■ **709** *L'intérêt pour agir. Le caractère direct de l'intérêt.* Lorsque la qualité en laquelle le requérant se présente au recours n'est pas, *a priori,* étrangère, à la nature de l'acte attaqué, la recevabilité du recours est, en outre, subordonnée à la condition que l'intérêt pour agir présente certains caractères et, singulièrement, celui d'être direct. Ainsi, antérieurement à l'introduction de l'article L. 600-1-2 dans le Code de l'urbanisme, ne donnaient pas intérêt à agir la qualité de simple habitant de la ville, même désireux de faire préserver le caractère esthétique de celle-ci et d'assurer le respect du document d'urbanisme dont elle est dotée (CE 6 juin 1973, *Chabot*, *Lebon* 404), ou la qualité de contribuable communal (CE 16 mars 1984, *Desbiaux*, req. n° 30374), pas plus que celle d'automobiliste, même usager de la voie au bord de laquelle sera implantée la construction litigieuse (TA Nice, 31 oct. 1996*, Samuel c/ Cne Antibes*, req. n° 961959). Ces solutions ne peuvent que se trouver renforcées par la circonstance que l'article précité subordonne désormais l'intérêt pour agir à la condition que la construction, l'aménagement ou les travaux soient de nature à affecter « directement » les conditions d'occupation, d'utilisation ou de jouissance du bien du requérant. Ainsi, le propriétaire d'un terrain continuera à justifier, en cette seule qualité, d'un intérêt lui donnant qualité pour agir devant le juge de l'excès de pouvoir contre une autorisation d'urbanisme accordée à son locataire en vue de la réalisation de travaux sur son bien (CE 6 déc. 2013, n° 354703, *M. Bannerot*, *BJDU* 1/2014.21, concl. S. Von Coester; *RDI* 2013. obs. P. S-C). Mais dans tous les cas, le requérant devra établir qu'il détient ou occupe le bien régulièrement ou qu'il bénéficie d'une promesse de vent, de bail ou d'un contrat préliminaire mentionné à l'article L. 261-15 du Code de la construction et de l'habitation.

■ **710** En revanche, l'invocation de la seule qualité de voisin qui donnait jusque-là un intérêt pour agir contre une autorisation d'urbanisme pourrait ne plus suffire. En effet, comme l'écrit le Président Labetoulle, la nouvelle rédaction de l'article L. 600-1-2 suggère « une approche plus « subjective que la ligne générale de la jurisprudence antérieure, très marquée par les concepts objectifs de voisinage et de proximité ; précisément, les termes de la loi ne comportent pas de référence à ces concepts et paraissent appeler une appréciation au cas par cas » (art. préc.). À cet égard, il a été fait le rapprochement avec le contentieux des installations classées dans lequel l'intérêt à agir est subordonné à la condition que l'installation soit à l'origine d'inconvénients ou de dangers pour les intérêts protégés par le code de l'environnement, conditions dont le juge fait une application rigoureuse (C. env., art. R. 514-2). On rappellera cependant que celui-ci pesait déjà au cas par cas le caractère direct de l'intérêt du voisin à l'aune de la gêne que le projet contesté était susceptible de lui causer et ce, en fonction de trois critères qu'il mettait cumulativement en œuvre : la proximité, la nature et l'importance de la construction litigieuse, ces trois critères étant également rapportés à la configuration générale des lieux (CE 14 oct. 1977, *Boyer*, *Lebon* 301 ; 27 oct. 2006, Dreysse, req. n° 286569, *AJDA* 2007. 316, note F. Nicoud ; *Lebon* 1109 ; *BJDU* 2006. 474, concl. L. Olléon ; *RDI* 2006. 515, obs. P.S.-C.). Il reste que les exigences de l'article L. 600-1-2 paraissent plus strictes encore. Ainsi, la proximité amenait le juge à retenir l'intérêt pour agir alors même que le requérant n'avait pas de vue directe sur le projet (CE 27 févr. 2006, *SCI La Tilleulière*, req. n° 284349 ; *RDI* 2006. 317, obs. P. S.-C. ; 5 avr. 2006, *Cne Vauvert*, req. n° 283137, *RDI* 2006. 317, obs. P. S.-C.). L'exigence relative à la distance était par ailleurs confrontée à la nature du projet incriminé, c'est-à-dire son importance en termes de superficie, de hauteur et plus généralement, d'impact urbanistique (CE 17 juin 1974, Vincent, préc. ; 25 nov. 1998, *Chèze et Cne Bièvres*, *Lebon* 447 ; CE 5 juill. 2013, n° 354026, *SCI Liberty c/ Cne de Marseille et SCI André Corsiglia*, *BJDU* 5/2013.376, concl. M. Vialettes). En considération de cet élément, un tiers même éloigné pouvait se voir reconnaître un intérêt à agir (CE 15 avr. 1983, *Cne Menet*, *Lebon* 154 ; 24 juin 1991, *Sté Inter Provence Côte d'Azur*, *Lebon* 1110 ; 3 févr. 1992, Girod, *Lebon* 1197). Le voisin pouvait aussi se voir reconnaître un intérêt à agir alors même que le permis de construire autorise des travaux d'aménagement interne d'une construction existante (CE 25 nov. 1998, *Chèze et Cne Bièvres*, préc. ; TA Nice, 31 oct. 1996, *Samuel c/ Cne Antibes*, req. n° 961959). Cette méthode d'appréciation de l'intérêt pour agir pourrait ne pas être fondamentalement remise en cause, mais aboutir ponctuellement à des appréciations plus restrictives. Il appartiendra donc au Conseil d'État de fixer la jurisprudence. On rappellera à cet égard que l'appréciation de l'intérêt pour agir est une question de qualification juridique, en tant que telle susceptible d'être soumise au juge de cassation (CE 25 nov. 1998, *Chèze et Cne Bièvres*, préc ; 22 févr. 2002, *Sté France Quick SA*, req. n° 216088, *Constr.-Urb.* 2002, n° 130, obs. Ph. Benoit-Cattin ; *RDI* 2002. 263, obs. P. S.-C. ; 27 oct. 2006, Dreysse, préc.).

Un auteur a relevé que la mise en œuvre de l'article L. 600-1-2 pourrait avoir pour 711
effet de priver les conseillers municipaux d'un intérêt pour agir qui leur était précédemment reconnu (D. Gillig, Réforme du contentieux de l'urbanisme, *JCP* A 2013, n° 2279, préc.). En effet, si la seule qualité de conseiller municipal ne donnait pas intérêt à agir (CE 14 oct. 1977, Boyer, *Lebon* 301 ; 27 oct. 2006, Dreysse, req. n° 286569, prec.), sauf à ce que les prérogatives de l'organe délibérant aient été méconnues à cette occasion (CE 4 mai 1990, *Cire et Ravet*, req. n° 110530 ; 27 oct. 2006, Dreysse, préc.), un conseiller municipal était, en cette qualité, recevable à contester un permis de construire délivré par le maire à la commune en vue de la construction d'une école maternelle. Nous ne pensons pas toutefois que cette dernière solution soit remise en cause. En effet, c'est la circonstance qu'un tel permis

intéresse la gestion des affaires municipales qui justifie l'intérêt pour agir (CE 15 mars 1995, *Cne Fuveau c/ Servet*, req. n° 632387 ; 3 juin 1994, *Cne Crosne c/ Dechaux-Blanc*, req. n° 109409, *BJDU* 1994. 103, concl. S. Daël).

712 *La question de l'intérêt collectif.* Cette question est d'autant plus intéressante qu'une grande partie des recours contre les autorisations d'urbanisme sont le fait d'associations de défense. Comme dans le contentieux général, un groupement est, en principe, recevable à contester un permis de construire devant la juridiction administrative (CE 14 déc. 1951, *Sté pour l'esthétique générale de la France*, req. nos 4001, 4426, *AJDA* 1952. 28 ; 28 janv. 1972, *Min. Équipement et Logement c/ Assoc. pour l'intérêt de la résidence à Ecully*, *Lebon* 96), même si s'agissant d'une association, elle n'est ni reconnue d'utilité publique, ni agréée (CE 9 juin 1982, *SCI Le Mar*, req. n° 24649). L'article L. 600-1-2 n'étant pas applicable aux associations, les limites à la reconnaissance de leur intérêt pour agir tiennent à la nature de l'intérêt qu'elles invoquent et à ses caractères.

713 *La nature de l'intérêt.* L'association ou le groupement concerné doivent se présenter au recours en une qualité qui confère à l'intérêt invoqué un caractère urbanistique. Cette condition s'apprécie en considération de leur objet tel qu'il résulte de leurs statuts à la date de l'introduction de la requête (CE 24 oct. 1994, *Cne La Tour du Meix c/ Féd. de défense de l'environnement du Jura*, *Lebon* 462) et, pour les associations, à la date de l'affichage de la demande de l'autorisation d'urbanisme (TA Strasbourg, 5 nov. 2013, n° 11105780, *Assoc. « Des piscines pour tous »*, *RDI* 2014. 173, obs. P. S.-C., v. ss 705). Il faut que celui-ci porte sur la sauvegarde de l'urbanisme et qu'il soit défini de façon suffisamment précise. Le juge administratif se montre très exigeant sur ce point. Ainsi, un objet social trop vague et sans réel rapport avec l'urbanisme ne donne pas intérêt à agir. C'est le cas d'une association ayant pour objet diverses actions « et éventuellement, l'assistance de ses membres auprès de la municipalité ou de toute autre administration » qui n'est pas recevable à attaquer le permis de construire un supermarché (CE 11 mai 1987, *Assoc. des commerçants et artisans du quartier des Maisons-Neuves c/ SCI « Bouteille »*, req. n° 62799, *RDI* 1987. 342 ; 3 juill. 1987, *Min. Urbanisme et Logement c/ Brouste*, req. n° 39287, *RDI* 1987. 445 ; 30 oct. 1987, *Sté Cedis c/ Sté Sadal*, req. n° 29659 ; 14 juin 1989, *Assoc. des commerçants de Limoges*, req. n° 90393 ; 2 févr. 2004, *SCI La Fontaine de Villiers*, req. n° 238315, *Lebon* T. 914 ; *BJDU* 2004. 25, concl. M. Guyomar, note J. Trémeau ; *RDI* 2004. 213, obs. P. S.-C. ; *JCP* A 2004, n° 1292, note J.-P. Demouveaux). Il en va *a fortiori* de même si l'objet de l'association est totalement étranger au droit de l'urbanisme (CE 22 oct. 1986, *Union dptale des consommateurs des Bouches-du-Rhône*, *Lebon* T. 408 ; 5 févr. 1990, *Assoc. contre le déclassement et la vente du champ de foire de Saint Germain du Bois*, req. n° 88452 ; 29 janv. 2003, *Union des propriétaires pour la défense des Arcs*, req. n° 199692, *Dr. adm.* 2003. 211, note D. P. ; *Coll. terr.* 2003. 109, note T. Célérier ; *BJDU* 2003. 50, concl. J. Piveteau ; Envir. mai 2003. 22, note L. Benoit ; *RDI* 2003. 375, obs. P. S.-C. ; v. aussi la jurisprudence concernant les associations de commerçants, ss n° 705). C'est normalement le cas des groupements dont l'objet est la défense des intérêts professionnels (CE 1er déc. 1993, *Cté d'entreprise de la sté française de munitions*, req. 111730, *BJDU* 1994. 111, concl. Ch. Vigouroux : à propos d'un comité d'entreprise), sauf si l'organisme qui s'est assigné pour objet la défense d'un intérêt professionnel peut, dans ce cadre, agir contre toute mesure susceptible de modifier l'utilisation du sol (CE

5 déc. 1994, *Synd. viticole de Pessac-Léognan*, req. nos 130382, 130383, *BJDU* 1995. 88, concl. S. Lasvignes : à propos d'une association viticole).

En revanche, une association ayant pour objet la défense du cadre de vie au niveau communal justifie d'un intérêt suffisant pour attaquer tout permis de construire délivré dans la commune – à tout le moins d'une certaine importance – et cela en raison de sa vocation à surveiller l'application correcte des documents d'urbanisme locaux (CE 26 mai 1976, *SOS Paris*, *Lebon* 280 ; 27 févr. 1995, *Assoc. de défense des quartiers de Fréjus, Fréjus-plage, Villepey et Saint-Aygulf*, req. n° 11864 ; 26 janv. 2004, *Assoc. Cté de défense du quartier des Sourcières*, req. n° 260153, *RDI* 204. 212, obs. P. S.-C.). L'intérêt pour agir peut même résulter d'un objet secondaire de l'association si celui-ci a une relation étroite avec son objet principal (CE 27 févr. 1995, *Assoc. de défense des quartiers de Fréjus*, req. nos 118644, 12499, *AJDA* 1995. 468, concl. B. du Marais).

Le caractère direct de l'intérêt. Cette condition est de nature à écarter du prétoire deux catégories d'associations ou de groupements. D'abord, ceux qui ont un objet social trop vaste sur le plan matériel (CE 26 juill. 1985, *Union rég. pour la défense de l'environnement, de la nature, de la vie et de la qualité de la vie en Franche-Comté, URDEN*, *AJDA* 1985. 741, concl. M. Dandelot ; *Lebon* 251 : association compétente sur tous les problèmes relatifs à l'urbanisme et à l'équipement ; CE 25 mai 1990, *Bauret*, req. n° 104519 ; 29 janv. 2003, *Union des propriétaires pour la défense des Arcs* ; préc. ; 15 avr. 2005, *Assoc. des citoyens et contribuables de la cnté de cnes de Sâanes et Vienne*, req. n° 273398, *RDI* 2005. 350, obs. P. S.-C. ; CAA Nantes, 9 nov. 1994, *Assoc. pour la sauvegarde de la nature et de l'environnement de la Faute-sur-Mer et de l'Aiguillon-sur-Mer et Girard*, req. n° 931234, *BJDU* 1995. 170, concl. M. Chamard. Pour une solution libérale : CAA Marseille, 28 août 2003, *Cne Nice et Sté Nissarenas*, req. n° 01MA01563). Ensuite, ceux dont l'objet ne s'applique pas à un territoire suffisamment précis au plan local. Il faut que l'objet social recouvre un site bien délimité correspondant à une commune ou un site sur le territoire d'une commune (CE 20 mars 1974, *Assoc. de sauvegarde des intérêts de Saint Martin de Touch*, *Lebon* 191 ; 31 déc. 1976, *Assoc. les Amis de l'Île de Groix*, *Lebon* 585). La juridiction administrative veille, en effet, à assurer une certaine proportion entre l'importance du projet et le champ de compétence territoriale de l'association. Ainsi, un champ régional donne intérêt à agir contre un projet d'importance régionale, mais pas contre une construction de caractère limité (CE 26 juill. 1985, *Urden*, préc. ; 31 oct. 1990, *Urden c/ Ville Raddon et Chapendu*, *Lebon* 303 ; 9 déc. 1996, *Assoc. pour la sauvegarde du patrimoine martiniquais*, req. n° 155477, *BJDU* 1997. 193, concl. R. Abraham). Une association à caractère national peut également avoir intérêt à agir selon les mêmes critères (CE 5 nov. 2004, *Assoc. Bretagne Littoral Environnement Urbanisme Bleu*, req. n° 264819, *Constr.-Urb.* 2005, n° 49, obs. Ph. Benoit-Cattin). Tout dépend donc de la nature de l'opération contestée et de son importance (CE 10 févr. 1997, *Assoc. de défense, de protection et de valorisation du patrimoine naturel et historique corse*, req. n° 140841 ; 24 oct. 1997, *SCI du Hameau de Piantarella*, req. nos 161043, 161096 ; 26 janv. 2004, *Assoc. Cté de défense du quartier des Sourcières*, req. n° 260153, *RDI* 2004. 212, obs. P. S.-C.). Lorsque le recours est formé par une société propriétaire d'un terrain en sa qualité de voisin de la construction attaquée, le critère de proximité lui était jusque-là appliqué comme au particulier (CAA Paris, 26 sept. 1995, *Cne Avon*, req. nos 94PA01351, 94PA01449). 714

Concernant en particulier les associations pour la protection de l'environnement agréées au titre de l'article L. 141-1 du Code de l'environnement, elle justifie d'un intérêt pour agir contre toute décision administrative ayant un rapport direct avec leur objet et leurs activités statutaires et produisant des effets dommageables pour l'environnement sur tout ou partie du territoire pour lequel elles bénéficient de l'agrément (C. envir., art. L. 142-1). Le juge administratif en a tiré toutes les conséquences (CE 8 févr. 1999, *Féd. des assoc. de protection de l'environnement et de la nature des Côtes d'Armor*, req. n° 176779, *RDI* 1999. 226, obs. L. Touvet ; 25 juin 2003, *Cne Saillagouse*, req. n° 233119). La loi ENL du 13 juillet 2006 est cependant venue limiter la reconnaissance de leur intérêt pour agir aux seules décisions qui sont intervenues après la délivrance de l'agrément. La présomption établie par la loi ne vaut que pour la condition *rationae loci*. Par conséquent, le contrôle de la coïncidence entre l'objet social et l'objet de la décision attaquée subsiste intégralement.

L'appréciation de l'intérêt pour agir est une question de qualification juridique en tant que telle susceptible d'être soumise au juge de cassation à l'exclusion des questions de fait liées à l'interprétation des statuts d'une association par exemple (CE 9 déc. 1996, *Assoc. pour la sauvegarde du patrimoine martiniquais*, préc. ; v. aussi, CE 25 nov. 1998, *Cheze, Cne Bièvres*, *Lebon* 447 ; 22 févr. 2002, *Sté France Quick SA*, req. n° 216088, *Constr.-Urb.* 2002, n° 130, obs. Ph. Benoit-Cattin ; *RDI* 2002. 263, obs. P. S.-C.).

715 *Recours des communes.* Les communes justifient d'un intérêt propre leur donnant qualité à agir pour demander l'annulation d'une autorisation d'urbanisme délivrée sur leur territoire (CE, sect., 10 mars 1978, *Cne Roquefort-les-Pins*, *Lebon* 126 ; RD publ. 1979. 252, concl. O. Dutheillet de Lamothe ; 14 déc. 1981, *SARL European Homes*, *Lebon* 46), ou même sur le territoire d'une autre commune (CE 17 juin 1987, *Ville Boulogne-Billancourt*, *Lebon* 218 ; CAA Paris, 20 nov. 2003, *Cne Puteaux c/ Cne Courbevoie*, req. n° 98PA01927, *AJDA* 2004. 873, note Ch. Heu). Les dispositions de l'article L. 600-1-2 ne leurs sont pas applicables. On rappellera cependant que l'appel formé par un maire contre un jugement d'un tribunal administratif annulant un permis de construire délivré au nom de l'État est irrecevable (CE 11 mars 1988, *Cne Erstein c/ Serf et Kempf*, req. n° 80612).

4. *Le délai du recours pour excès de pouvoir*

716 *Le point de départ du délai. Principes généraux.* Les autorisations d'urbanisme doivent faire l'objet d'un affichage en mairie et sur le terrain d'assiette du projet autorisé (C. urb., art. R. 424-15) sous la forme d'un panneau rectangulaire dont les dimensions sont supérieures à 80 centimètres (C. urb., art. A 424-15). Néanmoins, le délai de recours court à l'égard des tiers à compter du premier jour d'une période continue de deux mois du seul affichage sur le terrain (C. urb., art. R. 600-2), à l'exclusion de toute autre considération (CE 26 sept. 2007, *Synd. des copropriétaires de l'immeuble du 2 rue de la Paroisse*, req. n° 288514, *BJDU* 2007. 293, concl. E. Prada-Bordenave ; *RDI* 2007. 453, obs. P. S.-C.). Par ailleurs, le défaut d'affichage sur le terrain n'est plus sanctionné pénalement (C. urb., art. L. 480-4).

717 *Le point de départ du délai. Permis tacite.* Le Code de l'urbanisme organise une publicité du permis tacite (C. urb., art. R. 424-15). En conséquence, le Conseil d'État a généralisé sa jurisprudence relative au délai imparti aux tiers pour se pourvoir (CE 18 juill. 1973, *Ville Limoges*, *Lebon* 530 ; RD publ. 1974. 259, note M. Waline ; ibid. 559, concl. M. Rougevin-Baville ; sur le défaut d'affichage de la lettre avisant du permis tacite : CE 27 mai 1987, *Montanier*, req. n° 66100).

Le point de départ du délai du déféré préfectoral. Décisions expresses. À moins que la loi n'en dispose autrement, le déféré préfectoral est soumis aux règles de droit commun de la procédure, notamment en ce qui concerne les règles de computation des délais (CE 29 mai 1987, *Cne Goult*, *Lebon* T. 621). Ainsi, le délai dans lequel le préfet peut exercer un déféré contre une autorisation d'urbanisme court soit à compter de la date de réception de l'acte soumis à l'obligation de transmission (CE, sect., 13 janv. 1988, *Mutuelle générale des personnels des collectivités locales et de leurs établissements*, *AJDA* 1988. 142, chron. M. Aziber et M. de Boisdeffre ; *Lebon* 6, concl. Roux), la transmission à la DDE ne pouvant avoir pour effet de le faire démarrer (CAA Marseille, 17 juin 1999, *Préfet du Gard*, req. n° 98MA01115, *Constr.-Urb.* 2000, n° 162, obs. D. Larralde). Le délai court même si la transmission est incomplète (CE 29 oct. 2008, *Cne Sainte-Marie-aux-Mines*, req. n° 273569, *BJDU* 2008. 329, concl. P. Collin). Soit il court à compter de la date à laquelle il a connaissance de la délivrance de l'autorisation d'urbanisme (CE 6 mai 2015, n° 366004, *Lebon* T. ; *RDI* 2015. 373, obs. P. S.-C.). Dans ce cas, il appartient au préfet de demander explicitement un complément de transmission dans le délai du recours contentieux. Cette demande n'a pas à être notifiée au titre de l'article R. 600-1 du Code de l'urbanisme (CE 18 oct. 2002, *Dumas*, req. 222957, *Constr.-Urb.* 2003, n° 24, obs. P. Cornille ; *Coll. terr.* 2003. 13, obs. T. Célérier ; *RDI* 2003. 107, obs. P. S.-C.) En revanche, l'initiative spontanée prise par la collectivité de compléter une transmission incomplète n'a pas pour effet de conserver le délai du recours et de faire courir un nouveau délai (CE 17 oct. 2003, *District de Bastia*, *Lebon* T. 674 ; 29 oct. 2008, *Cne Sainte-Marie-aux-Mines*, préc.). **718** ■

Le point de départ du délai du déféré préfectoral. Décisions implicites. Concernant les permis tacites ou les décisions de non-opposition à une déclaration préalable, le délai du déféré court à compter de la date à laquelle ces décisions ont été acquises (CE 23 oct. 2013, n° 344454, *SARL Prestig'Immo*, *Lebon* T. ; *Constr.-Urb.* 2013, n° 171, note D. Dutrieux ; *BJDU* 2/2014.126, concl. A. Lallet ; *AJDA* 2013.2119 ; *RDI* 2014.63, obs. P. S-C ; *AJDA* 8/2014.463, note P. Planchet ; *JCP* A 2014, n° 2164, note A. Bourrel. D. Dutrieux, Non-opposition à déclaration préalable et transmission au contrôle de légalité : à propos du nouvel alinéa de l'article R. 424-13 du Code de l'urbanisme, *Constr.-Urb.* 2013, Etude 1). En effet, d'une part, le maire doit transmettre au préfet un exemplaire de la demande de permis de construire ou de la déclaration préalable dans la semaine qui suit son dépôt (C. urb., art. R. 423-7). D'autre part, le préfet connaît le délai d'instruction de droit commun de ces autorisations d'urbanisme (C. urb., art. R. 423-23). En outre, lorsque ce délai est modifié, l'autorité compétente doit en informer le demandeur ou l'auteur de la déclaration préalable et adresser copie de cette notification au préfet (C. urb., art. R. 423-42). C'est pourquoi si les transmissions ont été correctement effectuées par le maire, le délai de recours du préfet court à compter de la date à laquelle le permis tacite ou la décision de non opposition aux travaux est acquise (CE 17 déc. 2014, n° 373681, *Min. de l'Egalité des territoires c. Cne de Mollans-sur-Ouveze*, *Lebon* T. ; *JCP* 2015, act. 34 ; *AJDA* 2015. 828, note P. Planchet ; *RDI* 2015.96, obs. P. S-C). En revanche, si la date de transmission est postérieure à celle à laquelle l'autorisation d'urbanisme a été acquise, c'est la date de cette transmission qui fait démarrer le délai du déféré. Et peu importe que l'avis de dépôt de la déclaration préalable ait fait l'objet d'un affichage en mairie et que la décision tacite ait été affichée sur le terrain. Ces considérations sont indifférentes à la fixation du point de départ du délai de recours du préfet (CE 23 oct. 2013, n° 344454, *SARL Prestig'Immo*, *Lebon* T. 881). **719** ■

Dans tous les cas, le préfet peut apporter la preuve de la date de réception des actes qu'il défère par tout moyen (CE 6 juill. 2007, *Cne Saint-Paul-Trois-Chateaux*, req. 298744, *Constr.-Urb.* 2007, n° 216, obs. P. Cornille ; *RDI* 2007. 362, obs. P. S.-C.) et notamment par la présence de l'empreinte du tampon dateur de la préfecture (CAA Marseille, 17 juin 1999, *Préfet du Gard*, req. n° 98MA01115, préc.).

720 *Opposabilité du délai. Mention du délai de recours.* La tardiveté du recours n'est opposable aux tiers qu'à la condition que le panneau d'affichage de l'autorisation d'urbanisme sur le terrain ait comporté la mention de ce que le délai de recours est de deux mois à compter du premier jour d'une période continue de deux mois sur le terrain du panneau. Une telle mention étant en effet obligatoire (C. urb., art. A. 424-17), son absence empêche le déclenchement du délai de recours (CE 1er juill. 2010, *CH de Menton*, n° 330702, *Lebon* T. 1022 ; *RDI* 2010. 457, obs. P. S.-C.).

721 *Opposabilité du délai. Preuve de l'affichage.* La preuve de l'affichage sur le terrain incombe au bénéficiaire de l'autorisation (CE 10 févr. 1978, *SCI « La Résidence »*, req. n° 98274 ; 2 juin 1989, *Sté Élysée Kleber*, req. n° 79783, *Coll. terr.* 2000, n° 79 ; CAA Bordeaux, 27 mars 2003, *Cne l'Isle-sur-Tarn*, req. n° 99BX02803, *JCP* A 2003, n° 1705, obs. Ph. Billet). Cette preuve peut être apportée par tout moyen et notamment par constat d'huissier (CAA Lyon, 20 oct. 1993, *Synd. des copropriétaires du 12, Quai Saint Vincent*, req. n° 92LY00993 ; CAA Paris, 29 janv. 1998, *Sté Docks de France*, préc.), ou par témoignages (CE 8 nov. 1985, *Czezaga*, req. n° 2748 ; 28 avr. 1989, *Delfosse*, *LPA* 20 sept. 1989, p. 7, concl. Levis ; 8 févr. 1999, *Cne La Clusaz*, n° 171946. ; 19 nov. 2004, *Bondil, Cne Aiguines*, req. n° 264337, *RDI* 2005. 144, obs. P. S.-C. ; CAA Marseille, 26 nov. 1998, *Baldassare et Cne Menton*, req. nos 96MA02811, 97MA00207).

L'exigence de la preuve porte sur tous les aspects réglementaires de l'affichage, à savoir ses mentions mais également sa continuité, pendant deux mois à compter de son premier jour (CE 5 déc. 2001, *Dugas*, req. n° 225511, *Lebon* T. 1143 ; *Coll. terr.* 2002. 68, obs. Th. Célérier ; *RDI* 2002. 261, obs. P. S.-C. ; *Defrénois* 2002. 37528, note S. Pérignon ; 25 mars 2002, *Antson*, req. nos 219409, 219353, *Coll. terr.* 2002. 171, obs. Th. Célérier ; *RDI* 2002. 261, obs. P. S.-C. ; 5 juin 2002, *Chabauty*, req. n° 222390, *RDI* 2002. 342, obs. P. S.-C.).

Les tiers qui contestent la réalité de l'affichage ou sa continuité, peuvent également en apporter la preuve par tout moyen, notamment par constat d'huissier, à condition qu'il soit précis (v. concl. O. Fouquet sur CE 8 oct. 1993, *Desbois*, *BJDU* 1994. 99 ; 23 juill. 1993, *Sté Sobal*, req. n° 131936), ou par témoignages eux-mêmes précis, circonstanciés et concordants (CE 21 déc. 1977, *SCI « Îlot B 10 »*, *Lebon* 529 ; 23 sept. 1988, *Cne Caveirac c/ Épx Mercier*, req. n° 82137 ; CAA Paris, ass. plén., 12 juin 1997, *Assoc. de défense du quartier de la Nation*, req. n° 96PA02140).

En présence d'attestations contradictoires, le juge fonde sa conviction en fonction des éléments propres à chaque dossier (v. concl. Ch. Chanel sur CAA Lyon, 8 juill. 1993, *Synd. des copropriétaires du domaine des Hauts de Cannes*, *BJDU* 1994. 95 ; CE 5 déc. 2001, *Dugas*, préc.). Il peut, le cas échéant, ordonner une enquête par témoins (TA Amiens, 15 mai 2000, *Assoc. pour la défense du parvis de la cathédrale d'Amiens*, req. nos 00445, 00446 et 00447, *Constr.-Urb.* 2000, n° 255, obs. D. Larralde).

La preuve de l'affichage relève de l'appréciation souveraine du juge du fond sous réserve de la dénaturation des faits (CE 29 nov. 1999, *Boulanger*, req. n° 182214 ; 5 déc. 2001, *Dugas* ; 5 juin 2002, *Chabauty*, préc.).

Opposabilité du délai. Caractère régulier de l'affichage. Le délai du recours peut se trouver prolongé du fait de l'irrégularité de l'affichage sur le panneau prévu par l'article A. 424-15 du Code de l'urbanisme. Depuis l'arrêt *SCI « Les Hortensias »* (CE, ass., 25 juill. 1975, *AJDA* 1975. 478, chron. Franc et Boyon ; *JCP* 1976. II. 18233, note Odent ; *Lebon* 437 ; *RD publ.* 1976. 1588, note M. Waline), le Conseil d'État considère que le délai de recours contre l'autorisation d'urbanisme ne peut courir que si sa publication a été complète et régulière. La régularité de l'affichage sur le terrain est donc un élément déterminant au regard du point de départ du délai de recours. Elle s'apprécie au jour de la délivrance de l'autorisation (CE 22 sept. 2014, *n° 361715*), étant précisé que les règles applicables à l'affichage sont celles en vigueur au moment de l'édiction de l'autorisation (CE 22 sept. 2014, n° 361715, *Mme Misak*, *Lebon* T ; *BJDU* 6/2014.483, concl. X. de Lesquen). 722 ■

L'appréciation de la régularité de l'affichage sur le terrain porte d'abord sur la visibilité et sur la lisibilité du panneau. Le juge administratif se montre très strict sur ce point. En effet, l'article R. 424-15 du Code de l'urbanisme exige qu'une mention de l'autorisation soit affichée sur le terrain de manière visible de l'extérieur, c'est-à-dire notamment de la voie publique (CE 27 juill. 1984, *Metral*, *Lebon* T. 779 ; CAA Lyon, 20 déc. 1994, *Domenge*, req. n° 93LY01300, *AJDA* 1995. 250, obs. J.-F. G. ; CAA Bordeaux, 23 févr. 2006, *Assoc. action missionnaire des assemblées de Dieu à la Réunion*, req. n° 02BX02437, *Constr.-Urb.* 2006, n° 156, obs. P. Cornille), mais pas nécessairement (CE 6 juill. 2011, *Sté Auch Hyper Distribution*, req. n° 344793, *Constr.-Urb.* 2011, n° 125, note P. Cornille) ou d'une voie ouverte au public sans restriction (TA Saint-Denis-de-la-Réunion, ord. Réf., 12 déc. 2013, *SCI Manarova et SA Sun Hôtel*, *RDI* 2014.175,obs. P. S-C.). Un affichage non visible de l'extérieur du terrain, notamment en raison de l'inaccessibilité des voies, ne saurait faire courir le délai du recours contentieux (CE 8 oct. 1993, *Desbois*, req. n° 128099, *BJDU* 1994. 98, concl. O. Fouquet ; 30 juin 1999, *Fondation Asturion*, *Lebon* T. 942 ; Coll. terr. 1999. 20, obs. L. Erstein ; CAA Marseille, 13 janv. 2005, *Sarl Solldev*, req. n° 00MA02057, *Constr.-Urb.* 2005, n° 94, obs. P. Cornille). De même, l'affichage effectué sur une route même si elle constitue la voie d'accès au terrain d'assiette du projet peut ne pas permettre d'assurer la publicité requise (CE 8 févr. 1999, *Féd. des assoc. de protection de l'environnement et de la nature des Côtes d'Armor*, req. n° 176779, *Constr.-Urb.* 1999, n° 193).

Le bénéficiaire de l'autorisation n'a toutefois pas l'obligation de procéder à l'affichage sur chacune des parcelles composant le terrain d'assiette du projet (CE 23 févr. 2004, *Sté Juwi Énergie Éolienne*, req. n° 262430, RJEP/CJEG 2004. 610, note T. Tuot ; *JCP* A 2004, n° 1328, note Ph. Billet : à propos du permis de construire des éoliennes), ni à proximité de chacun de ses accès (CE 8 nov. 1995, *Marin*, req. n° 126042).

Le juge de cassation laisse ces questions à l'appréciation souveraine des juges du fond (CE 30 juin 1999, *Fondation Asturion*, préc. ; 2 juin 2003, *Ville Montpellier c/ Chong*, req. n° 253854, *BJDU* 2003. 296, concl. J.-H. Stahl, note J.-C. B. ; *RDI* 2003. 469, obs. A. Robineau-Israël).

L'appréciation de la régularité de l'affichage porte, ensuite, sur les mentions qu'il comporte. Le Code de l'urbanisme les énumère avec soin (C. urb., art. A. 424-16). La jurisprudence sur les conséquences du caractère incomplet de ces mentions sur le délai du recours contentieux est très pragmatique. Le juge détermine sa position en considération des effets de l'oubli d'une mention sur la connaissance que les tiers devaient avoir de l'importance et de la consistance de la construction projetée. 723 ■

L'omission de la date de délivrance du permis est ainsi inopérante dès lors que la mention du numéro du permis permettait de l'identifier (CE, sect., 30 mai 1979, *Assoc. des habitants du quartier Baron Seguier à Billière*, *Lebon* T. 928 et 929 ; 23 mars 1979, *Cté du quartier Puech du Teil*, req. n° 3137 ; 24 juill. 1981, Deschildre, *Lebon* T. 978 : à propos de la mention d'une date de délivrance erronée ; CE 29 avr. 1994, *Marin*, *Lebon* T. 1264). Mais il en va différemment si l'affichage comporte une indication erronée quant au numéro du permis (CE 20 juin 1984, *Assoc. « Les Amis de la Terre »*, *Lebon* 233).

Plus délicate est la question de savoir si l'omission des autres mentions exigées par l'article A. 424-16 du Code de l'urbanisme doit être considérée comme ayant fait obstacle au démarrage du délai de recours. Mais là encore, le Conseil d'État adopte une attitude pragmatique et prend en considération à la fois l'importance de la mention concernée au regard de la nature et de la consistance du projet et la circonstance que d'autres éléments de l'affichage permettaient aux tiers de s'en faire une idée précise. Ainsi, la mention de la hauteur est nécessaire s'agissant de la création de volumes nouveaux. Dès lors, la publicité réalisée ne peut être regardée comme complète et régulière, alors qu'aucune indication ne permettait aux tiers d'estimer cette hauteur (CE 16 févr. 1994, *Sté Northern Télécom Immobilier*, req. n° 138207, *BJDU* 1994. 91, concl. J. Arrighi de Casanova ; *Defrénois* 1994. 35925, obs. S. Pérignon ; 14 sept. 1994, *Cne Montdidier*, req. n° 112343 ; 6 juill. 2012, *M. Ramaye*, req. n° 339883). Il en va différemment si l'indication relative à la hauteur était simplement erronée (CE 17 mai 1999, *Ferrari*, req. n° 172918). Dans le même esprit, la mention du propriétaire au lieu de celle du bénéficiaire, l'absence de mention de la *surface de plancher*[Q] autorisé, de même que la circonstance que la superficie du terrain aurait été absente ou inexacte ne fait pas obstacle à ce qu'un affichage soit considéré comme suffisant dès lors qu'il comportait des indications précises permettant d'identifier l'autorisation en cause (CE 29 avr. 1994, *Marin*, préc. ; CAA Paris, 29 janv. 1998, *Sté Docks de France*, req. n° 95PA03599 : omission portant sur la superficie du terrain d'assiette ; CE 28 avr. 2000, *Gilloire*, req. n° 198565 : inexactitude concernant la superficie du terrain et mention inexacte du nom du propriétaire ; CE 14 nov. 2003, *Ville Nice et Schiller*, req. nos 254003, 254065, *Constr.-Urb.* 2004, n° 58, obs. N. Rousseau ; *JCP* A 2004, n° 1103, obs. Ph. Billet).

À ce contenu traditionnel de l'affichage, le décret n° 2007-18 du 5 janvier 2007 a ajouté la mention de l'obligation de notifier tout recours administratif ou tout recours contentieux à l'auteur de la décision et au bénéficiaire du permis de construire (C. urb., art. R. 424-15). L'absence de cette mention n'empêche cependant pas le déclenchement du délai de recours contentieux (CE, avis, 19 nov. 2008, *Sté Sahelac*, req. n° 317279, *Lebon* 429 ; *BJDU* 2009. 48, concl. Bourgeois-Machureau ; *RDI* 2009. 130, obs. P. S.-C. ; *JCP* A 200, n° 50, note X. Couton ; CE 28 mai 2014, n° 369456, *Constr.-Urb.* 2014, n° 98, note P. Cornille). En revanche, en l'absence de cette mention, l'absence de notification du recours gracieux ne rend pas irrecevable le recours contentieux formé à sa suite (v. ss 732).

Enfin, l'absence de la mention dans l'affichage de l'adresse de la mairie où le dossier peut être consulté peut ne pas faire obstacle au déclenchement du délai de recours dans les petites communes (CAA Lyon, 19 févr. 2013, n° 11LY02109, *SNC Ateliers Louis Vuitton*, *Constr.-Urb.* 2013, n° 53, note J-M. Février).

724 *Opposabilité du délai. Théorie de la connaissance acquise* (X. Cabannes, « La théorie de la connaissance acquise ou la « peau de chagrin » », *RD publ.* 2000. 1745 ; P. Fraisseix,

« Vers la fin de la théorie de la connaissance acquise ? », *RD publ.* 1999. 759 ; G. Pellissier, « La théorie de la connaissance acquise, nouveau Lazare juridique ? », *JCP* A 2009, n° 2206 ; note A. Claeys sous CE 8 juill. 2002, *Hôpital local de Valence d'Agen*, req. n° 229843). En cas de contestation sur la réalité ou la régularité de l'affichage et, par conséquent, sur le point de départ du délai du recours contentieux, le pétitionnaire peut opposer au requérant la connaissance qu'il avait de l'autorisation le privant alors de la possibilité de se prévaloir de l'irrégularité qui entacherait sa publicité (CE 6 févr. 1983, *Provost*, *Lebon* 71 ; CAA Paris, 31 déc. 2003, *Philippeau*, req. n° 00-1948, *BJDU* 2004. 210, concl. J.-P. Demouveaux ; CE 11 déc. 2013, n° 365361, *Lebon* ; *AJDA* 6/2014.358, concl. G. Pellissier). Mais il faut, d'une part, que cette publicité ait été réalisée (CE 18 déc. 2002, *Haagen et Stocky*, req. n° 244925). La connaissance de la décision doit, d'autre part, être établie par l'exercice d'un recours administratif ou contentieux (CE 14 juin 2004, *Cne Écouflant, Sté des Courses d'Angers*, req. nos 249465, 249545 *RDI* 2004. 466, obs. P. S.-C. ; CE 27 juill. 2005, *Damasceno Sobral*, n° 267678). En revanche, la connaissance incidente de la décision concernée n'est pas suffisante (CE 25 sept. 1996, *Assoc. des propriétaires riverains de la cité Jandelle*, *Lebon* T. 1077 ; 30 juin 1999, *Fondation Asturion*, *Lebon* T. 942, 990, 1083 et 1084 ; 29 nov. 1999, *Boulanger*, préc. ; CAA Marseille, 13 janv. 2005, *Sarl Solldev*, req. n° 00MA02057, *Constr.-Urb.* 2005, n° 94, obs. P. Cornille).

Cas particuliers. Substitution de permis. Dans le cas de la substitution, en cours 725 ■
d'instance, d'un nouveau permis à celui qui est attaqué ou de la délivrance d'un permis modificatif, le respect du principe du contradictoire veut que celui-ci soit affiché mais également que l'administration notifie au requérant la délivrance de cette nouvelle autorisation, sans que la notification, à elle seule, suffise à faire courir le délai de recours. Celui-ci ne démarre donc que si l'autorisation a été à la fois affichée et notifiée (CE 23 mai 2011, req. n° 339610, *Paris-Habitat OPH*, *Lebon* T. 1198 ; *BJDU* 2011. 232, concl. C. Landais ; *RDI* 2011. 466, obs. P. S.-C.). À défaut, le délai contentieux ne court pas (CE, ass., 23 mars 1973, *Cie des Assurances L'Union*, *AJDA* 1973. 430, note Odent ; ibid. 476, chron. Cabanes et Léger ; *Lebon* 251 ; *RD publ.* 1973. 1316, note M. Waline ; CE 7 janv. 1976, Evain, *Lebon* T. 1183 ; 24 oct. 1984, *Assoc. des Amis des sites de la baie de Bandol*, *Lebon* 337 ; 28 juill. 1995, *Cne Saint-Maur-des-Fossés*, req. n° 122000, *BJDU* 1995. 4. 339, concl. L. Touvet ; v. aussi, CE 5 oct. 1983, *SCI « Ludon-Médoc »*, req. n° 40699 : à propos d'une prorogation en cours d'instance non notifiée au requérant). Mais si la décision des premiers juges est intervenue avant la date de délivrance du second permis, la notification ne s'impose pas même si un appel est interjeté (CE 15 nov. 2000, *Assoc. de sauvegarde du Site de Courcourt*, req. n° 200819, *Coll. terr.* 2001. 58, obs. L. Erstein ; *RDI* 2001. 97, obs. P. S.-C. ; 26 mars 2004, *Sandelin*, req. n° 247691 ; *Constr.-Urb.* 2004, n° 115, obs. P. Cornille).

Cas particuliers. Retrait du permis. Lorsqu'un permis qui a fait l'objet des formalités de 726 ■
publicité requises par le Code de l'urbanisme est retiré et que ce retrait est ensuite suspendu ou annulé, le permis initial est rétabli à compter de la lecture de la décision juridictionnelle prononçant cette annulation. Un nouveau délai de validité court alors à partir de la notification de la décision juridictionnelle qui suspend (CAA Paris 27 nov. 2001, *Cne Soisy-sous-Montmorency*, n° 00PA00468 et 00PA00486 ; CAA Bordeaux 29 déc. 2006, *Cne Balma*, n° 03BX01646, *JCP* A 2006, n° 2147, p. 16, obs. A. Pariente ; *RDI* 2007. 363, obs. P.S.-C.) ou annule le retrait (CE 6 avr. 2007, *Chabran*, n° 296493, *Constr.-Urb.* 2007. 108, obs. G. Godfrin ; *BJDU* 2007. 153, concl.

M. Guyomar ; *Defrénois* 2007. 38713, note Ph. Benoit-Cattin ; *RDI* 2007. 363, obs. P.S.-C.). Il en résulte qu'un nouveau délai de recours s'ouvre contre le permis ainsi rétabli. Il court à compter de l'accomplissement de la formalité de l'affichage dudit permis (CE 6 avr. 2007, *A.*, n° 296493, *Constr.-Urb.* 2007. 108, obs. G. Godfrin et 128, obs. P. Cornille ; Rép. min. n° 01965 : JO Sénat Q 25 oct. 2012, p. 2405, *Constr.-urb.* 1/2013, alerte 1, D. Gillig.). L'arrêt *Chabran* semblait subordonner la « renaissance » d'un délai de recours à la condition que le retrait soit intervenu dans le délai de recours contentieux, mais cette condition n'est pas reprise dans une récente réponse ministérielle (Rép. min. n° 5548 : *JOAN* Q 23 oct. 2012, p. 5965, *JCP-A* 4/2013, n° 2019, comm. C. Debouy).

727 *Cas particuliers. Fraude* (D. Maillot, « Erreur et tentative de fraude dans les demandes d'autorisation d'urbanisme », LPA 17 déc. 1997, n° 151, p. 14). Le fait que l'autorisation ait été obtenue par fraude n'a pas pour effet de proroger le délai au bénéfice des tiers (CE 6 mai 1981, Aimar, *Lebon* T. 599 ; CAA Lyon, 30 janv. 1996, *SARL « Promotion Dalmasso Frères Astier » c/ Préfet des Alpes-Maritimes*, req. n° 94401, *BJDU* 1996. 45, concl. D. Gailleton). En revanche, elle peut être rapportée à tout moment (CE 6 mai 1981, *Aimar*, préc. ; 20 mai 1994, *Masmejan*, req. n° 085114, *RD publ.* 1996. 596, obs. J.-P. Lebreton). La juridiction administrative peut alors statuer sur un recours dirigé contre son retrait sans attendre les conclusions de l'instruction pénale conduite sur les faits constitutifs de la fraude (CAA Marseille, 10 févr. 1998, *SCI « Vista Amena »*, req. n° 96MA10620). Encore faut-il que la fraude soit constituée, ce qui n'est pas le cas lorsque le dossier permettait au service instructeur de se prononcer en toute connaissance de cause (CE 27 mai 1983, n° 11734 et 18132, *Chouleur et SCI La Marseillaise ;* CAA Marseille, 4 déc. 2014, n° 12MA02039, *Constr.-urb.* 2014, n° 5, note P. Cornille).

728 *Les causes de prolongation du délai : recours gracieux.* Le délai du recours contentieux peut se trouver prolongé du fait de l'introduction d'un recours gracieux (F. Rolin, Propositions de revalorisation du recours gracieux en matière d'urbanisme, *AJDA* 35/2014.1985). Il en va ainsi alors même que le délai de retrait de l'autorisation contestée est expiré (CE 5 mai 2011, *Min. Écologie, Énergie, Développement durable et Mer c/ Bertaud*, req. n° 336893, *Lebon* 208 ; *BJDU* 2011. 225, concl. C. Legras ; *RDI* 2011. 411, obs. P. S.-C. ; *JCP* A 2011, n° 2364, obs. M.-C. Rouault). De même, la démarche consistant pour le préfet à demander à la collectivité de réexaminer sa décision est assimilée à un recours gracieux interrompant le délai du déféré s'il est formé avant l'expiration de celui-ci (CE 18 avr. 1986, *COREP de l'Ille-et-Vilaine*, *Lebon* 423 ; 27 févr. 1995, *Cne Châlons-sur-Marne*, *Lebon* 108). La preuve du dépôt d'un recours gracieux qui a eu pour effet de conserver le délai du recours contentieux peut être apportée pour la première fois en appel (CE 18 nov. 2011, *EURL Norbert Famularo*, req. n° 340181, *BJDU* 2012. 64, concl. M. Vialettes).

La qualification de recours gracieux requiert toutefois un certain formalisme. Ainsi, ne constitue pas un tel recours une lettre adressée au maire qui ne comporte aucune demande de retrait du permis de construire (CE 30 mai 2001, *SCI « Les Jardins de Mennecy »*, *Lebon* T. 1161 ; *Constr.-Urb.* 2001, n° 191, obs. Ph. Benoit-Cattin ; *RDI* 2001. 400, obs. L. Derepas) ou se borne à exprimer une opposition (CE 27 juill. 2005, *Damasceno Sobral*, req. n° 267678 ; 26 sept. 2007, Synd. des copropriétaires de l'immeuble du 2 rue de la Paroisse, v. ss 716), pas plus que la lettre par laquelle le pétitionnaire, confronté à une opposition à une déclaration de travaux susceptible de s'analyser comme un retrait, ferait valoir qu'il se considère comme titulaire d'une décision implicite de non opposition aux dits travaux (CE 30 mai 2007, *SCI Agyr*, req. n° 288519, *BJDU* 2007. 288, concl. C. Landais).

Dans la mesure où le délai de contestation des tiers court du seul fait de l'affichage sur le terrain, l'administration n'a pas, en dépit des termes de l'article 19 de la loi n° 2000-321 du 12 avril 2000, à accuser réception du recours gracieux dirigé contre une autorisation d'urbanisme. Par conséquent, le délai de recours est opposable au tiers qui a formé un recours gracieux contre une telle autorisation alors même que l'administration n'en a pas accusé réception. Pour des raisons analogues, la circonstance que le rejet d'un recours gracieux n'a pas indiqué le délai de recours n'est pas de nature à empêcher ce délai de courir. Les dispositions de l'article R. 421-5 du Code de justice administrative issues du décret du 28 novembre 1983 ne trouvent donc pas ici à s'appliquer (CE 28 oct. 1991, *Falcy*, *Lebon* T. 126 ; 17 févr. 1993, *Ohanian*, req. n° 94887 ; CE, avis, 15 juill. 2004, *Damon*, *Lebon* 311 ; *Dr. adm.* 2004, n° 152 ; ibid. 2005, n° 30, note Ph. Proot ; *BJDU* 2004. 225, concl. J.-H. Stahl ; *RDI* 2004. 465, obs. P. S.-C.).

Les causes de prolongation du délai : saisine d'une juridiction incompétente. La saisine d'une juridiction incompétente dans le délai du recours pour excès de pouvoir conserve également le délai du recours contentieux à condition qu'elle ait pour objet l'annulation de l'autorisation litigieuse. Tel n'est pas le cas d'une procédure engagée devant la juridiction civile et n'ayant pas cet objet (CE 25 oct. 1968, *Perrière*, *Lebon* 514). 729 ■

Extinction du délai de recours. Au terme de l'article R. 600-3 du Code de l'urbanisme issu du décret du 5 janvier 2007, aucune action en vue de l'annulation d'un permis de construire ou d'aménager ou d'une décision de non opposition à une déclaration préalable n'est recevable à l'expiration d'un délai d'un an à compter de l'achèvement de la construction ou de l'aménagement. Sauf preuve contraire, la date de cet achèvement est celle de la réception de la déclaration d'achèvement dont il doit être justifié pour que le délai court (CAA Bordeaux, 30 juin 2011, *Cne Lartigue*, req. n° 10BX02875, *Constr.-Urb.* 2012, n° 11, note J.-L. Seynaeve ; CE 6 déc. 2013, n° 358843, *Constr.-Urb.* 2014, n° 7, note J-M. Février ; *BJDU* 1/2014.59, concl. S. Von Coester ; *AJDA* 3/2014.141 ; *RDI* 2014.127, obs. P. S-C : sur la preuve de l'achèvement) 730 ■

5. *L'obligation de notification du recours*

La loi du 9 février 1994 portant diverses dispositions en matière d'urbanisme et de construction, dite « loi Bosson », a ajouté, en matière de recours contre les autorisations d'urbanisme, une condition supplémentaire aux conditions traditionnelles de recevabilité du recours pour excès de pouvoir sous la forme d'une obligation de notification. Il s'agit donc là d'une règle de procédure contentieuse propre au droit de l'urbanisme (CE 8 avr. 2015, n° 368349, *EURL Roch de Balincourt*, *Lebon* T. : elle s'applique donc aux collectivités d'outre-mer). Telle que modifié par le décret du 5 janvier 2007, le code le fait dans les termes suivants : « En cas de déféré du préfet ou de recours contentieux à l'encontre d'une décision de non-opposition à une déclaration préalable ou d'un permis de construire, d'aménager ou de démolir, le préfet ou l'auteur du recours est tenu, à peine d'irrecevabilité, de notifier son recours à l'auteur de la décision et au titulaire de l'autorisation. Cette notification doit également être effectuée dans les mêmes conditions en cas de demande tendant à l'annulation ou à la réformation d'une décision juridictionnelle concernant une décision de non- 731 ■

opposition à une déclaration préalable ou un permis de construire, d'aménager ou de démolir. L'auteur d'un recours administratif est également tenu de le notifier à peine d'irrecevabilité du recours contentieux qu'il pourrait intenter ultérieurement en cas de rejet du recours administratif. La notification prévue au précédent alinéa doit intervenir par lettre recommandée avec accusé de réception, dans un délai de 15 jours francs à compter du dépôt du déféré ou du recours. La notification du recours à l'auteur de la décision et au titulaire de l'autorisation est réputée accomplie à la date d'envoi de la lettre recommandée avec accusé de réception. Cette date est établie par le certificat de dépôt de la lettre recommandée auprès des services postaux» (C. urb., art. R. 600-1 ; N. Baillon et F. Leraisnable, «Récentes évolutions jurisprudentielles sur la notification des recours contre les autorisations d'urbanisme», *AJDA* 2010. 1523; C. Silvan et V. Guinot, «Le point sur la notification des recours en matière d'urbanisme», *Constr.-Urb.* 2009. Étude 24).

L'accomplissement de cette formalité a été suggéré par le Conseil d'État à l'occasion de son audit du Code de l'urbanisme pour renforcer la sécurité juridique du titulaire du permis de construire (L'urbanisme: Pour un droit plus efficace, Doc. fr., 1992, p. 98). En effet, dans l'état antérieur du droit, ce dernier pouvait demeurer un temps très long dans l'ignorance de la précarité de son autorisation du fait de l'existence d'un recours administratif que l'autorité administrative n'avait pas porté à sa connaissance ou d'un recours contentieux tant que le greffe du tribunal administratif ne le lui avait pas communiqué. Depuis la réforme, il appartient à l'auteur du recours contre une autorisation d'urbanisme d'en informer son auteur et son bénéficiaire et ce, à peine d'irrecevabilité. La mise en œuvre de l'obligation résultant de l'article R. 600-1 a suscité plusieurs difficultés que Conseil d'État, tant au contentieux que dans sa fonction consultative, a contribué à lever en faisant prévaloir l'esprit dans lequel ce texte a été conçu. Mais avant toute chose, il faut, en raison de son importance, insister sur la sanction du défaut de notification.

732 *Sanction de l'obligation de notification. Opposabilité.* L'obligation de notification s'impose à peine d'irrecevabilité du recours. La réforme des autorisations d'urbanisme a cependant rééquilibré les obligations d'information réciproques du requérant et du bénéficiaire de l'autorisation d'urbanisme en imposant au second que le panneau d'affichage de l'autorisation sur le terrain mentionne l'obligation de notification. Cette mention s'imposait aux autorisations en cours de validité à la date d'entrée en vigueur de la réforme, soit le 1er octobre 2007 (CE 17 févr. 2012, *SCI 14 Rue Bosquet*, req. n° 337567, *Lebon* 52 ; *BJDU* 2012. 163, concl. M. Vialettes ; *RDI* 2012. 240, obs. P. S.-C.). L'absence de mention sur le panneau d'affichage de l'obligation de notification n'empêche pas le déclenchement du délai de recours contentieux mais elle rend inopposable l'irrecevabilité que l'article R. 600-1 attache au défaut de notification (CE, avis, 19 nov. 2008, *Sté Sahelac*, req. n° 317279, *Lebon* 429 ; *BJDU* 2009. 48, concl. Bourgeois-Machureau ; *RDI* 2009. 130, obs. P. S.-C. ; *JCP* A 2008, n° 2303, note G. Pellissier ; CAA Douai, 26 janv. 2012, *Pascal*, req. n° 11DA00798, *Constr.-Urb.* 2012, n° 50, note X. Couton), y compris à la requête d'appel (CE 28 mai 2014, n° 369456, *Constr.-Urb.* 2014, n° 98, note P. Cornille). Dans ces conditions, l'absence de notification du recours gracieux ne rend pas irrecevable le recours contentieux formé à sa suite (TA Saint-Denis-de-la-Réunion, 28 avr. 2011, req. n° 0901345, *AJDA* 2011. 1860, concl. F. Duenas). Par ailleurs, si la mention de l'obligation de notification figure bien sur le panneau, mais que celui-ci n'est pas visible de l'extérieur, l'irrecevabilité du recours contre l'autorisation d'urbanisme résultant de l'absence de cette notification ne peut être opposée au requérant (CAA Douai, 19 avr. 2012, *Épx Gillard*, req. n° 11DA01164, *AJDA* 2012. 1515, note X. Larue).

Sur un autre plan, aucune disposition législative ou réglementaire, non plus qu'aucun principe général du droit ne prescrivent que le délai de notification ne serait opposable s'agissant de l'appel d'un jugement qu'à la condition que ce dernier ou l'acte de sa notification comporte mention de la formalité exigée par l'article R. 600-1. En outre, cette absence ne porte pas atteinte aux droits des justiciables résultant des articles 6-1 et 13 de la Convention européenne de sauvegarde des droits de l'homme (CE 5 mai 1999, *SCI Kerroy*, req. n° 18158 ; 5 avr. 2006, *Duguet*, req. n° 266777, *BJDU* 2006. 227, concl. L. Vallée ; *RDI* 2006. 320, obs. P. S.-C. ; CAA Paris, 18 avr. 1995, Roveyaz, req. n° 941636 ; CAA Nantes, 20 déc. 1995, *Ribaille et N'Guyen*, req. n° 95NT00764, *AJDA* 1996. 246 ; ibid. 200, chron. P. Cadenat. Pour une opinion critique, Ch. Attias, « La notification du jugement en matière d'urbanisme (article L. 600-3 du Code de l'urbanisme) », D. 1998. Chron. 300 et obs. P. S.-C. sur CE 5 avr. 2006, *Duguet*, préc).

Sanction de l'obligation de notification. Moyen d'ordre public. Le défaut de notification constitue un moyen d'ordre public que le juge peut soulever même d'office (CE 11 déc. 2000, Baudet, préc.). L'absence de notification autorise le juge à rejeter le recours par ordonnance pour irrecevabilité manifeste (CE 5 avr 2006, *Duguet*, préc. ; 13 juill. 2011, *Cassan*, req. n° 314093, *Lebon* T. 1199 ; *BJDU* 2011. 485, concl. C. Legras ; *RDI* 2011. 517, obs. P. S.-C.). Le juge des référés ne commet cependant pas d'erreur de droit en ordonnant la suspension d'un permis de construire sans vérifier que le recours en annulation de ce permis a été régulièrement notifié par son auteur, alors qu'il n'était saisi d'aucun moyen en ce sens (CE 1er mars 2004, *Socquet-Juglard*, req. n° 258505, *RDI* 2004. 220, obs. P. S.-C.). 733 ■

Sanction de l'obligation de notification. Recours administratif et recours contentieux. Les conséquences du défaut de notification diffèrent selon que sont concernés, d'une part, un déféré préfectoral ou un recours contentieux ou, d'autre part, un recours administratif. Dans le cas du déféré préfectoral et du recours contentieux, son omission entraîne dans tous les cas l'irrecevabilité du recours. Toutefois, l'article R. 600-1 du Code de l'urbanisme n'instaure aucunement une déchéance de l'action. Par conséquent, l'irrecevabilité d'une première requête en raison de l'omission de la notification n'empêche pas le juge de déclarer recevable une seconde requête dirigée contre la même décision présentée dans le délai du recours pour excès de pouvoir et respectant celle-là la formalité (CAA Marseille, 25 nov. 1999, *Cne Voix*, req. n° 97MA01604, *AJDA* 2000. 278, chron. L. B. ; CAA Paris, 16 oct. 2008, *Bruyas*, req. n° 07PA01220, *JCP* A 2009, n° 2051, note O. Savignat). 734 ■

De même, le défaut d'accomplissement des formalités de notification d'un recours administratif rend en principe irrecevable le recours contentieux formé à sa suite. Mais ce défaut de notification ne frappe pas d'irrecevabilité le recours contentieux formé à sa suite dès lors qu'il a été formé dans le délai de droit commun et régulièrement notifié. Dans cette hypothèse, la recevabilité du recours contentieux n'est donc subordonnée qu'à sa présentation et à sa notification dans les délais et formes légaux (CE, sect. avis, 1er mars 1996, *Assoc. « Soisy Étiolles Environnement »*, préc.).

Une autre précision utile résulte de ce que le recours administratif formé dans le délai du recours contentieux de droit commun interrompt normalement ce délai.

Toutefois, il n'en va pas ainsi lorsque le recours administratif n'a pas été régulièrement notifié (CAA Douai, 3 mai 2001, *Sté RH Promotion*, req. n° 96DA02841 ; CAA Lyon, 22 mars 2001, *Lenfle*, req. n° 96LY00670). Dans ces conditions, la présentation d'un nouveau recours administratif assorti cette fois de la formalité de notification mais après l'expiration du délai de 15 jours fixé par l'article R. 600-1 ne pallie pas le défaut de notification du premier recours. Ce second recours ne permet donc pas plus que le premier la prorogation du délai du recours contentieux, alors même qu'il a été déposé dans le délai de ce dernier (CE, avis, 6 juill. 2005, *Corcia et Assoc. des riverains des Hespérides et du Mourre-Rouge*, req. n° 277276, *BJDU* 2005. 284 concl. F. Donnat ; *Defrénois* 2005. 38264, note Ph. Benoit-Cattin).

■ 735 *Auteur de la notification.* L'obligation de notification pèse sur le requérant, qu'il soit un particulier, personne physique ou morale, ou le préfet dans le cadre de l'exercice du contrôle de légalité (CE 18 avr. 1986, *COREP d'Île et Vilaine*, req. n° 62470, *RFDA* 1987. 206, concl. M. Roux ; CAA Nantes, 20 déc. 1995, *Cne la Faute-sur-Mer et Edel-Foucaud*, req. n° 95NT00581, *AJDA* 1996. 244 ; ibid. 200, chron. J. Brénier). Concernant le préfet, l'obligation vaut pour le recours administratif qu'il adresse au maire tendant au retrait du permis de construire qu'il a délivré (CAA Douai, 3 mai 2001, *Sté RH Promotion* req. n° 96DA02841 ; CAA Lyon, 22 mars 2001, *Lenfle*, req. n° 96LY00670). En revanche, elle ne s'étend pas à la demande de communication de pièces complémentaires alors même qu'elle a pour effet de proroger le délai du déféré (CE 18 oct. 2002, *Dumas*, req. n° 222957, *Constr.-Urb.* 2003, n° 24, obs. P. Cornille ; Coll. terr. 2003. 13, obs. T. Célérier ; *RDI* 2003. 107, obs. P. S.-C.).

■ 736 *Auteur de la notification. Pluralité de requérants.* Dans l'hypothèse d'une pluralité de requérants introduisant une seule requête, l'exigence de notification est remplie si l'un quelconque de ses signataires y a procédé. La circonstance que ce signataire n'ait, en définitive, pas qualité pour agir n'entache pas la requête d'irrecevabilité (TA Versailles, 25 mars 1997, *Assoc. « Vivre au Bout Galeux » c/ Cne Palaiseau*, *Dr. adm.* 1997, n° 333). Dans le même sens, le désistement du requérant ayant procédé à la notification n'entache pas la recevabilité de la requête des autres requérants qui ne l'ont pas notifiée (CAA Marseille, 4 mars 1999, *Mouclier, Cne Saint Laurent*, req. n° 96MA01635, *AJDA* 2000. 279, chron. L. B. ; *Constr.-Urb.* 1999, n° 259 ; *RDI* 2000. 34, obs. J. Morand-Deviller).

■ 737 *Destinataires de la notification. Auteur de la décision.* Le recours doit d'abord être notifié à l'auteur de la décision relative à l'occupation ou à l'utilisation du sol (sur la notion d'auteur de la décision, v. concl. F. Lénica sur CE 3 mars 2008, *Laporte*, req. n° 281743, *BJDU* 2008. 163). Le concernant, le recours gracieux tient lieu de notification et n'a pas à l'être de manière distincte (CAA Bordeaux, 30 déc. 2005, *Cne Aslonnes*, req. n° 02BX02119, *Constr.-Urb.* 2006, n° 100, obs. N. Rousseau). Par ailleurs, la notification d'un recours contre un permis de construire délivré par le maire au nom de l'État est valablement faite au maire, auteur de la décision (TA Besançon, 31 oct. 1996, *Renaudot c/ Préfet de la Haute Saône*, req. n° 96-1053, *BJDU* 1996. 438, concl. F. Garde ; Rép. min. n° 7752, 15 déc. 1997, *JOAN* Q 2 mars 1998. 1238). Ce dernier, à qui le recours a été notifié par erreur, n'est pas tenu de le transmettre au préfet qui était l'autorité compétente (CAA Paris, 11 avr. 2003, *Tamalet*, req. n° 00PA03886). De même, la notification au préfet d'un recours dirigé contre un permis de construire délivré par le maire agissant au nom de l'État est valablement faite (CE 13 juill. 2011, *SARL Love Beach*, req. n° 320448, concl. C. Roger-Lacan).

Destinataires de la notification. Titulaire(s) de l'autorisation. Le recours doit également et en principe être notifié au bénéficiaire de l'autorisation et, dans le cas d'une autorisation conjointe à chacun de ses titulaires (CE 5 mars 2014, n° 370552, *Lebon* ; *RDI* 2014.362, obs. P. S-C.). Doit être considéré comme bénéficiaire celui dont le nom figure sur la décision attaquée (CAA Marseille, 28 déc. 1998, *SCI La Ferrusse, Cne Saint-Laurent-du-Var*, req. n° 96MA02687, *AJDA* 2000. 279, chron. L. B. ; TA Marseille, 11 mars 2004, *Préfet de Vaucluse c/ Cne Mondragon*, req. n° 03-4285, *AJDA* 2004. 1148, obs. S. Laget : la notification à une personne physique du recours dirigé contre un permis délivré à une personne morale semble suffisante alors même qu'elle ne lui a pas été notifiée ès-qualité de représentant de la personne morale ; CAA Bordeaux, 10 févr. 2005, *Aimée Cara*, req. n° 01BX02062, *Constr.-Urb.* 2005, n° 120, obs. N. Rousseau : la notification à une Sarl Saint Michel est irrégulière, alors que le permis de construire a été délivré à une association du même nom, même si les deux personnes morales ont le même siège et le même président ; CE 7 août 2008, *Cne Libourne*, req. 288966, *Lebon*. T. 971 ; *RDI* 2008. 53, obs. P. S.-C ; *BJDU* 2008. 426, concl. E. Glaser : notification à l'époux non séparé de corps). Néanmoins la notification peut valablement être faite à la personne « pour le compte » de laquelle l'autorisation a été demandée alors même que son nom n'apparaît ni dans l'acte attaqué, ni dans la demande d'autorisation (CE 31 déc. 2008, *Min. Écologie et Agence de maîtrise d'ouvrage du min. Justice*, req. noS 305881, 305965, *Dr. adm.* 2008, n° 33, note A. Courrèges : cas d'un permis de construire demandé par un maître d'ouvrage délégué). En revanche, la notification faite à avocat n'est pas valable (CE 28 sept. 2011, Torrenti, req. 341749, *Lebon* T.1200 ; *BJDU* 2012. 214, concl. N. Boulouis ; *Constr.-Urb.* 2001, n° 159, note X. Couton ; *RDI* 2012. 112, obs. P. S.-C.), sauf circonstances particulières (CE 15 oct. 2014, n° 366065, *Lebon* T. ; *Constr.-Urb.* 2014, n° 159, note P. Cornille ; *RDI*.98 obs. P. S-C : en l'espèce la mention d'une adresse erronée du bénéficiaire dans l'arrêt de la Cour). La notification est par ailleurs valablement faite alors même que les formalités de constitution de la société bénéficiaire ne sont pas achevées (CAA Paris, 23 juin 1998, *Ernault de Moulins*, req. n° 97PA01949 ; comp. TA Lyon, 25 mars 1997, *Mayet*, req. n° 04671, *RDI* 1997. 429, obs. J. Morand-Deviller et L. Touvet). On relèvera que l'obligation est tout à fait générale puisque la notification doit être accomplie même si le bénéficiaire de l'autorisation est le supérieur hiérarchique de l'autorité administrative qui l'a délivrée (CAA Paris, 16 déc. 1997, *Cté quartier Mouffetard*, req. n° 97PA02791). Elle est valablement faite à l'adresse que le bénéficiaire a indiqué dans l'autorisation contestée (voir pour le cas d'une notification à l'adresse de l'architecte : CE 24 sept. 2014, n° 351689, *Lebon* T ; *Constr-Urb.* 2014, n° 159, note P. Cornille ; *BJDU* 6/14.490, concl. D. Hedary). 738

Destinataires de la notification. Transfert. La notification est valablement faite au bénéficiaire de l'autorisation tel qu'il est identifié dans l'acte qui la délivre, alors même que le permis de construire aurait été transféré. Le recours est ainsi recevable nonobstant la circonstance qu'il n'a été notifié qu'au titulaire initial et non au bénéficiaire du transfert intervenu entre-temps (CE 23 avr. 2003, *Assoc. Nos Villages et Lefaux*, req. n° 251608, *RDI* 2003. 470, obs. A. Robineau-Israel ; en sens inverse CAA Bordeaux, 30 déc. 2005, *Assoc. Caudéran*, req. n° 02BX01613, *LPA* 3 mai 2006, p. 16, note P.-E. Durand). Mais si le recours est dirigé contre le transfert lui-même, il doit 739 être notifié (CE, avis, 3 nov. 1997, *Préfet des Alpes-Maritimes c/ Cne Roquebrune-Cap-Martin*, req. 189228, *BJDU* 1998. 65, concl. J.-Cl. Bonichot ; *JCP* 1998. II. 10153, note A. Chaminade) et le titulaire de l'autorisation doit s'entendre, dans ce cas, du bénéficiaire du transfert (CE, avis, 3 nov. 1997, *Préfet des Alpes-Maritimes*, req. n° 189228, *JCP* 1998. II. 10153, note A. Chaminade).

■ 740 *Champ d'application de l'obligation. Actes concernés.* Dans un état antérieur de sa rédaction, l'obligation de notification s'appliquait à tout recours à l'encontre « d'une décision relative à l'occupation ou l'utilisation du sol » régie par le Code de l'urbanisme. Sur ce fondement, il fut jugé qu'elle s'étendait à tous les recours visant à la remise en cause des droits que le bénéficiaire tirait de l'autorisation. Tel est le cas du recours contre un permis modificatif (CE 22 nov. 2006, *Drompt, SCI L'Imprévue du Lys*, req. n° 279068, *RDI* 2007. 194, obs. P. S.-C.), de celui formé contre le refus de constater la péremption de l'autorisation (CE 27 mars 2000, *Synd. des copropriétaires de l'immeuble « Le Lympia »*, req. n° 205430, *Constr.-Urb.* 2000, n° 161, obs. D. Larralde ; *BJDU* 2000. 123, concl. S. Boichard ; *RDI* 2000. 328, obs. J. Morand-Deviller ; 16 mars 2012, *SCI Quartier Paradis*, req. n° 340952), ou de prendre un arrêté interruptif de travaux (CAA Douai, 4 nov. 1999, *Min. Équipement c/ Lignie*, req. n° 96-1009). De même devait être notifié le recours formé contre la décision par laquelle l'autorité administrative autorise le transfert et modifie le permis en ce qui concerne l'identité de son titulaire (CE, avis, 3 nov. 1997, *Préfet des Alpes-Maritimes c/ Cne Roquebrune-Cap-Martin*, req. 189228, préc.). En revanche, le recours tendant à l'annulation du refus du maire de faire dresser un procès-verbal d'infraction n'était pas soumis à l'obligation de notification (CE 6 mars 2009, *Sté immobilière d'Ornon*, req. n° 305905, *Lebon* T. 987). Mais sous l'empire de la rédaction de l'article R. 600-1 issue du décret n° 2007-18 du 5 janvier 2007, à la lettre du texte, l'obligation s'applique exclusivement aux recours formés contre le certificat d'urbanisme la décision de non-opposition à une déclaration préalable et contre les permis de construire, d'aménager et de démolir.

■ 741 *Champ d'application de l'obligation. Actes non concernés.* À l'inverse et très logiquement, il a été jugé que le pétitionnaire n'est pas tenu de notifier le recours qu'il forme contre un refus d'instruire sa demande d'autorisation, contre le refus de la délivrer ou contre la décision de sursis à statuer (CE, sect. avis, 6 mai 1996, *SARL Nicolas Hill immobilier*, *Lebon* 152 ; *AJDA* 1996. 567, chron. D. Chauveaux ; ibid. 513, X.-T. Girardot ; *BJDU* 1996. 71, concl. J.-Cl. Bonichot ; CE 12 mars 1999, *Sté Cinamed*, req. 175721 ; CAA Paris, 22 janv. 1998, *Chalard*, req. n° 96PA01384). Il en va de même du recours que le bénéficiaire de l'autorisation forme contre son retrait (CAA Paris, 29 av. 1997, *Flocher*, req. n° 95PA0402 ; 27 mars 1997, *Pano*, req. n° 95PA03318) ou contre la seule participation financière prescrite par le permis de construire (CE 24 mars 2006, *Ville Saint-Denis-de-la-Réunion*, req. n° 261591, *RDI* 2006. 319, obs. P. S.-C. ; 20 juin 2006, Lamy, req. n° 281253, *BJDU* 2006. 366, concl. S. Verclytte ; CAA Marseille, 2 juill. 1998, *Cne Gareoult*, req. n° 971349 ; CAA Lyon, 18 févr. 2003, *Cne Virignin*, req. n° 98LY01598, *RDI* 2003. 469, obs. A. Robineau-Israël) ou encore contre une prescription impose par l'autorisation d'urbanisme et divisible de celle-ci (CE, sect., 3 mars 2015, n° 358677, *Mme Ciaudo, BJDU* 3/2015. 207, concl. A. Lallet ; *AJDA* 17/2015. 985, chron. J. Lessi et L. Dutheillet de Lamothe ; *RDI* 2015. 375, obs. P. S.-C.)

■ 742 *Recours concernés. Recours administratifs.* A la lettre du texte, il s'agit d'abord des recours administratifs qu'ils soient gracieux (CE, sect. avis, 1er mars 1996, *Assoc. « Soisy*

Étiolles Envir. », *AJDA* 1996. 566 ; ibid. Chron. 507 ; *Lebon* 61 ; *BJDU* 1996. 51, concl. J.-Cl. Bonichot ; CE 11 mai 2001, *Cne Loches*, *RDI* 2001. 404, obs. L. Derepas) ou hiérarchiques (CAA Paris, 16 déc. 1997, *Cté quartier Mouffetard*, req. n° 97PA02791). Il s'agit également des recours tendant à l'exercice du contrôle de légalité (CE 28 juill. 2000, *Assoc. de défense du patrimoine martiniquais et des mal-logés*, *SA Lapalun*, req. n° 21187, *BJDU* 2000. 271, concl. S. Austry ; CAA Lyon, 24 oct. 2000, *Cne Polliat*, req. n° 00-01215 ; CAA Paris, 6 nov. 2003, *Sté Metin Brie*, req. n° 00PA01208, *JCP* A 2004, n° 1246, obs. Ph. Billet ; CAA Nancy, 5 févr. 2004, *Préfet du Doubs*, req. n° 99NC00331, *AJDA* 2004. 1319), à l'exclusion de la simple demande de pièces complémentaires adressée par le préfet à une autorité locale dans ce cadre (CE 18 oct. 2002, *Dumas*, req. n° 222957, *Constr.-Urb.* 2003, n° 24, obs. P. Cornille ; *Coll. terr.* 2003. 13, obs. T. Célérier ; *RDI* 2003. 107, obs. P. S.-C.). La circonstance qu'une personne forme successivement, ou même simultanément, un recours administratif et un recours contentieux contre le même acte ne la dispense pas du respect des formalités de notification propres à chaque catégorie de recours (CE, sect. avis, 1er mars 1996, *Assoc. « Soisy Étiolles Envir. »*, préc.).

Recours concernés. Recours contentieux. S'agissant des recours contentieux, l'obligation de notification s'applique au recours initial, c'est-à-dire à l'acte introductif d'instance. 743 ■ En revanche, elle ne s'impose pas s'agissant du mémoire complémentaire (CAA Marseille, 20 mai 1999, Ellena, *Assoc. de défense du site du Mont Boron, et Hespérides*, req. n° 97MA00308, *RFDA* 2001. 207, obs. J.-C. Ricci) ou d'une demande de référé-suspension (CE 9 mai 2001, *Épx Delivet*, req. n° 231076, *BJDU* 2001. 287, concl. S. Austry ; *RDI* 2001. 399, obs. P. S.-C.). À cet égard, , le juge des référés ne commet pas d'erreur de droit en ordonnant la suspension d'un permis de construire sans vérifier que le recours en annulation de ce permis a été régulièrement notifié par son auteur, si, du moins, il n'était saisi d'aucun moyen en ce sens (CE 1er mars 2004, *Socquet-Juglard*, req. n° 258505, *RDI* 2004. 220, obs. P. S.-C.). L'obligation ne s'impose pas non plus à la demande de sursis à exécution accompagnant le pourvoi en cassation d'un arrêt d'appel (CE 21 juin 2002, *Assoc. Seine-et-Marnaise pour la sauvegarde de la nature*, req. n° 232582, *AJDA* 2002. 1200, note P. Planchet ; *Coll. terr.* 2002. 216, obs. Th. Célérier ; *RDI* 2002. 434, obs. L. Derepas). Par ailleurs, l'obligation de notification s'appliquant au recours, elle ne s'impose pas à la simple intervention (CE 30 juill. 1997, *Fanartzis*, req. n° 159648, *RDI* 1997. 582, obs. L. Touvet ; v. cep. pour l'appel de l'intervenant, CE, sect. avis, 26 juill. 1996, *Cne Triel-sur-Seine*, req. n° 180376, *Lebon* 301 ; *BJDU* 1996. 286, concl. J.-C. Bonichot ; CE 29 nov. 1999, *Laurent*, req. n° 171793).

Recours non concernés. L'obligation de notification ne s'impose pas à d'autres hypo- 744 ■ thèses que celles visées par le texte, notamment au recours en appréciation de validité formé devant la juridiction administrative à la suite d'un renvoi préjudiciel ordonné par l'autorité judiciaire (CE 28 nov. 1998, *Cne Peyrestortes*, req. n° 191236, *BJDU* 1998. 461, concl. L. Touvet ; 18 oct. 2000, *Épx Nougarou*, req. n° 220617, *BJDU* 2000. 280, concl. G. Bachelier ; 3 févr. 2003, *Paganon*, req. n° 240780, *Constr.-Urb.* 2003, n° 191, obs. Ph. Benoit-Cattin ; *BJDU* 2003. 55, concl. F. Séners ; *RDI* 2003. 384, obs. A. Robineau-Israël ; 8 juin 2007, X., req. n° 268458, *Constr.-Urb.* 2007, n° 150, obs. P. Cornille). Plus généralement, elle ne s'applique pas aux contentieux tendant à remettre en cause la construction devant les juridictions judiciaires (Colmar, 14 nov. 2002, *SCI Est*, RG n° 01/01181, *RDI* 2003. 201, obs. P. S.-C.).

745 *Voies de recours.* L'article R. 600-1 prolonge l'obligation de notification en ce qui concerne les demandes tendant à l'annulation ou à la réformation d'une décision juridictionnelle concernant un certificat d'urbanisme, une décision de non-opposition à une déclaration préalable ou un permis de construire, d'aménager ou de démolir. Cela concerne plus précisément toute décision de justice qui consacre la validité d'une autorisation d'urbanisme. En effet, conformément à l'objectif de sécurité juridique, l'obligation de notification s'impose chaque fois qu'une demande tend à remettre en cause une telle autorisation. Ainsi lorsque le recours initial dirigé contre celle-ci a été en tout ou en partie rejeté et que son auteur décide d'interjeter appel du jugement de première instance ou de former un pourvoi en cassation contre l'arrêt d'appel, l'appel ou le pourvoi doivent être notifiés à l'auteur de la décision et au titulaire de l'autorisation (CE, sect. avis, 26 juill. 1996, *Cne Triel-sur-Seine*, req. n° 180376, préc. ; 20 févr. 2002, *SCI Semadog*, req. n° 208100, *RDI* 2002. 268, obs. L. Derepas). Dans le même esprit, doit être notifié le pourvoi dirigé contre une décision juridictionnelle qui constate l'absence de caducité d'un permis de construire et annule, pour ce motif, une décision mettant le constructeur en demeure d'interrompre les travaux (CE 5 avr. 2006, *Gaillard*, req. n° 264269, *Constr.-Urb.* 2006, n° 123, obs. P. Cornille ; *RDI* 2006. 318, obs. P. S.-C.). L'obligation ne s'étend cependant pas aux conclusions accessoires à la requête d'appel ou de cassation tendant à ce qu'il soit sursis à l'exécution de la décision juridictionnelle attaquée (CE 21 juin 2002, *Assoc. Seine-et-Marnaise pour la sauvegarde de la nature*, req. n° 232582, préc).

À l'inverse, les recours dirigés contre les jugements ou arrêts annulant des refus d'autorisations d'urbanisme n'ont pas à être notifiés (CE 30 avr. 2003, *SE au Logement c/ SNC Norminter*, req. n° 237039, *Constr.-Urb.* 2003, n° 190, obs. P. Cornille). Il en va cependant autrement lorsqu'à l'issue du jugement ou de l'arrêt annulé, le droit du pétitionnaire à obtenir une autorisation a été reconnu. Il en est ainsi dès lors que les juges du fond ont constaté l'existence d'une autorisation tacite et annulé, pour ce motif, la décision portant refus de permis. Dans ce cas, l'appel de la commune doit être notifié dans la mesure où il vise à remettre en cause un droit à construire reconnu par le jugement entrepris (CE 19 avr. 2000, *Cne Breuil-Bois-Robert*, *Lebon* 158 ; *Constr.-Urb.* 2000, n° 197, obs. D. Larralde ; *BJDU* 2000. 127, concl. E. Honorat). Il en va de même et pour les mêmes raisons de l'appel formé contre un jugement rendu sur tierce opposition déclarant non avenu un précédent jugement qui avait annulé le permis de construire à la demande de l'appelant (CAA Lyon, 18 janv. 2000, *Sté immobilière Maréchal*, req. n° 96LY01626). Un doute subsiste concernant le recours contre un jugement d'annulation d'une décision constatant la caducité d'une autorisation. Mais pour ce qui nous concerne, il nous semble que la notification s'impose dès lors que le fait d'annuler une décision constatant la caducité a pour effet d'en confirmer l'existence (CE 28 juill. 1999, *SCI Jeanne d'Arc*, req. n° 191375 ; v. par analogie, CE 27 mars 2000, *Synd. des copropriétaires de l'immeuble « Le Lympia »*, req. n° 205430, *Constr.-Urb.* 2000, n° 161, obs. D. Larralde ; *BJDU* 2000. 123, concl. S. Boichard ; *RDI* 2000. 328, obs. J. Morand-Deviller : à propos du recours contre la décision refusant de constater la péremption d'un permis de construire).

De manière parfaitement cohérente avec ce qui précède, l'obligation de notification ne s'applique ni à l'auteur, ni au bénéficiaire de l'autorisation annulée par un jugement dont ils relèvent appel (CE, sect. avis, 26 juill. 1996, *Cne Triel-sur-Seine*, préc.). Elle ne s'applique pas non plus au pétitionnaire qui fait appel du jugement qui rejette son recours contre le refus d'autorisation qui lui a été opposé (CAA Lyon, 13 févr. 1996, Joint, req. n° 95-740). Il convient, par ailleurs, de rappeler que si l'obligation de notification ne s'impose pas à la simple intervention, l'intervenant en première instance qui décide d'interjeter appel y est alors astreint (CE, sect. avis, 26 juill. 1996, *Cne Triel-sur-Seine*, préc.).

Contenu de la notification. Plusieurs avis et décisions portent sur cette question essentielle qui recouvre plusieurs aspects. En premier lieu, il est désormais acquis que l'obligation de notification ne se limite pas pour le requérant à simplement aviser l'auteur de la décision ou son bénéficiaire de l'existence du recours. Elle porte sur le texte intégral de celui-ci (CE, sect. avis, 1er mars 1996, *Assoc. « Soisy Étiolles Envir. »*, préc.) et implique la jonction d'une copie de la requête à la notification, ce qui peut poser de délicats problèmes de preuve (CAA Paris, 3 oct. 2000, *Godet*, req. n° 99PA01747 ; CAA Marseille, 29 janv. 2004, *Benet*, req. n° 00MA02357, *JCP* A 2004, n° 1500, note Ph. Billet ; CE 5 mars 2014, n° 369996, *Lebon* T., *RDI* 2014.363, obs. P. S-C. ; CAA Paris, 28 mars 2013, n° 12NC02081, *Constr.-Urb.* 2013, n° 70, note P. Cornille). En revanche, l'obligation ne concerne pas les pièces annexées à la requête. Par ailleurs, la notification d'un acte d'appel qui ne comporte l'énoncé d'aucun fait, ni d'aucun moyen, mais uniquement des conclusions aux fins d'annulation est valablement faite alors même que le mémoire motivé qui a régularisé la requête n'a pas été notifié (CE 28 nov. 2014, n° 367968, *Lebon* T ; *RDI* 20145.98, obs. P. S-C). 746 ■

Formes de la notification. La notification doit en principe intervenir par lettre recommandée avec accusé de réception. Mais le juge administratif admet toute forme de notification présentant les mêmes garanties d'information du pétitionnaire et de l'auteur de la décision attaquée (CAA Marseille, 14 oct. 1999, *Tixador*, *Ét. fonc.* 2001, n° 90 : exploit d'huissier et dépôt à la préfecture contre récépissé ; CE 28 avr. 2000, *Gilloire*, req. n° 198565, *Constr.-Urb.* 2000, n° 231, obs. D. Larralde : pli « chronopost » ; CAA Bordeaux, 24 oct. 2002, *Fastre*, req. n° 02BX00798 : dépôt à la mairie contre reçu). En revanche, la notification par télécopie ne fait pas foi dès lors qu'elle n'offre pas de garanties équivalentes à celle d'un envoi postal en recommandé (CAA Nantes, 28 mai 1997, *Chevallier*, *Lebon* T. 1135 ; CAA Lyon, 20 oct. 1998, *Cne Théoule-sur-Mer*, req. n° 95LY01922, *Constr.-Urb.* 1999, n° 169, obs. P. Cornille), pas plus qu'un courrier électronique (CE 3 mars 2008, *Laporte*, req. n° 281743, *BJDU* 2008. 163, concl. F. Lénica). 747 ■

Délai de notification. La notification doit intervenir dans un délai de 15 jours francs (CAA Marseille, 24 nov. 2005, *Briant*, req. n° 04MA02415) à compter du déféré ou du dépôt du recours même si la juridiction saisie est territorialement incompétente pour en connaître (CAA Paris, 17 mai 2001, *Federici*, req. n° 00PA02337). Elle est réputée accomplie à compter de la date d'envoi de la lettre recommandée avec accusé de réception ou, comme on l'a dit, toute autre modalité de notification présentant des garanties équivalentes (CAA Marseille, 24 nov. 2005, *Briant*, req. n° 04MA02415, *Constr.-Urb.* 2006, n° 100, obs. N. Rousseau : sur la preuve du respect de ce délai en cas de perte de l'avis de dépôt). Mais rien n'interdit au requérant de notifier son recours avant même son enregistrement par le greffe du tribunal (CAA Lyon, 21 janv. 1997, *Sté les Maisons Vellaves*, req. n° 95LY00311 ; CAA Marseille, 14 oct. 1999, *Tixador*, *Ét. fonc.* 2001, n° 90). Le requérant qui bénéfice de l'aide juridictionnelle est, quant à lui, admis à notifier son recours dans les 15 jours suivant le dépôt de sa requête présentée dans le délai prorogé par sa demande d'aide juridictionnelle (CE 10 janv. 748 ■

2001, Coren, *Lebon* 5 ; *RDI* 2001. 191, obs. P. S.-C. ; CE, ord. réf., 3 oct. 2011, *Dawit*, req. n° 352986, *Lebon* T. à paraître).

749 *Preuve de la notification.* Il appartient à l'auteur du recours d'apporter la preuve de sa notification au greffe de la juridiction où il a été enregistré sans que la communication de la requête par le greffe aux autres parties puisse tenir lieu des obligations imposées par l'article R. 600-1 (CE, sect. avis, 6 mai 1996, *Andersen*, *Lebon* 150 ; *AJDA* 1996. 568, chron. D. Chauveaux ; ibid. 513, T.-X. Girardot ; *BJDU* 1996. 72, concl. J.-Cl. Bonichot). Cette preuve porte non seulement sur sa réalisation, mais sur son caractère complet (v. ss 746). Lorsque le destinataire de la notification soutient qu'elle ne comportait pas copie du recours, mais celle d'un recours dirigé contre un autre permis, il doit établir cette allégation en faisant état des diligences qu'il aurait accomplies auprès de l'expéditeur pour obtenir cette copie (CE 5 mars 2014, n° 369996). Concernant le préfet, il a été admis que tient lieu de preuve le fait que la lettre par laquelle il notifiait son déféré au maire faisait mention d'une notification parallèle au bénéficiaire du permis de construire (CE 9 févr. 2004, *Jadeau*, req. n° 217224, *BJDU* 2004. 214, concl. T. Olson).

L'auteur du recours peut apporter la preuve qui est attendue de lui, même après l'expiration du délai du recours contentieux (CE 29 nov. 1999, *Laurent*, req. n° 171793), mais non après la clôture de l'instruction, ni dans une note en délibéré (CE 19 déc. 2008, *Montmezat et Lancon*, req. n° 297116, *Lebon* T. 841-973 ; *BJDU* 2008. 435, concl. J. Boucher ; *JCP* A 2009, n° 2030, n° 7, note G. Pellissier ; *RDI* 2009. 316 obs. P. S.-C.). De même, la production pour la première fois en appel des pièces établissant l'accomplissement des formalités de notification n'est pas de nature à régulariser la demande de première instance dès lors que l'irrecevabilité a été régulièrement opposée (CE 27 oct. 2008, *Assoc. Ploemeur Vie et Nature*, req. n° 301600, *Lebon* T. 841-972 ; *BJDU* 2008. 365, concl. A. Courrèges ; *RDI* 2008. 567, note P. S.-C. ; *JCP* A 2008, n° 2304, concl. A. Courrèges). Si le requérant n'a pas spontanément apporté la preuve de la notification, le juge doit l'y inviter (CE 29 nov. 1999, *Laurent*, req. n° 171793, préc.) mais il n'est pas tenu de le faire dans un délai lui permettant de satisfaire à cette formalité (CE 5 avr. 2006, *Duguet*, req. n° 266777, *BJDU* 2006. 227, concl. L. Vallée ; *RDI* 2006. 320, obs. P. S.-C.).

B. Les pouvoirs du juge

750 On retrouve également là une réelle spécificité du contentieux de l'urbanisme.

Instruction. Suivant en cela les propositions de la commission Labetoulle, le pouvoir réglementaire a introduit un article R. 600-4 dans le Code de l'urbanisme aux termes duquel : « Saisi d'une demande motivée en ce sens, le juge devant lequel a été formé un recours contre un permis de construire, de démolir ou d'aménager peut fixer une date au-delà de laquelle des moyens nouveaux ne peuvent plus être invoqués ». Une telle disposition a suscité quelque scepticisme (D. Gillig, Le décret du 1er octobre 2013 relatif au contentieux de l'urbanisme : une simple réformette ? *Constr.-Urb.* 2013, alerte 71). Elle est néanmoins utile. En toute hypothèse, le juge administratif reste libre d'y donner suite ou non.

751 *Annulation. Effets.* L'annulation de l'autorisation d'urbanisme a pour effet de la faire disparaître rétroactivement de l'ordonnancement juridique. Lorsqu'elle intervient alors que la construction est déjà érigée, elle présente cependant un caractère

quelque peu platonique. Le requérant dispose cependant de la faculté de se tourner vers le juge civil pour demander sa démolition par le propriétaire selon des modalités renouvelées par la loi ENL du 13 juillet 2006. En particulier, cette action en démolition est subordonnée à la condition que le permis de construire ait été préalablement annulé pour excès de pouvoir par la juridiction administrative. En outre, l'action doit être introduite dans le délai de deux ans qui suit la décision devenue définitive de la juridiction administrative (C. urb., art. L. 480-13 ; v. ss 819). Cela étant, il lui faudra assigner le propriétaire de l'immeuble qui ne sera plus, le plus souvent, le bénéficiaire du permis de construire, voire l'ensemble des copropriétaires et, démontrer un préjudice qui trouve son origine dans la violation de la règle d'urbanisme. C'est dire les limites de l'efficacité de l'annulation en cette matière (O. Herrnberger, « Le sort des constructions illégales après la loi ENL », *JCP* N 2007, n° 1172. Sur les pouvoirs du maire en la matière : Rép. min., *JOAN* Q 4 sept. 2000. 5165 ; *JCP* N 2000, n° 1470). Par ailleurs, l'immeuble érigé sous le couvert d'un permis de construire annulé sera considéré comme irrégulier avec toutes les conséquences qui s'y attachent au moins pendant un délai de 10 ans (C. urb., art. L. 111-12 ; v. ss 626). Il faut également signaler que lorsque le préfet a obtenu l'annulation sur déféré d'une autorisation d'urbanisme pour un motif non susceptible de régularisation, il peut exercer une action civile en vue de la démolition de l'immeuble. Cette action s'exerce dans les conditions et délais définis par le deuxième alinéa de l'article L. 480-13 (C. urb., art. L. 600-6).

Annulation. Ouvrage public. Consécutivement à l'adoption de la loi du 8 février 1995 qui a autorisé le juge administratif à adresser des injonctions à l'administration lorsqu'il statue au principal (CJA, art. L. 911-1) ou comme juge de l'exécution d'une décision déjà rendue (CJA, art. L. 911-4), le tribunal des conflits a reconnu au juge, administratif en général et judiciaire, en cas de voie de fait, un pouvoir d'injonction consécutif à l'annulation d'un refus de supprimer ou de déplacer un ouvrage public (T. confl. 6 mai 2002, *Binet c/ EDF*, req. n° 3287, *AJDA* 2002. 1229, note P. Sablière ; *JCP* E 2002. II. 10170, concl. Duplat ; CJEG 2002. 646, note B. Genevois ; 17 déc. 2007, *Delhaye c/ VilleEtaples et Sté des eaux du Touquet*, *Lebon* 761). Dans la suite de cet arrêt, le Conseil d'État a admis le pouvoir du juge administratif d'ordonner, à certaines conditions, la démolition d'un ouvrage public dont l'implantation irrégulière a été constatée par une décision de justice annulant le permis de construire qui l'a autorisée (CE, sect., 29 janv. 2003, *Synd. dptal de l'électricité et du gaz des Alpes-Maritimes et Cne Clans*, req. n° 245239, *AJDA* 2003. 477, concl. et note Ch. Lavialle ; ibid. 784, note P. Sablière ; *Lebon* 21, concl. Ch. Maugüé ; *RFDA* 2003. 477, concl. ; ibid. 484, note Ch. Lavialle). Mais avant d'en arriver à une telle injonction, le juge administratif doit se livrer à deux vérifications successives. Il doit d'abord se demander si une régularisation est possible, par exemple, lorsque la construction de l'ouvrage n'est affectée que d'une irrégularité formelle (CAA Lyon, 6 juill. 2006, *SCI Plein Sud c/ Cne Val d'Isère*, req. n° 03LY01742, *Constr.-Urb.* 2007, n° 22, obs. N. Rousseau). Ensuite, si la régularisation est impossible, le juge devra opérer un bilan coût-avantages. Plus précisément, il lui appartiendra de « prendre en considération, d'une part, les inconvénients que la présence de l'ouvrage entraîne pour les divers intérêts publics ou privés en présence et, notamment le cas échéant pour le propriétaire du terrain d'assiette de l'ouvrage, d'autre part, les conséquences de la démolition pour l'intérêt général et d'apprécier, en rapprochant ces éléments, si la démolition n'entraîne pas une atteinte excessive à l'intérêt général » (D. Bailleul, 752 ■

« L'ouvrage public : de l'intangibilité de droit à l'intangibilité de fait ? », *AJDA* 2009. 1057 ; Y. Gaudemet, « Que reste-t-il de l'intangibilité de l'ouvrage public ? », Mélanges Fatôme, Dalloz, 2011, p. 155). En considération de cette balance des intérêts, il enjoindra la suppression de l'ouvrage en fonction notamment de l'atteinte qu'il porterait à un site (CE 20 mai 2011, *Cté d'agglo. du Lac du Bourget*, req. n° 325552 ; *Lebon* 248 ; *BJDU* 2011. 362, concl. M. Guyomar ; 9 déc. 2011, req. n° 333756, *Lebon* T. 1186 ; CE, sect., 14 oct. 2011, Cne Valmeinier et Synd. mixte des Islettes, req. n° 320371, *Lebon* ; *BJDU* 2012. 139, concl. C. Legras ; *AJDA* 2011. 2226, chron. J.-H. Stahl et X. Domino ; *JCP* A 2011, n° 2365, note C. Manson : cas d'ouvrage inachevé) ou la refusera en fonction de l'atteinte excessive qui en résulterait du point de vue de l'intérêt général (CE 13 févr. 2009, *Cté de cnes du canton de Saint Malo de la Lande*, req. n° 295885, *Lebon* T. 906 ; *JCP* A 2009, n° 2208, note D. Maherzi ; D. Artus, « La cale recalée », *AJDA* 2006. 1954). Il faut préciser cependant que lorsqu'il est saisi comme juge de l'exécution, le juge administratif ne peut l'être que pour la mise en œuvre de ses propres décisions, à l'exclusion de celles de la juridiction civile (CE 27 juill. 2009, *Giard*, req. n° 302110, *Lebon* 310).

753 *Annulation. Validation de l'autorisation.* Consécutivement à l'annulation d'une autorisation d'urbanisme par la juridiction administrative, il entre dans les prérogatives du législateur de la valider. Néanmoins, la loi de validation est elle-même est susceptible d'être censurée à la fois au regard de sa constitutionnalité et de sa conformité à la convention européenne de sauvegarde des droits de l'homme. Saisi d'une QPC, le Conseil constitutionnel a précisé que si le législateur peut valider un acte administratif, c'est à la condition de poursuivre un but d'intérêt général suffisant et de respecter tant les décisions de justice ayant force de chose jugée que le principe de non-rétroactivité des peines et des sanctions ; qu'en outre, l'acte validé ne doit méconnaître aucune règle, ni aucun principe de valeur constitutionnelle, sauf à ce que le but d'intérêt général visé soit lui-même de valeur constitutionnelle ; qu'enfin la portée de la modification ou de la validation doit être strictement définie (Décis. n° 2010-78 QPC du 10 déc. 2010). C'est ainsi qu'il a jugé constitutionnelles les dispositions insérées dans la loi du 26 mai 2011 relative au prix du livre numérique et validant, en termes certes généraux, mais visant en réalité le permis de construire délivré à la Fondation d'entreprise Louis Vuitton pour la Création qui avait fait l'objet d'une annulation. Le Conseil constitutionnel identifie un intérêt général suffisant dans la nécessité d'assurer la réalisation sur le domaine public d'un projet destiné à enrichir le patrimoine culturel national, à renforcer l'attractivité touristique de la ville de Paris et à mettre en valeur le Jardin d'acclimatation (CE 30 déc. 2011, *Coordination pour la sauvegarde du bois de Boulogne*, req. n° 353325 ; Cons. const. 24 févr. 2012, n° 2011-224 QPC, *AJDA* 2012. 401, Tribune F. Rolin ; *BJDU* 2012. 221, concl. X. de Lesquen). La loi de validation peut également voir sa conventionnalité contestée au regard du droit à un procès équitable garanti par l'article 6 § 1 de la Convention européenne de sauvegarde des droits de l'homme et des libertés fondamentales. Mais si le principe de prééminence du droit et le droit à un procès équitable s'opposent « à toute ingérence du pouvoir législatif dans l'administration de la justice, dans le but d'influer sur le dénouement judiciaire d'un litige », une loi de validation peut néanmoins être admise si elle est justifiée par « d'impérieux motifs d'intérêt général » (CEDH 23 oct. 1997, *National et Provincial Building Society c/ Royaume Uni*, req. n° 21319/93, *Rec. CEDH* 1997-VII ; 28 oct. 1999, *Zielinski c/ France*, req. n° 24846/94, *AJDA* 2000. 526, chron. J.-F. Flauss ; C. Sandras, « Les lois de validation, le procès en cours et l'article 6 § 1 de la Convention européenne des droits de l'homme», *RTDH* 2002. 629). La juridiction administrative exerce un contrôle identique sur les lois de validation (CE 23 juin 2004, *SA Laboratoires Genévrier c/ Min. Santé et Protection sociale*, req. n° 257797, *Lebon* 256 ; CE, avis, 27 mai 2005, *Provin*, req. n° 277795, *AJDA* 2005. 1455, chron. Cl. Landais et F. Lenica ; *Lebon* 213 ; *RFDA* 2005. 1003, concl. Devys). La jurisprudence a, par ailleurs, reconnu l'applicabilité de l'article 6 aux recours formés contre des décisions octroyant des permis de construire (CEDH 23 avr. 1996, *Phocas c/ France*, req. n° 17869/91, *Rec. CEDH* 1996-II ; *AJDA* 1996. 1005, chron. J.-F. Flauss ; CE 2 nov. 2005, *Assoc. Baie de la Moselle*, req. n° 260922, *Lebon* T. 428). Concernant la loi validant le permis de construire délivré à la Fondation Louis Vuitton, la Cour administrative d'appel de Paris a admis qu'elle reposait bien sur des motifs d'intérêt général, mais que ceux-ci ne présentaient pas le caractère impérieux requis pour les faire échapper à l'inconventionnalité (CAA Paris, 18 juin 2012, *Fondation d'entreprise Louis Vuitton pour la création, Ville Paris*, req. n° 11PA00758, *AJDA* 2012. 1496, note M. Sirinelli ; sur l'absence d'identité des contrôles de constitutionnalité et de conventionnalité, v. B. Mathieu, note sous Cons. const. 21 déc. 1999, n° 99-422 DC ; 29 déc. 1999, n° 99-425 DC, *RFDA* 2000. 89).

Annulation. Refus d'autorisation. Lorsque le juge a annulé le refus illégal d'une autorisation, le pétitionnaire ne se trouve pas, pour autant, titulaire d'une telle autorisation. L'administration se trouve simplement à nouveau saisie de la demande qu'elle doit instruire dans les délais réglementaires (CE 18 janv. 1974, *Min. Aménagement du territoire c/ Sté Foncière Biarritz-Anglet*, *Lebon* 38 ; CAA Lyon, 8 oct. 1996, *Min. Équipement, Transports et Tourisme c/ Laffont*, req. n° 95LY01106, *Lebon* 606. ; sur les pièces qu'elle peut exiger dans le cadre de cette nouvelle instruction, Rép. min. n° 19813, *JO* Sénat Q 1er déc. 2011. 3085, et n° 20114, *JO* Sénat Q 12 janv. 2012. 113). 754 ■

Certains auteurs ont cependant suggéré que le droit du contentieux administratif reconnaisse l'action en déclaration de droit qui permettrait au juge de déclarer que l'administration a l'obligation légale d'accorder l'autorisation sollicitée (note J.-M. Woerlhing sous CE 8 juin 1988, *SARL ABC Engineering*, req. n° 74554 ; M. Ricard, « Plaidoyer pour la reconnaissance d'un recours en déclaration de droit », *Gaz. Pal.* 28 juill. 1984, p. 345). Cette proposition a été examinée dans le cadre de l'audit du Code de l'urbanisme mais a été repoussée à la fois parce que le juge de l'excès de pouvoir se verrait reconnaître des pouvoirs de plein contentieux et que sa tâche s'en trouverait considérablement alourdie (J.-P. Gilli, « Les particularités du contentieux administratif de l'urbanisme », *LPA* 17 juill. 1996, n° 86, p. 40). Toutefois, sur le fondement de l'article L. 911-1 du Code de justice administrative, la juridiction administrative peut enjoindre à l'administration de statuer à nouveau sur la demande dans un délai qu'elle fixe (CAA Lyon, 8 oct. 1996, *Min. Équipement, Transports et Tourisme c/ Laffont*, préc. ; R. Martin, « Injonction du juge administratif et permis de construire », *Gaz. Pal.* 27-28 févr. 1998, p. 5). L'inexécution d'une telle décision est susceptible de constituer une violation de l'article 1er du Protocole n° 1 annexé à la Convention européenne de sauvegarde des droits de l'homme (CEDH 11 déc. 2003, *Frascino c/ Italie*, req. n° 35227/97). Cela étant, le prononcé d'une injonction ne constitue qu'une simple faculté pour le juge administratif (CE 9 févr. 2000, *Malissard*, req. n° 164109).

L'administration se prononce à nouveau d'une part, eu égard à l'injonction d'instruction et aux motifs d'annulation formulé par le juge et, d'autre part, au vu des 755 ■

circonstances de droit ou de fait qui prévalent à la date de la nouvelle décision. Cependant, la demande d'autorisation ne peut faire l'objet d'un nouveau refus ou d'un sursis à statuer sur le fondement de dispositions intervenues après la date d'intervention de la décision annulée (C. urb., art. L. 600-2 ; CAA Lyon, 27 déc. 2001, req. n° 98LY01450, *SCI « La Cluiseraz »* ; TA Lyon, 26 mai 2009, *Cts Bernard*, req. nos 0700323, 0701112 et 0703404, *RDI* 2009. 496, obs. P. S.-C. ; rép. min., n° 22388, *JO* Sénat 19 avril 2012). Cette disposition est également applicable à un plan de prévention des risques naturels qui est un document d'urbanisme (CE, avis, 12 juin 2002, *Préfet de la Charente-Maritime*, *AJDA* 2002. 1080, note J.-P. Lebreton ; *BJDU* 3/ 2002. 220, concl. S. Boissard, note J.-C. B. ; *RDI* 2002. 247, obs. L. Derepas, v. ss 449), mais non aux dispositions législatives régissant l'urbanisme commercial (CAA Marseille, 21 mars 2002, *SCI Infossi-Gimet*, req. n° 98MA01844 ; sur les limites de l'art. L. 600-2 du Code de l'urbanisme, lorsque la demande de permis de construire était formée sur la base des règles d'urbanisme mentionnées dans un certificat d'urbanisme : CE 11 févr. 2004, *SA France Travaux*, *RDI* 2004. 214, obs. P. S.-C.).

L'obligation de l'administration s'entend cependant sous réserve que la demande soit confirmée par le pétitionnaire lui-même (CAA Paris, 25 juin 2002, *Chapiteau*, req. n° 98PA01466, *AJDA* 2002. 938, note J.-P. Lebreton) dans les six mois suivant la notification de l'annulation (CAA Paris, 20 janv. 2004, *Flamand*, req. n° 00PA02366, *JCP* A 2004, n° 1249, note J.-P. Demouveaux : la circonstance que le tribunal avait accompagné l'annulation d'une injonction adressée au maire de réexaminer la demande ne dispensait pas l'intéressée de confirmer elle-même cette demande dès lors qu'elle entendait conserver le bénéfice des dispositions de l'art. L. 600-2). L'application de l'article L. 600-2 fait par ailleurs survivre la compétence de l'autorité qui a initialement refusé l'autorisation d'urbanisme (CE 4 mars 2009, *Cne Beaumettes*, req. n° 319974).

756 *Annulation partielle.* Bien que les autorisations d'urbanisme et singulièrement le permis de construire soient considérés comme indivisibles au contentieux, la doctrine et les praticiens se sont entendus pour considérer le caractère inéluctable de l'annulation totale comme souvent disproportionné au regard du vice entachant l'autorisation qu'il relève de la légalité interne ou de la légalité externe. Ils ont d'ailleurs de longue date proposé les moyens d'éviter l'automaticité de l'annulation d'un permis entaché d'un vice régularisable (J.-P. Gilli, « Contentieux du permis de construire : la légalité sous réserve », *AJDA* 1995. 355 ; J.-M. Woehrling, « Un aspect méconnu de la gestion administrative : la régularisation des procédures et décisions illégales », *RFAP* 2004, n° 111, p. 533). En ce sens, le rapport Pelletier recommandait de reconnaître au juge administratif la faculté de moduler les effets des annulations qu'il prononce sous deux formes : l'annulation conditionnelle et l'annulation partielle (« Propositions pour une meilleure sécurité juridique des autorisations d'urbanisme », *BJDU* 2005. 73). La loi ENL du 13 juillet 2006 y a partiellement donné suite.

757 Le juge administratif qui, saisi de conclusions dirigées contre un permis de construire, de démolir ou d'aménager, estime, après avoir constaté que les autres moyens ne sont pas fondés, qu'un vice n'affectant qu'une partie du projet peut être régularisé par un permis modificatif, peut limiter à cette partie la portée de l'annulation qu'il prononce et, le cas échéant, fixer le délai dans lequel le titulaire du permis pourra en demander la régularisation (C. urb., art. L. 600-5 modifié par l'ordonnance n° 2013-638 du 18 juillet 2013. Sur l'entrée en vigueur de ces dispositions : CE avis du

18 juin 2014, n° 376113, *SCI Mounou, Lebon* ; *Constr.-Urb.* 2014, n° 113, note D. Gillig ; *JCP* A 2014, n° 2298, note D. Gillig). Cette possibilité ouverte au juge du fond a été présentée comme cohérente avec celle qui était déjà reconnue au juge des référés d'ordonner la suspension de l'exécution d'une décision « ou de certains de ses effets » (CJA, art. L. 521-1 ; TA Grenoble, 8 déc. 2010, req. n° 1004965, *AJDA* 2011. 287, note P.-E. Durand. V. S. Pérignon, « La sécurisation des autorisations d'urbanisme et des constructions existantes », *AJDA* 2006. 1551 ; P. Cornille et N. Rousseau, « Quelle sécurisation des constructeurs et des constructions par la loi ENL ? », *Constr.-Urb.* 2006. Chron. 14 ; P. Soler-Couteaux, « L'impact de la loi ENL sur le droit de l'urbanisme », *RDI* 2006. 407 ; M. Le Coq, annulation partielle des autorisations d'urbanisme. Les réponses de la jurisprudence, *AJDA* 21/2014.1191).

Le juge peut faire usage de cette faculté lorsque l'irrégularité affecte un élément du projet. Une annulation partielle ne peut donc être prononcée lorsque l'irrégularité affecte le permis en son entier (CE 9 avril 2014, n° 338363, *Cne de Saint-Martin-le-Vinoux, Lebon* ; *BJDU* 3/2014.221, concl. C. Legras ; AJCT 2014.458, obs. M-C. Mehl-Schouder ; *RDI* 2014.364, obs. P. S-C : Le permis modificatif délivré dans ces conditions ne régularise pas le permis illégal ; sur la situation d'un permis de construire valant permis de démolir, CAA Marseille, 24 avril 2014, n° 12MA03789, *Cne d'Antibes, Soc. imm. Chêne vert, AJDA* 35/2014.2018, concl. M. Revert). En revanche, elle peut l'être alors même que l'élément du projet affecté par l'illégalité n'est pas dissociable au sein de l'ensemble de l'opération (CE 1er mars 2013, n° 350306, *Fritot, Lebon* ; *BJDU* 3/2013.221, concl. X. de Lequen ; *RDI* 2013.226, obs. P. S-C. ; *RJEP* 2013, n° 23, concl : *Env. et développement durable* 2013, n° 38, obs. D. Gillig). En effet, le pouvoir nouveau donné au juge se distingue et s'ajoute à celui dont il disposait antérieurement de prononcer une annulation partielle d'une autorisation d'urbanisme en raison de la divisibilité des éléments composant le projet (F. Polizzi, « L'annulation partielle d'une autorisation d'urbanisme », *BJDU* 4/2012. 251 ; v. antérieurement, CAA Marseille, 9 févr. 2012, *Cne Armissan*, req. n° 10MA01897, *Constr.-Urb.* 2012, n° 80, note P. Cornille ; CAA Nantes, 6 mai 2008, *Min. Écologie, Développement et Aménagement durables c/ Cts Raffegeau*, req. n° 07NT02215, *BJDU* 2008. 342, concl. D. Artus ; TA Versailles, 22 janv. 2008, *Staub*, req. n° 0506582, *Constr.-Urb.* 2008, n° 120, obs. G. Godfrin ; CE 1er mars 2013, *n° 350306, Préfet de la Manche, Lebon* ; *Constr.-Urb.*, n° 54, note X. Couton). Pour s'en tenir à une annulation partielle, le juge doit seulement s'assurer que le vice affectant l'autorisation peut être régularisé (CE 23 févr. 2011, *SNC Hôtel de la Bretonnerie*, req. n° 325179, *Lebon* T. 1200 ; *BJDU* 2011. 146, obs. C. L. ; *RDI* 2011. 238, obs. P. S.-C. ; *JCP* A 2001, n° 2201, note M. Moritz ; et dans la même affaire, CAA Paris, 4 déc. 2008, *SA Hôtel de la Bretonnerie et Ville Paris*, req. n° 07PA03606, *AJDA* 2009. 898, concl. B. Bachini ; CE 4 oct. 2013, *n° 358401, M. Andrieu et Mme Perrée, Lebon* T. 885 ; *Constr.-Urb.* 2013, n° 151, note P. Cornille ; *BJDU* 6/2013.472, concl. M. Vialettes ; *RDI* 2014, obs. P. S-C ; *AJDA* 2014.180, note F. Priet ; CAA Paris, 6 juin 2014, n° 12PA03899, *SCI Suchet Montmorency, Lebon* T). Tel est le cas d'un vice d'incompétence (CE 27 nov. 2013, n° 358765, *Assoc. Bois-Guillaume Réflexion c. Cne Bois-Guillaume, Lebon* 885 ; *Constr.-Urb.* 2014, n° 6, note P. Cornille ; *BJDU* 2/2014.133, concl. A. Lallet ; *RDI* 2014.129, obs. P. S-C) ou du défaut d'un avis (CAA Nantes, 17 janv. 2014 n° 13NT00947, *Environnement et Développement durable* 2014, n° 54, obs. M. Guerin ; CAA Lyon, 4 févr. 2014, n° 13LY00156, *Assoc. Chambaron sans éolienne industrielle*) ou encore d'un permis autorisant un projet pour partie affecté d'une incompatibilité avec le SCOT (CAA Lyon, 8 nov. 2011, n° 10LY01628, *Soc. Investissements internationaux et participations, LPA* 7 juin 2012, n° 114, note J-M. Staub). Le juge du fond porte sur la possibilité de régularisation une appréciation souveraine (CE 4 oct. 2013, *n° 358401, M. Andrieu et Mme Perrée,* préc.).

Sur le plan procédural, lorsqu'il entend ne prononcer que l'annulation partielle, le juge n'a pas à recueillir au préalable les observations des parties ((CE 4 oct. 2013, *n° 358401, M. Andrieu et Mme Perrée,* préc. ; CAA Paris, 6 juin 2014, n° 12PA03899, *SCI Suchet Montmorency, Lebon* T.). Et même si le bénéficiaire de l'autorisation d'urbanisme peut la demander, l'usage de cette faculté relève de son appréciation souveraine (CE 15 oct. 2014, n° 359175, *SCI des Fins d'Annecy, Lebon* T. ; *RDI* 2014.43, obs. P. S-C.), comme il est souverain pour moduler les effets dans le temps de l'annulation partielle qu'il prononce (CAA Bordeaux, 11 juill. 2013, n° 11BX02706, *SCI Les Chevêches, Constr.-Urb.* 2013, n° 152, note J-L. Seynaeve ; *RDI* 2014.65, obs. P. S-C). Il doit cependant indiquer les motifs qui le conduisent à écarter les moyens tendant à l'annulation totale de l'autorisation ou une autre annulation partielle (CAA Nantes, 17 janv. 2014, n° 12NT01423, *Constr.-Urb.*, 2014, n° 46, note P. Cornille).

Du point de vue des effets de l'annulation partielle, elle ne prive de base légale le transfert de l'autorisation qu'à concurrence de ladite annulation (CAA Paris, 6 juin 2014, n° 12PA03899, *SCI Suchet Montmorency*, préc.). Le titulaire du permis doit, par ailleurs, demander à l'autorité compétente un arrêté modificatif tenant compte de la décision juridictionnelle devenue définitive.

758 *Sursis à statuer.* Le juge administratif dispose d'une faculté alternative à l'annulation partielle. En effet, lorsqu'il est saisi de conclusions dirigées contre un permis de construire, de démolir ou d'aménager et qu'il estime, après avoir constaté que les autres moyens ne sont pas fondés, qu'un vice entraînant l'illégalité de cet acte est susceptible d'être régularisé par un permis modificatif, il peut, après avoir invité les parties à présenter leurs observations, surseoir à statuer jusqu'à l'expiration du délai qu'il fixe pour cette régularisation. Si un tel permis modificatif est notifié dans ce délai au juge, celui-ci statue après avoir invité les parties à présenter leurs observations (C urb., art. L. 600-5-1). Cette disposition s'inscrit dans le mouvement général tendant à conférer au juge de la légalité des pouvoirs plus diversifiés, allant au-delà de la seule sanction de la légalité. Sur le plan pratique, elle permet de vider le litige et de lui donner une issue définitive dans le cadre de l'instance initiale (P. Cornille, Pour ou contre le sursis à statuer plutôt que l'annulation seulement partielle du permis de construire, *Constr.-Urb.* 2014, n° 28). Ces dispositions qui instituent des règles de procédure concernant exclusivement les pouvoirs du juge sont entrées immédiatement en vigueur. Ainsi, lorsque le juge d'appel estime qu'un moyen ayant fondé l'annulation du permis litigieux par le juge de première instance est tiré d'un vice susceptible d'être régularisé par un permis modificatif, et qu'il décide de faire usage de la faculté qui lui est ouverte par l'article L. 600-5-1, il lui appartient, avant de surseoir à statuer sur le fondement de ces dispositions, de constater préalablement qu'aucun des autres moyens ayant, le cas échéant, fondé le jugement d'annulation, ni aucun de ceux qui ont été écartés en première instance, ni aucun des moyens nouveaux et recevables présentés en appel, n'est fondé et n'est susceptible d'être régularisé par un permis modificatif et d'indiquer dans sa décision de sursis pour quels motifs ces moyens doivent être écartés. À compter de la décision par laquelle le juge fait usage de la faculté de surseoir à statuer, seuls des moyens dirigés contre le permis modificatif notifié, le cas échéant, au juge peuvent être invoqués devant ce dernier (CE avis du 18 juin 2014, n° 376113, *SCI Mounou* et n° 376760, *Sté Batimalo, Lebon* ; *Constr.-Urb.* 2014, n° 113, note D. Gillig ; *JCP* A 2014, n° 2298, note D. Gillig).

Voies de recours. Les voies de recours contre une décision annulant une autorisation d'urbanisme ou son refus sont les voies de droit commun. On signalera cependant que depuis le 1er janvier 2014, l'appel a été rétabli s'agissant des litiges relatifs aux déclarations préalables prévues par l'article L. 421-4 du Code de l'urbanisme (CJA, art. R. 811-1). Par ailleurs, les CAA sont compétentes pour connaître en premier et dernier ressort des litiges relatifs au permis de construire tenant lieu d'autorisation d'exploitation commerciale prévu à l'article L. 425-4. (C. urb., art. L. 600-10). Enfin, s'agissant des recours dirigés contre les permis de construire, de démolir un logement ou d'aménager un lotissement, les tribunaux administratifs statuent en premier et dernier ressort lorsque le bâtiment ou le lotissement est implantés sur le territoire d'une des communes mentionnées à l'article 232 du Code général des impôts, c'est-à-dire celles dans lesquelles s'applique la taxe sur les logements vacants (CJA, art. R. 811-1-1). Ces dispositions s'appliquent aux recours introduits entre le 1er décembre 2013 et le 1er décembre 2018 (CE, ord. réf., 23 déc. 2013, n° 373468, *Syndicat de la juridiction administrative*, *AJDA* 1/2014.10 : rejet du référé contre le décret n° 2013-879 du 1er octobre 2013 ; v. E Crepey, *AJDA* 2013.1905), 759 ■

Demande reconventionnelle. Lorsque le bénéficiaire d'une autorisation d'urbanisme subissait un préjudice anormal trouvant sa source dans l'exercice du recours, il ne pouvait saisir le juge de l'excès de pouvoir d'une demande reconventionnelle tendant à ce que des dommages-intérêts lui soient alloués. De telles conclusions étaient, en effet, déclarées irrecevables en raison de la « nature particulière » du recours pour excès de pouvoir qui ne connaît pas de parties (CE 24 nov. 1967, n° 66271, *Noble*, *Lebon* p. 443). Aussi bien, il ne pouvait que se retourner vers le juge judiciaire qui a pu, à l'occasion, condamner le requérant pour recours abusif. Depuis l'ordonnance du 18 juillet 2013, « lorsque le droit de former un recours pour excès de pouvoir contre un permis de construire, de démolir ou d'aménager est mis en œuvre dans des conditions qui excèdent la défense des intérêts légitimes du requérant et qui causent un préjudice excessif au bénéficiaire du permis, celui-ci peut demander, par un mémoire distinct, au juge administratif saisi du recours de condamner l'auteur de celui-ci à lui allouer des dommages et intérêts. La demande peut être présentée pour la première fois en appel » (C. urb., art. L. 600-7 ; sur l'entrée en vigueur de cette disposition qui institue une règle de procédure concernant exclusivement les pouvoirs du juge administratif : CE, avis, 18 juin 2014, n° 376113, *SCI Mounou, Lebon* ; *Droit adm.* 2014, n° 55, obs. J. Andreani ; *Constr.-urb.* 2014, n° 113, obs. D. Gillig ; *JCP* A 2014, n° 2298, note D. Gillig). Cette faculté ne peut cependant être exercée à l'encontre d'une association régulièrement déclarée et ayant pour objet principal la protection de l'environnement au sens de l'article L. 141-1 du code de l'environnement. En effet, elle est présumée agir dans les limites de la défense de ses intérêts légitimes. Le juge administratif semble vouloir faire une application stricte de cette disposition. Tout d'abord, elle ne s'applique qu'aux recours formés contre un permis de construire, de démolir ou d'aménager (CAA Marseille, 25 juill. 2014, n° 12MA03175, *M. Laclaverie*, *RDI* 2014.588, obs. P. S-C.). Ensuite, elle met en place un régime indemnitaire spécifique en ce sens qu'il faut un fait générateur tenant à la mise en œuvre d'un droit au recours excédant la défense des intérêts légitimes du requérant (CAA Marseille 20 mars 2014, n° 13MA03143, *Assoc. Bien vivre aux Restanques*, *RDI* 2014.588, obs. P. S-C) et un préjudice excessif causé au bénéficiaire du permis (CAA Marseille, 20 mars 2014, n° 13MA02161, *Constr.-Urb.* 2014, n° 81, note 760 ■

P. Cornille ; *RDI* 2014.588, obs. P. S-C), outre un lien de causalité directe entre les deux.

C. La transaction

761 Le nouvel article L. 600-8 issu de l'ordonnance du 18 juillet 2013 oblige à enregistrer toute transaction par laquelle une partie s'engage à se désister d'un recours formé devant le juge administratif et tendant à l'annulation d'un permis de construire, d'aménager ou de démolir en contrepartie d'une somme d'argent ou de l'octroi d'un avantage en nature. A défaut, la contrepartie est réputée sans cause et les sommes versées ou celles qui correspondent au coût des avantages consentis sont sujettes à répétition. L'action en répétition se prescrit par cinq ans à compter du dernier versement ou de l'obtention de l'avantage en nature. La mesure est, là encore, destiné à dissuader les recours abusifs, voire « crapuleux » (J. Aillet et E. Vital-Durand, La transaction dans le contentieux administratif des autorisations d'urbanisme, *Constr.-Urb.* 2014, Etude n° 9).

§ 2 Les procédures d'urgence

762 Dans le cadre de la contestation des autorisations d'urbanisme, la procédure d'urgence la plus fréquemment mise en œuvre est le référé-suspension. Elle n'est néanmoins pas la seule. Il faut donc les recenser et rendre compte du régime propre à chacune d'entre elles (A) avant d'examiner les pouvoirs du juge des référés (B).

A. Typologie des référés

763 Il existe plusieurs régimes de référé : le référé-suspension (1) ; le référé-liberté (2) ; le référé à l'initiative du préfet (3) ou d'une commune ou d'un EPCI (4), outre les référés-spéciaux pour lesquels la condition d'urgence n'est pas requise (5). Ces différents types de référés doivent être distingués car une même requête ne peut contenir des conclusions tendant à la suspension d'une décision, sur le fondement de l'article L. 521-1 du Code de justice administrative et des conclusions tendant au prononcé d'une injonction par le juge des référés au titre du référé-liberté (CE 28 févr. 2001, *Philippart et Lesage*, req. n° 230112). Il en va de même des demandes formulées sur le fondement de ce dernier et du référé-mesures utiles (CE 6 mars 2002, *Sté des Pétroles Shelle-Berre*, req. n° 241534, *Constr.-Urb.* 2002, n° 161, obs. N. Rousseau).

1. *Le référé-suspension*

764 Le recours au fond contre une autorisation d'urbanisme peut être accompagné d'une requête tendant à ce que le juge prononce sa suspension sur le fondement de l'article L. 521-1 du Code de justice administrative issu de la loi du 30 juin 2000 relative au référé devant la juridiction administrative qui dispose : « Quand une décision administrative, même de rejet, fait l'objet d'une requête en annulation, ou en réformation, le juge des référés, saisi d'une demande en ce sens, peut ordonner la suspension de l'exécution de cette décision, ou de certains de ses effets, lorsque l'urgence le justifie et qu'il est fait état d'un moyen propre à créer, en l'état de l'instruction, un doute sérieux quant à la légalité de la décision ».

Procédure. Le référé-suspension a donné lieu de la part du juge à quelques précisions générales d'ordre procédural qu'il convient d'indiquer. En premier lieu, la recevabilité de la demande en référé est subordonnée à l'existence et à la recevabilité d'un recours en annulation (CE 11 mai 2001, *Cne Loches*, req. n° 231802, *RDI* 2001. 404, obs. L. Derepas). Mais le juge des référés n'est pas tenu de soulever d'office le moyen tiré d'une éventuelle irrecevabilité du recours principal en raison de l'absence de sa notification (CE 1er mars 2004, *Socquet-Juglard*, req. n° 258505, *RDI* 2004. 220, obs. P. S.-C.). Par ailleurs, la recevabilité du recours en annulation ou en réformation d'une décision dont la suspension est demandée est laissée à l'appréciation souveraine du juge des référés (CE 7 mai 2003, *Cne Esparron-de-Verdon*, req. n° 248431, *BJDU* 2003. 292, concl. M. Guyomar, note J.-C. B.). En deuxième lieu, le juge des référés peut retenir un moyen qui n'a pas été soulevé dans la requête à fin d'annulation à condition qu'il se rattache à la même cause juridique que les moyens de ladite requête et qu'il ait été présenté dans les délais de recours contentieux ou soit d'ordre public (CE 30 déc. 2002, *Sté Cottage Wood*, req. n° 249860, *BJDU* 2003. 122, concl. D. Chauvaux). En troisième lieu, la suspension prend fin au plus tard lorsqu'il est statué sur la requête en annulation ou en réformation de la décision (CJA, art. L. 521-1). Par conséquent, le jugement statuant sur les conclusions à fin d'annulation d'une décision met fin à la suspension de cette décision. Il fait en conséquence perdre son objet à l'instance de cassation relative à l'ordonnance qui a prononcé la suspension (CE 22 juin 2001, *Ville Rennes*, req. n° 231282, *RDI* 2001. 545, obs. L. Derepas ; 24 oct. 2001, *Fayolle et Cne Cannet-des-Maures*, req. nos 233035, 233059). 765

Champ d'application. Une demande de référé-suspension peut être formée contre la décision délivrant une autorisation mais également contre une décision de refus ou de sursis à statuer. La demande de suspension peut également être dirigée contre un arrêt interruptif de travaux (CE 18 avr. 2008, *SARL Kaibacker*, req. n° 304957, *Constr.-Urb.* 2008, n° 99, obs. O. Chambord) ou contre le refus du maire d'ordonner l'interruption de travaux de construction en raison de la péremption du permis de construire (CE 9 mai 2001, *Delivet*, req. n° 231076, *Coll. terr.* 2001. 197, obs. Th. Célérier ; *RDI* 2001. 399, obs. P. S.-C.). Dans tous ces cas, la condition d'urgence doit évidemment être remplie. La faculté donnée au juge de prononcer la suspension d'une décision négative constitue la consécration de son pouvoir d'injonction sur lequel il conviendra de revenir (v. ss 784). 766

Condition d'urgence. La suspension ne peut être prononcée que si la condition d'urgence est réalisée. À défaut, le juge des référés peut rejeter la demande par ordonnance motivée sans qu'il y ait lieu d'engager une procédure écrite ou orale et sans tenir d'audience publique (CE 23 avr. 2003, *Cne Roquebrune-Cap-Martin*, req. n° 251946, *Constr.-Urb.* 2003, n° 192, obs. N. Rousseau ; *BJDU* 2003. 279, concl. F. Séners). Pour caractériser l'urgence, le juge des référés doit examiner si l'exécution de la décision est de nature à porter atteinte, de manière suffisamment grave et immédiate, à un intérêt public, à la situation du requérant ou aux intérêts qu'il entend défendre (CE, sect., 28 févr. 2001, *Préfet des Alpes-Maritimes et Sté Sud-Est Assainissement*, *Lebon* 109, *Coll. terr.* 2001. 126, obs. T. Célérier ; CE 28 avr. 2004, *SAIC La Gauloise*, req. n° 263806, *Constr.-Urb.* 2004, n° 131, obs. P. Cornille). Il lui appartient de porter cette appréciation à la fois concrètement, compte tenu des justifications fournies par le requérant et objectivement, compte tenu de l'objet et de la portée de la décision contestée, ceci en considération des circonstances de chaque espèce (CE 767

16 mai 2001, *Cne Saint-Sulliac*, req. n° 229739, *RDI* 2001. 403, obs. L. Derepas). Et lorsqu'après la clôture de l'instruction, il lui parvient un mémoire dont le contenu est susceptible d'influencer son appréciation de l'urgence, il lui appartient de réouvrir l'instruction (CE 10 déc. 2001, *Assoc. Gabas Nature Environnement*, req. 237973, *RDI* 2002. 272, obs. L. Derepas).

Le juge de Cassation exige du juge des référés qu'il fasse apparaître les raisons de droit et de fait pour lesquels soit il considère que l'urgence justifie la suspension de l'acte attaqué, soit il estime qu'elle ne se justifie pas. Le respect de cette exigence s'apprécie toutefois au regard des justifications apportées dans la demande et de l'argumentation présentée en défense (CE 25 avr. 2001, *Assoc. des habitants du littoral du Morbihan*, req. n° 230025, *Coll. terr.* 2001. 154, obs. T. Célérier ; *RDI* 2001. 397, obs. P. S.-C.).

Même si le requérant n'a pas explicitement développé les motifs de l'urgence qui s'attacherait à suspendre un permis de construire, le Conseil d'État considère que celle-ci résulte de l'objet même de la décision qui autorise l'exécution immédiate de travaux (CE 25 oct. 2002, *Cne Thoronet*, req. n° 243702, *BJDU* 2003. 70 ; 9 juin 2004, *Magniez*, req. n° 265457 : la circonstance que le début des opérations ait porté sur l'abattage d'arbres, qui aurait pu être réalisé sans autorisation administrative préalable, est sans incidence sur l'appréciation de l'urgence). Il n'est donc pas nécessaire, pour établir l'urgence, qu'elle ait reçu un début d'exécution. Ainsi, la demande de suspension peut être introduite avant même que les travaux aient débuté (CE 21 déc. 2001, *Sté Fun Music Center*, req. n° 237133 et 237179, *RDI* 2002. 272, obs. P. S.-C. ; 28 déc. 2001, *Cne Béziers*, req. n° 237137, *Coll. terr.* 2002. 69, obs. Th. Célérier ; *RDI* 2002. 274, obs. P. S.-C. ; 15 juin 2007, *Arnaud c/ Cne Châteauneuf-du-Rhône*, req. n° 300208, *Constr.-Urb.* 2007, n° 149, obs. P. Cornille).

768 En application des principes ci-dessus rappelés, le juge des référés considère que les permis de construire (CE 3 juill. 2009, n° 321634, *Lelin*, *Lebon* T.) et les décisions de non-opposition à une déclaration préalable (CE 25 juill. 2013, n° 363537, *SAR Lodge at Val*, *BJDU* 6/2013.468, concl. A. Lallet) bénéficient d'une présomption d'urgence dès lors que dans les deux cas les travaux réalisés seraient difficilement réversibles. Cette présomption n'est cependant pas irréfragable. L'urgence est caractérisée dans les cas suivants : lorsque par ses dimensions et sa hauteur, la construction autorisée est de nature à nuire aux conditions d'habitabilité des propriétés des requérants (CE 27 juill. 2001, *Cne Meudon*, req. n° 231991, *Constr.-Urb.* 2001, n° 236, obs. P. Cornille ; *RDI* 2001. 541, obs. P. S.-C.), à porter atteinte au site (TA Clermont-Ferrand, 26 avr. 2001, *Assoc. pour la protection de la nature de Saint Nectaire*, req. n° 010727) et à l'environnement (TA Versailles, ord., 5 mai 2003, *Assoc. Val de Seine vert*, n° 0304954/09, *JCP* A 2003, n° 1704, obs. Ph. Billet), ou lorsque la construction du bâtiment autorisé présenterait un caractère difficilement réversible (CE 27 juill. 2001, *Cne Tulle*, req. n° 230231, *Constr.-Urb.* 2001, n° 236, obs. P. Cornille ; *RDI* 2001. 541, obs. P. S.-C. ; 7 mai 2003, *Cne Esparron-de-Verdon*, req. n° 248431, *BJDU* 2003. 292, concl. M. Guyomar). Mais la condition d'urgence peut être retenue alors même qu'une obligation de remise en état des lieux en application de l'article L. 553-3 du Code de l'environnement dans le cas d'éoliennes induirait nécessairement la réversibilité des travaux (CE 29 janv. 2008, *Sté EDF France*, req. n° 307870, *Constr.-Urb.* 2008, n° 96, obs. O. Chambord ; *BJDU* 2008. 63, concl. N. Escaut).

La condition d'urgence est également remplie s'agissant d'une décision d'opposition à la déclaration de travaux portant sur l'installation d'une antenne-relais présentée par un opérateur de téléphonie mobile dont le réseau n'est pas complet. Elle est même implicitement présumée en raison d'une part, de l'intérêt public qui s'attache à la couverture du territoire national par les réseaux de téléphonie mobile et aux intérêts propres de l'opérateur qui a pris des engagements envers l'État dans son cahier des charges sur la couverture du territoire national par son propre réseau. L'urgence est constituée alors même que la zone est couverte par d'autres opérateurs et que l'opérateur concerné aurait pu utiliser leurs relais (CE 2 mars 2012, *Sté Orange France*, req. n° 352013, *BJDU* 2012. 239, concl. D. Botteghi ; *RDI* 2012. 297, obs. P. S.-C.).

La question se pose alors de savoir s'il peut y avoir urgence à suspendre une autorisation déjà largement exécutée. En principe, cette condition n'est pas réalisée lorsque la construction est pour l'essentiel achevée à la date du jugement. Tel est le cas lorsque seul l'enduit extérieur prévu par le permis de construire n'était pas encore posé (CE 26 juin 2002, *Demblans, Min. Équipement, Transports et Logement*, *Lebon* T. 863 ; *Constr.-Urb.* 2002, n° 223, obs. Ph. Benoit-Cattin ; ibid. 313, obs. P. Cornille ; *RDI* 2002. 432, obs. L. Derepas ; *BJDU* 2002. 400 ; 26 mai 2004, *Sté Alsacia*, req. n° 260462 ; 29 déc. 2004, Duceau, req. n° 266415, et *Cne Vidauban*, req. n° 266234, *Dr. adm.* 2005. 40, note E. G. ; *Constr.-Urb.* 2005, n° 75, obs. N. Rousseau ; *RDI* 2005. 145, obs. P. S.-C. ; TA Nice, ord. réf., 6 févr. 2004, *Épx Mane c/ Cne Grasse*, req. n° 400152 : il en va cependant différemment, s'agissant d'une maison individuelle, si la terrasse prévue n'a pas encore été réalisée). Dans ce cas, l'urgence ne peut être retenue alors même que la construction aurait été réalisée ou se serait poursuivie à la faveur d'une fraude ou d'une manœuvre (CE 29 déc. 2004, *Duceau* ; 29 déc. 2004, *Cne Vidauban*, préc.). Cela étant, le juge des référés peut considérer que la condition d'urgence est remplie lorsque les travaux ne sont que partiellement réalisés. Mais, dans ce cas, l'urgence s'apprécie en considération de l'objet du litige (CE 8 août 2001, *Assoc. de défense des riverains de l'École normale, Rossi*, req. n° 233970, *Constr.-Urb.* 2001, n° 236, obs. P. Cornille ; *RDI* 2001. 542, obs. P. S.-C. ; 26 juin 2002, *Demblans*, préc : seul l'enduit extérieur restait à poser alors que l'objet du litige portait sur l'implantation de la construction dans une partie non urbanisée de la commune ; CE 28 avr. 2006, *Moulin*, req. n° 287774 : à propos de la demande de suspension d'un permis modificatif alors que le gros œuvre était implanté et entièrement réalisé). 769 ■

Le fil directeur de cette jurisprudence est que la suspension doit avoir un effet utile. Et tel n'est pas le cas lorsque les travaux sont entièrement réalisés. Pour la même raison, mais sur un autre plan, il ne saurait y avoir urgence à suspendre une décision dès lors qu'à elle seule la suspension de ladite décision ne serait pas de nature à déboucher de manière automatique sur la délivrance de l'autorisation sollicitée faute pour le requérant d'être en conformité avec la législation (CE 8 juin 2001, *Sté Lidl*, req. n° 231560, *RDI* 2001. 543, obs. P. S.-C. V. aussi CE ord. réf. 27 juin 2001, *GAEC Le Haut de l'Isle*, req. n° 234089, *Constr.-Urb.* 2001, n° 236, obs. P. Cornille). Il en va de même lorsque la situation d'urgence est imputable au requérant (CE 5 nov. 2001, *Cne Cannet-des-Maures*, req. n° 234396, *RDI* 2002. 168, obs. L. Derepas ; 30 juin 2006, *Sté « Les Tamarines et a. »*, req. n° 286105). 770 ■

Le juge des référés peut aussi se fonder sur le retrait du permis contesté pour considérer que la condition d'urgence n'est pas remplie (CE 30 déc. 2002, *Urban*, req. n° 248895, *RDI* 2003. 202, obs. P. S.-C. ; 30 juill. 2003, *Min. Équipement c/ Thenault*, req. n° 255368, *BJDU* 2003. 411, concl. Ch. Maugüé). En revanche, la circonstance qu'un arrêté interruptif des travaux au motif de leur défaut de conformité aux termes de l'autorisation ait entraîné de fait leur interruption ne fait pas disparaître l'urgence à suspendre le permis si le juge des référés nourrit un doute sérieux sur sa légalité (TA Amiens, 5 oct. 2006, *Assoc. syndicale du Lys-Chantilly*, req. req. n° 0602270, *Constr.-Urb.* 2007, n° 80, obs. P. Cornille). Enfin, le juge des référés ne peut écarter l'urgence au seul motif des risques induits par l'arrêt des travaux de construction (CE 16 févr. 2011, *Copropriété « Les Bleuets », Copropriété « Primevère »*, req. n° 341422, *Lebon* T ; *BJDU* 2011. 140, concl. M. Valettes ; *AJCT* 2011. 203, obs. R. Bonnefont ; *RDI* 2011. 350, obs. P. S.-C.).

771 *Refus d'autorisation et sursis à statuer.* Dans le cas d'une demande de suspension dirigée contre un refus d'autorisation, l'urgence pourra résulter de l'ancienneté de la demande et de l'existence de refus successifs annulés par des jugements définitifs (CE 9 mai 2001, *Cne Scy-Chazelles*, req. n° 230705, *RDI* 2001. 400, obs. P. S.-C. ; v. aussi CE 18 avr. 2008, *SARL Kaibacker*, préc.) ou encore de ce que le juge judiciaire a ordonné la démolition, alors même que celle-ci n'est qu'éventuelle (CE 5 mai 2006, *SCEA La Frenaie*, req. n° 285655, *Constr.-Urb.* 2006, n° 180, obs. P. Cornille). En revanche, l'urgence ne peut résulter des seuls frais engagés dans une promotion immobilière (CE 23 mars 2005, *Cne Castres*, req. n° 266565, *Constr.-Urb.* 2005, n° 121, obs. N. Rousseau). Il peut en aller autrement en cas de comportement dilatoire de l'administration (CE 18 avr. 2008, *SARL Kaibacker*, préc.) Dans le cas du sursis à statuer, l'urgence ne peut être retenue que si le requérant fait état de circonstances particulières (CE 23 janv. 2004, *Cne Meyreuil*, req. n° 257779, *BJDU* 2004. 63, concl. I. de Silva ; CE 12 juin 2013, n° 358922, *Cne Lambesc, Lebon* T. 880 ; *Constr.-Urb.* 2013, n° 118, note P. Cornille).

772 *La balance des intérêts.* D'une manière générale, dans son appréciation de l'urgence, le juge des référés procède à la balance des intérêts, publics et privés, en présence et c'est seulement si l'intérêt invoqué par le demandeur paraît primer sur tous les autres qu'il peut se voir donner raison et obtenir la suspension de la décision contestée (CE 5 nov. 2001, *Cne Cannet-des-Maures*, préc. ; 10 déc. 2001, *Cne Saint-Jean-de-Luz*, req. n° 235818 ; 20 avr. 2005, *Ville Lille*, req. nos 278186, 278187 ; 13 janv. 2006, *Assoc. Transparence*, req. n° 275021 ; 5 févr. 2007, *Cne Correns*, req. n° 294594, *Envir.* 2007. 84, obs. D. Gillig ; TA Nice, 12 sept. 2002, *de Turckheim c/ Préfecture des Alpes maritimes*, *BJDU* 2003. 70). Par exemple, la nécessité de respecter des normes de sécurité, l'intérêt qui s'attache à la protection de l'intégrité des paysages (CE 25 nov. 2002, *Min. Équipement c/ Astoul*, req. n° 248423, *AJDA* 2003. 1290, note P.-P. Danna ; *Dr. adm.* 2003, n° 50, obs. C. M.) ou encore la sauvegarde d'un immeuble classé (CE 28 sept. 2011, *SCI 30 rue de Thionville*, req. nos 345699, 347736, *Lebon* T 1200) constituent autant de raisons susceptibles de s'opposer au prononcé d'un référé-suspension alors même que la condition d'urgence est remplie.

773 *Le doute sérieux.* Le juge des référés peut prononcer la suspension lorsqu'il est fait état d'un moyen propre à créer, en l'état de l'instruction, un doute sérieux quant à la légalité de la décision attaquée. A la différence du régime antérieur, elle n'implique pas que l'illégalité du permis soit pratiquement établie. Le juge se prononce après une instruction rapide et le doute profite au requérant. Le juge du référé peut cependant rejeter une demande de suspension bien qu'il ait un doute sur la légalité d'un ou plusieurs motifs de la décision attaquée, à la condition qu'un autre motif soit de nature à la justifier légalement (CE 4 juin 2004, *Nessi*, req. n° 264902, *BJDU*

2004. 218, concl. Ch. Devys; note J.-C. Bonichot: application de CE, ass., 12 janv. 1968, *Min. Économie et Finances c/ Perrot*, *AJDA* 1968. 179, concl. Kahn; *Lebon* 39). Il doit cependant résulter des données de l'espèce que l'autorité administrative aurait pris la même décision au regard du motif substitué et le requérant doit être mis à même de le discuter.

La substitution de motifs. Lorsqu'une décision repose sur un motif illégal, l'administration peut faire valoir devant le juge de l'excès de pouvoir qu'elle était cependant justifiée par un motif légal non visé par elle et qui était relatif à la situation de droit et de fait telle qu'elle existait à la date de la décision (CE, sect., 6 févr. 2004, *Hallal*, *AJDA* 2004. 436, chron. F. Donnat et D. Casas; *Lebon* 48, concl. I. De Silva). Cette faculté lui est également reconnue devant le juge de l'urgence (CE 15 mars 2004, *Cne Villasavary*, *Lebon* 132; *BJDU* 2004. 222, note J.-C. B; 7 juin 2006, *Sté civile de construction-vente «Les Mouettes»*, req. n° 286243, *BJDU* 2006. 377, concl. E. Prada-Bordenave). Elle est assortie de trois conditions: d'une part, l'auteur du recours doit être mis à même de présenter ses observations sur la substitution ainsi sollicitée; ensuite, le juge doit rechercher si le motif substitué est de nature à fonder légalement la décision et que l'administration aurait pris la même décision si elle s'était fondée initialement sur ce motif; enfin, la substitution ne doit pas priver l'autre partie d'une garantie procédurale liée au motif substitué. À cet égard, l'administration peut demander la substitution lors de l'audience et le juge y faire droit sans méconnaître le principe du contradictoire (CE 7 juin 2006, *Sté civile de construction-vente «Les Mouettes»*, préc.). 774 ■

Même lorsque les conditions fixées par l'article L. 521-1 du Code de justice administrative sont remplies, il appartient au juge des référés d'apprécier, si, à titre exceptionnel, il convient néanmoins de ne pas ordonner la suspension de l'exécution de la décision attaquée ou de certains de ses effets. Tel était le cas dans une espèce dans laquelle la décision attaquée était entachée d'un vice de légalité externe alors qu'il n'existait aucun doute sérieux sur le fait qu'elle était fondée sur des faits matériellement exacts et avait été rendue nécessaire par des motifs de sécurité publique (CE 15 juin 2001, *Sté Robert Nioche et ses fils*, req. n° 230637, *Lebon* T. 1120). 775 ■

Voies de recours. Les décisions rendues sur référé-suspension et celles par lesquelles le juge des référés modifie les mesures qu'il avait ordonnées ou y met fin (CE 30 déc. 2009, *Bonhert*, req. n° 32733) sont rendues en dernier ressort et ne peuvent être contestées que par la voie d'un pourvoi en cassation devant le Conseil d'État (CJA, art. L. 821-1, R. 523-1; CE 24 oct. 2001, *Fayolle et Cne Cannet-des-Maures*, req. nos 233035, 233059; 25 nov. 2002, *Min. Équipement c/ Astoul*, req. n° 248423; 29 nov. 2002, *Cne Lirac c/ SARL Chaux et Ciments*, req. n° 244873, *AJDA* 2003. 1290, note P.-P. Danna; *Lebon* T. 608; 14 mai 2003, *SCI Florine*, req. n° 251370, *BJDU* 2003. 383, concl. G. Le Chatelier. Sur les pouvoirs du juge de cassation: J.-Cl. Bonichot, «Le Conseil d'État, juge de cassation dans le domaine de l'urbanisme», *AFDUH* 1998. 27). 776 ■

2. *Le référé-liberté*

Saisi d'une demande justifiée par l'urgence, le juge des référés peut ordonner toutes mesures nécessaires à la sauvegarde d'une liberté fondamentale à laquelle une personne morale de droit public ou un organisme de droit privé chargé de la gestion 777 ■

d'un service public aurait porté, dans l'exercice d'un de ses pouvoirs, une atteinte grave et manifestement illégale (CJA, art. L. 521-2). Le juge des référés apprécie strictement la condition d'urgence. Dès lors qu'elle n'est pas remplie, il n'a pas à se prononcer sur la violation d'une liberté fondamentale (CE 6 mars 2002, *Sté des Pétroles Shell*, req. n° 241534, *Constr.-Urb.* 2002, n° 161, obs. N. Rousseau). Les décisions rendues dans le cadre du référé-liberté sont susceptibles d'appel devant le Conseil d'État dans les 15 jours de leur notification (CJA, art. L. 523-1).

3. *La suspension sur déféré*

778 Les demandes de suspension assortissant les requêtes du représentant de l'État dirigées contre des actes des communes sont régies par le troisième alinéa de l'article L. 2131-6 du Code général des collectivités territoriales. Celui-ci dispose : « Le représentant de l'État peut assortir son recours d'une demande de suspension. Il est fait droit à cette demande si l'un des moyens invoqués dans la requête paraît, en l'état de l'instruction, propre à créer un doute sérieux quant à la légalité de l'acte attaqué. Il est statué dans un délai d'un mois » (CJA, art. L. 554-1 ; C. urb., L. 600-3 ; CE 23 avr. 2003, *Cne Roquebrune-Cap-Martin*, req. n° 251946, *Constr.-Urb.* 2003, n° 192, obs. N. Rousseau ; *BJDU* 2003. 279, concl. F. Séners ; TA Cayenne, 9 juin 2005, *Préfet de la Guyane c/ Cne Cayenne*, req. n° 04-0145, *AJDA* 2005. 2005, concl. O. Taoumi : à propos du refus d'un maire de transmettre les autorisations d'urbanisme et les pièces ayant servi à leur instruction). La suspension sur déféré est donc dispensée de la condition d'urgence.

Par ailleurs, en matière d'urbanisme, la demande de suspension formulée par le représentant de l'État dans les 10 jours à compter de la réception de l'acte entraîne la suspension de celui-ci jusqu'à ce que le juge des référés ait statué. Mais si celui-ci n'a pas statué au terme d'un délai d'un mois, l'acte redevient exécutoire (CGCT, art. L. 2131-6, al. 4 ; CJA, art. L. 554-2). Cette disposition trouve son origine dans la loi du 4 février 1995 d'orientation pour l'aménagement et le développement du territoire (L. préc., art. 27) après qu'il a été envisagé de conférer au sursis à exécution formé par le préfet un caractère suspensif de l'acte attaqué, projet que le Conseil constitutionnel a jugé contraire à la Constitution car il privait « de garanties suffisantes l'exercice de la libre administration des collectivités locales prévu par l'article 72 de la Constitution » (Cons. const. 20 janv. 1993, n° 92-316, *JO* 22 janv. 1993. 1118).

Le préfet peut également former un référé-liberté pour le prononcé duquel la condition d'urgence n'est pas requise (CJA, art. L. 554-3).

Les décisions rendues sur déféré préfectoral font l'objet d'un appel devant la cour administrative d'appel (CGCT, art. L. 2131-6).

4. *La suspension à la demande d'une commune ou d'un établissement public de coopération intercommunale*

779 Lorsqu'ils défèrent à un tribunal administratif une décision relative à un permis de construire ou d'aménager et assortissent leur recours d'une demande de suspension, l'État, la commune ou l'EPCI peuvent demander qu'il soit fait application des alinéas 3 et 4 de l'article L. 2131-6 du code général des collectivités territoriales que l'on vient d'examiner à propos du déféré du préfet (C. urb., art. L. 600-3). Malgré l'existence de cette disposition particulière, une demande de suspension présentée

sur le fondement de l'article L. 521-1 du Code de justice administrative est recevable (CE 30 mai 2001, *Cne Dieulefit*, req. n° 231797, *RDI* 2001. 406, obs. L. Derepas).

5. *Les référés spéciaux hors de l'urgence*

La loi du 30 juin 2000 a mis en place des régimes spéciaux de suspension en matière d'urbanisme et de protection de l'environnement (CJA, art. L. 554-10 à L. 554-12). Contrairement au référé-suspension ou au référé-liberté, la condition d'urgence n'y est pas requise. En premier lieu, le juge administratif des référés, saisi d'une demande de suspension d'une décision prise après des conclusions défavorables du commissaire enquêteur ou de la commission d'enquête, fait droit à cette demande si elle comporte un moyen propre à créer, en l'état de l'instruction, un doute sérieux quant à la légalité de celle-ci. Il fait également droit à toute demande de suspension d'une décision prise sans que l'enquête publique requise par la réglementation ait eu lieu (C. envir., art. L. 123-16; CJA, art. L. 554-12). Cette disposition ne fait toutefois pas obstacle à ce que le juge des référés écarte, mais à titre exceptionnel, la demande de suspension, même si l'un des moyens invoqués paraît propre à créer un doute sérieux quant à la légalité de la décision contestée, lorsque la suspension de l'exécution de cette décision porterait à l'intérêt général une atteinte d'une particulière gravité (CE, sect., 16 avr. 2012, *Cne Conflans-Sainte-Honorine et a.*, req. n° 355792, *Lebon*; *RDI* 2012. 415, obs. P. S.-C.). En second lieu, la même disposition s'applique en cas d'absence de mise à disposition du public de l'évaluation environnementale ou de l'étude d'impact et des documents visés aux articles L. 122-1-1 et L. 122-8 du Code de l'environnement. Mais mise à part le fait que la condition d'urgence n'est pas requise, la demande de suspension fondée sur un tel moyen obéit au régime de droit commun du référé-suspension (CE, sect., 14 mars 2001, *Cne Goutrens*, *Lebon* 126; Envir. 2002. 28, obs. P.-J. Barralle ; CE 21 déc. 2001, *Éts public pour l'aménagement de la région de la Défense, Cne Puteaux,* req. nos 232084, 232260, *RDI* 2002. 273, obs. P. S.-C. ; 14 févr. 2003, *Angelras*, req. n° 248556, *BJDU* 2003. 60, concl. F. Lamy). **780**

B. Les effets de la suspension

La question se pose essentiellement sous l'angle des pouvoirs du juge et en des termes différents selon qu'il prononce la suspension d'une autorisation, d'un refus ou d'un retrait d'autorisation. Il faut également envisager les modalités de la levée de la suspension. **781**

La suspension de l'autorisation. Sur ce plan, la réforme opérée par la loi du 30 juin 2000 n'a pas changé la nature des fonctions du juge des référés. Il n'est pas saisi du principal et statue par des mesures qui présentent un caractère provisoire (CJA, art. L. 511-1). Cet encadrement ne pose pas de problèmes particuliers lorsqu'il prononce la suspension de l'arrêté délivrant une autorisation. On peut cependant préciser qu'il lui est permis de prononcer une suspension partielle (v. ss 756) ou de préciser dans son ordonnance la durée de la suspension sans qu'elle puisse perdurer au-delà du jugement au fond (CE 22 juin 2001, *Ville Rennes*, req. n° 231282, *RDI* 2001. 545, obs. L. Derepas). **782**

La question s'est posée de savoir si le juge des référés peut assortir la suspension d'une injonction tendant à l'arrêt immédiat des travaux. En effet, depuis l'intervention de la loi n° 95-125 du 8 février 1995 relative à l'organisation des juridictions et à la procédure civile, pénale et administrative, « lorsque sa décision implique nécessairement qu'une personne morale de droit public ou un organisme de droit privé chargé de la gestion d'un service public prenne une mesure d'exécution dans un sens déterminé, la juridiction, saisie de conclusions en ce sens, prescrit, par la même décision, cette mesure, assortie le cas échéant, d'un délai d'exécution » (CJA, art. L. 911-1). On ne voit cependant pas de prime abord ce qu'une telle mesure apporterait de plus à l'efficacité de la suspension. C'est pourquoi il a été jugé qu'elle n'apparaissait pas *a priori* comme nécessaire au sens de la disposition précitée (CAA Nantes, ass. plén., 26 juin 1996, *District de l'agglo. nantaise*, *BJDU* 1996. 355, concl. H. Isaïa).

783 La poursuite des travaux alors que la suspension de l'autorisation a été prononcée oblige, en effet, le maire à édicter un arrêté interruptif de travaux (C. urb., art. L. 480-2). Cela étant, le requérant qui a obtenu la suspension et se heurte à une difficulté d'exécution tenant à l'inertie du maire avait par le passé le choix entre retourner devant le juge administratif pour qu'il mette en œuvre le mécanisme d'exécution prévu par l'article L. 911-4 du Code de justice administrative ou saisir le juge des référés civils sur le fondement de l'article 809 du code de procédure civile pour qu'il fasse cesser le trouble manifestement illicite résultant de la poursuite de travaux alors que la suspension du permis de construire a été prononcée. Le juge administratif lui a ouvert une troisième voie en lui permettant de saisir le juge des référés sur le fondement de l'article L. 521-3 du Code de justice administrative, c'est-à-dire au titre du « référé-mesures utiles » (CE 6 févr. 2004, *Masier*, *Lebon* 45 ; *Coll. terr.* 2004. 92, obs. G. Pellissier ; *BJDU* 2004. 138, concl. J.-H. Stahl ; *RDI* 2004. 221, obs. P. S.-C. ; *JCP* A 2004, n° 1180, obs. R. Noguellou). Néanmoins, le Conseil d'État a jugé que, nonobstant la suspension, les travaux pouvaient reprendre sous couvert d'un permis modificatif et que dans ce cas, il appartient au juge des référés d'apprécier l'utilité des mesures sollicitées en prenant en compte la mesure dans laquelle l'intervention d'un permis modificatif a remédié aux vices retenus par l'ordonnance de suspension à l'encontre du permis initial (CE 27 juill. 2006, *Min. Équipement c/ Patoulle*, req. n° 287836 ; *RDI* 2006. 393, obs. P. S.-C. ; *JCP* A 2006, n° 1290, obs. Ph. Billet). Par ailleurs, il a été jugé sous le régime du sursis à exécution que la circonstance que les travaux aient été entre-temps achevés ne rend pas sans objet l'appel contre le jugement qui a prononcé le sursis à exécution du permis de construire dès lors que le pétitionnaire a poursuivi lesdits travaux postérieurement au sursis en méconnaissance de la chose jugée (CE 25 mars 2002, *SEM de Saint-Martin et Cne Gosier*, req. nos 221853, 221903, *Constr.-Urb.* 2002, n° 160, obs. Ph. Benoit-Cattin).

La poursuite des travaux alors que la suspension de l'autorisation a été prononcée constitue également un délit prévu et réprimé par l'article L. 480-3 du Code de l'urbanisme pour autant que les travaux qui se poursuivent étaient autorisés par le permis (Nantes, 31 juill. 2001, *Assoc. de défense du site du Carroi des Perrières de Launay*, RG n° 00NT02001 : des travaux internes d'alimentation électrique réalisés à partir du branchement individuel ne sont pas autorisés par le permis de construire ; en sens inverse : Bordeaux, 20 avr. 2008, *Sté Hatemix*, RG n° 07/004980, *Constr.-Urb.* 2008, n° 100, obs. P.-E. Durand : à propos de travaux d'aménagement intérieur).

784 *La suspension d'un refus d'autorisation.* La suspension peut poser des questions plus délicates lorsqu'elle concerne le refus d'une autorisation. Elle est, en effet, en elle-même dépourvue de sens et n'a vraiment de portée utile que pour autant qu'elle est assortie de mesures de nature à en assurer l'effectivité. Le Conseil d'État a ainsi décidé qu'il appartient au juge des référés d'indiquer de sa propre initiative à l'administration les obligations qui découleront pour elle de la suspension et qui pourront consister à « réexaminer la demande dans un délai déterminé ou, le cas échéant, à prendre toute mesure conservatoire utile compte tenu de l'objet du litige, du moyen retenu et de l'urgence » (CE, sect., 20 déc. 2000, Ouatah, *AJDA* 2001. 146, chron. M. Guyomar et P. Collin ; *Lebon* 643 ; RFDA 2001. 371, concl. F. Lamy ; CE 9 juill. 2001, Min. Intérieur c/ Le Berre, *Lebon* 1121 ; 9 mai 2001, Delivet, req. n° 231076, *Lebon* 1103, Coll. terr. 2001. 197, obs. Th. Célérier ; *BJDU* 2001. 287, concl. S. Austry ; *RDI* 2001. 399, obs. P. S.-C. ; TA Paris, 4 juill. 2002, Pons, req. n° 001571317, *RDI* 2003. 202, obs. P. S.-C. : les moyens invoqués à l'encontre d'un permis de construire délivré sur injonction du juge sont inopérants). Néanmoins, la circonstance qu'il s'en soit abstenu n'affecte pas la régularité de son ordonnance dès lors qu'il n'était pas saisi de conclusions en ce sens (CE 14 oct. 2002, Cne Lavandou, req. n° 244714, *AJDA* 2003. 40, note J.-P. Marus ; *Lebon* 868-899, *RDI* 2003. 106, obs. P. S.-C.).

Lorsque le juge use de son pouvoir d'injonction, il ne peut prescrire que des mesures à caractère provisoire, ce qui lui interdit « d'ordonner une mesure qui aurait en tous points des effets identiques à ceux qui résulteraient de l'exécution par l'autorité administrative d'un jugement d'annulation de la décision dont la suspension est ordonnée » (CE, ord., 1er mars 2001, *Paturel*, n° 230794, *Lebon* T. 1134 ; CE 10 avr. 2001, *Merzouk*, req. n° 232308 ; 9 juill. 2001, *Min. Intérieur c/ Le Berre*, *Lebon* 1121 ; CE, sect., 5 déc. 2001, *Cne Contes*, req. n° 237189, *BJDU* 2002. 60, concl. S. Austry ; *RDI* 2002. 271, obs. P. S.-C. : à propos d'un certificat d'urbanisme négatif). Ce n'est pas le cas lorsqu'il assortit la suspension d'une décision d'opposition à travaux d'une obligation pour le maire de laisser effectuer des travaux de protection du bâtiment concerné à titre conservatoire (CE 27 mai 2002, *Cne Monthieux*, req. n° 239434, *RDI* 2002. 343, obs. L. Derepas).

La suspension d'un retrait d'autorisation. La suspension d'un retrait d'autorisation est en principe rejetée, faute d'urgence, dans la mesure où celui-ci constitue un de ces faits de l'administration qui interrompt la péremption (CE 30 juill. 2003, *Min. Équipement c/ Thenault*, req. n° 255368, *Lebon* 923 ; *BJDU* 2003. 411, concl. Ch. Maugüé). Néanmoins, lorsqu'elle est prononcée, elle a pour effet de rétablir l'autorisation initiale à compter de la lecture de la décision juridictionnelle (sur les conséquences à en tirer, v. ss 726). 785 ■

La levée de la suspension. Il faut enfin rappeler d'une part, que toute personne intéressée peut, à tout moment, au vu d'un élément nouveau, saisir le juge des référés afin qu'il modifie les mesures qu'il avait ordonnées ou y mette fin (CJA, art. L. 521-4 ; CE 2 juill. 2008, *Synd. des copropriétaires de la résidence le Rondpoint des pistes*, req. n° 312836, *Lebon* T. 858-869 ; *BJDU* 2008. 421, concl. A. Courrèges). Cet élément peut être tiré de l'irrecevabilité des conclusions aux fins d'annulation (CE 11 mai 2001, *Cne Loches*, req. n° 231802, *Lebon* 1099 ; *RDI* 2000. 404, obs. L. Derepas ; 14 nov. 2007, *Raysseguier*, req. n° 305987, *Lebon* 997-1127 ; *RDI* 208. 294, obs. P. S.-C. : à propos d'un usufruitier successif). Mais le juge de cassation ne peut censurer une ordonnance de référé en considération d'une pièce nouvelle (CE 2 juin 2003, *Ville Montpellier c/ Chong*, req. n° 253854, *Lebon* 925 ; *BJDU* 2003. 296, concl. J.-H. Stahl ; *RDI* 2003. 469, obs. A. Robineau-Israël). D'autre part, la suspension prend fin au plus tard lorsqu'il est statué sur la requête en annulation ou en réformation de la décision. 786 ■

§ 3 Le contentieux de la responsabilité

787 Depuis l'arrêt *Ville Paris c/ Driancourt*, toute illégalité constitue une faute de nature à obliger l'administration à réparer le préjudice qui en résulte (CE 26 janv. 1973, *Lebon* 77). La matière des autorisations d'urbanisme n'y échappe pas. C'est donc sur le fondement de la faute que le pétitionnaire pourra obtenir réparation du préjudice que lui a causé un refus ou un retrait illégal d'une autorisation (A). C'est sur le même fondement que les tiers pourront être indemnisés du dommage qu'aura provoqué à leur égard l'octroi irrégulier d'une autorisation de construire, d'aménager ou de démolir (B). À cet égard, l'administration ne peut pas leur opposer qu'ils disposent éventuellement d'une voie d'action devant les juridictions judiciaires contre le bénéficiaire de l'autorisation (CE 18 mai 1960, *Grenet*, *Lebon* 340 ; 12 mars 1990, *Min. Urbanisme c/ Gallichet*, req. n° 68932 ; 13 févr. 2004, *Sté Aigue Marine*, req. n° 254589, *BJDU* 2004. 149, concl. Ch. Devys ; v. égal., CE, ass., 20 mars 1974, *Min. Aménagement du territoire c/ Navarra*, *Lebon* 200 ; 9 avr. 1993, D., *Lebon* 110). Il faudra aussi s'arrêter sur la question de la détermination du patrimoine responsable du dommage en raison de ce que les communes ont la faculté de déléguer l'instruction des autorisations d'urbanisme (C).

A. L'engagement de la responsabilité de l'administration par le pétitionnaire

788 *Les agissements fautifs.* On ne peut qu'illustrer de façon non exhaustive les diverses fautes susceptibles d'engendrer la responsabilité de l'administration. En effet, ils sont divers et peuvent consister d'abord en un certain nombre d'agissements négatifs comme la décision de surseoir à statuer (CAA Nantes, 9 juin 1999, *Cne Sautron*, req. n° 97NT02526) ; le refus illégal de délivrance du permis de construire (CE 7 janv. 1970, *Rosier*, *Lebon* 9 ; CAA Paris, 22 nov. 1994, *Courtois*, req. n° 93PA00133 : à propos du refus illégal d'un permis modificatif ; CE 17 déc. 2003, *Cne Cannes*, req. n° 255235, *BJDU* 2004. 127, concl. Ch. Devys), ou le retrait irrégulier d'une autorisation précédemment accordée (CE 17 juin 1983, *Min. Environnement c/ SCI « Italie-Vandrezane »*, *Lebon* 267 ; 9 déc. 1983, *Sté d'Étude d'un grand hôtel international à Paris*, *Lebon* 507).

Mais le refus d'instruire un permis comme le retard mis à sa délivrance engagent également la responsabilité de l'administration (CE 10 janv. 1958, *Roulière*, *Lebon* 28 ; 15 déc. 1971, Sté Le Val d'Oise, *Lebon* 775 ; 2 mars 1984, *Saada*, req. n° 35438), au même titre que l'ordre illégal d'interrompre les travaux (CE, sect., 25 juin 1971, *Min. Équipement c/ Bruchet*, *Lebon* 488 ; CE 19 mars 1982, *Posca*, req. n° 22087), ou l'obstruction à la réalisation de travaux autorisés (CE 24 juill. 1987, *Sté Immo. Verneuil-Vernouillet*, *Lebon* 285 ; LPA 23 déc. 1987, p. 4, concl. G. Guillaume ; 28 oct. 1987, *SCI « Résidence Neptune »*, *AJDA* 1988. 367, note J.-M. Auby ; *Lebon* 332). Le refus illégal de transfert du permis de construire peut aussi être générateur de responsabilité (CE 8 nov. 1989, *Degouy*, *AJDA* 1990. 126, chron. E. Honorat et E. Baptiste ; *Lebon* 228).

Divers agissements positifs de l'administration sont aussi de nature à engager sa responsabilité comme le fait d'avoir délivré un permis de construire ultérieurement annulé (CE 21 avr. 2000, *Cne Arpajon*, req. n° 203851, *RDI* 2000. 327, obs. J. Morand-Deviller : le fait que le pétitionnaire ayant obtenu le permis annulé ait ensuite cédé ses droits sur le terrain d'implantation n'affecte pas la recevabilité de sa demande d'indemnisation ; CE 25 avr. 2003, *SCI Le Mas de Valescure*, req. n° 237888, *BJDU* 2003. 285, concl. I. De Silva : partage de responsabilité en raison de la délivrance d'un certificat d'urbanisme négatif antérieurement à la délivrance du permis de construire) ou d'avoir adressé des incitations à la victime (CE 16 nov. 1998, *Sille*, req. n° 175142 : à propos de l'incitation adressée à un constructeur à constituer prématurément un dossier de permis de construire ; CE 3 déc. 2007, *Sté Fici*, req. n° 299215, *BJDU* 2007. 447, concl. L. Derepas), ou encore d'avoir contraint le pétitionnaire à réduire son projet pourtant conforme aux prescriptions d'urbanisme (CAA Nancy, 26 juin 1997, *Cne Habsheim*, req. n° 96NC00860). En revanche, le fait pour une commune de n'avoir réalisé que tardivement une voie dont le projet était inscrit au POS n'ouvre pas droit à indemnisation au profit du bénéficiaire d'un permis de construire prévoyant un accès à la construction par ladite voie (CE 29 mars 2000, *SCI Hyeroise*, req. n° 197577).

On insistera enfin sur le fait que si l'obtention d'un permis de construire ne donne aucune garantie quant à l'état du sous-sol (CE 20 av. 1966, *Loncq*, *Lebon* 268), la responsabilité de l'administration peut néanmoins être engagée lorsqu'elle l'a délivré alors qu'elle avait une connaissance suffisamment précise d'un risque (TA Strasbourg, 8 nov. 1995, *SA Sté Eloi et a. c/ Cne Saint Julien-les-Metz et Préfet de la Moselle*, req. nos 911508, 912323, *BJDU* 1996. 217, concl. H. Blais ; CE 13 juin 2003, *Sté SMAC Acieroid*, req. n° 213991. Sur la subrogation de l'assureur dans les droits du maître d'ouvrage : TA Nice, 29 févr. 2008, *Sté AXA*, req. n° 0304025, *Constr.-Urb.* 2008, n° 93, obs. F. Dieu). Cette responsabilité peut cependant être atténuée par la faute de la victime (CE 2 oct. 2002, *Min. Équipement c/ Épx Grondin*, req. n° 232720, *AJDA* 2003. 143, note C. Deffigier ; *BJDU* 4/2002. 309, concl. I. de Silva).

Les préjudices indemnisables. Conformément aux principes généraux, le préjudice n'est indemnisable que s'il est réel, direct et certain. Concernant le caractère réel du préjudice, l'irrégularité commise par l'administration n'engage sa responsabilité que si elle a engendré un dommage. Ce n'est pas le cas si la construction n'a été commencée que deux ans après la délivrance pourtant tardive d'un permis de construire (CE 6 juin 1973, *Min. Équipement c/ Thiroux*, *Lebon* T. 1111). Encore faut-il que le préjudice trouve sa source dans la privation d'un droit. Ce n'est pas le cas si le permis de construire a été légalement retiré (CE 6 oct. 1978, *SARL « Le Grand Arc »*, req. n° 5119). Ce n'est pas non plus le cas de la demande d'indemnisation du manque à gagner résultant de l'annulation d'un permis illégal (CAA Nantes, 30 déc. 1999, *Sté Pierre Noury*, req. nos 94NT00747, 97NT0141). Il faut enfin relever qu'une association peut se trouver fondée à demander réparation du préjudice moral qu'elle subit du fait de l'atteinte portée par la délivrance de permis de construire illégaux aux intérêts qu'elle s'est donnée pour mission de défendre (TA Caen, 13 nov. 2001, *Assoc. Manche-Nature*, req. n° 00321, *Dr. envir.* 2002. 101, note X. Braud). 789

Le préjudice doit être direct, c'est-à-dire qu'il doit exister une relation de causalité directe entre le fait fautif de l'administration et le préjudice allégué. La jurisprudence se révèle difficile à systématiser sur ce point. Présentent cependant un caractère direct les charges que le pétitionnaire a supporté en vain et qui sont directement liées à l'obtention et à l'exécution du permis jusqu'à son annulation (CAA Nantes, 30 déc. 1999, *Sté Pierre Noury*, req. nos 94NT00747, 97NT0141, préc. : ces charges comprennent les travaux de terrassement, les honoraires d'architecte ainsi que les frais de publicité) ; le préjudice résultant de l'annulation par le juge de permis illégaux qui a rendu impossible la vente à l'échéance prévue de l'immeuble objet desdits permis (CE 27 avr. 1977, *Chalot*, *Lebon* 967) ou qui a entraîné la condamnation du pétitionnaire à indemniser les voisins (CE 5 oct. 1988, *SCI « Les Trois Roses », SCI « Les Quatre Roses » et Brunet*, req. n° 53511, *AJDA* 1989. 199, note J.-B. Auby ; *Lebon* 327) ; la prolongation du versement d'un loyer ou une privation de loyer (CE 26 oct. 1988, *Min. Équipement c/ SCI « Les Moulins d'Hyères »*, *AJDA* 1989. 278, note J.-B. Auby ; *Lebon* 382) ; la perte d'exploitation d'un fonds de commerce et l'immobilisation d'une somme d'argent (CE 23 déc. 1981, *Min. Environnement c/ Sayous*, req. n° 25760 ; CAA Lyon, 27 févr. 1996, *SCI « La Farnesina »*, req. n° 93LY00649). Dans une affaire SCI « Italie-Vandrezanne » (CE 17 juin 1983, *Min. Environnement c/ SCI « Italie-Vandrezane »*, préc.), le Conseil d'État a indemnisé les frais d'acquisitions foncières et les frais financiers correspondant aux emprunts destinés à financer lesdites acquisitions ainsi que les frais d'étude et de gestion et le coût de réalisation de services généraux.

790 Dans le cas du refus illégal d'un permis de construire ou d'un permis modificatif, le juge indemnise les frais financiers correspondant aux emprunts destinés à financer les acquisitions foncières (CE 17 juin 1983, *Min. Environnement c/ SCI Italie-Vendrezanne*, préc.), le coût d'immobilisation des sommes engagées (CE 26 oct. 1988, *Min. Équipement, Logement, Aménagement du territoire et Transports c/ SCI « Les Moulins d'Hyères »*, préc. ; CE 17 déc. 2003, *Ville Cannes*, req. n° 255235, *BJDU* 2004. 127), le coût de la remise en état de ce qui a été détérioré du fait d'un retard à délivrer une autorisation (CE 25 juin 1971, *Min. Équipement c/ Bruchet*, *Lebon* 488) ou enfin l'immobilisation du capital constitué notamment par le terrain d'assiette (CE 17 déc. 2003, *Ville Cannes*, préc.).

Dans le cas du retrait d'une autorisation irrégulièrement accordée, la victime peut obtenir réparation des préjudices relatifs aux frais qu'elle a engagés pour l'obtenir et au coût des travaux inutilement réalisés, de ceux découlant d'une longue interruption du chantier et de la hausse du coût de la construction pendant l'interruption des travaux, mais non du surcoût résultant des obligations supplémentaires imposées par un nouveau permis (CE 8 juill. 1977, *Sté civ. « Résidence du pays d'Oc »*, req. n° 00016, ADJA 1978. 222, note J.-C. Lorthe). En revanche, il est jugé que le préjudice qu'a pu subir un architecte à la suite du retrait d'un permis de construire ne peut être indemnisé car il ne procède pas directement du comportement de l'administration mais trouve sa source dans la convention passée avec le maître de l'ouvrage (CE 9 déc. 1983, *Gillet*, req. n° 26445). De même la perte de valeur d'un terrain que le pétitionnaire a revendu à la suite de l'annulation d'un permis de construire est sans lien avec l'illégalité fautive (CAA Nantes, 30 déc. 1999, *Sté Pierre Noury*, préc.).

Le préjudice doit également être certain. C'est alors l'indemnisation des dommages consistant dans la perte de bénéfices ou des loyers escomptés de la vente ou de la location de l'immeuble dont la construction a été retardée ou n'a pu être réalisée par la faute de l'administration qui fait problème. Le plus souvent, le juge considère un tel préjudice comme purement éventuel (CE 30 mars 1966, *Ravinetto*, *Lebon* 247). Il en va cependant différemment si le requérant peut se prévaloir d'un droit à construire (CE 11 mai 1983, *CEFIC*, D. 1984. 411, note P. de Font Réaux ; *Lebon* T. 863 et 916 ; *JCP* 1984. II. 20165, concl. Y. Robineau ; 31 oct. 1986, *Min. Urbanisme c/ Desgranges*, req. n° 61356 ; 26 oct. 1988, *Min. Équipement, Logement, Aménagement du territoire et Transports c/ SCI « Les Moulins d'Hyères »* préc. ; CE 17 déc. 2003, *Ville Cannes*, préc.), ou de la réalité du manque à gagner en fonction des circonstances de l'espèce (CE 11 mai 1983, *CEFIC*, préc. ; CAA Nantes, 30 déc. 1996, *Leboissetier*, req.

nº 95NT00119, *AJDA* 1997. 312, note D. D.). Le préjudice d'exploitation est souvent, quant à lui, considéré comme éventuel (CE 9 déc. 1983, *Sté d'études d'un grand hôtel international à Paris*, *Lebon* 507). Le juge doute, en effet, que l'exploitation puisse être bénéficiaire les premières années. Toutefois, il peut en aller différemment dans les circonstances de l'espèce (CE 9 févr. 1977, *Min. Équipement c/ Monnot*, req. nº 03765 ; 25 juin 1971, *Min. Équipement c/ Bruchet*, *Lebon* 523 ; 23 déc. 1981, *Min. Environnement c/ Stinco*, *Lebon* 488). Sont également considérés comme certains, toujours en fonction des circonstances de l'espèce, des préjudices consistant dans la perte de loyers (CE 15 déc. 1971, *Sté « Le Val d'Oise »*, *Lebon* 775 ; 26 oct. 1988, *Min. Équipement*, *AJDA* 1989. 278, note J.-B. Auby ; *Lebon* 382 ; v. cep., CE 12 mars 1986, *Demange*, *Lebon* 713) ou encore l'augmentation du coût de la construction (CE 15 déc. 1971, *Sté « Le Val d'Oise »*, préc. ; CE 10 oct. 1986, *Heymes*, req. nº 58240).

Causes d'exonération. L'administration pourra, très classiquement, bénéficier des causes traditionnelles d'exonération. C'est souvent la faute de la victime qui constitue la principale cause d'exonération de la responsabilité administrative en la matière. Par exemple, il arrive au juge de retenir un partage de responsabilité en raison de ce que le pétitionnaire n'aurait pas dû solliciter la délivrance d'un permis illégal (CE 3 nov. 1972, *Maury*, *JCP* 1973. II. 17309, obs. G. Liet-Veaux ; 12 nov. 1975, *SCI « Résidence du pays d'Oc »*, *Lebon* 1333 ; 9 juill. 1982, *Min. Environnement c/ Sté « Le Pré du Roi »*, *Lebon* 793 ; 27 sept. 1999, *Min. Équipement*, req. nº 186412 ; CAA Nantes, 5 juill. 1989, *Malassigné* req. nº 89NT00139 ; CAA Bordeaux, 8 avr. 1993, *Ronchi*, req. nos 91BX00312, 91BX00347, *AJDA* 1993. Chron. 709 ; ibid. 751 ; CAA Paris, 19 sept. 1995, *Sille*, req. nº 94PA00305). Cette jurisprudence a cependant fait l'objet de critiques (note J.-P. Gilli sous CE 26 juill. 1985, *Joly*, req. nos 51092, 51164). Elle ne saurait, en effet, concerner que les professionnels de l'immobilier ou les personnes qui ont exercé des pressions sur l'administration. Tel semble être d'ailleurs le sens de la jurisprudence (CAA Paris, 31 déc. 2003, *Cne Bois-le-Roi*, req. nº 001986, *BJDU* 2004. 133, concl. J.-P. Demouveaux). Par ailleurs, le juge pourra déduire de l'indemnité allouée les bénéfices qui auront pu résulter pour le constructeur de l'irrégularité dont l'autorisation était entachée (CE 5 oct. 1988, *SCI « Les Trois Roses »*, *SCI « Les Quatre Roses » et Brunet*, préc.). 791 ■

Délai. L'action en réparation du préjudice causé par un permis de construire déclaré illégal par la juridiction administrative et ayant conduit à la condamnation du pétitionnaire par le juge civil doit être engagée le premier jour de l'année suivant celle au cours de laquelle la décision de la juridiction judiciaire est passée en force de chose jugée. En effet, c'est elle qui fait courir le délai de la prescription quadriennale qui frappe la créance détenue par le titulaire du permis de construire (CE 22 oct. 2012, *nº 330650, MMme Oudin et GAEC de la Vallée, BJDU* 1/2013.63, concl. F. Aladjidi). 792 ■

B. L'engagement de la responsabilité de l'administration par les tiers

L'illégalité est ici encore la condition de la responsabilité de l'administration. La délivrance illégale d'un permis de construire entraîne donc la réparation d'une perte de vue ou d'ensoleillement ou la perte de valeur locative par l'immeuble voisin (CE 14 déc. 1988, *Bosc*, req. nº 67353 ; CE, sect., 10 déc. 1943, *Moreau*, *Lebon* 288 ; 12 mai 1976, *Épx Leduc*, req. nº 85271, *RD publ.* 1977. 210, note J. De Soto). Le trouble de voisinage subi du fait de la construction irrégulièrement autorisée est également 793 ■

indemnisé (CE 24 nov. 1971, *Min. Équipement c/ Thibaut*, req. n° 81937 ; 10 juill. 2006, *Cts Sabban*, req. n° 267943, *BJDU* 2006. 460, concl. E. Prada Bordenave), ou des troubles dans les conditions d'existence du fait d'un afflux de véhicules devant la propriété de la victime du permis de construire irrégulièrement délivré (CAA Paris, 27 juin 1995, *Solheilhac*, req. n° 94PA00381), de même que le préjudice résultant de la faillite d'un commerçant suite à la délivrance à un voisin d'un permis illégal (CE 17 janv. 1975, *Marion*, *Lebon* 1333). On indiquera cependant que, classiquement, l'annulation d'un permis de construire pour vice de forme n'ouvre pas droit à indemnité (CE 20 mars 1985, *Cne Villeneuve-le-Roi c/ Épx Ruby*, *Lebon* T. 815). Le refus de constater une infraction au Code de l'urbanisme oblige également l'administration à indemniser le voisin pour les nuisances causées par un dépôt de véhicules (CE 10 juill. 2006, *Cts Sabban*, préc.).

C. La détermination du patrimoine responsable

794 En principe, la personne publique responsable est celle qui a pris la décision ou délivré l'autorisation à l'origine du préjudice (CAA Nantes, 30 déc. 1999, *Sté Pierre Noury*, req. nos 94NT00747, 97NT01419 : la commune ne peut être déclarée responsable lorsque le permis modificatif qu'elle a délivré n'est annulé que par voie de conséquence de l'annulation du permis initial délivré par l'État ; Rép. min. n° 26121, *JO* Sénat Q 22 mars 2007. 660). En conséquence, lorsqu'il est saisi d'une demande d'indemnités pour les fautes qu'il aurait commises en tant qu'agent de l'État, le maire est tenu de la transmettre au préfet (CE 20 juill. 2007, *Sté Immobart*, req. n° 27861).

Il faut, par ailleurs, se poser la question de savoir quelle est la personne publique qui doit supporter la charge définitive de l'indemnisation lorsque la délivrance ou le refus de délivrance des autorisations d'urbanisme a causé un dommage alors que la commune a délégué leur instruction (v. ss 600). En principe, seule la responsabilité de la commune peut être recherchée dès lors que le service instructeur agit sous l'autorité du maire. La jurisprudence retient néanmoins la responsabilité de l'État sur la base de la faute simple lorsque l'un de ses agents mis à disposition a refusé ou négligé d'exécuter un ordre ou une instruction de celui-ci (CE 27 oct. 2008, *Cne Poilly-lez-Gien*, req. n° 297432, *BJDU* 2008. 370, concl. A. Courrèges ; *RDI* 2008. 129, obs. P. S.-C. ; CAA Bordeaux, ass. plén., 8 avr. 1993, *Desfougères et Ronchi*, req. nos 91BX00268, 158494, ADJA 1993. 750 ; ibid. Chron. 709, J.-C. B. ; sur la responsabilité de l'État vis-à-vis de la commune pour les fautes commises par ses services mis à disposition : CE 29 oct. 1997, *Cne Toulouges*, req. n° 158494, *Lebon* 380 ; v. à propos des documents d'urbanisme : CE, sect., 21 juin 2000, *Min. Équipement et Transports c/ Cne Roquebrune-Cap-Martin*, *Lebon* 236 ; *Dr. adm.* 2000, n° 242, note L. Touvet ; *Constr.-Urb.* 2000, n° 257, obs. D. Larralde ; *RDI* 2000. 553, obs. J. M.-D. ; RFDA 2000. 1096, note P. Bon ; *BJDU* 2000. 191, concl. L. Touvet ; *JCP* N 2002, n° 1204 ; TA Nice, 8 oct. 1992, *Goletto*, req. n° XNANI081092X, D. 1994. Somm. 99, obs. H. Charles ; CAA Nancy, 29 janv. 2004, *Altmeyer*, req. n° 98NC02160, *JCP* A 2004, n° 1539, note Ph. Billet ; CE 27 oct. 2008, *Cne Poilly-les-Gien*, req. n° 297432, *AJDA* 2008. 2458, concl. A. Courrèges ; *RDI* 2009. 129, note P. S.-C.). Cette jurisprudence devra être réexaminée lorsque, par suite du désengagement de l'État, le maire aura confié l'instruction des autorisations d'urbanisme, soit aux services d'une collectivité territoriale ou d'un groupement de collectivités, soit au service d'un syndicat mixte ne constituant pas un groupement de collectivités (C. urb., art.R. 410-5 ; v. ss 600).

Compléments pédagogiques

Mémo

En même temps que se constituait un droit de l'urbanisme, la nécessité est apparue de sanctionner l'application de la règle d'urbanisme par un régime d'autorisation préalable. C'est la fonction du permis de construire institué en 1943. Le champ d'application de ce régime d'autorisation c'est ensuite progressivement mais constamment élargi, en même temps qu'étaient créées différentes autorisations spécifiques, concernant telle ou telle modalité d'utilisation du sol. Cette prolifération avait été telle que, *dans l'état du droit antérieur à la réforme opérée par l'ordonnance du 8 décembre 2005* relative au permis de construire et aux autorisations d'urbanisme, *on ne dénombrait pas moins de onze régimes d'autorisation et quatre régimes déclaratifs*, dont le régime juridique n'offrait par ailleurs que peu de sécurité juridique. *C'est donc essentiellement pour simplifier et sécuriser le droit des autorisations d'occupation du sol* que sont intervenus l'ordonnance du 8 décembre 2005 et son décret d'application du 5 janvier 2007. Ainsi, *depuis le 1er octobre 2007*, on ne distingue plus qu'entre *trois permis* (de construire, d'aménager et de démolir), auxquels s'ajoute *une déclaration préalable*. Ces autorisations ont évidemment des champs d'application qui leur sont propres, le plus souvent définis par le Code de l'urbanisme sous forme de listes. En revanche, les conditions de leur demande et de leur délivrance sont largement unifiées, au même titre que leurs effets, dans un souci d'amélioration de la sécurité des constructeurs. De manière générale, cette réforme est un succès. Sans doute n'était-elle pas parfaite (notamment en ce qui concerne les lotissements), d'où *l'intervention d'une ordonnance « correctrice » le 22 décembre 2011*. Et il est probable que l'excès de contentieux en la matière conduise les pouvoirs publics à intervenir pour y remédier. Mais *globalement, la réforme de 2005-2007 peut être considérée comme une réussite.*

Quid

■ Surface de plancher nos 547, 618, 671, 723

Selon l'article L. 112-1 du Code de l'urbanisme, la surface de plancher de la construction s'entend de la somme des surfaces de plancher closes et couvertes, sous une hauteur de plafond supérieure à 1,80 m, calculée à partir du nu intérieur des façades du bâtiment, déduction faite d'un certain nombre de surfaces, énumérées à l'article R. 112-2, des surfaces correspondant à l'épaisseur des murs entourant les embrasures des portes et fenêtres donnant sur l'extérieur, des vides et des trémies afférentes aux escaliers et ascenseurs, des surfaces aménagées en vue du stationnement des véhicules motorisés ou non, y compris les rampes d'accès et les aires de manœuvres, ou encore des surfaces des combles non aménageables pour l'habitation ou pour des activités à caractère professionnel, artisanal, industriel ou commercial. Des déductions supplémentaires s'appliquent aux immeubles collectifs : les surfaces des locaux techniques nécessaires au fonctionnement de l'immeuble ou du groupe de bâtiments (notamment les locaux de stockage des déchets), les surfaces des caves ou des celliers, annexes à des logements, dès lors qu'ils sont desservis uniquement par une partie commune, et enfin une surface égale à 10 % des surfaces de plancher affectées à l'habitation telles qu'elles résultent le cas échéant de l'application des alinéas précédents, dès lors que les logements sont desservis par des parties communes intérieures.

■ Construction saisonnière n° 552

Elle est définie par l'article L. 432-1 du Code de l'urbanisme comme une construction destinée à être périodiquement démontée et réinstallée. Le permis précise les périodes durant lesquelles la construction doit être démontée.

■ Construction temporaire n° 550

Construction implantée pour une courte durée (3 mois au maximum en principe) et de ce fait dispensée d'autorisation d'urbanisme comme du respect des règles de fond (C. urb., art. R. 421-5).

■ Établissements recevant du public (ERP) n° 595

Constituent des établissements recevant du public tous bâtiments, locaux et enceintes dans lesquels des personnes sont admises, soit librement, soit moyennant une rétribution ou une participation quelconque, ou dans lesquels sont tenues des réunions ouvertes à tout venant ou sur invitation, payantes ou non.

■ Immeuble de grande hauteur (IGH) n° 595

Constitue un immeuble de grande hauteur tout corps de bâtiment dont le plancher bas du dernier niveau est situé, par rapport au niveau du sol le plus haut utilisable pour les engins des services publics de secours et de lutte contre l'incendie : à 50 m pour les immeubles à usage d'habitation ; à plus de 28 m pour tous les autres immeubles.

Document

Pour une meilleure sécurité juridique des autorisations d'urbanisme, rapport au garde des Sceaux et au ministre de l'Équipement, présenté par le groupe de travail constitué sous la présidence de Ph. Pelletier, président de l'Agence pour l'amélioration de l'habitat, janv. 2005 (extraits)
(*Mon. TP* 25 févr. 2005. 13 s.)

Chapitre 3 : la qualité juridique et la simplification des autorisations d'urbanisme

24) Ce chapitre regroupe treize propositions ayant trait à la nécessité d'améliorer la phase préparatoire à l'autorisation elle-même.

Ainsi, le groupe de travail propose :

- d'instituer une information, une formation et une expertise plus grande des acteurs,

- de clarifier les rapports entre les services instructeurs, le pétitionnaire et le contrôle de légalité,
- de définir plus nettement les champs d'application respectifs des différentes autorisations,
- de concilier dans la durée les règles du lotissement avec celles du permis de construire,
- enfin, de rendre plus lisibles et plus cohérents les rapports entre le droit de l'urbanisme et les législations indépendantes de celui-ci.

Plus de la moitié de ces propositions (8 sur 15) ne sont pas normatives ; elles constituent de simples recommandations destinées à améliorer le fonctionnement opérationnel de la phase d'instruction des autorisations, et donc la sécurité juridique ; il s'agit essentiellement de changer certaines habitudes.

Les autres propositions devraient en revanche conduire à des modifications, parfois sensibles, du Code de l'urbanisme.

Une meilleure expertise dans l'élaboration de la norme et l'instruction des demandes

25) Les agents chargés de l'instruction des autorisations d'urbanisme, tant dans les directions départementales de l'équipement qu'au sein des communes ou groupements de communes, devraient :
- voir valoriser leur fonction,
- recevoir une formation, tant initiale que continue, plus axée sur la mission qui leur est confiée.

Notamment, ils devraient être mieux formés à l'analyse juridique (et non pas seulement formelle ou technique) des règles d'urbanisme.

Améliorer la formation des administrations au droit de l'urbanisme

26) La complexité croissante du droit de l'urbanisme, son manque de stabilité législatif et réglementaire, l'interprétation prétorienne qui en est faite par le juge administratif, le tout lié à un isolement de certains des services instructeurs, militent fortement pour la constitution de pôles publics de compétence juridique à une échelle supérieure à la commune. Ainsi, en cas de difficulté d'interprétation du Code de l'urbanisme ou de documents de planification, les agents instructeurs pourraient utilement solliciter l'avis de ces pôles.

Constituer des pôles publics de compétence juridique à une échelle supérieure à la commune.

27) Les documents d'urbanisme sont trop souvent élaborés par des seuls urbanistes, certes compétents dans leur domaine, mais peu familiarisés avec la traduction juridique de leurs projets.

L'élaboration d'un document de planification de type PLU devrait être menée par une équipe pluridisciplinaire qui, à côté des urbanistes, architectes, paysagistes, géomètres, sociologues, démographes, historiens, inclut des juristes.

Associer davantage d'expertise juridique à la confection des documents d'urbanisme.

28) Afin d'homogénéiser la présentation formelle des plans locaux d'urbanisme et d'éviter des erreurs de procédure dommageables pour la collectivité comme pour les demandeurs d'autorisation, il est proposé que soit édicté par la DGUHC, avec la collaboration de l'ensemble des acteurs, un « guide méthodologique » de l'élaboration et du contenu des plans locaux d'urbanisme.

Il ne s'agit en aucun cas de créer un modèle de PLU sur l'ensemble du territoire national ; chaque collectivité doit pouvoir assumer ses propres besoins et la loi SRU a permis une grande souplesse dans ce domaine : les dispositions facultatives ouvrent depuis quelques années des possibilités nouvelles et le nombre des dispositions impératives est faible.

Mais un « mode d'emploi » éviterait bien des contentieux et faciliterait la tâche tant d'élaboration que de lecture des plans locaux d'urbanisme.

Élaborer et diffuser un guide méthodologique de l'élaboration et du contenu des plans locaux d'urbanisme

29) Si la délivrance des autorisations d'urbanisme doit rester de la compétence exclusive des communes ou groupements de communes, il n'en reste pas moins que :
- les directions départementales de l'équipement cherchent à se retirer de la mission d'instruction des demandes que leur délèguent encore souvent les communes, estimant que leurs missions d'assistance ne sont plus de la même nature et ne présentent plus la même utilité depuis les lois de décentralisation de 1982 et 1983,
- si les communes ou groupements de communes importants ont su, depuis les lois de décentralisation, constituer des services instructeurs qui leur sont propres, les communes petites et moyennes sont encore souvent très démunies et ne possèdent pas les niveaux de compétence et les moyens financiers leur permettant d'acquérir une réelle indépendance en ce domaine.
Il est donc proposé de rappeler la possibilité d'opérer le regroupement, sous l'égide des collectivités concernées, de l'instruction juridique et technique des demandes d'autorisation, sans porter pour autant atteinte aux règles de compétence en matière de délivrance de l'autorisation.
Rappeler la faculté de regroupement de l'instruction juridique et technique des demandes d'autorisation d'occupation du sol, notamment à un niveau intercommunal, sans porter atteinte aux règles de compétence en matière de délivrance de l'autorisation.
30) Toujours dans un but d'harmonisation et d'unicité de doctrine au sein de l'administration, il conviendrait de renforcer l'information des services centraux sur les difficultés rencontrées à l'échelon local dans les dossiers d'instruction.
Renforcer l'information des services centraux sur les difficultés rencontrées par les services instructeurs pour faciliter l'élaboration d'une doctrine efficace.
Souplesse et clarification entre les différentes autorisations d'urbanisme
31) La déclaration préalable de travaux exemptés de permis est issue de la loi de simplification du 6 janvier 1986.
L'intention du législateur était d'alléger, mais sans le supprimer, le contrôle administratif préalable résultant du permis de construire.
Mais, à l'usage, son maniement s'est révélé délicat car les champs d'application respectifs de la déclaration de travaux et du permis de construire ne sont pas suffisamment explicites pour éviter toute insécurité juridique. Le Conseil d'État lui-même a hésité sur le fait de savoir si l'ouverture d'une porte de garage ressortait du domaine du permis ou de celui de la déclaration préalable…
Le groupe de travail propose donc que soient mieux explicités les champs d'application respectifs du permis et de la déclaration.
Par ailleurs, sous son apparente simplicité, la déclaration préalable de travaux offre moins de sécurité juridique que le permis de construire ; en particulier, le déclarant doit pouvoir apporter la preuve que la commune ne s'est pas opposée aux travaux projetés.
En conséquence, il est proposé qu'il soit prévu que la commune délivre
systématiquement, à l'expiration du délai qui lui est imparti, une simple attestation de non-opposition à la déclaration qui lui a été déposée.
Enfin, si la déclaration préalable de travaux ne saurait être assimilée à un permis de construire, il n'en reste pas moins qu'elle a un caractère hybride aux contours mal définis. Il est donc proposé que les différences de traitement et de procédure entre la déclaration et le permis soient mieux marquées qu'elles ne le sont à ce jour.
Sécuriser les droits résultant d'une déclaration de travaux à l'issue du délai de réponse de l'administration, notamment par :
- une clarification des champs d'application respectifs du permis de construire et de la déclaration de travaux ;

- la délivrance d'une attestation de non-opposition de la commune à la déclaration.

32) L'opération de construction, en particulier en centre urbain, est souvent précédée d'une démolition, totale ou partielle.

La dualité de demande, d'abord de permis de démolir, puis de permis de construire, peut apparaître inutilement contraignante, tant pour le pétitionnaire que pour le service instructeur.

C'est pourquoi il est proposé que, à l'initiative du pétitionnaire, la demande de permis de démolir et de permis de construire puisse faire l'objet d'un dossier et d'une autorisation uniques. Dans ce cas, le permis de construire vaut permis de démolir.

Mais cette proposition sous-tend deux conditions :

- que soient articulés les délais de péremption des permis de construire et de démolir,
- qu'une interruption de plus d'un an entre la fin de la démolition et le début de la construction n'entraîne pas péremption de l'autorisation unique qui serait délivrée.

Permettre, à l'initiative du pétitionnaire, que la demande de permis de construire et la demande de permis de démolir puissent faire l'objet d'un dossier unique, en vue de la délivrance d'une autorisation unique, le permis de construire valant alors permis de démolir.

Harmoniser les rapports entre le pétitionnaire et l'administration

33) Afin d'assurer une meilleure sécurité juridique du pétitionnaire, il est proposé de mieux encadrer les pouvoirs des services instructeurs d'une demande d'autorisation.

Il conviendrait de clarifier les « règles du jeu » entre l'administré et l'administration, notamment :

- en précisant à nouveau la liste des pièces à produire obligatoirement à l'appui de la demande d'autorisation ; cette liste pouvant comporter des variantes selon l'importance ou la spécificité du projet,
- en réaffirmant le caractère limitatif de cette liste,
- en instituant un récépissé de dépôt de dossier mentionnant la liste des pièces remises, évitant ainsi toute contestation sur la remise effective des pièces dont s'agit,
- en précisant que, passé le délai d'un mois, toute demande de pièces complémentaires ne proroge pas le délai d'instruction.

Il avait également été avancé que, passé un certain délai, l'administration ne pourrait plus demander de pièces complémentaires. Mais cette proposition n'a pas été retenue : on pouvait craindre, en effet, que, faute d'avoir statué sur un dossier complet, l'administration aurait risqué de délivrer une autorisation illégale. La sécurité juridique n'y aurait pas gagné.

Encadrer les pouvoirs du service instructeur d'une demande d'autorisation d'urbanisme :

- en précisant à nouveau la liste des pièces à produire obligatoirement et en faisant mieux apparaître son caractère limitatif ;
- en instituant un récépissé de dépôt de dossier mentionnant la liste des pièces remises, évitant ainsi toute contestation sur la remise effective des pièces dont s'agit ;
- en précisant que, passé un délai d'un mois, toute demande de pièces complémentaires ne proroge pas le délai d'instruction

34) Le champ d'application de l'autorisation implicite ou tacite est apparu trop restreint au groupe de travail, en l'état actuel de la rédaction de l'article R. 421-19 du Code de l'urbanisme. À l'inverse, cet article ne prend pas suffisamment en la sécurité des personnes.

Il est donc proposé de redéfinir ce champ d'application :

- en permettant que l'autorisation puisse être délivrée tacitement : lorsque l'architecte des bâtiments de France (ABF) a donné son accord au projet, expressément ou tacitement, étant rappelé qu'en l'état du droit son silence vaut avis favorable à l'expiration du délai imparti ; ou lorsque les travaux aboutissent à un changement de destination ou d'affectation ;

- en instituant toutefois, pour des raisons de sécurité des personnes, une impossibilité d'obtenir une autorisation tacite pour les établissements recevant du public, ou les immeubles de grande hauteur.

Par ailleurs, il a été fait état devant le groupe de travail des difficultés rencontrées par les pétitionnaires pour obtenir confirmation par l'administration de la délivrance d'une autorisation tacite, malgré les termes clairs de l'article R. 421-31 du Code de l'urbanisme.

Il est donc proposé que soit rappelé le caractère impératif du mécanisme de confirmation de cette autorisation tacite, au besoin par un aménagement de la rédaction actuelle de l'article R. 421-31.

Redéfinir le champ d'application de l'autorisation implicite (réécriture de C. urb., art. R. 421-19) et rappeler le caractère impératif du mécanisme de confirmation de cette autorisation implicite par l'autorité administrative (tel qu'il est prévu par C. urb., art. R. 421-31).

35) Il est apparu au groupe de travail que certains recours des tiers pourraient être évités, avec les conséquences dommageables que l'on connaît, si le contrôle de légalité gagnait en effectivité.

Certaines associations de défense de l'environnement ne remplissent-elles pas parfois le rôle normalement dévolu au Préfet ?

Mais chacun a conscience que le nombre de décisions soumises au contrôle de légalité et le faible contingent d'agents qualifiés affectés à ce service nuisent à son efficacité.

C'est pourquoi il est proposé de renforcer l'efficacité du contrôle de légalité en affectant à cette mission le nombre d'agents de niveau adéquat et en nombre suffisant.

Renforcer l'effectivité du contrôle de légalité en affectant à cette mission des agents de niveau adéquat et en nombre suffisant.

36) Certaines opérations sont d'une complexité qui s'accommode mal de la rigidité actuelle du régime du permis de construire.

Ces opérations dépassent largement le cadre d'un seul projet, sur un seul terrain, par un seul demandeur.

De plus, le délai actuel de péremption du permis de construire est difficilement conciliable avec la réalisation, échelonnée dans le temps, de ce type d'opération.

Les pluralités de maîtres d'ouvrage, de destinations de constructions ou de terrains d'assiette pour l'édification d'un ensemble immobilier complexe nécessitent la création d'un régime spécifique.

1°) Il est proposé d'étendre, après en avoir rappelé la possibilité souvent méconnue, les modalités :

- de la cotitularité d'un permis de construire ou de lotir unique ;
- du dépôt d'un permis de construire unique dans le cadre d'une division en volumes ;
- du dépôt de plusieurs demandes de permis sur une même assiette, par des pétitionnaires différents ;
- du dépôt d'une seule demande de permis sur plusieurs unités foncières distinctes ;
- du dépôt de plusieurs demandes de permis distinctes sur plusieurs unités divises contiguës, en globalisant les règles de densité si l'ensemble immobilier présente une homogénéité architecturale et/ou fonctionnelle et est soumis à la même réglementation d'urbanisme ;
- du transfert de l'autorisation d'urbanisme, en particulier du transfert partiel.

2°) Par ailleurs, le « permis groupé » ou « permis valant division » de l'article R. 421-7-1 du Code de l'urbanisme n'autorise pas la pluralité de maîtres d'ouvrage.

Cette restriction n'a pas semblé justifiée au groupe de travail et celui-ci propose que cet article soit modifié en permettant qu'une telle demande de permis puisse être déposée par plusieurs

demandeurs et que soient clarifiées les conditions d'application des règles d'urbanisme, notamment en les appliquant à l'ensemble de l'unité foncière.
Au sujet des opérations complexes :
- rappeler les différentes possibilités qu'offre la législation actuelle, et en étendre les modalités ;
- préciser le champ d'application du permis valant division ;
- créer un régime spécifique en cas de pluralité de maîtres d'ouvrage.

Biblio

1) Bibliographie générale

- F.-C. Bernard et P. Durand, *Le nouveau régime des autorisations d'urbanisme*, Le Moniteur, coll. « Guides juridiques », 2009.
- M. Ricard, *Le permis de construire*, Le Moniteur, coll. « Analyse juridique », 2007.
- P. Soler-Couteaux, D. Gillig et J.-Ph. Strebler, *Les autorisations d'urbanisme*, Le Moniteur, coll « Experts », 2008.
- P. Soler-Couteaux, D. Gillig et J.-Ph. Strebler, *Le permis d'aménager*, Le Moniteur, 2011.

2) Sur l'ordonnance du 8 décembre 2005 et le décret du 5 janvier 2007

- Ph. Baffert, « La genèse de l'ordonnance du 8 décembre 2005 et de ses décrets d'application. Une petite histoire du permis de construire et de ses réformes », *BJDU* 2007. 2.
- Ph. Benoit-Cattin, « La réforme des autorisations d'urbanisme », *Constr.-Urb.* 2006, n° 1.
- J.-Cl. Bonichot, « L'ordonnance du 8 décembre 2005 et le nouveau régime des autorisations d'urbanisme », *BJDU* 2005. 403.
- F. Bouyssou, « La sécurisation des autorisations d'urbanisme », *AJDA* 2006. 1268.
- F. Bouyssou, « Le décret réformant le droit de l'urbanisme », *JCP* N 2007, n° 1049.
- Ch. Maugüé et E. Crépey, « La réforme des autorisations d'urbanisme », *RFDA* 2007. 535.
- B. Phémolant, « La réforme des autorisations d'urbanisme », *AJDA* 2007. 230 ; « Genèse et présentation de la réforme des autorisations d'urbanisme », *DAUH* 2007. 17.
- P. Planchet, « La réforme des autorisations d'urbanisme », *DAUH* 2006. 47.
- G. Roujou de Boubée, « Incidences de l'ordonnance n° 2005-1527 du 8 décembre 2005 relative au permis de construire et aux autorisations d'urbanisme », *RDI* 2006. 47.
- P. Soler-Couteaux, « Le nouveau régime des autorisations d'utilisation du sol : lisibilité ; sécurité ; conformité », *RDI* 2006. 23.
- S. Traoré, « Les instruments d'application de l'ordonnance relative aux autorisations d'urbanisme », *Constr.-Urb.* 2007. Étude 2.
- J. Trémeau, « Les nouvelles autorisations et leur périmètre », *DAUH* 2007. 31.

3) Sur l'entrée en vigueur de la réforme de 2005-2007

- Ph. Billet, « Réforme des autorisations d'urbanisme : un report bien cavalier », *JCP* A 2007, n° 502.
- P. Hocreitère, « L'entrée en vigueur de la réforme des autorisations d'urbanisme », *RDI* 2008. 8.

4) Sur l'ordonnance du 22 décembre 2011 et le décret du 28 février 2012

- D. Dutrieux, « Les corrections apportées aux autres autorisations d'urbanisme par le décret n° 2012-274 du 28 février 2012 », *JCP* N 2012. 1133.
- P. Planchet, « Autorisations d'urbanisme : une réforme sans vague », *AJDA* 2012. 641.
- P. Soler-Couteaux, « Réforme des autorisations d'urbanisme : correction de la copie », *RDI* 2012. 308.

5) Sur le décret du 27 février 2014

- D. Dutrieux, « Corrections apportées aux autres autorisations d'urbanisme (décret n° 2014-253 du 27 février 2014) », *JCP* N 14 mars 2014, n° 11, aperçu rapide, p. 5.
- L. Santoni, « Un catalogue de corrections », Construction - Urbanisme n° 4, Avril 2014, comm. 57

6) Sur les champs d'application du permis de construire et du régime déclaratif

- C. Benoit, « La réorganisation du champ d'application du permis de construire », *BJDU* 2007. 9.
- D. Larralde, « Déclaration préalable », *JCP* N 2007. 1053.
- Ch. Pisani, « Le champ d'application du permis de construire et de la déclaration de travaux », *JCP* N 2007. 1050.

7) Sur le recours pour excès de pouvoir contre les autorisations d'urbanisme

- E. Carpentier, « Que reste-t-il du recours pour excès de pouvoir en matière d'autorisations d'urbanisme ? », *RDP* 2015.
- C. Debouy, « Vingt ans de réformes depuis la loi Bosson : construction d'un contentieux administratif spécial de l'urbanisme ? », *JCP*-A n° 29, 21 Juillet 2014, 2233
- P. Gilli « Les particularités du contentieux administratif de l'urbanisme », *LPA* 1996, n° 86, spéc. p. 42.
- P. Hocreitère, « L'annulation du permis de construire et ses conséquences », *Droit et Ville* 1996, n° 41, p. 151.
- P-A. Martin, *La sécurisation des autorisations d'urbanisme*, Thèse, Bordeaux IV, 2013.
- S. Pérignon, « Les autorisations d'urbanisme et le recours des tiers », *Defrénois* 1988. 34261.
- Ch. Vigouroux, « Intérêt pour agir et urbanisme : où en est la jurisprudence ? », *BJDU* 1994. 3.

8) Sur le rapport « Labetoulle » et l'ordonnance du 18 juillet 2013

- Dossier *AJDA* 2013, pp. 1897 et s (avec des contributions de D. Labetoulle, J. Tremeau, E. Crepey et S. Marie).
- J.-C. Bonichot, « Légalité et sécurité en matière d'urbanisme : Les propositions du groupe de travail Labetoulle », *BJDU* 4/2013.243.
- P. Cornille, « Propos iconoclastes sur l'ordonnance du 18 juillet 2013 relative aux contentieux de l'urbanisme », Construction - Urbanisme n° 10, Octobre 2013, comm. 134.
- N. Fouilleul, « Recours abusifs : du rapport Labetoulle à l'ordonnance relative au contentieux de l'urbanisme », *BJDU* 5/2013.323.

- D. Gillig, « Réforme du contentieux de l'urbanisme . - Regards critiques sur l'ordonnance n° 2013-638 du 18 juillet 2013 relative au contentieux de l'urbanisme », *JCP*-A n° 39-40, 23 Septembre 2013, 2279.
- D. Labetoulle, « Une nouvelle réforme du droit du contentieux de l'urbanisme », *RDI* 2013. 508.
- F. Priet, « La réforme du contentieux de l'urbanisme par l'ordonnance du 18 juillet 2013 et les textes subséquents », *DAUH* 2014. 45.
- Ch. Wiels, « A la recherche d'une sécurisation accrue des autorisations d'urbanisme », *Les cahiers du CRIDON de Lyon* n° 68, nov. 2013.32

9) Sur le décret du 1er octobre 2013 relatif au contentieux de l'urbanisme

- Ph. Billet, « La « neutralisation » du contentieux d'urbanisme », *JCP*-A n° 1, 13 Janvier 2014, 2007.
- D. Gillig, « Le décret du 1er octobre 2013 relatif au contentieux de l'urbanisme : une simple réformette ? », Construction - Urbanisme n° 11, Novembre 2013, alerte 71.

10) Sur l'obligation de notification des recours

- N. Baillon et F. Leraisnable, « Récentes évolutions jurisprudentielles sur la notification des recours contre les autorisations d'urbanisme », *AJDA* 2010. 1523
- C. Benoit, « L'application de l'article L. 600-3 du Code de l'urbanisme », *RGCT* 1999. 239.
- J.-Cl. Bonichot, « Les modalités d'application du nouvel article L. 600-3 du Code de l'urbanisme », *BJDU* 1994. 14.
- Ch. Debouy, « La notification des recours en contentieux de l'urbanisme : bilan de la jurisprudence (art. R. 600-1 du Code de l'urbanisme ; art. R. 411-7 du Code de justice administrative) », *LPA* 30 mai 2001, p. 9.
- A. Levy, « L'obligation de notification des recours en matière d'urbanisme : variations sur la jurisprudence », *RDI* 2001. 119.
- J.-L. Maillot, « L'obligation de notification de l'article L. 600-3 du Code de l'urbanisme », *LPA* 1998, n° 86, p. 8.
- B. Odent « Observations sur le décret d'application de l'article L. 600-3 du Code de l'urbanisme », *RDI* 1994. 633.
- C. Silvani et V. Guinot, « Le point sur la notification des recours en matière d'urbanisme », *Constr.-Urb.* 2009. Étude 24.

11) Sur la responsabilité de la puissance publique

- J.-B. Auby, « Responsabilité de la puissance publique en matière d'urbanisme », *Rép. Dalloz « Responsabilité de la puissance publique ».*

12) Sur le régime répressif

- P. Bonfils, « Le droit pénal de l'urbanisme : risques et opportunités », *BJDU* 2/2007. 95.
- M. Delmas-Marty, « La répression des infractions en matière de permis de construire », *AJPI* 1976. 676.
- H. Fabre-Luce, « La pérennité des constructions illégales », *AJPI* 1987. 9.
- J.-P. Gilli, « Le juge judiciaire et le droit de l'urbanisme », *AJDA* 1993, n° spéc. 55.

- P. Hocreitère, « Le maire face aux infractions au droit de l'urbanisme », *Mon. TP* 22 janv. 1988 ; « Droit pénal de l'urbanisme : vers une application effective », *Ét. fonc.* 1991, n° 51, p. 7.
- E. Le Cornec, « Effectivité des sanctions. Constructions illicites entre deux juridictions », *Ét. fonc.* 1996, n° 72.
- R. Leost, *Droit pénal de l'urbanisme*, Le Moniteur, 2002.
- G. Mathieu et S. Sans, *Guide du contentieux pénal du permis de construire*, Edilaix, coll. « Point de droit », 2004.
- Ministère de l'Équipement et du logement, Direction de l'Architecture et de l'urbanisme, *Application des dispositions pénales du Code de l'urbanisme*, 1991.
- D. Moreno, « Le juge judiciaire et le droit de l'urbanisme », LGDJ, Paris, 1991.
- S. Pérignon, « La vente de l'immeuble illégalement édifié », *Defrénois* 1991. I. 399.
- H. Périnet-Marquet, « L'inefficacité des sanctions du droit de l'urbanisme », *DS* 1991. Chron. 37.
- G. Roujou de Boubée, « Le droit pénal de la construction et de l'urbanisme », Sirey, 1988.
- G. Roujou de Boubée, « Le sort des constructions irrégulières dont la démolition n'a pas été ordonnée par le juge pénal », *RDI* 2012. 406.
- R. Savatier, « Propriété et contraintes d'urbanisme : la condamnation à démolir », *DS* 1974. Chron. 59.
- Ch. Schwing, Recherche sur l'adéquation du droit de l'urbanisme français à la convention européenne des droits de l'homme, PUAM, 2004.

13) Sur la réserve des droits des tiers

- F. Bouyssou, « La jurisprudence judiciaire récente en matière de lotissement », *Droit et Ville* 1979, n° 7, p. 21.
- F. Chenot, « Le juge civil et la violation des servitudes d'urbanisme », *Gaz. Pal.* 1er-3 juill. 2001, p. 3.
- J.-P. Gilli, « Le juge judiciaire et le droit de l'urbanisme », *AJDA* 1993. n° spéc. 55.
- A. Lanza, « Paradoxes sur l'accès au prétoire dans le contentieux de l'urbanisme », in *Mélanges Mas*, Economica, 1996, p. 218.
- J. Morand, « Les droits des tiers au respect par les constructeurs des règles d'urbanisme », *JCP* 1974. I. 2261.
- D. Moreno, Le juge judiciaire et le droit de l'urbanisme, LGDJ, Paris, 1991.
- H. Périnet-Marquet, « Les méandres du contentieux civil de l'urbanisme », *LPA* 1996, n° 86, p. 45.
- J. Ravanas, « La réserve des droits des tiers en matière foncière », *Defrénois* 1984. 33281 et 33295.
- R. Savatier, « Propriété et contraintes d'urbanisme : la condamnation à démolir », *DS* 1974. Chron. 59.
- J. Viatte, « Le droit des voisins au respect du permis de construire », *Rev. Loyers* 1975. 121 ; « La responsabilité civile pour violation des règles d'urbanisme », *Mon. TP* 17 nov. 2000, p. 102.

Quiz

1) Sujet corrigé

Cas pratique

Énoncé

Chantal Gilber est propriétaire d'un terrain d'une contenance de 16,23 ares, sis 13, rue de Saales, à 88 000 Épinal et classé en zone U par le PLU de la commune. Elle a sollicité le 18 avril 2014 la délivrance d'un permis de construire en vue de réaliser sur le terrain concerné un bâtiment comportant 13 logements à usage d'habitation. Par un courrier en date du 25 avril 2014, le maire d'Épinal l'a informé qu'en l'absence de toute décision de sa part avant le 18 juin 2014, elle serait réputée titulaire d'un permis de construire tacite.

Par un arrêté en date du 20 juin 2014, notifié à Chantal Gilber le 25 juin suivant, le maire d'Épinal a opposé un refus à sa demande de permis de construire. Ce refus est motivé comme suit : « Considérant que le projet : par son importance et sa destination d'habitation de 13 logements ; par la configuration et la position de l'accès, accès situé hors agglomération engendrant une vitesse élevée des véhicules ; par les mouvements de tourne à gauche inévitables générant une insécurité pour les véhicules et pour les piétons traversant la RD 3 est de nature à présenter un risque pour la sécurité des usagers tant de la voie publique (RD 3) que pour celle utilisant l'accès projeté à la RD 3 (C. urb., art. R. 111-5) ».

En votre qualité d'avocat, vous êtes chargé par Chantal Gilber de préparer un projet de recours gracieux à l'encontre de ce refus de permis de construire.

Voir le corrigé en fin de rubrique.

2) Sujet d'examen

Dissertation

La sécurisation du droit des autorisations d'urbanisme.

3) Corrigé

Cas pratique

Monsieur le Maire

Mairie d'Épinal

88 000 Épinal

Lettre recommandée AR

Objet : *Madame Chantal Gilber c. Ville d'Épinal* : recours gracieux à l'encontre du refus de permis de construire du 20 juin 2014

Monsieur le Maire,

Je vous indique que Madame Chantal Gilber, demeurant 8, rue de Saales à 88 000 Épinal, m'a constitué pour la défense de ses intérêts.

Ma mandante me charge de vous notifier le présent recours gracieux à l'encontre de l'arrêté en date du 20 juin 2014 par lequel vous avez opposé un refus à sa demande de permis de construire.

Ce recours est fondé sur les motifs suivants :

Par une demande déposée le 18 avril 2014, ma mandante a sollicité la délivrance d'un permis de construire un ensemble immobilier de 13 logements collectifs sur un terrain sis rue de Saales à 88 000 Épinal.

Par un courrier en date du 25 avril 2014, vous lui avez notifié le délai d'instruction de sa demande et lui avez indiqué qu'en l'absence de toute décision prise avant le 18 juin 2014, elle pourrait se prévaloir d'un permis de construire tacite.

En l'espèce, aucune décision n'a été notifiée dans les délais mentionnés dans votre correspondance du 25 avril 2014. En revanche, vous lui avez adressé le 25 juin 2014 un refus de permis de construire daté du 20 juin 2014 et fondé sur l'article R. 111-5 du Code de l'urbanisme.

C'est la décision dont ma mandante sollicite le retrait immédiat.

En effet, votre décision du 20 juin 2014 ne constitue pas un refus mais un retrait de permis de construire (I), et ce retrait est entaché de vices qui en affectent aussi bien la légalité externe (II) que la légalité interne (III).

I. La décision du 20 juin n'est pas un refus mais un retrait de permis de construire

Le refus de permis de construire du 20 juin 2014 s'analyse en réalité en un retrait du permis de construire tacite accordé à Mme Gilber le 18 juin 2014 (CE ass. 1er juin 1973, *Min. Équipement c. Épx Roulin, Lebon* 390).

En effet, par un courrier en date du 25 avril 2014, vous avez notifié à ma mandante le délai d'instruction de sa demande et lui avez vous-même indiqué qu'en l'absence de toute décision prise avant le 18 juin 2014, elle pourrait se prévaloir d'un permis de construire tacite. Tel est d'ailleurs ce que prévoit le Code de l'urbanisme (art. L. 424-2, R. 423-4 et R. 424-1) : sauf dans certaines hypothèses spécifiques (art. R. 424-2 et R. 424-3), le permis est tacitement accordé si aucune décision n'est notifiée au demandeur dans le délai d'instruction. En l'occurrence, aucune décision n'ayant été notifiée à Mme Gilber avant le 18 juin 2014, date à laquelle expirait le délai d'instruction de sa demande, elle était dès ce moment titulaire d'une autorisation tacite. La décision datée du 20 juin et notifiée le 25 juin doit donc être regardée comme retirant le permis né le 18.

II. La décision du 20 juin est entachée d'illégalité externe

Aux termes de l'article 24 de la loi du 12 avril 2000 relative aux droits des citoyens dans leurs relations avec les administrations : Exception faite des cas où il est statué sur des demandes, les décisions individuelles qui doivent être motivées en application des articles 1 et 2 de du 11 juillet 1979 relative à la motivation des actes administratifs et à l'amélioration des relations entre l'administration et le public n'interviennent qu'après que la personne intéressée a été mise à même de présenter des observations écrites et, le cas échéant, sur sa demande, des observations orales. Or, la décision portant retrait d'un permis de construire est au nombre de celles qui doivent être motivées en application de ces dispositions (CE 29 nov. 2004, *SCI Modicom Immo, BJDU*

2005. 104, concl. P. Collin). Son retrait doit donc être précédé d'une procédure contradictoire, c'est-à-dire d'une procédure permettant au titulaire du permis de faire-valoir ses observations.

En l'espèce, il ne ressort pas des pièces du dossier que le refus de permis de construire du 20 juin 2014 a été précédé de la procédure contradictoire alors que celle-ci s'imposait. Dès lors, il faut considérer que cette décision est intervenue en méconnaissance des dispositions de l'article 24 de la loi précitée du 12 avril 2000. De ce seul chef, elle encourrait une annulation certaine, en cas de recours contentieux.

III. La décision du 20 juin est entachée d'illégalité interne

Aux termes de l'article 23 de la loi précitée du 12 avril 2000 : « Une décision implicite d'acceptation peut être retirée, pour illégalité, par l'autorité administrative :

1° Pendant le délai de recours contentieux, lorsque des mesures d'information des tiers ont été mises en œuvre ;

2° Pendant le délai de deux mois à compter de la date à laquelle est intervenue la décision, lorsqu'aucune mesure d'information des tiers n'a été mise en œuvre ;

3° Pendant la durée de l'instance au cas où un recours contentieux a été formé ».

Il résulte clairement de ces dispositions que le retrait d'un permis de construire tacite ne peut légalement intervenir que si ce permis est entaché d'illégalité.

En l'espèce, vous avez commis une erreur de droit en considérant que le permis de construire tacitement accordé à ma cliente le 18 juin 2014 est illégal, au regard des dispositions de l'article R. 111-5 du Code de l'urbanisme, les risques allégués dans la lettre du 20 juin n'étant nullement avérés. Vous avez fait une inexacte application des dispositions de l'article R. 111-5 du Code de l'urbanisme

Le retrait du permis de construire auquel vous avez procédé par votre décision datée du 20 juin 2014 est donc entaché d'illégalité externe et interne. C'est pourquoi je sollicite au nom et pour le compte de ma mandante le retrait de cette décision.

Je vous indique qu'en cas de refus de votre part, j'ai mandat formel de saisir le tribunal administratif de Nancy d'un recours en annulation.

Veuillez agréer, Monsieur le Maire, l'assurance de ma considération distinguée.

titre 2

Le régime répressif

Le respect de la règle d'urbanisme est assuré principalement par l'administration dans le cadre d'un régime d'autorisation et de déclaration préalable à l'acte de construire. Mais le respect des prescriptions des documents d'urbanisme est également assuré alors même que les occupations du sol qu'elles réglementent ne relèvent ni d'un régime d'autorisation, ni d'un régime de déclaration (C. urb., art. L. 160-1). Il l'est alors par le juge répressif. Dans le même sens, la dispense de toute formalité préalable au titre du Code de l'urbanisme ne libère pas les constructions et travaux de l'obligation de conformité aux règles d'urbanisme (C. urb., art. L. 421-8). En l'absence de contrôle *a priori*, il reviendra, là encore, au juge pénal ou civil de sanctionner leur méconnaissance. Le juge répressif est enfin compétent lorsque le constructeur a réalisé son projet sans les autorisations requises ou n'a pas respecté les prescriptions que celles-ci lui imposaient (chapitre 15). Néanmoins, le Code de l'urbanisme prévoit un mécanisme de répression administrative qui n'est à vrai dire que rarement mis en œuvre (chapitre 14). 795

chapitre 14

Le régime répressif administratif

Plan analytique

Le régime répressif administratif

La loi du 31 décembre 1976 portant réforme de la politique foncière et de l'urbanisme a visé notamment à favoriser la lutte contre le développement anarchique des constructions de faible importance. À cette fin, elle a introduit dans le Code de l'urbanisme un article L. 111-6 qui dispose que les bâtiments, locaux ou installations dont la réalisation est soumise aux règles et autorisations d'urbanisme ne peuvent, nonobstant toute clause contraire des cahiers des charges de concession, d'affermage ou de régie intéressée, être raccordés définitivement aux réseaux d'électricité, d'eau, de gaz ou de téléphone si leur construction ou leur transformation n'a pas été, selon le cas, autorisée ou agréée en vertu des articles précités. Cette disposition n'a que peu suscité l'intérêt de la doctrine (L. Peironet, « Les insuffisances de l'article L. 111-6 du Code de l'urbanisme et les apports de la jurisprudence administrative », *RFDA* 1995. 766 ; Y. Goutal et Ph. Peynet, « L'interdiction de raccordement aux réseaux des constructions illégalement édifiées : une réforme indispensable », *JCP* N 2005, n° 1196). Elle n'a pas non plus provoqué un contentieux très abondant, tout simplement parce qu'elle semble peu appliquée. On peut s'interroger sur les causes de cette situation. Elles résultent d'abord de ce que la disposition concernée est largement méconnue par les autorités investies de la police de l'urbanisme. Mais il faut convenir également qu'elle n'est aisée à mettre en œuvre ni au plan juridique pour les incertitudes dont elle est affectée, ni en pratique pour des raisons politiques et sociales évidentes. Au demeurant, l'examen des difficultés que suscite l'application de l'article L. 111-6 amène à souhaiter soit une clarification, soit, plus raisonnablement, son abrogation pure et simple. 796

Il faut donc s'interroger sur son champ d'application (section 1) et sur le contentieux susceptible de naître de la mise en œuvre des pouvoirs qu'elle confère à l'autorité administrative (section 2).

section 1

Le champ d'application de l'article L. 111-6

L'article L. 111-6 pose de ce point de vue la double question de son champ d'application matériel (§ 1) et de la nature des pouvoirs de l'autorité administrative (§ 2). 797

§ 1 Le champ d'application matériel

Le texte vise le raccordement des bâtiments, locaux ou installations soumis aux dispositions des articles L. 111-1, L. 421-1 ou L. 510-1. Il s'applique donc aux constructions et non au terrain (CE 27 juin 1994, *Charpentier*, *Lebon* 334 ; *BJDU* 1994. 23, concl. R. Schwartz ; Rep. min. n° 08230, *JO Sénat* Q 28 mai 2015, p. 1256). Le Conseil d'État a 798 néanmoins émis pour avis qu'il est également susceptible d'autoriser un maire à refuser le raccordement définitif en électricité d'une caravane stationnant irrégulièrement ou n'ayant pas conservé sa mobilité (CE, avis, 7 juill. 2004, *Herlemann*, req. n° 266478, *AJDA* 2005. 105, note P. Sablière ; *Lebon* 323 ; *BJDU* 2004. 278, concl. F. Séners ; *RJEP/CJEG* 2004. 481, note E. C. ; V. auparavant, CE 5 avr. 2004, *Cne Pertuis*, *Lebon* 156). La loi n° 2005-157 du 23 février 2005 relative au développement des territoires ruraux a modifié l'article L. 111-6 en ce sens (v. comm. Ph. Benoit-Cattin, *Constr.-Urb.* 2005, n° 89-III). Il n'est pas applicable, en revanche, à un changement de destination sans travaux (CE 11 janv. 2008, *Giorgi*, req. n° 301373, *BJDU* 2007. 406, concl. F. Lénica) ou à des travaux qui ne nécessitaient pas une autorisation (CE 24 févr. 2011, *Verbeke Casabianca*, req. n° 343442, *BJDU* 2011. 49, concl. D. Botteghi).

§ 2 Les pouvoirs de l'autorité administrative

799 Le juge administratif qualifie les décisions prises sur le fondement de l'article L. 111-6 du Code de l'urbanisme de mesures de police spéciale de l'urbanisme destinées à assurer le respect des règles d'utilisation des sols (CE 26 févr. 2007, *Cne Plan de La Tour*, req. n° 293931) et non de sanctions. Elles peuvent donc s'appliquer à des constructions érigées avant la date d'entrée en vigueur de l'article L. 111-6, soit le 1er juillet 1977 (CE 23 juill. 1993, *Épx Schafer*, *Lebon* T. 1077 et 1118). Il en résulte également que la prescription de l'action publique est sans effet sur leur mise en œuvre (CE 7 oct. 1998, *L'Hermite*, *Lebon* T. 1064 ; TGI Grenoble, ord. réf., 1er juill. 1988, *De Candia c/ EDF*, *CJEG* 1989. 259).

On a pu se demander qui du conseil municipal ou du maire est compétent pour enjoindre aux concessionnaires de réseaux de ne pas procéder ou d'interrompre le raccordement. Nombre d'arrêts mettent en cause une délibération du conseil municipal sans que le juge ait relevé le moyen d'ordre public tiré de son incompétence (CE 23 juill. 1993, *Épx Schafer*, préc. ; CAA Marseille, 14 juin 2001, *Assoc. Amicale des Cabaniers de Marsillargues*, req. n° 98MA00570 ; CAA Douai, 22 mars 2001, *Lecorvasier*, req. n° 98DA01159). Mais s'agissant d'une mesure de police, il ne fait guère de doute que la compétence appartient au maire (CAA Lyon, 20 oct. 1994, *Sté Séquence 7*, req. n° 93LYO0288 ; 8 oct. 1996, *Betton*, req. n° 94LY00472). Sa décision peut soit être notifiée à l'intéressé, soit au gestionnaire du réseau à l'occasion de l'avis qu'il sollicite en application de l'article 49 du décret du 29 juillet 1927. Il en résulte que cet avis du maire est susceptible de recours (CE 24 mars 2014, n° 359554, *SCI Les Verdures*, Rec. T.).

La question de savoir si le maire agit alors comme exécutif de la commune ou autorité de l'État reste cependant incertaine : la Cour administrative d'appel de Paris a jugé qu'en qualité d'autorité administrative chargée de la délivrance des permis de construire, celui-ci est compétent pour refuser au nom de la commune en application de l'article L. 111-6 le raccordement au réseau d'électricité d'une maison à usage d'habitation dont le permis avait été refusé au précédent propriétaire du terrain d'assiette (CAA Paris, 15 nov. 2001, *Cne Longperrier*, req. nos 11PA00718, 01PA01989). Mais la cour de Bordeaux a considéré que l'abstention fautive du maire de s'opposer au raccordement engage la responsabilité de l'État (CAA Bordeaux, 14 mai 2001, *Cne Ducos*, req. n° 00BX01185).

Une certaine incertitude a pu régner ici encore sur les rôles et prérogatives respectifs des concessionnaires de services publics et les autorités administratives compétentes en matière d'urbanisme. Les premiers considèrent qu'en vertu des cahiers des charges de la concession des services concernés et du droit d'accès des usagers aux services publics, ils sont tenus de consentir ou de renouveler un abonnement à toute personne qui le demande, même en l'absence de permis de construire, sauf s'ils ont reçu préalablement une injonction contraire de l'autorité administrative. Telle est d'ailleurs la position tenue par le ministère de l'Industrie (Rép. min. n° 12650, *JO* Sénat Q 14 janv. 1993. 73). Mais elle n'est pas celle des auteurs du rapport du Conseil d'État selon lesquels : « les concessionnaires de services publics doivent, avant de procéder au raccordement d'une construction nouvellement édifiée, imposer à l'usager de produire le permis de construire. En l'absence de production d'une telle autorisation, ils doivent s'abstenir de procéder au raccordement, sauf peut-être si l'acquéreur est de bonne foi » (CE, *L'urbanisme : pour un droit plus efficace*, Doc. fr., 1992, p. 122). Il serait judicieux d'éclairer ce point dans les cahiers des charges des concessions.

Concernant enfin les pouvoirs du maire, l'article L. 111-6 du Code de l'urbanisme est **800** ■
d'application stricte. S'il permet le refus d'un raccordement définitif, il ne l'autorise pas à s'opposer à un raccordement provisoire (CE 12 déc. 2003, *Cancy*, req. n° 257794, *AJDA* 2004. 725, note P. Sablière ; *BJDU* 2004. 9, concl. F. Séners ; Rép. min. n° 125742, *JOAN* Q 13 mars 2012. 15). Il ne l'autorise pas plus à supprimer le raccordement aux réseaux de constructions régulièrement raccordées en cas d'annulation ultérieure du permis de construire délivré (CAA Lyon, 18 févr. 1997, *Min. Équipement c/ SCI Paese di Mare*, *Lebon* T. 1136 ; *CJEG* 1997. 154, concl. D. Gailleton ; note P. Sablière ; *BJDU* 1997. 221). Et il n'interdit pas des travaux d'alimentation électrique dès lors qu'ils ne consistent pas en un raccordement au réseau public d'électricité desservant le terrain d'assiette, mais en la réalisation d'équipements de distribution d'électricité internes à l'opération (CAA Nantes, 31 juill. 2001, *Assoc. de défense du site du Carroi des Perrières de Launay*, req. n° 00NT02001). En revanche, la doctrine administrative considère que le maire peut s'opposer au branchement définitif aux réseaux d'une instalation lorsqu'il a accordé de manière irrégulière un permis de construire (rép. min. n° 01551, *JO* Sénat 14 févr. 2013.525 ; *BJDU* 3/2013.235)

section **2**

Le contentieux de l'article L. 111-6

Cette question suscite la double difficulté de la détermination de la juridiction **801** ■
compétente (§ 1) et de la recevabilité des recours (§ 2).

§ 1 La juridiction compétente

Là encore une certaine incertitude règne quant à la détermination du juge compé- **802** ■
tent pour connaître du contentieux des refus de raccordement ou de branchement. La cour d'appel de Paris a retenu la compétence du juge judiciaire au motif que les litiges opposant les usagers d'un service public industriel et commercial au dit service

relèvent exclusivement de la compétence judiciaire, y compris ceux portant sur le droit et les conditions du raccordement au réseau, dès lors que leur solution ne nécessite pas d'apprécier la légalité des actes administratifs (Paris, 30 oct. 2002, *Cne Gouvernes c/ Bayer*, RG n°s 2002/09400, 2002/11851, *RDI* 2003. 206, obs. P. S.-C.). Le Conseil d'État juge cependant que les décisions prises par le maire sur le fondement des dispositions l'article L. 111-6, qui instituent une police spéciale destinée à assurer le respect des règles d'utilisation des sols, présentent le caractère d'actes administratifs indépendants des relations de droit privé qui se nouent entre le service industriel et commercial de distribution d'électricité et ses usagers (CE 26 févr. 2007, *Cne Plan de La Tour*, req. n° 293931 ; 7 oct. 1998, *L'Hermite*, *Lebon* T. 1064 ; CAA Lyon, 20 oct. 1994, *Sté Séquence 7*, préc. ; 8 oct. 1996, *Betton*, préc.)

§ 2 Les recours

803 Pour illustrer encore les difficultés que suscite l'application de l'article L. 111-6, on peut indiquer que certains tribunaux ont considéré que l'injonction faite aux concessionnaires de supprimer des raccordements n'est pas susceptible de recours devant la juridiction administrative (TA Strasbourg, 27 juill. 2001, *Arn c/ Cne Berwiller*, req. n° 00865, *RDI* 2003. 206, obs. P. S.-C.), mais cette solution est aujourd'hui infirmée (CE 24 mars 2014, *n° 359554, SCI Les Verdures,* Rec. T). D'autres rejettent un tel recours au motif que le requérant est dépourvu d'intérêt à agir dans la mesure où il vise à ce qu'une situation illégale trouve son accomplissement (TA Versailles, 20 juin 2000, *SCI Ontario*, *RDI* 2001. 192, obs. P. S.-C.).

Le juge judiciaire considère, quant à lui, que l'instruction donnée par le maire aux concessionnaires de supprimer des raccordements provisoires de caravanes dont il avait préalablement refusé le stationnement ne peut présenter un caractère manifestement illicite dès lors qu'elle est fondée sur une disposition légale dont l'application n'était pas critiquée (Paris, 30 oct. 2002, *Cne Gouvernes c/ Bayer*, préc. ; TGI Aix-en-Provence, 5 févr. 1987, *Sté immobilière A7 c/ EDF*, *CJEG* 1987. 828, note P. R.). De même le refus de raccordement intervenant dans ces conditions ne constitue pas une voie de fait (TGI Blois, 26 nov. 1996 ; TGI Vannes, 21 févr. 1997, *CJEG* 1997. 285, note P. Sablière).

Sur le fond, le Conseil d'État a jugé que la décision par laquelle le maire refuse, sur le fondement de l'article L. 111-6 du Code de l'urbanisme, un raccordement d'une construction à usage d'habitation irrégulièrement implantée aux réseaux d'électricité, d'eau, de gaz ou de téléphone a le caractère d'une ingérence d'une autorité publique dans le droit au respect de la vie privée et familiale garanti par l'article 8 de la Convention européenne de sauvegarde des droits de l'homme et des libertés fondamentales. Si une telle ingérence peut être justifiée par le but légitime que constituent le respect des règles d'urbanisme et de sécurité ainsi que la protection de l'environnement, il appartient, dans chaque cas, à l'administration de s'assurer et au juge de vérifier que l'ingérence qui découle d'un refus de raccordement est, compte tenu de l'ensemble des données de l'espèce, proportionnée au but légitime poursuivi (CE 15 déc. 2010, *Bayer,* req. n° 323250, *Lebon* T. 881 ; *BJDU* 2011. 96, concl. N. Escaut ; *RJEP* 2011. 36, note P. Sablière ; *RDI* 2011. 183, obs. P. S.-C.). Auparavant, la Haute juridiction avait considéré que la condition d'urgence requise pour prononcer la suspension d'un refus de raccordement était remplie eu égard aux effets qu'elle était susceptible d'avoir sur les conditions de vie de la requérante (CE 9 avr. 2004, *Cne Caumont-sur-Durance*, req. n° 261521).

chapitre 15

Les sanctions pénales de la règle d'urbanisme

Plan analytique

section 1

Les infractions

§ 1 La diversité des infractions

A. Les infractions relatives à la méconnaissance de l'autorisation d'urbanisme

B. Les infractions relatives au non-respect des règles d'occupation et d'utilisation des sols non soumises à autorisation ou déclaration

C. Les infractions relatives au non-respect des règles d'urbanisme

D. Le caractère cumulatif des infractions

§ 2 Les caractères des infractions

A. Le caractère matériel des infractions

B. Le caractère continu des infractions

§ 3 Les personnes pénalement responsables

A. Les bénéficiaires des travaux

B. Les responsables de l'exécution des travaux

C. Les personnes morales

section 2

Les poursuites

§ 1 La constatation des infractions

§ 2 L'engagement des poursuites

A. Le ministère public

B. La constitution de partie civile

§ 3 L'édiction de mesures conservatoires

A. Le champ d'application de l'arrêté interruptif de travaux

B. Les autorités compétentes pour ordonner l'interruption des travaux

C. Les règles de forme et de procédure

D. Les mesures d'exécution de la décision d'interruption des travaux

E. Les recours contre la décision d'interruption des travaux

section 3

Les sanctions

Compléments pédagogiques

Les sanctions pénales de la règle d'urbanisme

Le respect du droit de l'urbanisme est sanctionné par l'instauration d'infractions pénales régies, pour l'essentiel, par les articles L. 480-1 à L. 480-12 du Code de l'urbanisme. Ces dispositions ont été renforcées par la loi du 31 décembre 1976 puis par la loi du 27 janvier 1993, laquelle a très sensiblement augmenté le maximum des sanctions pénales comme le proposait le Conseil d'État (*L'urbanisme : pour un droit plus efficace*, Doc. fr., 1992, p. 114). Toutefois, l'efficacité du renforcement de la répression est difficile à apprécier. Elle semble, en toute hypothèse, limitée : en 2011, 1590 condamnations de personnes physiques et 24 condamnations de personnes morales (Rép. min., *n° 21576, JOAN* Q 19 nov. 2013, p. 12128). Elle dépend notamment de la volonté du juge de se départir d'une réserve traditionnelle en cette matière dans le prononcé des peines et des mesures de restitution. 804

Le droit pénal de l'urbanisme est, en principe, soumis aux règles communes de la répression pénale. Mais la matière est également affectée de certains particularismes. Ceux-ci se manifestent dans la détermination des infractions (section 1), le déclenchement des poursuites (section 2) ainsi que des sanctions (section 3).

section 1

Les infractions

On s'attachera à illustrer dans un premier temps la diversité des infractions retenues par le Code de l'urbanisme (§ 1), avant de présenter leurs caractères (§ 2). On déterminera, enfin, les personnes pénalement responsables (§ 3). 805

§ 1 La diversité des infractions

La répression s'applique tout d'abord à la méconnaissance des régimes d'autorisation et de déclaration préalable à l'occupation ou à l'utilisation du sol prévus par le Code de l'urbanisme (A). Mais elle concerne de manière plus générale le non-respect des règles d'urbanisme (C) alors même que leur mise en œuvre n'est subordonnée à aucun régime administratif d'autorisation ou de déclaration (B). Il faut ici rappeler le caractère cumulatif des infractions (D). 806

A. Les infractions relatives à la méconnaissance de l'autorisation d'urbanisme

807 Le fait de construire, de procéder à des aménagements ou de démolir en méconnaissance du régime applicable aux autorisations qui régissent ces opérations est puni d'une amende comprise entre 1 200 € et un montant qui ne peut excéder, soit, dans le cas de construction d'une surface de plancher, une somme égale à 6 000 € par m² de surface construite, démolie ou rendue inutilisable au sens de l'article L. 430-2 du Code de l'urbanisme, soit, dans les autres cas, un montant de 300 000 €. En cas de récidive, outre la peine d'amende ainsi définie un emprisonnement de six mois pourra être prononcé. Les mêmes peines sont applicables au fait d'exécuter ces opérations en méconnaissance des prescriptions imposées par un permis de construire, de démolir ou d'aménager ou par la décision prise sur une déclaration préalable (C. urb., art. L. 480-4 ; sur la conformité de ce texte dans sa rédaction antérieure à l'ord. n° 2005-1527 du 8 déc. 2005 au principe de la légalité des délits et des peines et à la Conv. EDH, art. 6-3-a : Rennes, 17 juill. 1997, RG n° 932/97, cité par R. Léost, « Chronique de droit pénal de l'urbanisme », *AJDI* 1999. 298 ; M. Rouchayrolle, « Le risque pénal en droit de l'urbanisme. Les infractions », *RDI* 2001. 416).

808 *Absence d'autorisation.* L'article L. 480-4 s'applique, en premier lieu, à l'exigence de l'autorisation ou de la déclaration requises par le Code de l'urbanisme. De ce point de vue, l'infraction est constituée du seul fait que la construction est réalisée sans l'accomplissement de cette formalité. Cette situation peut se produire d'abord lorsque le constructeur a omis de demander une autorisation ou de souscrire la déclaration qui est légalement exigée (Crim. 24 nov. 1955, *Vuillier, Bull. crim.* n° 522) alors même que les travaux portent sur une construction existante (Crim. 15 avr. 2008, n° 07-84.150). Il en va de même lorsqu'ils réalisent un changement de destination (Crim. 26 févr. 2013, n° 12-80.973). À cet égard, les locaux accessoires sont réputés avoir la même destination que le local principal, ce qui peut s'appliquer à une partie identifiée de celui-ci (Crim, 23 avril 2013, n° 12-86.452). Le juge pénal est donc amené, à ce titre, à se prononcer sur le champ d'application des différents régimes d'autorisation et de déclaration. L'article L. 480-4 s'applique également dans les cas où l'autorisation a été demandée mais où les travaux ont commencé avant qu'elle n'ait été délivrée (Crim. 7 mars 1983, *RDI* 1983. 392 : l'infraction est constituée alors même que les travaux entrepris par anticipation ne nécessitaient pas un permis de construire dès lors qu'ils s'intégraient dans un ensemble de travaux soumis à cette formalité), où elle a été demandée mais n'a pas été obtenue (sur le cas du permis tacite : Crim. 14 déc. 1976, *Tiran*, n° 75-93187 ; 1er juill. 1976, *Nicola, ibid.* 348 ; 23 nov. 1994, *Chelly, Bull. crim.* n° 375 ; *Dr. pénal* 1995. 72, note J.-H. Robert), ou lorsqu'il a été fait opposition à une déclaration de travaux (Crim. 15 nov. 1995, n° 94-85.581).

809 *Annulation et caducité de l'autorisation.* L'infraction est également constituée lorsque les travaux ou aménagements se sont poursuivis alors que l'autorisation d'urbanisme était périmée ou a fait l'objet d'une annulation (Crim. 15 févr. 1995, *Assoc. des Amis de Saint-Palais-sur-Mer*, n° 94-80736 ; *Dr. envir.* 1995. 34, note J.-H. Robert ; 27 juin 2006, n° 05-82876, *Constr.-Urb.* 2006, n° 229, obs. P.-E Durand : cas où l'arrêt d'annulation a ensuite été déclaré nul et non avenu par le Conseil d'État). En revanche, l'annulation du permis de construire postérieurement à l'achèvement des travaux n'a pas pour effet de rendre la construction rétroactivement illicite, sauf à réserver le cas de la

fraude (Crim. 15 févr. 1995, *Assoc. des Amis de Saint-Palais-sur-mer*, préc. ; v. égal., D. Maillot, « Erreur et tentative de fraude dans les demandes d'autorisation d'urbanisme », *LPA* 17 déc. 1997, n° 151, p. 14).

En cas de péremption du permis de construire, les travaux déjà exécutés avant l'abandon du chantier peuvent être constitutifs d'une infraction pénale (Crim. 4 févr. 1992, n° 90-87590 : le fait de ne pas exécuter des travaux prévus dans le projet de construction soumis à autorisation administrative ne peut être sanctionné pénalement que si la réalisation de ces travaux est subordonnée à la délivrance du permis de construire ; Crim. 18 nov. 2008, n° 08-82.868 ; Rép. Min., n° 62840, *JOAN* Q 16 sept. 2014.7741 ; *Constr.-Urb.*, 2014, veille n° 76, obs. D. Gillig ; rép. min., n° 25915, *JOAN* 5 nov. 2013.11615, *Constr.-Urb.* janv. 2014, veille n° 5, obs. D. Gillig ; P-E. Durand, Le statut des constrructions inachevées, *RDI* 2006.344).

Suspension de l'autorisation. Après que la Cour de cassation a, dans un premier temps, retenu l'infraction de construction sans permis dans le cas de la poursuite des travaux en dépit d'une suspension de celui-ci par le juge administratif (Crim. 6 mai 2002, n° 01-85826, *RDI* 2002. 410, obs. G. Roujou de Boubée ; *ibid.* 345, obs. P. S.-C. ; *RSC* 2003. 92, obs. B. Bouloc), cette décision a été réexaminée en Assemblée plénière (13 févr. 2009, n° 01-85.826, *JCP* 2009, n° 10057, note D. Bailleul) après que la Cour européenne des droits de l'homme a jugé dans cette affaire que le principe de la légalité des peines et des délits n'avait pas été respecté en raison du « manque de jurisprudence préalable en ce qui concerne l'assimilation entre sursis à exécution du permis et interdiction de construire » (CEDH 10 oct. 2006, *Pessino c/ France*, req. n° 40403/02, *AJDA* 2007. 1257, note J. Tremeau et E. Carpentier ; *RDI* 2007. 196, obs. P. S.-C.). L'Assemblée plénière a jugé que la loi pénale est d'interprétation stricte ; qu'il s'ensuit que la poursuite de travaux malgré une décision de la juridiction administrative prononçant le sursis à exécution du permis de construire n'est pas constitutive de l'infraction de construction sans permis prévue par l'article L. 480-4 du Code de l'urbanisme. Mais depuis, la loi n° 2012-387 du 22 mars 2012 a modifié l'article L. 480-3 du Code de l'urbanisme qui dispose désormais expressément que les peines applicables dans le cas de la construction sans permis sont également applicables en cas de continuation des travaux nonobstant la décision de la juridiction administrative prononçant la suspension ou le sursis à exécution de l'autorisation d'urbanisme. 810

Retrait de l'autorisation. L'infraction peut aussi résulter de ce que le constructeur a poursuivi les travaux ou aménagements alors que l'autorisation a été retirée. Dans ce cas cependant, les travaux réalisés avant le retrait n'ont pas de caractère délictueux, ni même ceux qui se sont poursuivis après dès lors que le retrait est illégal (Crim. 2 juin 1976, *Bull. crim.* n° 197 ; CAA Lyon, 19 déc. 1995, *Bonnet*, req. n° 85LY00192, *RDI* 996. 365, obs. L. Touvet : décision de non opposition des travaux déclarés postérieurement à leur exécution). 811

Circonstances indifférentes à la constitution de l'infraction. L'infraction étant réalisée du seul fait que la construction est érigée sans autorisation ou déclaration, un certain nombre de circonstances sont indifférentes à sa réalisation. Elle est ainsi constituée alors même que le constructeur s'est vu refuser irrégulièrement l'autorisation qu'il avait demandée (Crim. 16 févr. 1994, *Bull. crim.* n° 72) et que ce refus fait par ailleurs l'objet d'un recours (Crim. 6 oct. 1993, *Bull. crim.* n° 280 ; Crim. 20 févr. 1992, 812

Bull. crim. n° 82). En effet, aussi longtemps que l'autorisation de réaliser l'ouvrage ou l'aménagement n'a pas été obtenue, celle-ci ne peut licitement être entreprise (Crim. 9 déc. 1976, *Noebes, Bull. crim.* n° 357). L'infraction est également constituée alors même que le constructeur a obtenu ultérieurement un permis de régularisation car l'autorisation doit être préalable et non postérieure à la réalisation des travaux (Crim. 12 mai 1955, *Bull. crim.* n° 241 ; 27 janv. 1987, n° 85-96263 ; 26 févr. 1964, *Chaillan, Bull. crim.* n° 70 ; 19 avr. 1995, n° 94-82.765, *Dr. envir.* 1995. 106, note J.-H. Robert ; 18 juin 1997, n° 96-83.082, *Dr. pénal* 1997. 147, note J.-H. Robert ; 15 janv. 2002, n° 01-83271).

Il reste cependant que le fait que la construction soit régularisable peut déterminer le prononcé d'un sursis à statuer. Il est aussi de nature à influer sur le quantum de la peine et à fonder le refus de faire droit à une demande de démolition (Amiens, 3 juill. 1986, *Masse, JCP* N 1988. II. 102, note E. Walton ; Crim. 15 janv. 2002, n° 01-83271). Enfin, la circonstance que les travaux réalisés sans autorisation le soient sur le domaine public maritime ne fait pas échec à la répression pénale (Crim. 11 janv. 1995, *Frick, Bull. crim.* n° 18).

Sur le plan de l'action civile, le préjudice invoqué par la victime de la construction sans autorisation doit être indemnisé entre la date de la constatation de la construction irrégulièrement entreprise et celle de sa régularisation, mais cette réparation ne peut prendre la forme d'une démolition (Crim. 13 nov. 2013, n° 12-84.430, *BJDU* 3/2014.215, obs. J.T ; Civ.3e, 20 nov. 2013, n° 12-26.595, *Constr.-Urb.*, 2014, n° 8, note P. Cornille ; H. Périnet-Marquet, Contentieux de l'urbanisme : moins d'administratif ; plus de judiciaire ?, *Constr.-Urb* ; 2014, Repère 1).

813 *Violation des prescriptions de l'autorisation.* L'article L. 480-4 du Code de l'urbanisme sanctionne, en deuxième lieu, la méconnaissance des prescriptions imposées par l'autorisation ou par la décision prise sur une déclaration préalable. L'infraction peut ici consister dans le non-respect de l'objet même de l'autorisation (Crim. 5 janv. 1993, *Cardin*, n° 92-83.260 : cas de l'affectation d'un immeuble à un usage de résidence hôtelière en violation du permis de construire qui prévoyait qu'une part importante des constructions serait affectée à l'usage d'habitation ; Crim. 18 nov. 2008, n° 08.82.868, *AJDA* 2009. 787, note P.-E. Durand : lorsqu'une construction à destination d'habitation n'a pu être autorisée que dans la mesure elle était liée à un bâtiment agricole à construire, le permis de construire les autorisant est, à cet égard, indivisible. La construction de cette seule habitation à l'expiration du délai de validité du permis de construire est constitutif d'une infraction au sens de C. urb., art. L. 160-1, L. 480-4). Toutefois, la construction d'une résidence para-hôtelière sous le couvert d'un permis de construire délivré pour un foyer pour étudiants ne constitue pas une infraction punissable sur le fondement de l'article L. 480-4 dans la mesure où il n'était pas établi que les travaux réalisés ne fussent pas ceux autorisés par l'administration (Crim. 18 mai 2004, n° 03-84840, *Dr. pénal* 200. 146, obs. J.-H. Robert ; *RDI* 2004. 568, obs. G. Roujou de Boubée). L'infraction peut également consister dans la méconnaissance d'une condition dont l'autorisation d'urbanisme était expressément assortie (Crim. 4 févr. 1992, *Juvet*, n° 90-87.590 ; Toulouse, 18 mai 2000, RG n° 99/00352, *RDI* 2001. 67, obs. G. Roujou de Boubée ; ibid. 99, obs. P. S.-C.).

Par ailleurs, les constructions réalisées en vertu d'une autorisation d'urbanisme doivent respecter non seulement les prescriptions que ce dernier contient mais également les règles du document local d'urbanisme en fonction desquelles ce permis a été délivré (Crim. 20 mai 1992, *Corroy*, n° 90-87.350 : une autorisation de

« stationnement » de caravanes ne peut donner lieu à une autorisation tacite ; Crim. 23 nov. 1994, *Quilbeuf*, n° 94-81.048, *Dr. pénal* 1995. 73, note J.-H. Robert ; Crim. 10 mai 1995, *Kientz*, n° 94-84379, *Dr. envir.* 1995, n° 32, p. 89, note J.-H. Robert : création d'un étang en contravention aux dispositions du POS applicables à la zone ND qui interdisaient l'ouverture d'étangs dans la zone ; Crim. 25 janv. 1995, *Bull. crim.* n° 36 ; *Dr. envir.* 1995, n° 32, p. 89, note J.-H. Robert : réalisation dans l'immeuble autorisé d'une discothèque qui aurait nécessité la création de 110 places de stationnement en lieu et place d'un espace de loisirs qui n'en exigeait que 32).

L'application de l'article L. 480-4 du Code de l'urbanisme est étendue au cas de l'inexécution, dans les délais prescrits, de tous travaux d'aménagement ou de démolition imposés par les autorisations requises au titre du Code de l'urbanisme et au cas de l'inobservation, par les bénéficiaires d'autorisations accordées pour une durée limitée à titre précaire, des délais impartis pour le rétablissement des lieux dans leur état antérieur ou la réaffectation du sol à son ancien usage.

Transfert de l'autorisation. L'article L. 480-4 ne s'applique pas au défaut de transfert du permis au profit de l'acquéreur d'une parcelle (Crim. 29 juin 1999, n° 98-83839, D. 1999. IR 238). En effet, le Code de l'urbanisme ne prévoyant aucune procédure de transfert, le caractère réel du permis de construire fait que celui-ci accompagne le projet sans que celui qui le met en œuvre ait à obtenir son transfert. **814**

Affichage. L'article L. 480-4 ne s'applique pas aux infractions relatives à l'affichage des permis ou des déclarations préalables. **815**

Prévention des risques. Le législateur sanctionne des peines prévues à l'article L. 480-4 les infractions aux prescriptions édictées par les plans de prévention des risques naturels (C. envir., art. L. 562-5) ou par les plans de prévention des risques technologiques établis sur le fondement de la loi n° 2003-699 du 30 juillet 2003 relative à la prévention des risques technologiques et naturels (C. envir., art. L. 515-24 ; sur le cumule d'infraction, v. ss 821). En outre, dans un secteur soumis à des risques naturels prévisibles, la commune ou l'EPCI compétent en matière de PLU peut saisir le tribunal de grande instance en vue de faire ordonner la démolition ou la mise en conformité d'un ouvrage édifié ou installé sans l'autorisation exigée au titre du Code de l'urbanisme, en méconnaissance de cette autorisation ou, pour les aménagements, installations et travaux dispensés de toute formalité au titre du même code, en violation des règles d'urbanisme. L'action civile se prescrit par 10 ans à compter de l'achèvement des travaux (C. urb., art. L. 480-14 ; Ch. Wiels, « L'article L. 480-14 ouvre à la commune une nouvelle action civile en démolition », Cah. Cridon Lyon, 2010, n° 59, p. 39). **816**

B. Les infractions relatives au non-respect des règles d'occupation et d'utilisation des sols non soumises à autorisation ou déclaration

Le Code de l'urbanisme assure également la sanction pénale de la méconnaissance des prescriptions des documents locaux d'urbanisme alors même que les occupations du sol qu'elles réglementent ne relèvent ni d'un régime d'autorisation, ni d'un régime de déclaration (Crim. 4 nov. 1992, *Limousin*, n° 92-80751 : à propos du stationnement d'une caravane dans une zone interdite à cet usage par le POS ; **817**

Rennes, 7 avr. 2005, *Halez*, RG n° 04/01838, *Constr.-Urb.* 2006, n° 15, obs. G. Godfrin : constitue une infraction le fait d'affecter un terrain en zone agricole à l'usage de stationnement de caravanes ; Montpellier, 4 mars 2010, RG n° 09/01947 : condamnation pour avoir stationné deux mobil-homes et deux caravanes pendant plus de trois mois par an sur un terrain non aménagé alors que POS et le PPR n'admettaient qu'une occupation saisonnière). En effet, son article L. 160-1 dispose qu'en cas d'infraction aux prescriptions des POS et des PLU, les articles L. 480-1 à L. 480-9 du Code de l'urbanisme sont applicables (sur la légalité de telles prescriptions : CE 4 déc. 1995, *Chambre d'agriculture de la Mayenne*, req. n° 128057, *BJDU* 1995. 449, concl. D. Piveteau ; *RDI* 1996. 202, obs. Y. Gaudemet et L. Touvet ; sur la conformité de ce texte au principe de la légalité des délits et des peines et à la Convention européenne des droits de l'homme, Rennes, 17 juill. 1997, RG n° 932/97, cité par R. Léost, « Chronique de droit pénal de l'urbanisme », *AJDI* 1999. 298 ; sur la situation en cas d'annulation du document d'urbanisme : Crim. 30 oct. 2007, n° 06-88.355, *RDI* 2008. 47, obs. G. Roujou de Boubée). Cette disposition a été mise en œuvre dans un arrêt remarqué de la chambre criminelle de la Cour de cassation. Celle-ci a sanctionné un constructeur qui avait réalisé des travaux consistant à aménager une maison d'habitation de 15 pièces en studios alors que le règlement du POS interdisait l'affectation d'un immeuble comportant plus d'un seul logement sur les parcelles d'une longueur de façade inférieure à 40 m, et ce, quand bien même ces travaux n'étaient pas soumis à autorisation (Crim. 9 nov. 1994, *Abitan*, n° 94-80962).

L'article L. 160-1 sanctionne également la méconnaissance des règles générales d'urbanisme (Crim. 11 déc. 2007, n° 06-87.445, *RDI* 2008. 275, obs. G. Roujou de Boubée : l'art. R. 111-21 peut, au même titre que l'art. 11 du règlement du PLU, fonder des poursuites pénales portant sur des travaux ne nécessitant pas d'autorisation d'urbanisme) et des dispositions particulières à certaines parties du territoire (Poitiers, 20 juin 1997, RG n° 97/478, cité par R. Léost, « Chronique de droit pénal de l'urbanisme », *AJDI* 1999. 299).

L'article L. 160-1 sanctionne plus généralement l'exécution de travaux ou l'utilisation du sol en méconnaissance des obligations résultant des SCOT, du SDRIF, des SAR des régions d'outre-mer, du PADDUC, des chartes des parcs naturels régionaux et des parcs nationaux, des orientations fondamentales d'une gestion équilibrée de la ressource en eau et des objectifs de qualité et de quantité des eaux définis par les schémas directeurs d'aménagement et de gestion des eaux et les schémas d'aménagement et de gestion des eaux, des schémas régionaux de cohérence écologique et des plans climat-énergie territoriaux lorsqu'ils existent (C. urb., art. L. 111-1-1). Il sanctionne également la méconnaissance de la règle de la constructibilité limitée (C. urb., art. L. 111-1-2 ; Montpellier, 3e ch. corr., 18 févr. 2010, RG n° 09/01653), des prescriptions applicables aux entrées de ville (C. urb., art. L. 111-1-4), de celles régissant le droit de reconstruire à l'identique (C. urb., art. L. 111-3) ou encore de celles applicables pour la protection des paysages (C. urb., art. L. 111-5-2). Encore la liste ne s'arrête-t-elle pas là puisqu'il s'applique également en cas d'exécution de travaux ou d'utilisation du sol en infraction aux dispositions applicables à la protection des espaces naturels sensibles des départements ; en cas d'exécution de travaux ou d'utilisation du sol en infraction aux prescriptions architecturales ou aux règles particulières édictées dans une zone d'environnement protégé ; en cas d'exécution, dans une ZAC de travaux dont la réalisation doit obligatoirement être précédée d'une étude de sécurité publique.

L'article L. 160-1 n'a été que peu utilisé par le passé dans la mesure où les documents locaux d'urbanisme ne réglementaient qu'exceptionnellement les usages du sol visés par lui (v. cep., Crim. 18 déc. 1984, *Labregère*, n° 84-90.062, *RDI* 1985. 434, note G. Roujou de Boubée). Cela peut paraître heureux tant ce texte constitue un dévoiement de la légalité criminelle dont le droit de l'urbanisme est coutumier (Ph. Bonfils, « Le droit pénal de l'urbanisme : risques et opportunités », *BJDU* 2007. 95). Une telle application peut toutefois se développer à l'avenir dans la mesure où l'ordonnance du 8 décembre 2005 relative au permis de construire confirme que les constructions, aménagements, installations et travaux dispensés de toute formalité au titre du Code de l'urbanisme doivent être conformes aux dispositions législatives et réglementaires relative à l'utilisation des sols, à l'implantation, la destination, la nature, l'architecture, les dimensions, l'assainissement des constructions et à l'aménagement de leurs abords (C. urb., art. L. 421-8). 818 ■

La gamme des interventions dont l'autorité administrative peut disposer sur le fondement de l'article L. 160-1 n'est cependant pas sans limites. D'une part, en effet, il ne peut s'appliquer aux ouvrages et aménagements existant avant qu'une modification du document d'urbanisme ne les interdise. En effet, le délit s'accomplit non à l'occasion de l'utilisation de l'installation concernée mais au moment où celle-ci a été créée et aménagée (Crim. 20 mars 1996, *Cne Brignais*, n° 95-84.381). D'autre part, il ne peut servir de base légale à un acte réglementaire ayant pour objet d'interdire l'exercice d'une activité commerciale dans une partie de la commune pour des motifs tirés de l'application de la réglementation d'urbanisme (CE 27 mars 1996, *Cne Saint Martin d'Uriage*, req. n° 158307, *BJDU* 1996. 262, concl. A. Roul).

C. Les infractions relatives au non-respect des règles d'urbanisme

Sont ici en cause les constructions édifiées dans le respect d'une autorisation d'urbanisme mais contrevenant aux règles de fond du droit de l'urbanisme. Traditionnellement, le juge pénal admettait que l'infraction était constituée dès que l'irrégularité de l'autorisation s'avérait manifeste (Crim. 19 mars 1957, *Bull. crim.* n° 275). Mais, en 1976, le législateur est revenu sur la plénitude de juridiction du juge répressif en introduisant l'article L. 480-13 dans le Code de l'urbanisme. Aux termes de sa rédaction issue de la loi ENL du 13 juillet 2006, « lorsqu'une construction a été édifiée conformément à un permis de construire : a) le propriétaire ne peut être condamné par un tribunal de l'ordre judiciaire à la démolir du fait de la méconnaissance des règles d'urbanisme ou des servitudes d'utilité publique que si, préalablement, le permis a été annulé pour excès de pouvoir par la juridiction administrative. L'action en démolition doit être engagée au plus tard dans le délai deux ans qui suit la décision devenue définitive de la juridiction administrative ; b) Le constructeur ne peut être condamné par un tribunal de l'ordre judiciaire à des dommages et intérêts que si, préalablement, le permis a été annulé pour excès de pouvoir ou si son illégalité a été constatée par la juridiction administrative. L'action en responsabilité civile doit être engagée au plus tard deux ans après l'achèvement des travaux » (Civ. 3e, 30 mars 1994, *Paris c/ Épx Landry*, *Bull. civ.* III, n° 72 ; 6 janv. 1999, *Delaplace c/ Coop. Agricole Esternay*, n° 96-18.197 ; 11 mai 2000, *Duguet c/ Le Cloarec*, n° 760-FS, *RDI* 2000. 329, obs. J. Morand-Deviller). L'achèvement des travaux doit être apprécié au regard du Code de l'urbanisme. 819 ■

L'article L. 480-13 renverse les solutions traditionnelles et aboutit à ce que le juge administratif tient désormais « en l'état » le juge pénal comme le juge civil (Crim. 3 mars 1992, *Boulle*, *Bull. crim.* n° 97). Il y a là une exception notable aux dispositions de l'article L. 111-5 du Code pénal selon lequel les juridictions pénales sont compétentes pour interpréter un acte administratif, réglementaire ou individuel, et pour en apprécier la légalité, dès lors que l'issue du procès dépend de son sens ou de sa légalité. Il en résulte notamment que lorsqu'une construction a été édifiée sans autorisation, la délivrance ultérieure d'un permis tacite, même s'il ne fait pas disparaître l'infraction, fait obstacle à une mesure de démolition tant que ce permis n'a pas été annulé pour excès de pouvoir (Crim. 30 juin 1981, *Pellegrin*, *Bull. crim.* n° 226 ; *AJPI* 1982. 730, note Y. Pittard ; Crim. 3 mars 1992, *Bull. crim.* n° 97 ; *Dr. pénal* 1997. 147, note J.-H. Robert ; Crim. 18 juin 1997, *Bull. crim.* n° 247 ; *Dr. pénal* 1997. 147, note J.-H. Robert ; Civ. 3e, 20 nov. 2013, n° 12-26.595, *Constr.-Urb.* 2014, n° 8, note P. Cornille). Par ailleurs, le renvoi préjudiciel suspend la prescription de l'action publique (Crim. 28 mars 2000, *Union dptale Vie et Nature*, n° 99-84.367).

820 Concernant le champ d'application de l'article L. 480-13, le Tribunal des conflits considère qu'il ne se réduit pas au permis de construire stricto sensu mais s'étend à l'ensemble des autorisations de travaux instituées par le Code de l'urbanisme (T. confl. 16 mai 1994, *Muller*, *Lebon* 601). Mais pour la troisième chambre civile de la Cour de cassation, il se limite aux permis de construire. Par conséquent, le juge judiciaire peut ordonner la démolition de constructions ou de travaux soumis au régime de la déclaration sans saisir, au préalable, le juge administratif (Civ. 3e, 2 oct. 1996, *Lhuillery*, n° 92-13.274, *AJPI* 1997. 39, note H. Fabre-Luce : à propos d'un abri de jardin ; v. D. Sistach, « Le juge pénal et les actes administratifs d'urbanisme », *AJDA* 1995. 674). La loi ENL n'a pas résolu cette contrariété de solution en maintenant la référence au seul permis de construire.

En toute hypothèse, le juge pénal retrouve sa plénitude de juridiction pour apprécier la légalité des actes administratifs d'urbanisme autres que les autorisations de travaux. Il est, par exemple, compétent pour se prononcer sur l'illégalité d'un document d'urbanisme soulevée par la voie d'exception. Toutefois, d'une part, l'exception d'illégalité doit être soulevée avant toute défense au fond (Crim. 9 nov. 1994, *Bull. crim.* n° 361 ; *Dr. envir.* 1995, n° 30, p. 42, note J.-H. Robert ; *JCP* 1995. II. 22518, note M. Ricard ; Crim. 1er févr. 1995, n° 94-81.798, *Dr. envir.* 1995, n° 30, p. 42, note J.-H. Robert). D'autre part, par application de l'article L. 600-1 du Code de l'urbanisme, elle ne peut être fondée sur des vices de forme ou de procédure lorsqu'elle est présentée après l'expiration d'un délai de six mois à compter de la prise d'effet du document d'urbanisme contesté (Crim. 22 mai 2013, n° 12-83.846, *Constr.-Urb.* 2013, n° 116, note J-M. Février). La charge de la preuve pèse sur la partie qui soulève l'exception (Crim. 19 oct. 2004, n° 04-82.485).

Enfin, le juge répressif reste compétent pour constater l'inexistence d'un permis obtenu frauduleusement. Autrement dit, dans un tel cas, l'article L. 480-13 du Code de l'urbanisme est inapplicable par application de l'adage « Fraus omnia corrumpit » (Crim. 9 sept. 2003, n° J02-84.334, *Roger B.*, *Dr. pénal* 2003. 128, obs. J.-H. Robert ; *RDI* 2003. 600, obs. P. S.-C. ; ibid. 2004. 568, obs. G. Roujou de Boubée).

D. Le caractère cumulatif des infractions

Le juge répressif peut, à propos d'un même fait, retenir deux qualifications. Il peut ainsi cumuler une infraction au titre de la méconnaissance de l'autorisation délivrée et l'autre au titre des dispositions du Code de l'urbanisme (Crim. 26 févr. 2013, n° 12-83.372) ou de la méconnaissance du Code de l'urbanisme et du code de l'environnement, dès lors que les deux incriminations visent à la protection de valeurs sociales, de règlementations et d'intérêts différents (Crim. 29 oct. 2013, n° 12-85.395, *RDI* 2014.169, obs. G. Roujou de Boubée ; *Dr. pén.*, 2014, n° 8, note J-H. Robert). 821 ■

§ 2 Les caractères des infractions

Les infractions en matière d'urbanisme sont parfois des contraventions sanctionnées par des peines de police. C'est le cas de l'opposition au droit de visite (C. urb., art. L. 480-12). Mais elles sont le plus souvent des délits. Ces infractions sont traditionnellement présentées comme ayant un caractère matériel (A) et continu (B). Cette présentation doit néanmoins être nuancée. 822 ■

A. Le caractère matériel des infractions

Les infractions en matière d'urbanisme ont longtemps été considérées comme des infractions purement matérielles. Cette analyse ne peut être maintenue car conformément à l'article L. 121-3, alinéa 1er du Code pénal : « il n'y a point de crime ou de délit sans intention de le commettre ». Les décisions intervenues en la matière doivent donc caractériser l'intention frauduleuse. Toutefois, la seule constatation de la violation en connaissance de cause d'une prescription légale ou réglementaire implique de la part de son auteur, l'intention coupable (Crim. 12 juill. 1994, *Bull. crim.* n° 280 ; *JCP* 1995. II. 1366, note Y. Rheinard et E. Joly-Sibuet ; *RDI* 1995. 622, chron. G. Roujou de Boubée ; *RSC* 1995. 97 ; *ibid.* 343, obs. Bouloc ; *ibid.* 356, obs. J.-H. Robert). Il s'agit là d'une formule presque systématiquement reprise par les juridictions du fond. Par ailleurs, l'intention est fortement présumée lorsque le constructeur « ne pouvait ignorer... » (Crim. 2 juill. 1981 : faute du constructeur qu'en sa qualité d'entrepreneur, ne pouvait ignorer la non-conformité des travaux aux prescriptions du permis de construire ; Crim. 15 juill. 1981, *D.* 1982. IR 87 : faute du constructeur qui s'est montré dans l'incapacité de faire respecter les prescriptions du permis de construire par ses subordonnés). 823 ■

Il appartient cependant aux juges du fond de distinguer au sein des faits reprochés ceux qui peuvent relever de la simple négligence de ceux qui sont manifestement volontaires (Crim. 12 juill. 1994, préc. ; Crim. 10 janv. 1996, *Pariset*, *Bull. crim.* n° 13 ; *Dr. envir.* 1996. 37, note J.-H. Robert ; 22 janv. 1997, n° 96-81023, *RDI* 1997. 502, chron. G. Roujou de Boubée ; *Dr. pénal* 1997. 83, note J.-H. Robert ; 18 juin 1997, *Bull. crim.* n° 247 ; *Dr. pénal* 1997. 147, note J.-H. Robert ; Toulouse, 18 mai 2000, RG n° 99/00352, *RDI* 2001. 67, obs. G. Roujou de Boubée ; ibid. 99, obs. P. S.-C.).

Erreur de droit. De manière également traditionnelle, il était jugé que le fait que l'auteur du délit ait été induit en erreur par l'administration ne pouvait être pris en compte (Crim. 4 mars 1986, *Bull. crim.* n° 87). Mais désormais le prévenu, à l'exclusion du juge qui ne peut l'invoquer d'office, est susceptible de se prévaloir de l'erreur de 824 ■

droit pour s'exonérer de sa responsabilité (C. pén., art. L. 122-3 ; Crim. 18 juin 1997, n° 96-83.082, *Dr. pénal* 199. 147, note J.-H. Robert ; 15 nov. 1995, *Bull. crim.* n° 350 ; *Dr. pénal* 1996. 56, note M. Véron). En droit de l'urbanisme, cette cause d'exonération est susceptible d'être invoquée, notamment lorsque l'autorité publique a fourni des informations erronées. Mais d'une part, l'erreur de droit n'est retenue que si elle est irrésistible (Crim. 12 sept. 2006, n° 05-83.235). L'auteur de l'infraction doit donc faire la démonstration qu'il n'était pas en mesure d'éviter son erreur (Crim. 12 sept. 2006, n° 05-83.235). À ce titre, elle ne saurait profiter aux professionnels aptes à s'informer (Crim. 19 mars 1997, *Bull. crim.* n° 115 ; *Dr. pénal* 1997. 107, note J.-H. Robert) et ne peut exonérer la négligence fautive (Crim. 15 nov. 1995, *Mazzacurati*, n° 94-85414). D'autre part, le prévenu ne peut invoquer l'erreur de droit lorsqu'il a lui-même induit l'administration en erreur (Aix-en-Provence, 28 mars 1995, RG n° 424M95, *Dr. envir.* 1996, n° 36, p. 14, note J.-H. Robert). Enfin, l'erreur de droit ne sera, en toute hypothèse, jamais retenue lorsque le renseignement erroné fourni par l'administration est postérieur au démarrage des travaux.

B. Le caractère continu des infractions

■ 825 *Prescription. Détermination.* Ce caractère permet de déterminer le point de départ du délai de prescription qui est, s'agissant de délits, de trois ans. Il convient de relever que la plupart des infractions en matière d'urbanisme ont un caractère continu, c'est-à-dire qu'elles sont constituées par une action ou omission qui se prolonge dans le temps et qui s'y prolonge par réitération constante de la volonté coupable de l'auteur de l'acte initial (Crim. 30 sept. 1992, *Bull. crim.* III, n° 300). Ainsi, le délit de construction sans permis s'accomplit pendant toute la période d'exécution des travaux et sa perpétration s'étend jusqu'à leur achèvement. Il en résulte, d'une part, que le point de départ du délai de prescription est constitué au jour où l'immeuble est en état d'être affecté à l'usage auquel il est destiné, et non à l'achèvement du gros œuvre (Crim. 19 janv. 1982, *RDI* 1982. 229, obs. G. Roujou de Boubée ; 19 mai 1992, *Saada*, n° 91-84475 ; Crim. 27 mai 2014, n° 13-80.574 : à propos de la pose de constructions modulaires ; Crim. 27 mai 2014, n° 13-80.574 ; *Constr.-urb.* 2014, n° 99, note P. Cornille ; *RDI* 2014.465, obs. G. Roujou de Boubée).

Il en va différemment des infractions qui ont un caractère successif. Cela signifie qu'elles persistent tant que les obligations imposées par le droit de l'urbanisme ne sont pas respectées et qu'elles ne cessent que lorsqu'il est mis fin à la situation interdite par le règlement. Dans ce cas, le délai de prescription ne court qu'à compter de ce moment-là. Tel est le cas à propos du stationnement irrégulier des caravanes, le délai de prescription ne débutant qu'à compter de leur départ (Crim. 30 sept. 1992, n° 92-81.084, *Bull. crim.* 1992, n° 300). Il en va de même de la vente ou de la location de terrains lotis sans autorisation (Crim. 23 nov. 1960, *Bull. crim.* n° 542).

Enfin, certaines infractions ont un caractère instantané, c'est-à-dire sont constituées par des actions ou omissions qui s'exécutent en un instant ou dont la durée d'exécution plus ou moins longue est indifférente à la réalisation de l'infraction. Il en va ainsi de l'obstacle au droit de visite ou encore de la coupe d'arbres sans déclaration. Dans ce cas, le délai de prescription court à compter du jour où l'acte a été réalisé.

■ 826 S'agissant des infractions continues, ce caractère n'empêche pas que les poursuites puissent être exercées dès le début des travaux illicites. De même, il ne fait pas obstacle au principe d'application de la loi pénale plus douce au procès en cours. Il en est ainsi lorsqu'un texte nouveau dispense de permis de construire certaines constructions qui précédemment étaient soumises à cette formalité (Crim. 27 mai 1986, *Bull. crim.* n° 179 ; 17 févr. 1987, n° 86-91.184).

En cas de pluralité de construction, la prescription est acquise à l'achèvement de l'ensemble des travaux. Ainsi, lorsque le dernier ouvrage exécuté constitue la continuité d'un même projet encore inachevé, il n'y a pas une pluralité de constructions sans permis de nature à caractériser des infractions distinctes ayant chacune fait courir un délai de prescription, mais une entreprise unique permettant au juge du fond d'ordonner la démolition de l'ensemble des constructions (Crim. 6 oct. 1987, n° 86-96.174, *Bull. crim.* n° 340 ; 17 juill. 1974, *Bull. crim.* n° 258 ; 19 janv. 1977, *Bull. crim.* n° 25 ; 21 mars 1978, *Bull. crim.* n° 113 ; 3 juin 1998, *Lods*, n° 3335). À cet égard, peu importe que les travaux restant à exécuter ne soient pas eux-mêmes subordonnés à l'obtention d'un permis de construire (Crim. 18 mai 1994, *Julien*, n° 93-84.557 ; 20 mars 1996, *Cne Brignais*, n° 95-84.381). Enfin, la prescription est acquise pour une construction alors même que des travaux ont été réalisés, dès lors qu'ils étaient divisibles de ladite construction (Crim. 13 nov. 2013, n° 12-85.486). En effet, elle s'apprécie pour chaque opération de construction divisible (Crim. 23 avril 2013, n° 12-85.352).

Il faut cependant rappeler que l'article L. 160-1 ne s'applique pas aux ouvrages et aménagements existant avant qu'une modification du document d'urbanisme ne les interdise car le délit s'accomplit non à l'occasion de l'utilisation de l'installation concernée mais au moment où celle-ci a été créée et aménagée (Crim. 11 févr. 1971, *Bull. crim.* n° 52).

Prescription. Interruption. Aux termes de l'article 7 du Code de procédure pénale, la prescription est interrompue par l'accomplissement d'un acte d'instruction ou de poursuite. Elle est donc interrompue par l'établissement d'un procès-verbal (v. ss 834 ; rép. min. n° 03474, *JO* Sénat, 14 mars 2013.877). La jurisprudence admet assez facilement l'existence d'un acte appartenant à l'une ou l'autre de ces catégories. Ainsi, constitue un acte de poursuite le « soit transmis » du procureur de la République par lequel le magistrat invite à remettre en état, dans un délai déterminé, une construction irrégulièrement édifiée. En effet, cet acte manifeste la volonté du ministère public de poursuivre (Crim. 13 janv. 2009, n° 08-84.459, *RDI* 2009.298, obs. G. Roujou de Boubée). En revanche, la sommation adressée par la commune par voie d'huissier aux intéressés aux fins qu'ils vérifient si une régularisation de leur situation était possible au regard des obligations du Code de l'urbanisme n'interrompt pas la prescription (Crim. 24 févr. 2015, n° 13-850049, *RDI* 2015.180, obs. G. Roujou de Boubée). 827

Prescription. Preuve. En matière de prescription, la charge de la preuve repose sur le Ministère public. C'est donc à lui qu'il appartient d'établir la date d'achèvement des travaux. Cette solution peut paraître originale en ce sens qu'on pourrait penser qu'il appartient au prévenu qui soulève une exception de prescription d'en rapporter la preuve. La Cour de cassation a toutefois jugé que c'est au ministère public d'établir que l'action publique n'est pas éteinte par la prescription et aux juges de s'assurer du moment où les délits ont été consommés afin de fixer le point de départ de la prescription. Dès lors, encourt la censure l'arrêt qui, pour déclarer le prévenu coupable de construction sans permis de construire et en infraction au plan local 828 d'urbanisme, écarte l'exception de prescription, en énonçant qu'elle ne pouvait être invoquée dans la mesure où le prévenu ne démontrait pas à quelle date des constructions hétéroclites étaient terminées (Crim. 23 sept. 2014, n° 13-86053).

§ 3 Les personnes pénalement responsables

829 Le droit pénal de l'urbanisme définit de manière très extensive les personnes contre lesquelles les poursuites pénales peuvent être engagées. En effet, les peines prévues à l'article L. 480-4 du Code de l'urbanisme peuvent être prononcées contre « les utilisateurs du sol, les bénéficiaires des travaux, les architectes, les entrepreneurs ou autres personnes responsables de l'exécution desdits travaux ». Il en résulte que peuvent être déclarés pénalement responsables d'une part, les bénéficiaires des travaux (A), d'autre part, ceux qui sont responsables de leur exécution (B). Il convient toutefois de préciser que les poursuites peuvent être exercées simultanément contre le bénéficiaire des travaux et contre le responsable de leur exécution (Crim. 20 janv. 1981, n° 80-93000, *D.* 1982. IR 76 ; Toulouse, 18 mai 2000, RG n° 99/00352, *RDI* 2001. 67, obs. G. Roujou de Boubée ; ibid. 99, obs. P. S.-C.). De même, le régime de la complicité trouve à s'appliquer (Crim. 15 oct. 2002, n° 01-87.640 : un maire qui sait que le simple courrier adressé aux propriétaires d'un terrain n'équivaut pas à un permis de construire se rend complice du délit de construction sans permis). La loi n° 2003-590 du 2 juillet 2003 a plus récemment introduit dans le Code de l'urbanisme des dispositions relatives à la responsabilité pénale des personnes morales (C).

A. Les bénéficiaires des travaux

830 La Cour de cassation appréhende cette notion de manière très pragmatique et malgré son imprécision, elle n'est pas incompatible avec la Convention européenne de sauvegarde des droits de l'homme (Crim. 6 nov. 2012, n° 12-80.841, *Constr.-Urb.* 2013, n° 22, note X. Couton). Par bénéficiaire des travaux, il faut entendre celui qui a participé à la commission de l'infraction par son action positive et non celui qui en tire économiquement profit (Crim. 6 nov. 2012, n° 12-80.841, préc. : en l'espèce, le gendre architecte du propriétaire). Ainsi, le propriétaire-bailleur n'est pas responsable du seul fait qu'il perçoit des loyers au titre de l'immeuble irrégulièrement érigé. Ainsi également, même si le bénéficiaire de l'autorisation d'urbanisme doit veiller au respect des règles qu'elle prescrit, cette obligation ne s'impose à lui que sur les points qui n'excèdent pas sa compétence (Toulouse, 18 mai 2000, RG n° 99/00352, *RDI* 2001. 67, obs. G. Roujou de Boubée ; ibid. 99, obs. P. S-C.).

Le juge pénal retient cependant la responsabilité du propriétaire-bailleur lorsqu'il a participé à la commission du délit par un acte positif. C'est le cas lorsqu'il a donné son accord aux travaux illégalement réalisés par son locataire (Crim. 27 oct. 1981, *RDI* 1982. 150, chron. G. Roujou de Boubée ; *AJPI* 1982. 375, chron. Y. Pittard ; 9 avr. 1992, *Bull. crim.* n° 156, 5 mai 1993, *Vasquez-Rodriguez*, n° 92-85.236) ou un tiers (Crim. 19 avr. 1995, n° 94-82.765, *Dr. envir.* 1995, n° 33, p. 106, note J.-H. Robert). À l'inverse, le propriétaire qui n'a pas autorisé les travaux n'en est pas réputé « bénéficiaire », même s'il n'en ignorait pas la réalisation (Crim. 18 nov. 1992, *Bull. crim.* n° 382 ; 9 oct. 1996, n° 95-85.687, *Dr. pénal* 1997, n° 24, note J.-H. Robert ; *RDI* 1997. 307, chron. G. Roujou de Boubée). Le propriétaire participe également à la commission du délit lorsqu'il a demandé un permis de construire dont les conditions ont été méconnues par le locataire (Crim. 5 mai 1993, n° 92-85.236). La responsabilité du locataire est également retenue, y compris celui qui profite de l'ouvrage irrégulièrement construit par son prédécesseur (Crim. 11 juin 1974, *Bull. crim.* n° 215 ; 29 oct. 1997, *Bull. crim.* n° 363 ; *RDI* 1998. 311, chron. G. Roujou de Boubée). L'acquéreur qui achève des travaux irrégulièrement commencés (Crim. 15 mars 1983, *RDI* 1983. 392, note G. Roujou de Boubée) peut être également condamné, mais non celui qui a acquis l'immeuble après son achèvement dès lors qu'il n'est pas constaté qu'il a été responsable ou a bénéficié à un titre quelconque de l'exécution des travaux (Crim. 3 mars 1993, *Bull. crim.* n° 101). Enfin, le mari peut être pénalement responsable des travaux réalisés sur l'immeuble de son épouse (Crim. 19 avr. 1958, *Bull. crim.* n° 325). Concernant toutes ces personnes, la juridiction répressive ne peut entrer en voie de condamnation sans préciser à quel titre la personne était bénéficiaire des travaux (Crim. 18 nov. 1992, *Bull. crim.* III, n° 382 ; 10 janv. 1996, *Pariset*, *Bull. crim* n° 13).

B. Les responsables de l'exécution des travaux

Peuvent être retenus à ce titre l'architecte, l'entrepreneur qui réalise les travaux 831 ■
(Crim. 15 mars 1983, *RDI* 1983. 392, note G. Roujou de Boubée) ou encore le syndic de copropriété pour les travaux effectués en exécution de la décision de l'assemblée générale des copropriétaires (Crim. 3 mai 1978, *Dolla*, n° 77-92.020).

C. Les personnes morales

Lorsque le bénéficiaire des travaux est une personne morale, l'action est tradition- 832 ■
nellement exercée contre ses dirigeants de droit (Crim. 20 janv. 1987, n° 85-95.700, *RDI* 1987. 300) mais aussi de fait (Crim. 12 juill. 1994, *Bull. crim.* n° 280 ; *JCP* 1995. II. 1366, note Y. Rheinard et E. Joly-Sibuet ; *RDI* 1995. 622, chron. G. Roujou de Boubée). Mais, l'article L. 121-2 du Code pénal prévoit également la responsabilité pénale des personnes morales de droit privé et de droit public, à l'exception de la responsabilité pénale de l'État. Pour ce qui est des collectivités locales, leur responsabilité est limitée aux infractions commises dans l'exercice d'activités susceptibles de faire l'objet d'une délégation de service public. Dans tous les cas, la responsabilité pénale des personnes morales ne peut cependant être mise en cause que si elle est expressément prévue par les textes.

En matière d'urbanisme, c'est le cas depuis la loi n° 203-590 du 2 juillet 2003 Urbanisme et Habitat qui a inséré un article L. 480-4-2 dans le Code de l'urbanisme et en a modifié les articles L. 480-5 et L. 480-6. La situation antérieure n'était, en effet, guère satisfaisante. En particulier, des personnes physiques étaient condamnées alors que l'infraction bénéficiait principalement, sinon exclusivement à des personnes morales. Par ailleurs, les premières supportaient des condamnations sous astreinte alors qu'elles n'avaient aucun pouvoir sur la construction. La loi Urbanisme et Habitat rend donc les personnes morales responsables des infractions au Code de l'urbanisme. Elle leur rend également applicables les dispositions des articles L. 131-38 (quintuplement du taux maximum de l'amende) et L. 131-39, 2o (interdiction d'exercer l'activité professionnelle), 3o (placement sous surveillance judiciaire), 4o (fermeture définitive), 5o (exclusion des marchés publics) et 9o (affichage de la décision prononcée ou diffusion de celle-ci) du Code pénal.

section 2

Les poursuites

833 Le déroulement des poursuites devant le tribunal correctionnel (délits) ou le tribunal de police (contraventions) obéit en principe aux règles de droit commun de la procédure pénale. On traitera donc de la constatation des infractions (§ 1) et de l'engagement des poursuites (§ 2). Mais on relèvera aussi que le Code de l'urbanisme autorise l'autorité administrative ou judiciaire à prendre des mesures conservatoires dès qu'une infraction est constatée (§ 3).

§ 1 La constatation des infractions

834 Les infractions au Code de l'urbanisme sont, le plus souvent, constatées au moyen d'un procès-verbal (C. urb., art. L. 480-1). Il faut insister sur l'importance de cette formalité qui est, tout à la fois, le premier acte de la procédure pénale susceptible d'être engagée et le document servant de base à l'arrêté interruptif de travaux que l'autorité administrative peut être amenée à prendre. L'établissement du procès-verbal constitue ainsi une condition de la légalité de l'arrêté interruptif de travaux (CE 31 juill. 1996, *Cne Saint-Barthélémy*, req. n° 133926).

835 *Une obligation.* Afin de mieux garantir le respect du droit de l'urbanisme, la loi du 31 décembre 1976 a posé le principe selon lequel « lorsque l'autorité administrative et, au cas où il est compétent pour délivrer les autorisations, le maire ou le président de l'EPCI compétent a connaissance d'une infraction (...), ils sont tenus d'en faire dresser procès-verbal » et de transmettre, sans délai, copie de celui-ci au ministère public (C. urb., art. L. 480-1, al. 3 et 4 ; Crim. 3 nov. 2004, *Ferro*, n° 04-82.713, *RDI* 2005. 124, obs. G. Roujou de Boubée). L'établissement d'un procès-verbal est donc pour l'autorité administrative une obligation et sa méconnaissance est constitutive d'une faute de nature à engager sa responsabilité (CE 21 oct. 1983, *Min. Environnement et du Cadre de vie c/ Guedeu*, *Lebon* 424 ; 10 juill. 2006, *Cts Sabban*, req. n° 267943, *BJDU* 2006. 460, concl. E. Prada-Bordenave) à condition cependant que l'administration ait été encore en mesure de constater les infractions alléguées (CAA Lyon, 7 déc. 1999, *Martinon*, req. n° 95LY00113, *Lebon* T. 1080). Il s'agit, en toute hypothèse, d'une responsabilité de l'État. En effet, le juge administratif a considéré que la mission confiée aux autorités publiques par l'article L. 480-1 « doit être regardée comme remplie dans tous les cas pour le compte de l'État » (CE, sect., 16 nov. 1992, *Ville Paris*, req. n° 96016, *AJDA* 1993. 54, concl. H. Legal ; *Lebon* 406 ; *RFDA* 1993. 602, note J. Morand-Deviller et D. Moréno ; CAA Lyon, 19 nov. 1991, *Agnel*, req. n° 89LY01433, *AJDA* 1992. 128, obs. J.-P. Jouguelet et J.-F. Gipoulon ; *Lebon* 579, *RFDA* 1992. 685, obs. Ch. Buniet). L'obligation n'existe cependant que pour autant qu'il y a infraction, ce qui n'est pas le cas lorsqu'une déclaration de travaux a été déposée et que la décision de non opposition n'a été retirée que postérieurement à l'exécution de ces travaux (CAA Lyon, 19 déc. 1995, *Bonnet*, req. n° 95LY00192, *Lebon* T. 1091 ; *RDI* 1996. 365, obs. L. Touvet).

Liberté de la preuve. L'obligation qui est celle de l'autorité administrative de dresser procès-verbal doit être conciliée avec le principe de la liberté de la preuve en matière pénale. L'article 427 du Code de procédure pénale permet en effet au juge de se prononcer d'après son intime conviction après débat contradictoire. Il a ainsi été jugé que les infractions en matière d'urbanisme peuvent être établies par tout moyen de preuve autre que le procès-verbal dans le respect du principe posé à l'article 427 du Code de procédure pénale (Cass, 3e civ., 17 mars 1976 : *Bull. civ.* 1976, III, n° 127 ; Crim. 24 janv. 2012, n° 11-86.309). Ainsi, les infractions peuvent faire l'objet d'un constat d'huissier qui n'a toutefois pas la même force probante qu'un procès-verbal dressé par une personne habilitée (Crim. 18 juin 2013, n° 12-84.191 ; Crim. 29 oct. 2013, n° 12-88.245). Il ne vaut, en effet, qu'à titre de renseignement. De même et toujours en matière d'urbanisme, la jurisprudence a admis que la preuve de l'infraction pouvait résulter des éléments relatés dans un rapport d'expertise (Crim. 26 nov. 2002, n° 01-85.138 ; n° 00-86.040). Enfin, le juge pénal peut se contenter des déclarations du prévenu pour apprécier l'absence de prescription de l'action publique (Crim. 6 mars 2012, n° 11-84.710 : *JurisData* n° 2012-006901), y compris celles recueillies dans une autre procédure où entendu en qualité de victime, ses propos avaient été portés hors de la présence d'un avocat (Crim. 11 sept. 2012, n° 11-88.890). 836 ■

Les personnes habilitées. Le procès-verbal peut être établi par deux catégories d'agents. Il s'agit, en premier lieu, des officiers de police judiciaire, c'est-à-dire les maires et les adjoints ainsi que les officiers de police et de gendarmerie (Rép. min. n° 8681, *JOAN* 2 mai 1989. 2045) et des agents de police judiciaire. Sont agents de police judiciaire les fonctionnaires visés par l'article 20 alinéa 1 du Code de procédure pénale, à savoir les gendarmes et les fonctionnaires des services actifs de la police nationale, titulaires et stagiaires, n'ayant pas la qualité d'officier de police judiciaire. Les policiers municipaux sont, quant à eux, selon l'article 21 du Code de procédure pénale, des agents de police judiciaire adjoints. Ils ne sont donc pas visés par l'article L. 480-1 du Code de l'urbanisme comme étant susceptibles, es qualité, de constater des infractions (Crim. 15 déc. 2009, n° 09-83.013 : La Cour de cassation avait fait une application contraire pour le chef de la police municipale d'une commune qui ayant, en application de l'article 21 du Code de procédure pénale, la qualité d'agent de police judiciaire adjoint, peut, en vertu de ce texte et de l'article L. 480-1 du Code de l'urbanisme, constater les infractions à ce code). Il s'agit, en second lieu, des fonctionnaires et agents de l'État et des collectivités locales commissionnés à cet effet par le maire ou le ministre chargé de l'Urbanisme. Les agents de police municipale peuvent donc être commissionnés par le maire (Rép. min., n° 12223, *JO* Sénat 9 oct. 2014, p. 1421). 837 ■

Par ailleurs, les infractions concernant spécifiquement des immeubles compris dans un secteur sauvegardé ou soumis à la loi du 31 décembre 1913 sur les monuments historiques ou à la loi du 2 mai 1930 relative aux sites sont constatées par des agents commissionnés par le ministre chargé des monuments historiques et des sites.

Droit de visite. Les personnes habilitées disposent d'un droit de visiter les constructions en cours, de procéder aux vérifications qu'elles jugent utiles et se faire communiquer tous documents techniques se rapportant à la réalisation des bâtiments. Plusieurs demandes de questions prioritaires de constitutionnalité portant sur ce droit de visite ont été rejetées par la Cour de cassation au motif qu'il ne s'agit ni de questions 838 ■

nouvelles, ni de questions sérieuses (Crim. 7 janv. 2014, n° 13-90.029, *Constr.-Urb.* 2014, n° 59, obs. L. de Graëve ; Crim. 8 mai 2014, n° 13-87.112). Le droit de visite ne s'apparente par ailleurs ni à une perquisition, ni à une visite domiciliaire (Crim. 13 nov. 2013, n° 12-87.932). Concernant la sanction à l'obstacle au droit de visite, le Conseil Constitutionnel a considéré « qu'eu égard au caractère spécifique et limité du droit de visite, cette incrimination n'est pas de nature à porter atteinte à l'inviolabilité du domicile et que le grief tiré de l'atteinte à la liberté individuelle est inopérant » (Cons. const. 9 avr. 2015, n° 2015-464 QPC).

■ 839 *Formalisme.* Sur le fond, le procès-verbal doit expressément constater l'infraction. Ainsi, un simple procès-verbal dressé par la gendarmerie qui se borne à enregistrer la plainte du maire ne saurait tenir lieu de procès-verbal constatant l'infraction (CE 10 janv. 1996, *Populaire*, req. n° 125314, *Lebon* T. 1224). En la forme, il doit obligatoirement préciser la date, le lieu et la nature des infractions commises. Il doit être signé et porté à la connaissance des contrevenants. Il fait foi jusqu'à preuve du contraire et a pour effet d'interrompre la prescription de l'infraction.

En effet, même si le procès-verbal a le caractère d'un acte de procédure pénale dont la régularité ne peut être appréciée que par les juridictions judiciaires, celle-ci peut être contestée devant le juge administratif à l'occasion d'un recours dirigé contre l'arrêté interruptif de travaux. À cette occasion, le juge administratif est habilité à vérifier, d'une part, que le rédacteur du procès-verbal est bien l'un des agents énumérés à l'article L. 480-1 du Code de l'urbanisme et, d'autre part, que la consistance des faits qui y sont relatés permet au maire de motiver correctement son arrêté. En revanche, les arguments tirés de ce que le procès-verbal n'a pas été établi contradictoirement et signé par l'intéressé et ne lui a pas été envoyé par lettre recommandée ou ceux tirés de la présence et de la pertinence des mentions relatives à la qualification pénale susceptible d'être donnée à ces faits sont inopérants devant le juge administratif (Crim. 10 oct. 2006, n° H06-81.841 ; TA Lyon, 11 oct. 1995, *Perret*, req. nos 95-1412, 95-1413, *BJDU* 1996. 41, concl. J.-P. Martin). Il est par ailleurs jugé que les procès-verbaux ne sont pas frappés de nullité par le seule fait que les constatations qu'ils font l'ont été à partir d'une propriété privée sans autorisation (Crim. 18 juin 2013, n° 12-84.191).

§ 2 L'engagement des poursuites

■ 840 Il convient de distinguer l'action du ministère public (A) des possibilités de constitution de partie civile (B).

A. Le ministère public

■ 841 Si l'autorité administrative est tenue de transmettre une copie du procès-verbal au ministère public, celui-ci apprécie librement l'opportunité des poursuites. Conformément au droit pénal général, le procureur est libre d'engager ou non les poursuites. Il n'en va plus de même en cas de constitution de partie civile. Il est alors tenu de prendre des réquisitions malgré une éventuelle décision de classement sans suite prise antérieurement. À cet égard, il résulte de l'évolution législative et jurisprudentielle que l'on va exposer ci-après, que le parquet a très largement perdu le monopole de l'engagement des poursuites.

B. La constitution de partie civile

La constitution de partie civile permet à la victime, en portant son action civile en réparation devant le juge pénal, de mettre en mouvement l'action publique en cas de carence du parquet. Elle est aujourd'hui ouverte, sous certaines conditions, aux particuliers, à certaines associations et aux communes. 842 ■

Les particuliers. Pendant longtemps la Cour de cassation a refusé que le tiers lésé puisse se constituer partie civile en matière d'infraction au droit pénal de l'urbanisme. La Haute juridiction considérait qu'en raison de l'objet des règles d'urbanisme, à savoir la protection de l'intérêt général, leur violation ne pouvait constituer un préjudice direct pour les particuliers au sens de l'article 2 du code de procédure pénale. Cette solution a été abandonnée par la Cour de cassation dans l'arrêt Henneton (Crim. 17 janv. 1984, *Bull. crim.* n° 24 ; *RDI* 1984. 254, obs. G. Roujou de Boubée ; *RFDA* 1985. 125, note H. Charles). La Cour y juge que « s'il est vrai que les dispositions du Code de l'urbanisme relatives au permis de construire ont été édictées en vue de l'intérêt général, elles n'en tendent pas moins également à la protection de particuliers auxquels l'exécution de travaux de construction en méconnaissance des prescriptions légales peut éventuellement causer un préjudice direct et personnel de nature à servir de base à une action civile devant la juridiction répressive ». Cette solution permet au tiers lésé, le plus souvent le voisin, de se constituer partie civile. Cela vaut pour l'ensemble des infractions au Code de l'urbanisme (Crim. 18 déc. 1984, n° 84-90.066 ; 15 juin 1994, *Bull. crim.* n° 238 : construction sans permis ; Crim. 1er févr. 1995, *Bull. crim.* n° 47 : travaux réalisés sans déclaration) ainsi que pour la réparation de tous les chefs de dommage : dommage à la santé, privation de vue ou nuisance sonore par exemple (Crim. 18 nov. 1986, *RDI* 1987. 300, chron. G. Roujou de Boubée ; 15 juin 1994, *Bull. crim.* n° 238 ; 22 août 1994, n° 93-83.821, *Dr. envir.* 1994, n° 28, p. 20, note J.-H. Robert ; 18 juin 1997, *Bull. crim.* n° 247 ; Dr. pénal 1997. 147, note J.-H. Robert), à la stricte condition qu'ils trouvent leur source dans l'infraction aux règles d'urbanisme (Crim. 12 déc. 1996, *Chambre des Métiers du Rhône*, n° 96-80.125 : irrecevabilité de l'action civile d'une chambre des Métiers). Ainsi, dans le cas d'une construction irrégulière, l'indemnisation ne peut couvrir que le préjudice résultant de l'existence de ladite construction, à l'exclusion de celui lié à l'utilisation qui en est faite (Crim. 17 janv. 1996, *Prissette*, *Bull. crim.* n° 29 ; *BJDU* 1996. 434, obs. G. Deville). 843 ■

Les associations agréées pour la protection de l'environnement. Les associations agréées de protection de l'environnement remplissant les conditions fixées par l'article L. 141-1 du Code de l'environnement se sont vues reconnaître la possibilité d'exercer les droits reconnus à la partie civile pour la première fois par la loi du 2 février 1995 (C. urb., art. L. 160-1, L. 480-1). Il suffit pour cela que l'association, d'une part, se propose par ses statuts d'agir pour la protection et l'aménagement du cadre de vie et de l'environnement et, d'autre part, que l'infraction porte un préjudice direct ou indirect aux intérêts collectifs que l'association a pour objet de défendre (Crim. 1er déc. 1981, *Bull. crim.* n° 316, *RDI* 1982. 439, chron. G. Roujou de Boubée). Mais l'action civile ne leur est pas ouverte au-delà des infractions visées par l'article L. 160-1 qui sont cependant largement définies (Crim. 15 févr. 1995, nos 94-80.740 et 94-80.741 (2 esp.), *Dr. envir.* 1995, n° 34, p. 10, note J.-H. Robert). 844 ■

845 *Les communes et les EPCI compétents en matière d'urbanisme.* Pour des motifs proches de ceux opposés aux particuliers, le juge répressif refusait traditionnellement que les communes fussent recevables à exercer les droits reconnus à la partie civile (Crim. 13 janv. 1960, *Bull. crim.* n° 13). Une telle position devenait difficilement justifiable après l'arrêt Henneton, lorsque la commune pouvait faire état d'un préjudice distinct de celui subi par certains de ses habitants. Ce droit leur a donc été expressément reconnu par la loi du 18 juillet 1985 selon laquelle la commune ou, depuis la loi du 12 juillet 2010 portant engagement national pour l'environnement, l'EPCI compétent en matière d'urbanisme, peut se porter partie civile, en ce qui concerne les faits commis sur son territoire et constituant une infraction aux dispositions des articles L. 160-1 et L. 480-1 (C. urb., art. L. 160-1). Ils ne peuvent toutefois exercer l'action civile en démolition que si l'existence d'un préjudice est démontré (Civ. 3e, 25 mars 1998, *Cne Saint Martin-du-Crau,* n° 96-12.410, *Bull. civ.* III, n° 75). Celui-ci n'a cependant pas à être personnel et direct (Crim. 9 avr. 2002, *Bigorgne,* n° 01-82.687, *RDI* 2002. 435, obs. P. S.-C.).

846 *Autres personnes publiques et organismes.* La loi du 2 février 1995 a par ailleurs élargi la possibilité de se constituer partie civile à l'Agence de l'environnement et de la maîtrise de l'énergie, au Conservatoire de l'espace littoral et des rivages lacustres, à l'Office national de l'eau et des milieux aquatiques, aux agences de l'eau, à l'Office national de la chasse et de la faune sauvage et au Centre des monuments nationaux en ce qui concerne les faits portant un préjudice direct ou indirect aux intérêts qu'ils ont pour objet de défendre. Les chambres d'agriculture, les parcs naturels régionaux et le Centre national de la propriété forestière peuvent également exercer les droits reconnus à la partie civile dans les mêmes conditions (C. envir., art. L. 132-1).

§ 3 L'édiction de mesures conservatoires

847 Lorsqu'une infraction est constatée, le Code de l'urbanisme permet l'édiction de mesures conservatoires. La plus importante d'entre elles est l'interruption des travaux. Mais ce n'est pas la seule. Ainsi, l'article R. 480-7 habilite l'autorité publique, dans certaines circonstances, à ordonner la fermeture temporaire et l'évacuation des terrains de camping. Il convient de préciser le champ d'application de l'arrêté interruptif des travaux (A), les autorités compétentes pour l'édicter (B) et les règles de forme et de procédure qu'il doit respecter (C), puis les conditions de l'exécution de cette mesure (D) et les recours dont elle peut faire l'objet (E).

A. Le champ d'application de l'arrêté interruptif de travaux

848 L'interruption des travaux ne peut être ordonnée qu'en raison des infractions pénales énumérées par l'article L. 480-4 (CE 15 avr. 1992, *SCI « Chaptal »*, req. n° 67407, *Lebon* T. 1395 ; 3 juin 1998, *Delaunoy*, req. n° 129254, *BJDU* 1998. 285, concl. G. Goulard). Le maire peut donc ordonner l'interruption de travaux exemptés de permis de construire (CE 26 nov. 2010, *Min. Écologie*, req. n° 320871, *Lebon* T. 1019 ; *BJDU* 2011. 115, concl. M. Guyomar), de même que des travaux sur immeubles classés ou une démolition réalisée sans permis de démolir depuis l'ordonnance du 8 décembre 2005 (v. antérieurement, CAA Paris, 7 mai 1996, *Min. Équipement c/ Sté Sotraco*, req. n° 94PA00229, *Lebon* 578 ; *BJDU* 1996. 409, concl. J.-P. Paître ; CAA Paris,

16 déc. 1997, *Guillard*, req. n° 96PA00297, *Lebon* T. 1130 ; *Defrénois* 1998. 1232, obs. S. Pérignon). En revanche, les travaux ne peuvent être interrompus au seul motif de l'illégalité du permis de construire (CE 14 déc. 1981, *SARL European Homes*, req. n° 15499, *Lebon* 471 ; CE 26 juin 2013, n° 344331, *SCI D'Anjou*, *Lebon* T. 463 ; *Constr.-Urb.* 2013, n° 117, note P. Cornille ; *BJDU* 5/2013.369, concl. X. de Lesquen) ou que les travaux méconnaissent le document local d'urbanisme (CE 26 juin 2013, n° 344331, *SCI Danjou*, préc.,). Enfin, le maire ne peut prendre un arrêté interruptif que pour autant que les travaux sont irréguliers (CAA Lyon, 7 déc. 1999, *Martinon*, req. n° 95LY00113) et inachevés (CAA Paris, 10 déc. 1998, *SCI Ozoir Loisirs*, req. n° 97PA01037, *Lebon* T. 1232).

B. Les autorités compétentes pour ordonner l'interruption des travaux

Juge d'instruction. Dès l'établissement du procès-verbal, l'interruption des travaux peut être prononcée par l'autorité judiciaire, c'est-à-dire par le juge d'instruction chargé des poursuites ou par le tribunal correctionnel. Cette mesure peut être ordonnée sur réquisition du ministère public agissant à la requête du maire, du préfet ou d'une association agréée pour la protection de l'environnement. Elle peut également être prononcée d'office. L'autorité judiciaire statue après avoir entendu le bénéficiaire des travaux ou l'avoir dûment convoqué à comparaître dans les 48 heures. L'ordonnance d'interruption des travaux est immédiatement exécutoire nonobstant l'exercice de toute voie de recours (C. urb., art. L. 480-2). 849

Autorité administrative. En droit, l'intervention de l'autorité administrative n'a qu'un caractère subsidiaire car le maire ne peut prendre une décision d'interrompre les travaux que si l'autorité judiciaire ne s'est pas encore prononcée. Mais en pratique, de telles décisions émanent le plus souvent du maire (à propos de la régularité d'une délégation de pouvoir, v. CE 17 janv. 2007, *Min. Transports, Équipement, Tourisme et Mer*, req. n° 291895, *Envir.* 2007. 60, obs. J.-M. Février et Crim. 12 mars 2013, n° 12-83.374). L'arrêté interruptif doit être obligatoirement précédé de l'établissement d'un procès-verbal dont la régularité conditionne la légalité de l'arrêté interruptif des travaux (C. urb., art. L. 480-2, al. 3 ; v. ss 834). Il intervient sous la forme d'un arrêté motivé et est susceptible de recours. Mais une simple mise en garde ne peut être qualifiée de décision ordonnant l'interruption des travaux et ne fait pas grief (CE 15 avr. 1996, *Carillo*, req. n° 122136). Par ailleurs, aucune disposition du Code de l'urbanisme n'autorise le maire à ordonner l'enlèvement d'installations établies dans des conditions irrégulières dans le cas où les travaux sont entièrement achevés (CAA Paris, 30 janv. 1996, *Guelin*, req. n° 94PA00366). Une copie de la décision doit être transmise au parquet. En cas de carence du maire et après mise en demeure restée sans résultat pendant 24 heures, le préfet peut se substituer à lui.

L'arrêté interruptif des travaux pris par le maire en sa qualité d'auxiliaire de l'autorité judiciaire, l'est au nom de l'État, même lorsque la commune est dotée d'un document local d'urbanisme (CE, sect., 16 nov. 1992, *Ville Paris*, *AJDA* 1993. 54, concl. H. Legal ; *Lebon* 406, *RFDA* 1993. 602, note J. Morand-Deviller et D. Moreno). Il en résulte, d'une part, que son entrée en vigueur n'est pas subordonnée à sa transmission au préfet (CE 1er oct. 1993, *Marchal*, req. n° 123861) ; d'autre part, que le préfet dispose d'un pouvoir hiérarchique de réformation ; que, de troisième part, n'étant pas partie à l'instance, la commune n'a qualité ni pour faire appel, ni pour se 850 pourvoir en cassation contre une décision juridictionnelle suspendant ou annulant un tel acte alors même qu'elle aurait été appelée par le premier juge à produire ses observations (CE 8 nov. 2000, *EURL Les Maisons Traditionnelles*, req. n° 197505, *Lebon* 509 : le ministre peut toutefois régulariser la requête en s'appropriant les conclusions de la commune même après l'expiration du délai d'appel ; CE 7 nov. 2001, *Cne Saint-Gaudens*, req. n° 230434, *Lebon* T. 1081 ; *Coll. terr*. 2002. 66, obs. Th. Célérier ; Crim. 17 mai 2011, n° 10-82.655, *RDI* 2011. 622, obs. G. Roujou de Boubée). Enfin, cet acte n'engage que la responsabilité de l'État.

■ 851 Le prononcé de l'interruption des travaux est, en principe une simple faculté pour l'autorité judiciaire ou administrative compétente. Il a cependant été apporté une exception à cette règle par la loi du 31 décembre 1976 modifiée par l'ordonnance du 8 décembre 2005 (C. urb., art. L. 480-2, al. 10). L'autorité administrative a ainsi l'obligation d'ordonner l'interruption des travaux en cas de construction sans permis ou d'aménagement sans permis d'aménager, ou de constructions ou d'aménagement poursuivis malgré une décision de la juridiction administrative suspendant le permis de construire ou le permis d'aménager (CE 15 avr. 1992, *SCI « Chaptal »*, préc. : pour l'application de cette disposition, le juge a assimilé à la construction sans permis la construction sur la base d'un permis périmé ; sur les conséquences de cette distinction : CE 3 mai 2002, *Min. Équipement c/ Frontoni*, req. n° 240853, *Constr.-Urb.* 2002, n° 222, obs. N. Rousseau ; *RDI* 2002. 344, obs. L. Derepas ; sur la suspension : CE 6 févr. 2004, *Masier*, req. n° 256719 ; *Coll. terr*. 2004. 92, obs. G. Pellissier ; *BJDU* 2004. 138, concl. J.-H. Stahl ; *RDI* 2004. 221, obs. P. S.-C.).

C. Les règles de forme et de procédure

■ 852 Lorsque l'interruption des travaux est le fait de l'autorité judiciaire, celle-ci ne peut statuer qu'après avoir entendu le bénéficiaire des travaux ou l'avoir dûment convoqué à comparaître dans les 48 heures. Lorsqu'elle est le fait de l'autorité administrative, celle-ci doit respecter une procédure contradictoire en application des dispositions combinées de l'article 24 de la loi du 13 avril 2000 et de l'article 1er de la loi du 11 juillet 1979 et mettre le pétitionnaire en mesure de présenter ses observations écrites, ceci sous réserve de l'urgence (CE 10 mars 2010, *Thévenet*, req. n° 324076, *Lebon* T. 1019 ; *BJDU* 2010. 103, concl. A. Courrèges). Le manquement à cette obligation relevant de la légalité externe n'est sanctionné que si l'administration n'est pas en situation de compétence liée, ce qui est le cas lorsqu'elle prononce l'interruption des travaux sur le fondement de l'article L. 480-2, alinéa 3 du Code de l'urbanisme (CE 3 mai 2002, *Min. Équipement c/ Frontoni*, préc. ; 29 déc. 2006, *Min. Transports, Équipement, Tourisme et Mer*, req. n° 271164, *RDI* 2007. 367, obs. P. S.-C.). Elle est en revanche en situation de compétence liée lorsqu'elle le prononce en application de l'article L. 480-2, alinéa 10 du Code de l'urbanisme (v. ss 851), sauf si les travaux concernés présentent une certaine importance et constituent un risque pour la sécurité des riverains (CAA Paris, 26 févr. 1998, *Guedon*, *Lebon* T. 1232 ; *BJDU* 1998. 189, concl. B. Phémolant). L'arrêté interruptif de travaux doit par ailleurs être motivé (C. urb., art. L. 480-2).

D. Les mesures d'exécution de la décision d'interruption des travaux

L'exécution forcée. L'exécution de la décision, administrative ou judiciaire, d'interrompre les travaux relève de la compétence du maire ou, en cas de carence de l'autorité municipale, du préfet, après mise en demeure de celui-ci. À ce titre, le maire peut prendre toute mesure de coercition nécessaire et notamment procéder à la saisie des matériaux approvisionnés ou du matériel de chantier. La saisie et, au besoin, l'apposition des scellés sont effectuées par les agents habilités à constater l'infraction (C. urb., art. L. 480-2, al. 7). 853 ■

Les sanctions pénales. En plus de ces mesures coercitives, la continuation des travaux en violation de l'ordre d'interruption constitue un nouveau délit sanctionné d'une peine de 75 000 € et/ou de 3 mois d'emprisonnement (C. urb., art. L. 480-3). Il faut préciser à cet égard que tant que l'arrêté interruptif est en vigueur, les travaux ne peuvent pas reprendre, nonobstant la délivrance d'un permis modificatif (T. corr. Nice, 25 oct. 2010, n° 3848/10, *RDI* 2011. 106, obs. G. Roujou de Boubée). 854 ■

Le référé civil. Le Code de l'urbanisme confie au seul juge pénal la mission de réprimer les infractions commises en cette matière. Le juge des référés civils est toutefois habilité à prescrire toutes mesures utiles pour mettre fin au trouble manifestement illicite, même s'il ne sera pas appelé à connaître du fond du dossier. Cette disposition peut être ainsi l'occasion pour le juge civil de faire cesser des violations à des règles d'urbanisme. C'est la solution que retient la Cour de cassation en considérant que « la cour d'appel, qui s'est reconnue à bon droit compétente, dès lors que la connaissance du litige relevait au fond du juge répressif, lequel appartient au même ordre de juridiction, n'a pas excédé les limites de cette compétence, en constatant l'existence d'un trouble illicite, ce qui impliquait la vérification de la conformité des travaux aux règles d'urbanisme, ni en s'abstenant de préciser la date à laquelle prendrait fin la fermeture ordonnée, cette date ne pouvant être que celle de l'obtention du permis régularisant la situation des locaux » (Civ. 1re, 17 déc. 2002, *Sté Bar Loisirs Club*, *Bull. civ.* I, n° 307, *RDI* 2003. 385, obs. P. S.-C. ; 14 mai 1991, *Bull. civ.* I, n° 158). 855 ■

E. Les recours contre la décision d'interruption des travaux

Juge judiciaire. L'autorité judiciaire est compétente pour ordonner la mainlevée de l'ordre d'interruption des travaux que celui-ci émane d'elle-même ou de l'autorité administrative (Crim. 5 mai 1981, *Bull. crim.* n° 138 ; 20 janv. 1986, *RDI* 1986. 267, obs. G. Roujou de Boubée). De même, si l'autorité judiciaire prononce une décision de relaxe ou de non-lieu, la décision d'interruption des travaux cesse de produire effet (CE 22 oct. 1975, *SCI « Domaine de Mas de Tanit »*, req. n° 93434, *Lebon* T. 1330 ; *JCP* 1976. II. 18239, note G. Liet-Veaux. En cas de classement sans suite : CE 10 mai 1985, *Cne Aigues-Mortes*, req. n° 32293, *AJDA* 1985. 511, obs. L. Richer ; CAA Douai, ass. plén., 12 juill. 2001, *SCI Séverine*, req. n° 97DA02016, *RDI* 2002. 276, obs. P. S.-C. ; CE 8 juin 2001, *Sté Lidl*, req. n° 231561, *Constr.-Urb.* 2001, n° 235, obs. P. Cornille ; *RDI* 2001. 543, obs. P. S.-C.). L'interruption des travaux est donc ordonnée par l'autorité administrative sous le contrôle de l'autorité judiciaire. Au demeurant, et de manière exceptionnelle, la qualification juridique des faits donnée par le juge pénal s'impose à l'administration et au juge administratif (CE, ass., 8 janv. 1971, *Min. Intérieur c/* 856 ■

Desamis, *Lebon* 19 ; CE 22 juill. 1994, *Baillère et Krywecky*, req. n° 135127 ; 10 oct. 2003, *Cne Soisy-sous-Montmorency et SA pour l'aide à l'accession à la propriété des locataires*, req. n° 242373, *Lebon* 390 ; *Constr.-Urb.* 2004, n° 18, obs. Ph. Benoit-

Juge administratif. Pour autant, le juge administratif n'est pas dessaisi de ses prérogatives. En effet, l'arrêté interruptif des travaux pris par le maire constitue bien un acte administratif faisant grief et, à ce titre, susceptible de faire l'objet d'un recours pour excès de pouvoir (CE 4 juill. 1951, *Sté des carburants du Sud-Ouest*, *Lebon* 392 ; 3 janv. 1975, *Sté Cannes-Bénéfiat*, *Lebon* 2), voire même d'une demande de référé-suspension ou de référé-liberté (CE 3 mai 2002, *Min. Équipement c. Frontoni*, préc. ; 23 mars 2001, *Sté Lidl*, *Lebon* 154 ; *RDI* 2001. 275, obs. P. S.-C. ; 15 mars 2004, *Ducastel*, n° 259853, *Constr.-Urb.* 2004, n° 117, obs. P. Cornille ; 28 mars 2008, *Min. Écologie c/ Kadri*, req. n° 314368, *BJDU* 2008. 133, obs. J.-C. B.). De même le refus de lever les scellés peut faire l'objet d'un recours et d'une demande de suspension en référé (CE 8 juin 2001, *Sté Lidl*, préc.). Enfin, la mainlevée d'un arrêté interruptif ne rend pas sans objet le recours en annulation formé devant le juge administratif (CE 10 oct. 2003, *Cne Soisy-sous-Montmorency et SA pour l'aide à l'accession à la propriété des locataires*, préc.).

section 3

Les sanctions

857 Les infractions au droit pénal de l'urbanisme sont sanctionnées par le prononcé de peines pénales (§ 1). Mais la matière présente une originalité tenant à ce que la condamnation peut être assortie de mesures de restitution (§ 2). On rattachera à cette question celle des aspects fiscaux des infractions au droit de l'urbanisme (§ 3).

§ 1 Les peines

858 Les peines applicables aux infractions en matière d'urbanisme ont été substantiellement renforcées par la loi n° 93-121 du 27 janvier 1993 suivant en cela les propositions du rapport du Conseil d'État soucieux de rendre le droit pénal de l'urbanisme plus dissuasif (*L'urbanisme : pour un droit plus efficace*, préc. p. 114 s. ; G. Roujou de Boubée, « Le risque pénal en droit de l'urbanisme. Les sanctions », *RDI* 2001. 421). Dans le cas de la réalisation de surface de plancher, le montant maximal de l'amende est égal à 6 000 € par m² de surface construite, démolie ou rendue inutilisable. S'il y a récidive, la peine d'amende peut être complétée par un emprisonnement de six mois. Dans les autres cas, l'amende peut s'élever à 300 000 euros (C. urb., art. L. 480-4). La fixation par la loi d'un montant minimal de l'amende ne saurait être remis en cause au regard du principe de la personnalisation des peines (Crim. 12 juin 2012, n° 12-90.030 ; Crim. 1er oct. 2013, n° 13-81.184).

Dans le cas des infractions en matière de lotissement (C. urb., art. L. 442-3, L. 442-4), la peine prévue est de 18 000 € et de 45 000 € en cas de récidive (C. urb., art. L. 480-4-1).

L'obstacle au droit de visite est sanctionné, quant à lui, par une amende de 3 750 €. En outre, une peine d'emprisonnement d'un mois pourra être prononcée

(C. urb., art. L. 480-12 ; sur la constitutionnalité de cette incrimination : Cons. const. 9 avr. 2015, n° 2015-464 QPC).

§ 2 Les *mesures de restitution*

Ce sont des mesures que seule la juridiction répressive, à l'exclusion de la juridiction civile (Civ. 3e, 2 févr. 2005, *Sté Polangis Automobile c/ Cne Joinville-le-Pont*, n° 04-16.964, *Constr.-Urb.* 2005, n° 73, obs. Ph. Benoit-Cattin), peut prononcer en plus de la condamnation pénale (C. urb., art. L. 480-5). Elles visent à la mise en conformité des lieux et des ouvrages avec la règle ou l'autorisation violée. Elles ne constituent donc pas une peine mais des mesures de caractère réel qui ont pour objet de faire disparaître la situation illicite née de l'infraction pénale (Crim. 6 nov. 2012, n° 12-82.449, *Bull. crim.* 2012, n° 239 ; *JCP* G 2013, n° 144, note E. Dreyer ; *Dr. pén.* 2013, n° 8 ; Crim. 15 janv. 2013, n° 12-84.666). Cette qualification est cependant parfois critiquée (note E. Dreyer, *JCP* N 2013, n° 144). Quoiqu'il en soit, il résulte de ce caractère qu'elles ne peuvent être prononcées à titre de peines principales (v. cependant, CA Bourges, 2 mai 2013, *JCP* G 2013, n° 11101, note J. Leroy), à la différence des peines complémentaires (Crim. 14 nov. 1989, n° 88-86.595, *RDI* 1990. 131, obs. G. Roujou de Boubée ; 23 nov. 1994, *Bull. crim.* n° 377 ; 20 mars 2001, n° 00-84.968 ; 2 oct. 2007, n° 06-85.363, *RDI* 2008. 46, obs. G. Roujou de Boubée ; *Dr. pénal* 2007. 162, obs. J.-H. Robert) ; qu'elles ne sont pas soumises à la prescription de la peine (Crim. 23 nov. 1994, *Bull. crim.* n° 375) ; qu'elles incombent exclusivement au bénéficiaire des travaux (Crim. 12 oct. 1983, *Bull. crim.* n° 245 ; *RDI* 1984. 109, obs. G. Roujou de Boubée) ; qu'une partie civile peut les solliciter à titre de réparation civile (Crim. 24 févr. 2004, n° 03-84.210) et que le constructeur initial est autorisé à en transférer conventionnellement le risque aux acquéreurs successifs de l'immeuble litigieux (Civ. 3e, 22 nov. 2006, *Ch. Pellerin c/ Sté Palmetto SA*, n° 05.14.833, *Constr.-Urb.* 2007, n° 17, obs. P. Cornille ; *Defrénois* 2007. 38585, note J.-Ph. Meng ; *BJDU* 2007. 77, obs. F. Nesi). 859 ■

Elles peuvent être de deux sortes : il peut s'agir soit de « la mise en conformité des lieux ou des ouvrages avec le règlement, l'autorisation administrative ou la déclaration en tenant lieu », soit de « la démolition des ouvrages ou (de) la réaffectation du sol en vue du rétablissement des lieux dans leur état antérieur » (C. urb., art. L. 480-5 ; F. Pochon, « Le contentieux de la démolition d'un immeuble neuf », *AJPI* 1982. 446 ; S. Pérignon et L. Peironet, « La mesure de démolition ordonnée par le juge répressif », *Defrénois* 2000. 37093). Il convient d'envisager le prononcé (A) puis l'exécution de ces mesures (B).

A. Le prononcé des mesures de restitution

Les mesures de restitution peuvent être prononcées en cas de condamnation pour une infraction prévue aux articles L. 160-1 et L. 480-4 du Code de l'urbanisme, y compris une infraction au permis de démolir (sur l'application de la procédure du « plaider-coupable » en la matière : v. G. Roujou de Boubée, *RDI* 2004. 568). Leur prononcé n'exclut pas une condamnation à des dommages-intérêts au profit de la partie civile (Crim. 16 nov. 2010, n° 10-82.176). 860 ■

Dès lors que l'infraction est constituée, une mesure de restitution peut être demandée par la partie civile à titre de réparation civile (Crim. 24 févr. 2004, n° 03-

84.210, préc.), être ordonnée d'office par le juge, voire même être prononcée pour la première fois en appel (Crim. 15 juill. 1981, *RDI* 1982. 302, obs. G. Roujou de Boubée). Les juges du fond, qui ne sont pas tenus par l'avis de l'administration, décident souverainement s'il y a lieu ou non de l'ordonner (Crim. 29 oct. 1970, *Bull. crim.* n° 284 ; 3 févr. 1976, *Bull. crim.* n° 39 ; 10 avr. 1986, *RDI* 1986. 402 ; 16 juin 1987, *Bull. crim.* n° 410 ; 15 oct. 1997, *Bull. crim.* n° 339 ; *RDI* 1998. 311, chron. G. Roujou de Boubée ; 23 nov. 1994, *Beau*, *Bull. crim.* n° 377 ; 19 oct. 2004, n° 04-82.038, *Dr. pénal* 2005. 8, obs. J.-H. Robert ; *RDI* 2005. 125, obs. G. Roujou de Boubée) et de l'étendue qu'il convient de lui donner (Crim. 21 juin 1976, *Bull. crim.* n° 224 ; 21 mars 1978, *Bull. crim.* n° 112 : cas des constructions indivisibles). La réparation du préjudice subi par les parties civiles doit cependant être intégrale (Crim. 15 janv. 1997, *Marchiani*, *Bull. crim.* n° 11 ; *Dr. pénal* 1997. 67, note J.-H. Robert). Les juges du fond n'ont pas à motiver leur décision sur ce point (Crim. 5 févr. 1970, *Bull. crim.* n° 57 ; 10 juin 1986, *RDI* 1986. 402, chron. G. Roujou de Boubée), pas plus qu'ils ne sont astreints à préciser les modalités des travaux d'aménagement au moyen desquels la mise en conformité devra être réalisée (Crim. 20 oct. 1973, *Bull. crim.* n° 389). Ils peuvent également procéder à un ajournement du prononcé de la peine avec injonction de remise en état des lieux (Crim. 30 oct. 2007, n° 07.80.667, *RDI* 2008. 96, obs. G. Roujou de Boubée ; *Dr. pénal* 2008. 6, obs. J.-H. Robert).

861 La liberté d'appréciation de la juridiction répressive est cependant limitée dans deux hypothèses. En premier lieu, le juge ne peut ordonner la modification ou la destruction des ouvrages publics que dans les conditions fixées par la jurisprudence remettant partiellement en cause le principe de leur intangibilité (T. confl. 6 mai 2002, *Binet c/ EDF*, *AJDA* 2002. 1229, note P. Sablière ; *JCP* E 2002. II. 10170, concl. Duplat ; *CJEG* 2002. 646, note B. Genevois ; CE, sect., 29 janv. 2003, *Synd. dptal de l'électricité et du gaz des Alpes-Maritimes et Cne Clans*, *Lebon* 21, concl. Ch. Maugüé ; CAA Lyon, 6 juill. 2006, *SCI Plein Sud c/ Cne Val d'Isère*, req. n° 03LY01742, *Constr.-Urb.* 2007, n° 22, obs. N. Rousseau ; Civ. 3e, 30 avr. 2003, *Mourateau c/ Cne Verdun-sur-Ariège*, *Bull. civ.* 2003, III, n° 92 ; Civ. 1re, 28 juin 2005, *Bartoli c/ Cne Palneca*, n° 03-19.308, *BJCL* 2005. 609, concl. J. Sainte Rose ; obs. L. Janicot ; v. ss 752). En second lieu, la délivrance d'un permis de régularisation licite interdit d'ordonner la démolition des constructions litigieuses (Crim. 10 mai 1983, *RDI* 1983. 512, obs. G. Roujou de Boubée ; 15 janv. 2002, *Raymonde Mack*, n° 01-83.284 ; 11 déc. 2007, n° 07-82.817, *RDI* 2008. 276, obs. G. Roujou de Boubée ; 16 déc. 2014, n° 6669, *Assoc. du Centre de loisirs d'Amnéville* ; D. Moreno, Droit pénal de l'urbanisme : mieux vaut une bonne régularisation qu'une mauvaise démolition, Le Moniteur, n° 20, sept. 2014, complément urbanisme aménagement, chron. p. 8). Pour autant, le permis de régularisation ne fait pas disparaître l'infraction et le prévenu peut se voir condamner à acquitter à la partie civile une indemnité propre à réparer le dommage né de l'infraction (Crim. 15 janv. 2002, *Raymonde Mack*, préc. ; Crim. 13 nov. 2013, n° 12-84.430, *Constr.-Urb.* 2014, n° 8, note P. Cornille).

Une autre limite au prononcé des mesures de restitution tient à ce que la démolition ne peut être ordonnée que si la personne déclarée coupable de l'infraction est le bénéficiaire des travaux ou de l'utilisation irrégulière du sol (Crim. 12 oct. 1983, *Bull. crim.* n° 245 ; *RDI* 1984. 109, chron. G. Roujou de Boubée ; 10 janv. 1996, n° 95-85.938, *Dr. pénal* 1996. 89). Pour donner une base légale à sa décision, la juridiction doit donc établir à quel titre la personne condamnée à la démolition était bénéficiaire des travaux (Crim. 10 janv. 1996, *Pariset*, *Bull. crim.* n° 13 ; *RDI* 1997. 307, chron. G. Roujou de Boubée ; *Dr. envir.* 1996 n° 37, p. 12, note J.-H. Robert).

Par ailleurs, la démolition incombant au bénéficiaire des travaux à l'époque où l'infraction a été commise, il importe peu que le prévenu ait perdu ultérieurement cette qualité. En conséquence, si entre les faits délictueux et le jugement, le bénéficiaire coupable a vendu la construction litigieuse à un tiers de bonne foi (Crim. 20 oct. 1993, *Bull. crim.* n° 305 ; *RDI* 1994. 133, chron. G. Roujou de Boubée ; 15 mars 1995, *Bull. crim.* n° 109 ; 19 août et 15 oct. 1997, *Bull. crim.* n° 339 ; *RDI* 1998. 150, chron. G. Roujou de Boubée), ou a apporté le bien à une société (Crim. 19 avr. 1995, n° 94-82.765, *Dr. envir.* 1995, n° 33, p. 106, note J.-H. Robert), la peine de démolition reste possible. De même, l'extinction de l'action publique résultant du décès du prévenu, de la dissolution de la personne morale ou de l'amnistie ne fait pas obstacle à l'application des mesures de restitution (C. urb., art. L. 480-6). Dans ce cas, si le tribunal correctionnel n'est pas encore saisi lors de cette extinction, c'est le tribunal de grande instance du lieu de la situation de l'immeuble, statuant comme en matière civile, qui sera compétent. L'article L. 480-6 est d'interprétation stricte (Civ. 3e, 2 févr. 2005, *Sté Polangis Automobile c/ Cne Joinville-le-Pont*, n° 04-16.964).

Sur le plan de la procédure, le prononcé de mesures de restitution doit toujours être précédé des observations écrites ou de l'audition du maire ou du fonctionnaire compétent (C. urb., art. L. 480-5), sauf lorsque la démolition ou la mise en conformité sont demandées à titre de réparation civile (Crim. 9 avr. 2002, *Bull. crim.* n° 82 ; *RDI* 2002. 411, obs. G. Roujou de Boubée ; *Dr. pénal* 2002. 113, note Robert ; 30 oct. 2007, n° 07-80.155, *RDI* 2008. 212, obs. G. Roujou de Boubée ; *Dr. pénal* 2008. 24, obs. J.-H. Robert ; 9 sept. 2008, n° 07-88.699, *RDI* 2008. 504, obs. G. Roujou de Boubée ; 3 nov. 2010, n° 10-80.752, *RDI* 2011. 7, obs. A. Vincent . ibid. 107, obs. G. Roujou de Boubée ; 3 nov. 2010, n° 10-80.752, *RDI* 2011. 7, note A. Vincent ; *Dr. pénal* 2011. 31, note J.-H. Robert). Cette disposition ne méconnaît pas la Convention européenne de sauvegarde des droits de l'homme (Crim. 21 oct. 2003, *El Koundi*, n° C02-87.525, *RDI* 2003. 601, obs. P. S.-C. ; *RDI* 2004. 378, obs. G. Roujou de Boubée). 862 ■

Le juge de cassation s'assure que les juges du fond ont accompli cette formalité qu'il considère comme substantielle (Crim. 12 oct. 1994, n° 94-80.290, *Dr. pénal* 1995. 72, note J.-H. Robert ; 15 nov. 1995, *Loïodice*, n° Q94-85.581, *BJDU* 1996. 277 ; 4 mai 2010, n° 09-84.476) et dont l'inobservation est de nature à porter atteinte aux intérêts de la personne poursuivie (Crim. 12 oct. 1994, *Bull. crim.* n° 331 ; *RSC* 1995. 359, obs. F. Boulan ; *Dr. pénal* 1995. 72, note Robert). Il contrôle également que l'avis a fait l'objet d'un débat contradictoire (Crim. 12 sept. 2006, *RDI* 2006. 452, obs. G. Roujou de Boubée). Cela étant, la formalité n'implique pas, lorsque la délivrance du permis de construire relève de la compétence du maire, que celui-ci est seul habilité à émettre un avis, à l'exclusion du représentant de l'administration (Crim. 6 juin 1991, *Bull. crim.* n° 245 ; *Dr. pénal* 1991. 332, note J.-H. Robert ; 9 oct. 1996, n° 95-84.962, *Dr. pénal* 1997. 25, note J.-H. Robert ; 27 janv. 1993, n° 92-81.321, *Dr. adm.* 1993. 251 ; Crim. 21 oct. 2003, *Vion*, n° R03-80.802, *RDI* 2003. 601, obs. P. S.-C.). Lorsque le maire intervient, il le fait d'ailleurs au nom de l'État même si la commune est dotée d'un document local d'urbanisme (Crim. 27 janv. 1993, préc.). enfin, l'absence d'avis du maire dans le sens des mesures de restitution n'empêche pas leur prononcé (C. urb., art. L. 480-5).

Revenant sur une solution antérieure selon laquelle l'avis du maire ne pouvait être remplacé ni par les conclusions de la commune constituée partie civile (Crim. 10 janv. 1996, *Bull. crim.* n° 13 ; *Dr. envir.* 1996. 37, note J.-H. Robert), ni par l'audition de son avocat (Crim. 20 févr. 1992, *Bull. crim.* n° 82), la chambre criminelle juge que

« constituent les observations exigées par l'article L. 480-5 du Code de l'urbanisme les conclusions dans lesquelles le maire représentant la commune partie civile demande la mise en conformité des lieux ou la démolition de l'ouvrage » (Crim. 3 nov. 2010, n° 09-87.968, *RDI* 2011. 7, obs. A. Vincent ; ibid. 106, obs. G. Roujou de Boubée).

L'absence de l'avis du maire ou du fonctionnaire compétent n'entraîne cependant la cassation que de la démolition prononcée par les juges du fond (Crim. 12 oct. 1994, n° 94-80.290, *Dr. pénal* 1995. 72, note J.-H. Robert) et n'empêche pas ceux-ci de statuer sur la culpabilité et sur les autres sanctions encourues. Cet avis peut toutefois intervenir pour la première fois en appel (Crim. 15 juill. 1981, *AJPI* 1982. 735, chron. Y. Pittard). Il est jugé par ailleurs que le maire ou le fonctionnaire compétent ne sont pas entendus sous serment (Crim. 21 oct. 2003, *El Koundi*, préc.).

B. L'exécution des mesures de restitution

863 Pour assurer l'exécution des mesures de restitution deux moyens de contrainte sont prévus par le Code de l'urbanisme : l'astreinte et l'exécution forcée.

Avant de les examiner, il convient toutefois d'indiquer que la circonstance que la juridiction répressive a ordonné la démolition n'interdit pas à l'administration de délivrer un permis de régularisation. En effet, elle n'est pas liée par la condamnation judiciaire. Il lui appartient donc d'apprécier l'opportunité d'accorder un tel permis, compte tenu de la nature et de la gravité de l'infraction relevée par le juge pénal, des caractéristiques du projet soumis à son examen et des règles d'urbanisme applicables (CE 8 juill. 1996, *Piccinini*, req. n° 123437, *Lebon* 271). En revanche, est entachée de nullité une transaction tendant à organiser l'inexécution d'une mesure de démolition prononcée par la justice pénale et à garantir la délivrance d'un permis de construire régularisant une construction édifiée en infraction aux règles d'urbanisme en échange d'une cession gratuite de terrain (CAA Lyon, 3 févr. 2005, n° 03LY01290, *Mme Pachod*, *AJDA* 2005.1531, note J-D. Dreyfus ; *JCP* A 2006, n° 1264, note Ph. Yolka : on relèvera en outre qu'un tel protocole relève de la compétence du juge administratif comme comportant des clauses exorbitantes du droit commun). Il faut insister à nouveau sur le fait que le caractère réel des mesures de restitution implique qu'elles ne sont pas soumises à la prescription de la peine (Crim. 23 nov. 1994, *Chelly*, *Bull. crim.* n° 375 ; *Dr. pénal* 1995. 72, note J.-H. Robert). Enfin, les incidents relatifs à l'exécution des mesures de mise en conformité, de remise en l'état ou de démolition sont régis par les dispositions des articles 710 et 711 du Code de procédure pénale (pour l'omission de la fixation du point de départ du délai pour l'exécution d'une mesure de démolition : Crim. 7 févr. 1996, *Bull. crim.* n° 113 ; 13 mars 1996, *Guedou*, n° 95-84.226 ; sur cette question, v. R. Léost, « Chronique de droit pénal de l'urbanisme », *AJDI* 1999. 294).

864 *L'astreinte*[Q]. Le tribunal, après avoir imparti un délai pour la réalisation des mesures de restitution, peut assortir sa décision d'une astreinte de 500€ par jour de retard (C. urb., art. L. 480-7). Le juge ne peut fixer un montant supérieur (Crim. 15 janv. 2013, *n° 12-84.666*). Dans le cas où plusieurs constructions ont été érigées irrégulièrement, le juge ne peut prononcer une astreinte par construction alors que lesdites constructions réalisent ensemble une même utilisation irrégulière du sol (Crim. 20 sept. 2011, n° 11-80.015). L'astreinte court à partir de l'expiration du délai fixé par le juge jusqu'au jour où l'ordre a été complètement exécuté (pour le point de départ du délai : Crim. 13 mars 1996, *Bull. crim.* n° 113 ; *Dr. pénal* 1996. 197, note J.-H. Robert ; 13 mars 1996, Guedou, préc. ; pour son achèvement : Paris, 13e ch. corr., 18 mars 2002, RG n° 01/03730, *RDI*

2002. 345, obs. P. S.-C.). Si l'exécution n'est pas intervenue dans l'année de l'expiration du délai, le tribunal peut, sur réquisition du ministère public, relever à une ou plusieurs reprises, le montant de l'astreinte, même au-delà du maximum indiqué ci-dessus (C. urb., art. L. 480-7, L. 480-8 et, en matière de lotissement, L. 480-4-1 qui renvoie aux précédents ; Y. Stemmer et Ch. Petit, « Astreinte et Droit pénal de l'urbanisme », *JCP* N 2002, n° 872).

Depuis la loi du 12 juillet 2010 portant engagement national pour l'environnement, les astreintes sont liquidées et recouvrées par l'État au moins une fois par an, pour le compte de la ou des communes aux caisses desquelles sont reversées les sommes perçues, après prélèvement de 4 % de celles-ci pour frais d'assiette et de recouvrement (C. urb., art. L. 480-8). La constitutionnalité de la prérogative reconnue à l'autorité administrative ne peut être sérieusement discutée (Crim. 4 févr. 2014, n° 13-83.492, *Dr. pén.*, 2014, n° 62, obs. J-H. Robert).

Dans le calcul de l'astreinte, l'autorité administrative doit la traiter comme définitive et non comminatoire. Par conséquent, une commune ne peut y renoncer contractuellement (Crim. 7 févr. 1996, n° 95-82.545, *Dr. pénal* 1996. 113, note J.-H. Robert), pas plus qu'elle ne peut accorder des remises gracieuses (Crim. 17 janv. 1995, *Villemin*, n° 93-83.161 ; CE, avis, 6 janv. 1994, req. n° 353946, EDCE 1994. 349). Et même la juridiction administrative ne peut en réduire le montant (T. confl. 25 avr. 1994, *Poujol*, *Lebon* 596 ; Civ. 3e, 12 juill. 1989, *Bull. civ.* III, n° 168 ; CE, avis, 6 janv. 1994, préc.).

Le redevable peut faire opposition au recouvrement de l'astreinte (Civ. 3e, 13 juin 1990, *Bull. civ.* III, n° 142 ; 28 mars 1990, *Bull. civ.* III, n° 85). S'agissant d'une mesure d'exécution d'une décision de l'autorité judiciaire, le contentieux relève de la compétence du seul juge judiciaire, même si sa liquidation relève d'une autorité administrative (CE 10 oct. 1980, *Spéry*, req. n° 13123 ; T. confl. 17 oct. 1988, *Leroy*, *Lebon* T. 1094 ; Civ. 3e, 12 juill. 1989, *Bull. civ.* III, n° 168 ; T. confl. 10 juill. 1990, *Guérin*, *Lebon* 396 ; 19 oct. 1998, *Sarrio c/ Comptable du Trésor*, req. n° 03118, *Lebon* T. 1057).

La loi n° 2003-590 du 2 juillet 2003 Urbanisme et Habitat a modifié l'article L. 480-7 du Code de l'urbanisme pour permettre au tribunal d'autoriser le reversement ou de prononcer la dispense du paiement d'une partie des astreintes pour tenir compte du comportement de celui à qui l'injonction a été adressée et des difficultés qu'il a rencontrées pour l'exécuter (Crim. 7 nov. 2006, n° 6661 : lorsqu'une juridiction est saisie d'une requête en relèvement ou en reversement d'astreinte, aucune disposition de la loi ne déroge à la règle d'ordre public de la publicité des débats). Ces dispositions ouvrent au juge répressif des possibilités qu'il n'avait pas antérieurement. L'astreinte ne pouvait pas, en effet, faire l'objet d'une mesure de relèvement. Le juge ne pouvait que prononcer la remise d'une partie des astreintes à la condition que la remise en état ait été régularisée. La réalisation de ces conditions était appréciée restrictivement par la Cour de cassation (Crim. 28 janv. 1976, *Bull. crim.* n° 36 ; 10 mars 1976, *Bull. crim.* n° 92 ; 22 mai 1986, *Bull. crim.* n° 169 ; Paris, 7 janv. 2002, *Uzan*, RG n° 01/01188, *RDI* 2002. 277, obs. P. S.-C.).

L'exécution forcée[Q]. À l'expiration du délai fixé par le jugement, l'administration peut 865
également procéder d'office à « tous travaux nécessaires à l'exécution de la décision de justice aux frais et risques du bénéficiaire des travaux irréguliers ou de l'utilisation irrégulière du sol » (C. urb., art. L. 480-9 ; Crim. 7 févr. 1996, *Bull. crim.* n° 66), Le maire ou le fonctionnaire compétent agit au nom de l'État (CAA Paris, 31 déc. 2001, n° 98PA02712). Il appartient donc à l'État et non à la commune d'avancer le coût des travaux nécessqaires à l'exécution de la décision de justice ordonnant la

démolition. L'État émettra ensuite un titre de recettes pour recouvrer les sommes engagées (Rép. min., n° 8729, *JO* Sénat Q 13 mars 2014, p. 703). Cette faculté d'exécution forcée implique que le juge répressif a l'obligation de fixer le délai à l'expiration duquel l'autorité administrative peut exercer cette prérogative (Crim. 18 nov. 2014, n° 13-83.836, *RDI* 2015.79, obs. G. Roujou de Boubée). Cependant, si l'exécution d'office est de nature à porter atteinte à des droits acquis par des tiers, il ne peut y être procédé qu'après un jugement du tribunal de grande instance ordonnant l'expulsion des occupants (TGI Toulon, 6 oct. 1992, *Préfet du Var c/ Bassignana*, *JCP* 1993. II. 22023, note J. Henderycksen. Sur la notion de tiers, Civ. 3e, 29 févr. 2012, n° 10-27.889, *Bull. civ.* III, n° 36 ; *AJDA* 2012.467 ; *RDI* 2012. 450, obs. G. Roujou de Boubée ; *AJCT* 2012. 382, obs. J.-F. Struillou ; Civ. 3e, 5 mai 2015, n° 14-13.080 ; *RDI* 2015. 354, obs. G. Roujou de Boubée). La saisine peut être à l'initiative du préfet (Civ. 3e, 5 mars 2014, n° 13-12.540, *RDI* 2014.351, obs. G. Roujou de Boubée).

Le contentieux des conséquences dommageables de l'exécution forcée relève de la seule juridiction administrative. En effet, lorsque des décisions administratives ne constituent pas de simples mesures d'exécution matérielle des décisions judiciaires mais interviennent seulement après et compte tenu de ces décisions, l'administration conserve une marge d'appréciation. Par conséquent, le juge administratif reste compétent pour connaître des recours à leur encontre. Tel est le cas de la démolition d'office dans les conditions prévues par l'article L. 480-9 du Code de l'urbanisme (CAA Lyon, 9 mars 1995, *Crespo*, req. n° 94LY00558, *Lebon* T. 1028 ; Civ. 3e, 9 sept. 2009, n° 07-20.189, *RDI* 2009. 594, obs. G. Roujou de Boubée ; D. Bailleul, « L'exécution d'office d'une démolition ordonnée par le juge judiciaire ne peut constituer une voie de fait », *RDI* 2009. 669).

§ 3 Les aspects fiscaux des infractions au droit de l'urbanisme

866 En cas de construction ou d'aménagement sans autorisation ou en infraction aux prescriptions de l'autorisation, l'administration dispose, en matière de taxe d'aménagement, d'un droit de reprise qui s'exerce jusqu'au 31 décembre de la sixième année qui suit celle de l'achèvement des constructions ou aménagements en cause (C. urb., art. L. 331-21 ; rép. min. *n° 11851, JO* Sénat Q 8 janv. 2015, p. 67 ; *n° 56787, JOAN* Q 6 janv. 2015, p. 93). Le montant de la taxe d'aménagement ou du complément de la taxe est assorti d'une pénalité de 80 % du montant de la taxe. L'application de cette pénalité doit être précédée de la notification d'un document par lequel l'administration a fait connaître au contrevenant la sanction qu'elle se propose d'appliquer, les motifs de celle-ci et la possibilité dont dispose l'intéressé de présenter ses observations dans un délai de 30 jours (C. urb., art. L. 331-23). Celui-ci est l'organisme responsable de la construction réalisée sans autorisation ou en infraction aux obligations résultant de l'autorisation nonobstant la circonstance qu'elle n'est pas bénéficiaire du permis de construire (CE 15 déc. 2000, *Sec. d'État au Logement et Ville Marseille c/ Bonnell*, req. n° 184116, *RDI* 2001. 98, obs. P. S.-C. ; 25 avr. 2003, *SE au Logement c/ Sté Murinvest*, req. n° 1999190, *BJDU* 2003. 262, concl. G. Bachelier ; 30 juill. 2003, *SE au Logement c/ Nugier*, req. n° 237319, *BJDU* 2003. 446, concl. G. Goulard). Il peut cependant obtenir une remise gracieuse, partielle ou totale (C. urb., art. L. 331-28).

Compléments pédagogiques

Mémo

Le respect de la règle d'urbanisme est assuré principalement par l'administration dans le cadre d'un régime d'autorisation et de déclaration préalable à l'acte de construire. Mais d'une manière générale, les constructions, aménagements, installations et travaux, même dispensés de toute formalité au titre du Code de l'urbanisme, doivent être conformes aux règles d'urbanisme. La sanction de la méconnaissance de ces obligations est assurée principalement par le juge pénal. Mais la loi du 31 décembre 1976 portant réforme de la politique foncière et de l'urbanisme a investi l'administration de pouvoirs de police pour lui permettre de lutter contre le développement anarchique des constructions de faible importance (C. urb., art. L. 111-6). La charge de la répression des infractions au droit de l'urbanisme repose donc essentiellement sur le juge répressif, soit que le constructeur a réalisé des travaux ou aménagements sans autorisation, soit qu'il n'a pas respecté les prescriptions que lui imposait l'autorisation qui lui a été délivrée, soit qu'il n'a pas respecté la règle d'urbanisme à l'occasion de travaux dispensés de toutes formalités. Celles-ci sont sanctionnées par le prononcé de peines pénales. Mais la matière présente une originalité tenant à ce que la condamnation peut être assortie de mesures de restitution que seule la juridiction répressive peut prononcer en plus de la condamnation pénale et qui visent à la mise en conformité des lieux et des ouvrages avec la règle ou l'autorisation violée.

Quid

■ Astreinte n° 864

Mesure d'exécution des mesures de restitution. Après avoir imparti un délai pour la réalisation des mesures de restitution, le tribunal correctionnel peut assortir sa décision d'une astreinte de 7,5 à 75 € par jour de retard.

■ Exécution forcée n° 865

Mesure d'exécution d'une mesure de restitution. À l'expiration du délai fixé par le jugement, l'administration peut procéder d'office à tous travaux nécessaires à l'exécution de la décision de justice aux frais et risques du bénéficiaire des travaux irréguliers ou de l'utilisation irrégulière du sol.

■ Mesures de restitution n° 859

Mesures qui visent à la mise en conformité des lieux et des ouvrages avec la règle ou l'autorisation d'urbanisme violée. Seule la juridiction répressive peut les prononcer en plus de la condamnation pénale. Elles sont de deux sortes : mise en conformité des lieux ou des ouvrages avec le règlement, l'autorisation administrative ou la déclaration en tenant lieu ; démolition des ouvrages ou réaffectation du sol en vue du rétablissement des lieux dans leur état antérieur.

Documents

Circulaire de la Chancellerie CRIM 05-12/G 4 du 23 mai 2005 relative à l'orientation de politique pénale en matière d'environnement (extraits)

Les infractions prévues par le Code de l'urbanisme contribuent également à la protection d'espaces naturels remarquables tels que les sites classés (C. urb., art. R. 421-38-5 s., par exemple).

Concernant la phase de l'engagement des poursuites, il convient de préciser que depuis la loi n° 76-1285 du 31 décembre 1976 portant réforme de l'urbanisme, l'autorité administrative (maire, préfet, direction départementale de l'équipement) est tenue, lorsqu'elle a connaissance d'une infraction en matière d'urbanisme, d'en faire dresser procès-verbal et de le transmettre sans délai au parquet (C. urb., art. L. 480-1, alinéa 3).

La compétence de l'administration est donc liée, et seul le parquet, qui dispose de l'opportunité des poursuites, est compétent pour apprécier les suites pénales à donner à un procès-verbal.

En pratique, cependant, il est utile de laisser le soin aux autorités administratives de rechercher la régularisation préalable de l'infraction par l'intermédiaire de mises en demeure. Une répression efficace des infractions en matière d'urbanisme exige donc des échanges réguliers entre les autorités administratives et judiciaires afin de coordonner leurs actions.

Il convient également de préciser que la loi du 18 juillet 1985 a ouvert aux communes la faculté de se constituer partie civile au titre des délits d'urbanisme, ce dont la jurisprudence les privait jusqu'alors.

Ainsi, l'article L. 480-1, alinéa 5, du Code de l'urbanisme dispose que la commune peut exercer les droits reconnus à la partie civile, en ce qui concerne les faits commis sur son territoire et constituant une infraction aux dispositions relatives aux certificats d'urbanisme, aux permis de construire et de démolir, aux modes particuliers d'utilisation du sol (clôtures, installations et travaux divers, camping et stationnement de caravanes, remontés mécaniques et aménagements de domaine skiable), ainsi qu'aux contrôles et vérifications opérés par les autorités administratives.

Jusqu'en 2002, le juge pénal se référait cependant à l'article 2 du Code de procédure pénale relatif aux conditions générales de mise en mouvement de l'action publique par la partie lésée et se livrait à une vérification rigoureuse de l'existence du préjudice personnel subi par la commune et du lien de causalité directe avec l'infraction.

Les conditions d'appréciation de la recevabilité de la constitution de partie civile d'une commune dans ce domaine font désormais l'objet d'une appréciation plus extensive depuis un arrêt rendu le 9 avril 2002 par la chambre criminelle de la Cour de cassation. Cette décision rappelle en effet que l'article L. 480-1 constitue une disposition spéciale au droit de l'urbanisme et n'exige pas que le préjudice allégué soit personnel et direct.

Lorsque des poursuites sont engagées, le ministère public doit prendre soin de faire connaître la date d'audience aux services de l'équipement à l'origine ou ayant concouru aux procédures concernées. Cette information leur permettra de se faire représenter à l'audience et de présenter leurs observations sur les éventuelles mesures de restitution qui devraient être ordonnées par la juridiction (C. urb., art. L. 480-5).

Elle est par ailleurs nécessaire pour permettre à ces services d'assurer l'exécution de mesures devenues définitives qui ordonnent la démolition ou la mise en conformité des constructions irrégulières (C. urb., art. L. 480-7 et L. 480-9). A ce titre, il convient de souligner que la circulaire du garde des sceaux du 20 mars 1975 n° 66F641 demandant aux parquets d'aviser sans délai les DDE des décisions rendues afin de leur permettre d'émettre un avis sur l'opportunité d'exercer une voie de recours ou d'assurer le recouvrement des astreintes demeure toujours d'actualité (annexe VIII).

Il y a lieu de préciser que dans un arrêt rendu le 22 novembre 1990 statuant sur la nature des mesures de mise en conformité, de démolition ou de réaffectation des sols prononcées par des juridictions pénales à titre de peine principale, la chambre criminelle de la Cour de cassation a précisé qu'il s'agissait de mesures à caractère réel destinées à faire cesser une situation illicite. Ces mesures ne constituent donc pas des sanctions pénales et ne sont en conséquence pas susceptibles d'être prononcées à titre de peine principale.

Si la comparution sur reconnaissance préalable de culpabilité des articles 495-7 et suivants du Code de procédure pénale (issus de la loi 2004-204 du 9 mars 2004 portant adaptation de la justice aux évolutions de la criminalité) peut être un mode utile de poursuite dans des cas simples, il convient cependant de souligner que le procureur de la République ne peut proposer à l'auteur de l'infraction l'exécution que d'une ou plusieurs peines principales ou complémentaires encourues pour l'infraction considérée. Si des mesures de restitution s'avèrent opportunes, les parquets ne pourront donc pas procéder par la voie de la CRPC.

Au regard des difficultés liées à la mise à exécution des décisions judiciaires ordonnant notamment la démolition de constructions édifiées sans les autorisations administratives nécessaires, il serait souhaitable que les orientations de politique pénale privilégient les décisions de démolition dans le cadre de l'enquête, afin d'en améliorer la mise en œuvre.

Ces décisions pourront prendre la forme d'un avertissement préalable ou d'une injonction de démolir délivrée par le procureur de la République, voire d'un ajournement avec mise à l'épreuve au stade de l'audience

Réponse ministérielle à question écrite n° 8729 (M. Masson) (JO Sénat Q 13 mars 2014, p. 703)

M. Jean Louis Masson expose à Mme la ministre de l'égalité des territoires et du logement le cas d'une commune ayant obtenu du juge répressif la démolition d'une construction illégale. En application des articles L. 480-9 et R. 480-4 du Code de l'urbanisme, le maire souhaite faire procéder d'office à tous les travaux nécessaires à l'exécution d'une décision de justice ordonnant la démolition d'une construction illégale. Il lui demande si c'est la commune ou l'État qui doit avancer le coût des travaux nécessaires à l'exécution d'une décision de justice ordonnant la démolition d'une construction illégale et si le recouvrement du coût des travaux nécessaires peut se faire par la voie du titre de recettes. Enfin, il souhaite savoir si la commande des travaux nécessaires à l'exécution d'une décision de justice ordonnant la démolition d'une construction illégale doit faire l'objet d'un marché public.

Réponse :

À l'expiration du délai fixé par le juge répressif pour procéder à la démolition d'une construction illégale, l'article L. 480-9 du Code de l'urbanisme donne la possibilité au maire ou au fonctionnaire compétent de « faire procéder d'office à tous travaux nécessaires à l'exécution de la décision de justice aux frais et risques du bénéficiaire des travaux irréguliers ou de l'utilisation irrégulière du sol ». Le maire ou le fonctionnaire compétent agit alors au nom de l'État (CAA de Paris, 31 déc. 2001, n° 98PA02712 ; voir également, pour une décision ordonnant l'interruption des travaux préalablement à tout jugement : CE 16 nov. 1992, *Ville de Paris*, n° 96016) et il appartient à l'État, non à la commune, d'avancer le coût des travaux nécessaires à l'exécution de la décision de justice ordonnant la démolition. Pour obtenir le remboursement des frais avancés pour cette démolition, l'État émettra un titre de recettes (voir en ce sens, ministère de l'équipement, circulaire n° 91-07 du 8 mars 1991). L'autorité compétente pour procéder à la démolition d'office n'est pas dispensée du respect des règles de publicité et de mise en concurrence prévues par le code des marchés publics. Toutefois, si le montant estimé du marché est inférieur à 15 000 euros HT, il est possible de se dispenser de publicité et de mise en concurrence préalables, en application du III de l'article 28 du Code des marchés publics. Au-delà de 15 000 euros et au-dessous des seuils définis à l'article 26 du code des marchés public, le recours à la procédure adaptée prévue à l'article 28 du Code des marchés publics, plus souple et plus rapide, est autorisé.

Biblio

- Ph. Bonfils, « Le droit pénal de l'urbanisme : risques et opportunités », *BJDU* 2007. 95.
- J-M. Février et E. Gouesse, Actualités du droit pénal de l'urbanisme, *Constr.-Urb.* 2014, Etude 12
- C. de Jacobet de Nombel, Le droit pénal de l'urbanisme à l'épreuve des principes du droit criminel, *Dr. pén.* 2013, dossier 7.
- Ch. Schwing, Recherche sur l'adéquation du droit de l'urbanisme français à la convention européenne des droits de l'homme, PUAM, 2004.
- R. Leost, Droit pénal de l'urbanisme, Le Moniteur, 2002.
- G. Mathieu et S. Sans, Guide du contentieux pénal du permis de construire, Edilaix, coll. « Point de droit ».
- D. Moreno, Le juge judiciaire et le droit de l'urbanisme, LGDJ, Paris, 1991.
- S. Pérignon, « La vente de l'immeuble illégalement édifié », *Defrénois* 1991. I. 399.
- Ministère de l'Équipement et du logement, Direction de l'Architecture et de l'Urbanisme, Application des dispositions pénales du Code de l'urbanisme, 1991.

Quiz

1) Sujet corrigé

Cas pratique

Énoncé

Le maire de X a accordé le 28 août 2013 un permis de construire à M. A. en vue de la réalisation d'un bâtiment comportant 12 logements à usage d'habitation. Postérieurement à l'achèvement des travaux dûment déclaré en vertu des dispositions des articles R. 462-1 et suivants du Code de l'urbanisme, M. A. a cédé à son voisin, M. B., une partie du terrain d'assiette que le permis de construire affectait aux espaces verts, Cette cession permet, en effet, à M. B. de disposer d'un jardin.

Un autre voisin, M. C. qui aurait également souhaité acquérir une partie du terrain d'assiette du projet demande au maire de dresser procès-verbal d'infraction au Code de l'urbanisme sur le fondement de l'article L. 480-1 du Code de l'urbanisme. Selon lui, en effet, la cession intervenue au profit de M. B. est susceptible d'être sanctionnée pénalement dans la mesure où elle réalise une réduction du terrain d'assiette qui a fait l'objet de la demande de permis de construire. Il soutient donc que le permis de construire n'a pas été mis en œuvre de manière conforme à ce qu'il autorisait.

Le maire de X a cependant refusé de faire droit à cette demande.

C'est dans ce contexte que M.B. a saisi le tribunal administratif d'un recours en annulation contre la décision de rejet du maire de X. Dans son recours, il a également demandé au tribunal de condamner la Commune à lui verser la somme de 1 500,00 € au titre des frais irrépétibles sur le fondement de l'article L. 761-1 du Code de justice administrative.

Pensez-vous que le recours de M. Wolff puisse prospérer ?

Voir le corrigé en fin de rubrique.

2) Sujet d'examen

Dissertation

La réalisation d'une construction sans autorisation.

3) Corrigé

Cas pratique

I. Sur les conclusions aux fins d'annulation

L'argument de M. Wolff consiste à soutenir que le maire aurait dû dresser procès-verbal d'infraction, en application de l'article L. 480-1 du Code de l'urbanisme, dès lors que M. A a réduit la superficie du terrain d'assiette de la construction postérieurement à la délivrance du permis de construire.

Un tel moyen ne pourra qu'être écarté.

A. Aucune disposition ne s'oppose à ce que, postérieurement à la DACT, le pétitionnaire procède à une division du terrain d'assiette du permis de construire.

En effet, la division est une faculté qui participe du droit du propriétaire de disposer de son bien (CE, sect., 27 juill. 2012, req. n° 342908, *Hoffmann*). Sans doute, sa mise en œuvre est-elle encadrée par les dispositions législatives du Code de l'urbanisme, mais pour autant que la division intervient avant l'achèvement de la construction. En revanche, le droit de diviser retrouve sa pleine étendue lorsqu'il intervient après l'achèvement des constructions. Ainsi, la construction d'habitations qui a précédé la division foncière ne constitue pas une opération de lotissement (CE 26 mars 2003, n° 231425, *Epoux Leclercq c/ Commune du Haillan*).

Ce point de vue a été conforté par l'article R. 431-24 du Code de l'urbanisme qui, concernant le permis valant division, prévoit expressément qu'il porte sur les divisions « *avant l'achèvement de l'ensemble du projet* ».

Par ailleurs, le Conseil d'État a annulé la disposition d'un POS qui interdisait au constructeur de partager ou de céder aux riverains les espaces verts communs à une opération de construction (CE 28 juin 1996, *Durnez*, req. n° 164480).

B. Avant son abrogation par la loi ALUR en conséquence de la suppression du coefficient d'occupation des sols, l'article L. 123-1-11 du Code de l'urbanisme fixait le régime des détachements parcellaires du point de vue de la gestion de la densité :

« *Dans les zones où ont été fixés un ou des coefficients d'occupation des sols, le plan local d'urbanisme peut prévoir que, si une partie a été détachée depuis moins de 10 ans d'un terrain dont les droits à construire résultant de l'application du coefficient d'occupation des sols ont été utilisés partiellement ou en totalité, il ne peut plus être construit que dans la limite des droits qui n'ont pas déjà été utilisés (...)* ».

Ce texte autorisait donc expressément les détachements parcellaires.

Ce n'était que si le PLU le prévoyait expressément que l'utilisation des droits de construire en cas de détachement de parcelle peut être retreinte.

M. A pouvait donc librement cédait une partie du terrain d'assiette de la construction autorisée, après son achèvement et réduire la superficie de celui-ci sans commettre d'infraction pénale.

II. Sur la demande de condamnation de la commune au paiement de frais irrépétibles

Cette demande sera rejetée par le tribunal.

En effet, lorsqu'il exerce (ou refuse d'exercer) les attributions qui lui sont confiées par l'article L. 480-1 du Code de l'urbanisme, le maire agit au nom de l'État (CE, sect., 16 nov. 1992, *Ville Paris*, n° 96016).

Par conséquent, seule une demande tendant à ce que l'État soit condamné au paiement des frais irrépétibles serait recevable.

titre **3**

La réserve des droits des tiers : le contentieux civil de l'urbanisme

Les chambres civiles de la Cour de cassation ont longtemps refusé de reconnaître à un particulier le droit de se prévaloir de la violation des règles d'urbanisme afin d'en obtenir réparation. Elles considéraient, en effet, qu'elles étaient édictées dans un but d'intérêt général et, de ce fait, ne pouvaient être invoquées dans un intérêt privé. Mais cette jurisprudence a été renversée par un arrêt de la 1re chambre civile du 9 juin 1959, *SCI Terrasse Royale* (*Bull. civ.* I, n° 291), lequel reconnaît aux tiers la faculté d'obtenir réparation du préjudice subi par eux du fait de la violation des règles d'urbanisme. Dès lors, il faut préciser les conditions (chapitre 16) ainsi que la nature et les effets (chapitre 17) de cette action en réparation. Il convient d'y procéder en considération notamment des autorisations dont le propriétaire ou le constructeur ont pu bénéficier au titre du droit de l'urbanisme, étant rappelé que les autorisations d'urbanisme sont données et les décisions sur une déclaration préalable sont prises « sous réserve des droits des tiers » (CE 14 oct. 2011, req. n° 331846, *Constr.-Urb.* 2011, n° 178, note D. Gillig). 867

chapitre 16

Les conditions de l'action en réparation

Plan analytique

section 1

Le fait générateur

§ 1 La violation d'une « règle d'urbanisme »

§ 2 Le régime spécifique résultant de l'application de l'article L. 480-13 du Code de l'urbanisme

section 2

Le préjudice

section 3

Le lien de causalité

Les conditions de l'action en réparation

Ces conditions sont, pour l'essentiel, de trois sortes. Elles tiennent à la détermination du fait générateur de l'obligation de réparer (section 1), à l'établissement du préjudice (section 2) et à la démonstration de l'existence d'un lien de causalité (section 3), cette dernière condition étant appréciée avec une particulière rigueur. Cette sévérité réduit fortement les hypothèses de sanction civile des règles d'urbanisme. 868

section 1

Le fait générateur

Le fait générateur ne renvoie pas à la notion de faute, puisqu'en la matière, toute violation n'est pas susceptible d'être retenue par le juge civil (§ 1). Ainsi, il importe de se pencher sur la particularité du régime règlementant les constructions édifiées conformément à un permis de construire (§ 2). 869

§ 1 La violation d'une « règle d'urbanisme »

Tout manquement au droit de l'urbanisme ne saurait ouvrir droit à réparation devant le juge civil. Pour qu'il en soit ainsi la violation doit concerner une règle de fond et, plus précisément, une servitude d'urbanisme. Les servitudes d'urbanisme invoquées peuvent être d'origine locale (Civ. 3e, 22 mai 1997, *Épx Elia c/ Garage du Gymnase*, *AJDI* 1998. 114, obs. H. Fabre-Luce) ou nationale. Toutefois, pendant plus de 25 ans, la Cour de cassation a considéré que pour servir de fondement à l'action civile des tiers en réparation du préjudice par eux subi du fait d'une construction illégale, les servitudes d'urbanisme devaient nécessairement présenter le caractère de règles de fond comportant « une obligation ou une interdiction objectivement définie » (Civ. 3e, 4 févr. 1976, *Betuing c/ Hurdebourg*, *Bull. civ.* III, n° 53). Cela excluait notamment qu'une telle action fût fondée sur la violation des règles générales d'urbanisme de nature permissive. Cette solution a cependant été abandonnée. Désormais une action en démolition peut invoquer la violation d'une règle générale d'urbanisme de nature permissive (Civ. 3e, 28 mars 2001, *Christa*, *JCP* 2001. II. 10612, concl. O. Guérin ; *RDI* 2001. 277, obs. P. S.-C.). Il reste qu'il appartient au demandeur à l'action de démontrer une violation de la règle d'urbanisme même dans le cas où la construction litigieuse a été réalisée sans permis de construire (Civ. 3e, 5 juill. 2000, *Cne Eygallères c/ Laughton*, *Constr.-Urb.* 2000, n° 288, obs. P. Cornille et D. Larralde). 870

Il est, par ailleurs, admis que les tiers puissent invoquer le non-respect des prescriptions des autorisations d'occupation du sol, lorsque ces autorisations, notamment les permis de construire, énoncent de véritables règles de fond en matière d'utilisation des espaces (Civ. 3e, 20 nov. 1973, *Block*, *RTD civ.* 1975. 337 obs. Giverdon ; 7 oct. 1998, *AJDI* 1999. 537, note H. Fabre-Luce). La violation de ces règles, qui s'apparentent alors à des servitudes d'urbanisme, peut être invoquée comme fondement d'une action en réparation. À l'inverse, il ne saurait être fait état de la méconnaissance des règles procédurales. Ainsi, la construction sans permis ne peut être invoquée par un tiers au soutien de son action si elle ne s'accompagne pas de la violation d'une servitude d'urbanisme. Il en va de même si un permis de construire a été annulé pour un autre motif que la méconnaissance d'une servitude d'urbanisme (Civ. 3e, 17 nov. 1971, *Buscail c/ Rouan*, *D.* 1972. 180 ; v. aussi, Civ. 3e, 20 nov. 2013, no 12-26.595, *Constr.-Urb.*, 2014, no 8, note P. Cornille : à propos de l'absence d'étude d'impact).

■ **871** Les juges civils ont ainsi progressivement reconnu une responsabilité délictuelle du constructeur envers le tiers subissant un préjudice du fait de la violation d'une règle d'urbanisme dans les conditions précitées. Cette action découle alors de l'application de l'article 1382 du Code civil. À cet égard, il importe de préciser le délai de prescription de l'action. Anciennement, le délai de prescription était de 10 ans et courait à compter de la manifestation du dommage par application de l'article 2270-1 du code civil. Depuis, la loi no 2008-561 du 17 juin 2008 entrée en vigueur le 19 juin 2008, a fait passer ce délai à cinq ans (C. civ., art. 2224).

Le tiers lésé pourra également fonder sa demande sur la violation d'une règle d'urbanisme selon les conditions précitées, sur la violation d'un droit réel tels que ceux garantis par les articles 675 et suivants du code civil relatif aux jours et vues ou encore sur l'existence de troubles anormaux de voisinage. Ces actions peuvent toutes mener à la démolition de l'ouvrage (Civ. 3e, 11 févr. 1998, *Épx Lang c/ Porée*, *AJDI* 1998. 632, note H. Fabre-Luce) mais le demandeur doit alors expressément déposer des conclusions en ce sens (Civ. 3e, 6 déc. 2005, no P04-17.715).

Le contentieux particulier relatif à l'implantation et l'enlèvement d'antennes relais de téléphonie articulé notamment sur la *théorie des troubles anormaux du voisinage*[Q], a connu une évolution (Versailles, 4 févr. 2009, *SA Bouygues Télécom c/ Lagouge*, RG no 08/08775 : la Cour confirme la démolition d'une antenne de téléphonie mobile afin de faire cesser le trouble anormal de voisinage résultant de la crainte légitime d'un risque sanitaire subi par les riverains en dépit du respect par l'installation des valeurs limites d'exposition fixées par Décr. du 3 mai 2002 ; comp. CE, sect., 19 juill. 2010, *Assoc. quartier les Hauts de Choiseul,* req. no 328687, *AJDA* 2010. 2114, note J.-B. Dubrulle ; *Lebon* 333 ; *RDI* 2010. 508, obs. P. S.-C. ; F. Rose-Dulcina, « L'implantation des antennes-relais de téléphonie mobile : la timidité du juge administratif face à l'audace du juge judiciaire », *Constr.-Urb.* 2009. Étude 23 ; A. Fontana, « L'antenne-relais, les deux juges et le principe de précaution », *JCP* A 2010, no 2332). Par six décisions du 12 octobre 2011 relatives à la compétence du juge des référés, la première chambre civile de la Cour de cassation a relevé, en cette matière, une difficulté sérieuse de compétence et a saisi le Tribunal des conflits. Ce dernier a posé que « l'action portée devant le juge judiciaire (...) aux fins d'obtenir l'interruption de l'émission, l'interdiction de l'implantation, l'enlèvement ou le déplacement d'une station radioélectrique régulièrement autorisée (...) implique, en raison de son objet même, une immixtion dans l'exercice de la police spéciale dévolue aux autorités compétentes en la matière ». Il retient en conséquence une compétence administrative entendue au sens le plus large sur ces questions. Le juge judiciaire conserve néanmoins une compétence résiduelle « aux fins de faire cesser les troubles anormaux du voisinage liés à une implantation irrégulière ou au fonctionnement non conforme aux prescriptions administratives », les nuisances devant alors être autres que celles afférentes à la santé publique. Il est encore compétent pour indemniser les « dommages causés par l'implantation ou le fonctionnement d'une station radioélectrique qui n'a pas le caractère d'un ouvrage public ». Cet encadrement de l'intervention du juge civil risque de rendre obsolètes certaines solutions anciennes (T. confl. 14 mai 2012, *Girardeau c/ Sté Orange*, req. n° 3848, *AJDA* 2012. 1525, note Agathe Van Lang).

§ 2 Le régime spécifique résultant de l'application de l'article L. 480-13 du Code de l'urbanisme

Le manquement à une servitude d'urbanisme n'est pas couvert par l'obtention d'une autorisation administrative, même devenue définitive. Il résulte toutefois de l'article L. 480-13, dans sa rédaction issue de la loi « ENL » du 13 juillet 2006 que dans le cas où une construction a été édifiée conformément à un permis de construire, le propriétaire ne peut être condamné par un tribunal de l'ordre judiciaire à la démolir du fait de la méconnaissance des règles d'urbanisme ou des servitudes d'utilité publique que si, préalablement, le permis a été annulé pour excès de pouvoir par la juridiction administrative. L'action en démolition doit être engagée au plus tard dans le délai de deux ans qui suit la décision devenue définitive de la juridiction administrative (Civ. 3e, 5 févr. 2014, n° 13-10.816, *Constr.-Urb.* 2014, n° 84, note P. Cornille : cette prescription ne s'applique pas lorsque l'action civile est fondée sur le trouble anormal de voisinage). Elle doit être dirigée contre le propriétaire (Versailles, 21 mai 2007, RG n° 06/06575, *Bravo*, *Constr.-Urb.* 2008, n° 15, obs. N. Rousseau). Le rapport Labetoulle a proposé de limiter le champ de la démolition à certaines zones seulement (J.Cl. Bonichot, Légalité et sécurité en matière d'urbanisme : Les propositions du groupe de travail Labetoulle, *BJDU* 4/2013.243 ; N. Fouilleul, Recours abusifs : du rapport Labetoulle à l'ordonnance relative au contentieux de l'urbanisme, *BJDU* 5/2013.323). Par ailleurs, le constructeur ne peut être condamné à des dommages et intérêts que si, préalablement, le permis a été annulé pour excès de pouvoir ou si son illégalité a été constatée par la juridiction administrative. L'action en responsabilité civile doit être engagée au plus tard deux ans après l'achèvement des travaux. L'achèvement est un fait juridique qui s'entend de la date à laquelle la construction est en état d'être affectée à l'usage auquel elle est destinée. Cette date doit être appréciée au regard du Code de l'urbanisme et non du code civil (Civ. 3e, 30 mars 1994, *Paris c/ Épx Landry*, *Bull. civ.* III, n° 72 ; 6 janv. 1999, *Delaplace c/ Coop. agricole Esternay*, *Constr.-Urb.* 1999, n° 229 ; 11 mai 2000, *Duguet c/ Le Cloarec*, *JCP* N 2002, n° 1161 ; *RDI* 2000. 329, obs. J. Morand-Deviller). Ainsi, cette action spécifique déroge à la prescription de l'article 2224 du Code civil, qui autorise la saisine du juge pendant 5 ans. 872 ■

L'article L. 480-13 ne fait cependant pas obstacle à ce que le juge des référés exerce les pouvoirs qui sont les siens pour prendre toutes mesures que la situation nécessite, y compris à la demande de la commune (Civ. 3e, 3 mars 2010, n° 08-21.911). Concernant le bénéficiaire du mécanisme de renvoi qu'il institue, il a été jugé par le passé qu'il ne bénéficie pas aux constructeurs assignés par le propriétaire 873 ■

d'immeuble en indemnisation du préjudice subi par lui consécutivement à un sursis à exécution du permis de construire prononcé par le juge administratif (Civ. 3e, 20 févr. 2002, *SCP Charignon-Charra-Durif-Fracher c/ SCI « Les Iris »*, *RDI* 2002. 343, obs. P. S.-C.). Sur le plan de son champ d'application matériel, la Cour de cassation a jugé, contrairement au Tribunal des conflits (T. confl. 16 mai 1994, *Muller*, *Lebon* 601), que l'article L. 480-13 du Code de l'urbanisme ne s'applique qu'au permis de construire. Il en résulte que le juge judiciaire peut ordonner, sans saisir au préalable le juge administratif, la démolition de constructions ou de travaux soumis au régime de la déclaration (Civ. 3e, 2 oct. 1996, *Lhuillery*, *Dr. adm.* 1996, n° 589 ; *AJPI* 1997. 39, note H. Fabre-Luce) ou abritant une exploitation autorisée au titre de la législation des installations classées (Civ. 3e, 22 mai 1997, *Épx Ellia c/ Garage du Gymnase*, *AJDI* 1998. 114, obs. H. Fabre-Luce).

Avant de décider du renvoi, le juge civil vérifie que la contestation en cause est sérieuse (Civ. 3e, 13 janv. 2015, *n° 13-25519* ; v. aussi, CAA Douai, 27 juin 2013, n° 12DA332, *Cne Touquet-Paris-Plage, Constr.-urb.*, 2013, n° 115, note L. Santoni), qu'elle a sa source dans la violation d'une servitude d'urbanisme et qu'il en résulte bien un préjudice à la charge du requérant (Civ. 3e, 31 janv. 1984, *AJPI* 1984. 604 ; 13 sept. 2006, n° B04-15.427). Il le refuse en conséquence lorsque la demande de démolition est fondée sur la violation du cahier des charges d'un lotissement (Civ. 3e, 20 févr. 2002, *Leprevost et Deluc c/ Épx Treiber*, *RDI* 2002. 274, obs. P. S.-C.) ou l'existence d'une servitude de passage (Civ. 3e, 23 mai 2002, *Rodde c/ Chauchat*, *Constr.-Urb.* 2002, n° 225, obs. P. Cornille ; *RDI* 2002. 343, obs. P. S.-C.) et plus généralement sur un autre fondement que la violation de la règle d'urbanisme (par exemple les troubles anormaux de voisinage : Civ. 3e, 20 juill. 1994, *Épx Senamaud c/ Crète*, *Bull. civ.* III, n° 158 ; Riom, 21 oct. 1999, *Marracini c/ Savary*, *Constr.-Urb.* 2000, n° 80 ; Civ. 3e, 5 févr. 2014, n° 13-10.816, *Constr.-Urb.* 2014, n° 84, note P. Cornille).

■ **874** Lorsqu'il est saisi, le juge administratif considère que la qualité de partie au litige qui a conduit le juge judiciaire à renvoyer confère automatiquement qualité pour exercer le recours en appréciation de validité (CE 24 nov. 2004, *Ville Nice*, req. n° 223858, *Constr.-Urb.* 2005, n° 74, obs. Ph. Benoit-Cattin). Lorsque le requérant est une personne morale, il vérifie toutefois que la personne qui la représente est bien habilitée et que les conditions éventuellement requises pour que le demandeur introduise le recours sont bien réunies (CE 3 févr. 2003, *Paganon*, req. n° 240780, *Lebon* T. 907 ; *Constr.-Urb.* 2003, n° 191, obs. Ph. Benoit-Cattin ; *BJDU* 2003. 55, concl. F. Seners ; *RDI* 2003. 384, obs. A. Robineau-Israel). Il juge également que le recours en appréciation de légalité n'est soumis à aucune condition de délai (CE 26 mars 2003, *Leclercq, Cne Haillan*, req. n° 231425, *BJDU* 2003. 90, concl. G. Le Chatelier). Enfin, l'obligation de notification ne s'impose pas au recours en appréciation de validité formé devant la juridiction administrative à la suite d'un renvoi préjudiciel ordonné par l'autorité judiciaire (CE 18 nov. 1998, *Cne Peyrestortes*, req. n° 191236, *BJDU* 1998. 461, concl. L. Touvet ; 18 oct. 2000, *Épx Nougarou*, req. n° 200617, *BJDU* 2000. 280, concl. G. Bachelier ; 3 févr. 2003, *Paganon*, req. n° 240780*;* 8 juin 2007, req. n° 268458, *Constr.-Urb.* 2007, n° 150, obs. P. Cornille).

section 2

Le préjudice

Pour que l'action en réparation puisse être accueillie par le juge civil, il faut que le requérant établisse l'existence d'un préjudice personnel, actuel et certain. Ce préjudice peut consister dans l'atteinte à la vue (Civ. 3e, 2 juill. 1974, *Épx Biscarra c/ André*, *D.* 1975. 61, note Frank), la perte d'intimité (Civ. 3e, 17 mars 1976, *Defrénois* 1976. 31383, note Frank), ou la privation d'ensoleillement du fait de la construction illicite. Il peut être antérieur à l'installation du voisin qui poursuit la réparation de son préjudice sans que puisse lui être opposé le fait qu'il ne pouvait en ignorer l'existence au jour de l'acquisition de sa propriété (Civ. 3e, 14 mai 1985, *Prévot*, *D.* 1985. IV. 258). S'agissant d'une association, la recevabilité de son action est subordonnée à la condition que la construction projetée soit de nature à porter atteinte aux intérêts qu'elle défend (Civ. 3e, 4 déc. 1996, *Sté Leroy-Merlin c/ Assoc. de protection de la vallée de l'Hers*, *AJPI* 1997. 1102, note H. Fabre-Luce ; 26 sept. 2007, *SCI Les Chênes c/ Assoc. dptale Vie et Nature*, *Constr.-Urb.* 2007, n° 215, obs. N. Rousseau). S'agissant d'une commune, la question de savoir si elle doit démontrer un préjudice personnel autre qu'une simple atteinte à l'intérêt général ne semble pas tranchée (v. obs. P. Cornille et D. Larralde sur Civ. 3e, 5 juill. 2000, *Cne Eygallères c/ Laughton*, *Constr.-Urb.* 2000, n° 288). 875 ■

section 3

Le lien de causalité

Le juge judiciaire en fait une appréciation très sévère qui semble faire de cette condition un véritable barrage contre le développement du contentieux civil de l'urbanisme. En effet, dans l'arrêt *Épx Biscarra c. André* (Civ. 3e, 2 juill. 1974, préc.), la Cour de cassation a exigé que le type de préjudice allégué corresponde strictement à l'intérêt protégé par la servitude d'urbanisme violée. Elle a ainsi considéré qu'« une règle de prospect avait pour objet de limiter non pas la hauteur de la construction à édifier mais seulement son recul par rapport au fonds voisin (...) ; qu'elle était destinée à assurer la salubrité, l'ensoleillement de chacun des deux immeubles voisins mais était étrangère aux questions de vue et de hauteur ». Dès lors, la violation d'une *règle de prospect*[Q] n'est pas considérée par le juge civil comme la cause directe d'une privation de vue résultant du dépassement de la hauteur autorisée par un immeuble (Civ. 3e, 6 nov. 1991, *Bull. civ.* III, n° 268 ; 11 mai 2000, *RDI* 2000. 329, obs. J. Morand-Deviller ; *JCP* N 2002, n° 1161 ; 27 avr. 2000, *Fontana c/ Riboulet*, *Constr.-Urb.* 2000, n° 202). Dans l'affaire qui fit grand bruit de la construction d'un temple pyramide à Castellane, la Cour de cassation a censuré la cour d'appel qui avait ordonné la remise en l'état en se fondant sur l'annulation du permis de construire par la juridiction administrative au motif que le POS ne satisfaisait pas au cadre 876 ■

normatif minimum que tout POS doit comporter. En effet, « en statuant ainsi, sans rechercher si les travaux effectués contrevenaient aux dispositions du POS non atteintes par l'illégalité prononcée, la cour d'appel n'a pas donné de base légale à sa décision » (Civ. 3e, 26 janv. 2005, n° A03-15.008).

chapitre

17

La nature et les effets de l'action en réparation

Plan analytique

La nature et les effets de l'action en réparation

La jurisprudence a évolué quant à la nature juridique de cette action en réparation (section 1). Elle a également précisé les effets de celle-ci, c'est-à-dire les modalités de réparation (section 2). 877

section 1

La nature de l'action en réparation

La violation des règles d'urbanisme ne peut donner lieu qu'à des actions pétitoires (Civ. 23 juin 1972, *Aubineau c/ Gastaud*, *JCP* 1972. II. 16965, note G. Goubeaux). En effet, les servitudes d'urbanisme ne sont pas, contrairement à celles du droit civil, établies dans l'intérêt particulier d'un fonds dominant. Elles sont instaurées pour des raisons d'intérêt général, afin de développer une urbanisation harmonieuse des sites. Dès lors, elles ne créent pas de droits réels susceptibles de possession par les propriétaires du fonds voisin. Seule la voie des *actions pétitoires*[Q] est donc ouverte au requérant. 878

section 2

Les formes de l'action en réparation

La réparation accordée par le juge civil peut prendre deux formes sous réserve des dispositions de l'article L. 480-13 du Code de l'urbanisme. Il peut s'agir d'une réparation en nature, constituée par la mise en conformité ou la démolition des immeubles litigieux, ou d'une réparation par équivalent, sous la forme de dommages-intérêts. Si le juge pénal peut librement choisir entre ces différents modes de réparation, il n'en va pas de même du juge civil. En effet, la Cour de cassation a jugé, dans un arrêt du 1er mars 1965, *Cliquet* (*Bull. civ.* I, n° 158, *RTD civ.* 1965. 834, note J.-D. Bredin, *RD publ.* 1966. 145, note M. Waline ; *Rev. adm.* 1965. 479, note G. Liet-Veaux ; *CJEG* 1966. 294, note Guibert) qu'en « ayant reconnu la réalité de l'infraction au plan d'urbanisme et la possibilité de l'exécution de la condamnation en nature sollicitée, la cour d'appel, en refusant de prononcer celle-ci parce qu'elle présentait des « inconvénients disproportionnés avec le but à atteindre », a violé l'article 1143 du code civil ». Cette solution, confirmée depuis lors (Civ. 3e, 7 juin 1979, *Épx Sagard c/ Épx Costet*, *JCP* 1980. II. 19415, note J. Ghestin ; 30 sept. 1998, *AJDI* 1999. 536, note H. Fabre-Luce ; 7 oct. 1998, *AJDI* 1999 537), a parfois été critiquée par la doctrine (R. Savatier, 879

« Propriété immobilière et contrainte d'urbanisme : la condamnation à démolir », *D.* 1974. Chron. 69). Le premier reproche concerne la référence faite par cette jurisprudence à l'article 1143 du code civil, lequel est relatif à la responsabilité contractuelle. Or, sauf le cas particulier du non-respect des servitudes de lotissement, le constructeur qui viole une servitude d'urbanisme ne contrevient pas à un engagement conclu entre lui-même et son voisin. Il est cependant possible de considérer que les servitudes d'urbanisme sont génératrices d'obligations « *propter rem* », d'où il résulte que la situation du tiers requérant est comparable à celle du créancier de l'article 1143 du code civil. Sensible à cette critique, le juge a parfois fondé sa solution sur l'article 1382 du code civil, qui concerne bien la responsabilité délictuelle, mais qui n'instaure aucune obligation d'accorder la réparation en nature lorsqu'elle est sollicitée. La seconde critique formulée à l'encontre de cette jurisprudence est relative au fait qu'il existe fréquemment une trop grande disproportion entre le but à atteindre et les inconvénients de la condamnation à remettre les lieux en l'état. Elle ne manque pas de sagesse même si la sévérité de la solution retenue permet de contribuer à une meilleure application des règles d'urbanisme.

L'obligation d'accorder la réparation en nature lorsqu'elle est sollicitée par le requérant connaît néanmoins deux exceptions. Il s'agit, d'une part, de l'hypothèse où une telle réparation est impossible (Civ. 3e, 8 févr. 1983, *Duffo*, *RDI* 1983. 445) et, d'autre part, du cas où une modification de la réglementation est intervenue postérieurement à l'infraction, rendant licite la construction litigieuse (Civ. 3e, 25 nov. 1998, *Sté Eriane c/ Morel*, *Constr.-Urb.* 1999, n° 108). On peut assimiler à ce dernier cas, celui dans lequel un permis de régularisation a été délivré (Civ. 3e, 20 nov. 2013, n° 12-26.595, *Constr.-Urb.* 2014, n° 8, note P. Cornille et Repère 3 de H. Périnet-Marquet : La délivrance d'un permis de régularisation fait obstacle à une demande en démolition sur le fondement de l'article L. 480-13 ; v. aussi, Crim. 13 nov. 2013, n° 10-84.430, *Bull. crim.* ; *Constr.-Urb.* 2014, n° 8, note P. Cornille et Repère 3 de H. Périnet-Marquet ; *RDI* 2014.45, obs. G. Roujou de Boubée). Dans ces cas, la réparation ne peut que prendre la forme de dommages-intérêts. Toutefois, le juge civil considère que la destination de la construction à l'habitation ne peut caractériser une impossibilité empêchant une réparation en nature (Civ. 3e, 3 mars 2010, n° 08-21.911 : à propos de caravanes).

Compléments pédagogiques

Mémo

Les autorisations d'urbanisme sont toujours délivrées sous réserve des droits des tiers. Ceux-ci ont donc la faculté d'obtenir réparation du préjudice subi par eux du fait de la violation des règles d'urbanisme par le constructeur. Il leur appartiendra alors de démontrer d'une part, qu'ils subissent un préjudice personnel, actuel et certain, d'autre part que le fait générateur de ce préjudice consiste dans la violation d'une règle d'urbanisme, ce qui les autorise à invoquer la méconnaissance d'une règle permissive, et enfin, que celui-ci correspond strictement à l'intérêt protégé par la règle d'urbanisme violée. La rigueur avec laquelle ces conditions sont appréciées, particulièrement la dernière relative au lien de causalité entre le préjudice allégué et la règle méconnue, est de nature à réduire fortement les hypothèses de sanction civile des règles d'urbanisme.

Le manquement à une servitude d'urbanisme n'est pas couvert par l'obtention d'une autorisation administrative, même devenue définitive. Néanmoins, le juge civil ne peut entrer en voie de condamnation que si l'autorisation concernée a été préalablement annulée ou déclarée illégale par le juge administratif (C. urb., art. L. 480-13). Plus précisément, il ne peut ordonner la démolition que si, préalablement, le permis a été annulé par une décision définitive de la juridiction administrative. Et par ailleurs, le constructeur ne peut être condamné à des dommages et intérêts que si, préalablement, le permis a été annulé ou si son illégalité a été constatée par la même juridiction. En l'état actuel de la jurisprudence, le juge civil n'a cependant pas le choix de l'une ou de l'autre. S'il constate la réalité d'une infraction à la règle d'urbanisme et la possibilité de l'exécution de la condamnation en nature, il doit la prononcer.

Quid

■ Actions pétitoires n° 878

L'action pétitoire met en cause l'existence d'un droit réel immobilier ; au contraire de l'action possessoire qui tend à protéger un fait juridique, la possession et la détention paisible d'un immeuble.

■ Règle de prospect n° 876

Règle d'implantation des constructions par rapport aux limites séparatives de propriété.

■ Théorie des troubles anormaux de voisinage n° 871

La responsabilité du maître d'ouvrage peut être engagée alors même que la construction réalisée est strictement conforme au permis de construire légalement accordé. Il en va ainsi lorsque le trouble provoqué par cette construction excède les sujétions normalement inhérentes aux relations de voisinage.

Document

Civ. 3e, 26 sept. 2007, *SCI les Chênes c/ Assoc. Rempart pour le site de Thouzon et a.*
(En ligne sur le site de la Cour de cassation)

Sur le moyen unique :

Attendu que la SCI fait grief à l'arrêt d'accueillir les demandes de l'association alors, selon le moyen, que les tiers ne peuvent exercer une action en responsabilité pour violation des règles d'urbanisme devant le juge civil qu'à la condition d'établir l'existence d'un préjudice personnel en relation directe avec l'infraction à ces règles ; qu'une association ne subit pas, du fait de la violation d'une règle d'urbanisme portant atteinte à l'intérêt collectif qu'elle s'est donné pour mission de défendre un préjudice personnel distinct du dommage causé à la collectivité toute entière ; que si la loi permet aux associations agréées mentionnées à l'article L. 141-2 du Code de l'environnement d'exercer les droits reconnus à la partie civile en ce qui concerne les faits portant un préjudice aux intérêts collectifs qu'elles ont pour objet de défendre, il s'agit de l'exercice de l'action en réparation d'un dommage causé par une infraction ; que dès lors qu'il n'est ni constaté ni même allégué que le permis de construire délivré par le maire de Thor le 9 juillet 1993 aurait été obtenu par fraude, la SCI Les Chênes n'a commis aucune infraction en édifiant une construction conformément à ce permis déclaré ultérieurement illégal ; qu'en déclarant l'association UDVN fondée à demander réparation, par la démolition de ladite construction, du préjudice qui lui aurait été causé par la violation de la règle d'inconstructibilité, la cour d'appel a violé l'article L. 480-13 du Code de l'urbanisme ensemble l'article 1382 du Code civil.

Mais attendu qu'une association peut agir en justice au nom d'intérêts collectifs, dès lors que ceux-ci entrent dans son objet social ; qu'ayant relevé que la juridiction administrative avait déclaré le permis de construire illégal en ce qu'il autorisait des constructions dans une zone inconstructible protégée pour la qualité de son environnement, sur les parcelles classées en espaces boisés à conserver en application de l'article L. 130-1 du Code de l'urbanisme, la cour d'appel a pu retenir que la violation par la SCI de l'inconstructibilité des lieux qui portait atteinte à la vocation et à l'activité au plan départemental de l'association, conforme à son objet social et à son agrément, causait à celle-ci un préjudice personnel direct en relation avec la violation de la règle d'urbanisme ;

D'où il suit que le moyen n'est pas fondé ;

PAR CES MOTIFS :

REJETTE le pourvoi.

Biblio

1) Sur le contentieux civil de l'urbanisme

- D. Moreno, Le juge judiciaire et le droit de l'urbanisme, LGDJ, Paris, 1991.

2) Sur l'article L. 480-13 du Code de l'urbanisme

- S. Pérignon, « La sécurisation des autorisations d'urbanisme et des constructions existantes », *AJDA* 2006. 1551.
- P. Soler-Couteaux, « L'impact de la loi ENL sur le droit de l'urbanisme », *RDI* 2006. 407.
- Cl. Le Marchand, « Action en démolition et en responsabilité : la fin d'un cauchemar ? C'est selon », *Constr.-Urb.* 2006. Chron. 8.
- H. Périnet-Marquet, « Régularisation, contentieux et préemption : trois difficultés d'interprétation de la loi ENL », *Constr.-Urb.* 2006. Chron. 9.
- P. Cornille et N. Rousseau, « Quelle sécurisation des constructeurs et des constructions par la loi ENL ? », *Constr.-Urb.* 2006. Chron. 14.
- L. Peironet-Colloc'h et J.-Ph. Meng, « La réforme des autorisations d'urbanisme : le volet de sécurisation par la loi ENL », *Dr et Patr.* 2007. 50.
- O. Herrnberger, « Le sort des constructions illégales après la loi ENL », *JCP* N 2007, n° 1172.

Quiz

1) Sujet corrigé

Cas pratique

Énoncé

Responsable du service juridique d'un important groupe immobilier, vous êtes chargé par la direction générale de la société de répondre aux questions suivantes :

I. La violation d'une servitude de jour (C. civ., art. 676, 677) est-elle susceptible d'entraîner l'annulation d'un permis de construire ?

II. Le voisin d'une construction peut-il invoquer la violation d'une disposition permissive du règlement national d'urbanisme (C. urb., ex. art. R. 111-21) pour obtenir la démolition d'une construction ?

III. Le voisin peut-il obtenir la démolition du bâtiment édifié sur la base d'un permis de construire annulé pour un motif de forme (ex. insuffisance du projet architectural prévu à l'art. L. 431-2 C. urb.) ?

IV. Lorsqu'une construction a été édifiée conformément à un permis de construire et qu'elle a été achevée après le 16 juillet 2006, dans quel délai doit être engagée une action en réparation fondée sur la méconnaissance d'une règle d'urbanisme devant le tribunal de grande instance ?

V. Dans quels cas le juge civil refuse-t-il de réparer en nature le préjudice subi ?

Voir le corrigé en fin de rubrique.

2) Sujet d'examen

Dissertation

La réserve du droit des tiers en droit de l'urbanisme.

3) Corrigé

Cas pratique

I. Non. En effet, le permis de construire est délivré sous réserve du droit des tiers. Il ignore en conséquence d'éventuelles violations de droit privé. Ce principe a été de longue date consacré par le Conseil d'État dans les termes suivants : « considérant que le motif tiré de l'existence de servitudes de droit privé n'est pas au nombre de ceux qui peuvent justifier le refus d'un permis de construire » (CE 11 juill. 1986, *Cts Sevrin*, req. n° 67207). S'agissant plus particulièrement de l'atteinte aux vues, le Conseil d'État a jugé que : « pour contester la légalité de l'arrêté du maire de Blois accordant un permis de construire à M. Bourreau, Mme Rio se fonde uniquement sur la circonstance que des travaux autorisés par ledit arrêté méconnaîtraient les dispositions des articles 676 et 680 du Code civil ; qu'une telle méconnaissance, à la supposer établie, ne saurait entacher d'excès de pouvoir le permis litigieux, accordé sous réserve des droits des tiers ; que, par suite, Mme Rio n'est pas fondée à soutenir que c'est à tort que, par le jugement attaqué, le tribunal administratif d'Orléans a rejeté sa demande tendant à l'annulation de l'arrêté du maire de Blois du 7 août 1984 accordant un permis de construire à M. Bourreau » (CE 13 mai 1987, *Rio*, req. n° 73555). Il a rappelé cette solution classique, à plusieurs reprises (CE 20 oct. 1989, *Roose*, req. n° 87416 : à propos de la violation de C. civ., art. 675 s. ; CE 27 mai 1991, *Cne Mably c/ Épx Dufour*, req. n° 112798 : à propos de la violation de C. civ., art. 674, 677, 676).

II. Oui. Une règle d'urbanisme de nature permissive confère un pouvoir discrétionnaire à l'autorité administrative dans l'appréciation de la conformité d'un projet à ladite règle. C'est pourquoi, dans un premier temps, la Cour de cassation a exclu qu'une action en démolition soit fondée sur la violation de telles règles (Civ. 3e, 4 févr. 1976, Betuing c/ Hurdebourg, Bull. civ. III, no 53). Néanmoins, elle est revenue sur cette jurisprudence à partir de 2001 (Civ. 3e, 28 mars 2001, Christa, n° 99-13.781).

III. Non. Toute illégalité du permis de construire n'est pas susceptible d'ouvrir droit à réparation devant le juge civil. Ainsi, la seule circonstance que le permis de construire a été annulé par le juge administratif pour un vice de forme ou de procédure ne permet pas au demandeur d'obtenir réparation du préjudice qu'il invoque (Civ. 3e, 17 nov. 1971, Buscail c/ Rouan, n° 69-13.989).

IV. Le délai est de deux ans. Mais son point de départ varie selon que l'action vise à obtenir la démolition de la construction ou le versement de dommages et intérêts. Dans la première hypothèse, l'action en démolition doit être engagée au plus tard dans le délai de deux ans qui suit l'annulation définitive du permis de construire prononcée par le juge administratif. Dans la seconde hypothèse, l'action en responsabilité doit être engagée au plus tard dans le délai de deux ans à compter de l'achèvement des travaux (C. urb., art. L. 480-13).

V. Dans trois séries d'hypothèses : d'une part, lorsque la démolition ou la remise en état s'avère impossible (Civ. 3e, 8 févr. 1983, Duffo, RDI 1983. 445) ; d'autre part, lorsqu'une modification de la réglementation intervenue postérieurement à l'infraction rend licite la construction litigieuse (Civ. 3e, 16 mai 1977, Seguin, Bull. civ. III, no 212 ; 25 nov. 1998, Sté Eriane c/ Morel, Constr.-Urb. 1999, no 108) ; enfin lorsqu'un permis de régularisation a été délivrée. Dans ce cas, le juge s'en tient au prononcé de dommages-intérêts Civ. 3e, 20 nov. 2013, n° 12-26.595 ; v. aussi, Crim. 13 nov. 2013, n° 10-84.430, Bull. crim.).

partie **3**

Les actions d'urbanisme

Un droit de l'urbanisme a historiquement et principalement pour objet de réglementer l'utilisation et l'occupation du sol. En cela, il est et demeure une police des sols. Mais cet objet ne trouve à se réaliser qu'à la condition qu'en amont, cette matière première qu'est le terrain à bâtir soit disponible. L'opération consistant à produire du terrain à bâtir a relevé à l'origine et continue principalement de relever de la seule initiative privée. Mais celle-ci s'est révélée insuffisante à certaines périodes de notre histoire, notamment après le second conflit mondial, où les pouvoirs publics se sont trouvés confrontés à une demande de logements non satisfaite par le marché. Cette situation les a contraints à se faire aménageurs. Plus récemment, cette question s'est renouvelée. Il s'agit désormais pour eux d'intervenir sur le tissu urbain existant pour le restructurer ou, pour employer un vocabulaire plus contemporain, le renouveler, c'est-à-dire procéder à des démolitions et réhabiliter les ensembles bâtis existants. La mise en œuvre d'une politique d'aménagement et notamment d'une politique locale de l'habitat confère ainsi une dimension nouvelle au droit de l'urbanisme. Il a du d'abord actualiser les instruments permettant d'acquérir la maîtrise foncière des terrains nécessaires à la réalisation des actions et opérations d'aménagement projetées (titre 1), inventer ensuite des procédures permettant de mener à bien l'opération de production de terrains à bâtir ou de restructuration urbaine envisagée (titre 2) et mettre en place enfin des instruments financiers et fiscaux pour en assurer le financement (titre 3). 880

titre 1

Les instruments de la maitrise foncière

Le foncier est la matière première de l'urbanisation. Il n'est pourtant pas facile de mobiliser l'offre foncière principalement parce que le marché foncier est un marché atypique influencé par de nombreux paramètres qui en perturbent le fonctionnement (CE, avis, 13 avr. 2005, « La maîtrise foncière : clé du développement durable », *JO* 21 avr. 2005 ; Sénat rapp. « Foncier, Logement : sortir de la crise », présenté par T. Repentin, n° 442, 2004-2005). Aussi bien, la question foncière n'a jamais reçu de solution satisfaisante (H. Léna (dir.), *Quarante ans de politique foncière en France*, Economica, 1986), sans doute également parce qu'elle met en jeu un débat idéologique sur le droit de propriété qui ne demande qu'à se ranimer (A. Givaudan, « La mobilisation de l'offre foncière. Pour une intervention libérale sur le marché foncier », *Gaz. Pal.* 27-28 févr. 1998, p. 21). On se bornera ici à constater que, postérieurement à la Seconde Guerre mondiale, les moyens pour permettre aux collectivités publiques d'acquérir la maîtrise foncière se sont développés et renforcés au fur et à mesure qu'elles se sont investies dans des politiques d'aménagement. 881

Expropriation. Ils ont d'abord pris la forme d'une extension du recours à l'expropriation par la loi du 6 août 1953 qui permet l'acquisition de terrains nécessaires à la construction pour les céder de gré à gré à une personne privée. On n'insistera pas sur cette procédure dans la mesure où elle n'est pas spécifique au droit de l'urbanisme (R. Hostiou et F. Struillou, *Expropriation et préemption*, 4e éd., Litec, 2011 ; CE 30 déc. 1998, *Bagot*, req. nos 167434, 167435, *Lebon* T. 965, 1137 et 1221 : une procédure d'expropriation peut venir relayer l'exercice d'un droit de préemption qui n'aboutit pas). On peut néanmoins relever, que l'article L. 221-1 du Code de l'urbanisme issu de la loi du 18 juillet 1985 dite « loi aménagement » prévoit expressément le recours à l'expropriation pour constituer des réserves foncières en vue de permettre la réalisation d'une action ou d'une opération d'aménagement répondant aux objets définis à l'article L. 300-1 (CAA Nantes, 2 mai 1996, *Buttel*, req. n° 94NT00650, *BJDU* 1996. 207, concl. H. Isaïa). Le juge national exerce ici un contrôle traditionnel de l'utilité publique de la réserve foncière envisagée (CE 30 avr. 1997, *Cne Petit-Quevilly*, req. n° 140446 ; 4 juill. 1997, *Séguier d'Agoult*, req. n° 155649) ou de l'opération d'aménagement projetée (TA Versailles, 25 oct. 1994, *SAS Prince et Princesse de Liechtenstein c/ Préfet du Val d'Oise*, *Ét. fonc.* 1995, n° 66, p. 53, obs. *B. Lamorlette* : sur l'absence d'utilité publique d'une déclaration d'utilité publique en vue de la réalisation d'une ZAC au motif qu'une telle opération excède les capacités contributives de la commune). La Cour européenne des droits de l'homme exerce, quant à elle, son contrôle au regard 882 de l'article 1er du Protocole n° 1 à la Convention européenne de sauvegarde des droits de l'homme qui garantit le droit de propriété (CEDH 2 juill. 2002, *Motais de Narbonne c/ France*, req. n° 481619/99, *AJDA* 2002. 1226, note R. Hostiou).

■ 883 *Droits de préemption.* Le renforcement des moyens mis à la disposition des collectivités publiques a également conduit à l'institution de plusieurs droits de préemption. Le droit de préemption a d'abord été institué à l'intérieur des zones à urbaniser par priorité en 1958, puis a été élargi aux zones d'aménagement différé (ZAD) à partir de 1962 et dans les zones naturelles classées en périmètres sensibles à partir de 1959. Il a enfin été généralisé dans les communes dotées d'un POS après 1975. Cette extension continue du droit de préemption s'explique par le fait qu'il permet une intervention active sur le marché foncier sans avoir à recourir à la procédure lourde de l'expropriation. C'est pour cette raison et parce qu'il est un instrument propre au droit de l'urbanisme qu'on lui consacrera les développements qui suivent (chapitre 18).

■ 884 *Droit de priorité.* Il convient de distinguer le droit de préemption de mécanismes proches mais néanmoins juridiquement distincts. Ainsi les communes et les EPCI bénéficient également d'un droit de priorité institué par la loi du 13 juillet 1991 d'orientation pour la ville sur tout projet de cession d'un immeuble ou de droits sociaux donnant vocation à l'attribution en propriété ou en jouissance d'un immeuble ou partie d'immeuble situé sur leur territoire et appartenant à l'État et à certains établissements et sociétés publics (C. urb., art. L. 240-1 s.). La loi ENL du 13 juillet 2006 a fusionné les droits de priorité et de préemption pour simplifier les procédures et réduire les délais de cession des terrains publics. Désormais, la notification faite au titre du droit de priorité exclut l'application du droit de préemption urbain (C. urb., art. L. 211-3). En contrepartie, le régime du droit de priorité est largement aligné sur celui du droit de préemption (C. urb., art. L. 240-3). Par ailleurs, la même loi exclut du champ d'application de ces deux procédures l'aliénation par l'État ou ses établissements publics de terrains, bâtis ou non bâtis, en vue de la réalisation de logements dans les périmètres délimités en application de la loi ENL (L. préc., art. 1er ; Y. Gaudemet, « Le droit de priorité des communes n'est pas un droit de préemption », *JCP* N 2006, n° 1364 ; D. Dutrieux, « Le droit de priorité des communes rénové en cas de vente de biens du domaine privé de l'État », *JCP* A 2006, n° 1181 ; G. Godfrin, « La maîtrise foncière publique dans la loi ENL », *Constr.-Urb.* 2006. Chron. 15).

■ 885 *Établissements publics fonciers.* Le recours à l'expropriation pour réaliser une opération d'utilité publique ou l'exercice ponctuel du droit de préemption ne suffisent pas à caractériser une politique foncière sur le long terme. Par ailleurs, pour être efficace, une politique ne peut être le fait des collectivités publiques chacune pour ce qui la concerne. Elle postule une autre échelle. C'est la fonction des établissements publics fonciers (chapitre 19).

chapitre 18

Les droits de préemption

Plan analytique

§ 2 La décision du titulaire du droit de préemption

A. Le délai de préemption

B. La demande de pièces complémentaires et le droit de visite

C. Les options du titulaire du droit de préemption

§ 3 Le régime de la préemption

A. Champ d'application géographique

B. L'autorité compétente pour préempter

C. Les règles de forme et de procédure

D. Les règles de fond

E. La publicité de la décision de préemption

§ 4 Les suites de la décision de préemption

A. Les options du vendeur

B. La fixation judiciaire du prix

C. Paiement du prix et transfert de propriété

§ 5 L'affectation du bien préempté

A. L'obligation d'affectation

B. Droit de rétrocession

section 4

Le contentieux de la préemption

§ 1 Le contentieux de l'annulation

A. La recevabilité du recours pour excès de pouvoir contre la décision de préemption

B. Les effets de l'annulation de la décision de préemption

§ 2 La mise en œuvre des procédures d'urgence

A. Le référé-suspension

B. Le référé-liberté

§ 3 Le contentieux de la responsabilité

A. Le fait générateur

B. Le préjudice

C. Le lien de causalité

Compléments pédagogiques

Les droits de préemption

Le *droit de préemption*[Q] est un mécanisme qui permet à l'autorité publique qui en est titulaire d'acquérir un bien immobilier en se substituant à l'acquéreur pressenti à l'occasion d'une aliénation portant sur ledit bien et ce, afin de l'utiliser pour la mise en œuvre d'un objectif d'aménagement. Tant le Conseil constitutionnel (7 déc. 2000, nº 2000-436 DC, Loi SRU, consid. 24) que le Conseil d'État (12 sept. 2011, *Dion*, nº 347444) ont eu l'occasion de juger que l'exercice de cette prérogative ne portait pas une atteinte inconstitutionnelle au droit de propriété ou à la liberté contractuelle, alors même que les droits préemption publics ne se limitent pas à un droit de substitution mais incluent un droit de contester le prix fixé par le vendeur et de le faire revoir à la baisse par le juge de l'expropriation. 886

Antérieurement à l'intervention de la loi du 18 juillet 1985 relative à la définition et à la mise en œuvre des principes d'aménagement, deux régimes de préemption coexistaient. Le régime des zones d'aménagement différé (ZAD), institué par la loi du 26 juillet 1962 et le régime des zones d'intervention foncière (ZIF), institué par la loi du 31 décembre 1975 portant réforme de la politique foncière. Le premier avait plutôt pour objectif la réalisation de zones d'activités ou la constitution de réserves foncières et pour finalité d'éviter les spéculations foncières provoquées par l'annonce des opérations d'aménagement. Le second avait, quant à lui, pour objet de doter les communes d'un droit de préemption dans les zones urbaines des POS et visait à permettre la mise en œuvre d'une politique sociale de l'habitat.

La loi du 18 juillet 1985 est venue ordonner les différents droits de préemption en fonction de la situation de la commune au regard de la planification urbaine. Dans les communes dotées d'un POS, un droit de préemption urbain (DPU) s'appliquait dans les zones urbaines et les zones d'urbanisation future. Dans les communes non couvertes par un tel document, l'État pouvait créer des ZAD. L'évolution ultérieure se caractérise par une extension du droit de préemption en ZAD : d'abord, la loi du 2 août 1989 portant dispositions diverses en matière d'urbanisme et d'agglomérations nouvelles a ouvert à l'État la possibilité d'instituer des ZAD dans les communes dotées d'un POS mais uniquement en dehors des zones urbaines et des zones d'urbanisation future ; puis la loi du 13 juillet 1991 d'orientation pour la ville l'a autorisé à le faire de la manière la plus générale dans toutes les communes, dotées ou non d'un POS et quel que soit le zonage (C. urb., art. L. 212-1). 887

La loi SRU n'a pas modifié ce dispositif mais elle a contribué à étendre encore le champ d'application du droit de préemption (S. Pérignon, « L'interventionnisme foncier public après la loi SRU », *JCP* N 2001. 1500 ; R. Vandermeeren, « Les droits de préemption en matière d'urbanisme : innovations législatives et actualité jurisprudentielle », *AJDA* 2002. 1104). Depuis lors, de nouveaux droits de préemption ont été créés. Ont notamment été mis en place, en 2003, un droit de préemption visant à prévenir les risques et, en 2005, un droit de préemption visant à maintenir la diversité commerciale. Et le champ d'application des différents droits de préemption publics n'a cessé de s'étendre, en dernier lieu avec la loi ALUR du 24 mars 2014 (v. E. Carpentier, « La nouvelle « ALUR » des droits de préemption publics », *BJDU* 3/2014, p. 167 et les actes d'un colloque consacré au droit de préemption après la loi ALUR publié au *JCP*-N n° 42, 17 octobre 2014, n° 1301 à 1309).

Le législateur ayant multiplié les droits de préemption, il faut d'abord relever les particularités propres à l'institution de chacun d'entre eux (section 1). La loi du 18 juillet 1985 ayant par ailleurs largement harmonisé le régime des droits de préemption, on pourra étudier ensuite de manière générale le champ d'application du droit de préemption (section 2) et les conditions de son exercice (section 3) avant de traiter du contentieux de la préemption (section 4).

section 1

L'institution des droits de préemption

888 Les droits de préemption urbains et en ZAD obéissent à des finalités qui leur sont communes. Mais à côté de ceux-là, les plus anciens, le législateur a diversifié les finalités du mécanisme à la mesure des fonctions nouvelles du droit de l'urbanisme (§ 1). Les modalités de l'institution de ces droits de préemption varient pour chacun d'entre eux (§ 2). En contrepartie de la contrainte qu'ils constituent, le législateur a institué un droit de délaissement au profit des personnes propriétaires d'un bien qu'ils couvrent (§ 3).

§ 1 Les finalités des droits de préemption

889 *L'évolution du droit de préemption se caractérise par la diversification de ses finalités.* Institué à l'origine dans le but de mettre en œuvre des actions ou opérations d'aménagement (A), il a été assez rapidement utilisé à des fins de protection de l'environnement (B) avant de se voir attribuer une vocation sociale (C), de prévention des risques (D), de maintien de la diversité commerciale (E), et enfin (pour l'heure) de lutte contre le morcellement des forêts privées (F). Cette multiplication des droits de préemption publics n'est pas sans soulever diverses interrogations et difficultés (v. G. Durand-Pasquier, « Florilège de quelques difficultés soulevées par les droits de préemption et autres priorités d'achat nouvellement institués ou modifiés », *Constr.-Urb.* 4/2015, alerte 30).

A. Les droits de préemption à finalité d'aménagement

890 *Le droit de préemption en ZAD et le droit de préemption urbain.* Leurs finalités sont déterminées par référence aux objectifs de l'aménagement (C. urb., art. L. 210-1). Ils sont ainsi exercés en vue de la réalisation, dans l'intérêt général, des actions ou opérations répondant aux objectifs définis à l'article L. 300-1, à l'exception de ceux visant à sauvegarder ou à mettre en valeur les espaces naturels qui relèvent du département (C. urb., art. L. 142-1). Il s'agit donc de mettre en œuvre un projet urbain, une politique locale de l'habitat, d'organiser le maintien, l'extension ou

l'accueil des activités économiques, de favoriser le développement des loisirs et du tourisme, de réaliser des équipements collectifs, de lutter contre l'insalubrité, de permettre le renouvellement urbain, de sauvegarder ou de mettre en valeur le patrimoine bâti ou non bâti. L'article L. 210-1 ajoute par ailleurs aux finalités des droits de préemption la constitution de réserves foncières en vue de permettre la réalisation des actions ou opérations d'aménagement que l'on vient d'énumérer. Compte tenu de ces finalités, la Cour de cassation a jugé qu'il n'y avait pas lieu de renvoyer au Conseil constitutionnel la question de la conformité à la Constitution du droit de préemption dans les zones d'aménagement différé (Civ. 3e, 20 févr. 2014, n° 13-40.076).

Le droit de préemption dans les communes dotées d'une carte communale. La loi du 13 décembre 2000 relative à la Solidarité et au Renouvellement urbains a fait des cartes communales de véritables documents d'urbanisme. La loi du 2 juillet 2003 Urbanisme et Habitat confirme ce mouvement en dotant les communes couvertes par une carte communale approuvée d'un droit de préemption en vue de la réalisation d'un équipement ou d'une opération d'aménagement prédéterminée (C. urb., art. L. 211-1, al. 2). Cette disposition est fondée sur la considération que ces communes, aussi petites soient-elles, peuvent éprouver le besoin de disposer d'un instrument de maîtrise du foncier leur permettant de réaliser un équipement ou des opérations d'aménagement planifiées (S. Perignon, « Nouveaux cas d'institution du droit de préemption urbain », *AJDA* 2004. 569 ; Ph. Benoit-Cattin, *Constr.-Urb.* 2003. 208 ; J.-Ph. Meng, « Droits de préemption : extension des cas d'ouverture et nouvelles finalités », *Defrénois* 2004. 37988 ; D. Dutrieux, « L'extension du champ d'application du DPU », *Constr.-Urb.* 2005. 7). 891 ■

B. Les droits de préemption à vocation environnementale

Le droit de préemption dans les espaces sensibles du département (C. urb., art. L. 142-1 s. et R. 142-4 s.). Sous sa forme actuelle, le droit de préemption du département dans les espaces naturels sensibles (ENS) a été institué par la loi du 18 juillet 1985. Celui-ci est compétent pour élaborer et mettre en œuvre une politique de protection, de gestion et d'ouverture au public des espaces naturels sensibles, boisés ou non. Sa finalité s'est progressivement étendue de la préservation de la qualité des sites et des paysages à l'origine à celle des milieux naturels et à la sauvegarde des habitats naturels et à la préservation des champs naturels d'expansion des crues. Cette politique doit être compatible avec les orientations du SCOT, des chartes intercommunales de développement et d'aménagement, ou avec les DTA ou, en leur absence, avec les dispositions particulières applicables à certaines parties du territoire. Les objectifs énoncés par la loi sont seuls de nature à justifier l'intervention du département (CE, sect., 22 févr. 2002, *Assoc. de riverains pour la gestion et la sauvegarde du bassin hydraulique du Trieux, Lebon* 61 ; *BJDU* 2002. 126, concl. F. Lamy ; *RDI* 2002. 196, note Y. Jegouzo et 265, obs. P. S.-C. ; CE 16 juin 1995, *Préfet des Yvelines, Lebon* T. 1083) sur des espaces dont la qualité est de nature à justifier leur protection (Sur le droit de préemption dans les ENS, v. la fiche pratique élaborée par S. Deliancourt dans la revue *Droit de l'environnement* 192/2011, p. 225).. 892 ■

Institution du droit de préemption dans les ENS (art. L. 142-3). Pour la mise en œuvre de sa politique, le département peut créer des zones de préemption dans des conditions 893 ■

différentes selon que la zone est ou non couverte par un POS ou un PLU. Dans le premier cas, les zones de préemption ne peuvent être créées qu'avec l'accord de l'EPCI compétent en matière de PLU ou, le cas échéant du conseil municipal. Dans le second cas (qui inclut l'existence sur le territoire d'une carte communale), l'institution du droit de préemption nécessite en principe aussi l'accord des communes concernées, mais le département peut surmonter un éventuel désaccord en obtenant l'aval du préfet.

Le département peut déléguer son droit de préemption dans les ENS a toute une série d'autorités, énumérées à l'alinéa 12 de l'article L. 142-3, dans le patrimoine desquelles entreront les biens préemptés.

Par ailleurs, le Conservatoire du littoral peut, lorsqu'il est territorialement compétent, se substituer au département si celui-ci n'exerce pas le droit de préemption. Il en va de même de l'établissement public chargé du parc national ou du parc naturel régional sur le territoire d'un parc national ou d'un parc naturel régional et dans les réserves naturelles dont la gestion leur est confiée. Enfin, au cas où ni le conservatoire ni l'établissement public chargé d'un parc national ou d'un parc naturel régional n'est compétent, la commune peut se substituer au département si celui-ci n'exerce pas son droit de préemption. Pour un parc naturel régional, l'exercice du droit de préemption est subordonné à l'accord explicite du département. Dans tous ces cas, la commune peut exercer elle-même le droit de préemption si ni le département ni aucun de ses titulaires par substitution n'entendent le mettre en œuvre (Civ. 1re, 8 mars 2005, n° 02-21.574, *Constr.-Urb.* 2005. 167, obs. Ph. Benoit-Cattin : sur la gestion des délais de réponse à la déclaration d'intention d'aliéner).

894 *Régime du droit de préemption dans les ENS.* Le régime du droit de préemption dans les ENS est proche de celui du droit de préemption urbain ou en ZAD. L'article L. 142-7 du Code de l'urbanisme renvoie d'ailleurs aux dispositions communes à ces deux droits de préemption. Au demeurant, la délimitation d'un périmètre n'ouvre aucun droit de délaissement ; elle oblige seulement le département à ouvrir un registre sur lequel sont inscrites les acquisitions réalisées par exercice, délégation ou substitution du droit de préemption, ainsi que l'utilisation effective des biens ainsi acquis, étant précisé que toute personne peut consulter ce registre ou en obtenir un extrait (art. L. 142-9). Concernant son champ d'application, il s'exerce sur tout terrain ou ensemble de droits sociaux donnant vocation à l'attribution en propriété ou en jouissance de terrains qui font l'objet d'une aliénation, à titre onéreux, sous quelque forme que ce soit et, à titre exceptionnel, sur un terrain bâti lorsque l'existence d'une construction ne fait pas obstacle à son exercice dès lors que le terrain est de dimension suffisante pour justifier son ouverture au public et qu'il est, par sa localisation, nécessaire à la mise en œuvre de la politique des espaces naturels sensibles des départements. Le champ d'application du droit de préemption du Conservatoire du littoral est un peu différent (v. ci-dessous et D. Dutrieux, « Droit de préemption du conservatoire de l'espace littoral sur les droits indivis et les parts de SCI », *Constr.-Urb.* 2010. Étude 11). Lorsqu'une unité foncière n'est que partiellement incluse dans la zone de préemption, la préemption peut ne porter que sur cette fraction, la préemption partielle obéissant alors aux mêmes conditions que lorsqu'elle est réalisée en ZAD ou au titre du droit de préemption urbain. Concernant l'exercice du droit de préemption, l'aliénation est subordonnée à la notification d'une déclaration d'intention d'aliéner (DIA) au président du Conseil départemental. Les autorités compétentes ont jusqu'à trois mois pour décider de préempter. Selon

l'article L. 142-4 en effet, le silence des titulaires des droits de préemption et de substitution pendant trois mois à compter de la réception de la DIA vaut renonciation à l'exercice de ces droits. Lorsqu'une autorité compétente décide de préempter, sa décision doit être motivée. Selon le Conseil d'État, la décision de préemption, prise sur le fondement de l'article L. 142-3 du Code de l'urbanisme, qui se borne à faire état de « la nécessité pour la commune de préempter pour assurer la préservation et la protection du milieu naturel existant sur ce secteur du territoire communal », sans se référer à l'acte portant création de la zone de préemption et sans indiquer les raisons pour lesquelles la préservation et la protection des parcelles en cause justifiaient la préemption, ne répond pas aux exigences de motivation de la loi du 11 juillet 1979. En revanche, une telle décision n'a pas à préciser la sensibilité du milieu naturel ou la qualité du site, ni à indiquer que les terrains préemptés seraient ouverts au public, ou les raisons de l'absence d'un tel aménagement (CE 30 avril 2014, *Commune des Saintes-Maries-de-la-Mer*, n° 360794, sera mentionnée dans les tables du recueil *Lebon*), *BJDU* 4/2014, p. 278, concl. M. Vialettes et obs. X. D. L. ; *RDI* 7/2014, p. 422, obs. P.-S. C. ; *Constr.-urb.* 6/2014, n° 80, obs. L. Santoni).

Droit de préemption du Conservatoire de l'espace littoral et des rivages lacustres. Lorsqu'il est territorialement compétent, le Conservatoire du littoral peut prendre l'initiative de l'institution de zones de préemption à l'extérieur des zones délimitées par le département, des zones urbaines ou à urbaniser délimitées par les PLU et des zones constructibles délimitées par les cartes communales. Le projet de périmètre est adressé pour avis au département et à la commune ou à l'EPCI compétent. Ces avis sont réputés favorables s'ils n'interviennent pas dans un délai de trois mois après transmission du projet. Le périmètre est délimité par arrêté préfectoral, ou par décret en Conseil d'État en cas d'avis défavorable de la commune ou de l'EPCI compétent. À l'intérieur des périmètres ainsi institués, le conservatoire exerce les compétences dévolues au département dans les espaces naturels sensibles. Le champ d'application de ce droit de préemption est toutefois légèrement différent. Il est applicable à la cession de droits indivis sur un immeuble ou une partie d'immeuble bâti ou non bâti ainsi qu'à la cession de la majorité des parts d'une société civile immobilière lorsque le patrimoine de cette société est constitué par une unité foncière, bâtie ou non, sur la totalité ou certaines parties des zones de préemption créées par le conservatoire. Enfin, c'est au directeur du conservatoire que doivent être adressées les DIA relatives aux biens concernés. 895 ■

Le droit de préemption dans les espaces agricoles et naturels périurbains (C. urb., art. L. 143-1 s. et R. 143-1 s.). La loi n° 2005-157 du 23 février 2005 relative au développement des territoires ruraux (DTR) a habilité le département à préempter les immeubles situés à l'intérieur des périmètres d'intervention qu'il a institués par délibération en vue de protéger et de mettre en valeur les espaces agricoles et naturels périurbains. Depuis la loi du 13 oct. 2014, de tels périmètres peuvent également être institués par un établissement public ou un syndicat mixte compétent en matière de SCOT, sur le territoire des communes qui le composent. Ces périmètres, associés à des programmes d'action, sont institués avec l'accord des EPCI compétents en matière de PLU ou des communes, après avis de la chambre départementale d'agriculture, et après enquête publique (qui peut être concommitante avec celle relative au SCOT). Ils ne peuvent inclure des zones urbaines et à urbaniser délimitées par les PLU et des secteurs constructibles délimités par les cartes communales. Ils doivent être 896 ■

compatibles avec le SCOT et, le cas échéant, avec la charte du parc naturel régional. On relèvera que si des modifications du périmètre de protection peuvent être apportées par le département, toute modification dudit périmètre ayant pour effet d'en retirer un ou plusieurs terrains ne peut intervenir que par décret.

Lorsqu'ils sont compris dans des espaces naturels sensibles, le département exerce directement le droit de préemption. En dehors desdits espaces, la SAFER l'exerce à la demande et au nom du département. Par ailleurs, les établissements publics fonciers et les établissements publics fonciers locaux peuvent également exercer le droit de préemption à la demande du département ou avec son accord, d'une autre collectivité territoriale ou d'un EPCI. Ces biens sont intégrés dans le domaine privé de la collectivité territoriale ou de l'établissement public qui les a acquis. Ils doivent être utilisés en vue de la réalisation des objectifs définis par le programme d'action.

897 *Droit de préemption dans les périmètres de protection rapprochée de prélèvement d'eau.* Le droit de préemption urbain peut être institué par les communes ou les EPCI compétents dans les périmètres de protection rapprochée de prélèvement d'eau destinée à l'alimentation des collectivités humaines. Il peut être délégué à la commune ou à l'EPCI responsable de la production d'eau destinée à la consommation humaine dans les conditions prévues à l'article L. 213-3 du Code de l'urbanisme (CSP, art. L. 1321-2 et C. urb., art. L. 211-1).

C. Les droits de préemption à vocation sociale

898 La loi n° 98-657 du 29 juillet 1998 d'orientation relative à la lutte contre les exclusions a institué au bénéfice de la commune du lieu de situation de l'immeuble un droit de préemption pour permettre le maintien dans les lieux d'une personne dont la résidence principale fait l'objet d'une saisie, suivie d'une vente par adjudication (CCH, art. L. 616). Le droit de préemption est exercé suivant les modalités prévues par le Code de l'urbanisme en matière de droit de préemption urbain en cas de vente par adjudication lorsque cette procédure est rendue obligatoire par la loi ou le règlement (v. ss 933 ; Civ. 3e, 26 oct. 2005, n° U04-12.430 : la nullité qui sanctionne le défaut d'accomplissement des formalités aux fins d'information des titulaires du droit de préemption est une nullité de fond ; mais eux seuls ont qualité pour demander la nullité du jugement d'adjudication ; CE 17 déc. 2008, *Office d'habitation du Gers*, n° 304840, *BJDU* 2008. 16, concl. L. Derepas).

Plus récemment, la loi du 13 juin 2006 relative au droit de préemption et à la protection des locataires en cas de vente d'immeuble a habilité les titulaires du droit de préemption urbain et en ZAD à l'exercer pour assurer le maintien dans les lieux d'un locataire (C. urb., art. L. 210-2 ; D. Sizaire, « La vente à la découpe : quel avenir ? », *Constr.-Urb.* 2006. Chron. 7 ; E. Guillet, « Ventes à la découpe : protection du locataire », *Constr.-Urb.* 2006. Chron. 8). Le Conseil d'État a précisé que ce droit de préemption n'est pas limité aux hypothèses de « vente à la découpe » (CE 2 déc. 2011, *Bourgeois*, n° 343104, *Lebon* T. ; *BJDU* 2012. 43, concl. C. Landais ; *RDI* 2012. 116, obs. P. S.-C.).

Trois ans plus tard, la loi MOLLE du 25 mars 2009 a ouvert au Préfet la possibilité de se substituer à la commune pour l'exercice du droit de préemption urbain lorsqu'il a constaté sa carence dans la réalisation de ses engagements ou objectifs en matière de logements sociaux (CCH, art. L. 302-9-1). Le préfet a même la faculté d'instituer le droit de préemption si la commune ne l'a pas fait. Il exerce le droit de préemption pendant toute la durée d'application de l'arrêté motivé constatant cette carence lorsque l'aliénation porte sur un des biens ou droits soumis au droit de préemption urbain (1° à 4° de l'article L. 213-1), affecté au logement ou destiné à être affecté à une opération ayant fait l'objet de la convention prévue à l'article L. 302-9-1 du Code de la construction et de l'habitation. Cette confiscation du droit de préemption a été jugée conforme au principe de libre administration des collectivités territoriales (2013-309 QPC du 26 avril 2013, *SARL SCMC*). Le préfet peut déléguer ce droit à différents organismes. Les biens acquis par exercice de ce droit de préemption doivent être utilisés en vue de la réalisation d'opérations d'aménagement ou de construction permettant la réalisation des objectifs fixés dans le programme local de l'habitat ou déterminés en application du premier alinéa de l'article L. 302-8 du Code de la construction et de l'habitation (C. urb., art. L. 210-1 al. 2 ; Circ. n° DEVL1133617C, 21 févr. 2012). Le Conseil d'État a précisé que la circonstance que l'arrêté arrêté constatant la carence serait intervenu antérieurement à l'entrée en vigueur de la loi MOLLE ne fait pas obstacle au transfert de l'exercice du droit de préemption pour le reste de la durée d'application de l'arrêté (CE 28 nov. 2014, *Commune de Nogent-sur-Marne*, n° 362910, *Lebon* T. ; *BJDU* 1/2015. 37, concl. A. Lallet).

Enfin, la loi ALUR du 24 mars 2014 a créé un nouveau droit de préemption au profit des communes et visant à permettre le maintien dans les lieux des locataires (art. 10-I de la loi n° 75-1351 du 31 décembre 1975). Il est prévu qu'en cas d'absence d'acceptation par un des locataires ou occupants de bonne foi des offres de vente faites en application des alinéas 1 et 3 du même article, le bailleur communique sans délai au maire de la commune sur le territoire de laquelle est situé l'immeuble le prix et les conditions de la vente de l'ensemble des locaux pour lesquels il n'y a pas eu acceptation de ces offres de vente. À défaut, toute vente à un autre acquéreur est réputée nulle. La commune dispose alors, pour assurer le maintien dans les lieux des locataires, d'un délai de deux mois à compter de cette notification pour décider d'acquérir le ou les logements au prix déclaré ou proposer de les acquérir à un prix inférieur. Les modalités de fixation et de paiement du prix sont indiquées dans le même texte, qui ne précise pas en revanche les modalités d'articulation de ce nouveau droit de préemption créé au profit des communes avec le droit de préemption urbain, y compris lorsque celui-ci n'appartient plus aux communes mais à l'EPCI compétent en matière de PLU (v. D. Dutrieux, « Loi ALUR, urbanisme et pratique notariale », *JCP*-N n° 15, 11 avril 2014). On pourrait imaginer que ce droit de préemption « spécial » prime le droit de préemption urbain « général ». Mais la priorité pourrait également être donnée à la première décision de préemption intervenue dans le délai de deux mois. En pratique, la commune (guichet unique) aura cependant nécessairement l'avantage.

D. Le droit de préemption à vocation de prévention des risques

La loi n° 2003-699 du 30 juillet 2003 relative à la prévention des risques technologiques et naturels et à la réparation des dommages prévoit la possibilité pour les communes ou les EPCI compétents d'instaurer le DPU dans les zones délimitées par un plan de prévention des risques technologiques (PPRT) dans lesquelles la réalisation d'aménagements ou d'ouvrages ainsi que les constructions nouvelles et l'extension des constructions existantes sont interdites ou subordonnées au respect de prescriptions relatives à la construction, à l'utilisation ou à l'exploitation. Cette possibilité leur est ouverte alors même que leur territoire n'est pas couvert par un PLU (C. envir., 899 art. L. 515-16 ; C. urb., et L. 211-1 ; J.-Ph. Meng, « Droits de préemption : extension des cas d'ouverture et nouvelles finalités », *Defrénois* 2004. 37988 ; D. Dutrieux, « L'extension du champ d'application du DPU », *Constr.-Urb.* 2005. 7 ; J.-F. Struillou, « Droit de préemption et prévention des risques », *AJDA* 2012. 1329). Elle ne concerne cependant pas les zones situées à l'intérieur d'un plan de prévention des risques naturels prévisibles (Rép. min. 31510, *JOAN* Q 22 juin 2004. 4703 ; *JCP* N 2004. 142).

Le DPU peut également être institué dans les zones où ont été instituées des servitudes d'utilité publique sur les terrains riverains des cours d'eau ou de la dérivation d'un cours d'eau, ou situés dans leur bassin-versant, ou dans une zone estuarienne (C. envir., art. L. 211-12-II et XI et C. urb., art. L. 211-1).

E. Le droit de préemption à vocation de maintien de la diversité commerciale

900 Le champ d'application du droit de préemption urbain n'ouvre pas à une commune la possibilité de préempter un immeuble à la seule fin de pouvoir reconduire un bail commercial. C'est pourquoi la loi n° 2005-882 du 2 août 2005 en faveur des petites et moyennes entreprises a autorisé les communes, même dépourvues de document d'urbanisme, à délimiter un périmètre de sauvegarde du commerce et de l'artisanat de proximité, à l'intérieur duquel sont soumises au droit de préemption les aliénations à titre onéreux de fonds artisanaux, de fonds de commerce ou de baux commerciaux (art. L. 214-1 ; R. 214-1 et R. 214-2 ; sur la concurrence entre le DPU et ce droit de préemption, v. Rép. min. n° 87739, *JOAN* Q 15 févr. 2011. 1531). L'objectif est de permettre aux communes de lutter contre la désertification et de favoriser le maintien de la diversité commerciale (D. Dutrieux, « Les cessions de fonds de commerce, de fonds artisanaux et de baux commerciaux désormais soumises au droit de préemption », *Constr.-Urb.* 2006. 227 ; A. Boituzat, « Le droit de préemption des communes sur les cessions de fonds de commerce, de fonds artisanaux et de baux commerciaux », *RDI* 2008. 313 ; C. Dell Conte et J.-F. Struillou, « De l'immeuble aux meubles. L'application du droit de préemption aux biens commerciaux », *DAUH* 2006. 79 ; Ch. Debouy, « Commune et commerce : un intérêt renouvelé », *JCP* A 2009. 2284 ; sur les conditions d'exercice de ce droit de préemption, v. art. R. 214-3 s. ; S. Pérignon, « Le droit de préemption communal sur les biens commerciaux », *AJDA* 2008. 743 ; Y. Broussolle, « Le décret du 26 décembre 2007 relatif au droit de préemption des communes sur les fonds de commerce, les fonds artisanaux et les baux commerciaux », *Defrénois* 2008. 38768 ; D. Moreno, « La procédure de préemption commerciale », *JCP* A 2009. 2239 ; E. Fatôme, « Droits de préemption urbain. Regard d'un praticien sur deux avatars », *Mélanges Fatôme*, Dalloz, 2011, p. 129 ; D. Moreno, Le droit de préemption commercial, 5 ans après, *BJDU* 5/012.339).

La loi du 4 août 2008 de modernisation de l'économie a, parallèlement au rehaussement à 1 000 m² de surface de vente du seuil de l'autorisation requise au titre de l'urbanisme commercial, étendu ce droit de préemption aux aliénations à titre onéreux de terrains portant ou destinés à porter des commerces d'une surface de vente comprise entre 300 et 1 000 m² dans un délai de cinq ans à compter de leur aliénation (art. L. 214-1 et R. 214-1 s. ; Y. Broussolle, « L'extension du droit de préemption aux terrains destinés à l'aménagement commercial et les nouvelles règles d'implantation commerciale », *Defrénois* 2008. 38867 ; D. Dutrieux, « Droit de préemption sur les terrains portant ou destinés à porter des commerces », *JCP* A 2009.

836 ; Ph. Billet, « Entrée en vigueur du droit de préemption sur les terrains assiettes d'activités commerciales (décret n° 2009-753 du 22 juin 2009) », *JCP* A 2009. 2210).

Les aliénations soumises à ce droit de préemption doivent être précédées d'une déclaration préalable faite par le cédant à la commune dans laquelle se situe le bien. A l'origine très incertain, le contenu de cette déclaration a été précisé par le législateur, qui exige désormais qu'elle précise le prix, l'activité de l'acquéreur pressenti, le nombre de salariés du cédant, la nature de leur contrat de travail et les conditions de la cession. Elle comporte également le bail commercial, le cas échéant, et précise le chiffre d'affaires lorsque la cession porte sur un bail commercial ou un fonds artisanal ou commercial (art. L. 214-1 et R. 214-3 à R. 214-10-1).

À l'origine, ce droit ne pouvait être exercé que par la commune. Depuis l'intervention de la loi Pinel du 18 juin 2014, le Code de l'urbanisme permet la délégation totale ou partielle de ce droit à un établissement public de coopération intercommunale, lequel peut à son tour, tout comme la commune, déléguer ce droit à d'autres organismes énumérés par le code (art. L. 214-1-1, v. D. Dutrieux, « Loi Pinel et urbanisme », *JCP*-N n° 37, 12 Septembre 2014, 1272).

Le titulaire du droit de préemption ou le délégataire a deux mois pour décider de préempter.

La décision de préempter doit être motivée par la nécessité de préserver la diversité commerciale ou artisanale dans la commune. Par exemple, a été jugée légale la décision motivée par la volonté d'une commune de préserver la diversité commerciale permanente dans une commune devant faire face au développement d'une activité commerciale saisonnière (CAA Bordeaux, 26 mars 2013, *Commune d'Espelette*, n° 11BX03234., *Constr.-urb.* 5/13, n° 67, comm. X. Couton). A l'inverse, la préemption d'un fonds de commerce ne saurait être motivée par la protection de la sécurité et de l'ordre public (CE 26 avril 2013, n° 362949, *Defrénois* 21/2013, p. 1076, chron. G. Daudré).

Une fois la préemption réalisée, il doit, dans un délai de deux ans à compter de la prise d'effet de l'aliénation, rétrocéder le fonds, le bail commercial ou le terrain à une entreprise immatriculée au registre du commerce et des sociétés ou au répertoire des métiers, en vue d'une exploitation destinée à préserver la diversité de l'activité commerciale et artisanale dans le périmètre concerné (R.N. Schultz, « Les suites de la préemption commerciale. Usage et revente du fonds ou du bail préempté », *Defrénois* 17/2009, art. 39002). Ce délai est porté à trois ans lorsque le bien est mis en location-gérance par le titulaire du droit de préemption.

Il est désormais prévu que le bien demeure soumis au régime des baux commerciaux entre sa préemption et sa rétrocession (ce qui était exclus auparavant), et que le défaut d'exploitation ne peut être invoqué par le bailleur pour mettre fin au bail commercial dans le délai de rétrocession (art. L. 145-2 du code de commerce, dans sa rédaction issue de la loi du 18 juin 2014).

L'acte de rétrocession prévoit les conditions dans lesquelles il peut être résilié en cas d'inexécution par le cessionnaire du cahier des charges. La rétrocession d'un bail commercial est subordonnée, à peine de nullité, à l'accord préalable du bailleur, accord qui doit figurer dans l'acte de rétrocession (art. L. 214-2 et R. 214-11 à 214-16).

E. Les droits de préférence et de préemption visant à éviter le morcellement des forêts privées

901 Afin d'éviter l'émiettement des parcelles de la forêt privée et d'en améliorer la gestion et l'exploitation durable, la loi du 27 juillet 2010 a instauré un « droit de préférence » au profit des propriétaires (publics ou privés) de terrains boisés contigus en cas de vente d'une propriété classée au cadastre en nature de bois et forêts et d'une superficie de moins de 4 hectares (art. L. 331-19 à L. 331-21 du Code forestier, modifiés en dernier lieu par la loi pour l'avenir de l'agriculture du 13 octobre 2014). Ce droit de préférence (qui s'exerce sous réserve des droits de préemption prévus par le Code de l'urbanisme) a été complété de différents droits de préférence et de préemption au profit des personnes publiques, poursuivant le même objectif. Ces nouveaux droits sont issus de l'article 69 de la loi du 13 octobre 2014. En premier lieu, la commune sur le territoire de laquelle se trouve une propriété boisée destinée à être vendue (sans limitation de superficie lorsque le vendeur est une personne publique) et qui possède une parcelle boisée contiguë bénéficie d'un droit de préemption (C. urb., art. L. 331-22). Ce droit de préemption prime le droit de préférence de l'article L. 331-19. En deuxième lieu, l'État bénéficie d'un droit de préemption, en cas de vente d'une propriété boisée de moins de quatre hectares, si une forêt domaniale jouxte la parcelle en vente. C'est le notaire chargé de la vente qui doit informer le préfet, et l'État dispose d'un délai de trois mois pour préempter (C. urb., art. L. 331-23). L'exercice de son droit de préemption par l'État prive d'effet les droits de préférence et de préemption définis aux articles L. 331-19 à L. 331-22. En troisième lieu, enfin, la commune sur le territoire de laquelle se situe la propriété boisée vendue bénéficie d'un droit de préférence en cas de vente d'une propriété classée au cadastre en nature de bois et forêts et d'une superficie totale inférieure à quatre hectares, (C. urb., art. L. 331-24). Les exceptions prévues à l'article L. 331-21 sont applicables. Lorsqu'un ou plusieurs propriétaires de parcelles contiguës à la propriété exercent concurremment à la commune le droit de préférence prévu à l'article L. 331-19, le vendeur choisit librement à qui céder son bien.

§ 2 Les modalités de l'institution des droits de préemption

902 Les droits de préemption urbain (A) et en ZAD (B) peuvent être institués selon des modalités qu'il convient d'exposer. En outre, depuis la loi du 2 juillet 2003 Urbanisme et Habitat, les communes dotées d'une carte communale peuvent également instituer le droit de préemption (C).

A. L'institution du droit de préemption urbain (DPU)

903 *Champ d'application.* Aux termes de l'article L. 211-1 du Code de l'urbanisme, le DPU peut être institué dans les communes dotées d'un PLU approuvé et sur tout ou partie des zones urbaines et des zones à urbaniser délimitées par lui. Il peut l'être également sur la partie de leur territoire couverte par un plan de sauvegarde et de mise en valeur. Ainsi, les secteurs qui n'ont pas vocation à être urbanisés sont exclus de son champ d'application.

On peut rappeler, en outre, que le DPU peut être institué dans les périmètres de protection rapprochée de prélèvement d'eau destinée à l'alimentation des collectivités humaines (CSP, art. L. 1321-2), dans les périmètres définis par un plan de prévention des risques technologiques (C. envir., art. L. 515-16, I) et dans les zones soumises aux servitudes d'utilité publique instituées sur des terrains riverains de cours d'eau ou de la dérivation d'un cours d'eau ou situés dans leur bassin-versant, ou dans une zone estuarienne (C. envir., art. L. 211-12, II).

D'une manière générale, le DPU ne peut cependant être institué sur les territoires couverts par une ZAD ou un périmètre provisoire de ZAD. Cette disposition, issue de la loi du 13 juillet 1991 d'orientation pour la ville, est destinée à assurer la primauté du droit de préemption en ZAD.

Compétence. L'institution du DPU nécessite en principe une délibération du conseil municipal (Civ. 3e, 8 nov. 2006, n° J05-17.462, *BJDU* 2007. 74, obs. F. Nési ; *RDI* 2007. 196, obs. P. S.-C. : une déclaration d'utilité publique emportant mise en compatibilité du document ne peut en tenir lieu). Toutefois, la compétence d'un EPCI à fiscalité propre, ainsi que celle de la métropole de Lyon en matière de PLU, emporte leur compétence de plein droit en matière de droit de préemption urbain (il n'est plus nécessaire que l'EPCI dispose également de la compétence en matière de zones d'aménagement concerté). Par ailleurs, lorsque la commune fait partie d'un EPCI y ayant vocation, elle peut, en accord avec cet établissement, lui déléguer tout ou partie de ses compétences en matière de DPU (art. L. 211-2 ; pour les départements et régions d'outre-mer, v. art. L. 211-2-1). 904

Formes de la décision. La délibération qui établit le droit de préemption n'a pas à être motivée (CE, avis, 2 févr. 1988, *EDCE* 1988, n° 40, p. 301 ; CE 6 juill. 2007, *Peyre,* n° 300384, *Constr.-Urb.* 2007. 170, obs. G. Godfrin, *BJDU* 2007. 203, concl. Ch. Devys ; *RDI* 2007. 365, obs. P. S.-C. ; CE 6 juill. 2007, *A.,* n° 300384, *Constr.-Urb.* 2007. 168, obs. G. Godfrin). 905

Publicité de la décision. La délibération instituant le droit de préemption doit faire l'objet de mesures de publicité particulières : elle doit être affichée en mairie pendant un mois. Une mention doit en être insérée dans deux journaux régionaux diffusés dans le département et communiquée aux organismes énumérés par l'article R. 211-3 du Code de l'urbanisme. L'absence ou l'insuffisance de la publicité prive la délibération concernée de tout effet juridique dans la mesure où les effets qui lui sont attachés ont pour point de départ l'accomplissement de l'ensemble des formalités de publicité, la date à prendre en considération pour l'affichage en mairie étant celle du premier jour où il est effectué (C. urb., art. R. 211-2). 906

Suppression du droit de préemption. L'autorité compétente pour l'instituer peut décider de supprimer le droit de préemption, sur tout ou partie du territoire de la commune puis le rétablir en respectant les mêmes règles que pour son institution (C. urb., art. L. 211-1 et R. 211-2). Il en va de même pour le préfet lorsqu'il est compétent pour l'instituer en application de l'article L. 210-1 (v. ss 818). 907

Contrôle juridictionnel. La délibération instituant le DPU peut faire l'objet d'un recours pour excès de pouvoir dans les conditions du droit commun. A ce titre, le juge semble vouloir exercer à l'occasion un contrôle de la légalité de l'institution du droit de préemption au regard des finalités de l'aménagement et d'une éventuelle erreur manifeste d'appréciation (CAA Paris 23 déc. 1993, *Cne Basse-Terre,* n° 93PA00013). 908

Mais dans la mesure où la délibération n'a pas à être motivée, ce contrôle est nécessairement distant..

Quant au contrôle par la voie de l'exception d'illégalité, la question est demeurée longtemps ouverte (concl. Y. Aguila sur CE 12 nov. 2007, *Sté Globe Invest*, n° 295798, *BJDU* 2007. 443). Tandis que la Cour administrative d'appel de Paris l'avait exclu (CAA Paris, ass. plén., 8 juill. 2008, *Sté KMP Immo, Soc. foncière Paris 11*, n° 05PA02723 et 05PA02724, *RDI* 2008. 515, obs. P. S.-C.), son homologue marseillaise l'avait admis (15 mars 2012, *Mmes Régine B. et Catherine A. c. Commune de Six-Fours-les-Plages*, n° 10MA01865). Mais c'est finalement à la solution des juges parisiens que le Conseil d'État s'est rallié (CE 26 oct. 2012, *Mme Chauveau*, n° 346947, *BJDU* 2/13, p. 129, concl. A. Lallet et obs. O. Savignat ; *RDI* 12/2012, p. 647, obs. P.-S. C. : solution rendue à propos de l'acte de création d'une ZAD, mais très vraisemblablement transposable à la délibération instituant le DPU).

La jurisprudence *Alitalia* (CE, ass., 3 févr. 1989, *rec.* 44), qui oblige l'autorité compétente à abroger un règlement illégal si on le lui demande n'offre aucun remède supplémentaire, puisque la délibération instituant le droit de préemption n'est pas un acte réglementaire. Il est vrai qu'elle n'édicte pas une norme générale et impersonnelle mais se borne à rendre applicable sur le périmètre qu'elle délimite une réglementation préexistante (CE 25 mars 1996, *Assoc. de sauvegarde du village de Guyancourt et de ses Hameaux*, n° 147294, *BJDU* 1996. 130, concl. S. Fratacci ; CE 16 juin 1995, *Assoc. de défense des habitants de la corniche basque*, n° 155202, *BJDU* 1995. 320, concl. Ch. Maugüé). Il s'agit d'une « décision d'espèce » (R. Chapus, *Droit administratif général*, 15e éd., Domat-Montchrestien, t. 1, n° 700 ; B. Lévy, « Les actes non réglementaires et l'urbanisme », *Droit et Ville* 1990, p. 5 ; I. Poirot-Mazères, « Les décisions d'espèce », *RD publ.* 1992. 443).

Enfin, dans la mesure où le DPU ne peut être institué dans les communes dépourvues de POS ou de PLU, l'annulation de ces document entraîne, par voie de conséquence, l'illégalité des périmètres délimités (CE 1er déc. 1993, *Chiarazzo*, n° 136705, *BJDU* 1994. 94, concl. J. Arrighi de Casanova). Mais, par ailleurs, s'il ne peut être institué que dans les zones urbaines et d'urbanisation future, son institution ne constitue pas un acte d'application du document d'urbanisme. Il en résulte que la constatation par le juge de l'illégalité de la délimitation d'une telle zone n'entraîne pas de plein droit celle de l'acte instituant le droit de préemption (CAA Nantes 12 nov. 1997, *SA Calcia*, n° 94NT00912, *Lebon* T. 1137). Enfin, la Cour de cassation a jugé que la délibération instituant un DPU, prise alors que la commune était couverte par un POS, n'est pas nécessairement caduque du fait de la conversion du POS en PLU. Elle ne l'est pas, en particulier, dès lors que, comme en l'espèce, les documents graphiques joints au PLU font expressément référence au droit de préemption urbain précédemment institué (Civ. 3e, 20 mars 2013, n° 11-19.239, *RDI* 7-8/13, p. 385, obs. P.-S. C.).

B. L'institution du droit de préemption dans les ZAD

909 *Champ d'application.* La loi du 13 juillet 1991 d'orientation pour la ville a posé en principe la primauté du *droit de préemption en Zone d'Aménagement Différé*[Q] en supprimant, pour sa création, toute référence à l'existence et au zonage du document local d'urbanisme. La conséquence en est que les zones urbaines ou d'urbanisation future délimitées par ce dernier et comprises dans une ZAD ne sont plus soumises au DPU (C. urb., art. L. 211-1 et L. 212-1 ; CE 22 févr. 1995, *Cne Bessancourt*, n° 125025).

Par ailleurs, aucune disposition législative ou réglementaire n'interdit la création d'une ZAD sur des terrains inclus dans une zone de préemption instituée par le département au titre des espaces naturels sensibles et réciproquement. (CE, sect., 3 juill. 1998, *Dpt Yvelines*, n° 126606, *Lebon* 275 ; *BJDU* 1998. 440, concl. F. Lamy ; *RDI* 1998. 633, obs. J. Morand-Deviller et L. Touvet).

Il faut enfin préciser que l'acte de création d'une ZAD est depuis la loi SRU au nombre des décisions de l'administration qui doivent être compatibles avec le SCOT (C. urb., art. L. 122-1-15 et R. 122-5).

Compétence. La ZAD est créée par un arrêté du préfet sur proposition ou après avis de la commune et, le cas échéant, après avis de l'EPCI compétent en matière de DPU. Elle est néanmoins créée par décret en Conseil d'État en cas d'avis défavorable de leur part ou faute pour eux d'avoir émis un avis dans un délai de deux mois à compter du jour où ils ont reçu communication du projet. Depuis la loi ALUR du 24 mars 2014, des ZAD peuvent également être créées par délibération motivée de l'organe délibérant de l'EPCI à fiscalité propre compétent en matière de DPU, après avis des communes incluses dans le périmètre de la zone. En cas d'avis défavorable d'une de ces communes, la ZAD ne peut être créée que par arrêté du préfet. 910 ■

La délimitation d'un périmètre provisoire ouvrant droit à l'exercice du droit de préemption peut précéder la création de la ZAD. Ce périmètre provisoire sera caduc si l'acte créant la ZAD n'est pas publié dans les deux ans qui suivent (C. urb., art. L. 212-2-1 et R. 212-2-1).

Formes et contenu de la décision. La décision de créer une ZAD doit être motivée non pas au titre de la loi du 11 juillet 1979 relative à la motivation des actes administratifs dans la mesure où il ne s'agit pas d'une décision individuelle, mais parce qu'une disposition législative l'impose (C. urb., art. L. 212-1). Conformément aux principes qui régissent la matière, le préfet ne peut se borner à viser la délibération de la commune sollicitant l'institution de la ZAD alors même que celle-ci comporte une motivation. Au fond, la création d'une ZAD doit répondre à la volonté de réaliser une action ou une opération d'aménagement, c'est-à-dire répondant aux objectifs énumérés par l'article L. 300-1. Ainsi, la création d'une ZAD ne peut être justifiée ni par la protection d'une zone aquifère (TA Dijon 4 août 1969, Sté immobilière de prospection, *Lebon* 654) ou l'aménagement d'un plan d'eau et d'une aire de loisirs (TA Lyon 21 juin 1990, *Pignard*, in *Rec. des arrêts et jugements des TA et CAA*, Litec, 1992, p. 460, n° 343). Le motif de création de la ZAD doit en outre évidemment être légitime. Il ne saurait s'agir de faire obstacle à l'exercice du droit de préemption de la SAFER (CE 27 juill. 1984, *Cne Ottmarsheim*, n° 23980) et encore moins de s'opposer à une transaction amiable (TA Pau 21 oct. 1980, *Tajan, Lebon* T. 929). Elle peut en revanche par exemple se justifier par la création d'un port de plaisance (CAA Bordeaux 20 oct. 2005, *Assoc. de défense des propriétaires de la ZAD de la pointe de Roux d'Aytré*, n° 01BX02288). L'objectif de faire échec à la spéculation foncière ne figure certes pas expressément au nombre des finalités du droit de préemption. La création d'une ZAD peut néanmoins se réclamer d'une telle justification à condition toutefois qu'elle s'accompagne d'un projet d'aménagement (CE 20 janv. 1978, *Min. Équipement c. Pariset*, n° 03585, *Lebon* 26, concl. R. Denoix de Saint Marc ; *AJDA* 1978. 348, chron. O. Dutheillet de Lamothe et Y. Robineau ; CE 8 juin 1994, *Cne Mitry-Mory*, n° 12648 ; CE 20 nov. 1996, *Assoc. de sauvegarde et renouveau Six Fours*, n° 134804). Cette exigence s'explique d'autant mieux que si l'institution du droit de préemption peut 911 ■

avoir pour finalité de constituer des réserves foncières, c'est en vue de permettre la réalisation d'actions ou d'opérations d'aménagement (art. L. 210-1). La collectivité doit donc être capable, au second degré, d'indiquer en vue de quelle action ou opération, elle entend constituer une réserve foncière (CE 31 mars 1989, *Ville Arcueil*, n° 89361, *Lebon* T. 992). Le juge sanctionne cependant les créations de ZAD certes fondées sur une finalité d'aménagement, mais qui ne sont pas rendues nécessaires par une pression foncière suffisante (CE 14 mars 1986, *Min. Équipement c. Morelieras*, n° 48769 ; CE 20 janv. 1988, *Cne Molières*, n° 69309, *Lebon* T. 1076).

La décision de créer une ZAD doit par ailleurs désigner le titulaire du droit de préemption (art. L. 212-2 et pour les périmètres provisoires, art. L. 212-2-1).

Enfin, l'acte de création comporte un plan précisant le périmètre de la zone (art. L. 212-1 ; R. 212-1 et R. 212-2).

■ 912 *Publicité de la décision.* La décision créant une ZAD est publiée au *Journal officiel* s'il s'agit d'un décret et au recueil des actes administratifs du département s'il s'agit d'un arrêté. Mention en est insérée dans deux journaux publiés dans le département et une copie de la décision accompagnée d'un plan sont déposés dans chacune des mairies concernées, outre aux organismes visés à l'article R. 212-2 du Code de l'urbanisme, notamment la chambre départementale des notaires. Les effets juridiques attachés à la création de la zone ont pour point de départ l'accomplissement des formalités de publicité requises (C. urb., art. R. 212-2).

■ 913 *Durée de validité.* L'acte créant une ZAD a une durée de validité de six ans renouvelable à compter de la publication de l'acte qui a créé la zone ou de la date de publication de l'acte délimitant son périmètre provisoire (C. urb., art. L. 212-2 et L. 212-2-1).

■ 914 *Contrôle juridictionnel.* Si le Conseil d'État avait, depuis longtemps, précisé que l'acte de création d'une ZAD n'est ni un acte individuel (CE avis sect. Travaux publics 2 févr. 1988, *EDCE* 1989. 301), ni un acte réglementaire, dès lors qu'il n'édicte pas une norme générale et impersonnelle mais se borne à rendre applicable sur le périmètre qu'il délimite une réglementation préexistante (CE 25 mars 1996, *Assoc. de sauvegarde du village de Guyancourt et de ses Hameaux*, n° 147294, *BJDU* 1996. 130, concl. S. Fratacci ; CE 16 juin 1995, *Assoc. de défense des habitants de la corniche basque*, n° 155202, *BJDU* 1995. 320, concl. Ch. Maugüé), il ne s'était pas prononcé sur l'invocabilité de l'exception d'illégalité à son encontre. C'est désormais chose faite (CE 26 oct. 2012, *Mme Chauveau*, n° 346947, *BJDU* 2/13, p. 129, concl. A. Lallet et obs. O. Savignat ; *RDI* 12/2012, p. 647, obs. P.-S. C.). Selon le juge suprême, l'acte de création d'une ZAD, qui ne revêt pas un caractère réglementaire et ne forme pas avec les décisions individuelles de préemption prises dans la zone une opération complexe, ne saurait être contesté à l'occasion d'un recours contre l'une de ces décisions, alors même qu'il aurait acquis un caractère définitif.

En revanche, l'acte de création d'une ZAD peut parfaitement faire l'objet d'un recours pour excès de pouvoir. Outre le contrôle de la motivation de la décision, un tel recours pourra être l'occasion pour le juge de s'assurer que la délimitation du périmètre n'est pas entachée d'erreur manifeste d'appréciation au regard du projet d'aménagement. Un tel contrôle a pu conduire à l'annulation de la création d'une ZAD eu égard à l'importance de la commune, à l'évolution de sa démographie, à sa situation géographique et à ses perspectives d'évolution (CE 20 janv. 1988, *Cne*

Molières, préc. ; CE 16 déc. 1994, *Cne Veauchette*, n° 104389, *BJDU* 1994. 81, concl. Ch. Maugüé).

C. L'institution du droit de préemption dans les communes dotées d'une carte communale

Les communes dotées d'une carte communale approuvée disposent du droit de préemption et peuvent l'instituer par délibération du conseil municipal dans un ou plusieurs périmètres délimités par la carte (C. urb., art. L. 211-1). Les conditions de mise en œuvre de cette faculté sont cependant encadrées. En particulier, la délibération doit préciser, pour chaque périmètre, l'équipement ou l'opération d'aménagement en vue de laquelle le droit de préemption est institué. Par ailleurs, il semble que le droit de préemption ne peut être institué que dans les zones dans lesquelles les constructions sont autorisées (TA Amiens 4 nov. 2008, n° 062719 s., *Roland Rimbaud et a., Constr.-Urb.* 2009. 39, note P. Cornille). 915 ■

§ 3 Le droit de délaissement

Modalités. Le législateur a conféré aux propriétaires de biens soumis aux droits de préemption une possibilité de proposer aux titulaires de ces droits l'acquisition de ces biens en indiquant le prix demandé (le formulaire de demande d'acquisition est le même que le formulaire de DIA). Les modalités de l'exercice de ce *droit de délaissement*[Q] sont sensiblement identiques que le bien soit soumis au DPU (C. urb., art. L. 211-5 et R. 211-7) ou au droit de préemption dans une ZAD (C. urb., art. L. 212-3 et R. 212-4). Le titulaire du droit de préemption doit se prononcer dans un délai de deux mois à compter de la proposition qui lui est faite. Il est alors procédé comme pour l'exercice du droit de préemption consécutivement à une déclaration d'intention d'aliéner (art. R. 211-7, al. 5). La décision d'acquérir doit, comme une décision de préemption, être motivée. En revanche, elle n'ouvre pas au propriétaire le droit de rétrocession prévu à l'article L. 213-11 du Code de l'urbanisme si le titulaire du droit de préemption décide à son tour d'aliéner le bien. En cas de renonciation à l'acquisition, le propriétaire est libre d'aliéner son bien aux prix et conditions de son offre d'acquisition. Mais à la différence de ce qui se passe en matière d'emplacements réservés, la mise en œuvre du droit de délaissement ne permet pas de faire disparaître le droit de préemption sur le bien. 916 ■

Contentieux. Quand le droit de délaissement est exercé par le propriétaire d'un terrain après qu'il l'a retiré de la vente consécutivement à l'exercice du droit de préemption par le titulaire du droit de préemption et que ce dernier a répondu positivement à cette offre, l'acquéreur évincé par le fait de l'exercice du droit de préemption a un intérêt à agir contre la décision d'acquérir que le titulaire du droit de préemption a prise dans le cadre du délaissement. Toutefois, l'annulation de la décision de préemption n'entraîne pas par voie de conséquence celle d'acquérir au titre du délaissement (CE 31 janv. 2007, *Cts Maia, SARL Maia* (2 esp.), n° 277715 et 277716, *Constr.-Urb.* 2007. 106, note G. Godfrin ; *BJDU* 2007. 136, concl. Ch. Devys ; rapp. : CE 26 nov. 2001, *Cne Teste-de-Buch,* n° 222211, *Constr.-Urb.* 2002. 40, obs. Ph. Benoît-Cattin ; *Coll. terr.* 2002. 70, obs. Th. Célérier ; *BJDCP* 2002, n° 22, p. 209, concl. S. Boissard ; *Defrénois* 2002. 37618, obs. S. Pérignon ; *RDI* 2002. 162, obs. P. S.-C. ; 917 ■

« Parts de SCI et droit de préemption urbain - Une exception strictement définie », *JCP*-N 17 nov. 2006, p. 1976). S'étant aperçu, ou imaginé, que la fraude au droit de préemption pourrait toujours être réalisée par une cession en deux temps des parts de SCI, le législateur était trois ans plus tard (avec la loi MOLLE du 25 mars 2009) venu étendre cette même faculté à la cession de la majorité des parts d'une SCI dont le patrimoine est constitué d'une unité foncière dont la cession serait soumise au droit de préemption, en exceptant toutefois les SCI « familiales » (entre parents et alliés jusqu'au quatrième degré inclus) (v. D. Dutrieux, *JCP*-N 2009, actu. 288 ; E. Carpentier, « L'urbanisme au service du logement, mais pas seulement... », *BJDU* 2/2009, p. 92). Pour finir, la loi ALUR a considéré que ce dispositif était encore insuffisant. Elle est venue intégrer les cessions de la majorité des parts d'une SCI dont le patrimoine est constitué par une unité foncière dont la cession serait soumise au droit de préemption, à la liste des biens soumis au droit de préemption « simple » (en faisant donc remonter le d) de l'article L. 211-4 au 3° de l'article L. 213-1). Les SCI « familiales » jusqu'au quatrième degré demeurent exceptées, de même que les SCI dont le patrimoine est constitué de plusieurs unités foncières. En revanche, le législateur dans le même temps élargi le champ d'application de cette hypothèse en imposant également une DIA pour les cessions conduisant l'acquéreur à détenir la majorité des parts de la SCI (W. Altide, « Parts de SCI et droit de préemption urbain », *JCP*-N 42/2014, n° 1302).

Sur le plan strictement formel, cette remise en ordre n'est pas malvenue, car rien ne justifiait de ne faire relever les cessions de parts de SCI que du droit de préemption renforcé. Mais sur le fond, le principe même de la soumission de ces mutations au droit de préemption paraît toujours très discutable dès lors qu'il ne concerne pas uniquement les cessions de la totalité des parts des sociétés en cause. Comment l'administration peut-elle prétendre réaliser une action ou une opération d'aménagement sur un immeuble dont elle n'a pas la totale maîtrise ? Il conviendrait aussi de mettre en place un régime qui permette de systématiquement donner une date certaine à ces cessions, sans quoi la sanction attachée au non respect de l'obligation inscrite à l'article L. 213-2 du Code de l'urbanisme risque d'être délicate à mettre en œuvre. Enfin, si le risque lié à l'existence éventuelle de dettes a été conjuré par la possibilité désormais offerte au titulaire du droit de préemption de demander des pièces complémentaires à la DIA (v. *infra*), le problème de la compatibilité de ce droit de préemption avec le droit d'agrément des associés de SCI (C. civ., article 1861) n'est toujours pas textuellement résolu.

■ 922 *Les autres cas particuliers : les cessions de droits indivis, les cessions de tantièmes contre remise de locaux à construire et les contrats de location-accession.* Le législateur a expressément placé dans le champ d'application du DPU et du droit de préemption en ZAD notamment pour éviter la fraude qui consisterait à constituer de véritables aliénations sous couvert de ces procédés, d'une part, les cessions de droits indivis portant sur un immeuble ou une partie d'immeuble, bâti ou non bâti, à l'exception des cessions consenties à l'un des coïndivisaires (mais ils ne peuvent être préemptés que si tous les coïndivisaires ont déclaré leur intention d'aliéner : CE 17 févr. 1993, *Kremp*, n° 83469), d'autre part, les cessions de tantièmes contre remise de locaux à construire et, enfin, les contrats de location-accession à la propriété immobilière pour lesquels la déclaration d'intention d'aliéner doit être souscrite à la signature et non à la levée de l'option par le locataire de manière à éviter toute incertitude à l'accédant (art. L. 213-1). Les délais de dix ans et de quatre ans mentionnés à l'article L. 211-4 (v. infra) s'apprécient alors à la date de signature du contrat.

B. Les caractères de l'aliénation

A l'origine, le DPU et le droit de préemption en ZAD ne s'appliquaient qu'aux aliénations ayant un caractère volontaire et onéreux. Tel n'est plus le cas à présent. Mais il est toujours nécessaire que soit réalisée une véritable aliénation. 923

Les aliénations volontaires ou non. A l'origine, le droit de préemption ne pouvait être exercé que sur un bien librement mis en vente par son propriétaire. La loi SRU du 13 décembre 2000 a modifié cette règle, en supprimant le qualificatif « volontaire » jadis inscrit à l'article L. 213-1. 924

Les adjudications forcées. Il en résulte que, depuis lors, les adjudications « forcées » entrent dans le champ d'application du droit de préemption. Ainsi, qu'elles soient amiables (S. Pérignon, « La purge du droit de préemption urbain en cas d'adjudication amiable », *Defrénois* 1988. 34244 ; J.-L. Bourgois, « Droit de préemption urbain et adjudication amiable », *JCP* N 2001. 583) ou rendues obligatoires par une disposition législative ou réglementaire (D. Guillot, « L'exercice du droit de préemption sur adjudication "forcée" », *La Gazette* 25 oct. 2004. 54 : D. Landbeck, « La préemption sur adjudication forcée ; quelques précisions sur une préemption particulière », *Constr.-Urb.* 2011. Étude 13), les ventes par adjudications sont soumises au droit de préemption. Lorsqu'elle est autorisée ou rendue obligatoire par les lois ou les règlements (ventes d'immeubles appartenant aux mineurs émancipés ou à des incapables majeurs...), l'exercice du droit de préemption est exercé selon des modalités particulières précisées par le code (art. L. 213-1, R. 213-14 et R. 213-15).

Le cas particulier des biens compris dans un plan de cession. Il aurait dû en aller de même des ventes de biens immobiliers d'entreprises en redressement judiciaire réalisées dans le cadre de l'exécution d'un plan de cession partiel ou les ventes des actifs immobiliers des sociétés en liquidation judiciaire, dont la jurisprudence avait auparavant considéré qu'elles échappaient au droit de préemption du fait de leur caractère « involontaire » (CE 6 oct. 1995, *Cne Maisonsgoutte c. SA Sogestim*, n° 112083, *Lebon* 353 ; *CJEG* 1996. 142, concl. P. Frydman ; CE sect. 27 oct. 1999, *Cne Houdan c/ Lhemery*, n° 188685, *Lebon* 326 ; *BJDU* 1999. 370, concl. Ch. Maugüé : à propos d'une adjudication sur saisie immobilière). Mais le législateur en a décidé autrement, afin de concilier l'extension du droit de préemption avec les intérêts des entreprises en difficulté et de leurs salariés. Sont ainsi maintenus hors du champ de la préemption les biens « compris dans un plan de cession arrêté en application de l'article L. 631-22 ou des articles L. 642-1 et suivants du code de commerce » (C. urb., 1° de l'art. L. 213-1). Cette réserve devrait permettre d'éviter de mettre en péril un ensemble économique et l'emploi qui lui est lié, car la cession globale des actifs par la voie d'un plan de redressement ou d'une liquidation judiciaire, est souvent le seul moyen de maintenir l'activité d'une entreprise et les emplois qu'elle représente (J.-P. Garçon, « Le droit de préemption urbain et les procédures collectives après la loi SRU du 13 décembre 2000 », *JCP* E 2001. 548 ; *JCP* N 2001. 15931). Cette exception est cependant strictement limitée aux immeubles compris dans un plan de cession (CE 17 déc. 2008, *Zanzi*, n° 316411, *Lebon* T. 962).

Les biens faisant l'objet d'une rétrocession. La cour administrative d'appel de Marseille a jugé que ne sont pas soumis au droit de préemption les biens qui font l'objet d'une rétrocession en application de l'article L. 12-6 du code de l'expropriation (CAA Marseille, 18 avril 2014, Gondinet, n° 13MA01510, *BJDU* 5/2014, p. 379, concl. G. Roux et obs. E. Carpentier ; *RDI* 6/2014. 338).

Les immeubles domaniaux reconnus inutiles par le ministre de la Défense. Le législateur a soustrait au droit de préemption urbain les cessions, reventes et rachats des immeubles domaniaux reconnus inutiles par le ministre de la défense et cédés à l'euro symbolique aux EPCI ou communes qui en font la demande (II de l'article 39 de la loi de finances pour 2015).

925 *Les aliénations à titre onéreux et certaines aliénations à titre gratuit.* Jusque récemment, le droit de préemption ne concernait que les aliénations à titre onéreux, ce qui excluait les mutations à titre gratuit, comme les donations (Rép. *min.* n° 38232, *JOAN* 14 févr. 2000. 1046 ; *BJDU* 2000. 71) ou les mutations par décès. Le texte visant les aliénations « à titre onéreux, sous quelque forme que ce soit » (art. L. 213-1, 1°), sont champ d'application est large : la formule inclut les ventes de gré à gré quelles que soient les modalités de paiement du prix (somme d'argent, rente viagère, dation-paiement : CA Paris, 19 févr. 2002, n° 2000/18449, *Constr.-Urb.* 2002. 155, obs. Ph. Benoit-Cattin) et quelles que soient les conditions de la vente (réserve d'usufruit, droit d'usage). Elle inclut également les échanges amiables avec ou sans soulte qui réalisent une double transaction.

La loi ALUR du 24 mars 2014 a cru utile de soumettre également certaines mutations à titre gratuit au droit de préemption : les donations d'immeubles et les donations de parts de sociétés d'attribution donnant vocation à l'attribution d'un immeuble (C. urb., nouvel art. L. 213-1-1 ; v. N. Loock, « Droit de préemption urbain et aliénation à titre gratuit », *JCP*-N 42/2014, n° 1304). L'objectif de cette mesure serait de faire échec au contournement du droit de préemption par les donations fictives dont les collectivités ne peuvent démontrer l'existence en raison de versements occultes de la part des donataires. Au demeurant, on ne voit pas bien comment l'émission d'une déclaration d'intention d'aliéner (DIA) permettra de détecter d'éventuels versements occultes du donataire. En outre, il ne doit pas être si fréquent que des personnes se soumettent volontairement à la lourde fiscalité applicable aux donations, alors qu'elles réalisent en vérité une mutation à titre onéreux moins pénalisée fiscalement, simplement pour échapper au droit de préemption. Quoi qu'il en soit, une exception est aménagée dans les cas où la donation est effectuée entre personnes mariées, pacsées ou ayant des liens de parenté jusqu'au sixième degré (les concubins ne sont pas visés). Cette réserve devrait en pratique, fort heureusement, soustraire une bonne proportion des aliénations d'immeubles faites à titre gratuit au droit de préemption. De plus, et bien entendu, la préemption ne se fera pas à titre gratuit. Dans ces hypothèses, la DIA ne comportera pas de prix ; c'est le titulaire du droit de préemption qui devra proposer un prix, qui ne pourra apparemment consister que dans l'estimation réalisée par les services fiscaux (article L. 213-1-1). Naturellement, cette estimation ne pourra tenir compte du manque à gagner résultant, pour l'administration fiscale, de la transformation de l'opération d'une aliénation à titre gratuit en aliénation à titre onéreux.

926 *Seules les véritables aliénations sont concernées.* Ne peuvent faire l'objet d'une préemption les opérations qui ne constituent pas des aliénations. Il s'agit de toute convention n'emportant pas transfert de la propriété comme un bail emphytéotique ou un bail à construction, à condition toutefois qu'ils ne contiennent pas de clauses

stipulant que la propriété sera transférée au preneur en fin de bail, et sous réserve de la fraude (Civ. 3e, 27 nov. 2002, *SNCF c/ Cne Magny-en-Vexin*, n° D01-11.530, *Constr.-Urb.* 2003. 78, obs. Ph. Benoit-Cattin). Il s'agit également des opérations de fusion ou de scission de sociétés que la doctrine administrative analyse classiquement comme des opérations juridiquement distinctes d'une aliénation (Rép. min., *JO* Sénat 3 août 1989. 1186 ; pour un autre fondement, v. Rép. min., *JO* Sénat Q 1er juill. 1993. 1055 ; rép. min, *JOAN* Q 6 nov. 2000. 6387 ; Rép. min., *JO* Sénat 17 mars 1994. 601 ; Rép. min. n° 899, *JO* Sénat 6 janv. 1994. 33). Il en va de même des fusions soumises au régime simplifié de l'article L. 236-11 du Code de commerce (Rép. min., *JOAN* 20 janv. 2004. 507).

En revanche, si les apports à association ne sont vraisemblablement pas concernés, les apports en nature au sein d'une SCI sont expressément visés (art. L. 213-1-2).

§ 2 Les biens et mutations exclus des droits de préemption

Exclusions par décision expresse du titulaire du DPU. La délibération instituant le droit 927 ■
de préemption peut exclure du champ d'application du DPU la vente des lots dans les lotissements autorisés ou la cession des terrains par l'aménageur dans les ZAC. Dans ce cas, la délibération du conseil municipal est valable pour une durée de cinq ans à compter du jour où la délibération est devenue exécutoire (art. L. 211-1, *in fine* et R. 211-4).

Exclusions législatives. Un certain nombre de biens et mutations ont été exclus du 928 ■
champ d'application des droits de préemption par le législateur. Outre les bien compris dans un plan de cession, déjà évoqués, ils faut se reporter à deux listes dressées par le Code de l'urbanisme.

Les exclusions absolues, communes au DPU et au droit de préemption en ZAD. L'article L. 213-1 (a à j) énumère un certain nombre d'exclusions du droit de préemption, qui sont insurmontables pour les titulaires des droits de préemption. Ils s'agit notamment des immeubles *construits* par les sociétés coopératives de HLM de location-attribution (a) (les immeubles *appartenant* aux organismes de HLM ne sont plus exclus, v. C. Duchange, « Droit de préemption urbain, immeubles appartenant à des organismes d'HLM et immeubles achevés depuis plus de quatre ans », *JCP*-N 42/2014, n° 1303), des immeubles qui font l'objet d'un contrat de vente d'immeuble à construire (sauf si le dispositif est appliqué à des bâtiments existants) (b), des immeubles cédés au locataire en exécution de la promesse de vente insérée dans un contrat de crédit-bail immobilier (d), des immeubles qui font l'objet d'une mise en demeure d'acquérir (e), ou encore de certaines cessions réalisées par l'État ou ses établissements publics (g et h).

Les exclusions relatives, propres au DPU. L'exercice du DPU fait l'objet d'un certain nombre d'exceptions qui lui sont propres (C. urb., art. L. 211-4). Elles concernent les lots de copropriété à usage d'habitation et-ou professionnel lorsque le règlement de copropriété a été publié depuis plus de dix ans (D. Dutrieux, « Droit de préemption urbain et copropriété », *JCP* N 2003. 1553) ; les cessions de parts ou d'actions de société (d'attribution notamment) donnant vocation à l'attribution d'un local d'habitation, d'un local professionnel ou d'un local mixte et des locaux qui lui sont accessoires ; et les immeubles construits depuis moins de 4 ans (avant la loi ALUR, il s'agissant des immeubles de moins de dix ans, ce qui était plus cohérent avec l'exclusion des lots des copropriétés de plus de dix ans ; v. C. Duchange, article précité, *JCP*-N 42/2014, n° 1303). Ces exclusions ne sont du reste pas absolues. Le titulaire du droit de préemption peut décider de soumettre les aliénations en cause au droit de préemption renforcé.

Remarque sur les cessions mixtes. Une même cession peut porter simultanément sur un bien exclu du champ de la préemption et sur un immeuble qui y est assujetti. Dans un tel cas, il est clair que l'inclusion dans le projet de vente d'un élément non soumis au droit de préemption ne permet pas d'y faire échapper celui qui en relève. Néanmoins, elle ne permet pas davantage de préempter le premier à l'occasion de la préemption du second. Ainsi, par exemple, en cas de cession portant sur les murs et le fonds de commerce (S. Pérignon, « Droit de préemption urbain et cession de fonds de commerce », *Defrénois* 1992. 35291), seul le foncier (terrain et murs) peut être préempté, à l'exclusion du fonds de commerce, alors même que la promesse de vente porterait sur l'ensemble des biens, meubles et immeubles (Cour de cassation, 1er nov. 1991 ; Civ. 3e, 9 juin 2004, *SARL Dupo c/ Cnté urb. Lille*, n° 03-70.066, *JCP* A 2004. 1527, note *D. Dutrieux* ; cité par R. Hostiou et J.F. Struillou, *Expropriation et préemption*, 4e éd., Litec, 2011, n° 444, p. 276 ; *AJDI* 2005. 41, note A. Levy). Il en va de même de la cession d'un terrain et d'un bail à construction. La Cour de cassation a jugé que le droit de préemption de la commune ne peut concerner le bail à construction mais que la transmission simultanée du terrain et du droit au bail ne saurait faire échec au droit de préemption de la commune (Civ. 3e, 11 mai 2000, *Popineau, Pelte, Marel, Popineau c/ Sté K et a.*, n° H97-18.610, *Bull. civ.* III, n° 109 ; *BJDU* 2000. 115, rapp. C. Masson-Daum ; *Defrénois* 2000. 37252, obs. Ph. Benoît-Cattin ; *DAUH* 2001, n° 5, p. 472, chron. J.-*F.* Struillou).

Plus généralement, la question qui se pose est de savoir si le vendeur peut assortir la DIA d'une condition tenant à l'indivisibilité de la vente. Le Conseil d'État ne s'est jamais prononcé sur le sujet. Mais la doctrine (L. Bourgeois, « L'exercice du droit de préemption urbain et la vente d'un bien indivisible », *JCP* N 1996. I. 14) et la Cour de cassation l'ont exclu. Dans l'arrêt qui vient d'être cité, en effet, la Haute juridiction a considéré que, dans le contexte décrit, il ne il ne pouvait être fait grief au notaire chargé de la rédaction des actes de ne pas avoir fait apparaître la solidarité voulue par les deux sociétés venderesses dès lors que cette condition était inopposable à la commune pour l'application de son droit de préemption (sur cette problématique, voir encore v. ss 932).

§ 3 Le droit de préemption renforcé

929 *DPU renforcé.* Les biens énumérés à l'article L. 211-4 peuvent être soumis au DPU par délibération motivée du conseil municipal sur la totalité ou sur certaines parties du territoire concerné (C. urb., art. L. 211-4, *in fine* ; sur l'exigence de motivation : CE 4 févr. 2002, *SARL « Constructions Transactions Mauro »*, n° 217258, *Constr.-Urb.* 2002. 154, obs. P. Cornille ; *BJDU* 2002. 21, concl. S. Boissard ; *RDI* 2002. 265, obs. L. Derepas ; CAA Lyon, 28 févr. 2012, *Les Orphelins Apprentis d'Auteuil*, n° 11LY01197, *Constr.-Urb.* 2012. 60, note X. Couton ; E. Guillini et B. Raimbert, « L'extension du droit de préemption renforcé à l'aliénation des parts de sociétés civiles immobilières », *Dr. et patr.* janv. 2007. 155 ; E. Fatôme, « Droits de préemption urbain. Regard d'un praticien sur deux avatars », *Mélanges Fatôme*, Dalloz, 2011, p. 129). Mais il ne devrait être recouru à ce DPU renforcé que s'il est nécessaire à la mise en œuvre d'opérations ou

d'actions d'aménagement. Il résulte, en effet, des conclusions de M. Boissard sur l'arrêt *SARL « Constructions Transactions Mauro »* que les communes doivent justifier le DPU au regard tant « des spécificités de leur tissu urbain ou de leur parc immobilier », que « des objectifs d'aménagement qu'elles se sont fixées, ce qui devrait les inciter à engager une réflexion sur le point de savoir en quoi l'instauration d'un droit de préemption urbain renforcé est ou non est nécessaire. Le titulaire du DPU renforcé peut supprimer ce droit et revenir au DPU de droit commun à condition de respecter la règle du parallélisme des formes et des compétences ».

Selon la doctrine administrative, l'institution du DPU renforcé implique la suppression de la totalité des exceptions prévues par l'article L. 211-4 sans possibilité d'exclure l'une ou l'autre des catégories visées par cette disposition (Rép. min. n° 8556, *JO* Sénat 3 mars 1988. 290 ; *JCP* N 1988. Prat. 616-1). Cette solution, peu opportune, ne paraît pas indispensable.

section 3

L'exercice des droits de préemption

Pour mettre le titulaire du droit de préemption à même de l'exercer, le vendeur a l'obligation de l'informer de son intention d'aliéner le bien soumis au droit de préemption sous la forme d'une déclaration d'intention d'aliéner (§ 1). À la suite de cette information, l'autorité compétente pour préempter doit prendre une position (§ 2) dont il convient d'étudier d'une part, le régime quand elle consiste en l'exercice du droit de préemption (§ 3) et, d'autre part, les conséquences du point de vue du vendeur (§ 4). Enfin, si la collectivité préempte le bien, elle est tenue à des obligations relatives à son affectation (§ 5). 930

§ 1 La déclaration d'intention d'aliéner

Toute aliénation soumise aux droits de préemption doit être précédée de la notification par le propriétaire d'une déclaration d'intention d'aliéner (DIA) au titulaire du droit de préemption. Cette déclaration constitue une obligation (A). Son contenu, déterminé par le législateur, engage le vendeur (B). Il faut par ailleurs en préciser la nature à raison des effets susceptibles d'en résulter (C). 931

A. Une obligation

Toute aliénation d'un bien soumis aux droits de préemption est subordonnée à la notification, à la mairie de la commune où est situé le bien, d'une déclaration d'intention d'aliéner (C. urb., art. L. 213-2 ; D. Dutrieux, « Prohibition de la vente sous réserve ou sous condition résolutoire de l'exercice du droit de préemption urbain », *JCP* N 1/2012, act. 101. Libres propos ; S. Becqué-Ickowicz, « La condition suspensive de non préemption, faculté de repentir pour le vendeur ? », *Defrénois* 2011. 40176 ; S. Pérignon, « La vente sous condition suspensive du non-exercice du droit de préemption », *Defrénois* 1991. 35038). Il s'agit là d'une obligation qui 932 s'impose même si le bien n'étant que partiellement soumis au droit de préemption, son titulaire ne peut pas l'exercer (Civ. 3ᵉ, 18 févr. 2004, *Les Eyzies de Tayac c/ Delille*, nº B02-15.879, *Constr.-Urb.* 2004. 90, obs. P. Cornille). Le vendeur n'est cependant pas tenu de déposer une nouvelle déclaration lorsqu'il vend à un autre acquéreur que celui qu'elle indiquait, dès lors que le prix et les conditions de la vente ne sont pas modifiés (Civ. 3ᵉ, 8 oct. 2008, *SCP Bernardeau-Battiglia*, nº R07-15.935, *RDI* 2009. 132 obs. P. S.-C. ; *BJDU* 2008. 409, note F. Nési). Il en va de même si le compromis de vente conclu entre les parties est devenu caduc car cette caducité n'a pas d'effet sur la régularité et l'efficacité de la DIA (Civ. 3ᵉ, *Wohhgemuth*, nº C08-21.240, *BJDU* 3/ 2010. 213, note F. Nési).

Selon la Cour de cassation, l'article L. 213-2 du Code de l'urbanisme, qui prévoit que le dépôt de la DIA doit, à peine de nullité de la vente, intervenir en mairie de la commune où se trouve situé le bien quel que soit le titulaire du droit de préemption, exclut l'application de l'article 20 de la loi du 12 avril 2000, qui impose à une autorité administrative saisie à tort d'une demande de la transmettre à l'autorité compétente Civ. 3ᵉ, 13 févr. 2013, *Communauté d'agglomération de Marne et Gondoire*, nº 11-20.655 (sera publié au Bulletin), *JCP*-A 30/2013, nº 2224, obs. D. Gillig).

La sanction de l'absence de déclaration est la nullité de la vente qui est une nullité de fond (Civ. 3ᵉ, 26 oct. 2005, nº U04-12.430). L'action en nullité se prescrit par cinq ans à compter de la publication de l'acte portant transfert de propriété. Elle s'exerce devant le tribunal de grande instance du lieu de situation du bien par le titulaire du droit de préemption (C. urb., art. R. 213-26 ; Civ. 3ᵉ, 20 mars 1996, *Mendel c/ Werner*, nº R94-13.960, *Defrénois* 1996. 36401, obs. S. Pérignon ; CA Aix-en-Provence, 13 mars 1991, *Cne N.*, *JCP* N 1999. 545 ; Civ. 3ᵉ, 18 févr. 2004, *Cne Eyzies de Tayac c/ Delille*, préc. : l'administration peut poursuivre l'annulation de la vente même si le défaut de purge du droit de préemption résulte des indications de la DDE).

Lorsque la vente a pour objet plusieurs immeubles soumis aux droits de préemption, le vendeur doit notifier une déclaration pour chaque unité foncière, c'est-à-dire pour chaque parcelle ou un ensemble de parcelles d'un seul tenant appartenant à un même propriétaire ou à une même indivision (CE 27 juin 2005, *Cne Chambéry*, nº 264667, *Lebon* T. 1070 ; *Constr.-Urb.* 2005. 226, obs. P. Cornille ; *BJDU* 2005. 298, concl. J.-H. Stahl ; *Defrénois* 2005. 1706, note Ph. Benoit-Cattin ; *RDI* 2005. 469, obs. P. S.-C. ; CA Paris, 21 déc. 1990, *Gondre c/ SEM de Rosny-sous-Bois*, *D.* 1992. Jur. 273, note P. Carrias ; Rép. min. nº 36280, *JCP* N 1981. Prat. 7853. V. aussi, H. Charles, « L'unité foncière dans le droit de l'urbanisme », *RFDA* 1996. 575). Il en résulte que si le vendeur entend aliéner deux immeubles contigus, il pourra notifier une seule déclaration. Et quand bien même, il aurait souscrit deux déclarations en précisant que les deux biens sont englobés dans la même offre de vente, le titulaire du droit de préemption ne pourrait préempter un seul des deux immeubles dans la mesure où ils doivent être regardés comme concernant une seule unité foncière (CAA Douai, 16 oct. 2008, nº 07DA01873). En revanche, si deux immeubles contigus ne constituent pas une unité foncière, l'autorité compétente pourra ne préempter qu'un seul des biens (Rép. min. nº 29244, 3 mai 1999, *JOAN* Q 26 juill. 1999. 4612 ; Rép. min. nº 12093 : *JO* Sénat Q 11 nov. 2010. 2966).

Ainsi, comme il a déjà été précisé plus haut, dans le cas de la vente d'immeubles séparés, l'indivisibilité de l'opération voulue par les parties est inopposable au titulaire du droit de préemption (Civ. 3ᵉ., 11 mai 2000, *SCP X c/ Sté Electronica et compagnie industrielle et électronique du Nord*, préc. ; v. aussi, D. Dutrieux, « Le droit de préemption et les ventes groupées », *Ét. fonc.* 2001, nº 94, p. 38 ; « Droit de préemption urbain et vente de plusieurs immeubles soumis à ce droit», *JCP* N 2002. 1459; J.-L. Bourgeois, «L'exercice du droit de préemption urbain et la vente d'un bien indivisible», *JCP* N 1996. I. 143; *Ch. Debouy,* «Vente indivisible et champ géographique du droit de préemption», *JCP* N 2000. 766; concl. J.-H. Stahl sur CE 15 déc. 2004, *Cne Saint-Hilaire-La-Gravelle*, n° 270278, *BJDU* 2005. 39; sur le cas d'une vente murs et fonds : TA Nancy, 2 juill. 2002, *Malglaive*, *RFDA* 2004. 179, note M. Kurkdjian ; Civ. 3e, 9 juin 2004, *SARL Dupo c/ Cnté urb. Lille*, préc.).

Cas de vente par adjudication. Lorsque cette procédure est rendue obligatoire par la loi ou le règlement, l'aliénation n'est pas précédée d'une déclaration d'intention d'aliéner (C. urb., art. R. 213-4), mais d'une déclaration du greffe de la juridiction ou du notaire chargé de procéder à la vente faisant connaître la date et les modalités de la vente. Elle est adressée au maire 30 jours au moins avant la date fixée pour la vente par lettre recommandée avec demande d'avis de réception ou par voie électronique (C. urb., art. R. 213-15 ; Civ. 3e, 26 oct. 2005, n° U04-12.430 : la nullité qui sanctionne le défaut d'accomplissement des formalités aux fins d'information des titulaires du droit de préemption est une nullité de fond mais eux seuls ont qualité pour demander la nullité du jugement d'adjudication). 933 ■

B. Forme et contenu de la déclaration d'intention d'aliéner

Forme de la DIA. La DIA est normalement établie dans les formes prescrites par arrêté ministériel (C. urb., art. R. 213-5 et A. 213-1). La Cour de cassation admet toutefois qu'une annexe jointe au formulaire réglementaire en fait partie intégrante, à condition que son existence soit attestée par les mentions portées sur l'imprimé lui-même (Civ. 3e, 30 mai 1996, n° 94-14.678, *AJPI* 1997. 36, obs. A. Lévy ; Civ. 3e, 17 févr. 1999, *Skowronski c/ Gallien*, n° 97-14.225, *Constr.-Urb.* 1999. 220, obs. P. Cornille). Elle est adressée à la mairie de la commune où se trouve situé le bien, par pli recommandé avec demande d'avis de réception postal, déposée contre décharge, ou adressée par voie électronique en un seul exemplaire dans les conditions prévues par l'ordonnance n° 2005-1516 du 8 décembre 2005 relative aux échanges électroniques entre les usagers et les autorités administratives et entre les autorités administratives (C. urb., art. R. 213-5; décr. n° 2012-489, 13 avr. 2012 relatif à la dématérialisation de la déclaration d'intention d'aliéner). 934 ■

Contenu de la DIA. La DIA comporte obligatoirement l'indication du prix (sauf pour les aliénations à titre gratuit, v. art. L. 213-1-1 C. urb.) et des conditions de l'aliénation projetée. Lorsque la contrepartie de l'aliénation fait l'objet d'un paiement en nature, la déclaration doit mentionner le prix d'estimation de cette contrepartie (C. urb., art. L. 213-2). Depuis la loi ALUR, entrée en vigueur sur ce point le 27 mars 2014, il est également prévu que dans le cas particulier où la vente concerne un terrain supportant une installation classée pour la protection de l'environnement soumise à autorisation au à enregistrement, la DIA comporte désormais obligatoirement les informations dues au titre de l'article L. 514-20 du code de l'environnement (D. Deharbe, «La DIA et les informations sur la pollution... un couple de jeunes marié», *JCP*-N 42/2014, n° 1305). Cette mesure est intervenue en réaction à une jurisprudence de la Cour de cassation sur laquelle on reviendra (Civ. 3e, 7 nov. 2012, *Commune d'Amiens*, n° 11-22907, *BJDU* 1/2013, p. 56, obs. E. Carpentier ; *Constr.-urb.* 1/2013, n° 5 comm. L. Santoni). La DIA doit également être signée par le propriétaire 935 ■

(CE 17 févr. 1993, *Kremp*, n° 83469) ; elle ne peut être valablement signée par le notaire qu'en vertu d'un mandat (TA Lyon 29 sept. 1999, *Laurent*, n° 99011897, *Constr.-Urb.* 2000. 104, obs. P. Cornille ; *RJ envir.* 2000. 451, note H. Périnet-Marquet). En cas d'apport en nature au sein d'une SCI, enfin, la DIA doit être accompagnée d'un état de la situation sociale, financière et patrimoniale de la société civile immobilière (C. urb. art. L. 213-1-2).

En revanche, la mention du nom de l'acquéreur n'est en rien obligatoire (CE 6 janv. 1995, *Fitoussi*, n° 123371). Il en résulte que, dès lors que le prix et les conditions de la vente ne sont pas modifiés, le vendeur n'est pas tenu de notifier une nouvelle déclaration alors même qu'il vend à un autre acquéreur que celui qui était indiqué dans une précédente déclaration (Civ. 3e, 8 oct. 2008, *SCP Bernardeau-Battiglia*, préc. ; S. Pérignon, « L'indication du nom de l'acquéreur dans la déclaration d'intention d'aliéner », *Defrénois* 1988. 34332). En tout état de cause, l'administration ne peut exiger d'autres renseignements que ceux énoncés par le code.

■ 936 *Validité de la DIA.* Les mentions qui figurent dans la DIA doivent être exactes, sans quoi la DIA n'est pas valide (v. à propos d'une DIA mentionnant à tort l'existence d'un locataire : CA Dijon 8 déc. 1994, *JCP* N 1996. II. 38 ; D. Dutrieux, « DIA et locataire », *JCP* N 2005. 1331). Il en va de même d'une déclaration qui n'exprimerait pas la volonté réelle, libre et éclairée du propriétaire (TA Paris 18 mai 1987, *G.*, *JCP* N 1988. II. 233, note R. Vandermeeren). La question de la validité de la déclaration (dont aucun juge n'a apparemment le monopole) comporte plusieurs enjeux. D'abord, seule une déclaration complète et régulière fait courir le délai fixé au bénéficiaire du droit de préemption pour notifier sa réponse (CE 30 avr. 1975, *Assoc. Promo-Nature*, n° 95179, *Lebon* 267). Parallèlement, une DIA complète et régulière fait courir ce délai sans qu'une demande de l'administration tendant par exemple à la notification d'une nouvelle DIA ou à la fourniture de renseignements complémentaires autres que ceux qui peuvent être légalement requis (v. infra) ne soit de nature à le prolonger (CE 24 juill. 2009, *Sté. Finadev*, n° 316158, *Lebon* T. 986 ; *JCP* N 2010. 1213, chron. D. Dutrieux ; *RDI* 2009. 667 obs. P. S.-C.). Par ailleurs, la vente qui aurait été réalisée à la suite de la renonciation par le titulaire du droit de préemption à l'exercer, dans un cas où la déclaration aurait comporté des mentions erronées, serait susceptible d'être entachée de nullité. Au demeurant, la légalité la décision de préemption n'est pas nécessairement conditionnée par la validité de la DIA. Ainsi, il avait été jugé qu'une erreur sur le prix indiqué dans la déclaration n'affecte pas la légalité de la décision de préemption (CE 26 juill. 2011, *SCI du Belvédère*, n° 324767, mentionné aux tables du recueil *Lebon* ; *BJDU* 2011. 383, concl. M. Vialettes ; *RDI* 2011. 585, obs. P.S.-C.). Plus récemment, le Conseil d'État a posé, de façon générale, que la circonstance que la DIA serait incomplète ou entachée d'une erreur substantielle portant sur la consistance du bien objet de la vente, son prix ou les conditions de son aliénation est, par elle-même, et hors le cas de fraude, sans incidence sur la légalité de la décision de préemption prise à la suite de cette déclaration. Mais dans le même temps, les dispositions de l'article L. 213-2 du Code de l'urbanisme ne font pas obstacle à ce que le juge judiciaire prenne en considération, au titre de son office, pour apprécier la validité de la vente résultant d'une décision légale de préemption, les indications figurant dans la DIA à l'origine de cette décision (CE 12 févr. 2014, *Société Ham Investissement c/Commune de Cergy*, n° 361741, aux tables du recueil *Lebon*, *BJDU* 2/2014, p. 122, concl. M. Vialettes et obs. X. D. L. ; *RDI* 2014, p. 231, obs. P.-S. C. ; Constr.-urb. 4/2014, n° 56, obs. X. Couton).

Adjudication. Lorsque la vente par adjudication est rendue obligatoire par la loi ou le règlement, la déclaration qui doit être souscrite par le greffier de la juridiction ou le notaire chargé de procéder à la vente comporte les mêmes mentions que la déclaration d'intention d'aliéner et, concernant le prix, une estimation de celui-ci ou l'indication de la mise à prix (C. urb., art. L. 213-2). 937 ■

Opposabilité des mentions de la DIA. Les indications de la déclaration sont seules opposables au titulaire du droit de préemption (CA Versailles, 11 mai 1995, *JCP* 1998. 2609 : à propos des conditions suspensives ; D. Dutrieux, « L'opposabilité des conditions contenues dans une déclaration d'intention d'aliéner », *JCP* N 2002. 1283). Ainsi, une erreur sur le prix n'affecte pas la légalité de la décision de préemption (CE 26 juill. 2011, *SCI du Belvédère*, préc.). Par conséquent, la responsabilité du notaire rédacteur de l'acte peut être engagée (CA Dijon, 8 déc. 1994, *JCP* 1995. IV. 1504). 938 ■

Le contenu de la déclaration peut cependant faire l'objet de rectifications, tout comme la DIA peut être retirée (v. ci-dessous), tant que le titulaire du droit de préemption n'a pas notifié sa décision de préempter (D. Dutrieux, « La rectification d'une erreur contenue dans la déclaration d'intention d'aliéner : les pièges à éviter », *JCP* N 2004. 1016 ; Civ. 3e, 30 mai 1996, no 94-15.964 et 94-14.678 ; CA Versailles, 11 mai 1998, *JCP* 1998. 2609. Sur les honoraires de l'agence : Civ. 3e, 10 mars 1993, *Cne Pouilly-Les-Nonains*, no 90-19.578, *Bull. civ.* III, no 36 ; Civ. 1re, 24 janv. 2006, *Sté Atlant'Immo*, no 02-18.746 ; *RDI* 2006. 321 ; Civ. 3e, 26 sept. 2007, *Cne Chamonix-Mont-Blanc c/ Cogest Devouassoux Immobilier*, no 06-17.337, *Constr.-urb.* 2007, no 214, obs. N. Rousseau ; *BJDU* 6/2007. 429, note F. Nesi. ; Rép. min. no 13910, *JO* Sénat Q 28 oct. 2010. 2837). Evidemment, la modification de la DIA est assimilé au dépôt d'une nouvelle DIA, qui retire et annule la précédente, et fait courir un nouveau délai pour préempter.

Le principe de l'opposabilité des mentions de la déclaration connaît cependant quelque tempérament : est ainsi annulée pour défaut de prix réel et sérieux la vente d'un lot de copropriété pour un franc symbolique au profit de la ville qui l'a préempté, mais qui se refuse à prendre en charge des travaux de désamiantage, dès lors qu'il est établi que la volonté du propriétaire était soumise à cette obligation substantielle et alors même que cette condition ne figurait pas dans la DIA (CA Paris, 6 oct. 2004, *SA COGEFO c/ Ville Montreuil*, no RG03/7387, *Constr.-Urb.* 2005. 17, obs. P. Cornille). De même, le juge judiciaire peut annuler une DIA entachée d'erreur manifeste quant au prix proposé et le juge administratif en tire la conséquence en annulant lui-même la décision de préemption (TA Paris, 9 févr. 2007, *SCI La Foncière Marjolin*, préc.).

C. La nature juridique de la déclaration d'intention d'aliéner

La nature juridique de la déclaration d'intention d'aliéner dépend de la forme de l'aliénation. Elle détermine les options ouvertes au titulaire du droit de préemption après qu'il en a reçu notification. 939 ■

Le caractère informatif de la DIA. La déclaration d'intention d'aliéner constitue une simple information et non une offre de contracter d'une part, dans le cas d'une aliénation sous une forme autre que la vente de gré à gré ; d'autre part, dans le cas de la vente de gré à gré faisant l'objet d'une contrepartie en nature et enfin, dans le cas 940 ■

d'une vente par adjudication lorsque cette procédure est rendue obligatoire par la loi ou le règlement.

■ 941 *La DIA, offre de contracter.* Lorsque la déclaration est notifiée dans le cadre d'une vente de gré à gré ne faisant pas l'objet d'une contrepartie en nature, elle constitue une offre de contracter, quelles que soient les modalités de paiement du prix (Civ. 3e, 16 juin 1982, *SEMAEB c/ Guillemois*, n° 81-70.432, *Bull. civ.* III, n° 162 ; CE 22 févr. 1995, *Cne Veyrier-du-Lac*, n° 123421). Il en résulte que tous les principes classiques du droit civil sont transposés à la procédure administrative de préemption. Tout d'abord, le décès du déclarant avant l'expiration du délai de deux mois imparti au titulaire du droit de préemption pour notifier sa décision est sans effet sur la validité de la déclaration et sur le cours du délai. En effet, le principe du Code civil selon lequel les héritiers sont tenus par les engagements du défunt subroge ceux-ci dans les obligations nées du dépôt de la déclaration (CE 5 oct. 1988, *SA Isore,* n° 65449, *Lebon* 326 ; *JCP* N 1989. II. 142, note R. Vandermeeren ; *JCP* 1989. II. 21182, concl. O. Van Ruymbeke ; CE 19 févr. 1997, *Cne Pré-Saint-Gervais*, n° 133249, *Lebon* 53 ; D. Boulanger, « Compromis de vente sous condition suspensive du non exercice du droit de préemption urbain et décès du promettant », *JCP* N 1995. I. 1457). Ensuite, tant qu'il n'a pas eu connaissance (par la notification) de la décision de préempter, le vendeur peut retirer sa déclaration (Civ. 3e, 17 sept. 2014, *n° 13-21.824,* Constr.-urb., 2014, n° 141, obs. P. Cornille) partiellement ou totalement, autrement ditrectifier le contenu de celle-ci (CAA Bordeaux, 27 mars 2006, *Billion,* n° 05BX00075 ; Civ. 3e, 26 sept. 2007, *Cne Chamonix-Mont-Blanc c/ SARL Gogest Devouassoux Immobilier*, n° 06-17.337) ou même renoncer, sans aucune condition, à son intention d'aliéner (CE 22 févr. 1995, *Cne Veyrier-du-Lac*, n° 123421 ; CAA Paris, 28 juin 1994, *Cne Meudon*, n° 93PA00388, *BJDU* 1994. 70, concl. A. Mendras ; Civ. 3e, 17 sept. 2014, n° 13-21824, sera publié au *Bulletin*, *JCP*-N 41/2014, act. 1051 D. Dutrieux ; *Constr.-urb.* 11/2014, n° 141, P. Cornille). En revanche, dès que le titulaire du droit de préemption a notifié sa décision d'acquérir aux prix et conditions demandées, le vendeur ne peut plus se rétracter librement. La circonstance que la loi ALUR ait mis partiellement fin au jeu de l'article 1583 du code civil en matière de préemption (v. nouvelle rédaction de l'article L. 213-14 et *infra*) n'y change rien : s'il n'emporte plus immédiatement transfert de propriété, l'accord sur la chose et le prix suffit toujours à former la vente (v. L. Legrain, « Modification par la loi ALUR de la date du transfert de propriété en matière de droit de préemption urbain : une révolution ? », Cahier du CRIDON-Lyon n° 71, janv. 2015, p. 28). Il résulte, enfin, des principes qui précèdent que la purge du droit de préemption n'est valablement opérée que si la vente s'effectue aux prix et conditions mentionnées dans la déclaration d'intention d'aliéner. Si l'un de ces éléments devait être modifié, une nouvelle déclaration devrait être souscrite.

La question de la nature de la déclaration d'intention d'aliéner s'est posée sur un autre terrain, en rapport avec la question de son destinataire. Elle était de savoir si la DIA constitue une demande au sens de la loi n° 2000-321 du 12 avril 2000 relative aux droits des citoyens dans leurs relations avec l'administration (art. 20). En effet, cette dernière oblige l'autorité administrative destinataire d'une demande pour laquelle elle est incompétente à la transmettre à l'autorité compétente et à en aviser l'expéditeur. L'enjeu était de savoir si la DIA adressée à la commune visant le droit de préemption urbain était de nature à purger le droit de préemption du département au titre des espaces naturels sensibles. La Cour de cassation juge que tel n'est pas le cas parce que la commune n'était pas incompétente au titre du droit de préemption urbain. On avait pu penser qu'*a contrario*, elle avait considéré que la DIA pourrait être analysée comme une demande au sens de la loi précitée (Civ. 3e, 10 mai 2007, *Le Bras*, n° 05-21.485, *Defrénois* 2008. 38713, note Ph. Benoit-Cattin ; *AJDA* 2007. 1543, note Ch. Debouy; *RDI* 2008. 94, obs. F.-G. Trebulle). Tel n'est pas le cas en définitive (Civ 3e, 13 févr. 2013, n° 11-20.655 : C. urb., art. L. 213-2 exclut l'application de l'article 20 de la loi du 12 avril 2000).

§ 2 La décision du titulaire du droit de préemption

Dans le délai qui lui est imparti (A), le titulaire du droit de préemption doit prendre une position qui procède de plusieurs options (B). 942 ■

A. Le délai de préemption

La préemption constitue l'exercice d'une prérogative de puissance publique qui vient interférer dans le déroulement d'une relation contractuelle de droit privé. Il est donc normal que son exercice soit enfermé dans un délai. Le titulaire du droit de préemption dispose ainsi en principe de deux mois pour notifier sa décision ou son offre et la transmettre au contrôle de légalité (C. urb., art. L. 213-2). Ce délai court à compter de la date de l'avis de réception postal, du premier des accusés de réception ou d'enregistrement délivré en application de l'ordonnance n° 2005-1516 du 8 décembre 2005 relative aux échanges électroniques entre les usagers (art. 5-I) ou de la décharge de la déclaration (C. urb., art. R. 213-7). Il peut toutefois être prorogé si la DIA est incomplète ou entachée d'une erreur substantielle (CE 24 juill. 2009, *Sté Finadev*, n° 316158 ; *RDI* 2009. 667, obs. P. S.-C.), ou par une demande de pièces complémentaires ou de visite du titulaire du droit de préemption (v. infra) 943 ■

Par notification, il faut entendre réception par le vendeur ou son mandataire (CE 1er déc. 1978, *Min. Équipement c/ Élie*, n° 09562, *Lebon* T. 969 ; *JCP* N 1981. II. 233, concl. Morisot; CE 16 juin 1993, *Cne Étampes*, n° 135411, *Lebon* T. 1096-1097 ; *LPA* 1993, n° 114, p. 8, concl. M. Arrighi de Casanova) et dans le cas d'une notification par lettre recommandée du retrait de celle-ci (CE 17 déc. 2008, *Office d'habitation du Gers*, n° 304840, *JCP* N 2009. 1125, chron. D. Dutrieux ; CAA Bordeaux, 7 févr. 2012, *Cne Mont-de-Marsan*, n° 11BX00761 et 11BX01493, *Constr.-Urb.* 2012. 61, note P. Cornille). Une notification par télécopie ne constitue pas une notification de nature à interrompre le délai imparti à l'administration (CE 26 févr. 2010, n° 331749 : *JCP* A 2010. 2157, note D. Dutrieux).

Vente par adjudication rendue obligatoire par la loi ou le règlement. Dans ce cas, le titulaire du droit de préemption dispose d'un délai de 30 jours à compter de l'adjudication pour informer le greffe ou le notaire de sa décision de se substituer à l'adjudicataire (C. urb., art. R. 213-15 ; CE 29 déc. 1993, *Lebouc*, n° 112421, *Lebon* T. 1097 ; *Defrénois* 1994. 35803, obs. S. Pérignon ; *BJDU* 1994. 68, concl. Ch. Vigouroux ; CE 17 déc. 2008, *Office d'habitation du Gers*, n° 304840, *Lebon* T. 962 ; CE 17 déc. 2008, *Cne Montreuil*, n° 318753, *Lebon* T. 597 ; *BJDU* 2008. 412, concl. L. Derepas ; Civ. 3e, 25 juin 2014, n° 13-19429, *RDI* 10/2014, p. 533, obs. D. Dutrieux). Mais le non-respect de l'obligation d'information de la commune n'est pas sanctionné par la nullité de la procédure de saisie immobilière (Civ. 3e, 28 févr. 2001, *Cts Elso-Laurent c/ Crédit foncier de France*, n° 99-14.872, *AJDI* 2001. 810, note A. Levy). La décision de préemption doit, quant à elle, être notifiée dans 944 ■

le délai, c'est-à-dire réceptionnée par le greffier ou le notaire (TA Versailles, 5 mars 2002, *Huet du Rotois c/ Cne Boullay-les-Troux*, n° 996285, *RDI* 2002. 198, note Y. Jegouzo). Enfin, la décision de préemption tombe par voie de conséquence lorsque le cahier des conditions de vente du bien est annulé par le juge judiciaire (CE 1er avr. 2010, n° 328294, *Lebon* T. 1015, concl. de Salbris).

945 Le silence du titulaire du droit de préemption à l'issue du délai qui lui est imparti vaut renonciation à l'exercer (C. urb., art. L. 213-2 et R. 213-7 ; S. Pérignon, « Délai et formes de la notification d'une décision d'exercice du droit de préemption », *Defrénois* 1994. 35678 ; É. Fatôme, « Le délai d'exercice du droit de préemption urbain », *AJDI* 1998. 10). Il en va de même lorsque la décision de préempter notifiée dans le délai de deux mois a été transmise en préfecture après ce délai et n'est devenue exécutoire que postérieurement à son expiration (Civ. 3e, 8 nov. 1995, *Cne Bordes-sur-Arize*, n° 93-19.168 ; CE 15 mars 2002, *Ville Paris c/ Assoc. cultuelle Témoins de Jehovah*, n° 230015, *BJDU* 2002. 290, concl. P. Fombeur, note É. Fatôme ; *Defrénois* 2003. 933, note S. Pérignon ; CAA Versailles, 16 déc. 2004, *SARL Maïa, JCP* A 2006. 1035 : cas d'un établissement public de l'État non soumis au contrôle de légalité ; Civ. 3e, 8 juin 2006, *Doublet c/ Éts public de la Basse-Seine*, n° M04-18.472, *BJDU* 6/2006. 448, obs. F. Nesi ; *RDI* 2006. 322, obs. P. S.-C.).

946 La décision de préemption intervenue hors délai est illégale. Cette solution se justifie par la circonstance que le vendeur doit, au terme du délai de deux mois, savoir de façon certaine s'il peut ou non procéder à l'aliénation envisagée (CE 15 mars 2002, *Ville Paris c/ Assoc. cultuelle Témoins de Jehovah*, n° 230015, préc. ; CE 17 déc. 2008, *Cne Montreuil*, n° 318753, préc. : à propos d'une adjudication). Le Conseil d'État considère toutefois que si la décision d'exercer le droit de préemption notifiée hors délai est illégale, elle n'est pas pour autant entachée d'inexistence. Dès lors son illégalité ne fait pas obstacle à ce que le vendeur puisse se prévaloir de la décision devant le juge civil auquel il appartiendra de se prononcer (CE 13 mai 1996, *Cne Franconville-la-Garenne*, n° 152472, *Lebon* 178 ; *BJDU* 1996. 267, concl. Ch. Maugüé). Son illégalité n'autorise pas davantage à passer la vente initialement envisagée tant que la décision n'a pas été retirée, annulée ou suspendue.

La renonciation à l'exercice du droit de préemption peut être également invoquée devant le juge judiciaire. Celui-ci peut alors la constater et annuler une vente intervenue consécutivement à une décision de préemption adoptée (Civ. 3e, 4 juill. 1984, *Épx Girault c/ Bénarous, Gaz. Pal.* 9 mars 1985, p. 23) ou notifiée hors délai (Civ. 1re, 18 oct. 1994, *Cie Abeille Assurances c/ Ville Fontenay-sous-Bois*, n° 92-18.142, *Bull. civ.* III, n° 299 ; *JCP* N 1995. I. 777, note J.-L. Bourgois) sans qu'il lui soit besoin de poser une question préjudicielle au juge administratif. Il en va de même pour une décision de préemption notifiée avant qu'elle ne soit devenue exécutoire (Civ. 3e, 8 nov. 1995, *Cne Bordes-sur-Arize*, n° 93-19.168 ; Civ. 3e, 8 juin 2006, n° M04-18.472 ; Sur la question : É. Fatôme, « Le contrôle des décisions de préemption par le juge judiciaire », *LPA* 20 juill. 1992, n° 87, p. 6 ; S. Pérignon, « Des pouvoirs du juge judiciaire d'écarter une décision de préemption », *Defrénois* 1993. 35442). En effet, la notification de la décision de préempter intervenue dans ces conditions répond à une offre de contracter qui n'existe plus.

B. La demande de pièces complémentaires et le droit de visite

La loi ALUR a ouvert au titulaire du droit de préemption deux nouvelles facultés, destinées à lui permettre de prendre sa décision en toute connaissance de cause (en réaction à une jurisprudence, certes discutable, de la Cour de cassation qui, saisie par une commune s'étant aperçue tardivement de l'état de pollution du terrain qu'elle avait préempté aux prix et conditions du vendeur, avait jugé que dès lors qu'elle disposait de services spécialisés ainsi que de l'assistance des services de l'État, et qu'aucune obligation légale n'imposait au vendeur d'annexer le compromis à la DIA, la commune, qui s'était contentée des documents transmis, ne pouvait se prévaloir d'une réticence dolosive ni de l'existence d'un vice caché : Civ. 3e, 7 nov. 2012, *Commune d'Amiens*, n° 11-22907, *BJDU* 1/2013, p. 56, obs. E. Carpentier ; *Constr.-urb.* 1/2013, n° 5 comm. L. Santoni). 947 ■

En premier lieu, le titulaire du droit de préemption peut, dans le délai de deux mois prévu à l'article L. 213-2 du Code de l'urbanisme, adresser au propriétaire une demande de communication des documents permettant d'apprécier la consistance et l'état de l'immeuble, ainsi que, le cas échéant, la situation sociale, financière et patrimoniale de la société civile immobilière (art. L. 213-2 al. 1er). La liste limitative des documents susceptibles d'être demandés a été fixée par le décret n° 2014-1572 du 22 décembre 2014, codifié à l'article R. 213-7 du Code de l'urbanisme (applicable aux DIA reçues à compter du 1er janv. 2015). Sont notamment visés le dossier de diagnostic technique, le mesurage « Carrez », ainsi que les extraits de l'avant-contrat de vente contenant les éléments significatifs relatifs à la consistance et l'état de l'immeuble. Le titulaire du droit de préemption ne peut formuler, s'il veut obtenir un ou plusieurs des documents mentionnés dans la liste, qu'une seule demande. C'est heureux, car il est prévu que cette demande suspend le délai de préemption dès sa réception par le propriétaire (art. L. 213-2 al. 4). Ce délai recommence à courir à la réception par le titulaire du droit de préemption des documents sollicités, étant précisé que si le délai restant est inférieur à un mois, le titulaire dispose d'un mois pour prendre sa décision. Enfin, bien qu'aucun formalisme n'ait été prévu pour la communication de cette demande, il est clair que l'administration aura intérêt à se ménager la preuve de son contenu et de sa date. À cet égard, l'article R. 213-25 pourrait être appliqué. Au demeurant, rien n'interdit probablement au vendeur de communiquer dès le départ au titulaire du droit de préemption l'ensemble des éléments susceptibles de lui être demandés.

En second lieu, la loi ALUR a reconnu au titulaire du droit de préemption le droit de demander à visiter le bien (al. 6 de l'art. L. 213-2). Les conditions d'exercice de ce droit de visite ont été précisées par le décret n° 2014-1573 du 22 décembre 2014, codifié aux articles D. 213-13-1 à D. 213-13-4 du Code de l'urbanisme (applicables aux DIA déposées à compter du 1er janv. 2015). Faute de précision à cet égard, il semble que la demande de visite puisse être formulée, non seulement dans le délai initial de préemption (dans lequel peut être présentée la demande de communication de documents), mais également dans le délai allongé suite à une demande de communication de documents. La demande doit être formulée par écrit, contenir un certain nombre d'informations indispensables (art. D. 213-13-4) et notifiée (dans les conditions prévues à l'article R. 213-25) au propriétaire, au notaire ou à un autre mandataire mentionnés dans la DIA. S'il accepte la demande de visite, le propriétaire doit notifier son acceptation (suivant les mêmes modalités) dans un délai de huit jours à compter de la réception de la demande de visite et la visite doit alors être réalisée *terr.* 2001. 234, obs. Th. Célérier ; *BJDU* 2001. 196, concl. P. Fombeur ; *RDI* 2001. 403, obs. L. Derepas ; CAA Douai, 18 déc. 2003, n° 01DA00377 et 00DA01079, *Constr.-Urb.* 2004. 67, obs. Ph. Benoit-Cattin : le conseil municipal ne peut couvrir l'insuffisance de cette mention par une délibération dès lors qu'il a délégué l'exercice du droit de préemption au maire). En revanche, constitue une véritable décision la mention « la commune décide d'exercer son droit de préemption » (CAA Bordeaux, 22 mai 2003, *Cne Saint Soulle*, n° 991367).

Lorsque l'autorité administrative notifie une décision de préempter sans autre précision, le juge judiciaire l'entend comme une acceptation de l'offre faite aux prix et conditions de l'acte (sur les honoraires de l'agence : Civ. 3e, 10 mars 1993, *Cne Pouilly-les-Nonains*, n° 90-19.578, *Bull. civ.* III, n° 367. V. aussi, Civ. 1re, 24 janv. 2006, *Sté Atlant'Immo*, n° 02-18.746, *RDI* 2006. 321, obs. P. S.-C.). En revanche, pour le Conseil d'État, la décision doit mentionner que la préemption est exercée aux prix et conditions proposés. À défaut, elle n'est qu'une déclaration d'intention et ne peut avoir pour effet de s'opposer à ce que le compromis de vente soit mis à exécution. Il en résulte d'ailleurs que l'urgence de nature à justifier la suspension d'une telle décision n'est pas caractérisée (CE 16 mai 2001, *Cne Saint-Suliac*, préc.).

■ 952 *Offre d'acquérir.* Dans l'hypothèse où le titulaire du droit de préemption est en désaccord sur le prix ou les conditions de la vente, il notifie une offre d'acquérir.

■ 953 *Vente par adjudication rendue obligatoire par la loi ou le règlement.* Dans ce cas, l'acquisition par le titulaire du droit de préemption a lieu au prix de la dernière enchère, par substitution à l'adjudicataire (C. urb., art. L. 213-1).

§ 3 Le régime de la préemption

■ 954 Le titulaire du droit de préemption ne peut le mettre en œuvre que si le bien qui constitue l'objet de l'aliénation se situe dans un périmètre où il peut s'exercer (A) et s'il dispose de la compétence pour le faire (B). La décision de préemption obéit elle-même à des règles de forme et de procédure (C) et à des règles de fond (D). Elle doit enfin faire l'objet d'un certain nombre de meures de publicité (E).

A. Champ d'application géographique

■ 955 *Unité foncière partiellement située dans un périmètre de préemption.* Le droit de préemption ne peut s'exercer en dehors du périmètre où il a été institué. Avant la loi SRU, il en résultait que le bien mis en vente était de fait intégralement soustrait au droit de préemption, la collectivité ne pouvant préempter ni la seule partie de l'unité foncière incluse dans le périmètre de préemption, ni la partie du bien situé en dehors, ni la totalité de l'unité foncière (CE, sect., 23 juin 1995, *Cne Bouxières-aux-Dames c/ Aimond*, n° 128151, *Lebon* 273 ; *BJDU* 1995. 231, concl. Ch. Maugüé ; *Defrénois* 1995. 36176, obs. S. Pérignon ; Civ. 3e, 18 févr. 2004, *Cne Eysies de Tayac*, n° B02-15.879, *Constr.-Urb.* 2004. 90, obs. P. Cornille ; CE 21 mai 2008, *Sté EPM*, n° 310951, *BJDU* 2008. 108, concl. A. Courrèges ; Ch. Debouy, « Vente indivisible et champ géographique du droit de préemption », *JCP* N 2000. 766). Le vendeur devait néanmoins souscrire une DIA afin de permettre à l'administration de vérifier que l'unité foncière n'avait pas été constituée, en quelque sorte artificiellement, dans la seule intention d'échapper au droit de préemption (CE 18 mai 1998, *Cne Saulchery, n°* 188819 ; Civ. 3e, 20 mars 1996, n° 94-13.960, *Bull. civ.* III, n° 81 ; *Defrénois* 1996. 36401, note S. Pérignon ; Civ. 3e, 18 févr. 2004, *Les Eyzies de Tayrac*, préc.).

Depuis la loi SRU, le titulaire du droit de préemption peut préempter la fraction d'une unité foncière comprise à l'intérieur d'un périmètre d'exercice du droit de préemption urbain ou en ZAD (C. urb., art. L. 213-2-1). Cette faculté a été étendue au droit de préemption dans les espaces naturels sensibles du département (C. urb., art. L. 142-3). En revanche, elle ne s'applique pas dans le cas d'une vente par voie d'adjudication (CE 21 mai 2008, *Sté EPM*, n° 310951, *RDI* 2008. 339, obs. P.S.-C. ; CE 7 avr. 2010, *Cne Lescun,* n° 320125, *Lebon* T. p. 1015 ; *BJDU* 2010. 222, concl. L. Derepas ; *RDI* 2010. 408, obs. P.S.-C.). Le droit de préemption « partielle » ne peut cependant être exercé que lorsqu'une opération d'aménagement le justifie (TA Bordeaux, ord. réf., 7 janv. 2005, *Constr.-Urb.* 2005. 46, note Ph. Benoit-Cattin).

Attention, ce dispositif n'autorise pas la collectivité à préempter l'ensemble de l'unité foncière mise en vente, mais seulement la partie située dans le périmètre de préemption (en pareil cas, la décision de préemption est sujette à annulation totale (CE 7 juill. 2010, *Cne Chateaudouble*, n° 331412, *Lebon* T. p. 1015 ; *BJDU* 2010. 455, concl. L. Derepas ; *JCP* A 2010. 2357, note D. Dutrieux ; *RDI* 2010. 123, obs. P.S.-C.), sauf si le vendeur a formulé une demande en ce sens. En effet, le législateur a assorti la prérogative du titulaire du droit de préemption de garanties au bénéfice du vendeur. D'une part, il peut exiger que le titulaire du droit de préemption se porte acquéreur de l'ensemble de l'unité foncière. Dans ce cas, il est recevable à n'attaquer que la décision de préempter prise par l'administration après qu'il l'a mise en demeure d'acquérir la totalité de l'unité foncière. En effet, celle-ci n'est pas purement confirmative de la décision de préempter partiellement le bien et les deux décisions doivent être considérées comme indivisibles (CE 10 févr. 2010, *Cne Hyères-les-Palmiers*, n° 322399, *Lebon* T. 1015 ; *BJDU* 2010. 204, concl. L. Derepas ; *JCP* A 2010. 2156, note D. Dutrieux ; *RDI* 2010. 341, obs. P. S.-C.). D'autre part, lorsque la préemption est partielle et que le prix d'acquisition est fixé par le juge de l'expropriation, celui-ci doit tenir compte de l'éventuelle dépréciation subie par la fraction restante de l'unité foncière (C. urb., art. L. 213-4).

Unité foncière située sur deux zones de préemption distinctes. Dans le cas où une même parcelle se trouve couverte pour partie par le droit de préemption urbain et pour partie par le droit de préemption au titre des espaces naturels sensibles, les deux droits de préemption peuvent être mis en œuvre de manière conjointe par les deux collectivités concernées. La commune peut donc acquérir la totalité de l'unité foncière, d'une part au titre du droit de préemption urbain et, d'autre part, par délégation du droit de préemption dans les espaces naturels sensibles dès lors que le département avait entendu renoncer à sa prérogative. 956 ■

B. L'autorité compétente pour préempter

Seule la collectivité titulaire du droit de préemption peut décider de le mettre en œuvre. Celle-ci doit par ailleurs s'assurer de l'autorité compétente en son sein pour l'exercer. 957 ■

Le titulaire du droit de préemption urbain. Droit de préemption urbain. Le DPU est ouvert de plein droit à la personne compétente pour l'instituer. Il s'agit, en principe, de la 958 ■

commune (C. urb., art. L. 211-1) ou de l'EPCI compétent, de par la loi ou ses statuts, pour l'élaboration des documents d'urbanisme (C. urb., art. L. 211-2). La commune peut aussi déléguer sa compétence à un EPCI y ayant vocation avec son accord (C. urb., art. L. 211-2).

La loi SRU a, en outre, conféré le DPU aux communautés de communes (CGCT, art. L. 5214-16, VI) ou d'agglomérations (CGCT, art. L. 5216-5, II *bis*) pour la mise en œuvre de la politique communautaire d'équilibre social de l'habitat. Il couvre les périmètres fixés par le conseil de communauté, après délibération concordante de la ou des communes concernées.

959 *Droit de préemption en ZAD.* Dans les ZAD, il n'y a pas de lien entre l'autorité compétente pour créer la zone et la compétence pour exercer le droit de préemption. C'est l'acte de création (C. urb., L. 212-2) ou l'arrêté qui délimite un périmètre provisoire de ZAD (C. urb., art. L. 212-2-1) qui désigne le titulaire du droit de préemption. Ce dernier peut être une collectivité publique, un établissement public y ayant vocation (pour les chambres de commerce et d'industrie, C. com., art. L. 711-2) ou toute personne titulaire d'une concession d'aménagement (C. urb., art. L. 300-4).

960 *Délégation des droits de préemption.* Le titulaire d'un droit de préemption peut le déléguer à l'État, une collectivité locale, un établissement public y ayant vocation ou au concessionnaire d'une opération d'aménagement, ce dernier ne pouvant toutefois l'exercer légalement que s'il lui a été délégué par une concession régulièrement conclue (v. sous le régime antérieur à L. n° 2005-809, 20 juill. 2005 relative aux concessions d'aménagement : CE 7 janv. 2000, *SCI Athéna*, n° 194531). L'habilitation peut porter sur une ou plusieurs parties des zones concernées ou être accordée à l'occasion de l'aliénation d'un bien (C. urb., art. L. 213-3). La délibération par laquelle le conseil municipal délègue le droit de préemption a un caractère règlementaire (CE 6 juin 2012, *Soc. RD Machines outils*, n° 342328) qui n'a pas à être motivée (CAA Nantes, 24 juin 1998, *Cne Bouaye, district de l'agglo.l'agglomération nantaise*, n° 97NT440).

961 *L'autorité compétente pour exercer le droit de préemption.* Lorsque la commune est compétente pour exercer le droit de préemption, c'est le conseil municipal qui est normalement habilité à l'exercer. Mais ce dernier, qu'il en soit titulaire ou simplement délégataire, peut, déléguer au maire son exercice au nom de la commune (CGCT, art. L. 2122-22, 15° ; CE, sect., 22 avr. 2005, *Cne Barcarès*, n° 257877, *Constr.-Urb.* 2005. 140, obs. Ph. Benoit-Cattin : est régulière la décision de préemption prise par le maire le jour même où la délégation a été affichée et transmise au préfet. Pour le cas d'empêchement du maire titulaire d'une délégation : Rép. min. *Mon. TP* 18 sept. 1992, n° 463 ; sur la délégation donnée par le maire à un adjoint : TA Paris, 10 févr. 1994, *Sté Claude Dormont*, n° 910403/7). La délégation n'a pas à comporter de conditions particulières (CE 2 mars 2011, *Cne Bretignolles sur mer*, n° 315880, mentionné aux tables du recueil *Lebon* ; *Constr.-Urb.* 2011. 65, obs. L. Santoni ; *RDI* 2011. 351, obs. P.-S.C.).

Le conseil municipal peut toujours mettre fin à la délégation mais ne peut légalement se substituer au maire pour prendre (ou régulariser) une décision relevant des attributions déléguées (CAA Paris, 4 juin 2002, *Sté Pierre et Industrie*, n° 98PA03938 ; CAA Douai, 18 déc. 2003, *Cne Douvrin*, n° 00DA01079, *Constr.-Urb.*

2004. 67, obs. Ph. Benoit-Cattin ; Civ. 3e, 8 juin 2006, *Doublet c/ Éts public de la Basse-Seine*, n° M04-18.472, *BJDU* 2006. 448, obs. F. Nési ; *RDI* 2006. 322, obs. P. S.-C.).

Le maire ne peut outrepasser l'étendue de la délégation. Ainsi, une délégation pour l'exercice du droit de préemption ne permet pas au maire d'acquérir de gré à gré après annulation de la décision de préempter (Civ. 3e, 15 déc. 1999, *SARL « Rouget-de-l'Isle » c/ Cne Vitry-sur-Seine*, n° 98-14.201 : *AJDI* 2000. 835, obs. A. Lévy). En revanche, lorsque le conseil municipal a délégué l'exercice du droit de préemption, le maire est également compétent pour acquérir, sur la demande du propriétaire formée sur le fondement de l'article L. 213-2-1 du Code de l'urbanisme, la partie de l'unité foncière non soumise au droit de préemption (CE 10 févr. 2010, *Cne Hyères-les-Palmiers*, n° 322399, *Lebon* Tables, p. 1015 ; *AJDA* 2010. 298, obs. Y. Jegouzo ; *RDI* 2010. 341, obs. P. S.-C.).

De manière remarquable, le conseil municipal peut habiliter le maire à déléguer à son tour l'exercice du droit de préemption (CGCT, art. L. 2122-22, 15°). Mais lorsqu'il a usé de cette faculté, le conseil municipal devient incompétent pour procéder lui-même à une telle délégation (CE 30 déc. 2003, *Cne Saint-Gratien*, n° 249402, *Constr.-Urb.* 2004. 111, obs. Ph. Benoit-Cattin ; *BJDU* 2004. 52, concl. Ch. Devys ; CAA Paris, 4 juin 2002, *Sté Pierre et Industrie*, préc.).

Lorsque le droit de préemption est exercé par un établissement public, il convient de se reporter à ses statuts pour déterminer l'autorité compétente pour l'exercer. La compétence attribuée à son directeur général de passer les contrats, marchés, les actes d'aliénation, d'acquisition ou de location ne l'habilite pas à prendre une décision de préemption (CE 31 janv. 2007, *Cts Maia, SARL Maia* (2 esp.), n° 277715 et 277716, *Constr.-Urb.* 2007. 106, note G. Godfrin ; *BJDU* 2007. 136, concl. Ch. Devys).

C. Les règles de forme et de procédure

La décision de préemption est assujettie à des règles substantielles de forme et de 962 ■
procédure dont le respect détermine en conséquence sa légalité. Outre le respect du délai de préemption, déjà évoqué, il s'agit essentiellement de la consultation du service des domaines en amont de la décision et de la motivation de la décision elle-même. Les décisions de préemption ne sont, en revanche, pas soumises à la procédure contradictoire prévue par la loi du 12 avril 2000 (CAA Paris, 21 déc. 2007, *SCI Les Terrasses d'Ornano c/ Ville Paris*, n° 06PA04034, *Lebon* T. 643 ; *AJDA* 2008. 653, conclusions B. Bachini).

Consultation du service des domaines. Afin que le titulaire du droit de préemption soit 963 ■
informé de la valeur réelle du bien, il doit, avant de l'exercer, solliciter l'avis du service des domaines dès lors que le prix ou l'estimation figurant dans la DIA ou que le prix qu'il envisage de proposer excède un montant fixé par arrêté (C. urb., art. L. 213-2, R. 213-6 et R. 213-21 ; arr. 17 déc. 2001, *JO* 1er janv. 2002. 27 : le seuil est fixé à 75 000 € ; S. Pérignon, « L'avis du service des domaines sur le prix de l'immeuble préempté », *Defrénois* 1994. 35948 ; B. Pierre-Vantol, « L'avis du service des domaines dans les transactions immobilières des collectivités territoriales », *Defrénois* 2008. 38 736). Cette formalité s'applique également en cas de demande d'acquisition (art. R. 211-7). Le service est par ailleurs consulté quel que soit le prix indiqué dans la DIA, lorsque le bien est situé dans un périmètre de ZAD ou lorsqu'il est soumis au DPU renforcé et lorsque le juge de l'expropriation est saisi aux fins de fixer le prix du bien.

L'obligation de consulter le service des domaines préalablement à la décision de préemption est considérée comme une formalité substantielle par le juge administratif (CE 22 févr. 1995, *Cne Ville-la-Grand*, n° 122395, *Lebon* Tables, p. 1081 ; *Dr. adm.* 1995. 233, obs. Ch. Maugüé), qui a refusé de faire bénéficier une décision de préemption viciée de ce chef de la jurisprudence *Danthony*, dès lors que « la consultation du service des domaines préalablement à l'exercice du droit de préemption par le titulaire de ce droit constitue une garantie tant pour ce dernier que pour l'auteur de la déclaration d'intention d'aliéner » (v. CE 23 déc. 2014, n° 364785, *Communauté urbaine de Brest*, mentionné aux tables du recueil *Lebon*, *RDI* 2015. 147 obs. P. S.-C. ; *Constr.-Urb.* 2/2015 X. Couton). Il ne peut donc être simplement oral (CE 18 juill. 2006, *Bessac*, n° 291569, *BJDU* 2006. 382, concl. J.-H. Stahl ; *RDI* 2006. 397, obs. P. S.-C.). Par ailleurs, le délai entre la notification de l'avis de l'administration des domaines au titulaire du droit de préemption et la décision de préemption doit établir que celui-ci a pu valablement en prendre connaissance (CE 23 janv. 2008, *Cne Romainville*, n° 308995, *BJDU* 2008. 46, concl. L. Derepas). *A fortiori*, l'avis ne doit pas avoir été reçu postérieurement à la décision de préemption (CE 18 juin 2007, *Aouizerate et Cne Antibes*, n° 300320, *Constr.-Urb.* 2007. 151, obs. P. Cornille).

L'avis du service est émis dans les conditions prévues par le décret n° 86-455 du 14 mars 1986 fixant les modalités de consultation des domaines. L'avis des domaines doit être formulé dans le délai d'un mois à compter de la saisine. Passé ce délai, il peut être procédé librement à l'acquisition (C. urb., art. R. 213-21 ; sur le décompte du délai, CE 23 janv. 2008, *Cne Romainville*, préc.). Il est simplement consultatif et n'empêche pas la commune de préempter à un prix inférieur ou supérieur à celui résultant de l'avis.

964 *Motivation de la préemption.* L'obligation de motivation de la décision de préempter résulte de l'article L. 210-1 du Code de l'urbanisme qui dispose que « toute décision de préemption doit mentionner l'objet pour lequel ce droit est exercé » (E. Carpentier, « Motivation des décisions de préemption et conséquences des annulations : questions anciennes, nouvelles réponses ? », *BJDU* 4/2006. 238 ; D. Dutrieux, « Les motifs et la motivation des décisions d'exercice du droit de préemption urbain », *JCP* N 2012. 1175 et *JCP* A 2011. 2347). Cette obligation de motivation est tout à fait générale. Ainsi, l'exercice du droit de préemption en vue de la constitution d'une réserve foncière doit être motivé par la réalisation d'une action ou d'une opération d'aménagement. Les termes mêmes de l'article L. 210-1 y obligent (CE 25 juill. 1986, *Lebouc*, n° 62539, *Lebon* 218 ; CE 1er déc. 1993, *Cne Jouars-Pontchartrain*, n° 138013, *BJDU* 1994. 103, concl. J. Arrighi de Casanova ; CAA Nantes, 9 oct. 1996, *Iglesias*, n° 94690, *BJDU* 1996. 429, concl. D. Devillers).

Il en résulte, de manière très classique, que la motivation doit, en principe, figurer dans la décision notifiée au vendeur. Il s'agit, en effet, de permettre à celui-ci et à l'acquéreur de connaître les motifs de la préemption à sa seule lecture (CE 17 nov. 1982, *Kairenga*, n° 35065). Toutefois, il peut être satisfait à l'obligation par les précisions que fournissent des documents annexés à la décision (CE 31 mars 1989, *Sté d'ingénierie et de développement économique et Ville Arcueil*, n° 88113-89361 ; *JCP* N 1989. II. 253, note R. Vandermeeren).

La motivation doit, par ailleurs, exposer de façon complète et précise les raisons de fait et de droit pour lesquelles la décision a été prise. Le juge sanctionne ainsi très fréquemment des préemptions non motivées (CE 31 mars 1989, *Sté d'ingénierie et de développement économique et Ville Arcueil*, préc. ; CAA Paris, 14 avr. 1994, *Cne*

Courbevoie, n° 93PA00693) ou dont la motivation est insuffisante parce que, par exemple, elle se borne à reproduire l'une des finalités de l'aménagement énumérées par l'article L. 300-1 du Code de l'urbanisme (CE 29 juin 1992, *ville Grand-Quevilly*, n° 112678, *Lebon* 277 ; CE 23 mars 1994, *Cne Aubervillers*, n° 114812 ; CE 27 avr. 1994, *Cne Argenteuil*, n° 121660, *Lebon* 196 ; CE 16 déc. 1994, *Cnté urb. Lyon*, n° 112005 ; CE 30 juill. 1997, *Cne Montreuil-sous-Bois,* n° 160968, *Lebon* 309 ; *BJDU* 1997. 438, concl. Ch. Maugüé ; CE 30 déc. 1998, *Cne Breuillet*, n° 160683 ; CE 13 oct. 2003, *Cne Altkirch*, n° 247676, *Coll. terr.* 2003. 238, obs. L. Erstein). L'appréciation du caractère suffisant ou non de la motivation relève de l'appréciation souveraine des juges du fond (CE 30 déc. 1998, *Bagot*, n° 167434 et 167435).

Motivation de la préemption en ZAD. La décision de préempter un bien compris dans une ZAD en vue de constituer des réserves foncières peut se référer aux motivations générales mentionnées dans l'acte créant la zone (C. urb., art. L. 210-1 ; CE 31 janv. 2007, *Cts Maia, SARL Maia* (2 esp.), n° 277715, *Constr.-Urb.* 2007. 106, note G. Godfrin ; *BJDU* 2007. 136, concl. Ch. Devys) ; elle n'a pas à justifier de la réalité d'un projet d'action ou d'opération d'aménagement à la date de sa décision. Mais le principe de l'obligation de motivation subsiste. Et elle revêt le caractère d'une formalité substantielle dont la méconnaissance entache d'illégalité la décision de préemption (CE 2 déc. 1988, *SA d'économie mixte immobilière du Nord-Est parisien (SEMINEP)*, n° 81844, *JCP* N 1989. II. 255, note R. Vandermeeren). Le juge exerce un contrôle de l'erreur manifeste d'appréciation sur le point de savoir si la préemption présente réellement une utilité pour atteindre les objectifs en vue desquels la zone a été créée (CE 17 juin 2014, *Fournaise*, n° 358438, dans les tables du recueil *Lebon*, *Constr.-urb.* 9/2014, n° 111, comm. L. Santoni ; *LPA* 226/2014, p. 19, note D. Dutrieux). 965

Motivation par référence dans le cadre d'actions planifiées. Depuis la loi SRU, la motivation par référence a également été admise lorsque la commune a délibéré pour délimiter des périmètres déterminés dans lesquels elle décide d'intervenir pour les aménager et améliorer leur qualité urbaine (C. urb., art. L. 210-1 ; TA Versailles, 24 juin 2003, *SA Télédiffusion de France*, n° 012581, *AJDA* 2004. 1315, note S. Pérignon : tel n'est pas le cas d'une délibération définissant seulement les zones du territoire communal sur lesquels le droit de préemption peut être exercé. Sur la constitutionnalité de cette forme de motivation : CE 8 févr. 2012, *Soppelsa*, n° 354080, *BJDU* 2012. 133, concl. M. Vialettes). 966

La loi ENL du 13 juillet 2006 a ensuite étendu cette facilité lorsque la commune a délibéré pour définir le cadre des actions qu'elle entend mettre en œuvre pour mener à bien son programme local de l'habitat ou, en l'absence d'un tel document, lorsqu'elle a délibéré pour définir le cadre des actions qu'elle entend mettre en œuvre pour mener à bien un programme de construction de logements locatifs sociaux. Dans ce cas, la décision de préemption peut se référer aux dispositions de cette délibération ou du PLH (C. urb., art. L. 210-1 ; G. Godfrin, « La maîtrise foncière publique dans la loi ENL », *Constr.-Urb.* 2006. Chron. 15 ; CE 30 janv. 2008, *Ville Paris*, n° 299675, *BJDU* 2008. 50, concl. A. Courrèges). Il s'agissait de surmonter la difficulté que les communes ont manifestement rencontrée à motiver leurs décisions de préemption en vue de mettre en œuvre une politique locale de l'habitat qui avait débouché sur de nombreuses annulations.

Dans toutes les hypothèses où est admise la motivation par référence, le juge administratif n'a rien abandonné de l'obligation de motiver la décision de préemption. Il en a simplement aménagé les modalités mais toujours à la mesure de sa fonction. Il a été ainsi amené à préciser que l'obligation de faire apparaître la nature du projet dans ladite décision n'implique pas qu'elle comporte le document de référence qui serait ainsi porté à la connaissance du destinataire. De même, lorsque la préemption est exercée par référence au programme local de l'habitat, la décision n'a pas à indiquer à quelle orientation du programme elle est destinée à contribuer. L'obligation de motivation est donc, dans le principe, satisfaite par la seule mention de la délibération ou du programme auquel se réfère la décision de préemption. Mais cette forme de motivation ne sera jugée suffisante que si le renvoi à la délibération-cadre ou au PLH permet, en s'y reportant, d'identifier la nature de l'action ou de l'opération d'aménagement que la collectivité entend mener au moyen de la préemption. En résumé, lorsque la collectivité procède à une préemption ponctuelle, sa décision doit mentionner son objet. Lorsque la préemption s'inscrit dans le cadre d'une planification ou d'un programme, la décision peut soit mentionner son objet, soit se référer à une décision antérieure. Mais dans les deux hypothèses, la réalité du projet doit pouvoir être contrôlée, soit directement si la décision de préemption mentionne son objet, soit en prenant connaissance de la décision-cadre à laquelle elle renvoie (CE 20 nov. 2009, *Cne Ivry-sur-Seine*, n° 316732, *Lebon* T. 986 ; *Constr.-Urb.* 2010. 17, obs. J.-L. Seynaeve ; *RDI* 2010. 116, obs. P. S.-C. ; CE 20 nov. 2009, *Cne Noisy-le-Grand*, n° 316691, *Lebon* T. 986 ; *Constr.-Urb.* 2010. 17, obs. J.-L. Seynaeve ; *JCP* A 2010. 2017, note G. Pellissier ; *RDI* 2010. 116, obs. P. S.-C. et 7, obs. A. Vincent ; CE 20 nov. 2009, *Cne Drancy*, n° 313464, *RDI* 2010. 116, obs. P. S.-C. Sur cette évolution, v. D. Dutrieux, « Les motifs et la motivation des décisions d'exercice du droit de préemption urbain », *JCP* A 2011. 2347).

967 Il convient d'insister sur la sévérité, à raison de sa portée, de la jurisprudence citée (E. Carpentier, « Motivation des décisions de préemption et conséquences des annulations : questions anciennes, nouvelles réponses ? », *BJDU* 2006. 238 ; J. Morand-Deviller, « Le droit de préemption : transparence et cohérence », *BJDU* 2006. 402). En effet, la motivation ne peut intervenir *a posteriori* à titre de régularisation d'une motivation inexistante ou insuffisante de la décision notifiée (CE 16 déc. 1994, *Cne Sparsbach*, n° 126637, *Lebon* 554). Il en résulte que toutes les précisions quant à la réalité de l'objet poursuivi par l'opération d'aménagement que l'administration est susceptible d'apporter au cours de la procédure sont inopérantes (CE, sect., 26 févr. 2003, *Bour*, n° 231558, *Lebon* 59 ; *Dr. adm.* 2003. 140, obs. A. Laquièze ; *Constr.-Urb.* 2003. 138 et 139, obs. Ph. Benoît-Cattin ; *BDJU* 2003. 106, concl. P. Fombeur ; *AJDA* 2003. 729, chron. F. Donnat et D. Casas ; *Defrénois* 2003. 1336, note J.-Ph. Meng ; *RD publ.* 2004. 380, note Ch. Guettier ; *RDI* 2003. 377 et 379, obs. P. S.-C. ; *BJCL* 10/2003. 710, note E. Carpentier ; *JCP* A 2003. 1900, note Ph. Billet ; v. aussi concl. P. Frydman sur CE, sect., 6 oct. 1995, *Cne Maisonsgoutte c/ SA Sogestim*, n° 112083, *CJEG* 1996. 148). De même, une motivation ne mentionnant que des objectifs généraux qui ne font pas apparaître de façon précise l'action ou l'opération en vue de laquelle le droit de préemption est exercé est sanctionnée alors même que les projets de la commune étaient précis et suffisamment certains dès la date d'intervention de la décision de préemption (CE, sect., 26 févr. 2003, *Bour*, préc.).

D. Les règles de fond

Droit applicable. À titre liminaire, il faut préciser que le droit applicable à la préemption est celui en vigueur à la date de la vente du bien et non au moment de la notification de la déclaration d'intention d'aliéner (CE 6 juin 2012, *Sté RD Machines Outils*, n° 342328) ou, en cas d'adjudication, à la date de l'ordonnance d'adjudication (CE 17 déc. 2008, *Cne Montreuil*, n° 318753, *BJDU* 2008. 412, concl. L. Derepas). 968 ■

Une action ou une opération d'aménagement. La préemption ne peut, dans le cas général, être exercée qu'en vue d'une action ou opération d'aménagement au sens de l'article L. 300-1 du Code de l'urbanisme (D. Dutrieux, « Les motifs et la motivation des décisions d'exercice du droit de préemption urbain », *JCP* N 2012. 1175 et *JCP* A 2011. 2347) et relevant de la compétence de la collectivité qui prétend le mettre en œuvre (TA Strasbourg, 6 févr. 2001, *Cts Guiot c/ Cne Fouchy*, n° 00-968, *RDI* 2001. 274, obs. P. S.-C. : une commune ne peut exercer le DPU en vue de réaliser une action ou opération dont elle a transféré la compétence à un EPCI). Le juge sanctionne ainsi la préemption exercée pour réaliser une opération dont l'objet est totalement étranger à l'aménagement (CAA Lyon, 3 mai 1995, *Cne Saint-Barthélémy-de-Vals*, n° 94LY00717 : faire obstacle à l'extension d'une entreprise à laquelle la commune reprochait la méconnaissance des prescriptions imposées par la législation des installations classées ; CE 30 juill. 1997, *Cne Montrouge c/ Parmentier*, n° 169574, *BJDU* 1997. 442, concl. Ch. Maugüé : réaliser un échange de terrains ; CAA Nancy, 20 mars 1997, *Sté Spechinor*, n° 94NC00553 : mise en valeur d'un espace naturel). Il en va d'autant plus ainsi lorsque la préemption procède d'une volonté de discrimination (CE, sect., 1er févr. 1993, *Guillec*, n° 107714, *Lebon* 22 ; *JCP* 1993. II. 22088, concl. Ch. Vigouroux : faire obstacle à la cession à des personnes extérieures à la commune d'un bien immobilier ; CA Rouen, 23 févr. 1994, *Assoc. locale « Témoins de Jehovah »*, n° 9201454). Dans ce cas d'ailleurs, le contentieux de la légalité peut être doublé d'une plainte pénale (CA Grenoble, 8 nov. 2006, *JCP* A 2006. 1314, note J. Moreau ; Crim. 17 juin 2008, n° 07-81.666, *Bull. crim.* 2008 ; D. Gerbeau, « Préempter n'est pas discriminer », *La Gazette* 24 févr. 2003 ; v. cependant, Crim. 24 mai 2005, n° F04-87.490 : tenter d'entraver une vente immobilière n'est pas une discrimination économique au sens de C. pén., art. 432-7-3-2°). 969 ■

Le juge administratif sanctionne également une préemption qui, tout en relevant de l'urbanisme, ne peut être rattachée à un objectif d'aménagement (CE 27 avr. 2001, *Cne Montreuil c/ Ducloud*, n° 202791, *Lebon* T. 1226 ; *Constr.-Urb.* 2001. 154, obs. P. Cornille ; *Coll. terr.* 2001. 168, obs. Th. Célérier ; *RDI* 2001. 273, obs. P. S.-C. : préemption exclusivement justifiée par le relogement de personnes évincées de leur logement par une opération d'aménagement ; CE 6 mai 2009, *Cne Plessis-Trévise*, n° 311167, *Lebon* T. p. 986 : une opération ponctuelle de résorption de l'habitat insalubre ne peut justifier le recours au droit de préemption ; *RDI* 2009. 438, obs. P. S.-C.). En particulier, l'exécution de travaux relatifs à la voirie ne peut pas, par elle-même, justifier l'exercice du droit de préemption. En effet, si l'article L. 300-1 vise la réalisation des équipements collectifs, c'est en tant qu'ils constituent des actions ou opérations d'aménagement. Tout dépendra alors de l'objet et de l'importance des travaux (CE 30 juill. 1997, *Ville Angers c/ Dubois*, n° 160949, *Lebon* T. 1122 ; *BJDU* 1997. 6, concl. Ch. Maugüé ; *AFDUH* 1998, n° 2, p. 237, chron. J.-F. Struillou : la réalisation de travaux de sécurité sur une voie ne constitue pas un motif de préemption dès lors que ces travaux n'étaient pas le complément indissociable d'une opération d'aménagement ; CE 14 janv. 1998, *Vaniscotte*, n° 160378 et 160549, *Lebon* T. 1222 ; *BJDU* 1998. 48, concl. J.-C. Bonichot ; *RDI* 1998. 233, obs. J. Morand-Deviller et L. Touvet ; *AFDUH* 1999, n° 3, p. 321, chron. J.-F. Struillou : légalité de la préemption exercée en vue de l'élargissement d'une rue compte tenu de l'importance de l'opération ; CE 15 déc. 2004, *Cne Saint-Hilaire-La-Gravelle*, n° 270278, *BJDU* 2005. 39, concl. J.-H. Stahl ; *RDI* 2005. 146, obs. P. S.-C. ; CE 3 déc. 2007, *Cne Montdragon*, n° 295779, *Constr.-Urb.* 2008. 11, obs. P. Cornille ; *BJDU* 2008. 433, concl. L. Derepas).

■ **970** Par ailleurs, il faut que la préemption ait un lien direct avec l'opération d'aménagement envisagée (CAA Paris, 14 juin 1994, *Cne Chatou*, n° 93PA00624 : le droit de préemption ne peut pas être utilisé pour réaliser un échange de terrains, même en vue de construire un centre administratif sur la parcelle échangée contre le bien préempté). À cet égard, la question s'est posée de savoir si le droit de préemption pouvait être exercé aux fins de reloger des personnes évincées de leur logement à l'occasion de la mise en œuvre d'opérations d'aménagement. Le Conseil d'État ne l'exclut pas en principe. Il admet même que le bien préempté puisse être situé hors du périmètre de la zone aménagée. Mais il subordonne le recours à la préemption à la condition qu'il soit justifié par l'un des buts que l'article L. 300-1 du Code de l'urbanisme attache aux actions et opérations d'aménagement et, plus particulièrement dans la situation envisagée, par la mise en œuvre d'une politique locale de l'habitat. Autrement dit, la préemption ne peut pas être exercée pour répondre de manière générale au besoin de relogement des personnes expropriées à l'occasion d'une opération d'aménagement, c'est-à-dire par simple commodité (CE 6 avr. 2001, *Cne Montreuil c/ Ducloud*, préc. ; CE 3 déc. 2007, *Cne Achères*, n° 305974, *BJDU* 2007. 376, concl. L. Derepas ; *RDI* 2008. 230, obs. P. S.-C.). L'exercice du droit de préemption n'est pas pour autant légal du seul fait que le projet de relogement qu'il poursuit est lié à la mise en œuvre d'une action relevant de la politique locale de l'habitat. Encore faut-il que la collectivité démontre que le besoin de relogement ne pouvait être satisfait au moyen du parc de logements dont elle disposait (CE 6 avr. 2001, *Cne Montreuil c/ Labbé*, n° 209723, *Coll. terr.* 2001. 168, note Th. Célérier ; *RDI* 2001. 273, obs. P. S.-C.).

■ **971** Le Conseil d'État a cependant retenu une solution qui peut paraître hétérogène au regard de ce qui précède. Il a jugé, en effet, qu'une décision de préemption est légalement justifiée dès lors que l'action ou l'opération qui la fonde vise à organiser le maintien, l'extension ou l'accueil d'activités économiques tel que le prévoit l'article L. 300-1, alors même qu'eu égard à son objet, elle ne s'accompagne d'aucune mesure d'urbanisation, ni d'aucune réalisation d'équipement. En conséquence, la commune concernée avait pu légalement préempter un bien pour le donner à bail avec promesse d'achat à une entreprise installée sur son territoire pour les besoins de l'extension de ses activités (CE 6 févr. 2006, *Cne Lamotte-Beuvron*, n° 266821, *Lebon* 61 ; *Constr.-Urb.* 2006. 159, obs. G. Godfrin ; *Coll. terr.* 2006. 58, obs. G. Pellissier ; *AJDA* 2006. 775, concl. Ch. Devys ; *RDI* 2006. 154, obs. P. S.-C. V. aussi CE 21 nov. 2008, *Leclercq*, n° 302144 ; CAA Nancy, 16 nov. 2006, *Cne Sessenheim*, *RDI* 2007. 195, obs. P. S.-C). Comme l'a relevé un auteur, il semble que parfois la « noblesse » de l'objectif rende plus faible le contrôle des motifs de la préemption (CAA Bordeaux, 21 mars 2006, *Tajan c/ Min. Équipement*, n° 03BX01897, *Constr.-Urb.* 2006. 184, obs. P. Cornille). Dans l'affaire de *Lamotte-Beuvron*, il n'est pas indifférent de relever que la commune visait à assurer le maintien de la société Porcelaine de Sologne qui emploie 10 % de la population active et à permettre à cette entreprise de développer son activité.

Le Conseil d'État a également jugé que la circonstance que l'acquéreur évincé, exercerait une activité conforme à l'objectif poursuivi par la décision de préemption est sans incidence sur la légalité de la décision attaquée (CE 3 déc. 2007, *Cne Saint-Bon-Tarentaise*, n° 306949, *AJDA* 2008. 261, concl. L. Derepas ; *RDI* 2008. 61, obs. P. S.-C. ; CAA Bordeaux, 15 mars 2011, n° 10BX01244, *Constr.-Urb.* 2011. 66, obs. X. Couton : la volonté d'un acquéreur de lot d'immeuble en copropriété de réaliser le programme prescrit par une DUP dans le cadre d'une opération de restauration immobilière n'est pas de nature à rendre illégale la décision de préemption dudit lot). Plus généralement, la mise en œuvre d'une décision de préemption n'est pas subordonnée à une carence de l'initiative privée (CAA Douai, 24 avr. 2008, *SEMVR*, n° 06DA01745).

Réalité du projet. Le juge administratif s'assure par ailleurs de la réalité du projet invoqué par le titulaire du droit de préemption pour justifier son exercice. Par-delà la motivation invoquée dans la décision de préemption, le juge exerçait traditionnellement un contrôle sévère à la fois de la réalité, de l'antériorité et de la précision du projet allégué par son auteur (CE 25 juill. 1986, *Lebouc*, n° 62539, *Lebon* 218). Le Conseil d'État a cependant assoupli les conditions de fond mises à l'exercice du droit de préemption en préfigurant l'économie d'une réforme annoncée par un rapport adopté par son assemblée générale (*Le droit de préemption*, Doc. fr., 2008 ; Y. Struillou, « Le droit de préemption urbain à la croisée des chemins », *RDI* 2008. 304). En premier lieu, lorsque la commune fonde sa décision de préemption sur les actions qu'elle entend mettre en œuvre pour mener à bien son programme local de l'habitat ou, à défaut, un programme de construction de logements locatifs sociaux, ou pour aménager et améliorer la qualité urbaine de certains périmètres, elle n'a pas à justifier, à la date de cette décision, du caractère suffisamment précis et certain du projet qu'elle entend mener grâce au bien préempté (CE 3 déc. 2007, *Cne Achères*, n° 305974, préc.). Il en va de même de la décision de préemption à des fins de réserves foncières dans le cadre d'une ZAD (CE 17 déc. 2007, *Cne Pardies-PiÉtat*, n° 307231, *BJDU* 2007. 436, concl. A. Courrèges ; *AJDA* 2008. 215 ; *RDI* 2008. 230, obs. P. S.-C.). En second lieu, d'une manière plus générale, elle peut désormais préempter sous la seule condition de la réalité de son projet, même s'il n'est pas précis à la date de sa décision (CE 7 mars 2008, *Cne Meung-sur-Loire*, n° 288371, *Constr.-Urb.* 2008. 84, obs. P. Cornille ; *BJDU* 2008. 57, concl. L. Derepas ; *RDI* 2008. 358, obs. P. S.-C. ; *JCP* A 2008. 2088, note Ph. Billet et 2141, note Benoit ; CE 8 oct. 2008, *Cne Beynac et Cazenac*, n° 306286, *Constr.-Urb.* 2008. 167, obs. P. Cornille). 972 ■

Intérêt général suffisant. Certaines décisions ont, par le passé, exercé sur la décision de préemption un contrôle de l'erreur manifeste d'appréciation. Elles ont, par exemple, censuré l'exercice de préemptions entachées d'erreur manifeste d'appréciation, soit parce que l'immeuble préempté était grevé de charges inadaptées à l'usage que la commune entendait en faire (TA Besançon, 23 nov. 1995, *Courtot c/ Cne Fèche-l'Église*, n° 93684, *BJDU* 1995. 477), soit parce que les besoins de terrain de l'équipement collectif envisagé ne représentaient qu'un dixième de la superficie du terrain préempté (CAA Bordeaux, 9 mars 1995, *Cne Cauterets*, n° 93BX00778). Mais récemment, le Conseil d'État a censuré pour erreur de droit une Cour qui s'en était tenue à ce contrôle minimum au motif qu'il appartient au juge de l'excès de pouvoir de vérifier 973 ■

si le projet d'action ou d'opération envisagé par le titulaire du droit de préemption répond à un intérêt général suffisant et est ainsi de nature à justifier légalement l'exercice de ce droit. Il semble donc que la Haute juridiction entende s'engager dans un contrôle du caractère proportionné de la préemption au regard du projet envisagé (CE 6 juin 2012, *Sté RD Machines Outils*, n° 342328, publiée au recueil *Lebon* ; *BJDU* 5/2012. 376, concl. C. Landais ; *AJDA* 2012, p. 1869, note S. Pérignon ; *RFDA* 2012, p. 889, note J.-F. Struillou ; *RDI* 11/2012, p. 580 et 582, obs. P. Soler-Couteaux ; *JCP*-A 46/2012, n° 2371, comm. D. Dutrieux ; v. antérieurement note G. Godfrin sur CAA Douai, 15 déc. 2005, *Cnté urb. Arras*, n° 05DA00069, *Constr.-Urb.* 2006. 158). Ainsi, la mise en œuvre du droit de préemption doit désormais, eu égard notamment aux caractéristiques du bien faisant l'objet de l'opération ou au coût prévisible de cette dernière, répondre à un intérêt général suffisant » (CE 6 juin 2012, *Sté RD Machines Outils*, préc.). Le contrôle de l'intérêt général suffisant revêt donc deux dimensions. Le premier aspect de ce contrôle de « l'intérêt général suffisant » (la vérification de l'adéquation du bien préempté avec le projet – autrement dit le motif – invoqué) paraît bienvenu. Il n'est pas absolument nouveau (CE 28 oct. 1994, *Communauté urbaine de Strasbourg*) et s'accorde assez bien avec le texte de l'article L. 210-1. Il participe d'ailleurs en quelque sorte du contrôle de la réalité du projet, et permet de redonner un peu plus de consistance au contrôle juridictionnel de la motivation des décisions de préemption, sans retomber dans les excès de la jurisprudence antérieure à l'arrêt *Commune de Meung-sur-Loire* (préc.). La préemption d'un terrain trop petit ou inadéquat pour réaliser le projet invoqué pourra ainsi être annulée à ce titre. De même apparemment que celle d'un terrain trop grand (v. l'argumentation circonstanciée du Conseil d'État dans l'arrêt *Sté RD Machines Outils*, préc.), même si une telle hypothèse pourrait peut-être également relever de la seconde facette du contrôle de « l'intérêt général suffisant » (apprécié au regard du coût prévisible de l'opération). Ce second chef de contrôle du juge nous paraît plus discutable, dans la mesure où il confine naturellement au contrôle d'opportunité des décisions de préemption. Mais il est fort probable que les juges se montrent prudents dans le maniement de ce moyen et ne sanctionnent que les erreurs manifestes commises par l'administration. Le Conseil d'État a d'ailleurs, dans un arrêt du même jour (CE 6 juin 2012, *Commune de Murviel-Les-Montpellier*, n° 341534), neutralisé le motif d'annulation d'une décision de préemption retenu par une Cour administrative d'appel selon lequel étant donné l'inadéquation entre le prix élevé de l'acquisition des parcelles et la création de deux logements sociaux invoquée par la commune, la décision de préemption ne pouvait être regardée comme traduisant la mise en œuvre de ce projet. Par la suite, il a jugé que si le montant auquel le titulaire du droit de préemption se propose d'acquérir un bien peut constituer l'un des éléments permettant d'apprécier si la préemption répond aux finalités mentionnées à l'article L. 300-1 du Code de l'urbanisme ou à un intérêt général suffisant, le caractère insuffisant ou excessif du prix de la préemption au regard du marché est, par lui-même, sans incidence sur la légalité de la décision de préemption (*BJDU* 3/13, p. 213, concl. A. Lallet et obs. X. de Lesquen ; *Constr.-urb.* 3/13, n° 34, comm. X. Couton).

E. La publicité de la décision de préemption

974 La décision de préemption est notifiée au vendeur, au notaire et, le cas échéant, à la personne mentionnée dans la DIA qui avait l'intention d'acquérir le bien. Elle fait par ailleurs (depuis la loi ALUR) l'objet d'une publication (art. L. 213-2), dont les modalités

n'ont pas été précisées. Il s'agit probablement d'un affichage dans les locaux de la collectivité qui a préempté. Quoi qu'il en soit, cette publication est assurément bienvenue afin de sécuriser la décision de préemption (v. infra, le contentieux). Enfin, en vertu du même article, la décision doit être transmise par le notaire aux titulaires de droits d'emphytéose, d'habitation ou d'usage, aux personnes bénéficiaires de servitudes, aux fermiers et aux locataires mentionnés dans la DIA, afin de garantir leurs droits (v. infra).

§ 4 Les suites de la décision de préemption

À la suite de la notification d'une offre ou d'une décision de préemption émanant du titulaire de ce droit, le vendeur dispose de plusieurs options (A) dont l'exercice peut amener à la saisine du juge de l'expropriation (B) et à un transfert de propriété assorti d'un paiement du prix (C). 975

A. Les options du vendeur

Le vendeur ne dispose d'aucune option lorsque la décision de préempter a été notifiée aux prix et conditions mentionnés dans la déclaration d'intention d'aliéner. Si la décision n'emporte plus par elle-même transfert de propriété comme c'était le cas avant la loi ALUR, la nouvelle rédaction de l'article L. 213-14 ayant en partie paralysé le jeu de l'article 1583 du code civil, elle scelle néanmoins l'accord entre le vendeur et le titulaire du droit de préemption (v. ss 941). 976

En revanche, lorsque le titulaire du droit de préemption lui a notifié une offre d'acquérir, le Code de l'urbanisme ouvre au vendeur trois options (C. urb., art. R. 213-10). Il peut notifier à son tour, soit qu'il accepte le prix ou les nouvelles modalités proposés, et dans ce cas, un acte authentique est dressé dans un délai de trois mois à compter de cet accord pour constater le transfert de propriété (C. urb., art. R. 213-12), soit qu'il maintient le prix ou l'estimation figurant dans sa déclaration et accepte que le prix soit fixé par la juridiction compétente en matière d'expropriation (Civ. 3e, 12 juill. 2000, *Cts Saint-Pern, Pourroy c/ District Agglo. angevine et Sté HLM Le Val de Loire,* n° D98-22.866, *Constr.-Urb.* 2000. 279 ; *Defrénois* 2001. 588, obs. S. Pérignon ; *RDI* 2001. 142, obs. Cl. M. ; CE 22 avr. 2005, *Ville Choisy-Le-Roi,* n° 274054, *RDI* 2005. 355, obs. P. S.-C.), soit qu'il retire son offre et renonce à l'aliénation (Rép. min. n° 37989, *JOAN* 9 juill. 1977. 4649).

Le vendeur dispose d'un délai de deux mois pour exercer l'une de ces options. Son silence équivaut à une renonciation d'aliéner (C. urb., art. R. 213-10). Cette renonciation interdit toute réalisation forcée de la vente (Civ. 3e, 4 juin 2003, *SNC Godard,* n° V00-17.084, *Bull. civ.* III, n° 124 ; *Defrénois* 2003. 37824, note Ph. Benoit-Cattin ; *RDI* 2003. 599, obs. P. S.-C. ; concernant la recevabilité du référé-suspension dans une telle hypothèse, v. CE 23 juill. 2003, *Sté Atlantique terrains,* n° 254837, *Lebon* 915 ; *Constr.-Urb.* 2004. 13, obs. Ph. Benoit-Cattin ; *BJDU* 2004. 422, concl. P. Fombeur ; *Defrénois* 2004. 671, note J.-Ph. Meng).

Après avoir refusé l'offre du titulaire du droit de préemption, le vendeur peut toutefois accepter une seconde offre. Cette acceptation vaut accord sur la chose et le prix et interdit ainsi à la commune d'exercer un droit de renonciation (Civ. 3e, 2 juin 1999, *Cazaux c/ Cne Alfortville,* n° 97-17.576, *Bull. civ.* III, n° 129 ; *AJDI* 2000. 335, note D. Dutrieux ; v. aussi Civ. 1re, 11 déc. 2001, *Cne Roquebrune-sur-Argens,* n° 00-11.917,

Constr.-Urb. 2002. 73, obs. P. Cornille). Dans ce cas, la commission de l'agent immobilier mentionnée dans la DIA est due, peu important que le prix d'acquisition du bien préempté soit inférieur à celui qui avait été initialement prévu entre le vendeur et l'acquéreur (Civ. 1re, 24 janv. 2006, *Sté Atlant'Immo*, préc.). La circonstance que le vendeur a renoncé à l'aliénation de son bien au profit de l'acquéreur après avoir trouvé un accord amiable sur le prix avec le titulaire du droit de préemption n'est cependant pas, à elle seule, de nature à épuiser les effets de la décision de préemption du point de vue de l'acquéreur (CE 23 juill. 2003, *Sté Atlantique Terrains, Lebon* T. 915 ; *Constr.-Urb.* 2004. 13, obs. Ph. Benoit-Cattin ; *BJDU* 2003. 422, concl. P. Fombeur ; *Defrénois* 2004. 671, note J.-Ph. Meng ; CE 31 janv. 2007, *Cts Maia, SARL Maia (2 esp.), Constr.-Urb.* 2007. 106, note G. Godfrin ; *BJDU* 2007. 136, concl. Ch. Devys).

B. La fixation judiciaire du prix

977 La saisine du juge de l'expropriation doit intervenir dans un certain délai et selon certaines formes qui sont impératifs. Il conviendra, ensuite, d'examiner les suites que les parties peuvent donner à la décision de la juridiction.

978 *Modalités de la saisine.* Si le titulaire du droit de préemption estime que le prix proposé par le vendeur et confirmé dans sa réponse à l'offre d'acquérir est exagéré, il peut alors saisir le juge de l'expropriation en vue de la fixation du prix (C. urb., art. L. 213-4 et R. 213-11). Il doit le faire dans un délai de 15 jours à compter de la réception de la réponse du propriétaire (Civ. 3e, 12 juill. 2000, *Cts Saint-Pern, Pourroy c/ District Agglo. angevine et Sté HLM Le Val de Loire*, préc. ; sur la régularité de la saisine : Civ. 3e, 20 janv. 1999, n° 98-70.019 ; Civ. 3e, 12 mars 2003, *Morin c/ Cne Yffiniac*, n° H02-70.049, *RDI* 2003. 333, obs. C. Morel et 378, obs. P. S.-C.). À défaut, il est réputé avoir renoncé à l'exercice de son droit (TA Versailles, 11 mai 2004, *G.*, n° 033954 et 034417, *RDI* 2004. 467, obs. P. S.-C.). La demande de fixation du prix reçue après l'expiration de ce délai est tardive et entraîne une déchéance du droit d'agir (CA Angers, ch. exp., 24 nov. 1989, *Cnté urb. Mans c/ SCAF*, n° 5/89).

Le juge de l'expropriation considère qu'il n'est pas saisi d'un mémoire si la requête du titulaire du droit de préemption se borne à mentionner le chiffre résultant de son offre sans comporter aucun descriptif, ni aucun terme de comparaison (CA Grenoble, 21 juin 2002, *Giusti c/ Cne Echirolles, Gaz. Pal.* 6-7 déc. 2002. 21, note A. Bernard : le titulaire du droit de préemption n'est pas tenue de produire un état complet de toutes les ventes de terrains et de bâtiments), ni aucune méthode d'évaluation. Dans ce cas, en effet, la requête ne peut être tenue pour un mémoire au sens de l'article R. 13-25 du Code de l'expropriation (CA Paris, ch. exp., 8 mars 1990, *Cne Sucy-en-Brie c/ Sté Philips Eclairage, D.* 1991. Somm. 60, note P. Carrias). Le même arrêt juge la saisine irrecevable dès lors que la commune n'a pas notifié son mémoire au propriétaire simultanément à son dépôt au greffe (C. exp., art. R. 13-22 et C. urb., R. 213-11). Dans tous ces cas, le titulaire du droit de préemption est réputé avoir renoncé à l'exercice de son droit. Le propriétaire peut alors, pendant trois ans, réaliser la vente de son bien au prix indiqué dans sa déclaration révisé, s'il y a lieu, en fonction des variations du coût de la construction depuis la date de cette déclaration (art. L. 213-8)

Obligation de consignation. Lorsque le juge de l'expropriation a été saisi, le titulaire du droit de préemption doit consigner une somme égale à 15 % de l'évaluation faite par le directeur départemental des finances publiques. À défaut de la notification d'une copie du récépissé de *consignation*♀ à la juridiction et au propriétaire dans le délai de trois mois à compter de la saisine de cette juridiction, le titulaire du droit de préemption est réputé avoir renoncé à l'acquisition ou à son exercice (C. urb., art. L. 213-4-1, L. 213-4-2 et R. 213-11). C'est une fin de non-recevoir qui peut être invoquée pour la première fois en appel (CA Nancy, ch. exp., 19 mai 1995, *Brocas c/ Ville Pont-à-Mousson, JCP* N 1997. 394 ; CA Paris, ch. exp., 19 oct. 2000, *AJDI* 2002. 145, obs. A. Bernard) mais ne peut plus être opposée après la fixation définitive du prix par le juge de l'expropriation (CA Toulouse, 9 sept. 2002, *Cne Albi*, n° RG2001/04837, *Constr.-Urb.* 2003. 48, obs. P. Cornille ; *Defrénois* 2003. 930, obs. Ph. Benoit-Cattin). Cela n'interdit pas toutefois au vendeur d'exercer son droit de rétrocession. 979 ■

Fixation du prix. À défaut d'accord amiable, le prix d'acquisition est, fixé comme en matière d'expropriation sous réserve des dispositions applicables spécifiquement à la préemption, notamment la date de référence déterminée différemment selon que le bien est ou non situé en ZAD (C. urb., art. L. 213-4 ; Civ. 3ᵉ, 17 sept. 2014, *n° 13-20.076*, Constr.-urb. 2014, n° 142, obs. P. Cornille). Le prix est ici exclusif de toute indemnité accessoire et notamment de l'indemnité de réemploi, eu égard à la fonction de celle-ci (Civ. 3ᵉ, 14 févr. 1996, *Ville Paris*, n° Z94-70.249). En revanche, tous les éléments du prix doivent être retenus, y compris sa fraction conventionnellement affectée à la rémunération de l'intermédiaire (Civ. 3ᵉ, 15 juin 2000, *Ville Rennes c/ Épx. Riffod*, n° 99-70.080). 980 ■

Renonciation des parties. Tant le vendeur que le titulaire du droit de préemption peuvent renoncer l'un à la mutation, l'autre à la préemption au cours de l'instance devant le juge de l'expropriation. À la suite de la fixation du prix par le juge de l'expropriation, les parties peuvent accepter celui-ci. Leur silence à l'issue de ce délai vaut d'ailleurs acceptation du prix fixé par le juge et transfert de propriété au profit du titulaire du droit de préemption (C. urb., art. L. 213-7). Mais elles disposent également d'un délai de deux mois pour renoncer à leurs projets respectifs. La renonciation à l'exercice du droit de préemption rend irrecevable le pourvoi en cassation contre l'arrêt fixant le prix du bien préempté (Civ. 3ᵉ, 13 nov. 2003, n° 02-70.097). Le caractère tardif et par conséquent illégal d'une décision de renonciation peut être constaté tant par le juge administratif que par le juge judiciaire (TC, 16 juin 2014, *Mme S. c/ Communauté d'agglomération de la Rochelle*, n° 3953 (sera mentionnée dans les tables du recueil *Lebon*), *AJDA* 2014, p. 1658, note J.-F. Struillou ; *RDI* 12/2014, p. 660, note M. Revert). 981 ■

Lorsque le titulaire du droit de préemption a renoncé à l'exercice de son droit postérieurement à la fixation judiciaire du prix, il ne peut plus exercer son droit de préemption à l'égard du même propriétaire pendant un délai de cinq ans à compter de la décision juridictionnelle devenue définitive si, dans ce délai, celui-ci réalise la vente du bien concerné au prix fixé par la juridiction révisé, s'il y a lieu, en fonction des variations du coût de la construction (art. L. 213-8 et R. 213-13). Lorsque la renonciation est antérieure à la fixation judiciaire du prix, on l'a dit, le propriétaire dispose d'un délai de trois ans durant lequel il peut réaliser la vente de son bien au prix indiqué dans sa déclaration révisé, s'il y a lieu, en fonction des variations du coût de la construction.

Sur un autre plan, le fait pour une commune d'user de son droit de préemption puis d'y renoncer en cours de procédure peut, toutefois, être de nature à engager sa responsabilité sur le fondement de la responsabilité sans faute si le vendeur subit un préjudice anormal et spécial (CAA Bordeaux, 29 mai 1995, *Dufau*, n° 94BX00700). Ces mécanismes ne sont toutefois guère satisfaisants eu égard à la contrainte qu'une préemption fait peser sur le vendeur.

C. Paiement du prix et transfert de propriété

982 La loi ALUR, du 24 mars 2014, a modifié les règles en la matière (E. Forgeois, « Transfert de propriété et paiement du prix du bien préempté depuis la loi Alur », *JCP*-N 42/2014, n° 1307). Il est désormais prévu qu'en cas d'acquisition d'un bien par voie de préemption ou suite à l'exercice du droit de délaissement, le transfert de propriété intervient à la plus tardive des dates auxquelles seront intervenus le paiement et l'acte authentique. Le prix d'acquisition doit être payé ou, en cas d'obstacle au paiement, consigné (selon les règles applicables en matière d'expropriation) dans les quatre mois qui suivent soit la décision d'acquérir le bien au prix indiqué par le vendeur ou accepté par lui, soit la décision définitive de la juridiction compétente en matière d'expropriation, soit la date de l'acte ou du jugement d'adjudication (art. L. 213-14 C. urb). L'observation de ce délai est importante, le même article prévoyant que s'il n'est pas respecté, le vendeur peut aliéner librement son bien.

Cette nouvelle règle, combinée aux règles de la comptabilité publique, avait rendue nécessaire la passation de deux actes successifs pour transférer la propriété au préempteur public, l'un pour constater la vente et autoriser le paiement, l'autre pour réaliser le transfert de propriété et constater le paiement. Un arrêté du 16 février 2015 a résolu la difficulté en autorisant les collectivités territoriales et leurs établissements publics à payer certaines de leurs dépenses avant service fait, l'innovation étant applicable aux acquisitions de biens par voie de préemption ou de délaissement (13° de l'art. 7 de l'arrêté du 16 février 2015 fixant les dépenses des collectivités territoriales, de leurs établissements publics et des établissements publics de santé pouvant être payées sans ordonnancement, sans ordonnancement préalable ou avant service fait, JORF du 24 février 2015). Le comptable public peut donc à présent virer les fonds chez le notaire avant la signature de l'acte qui, désormais unique, a pour objet de constater la vente et le paiement, et pour effet de réaliser le transfert de propriété et l'entrée en jouissance.

En cas de non respect du délai maximal de quatre mois, le vendeur n'est pas tenu d'user de sa liberté de vendre (de la même façon qu'auparavant, il n'était pas tenu d'user du droit de rétrocession que lui offrait l'article L. 213-14 en cas de non paiement du prix dans les délais : Civ. 3e, 8 déc. 1999, *Cne Signy-le-Petit c/ Dapremont*, n° 98-13.297, *JCP* N 2000. 1031, note D. Dutrieux ; CA Toulouse 9 sept. 2002, *Cne Albi*, n° RG2001/04837, *Constr.-Urb.* 2003. 48, obs. P. Cornille ; *Defrénois* 2003. 930, obs. Ph. Benoit-Cattin ; Civ. 3e, 2 juin 1999, n° 97-17.576, *Bull. civ.* III, n° 129 ; *Defrénois* 1999. 1125, note S. Pérignon ; *BJDU* 2000. 47, note C. Masson-Daum). Il peut aussi assigner le titulaire du droit de préemption en réalisation forcée de la vente et, le cas échéant, solliciter le versement d'intérêts. Une telle action relève de la juridiction judiciaire (T. confl. 9 déc. 1996, *Duhamel c/ Ville Douai*, n° 02994, *CJEG* 1997. 147, note O. Renard-Payen ; *BJDU* 1997. 197, concl. R. Abraham ; CE 21 avr. 2000, *Sté Foncier immobilier lyonnais*, n° 180325 ; *Lebon* T. 903 ; *BJDU* 2000. 183, concl. F. Lamy ;

J.-L. Bourgois, « La responsabilité de l'administration pour retard ou défaut de paiement du prix d'acquisition d'un bien dans l'hypothèse d'une préemption administrative », *JCP* N 1997. Prat. 597).

En toute hypothèse, le vendeur conserve la jouissance du bien jusqu'au paiement intégral du prix ou à sa consignation (C. urb., art. L. 213-15 ; Civ. 3e, 10 déc. 2003, *Épx Selosse*, n° 02-12.894, *Constr.-Urb.* 2004. 66, obs. Ph. Benoit-Cattin ; *RDI* 2004. 177, obs. F. Donnat et C. Morel : la consignation du prix vaut paiement sans qu'il soit besoin d'obtenir l'accord du créancier ou une validation judiciaire, et dès lors que la consignation n'est pas contestée, le propriétaire ne peut invoquer le bénéfice de l'art. L. 213-15).

Postérieurement au transfert de propriété, le titulaire dispose à l'égard du vendeur des mêmes droits et garanties que tout acquéreur, par exemple la garantie des vices cachés (Civ. 3e, 10 sept. 2008, *Cne Marseille c/ Giustarni*, n° S07-17.086, *BJDU* 2008. 338, obs. F. Nési).

§ 5 L'affectation du bien préempté

Le Code de l'urbanisme fait obligation à la collectivité d'utiliser les biens acquis par exercice du droit de préemption pour la réalisation des objectifs d'aménagement énumérés par la loi et le législateur lui a conféré, vis-à-vis notamment des éventuels occupants de l'immeuble, les prérogatives nécessaires à cette fin (A). La sanction de cette obligation sous la seule forme d'un droit de rétrocession-priorité n'est cependant guère satisfaisante (B). 983

A. L'obligation d'affectation

Obligation d'affectation relative. Les biens acquis par exercice du droit de préemption doivent être utilisés ou aliénés pour l'un des objets mentionnés au premier alinéa de l'article L. 210-1 (autrement dit pour l'un des objectifs d'aménagement définis à C. urb., art. L. 300-1), qui peut toutefois être différent de celui mentionné dans la décision de préemption. Cette liberté d'utilisation des biens premptés avait été reconnue par la jurisprudence (CE 14 janv. 1998, *Vaniscotte*, n° 160378, *BJDU* 1998. 48, concl. J.-C. Bonichot ; *RDI* 1998. 233, obs. J. Morand-Deviller et L. Touvet ; et surtout Civ. 3e, 1er décembre 2004, *Huido c/ Cne Jouars-Pontchartrain*, n° 03-14.676, *Bull.* n° 223, p. 201, *Constr.-Urb.* 2005. 16, obs. Ph. Benoit-Cattin ; *Defrénois* 2005. 813, note J.-Ph. Meng), avant d'être consacrée par le législateur (art. L. 213-11 C. urb., réécrit par la loi ALUR). 984

Cependant, lorsque le bien est utilisé ou aliéné au profit d'une personne privée autre que le concessionnaire d'une opération d'aménagement ou qu'une société HLM, l'aliénation doit faire l'objet d'une décision motivée du délégataire du droit de préemption. Plus généralement, en dehors même d'une délégation, tout changement d'affectation du bien acquis par l'exercice du droit de préemption, dans la limite des objets prévus à l'article L. 210-1, doit faire l'objet d'une décision de l'organe délibérant de la collectivité (C. urb., art. L. 213-11).

Obligations et garanties des occupants de l'immeuble préempté. La loi ALUR a confié au notaire la charge de transmettre la décision de préemption aux titulaires de droits d'emphytéose, d'habitation ou d'usage, aux personnes bénéficiaires de servitudes, 985 aux fermiers et aux locataires mentionnés dans la DIA (art. L. 213-2 ; cette tache continue en revanche d'incomber au vendeur en cas d'exercice du droit de délaissement : art. L. 213-9, visant les locataires, les preneurs ou les occupants de bonne foi du bien). Ceux-ci ne peuvent, nonobstant toutes dispositions ou stipulations contraires, s'opposer à l'exécution de travaux de restauration ou de transformation intérieure, ni à la démolition des locaux. Mais d'une part, le nouveau propriétaire du bien est tenu aux obligations relatives à la protection des occupants (C. urb., art. L. 314-1 s.). D'autre part, ceux-ci peuvent à tout moment, déclarer au titulaire du droit de préemption leur intention de quitter les lieux ou de résilier le bail en conservant le droit aux indemnités auxquelles ils peuvent prétendre (art. L. 213-10). En l'absence de travaux toutefois, l'occupant ne dispose pas d'un droit de résiliation unilatérale du bail en cours ou d'un droit à une indemnité d'éviction commerciale (Civ. 3e, 11 juin 1997, *SARL La Tubulaire c/ Cne Blanc-Mesnil, Dr. adm.* 1997. 264 ; *JCP* N 1998. 697, note J. Hugot ; Civ. 3e, 5 nov. 1997, *OPAC Ville Paris c/ Sakal, D.* 1997. IR 258 : viole l'article L. 213-10 l'arrêt qui a accueilli la demande en résiliation du bail et en paiement d'une indemnité d'éviction en considérant que l'option offerte au locataire est liée à la réalisation de travaux non seulement sur l'immeuble mais également dans son environnement lorsque ces travaux risquent de mettre en péril l'exploitation exercée par un commerçant). En revanche, le locataire commerçant peut se voir signifier son congé dans les conditions ordinaires prévues par le décret du 11 septembre 1953. Il a alors droit à une indemnité d'éviction à ce titre (sur le calcul de l'indemnité d'éviction : Civ. 3e, 15 déc. 1999, *Ville Paris c/ Sté Jeanine Robert, Constr.-Urb.* 2000. 75).

B. *Droit de rétrocession*

986 Si le titulaire du droit de préemption décide d'utiliser ou d'aliéner le bien acquis depuis moins de cinq ans à d'autres fins que celles légalement autorisées, il doit informer de sa décision les anciens propriétaires ou leurs ayants cause universels ou à titre universel et leur proposer l'acquisition de ce bien en priorité (C. urb., art. L. 213-11 ; D. Dutrieux, « Le droit de rétrocession de l'article L. 213-11 du Code de l'urbanisme », *JCP* N 2009. 1314). Si leur adresse n'est pas connue, le titulaire du droit de préemption est astreint à une obligation de publicité (C. urb., art. R. 123-18). Le droit de rétrocession demeure ouvert au vendeur alors même que la vente a été réalisée dans le cadre d'une transaction amiable qui est intervenue consécutivement à l'exercice du droit de préemption (Civ. 3e, 11 oct. 2006, *Merceris c/ Cne Courtry, BJDU* 2007. 71, obs. F. Nési). En revanche, il n'est pas ouvert lorsque le bien a été acquis par la voie du délaissement.

Ce droit constitue une garantie théoriquement importante de l'utilité publique de la préemption. Elle est le seul moyen de vérifier, a posteriori, que l'atteinte au droit de propriété et à la liberté contractuelle inhérentes à la préemption ont bien été justifiées par un motif légal. Toute renonciation au droit de rétrocession qui serait imposée par le titulaire du droit de préemption est évidemment sans effet (CE 10 mars 2010, *Levy*, n° 323081, *BJDU* 2010. 215, concl. A. Courrèges ; *AJDA* 2010. 1098, note R. Hostiou ; *JCP* A 2010. 2278, note D. Dutrieux). Il est néanmoins très regrettable que sa durée ait été ramenée par la loi SRU de 10 ans à 5 ans (réduction au demeurant validée par le Conseil constitutionnel : décision n° 2000-436 DC, 7 déc. 2000, *JO* 14 déc. 2000. 19843, pt 25).

En cas de renonciation du propriétaire ou de ses ayants cause à l'acquisition, le droit de rétrocession bénéficie également à la personne qui avait l'intention de l'acquérir si du moins son identité était mentionnée dans la déclaration d'intention d'aliéner (C. urb., art. R. 213-19). Ces bénéficiaires du droit de rétrocession doivent être informés de l'aliénation et se voir proposés l'acquisition du bien en priorité (C. urb., art. R. 213-16; CE 15 juin 2001, *Ville Nice c/ Dutto*, *RDI* 2001. 538, obs. L. Derepas; *Coll. terr.* 2001. 260, obs. Th. Célérier: l'information doit intervenir avant la décision de vendre mais non avant que le principe de la vente ne soit décidé). Un délai de deux mois leur est alors imparti pour prendre position (C. urb., art. R. 213-16). Leur réponse ouvre un nouveau délai de deux mois au titulaire du droit de préemption soit pour notifier qu'il accepte de rétrocéder le bien au prix proposé, soit pour saisir le juge de l'expropriation pour faire fixer le prix (C. urb., art. R. 213-17).

Le non-respect de l'obligation d'information n'ouvre aux bénéficiaires du droit de rétrocession qu'une action en dommages-intérêts. Elle doit être introduite devant la juridiction judiciaire et se prescrit par cinq ans à compter de la mention de l'affectation ou de l'aliénation du bien dans le registre prévu par l'article L. 213-13 (C. urb., art. L. 213-12). Les litiges relatifs au droit de rétrocession relèvent en effet de la juridiction judiciaire (T. confl. 10 mai 1993, *Miette et SNC Oliver c. Innoncentini et Ville Nice*, *Lebon* 399), y compris le recours contre un refus de rétrocéder un bien préempté, qui ne relève pas de la compétence de la juridiction administrative (CE 7 janv. 2013, *Roche*, n° 358781 (sera mentionnée dans les tables du recueil *Lebon*), *RDI* 3/13, p. 176, obs. P. S.-C. ; 163/13, p. 61, obs. D. Dutrieux). Le non-respect de l'obligation peut néanmoins fonder une demande de suspension dans le cadre d'un référé-liberté (CE, ord., 8 août 2002, *Herminio Da Costa*, *RDI* 2002. 555, obs. P. S.-C. : jugé qu'en l'espèce la revente d'une parcelle acquise par voie de préemption ne portait pas une atteinte grave à la liberté de contracter; arrêt précurseur, à rapprocher de CE 23 janv. 2013, *Commune de Chirongui*, n° 365262, chronique *AJDA* 2013 p. 788).

Délai d'affectation. Le Code de l'urbanisme ne fixe aucun délai au titulaire du droit de préemption pour que le bien reçoive une affectation effective à l'objet qui a justifié la préemption. Mais ni le juge administratif (CE 10 mars 2010, *Levy*, n° 323081, *BJDU* 2010. 215, concl. A. Courrèges; *AJDA* 2010. 1098, note R. Hostiou; *JCP* A 2010. 2278, note D. Dutrieux), ni le juge judiciaire (Civ. 3e, 1er mars 1995, *Bull. civ.* 1995. III. 70: un immeuble préempté en vue de l'agrandissement d'un garage municipal, mais affecté au logement de la directrice d'une école pendant plus de 10 ans, peut être regardé comme une réserve foncière gérée en bon père de famille dans l'attente de son affectation définitive) ne semblent vouloir s'engager d'un encadrement très strict de l'administration sur ce point malgré l'application à la préemption de l'article 1er du premier protocole à la convention européenne de sauvegarde des droits de l'homme que le Conseil d'État fait dans l'arrêt *Levy* (CEDH 2 juill. 2002, *Motais de Narbonne c/ France*, n° 48161999, *AJDA* 2002. 1226, note R. Hostiou; F. Haumont, « La Cour européenne des droits de l'homme et le droit de préemption », *AJDA* 2008. 747). Parallèlement, passé les cinq ans durant lesquels peut jouer le droit de rétrocession, aucune contrainte ne s'impose à l'administration en ce qui concerne le maintien de l'affectation. 987

section 4

Le contentieux de la préemption

988 Le contentieux des décisions de préemption est abondant (en effet, si moins de 1 % des DIA donnent finalement lieu à préemption, en revanche, ce sont 40 % des décisions de préemption qui sont attaquées). Il est, pour beaucoup, un contentieux de la motivation et des motifs de la préemption. Un autre de ses traits remarquables est qu'il aboutit fréquemment à des annulations. Le rapprochement de ces deux observations permet de conclure à l'utilisation abusive, voire à un détournement du droit de préemption par les communes. Le constat en a été fait à plusieurs reprises, notamment par un rapport du Conseil d'État qui diagnostique un « détournement de l'outil » (*Le droit de préemption*, La Doc. fr., 2008, p. 29) mais aussi par la doctrine (v. égal., S. Pérignon, « Pathologie du droit de préemption urbain », *Defrénois* 1991. 341 ; R. Vandermeeren, « Le contentieux des droits de préemption d'urbanisme : excès de recours ou excès d'illégalités ? », *AJDA* 2008. 734).

Force est cependant de constater que les remèdes mis en œuvre comme l'obligation de consigner 15 % de l'évaluation faite par le service des domaines lorsque le juge de l'expropriation est saisi (art. L. 213-4-1) se sont révélés, du point de vue de l'utilisation de la prérogative, peu efficients. En revanche, on a pu assister, en la matière, à un renforcement de l'efficacité du contentieux de l'annulation (§ 1). On la doit pour beaucoup à l'utilisation des procédures d'urgence (§ 2). Par ailleurs, l'illégalité de l'exercice du droit de préemption n'est pas sans conséquence sur le plan indemnitaire (§ 3).

§ 1 Le contentieux de l'annulation

989 Le contentieux de la légalité de la décision de préemption relève du seul juge administratif. La Cour de cassation a, en effet, confirmé que le juge judiciaire ne peut apprécier la légalité d'une décision de préemption, notamment de ses motifs (Civ. 3e, 16 oct. 1991, *Bull. civ.* III, n° 241 ; Civ. 3e, 22 févr. 1995, *Cne Montreuil-sous-Bois c/ Cts Laporte*, *JCP* 1995. II. 22442, note A. Bernard). Il peut néanmoins vérifier que la décision de préemption a bien été notifiée avant l'expiration du délai de deux mois imparti au titulaire du droit de préemption (Civ. 1re, 18 oct. 1994, *Abeille Assurances c. Ville Fontenay-sous-Bois*, n° 92-18.142, *Bull. civ.* III, n° 299 ; J.-L. Bourgois, « Urbanisme et vente d'immeuble (à propos de l'arrêt de la première chambre civile de la Cour de cassation du 18 oct. 1994) », *JCP* N 1995. I. 777) et qu'elle était exécutoire à la date de sa notification (Civ. 3e, 8 nov.e 1995, *Cne Bordes-sur-Arize*, n° 93-19.168 ; Civ. 3e, 8 juin 2006, n° M04-18.472). L'efficacité de l'annulation d'une décision de préemption s'est considérablement renforcée depuis quelques années du fait notamment de l'usage de son pouvoir d'injonction par le juge de l'excès de pouvoir (B). Avant de le vérifier, il convient d'examiner les conditions de recevabilité du recours dirigé contre une décision de préemption (A).

A. La recevabilité du recours pour excès de pouvoir contre la décision de préemption

Toute décision de préemption est susceptible de faire grief. Elle peut, à ce titre, être déférée au juge de l'excès de pouvoir. Le recours peut être dirigé contre la délibération du conseil municipal décidant de préempter ou la lettre du maire notifiant la décision du conseil municipal (CE 16 déc. 1994, *Beckert*, n° 116465, *Lebon* T. 1242) ou une décision du maire ayant le même objet que la délibération du conseil municipal. Mais la renonciation à préempter est également susceptible de lui être déférée (CAA Bordeaux, 17 déc. 1998, *Carrier*, n° 93BX00361, *AJDA* 1999. 276 et 220 chron. J.-F. D. ; CAA Paris, 17 févr. 2000, *Cne Gennevilliers*, n° 97PA02115). 990 ■

Intérêt pour agir. Le vendeur est évidemment recevable à contester la décision de préemption. Il l'est même si la préemption a été exercée aux prix et conditions fixés par lui dans sa déclaration d'intention d'aliéner et même si le transfert de propriété est intervenu (CE 21 mai 2008, *Cne Houilles*, n° 296156 ; *BJDU* 2008. 136, concl. A. Courrèges ; *JCP* A 2008. 2154, concl. ; *RDI* 2008. 400, obs. P. S.-C.). Il en va autrement de l'action du propriétaire d'un bien vendu par adjudication (CAA Nantes, 7 févr. 2001, *SCI Karval*, n° 99NT00788). 991 ■

L'intérêt à agir de l'acquéreur évincé est, lui aussi, apprécié avec un libéralisme certain (CE 23 janv. 2006, *Cne Blauzac*, n° 284788, *Constr.-Urb.* 2006. 122, obs. P. Cornille : à propos d'une société en cours de constitution). Il est ainsi recevable s'il apporte la preuve de cette qualité, à travers une promesse de vente (CE 16 déc. 1994, *Beckert*, préc. ; CE 16 déc. 1994, *Cnté urb. Lyon*, n° 112005 ; CE 30 déc. 1998, *Cne Breuillet*, n° 160683). Son action est recevable même si la promesse était assortie d'une condition suspensive tenant à l'exercice du droit de préemption (CE 15 mai 2002, *Ville Paris c/ Assoc. cultuelle des Témoins de Jéhovah*, *BJDU* 2002. 290, concl. P. Fombeur, note E. Fatôme ; *Defrénois* 2003. 933, note S. Pérignon). De même, la renonciation à aliéner émanant du propriétaire suite à une décision de préemption n'interdit pas à l'acquéreur évincé de former un recours contre la décision de préemption (CE 14 nov. 2007, *Société Globe Invest*, req. 295798, *BJDU* 6/07, p. 442.En revanche, l'acquéreur évincé se voit dénier tout intérêt à agir lorsque la promesse dont il bénéficiait est devenue caduque par l'effet de la défaillance d'une condition suspensive avant l'intervention de la décision de préemption (CAA Versailles, 21 sept. 2006, *SCI du 44 av. Émile Cossoneau*, n° 05VE00387, *Constr.-Urb.* 2007. 21, obs. P. Cornille). Il en va autrement si elle n'est devenue caduque qu'après l'introduction du recours (CE 16 déc. 1994, *Cne Sparsbach*, *Lebon* 544 ; CE 22 févr. 1995, *Assoc. de défense de l'habitat pavillonnaire à Poissy*, n° 126119 ; CE 3 sept. 1997, *Ville Vitry-sur-Seine c/ Sté Patrimmo*, n° 138311 ; CE 15 mai 2002, *Ville Paris c/ Assoc. cultuelle des Témoins de Jéhovah*, préc.). De façon générale, le Conseil d'État admet l'intérêt à agir de toute bénéficiant d'un droit suffisamment certain et direct sur le bien préempté. Tel est le cas ce celui envers lequel le titulaire d'un droit de préférence sur l'immeuble préempté s'était engagé à user de ce droit et à lui rétrocéder l'immeuble au cas où il serait mis en vente, l'engagement ferme du second faisant du premier « l'acquéreur finalement évincé par la préemption » (CE 1er juill. 2009, *Assoc. La Fourmi Vouvrillonne*, n° 319238, *Lebon* T. 883 ; *BJDU* 4/2009. 303, concl. A. Courrèges et obs. E. Carpentier ; *JCP* A 2009. 2211, note G. Pellissier ; *JCP* N 2009. 1284, note D. Dutrieux).

Le locataire du bien préempté a également intérêt à en solliciter l'annulation, à la fois parce que son droit de préemption sur l'immeuble est anéanti et qu'il peut être tenu d'évacuer les locaux loués si l'exécution des travaux envisagés par la collectivité le justifie (CE 6 oct. 1999, *Assoc. « Tendance nationale Union islamique en France »*, n° 185577, *Lebon* T. 1082 ; *Dr. adm.* 1999. 318, obs. C.M. ; *AFDUH* 2000, n° 4, p. 361, chron. R. Hostiou et J.-F. Struillou ; CAA Lyon 7 juill. 1995, *Mondoloni*, n° 93LY00906, *Lebon* 539 : un fermier justifie d'un intérêt pour agir contre la préemption des biens ruraux qu'il exploite). Au demeurant, le locataire n'a aucun droit, ensuite, à demander l'exécution de la décision d'annulation (CE 28 avril 2004, *Union européenne pour la création des mosquées*, req. 249430, mentionné aux tables du recueil *Lebon*, *BJDU* 4/04, p. 310, concl. C. Devys et obs. J.-C. B).

En revanche, la qualité de mandataire du propriétaire ne confère aucun intérêt à agir au notaire signataire de la déclaration d'intention d'aliéner (CAA Versailles 21 sept. 2006, *SCP Giacomini-Sambain*, n° 05VE00122, *Constr.-Urb.* 2007. 20, obs. P. Cornille). De même, l'objet social d'une association visant à la défense de l'habitat pavillonnaire ne lui confère pas un intérêt lui donnant qualité pour demander l'annulation d'une préemption (CE 22 févr. 1995, *Assoc. de défense de l'habitat pavillonnaire à Poissy*, préc.). Enfin, n'autorisent pas à contester une décision de préemption, les qualités de simple gestionnaire ou de voisin de l'immeuble (CE 22 févr. 1995, *Cne la Ciotat*, *Lebon* T. 1096 ; *CJEG* 1995. 226, concl. Ch. Maugüé ; CAA Paris 28 sept. 1995, *Ville Paris*, n° 94PA00164).

Cette restriction est toutefois largement dépourvue de portée depuis que le Conseil d'État a, dans une logique analogue à celle de la jurisprudence *Casanova* (CE 29 mars 1901, n° 94580, *rec.* 333) et compte tenu de ce qu'une décision de préemption engage généralement les finances de la collectivité, reconnu l'intérêt à agir contre une décision de préemption au contribuable de la collectivité préemptrice (CE 1er juill. 2009, *Assoc. La Fourmi Vouvrillonne*, préc. ; v. aussi auparavant, CAA Nancy 13 janv. 2000, *Cté défense des contribuables de Jeumont*, n° 99NC01209 ; CAA Douai 30 déc. 2003, n° 00DA01073, *Constr.-Urb.* 2004. 65, obs. Ph. Benoit-Cattin). Il s'agissait dans l'arrêt de 2009 d'une association ayant pour objet de surveiller le bon usage des deniers publics, mais il n'est pas douteux (à la lecture des conclusions d'Anne Courrgès notamment) que la solution a vocation à bénéficier aux contribuables eux-mêmes.

992 *Délai.* Le délai de recours contre une décision de préemption est, classiquement, de deux mois. A l'égard du vendeur, il démarre à compter de la notification de la décision, au vendeur ou au notaire dûment mandaté à cet effet. Cette notification fait donc courir le délai de recours contentieux à l'encontre du propriétaire (CE 30 juin 2006, *Cne Mane*, n° 274062, *Lebon* T. 1100 ; *BJDU* 2006. 289, concl. Ch. Devys), à condition toutefois qu'elle comporte la mention des voies et délais de recours (CE 14 nov. 2007, *SCI Marais*, n° 305620, *Lebon* T. 1121 ; *RDI* 2008. 63, obs. P.S.-C).

En l'absence de publication des décisions de préemption, une insécurité juridique a longtemps plané sur les décisions de préemption, le délai de recours ne commençant jamais à courir à l'égard de tous les autres requérants potentiels, en particulier de l'acquéreur évincé. Certes, il avait admis qu'une notification comportant l'indication des voies et délais de recours permettait de déclencher le délai de recours à son encontre (CE 23 mars 1994, *Cne Aubervillers*, n° 114812, *Defrénois* 1994. 35925 ; CE 16 déc. 1994, *Beckert*, préc. ; CE 30 juill. 1997, *Cne Montrouge c/ Parmentier*, n° 169574, *Lebon* T. 1123 ; *BJDU* 1997. 442, concl. Ch. Maugüé ; CE 30 juin 2006, *Commune de Mane*, n° 274062 ; CE 14 nov. 2007, *SCI du Marais*, n° 305620, préc. ; CAA Nantes, 15 nov. 2013, *Société Cilaos c. Commune d'Hébergement*, n° 12NT00198. Sur l'intérêt de notifier la décision de préemption à l'acquéreur : Rép. min. n° 43743, *JOAN* Q 21 avr.

2009. 3871 ; *JCP* N 2009. Act. 346, obs. D. Dutrieux). Par ailleurs, la connaissance acquise était susceptible de lui être opposée si, par exemple, il prouvait sa connaissance de la décision de préemption en en joignant une copie à sa demande de rétrocession (CE 1er juill. 2009, *Sté Holding JLP*, n° 312260, *AJDA* 2009. 1848, concl. A. Courrèges ; *RDI* 2009. 604 obs. P. S.-C. ; *JCP* A 2009. 2206, note G. Pellissier). Néanmoins, dans la mesure où son identité ne figure pas nécessairement dans la DIA, il n'était pas toujours possible de porter à sa connaissance la décision.

La loi ALUR s'est efforcée de remédier à cette insécurité en prévoyant que la décision de préemption, d'une part, doit être « notifiée au vendeur, au notaire et, le cas échéant, à la personne mentionnée dans la déclaration d'intention d'aliéner qui avait l'intention d'acquérir le bien » (C. urb., article L. 213-2) et d'autre part, qu'elle fait l'objet d'une publication. Cette publication devrait être de nature à faire courir le délai en l'encontre de tous les requérants potentiels à l'égard desquels une notification n'es pas prévue, notamment à l'encontre des contribuables de la collectivité, ce qui est une bonne chose. En revanche, il est clair que seule une notification en bonne et due forme permettra, à l'avenir encore, de déclencher le délai de recours à l'égard du vendeur (l'affichage ne peut être assimilé à une notification au sens de l'article R. 421-5 du Code de l'urbanisme : CE 6 mai 2009, n° 311167, *Cne Plessis-Trévise*, *RDI* 2009. 438, note P. Soler-Couteaux). La notification au notaire, dont l'objet est surtout du lui permettre d'accomplir son devoir d'information à l'égard des titulaires de droit sur l'immeuble (v. supra), ne permettra pas non plus de faire courir ce délai si la DIA prévoyait que la décision de préemption devrait être adressée au vendeur lui-même. Quant à l'acquéreur évincé, la question se pose de savoir si cette publication suffira à faire courir le délai de recours contentieux à son égard dans les hypothèses où, son identité ayant été gardée secrète, la décision de préemption n'a pas pu lui être notifiée (étant entendu que seule une notification régulière devrait être à même de le déclencher si son identité figurait dans la DIA). *A priori*, c'est loin d'être évident, dès lors qu'un régime spécifique de notification a été prévu le concernant. Mais dans le même temps, il ne nous semblerait pas si choquant que la jurisprudence l'admette, compte tenu de l'objectif de sécurité juridique ouvertement visé par le législateur (et, en fait, de ce que l'acquéreur évincé a en réalité toujours nécessairement connaissance, assez rapidement après son intervention, de l'existence de la décision de préemption ayant rendu caduc le compromis qu'il avait signé).

B. Les effets de l'annulation de la décision de préemption

L'efficacité du contentieux de l'excès de pouvoir s'est en cette matière considérablement améliorée en raison de l'utilisation par le juge administratif d'un pouvoir d'injonction que la loi lui a reconnu en 1995. On doit, concernant sa mise en œuvre, distinguer selon que l'annulation intervient avant ou après le transfert de propriété du bien préempté et, dans ce dernier cas, selon que le bien a été ou non revendu à un tiers. Le contentieux des conséquences de l'annulation de la décision de préemption fait par ailleurs intervenir le juge administratif et le juge judiciaire. La complexité qui en résulte place les parties (titulaire du droit de préemption, vendeur, acquéreur évincé) dans une situation d'insécurité juridique qui, pour le moment, n'a pas de remède (F. Dieu, « Le juge administratif et le juge judiciaire face à l'annulation des décisions de préemption », *Constr.-Urb.* 2010. Étude 15 ; E. Carpentier, « Motivation des décisions de préemption et conséquences des annulations : questions anciennes, nouvelles réponses ? », *BJDU* 4/2006. 238). 993

994 *Les conséquences de l'annulation intervenant avant le transfert de propriété.* Si l'annulation de la décision de préemption intervient avant que la vente a été réalisée au profit de la collectivité publique, le vendeur pourra donner suite à son projet d'aliénation. La loi du 9 février 1994 est venue renforcer les effets des annulations contentieuses de ces décisions en disposant : « lorsque la décision par laquelle le titulaire du droit de préemption décide d'exercer son droit est annulée ou déclarée illégale par la juridiction administrative et qu'il n'y a pas eu transfert de propriété, ce titulaire ne peut exercer son droit à nouveau sur le bien en cause pendant un délai d'un an à compter de la décision juridictionnelle devenue définitive. Dans ce cas, le propriétaire n'est pas tenu par les prix et conditions qu'il avait mentionnés dans la déclaration d'intention d'aliéner » (C. urb., art. L. 213-8 ; CE, ass., 27 oct. 1995, *Min. Logement c/ Mattio*, *Lebon* 359, concl. J. Arrighi de Casanova).

995 *Les conséquences de l'annulation intervenant après le transfert de propriété au profit de la collectivité titulaire du droit de préemption sans revente du bien préempté.* Lorsque la vente est intervenue au profit du titulaire du droit de préemption, il convient de s'interroger sur les conditions dans lesquelles le vendeur et/ou l'acquéreur évincé peuvent prétendre contraindre le titulaire du droit de préemption dont la décision a été ultérieurement annulée à tirer les conséquences de cette annulation. En réalité, le propriétaire se désintéressera souvent des suites de l'annulation du droit de préemption si la vente s'est réalisée aux prix et conditions énoncées dans la déclaration d'intention d'aliéner. Dans le cas contraire, il préférera sans doute tirer les conséquences indemnitaires de l'annulation. La situation a longtemps été plus délicate pour l'acquéreur évincé. L'annulation de la décision d'exercer le droit de préemption est, en effet, sans effet sur la validité du contrat conclu entre le vendeur et le titulaire du droit de préemption (CE 21 avr. 2000, *Sté Foncier Immobilier lyonnais*, n° 180325, *Lebon* T. 903 ; *BJDU* 2000. 183, concl. F. Lamy) et n'a pas, par elle-même, pour effet de mettre fin au droit de propriété de son titulaire sur le bien concerné (CE 17 mai 2006, *Cne Jonquières*, n° 281509, *Lebon* T. 734). Par ailleurs, le juge administratif se montrait plutôt rétif à enjoindre au titulaire du droit de préemption de saisir le juge judiciaire d'une action en nullité de la vente intervenue entre lui et le vendeur (CAA Bordeaux, 21 avr. 2005, *Cne Ledat*, req. n° 03BX02173, *Constr.-Urb.* 2005. 191, obs. P. Cornille). Et il n'était pas toujours certain qu'une telle action profite à l'acquéreur évincé. Enfin, la voie indemnitaire lui était largement fermée faute pour lui d'établir un préjudice significatif. Le juge administratif s'est donc engagé sur une autre voie visant à rétablir l'acquéreur évincé dans ses droits en tirant les conséquences du caractère rétroactif de l'annulation de la décision de préemption (CE, sect., 26 févr. 2003, *Bour*, n° 231558, *Lebon* 59 ; *BJDU* 2203. 106, concl. P. Fombeur ; *Defrénois* 2003. 1336, note J.-Ph. Meng ; *RD publ.* 2004. 380, note Ch. Guettier ; *RDI* 2003. 379, obs. P. S.-C. ; *JCP* A 2003. 1900, note Ph. Billet ; *AJDA* 2003. 14 avr. 2003. 729, chron. F. Donnat et D. Casas ; É. Fatôme, « Un arrêt d'un nouveau type : l'affaire *Bour*. Remarques sur les conséquences de l'annulation d'une préemption » ; *BJDU* 2003. 168 ; E. Carpentier, « Les conséquences de l'illégalité des préemptions », *BJCL* 2003. 710).

La jurisprudence *Bour* a été pour l'essentiel reprise par le législateur dans la cadre de la loi ALUR du 24 mars 2014 (v. H. Hicter, « Conséquences de l'annulation d'une décision de préemption et rétrocession », *JCP*-N 42/2014, n° 1308). Ainsi, il est désormais prévu, au nouvel article L. 213-11-1 du Code de l'urbanisme, qu'en cas d'annulation ou de déclaration d'illégalité d'une décision de préemption postérieurement au transfert de propriété au profit de la collectivité préemptrice, celle-ci doit en proposer la rétrocession à l'ancien propriétaire et, en cas de refus, à l'acquéreur évincé si son nom figurait dans la DIA. Cette proposition doit être faite à un prix visant à rétablir, sans enrichissement injustifié de l'une des parties, les conditions de la transaction à laquelle l'exercice du droit de préemption a fait obstacle (sur le calcul de ce juste prix, v. ci-dessous). Et le code précise encore qu'en cas de désaccord, le prix sera fixé par le juge de l'expropriation.

Quelques distances ont toutefois été prises avec la jurisprudence *Bour*. D'abord, la possibilité d'intervention du juge de l'expropriation en cas de difficulté concernant la fixation du prix est nouvelle. En amont de la saisine du juge, les principes dégagés par la jurisprudence postérieure à la jurisprudence *Bour* devraient continuer de s'appliquer. Ainsi, En application de la théorie de la restitution, ce prix est en principe celui mentionné dans la déclaration d'intention d'aliéner et non sa valeur vénale au moment de la restitution. Il doit toutefois être majoré du coût des travaux indispensables à la conservation du bien que la collectivité publique a supporté et de la variation de la valeur vénale du bien consécutive aux travaux utiles d'amélioration ou de démolition réalisés par elle à la suite de la préemption litigieuse. Et, de manière symétrique, il doit être diminué, en cas de dégradation du bien, des dépenses que l'acquéreur devrait exposer pour remettre le bien dans l'état dans lequel il se trouvait initialement. En revanche, il n'y a pas lieu de tenir compte, dans la fixation de ce prix, des facteurs étrangers à la consistance et à l'état du bien qui ont modifié sa valeur vénale, notamment la modification des règles d'urbanisme qui lui sont applicables et les évolutions du marché immobilier postérieures à la décision de préemption (CE 29 déc. 2004, *SCI Desjardins KB*, n° 259855 ; *Lebon* T. 839 ; *BJDU* 2005. 130, concl. Ch. Devys ; *RJEP/CJEG* 2005. 258, note A. C. ; *RDI* 2005. 107, obs. F. Donnat et C. Morel et 147, obs. P. S.-C. ; ; *AJDA* 2005. 342 et pour la liquidation de l'astreinte : CE 8 mars 2006, *SCI Desjardins KB*, n° 259855 ; CE, sect., 31 déc. 2008, *Aires et Dos Santos Maia*, n° 293853, *Lebon* 497 ; *RDI* 2009. 196, note P. S.-C. ; *BJDU* 2008. 440, concl. A. Courrèges ; *AJDA* 2009. 946, note E. Carpentier). 996

Moins flagrant peut-être, mais loin d'être anodin : l'acquéreur évincé ne peut plus prétendre au bénéfice de la rétrocession « post-annulation » que si son nom figurait dans la DIA. Cette restriction n'existait pas dans la jurisprudence *Bour*. Elle ne jouera du reste vraisemblablement que s'agissant des DIA adressées à l'administration postérieurement à la promulgation de la loi. Depuis lors, il appartient aux notaires de mettre les acquéreurs en garde contre cette restriction des garanties qui leur sont offertes : si leur nom ne figure pas dans la DIA, ils pourront certes agir en annulation contre la décision de préemption, mais ils ne pourront prétendre à la restitution du bien ; seule une action en responsabilité pour faute pourra être envisagée. 997

La situation de l'acquéreur évincé apparaît d'ailleurs d'autant plus fragilisée par le nouvel article L. 213-11-1 qu'il est désormais second dans l'ordre de rétrocession, alors que le considérant de principe de l'arrêt *Bour* le plaçait en tête. Cette inversion de l'ordre de rétrocession est toutefois relativement anecdotique, car il y a tout lieu de penser que la jurisprudence *Bour* n'était pas contraignante sur ce point. L'idée qui animait cette jurisprudence étant celle de la remise des choses en l'état dans lequel elles se seraient trouvées si la décision de préemption n'était pas intervenue, l'ordre de rétrocession pouvait donc varier selon les situations, et en particulier selon les droits que tenait encore (ou non) l'acquéreur évincé au moment de l'intervention de la décision de préemption. Désormais, les choses sont plus figées. La rétrocession sera toujours proposée en premier lieu au propriétaire initial et, s'il refuse, à l'acquéreur évincé (à qui le bien doit être proposé nonobstant la présence dans la promesse de vente d'une clause prévoyant une déchéance si son bénéficiaire n'a pas signé l'acte d'acquisition à la date fixée : CAA Paris 23 nov. 2006, *Ville Paris c/ Sté Acquisition Vente Immobilier*, n° 05PA04012, *Lebon* T. 1101 et 1114 ; *AJDA* 29 janv. 2007. 210, concl. B. Bachini ; *BJDU* 2006. 408, étude J. Morand-Deviller, « Le droit de préemption : transparence et cohérence »). Cet ordre nouveau tend à aligner le régime de cette rétrocession sur celui de la rétrocession « classique » de l'article L. 213-11. Cet alignement est d'autant plus net que s'agissant de la rétrocession post-annulation aussi, le législateur a prévu que la renonciation à la rétrocession n'interdit pas de saisir le tribunal de l'ordre judiciaire d'une action en dommages et intérêts contre le titulaire du droit de préemption, l'action étant ouverte devant le juge judiciaire pendant un délai de 5 ans suivant la décision de la juridiction administrative devenue définitive (C. urb, art. L. 213-12).

La renonciation à la rétrocession peut être matérialisée dans une transaction (CE 31 janv. 2007, *Cts Maia, SARL Maia*, préc.). Dans ce cas, le juge administratif ne peut connaître que de la légalité de l'acte détachable de la transaction (CE 17 mai 2006, *Cne Jonquières*, préc.).

■ 998 S'agissant des soustractions réalisées à la jurisprudence *Bour* (dont on ne trouve aucune explication dans les travaux préparatoires), on relève d'abord l'absence de réserve d'intérêt général. En effet, le protocole de restitution mis en place par l'arrêt *Bour* ne devait, selon le Conseil d'État, pas s'appliquer en cas d' « atteinte excessive à l'intérêt général appréciée au regard de l'ensemble des intérêts en présence ». Ainsi, la collectivité dont la décision de préemption a été annulée est, en toutes circonstances, tenue de proposer la rétrocession du bien, quand bien même le bien, dès avant l'annulation, serait devenu un ouvrage public, aurait servi de support à l'édification d'un tel ouvrage, ou aurait été affecté à un service public. C'est assez regrettable. Il n'est pas exclu que, pour éviter ce type de préjudice à l'intérêt public, le juge administratif « sauve » certaines décisions de préemption, en application de la jurisprudence *Danthony*, du moins lorsqu'elles seront simplement entachées d'un vice de forme ou de procédure (CE, ass., 23 déc. 2011, *Danthony*, n° 335033, concl. G. Dumortier, *RFDA* 2012, p. 284, suivies d'une note de P. Cassia ; *AJDA* 2012, p. 195, chron. X. Domino et A. Bretonneau).

Ensuite, le nouvel article L. 123-11-1 ne comporte pas d'interdiction formelle de revendre le bien. On peut toutefois certainement considérer que cette interdiction est implicite dans le dispositif législatif, puisque revendre le bien à un tiers reviendrait à méconnaître l'obligation d'en proposer la rétrocession à son ancien propriétaire et le cas échéant à l'acquéreur évincé, et qu'une telle vente sera nécessairement entachée d'illégalité. Il n'en ira pas forcément de même dans le cas où la revente du bien à un tiers aura eu lieu antérieurement à l'annulation de la décision de préemption. Cette hypothèse, peu souhaitable pour celui qui obtient l'annulation de la décision de préemption, était également réservée par la jurisprudence *Bour* et n'est toujours pas réglée par le législateur.

■ 999 *Les conséquences de l'annulation de la préemption sur la revente du bien préempté*. Les voies ouvertes par l'arrêt Bour et par l'article L. 213-11-1 du Code de l'urbanisme se ferment lorsque le bien préempté a fait l'objet d'une revente à un tiers. Le juge administratif considère, en effet, que l'annulation de la décision de préemption n'entraîne pas par voie de conséquence l'annulation la décision de revendre le bien préempté. Selon le Conseil d'État, en effet, « les décisions par lesquelles une commune préempte un bien puis le revend, entre lesquelles s'interpose un acte authentique opérant le transfert de propriété, dont la nullité ne peut être constatée que par le juge du contrat, ne forment pas entre elles un ensemble indissociable qui justifierait que l'annulation de la première entraîne par voie de conséquence l'annulation de la seconde » (CE 26 nov. 2001, *Cne Teste-de-Buch*, n° 222211, *Lebon* 583 ; *BJCP* 2002, n° 22, p. 209, concl. contraires S. Boissard ; *Defrénois* 2002. 37618, obs. S. Pérignon ; *RDI* 2002. 162, obs. P. S.-C. Rapp. CE 6 avr. 2007, *Blondeau,* n° 266913 ; CE 31 janv. 2007, *Cts Maia, SARL Maia*, n° 277715, préc.). Il en résulte que lorsque le bien a été cédé, le juge administratif ne peut prescrire, consécutivement à l'annulation de la préemption, de mesures tendant à la remise en cause de cette cession. De telles mesures ne sauraient être regardées comme étant au nombre de celles qu'implique l'annulation de la décision de préemption (CE, sect., 26 févr. 2003, *Bour*, préc. ; pour un point de vue critique : Chron. F. Donnat et D. Casas, *AJDA* 2003. 729 ; J. Morand-Deviller, « Le droit de préemption : transparence et cohérence », *BJDU* 2006. 405). Elles se rattacheraient, en effet, à un litige distinct relevant de la compétence du seul juge judiciaire.

Le juge judiciaire semble, pourtant, enclin à tirer systématiquement les conséquences plus radicales de l'annulation de la préemption. En effet, dès lors que l'annulation a été préalablement prononcée par le juge administratif, la nullité de la vente au profit de la collectivité préemptrice est prononcée de manière pratiquement automatique par son homologue judiciaire (Civ. 3e, 21 oct. 2009, n° 08-11.162, *Cne Hermanville-sur-Mer, Bull. civ.* III, n° 232). Celui-ci admet même que l'acquéreur évincé a intérêt à agir en nullité contre la vente intervenue entre le titulaire du droit de préemption et le vendeur alors même qu'il s'agit d'une nullité relative (Civ. 3e, 20 nov. 2002, *Cne Courseulles-sur-Merc, Bull. civ.* III, n° 234 ; *Constr.-Urb.* 2003. 137, obs. Ph. Benoît-Cattin ; v. cependant, CA Angers, 1er avr. 2003, *Dubois c/ Ville Angers, Constr.-Urb.* 2004, n° 14, obs. P. Cornille ; Civ. 3e, 22 juin 2005, n° 03-20.473 ; *Defrénois* 2005. 38264, note J.-Ph. Meng). Il considère, en outre, que du fait du caractère rétroactif de l'annulation, la condition suspensive relative au non exercice du droit de préemption stipulée dans le compromis ne peut être considérée comme ayant défailli. Par voie de conséquence, l'acquéreur évincé est en droit de demander au tribunal de le déclarer propriétaire du bien à défaut pour le vendeur de réitérer par acte authentique la vente initialement conclue (Civ. 3e, 22 juin 2005, *SARL Sud Immobilier c/ Lasmarrrigues*, n° 03-20.473, *BJDU* 2005. 295, obs. F. Nesi ; *Defrénois* 2005. 1708, obs. J.-Ph. Meng ; H. Kenfack, « Conséquence de l'annulation de la décision de préemption et condition suspensive », *JCP* N 2005. 1468), à condition toutefois que le délai d'option fixé par la promesse de vente n'ait pas été écoulé à la date de la décision de préemption (Civ. 3e, 22 sept. 2010, n° 09-14.817, *Hassouni*).

Il reste à savoir ce que sera la position du juge judiciaire saisi d'une demande d'annulation de la revente par la collectivité du bien préempté. On peut penser que la théorie de l'apparence constitue la limite au caractère rétroactif de l'annulation du droit de préemption dont il ne faut certainement pas avoir une conception dogmatique. Cela étant, cet effet attaché à l'annulation a déjà été jugé de nature à entraîner rétroactivement l'anéantissement de tous les actes de disposition accomplis par le titulaire du droit de préemption (CA Caen, 1re ch. civ., 13 nov. 2007, n° 06/2098). Mais cet arrêt a été cassé au motif « qu'en statuant ainsi (et en s'appuyant sur un balance des intérêts légitimes en présence), la cour d'appel, qui a fait application des dispositions de l'article L. 911-1 du Code de justice administrative qui régissent la demande, faite au juge administratif, de prescrire les mesures d'exécution qu'implique nécessairement la décision d'annulation d'une décision de préemption, a violé les textes susvisés (établissant la séparation des autorités administrative et judiciaire) » (Civ. 3e, 21 oct. 2009, n° 08-11.162, *Cne Hermanvilless-sur-Mer, JCP* A 2010. 2052, note D. Dutrieux ; CA Grenoble, 1re ch. civ., 25 avr. 1995, n° 932609).

Compte tenu du risque que l'annulation de la décision reste dépourvue de conséquences, si la colectivité revend le bien avant que le juge administratif n'ait statué, il peut être particulièrement opportun d'obtenir, préalablement à l'annulation, la suspension des effets de la décision de préemption et, du même coup, le prononcé d'une interdiction de revendre le bien.

§ 2 La mise en œuvre des procédures d'urgence

■ 1000 L'instauration d'un référé-suspension (CJA, art. L. 521-1) (A) et d'un référé-liberté (C. urb., art. L. 521-2) (B) a contribué à renforcer de manière substantielle l'efficacité du recours pour excès de pouvoir dirigé contre une décision de préemption. On mesurera le chemin parcouru en rappelant que le sursis à exécution dirigé contre une décision de préemption était autrefois jugé irrecevable.

A. Le référé-suspension

■ 1001 Aux termes de l'article L. 521-1 du Code de justice administrative : « Quand une décision administrative, même de rejet, fait l'objet d'une requête en annulation ou en réformation, le juge des référés, saisi d'une demande en ce sens, peut ordonner la suspension de l'exécution de cette décision, ou de certains de ses effets, lorsque l'urgence le justifie et qu'il est fait état d'un moyen propre à créer, en l'état de l'instruction, un doute sérieux quant à la légalité de la décision. Lorsque la suspension est prononcée, il est statué sur la requête en annulation ou en réformation de la décision dans les meilleurs délais. La suspension prend fin au plus tard lorsqu'il est statué sur la requête en annulation ou en réformation de la décision ». Il en résulte que le prononcé de la suspension de l'exécution d'un acte administratif est subordonné à la réunion de deux conditions.

■ 1002 *Condition d'urgence.* D'une manière générale, il appartient au juge des référés d'apprécier si les effets de la décision dont la suspension est demandée sont de nature à caractériser une urgence justifiant que son exécution soit suspendue (CE, sect., 28 févr. 2001, *Préfet des Alpes-Maritimes et Sté Sud-Est Assainissement, Lebon* 109). Concernant en particulier la décision de préemption, eu égard à son objet et à ses effets vis-à-vis de l'acquéreur évincé, la condition d'urgence est en principe constatée lorsque celui-ci en demande la suspension (CE 23 juill. 2003, *Sté Atlantique terrains*, préc. ; CE 26 janv. 2005, *SCI Chopin-Leturc*, n° 272126 et 272127, *Constr.-Urb.* 2005. 96, obs. P. Cornille ; CE 23 nov. 2005, *Cne Pont-de-L'Arche*, n° 280574 ; CE 23 juin 2006, *Sté Actilor*, préc.). Il en va ainsi alors même que le vendeur a renoncé à l'aliénation, car – on y reviendra – une mesure de suspension a ne fait pas seulement obstacle à la prise de possession et au transfert de propriété du bien préempté au profit du titulaire du droit de préemption ; elle autorise en principe également les signataires de la promesse de vente à mener la vente à son terme, sauf si le juge des référés, faisant usage du pouvoir qui est le sien de ne suspendre que l'un ou l'autre des effets de l'acte de préemption, décide de limiter la suspension à la première des deux catégories d'effets (CE 25 juill. 2013, *Commune d'Annonay*, n° 366071). Dans ces conditions, la renonciation à la vente empêche sans doute que le titulaire du droit de préemption poursuive l'acquisition à son profit. Mais le maintien de la préemption dans l'ordonnancement juridique continue à faire obstacle à la signature des actes de vente en exécution de la promesse signée entre le vendeur et l'acquéreur (CE 23 juill. 2003, *Sté Atlantique terrains*, préc. ; CE 17 nov. 2004, *Vincent*, n° 2691410, *Constr.-Urb.* 2005. 69, obs. Ph. Benoit-Cattin ; *RDI* 2005. 148, obs. P. S.-C. ; CE 12 nov. 2007, *Sté Globe invest*, n° 295798, *Constr.-Urb.* 2008. 12, obs. P. Cornille ; *BJDU* 2007. 442, concl. Y. Aguila ; *RDI* 2008. 167, obs. P. S.-C.). En revanche, l'urgence n'est pas retenue lorsque l'acquéreur est entré en possession du bien (CE 27 avr. 2011, *SARL LB Prestations de services*, n° 342329, *Lebon* T. à paraître ; *BJDU* 2011. 220, concl. C. Landais ; *RDI* 2011. 413, obs. P. S.-C.).

Concernant le recours du vendeur, la condition d'urgence est également réalisée puisque le titulaire du droit de préemption est en mesure de procéder rapidement au transfert de propriété (CE 27 août 2001, *Cne Megève*, n° 235864). Et elle l'est d'autant plus qu'il justifiera d'un besoin rapide de fonds (CE 14 nov. 2003, *Colladant*, n° 258848, *Lebon* T. 924 ; *Constr.-Urb.* 2004. 89, obs. N. Rousseau ; *RDI* 2004. 215, obs. P. S.-C. ; *JCP* A 2004. 1105, obs. Ph. Billet ; CE 22 avr. 2005, *Ville Choisy-le-Roi*, préc.) ou de la nécessité de se reloger (CE 9 juill. 2003, *Guillet*, n° 256205). 1003 ■

Urgence et effet utile de la suspension. La condition d'urgence implique que la demande de suspension doit être rejetée lorsque l'acte administratif a épuisé tous ses effets. Il faut, en effet, que la suspension conserve un effet utile. Concernant la décision de préemption, tel est le cas alors même que la propriété du bien préempté a été transférée à la personne publique par acte authentique et le prix payé et tant du moins que la personne publique n'a pas cédé elle-même le bien (CE 23 juin 2006, *Sté Actilor*, n° 289549, *Lebon* 304 ; *BJDU* 2006. 358, concl. C. Devys ; *AJDA* 2006. 2026, note R. Graëffly ; *RDI* 2006. 398, obs. P.S.-C. ; *AJDI* 2007. 150, obs. J.-F. Struillou ; CE 18 juill. 2006, *Bessac*, n° 291569, *Lebon* T. 1012 ; *BJDU* 2006. 382, concl. J.-H. Stahl ; *RDI* 2006. 398, obs. P. S.-C. ; CE 18 juin 2007, *Aouizerate et Cne Antibes*, n° 300320, *Constr.-Urb.* 2007. 151, obs. P. Cornille ; CE 21 mai 2008, *Sté EPM*, n° 310951, *Lebon* 961 ; *BJDU* 2008. 108, concl. A. Courrèges). En effet, la suspension d'une décision de préemption ne présente pas seulement l'intérêt de permettre de faire obstacle à la prise de possession du bien par la collectivité publique titulaire du droit de préemption. Elle peut encore consister, lorsque le transfert de propriété a été opéré à la date à laquelle le juge statue, à empêcher que l'usage ou la disposition que l'administration pourrait faire de ce bien avant qu'il soit statué sur le litige au fond rendent irréversible la décision de préemption. De même, la circonstance qu'un accord amiable est intervenu entre le titulaire du droit de préemption et le vendeur n'épuise pas nécessairement les effets de la décision de préemption, au moins lorsque le prix et les conditions indiquées dans la DIA n'ont pas été acceptés et que ce n'est qu'ultérieurement que les parties se sont mises d'accord sur le prix de vente. Dans ce cas, en effet, la suspension conserve un effet utile car la vente se situe dans la continuité de la procédure de préemption (CE 23 juill. 2003, *Sté Atlantique terrains*, n° 254837, *Lebon* T. 915 ; *Constr.-Urb.* 2004. 13, obs. Ph. Benoit-Cattin ; *BJDU* 2004. 422, concl. P. Fombeur ; *Defrénois* 2004. 671, note J.-Ph. Meng). La solution ne serait peut-être pas 1004 ■

la même lorsque, dès l'origine, la préemption a été exercée aux prix et conditions de la DIA (sur cette question, v. note J.-Ph. Meng, préc., p. 675).

L'urgence est aussi retenue alors même que la promesse de vente comporte une clause de caducité au cas où le bénéficiaire du droit de préemption déciderait de l'exercer aux prix et conditions fixés dans cet acte (CE 13 nov. 2002, *Hourdin*, n° 248851, *Lebon* 396 ; *Coll. terr.* 2003. 38, obs. Th. Célérier ; *Constr.-Urb.* 2003. 108, obs. P. Cornille ; *RDI* 2003. 205, obs. P. S.-C. ; *BJDU* 2002. 460, concl. J.-H. Stahl ; CE 22 avr. 2005, *Ville Choisy-le-Roi*, n° 274054, *Constr.-Urb.* 2005. 141, obs. Ph. Benoit-Cattin ; *BJDU* 2005. 424, concl. J.-H. Stahl) ou qu'elle a fixé une date pour la réitération par acte authentique et que cette date était échue avant même la notification de la décision de préemption. En effet, cet élément ne fait pas obstacle à ce que, d'un commun accord, les parties donnent suite aux engagements contenus dans la promesse au-delà du délai prévu (CE 31 mai 2007, *SCI Russie*, n° 298545, *Lebon* T. p. 1011 ; *RDI* 2007. 366, obs P. S.-C.). La condition d'urgence est enfin retenue dans le cas où la promesse comporte une condition suspensive tenant à l'acceptation préalable par un tiers du projet de l'acquéreur (CE 14 nov. 2003, *Sté G4 Investissements*, n° 258384, *Constr.-Urb.* 2004. 89, obs. N. Rousseau ; *RDI* 2004. 215, obs. P.S-C).

En revanche, la condition n'est pas établie lorsque, faute d'indication sur le prix auquel la commune envisage d'acquérir, la décision de préemption ne peut avoir pour effet de s'opposer à ce que le compromis de vente soit mis à exécution (CE 16 mai 2001, *Cne Saint-Sulliac*, n° 229739, *Lebon* p. 240 ; *Coll. terr.* 2001. 234, obs. Th. Célérier ; *BJDU* 2001. 196, concl. P. Fombeur ; *RDI* 2001. 402, obs. L. Derepas ; CE 9 avr. 2004, *SCI Abimar*, n° 262660, *Constr.-Urb.* 2004. 147, obs. Ph. Benoit-Cattin ; *BJDU* 2004. 305, concl. Ch. Devys). Il en va de même lorsque la décision de préemption a été notifiée tardivement (CE 9 avr. 2004, *SCI Abimar*, préc.) ou alors qu'elle n'était pas exécutoire (CE 15 mai 2002, *Ville Paris c/ Assoc. cultuelle des Témoins de Jéhovah*, n° 230015, *Defrénois* 2003. 934, note S. Pérignon ; *BJDU* 2202. 290, concl. P. Fombeur et obs. E. Fatôme ; Civ. 3ᵉ, 8 juin 2006, n° M04-18.472).

1005 *Urgence et balance des intérêts*. La suspension d'un acte administratif demeure pour le juge des référés une simple faculté (CE, sect., 16 avr. 2012, *Commune de Conflans-Sainte-Honorine*, n° 355792, *AJDA* 2012. 943). Il en résulte que dans l'appréciation de l'urgence, il doit procéder à une appréciation globale de l'ensemble des circonstances de l'espèce qui lui est soumise. Ainsi, la suspension ne sera pas prononcée lorsque le titulaire du droit de préemption justifie de circonstances particulières tenant, par exemple à l'intérêt s'attachant à la réalisation rapide du projet qui a donné lieu à l'exercice du droit de préemption (CE 13 nov. 2002, *Hourdin*, préc. ; CE 23 juill. 2003, *Sté Atlantique terrains*, préc. ; CE 14 nov. 2003, *Sté G4 Investissements*, préc. ; CE 26 janv. 2005, *Clech*, n° 273955, *Constr.-Urb.* 2005. 95, obs. P. Cornille ; CE 23 nov. 2005, *Cne Pont-de-L'Arche*, préc. ; CE 23 juin 2006, *Sté Actilor*, préc. ; B. Caviglioli, « Le recours au bilan dans l'appréciation de l'urgence », *AJDA* 2003. 642). Une telle obligation pèse sur lui, même lorsque la préemption a été effectuée à un prix inférieur à celui indiqué dans la déclaration d'intention d'aliéner (CE 14 nov. 2003, *Colladant*, préc.). Elle lui impose de ne pas rejeter la demande de suspension en se fondant sur le défaut d'urgence comme l'y autorise l'article L. 522-3 du Code de justice administrative sans avoir mis le titulaire du droit de préemption en mesure de se prononcer sur l'urgence (CE 26 janv. 2005, *Clech*, préc.).

Doute sérieux. C'est la seconde condition au prononcé de la suspension. Lorsqu'il rejette une demande de suspension au motif qu'il n'est pas fait état d'un moyen propre à créer un doute sérieux quant à la légalité de la décision, le juge des référés se doit d'analyser, soit dans les visas de son ordonnance, soit dans les motifs de celle-ci, les moyens développés au soutien de la demande de suspension afin de mettre le juge de cassation en mesure d'exercer son contrôle (CE 26 janv. 2005, *SCI Chopin-Leturc*, préc.). 1006 ■

Effets de la suspension. Lorsque les conditions requises par l'article L. 521-1 du Code de justice administrative sont réunies, le juge des référés peut ordonner la suspension de l'exécution de la décision ou de certains de ses effets seulement. Si la suspension intervient avant le transfert de propriété au profit de la collectivité elle a en principe un double effet : d'une part, elle fait obstacle à la prise de possession et au transfert de propriété du bien préempté au profit du titulaire du droit de préemption ; d'autre part, elle permet aux signataires de la promesse de vente de mener la vente à son terme. Mais le juge peut aussi décider de ne suspendre que certains des effets de l'acte de préemption, et ainsi par exemple se limiter à paralyser la poursuite de l'appropriation du bien par le titulaire du droit de préemption tout en interdisant aux parties d'origine de régulariser la vente entre elles (CE 23 juill. 2003, *Sté Atlantique terrains*, préc. ; CE 25 juill. 2013, *Commune d'Annonay*, n° 366071, *LPA* 21 mars 2014, n° 58, p. 5). Lorsque la suspension intervient postérieurement au transfert de propriété à la collectivité, la suspension permet d'empêcher que l'usage ou la disposition que l'administration pourrait faire de ce bien avant qu'il soit statué sur le litige au fond rendent irréversible la décision de préemption. La suspension paralyse, en quelque sorte, le droit de propriété de la collectivité. 1007 ■

B. Le référé-liberté

Aux termes de l'article L. 521-2 du Code de justice administrative, « saisi d'une demande en ce sens justifiée par l'urgence, le juge des référés peut ordonner toutes mesures nécessaires à la sauvegarde d'une liberté fondamentale à laquelle une personne morale de droit public ou un organisme de droit privé chargé de la gestion d'un service public aurait porté, dans l'exercice d'un de ses pouvoirs, une atteinte grave et manifestement illégale. Le juge des référés se prononce dans un délai de 48 heures ». La décision de préemption peut ainsi faire l'objet d'un référé-liberté mais dans des conditions relativement restrictives. En effet, sans contester à la liberté contractuelle son caractère de liberté fondamentale (CE 27 avr. 1998, *Cornette de Saint Cyr*, *Lebon* p. 178 ; CE, ord., 8 août 2002, *Herminio Da Costa*, *RDI* 2002. 555, obs. P. S.-C.), le juge des référés fait valoir que pour apprécier le degré de gravité de l'atteinte qui lui est apportée par la décision de préemption, il y a lieu de prendre en compte les limitations de portée générale qui ont été introduites par la législation pour permettre certaines interventions jugées nécessaires de la puissance publique dans les relations entre les particuliers. Tel est le cas, notamment en matière d'urbanisme, de la possibilité reconnue par la loi aux personnes publiques de disposer dans certaines zones d'un droit d'acquisition prioritaire d'un bien librement mis en vente par son propriétaire. Dans ces conditions, l'exercice du droit de préemption n'est pas, par nature, attentatoire à une liberté fondamentale dès lors que, d'une part, il n'affecte pas la décision du propriétaire de mettre en vente son bien, qui relève de sa seule volonté, et que, d'autre part, il ne s'agit que de la mise en œuvre d'une 1008 ■

prérogative instituée par la loi dans l'intérêt général. C'est donc l'illégalité affectant la préemption qui sera susceptible de caractériser la gravité de l'atteinte à la liberté contractuelle. À cet égard, la suspension sera prononcée au regard du rapport direct existant entre l'illégalité relevée et la gravité de ses effets au regard de l'exercice de la liberté fondamentale en cause (CE 12 nov. 2001, *Cne Montreuil-Bellay*, n° 239840, *Lebon* 551 ; *Defrénois* 2002. 558, note Ph. Benoît-Cattin). Un refus de rétrocession peut également donner lieu à un référé-liberté (TA Nice, ord., 22 janv. 2004, *Pesce*, *AJDA* 2004. 1383, note S. Pérignon).

§ 3 Le contentieux de la responsabilité

1009 L'exercice de la préemption est susceptible d'engager la responsabilité de son auteur vis-à-vis tant du vendeur que de l'acquéreur lorsqu'il est par exemple titulaire d'une autorisation d'urbanisme (CAA Bordeaux, 24 avr. 2006, *SA Ranchere*, n° 02BX02280, *Constr.-Urb.* 2006. 183, obs. P. Cornille). L'agent immobilier pourrait aussi dans certains cas prétendre à indemnisation du fait de la perte de sa commission (CAA Paris, 27 mars 1997, *Meirose*, n° 95-1562 *BJDU* 1997. 230 ; CAA Nantes, 26 avr. 2000, *Sté Boutin Marine*, req. n°s 98NT00038 et 98NT00117 ; TA Montpellier 23 janv. 2001, *Sté Triel Immobilier*, *Constr.-Urb.* 2001. 129, obs. Ph. Benoit-Cattin). Le juge applique à la matière les mécanismes classiques de la responsabilité administrative, fait générateur (A), préjudice (B) et lien de causalité (C).

A. Le fait générateur

1010 Le fait générateur de la responsabilité peut d'abord être constitué par la faute résultant de l'illégalité au fond commise par l'administration (CE 19 févr. 1997, *Cne Pré-Saint-Gervais*, *Lebon* 53 ; CAA Paris, ass. plén., 12 févr. 1998, *Cne Plaisir*, *Lebon* 568 ; *RFDA* 1998. 1175, concl. E. Corouge). Aussi, très classiquement, lorsque la décision de préemption a été annulée pour un vice de forme ou de procédure, le juge ne condamne l'administration à réparer le préjudice que si son auteur n'est pas en mesure de démontrer que la décision était justifiée au fond (CE 19 juin 1981, *Carliez*, *Lebon* 274 ; CE 30 juill. 1997, *Cne Montreuil-sous-Bois c/ Breuille*, *Lebon* 309, concl. Ch. Maugüé ; *BJDU* 1997. 438, concl. ; CE 21 mars 2008, *Sté Terres et Demeures*, n° 279074, *Constr.-Urb.* 2008. 83, obs. O. Chambord ; TA Montpellier, 23 janv. 2001, *Sté Triel Immobilier*, préc.). De manière remarquable cependant, ce principe a pu être écarté lorsque la décision de préemption a permis la revente de l'immeuble préempté, ôtant au titulaire du droit de préemption la faculté de prendre une nouvelle décision et privant les requérants de la possibilité d'acquérir le bien illégalement préempté (CAA Paris, 3 févr. 2004, *Épx. Bour c/ Cne Clairefontaine-en-Yvelines*, n° 00PA02593, *Constr.-Urb.* 2004. 112, obs. Ph. Benoit-Cattin).

Au-delà du cas classique de la préemption illégale, l'annonce intempestive d'une intention de préemption qui ne pouvait être exercée légalement est également de nature à constituer une faute génératrice de responsabilité (CE 8 juin 1996, *Fond. des orphelins apprentis d'Auteuil*, *Lebon* 374 ; rapp. CE 14 juin 1999, *Cne Montreuil-sous-Bois*, *BJDU* 1999. 287 : retrait de l'offre de vente à la suite d'une préemption et dépôt d'une nouvelle DIA à un prix inférieur).

La responsabilité de l'administration est enfin susceptible d'être engagée lorsque la procédure de préemption n'a pas abouti par suite de la renonciation de son titulaire à acquérir le bien mais a néanmoins empêché la réalisation de la vente projetée. Le fait générateur de la responsabilité peut alors être la faute commise par l'administration lorsque la préemption est illégale (CE 15 mai 2006, *Cne Fayet*, n° 266495, *Lebon* 250 ; *BJDU* 2006. 267, concl. J.-H. Stahl ; *AJDA* 27 nov. 2006. 2240, note B. Jorion et, dans la même affaire, CE 8 oct. 2008 *Cne Fayet*, n° 301743 ; CE 10 mars 2010, *SCIGFM*, n° 323543, *Lebon* T. p. 1015 et 1023 ; *JCP* A 2010. 2206, note D. Dutrieux ; *RDI* 2010. 461, obs. P. S.-C. ; CAA Lyon, 28 juill. 2003, *X*, n° 98LY01668, *Constr.-Urb.* 2003. 258, obs. D. Dutrieux). Mais le régime de la responsabilité sans faute est également susceptible d'être retenu lorsque, du fait de la renonciation, le vendeur subit un préjudice anormal et spécial (CAA Bordeaux, 29 mai 1995, *Dufaut*, n° 94BX00700 ; TA Strasbourg, 20 déc. 1996, *Sté Slora c/ Ville Forbach*, n° 94578).

Le retard à payer le prix du bien préempté engage également la responsabilité de la collectivité (CAA Paris, 15 mars 1994, *Delvas*, n° 95PA00822 ; J.-L. Bourgois, « La responsabilité de l'administration pour retard ou défaut de paiement du prix d'acquisition d'un bien dans l'hypothèse d'une préemption administrative », *JCP* N 1997. 597) mais normalement devant le seul juge judiciaire (T. confl. 9 déc. 1996, *Duhamel c/ Ville Douai*, n° 02994, *CJEG* 1997. 147, note O. Renard-Payen ; *BJDU* 1997. 197, concl. R. Abraham ; CE 21 avr. 2000, *Sté Foncier Lyonnais*, n° 180325, *Lebon* T. 903 ; *BJDU* 2000. 183, concl. F. Lamy),.

B. Le préjudice

L'indemnisation est évidemment subordonnée à la démonstration du caractère certain du préjudice. L'appréciation de ces conditions peut être comme souvent délicate. 1011 ■

À défaut de préjudice, aucune indemnisation ne peut être accordée et ce, même si la victime invoque la violation du protocole additionnel à la Convention européenne de sauvegarde des droits de l'homme protégeant le droit de propriété (CE 8 déc. 2000, *Melrone*, n° 188046).

Lorsque la vente a été réalisée au profit du titulaire du droit de préemption à un prix inférieur à celui indiqué dans la DIA, le préjudice consiste dans la différence entre le prix convenu entre les parties et celui proposé par la collectivité ou fixé par le juge de l'expropriation (CE 30 juill. 1997, *Cne Montreuil-sous-Bois*, n° 160968, *Lebon* 309 ; *BJDU* 1997. 438, concl. Ch. Maugüé ; CE 14 juin 1999, *Cne Montreuil-sous-Bois*, n° 171231, *Lebon* T. 936 ; CAA Paris, 20 nov. 1995, *SARL CMED*, n° 94PA00368 ; CAA Paris, 21 janv. 1997, *Michel*, n° 95PA00097 ; CAA Paris, ass. plén., 12 févr. 1998, *Cne Plaisir*, n° 97PA00578, *Lebon* 568 ; CAA Paris, ass. plén., 15 déc. 1999, *Maranne*, n° 96PA02393, *Lebon* 543 ; *BJDU* 2000. 56, concl. J.-Y. Barbillon ; CAA Lyon, 28 juill. 2003, *X*, n° 98LY01668, préc.).

Dans le cas où le titulaire du droit de préemption a finalement renoncé à l'acquisition, sa responsabilité est susceptible d'être engagée dès lors que le bien n'aura pu être ultérieurement vendu qu'à un prix inférieur à celui indiqué dans la DIA. Dans ce cas, un premier chef de préjudice consiste dans la différence entre le prix figurant dans la promesse de vente et la valeur vénale du bien à la date de la décision de renonciation. Il est indemnisé si le vendeur qui a retrouvé la libre disposition de son bien après que la renonciation à la préemption établit qu'il a été définitivement privé, du fait de la décision illégale de préemption, de la possibilité de retirer d'une vente ultérieure une somme au moins égale à celle escomptée dans le compromis signé avec le premier acquéreur pressenti (CE 10 mars 2010, *SCI GFM*, n° 323543, *Lebon* T. à paraître). Pour l'évaluation de ce préjudice, le prix de vente effectif peut être regardé comme exprimant cette valeur vénale si un délai raisonnable sépare la vente de la renonciation, eu égard aux diligences effectuées par le vendeur, et sous réserve que ce prix de vente ne s'écarte pas anormalement de cette valeur vénale. Mais lorsque la vente a eu lieu dans un délai ne correspondant pas aux diligences attendues d'un propriétaire désireux de vendre rapidement son bien, quelles qu'en soient les raisons, le terme à prendre en compte pour l'évaluation de ce préjudice doit être fixé à la date de la décision de renonciation (CE 15 mai 2006 et 8 oct. 2008, *Cne Fayet*, n° 266495 et n° 301743, préc.). Le juge indemnise, en outre, un second chef de préjudice résultant de l'impossibilité dans laquelle le propriétaire s'est trouvé de disposer du prix figurant dans la promesse de vente. Il l'évalue en tenant compte de la période entre la date de cession du bien telle que prévue et la date de vente effective (CE 15 mai 2006 et 8 oct. 2008, *Cne Fayet*, n° 266495 et n° 301743, préc.). Néanmoins, le vendeur n'est indemnisé que si les termes de la promesse de vente initiale, et notamment ses conditions suspensives, faisaient apparaître que la réalisation de cette vente était suffisamment probable (CE 15 mai 2006 et 8 oct. 2008, *Cne Fayet*, n° 266495 et n° 301743, préc. ; CE 10 mars 2010, *SCI GFM*, n° 323543, préc.).

C. Le lien de causalité

1012 L'application de ces principes est à combiner avec les exigences relatives au caractère direct de la causalité entre le préjudice et le fait générateur de la responsabilité (CE 21 juin 2006, *Gantois*, n° 278118, *BJDU* 2006. 284, concl. J.-H. Stahl). Ainsi, le préjudice subi par le vendeur n'est indemnisé que s'il bénéficiait d'un engagement exprès d'acquisition du bien aux prix et conditions mentionnés dans la déclaration d'intention d'aliéner ou encore, si les termes de la promesse de vente initiale faisaient apparaître que la réalisation de la vente était probable (CE 15 mai 2006, *Cne Fayet*, n° 266495). Ce n'est pas le cas d'une promesse de vente assortie de conditions suspensives de nature à en empêcher la réalisation (CE 21 avr. 2000, *Sté Foncier Immobilier Lyonnais*, n° 180325, *Lebon* T. 903 ; *BJDU* 2000. 183, concl. F. Lamy) ou d'un compromis devenu caduc (CAA Bordeaux, 10 mars 2005, *Simouneau*, *Constr.-Urb.* 2005, n° 139, obs. N. Rousseau). Par ailleurs, dans le cas particulier où la collectivité a renoncé à mener la préemption à son terme, le préjudice résulte, ainsi qu'il a été exposé, de la différence entre le prix convenu entre les parties et la valeur vénale du bien à la date de la décision de renonciation. Pour l'évaluation de ce préjudice, le prix de vente effectif est regardé comme exprimant la valeur vénale si un délai raisonnable sépare la vente de la renonciation, eu égard aux diligences effectuées par le vendeur et sous réserve que ce prix de vente ne s'écarte pas anormalement de cette valeur vénale. Concernant le chef de préjudice distinct résultant de l'indisponibilité pour le vendeur du prix figurant dans la promesse, il est déterminé en fonction de la période qui s'est écoulée entre la date de cession prévue par la promesse et la date de vente effective, dès lors que cette dernière a eu lieu dans un délai raisonnable après la renonciation de la collectivité. En revanche, lorsque la vente est intervenue dans un délai ne correspondant pas aux diligences attendues d'un propriétaire désireux de vendre rapidement son bien, quelles qu'en soient les raisons, le terme à prendre en compte pour l'évaluation de ce préjudice doit être fixé à la date de la décision de renonciation (CE 15 mai 2006, *Cne Fayet*, préc.). Ce n'est que l'application d'un raisonnement classique tenant aux effets du temps qui passe sur l'établissement du lien de causalité.

Compléments pédagogiques

Mémo

Le droit de l'urbanisme ne se limite pas à être une police des sols. Il est aussi un droit de l'aménagement, c'est-à-dire de l'opération consistant à produire du terrain à bâtir et plus généralement, se rattachant à la poursuite de l'un des objectifs énumérés par l'article L. 300-1 du Code de l'urbanisme. À cette fin, la collectivité publique peut être amenée à acquérir la maîtrise foncière de terrains nécessaires à la réalisation des opérations qu'elle projette. C'est la fonction des droits de préemption que de le lui permettre, à côté du recours à l'expropriation. Leur exercice met la collectivité publique en mesure d'acquérir un bien immobilier en se substituant à l'acquéreur à l'occasion d'une aliénation portant sur ledit bien et ce, afin de l'utiliser pour la mise en œuvre de sa politique d'aménagement. Le droit de préemption a d'abord été institué à l'intérieur des zones à urbaniser par priorité en 1958, puis a été élargi aux zones d'aménagement différé (ZAD) à partir de 1962. Il a ensuite été généralisé dans les communes dotées d'un POS après 1975. Et le législateur ne cesse de créer de nouveaux droits de préemption (droit de préemption dans les espaces naturels sensibles (ENS) ou droit de préemption « commercial » par exemple). L'étude des droits de préemption doit ainsi être placée sous le signe d'une double extension résultant à la fois de leur multiplication et de l'élargissement de leur champ d'application tant en ce qui concerne les mutations concernées que les biens visés. La loi ALUR de 2004 a été particulièrement significative de ce second point de vue.

Pour cette raison et pour l'atteinte que son exercice porte à la liberté contractuelle, le juge administratif contrôle étroitement le respect de l'exigence légale de motivation de la décision de préemption en même temps que la légalité de ses motifs ainsi que la réalité du projet de nature à la justifier. Il s'agit d'éviter que le droit de préemption ne soit utilisé pour simplement saisir une opportunité foncière.

L'efficacité de l'intervention du juge administratif a été considérablement améliorée dans la période récente par l'effet de l'usage du référé dans la mesure où le prononcé de la suspension interdit la réalisation du transfert de propriété au profit du titulaire du droit de préemption ou, s'il a eu lieu, le revente du bien préempté à un tiers. Mais le juge administratif s'est également attaché à assurer l'effectivité de l'annulation de la décision de préemption en imposant à son titulaire qu'il prenne toute mesure afin de mettre fin aux effets de la décision annulée, sous réserve toutefois qu'il n'en résulte pas une atteinte excessive à l'intérêt général appréciée au regard de l'ensemble des intérêts en présence. En revanche, le juge administratif considère que l'annulation de la décision de préemption n'entraîne pas par voie de conséquence l'annulation de la décision de revendre le bien préempté. Il ne peut donc prescrire de mesures tendant à la remise en cause de la cession à un tiers du bien préempté. On rencontre ici la limite d'un contrôle du juge qui ne manque pas par ailleurs d'efficacité.

Quid

■ Consignation n° 979

En cas de fixation judiciaire du prix de l'immeuble préempté, le titulaire du droit de préemption doit consigner une somme égale à 15 % de l'évaluation faite par le service des domaines.

■ Droit de délaissement n° 916

Mécanisme qui permet aux propriétaires des biens soumis aux droits de préemption de mettre leurs titulaires en demeure d'acquérir ces biens. Le refus ne supprime au demeurant pas le droit de préemption.

■ Droit de préemption° 886

Mécanisme qui permet à l'autorité publique qui en est titulaire d'acquérir un bien, en principe immobilier, en se substituant à l'acquéreur pressenti à l'occasion d'une aliénation portant sur ledit bien et ce, afin de l'utiliser pour la mise en œuvre d'un objectif d'aménagement.

■ Droit de rétrocession n° 986

Garantie offerte au propriétaire initial et, lorsqu'il était connu, à l'acquéreur évincé, auxquels la collectivité qui a préempté le bien est tenu d'en proposer prioritairement la rétrocession si elle envisage, dans un délai de cinq ans suivant l'acquisition, de l'utiliser ou de l'aliéner à une fin autre que l'une de celles pour lesquelles il aurait pu être légalement préempté.

■ Droit de préemption en Zone d'aménagement différé (ZAD) n° 909

Périmètre dans lequel le droit de préemption peut être exercé pendant une période de six ans renouvelable au profit d'une collectivité publique ou d'un établissement public y ayant vocation. Elle est créée par décision motivée du préfet qui désigne le bénéficiaire du droit de préemption. Elle peut également, depuis la loi ALUR, être créée par un établissement public de coopération intercommunale.

Documents

CE 23 juin 2006, *Sté Actilor c. Cnté d'agglomération Valenciennes Métropole*, n° 289549

Sur les conclusions à fin de non-lieu :

Considérant que la mesure de suspension que le juge des référés peut prononcer sur le fondement des dispositions de l'article L. 521-1 du Code de justice administrative à l'égard d'une décision de préemption peut consister, selon les cas, non seulement à faire obstacle à la prise de possession du bien par la collectivité publique titulaire du droit de préemption mais également, si le transfert de propriété a été opéré à la date à laquelle il statue, à empêcher cette collectivité de faire usage de certaines des prérogatives qui s'attachent au droit de propriété de nature à éviter que l'usage ou la disposition qu'elle fera de ce bien jusqu'à ce qu'il soit statué sur le litige au fond rendent irréversible la décision de préemption, sous réserve cependant qu'à cette date la collectivité n'en ait pas déjà disposé – par exemple par la revente du bien à un tiers – de telle sorte que ces mesures seraient également devenues sans objet ; que, par suite, si le transfert à la communauté d'agglomération Valenciennes Métropole de l'ensemble immobilier situé à Valenciennes qu'elle avait préempté par décision du 20 juillet 2005 doit, comme elle le soutient, être regardé comme étant intervenu à la suite de la signature d'un acte authentique de vente le 13 avril 2006 et du paiement de la somme de 16 000 euros correspondant à la partie du prix convenu devant être versé en espèce, cette circonstance n'a pas pour effet de priver d'objet les conclusions de la Société Actilor tendant à la suspension de l'exécution de cette décision dès lors qu'il n'est pas établi ni d'ailleurs allégué que la communauté d'agglomération Valenciennes Métropole ne serait plus propriétaire de l'ensemble immobilier litigieux ;

Sur le pourvoi :

Considérant qu'eu égard à l'objet d'une décision de préemption et à ses effets vis-à-vis de l'acquéreur évincé, la condition d'urgence doit en principe être constatée lorsque celui-ci demande la suspension d'une telle décision ; qu'il peut toutefois en aller autrement au cas où le titulaire du droit de préemption justifie de circonstances particulières, tenant par exemple à l'intérêt s'attachant à la réalisation rapide du projet qui a donné lieu à l'exercice du droit de préemption ; qu'il appartient au juge de procéder à une appréciation globale de l'ensemble des circonstances de l'espèce qui lui est soumise ;

Considérant qu'en se fondant sur la circonstance que la Société Actilor, dont il ressortait des pièces du dossier qui lui était soumis qu'elle agissait en sa qualité d'acquéreur évincé, ne justifiait pas de l'urgence qu'il y aurait pour elle à obtenir la suspension de l'exécution de la décision du 20 juillet 2005 par laquelle le président de la communauté d'agglomération Valenciennes Métropole a fait usage du droit de préemption sur un ensemble immobilier situé à Valenciennes aux conditions figurant dans la déclaration d'intention d'aliéner pour rejeter, par l'ordonnance attaquée, la demande de suspension présentée par cette société alors que la condition d'urgence doit, en principe, comme il est dit ci-dessus, être constatée au profit de l'acquéreur évincé, le juge des référés du tribunal administratif de Lille a commis une erreur de droit ; qu'en outre, la circonstance également prise en compte par le juge des référés et tirée de la nécessité pour la communauté d'agglomération de procéder, sans faire obstacle à la réalisation du projet, à des démolitions à la suite de déprédations subies par l'immeuble du fait d'occupants sans titre – finalité qui n'est pas celle poursuivie par la décision de préemption – n'est en tout état de cause pas constitutive de circonstances particulières de nature à faire obstacle à la présomption d'urgence au profit de l'acquéreur évincé ; que, par suite, l'ordonnance attaquée doit être annulée ;

Considérant qu'il y a lieu de régler l'affaire au fond au titre de la procédure de référé en application des dispositions de l'article L. 821-2 du Code de justice administrative ;

Sur la recevabilité de la demande de la Société Actilor :

Considérant, d'une part, que la présence dans la promesse de vente signée entre le propriétaire de l'ensemble immobilier et la Société Actilor d'une clause de caducité au cas où le bénéficiaire du droit de préemption déciderait d'exercer son droit aux prix et conditions figurant dans cet acte ne fait pas obstacle à ce que, en cas d'annulation de la décision de préemption et si le propriétaire et l'acquéreur en sont d'accord, la vente se poursuive ; qu'en conséquence, la présence d'une telle clause ne prive pas l'acquéreur évincé par la décision de préemption d'un intérêt à contester la légalité de cette décision et à en demander la suspension ;

Considérant, d'autre part, qu'il ne ressort pas des pièces du dossier que la décision de préemption puisse être regardée comme ayant été notifiée à la Société Actilor avec la mention des voies et délais de recours ; qu'au surplus, la lettre du 14 septembre 2005 rejetant son recours gracieux contre cette décision ne comporte pas davantage la mention de ces voies et délais ;
Considérant qu'il résulte de ce qui précède que les fins de non-recevoir opposées par la communauté d'agglomération et tirées du défaut d'intérêt à agir de la société requérante et de la tardiveté du recours pour excès de pouvoir introduit contre la décision de préemption ne peuvent, en tout état de cause, qu'être rejetées ;

Sur la demande de suspension :

Considérant, d'une part, qu'il résulte de ce qui a été dit ci-dessus que la Société Actilor bénéficie, en sa qualité d'acquéreur évincé, d'une présomption d'urgence ; que, si la communauté d'agglomération invoque la nécessité de démolir sans délai des bâtiments se trouvant sur l'ensemble immobilier objet de la décision de préemption en raison de déprédations qu'ils subissent du fait d'occupants sans titre, cette circonstance – qui peut trouver une réponse sans recourir à l'exercice du droit de préemption – ne constitue pas une situation particulière susceptible de faire obstacle à ce qu'une situation d'urgence soit reconnue au profit de la Société Actilor ;
Considérant, d'autre part, que l'ensemble des moyens invoqués par la Société Actilor et tirés de ce que la décision attaquée a été prise par une autorité incompétente faute pour la communauté d'agglomération Valenciennes Métropole d'avoir reçu de la commune de Valenciennes délégation du droit de préemption en pareilles circonstances, de ce que, en tout état de cause, le signataire de la décision ne justifie pas d'une délégation de signature régulièrement accordée, de l'insuffisante motivation de la décision et de son défaut de notification au préfet du Nord paraissent, en l'état de l'instruction, propres à créer un doute sérieux sur la légalité de la décision de préemption ;
Considérant qu'il résulte de ce qui précède et compte tenu de la signature de l'acte de vente déjà intervenue, qu'il y a lieu de suspendre l'exécution de la décision de préemption en date du 20 juillet 2005 en tant qu'elle permet à la communauté d'agglomération de disposer de l'ensemble ainsi acquis et peut la conduire à user de ce bien dans des conditions qui rendraient irréversible cette décision de préemption ; que, toutefois, cette décision de suspension ne fait pas obstacle à ce que la communauté d'agglomération prenne les mesures conservatoires qui s'avéreraient nécessaires ; [...]

Biblio

1) Généralités

- R. Hostiou et F. Struillou, *Expropriation et préemption*, 4e éd., Litec, 2011.
- C. Saint-Alary-Houin, *Le droit de préemption*, LGDJ, 1979.

2) Sur la réforme issue de la loi ALUR

- E. Carpentier, « La nouvelle « ALUR » des droits de préemption publics », *BJDU* 3/2014. 167.
- Actes d'un colloque consacré au droit de préemption après la loi ALUR publiés au *JCP*-N n° 42, 17 oct. 2014, n° 1301 à 1309.

3) Sur le champ d'application des droits de préemption

- F. Bouyssou, « L'hypertrophie des droits de préemption », *Études foncières* juill.-août 2006, n° 122, p. 35.
- D. Dutrieux, « L'extension du champ d'application du DPU », *Constr.-Urb.* 2005. 7.
- J. Hugot, « Le champ matériel d'application commun aux droits de préemption urbain et dans les zones d'aménagement différé », *JCP* N 1987. I. 163.
- J.-Ph. Meng, « Droits de préemption : extension des cas d'ouverture et nouvelles finalités », *Defrénois* 2004. 37988.
- S. Perignon, « Nouveaux cas d'institution du droit de préemption urbain », *AJDA* 2004. 569.

4) Sur le contentieux

- R. Vandermeeren, « Le contentieux des droits de préemption : excès de recours ou excès d'illégalité ? », *AJDA* 2008. 734.

A. Sur le référé suspension

- B. Caviglioli, « Le recours au bilan dans l'appréciation de l'urgence », *AJDA* 2003. 642.
- L. Dardalhon, « L'usage des référés à l'encontre des décisions d'exercice du droit de préemption », *AJDA* 2005. 2277.

B. Sur le contentieux de la légalité

- E. Carpentier, « Motivation des décisions de préemption et conséquences des annulations : questions anciennes, nouvelles réponses ? », *BJDU* 2006. 238.
- J. Morand-Deviller, « Le droit de préemption : transparence et cohérence », *BJDU* 2006. 402.

C. Sur les effets de l'annulation

- E. Carpentier, « Motivation des décisions de préemption et conséquences des annulations : questions anciennes, nouvelles réponses ? », *BJDU* 2006. 238 ; « Les conséquences de l'illégalité des préemptions », *BJCL* 2003. 710.
- F. Dieu, « Le juge administratif et le juge judiciaire face à l'annulation des décisions de préemption », *Constr.-Urb.* 2010. Étude 15.
- J.-F. Struillou, « Remarque sur l'efficacité des annulations pour excès de pouvoir dans le contentieux de la préemption », in *Mélanges Jacquot*, PU Orléans, 2006, p. 545.

Quiz

1) Sujet corrigé

Cas pratique

Énoncé

M. Lemaire est propriétaire d'un terrain situé dans le périmètre du droit de préemption urbain institué par la commune de Saales en 2013. Il projette de vendre son terrain à M. Berard. À cet effet, un compromis de vente a été signé le 12 octobre 2014 par les parties, qui stipule que la vente est conclue au prix de 154 000 € sous condition suspensive du non-exercice du droit de préemption par la commune. La déclaration d'intention d'aliéner le bien immobilier en cause a été notifiée le 12 nov. 2014 à la commune de Saales par le notaire chargé d'établir l'acte de vente. Par une délibération en date du 24 nov. 2014, le conseil municipal a décidé d'exercer le droit de préemption de la commune aux prix et conditions fixées par le vendeur, au motif suivant : « la commune fait jouer son droit de préemption pour mettre en œuvre une politique locale de l'habitat ». Consécutivement à cette décision de préemption, le transfert de propriété est intervenu au profit de la commune le 19 janvier 2015. M. Berard a introduit le 23 janvier 2015 un recours en annulation contre cette décision de préemption, dans lequel il invoque le caractère insuffisamment motivé de celle-ci.

Responsable du service juridique de la commune de Saales, vous êtes chargé par le maire de lui exposer les risques qui pèsent sur la légalité de la décision de préemption en cause, ainsi que les conséquences qui sont susceptibles de résulter de son éventuelle annulation, tant en ce qui concerne la responsabilité de la commune que le sort du bien préempté.

Voir le corrigé en fin de rubrique.

2) Sujet d'examen

Dissertation

L'annulation de la préemption.

3) Corrigé

Cas pratique

I. Sur la légalité de la décision de préemption

Au titre de la légalité externe, la décision de préemption critiquée par M. Berard est manifestement intervenue en méconnaissance des dispositions de l'article L. 210-1 du Code de l'urbanisme.

A. Les dispositions du Code de l'urbanisme

L'article L. 210-1 dispose que :

« Les droits de préemption institués par le présent titre sont exercés en vue de la réalisation, dans l'intérêt général, des actions ou opérations répondant aux objets définis à l'article L. 300-1 (...). Toute décision de préemption doit mentionner l'objet pour lequel ce droit est exercé (...) ».

Il en résulte que toute décision de préemption doit être motivée. Cette motivation doit montrer en quoi l'acquisition de tel bien précis est nécessaire à la réalisation de telle action ou de telle opération d'aménagement répondant à l'un des objets définis à l'article L. 300-1 du Code de l'urbanisme.

Par ailleurs, selon l'article L. 300-1 du Code de l'urbanisme :

« Les actions ou opérations d'aménagement ont pour objets de mettre en œuvre un projet urbain, une politique locale de l'habitat, d'organiser le maintien, l'extension ou l'accueil des activités économiques, de favoriser le développement des loisirs et du tourisme, de réaliser des équipements collectifs, de lutter contre l'insalubrité, de permettre le renouvellement urbain, de sauvegarder ou de mettre en valeur le patrimoine bâti ou non bâti et les espaces naturels ».

B. Le cas d'espèce

La décision de préemption litigieuse est motivée comme suit : « la commune fait jouer son droit de préemption pour mettre en œuvre une politique locale de l'habitat ».

Ce faisant, la commune de Saales ne précise pas en quoi l'acquisition de l'immeuble de M. Lemaire est nécessaire à la réalisation d'une des opérations ou actions d'aménagement répondant aux objectifs définis à l'article L. 300-1 précité.

Dans ces conditions, la décision de préemption en cause est insuffisamment motivée, de sorte qu'elle est affectée d'un vice de forme substantiel qui justifie son annulation (CE 23 mars 1994, *Cne Aubervilliers*, n° 114812 ; CE 20 mars 1991, n° 103271 ; CE 16 déc. 1994, *Cnté urb. Lyon*, n° 112005).

II. Sur les conséquences de l'annulation de la décision de préemption

A. Sur le sort du bien préempté

Dans le cas où le bien préempté a fait l'objet d'un acte de vente au profit de la commune, l'annulation d'une décision de préemption n'a pas, par elle-même, pour effet d'entraîner la nullité de la vente intervenue entre l'ancien propriétaire du bien immobilier concerné et la commune. Mais les obligations à la charge de la collectivité qui pris la décision de préempter permettent en principe aux protagonistes à la vente initialement projetée de récuperer le bien.

Le Conseil d'État a jugé que l'annulation de la décision de préemption implique que l'administration prenne toute mesure afin de mettre fin aux effets de la décision annulée (CE sect. 26 févr. 2003, *Bour*, n° 231558). Le législateur a confirmé, tout en l'amendant légèrement cette jurisprudence (art. L. 213-11-1). Il en résulte que si la décision de préemption est annulée, le titulaire du droit de préemption doit en proposer la rétrocession au propriétaire initial (ou à ses ayants cause) puis, si le premier refuse, à l'acquéreur évincé, à un prix permettant de rétablir, sans enrichissement injustifié de l'une des parties, les conditions de la transaction à laquelle l'exercice du droit de préemption a fait obstacle. En cas de difficulté dans la fixation du prix, le juge de l'expropriation peut être saisi.

La commune de Sales sera donc tenue de proposer à M. Lemaire puis à M. Berard la rétrocession du bien.

B. Sur la mise en cause de la responsabilité de la commune de Saales

L'illégalité de la décision de préemption litigieuse est constitutive d'une faute de nature à engager la responsabilité de la commune tant à l'égard de M. Lemaire que de M. Berard.

En effet, la responsabilité de la commune peut être engagée par le vendeur en réparation du préjudice subi par lui du fait de l'illégalité de la décision de préemption (CE 14 juin 1999, *Cne Montreuil-sous-Bois*, n° 171231).

Par ailleurs, le juge administratif peut également indemniser le préjudice subi par l'acquéreur évincé (CE 28 juill. 1999, *Michel*, n° 186409).

Il importera toutefois à la commune de Saales, en cas de recours indemnitaire, de discuter les chefs de préjudices invoqués et les montants sollicités.

Enfin, une éventuelle renonciation à son droit de rétrocession par M. Berard ne serait pas exclusive d'une action en dommages et intérêt devant le juge judiciaire (C. urb., art. L. 213-12).

chapitre 19

Les établissements publics fonciers

Plan analytique

section 1

Les établissements publics fonciers de l'État

section 2

Les établissements publics fonciers locaux

§ 1 La création des EPFL

§ 2 Les compétences des EPFL

§ 3 La nature et le régime juridique des établissements publics fonciers locaux

A. Le régime administratif

B. Le régime financier

Les établissements publics fonciers

L'intervention foncière est une préoccupation majeure des pouvoirs publics. Mais une politique foncière efficace ne peut être le fait des collectivités publiques chacune prise pour ce qui la concerne. C'est pourquoi la loi d'orientation pour la ville du 13 juillet 1991 a donné aux collectivités territoriales un cadre juridique permettant la mutualisation de leurs interventions foncières sous la forme des établissements publics fonciers locaux (EPFL) dont le cadre juridique a été renouvelé par la loi du 13 décembre 2000 relative à la Solidarité et au Renouvellement urbains (section 2). Auparavant, seul l'État pouvait créer des établissements publics fonciers nationaux à caractère industriel et commercial (section 1). 1013

Même si les EPFL sont nés de l'expérience des quatre établissements publics nationaux qui préexistaient, ces deux types d'établissements publics sont très différents en ce qui concerne les modalités de leur création mais aussi les personnes publiques auxquelles ils se rattachent, leur composition, leur fonctionnement, leur mission et leurs ressources. À cet égard, l'ordonnance n° 2011-1068 du 8 septembre 2011 relative aux établissements publics fonciers, aux établissements publics d'aménagement de l'État et à l'Agence foncière et technique de la région parisienne clarifie les rôles respectifs de l'État et des collectivités territoriales, en renforçant le rôle du premier tout en ménageant les moyens d'une collaboration entre les EPF d'État et les collectivités territoriales (S. Marie, « L'établissement public foncier entre l'État et les collectivités territoriales », *RDI* 2012. 68 ; « Les EPF », *Ét. fonc.* 2008, n° 132, p. 19). La loi pour l'accès au logement et un urbanisme rénové du 24 mars 2014 comporte également un volet visant à clarifier l'articulation entre ces différents types d'établissements et à en améliorer le fonctionnement.

section 1

Les établissements publics fonciers de l'État

Les EPF de l'État sont des opérateurs fonciers créés en considération des enjeux d'intérêt général en matière d'aménagement et de développement durable identifiés sur leur territoire d'intervention. En amont, ils mettent en place des stratégies foncières au service du développement durable et de la lutte contre l'étalement urbain. L'accent est mis sur la contribution de ces stratégies à la réalisation de logements, notamment sociaux, dans le cadre des priorités définies par les programmes locaux de l'habitat. En aval, sur un plan opérationnel, ils sont compétents d'une part, pour faire du portage foncier en réalisant toutes acquisitions foncières et immobilières dans le cadre de projets conduits par les personnes publiques. Ils ont d'autre part, une mission élargie en ce qu'ils sont compétents pour réaliser ou faire réaliser toutes les actions de nature à faciliter l'utilisation des biens acquis dans le 1014 cadre d'actions ou d'opérations d'aménagement au sens de l'article L. 300-1 du Code de l'urbanisme. Ils sont donc compétents pour constituer des réserves foncières qui ont vocation à être cédées ou, depuis la loi pour l'accès au logement et un urbanisme rénové du 24 mars 2014, données à bail. Les actions qu'ils mènent pour le compte de l'État, des collectivités territoriales et de leurs groupements ou d'un autre établissement public s'inscrivent dans le cadre de conventions (C. urb., art. L. 321-1). La loi pour l'accès au logement et un urbanisme rénové du 24 mars 2014 prévoit également la possibilité de leur confier, par un décret en Conseil d'État, la conduite d'opérations de requalification des copropriétés dégradées d'intérêt national (C. urb., art. L. 321-1-1).

1015 Ces missions déterminent leur nature juridique. Ce sont des établissements à caractère industriel et commercial (C. urb., art. *R. 321-1). Elles déterminent également leurs compétences. Ils peuvent agir par voie d'expropriation et exercer les droits de préemption et de priorité définis dans le Code de l'urbanisme, ainsi que le droit de préemption des SAFER (C. urb., art. L. 321-4). Elles déterminent enfin leurs moyens financiers. Ils sont les seuls à bénéficier d'une ressource fiscale propre : la taxe spéciale d'équipement (TSE), taxe additionnelle aux taxes locales, plafonnée à 20 € par personne résidant dans le périmètre de compétence de l'établissement.

Bien que créés en considération d'enjeux d'intérêt général et qu'ils aient vocation à être le bras armé de l'État en matière d'intervention foncière, ils interviennent sur des territoires où les collectivités territoriales ont la compétence en matière d'aménagement et d'urbanisme. Cette situation oblige à organiser les conditions de leur collaboration avec celles-ci. Ainsi, d'une part, ils sont créés par décret en Conseil d'État mais après avis des conseils régionaux, des conseils départementaux, des organes délibérants des EPCI à fiscalité propre compétents en matière de PLU ainsi que des conseils municipaux des communes de 20 000 habitants et plus non membres de ces établissements, situés dans leur périmètre de compétence (C. urb., art. L. 321-2). Leur superposition, totale ou partielle, avec des établissements publics fonciers locaux créés avant le 26 juin 2013 est par ailleurs soumise à l'accord des EPCI à fiscalité propre et des communes non membres de ces derniers dont le territoire est concerné par la superposition (C. urb., art. L. 321-1). D'autre part, leur conseil d'administration est composé de représentants de l'État mais également, pour au moins la moitié, de représentants des collectivités territoriales et des EPCI à fiscalité propre (C. urb., art. L. 321-8, L. 321-9). De troisième part, le programme pluriannuel d'intervention qu'ils définissent tient compte des orientations stratégiques arrêtées par le ministre chargé de l'urbanisme sous la tutelle duquel ils sont placés et en cas de modification de ces orientations, le programme pluriannuel d'intervention doit être révisé. Il ne devient exécutoire qu'au terme d'un délai de trois mois à compter de sa transmission au préfet qui peut, dans ce délai, notifier les modifications qu'il estime nécessaire de lui apporter au regard des orientations stratégiques arrêtées par l'État. À défaut, il est adopté par l'autorité administrative compétente de l'État. Certains de ses actes doivent être transmis au préfet qui peut demander qu'il en soit à nouveau délibéré. Mais par ailleurs, le programme pluriannuel est approuvé par le conseil d'administration de l'établissement et doit également tenir compte des priorités énoncées dans les documents d'urbanisme ainsi que des objectifs de réalisation de logements précisés par les programmes locaux de l'habitat. De plus, s'ils agissent pour le compte de l'État, les EPF d'État interviennent également pour les collectivités territoriales (C. urb., art. L. 321-5, L. 321-6, L. 321-7, R. 321-13, R. 321-15, R. 321-18, R. 321-19).

Les EPF d'État sont dans l'ordre de leur création : l'agence foncière et technique de la région parisienne (AFTRP), créée en 1962 ; l'établissement public de la Basse-Seine (EPBS), créé en 1968 ; l'établissement public de la métropole lorraine (EPML), créé en 1973 ; l'EPF du Nord-Pas-de-Calais, créé en 1990 ; l'EPF de l'Ouest Rhône-Alpes (EPORA), créé en 1998, révisé en 2002 ; l'EPF de Provence-Alpes-Côte d'azur, créé en 2001 ; les EPF Ile-de-France, des Yvelines, des Hauts-de-Seine et du Val d'Oise créés en 2006 ; l'EPF de Vendée en 2007 et l'EPF Languedoc-Roussillon, en 2008. Leurs régimes respectifs varient suivant les objectifs qui leur sont assignés et qui peuvent être parfois fort différents. Ainsi si les établissements de la région parisienne, de la région PACA ou de Rhône Alpes ont plus une vocation d'aménagement de villes nouvelles, des banlieues ou encore de très grands projets comme Euro-Disneyland, les établissements de Lorraine, ou du Nord-Pas-de-Calais ont un rôle plus affirmé dans la résorption des friches industrielles. 1016

section 2

Les établissements publics fonciers locaux

Les établissements publics fonciers locaux sont issus de la loi d'orientation pour la ville du 13 juillet 1991. N'ayant pas eu le succès escompté, ils ont vu leur régime juridique modifié par la loi relative à la Solidarité et au Renouvellement urbains du 13 décembre 2000 (Y. Jegouzo, « Les établissements publics fonciers », *Droit et Ville* 1993, n° 35, p. 35 ; « Établissements publics fonciers », *Droit de l'aménagement*, Le Moniteur-Dalloz, fasc. III-800), puis par la loi pour l'accès au logement et un urbanisme rénové du 24 mars 2014. 1017

Il faut exposer les modalités de leur création (§ 1), leurs compétences (§ 2) et préciser leur nature en même temps que leur régime juridique (§ 3).

§ 1 La création des EPFL

Les EPFL sont des établissements publics à caractère industriel et commercial créés par les préfets. Leur création requiert des délibérations concordantes des organes délibérants d'EPCI compétents en matière de PLH ainsi que, le cas échéant, des conseils municipaux des communes non membres de l'un de ces établissements. L'exigence de délibérations concordantes exprime ainsi une démarche d'adhésion. L'unanimité au moment de la création de l'établissement est une innovation de la loi SRU, permettant ainsi aux EPCI et aux communes de ne jamais être forcées d'y adhérer. Par ailleurs le fait que les EPCI se substituent à leurs communes membres lors de l'adhésion est également une innovation de la loi SRU. Cela est de nature à simplifier considérablement la coopération intercommunale. Concernant leur périmètre, il n'est pas nécessaire que le territoire couvert par l'EPFL soit un périmètre continu, même si cela paraît souhaitable. 1018

Les EPFL ne peuvent avoir pour adhérents que les communes et EPCI. Mais depuis la loi SRU, les départements et les régions peuvent participer à leur création ou y adhérer. En revanche, elle a exclu que les autres personnes morales de droit public telles que les offices publics d'HLM ou les OPAC puissent y adhérer, même après leur création. Rien n'interdit cependant aux EPFL de les associer à leurs projets ou de les consulter selon des modalités que leurs statuts définissent.

L'EPFL est créé par le représentant de l'État dans la région. Ce dernier dispose d'un délai de trois mois à compter de la transmission des délibérations pour donner son accord ou motiver son refus. Lorsque l'EPFL est composé d'établissements publics de coopération intercommunale et de communes appartenant à plusieurs régions, la décision est prise par arrêté conjoint des représentants de l'État concernés (C. urb., art. L. 324-2).

§ 2 Les compétences des EPFL

1019 À la différence des EPF nationaux, la compétence des EPFL est uniquement foncière, à l'exclusion de la prise en charge d'opérations d'aménagement, même si leur action est expressément orientée à terme vers la réalisation d'actions ou d'opérations d'aménagement. Ils sont ainsi compétents pour réaliser pour leur compte, pour le compte de leurs membres ou de toute personne publique des acquisitions foncières ou immobilières afin de constituer des réserves foncières. Depuis la loi sur le développement des territoires ruraux du 23 février 2005, ils peuvent également procéder aux acquisitions foncières nécessaires à la protection d'espaces agricoles et naturels périurbains. La loi pour l'accès au logement et un urbanisme rénové du 24 mars 2014 met leurs missions en cohérence avec celles des EPF d'État. Comme ces derniers, ils sont ainsi chargés de mettre en place des stratégies foncières afin de mobiliser du foncier et de favoriser le développement durable et la lutte contre l'étalement urbain. Ces stratégies contribuent à la réalisation de logements, notamment de logements sociaux, en tenant compte des priorités définies par les programmes locaux de l'habitat. La loi précise également que, dans le cadre de leurs compétences, ils peuvent, au même titre que les EPF d'État, contribuer au développement des activités économiques, à la politique de protection contre les risques technologiques et naturels ainsi qu'à titre subsidiaire, à la préservation des espaces naturels et agricoles en coopération avec les SAFER et les autres organismes chargés de la préservation de ces espaces, au travers de conventions (C. urb., art. L. 324-1).

Les EPFL sont soumis à un principe de spécialité territoriale. Leur compétence est ainsi limitée au périmètre des communes ou EPCI qui en sont membres, ceci même dans l'hypothèse où la région ou le département en font partie. Ils peuvent cependant, à titre exceptionnel, acquérir des terrains à l'extérieur de leur territoire si ces acquisitions sont nécessaires à des actions ou opérations menées à l'intérieur de leur périmètre de compétence. Par ailleurs, ils ne peuvent réaliser aucune opération sans l'avis favorable de la commune sur le territoire de laquelle elle est prévue, sauf lorsqu'ils interviennent en application de conventions passées avec le représentant de l'État pour l'exercice du droit de préemption en commune carencée (C. urb., art. L. 324-1).

Les acquisitions des EPFL se réalisent soit par accord amiable, soit par la voie de l'expropriation pour cause d'utilité publique, soit encore par la voie de la préemption. Leurs membres peuvent, à cette fin, leur déléguer les droits de priorité et de préemption dont ils sont titulaires, notamment au titre du DPU ou des espaces naturels sensibles. La loi pour l'accès au logement et un urbanisme rénové du 24 mars 2014 précise qu'ils peuvent exercer le droit de préemption en commune carencée, au sens de l'article L. 302-9-1 du Code de la construction et de l'habitation, dans le cadre de conventions passées avec le représentant de l'État dans le département. Leur intervention ne nécessite alors pas l'accord de la commune concernée. Ce même texte les dote par ailleurs d'un outil de maitrise foncière dont ne disposent pas les EPF nationaux, à savoir la possibilité de gérer, pour le compte de leurs membres, les procédures de délaissement prévues aux articles L. 230-1 à L. 230-6 du Code de l'urbanisme (C. urb., art. L. 324-2).

Le conseil d'administration détermine l'orientation de la politique à suivre et fixe un programme pluriannuel d'intervention. Celui-ci définit ses actions, leurs modalités et les moyens mis en œuvre ; il précise les conditions de cession du foncier propres à garantir un usage conforme aux missions de l'établissement. Il tient compte des priorités énoncées dans les documents d'urbanisme ainsi que des objectifs de réalisation de logements fixés par les programmes locaux de l'habitat. Ce programme est transmis au préfet de région. Des conventions opérationnelles sont signées entre les EPFL et leurs membres afin de définir les actions à mener et les conditions de ces actions. Les réserves foncières ainsi constituées visent à permettre aux collectivités la mise en œuvre de leur projet urbain, de réaliser des équipements collectifs et d'organiser leur politique en matière d'habitat, d'activité économique, de tourisme, de loisirs, de sauvegarde du patrimoine bâti ou des espaces naturels, de résorption des friches industrielles ou de lutte contre l'insalubrité.

§ 3 La nature et le régime juridique des établissements publics fonciers locaux

Les EPFL sont des établissements publics à caractère industriel et commercial par détermination de la loi. Comme les EPF nationaux, ils gèrent une activité de service public administratif. Ainsi leur personnel est régi par le droit privé, sauf le directeur et l'agent comptable qui sont des agents de droit public. 1020 ■

A. Le régime administratif

Les EPFL sont composés d'une assemblée générale dans laquelle chaque membre est représenté. Elle élit en son sein un conseil d'administration qui lui-même élit en son sein un président et un ou plusieurs vice-présidents. Le conseil d'administration règle les affaires qui concernent l'établissement. Plus précisément, il détermine, ainsi qu'on l'a dit, l'orientation de la politique à suivre. Il définit notamment le plan pluriannuel d'intervention et les tranches annuelles. Il vote l'état prévisionnel des recettes et dépenses, autorise les emprunts, approuve les comptes et statue sur l'affectation des résultats. Enfin, il nomme et révoque le directeur sur proposition du président. Le directeur assure l'instruction des affaires dont est chargé l'établissement, gère l'établissement, le représente en justice, passe les contrats, prépare et conclut les transactions dans les conditions fixées par le conseil d'administration, ordonne les recettes et les dépenses, recrute le personnel et a autorité sur lui. Il peut se voir déléguer certaines compétences, notamment l'exercice du droit de 1021 ■

préemption dont l'établissement est titulaire ou délégataire (C. urb., art. R. 324-2). Le comptable de l'EPFL est un comptable direct du Trésor, nommé par le Préfet sur proposition du trésorier-payeur général (C. urb., art. L. 324-3 s.).

B. Le régime financier

1022 Les recettes des EPFL sont diverses. Ils peuvent d'abord percevoir la taxe spéciale d'équipement mentionnée à l'article 1607 *bis* du CGI. Le produit de la taxe à percevoir dans l'année est voté par l'Assemblée générale (C. urb., art. L. 324-4). Hors Ile-de-France, ils peuvent percevoir, ensuite et le cas échéant, un prélèvement sur les ressources fiscales des communes ayant, selon le cas de figure, moins de 25 % ou de 20 % de logements locatifs sociaux si la commune n'appartient pas à un EPCI ayant compétence pour effectuer des réserves foncières en vue de la réalisation de logements sociaux et doté d'un PLH (CCH, art. L. 302-7). Ils peuvent également se voir accorder des contributions par l'État, les collectivités locales, les établissements publics ou autres personnes morales ou physiques intéressées. Ils peuvent recourir à l'emprunt, se voir octroyer des dons ou des legs. Les EPFL perçoivent enfin la rémunération de leurs prestations de services, les produits financiers, le produit de la gestion des biens entrés dans leur patrimoine et le produit de la vente des biens et droits immobiliers et mobiliers. Les dispositions du code des juridictions financières leur sont applicables. Ils sont donc assujettis au contrôle de la chambre régionale des comptes en ce qui concerne leurs actes budgétaires et l'exécution de leurs budgets. Leurs autres actes sont soumis au contrôle préfectoral de légalité.

chapitre 20

L'aménagement public : la zone d'aménagement concerté

Plan analytique

section 5

La réalisation de la ZAC

§ 1 L'approbation du dossier de réalisation

§ 2 L'approbation du programme des équipements publics

§ 3 L'étude de sécurité publique

§ 4 Les modalités de réalisation de la ZAC

A. La passation des concessions d'aménagement

B. Les exceptions au régime de passation des concessions d'aménagement

C. Un aménagement au régime de passation des concessions d'aménagement : la société d'économie mixte locale à opération unique (SEMOP)

D. Le contenu des concessions d'aménagement

E. Les obligations et les droits du concessionnaire

F. Le contentieux de la concession d'aménagement

§ 5 L'acquisition et la cession des terrains en ZAC

section 6

L'évolution et la fin de la ZAC

Compléments pédagogiques

L'aménagement public : la zone d'aménagement concerté

On aborde ici un aspect du droit de l'urbanisme que l'on a souvent qualifié d'urbanisme opérationnel pour l'opposer à l'urbanisme réglementaire. Sommairement la différence serait la suivante : dans le cadre de l'urbanisme réglementaire, la collectivité publique se bornerait à produire une norme destinée à régir une opération de construction ou d'aménagement appelée à se réaliser en dehors d'elle. L'urbanisme opérationnel se caractériserait, quant à lui, par l'initiative prise par la collectivité publique d'intervenir sur un périmètre pour réaliser ou faire réaliser une action ou une opération d'*aménagement*[Q]. C'est proprement la définition de la ZAC qui recouvre largement celle de l'aménagement public, même si celui-ci ne se réduit pas à cette procédure : les ZAC « sont les zones à l'intérieur desquelles une collectivité publique ou un établissement public y ayant vocation décide d'intervenir pour réaliser ou faire réaliser l'aménagement et l'équipement des terrains (...) en vue de les céder ou de les concéder ultérieurement à des utilisateurs publics ou privés » (C. urb., art. L. 311-1). La collectivité devient ici acteur en prenant l'initiative d'une opération de production de terrains à bâtir ou de renouvellement urbain. 1023

La mise en œuvre d'une action ou d'une opération d'aménagement public ouvre à la collectivité publique l'usage d'un certain nombre de prérogatives de puissance publique (expropriation, préemption, autorisation du principe et des modalités de l'urbanisation, participations financières, etc.) et la soumet en même temps à certaines obligations. La question se pose alors du champ d'application de l'aménagement public en tant qu'il permet le recours à ces procédures, principalement la ZAC et qu'il déclenche l'usage de certaines prérogatives. La notion d'« aménagement public » appelle donc un effort de définition (section 1).

On étudiera ensuite la principale procédure d'aménagement public, à savoir la ZAC. 1024
Les zones d'aménagement concerté (ZAC) ont été créées par la loi du 30 décembre 1967 d'orientation foncière pour remplacer les zones à urbaniser par priorité (ZUP) elles-mêmes créées par le décret n° 58-1464 du 31 décembre 1958. Elle cherchait d'abord à simplifier le droit de l'urbanisme en unifiant les procédures d'aménagement qui étaient éclatées entre ZUP, zone industrielle et zones d'habitation. Elle avait également pour ambition après l'échec relatif des ZUP, de mettre en place un instrument d'aménagement véritablement incitatif et facilitant le dialogue entre la puissance publique et les aménageurs privés. Les ZAC ainsi créées rencontrèrent un réel succès. Elles posèrent simultanément de graves problèmes peu ou prou liées à leur caractère dérogatoire : non soumises au POS, peu soucieuses de questions d'environnement, les premières ZAC ont cristallisé de nombreuses critiques. C'est pour y répondre que la loi du 31 décembre 1976 portant réforme de l'urbanisme a imposé aux opérations d'aménagement le respect d'une cohérence avec les documents de planification urbaine, tels que le schéma directeur et le plan d'occupation des sols. Il en résulte que l'affirmation souvent entendue selon laquelle la ZAC était

« hors POS », ce qui sous-entend qu'elle était une forme d'urbanisme dérogatoire, est erronée (concl. S. Lasvignes, sur CE, sect., 28 juill. 1993, *Cne Chamonix-Mont-Blanc, RD publ.* 1993. 1452; *BJDU* 1994. 27). Elle est restée néanmoins fortement ancrée. Ultérieurement, la loi du 18 juillet 1985 relative à la définition et à la mise en œuvre des principes d'aménagement a réformé la procédure de ZAC pour permettre la conception et la réalisation de projets d'aménagement initiés par les collectivités locales dans le cadre d'une concertation avec l'ensemble des personnes et associations concernées et mieux adaptés à la diversité des tissus urbains. À cette fin, elle a d'une part, décentralisé la compétence en matière de création des ZAC consécutivement à l'adoption de la loi du 2 mars 1982, et, d'autre part, assimilé plus largement le document d'urbanisme propre à la ZAC, dénommé plan d'aménagement de zone (PAZ) au POS. Cependant l'existence de ce document distinct du POS a perduré et avec lui le sentiment que la ZAC était une procédure à la fois dérogatoire et largement clandestine.

La loi du 13 décembre 2000 relative à la Solidarité et au Renouvellement urbains ne remet pas en cause les objectifs et les principes de la loi « Aménagement » du 18 juillet 1985 (F. Bouyssou, « La réforme des procédures et du financement de l'aménagement », *AJDA* 2001. 41 ; E. Fatôme, « Le nouveau régime juridique des ZAC », *BJDU* 6/2000. 394 ; « Les concessions d'aménagement et la loi du 14 novembre 1996 relative à la mise en œuvre du pacte de relance pour la ville », AFDUH 1996. 29). À preuve, la définition des ZAC résultant de l'article L. 311-1, alinéa 1er du code ne s'en trouve pas modifiée. Toutefois, elle achève un mouvement enclenché par elle en réintégrant les ZAC dans le droit commun du PLU. C'est dans cet esprit que l'article L. 123-1 du Code de l'urbanisme dispose que le PLU couvre l'intégralité du territoire communal. Et l'illustration la plus remarquable de la volonté du législateur de faire du PLU ce document unique porteur du projet d'aménagement et de développement durable (PADD) est la suppression du plan d'aménagement de zone qui était propre aux ZAC (sur le régime transitoire, v. C. urb., art. L. 311-7).

On reviendra d'abord sur l'objet de la ZAC (section 2) avant d'examiner ses rapports avec la règle d'urbanisme (section 3). On étudiera ensuite les conditions de sa création (section 4), de sa réalisation (section 5), de son évolution et son achèvement (section 6). La question des participations financières dans la ZAC sera traitée, quant à elle, dans le cadre de l'étude du financement des politiques de l'urbanisme.

section 1

La notion d'aménagement public

1025 La notion d'aménagement public pose une question fondamentale dans la mesure où notamment elle détermine la légalité du recours à la procédure d'aménagement public qu'est la ZAC et l'utilisation des prérogatives de puissance publique qui lui sont attachées. La difficulté tient alors à ce que le Code de l'urbanisme ne donne pas de véritable définition de l'aménagement. On se trouve donc contraint de déterminer les éléments constitutifs de l'aménagement public à partir des textes qui le régissent et principalement de l'article L. 300-1 qui dispose : « Les actions ou opérations d'aménagement ont pour objets de mettre en œuvre un projet urbain, une politique locale de l'habitat, d'organiser le maintien, l'extension ou l'accueil des activités économiques, de favoriser le développement des loisirs et du tourisme, de réaliser des équipements collectifs ou des locaux de recherche ou d'enseignement supérieur, de lutter contre l'insalubrité et l'habitat indigne ou dangereux, de permettre le renouvellement urbain, de sauvegarder ou de mettre en valeur le patrimoine bâti ou non bâti et les espaces naturels. L'aménagement, au sens du présent code, désigne l'ensemble des actes des collectivités locales ou des établissements publics de coopération intercommunale qui visent, dans le cadre de leurs compétences, d'une part, à conduire ou à autoriser des actions ou des opérations définies dans l'alinéa précédent et d'autre part, à assurer l'harmonisation de ces actions ou opérations ». Il résulte de cette disposition que la notion d'aménagement se définit à la fois par ses finalités (objectifs d'aménagement), et les formes qu'elle prend (actions ou opérations d'aménagement qui caractérisent nettement une prérogative de puissance publique).

Concernant les finalités de l'aménagement, il faut rappeler qu'en rupture avec la situation qui prévalait sous le régime des textes en vigueur entre 1976 et 1985, la loi n° 85-729 du 18 juillet 1985 relative à la définition et à la mise en œuvre de principes d'aménagement a eu pour objectif de libérer les collectivités locales pour l'exercice de leurs missions d'aménagement du cadre trop étroit des procédures d'aménagement. Le but était de permettre des interventions plus fines et plus souples et donc plus adaptées à la diversité des tissus urbains. Cette volonté d'autonomiser la notion d'opérations d'aménagement des procédures mises en œuvre pour les réaliser explique que la loi définit l'aménagement par des objectifs et non par des procédures (P. Hocreitère et A. Massaguer, « Les opérations d'aménagement sans procédure », Ét. fonc. 2010, n° 147, p. 26). Par conséquent, la première question à se poser face à la question de la qualification d'une opération au regard de l'article L. 300-1 est celle de savoir si elle répond à l'un des objectifs de l'aménagement qu'il énumère. À cet égard on ne peut que relever que les objectifs figurant à l'article L. 300-1 sont très généraux. Ainsi, l'opération envisagée peut associer à une opération de construction proprement dite des aménagements destinés à la sauvegarde ou à la mise en valeur des espaces naturels environnants, dès lors du moins que les divers aménagements prévus constituent un ensemble cohérent articulé par des travaux d'équipements significatifs (CE 7 juill. 2000, *SCI Cité Haute Provence*, req. n° 205229, *Lebon* T. 1283 ; *BJDU* 2000. 234 ; *Dr. adm.* 2000, n° 245, obs. L. T. ; *Constr.-Urb.* 2000, n° 309, obs. D. Larralde ; Coll. terr. 2000. 308, obs. Th. Célérier).

La loi SRU a apporté deux modifications aux finalités de l'aménagement. D'une part, elle a ajouté la mise en œuvre d'un projet urbain dans l'énumération de l'article L. 300-1. Elle a, d'autre part, substitué le terme « renouvellement urbain » à celui de « restructuration urbaine ». Le renouvellement urbain traduit une conception nouvelle de l'évolution urbaine qui consiste à favoriser le redéploiement de la ville sur elle-même en luttant corrélativement contre l'étalement urbain et le gaspillage des espaces agricoles et naturels. 1026

Pour généraux qu'ils soient, les objectifs de l'aménagement ne sont pourtant pas sans limites. Seule la réalisation d'actions ou d'opérations d'une certaine ampleur est de nature à justifier la mise en œuvre des prérogatives attachées à l'aménagement public — prérogatives foncières notamment mais aussi régime d'autorisation du principe et des modalités de l'urbanisation — et l'atteinte aux droits des particuliers susceptible d'en résulter. À cet égard, les articles L. 300-2 et R. 300-1 du Code de l'urbanisme donnent une liste des opérations d'aménagement soumises en tant que telles à l'obligation de concertation. Elle donne une assez bonne indication des critères, quantitatifs et qualitatifs, à mettre en œuvre pour caractériser un enjeu d'aménagement, étant rappelé que la question de savoir si une opération constitue une opération d'aménagement au sens de l'article L. 300-1 est une question de qualification juridique (CE 30 juill. 1997, *Ville Angers*, req. n° 160949, *Lebon* T. 1122 ; *BJDU* 1997. 6, concl. Ch. Maugüé).

À cet égard, il faut s'arrêter sur l'un des rares arrêts rendus sur le sujet (CE, sect., 28 juill. 1993, *Cne Chamonix*, *AJDA* 1993. 688, chron. Ch. Maugüé et L. Touvet ; *Lebon* 251 ; *BJDU* 1994. 27, concl. S. Lasvignes). Rappelons les faits : la société Frantour désirait agrandir son établissement à Chamonix tout en l'adaptant aux formes modernes de tourisme. À cette fin, elle acquit le terrain qui faisait face à l'hôtel existant, de l'autre côté d'une rue. Son projet consistait d'une part, à agrandir la salle de restaurant et les locaux administratifs de l'hôtel, soit un accroissement de 145 m^2 de la SHON existante et, d'autre part, à créer sur la parcelle nouvellement acquise une unité hôtelière de 47 chambres, venant s'ajouter aux 90 de l'hôtel existant. Ce projet conduisait toutefois à dépasser le COS applicable aux parcelles, outre qu'il excédait les limites posées par le POS concernant l'extension des bâtiments existants. Tout en souhaitant accroître ses ressources hôtelières et l'installation d'établissements modernes, dotés d'une capacité d'accueil, la ville ne voulait pas modifier les règles du POS applicables aux extensions de bâtiments existants, craignant que les hôtels, après avoir bénéficié de dispositions plus favorables, ne viennent ensuite changer de destination et ne se transforment en immeubles collectifs. Elle a donc cherché, comme le dit le commissaire du gouvernement, à contractualiser la délivrance de l'autorisation de construire par la mise en œuvre d'une procédure de ZAC. Car aux termes de la convention conclue avec l'aménageur, ce dernier prenait l'engagement de maintenir durant 18 ans la destination hôtelière de la nouvelle installation, sous peine de sanctions pécuniaires. Or, l'opération d'aménagement, objet de la ZAC, se limitait à créer un secteur A pour l'extension de l'hôtel existant et un secteur B en vue de la création de la nouvelle unité hôtelière. Quant aux programmes des équipements publics, il prévoyait la reprise des réseaux d'évacuation des eaux usées et pluviales sur leur portion reliant la rue des Allobroges à la place de la gare voisine et la réalisation de divers aménagements de voirie sur cette même portion consistant dans l'amélioration de l'éclairage public ; l'installation de trottoirs sur le côté de la voie qui en était dépourvu ; l'aménagement d'un arrêt d'autobus, le tout pour un coût total de 305 000 francs. C'est dans un tel contexte que le Conseil d'État était amené à juger de la légalité du recours à la procédure de ZAC. L'intérêt de l'arrêt, lu à la lumière des conclusions, est qu'il rentre dans le contenu de la notion d'aménagement, qu'il précise ainsi les conditions du recours à la procédure de ZAC et partant, les conditions de sa légalité et les éléments constitutifs d'une opération d'aménagement. Plus généralement encore, selon l'expression du commissaire du gouvernement S. Lasvignes, il éclaire « la différence de nature qui doit distinguer une opération d'aménagement d'une simple entreprise de construction ».

1027 À cet égard, l'arrêt lui-même est laconique puisqu'après avoir décrit le projet, il se borne à indiquer que « compte tenu de ses caractéristiques et de la faible importance des travaux d'équipement qu'elle nécessite, une telle opération ne constitue pas une opération d'aménagement et d'équipement ». La doctrine en a tiré la conclusion que l'importance du programme des équipements publics constitue un élément déterminant dans la qualification d'une opération d'aménagement. Sans être erroné, ce point de vue mérite d'être nuancé et le critère des équipements publics ramené à sa juste place. On relèvera, en effet, qu'il ne vient dans l'arrêt qu'après celui des caractéristiques de l'opération dont on a vu qu'elles étaient très particulières : projet largement privé ; superficie restreinte ; propriétaire unique par ailleurs aménageur... En se reportant aux conclusions de M. Lasvignes, on constate d'abord qu'il considère que le critère de l'aménagement n'est pas et ne peut être quantitatif : « un système de seuils d'ordre quantitatif, qui serait fonction de la superficie des terrains concernés, ou du coût des équipements risquerait de remettre dangereusement en cause la souplesse de la procédure, et nous paraît, de ce fait, exclu ». Il proposait donc la mise en œuvre de critères qualitatifs permettant au juge de « s'assurer au cas par cas... que l'opération projetée traduit et met en œuvre une volonté d'aménagement, c'est-à-dire un effort d'organisation des activités et d'ordonnancement de l'urbanisation ». Il considérait que c'est nécessairement le cas quand l'opération porte sur une portion significative du territoire communal que l'on ouvre à l'urbanisation ou que l'on restaure notamment (mais pas seulement) par l'installation d'équipements. Mais il disait aussi : « Il en va de même, lorsque, quelle que soit la dimension du périmètre de la zone, l'opération vise à assurer une combinaison complexe d'activités et d'affectations diverses, logements, bureaux, commerces, immeubles privés et équipements publics ». Autrement dit, le Commissaire du Gouvernement privilégiait le critère du caractère complexe de l'opération. À cet égard, il émettait l'opinion que même lorsqu'elle porte sur un immeuble ou un groupe d'immeubles, il peut exister un objet d'aménagement « si l'opération traduit la volonté de la collectivité de bien insérer dans le tissu urbain une activité qui doit avoir des incidences particulières sur celui-ci, et de faire aller de pair réalisation du projet et adaptation du milieu environnant ». C'est donc l'idée « d'opérations complexes ayant des incidences urbaines » qui lui paraissait la plus appropriée à caractériser l'opération d'aménagement. En l'espèce, le seul fait qu'une portion de la voie publique ait été incluse dans le périmètre ne suffisait pas à donner au projet le caractère d'une opération d'aménagement, non plus que la légère reprise de la voirie et le changement de quelques mètres de canalisation. On comprend mieux ici la combinaison par le Conseil d'État des deux critères tenant aux caractéristiques de l'opération et à la faible importance des travaux. En effet, c'est d'abord les caractéristiques de l'opération qu'il convient de considérer : sa consistance ; son importance ; sa complexité ; ses incidences sur le milieu environnant ; la volonté et l'enjeu d'aménagement qui lui sont attachés. Or, dans le cas considéré, la nature même du projet, la faible importance de la superficie, le fait qu'elle concernait un propriétaire unique pour un projet unique... ne permettaient pas d'identifier d'emblée un enjeu d'aménagement. Mais à défaut d'enjeu, pouvait-on déceler une volonté d'aménagement dans le fait, par exemple, que la commune en aurait profité pour entreprendre d'importants travaux d'équipements ou un remodelage du tissu urbain ? La réponse était négative : « Ni l'économie de l'opération, ni son degré de complexité, ni la nature ou l'importance des travaux d'équipements qu'elle nécessite ne permettent de la distinguer d'une opération de construction ». Et M. Lasvignes d'ajouter, étayant l'analyse qui précède : « Il en serait allé autrement si la commune y avait vu l'occasion de rénover en totalité ou en partie le quartier de la Gare, qui semble quelque peu désuet, l'hôtel Frantour devenant alors l'un des pivots du nouveau secteur ». En d'autres termes, l'aménagement est la traduction d'une action volontariste sur un territoire (E. Fatôme et L. Richer, Question sur les nouvelles concessions d'aménagement, *AJDA* mai

2006.92). Force est cependant de constater que cette qualification donne lieu à des applications contrastées (CAA Bordeaux, 22 mars 2007, *Assoc. Gabas Nature et Patrimoine,* n° 03BX02313*;* CAA Nantes, 2 mars 2010, n° 09NT00076, *Constr.-Urb.* 2001, n° 4, obs. L. Santoni ; CAA Nantes, 2 févr. 2015, n° 13NT02139, *SARL Les Farfadets;* L. Santoni et X. Couton, 20 ans après Chamonix Mont-Blanc, qu'est devenue la notion d' « opération d'aménagement » ? *Constr.-urb.* 2014, Etude 4).

section 2

L'objet de la zone d'aménagement concerté

1028 L'article L. 311-1 du Code de l'urbanisme définit les *Zones d'aménagement concerté (ZAC)*[Q] comme des « zones à l'intérieur desquelles une collectivité publique ou un établissement public y ayant vocation, décide d'intervenir pour réaliser ou faire réaliser l'aménagement et l'équipement des terrains, notamment de ceux que cette collectivité ou cet établissement a acquis ou acquerra en vue de les céder ou de les concéder ultérieurement à des utilisateurs publics ou privés ». Elles constituent ainsi la principale procédure d'aménagement public. On ne reviendra pas sur cet aspect de leur objet. Il faut, en revanche, insister sur les conséquences de leur caractère public (§ 1) et préciser que toute opération d'aménagement public ne requiert pas nécessairement le recours à cette procédure (§ 2).

§ 1 Le caractère public de la compétence d'aménagement en ZAC

1029 La ZAC, selon sa définition, est une zone à l'intérieur de laquelle une collectivité décide d'intervenir. Il en résulte qu'elle est une opération dont l'initiative revient toujours à la collectivité publique dans un but d'intérêt général et ce, quel que soit son mode de réalisation, en régie ou par dévolution à un aménageur public ou privé. La question s'est posée par ailleurs de savoir si un document d'urbanisme pourrait légalement imposer le recours à cette procédure. Dans ces conclusions précitées, M. Lasvignes indiquait qu'un tel document ne pourrait réglementer la création des ZAC sur le territoire de la commune en fixant par exemple des conditions dont la réunion ferait que celle-ci serait tenue de les créer (En ce sens, concl. sur CE, sect., 28 juill. 1993, *Cne Chamonix-Mont-Blanc*, préc. ; CAA Paris, 25 oct. 1995, *SCI Sergent-Clémenceau*, req. n° 94PA01937). Cela étant précisé, le caractère d'opération publique de la ZAC confère surtout des prérogatives à la personne publique comme celle de recourir à l'expropriation.

§ 2 Le caractère non exclusif de la ZAC comme procédure d'aménagement

Il y a, dans la pratique, une gradation possible dans la mise en œuvre de l'aménagement. Le recours à une procédure d'aménagement n'est pas toujours nécessaire, soit parce que l'on est en présence d'une opération patrimoniale ; soit parce que l'opération, notamment de renouvellement urbain, est réalisable sans le recours aux prérogatives attachées à telle ou telle procédure (P. Hocreitère et A. Massaguer, « Les opérations d'aménagement sans procédure », *Ét. fonc.* 2010, n° 26). Dans les deux cas cependant il sera nécessaire d'être au clair sur les relations contractuelles entre les différents intervenants (Opérations d'aménagement : quels régimes contractuels », Dossier CP-ACCP n° 145/2014 et notamment, A. Vanderpoorter, Concession d'aménagement ou contrat de partenariat ?, p. 60). Concernant la ZAC, on peut d'abord relever qu'à la suite de sa modification par la loi ENL, l'article L. 300-4 du Code de l'urbanisme dispose que « l'État et les collectivités territoriales ainsi que leurs établissements publics peuvent concéder la réalisation des opérations d'aménagement prévues par le présent code, à toute personne y ayant vocation ». Mais peuvent être également déléguées des opérations menées selon une procédure prévue par d'autres dispositions légales, par exemple des opérations de résorption de l'habitat insalubre régies par le code de la Santé publique. Par ailleurs, des opérations d'aménagement pour lesquelles aucune procédure n'est mise en œuvre et dont l'objet, conforme aux objectifs énoncés à l'article L. 300-1 du Code de l'urbanisme, résulte du seul contrat d'aménagement, peuvent faire l'objet de délégations (J.-F. Bizet, « La convention publique d'aménagement : nature et régime juridiques », *BJCP* 2001, n° 18, p. 374 ; O. Martin, « Les conventions d'aménagement après la loi SRU », *Droit et Ville* 2002, n° 54, p. 88). Il en résulte que la collectivité peut envisager une opération d'aménagement indépendamment du recours à une procédure précise car « les procédures sont bien des outils utilisables en fonction des besoins pour la réalisation des opérations, mais elles ne s'identifient pas à celles-ci. On pourra utiliser conjointement ou successivement plusieurs procédures pour la réalisation d'une même opération, voire même, mais c'est plus exceptionnel, réaliser une opération sans procédures particulières » (O. Martin, préc.). Au demeurant, la jurisprudence paraît bien aller en ce sens (CE 22 févr. 1991, *SIDEC c/ Cne Aubervilliers*, req. nos 87312, 87313). Il en découle à tout le moins qu'indépendamment du caractère délégable ou non de l'opération, une collectivité peut réaliser une opération d'aménagement en dehors des procédures prévues par le Code de l'urbanisme. Elle resterait néanmoins soumise notamment à l'obligation de concertation imposée par l'article L. 300-2, c du Code de l'urbanisme, à la réalisation d'une étude d'impact... quelle que soit la procédure utilisée (lotissement, voire permis de construire valant division), si bien que le recours à la procédure de ZAC ou à tout autre procédure bien connue peut présenter l'intérêt, sur le plan de la sécurité juridique, d'être mieux balisé, comme une sorte de synthèse des formalités à accomplir pour mener l'opération en toute légalité. Néanmoins, il n'existe aucune obligation juridique à cet égard. 1030 ■

Mandat d'aménagement. Que la personne publique mette en œuvre son projet d'aménagement dans ou hors le cadre de la procédure de ZAC, la loi ALUR lui ouvre la possibilité de conclure une convention de mandat d'aménagement (C. urb., art. L. 300-3 ; F. Llorens et P. Soler-Couteaux : Un nouveau venu dans la famille des 1031 ■

mandats : le mandat d'aménagement, *Contrats Marchés publ.* juillet 2014, repère 7 ; L. Le Corre, Mandat et opérations d'aménagement, CP-ACCP nº 145/2014 p. 27). Cette possibilité existait déjà par le passé (C. urb., art. R. 321-20 ancien). La fragilité de sa base juridique au regard du droit communautaire avait cependant conduit à sa suppression par un décret du 20 décembre 2011. Le mandat ne pouvait, en effet, être confié qu'à une SEM ou un établissement public d'aménagement. Le législateur a cependant jugé utile de ressusciter l'outil. En effet, la loi sur la maîtrise d'ouvrage publique (MOP) autorise le mandat mais en exclut les ouvrages d'infrastructure réalisés dans les ZAC ou lotissements. Par ailleurs, l'apport du texte nouveau est d'habiliter le mandataire non seulement à conclure les marchés nécessaires à l'exécution de sa mission mais également à en effectuer le paiement, au nom et pour le compte de la personne publique mandante sans passer par le comptable public de celle-ci. C'est la convention qui fixe les conditions dans lesquelles le mandataire peut exercer cette mission.

L'État, les collectivités territoriales et leurs établissements publics peuvent donc désormais conclure une convention de mandat d'aménagement avec toute personne publique ou privée. Cette convention est un marché public de services et doit donc être attribuée après une procédure de publicité et de mise en concurrence régie selon la personne publique concernée, soit par le code des marchés publics, soit par l'ordonnance nº 2005-649 du 6 juin 2005.

Son objet peut porter sur la réalisation d'études, notamment les études préalables nécessaires à une opération d'aménagement, mais également sur la réalisation de travaux et la construction d'ouvrages ou de bâtiments de toute nature, lorsque ces travaux ou constructions n'entrent pas dans le champ d'application de la loi sur la maîtrise d'ouvrage publique (MOP). Elle peut aussi porter sur l'achat et à la revente de biens fonciers ou immobiliers dans le respect de la loi nº 70-9 du 2 janvier 1970 réglementant les conditions d'exercice des activités relatives à certaines opérations portant sur les immeubles et les fonds de commerce (L. Hoguet). Cet objet est donc moins vaste que celui de la concession d'aménagement qui, elle, peut porter sur la totalité de l'opération.

■ 1032 *Projet d'intérêt majeur (PIM).* Le législateur a jugé utile de créer, sous la forme du projet d'intérêt majeur, un autre outil d'aménagement associant l'État et les collectivités locales pour les situations dans lesquelles les procédures d'aménagement de droit commun ne seraient pas adaptées (C. urb., art. L. 350-1 à L. 350-7). L'outil lui-même est inspiré des contrats de développement territorial mis en place par la loi du 3 juin 2010 relative au Grand Paris. La nécessité de ce partenariat public résulte du constat que la réalisation des équipements publics structurants qui accompagnent les opérations d'aménagement relève de plusieurs personnes publiques dont il convient d'organiser la coopération. Le contrat pour la réalisation du projet d'intérêt majeur peut ainsi associer l'État et les communes et EPCI à fiscalité propre pour les objets relevant de leurs compétences. Les régions et les départements territorialement intéressés peuvent demander à en être signataires. Et à la demande de ces personnes publiques, le contrat peut également faire intervenir tout établissement public de l'État et toute société publique locale susceptible de prendre part à la réalisation du projet. Préalablement à sa signature, le PIM est soumis pour avis aux présidents du conseil régional, du conseil départemental et des EPCI compétents en matière de PLH ou de PLU. Peuvent également être consultés tout organisme ou association ayant compétence en matière d'habitat, d'urbanisme, de déplacement, d'aménagement ou d'environnement.

Le contenu du contrat est déterminé par la loi. Il doit ainsi comporter une présentation du projet, de ses objectifs et de la manière dont il contribue au développement urbain durable du territoire dans lequel il s'insère ; le nombre de logements et le pourcentage de logements sociaux à réaliser dans le cadre du projet ; la stratégie foncière à mettre en œuvre pour permettre la réalisation du projet ainsi que, le cas échéant, les modalités de mobilisation des terrains appartenant aux signataires du contrat et nécessaires pour la conduite du projet ; la liste des actions et des opérations d'aménagement et, le cas échéant, des projets d'infrastructure et les conditions générales de financement du projet.

En soi, une loi n'était pas utile pour instituer cette coopération contractuelle. Aussi bien, le principal intérêt du PIM réside-t-il dans les effets qui lui sont attachés. En premier lieu, le contrat peut prévoir la création de zones d'aménagement différé, dont il dresse la liste et fixe le périmètre, de même qu'il désigne les titulaires des droits de préemption ainsi institués. Cette disposition est en dérogation au regard des conditions de droit commun de l'établissement d'une ZAD dans la mesure où il s'agit de faciliter la stratégie foncière que le contrat prévoit pour permettre la réalisation du projet. En second lieu, le contrat vaut déclaration de projet des actions ou des opérations d'aménagement et des projets d'infrastructures pour lesquelles il précise qu'il vaut déclaration d'intérêt général. C'est d'ailleurs pourquoi le projet lui-même fait l'objet d'une enquête publique. Dans ce cas, l'autorité administrative engage la procédure de mise en compatibilité avec le SCOT (C. urb., art. L. 122-15) ou le PLU (C. urb., art. L. 123-16). En revanche, les actions ou les opérations d'aménagement et des projets d'infrastructures prévus par le contrat doivent être compatibles avec le SDRIF, les SAR des régions d'outre-mer ou le PADDUC (X. Couton, Les nouveaux outils entre acteurs publics dans la loi ALUR, *Constr.-Urb.* 2014, n° 6).

section 3

La ZAC, les règles d'urbanisme et les servitudes d'utilité publique

Les rapports entre la ZAC et les règles d'urbanisme doivent être examinés principalement sous deux angles. D'un premier point de vue, les règles d'urbanisme supérieures s'imposent à la ZAC (§ 1). D'un second point de vue, la règle d'urbanisme est un élément de la réalisation de la ZAC puisque c'est en principe le PLU qui déterminera les règles applicables dans le périmètre de la ZAC (§ 2). Il faut également examiner les rapports entre la ZAC et les servitudes d'utilité publique résultant de la législation relative à l'archéologie préventive (§ 3). 1033

§ 1 La soumission de la ZAC aux règles d'urbanisme supérieures

1034 La ZAC, sa localisation et son programme, doit respecter les normes d'urbanisme supérieures. Plus généralement, son aménagement et son équipement doivent être réalisés dans le respect des règles d'urbanisme (C. urb., art. R. 311-6). L'acte de création de la ZAC doit en justifier ; en effet, le rapport de présentation doit énoncer les raisons pour lesquelles, au regard des dispositions d'urbanisme en vigueur sur le territoire de la commune, le projet faisant l'objet du dossier de création a été retenu (C. urb., art. R. 311-2). Cette soumission concerne de manière directe le SCOT (C. urb., anc. art. R. 122-5) (B). Mais elle concerne aussi indirectement les dispositions particulières applicables à certaines parties du territoire (et les dispositions des directives territoriales d'aménagement maintenues qui précisent les modalités d'application de ce dispositions) en ce que le SCOT lui-même doit être compatible avec ces documents et prescriptions en application de l'article L. 111-1-1 du Code de l'urbanisme (A).

A. ZAC et dispositions particulières applicables à certaines parties du territoire

1035 *ZAC et loi littoral.* Dans les communes soumises à l'application de la loi du 3 janvier 1986 dite « loi Littoral », les ZAC doivent être localisées dans le respect des articles L. 146-2 à L. 146-4 et L. 146-6 qui déterminent les conditions de l'urbanisation des zones littorales (sur la violation de l'art. L. 146-4-I C. urb. : CE 3 juill. 1996, *SCI Mandelieu-Maure-Vieil*, req. n° 137623 ; CE 12 févr. 1993, *Cne Gassin*, req. n° 128251, *AJDA* 1993. 353, chron. Ch. Maugüe et L. Touvet ; *Lebon* 26 ; 27 févr. 1995, *Assoc. de défense des quartiers de Fréjus*, req. n° 118644, *Lebon* 110 ; 10 juill. 1995, *Sté du golf de Pardigon*, req. n° 138588 ; CE 25 mai 1998, *Assoc. de défense de Juan-les-Pins et Sté d'aménagement d'Antibes-les-Pins*, req. n° 172974 ; CE, sect., 26 mars 1999, *Sté d'aménagement de Port Léman*, *Lebon* 111 ; TA Nice, 8 oct. 1998, *Assoc. de défense du quartier de la gare c/ Cne Bormes-les-Mimosas*, *RFDA* 1999. 1044, concl. M.-Ch. Mehl-Schouder ; sur la violation de l'art. L. 146-4-III C. urb. : 4 juill. 1997, *Cne Cabourg*, req. n° 152629 ; sur la violation de l'art. L. 146-6 C. urb. : CAA Marseille, 20 janv. 2000, *Cne Cavalaire-sur-Mer* ; CE 29 nov. 1996, *Sté de développement du Dramont-Agay*, req. n° 129241, *BJDU* 1997. 74, concl. D. Piveteau ; *RDI* 1997. 70, obs. Y. Gaudemet et L. Touvet ; 30 avr. 1997, *Synd. intercnal Port d'Albret*, req. n° 158945 ; 29 juill. 1998, *Synd. intercnal du golf de l'Adour*, *RDI* 1998. 636, obs. J. Morand-Deviller et L. Touvet ; sous l'angle de la responsabilité : CE 7 févr. 2003, *SE au Logement c/ SNC Empain Graham*, n° 223882, *Lebon* T. 984, 989, 990, 1024 ; *BJDU* 2003. 217, concl. T. Olson ; *RDI* 2003. 381, obs. P. S.-C. ; 6 févr. 2006, req. n° 268973, *Sté d'aménagement du Port Léman*, *RDI* 2006. 156, obs. P. S.-C. ; sur l'aspect judiciaire du contentieux : Civ. 3e, 13 juill. 1999, *Maillet*, *BJDU* 1999. 262 ; *RDI* 2000. 36, obs. J. Morand-Deviller).

1036 *ZAC et loi Montagne.* Dans les communes relevant de l'application de la loi du 9 janvier 1985 dite « loi Montagne », la localisation des ZAC doit respecter la règle selon laquelle l'urbanisation doit en principe se réaliser en continuité avec les bourgs, villages, hameaux, groupes de constructions traditionnelles ou d'habitations existants sous réserve des aménagements de cette règle résultant de l'article L. 145-3-III du Code de l'urbanisme. Il en résulte qu'une ZAC sera le plus souvent soumise au régime des unités touristiques nouvelles (UTN) dont la définition et le régime sont fixés par les articles L. 145-9 et suivants du Code de l'urbanisme. On relèvera qu'en zone de montagne, le SCOT doit définir selon le cas, la localisation, la consistance et la capacité globale d'accueil et d'équipement des UTN ou les principes de leur implantation et leur nature (C. urb., art. L. 122-1-10).

ZAC et constructions dans le voisinage des aérodromes. La loi du 11 juillet 1985 a limité les conditions de l'urbanisation au voisinage des aérodromes (C. urb., art. L. 147-1 s.). En particulier, c'est l'article L. 147-5 du Code de l'urbanisme qui réglemente l'urbanisation dans les zones d'exposition au bruit et y interdit, en pratique, les ZAC d'habitation. 1037 ■

B. ZAC et schéma de cohérence territoriale

Le SCOT s'impose en termes de compatibilité aux opérations d'aménagement définies par décret (C. urb., art. L. 122-1-15). Au nombre de celles-ci figurent les ZAC (C. urb., art. R. 122-5, 2°). Si l'on se réfère à l'expérience du passé sous le régime des schémas directeurs, le contentieux est susceptible de porter tant sur la création de la ZAC que sur sa réalisation. Le premier aboutit à une contestation de la localisation et de l'objet de la zone (CE 22 mai 1991, *Cts Guillou*, req. n° 80813 ; 26 mai 1993, Letellier, req. n° 93088 ; 8 nov. 1993, *Ville Paris c/ Assoc. de sauvegarde de l'environnement Maillot-Champerret*, req. n° 127034 : la ZAC de la porte Maillot est annulée parce que sur les 240 000 m² dont la création était prévue, 130 000 devaient être affectés à des bureaux et des équipements tertiaires et de services alors que le schéma directeur prévoyait un arrêt de l'extension du secteur tertiaire dans les quartiers de l'Ouest parisien). Le second va viser à remettre en cause le parti d'aménagement retenu (CE 5 oct. 1990, *Cne Levallois-Perret c/ Caen*, *AJDA* 1991. 69, obs. J.-B. Auby ; *Lebon* 268 ; CE, sect., 3 déc. 1993, *Ville Paris c/ Parent*, *Lebon* 340 ; *RFDA* 1994. 583, concl. J.-Cl. Bonichot ; *BJDU* 1994. 7, concl. : la ZAC « Seine rive gauche » prévoyant 8 ha d'espaces verts parmi les 130 sur lesquels elle s'étend, est légale au regard de l'objectif fixé par le schéma directeur d'extension des espaces verts, not. de proximité ; CE 10 déc. 1993, *Assoc. pour l'aménagement de la ZAC Dupleix*, req. n° 134235, *BJDU* 1994. 53, concl. G. Le Chatelier ; 3 avr. 1998, *Sté pour l'étude, la protection et l'aménagement de la nature en Touraine*, req. n° 133333). Il peut donc, bien évidemment, arriver qu'une même ZAC soit compatible avec le schéma directeur ou désormais le SCOT du point de vue de sa localisation et de son objet, mais incompatible avec ses orientations à raison du parti d'aménagement retenu (v. par ex., à propos de la ZAC « Front de Paris » à Levallois-Perret : CE 5 oct. 1990, *Assoc. de défense des propriétaires, commerçants, industriels, artisans et occupants*, req. n° 1011698 et du même jour, *Cne Levallois-Perret c/ Caen*, préc. ; 27 mai 1998, *Cne Levallois-Perret*, req. n° 160403). 1038 ■

§ 2 La ZAC et le PLU

L'un des apports fondamentaux de la loi SRU en la matière est qu'elle a « déconnecté » la ZAC du PLU tant au plan des compétences qu'en ce qui concerne sa localisation (sur la possibilité de créer une ZAC sous le régime de la constructibilité limitée : CAA Paris, 4 juin 2002, *Cne Carrières-sous-Poissy*, *AJDA* 2002. 984, note J.-P. Lebreton ; *RDI* 1039 ■

2003. 380, obs. A. Robineau-Israël). Il n'en faut pas moins éclairer la question de l'articulation entre ZAC et PLU au regard de la localisation de celle-ci (A) et de l'éventuelle soumission de la première aux dispositions du second (B).

A. PLU et localisation des ZAC

■ 1040 La loi ne paraît pas subordonner la possibilité de créer une ZAC à l'existence d'un PLU couvrant le territoire communal (C. urb., art. R. 311-6 ; Rép. min. n° 10942, *JOAN* 3 nov. 2003. 8452 ; E. Bervas et G. Lermée, « Peut-on réaliser une ZAC en l'absence de POS et de PLU ? », *Ét. fonc.* 2004, n° 111, p. 6).

Lorsque celui-ci existe, la localisation de la ZAC est libre puisque son périmètre n'a plus à être situé dans les zones urbaines ou d'urbanisation future comme c'était le cas antérieurement (E. Fatôme, « Le nouveau régime juridique des ZAC », *BJDU* 6/2000. 394 ; E. Fatôme et J.-P. Lebreton, « Plan local d'urbanisme et localisation des zones d'aménagement concerté », *AJDA* 2003. 365 ; M. Raunet, « Zone d'aménagement concerté et plan local d'urbanisme », *AJDA* 2003. 1552).

B. ZAC et dispositions du PLU

■ 1041 Dès l'adoption de la loi SRU, la question s'est posée de la soumission de l'acte de création de la ZAC aux dispositions du PLU (v. antérieurement, CE 31 janv. 2001, *Commune de Blotzheim*, n° 207389, *Lebon* T. 1224). Le Conseil d'État y a répondu par la négative dès lors que la délibération qui approuve le périmètre et le programme de la ZAC n'a pour effet ni d'autoriser une quelconque construction, ni de définir des règles d'urbanisme (CE 26 juill. 2011, *Sté Innov Immo*, req. n° 320457, *Cons.-urb* 2011, n° 141, obs. L. Santoni ; *RDI* 2011. 586, obs. P. S.-C.). Il reste que l'article R. 311-6 du Code de l'urbanisme dispose que « l'aménagement et l'équipement de la zone sont réalisés dans le respect des règles d'urbanisme ». Néanmoins, le Conseil d'État a émis pour avis que tant la délibération créant la zone que celle approuvant le dossier de réalisation et même la décision approuvant le programme des équipements publics ne sont pas tenus de respecter les dispositions du règlement local d'urbanisme en vigueur à la date de leur adoption. Il rappelle qu'en revanche, il appartient aux autorités compétentes de prendre les dispositions nécessaires pour que les autorisations individuelles ayant pour objet l'aménagement et l'équipement de la zone puissent être accordées dans le respect des règles d'urbanisme. C'est donc seulement à ce stade que la règle d'urbanisme peut être modifiée pour permettre la mise en œuvre de l'opération d'aménagement (CE, avis, 4 juill. 2012, *Biglione*, req. n° 356221, *Lebon* 269 ; *Droit adm.* 2012, n° 93, note J-L. Pissaloux ; *JCP* A 2012, n° 2331, note T. Sire ; *RDI* 2012. 464, obs. P. S.-C. ; CAA Nantes, 2 févr. 2015, n° 13NT02139, *SARL Les Farfadets* : à propos d'un plan de sauvegarde et de mise en valeur. P. Hocreitère et V. Gueguen, « L'articulation dans le temps de la ZAC, du PLU et de la concession d'aménagement », *Ét. fonc.* 2010, n° 147, p. 24).

■ 1042 L'autre apport de la loi SRU résulte de la suppression des PAZ. La règle applicable dans le périmètre de la ZAC doit donc désormais figurer dans le PLU. Depuis la modification apportée par la loi n° 2005-809 du 20 juillet 2005 relative aux concessions d'aménagement à l'article L. 123-3, le règlement du PLU n'a plus à comporter de dispositions spéciales obligatoires dans les ZAC. Ainsi, désormais le PLU peut simplement préciser la localisation et les caractéristiques des espaces publics à conserver, à modifier ou à créer ; la localisation prévue pour les principaux ouvrages publics, les installations d'intérêt général et les espaces verts ; déterminer la surface de plancher dont la construction est autorisée dans chaque îlot, en fonction, le cas échéant, de la nature et de la destination des bâtiments (S. Pérignon, « Gestion de la densité en ZAC », *Defrénois* 2002. 381). La disposition analogue de l'ancien article R. 311-10-3 du Code de l'urbanisme fut interprétée avec souplesse par la jurisprudence administrative (sur la notion d'îlot et les transferts de densité : CE 20 nov. 1995, *Assoc. « Victor Schoelcher »*, *RDI* 1996. 203, obs. Y. Gaudemet et L. Touvet ; 15 mars 1996, *Cne Risoul*, req. n° 125248).

§ 3 ZAC et archéologie préventive

En application de la loi n° 2001-44 du 17 janvier 2001 relative à l'archéologie préventive modifiée par la loi n° 2003-707 du 1er août 2003, les opérations de construction d'ouvrages ou de travaux qui, en raison de leur localisation, de leur nature ou de leur importance, affectent ou sont susceptibles d'affecter des éléments du patrimoine archéologique ne peuvent être entreprises que dans le respect des mesures de détection et, le cas échéant, de conservation et de sauvegarde par l'étude scientifique ainsi que des demandes de modification de la consistance des opérations (C. patr, art. R. 523-1). Est ainsi concernée la réalisation des ZAC dans les zones définies par arrêté du préfet de région dans le cadre de l'établissement de la carte archéologique nationale (C. patr., art. L. 522-5 et R. 523-6) mais également celle affectant une superficie supérieure ou égale à 3 ha dès lors que les travaux envisagés affectent le sous-sol (C. patr., art. R. 523-4). En outre, le préfet de région peut décider ponctuellement, à son initiative ou sur saisine des autorités compétentes pour autoriser les travaux, d'édicter des prescriptions lorsqu'un projet est susceptible d'affecter des éléments de patrimoine archéologique alors même qu'il est localisé hors des zones précitées (C. patr., art. L. 522-4 et R. 523-8). C'est la personne publique ayant pris l'initiative de la création de la zone qui adresse au préfet de région le dossier de réalisation (C. patr., art. R. 523-9). Néanmoins, l'aménageur peut, de sa propre initiative, saisir préventivement le préfet de région d'un dossier afin qu'il examine si le projet est susceptible de donner lieu à des prescriptions archéologiques. Si celui-ci constate que le projet est susceptible d'affecter des éléments du patrimoine archéologique, il informe le demandeur, dans le délai de deux mois à compter de la réception de la demande, que le projet qu'il lui a présenté donnera lieu à des prescriptions archéologiques (C. patr., art. R. 523-12). Dans ce cas, l'aménageur peut le saisir d'une demande anticipée de prescription (C. patr., art. R. 523-14). Il supporte alors la redevance d'archéologie préventive (C. patr., art. 524-4 et R. 523-14). Lorsque des prescriptions archéologiques ont été arrêtées à l'occasion de la création d'une ZAC, aucune prescription supplémentaire ne peut être imposée lors de l'instruction des demandes d'autorisations d'urbanisme nécessaires à la réalisation de l'opération. Il en va de même lorsque le préfet, saisi par l'aménageur, a fait savoir que le projet n'appelait pas d'intervention archéologique préventive (C. patr., art. R. 523-20). 1043 ■

section 4

La création de la ZAC

■ 1044 La procédure de ZAC n'a pas été fondamentalement modifiée par la loi SRU. Elle se déroule en deux temps : la collectivité publique définit d'abord son périmètre et son programme après concertation puis elle élabore un dossier de réalisation. On étudiera ici les conditions de la création de la ZAC, de l'initiative prise par la collectivité publique (§ 1) jusqu'à la décision de création (§ 3) en relevant particulièrement les obligations procédurales en amont de la création de la ZAC (§ 2). On examinera enfin le contentieux qu'elle est susceptible de déclencher (§ 4).

§ 1 L'initiative de la création de la ZAC

■ 1045 Une ZAC ne peut être créée qu'à l'initiative d'une collectivité publique ou d'un établissement public ayant vocation, par la loi ou par ses statuts, à réaliser ou à faire réaliser l'objet de ladite zone (C. urb., art. L. 311-1). Il s'agit de l'État, des collectivités territoriales et des établissements publics ayant vocation, de par la loi ou leurs statuts, à réaliser ou faire réaliser l'objet de la zone (C. urb., art. R. 311-1). La condition de spécialité posée par l'article R. 311-1 ne concerne que les établissements publics à l'exclusion des collectivités locales. Il en résulte que le moyen tiré de ce qu'une commune ayant pris l'initiative d'une ZAC n'aurait pas vocation à faire réaliser un golf est inopérant (CE 13 mars 1992, *Cne Savenay, c/ Kerbriand*, req. n° 122786).

Depuis la loi SRU, que la commune soit ou non couverte par un PLU, c'est le conseil municipal, ou l'organe délibérant de l'EPCI concerné, qui est compétent pour créer la ZAC et approuver son périmètre et son programme (C. urb., art. L. 311-1 ; P. Bijou, « La zone d'aménagement concerté dans la décentralisation », *Droit et Ville* 2001, n° 52, p. 208).

L'État demeure cependant seul habilité lorsque l'initiative de la ZAC est prise par lui-même, la région, le département ou leurs établissements publics et concessionnaires et lorsque son périmètre est situé en tout ou en partie à l'intérieur d'un périmètre d'opération d'intérêt national. Dans tous ces cas, la création de la ZAC par le préfet doit être précédée de l'avis des conseils municipaux des communes concernées ou de l'EPCI compétent (C. urb., art. L. 311-1).

§ 2 Les obligations procédurales en amont de la création de la ZAC

■ 1046 Il résulte de la Charte constitutionnelle de l'environnement que « toute personne a le droit, dans les conditions et les limites définies par la loi, d'accéder aux informations relatives à l'environnement détenues par les autorités publiques et de participer à l'élaboration des décisions publiques ayant une incidence sur l'environnement » (art. 7 ; Cons. const. 19 juin 2008, *n° 2008-564, DC*, Loi relative aux OGM ; v. aussi, C. env., art. L. 110-1-II, 5°). La loi n° 2010-788 du 12 juillet 2010 ENE a en décliné les modalités de la mise en œuvre sous la forme de dispositions transversales intégrées dans le code de l'environnement (art. L. 120-1 et L. 120-2). Le Conseil constitutionnel a toutefois censuré l'article L. 120-1 en raison de son champ d'application trop limité (Cons. const. 23 nov. 2012, *Assoc. FNE, n° 2012-282, QPC*). Le législateur est donc à nouveau intervenu par la loi n° 2012-1469 relative à la mise en œuvre du principe de participation du public défini à l'article 7 de la Charte de l'environnement. Puis l'ordonnance n° 2013-714 a élargi le champ de l'article L. 120-1 précité. Ce régime de droit commun n'a cependant qu'un caractère supplétif. En effet, il ne s'applique qu'aux décisions des autorités publiques, tant individuelles (C. env., art. L. 120-1-1) qu'autres qu'individuelles (C. env., art. L. 120-1), ayant une incidence sur l'environnement lorsque celles-ci ne sont pas soumises, par des dispositions législatives qui leur sont applicables, à une procédure particulière organisant la participation du public à leur élaboration. Il en résulte qu'il n'occupe qu'une place restreinte en droit de l'urbanisme. Particulièrement, la création de la ZAC y échappe dans la mesure où, de longue date, elle doit être précédée d'une concertation (B. Delaunay, L'apport de la loi du 27 décembre 2012 et de l'ordonnance du 5 août 2013 aux régimes d'information et de participation du public en droit de l'urbanisme, *DAUH* 2014.91).

Les objectifs poursuivis et la concertation. Lorsqu'une collectivité publique prend l'initiative de créer une ZAC, elle doit d'une part, indiquer, au moins dans leurs grandes lignes, les objectifs poursuivis par l'opération (v. à propos d'un PLU : CE 10 févr. 2010, *Cne Saint-Lunaire*, req. n° 327149, *Lebon* 921, 1012 et 1024 ; *BJDU* 2010. 182, concl. L. Derepas ; *RDI* 2010. 333, obs. P. S.-C. ; CAA Lyon, 29 nov. 2011, *Cne Seyssuel*, req. n° 10LY01907, *RDI* 2012. 113, obs. P. S.-C.). D'autre part, elle doit fixer les modalités d'une concertation permettant d'associer, pendant toute la durée de l'élaboration du projet, les habitants, les associations locales et les autres personnes concernées (C. urb., art. L. 300-2). Ces deux volets constituent une formalité substantielle dont la méconnaissance entache d'illégalité la création de la ZAC. L'autorité compétente peut organiser une concertation unique lorsqu'une opération d'aménagement nécessite une révision du SCOT ou du PLU elle-même soumise à concertation. 1047 ■

Les objectifs poursuivis et les modalités de la concertation sont précisés par le préfet lorsque la ZAC est à l'initiative de l'État et en principe, par l'organe délibérant de la collectivité dans les autres cas. Toutefois, s'agissant d'une ZAC, ils peuvent l'être par le président de l'organe délibérant de la collectivité ou de l'établissement public compétent (v. antérieurement, CE 24 mai 1995, *Ville Meudon*, req. n° 150360 et 153859, *Lebon* 208). 1048 ■

Les modalités de la concertation doivent permettre au public d'accéder aux informations relatives au projet et aux avis requis par les dispositions législatives ou réglementaires applicables et de formuler des observations et propositions qui sont enregistrées et conservées par l'autorité compétente. Elles doivent être adaptées dans leur contenu et leur durée à l'importance de l'opération et au nombre des habitants concernés (CE 13 mars 1992, *Cne Savenay c/ Kerbriand*, req. n° 122786 ; 24 févr. 1993, *Roncari et Sté immobilière du domaine de Billy*, req. n° 116219 ; 3 sept. 1997, Lamy, req. n° 171916). 1049 ■

La concertation doit se dérouler pendant toute la durée de l'élaboration du projet mais avant la création de la ZAC. Par analogie, s'agissant du projet de VAL à

Bordeaux, le Conseil d'État a jugé que la concertation doit intervenir avant que le projet ne soit arrêté dans sa nature et ses options essentielles et que ne soient pris les actes conduisant à la réalisation effective de l'opération (CE 6 mai 1996, *Assoc. Aquitaine Alternatives*, *Lebon* 144 ; *RFDA* 1996 .835, concl. D. Piveteau *RFDA* 1997. 711).

À l'issue de la concertation, l'autorité qui en a précisé les modalités en arrête un bilan. Celui-ci peut être tiré par la délibération qui approuve le dossier de création (C. urb., art. R. 311-2). Le projet adopté peut comporter des modifications par rapport aux prévisions portées précédemment à la connaissance des habitants et autres personnes concernées, dès lors que ces modifications n'affectent ni la nature, ni les options essentielles de l'opération d'aménagement envisagée (CE 18 mars 1994, n° 136634, *Copropriété « Le Melchior »*, *Lebon* T. 1244 ; CAA Paris, 6 avril 1995, *« Assoc. Sucy Plus »*, n° 93PA00964, *Lebon* T. 1084 ; 3 sept. 1997, Lamy, req. n° 171916). L'acte qui tire le bilan de la concertation fait grief et peut faire l'objet d'un recours pour excès de pouvoir (CE 24 mai 1995, *Ville Meudon*, req. n° 150360 et 153859, *Lebon* 208). Il ne présente cependant pas un caractère réglementaire.

1050 *Contentieux.* La création de la ZAC n'est pas illégale du seul fait des vices susceptibles d'entacher la concertation et notamment de l'insuffisance de ses modalités. En revanche, les modalités définies par la délibération doivent être strictement respectées (C. urb., art. L. 300-2-IV). À défaut, la légalité de la ZAC s'en trouverait affectée (CAA Douai, 8 déc. 2011, Cne Templeuve, req. n° 10DA01597, *Constr.-Urb.* 2012, n° 23, note P. Cornille) dès lors du moins que les cibles visés par la modalité omise n'auraient pas été atteintes par d'autres voies (CAA Bordeaux, 11 févr. 2014, n° 12BX02488, *RDI* 2014.593, obs. P. S-C. ; v. aussi, CAA Douai, 8 déc. 2011, n° 10DA1597, *Cne de Templeuve*, *Constr.-urb.* 2012, n° 23, note P. Cornille). Par ailleurs, un vice affectant la délibération prescrivant l'élaboration d'un document d'urbanisme ne peut être invoqué à l'occasion d'un recours contre l'acte de création au-delà d'un délai de six mois à compter de cette création (C. urb., art. L. 600-1 ; CE 23 déc. 2014, *n° 368098, Lebon* T. ; *RDI* 2015.92, obs. P. S-C.)

§ 3 La décision de création

1051 La décision de création (C) est précédée de la constitution d'un dossier de création (A) qui doit comporter tous les éléments permettant à la collectivité de prendre une décision éclairée. Mais avant de la prendre, l'autorité compétente devra respecter les formalités procédurales qui permettent la mise en œuvre du principe de participation du public (B).

A. La constitution du dossier de création

1052 La décision de création est précédée de l'établissement d'un dossier constitué par la personne qui en a pris l'initiative (C. urb., art. R. 311-2). Son contenu est essentiel, car c'est au regard des éléments de ce dossier que les personnes consultées vont émettre leurs avis et que l'organe compétent va prendre sa décision. Pour ces raisons, l'absence ou l'insuffisance de l'un des éléments du dossier, et notamment de l'étude d'impact, entraînera l'illégalité de la décision de création au moins dans la mesure où il apparaîtra comme ayant contribué à déterminer le sens de la décision. Ce dossier comprend un rapport de présentation, qui expose notamment l'objet et la justification de l'opération. Il comporte une description de l'état du site et de son environnement (CE 3 sept. 2009, *Cne Nort-sur-Erdre*, req. n° 309162, *Lebon* T. 987, *Dr. adm.* 2009, n° 134, note D. Gillig). Il indique le programme global prévisionnel des constructions à édifier dans la zone et énonce les raisons pour lesquelles, au regard des dispositions d'urbanisme en vigueur sur le territoire de la commune et de l'insertion dans l'environnement naturel ou urbain, le projet faisant l'objet du dossier de création a été retenu. Il doit comprendre, en outre, un plan de situation ; un plan de délimitation du ou des périmètres composant la zone, une ZAC pouvant être multi-sites et l'étude d'impact définie à l'article L. 122-5 du Code de l'environnement lorsque celle-ci est requise. Le dossier précise également si la part communale ou intercommunale de la taxe d'aménagement sera ou non exigible dans la zone (CE 13 juill. 2011, *Min. Transports c/ SCI Inter Ivry*, req. n° 313888 : conditions d'exonération de la TLE en ZAC). Cette énumération est limitative. Ainsi, le dossier de création n'a pas, par exemple, à comprendre un acte portant concession d'endigage (CE 20 mai 1977, *Paoli*, req. n° 94212, *Lebon* T. 1000), ni le programme des équipements publics qui ne doit figurer que dans le dossier de réalisation (CAA Paris, 6 avr. 1995, *Assoc. « Sucy Plus » c/ Cne Sucy-en-Brie*, req. n° 93PA00964, *Lebon* T. 1084).

Étude d'impact[Q]. Alors que dans l'état antérieur du droit, la création de la ZAC était soumise à étude d'impact de manière systématique, la loi n° 2010-788 du 12 juillet 2010 portant engagement national pour l'environnement (C. envir., art. L. 122-1 s.) et le décret n° 2011-2019 du 29 décembre 2011 portant réforme des études d'impact ont fixé des seuils combinant cumulativement la surface de plancher créée et la superficie de la ZAC qui déterminent l'obligation de réaliser une telle étude en fonction notamment de la situation de la commune au regard de sa couverture par un PLU ou un document d'urbanisme en tenant lieu ou d'une carte communale. Le champ d'application de l'étude d'impact constitue ainsi la mise en œuvre de la directive n° 2011/92/UE du 13 décembre 2011 concernant l'évaluation des incidences de certains projets publics et privés sur l'environnement qui codifie les modifications qui ont été apportées à la directive n° 85/337/CEE du 27 juin 1985 (C. envir., art. L. 122-1-I). Mais certains auteurs ont émis des doutes sur la conformité du régime de l'étude d'impact et des dispenses qu'il ménage aux dispositions de la directive (L. Santoni et X. Couton, « La ZAC dans la tourmente des nouveaux textes », *Constr.-Urb.* 2012. Étude 6). 1053 ■

Concernant les ZAC situées sur le territoire d'une commune dotée d'un PLU ou d'un document d'urbanisme en tenant lieu ou d'une carte communale n'ayant pas fait l'objet d'une évaluation environnementale permettant l'opération, elles sont systématiquement soumises à étude d'impact lorsque l'opération crée, en une ou plusieurs phases, une surface de plancher supérieure ou égale à 40 000 m² ou lorsque le terrain d'assiette couvre une superficie supérieure ou égale à 10 ha. Elles sont susceptibles d'être soumises à étude d'impact après un examen au cas par cas (C. envir., art. L. 122-1-III), lorsque l'opération soit, crée une surface de plancher supérieure ou égale à 10 000 m² et inférieure à 40 000 m² et lorsque le terrain d'assiette ne couvre pas une superficie supérieure ou égale à 10 ha, soit couvre un terrain d'assiette d'une superficie supérieure ou égale à 5 ha et inférieure à 10 ha et dont la surface de plancher créée est inférieure à 40 000 m² (C. envir., R. 122-2, rubrique 33). Il en résulte que la création d'une ZAC de moins 10 000 m² de surface de plancher et de moins de 5 ha est dispensée d'étude d'impact.

Concernant les ZAC situées sur le territoire d'une commune non dotée d'un PLU ou d'un document d'urbanisme en tenant lieu ou d'une carte communale, elles sont systématiquement soumises à étude d'impact lorsque l'opération crée une surface de plancher supérieure ou égale à 40 000 m² ou lorsque le terrain d'assiette couvre une superficie supérieure ou égale à 10 ha. Elles sont susceptibles d'être soumises à étude d'impact après un examen au cas par cas lorsque l'opération soit, crée une surface de plancher supérieure ou égale à 3 000 m² et inférieure à 40 000 m² et lorsque le terrain d'assiette ne couvre pas une superficie supérieure ou égale à 3 ha, soit couvre un terrain d'assiette d'une superficie supérieure ou égale à 3 ha et inférieure à 10 ha et dont la surface de plancher créée est inférieure à 40 000 m² (C. envir., art. R. 122-2, rubrique 34). Il en résulte que la création d'une ZAC de moins 10 000 m² de surface de plancher et de moins de 3 ha est dispensée d'étude d'impact.

L'étude d'impact doit être réalisée par et sous la responsabilité de la personne publique qui a pris l'initiative de la création de la zone (C. envir., art. R. 122-1). Elle peut être complétée au stade de l'élaboration du dossier de réalisation. Néanmoins, cette possibilité ne permet pas de justifier une insuffisance de l'étude d'impact au stade de la création de la ZAC (CAA Nantes, 14 oct. 2011, req. n° 10NT00602, *Constr.-Urb.* 2011, n° 174, note L. Santoni).

1054 *Consultation de l'autorité environnementale. Examen au cas par cas.* L'autorité environnementale compétente (C. envir., art. R. 122-6) peut intervenir à plusieurs titres (Circ. 3 sept. 2009 relative à la préparation de l'avis de l'autorité environnementale, NOR DEVD0917293C). D'abord, pour se prononcer sur la nécessité de réaliser une étude d'impact au cas par cas. Le maître de l'ouvrage, en l'espèce la personne publique qui a pris l'initiative de la création de la ZAC, la saisit d'un dossier présentant le projet (C. envir., art. L. 122-1-III), sous la forme d'un formulaire de demande d'examen dont le contenu est déterminé par arrêté du ministre chargé de l'environnement (C. envir, art. R. 122-3). L'autorité environnementale dispose alors d'un délai de 35 jours à compter de la réception du formulaire complet pour informer, par décision motivée, le maître d'ouvrage de la nécessité ou non de réaliser une étude d'impact. Mais l'absence de réponse au terme de ce délai vaut obligation de réaliser une étude d'impact. Cette décision ou, en cas de décision implicite, le formulaire accompagné de la mention du caractère tacite de la décision, est publiée sur son site internet. Elle figure également dans le dossier mis à disposition du public (v. ss 1061). Tout recours contentieux contre la décision imposant la réalisation d'une étude d'impact doit, à peine d'irrecevabilité, être précédé d'un recours administratif préalable devant l'autorité environnementale qui a pris la décision.

1055 *Contenu de l'étude d'impact.* Le contenu de l'étude d'impact est déterminé par le pouvoir réglementaire. Il doit être proportionné à la sensibilité environnementale de la zone susceptible d'être affectée par le projet, à l'importance et la nature des travaux, ouvrages et aménagements projetés et à leurs incidences prévisibles sur l'environnement ou la santé humaine (C. envir., art. R. 122-5). Par conséquent, si le maître de l'ouvrage le requiert, l'autorité compétente pour créer la ZAC rend un avis sur le degré de précision des informations à fournir dans l'étude d'impact. Elle fournit également les zonages, schémas et inventaires relatifs au lieu du projet. Elle consulte elle-même l'autorité environnementale qui elle, consulte l'agence régionale de santé (C. envir., art. L. 122-1-2, R. 122-4). La consultation de l'autorité environnementale permet notamment au maître d'ouvrage de prendre en considération les autres projets connus avec lesquels les impacts de la ZAC sont susceptibles de se cumuler (CE 3 sept. 2009, *Cne Nort-sur-Erdre*, req. n° 309162, *Lebon* T. 987 ; *RDI* 2009. 608 ; *BJDU* 2009. 320). Afin d'éviter les répétitions de l'avis de l'autorité environnementale d'abord sur l'étude d'impact jointe au dossier de création puis à l'occasion des travaux et ouvrages réalisés dans la ZAC, la loi ALUR prévoit que l'avis émis sur l'étude d'impact préalable à la création de la zone peut, dans des conditions fixées par décret, tenir lieu d'avis pour les études d'impact afférentes aux acquisitions foncières, travaux et ouvrages réalisés au sein de la zone (C. env., art. L. 122-3-II bis ; L. Santoni, L'urbanisme opérationnel « post-ALUR », *Constr.-Urb.* 2014, n° 4).

Consultation de l'autorité environnementale sur l'étude d'impact. L'étude d'impact et le dossier présentant le projet, comprenant la demande d'autorisation, est transmis pour avis à l'autorité administrative de l'État compétente en matière d'environnement (C. envir., art. L. 122-1-III). Elle dispose d'un délai de deux mois pour se prononcer. L'avis, dès sa signature, ou l'information relative à l'absence d'observations émises dans le délai, est mis en ligne sur son site internet et sur le site internet de l'autorité chargée de le recueillir lorsque cette dernière dispose d'un tel site. L'autorité compétente pour créer la ZAC transmet, dès sa réception, l'avis au pétitionnaire. L'avis ou l'information relative à l'absence d'observations émises dans le délai est joint au dossier de la mise à disposition (C. envir., art. R. 122-7). 1056 ■

Étude de faisabilité sur le potentiel de développement en énergies renouvelables de la zone. Par ailleurs, toute opération d'aménagement faisant l'objet d'une étude d'impact doit faire l'objet d'une étude de faisabilité sur le potentiel de développement en énergies renouvelables de la zone, en particulier sur l'opportunité de la création ou du raccordement à un réseau de chaleur ou de froid ayant recours aux énergies renouvelables et de récupération (C. urb., art. L. 128-4). 1057 ■

Enquête publique. Bien que dans le cadre de la réforme de l'enquête publique réalisée par la loi n° 2010-788 du 12 juillet 2010 portant engagement national pour l'environnement, le décret n° 2011-2018 du 29 décembre 2011 soumette à enquête publique tous projets d'aménagements par ailleurs soumis de façon systématique à la réalisation d'une étude d'impact, celui-ci prévoit une dispense expresse pour les « projets de création d'une ZAC » (C. envir., art. R. 123-1, II). La question se pose de savoir si cette dispense s'étend aux travaux, notamment de voirie, réalisés dans le périmètre de la ZAC (L. Santoni et X. Couton, art. préc.). La réponse à cette question est certainement négative (v. ss 1079). 1058 ■

Marchés d'études préalables. Il résulte clairement du champ d'application du régime des concessions d'aménagement (v. ss 1082) que la passation des marchés d'études préalables qui, en amont de la création de la ZAC, permettent d'établir sa faisabilité doivent être conclus dans le respect des dispositions du code des marchés publics pour les marchés de services (CAA Bordeaux, 9 nov. 2004, *Sodegis*, req. n° 01BX00381, *AJDA* 2004. 257, note J.-D. Dreyfus ; *Constr.-Urb.* 2005, n° 92, obs. X. Couton ; *Contrats Marchés publ.* 2005. 31, note J.-P. Pietri ; *RDI* 2005. 119, obs. J.-D. Dreyfus ; ibid. 150, obs. P. S.-C. ; *Defrénois* 2005. 796, note J.-Ph. Meng ; *JCP* A 2005, n° 1070, note C. Devès ; CAA Versailles, 20 juin 2006, *SADEV 94*, req. n° 03VZ00208 ; S. Pérignon, « Les études préalables à la convention d'aménagement », *Constr.-Urb.* déc. 2001, art., p. 5). Par ailleurs, l'article L. 300-3 issu de la loi ALUR ouvre à l'État, aux collectivités territoriales et leurs groupements la possibilité de conclure des conventions de mandat 1059 ■

portant notamment sur la réalisation d'études, notamment les études préalables nécessaires à une opération d'aménagement (v. ss 1031).

■ 1060 *Approbation du dossier de création de la ZAC.* Lorsque la personne publique qui a pris l'initiative de la ZAC n'est pas la commune ou l'EPCI compétent, et hors le cas où il s'agit de l'État, son organe délibérant approuve le dossier de création. Elle l'adresse à l'autorité compétente pour la créer et lorsque la création est de la compétence du préfet, à la commune ou à l'EPCI compétent en vue de recueillir son avis (C. urb., art. R. 311-3, R. 311-4). Ainsi, le dossier de création apparaît essentiellement comme un document à caractère préparatoire interne à l'administration, destiné aux autorités administratives appelées à émettre un avis comme à la personne publique qui doit, en définitive, prendre la décision. C'est pourquoi la décision par laquelle l'autorité qui a pris l'initiative de la ZAC approuve le dossier de création est insusceptible de recours (CE 22 mai 1987, *Tête c/ Cne Caluire-et-Cuire*, req. n° 70085, *Lebon* 179, *AJDA* 1987. 664, concl. Ch. Vigouroux), même à raison de ses vices propres (CE, ass., 15 avr. 1996, *Synd. CGT des hospitaliers de Bédarieux*, *AJDA* 1996. 366, chron. D. Chauvaux, ; ibid. 405, chron. J.-H. Stahl*; Lebon* 130).

B. La mise en œuvre du principe de participation du public

■ 1061 *Mise à disposition du public de l'étude d'impact.* Comme on l'a dit, la création de la ZAC échappe au régime de la participation du public aux décisions des autorités publiques ayant une incidence sur l'environnement dans la mesure il est supplétif. Néanmoins, dans la mesure où la création d'une ZAC peut être soumise à la réalisation d'une étude d'impact, mais se trouve dispensée d'enquête publique, l'étude d'impact devra faire l'objet d'une mise à disposition du public avant que la décision de création ne soit prise (C. envir., art. L. 122-1-1, R. 122-11). Cette mise à disposition porte sur l'étude d'impact elle-même mais comporte également l'indication des autorités compétentes pour prendre la décision ainsi que les avis émis par une autorité administrative sur le projet, en l'espèce, l'avis de l'autorité environnementale (C. envir., art. R. 122-9). Elle comporte également l'indication des personnes publiques auprès desquelles peuvent être obtenus des renseignements sur le projet afin de permettre l'exercice du droit d'accès à l'information relative à l'environnement (C. envir., art. L. 124-4, L. 124-5, II). Au demeurant, afin de faciliter la prise de connaissance par le public des informations contenues dans l'étude, celle-ci est précédée d'un résumé non technique (C. envir., art. R. 122-5). Aux termes de la loi, la mise à disposition du public concerne également la « demande d'autorisation ». Une telle formule pose la question de savoir si ce n'est pas tout le dossier de ZAC qui doit être mis à disposition (en ce sens, L. Santoni et X. Couton, art. préc.). C'est l'autorité compétente pour décider de la création de la ZAC qui détermine les modalités de la mise à disposition du public. Celles-ci sont néanmoins largement précisées par le pouvoir réglementaire. En particulier, sa durée ne peut être inférieure à 15 jours. Elle doit par ailleurs porter à la connaissance du public les modalités de cette mise à disposition huit jours au moins avant le début de celle-ci (C. envir., art. L. 122-1-1, R. 122-11).

■ 1062 *Prise en considération des observations du public.* Dans le prolongement de l'article 7 de la Charte de l'environnement, le législateur a placé au nombre des principes du droit de l'environnement *« le principe de participation en vertu duquel toute personne est informée des projets de décisions publiques ayant une incidence sur l'environnement dans des conditions lui permettant de formuler ses observations, qui sont prises en considération par l'autorité compétente »* (C. env., art. L 110-1-II, 5°). En application de ce principe, la décision de créer la ZAC prend en considération l'étude d'impact, l'avis de l'autorité environnementale et le résultat de la consultation du public (C. envir., art. L. 122-1, IV). À cette fin, le maître d'ouvrage dresse un bilan de la consultation du public qui est mis en ligne sur le site internet de l'autorité compétente (C. envir., art. R. 122-11-III). Il en résulte qu'avant de décider la création de la ZAC, l'autorité compétente devra tirer deux bilans, celui de la concertation et celui de la consultation du public sur l'étude d'impact.

C. L'acte de création

Compétence. La création de la ZAC résulte, selon le cas, d'une délibération du conseil municipal ou de l'organe délibérant de l'EPCI compétent ou d'un arrêté du préfet (C. urb., art. L. 311-1). Lorsque c'est la commune ou l'EPCI compétent qui a pris l'initiative de la création de la zone, c'est la délibération approuvant le dossier de création qui crée la ZAC (C. urb., art. R. 311-3). Lorsque l'initiative de la ZAC est le fait de l'État, des régions, des départements ou de leurs établissements publics et concessionnaires, c'est le préfet qui est compétent. Il en va de même des ZAC situées, en tout ou en partie, à l'intérieur d'une opération d'intérêt national. Dans ce cas, la personne publique qui a pris l'initiative de la création de la zone adresse le dossier de création au préfet mais également à la commune ou l'EPCI compétent pour avis qui doit être émis dans un délai de trois mois (v. ss 1060). Le préfet crée alors la ZAC en considération de cet avis (C. urb., art. R. 311-4). 1063 ■

Contenu de l'acte de création. L'acte qui crée la ZAC en délimite le ou les périmètres. Il indique le programme global prévisionnel des constructions à édifier à l'intérieur de la zone. Il mentionne le régime applicable au regard de la part communale ou intercommunale de la taxe d'aménagement (C. urb., art. R. 311-5 ; v. ss 1052). Mais, outre ce contenu classique résultant du Code de l'urbanisme, le code de l'environnement requiert la mention d'une part, des mesures à la charge du maître d'ouvrage (en l'espèce, la personne publique qui a pris l'initiative de la création de la ZAC) destinées à éviter les effets négatifs notables du projet sur l'environnement ou la santé humaine, réduire les effets n'ayant pu être évités et, lorsque cela est possible, compenser les effets négatifs notables du projet sur l'environnement ou la santé humaine qui n'ont pu être ni évités ni suffisamment réduits. Le code de l'environnement précise que les mesures compensatoires ont pour objet d'apporter une contrepartie aux effets négatifs notables, directs ou indirects, du projet qui n'ont pu être évités ou suffisamment réduits. Elles sont mises en œuvre en priorité sur le site endommagé ou à proximité de celui-ci afin de garantir sa fonctionnalité de manière pérenne. Elles doivent permettre de conserver globalement et, si possible, d'améliorer la qualité environnementale des milieux. La décision de création doit, d'autre part, comporter la mention des modalités du suivi des effets du projet sur l'environnement ou la santé humaine mais également les modalités du suivi de la réalisation des mesures de compensation décrites ci-dessus ainsi que du suivi de leurs effets sur l'environnement, qui font l'objet d'un ou plusieurs bilans réalisés selon un calendrier déterminé par l'autorité compétente pour créer la ZAC. Cette dernière transmet par ailleurs ce ou ces bilans à l'autorité environnementale. Là encore, le code de 1064 ■

l'environnement précise que le contenu du dispositif de suivi est proportionné à la nature et aux dimensions du projet, à l'importance de ses impacts prévus sur l'environnement ou la santé humaine ainsi qu'à la sensibilité des milieux concernés (C. envir., art. R. 122-14, R. 122-15). On pourrait considérer que ces indications figurant déjà dans l'étude d'impact, elles n'ont pas à être reprises dans l'acte de création. Néanmoins, elles auront pu évoluer au regard notamment de la consultation du public et de l'avis de l'autorité environnementale. Il serait ainsi prudent d'en faire la synthèse dans l'acte de création.

■ 1065 *Publicité de l'acte de création.* La décision de créer la ZAC est affichée pendant un mois en mairie ou, au siège de l'EPCI compétent et, dans ce cas, dans les mairies des communes membres concernées. Mention de cet affichage est insérée en caractères apparents dans un journal diffusé dans le département (C. urb., art. R. 311-5 ; C. envir., R. 122-12 ; CAA Paris, 18 juill. 1995, *Cne Esbly*, req. n° 94PA00373, *Lebon* T. 639). L'accomplissement de ces formalités de publicité détermine le point de départ des effets juridiques attachés à l'acte de création (C. urb., art. R. 311-5), outre sa transmission au préfet dans le cadre du contrôle de légalité, lorsqu'il s'agit d'une délibération du conseil municipal ou de l'organe délibérant d'un EPCI.

■ 1066 *Effets de l'acte de création.* La création de la ZAC produit immédiatement trois effets principaux. D'une part, l'autorité administrative peut surseoir à statuer sur les demandes d'autorisation de construire ou d'occuper le sol sur des terrains compris dans le périmètre de la ZAC (C. urb., art. L. 111-7). D'autre part, et en contrepartie, les propriétaires de terrains compris dans le périmètre de la ZAC peuvent exercer le droit de délaissement, c'est-à-dire mettre la collectivité qui a pris l'initiative de la zone en demeure de les acquérir (C. urb., art. L. 311-2 ; Civ. 3e, 9 juin 1999, *SCI des 4V c/ Sté d'Équipement de Seine-et-Marne*, n° 98-70.145 : la mise en demeure adressée au concessionnaire et non à la commune est inopérante). Le régime de ce droit est fixé par l'article L. 230-1 du Code de l'urbanisme et la jurisprudence a précisé qu'il s'applique également aux terrains bâtis (Civ. 3e, 7 mai 1996, *Sté Semcodan*, *BJDU* 1996. 265). Enfin, les propriétaires dont les terrains ont été préemptés ne peuvent plus bénéficier du droit de priorité que leur accorde l'article L. 213-11 du Code de l'urbanisme lorsque le titulaire du droit de préemption décide d'utiliser ou d'aliéner à d'autres fins un bien acquis depuis moins de cinq ans par exercice de ce droit (C. urb., art. L. 311-3).

■ 1067 *Nature juridique de l'acte de création.* La décision de création d'une ZAC n'a pas un caractère réglementaire. Néanmoins, elle ne crée de droits acquis à son maintien, ni pour les tiers (CE 2 déc. 1977, *Cté défense de l'environnement de Mâcon-Nord,* n° 00843, *Lebon* 474), ni pour l'aménageur de la zone lié par convention à la personne publique (CE 22 juin 1984, *SCI Palaiseau-Villebon*, req. n° 44287, *Lebon* T. 773 ; *AJPI* 1986. 80, chron. R. Hostiou). Cette dernière peut donc légalement l'abroger, notamment sur la demande des tiers (CE 3 nov. 1997, *Cne du Rayol-Canadel*, req. n° 149410, *Lebon* T. 637) ou réduire le projet à tout moment pour tout motif d'intérêt général même relevant de l'opportunité (CE 15 avr. 1992, *SCI « Vallières »*, req. n° 66843, *Lebon* 182 ; 29 nov. 1996, *Sté de développement du Dramont-Agay*, req. n° 129241, *BJDU* 1997. 74, concl. D. Piveteau ; CAA Lyon, 18 mai 1993, *EURL SSD*, req. n° 92LY00111), cela sous réserve de l'erreur manifeste d'appréciation (CE 25 sept. 1996, *Sté EURL au service du développement*, req. n° 125544 ; *Lebon* T. 667).

L'aménageur peut, cependant, engager la responsabilité quasi-délictuelle ou contractuelle de la collectivité publique sur le fondement, dans le premier cas, de la rupture de l'égalité devant les charges publiques et, dans le second, de la violation des droits qu'il tient de la convention (sur la responsabilité du fait d'un engagement non tenu à l'égard d'un lotisseur : TA Strasbourg, 31 déc. 1993, *SARL « Promo-Terrains »*, *Dr. adm.* 1994, n° 556).

§ 4 Le contentieux de l'acte de création

L'acte de création de la ZAC est une décision susceptible de recours. Il peut, de même, faire l'objet d'une demande d'abrogation (CE, avis, 4 juill. 2012, req. n° 356221, *Lebon* 269 ; *Droit adm.* 2012, n° 93, note J-L. Pissaloux ; *JCP* A 2012, n° 2331, note T. Sire ; *RDI* 2012. 464, obs. P. S.-C.). À cette occasion, les requérants vont le plus souvent contester la localisation et l'objet de la zone, au regard notamment de leur compatibilité avec le SCOT (C. urb., art. R. 122-5 ; v. ss 1038) mais également l'opportunité de celle-ci. Le juge administratif semble, à cet égard, vouloir s'engager sur le terrain de l'erreur manifeste d'appréciation (CE 23 mars 1979, *Valentini*, req. n° 07654, *Lebon* 133 ; *AJDA* 1979. 11, note Souloumiac ; *Droit et Ville* 1979, n° 8, p. 242, note F. Bouyssou ; 3 nov. 1997, *Cne du Rayol-Canadel*, req. n° 149410, *Lebon* T. 637 ; 20 nov. 1996, *Assoc. de sauvegarde et renouveau de Six Fours*, req. n° 134803 ; CAA Lyon, 31 déc. 1996, *Assoc. d'information et de défense de l'environnement (AIDE) c/ Cne Grimaud*, req. n° 93LY01323, *Lebon* T. 1215 ; *AJDA* 1997. 306 . ibid. 279, chron. L. E). 1068 ■

La légalité de l'acte de création peut également être contestée par voie d'exception. En effet, la jurisprudence fait application de la *théorie des opérations complexes*Q (CE 2 févr. 2004, *Assoc. des cinq cantons La Barre et Assoc. Pays Basque Écologie*, req. n° 215763, *Constr.-Urb.* 2004, n° 87, obs. L. Le Corre ; *BJDU* 2004. 177, concl. D. Piveteau ; *RDI* 2004. 218, obs. P. S.-C.). Par exemple, à l'occasion d'un recours dirigé contre l'approbation du PLU ou de sa révision, un requérant pourra invoquer le moyen tiré de l'illégalité de l'acte de création. Il pourra invoquer, par exemple, l'absence ou l'insuffisance de l'étude d'impact. Il faut cependant indiquer que l'article L. 600-1 du Code de l'urbanisme ferme la possibilité d'invoquer l'exception d'illégalité pour vice de forme ou de procédure après l'expiration d'un délai de six mois à compter de la prise d'effet de l'acte créant la ZAC. Mais l'absence ou l'insuffisance de l'étude d'impact requise dans le dossier de création constitue un vice de fond et peut donc être invoquée à tout moment par la voie de l'exception d'illégalité (CE 2 févr. 2004, *Assoc. des cinq cantons La Barre et Assoc. Pays Basque Écologie*, préc.). De même, à l'occasion du recours contre la concession d'aménagement, l'illégalité de l'acte de création peut être soulevée (CE, sect., 26 mars 1999, *SARL « Sté d'aménagement Port Léman »*, req. n° 185841, *Lebon* 111 ; *BJDU* 1999. 141, concl. contraires J.-C. Bonichot). 1069 ■

L'annulation de l'acte de création peut se révéler dévastatrice puisqu'elle entraîne notamment celle de la déclaration d'utilité publique (CE 18 févr. 1998, *SA GRC Emin*, req. n° 126326, *BJDU* 1998. 182, concl. J.-D. Combrexelle). Mais l'inverse n'est pas vrai : l'annulation de la déclaration d'utilité publique n'entraîne pas l'annulation de l'acte de création, ceci en raison du principe de l'indépendance des législations (CE 12 avr. 1995, *Cne Ploeren*, AJPI 1996. 882 ; 23 oct. 1998, *Assoc. pour la sauvegarde des espaces* 1070 ■

verts des Monts d'or, *RDI* 1999. 82, obs. J. Morand-Deviller et L. Touvet). De même, l'annulation de la création de la ZAC entraîne en principe la nullité du contrat d'aménagement (CAA Paris, 29 mars 1993, *Assoc. pour l'information et la défense de l'environnement et l'urbanisme*, req. n° 92PA01028, *Lebon* 437 ; *AJDA* 1993. 699 ; ibid. 736, chron. J.-F. Gipoulon). En revanche, l'illégalité de l'acte créant la ZAC est sans incidence sur la légalité de l'arrêté délivrant un permis de construire dans ladite zone (CE 23 mars 1994, *Synd. des copropriétaires du groupe d'immeubles du rond-point Mirabeau*, req. n° 67086 et 67087, *Lebon* T. 1140 ; *RDI* 1994. 438). C'est en pratique essentiel.

■ 1071 L'annulation de l'acte de création est susceptible d'engager la responsabilité de la collectivité en raison du préjudice causé à l'aménageur (CE 12 déc. 2003, *Sté financière de la Porte Maillot*, req. n° 242649). Toutefois, en fonction de la nature de l'illégalité à l'origine de l'annulation, un partage de responsabilité peut être retenu (v. à propos de l'application de la loi littoral : CE 7 févr. 2003, *SE au Logement c/ SNC Empain-Graham*, req. n° 223882, *Lebon* T. 984, 989, 990 et 1024 ; *BJDU* 2003. 217, concl. T. Olson ; *RDI* 2003. 381, obs. P. S.-C. ; 6 févr. 2006, *Sté d'aménagement du Port Léman*, req. n° 268973, *Lebon* T. 1067, 1102 ; *RDI* 2006. 156, obs. P. S.-C.).

section 5

La réalisation de la ZAC

■ 1072 Au stade de la réalisation de la ZAC, la collectivité publique qui en a pris l'initiative doit constituer et approuver un dossier de réalisation (§ 1) et réaliser une étude de sécurité (§ 2). L'un des éléments du dossier de réalisation, essentiel dans le cadre d'une opération d'aménagement doit faire l'objet d'une approbation formelle : il s'agit du programme des équipements publics (§ 3). La collectivité publique doit à ce stade mettre en place le mode de réalisation de la ZAC (§ 4). Il faut indiquer, enfin, les règles qui régissent l'acquisition et la cession des terrains en ZAC (§ 5).

§ 1 L'approbation du dossier de réalisation

■ 1073 *Contenu.* Comme dans la phase de création, la phase de réalisation donne lieu à la constitution d'un dossier par la personne qui a pris l'initiative de la création de la zone. Celui-ci est approuvé, sauf lorsqu'il s'agit de l'État, par son organe délibérant. Il comprend : le projet de programme des équipements publics à réaliser dans la zone ; le projet de programme global des constructions ; les modalités prévisionnelles de financement de l'opération d'aménagement, échelonnées dans le temps. Par ailleurs, le dossier de réalisation complète s'il en est besoin le contenu de l'étude d'impact réalisée à l'occasion de la création de la ZAC. Cette actualisation de l'étude d'impact va notamment porter sur les éléments qui ne pouvaient être connus au moment de la constitution du dossier de création. Mais rappelons que cette possibilité ne permet pas de justifier une insuffisance de l'étude d'impact au stade de la création de la ZAC

(CAA Nantes, 14 oct. 2011, req. n° 10NT00602, *Constr.-Urb.* 2011, n° 174, note L. Santoni. C. urb., art. R. 311-7°).

Projet de programme des équipements publics. Lorsque le projet de programme des équipements publics comporte des équipements dont la maîtrise d'ouvrage et le financement incombent normalement à d'autres collectivités ou établissements publics, le dossier doit aussi comprendre les pièces faisant état de leur accord sur le principe de la réalisation de ces équipements, les modalités de leur incorporation dans leur patrimoine et, le cas échéant, sur leur participation au financement (sur la portée de cette obligation : TA Versailles, 4 juill. 1995, *Cté défense du Parc c/ Cne Houilles* ; LPA 15 juill. 1996, n° 85, p. 12, note J.-P. Demouveaux). 1074 ■

Modalités prévisionnelles de financement. Les modalités prévisionnelles de financement, bien que faisant partie intégrante du dossier de réalisation ne sont pas, depuis 1977, soumises à approbation. Par ailleurs, il a été jugé sous le régime antérieur à la loi SRU qu'elles n'avaient pas à être jointes au dossier soumis à enquête publique sur le projet de PAZ (CE 20 nov. 1995, *Carlier*, req. n° 156885, *Lebon* T. 1085 ; 10 juill. 1996, *Assoc. de défense des propriétaires et ayants-droit du polygone Nord à Perpignan*, req. n° 151729). On a pu parfois en douter en raison des formulations de certains arrêts comportant un considérant selon lequel il ne ressortait pas des pièces du dossier que les modalités prévisionnelles de financement visées à l'article R. 311-11 du Code de l'urbanisme « n'aient pas figuré dans le dossier soumis à l'enquête publique, ni que les dépenses correspondantes eussent été sous évaluées » (CE 23 mars 1979, *Valentini*, préc.). Mais cette incidente pouvait s'expliquer par la circonstance que, dans ces affaires, l'enquête publique sur le PAZ valait également enquête publique préalable à la déclaration d'utilité publique dont le dossier doit comporter l'appréciation sommaire des dépenses (C. expr., art. R. 112-4). Cette solution semble ainsi pouvoir être appliquée au cas de l'enquête publique portant sur le PLU lorsque sa révision concerne l'opération d'aménagement (C. urb., art. L. 123-11). On peut aussi le déduire de l'article R. 311-7 selon lequel l'étude d'impact ainsi que ses compléments éventuels « sont joints au dossier de toute enquête publique concernant l'opération d'aménagement réalisée dans la zone ». 1075 ■

Les modalités prévisionnelles de financement constituent cependant un élément essentiel du dossier de réalisation puisqu'elles vont permettre à la collectivité concernée d'apprécier la faisabilité financière de l'opération et d'évaluer les risques encourus (TA Versailles, 20 oct. 1998, *Épx Van Schaik c/ Cne Marly-le-Roi*, *RDI* 1999. 82, obs. J. Morand-Deviller et L. Touvet). On peut, dans ces conditions, s'interroger sur le contrôle que le juge exercerait les concernant. Il semble, au moins, admettre le principe du contrôle d'éventuelles inexactitudes matérielles si elles ont été de nature à vicier la régularité de la procédure (CE 10 juill. 1996, *Assoc. de défense des propriétaires et ayants-droit du polygone Nord à Perpignan*, req. n° 151729).

Nature juridique. La décision qui approuve le dossier de réalisation constitue une mesure préparatoire. Elle ne peut, par conséquent, être contestée par la voie de l'excès de pouvoir (CE 23 mars 1994, *Sté « Groupe de recherche et de construction »*, req. n° 115299, *Lebon* T. 1244 ; CE, avis, 4 juill. 2012, req. n° 356221, *Lebon* 269 ; *Droit adm.* 2012, n° 93, note J-L. Pissaloux ; *JCP* A 2012, n° 2331, note T. Sire ; *RDI* 2012. 464, obs. P. S.-C.), même à raison de ses vices propres (CE, ass., 15 avr. 1996, *Synd. CGT des* 1076 ■

hospitaliers de Bédarieux, *Lebon* 130 ; *AJDA* 1996. 405, chron. D. Chauvaux ; ibid. 366, chron. J.-H. Stahl), pas plus qu'elle ne peut faire l'objet d'une demande d'abrogation.

§ 2 L'approbation du programme des équipements publics

■ 1077 Le programme des équipements publics se présente comme la liste des équipements réalisés dans le cadre de l'opération. Il peut donc ne pas en exister (CE 20 mars 1998, *Cté défense de l'environnement à Colombes*, req. n° 167887 : l'élargissement de la voie était prévu en emplacement réservé par le POS et les auteurs du PAZ ont jugé suffisants les équipements publics existants au voisinage de l'îlot à aménager). Il est approuvé selon le cas par le conseil municipal ou l'organe délibérant de l'EPCI compétent ou par le préfet lorsque la création de la zone relève de sa compétence. Dans ce cas, celui-ci recueille l'avis du conseil municipal ou de l'organe délibérant de l'EPCI compétent. Cet avis est réputé émis à l'issue d'un délai de trois mois à compter de la réception par le maire ou le président de l'EPCI du dossier de réalisation (C. urb., art. R. 311-8). Il convient de rappeler que l'autorité compétente pour approuver le dossier de réalisation aura dû s'assurer préalablement à cette approbation que les collectivités ou établissements publics assurant la maîtrise d'ouvrage et le financement de certains équipements ont donné leur accord au principe de leur réalisation, aux modalités de leur incorporation dans leur patrimoine et, le cas échéant, à leur participation au financement (C. urb., art. R. 311-7).

Sous le régime antérieur à la loi SRU, il a été jugé que la délibération approuvant le programme des équipements publics n'avait pas à être jointe au dossier de l'enquête publique sur le PAZ (TA Versailles, 20 juin 1995, *Assoc. Bien Vivre au Mesnil c/ Cne Mesnil-Saint-Denis*, *Ét. fonc.* 1996, n° 70, p. 38, obs. B. Lamorlette). Mais celui-ci pouvait néanmoins y figurer pour valoir description des caractéristiques principales des ouvrages lorsque l'enquête sur le PAZ valait enquête préalable à la déclaration d'utilité publique (C. expr., art. R. 112-4). Cette solution peut être appliquée au cas de l'enquête publique sur la révision du PLU (C. urb., art. L. 123-11).

■ 1078 L'acte qui approuve le programme des équipements publics fait grief. Il peut donc faire l'objet d'un recours pour excès de pouvoir, à l'occasion duquel l'exception d'illégalité de la création de la ZAC peut être invoquée (CAA Lyon, 31 déc. 1996, *Assoc. d'information et de défense de l'environnement (AIDE) c/ Cne Grimaud*, req. n° 93LY01323, *Lebon* T. 1215 ; *AJDA* 1997. 306 ; ibid. 279, chron. L. E. ; CAA Lyon, 20 déc. 2001, *Synd. mixte pour l'industrialisation de la Matheysine et des environs*, req. nos 96LY01380, 96LY01576, *RDI* 2002. 336, obs. L. Derepas ; CE, avis, 4 juill. 2012, req. n° 356221, *Lebon*, *Droit adm.* 2012, n° 93, note J-L. Pissaloux ; *JCP* A 2012, n° 2331, note T. Sire ; *RDI* 2012. 464, obs. P. S.-C.). Il doit faire l'objet des mêmes mesures de publicité et d'information que l'acte de création et que celui approuvant le dossier de réalisation (C. urb., art. R. 311-5, R. 311-9 ; v. ss 1065). On rappellera également que la décision approuvant le programme des équipements publics n'est pas tenue de respecter les dispositions du règlement local d'urbanisme en vigueur à la date de son adoption (CE, avis, 4 juill. 2012, req. n° 356221, préc. v. ss 1041).

■ 1079 *Enquête publique.* Concernant la réalisation des équipements publics, on rappellera que le décret n° 2011-2018 du 29 décembre 2011 prévoit une dispense expresse d'enquête publique pour les « projets de création d'une ZAC » (C. envir., art. R. 123-1-

II). La question se pose cependant de savoir si cette dispense s'étend aux travaux, notamment de voirie, réalisés dans le périmètre de la ZAC (L. Santoni et X. Couton, art. préc.). Dans l'expectative, il vaut mieux sans doute considérer que les dérogations au principe général de la liaison entre étude d'impact et enquête publique sont d'interprétation stricte, d'autant que l'article R. 311-7 du Code de l'urbanisme prévoit expressément que l'étude d'impact ainsi que les compléments éventuels sont joints au dossier de toute enquête publique concernant l'opération d'aménagement réalisée dans la zone, ce qui semble ne pas exclure qu'une telle enquête soit nécessaire.

§ 3 L'étude de sécurité publique

Les projets d'aménagement et la réalisation des équipements collectifs et des programmes de construction qui, par leur importance, leur localisation ou leurs caractéristiques propres peuvent avoir des incidences sur la protection des personnes et des biens contre les menaces et les agressions, doivent faire l'objet d'une étude préalable de sécurité publique permettant d'en apprécier les conséquences. Cette obligation concerne d'abord les opérations d'aménagement situées dans une agglomération de plus de 100 000 habitants et qui en une ou plusieurs phases, ont pour effet de créer une surface de plancher supérieure à 70 000 m². Elle est également obligatoire, en dehors de ces agglomérations et sur l'ensemble du territoire national, pour la réalisation d'une opération d'aménagement située à l'intérieur d'un périmètre délimité par arrêté motivé du préfet ou, à Paris, du préfet de police. Sur l'ensemble du territoire national, elle doit être réalisée pour tous projets de rénovation urbaine comportant la démolition d'au moins 500 logements déterminés par arrêté du préfet ou, à Paris, du préfet de police, en fonction de leurs incidences sur la protection des personnes et des biens contre les menaces et agressions (C. urb., art. L. 111-3-1 et R. 111-48 ; Circulaire, 1er oct. 2007, n° INTK0700103 relative à l'application de C. urb., art. L. 111-3-1). 1080 ■

Lorsqu'une opération doit faire l'objet d'une étude de sécurité publique, cette étude doit être reçue par la sous-commission départementale pour la sécurité publique de la commission consultative départementale de sécurité et d'accessibilité avant le commencement des travaux de réalisation des voies et espaces publics (C. urb., art. R. 311-6).

Le contenu de l'étude de sécurité publique doit comporter au minimum les risques que peut entraîner le projet pour la protection des personnes et des biens contre la délinquance et sur les mesures envisagées pour les prévenir. La personne publique qui a pris l'initiative de la création de la ZAC ou son concessionnaire, est entendue par la sous-commission départementale précitée, prévue par le décret n° 95-260 du 8 mars 1995, en vue de préciser les éléments essentiels qui devront être pris en compte dans l'étude (C. urb., art. R. 311-5-1).

Le défaut d'étude de sécurité publique est sanctionné pénalement (C. urb., art. L. 160-1 et L. 480-4).

Par ailleurs, l'étude de sécurité publique doit être jointe à toute demande de permis de construire (C. urb., art. R. 431-16).

§ 4 Les modalités de réalisation de la ZAC

1081 Comme sous le régime antérieur à la loi SRU, l'aménagement et l'équipement des ZAC sont, soit conduits directement par la personne morale qui a pris l'initiative de la création, soit concédés par elle (C. urb., art. L. 311-1, L. 311-5, R. 311-6 ; CE 11 août 2009, *CCI Valenciennes*, req. n° 007562, *JCP* A 2009, n° 2267, note A. Hourgabie : sur l'application du principe de spécialité à une CCI). Il convient de préciser le régime de passation des concessions d'aménagement (A) et les exceptions (B) et aménagement (C) dont il fait l'objet, avant d'aborder la question de leur contenu (D) puis celle des droits et obligations du concessionnaire (E) et enfin, celle du contentieux de la concession (F).

A. La passation des concessions d'aménagement

1082 La passation de la concession d'aménagement peut intervenir avant la création de la zone, dès lors que la personne publique à l'initiative de la création de la ZAC a arrêté le bilan de la concertation et a délibéré sur les enjeux et l'objectif de l'opération, son périmètre d'intervention, son programme et son bilan financier prévisionnel. Cette disposition, introduite par la loi ALUR à l'article L. 300-4, revient sur la solution retenue antérieurement par le Conseil d'État (CE 8 déc. 2004, *Sté Eiffel Distribution*, *Sté Levallois-Distribution*, req. n° 270432, *Lebon* T. 804 ; *BJDU* 2005. 33, concl. F. Séners ; CAA Nantes, 2 févr. 2015, *SARL Les Farfadets c/ Cne Tours*, n° 13NT02139, *Constr.-Urb.* 2015, n° 50, note L. Santoni).

1083 Les modalités de la passation des concessions d'aménagement sont évidemment liées à la qualification de ces contrats. Pendant longtemps, elle a peu préoccupé la doctrine et les praticiens, dès lors que, ne pouvant être qualifiés de marchés publics, ils n'étaient pas concernés par les obligations de publicité et de mise en concurrence imposées par le code des marchés publics et que la loi du 29 janvier 1993 relative à la prévention de la corruption et à la transparence de la vie économique et des procédures publiques, dite « loi Sapin » les avait expressément exclus de son champ d'application. L'application du droit communautaire a néanmoins obligé à se poser la question de savoir si les contrats concernés sont soumis ou non à une obligation de publicité et de mise en concurrence.

La question de la qualification des conventions d'aménagement au regard du droit communautaire a été posée en considération des dispositions de la directive n° 2004/18 du 31 mars 2004. Son article 1-2 a) dispose en effet : « Les marchés publics sont des contrats à titre onéreux, conclus par écrit entre, d'une part, un entrepreneur, et, d'autre part, un pouvoir adjudicateur (...) ayant pour objet soit l'exécution, soit conjointement l'exécution et la conception des travaux relatifs à une des activités visées à l'annexe II ou d'un ouvrage (...), soit la réalisation, par quelque moyen que ce soit, d'un ouvrage répondant aux besoins précisés par le pouvoir adjudicateur ». Par ailleurs, son article 1-3 définit la concession de travaux comme « un contrat présentant les mêmes caractères que les marchés publics de travaux à l'exception du fait que la contrepartie des travaux consiste soit uniquement dans le droit d'exploiter l'ouvrage, soit dans ce droit assorti d'un prix ». Cette définition a été reprise ultérieurement dans les mêmes termes par la directive 2014/23/UE du Parlement européen et du Conseil du 26 février 2014 sur l'attribution de contrats de concession que les États membres doivent mettre en œuvre au plus tard le 18 avril 2016 (art. 5-1 a ; v. aussi cons. 11). Au regard de ces dispositions, la Commission a contesté la compatibilité avec le droit communautaire des conditions et modalités d'octroi des conventions d'aménagement sous le régime de la loi SRU (J.F. Sestier, Le devenir des concessions d'aménagement suite à la publication des directives européennes, p. 55, Dossier « Contrats et opérations d'aménagement », *Revue Contrats Publics* – Le Moniteur n° 145, juill.-août 2015). Mais, alors que la Commission en était au stade de l'avis motivé, la Cour administrative d'appel de Bordeaux jugeait qu'une convention d'études et d'aménagement qui constitue une concession d'aménagement au sens de l'ancien article L. 300-4 du Code de l'urbanisme n'est pas exclue du champ d'application des règles fondamentales posées par le Traité de l'Union, qui soumettent l'ensemble des contrats conclus par les pouvoirs adjudicateurs aux obligations minimales de publicité et de transparence propres à assurer l'égalité d'accès à ces contrats (CAA Bordeaux, 9 nov. 2004, *Sodegis*, req. n° 01BX00381, *AJDA* 2004. 257, note J.-D. Dreyfus ; *Constr.-Urb.* 2005, n° 92, obs. X. Couton ; Contrats Marchés publ. 2005. 31, note J.-P. Pietri ; *RDI* 2005. 119, obs. J.-D. Dreyfus ; ibid. 150, obs. P. S.-C. ; *Defrénois* 2005. 796, note J.-Ph. Meng ; *JCP* A 2005, n° 1070, note C. Devès ; sur le principe de transparence : CJCE 7 déc. 2000, Telaustria, aff. C-324/98, *AJDA* 2001. 106, note L. Richer ; Rec. CJCE I. 10747 ; *Dr. adm.* 2001, n° 85, note M.-Y. Benjamin ; *Contrats Marchés publ.* 2001. 50, note F. Llorens ; Europe 2001. 61, note F. Kauff-Gazin ; *BJCP* 2001. 132, concl. N. Fenelly ; v. Biblio). Cet arrêt a déclenché la mise en œuvre d'une réforme du régime de passation des contrats d'aménagement intervenue sous la forme de la loi n° 2005-809 du 20 juillet 2005 relative aux concessions d'aménagement aux termes de laquelle l'attribution des concessions d'aménagement est soumise par le concédant à une procédure de publicité permettant la présentation de plusieurs offres concurrentes (C. urb., art. L. 300- ; W. Salamand, L'appel à projets d'aménagement : les dangers de l'inexistence juridique, *ACCP* n° 145/2014, p. 32 ; P. De Baecke, La mise en concurrence en matière d'aménagement, *ACCP* n° 145/2014, p. 36). Elle a fait l'objet d'un décret d'application n° 2006-959 du 31 juillet 2006. Mais l'arrêt *Jean Auroux c/ Commune de Roanne* rendu par la CJCE le 18 janvier 2007 (aff. C-220/05, *Contrats Marchés publ.* 2007. 38, note W. Zimmer) a contraint le gouvernement à édicter le décret n° 2009-889 du 22 juillet 2009 relatif aux concessions d'aménagement qui a parachevé la mise en conformité des concessions d'aménagement avec le droit communautaire (F. Llorens et P. Soler-Couteaux, « La mise en conformité des concessions d'aménagement avec le droit communautaire. Commentaire du décret n° 2009-889 du 22 juillet 2009 relatif aux concessions d'aménagement », *RDI* 2009. 616 ; F. Linditch, « Concessions d'aménagement, l'unité des règles de passation préservée au mieux », *JCP* A 2009, n° 2217 ; O. Martin et X. Couton, « Le régime des concessions d'aménagement après le décret du 22 juillet 2009 », *DAUH* 2010. 91).

Validation. La loi du 20 juillet 2005 comporte des dispositions visant à valider les concessions d'aménagement, les conventions publiques d'aménagement et les conventions d'aménagement signées avant sa publication en tant que leur légalité serait contestée au motif que la désignation de l'aménageur n'a pas été précédée d'une procédure de publicité permettant la présentation de plusieurs offres concurrentes. Sont également validées les cessions, locations ou concession d'usage de terrains ainsi que l'ensemble des actes effectués par l'aménageur pour l'exécution de la concession ou de la convention. Mais le Conseil d'État a considéré que ces 1084 ■

dispositions « tendent à soustraire les conventions d'aménagement à l'exigence d'une publicité préalable à la conclusion de ces contrats, découlant, tant du respect des principes généraux du droit de l'Union européenne de non-discrimination et d'égalité de traitement que des règles applicables à la conclusion des concessions de travaux au sens de ce droit ; que le principe de sécurité juridique, s'il est susceptible de permettre aux cocontractants de poursuivre leurs relations contractuelles durant une période transitoire, afin de les dénouer dans des conditions acceptables, ne saurait autoriser la validation pure et simple de ces conventions » (CE 18 nov. 2011, *SNC Eiffage Aménagement,* req. n° 342147, *Lebon* T. 762 ; *Constr.-Urb.* 2012, n° 8, note L. Santoni ; *Contrats Marchés publ.* 2012. 24, note G. Eckert).

■ **1085** *Les procédures de passation des concessions d'aménagement.* Le décret de 2009 opère à cet égard une double distinction (F. Linditch, Concessions d'aménagement, l'unité des règles de passation préservée au mieux, *JCP* A 2019, n° 2207). D'une part, les concessions d'aménagement ne sont soumises à des procédures de passation formalisées qu'au-delà d'un certain montant. En deçà, elles font l'objet d'une publicité et d'une procédure adaptée (C. urb., art. R. 300-11-7). D'autre part, les concessions d'aménagement sont soumises à des régimes de passation différenciés selon qu'elles sont soumises au droit communautaire des concessions ou au droit communautaire des marchés publics.

■ **1086** *Le choix entre procédure formalisée et procédure adaptée : le critère de seuil.* Pour la détermination de ce seuil, le décret renvoie à celui mentionné pour les marchés de travaux à l'article 40-IV, 2° du Code des marchés publics. C'est le seuil à partir duquel s'applique les directives n° 2004/18 et 2014/23/UE tant en matière de marchés publics de travaux qu'en matière de concessions de travaux publics. Au-delà de ce seuil - qui est de 5 186 000 EUR - la concession d'aménagement doit être passée dans le respect d'une procédure formalisée.

Calcul du seuil. Concernant la détermination du montant de la concession, la solution consistant à ne prendre en compte que le montant des travaux nécessaires à la réalisation des équipements destinés à être remis au concédant a été clairement censurée par la Cour de Justice dans l'affaire Jean Auroux précitée (pt 55). En effet, pour la Cour, c'est la valeur économique d'ensemble du contrat qui est le seul élément permettant d'apprécier s'il est susceptible d'intéresser les opérateurs d'autres États membres dans une mesure suffisante pour que l'application de la directive n° 2004/18 s'impose. C'est pourquoi le décret impose de prendre en compte « le montant total des produits de l'opération d'aménagement » (C. urb., art. R. 300-4, R. 300-11-1, R. 300-11-7). Pour la détermination du seuil, il convient donc de prendre en compte non seulement les recettes que l'aménageur prévoit de percevoir auprès des tiers à l'occasion de la commercialisation de l'opération, mais également les apports financiers ou en nature provenant du concédant ainsi que les subventions éventuellement versées par d'autres personnes publiques. La directive 2014/23/UE précise, quant à elle, que « la valeur d'une concession correspond au chiffre d'affaires total du concessionnaire généré pendant la durée du contrat, hors TVA, estimé par le pouvoir adjudicateur ou l'entité adjudicatrice, eu égard aux travaux et services qui font l'objet de la concession ainsi qu'aux fournitures liées auxdits travaux et services. Cette estimation est valable au moment de l'envoi de l'avis de concession ou, dans les cas où un tel avis n'est pas prévu, au moment où le pouvoir adjudicateur ou l'entité adjudicatrice engage la procédure de passation, par exemple, le cas échéant, en entrant en contact avec les opérateurs économiques au sujet des concessions » (art. 8-2 et sur le mode de calcul, art. 8-3 ; v. aussi cons. 23).

La détermination de la procédure formalisée. Lorsque le montant de la concession égale ou dépasse le seuil précité, le décret distingue deux catégories de procédures formalisées. L'une est applicable aux concessions d'aménagement soumises au droit communautaire des concessions, l'autre applicable aux concessions d'aménagement soumises au droit communautaire des marchés.

Concessions d'aménagement soumises au droit communautaire des concessions. La première concerne les concessions dans lesquelles « le concessionnaire assume une part significative du risque économique de l'opération » (C. urb., art. R. 300-4). Ce critère du risque économique est précisé par la directive 2014/23/UE selon laquelle « l'attribution d'une concession de travaux implique le transfert au concessionnaire d'un risque d'exploitation lié à l'exploitation de ces travaux, comprenant le risque lié à la demande, le risque lié à l'offre ou les deux. Le concessionnaire est réputé assumer le risque d'exploitation lorsque, dans des conditions d'exploitation normales, il n'est pas certain d'amortir les investissements qu'il a effectués ou les coûts qu'il a supportés lors de l'exploitation des ouvrages ou services qui font l'objet de la concession. La part de risque transférée au concessionnaire implique une réelle exposition aux aléas du marché, telle que toute perte potentielle estimée qui serait supportée par le concessionnaire ne doit pas être purement nominale ou négligeable » (art. 5 *b)*; v. aussi cons. ; 18 à 20; P. Bebbaji et W. Salamand, Le transfert des risques économiques en matière d'aménagement : une question majeure mal appréhendée, *ACCP* n° 145/2014, p. 51 ; CAA Nantes, 2 févr. 2015, *SARL Les Farfadets c/ Cne Tours*, n° 13NT02139, *Constr.-Urb.* 2015 n° 50, note L. Santoni). Cette définition reprend la jurisprudence de la Cour de justice pour laquelle seuls peuvent être considérés comme des concessions au sens du droit communautaire, les contrats dans lesquels le titulaire supporte « une part significative du risque d'exploitation » (CJCE 18 juill. 2007, *Commission c/ Italie*, aff. C-382/05, *AJDA* 2008. 2346, note B. Eglie-Richters ; *Contrats Marchés publ.* 2007. 238, note W. Zimmer ; 13 nov. 2008, *Commission c/ Italie*, aff. C-437/07, *BJCP* 2009. 119, obs. Ch. Maugüé ; *CP-ACCP* 2009, n° 86, p. 62, note V. Cochi et G. Terrien. Sur cette question, F. Llorens, « Remarques sur la rémunération du cocontractant comme critère de la délégation de service public », Mélanges Waline, Dalloz, 2002, p. 301 ; C. Milhat, « L'appréhension du risque financier dans les contrats de gestion déléguée de service public », *Contrats Marchés publ.* 2006. Étude 17 ; J.-F. Bizet, « L'équilibre financier des concessions d'aménagement », *Ét. fonc.* 2010, n° 147, p. 36). La Cour avait précisé que par risque économique, il faut entendre un risque de perte. Il doit donc être apprécié au regard de l'ensemble des stipulations du contrat relatives au mode de rémunération mais également en considération de l'importance des apports et subventions des collectivités publiques et au sort des biens non commercialisés en fin de contrat ainsi qu'aux garanties de tous ordres consentis par la personne publique concédante (CAA Nantes, 2 févr. 2015, n° 13NT02139, *SARL Les Farfadets*). L'état du marché immobilier et l'importance de l'aléa qu'il fait peser sur la commercialisation de l'opération entre également en ligne de compte (CJCE 18 janv. 2007, *Auroux*, préc. ; CE 5 juin 2009, n° 298641, *Sté Avenance-Enseignement et Santé*, *Contrats-Marchés publ.* 2009.236, note G. Eckert). 1087

Concessions d'aménagement soumises au droit communautaire des marchés. Les concessions d'aménagement assimilées à des marchés au sens du droit communautaire sont 1088 définies a *contrario* comme étant celles ne présentant pas les caractéristiques définies à l'article R. 300-4 du Code de l'urbanisme, à savoir celles dans lesquelles le cocontractant n'assume pas une part significative du risque d'exploitation (C. urb., art. R. 300-11-1 ; CAA Marseille, 19 mars 2012, *Sté Hérault Aménagement*, req. n° 09MA04620, *Constr.-Urb.* 2012, n° 78, note L. Santoni). Cette définition est indifférente à l'origine de la rémunération de l'aménageur. Son contrat sera soumis aux règles régissant les marchés publics de travaux au sens communautaire dès lors qu'il ne supportera pas une part significative du risque économique et cela quand bien même il tirerait ses recettes, dans des proportions substantielles, de l'exploitation de la concession. On relèvera aussi avec intérêt que le décret admet qu'une concession d'aménagement peut être un marché public de travaux au sens du droit communautaire alors même que le pouvoir adjudicateur n'est pas maître d'ouvrage de l'opération. En effet, c'est le concessionnaire qui assure la maîtrise d'ouvrage des travaux et équipements concourant à l'opération prévus dans la concession (C. urb., art. L. 300-4). On rappellera enfin que des ouvrages peuvent répondre aux besoins du pouvoir adjudicateur au sens de la directive n° 2004/18 alors même qu'ils ne sont pas destinés à devenir sa propriété (CJCE 18 janv. 2007, *Auroux*, préc.).

■ **1089** *Le régime des procédures de passation des concessions d'aménagement.* Selon la distinction opérée par le décret, il convient de présenter les procédures de passation des concessions d'aménagement selon qu'elles sont des concessions ou des marchés au sens du droit communautaire. Mais il faudra aussi examiner la procédure de passation des concessions d'aménagement dont le montant total des produits de l'opération est inférieur au seuil.

■ **1090** *Les procédures de passation des concessions d'aménagement soumises au droit communautaire des concessions.* Pour le choix du concessionnaire, le décret prévoit une procédure de droit commun et une procédure simplifiée.

■ **1091** *Procédure de droit commun. Publicité.* La passation de la concession d'aménagement fait l'objet d'une double publicité, nationale et communautaire. La première prend la forme de la diffusion d'un avis dans une publication habilitée à recevoir des annonces légales et dans une publication spécialisée dans les domaines de l'urbanisme, des travaux publics ou de l'immobilier (C. urb., art. R. 300-5). La seconde prend la forme d'un avis pour publication à l'Office des publications de l'Union européenne (C. urb., art. R. 300-6). Dans les deux cas, l'avis doit être conforme au modèle fixé par les autorités communautaires (formulaire standard « Concession de travaux publics » constituant l'ann. X du Règl. n° 1564/2005 du 7 sept. 2005). L'avis national doit mentionner les caractéristiques essentielles de l'opération d'aménagement projetée, c'est-à-dire son objet, sa localisation et les principes de son financement. Le délai entre la date d'envoi de l'avis à l'Office et la date limite de présentation des candidatures est d'au moins 52 jours. Et cette dernière doit être fixée de sorte qu'un délai d'au moins un mois s'écoule depuis la date de la dernière des publications effectuées au plan national.

■ **1092** Le concédant adresse ensuite aux candidats qui se sont déclarés un document précisant les caractéristiques essentielles de la concession d'aménagement et indiquant le programme global prévisionnel des équipements et des constructions projetés ainsi que les conditions de mise en œuvre de l'opération. Il en résulte que le concessionnaire ne peut se voir confier la réalisation des études nécessaires à la définition de l'opération elle-même (CAA Nantes, 2 févr. 2015, n° 13NT02139, *SARL Les Farfadets*). Il précise également les modalités et la date limite de réception des propositions des candidats. Cette date doit être postérieure d'un mois au moins à celle de l'envoi du document (C. urb., art. R. 300-7). À ce stade, le concédant ne peut donc opérer aucune sélection entre les candidats.

Choix du concessionnaire. Le concédant peut engager librement toute discussion utile avec un ou plusieurs candidats ayant remis une proposition. Il choisit le concessionnaire en prenant « notamment » en compte les capacités techniques et financières des candidats et leur aptitude à conduire l'opération d'aménagement projetée (C. urb., art. R. 300-8). Lorsque le concédant est une collectivité territoriale ou un groupement de ces collectivités, la discussion ne peut être engagée qu'après que son organe délibérant a désigné en son sein à la représentation proportionnelle à la plus forte moyenne une commission qui est chargée d'émettre un avis sur les propositions reçues préalablement à l'engagement des discussions. Son avis peut être à nouveau sollicité à tout moment de la procédure. Par ailleurs, l'organe délibérant du concédant doit désigner la personne habilitée à engager les discussions. Celle-ci peut recueillir l'avis de la commission au cours des négociations. À leurs termes, c'est l'organe délibérant qui choisit le concessionnaire sur proposition de la personne qui les a conduites au vu du ou des avis de la commission. C'est également cette personne qui est habilitée à signer le contrat de concession (C. urb., art. R. 300-9). 1093 ■

Procédure simplifiée. Cette procédure a vocation à s'appliquer à la double condition que la participation financière prévisionnelle cumulée du concédant et d'autres personnes publiques soit inférieure à 135 000 euros hors taxes et que les terrains appartenant au concédant ou susceptibles d'être expropriés ou acquis par voie de préemption en vue d'être cédés au concessionnaire représentent moins de 10 % des terrains inclus dans le périmètre de l'opération, c'est-à-dire lorsqu'un propriétaire ou un aménageur disposant de titres sur les terrains compris dans le périmètre de l'opération dispose de la maîtrise foncière d'une partie substantielle de celui-ci (C. urb., art. R. 300-11). Dans ce cas, en effet, une mise en concurrence n'aurait guère de sens, ni d'intérêt. Il importe toutefois que la collectivité publique puisse s'assurer que le candidat présente les capacités techniques et financières et les aptitudes pour conduire l'opération. Aussi bien, la procédure simplifiée s'apparente plus à une procédure d'agrément dans des conditions de transparence qu'à une procédure de mise en concurrence. Dans le cas où il y est recouru, les avis d'appel à candidature en font mention. Le concédant est, alors dispensé de l'envoi du document de la consultation qui doit, dans la procédure de droit commun, être adressé à chacun des candidats. Et, s'agissant particulièrement des concessions passées par les collectivités territoriales et leurs groupements, la commission prévue à l'article R. 300-9 du Code de l'urbanisme n'est pas appelé à émettre d'avis. Le concédant agrée donc le candidat après avoir, le cas échéant, engagé avec lui toute discussion utile en considération de ses capacités techniques et financières et de son aptitude à conduire l'opération. Pour le reste, la conclusion de la concession obéit aux règles de droit commun de la passation des contrats tel qu'elles résultent du code général des collectivités territoriales. 1094 ■

Avis d'attribution. Quelle que soit la procédure – de droit commun ou simplifiée – mise en œuvre, le concédant doit adresser un avis d'attribution conforme au modèle fixé 1095 ■

par les autorités européennes aux organes de publication de l'avis en vue de la passation de la concession (C. urb., art. R. 300-10).

1096 *Les procédures de passation des concessions d'aménagement soumises au droit communautaire des marchés.* Le pouvoir réglementaire ne pouvait en la matière qu'être fidèle à celles des dispositions très détaillées de la directive n° 2004/18 qui traitent en propre des marchés publics de travaux. C'est la raison pour laquelle il ne prévoit pas de procédure simplifiée. C'est également la raison pour laquelle il ne décrit pas les procédures à mettre en œuvre, mais se borne à renvoyer, pour leur détermination, aux textes en vigueur régissant la passation des contrats de partenariat (C. urb., art. R. 300-11-2, I). Ces procédures sont donc celles du dialogue compétitif et de l'appel d'offres, cette dernière étant la procédure de droit commun (Décr. n° 2009-243 du 2 mars 2009 ; CGCT, art. D. 1414-1). Le décret apporte cependant des innovations ou des précisions mineures au regard du régime de passation des contrats de partenariat (C. urb., art. R. 311-2, II). Il précise ainsi que le délai de réception des candidatures fixé à 40 jours pour les contrats de partenariat peut être réduit de sept jours lorsque l'avis de publicité est envoyé par voie électronique. Il précise également que la commission qui dresse la liste des entreprises admises à participer au dialogue en vue de la passation du contrat de partenariat est composée dans les mêmes conditions que pour les concessions soumises au droit communautaire des concessions. Il précise enfin qu'en cas de recours au dialogue compétitif, le programme fonctionnel doit comporter au minimum les informations contenues dans le document qui est adressé aux candidats dans le cadre de la procédure applicable aux concessions d'aménagement à caractère concessif.

1097 *Publicité.* L'avis d'appel public à la concurrence préalable à la passation de la concession établi en conformité avec le modèle fixé par les autorités européennes (formulaire standard pour la publication d'avis dans le cadre des procédures de passation des marchés publics, règlement [CE] n° 1564/2005 de la Commission du 7 septembre 2005) doit être adressé pour publication à l'Office des publications officielles de l'Union européenne, à une publication habilitée à recevoir des annonces légales et à un organe spécialisé dans le domaine de l'urbanisme, des travaux publics et de l'immobilier (C. urb., art. R 300-11-5).

1098 *Choix du concessionnaire.* La concession est attribuée au candidat qui a présenté l'offre économiquement la plus avantageuse. Celle-ci est appréciée sur la base de critères pondérés ou hiérarchisés dans le cas d'une impossibilité objective de les pondérer. Le décret adapte cependant les conditions dans lesquelles ces critères sont définis et appréciés. Il indique qu'ils doivent l'être de manière à tenir compte du coût global de l'opération au regard de son bilan prévisionnel, intégrant la totalité des recettes et des dépenses et à prendre en considération le respect des exigences du développement durable exprimées par la personne publique, notamment en matière de qualité architecturale, de performance environnementale, de mixité sociale et de diversité des fonctions urbaines (C. urb., art. R 300-11-3).

1099 *Recours au marché négocié.* Le décret prévoit une possibilité de recours au marché négocié lorsque le marché est infructueux en raison de l'absence de dépôt d'offre, de l'irrégularité des offres déposées ou de leur caractère inacceptable. Le recours à cette procédure doit faire l'objet de la publication d'un avis, sauf si la personne publique inclut dans la procédure négociée le ou les candidats, et eux seuls, qui, lors de la procédure antérieure, ont soumis des offres conformes aux exigences formelles de la procédure de passation. Sur le fond, il ne peut y être recouru que si les conditions initiales du contrat ne sont pas substantiellement modifiées (C. urb., art. R 300-11-4).

Avis d'attribution. L'avis d'attribution doit être adressé aux mêmes organes que ceux qui ont procédé à la publication dans un délai de 30 jours à compter de la notification du contrat (C. urb., art. R. 300-11-6). 1100 ■

Procédures de passation des concessions non soumises au droit communautaire des concessions ou des marchés. Il s'agit des concessions dont le montant total des produits est inférieur au seuil. Celles-là font l'objet, préalablement à leur attribution, d'une publicité et d'une procédure adaptée dont les modalités sont fixées par le concédant en fonction de la nature et des caractéristiques de l'opération envisagée (C. urb., art. R. 300-11-7). 1101 ■

Avenant à la concession d'aménagement. Dès lors que la passation des concessions d'aménagement est soumise à des règles de publicité et de mise en concurrence, la question se pose de l'encadrement des avenants dont le contenu ne doit pas aboutir à remettre en cause la réalité du risque supporté par l'aménageur (O. Morlet et A. Bloch-Lainé, « Quelles possibilités d'évolutions après la désignation de l'aménageur par appel d'offres ? », *Ét. fonc.* 2010, n° 147, p. 34 ; L. Santoni et X. Couton, « Avenants aux concessions d'aménagement "mutabilité versus stabilité" », *Constr.-Urb.* 2011. Étude 14; F. Llorens et P. Soler-Couteaux, « Quel sort le droit communautaire réserve-t-il aux avenants aux marchés publics et aux concessions ? », *Contrats Marchés publ.* 2012. Repère 6). La directive 2014/23/UE précise désormais les conditions de modification des contrats en cours et pose notamment comme condition qu'elles ne changent pas la nature globale de la concession (art. 43). 1102 ■

B. Les exceptions au régime de passation des concessions d'aménagement

Un pouvoir adjudicateur peut se dispenser de recourir à une procédure de mise en concurrence pour la conclusion des contrats de prestation intégrée, dits « *in house* » ou en « quasi-régie » (CJCE 18 nov. 1999, *Teckal*, aff. C-107/98, Rec. CJCE I. 8121). C'est dans ce cadre que le Code de l'urbanisme dispense de toute mise en concurrence des concessions d'aménagement conclues entre le concédant et un aménageur sur lequel il exerce un contrôle analogue à celui qu'il exerce sur ses propres services et qui réalise l'essentiel de ses activités avec lui ou, le cas échéant, les autres personnes publiques qui le contrôlent (C. urb., art. L. 300-5-2 ; R. Noguellou, « La notion de contrôle analogue », *RLCT* 2010. 1706). Il est toutefois bien établi que les sociétés d'économie mixte au capital desquelles participent par définition des fonds privés sont exclues du bénéfice de cette exception dans la mesure où le pouvoir adjudicateur ne peut être considéré comme exerçant sur elle un contrôle analogue à celui qu'il exerce sur ses propres services (CJCE 11 janv. 2005, *Stadt Halle et a.*, aff. C-26/03, *Contrats Marchés publ.* 2005. 68 ; ibid. 87, note G. Eckert ; 13 janv. 2005, *Commission c/ Espagne*, aff. C-84/03, Rec. CJCE I. 1139 ; *Contrats Marchés* publ. 2005. 69, note W. Zimmer). Au demeurant, la loi n° 2002-1 du 2 janvier 2002 tendant à moderniser le statut des sociétés d'économie mixte locales dispose que la passation des 1103 ■

concessions d'aménagement avec de telles sociétés obéit au régime de droit commun (CGCT, art. L. 1523-3).

■ 1104 *Sociétés publiques locales d'aménagement (SPLA) et sociétés publiques locales (SPL).* C'est pour conférer un regain de vigueur aux contrats « *in house* » que la loi ENL du 13 juillet 2006 a institué, à titre expérimental et pour une durée de cinq ans, des sociétés publiques locales d'aménagement (SPLA) dont l'existence a été pérennisée par la loi n° 2010-559 du 28 mai 2010 pour le développement des sociétés publiques locales (C. urb., art. L. 327-1 ; sur la différence entre SEM et SPLA, Rép. min. n° 102783, *JOAN* Q 28 nov. 2006. 12547). La même loi a mis en place les sociétés publiques locales (CGCT, art. L. 1531-1).

Les SPLA comme les SPL sont créées par les collectivités territoriales et leurs groupements, dans le cadre de leurs compétences et en détiennent la totalité du capital. Elles revêtent la forme de sociétés anonymes régies par le code de commerce, mais par dérogation sont composées d'au moins deux actionnaires qui ne doivent pas nécessairement détenir l'ensemble des compétences correspondant à l'objet social de la société pourvu que la collectivité titulaire de la compétence transférée en soit l'actionnaire majoritaire (TA Lille, ord. réf., 29 mars 2012, *Cté cnes Sambre Avesnois*, req. n° 1201729, *Contrats Marchés publ.* 2012. 196, note W. Zimmer ; *AJDA* 2012. 1521, note S. Brameret). Cet actionnariat est en outre strictement public. Toutes deux exercent leurs activités exclusivement pour le compte de leurs actionnaires et sur le territoire des collectivités territoriales et des groupements de collectivités territoriales qui en sont membres. Ainsi, agissant pour le compte exclusif de leurs actionnaires publics et sur le territoire de ces derniers, les SPL et les SPLA interviennent dans le cadre de prestation intégrée ou « *in house* » dès lors que les collectivités publiques exercent sur elle un contrôle analogue à celui qu'elles exercent sur leurs propres services (TA Montpellier 23 mars 2012, *Faduc, Fraysse*, n° 1002680, *AJDA* 2012. 1521, note S. Brameret ; T. Bangui, « L'effectivité du contrôle analogue des sociétés publiques locales », *Contrats Marchés publ.* 2012. Étude 4). Les collectivités territoriales peuvent en conséquence recourir à ces sociétés sans publicité ni mise en concurrence préalable (Circ. n° COT/B/11/08052/C du 29 avr. 2010). La solution est cependant contraire dans l'hypothèse où la collectivité contractante ne participe pas de façon effective aux organes de direction de la société car elle ne peut alors être considérée comme exerçant sur cette dernière le type de contrôle requis (CE 6 nov. 2013, *Commune de Marsannay-la-Côte*, *AJDA* 2013, p. 2229 et p. 2537, chron. S. Nicinski ; *Contrats Marchés publ.* 2014, n° 18, note M. Amhilat - Voir également sur le sujet A. Robert et I. Ortigosa-Liaz, Les sociétés publiques locales et l'exercice du contrôle analogue, *Contrats Marchés publ.* 2014, pratique professionnelle 5).

■ 1105 La SPL et la SPLA se différencient cependant par leur objet social. Si ces sociétés ne peuvent être créées que dans le cadre des compétences attribuées aux collectivités territoriales et à leurs groupements, la SPL dispose d'un domaine d'intervention plus étendu que la SPLA. Les premières sont compétentes pour réaliser des opérations d'aménagement au sens de l'article L. 300-1 du Code de l'urbanisme, des opérations de construction ou pour exploiter des services publics à caractère industriel et commercial ou toutes autres activités d'intérêt général. Affectées, par leur intitulé même, à la réalisation d'opérations d'aménagement, les SPLA sont reconnues en outre compétentes pour réaliser des études préalables et procéder à toute opération de construction ou de réhabilitation immobilière en vue de la réalisation des objectifs énoncés à l'article L. 300-1. Elles peuvent également procéder à toute acquisition et cession d'immeubles en application des articles L. 221-1 et L. 221-2 et à toute acquisition de baux commerciaux, de fonds de commerce ou de fonds artisanaux. A cela, la loi ALUR a ajouté la réalisation des opérations de requalification de copropriétés dégradées prévues à l'article L. 741-1 du Code de la construction et de l'habitation. Afin de faciliter la réalisation de leur activité, la loi reconnaît aux SPLA la faculté d'exercer, par délégation de leurs titulaires, les droits de préemption et de priorité définis par le Code de l'urbanisme ainsi que d'agir par la voie de l'expropriation.

Établissements publics locaux de rénovation urbaine. Dans le même esprit, la loi ENL a revisité le champ de compétence des établissements publics locaux de rénovation urbaine. Ils sont désormais compétents pour conduire, pour le compte exclusif de leurs membres, des opérations et actions de rénovation urbaine et de développement économique au sens de la loi n° 2003-710 du 1er août 2003 d'orientation et de programmation pour la ville et la rénovation urbaine (C. urb., art. L. 326-1). **1106**

C. Un aménagement au régime de passation des concessions d'aménagement : la société d'économie mixte locale à opération unique (SEMOP)

Après avoir introduit la possibilité de créer des sociétés publiques locales d'aménagement afin de leur confier des missions dans le cadre d'une relation *in house*, le législateur a constitué un régime de « partenariats public-privé institutionnalisés » (v. communication interprétative de la Commission européenne du 5 février 2008 concernant l'application du droit communautaire des marchés publics et des concessions aux partenariats publics-privés institutionnalisés) sous la forme des sociétés d'économie mixte locale à opération unique (SEMOP ; loi n° 2014-744 du 1er juillet 2014 codifiée aux art. L. 1541-1 à L. 1541-3 CGCT). Ces sociétés présentent la particularité de pouvoir être créées par une collectivité territoriale ou un groupement de collectivités territoriales avec au moins un actionnaire opérateur économique sélectionné après une mise en concurrence. Cette modalité tout-à-fait particulière de choix de l'actionnaire de la société justifie que l'actionnaire public puisse ensuite confier à la SEMOP l'exécution d'un contrat de la commande publique sans mise en concurrence. Comme sa dénomination l'indique, l'objet social de la SEMOP se réduit à une opération unique portant sur, soit la réalisation d'une opération de construction, de développement du logement ou d'aménagement ; soit la gestion d'un service public pouvant inclure la construction des ouvrages ou l'acquisition des biens nécessaires au service ; soit toute autre opération d'intérêt général relevant de la compétence de la collectivité territoriale ou du groupement de collectivités territoriales, à l'exclusion de l'exercice des missions de souveraineté. Autrement dit, l'objet social de la société se réduit à la conclusion et à l'exécution d'un contrat passé avec l'actionnaire public et ayant l'un des objets précités. Il en découle que l'objet de la SEMOP ne peut être modifié pendant toute la durée du contrat, qu'elle ne peut développer une activité accessoire, distincte de l'objet du contrat et qu'elle ne peut prendre de participation dans des sociétés commerciales. Dans la même logique, elle est dissoute de plein droit au terme du contrat, ou dès que l'objet de ce contrat est réalisé ou a expiré. **1107**

1108 La procédure de publicité et de mise en concurrence poursuit le double objet de choisir l'actionnaire opérateur économique de la société qui se verra par ailleurs attribuer un contrat de la commande publique. La procédure de passation est donc celle qui régit le contrat de la commande publique que l'actionnaire public envisage de confier à la SEMOP. En conséquence, la sélection du ou des actionnaires opérateurs économiques et l'attribution du contrat à la société mise en place sont effectuées par un unique appel public à la concurrence respectant les procédures applicables aux délégations de service public, aux concessions de travaux, aux concessions d'aménagement ou aux marchés publics, selon la nature du contrat destiné à être conclu entre la collectivité territoriale ou le groupement de collectivités territoriales et la société d'économie mixte à opération unique. De même, les critères de sélection des candidats sont définis et appréciés par la collectivité territoriale ou le groupement de collectivités territoriales conformément aux règles applicables au contrat projeté. Le coût global de l'opération est, quant à lui, apprécié en tenant compte de la souscription au capital et au financement de la société d'économie mixte à opération unique. La particularité de la procédure a cependant justifié une adaptation. L'avis d'appel à la concurrence doit ainsi comporter un document de préfiguration. Celui-ci précise les principales caractéristiques de la SEMOP, à savoir la part de capital que la collectivité territoriale ou le groupement de collectivités territoriales souhaite détenir ; les règles de gouvernance et les modalités de contrôle dont la collectivité ou le groupement de collectivités souhaite disposer sur l'activité de la société définies, le cas échéant, dans un pacte d'actionnaires ; les règles de dévolution des actif et passif de la société lors de sa dissolution. Il indique, en outre, Le coût prévisionnel global de l'opération pour la collectivité territoriale ou le groupement de collectivités territoriales et sa décomposition. Comme on a pu le relever, cette exigence oblige la collectivité territoriale à avoir une vision complète et détaillée de l'opération dès l'engagement de la procédure de mise en concurrence. Si les informations fournies aux candidats sont de nature à assurer la transparence de la procédure, elles n'en limiteront pas moins les possibilités de négociation (G. Eckert, « La SEMOP, instrument du renouveau de l'action publique locale ? » *AJDA* 2014. 945).

La SEMOP revêt la forme d'une société anonyme régie par le livre II du code de commerce et par les dispositions du Code général des collectivités territoriales relatives aux sociétés d'économie mixte. Son régime comporte cependant certaines dérogations au regard de cet ensemble de règles. En effet, elle peut ne comprendre que deux actionnaires, à savoir une ou plusieurs collectivités territoriales ou groupement de collectivités territoriales et au moins un actionnaire opérateur économique qui peut être une personne publique ayant une activité économique et notamment un établissement public industriel et commercial. Par ailleurs, l'actionnaire public peut détenir entre 34 % et 85 % du capital de la société et, par conséquent être minoritaire, la part de capital qu'il entend détenir devant être indiquée dans le document de préfiguration. Les sièges au conseil d'administration ou de surveillance sont, quant à eux, attribués en proportion du capital détenu. Mais alors même qu'il peut être minoritaire, le législateur a voulu mettre l'actionnaire public en mesure d'exercer son contrôle sur la société. L'économie générale du régime de la gouvernance de la SEMOP est, en effet, qu'elle doit être partagée entre l'opérateur économique qui en assure la direction technique et financière et la collectivité qui en contrôle l'activité. Le document de préfiguration doit d'ailleurs indiquer les règles de gouvernance et les modalités de contrôle dont la collectivité ou le groupement de collectivités souhaite disposer sur l'activité de la société définies, le cas échéant, dans un pacte d'actionnaires. Au titre de son contrôle, la loi impose que le président du conseil d'administration ou du conseil de surveillance est nécessairement un représentant de la collectivité territoriale.

D. Le contenu des concessions d'aménagement

Ce contenu est variable selon que le concessionnaire bénéficie ou non d'un concours public (C. urb., art. L. 300-5). Dans tous les cas, le traité de concession précise les obligations de chacune des parties, notamment, l'objet du contrat, sa durée et les conditions dans lesquelles il peut éventuellement être prorogé ou modifié ; les conditions de rachat, de résiliation ou de déchéance par le concédant, ainsi que, éventuellement, les conditions et les modalités d'indemnisation du concessionnaire. 1109 ■

Objet du contrat. La question de l'objet de la concession d'aménagement et de la mission du concessionnaire renvoie à la notion d'aménagement. À cet égard, un tel contrat est nul s'il ne porte pas sur une opération d'aménagement (v. ss 1025 s. ; CAA Bordeaux, 22 mars 2007, *Assoc. Gabas Nature et Patrimoine,* n° 03BX02313 ; CAA Nantes, 2 mars 2010, n° 09NT00076, *Constr.-urb.* 2001, n° 4, obs. L. Santoni ; E. Fatôme et L. Richer, « Question sur les nouvelles concessions d'aménagement », *AJDA* mai 2006. 926 ; J.-F. Bizet, « Le contrat d'aménagement aujourd'hui : constat et perspectives d'évolution », *BJDU* 2007. 30 ; F. Llorens et P. Soler-Couteaux, « Le périmètre des concessions d'aménagement » Ét. fonc. 2010, n° 147, p. 30). On relèvera qu'au-delà des opérations purement foncières, le renouvellement urbain constitue désormais une part importante de l'aménagement au sens contemporain du terme. Comme le relève J.-F. Bizet, cette mission requiert l'intervention globale de plusieurs acteurs dont certains spécialisés, comme l'Agence nationale pour la rénovation urbaine (ANRU) ou l'établissement public national d'aménagement et de restructuration des espaces commerciaux et artisanaux (EPARECA, C. urb., art. L. 325-1 s.). Cette conception nouvelle vient réduire sans toutefois l'effacer l'aspect classique, purement foncier et urbanistique de l'opération. L'accent est mis désormais sur l'immobilier dégradé, le traitement des espaces publics et des équipements collectifs en même temps qu'est intégrée la dimension sociale. 1110 ■

Aspects financiers. La loi SRU a ajouté d'autres éléments au titre du contenu obligatoire de la convention d'aménagement lorsque le concédant décide de participer au coût de l'opération (C. urb., art. L. 300-5-II). Celui-ci n'a pas été fondamentalement modifié par l'ordonnance relative aux concessions d'aménagement sous réserve que la possibilité ouverte au concédant est désormais susceptible de bénéficier à tout concessionnaire, qu'il soit public ou privé. Avant d'en rendre compte, il faut préciser que la participation du concédant et, le cas échéant, sa révision doivent être approuvées par son organe délibérant ou par l'autorité administrative, lorsque celui-ci est l'État. Par ailleurs, lorsque l'opération d'aménagement bénéficie de subventions octroyées par d'autres collectivités que le concédant, et nécessairement avec son accord, le traité de concession doit comporter les clauses obligatoires même si le concédant ne participe pas lui-même au financement de l'opération. 1111 ■

Dans le cas d'un concours du concédant, sous forme d'apport financier ou d'apport en terrains, le traité de concession doit préciser à peine de nullité : les modalités de cette participation financière, qui peut prendre la forme d'apports en nature ; le montant total de cette participation et, s'il y a lieu, sa répartition en tranches annuelles ; les modalités du contrôle technique, financier et comptable exercé par le concédant. À cet effet, le concessionnaire doit fournir chaque année un compte rendu financier comportant notamment en annexe : le bilan prévisionnel actualisé des activités, objet de la concession, faisant apparaître, d'une part, l'état des réalisations en recettes et en dépenses et, d'autre part, l'estimation des recettes et dépenses restant à réaliser ; le plan de trésorerie actualisé faisant apparaître l'échéancier des recettes et dépenses de l'opération ; un tableau des acquisitions et cessions immobilières réalisées pendant la durée de l'exercice. L'ensemble de ces documents est soumis à l'examen de l'organe délibérant du concédant ou à l'autorité administrative lorsque le concédant est l'État. Le concédant a le droit de contrôler les renseignements fournis, ses agents accrédités pouvant se faire présenter toutes pièces de comptabilité nécessaires à leur vérification. Lorsque le concédant est une collectivité territoriale ou un groupement de collectivités territoriales, dès la communication de ces documents et, le cas échéant, après les résultats du contrôle diligenté par la collectivité, ils sont soumis dans un délai de trois mois à l'examen de l'assemblée délibérante, qui se prononce par un vote. Par ailleurs, le concessionnaire doit également rendre compte aux personnes publiques qui les ont allouées de l'utilisation des subventions reçues.

■ **1112** *Sociétés d'économie mixte locale.* La loi n° 2002-1 du 2 janvier 2002 tendant à moderniser le statut des sociétés d'économie mixte locales est venue, dans un souci de transparence, compléter le contenu, à l'époque des conventions publiques d'aménagement et désormais des concessions d'aménagement, lorsque le cocontractant de la collectivité est une SEM locale. La loi dispose que leur contenu obéit au régime de droit commun établi par le Code de l'urbanisme (CGCT, art. L. 1523-3). Elles doivent prévoir à peine de nullité : l'objet du contrat, sa durée et les conditions dans lesquelles il peut être éventuellement prorogé ou renouvelé ; les conditions de rachat, de résiliation ou de déchéance par le concédant ainsi que, éventuellement les conditions et les modalités d'indemnisation du concessionnaire ; les obligations de chacune des parties et notamment, le cas échéant le montant de la participation financière du concédant dans les conditions prévues à l'article L. 300-5 du Code de l'urbanisme, ainsi que les modalités de contrôle technique, financier et comptable exercé par le concédant dans les conditions prévues à l'article L. 300-5 précité ; les conditions dans lesquelles le concédant peut consentir des avances justifiées par un besoin de trésorerie temporaire de l'opération ; les modalités de rémunération de la société ou de calcul du coût de son intervention, librement négociés entre les parties ; les pénalités applicables en cas de défaillance du concessionnaire ou de mauvaise exécution du traité de concession (CGCT, art. L. 1523-2). Aux termes de la loi n° 2003-590 du 2 juillet 2003 Urbanisme et Habitat, la convention peut également prévoir les conditions dans lesquelles d'autres collectivités territoriales apportent, le cas échéant, leur aide financière pour des actions et opérations d'aménagement public. Un accord spécifique est conclu entre le concédant et la collectivité qui accorde la subvention. L'article L. 1523-2, *in fine* du Code général des collectivités territoriales dispose expressément que les concours financiers qu'ils visent ne sont pas soumis au régime des aides des collectivités locales.

E. Les obligations et les droits du concessionnaire

Le concessionnaire assure la maîtrise d'ouvrage des travaux et équipements concourant à l'opération prévus dans la concession (V. Guinot et Ph. Proot, « Les limites de la maîtrise d'ouvrage du concessionnaire d'une opération d'aménagement », *BJDU* 2011. 335 ; X. Mouriesse et L. Le Corre, Les nouveaux horizons de la concession d'aménagement, *Contrats publics* n° 145/2014, p. 47). À cette fin, il est amené à conclure des contrats selon des modalités de passation qu'il faut préciser de même qu'il convient de déterminer leur nature. Il importe également de mesurer la portée des droits que le concessionnaire tient du contrat qui le lie au concédant. 1113 ■

Les marchés passés par le concessionnaire d'aménagement. La directive n° 2004/18 soumet les marchés passés par les concessionnaires de travaux publics à des obligations de publicité et de mise en concurrence. Leur contenu est cependant variable selon que le concessionnaire a ou non la qualité de pouvoir adjudicateur. Dans le premier cas, les dispositions de la directive lui sont pleinement applicables. Dans le second, il se trouve assujetti à des obligations de publicité et de mise en concurrence spécifiques, sensiblement moins contraignantes. Les contrats d'études, de maîtrise d'œuvre et de travaux conclus par lui pour l'exécution de la concession sont soumis à une procédure de publicité et de mise en concurrence définie par décret en Conseil d'État (C. urb., art. R. 300-12 et R. 300-13). En principe, les contrats visés plus haut conclus par le concessionnaire doivent l'être dans les conditions définies par le décret n° 2005-1742 du 30 décembre 2005 pris pour l'application de l'ordonnance n° 2005-649 du 6 juin 2005 relative aux marchés passés par certaines personnes publiques ou privées non soumises au code des marchés publics. Ce décret transpose très fidèlement les dispositions de la directive n° 2004/18 relatives aux marchés passés par des pouvoirs adjudicateurs, alors même que les concessionnaires d'aménagement ne le sont pas (Décr. préc., art. 7 à 47). Le concessionnaire doit informer le concédant du nom du titulaire et du montant des contrats concernés dans un délai de 30 jours à compter de leur conclusion (C. urb., art. R. 300-14). Les dispositions du décret ne sont toutefois pas applicables aux marchés passés pour l'exécution d'une concession d'aménagement conclue sous le régime de la procédure simplifiée (v. ss 1094). Dans ce cas, ils sont passés selon des modalités de publicité et de mise en concurrence librement déterminées par le concessionnaire (C. urb., art. R. 300-13). 1114 ■

Nature des marchés passés par le concessionnaire. Les marchés passés par le concessionnaire ne sont pas en principe des contrats administratifs dès lors qu'il ne réalise pas exclusivement des équipements ou ouvrages devant être remis à la collectivité publique dès leur achèvement ou leur réception. Il en résulte que les litiges entre l'aménageur et les entreprises avec lesquelles il a contracté relèvent de la juridiction judiciaire (CE 11 mars 2011, *Cté agglo. Grand Toulouse*, req. n° 330722, *Lebon* T. 843 ; *BJDU* 2011. 198, concl. N. Boulouis ; *Constr.-Urb.* 2011. 67, obs. X. Couton ; *Contrats Marchés publ.* 2011. 130, note P. Devillers ; *JCP* A 2011, n° 2205, note Cl. Deves ; *RJEP* 2011, étude 4 par F. Llorens ; Trib. confl., 15 oct. 2012, *Société Port Croisade*, *Contrats Marchés publ.* 2013, n° 17, note G. Eckert ; Civ. 1ère, 13 mars 2013, n° 09-15.448, CP-ACCP n° 132/2013, p. 22 ; CAA Marseille, 18 févr. 2013, n° 10MA02530, *Société lyonnaise de démolition*, *Contrats Marchés publ.* 2013, n° 98, obs. M. U.-B.). 1115 ■

■ 1116 *Les droits du concessionnaire.* Sous le régime antérieur à la loi du 20 juillet 2005 relative aux concessions d'aménagement, il était constant que l'aménageur se trouvait dans une situation précaire tant que la collectivité n'était pas liée contractuellement. Il ne pouvait, en effet, prétendre invoquer un droit qu'à partir de la conclusion d'une convention d'aménagement (CE 15 avr. 1992, *SCI Vallières, c/ Cté urb. Lyon*, req. n° 66843, *D.* 1993. Somm. 144, obs. P. Bon et Ph. Terneyre ; *Lebon* 182). Mais faute d'une convention valablement conclue, l'aménageur simplement pressenti ne pouvait prétendre être indemnisé des frais qu'il avait avancés et des coûts qu'il avait supportés qu'en fondant la responsabilité de la collectivité sur les promesses non tenues ou en se prévalant, le cas échéant, de la rupture de l'égalité devant les charges publiques (CAA Lyon, 18 mai 1993, *EURL SSD*, req. n° 92LY00111). Encore fallait-il que les conditions propres à chacun de ces systèmes de responsabilité fussent réunies. Et en toute hypothèse, il était toujours susceptible de se voir opposer l'exception de risque accepté (CE 15 avr. 1992, *SCI « Vallières » c/ Cté urb. Lyon*, préc. ; CAA Lyon, 18 mai 1993, *EURL SSD*, préc.). C'est dire que les études préalables réalisées par l'aménageur en amont du projet d'aménagement restaient le plus souvent définitivement à sa charge en l'absence de conclusion d'une convention d'aménagement. Ces situations ne devraient plus se présenter dans le contexte d'une mise en concurrence des concessions d'aménagement.

■ 1117 *Modification de la ZAC et de la règle d'urbanisme.* Une fois la concession devenue définitive, l'aménageur peut se prévaloir des droits qu'il en tire. Il reste que sa situation demeure affectée d'une certaine précarité. Cela tient à la nature juridique de l'acte créant une ZAC qui n'est pas un acte créateur de droits (CE 23 juill. 1993, *Sté d'aménagement du plateau d'Andresy*, req. n° 80937 ; CAA Paris, 1er oct. 2003, *Cne Andrésy*, req. n° 01PA03123, *AJDA* 2004. 102, note J.-P. Demouveaux). Il en résulte que l'aménageur titulaire d'une concession n'a aucun droit au maintien de la ZAC. Lorsqu'elle choisit de faire usage de sa faculté de réexaminer l'opportunité de l'opération d'aménagement en vue de modifier sa consistance ou ses modalités de réalisation, la collectivité publique peut même, sans nécessairement commettre de faute à l'égard du cocontractant, cesser temporairement d'exécuter les obligations contractuelles dont elle est débitrice pour la durée des procédures administratives qu'il lui appartient d'engager ou de conduire pour procéder à la modification envisagée. Mais il lui incombe d'arrêter sa position définitive dans un délai raisonnable sauf à commettre une faute de nature à justifier, le cas échéant, la résiliation à ses torts du contrat d'aménagement (CAA Paris, 1er oct. 2003, *Cne Andrésy*, préc.). De même, la concession d'aménagement, pas plus qu'avant elle la convention d'aménagement, ne confère au concessionnaire aucun droit à la délivrance des permis de construire nécessaires à la réalisation de la zone. L'article L. 160-5 du Code de l'urbanisme interdit donc qu'il lui soit accordé une indemnisation de ce chef (CE 8 janv. 1993, *Sté Cie fermière et foncière de Font-Romeu*, req. n° 132413, *Lebon* T. 1018, 1077). Enfin, l'aménageur n'a pas un droit à l'intangibilité des règles d'urbanisme applicables dans son périmètre. On relèvera cependant qu'il a été jugé qu'une commune ne pouvait refuser d'approuver la modification d'un PAZ en se fondant sur une appréciation des compétences techniques de l'aménageur ou sur ses intentions supposées (CAA Versailles, 15 sept. 2005, *Sté d'aménagement d'Arny-Bruyères*, req. n° 03VE04375, *AJDA* 2006. 1001, note S. Pérignon). Cela étant, en cas de remise en cause de la ZAC ou de réduction sensible des droits à construire consécutive à une modification de la règle d'urbanisme, le concessionnaire devra, à notre sens, situer son action sur le fondement du fait du prince. Et s'il subit un préjudice consécutivement à l'annulation de la ZAC par le juge, il devra se situer sur le terrain de la faute (CE 7 févr. 2003, *SE au Logement c/ SNC Empain-Graham*, req. n° 223882 ; *BJDU* 2003. 217, concl. T. Olson ; *RDI* 2003. 381, obs. P. S.-C. ; 6 févr. 2006, *Sté d'aménagement de Port Léman*, req. n° 268973 ; *RDI* 2006. 156, obs. P.S-.C. ; CAA Paris, 27 nov. 2001, *Sté financière de la porte Maill*ot, req. n° 98PA00709 ; H. Périnet-Marquet, « code civil, droit de l'urbanisme », Mélanges Jacquot, PU Orléans, 2006, p. 447).

Résiliation. Par ailleurs, la personne publique dispose d'un pouvoir de résiliation de la concession d'aménagement même dans le silence du contrat. Mais le juge administratif se reconnaît désormais le droit d'ordonner la reprises des relations contractuelles (CE 23 mai 2011, *Sté d'Aménagement Isola 2000, Sté Gestion Isola 2000*, req. n° 323468 ; *Contrats Marchés publ.* 2011. 305, comm. J.-P. Pietri) dans les conditions fixées par la jurisprudence dite Béziers II (CE, sect., 21 mars 2011, *Cne Bézie*rs, req. n° 304806, *AJDA* 2011. 670, chron. A. Lallet et X. Domino ; *AJCT* 2011. 291, note J.-D. Dreyfus ; *Dr. adm.* 2011, n° 46, note F. Brenet et F. Melleray ; *Contrats Marchés p*ubl. 2011. 150, note J.-P. Piétri ; *JCP* A 2011, n° 2171, note F. Linditch ; *RDI* 2011. 270, note S. Braconnier). Aux termes de cette jurisprudence, tout en rappelant que saisi par une partie d'un litige relatif à une mesure d'exécution d'un contrat, le juge peut seulement, en principe, rechercher si cette mesure est intervenue dans des conditions de nature à ouvrir droit à indemnité, le Conseil d'État ajoute qu'eu égard à la portée de la mesure d'exécution du contrat que constitue une résiliation, une partie peut former devant le juge du plein contentieux un recours contestant sa validité et tendant à la reprise des relations contractuelles. Si le juge constate que cette mesure est entachée de vices relatifs à sa régularité ou à son bien-fondé, il lui incombe de déterminer s'il y a lieu de faire droit à la reprise des relations contractuelles en considération de la gravité respectivement des vices constatés et des manquements du requérant à ses obligations contractuelles, ainsi que des motifs de la résiliation et si cette reprise n'est pas de nature à porter une atteinte excessive à l'intérêt général et aux droits du titulaire d'un nouveau contrat dont la conclusion aurait été rendue nécessaire par la résiliation litigieuse. Dans le même arrêt, la Haute juridiction précisait l'office du juge du contrat saisi de conclusions tendant, cette fois, à la suspension de l'exécution d'une mesure de résiliation. Ces solutions ne sont applicables qu'à la résiliation du contrat, à l'exclusion de sa caducité par suite de la non-réalisation des conditions suspensives qu'il prévoit (CAA Marseille, 26 mai 2014, n° 11MA03583, *Société Lodef*, *AJDA* 2014, p. 1451, concl. E. Felmy). 1118 ■

Le juge administratif peut également prononcer la résiliation de la concession à la demande du cocontractant (CAA Paris, 28 mai 1996, *SARL Média Cinéma Aménagement*, *Lebon* T. 1111 ; CAA Paris, 1er oct. 2003, *Cne Andrésy*, préc. ; v. aussi CE 12 mars 1999, *SA Méribel*, *Lebon* 61 ; *BJCP* 1999. 444, concl. C. Bergeal).

F. Le contentieux de la concession d'aménagement

Outre le contentieux de l'exécution du contrat susceptible d'opposer la collectivité publique et l'aménageur (CE 18 sept. 1998, *CCI Dunkerque*, *Rev. Trésor* 1999. 225), la concession d'aménagement peut être contestée par les tiers et par les candidats évincés. 1119 ■

1120 *Recours des tiers.* Jusqu'à l'arrêt « Département de Tarn-et-Garonne » (CE, ass., 4 avril 2014, n° 358994, *Droit adm.* 2014, comm. n° 36, note F. Brenet ; Europe, nov. 2014, p. 4, note G. Kalflèche ; BJCP 2014, p. 204, concl. B. Dacosta ; *Contrats Marchés publ.* mai 2014, repère 5 par F. Llorens et P. Soler-Couteaux et étude 5 par Ph. Rees ; *AJDA* 2014, p. 1035, chron. A. Bretonneau et J. Lessi ; *JCP* A, 2014, 2152, note J.-F. Sestier : *RDI*, juin 2014, p. 344, note S. Braconnier ; *RJEP*, juill. 2014, p. 14, note J.-F. Lafaix), les tiers pouvaient former un recours contre les actes détachables du contrat à la condition que les stipulations du contrat en cause soient de nature à les léser dans leurs intérêts de façon suffisamment directe et certaine. Cela concernait notamment la délibération autorisant le maire à signer la concession (CAA Bordeaux, 23 mai 2011, *SAEM Lot-et-Garonne*, req. n° 10BX00318 ; CAA Marseille, 11 juill. 2011, *Sté Équipement Région Montpélliéraine*, req. n° 10MA01715, *Contrats Marchés publ.* 2011. 335, note G. Eckert) et la décision de signer elle-même (CE 9 déc. 1934, *Chambre de commerce de Tamatave*, *Lebon* 1034 ; CE, sect., 7 avr. 1936, *Dpt Creuse*, *Lebon* 171 ; 20 janv. 1978, *Synd. national de l'enseignement technique agricole public*, *Lebon* 22 ; CAA Versailles, 12 mars 2009, *Cne Clichy-La-Garenne*, req. n° 07VE02221 ; *JCP* A 2009, n° 2119, note Ph. Proot).

L'arrêt « Département de Tarn-et-Garonne » met fin à la possibilité de former un recours pour excès de pouvoir contre les actes détachables des contrats administratifs, sauf pour le préfet, dans le cadre de son contrôle de légalité et jusqu'à la conclusion du contrat. Dans tous les autres cas, le Conseil d'État substitue au recours pour excès de pouvoir contre les actes détachables un recours de pleine juridiction en contestation de la validité du contrat, ouvert à tout tiers susceptible d'être lésé de façon suffisamment directe et certaine par la passation du contrat et ses clauses. Ce recours bénéficie également aux membres de l'organe délibérant de la collectivité ou de l'établissement public concerné ainsi qu'au représentant de l'État dans le département. Il peut être assorti d'une demande de suspension sur le fondement de l'article L. 521-1 du Code de justice administrative, et il doit dans tous les cas être formé dans les deux mois suivant l'accomplissement de mesures de publicité appropriées, au moyen notamment d'un avis mentionnant la conclusion du contrat et les modalités de sa consultation. C'est uniquement à l'occasion de l'exercice de ce recours que peuvent être contestés le choix du co-contractant, la délibération autorisant sa passation et la décision de le signer. Le représentant de l'État et les membres de l'organe délibérant peuvent invoquer tout moyen à l'appui de ce recours. Les autres tiers ne peuvent, en revanche, invoquer que des vices en rapport direct avec l'intérêt lésé dont ils se prévalent ou ceux d'une gravité telle que le juge devrait les relever d'office.

Il revient à celui-ci, après avoir pris en considération la nature des vices entachant la validité du contrat, soit d'en décider la poursuite, soit d'inviter les parties à prendre des mesures de régularisation dans un certain délai, sauf à résilier ou résoudre le contrat ; soit enfin, en l'absence de régularisation possible, de prononcer, le cas échéant avec un effet différé, la résiliation du contrat sous réserve que cette mesure ne porte pas une atteinte excessive à l'intérêt général ou son annulation totale ou partielle si le contrat a un contenu illicite, se trouve affecté d'un vice du consentement ou de tout autre vice d'une particulière gravité que le juge doit relever d'office. Le recours en contestation de validité peut être assorti de demandes indemnitaires en réparation de l'atteinte portée aux intérêts lésés.

Pour des raisons de sécurité juridique, le Conseil d'État a décidé que ces solutions nouvelles ne seraient applicables qu'aux contrats signés à compter de la lecture de son arrêt.

Opérations complexes. Concession d'aménagement et acte de création. À l'occasion du recours contre la concession d'aménagement, l'illégalité de l'acte de création peut être soulevée par voie d'exception eu égard au fait que l'acte créant la zone et celui approuvant la passation de la concession constituent une même opération administrative (CE, sect., 26 mars 1999, *SARL « Sté d'aménagement Port Léman »*, req. n° 185841, *Lebon* 111 ; *BJDU* 1999. 141, concl. contraires J.-C. Bonichot). Il faut rappeler à cet égard que l'annulation de la création de la ZAC entraîne en principe la nullité du contrat d'aménagement (CAA Paris, 29 mars 1993, *Assoc. pour l'information et la défense de l'environnement et l'urbanisme*, req. n° 92PA01028, *Lebon* 437 ; *AJDA* 1993. 699 ; ibid. 736, chron. J.-F. Gipoulon ; v. ss 1068) 1121 ■

Opérations complexes. Concession d'aménagement, préemption et expropriation. L'illégalité d'une convention d'aménagement, dont on rappellera qu'elle peut désormais être contestée par la voie d'un recours de pleine juridiction, à l'exclusion de tout recours contre les actes détachables, sauf celui du préfet (CE, ass., 4 avril 2014, n° 358994, *Département de Tarn-et-Garonne*, préc.), rend irrégulier l'exercice par l'organisme concerné du droit de préemption que la commune lui avait délégué (CE 7 janv. 2000, *SCI Athena*, req. n° 194531, Coll. terr. 2000. 102). En revanche, le moyen tiré de l'exception d'illégalité d'une convention d'aménagement invoqué au soutien de l'annulation d'une déclaration d'utilité publique est inopérant alors même que la concession désignait le concessionnaire comme bénéficiaire des acquisitions réalisées par voie d'expropriation (CE¸ sect., 11 juill. 2011, *Sté d'Équipement du dpt Maine-et-Loire* (SODEMEL), req. n° 320735 et *Min. Intérieur*, req. n° 320854 ; *Lebon* 347 ; *Constr.-Urb.* 2011, n° 123, note L. Santoni ; *Contrats Marchés publ.* 2011, n° 302, note P. Devillers ; *BCJ*P 2011.387, concl. D. Hedary, obs. P.T ; Le Moniteur 11 nov. 2011. 58, note G. Le Chatelier ; *AJDA* 2011.806, ob. R. Hostiou ; 2012.22, chron. S. Gilbert ; 2012.449, note N. Foulquier ; *JCP* A 2012, n° 2053, obs. C. Devès ; *RDI* 2011. 519, obs. P. S.-C. ; CAA Nantes, 14 mai 2012, *Sté Territoires*, req. n° 10NT01920 ; CAA Versailles, 4 mai 2012, *SNC Thiboudes Bonomées*, req. n° 10VE00510, *Constr.-Urb.* 2012, n° 112, note L. Santoni). Et sur le terrain de l'annulation par voie de conséquence, l'annulation de la délibération autorisant la signature d'une concession d'aménagement n'entraîne pas celle de l'arrêté préfectoral déclarant d'utilité publique l'aménagement d'une ZAC, ainsi que celle des immeubles nécessaires à la réalisation de l'opération (CE 20 mars 2013, n° 351101, *Sté d'aménagement de Lot-et-Garonne et Syndicat mixte de développement économique du Marmandais*, *Lebon* 789 ; *BJDU* 2013.363, concl. B. Dacosta ; *AJDA* 2013.662 ; *AJDI* 2014.16, Etude S. Gilbert ; *AJCT* 2013.308, obs. R. Grand). En revanche, les arrêtés de cessibilité sont annulés par voie de conséquence de la résolution de la concession d'aménagement car l'article R. 12-2 du code de l'expropriation (v. désormais C. expr., art. R. 221-4) dispose que le juge de l'expropriation prononce l'expropriation « directement au bénéfice de la personne au profit de laquelle elle a été poursuivie » (CE 26 févr. 2014, n° 360820, *Min. de l'intérieur, Cne de Saulx-les-Chartreux, Soc. Thiboudes Bonomées*, *Lebon* T ; *AJDA* 2014.1453, note N. Foulquier ; *RDI* 2014.367, obs. P. S-C. ; *Contrats Marchés publ.* 2014, n° 114, note J.P. Pietri). 1122 ■

Les concurrents évincés ont été les premiers à se voir reconnaitre la possibilité de former un recours de pleine juridiction en contestation de la validité du contrat ou de certaines de ses clauses, à condition qu'elles en soient divisibles (CE, ass., 16 juill. 2007, *Sté Tropic travaux signalisation*, req. n° 291545, *AJDA* 2007. 1588, chron. F. Lenica 1123 ■

et J. Boucher; *Lebon* 360, GAJA, n° 117; *Contrats Marchés publ.* 2007. 254, note J.-P. Piétri ; F. Llorens et P. Soler-Couteaux, « Le recours des candidats évincés contre les contrats : embarras du choix ou embarras tout court ? », *Contrats Marchés publ.* 2007. Repère 8 ; Defrénois 2008. 38713, note J.-Ph. Meng, *RDI* 2008. 42, chron. S. Braconnier et R. Noguellou – Et sur la notion de candidat évincé : CE, avis, 11 avr. 2012, *Sté Gouelle*, req. n° 355446, *Contrats Marchés publ.* 2012. 164 ; F. Llorens et P. Soler-Couteaux, « Un nouvel élan pour le recours Tropic », ibid. repère 5). Ce recours pouvait être assorti de demandes indemnitaires. Il avait pour conséquence de ne plus permettre aux candidats évincés d'exercer un recours pour excès de pouvoir contre les actes détachables du contrat postérieurement à sa conclusion.

La matière a été profondément modifiée par l'arrêt « Département de Tarn-et-Garonne » qui assimile désormais les candidats évincés à des tiers ordinaires et leur reconnait les mêmes droits au recours que ces derniers (voir à leur sujet **ss. 1116**).

§ 5 L'acquisition et la cession des terrains en ZAC

1124 Il s'agit d'examiner ici les modalités selon lesquelles la collectivité est susceptible d'acquérir la maîtrise foncière des immeubles nécessaires à la réalisation de la ZAC, si et comment elle peut les rétrocéder à l'aménageur et dans quelles conditions celui-ci peut céder les terrains qu'il a équipés (J-M Petit, La commercialisation de l'opération d'aménagement, p. 69, Dossier « Contrats et opérations d'aménagement », *Revue Contrats Publics* – Le Moniteur, n° 145, juill.-août 2014).

1125 *Maîtrise foncière.* La réalisation d'une ZAC peut nécessiter de recourir à l'expropriation ou à la préemption. À cet égard, la collectivité est habilitée à recourir à l'une ou l'autre de ces prérogatives pour acquérir des immeubles afin de constituer des réserves foncières en vue de permettre la réalisation d'une action ou opération d'aménagement répondant aux objets définis par l'article L. 300-1 (C. urb., art. L. 221-1, L. 210-1). Le concessionnaire peut aussi être chargé par le concédant d'acquérir des biens nécessaires à la réalisation de l'opération en y recourant (C. urb., art. L. 300-4). Concernant l'expropriation, l'acte déclaratif d'utilité publique doit être compatible avec le SCOT comme cela résulte implicitement mais nécessairement de l'article L. 122-15 du Code de l'urbanisme (CE 3 déc. 1993, *Ville Paris c/ Parent*, *Lebon* 340 ; *BJDU* 1994, n° 1, p. 7, concl. J.-Cl. Bonichot ; 16 juin 2000, *Assoc. Tam-Tam*, *Constr.-Urb.* 2000, n° 253, obs. D. Larralde). Par ailleurs, lorsque l'enquête publique sur l'élaboration, la modification ou la révision du PLU concerne une ZAC, elle vaut enquête préalable à la déclaration d'utilité publique des travaux prévus dans la zone à la condition que le dossier soumis à l'enquête comprenne les pièces requises par le code de l'expropriation pour cause d'utilité publique (C. urb., art. L. 123-11). Enfin on peut rappeler que le juge exerce un contrôle du bilan sur la déclaration d'utilité publique (TA Versailles, 25 oct. 1994, *SAS Prince et Princesse de Liechtenstein c/ Préfet du Val d'Oise* : sur l'absence d'utilité publique d'une déclaration d'utilité publique en vue de la réalisation d'une ZAC au motif qu'une telle opération excède les capacités contributives de la commune).

1126 *Cession.* Le code de l'expropriation autorise la cession de gré à gré des immeubles expropriés en vue d'opérations dans les ZAC sous condition que le cessionnaire les utilise aux fins prescrites par le cahier des charges annexé à l'acte de cession (C. expr., art. L. 411-1).

Concernant la cession de parcelles équipées par l'aménageur, le Code de l'urbanisme, dans sa rédaction antérieure au décret n° 86-517 du 14 mars 1986, imposait dans les ZAC un cahier des charges de cession de terrains approuvé par le préfet. La loi SRU en fait également une obligation tant du moins que la ZAC n'est pas supprimé car dans ce cas il devient caduc (C. urb., art. L. 311-6 ; P. Valadou, « Les cahiers des charges de cession des terrains aménagés en ZAC », Cah. GRIDAUH 1999, n° 3, p. 51 ; S. Pérignon, « Gestion de la densité en ZAC », Defrénois 2002. 381). Il convient donc d'examiner les innovations de la loi en même temps que d'exposer les solutions anciennes susceptibles de le concerner (M. Raunet, « Zone d'aménagement concerté et plan local d'urbanisme », *AJDA* 2003. 1555).

En premier lieu, le cahier des charges dont on a dit qu'il est obligatoire est approuvé lors de chaque cession ou concession d'usage par l'autorité compétente pour créer la ZAC. Une telle obligation a paru d'une lourdeur excessive aux aménageurs qui auraient préféré qu'un cahier des charges fût approuvé une fois pour toutes et annexé aux actes de vente. Quoi qu'il en soit, par le fait de son approbation, le cahier des charges a un caractère règlementaire (CE 15 oct. 2014, n° 349775, *ASEZAT La Gaude* ; *Lebon* T. ; *BJDU* 3/2015. 163, concl. M. Vialettes). Il peut donc faire l'objet d'un recours. Pour les mêmes raisons, un refus d'approbation peut être déféré au juge administratif qui contrôle notamment qu'il n'est pas étranger à des considérations d'urbanisme et au principe d'égalité entre les opérateurs dans la ZAC (CE 3 nov. 1997, *Sté Top Loisirs Guy Merlin*, req. n° 156675, *BJDU* 1197. 416, concl. J.-C. Bonichot). Il reste qu'il semble que le cahier des charges ne peut être opposé au pétitionnaire et aux tiers que s'il est régulièrement publié (CAA Bordeaux, 29 mai 2012, *Cne Blagnac*, req. n° 11BX00708 ; sur cette question, X. Couton, « PLU et ZAC. PLU et cahier des charges de cession de terrains », 2010, site du GRIDAUH).

Le contenu du cahier des charges est inchangé. Il indique a minima le nombre de m² de surface de plancher dont la construction est autorisée sur la parcelle cédée (Sur l'application de la surface de plancher des cahiers des charges signés avant l'entrée en vigueur de l'Ord. n° 2011-1539 du 16 nov. 2011 relative à la définition des surfaces de plancher prises en compte dans le droit de l'urbanisme, v. art. 5, al. 3). A défaut, le maire ne peut en principe délivrer un permis de construire sur la parcelle considérée (CE 15 oct. 2014, n° 349775, *ASEZAT La Gaude*, *Lebon*) Il peut, en outre, fixer les prescriptions techniques, urbanistiques et architecturales imposées aux constructeurs pendant la durée de la réalisation de la zone. En revanche, l'article L. 311-6 ne reprend pas les termes de l'article R. 311-19 ancien selon lesquels lorsque l'acquisition des terrains inclus dans la zone avait été déclarée d'utilité publique, le cahier des charges devait comprendre les clauses types approuvées par décret en Conseil d'État en application de l'article L. 21-3 du code de l'expropriation. Toutefois, en application de l'article L. 411-2 du code de l'expropriation, les clauses réglementaires types demeurent applicables consécutivement à la décentralisation (v. CE, avis, 5 janv. 1988, req. n° 343303, EDCE 1988, n° 40, p. 299). Par ailleurs, l'aménageur peut toujours imposer à l'acquéreur le respect de dispositions contractuelles mais, comme le recommande S. Pérignon, il importe de bien séparer ce qui relève du cahier des charges approuvé et ce qui relève de libres dispositions contractuelles. Enfin, les dispositions du cahier des charges peuvent avoir valeur contractuelle entre les acquéreurs de la ZAC si celui-ci en dispose ainsi expressément (Civ. 3e, 24 avr. 1127

2003, *Constr.-Urb.* 2003, n° 187, obs. Ph. Benoit-Cattin ; Defrénois 2004. 665, note J.-Ph. Meng).

Le contenu du cahier des charges et le caractère réglementaire résultant de son approbation amènent à se poser les questions de son articulation avec la règle d'urbanisme édictée par le PLU et de son opposabilité aux demandes de permis de construire. Sur le premier point, les dispositions du cahier des charges ne sauraient prévaloir sur les prescriptions du règlement d'urbanisme (CE 18 oct. 2000, *Épx Nougarou* ; *Constr.-Urb.* 200, n° 17, obs. D. Larralde ; *BJDU* 2000. 280, concl. G. Bachelier ; Defrénois 2001. 579, note S. Pérignon ; v. aussi CE 31 mars 1989, *Assoc. pour la protection et l'amélioration du cadre de vie du secteur des seize arpents c/ Cne Verrières-le-Buisson*, *Lebon* T. 1002 : un cahier des charges ne peut régir les emplacements réservés pour les équipements publics ; Civ. 3e, 30 juin 1993, *Blanchard*, *Bull. civ.* III, n° 106 ; Defrénois 1994. 35803, note S. Pérignon). Par conséquent, elles peuvent préciser ces dernières ou les traduire au niveau de la parcelle vendue mais non les assouplir ou y déroger. Sur le second point, son caractère réglementaire est de nature à le rendre opposable aux demandes de permis de construire (CE 31 mai 1995, *ASL Les allées du château de Montigny*, *Lebon* 475). S. Pérignon résume ainsi la situation : « en principe, seraient donc opposables au permis de construire les dispositions réglementaires du cahier des charges de cession de terrains, à la condition que ses dispositions ne soient pas contraires au plan d'aménagement de zone et n'aient pas été modifiées indirectement par une modification du plan d'aménagement de zone » (S. Pérignon, « Gestion de la densité en ZAC », préc.). Cette présentation vaut évidemment de la même manière pour le PLU.

On peut enfin relever que si le contentieux des contrats de cession des terrains en ZAC qui peut opposer l'aménageur à l'acquéreur de droits à construire relève normalement de la juridiction judiciaire (T. confl. 23 oct. 1995, *Préfet de Paris, Sté Canal plus immobilier*, req. n° 02964), il peut en aller différemment lorsque l'aménageur est un établissement public (CE 29 déc. 2006, EPA Saint-Quentin-en-Yvelines, req. n° 281481 : application de la théorie de l'enrichissement sans cause à un cas où le contrat de vente n'avait pu être conclu, faute de la levée de la condition suspensive) ou une SEM concessionnaire (Civ. 1re, 7 mars 2000, *Sté du Pont-Neuf*, *Constr.-Urb.* 2000, n° 281, obs. D. Larralde).

section **6**

L'évolution et la fin de la ZAC

1128 *Évolution de la ZAC.* La ZAC peut évoluer à plusieurs moments de son existence. L'évolution peut prendre la forme d'une modification de l'acte de création. Dans ce cas, la modification doit être prononcée dans les formes prescrites pour sa création. Elle fait l'objet des mêmes mesures de publicité et d'information que celles imposées pour l'acte de création (C. urb., art. R. 311-12). Il convient de rappeler que l'acte portant création d'une ZAC étant un acte non réglementaire non créateur de droits, il peut être modifié à tout moment pour tout motif d'intérêt général même relevant de l'opportunité. Il peut également arriver que le contenu et l'objet de la ZAC évoluent de manière significative entre le moment de sa création et celui de sa réalisation. Le cas échéant, en fonction de la portée des évolutions souhaitées, il conviendra de modifier l'acte de création en conséquence. Concernant la portée des modifications que peut connaître une ZAC, il a été jugé qu'après avoir été partiellement réalisée, une ZAC peut être modifiée en vue de sauvegarder les espaces naturels non encore aménagés et de les mettre en valeur dès lors que les aménagements déjà réalisés constituent avec ce nouveau projet un ensemble cohérent (CE 7 juill. 2000, *SCI Cité Haute Provence*, req. n° 205229 ; *Dr. adm.* 2000, n° 245, obs. L. T. ; *Constr.-Urb.* 2000, n° 309, obs. D. Larralde ; Coll. terr. 2000. 308, obs. Th. Célérier ; *RDI* 2000. 552, obs. J. Morand-Deviller).

L'évolution de la ZAC peut également se traduire par une modification de la règle d'urbanisme en vue de l'adapter à l'objectif poursuivi. Toutefois, la modification de l'objet de la ZAC ne peut résulter de la seule modification de la règle d'urbanisme (CE 7 nov. 1990, *Cne Dammarie-les-Lys*, *Lebon* T. 1035 et 1036). Par ailleurs, lorsque le projet d'élaboration, de modification ou de révision d'un PLU a pour objet ou pour effet de modifier les règles d'urbanisme applicables à l'intérieur d'un périmètre de ZAC créée à l'initiative d'une personne publique autre que l'EPCI compétent ou la commune, l'avis de ladite personne publique est requis préalablement à l'approbation du PLU. Lorsque la ZAC a été créée à l'initiative d'un EPCI, cette approbation ne peut intervenir qu'après avis favorable de cet établissement public (C. urb., art. L. 123-16). Il faut également rappeler que sur le plan contentieux, il a été jugé que l'illégalité de l'acte créant la ZAC était de nature à entraîner l'illégalité de la délibération approuvant la modification du PAZ alors même qu'elle n'avait pas été attaquée dans le délai du recours contentieux (CE 10 juill. 1996, *Assoc. « Comité Cinq-Cantons-Basse »*, req. n° 155711).

La ZAC peut enfin connaître des évolutions consécutives aux difficultés rencontrées par l'aménageur (Ph. Gianni et G. Lemée, « Le sort des concessions en difficulté », Ét. fonc. 1999, n° 83, p. 32). À cet égard, un comité de défense ne justifie pas d'un intérêt lui donnant qualité pour agir contre les délibérations par lesquelles le conseil municipal a décidé de racheter à la société d'économie mixte aménageur les lots invendus dans la ZAC, de contracter des emprunts pour financer une partie du coût de ces acquisitions et de confier à la société d'économie mixte une mission d'assistance à la commercialisation des lots invendus (CE 9 sept. 1998, *Cté de défense de la qualité de la vie à La Crau* ; sur les difficultés rencontrées par les ZAC : Rép. min. n° 17928, 3 août 1998, *JOAN* Q 14 déc. 1998. 8859).

Étude d'impact. L'évolution de la ZAC nécessitera la réalisation d'une étude d'impact systématique ou au cas par cas soit lorsque les modifications ou extensions répondront par elles-mêmes aux seuils de la soumission à l'étude d'impact (C. envir., art. R. 122-2, II), soit lorsqu'elles font entrer dans ces seuils une ZAC qui n'aura pas fait l'objet d'une étude d'impact (C. envir., art. R. 122-2, III, 1°), soit lorsque la somme des modifications ou extensions de la ZAC ultérieure à l'étude d'impact réalisée à l'origine entre dans les seuils de soumission à ladite étude (C. envir., art. R. 122-2, III, 2°). 1129

Fin de la ZAC. Suppression. La fin de la ZAC peut résulter d'abord de la décision de la supprimer (Charles, Meng et Ousset, « L'achèvement de la ZAC », *Droit et Ville* 1993, n° 36, p. 273 ; J.-P. Gilli, « Les opérations d'urbanisme inachevées à l'expiration de la concession », *RFDA* 1989. 670 ; S. Elkan, « Les meilleures ZAC ont une fin », Ét. fonc. 1997, n° 77, p. 26 ; D. Miranda, « L'achèvement des zones d'aménagement concerté : 1130 conditions et intérêt de la procédure », *Gaz. cnes* 3 avr. 2000. 52). Cette décision est prise, sur proposition ou après avis de la personne publique qui a pris l'initiative de sa création, par l'autorité compétente pour créer la zone. La proposition comprend un rapport de présentation qui expose les motifs de sa suppression. La suppression de la ZAC entraîne la caducité du cahier des charges de cessions des terrains approuvés après l'entrée en vigueur de la loi SRU (C. urb., art. L. 311-6). Elle fait l'objet des mêmes mesures de publicité et d'information que celles imposées à l'acte de création (C. urb., art. R. 311-12).

1131 *Fin de la ZAC. Achèvement.* La fin de la ZAC peut résulter également de son achèvement. Ni la loi SRU, ni son décret d'application n'ont repris les dispositions de l'ancien article R. 311-35 du Code de l'urbanisme sur ce point. Mais, comme le dit P. Hocreitère, la loi SRU n'ayant pas remis en cause l'économie générale du régime juridique des ZAC, il n'y a nulle raison, a priori, de revenir sur la définition de l'achèvement physique des ZAC lié à l'exécution du programme des équipements publics approuvé (P. Hocreitère, « De la suppression ou de l'achèvement des zones d'aménagement concerté », *Dr. adm.* 2004. Chron. 10 ; S. Pérignon, « Divisions foncières, règles d'urbanisme et gestion de la densité », Defrénois 2007. 38669).

Compléments pédagogiques

Mémo

Le droit de l'urbanisme ne se limite pas à ce que l'on a coutume d'appeler un urbanisme réglementaire, c'est-à-dire un ensemble de règles dont l'objet est d'encadrer le droit d'occuper ou d'utiliser le sol. Un autre de ses objets est d'offrir à la collectivité publique les moyens d'une intervention sur le foncier en vue de produire des terrains à bâtir après qu'ils ont été équipés ou sur un périmètre bâti dans le cadre d'une opération de renouvellement urbain. C'est ce que l'on appelle l'urbanisme opérationnel. Pour la réalisation de telles opérations d'aménagement public, la collectivité peut prendre une initiative d'aménagement selon, mais elle n'est pas exclusive, la procédure de la création d'une zone d'aménagement concerté (ZAC). Elle va recourir à cette procédure instituée par la loi du 30 décembre 1967 d'orientation foncière modifiée par la loi du 18 juillet 1985 relative à la définition et à la mise en œuvre des principes d'aménagement, chaque fois que l'opération implique des expropriations et comporte la réalisation d'équipements publics et plus généralement lorsqu'elle présente un certain degré de complexité. La collectivité peut conduire elle-même cette opération d'aménagement. Mais elle peut également la faire réaliser par un aménageur, public ou privé. La procédure de passation du contrat dénommé concession d'aménagement qui va alors les lier est régie par la loi n° 2005-809 du 20 juillet 2005 relative aux concessions d'aménagement et le décret n° 2009-889 du 22 juillet 2009 qui soumettent son attribution à une procédure de publicité permettant la présentation de plusieurs offres concurrentes (C. urb., art. L. 300-4). Cette législation interne met en œuvre la directive n° 2004/18/CE du Parlement européen et du Conseil du 31 mars 2004 relative à la coordination des procédures de passation des marchés publics de travaux, de fournitures et de services. La directive 2014/23/UE du Parlement européen et du Conseil du 26 février 2014 sur l'attribution de contrats de concession devra, quant à elle, être mise en œuvre au plus tard le 18 avril 2016.

Quid

■ Aménagement n° 1023

Ensemble des actes des collectivités locales ou des établissements publics de coopération intercommunale qui visent, dans le cadre de leurs compétences, d'une part, à conduire ou à autoriser des actions ou des opérations et d'autre part, à assurer l'harmonisation de ces actions ou opérations. Ces actions ou opérations ont pour objet de mettre en œuvre l'un des objectifs d'intérêt général énumérés à l'article L. 300-1.

■ Étude d'impact n^{os} **1053 s.**

Les études préalables à la réalisation d'aménagements ou d'ouvrages qui, par l'importance de leurs dimensions ou leurs incidences sur le milieu naturel, peuvent porter atteinte à ce dernier, doivent comporter une étude d'impact permettant d'en apprécier les conséquences sur l'environnement. Son contenu doit être en relation avec l'importance des travaux et aménagements projetés et avec leurs incidences sur l'environnement. Concernant les ZAC, elle est exigée au titre des rubriques 33 et 34 de l'annexe à l'article R. 122-2 du Code de l'environnement.

■ Théorie des opérations complexes n^{os} **1069 s.**

Il y a opération complexe lorsqu'une décision finale ne peut être prise qu'après intervention d'une ou de plusieurs décisions successives, spécialement prévues pour permettre la réalisation de l'opération dont la décision finale sera l'aboutissement. En vertu de cette théorie, alors même que la décision initiale et la ou les décisions intermédiaires sont devenues définitives, leur illégalité pourra être soulevée par la voie de l'exception à l'appui du recours formé contre la décision finale.

■ Zone d'aménagement concerté (ZAC) n^{os} **1028 s.**

Procédure qui permet à une collectivité publique ou un établissement public y ayant vocation d'intervenir pour réaliser ou faire réaliser l'aménagement et l'équipement de terrains en vue de les céder ou de les concéder ultérieurement à des utilisateurs publics ou privés.

Documents

CE 28 juill. 1993, *Cne Chamonix Mont-Blanc c. Sté Hôtelière Lachens et a.*, req. n° 124099

[...] Sur la légalité de la délibération approuvant le plan d'aménagement de la zone :

Considérant qu'aux termes de l'article L. 311-1 du Code de l'urbanisme, « les zones d'aménagement concerté sont des zones à l'intérieur desquelles une collectivité publique ou un établissement public y ayant vocation décide d'intervenir pour réaliser ou faire réaliser l'aménagement et l'équipement des terrains, notamment de ceux que cette collectivité ou cet établissement a acquis ou acquerra en vue de les céder ou de les concéder ultérieurement à des utilisateurs publics ou privés... » ;

Considérant que la zone d'aménagement concerté dite « de l'hôtel Frantour » ne se compose que de deux îlots d'une superficie totale de 7 215 m^2 ; que le premier îlot sert de terrain d'assiette à un hôtel existant dont la superficie hors œuvre nette serait accrue de 145 m^2 ; que le second îlot, d'une superficie de 2 700 m^2 est destinée à l'édification d'une annexe de l'hôtel ; que, compte tenu de ses caractéristiques et de la faible importance des travaux d'équipement qu'elle nécessite, une telle opération ne constitue pas une opération d'aménagement et d'équipement au sens des dispositions précitées de l'article L. 311-1 du Code de l'urbanisme ; que sa réalisation ne pouvait faire l'objet de la création d'une zone d'aménagement concerté ; qu'ainsi, c'est à bon droit que le tribunal administratif s'est fondé, pour annuler la délibération du 5 mai 1988 portant approbation du plan d'aménagement de la zone, sur l'illégalité dont est entachée la délibération du 27 novembre 1987 par laquelle a été décidée la création de la zone et à laquelle l'article 11 du plan d'occupation des sols de Chamonix ne pouvait en tout état de cause donner un fondement légal ; [...]

Biblio

1) Sur la loi SRU

- F. Bouyssou, « La réforme des procédures et du financement de l'aménagement », *AJDA* 2001. 41.
- É. Fatôme, « Le nouveau régime juridique des ZAC », *BJDU* 6/2000. 394.

2) Sur la concertation

- P. Bijou, « Le recours à la concertation en urbanisme », *Droit et Ville* 2002, n° 54, p. 103.
- I. Cassin, « La concertation en matière d'aménagement : l'introuvable concept », *BJDU* 1997. 2.
- J.-C. Hélin, « La concertation de l'article L. 300-2 du Code de l'urbanisme », *AJDA* 2006. 2332.

3) Sur les concessions d'aménagement

- Les concessions d'aménagement. A la recherche d'un cadre juridique, *Etudes foncières* n° 147/ 2010
- Opérations d'aménagement : quels régimes contractuels ? Dossier CP-ACCP n° 145/2014
- S. Amorosino, Le contrat dans les opérations d'aménagement et d'urbanisme, *Les cahiers du GRIDAUH* n° 25/2014, La contractualisation dans le droit de l'urbanisme, série droit comparé, p. 53.
- S. Braconnier, « Actualité jurisprudentielle des concessions d'aménagement », *RDI* 2009. 40.
- E. Fatôme, Contrat et concurrence dans l'urbanisme, *Les cahiers du GRIDAUH* n° 25/2014, La contractualisation dans le droit de l'urbanisme, série droit comparé, p. 33
- F. Linditch, « Concessions d'aménagement, l'unité des règles de passation préservée au mieux », *JCP* A 2009, n° 2217.
- F. Lichère, Contrats publics spéciaux, Le Moniteur, 2009.
- F. Llorens et P. Soler-Couteaux, « La mise en conformité des concessions d'aménagement avec le droit communautaire. Commentaire du décret n° 2009-889 du 22 juillet 2009 relatif aux concessions d'aménagement », *RDI* 2009. 616.
- O. Martin et X. Couton, « Le régime des concessions d'aménagement après le décret du 22 juillet 2009 », *DAUH* 2010. 91.
- A. Pelcran et P. Bonamy, Les concessions d'aménagement en pratique, 2ème éd., LexisNexis, coll. « Droit & Professionnels », 2010.

4) Sur les sociétés publiques locales et les sociétés publiques locales d'aménagement

- T. Bangui, « L'effectivité du contrôle analogue des sociétés publiques locales », *Contrats Marchés publ.* 2012. Étude 4.
- Cl. Devès, « La loi n° 2010-559 du 28 mai 2010 pour le développement des sociétés publiques locales : évolution ou régression des règles de la commande publique ? », *JCP* A 2010, n° 2229 ; « Les SPL sous l'œil de l'Autorité de la concurrence », *AJCT* 2012. 93.

- M. Karpenschif, « SPLA, SPL, SLP : où en est-on du développement de l'économie mixte locale ? », *JCP* A 2009, n° 2230 ; « Les sociétés publiques locales : passeport pour un véritable PPPI ? », *JCP* A 2010, n° 2348.
- S. Nicinski, « La loi du 28 mai 2010 pour le développement des sociétés publiques locales », *AJDA* 2010. 1759.
- R. Noguellou, « Les SPL », *Dr. adm.* juill. 2010. 3.
- Ph. Terneyre, « Les sociétés publiques locales », *JCP* A 2011. 2396.
- Y. Wels, « SPL et SPLA : entre clarifications et imprécisions réglementaires, circulaire du 29 avril 2011 », *JCP* A 2011, n° 2209.

5) Sur les sociétés d'économie mixte à objet unique

- C. Devès, La loi n° 2014-744 du 1er juillet 2014 permettant la création de sociétés d'économie mixte à opération unique : innovation ou fuite en avant ? *JCP* A 2014, n° 2266
- G. Eckert, La SEMOP, instrument du renouveau de l'action publique locale ? *AJDA* 34/ 2014.1941
- G. Clamour, La création des sociétés d'économie mixte à opération unique, *Contrats-Marchés publ.* 2014, n° 214
- M. Marques et Ph. Gonzague, Les sociétés d'économie mixte à objet unique, *Droit adm.* 2014, Etude 15
- P. Pintat, Une nouvelle forme de contractualisation pour les opérations publiques : la SEM à opération unique, *Contrats publ*ics 2014, p. 69.

6) Sur le projet d'intérêt majeur

- X. Couton, Les nouveaux outils entre acteurs publics dans la loi ALUR, *Constr.-Urb.* 2014, n° 6

7) Sur le mandat d'aménagement

- L. Le Corre, Mandat et opérations d'aménagement, CP-ACCP n° 145/2014 p. 27
- F. Llorens et P. Soler-Couteaux : Un nouveau venu dans la famille des mandats : le mandat d'aménagement, Contrats Marchés publ. juillet 2014, repère 7

Quiz

1) Sujet corrigé

Cas pratique

Énoncé

La Commune de X envisage de mener une opération d'aménagement en mettant en œuvre la procédure de ZAC. Etant une petite commune, dotée de peu de moyens financiers et humains, elle ne peut elle-même conduire les études nécessaires pour définir les caractéristiques essentielles de l'opération et établir le document de la consultation dans le cadre de la procédure de publicité et de mise en concurrence.

Elle souhaiterait donc pouvoir conclure une concession d'aménagement avec un aménageur à qui elle confierait la mission de l'assister dans la procédure : définition des objectifs poursuivis et des modalités de la concertation ; études préalables à la création et montage des dossiers de création et de réalisation.

Elle vous interroge sur la légalité de cette manière de procéder. A défaut, comment pallier son manque de moyens ?

Par ailleurs, la commune voudrait être renseignée sur les points suivants : Est-ce que la concession d'aménagement peut faire l'objet de recours et, dans l'affirmative, dans quelles conditions ? Dans le cas où la commune devrait recourir à l'expropriation, l'illégalité de la concession d'aménagement pourrait-elle être soulevée par la voie de l'exception à l'appui d'un recours contre la déclaration d'utilité publique ?

Voir le corrigé en fin de rubrique.

2) Sujet d'examen

Dissertation

La convention d'aménagement est-elle un outil sécurisé ?

3) Corrigé

Cas pratique

I. La réponse à la première question est négative

A. En effet, en vertu d'un arrêt *Société Eiffel Distribution, Société Levallois Distribution*, le Conseil d'État avait jugé sérieux le moyen tiré de ce qu'une convention d'aménagement était dépourvue de cause puisqu'au moment de sa conclusion, la ZAC qui en constituait l'objet, n'avait donné lieu à aucune décision de création approuvant les choix d'aménagement dont la convention organisait la réalisation (CE 8 déc. 2004, req. n° 270432, *Lebon* T. 804 ; *BJDU* 2005. 33, concl. F. Séners).

Toutefois, depuis la loi ALUR, l'attribution d'une concession d'aménagement peut intervenir avant la création de la zone, dès lors que la personne publique à son initiative a arrêté le bilan de la concertation prévue à l'article L. 300-2 et a délibéré sur les enjeux et l'objectif de l'opération, son périmètre d'intervention, son programme et son bilan financier prévisionnel (C. urb., art. L. 300-4).

Concernant en particulier *la concertation*, il y a lieu de rappeler qu'en principe la définition des objectifs poursuivis et des modalités de la concertation relève de la compétence du conseil municipal. Les uns et les autres peuvent cependant être précisés par le maire (C. urb., art. L. 300-2).

Par ailleurs, la concertation « doit se dérouler avant que le projet ne soit arrêté dans sa nature et ses options essentielles et que ne soient pris les actes conduisant à la réalisation effective de l'opération » (CE 26 mai 1996, *Assoc. « Aquitaine Alternatives »*, req. n° 121915). Cette solution est confirmée de manière constante par le Conseil d'État (CE 21 avr. 1997, *Jubert*, req. n° 155211 ; CE 15 mars 1999, *Cne Puteaux*, n° 160449 ; CE 16 juin 2000, *Assoc. Défense Cadre de Vie de Grand Angoulême*, n° 194495). Elle a pour objet de garantir que la concertation se déroule avant que ne soient pris des actes conduisant à la réalisation effective de l'opération, au nombre desquels figurent notamment : la déclaration d'utilité publique (CE 30 déc. 1998, *Sté de Protection de la Nature de Sète – Frontignan – Balaruc*, req. n° 102023) ou encore la conclusion des marchés de maîtrise d'œuvre de travaux (TA Lyon, 19 juin 1997, *Assoc. Non au Parking Jean Jaurès*, *Lebon* T. 1122).

Il en résulte que ce que la commune envisage serait possible à la condition qu'elle ait au moins décidé le principe de la création de la zone, délibéré sur les objectifs poursuivis et arrêté les modalités de la concertation puis tiré le bilan de celle-ci. Il faudrait, en outre, qu'elle ait délibéré sur les enjeux et l'objectif de l'opération, son périmètre d'intervention, son programme et son bilan financier prévisionnel.

B. Cela étant, depuis la loi ALUR également, la commune a la possibilité de conclure une convention de mandat avec toute personne publique ou privée aux fins de lui confier le soin de faire procéder en leur nom et pour leur compte à la réalisation d'études, notamment d'études préalables nécessaires à une opération d'aménagement (C. urb., art. L. 300-3).

Toutefois, cette convention doit être passée dans les conditions prévues par le Code des marchés publics.

Le mandataire est alors habilité à conclure les marchés nécessaires à l'exécution de sa mission mais également à en effectuer le paiement, au nom et pour le compte de la personne publique mandante sans passer par le comptable public de celle-ci. C'est la convention qui fixe les conditions dans lesquelles le mandataire peut exercer cette mission.

II. La seconde question appelle les développements suivants.

A. En premier lieu, il convient de rappeler que la concession d'aménagement pourrait être contestée par la voie de l'action et sous la forme d'un recours de pleine juridiction par tout tiers lésé de façon suffisamment directe et certaine par la passation d'un contrat et ses clauses (CE, ass., 4 avril 2014, n° 358994, « *Département de Tarn-et-Garonne* »).

Ce recours bénéficie également aux membres de l'organe délibérant de la collectivité ainsi qu'au représentant de l'État dans le département. Il peut être assorti d'une demande de suspension sur le fondement de l'article L. 521-1 du CJA.

Il doit dans tous les cas être formé dans les deux mois suivant l'accomplissement de mesures de publicité appropriées, au moyen notamment d'un avis mentionnant la conclusion du contrat et les modalités de sa consultation. C'est uniquement à l'occasion de l'exercice de ce recours que peuvent être contestés le choix du cocontractant, la délibération autorisant sa passation et la décision de le signer. Le représentant de l'État et les membres de l'organe délibérant peuvent invoquer tout moyen à l'appui de ce recours. Les autres tiers ne peuvent, en revanche, invoquer que des vices en rapport direct avec l'intérêt lésé dont ils se prévalent ou ceux d'une gravité telle que le juge devrait les relever d'office.

B. Concernant les rapports au contentieux entre la concession d'aménagement et la déclaration d'utilité publique, il est jugé qu'est inopérant le moyen tiré de l'exception d'illégalité d'une convention d'aménagement invoqué au soutien de l'annulation d'une déclaration d'utilité publique et ce, alors même que la concession désignait le concessionnaire comme bénéficiaire des acquisitions réalisées par voie d'expropriation (CE, sect., 11 juill. 2011, *Sté d'Équipement du dpt Maine-et-Loire* (SODEMEL), req. n° 320735 et *Min. Intérieur*, req. n° 320854 ; CAA Nantes, 14 mai 2012, *Sté*

Territoires, req. n° 10NT01920 ; CAA Versailles, 4 mai 2012, *SNC Thiboudes Bonomées*, req. n° 10VE00510).

Cette solution tient à ce que les deux actes relèvent de législations indépendantes et ce, alors même que la déclaration d'utilité publique était, en l'espèce, prise pour permettre la réalisation de la ZAC, ce qui constituait précisément l'objet de la concession et que celle-ci stipulait que l'expropriation était réalisée au profit de la société aménageur.

De même, il a pu être jugé, à une époque où le recours était ouvert contre l'acte détachable de la concession d'aménagement, que l'annulation de la délibération autorisant la signature d'une concession d'aménagement n'entraînait pas celle de l'arrêté préfectoral déclarant d'utilité publique l'aménagement d'une ZAC, ainsi que celle des immeubles nécessaires à la réalisation de l'opération (CE 20 mars 2013, n° 351101, *Sté d'aménagement de Lot-et-Garonne et Syndicat mixte de développement économique du Marmandais*).

En revanche, l'annulation ou la résolution de la concession d'aménagement pourrait entrainer l'annulation des arrêtés de cessibilité par voie de conséquence. Cette solution résulte de ce que l'article R. 12-2 ancien du code de l'expropriation disposait que le juge de l'expropriation prononce l'expropriation « directement au bénéfice de la personne au profit de laquelle elle a été poursuivie » (CE 26 févr. 2014, n° 360820, *Min. de l'intérieur, Cne de Saulx-les-Chartreux, Soc. Thiboudes Bonomées* ; v. désormais, art. R. 221-4 : L'ordonnance d'expropriation « désigne le bénéficiaire de l'expropriation »).

chapitre 21

Le lotissement

Plan analytique

section 1

Le champ d'application du lotissement

§ 1 Les divisions de propriété foncière constitutives d'un lotissement

- **A.** L'élément objectif : Une division
- **B.** L'élément subjectif : Le but de la division
- **C.** Les éléments supprimés de la définition

§ 2 Les divisions de propriétés foncières non constitutives d'un lotissement

§ 3 Les divisions de propriétés foncières soumises à un régime spécifique distinct de celui du lotissement

section 2

La procédure d'autorisation de lotissement

§ 1 La dualité de la procédure d'autorisation de lotissement

§ 2 Le régime de délivrance des autorisations de lotissement

- **A.** L'assiette de l'opération de lotissement
- **B.** Le contenu de la demande
- **C.** L'instruction et le contenu de l'autorisation de lotissement

section 3

La réalisation du lotissement

§ 1 L'exécution des travaux d'équipement des terrains

§ 2 Les participations financières

§ 3 La commercialisation des lots

- **A.** Le régime de la publicité
- **B.** Le régime de la cession des lots
- **C.** L'obligation de bornage

§ 4 La construction de bâtiments dans le lotissement

section 4

La gestion du lotissement

§ 1 Les modifications des règles et documents du lotissement

A. La modification à la demande ou avec l'accord des colotis

B. Les modifications du lotissement consécutives à l'évolution des règles d'urbanisme ou à une déclaration d'utilité publique

§ 2 La disparition des règles du lotissement

A. L'étendue de la péremption des règles du lotissement

B. La portée de la péremption

section 5

Le contentieux du lotissement

§ 1 Le contentieux administratif

A. Le contentieux de l'excès de pouvoir

B. Le contentieux de la responsabilité

§ 2 Le contentieux civil

§ 3 Le contentieux pénal

Le lotissement

L'opération consistant à diviser une propriété foncière d'un seul tenant en plusieurs parcelles destinées à être aliénées à des personnes souhaitant y implanter des constructions a, très tôt, fait l'objet d'une réglementation visant à contrôler la production de terrains à bâtir (sur la constitutionnalité d'une telle réglementation, CE 8 juill. 2011, *Altwegg*, req. n° 345846, *AJDA* 2010. 226, note J. Trémeau ; *BJDU* 2012. 26, concl. C. Landais ; Cons. const. 7 oct. 2011, n° 2011-177 QPC) mais aussi à protéger l'acquéreur d'un lot tout comme l'administration de la réalisation d'un *lotissement*[Q] défectueux (E. Carpentier et J. Trémeau, Le contrôle urbanistique des divisions foncières et le nouveau lotissement, *RFDA* 2012, sp. p. 877). C'est, en effet, la loi du 14 mars 1919 concernant les plans d'extension et d'aménagement des villes qui a, pour la première fois, réglementé le lotissement tandis que celle du 19 juillet 1924 le soumettait à autorisation préalable en raison des nombreux abus auxquels cette opération à l'origine purement privée avait donné lieu. La loi du 31 décembre 1976 portant réforme du droit de l'urbanisme habilita le gouvernement à fixer le régime juridique des lotissements par décrets en conseil d'État. C'est ainsi le décret n° 77-860 du 26 juillet 1977 qui a constitué l'essentiel du droit des lotissements jusqu'à l'entrée en vigueur de l'ordonnance n° 2005-1527 du 8 décembre 2005 relative au permis de construire et aux autorisations d'urbanisme et du décret n° 2007-18 du 5 janvier 2007 pris pour son application (sur l'histoire de la réglementation du lotissement, v. J.-Ph. Meng, Le nouveau régime des lotissements, Berger-Levrault, 2010, p. 11 à 16). 1132

Dans la logique de la réforme qui visait à unifier le régime des autorisations d'urbanisme, cette ordonnance a fait sortir le lotissement du Livre III du Code de l'urbanisme relatif à l'aménagement foncier pour l'intégrer dans le Livre IV qui couvre l'ensemble des autorisations d'urbanisme. Le lotissement doit donc être désormais considéré comme un mode d'utilisation du sol susceptible d'être réglementé, comme tel. Au demeurant, l'ordonnance n° 2011-1916 du 22 décembre 2011 relative à certaines corrections à apporter au régime des autorisations d'urbanisme en a ultérieurement pris acte en supprimant toute référence à une opération d'aménagement de la définition du lotissement. L'ordonnance du 8 décembre 2005 a par ailleurs profondément affecté la définition du lotissement, ce qui n'a pas manqué de générer une certaine insécurité (GRIDAUH, Pour une réforme du droit des lotissements, *AJDA* 2010.1180). C'est pourquoi la loi n° 2010-788 du 12 juillet 2010 portant engagement national pour l'environnement a habilité le gouvernement à apporter des corrections à la réforme des autorisations d'urbanisme et notamment au régime des lotissements. C'est l'objet de l'ordonnance 22 décembre 2011 précitée prolongée par le décret n° 2012-274 du 28 février 2012 lui-même complétée par un décret n° 2014-253 du 27 février 2014.

On examinera successivement le champ d'application du lotissement (section 1), sa procédure d'autorisation (section 2), sa réalisation (section 3), sa gestion (section 4) et son contentieux (section 5).

section 1

Le champ d'application du lotissement

1133 L'ordonnance du 8 décembre 2005 n'a pas seulement procédé à une réécriture de la matière. Outre que la définition du lotissement figure désormais dans la partie législative du Code de l'urbanisme, elle a profondément modifié la définition du lotissement dans le sens d'un contrôle accru des divisions foncières. L'extension du champ d'application du régime du lotissement qui en est résulté a encore été accentuée par l'ordonnance du 22 décembre 2011 (§ 1). Certaines formes de divisions sont cependant, soit expressément exclues du champ d'application du lotissement (§ 2), soit soumises à un régime spécifique (§ 3).

§ 1 Les divisions de propriété foncière constitutives d'un lotissement

1134 Aux termes de l'ordonnance du 8 décembre 2005 modifiée par celle du 22 décembre 2011, constitue un lotissement la division en propriété ou en jouissance d'une unité ou de plusieurs unités foncières contiguës ayant pour objet de créer un ou plusieurs lots destinés à être bâtis (C. urb., art. L. 442-1 ; E. Carpentier, « La définition du lotissement », *JCP* N 2012, n° 1128 ; J.-Ph. Meng, « Les corrections apportées aux régimes d'autorisation des lotissements », ibid. 1129 ; « Le notaire et le lotissement corrigé », Defrénois 2012. 671 ; J. Trémeau, « Le nouveau lotissement », *AJDA* 2012. 636 ; P. Soler-Couteaux, « Réforme du droit de l'urbanisme. Les autorisations d'urbanisme », *RDI* 2012. 308).

Il en résulte que, d'une manière générale, relèvent de la réglementation des lotissements les opérations réalisant une division d'une unité ou de plusieurs unités foncières contigües (A) dans le but de créer un ou plusieurs lots destinés à être bâtis (B). Ainsi, contrairement à ce qu'il en était avant la réforme, le critère tenant au nombre de lots issus de la division ainsi que le délai dans lequel elle intervient ne participent plus de la définition du lotissement (C).

A. L'élément objectif : Une division

1135 *Notion de division.* La réglementation des lotissements saisit d'abord une division. Cette opération juridique consiste pour le propriétaire d'une unité foncière à transférer à une autre personne des droits à construire sur une partie détachée de celle-ci. Elle a donc pour objet et pour effet de faire naître plusieurs unités foncières à partir d'une unité foncière d'origine.

1136 *Le droit de diviser.* La division est une faculté qui participe du droit du propriétaire de disposer de son bien. Sa mise en œuvre est encadrée par les dispositions législatives du Code de l'urbanisme. En revanche, le législateur n'a conféré aucune habilitation aux PLU pour interdire par principe les lotissements ou plus généralement limiter la faculté reconnue aux propriétaires de procéder, dans les conditions prévues par le

Code de l'urbanisme, à la division de leur propriété foncière en vue de l'implantation de bâtiments (CE, sect., 27 juill. 2012, req. n° 342908, *Hoffmann, Lebon* 297 ; *AJCT* 2012.578, obs. J-Ph. Strebler ; *AJDA* 2012. 1851, chron. X. Domino et A. Bretonneau ; D. Dutrieux, L'interdiction d'interdire le lotissement : la fin d'une longue interrogation, *JCP* A 2012, n° 596. *RDI* 2012. 523, obs. P. S.-C.).

Division en propriété. La législation des lotissements saisit d'abord la division en propriété sans que le jurislateur énumère, comme par le passé, les vecteurs de la division. Entrent ainsi dans le champ du lotissement la division résultant d'une vente mais aussi d'un partage (indivision, partage successoral ; S. Pérignon, Le lotissement résultant d'un partage, *JCP* N 2012, n° 1329) ou d'actes assimilés (donation, échanges, apports) dès lors qu'il y a transfert de propriété. Lorsqu'elle résulte d'une vente, la division est réalisée par l'intervention d'une vente parfaite (CAA Paris, 1er oct. 2012, n° 11PA02808). En conséquence, ni la réalisation d'un document d'arpentage par le géomètre, ni un bornage, ni aucun acte ou opération matériels préparatoires à la division ne constituent des lotissements. **1137 ■**

Division en jouissance. Il y a division en jouissance au sens du droit de l'urbanisme dès lors que la propriété particulière et exclusive des constructions à réaliser ou, plus généralement, qu'un droit de construire ou de reconstruire est attribué à une personne sur une partie de l'unité foncière (bail à construction, bail emphytéotique, droit de superficie). En conséquence, la demande d'une autorisation d'urbanisme adressée à l'administration doit avoir mis celle-ci en mesure de la prendre en considération dans le cadre de son instruction (CAA Paris, 7 févr. 1995, *Sté Groupe Claire de Villaret*, req. n° 94PA00535 ; 24 sept. 1996, *Gérard*, req. n° 95PA00504 ; CAA Bordeaux, 31 mai 2001, *Pezin*, req. n° 97BX02195 ; CAA Versailles, 10 janv. 2008, *Cne Vert-Le-Grand*, req. n° 06VE01769, *Constr.-Urb.* 2008, n° 96, obs. P. Cornille ; TA Paris, 8 déc. 2000, *Merle et Pitois*, req. n° 983669 ; J.-P. Mas et L. Calmels, « La division contrôlée du foncier », in Division de l'immeuble, 103e Congrès des Notaires 2007, n° 1150, p. 110). Mais on observe parfois dans la jurisprudence des décisions hétérogènes au regard de cette solution dans des affaires concernant, il est vrai, des divisions en volumes (CE 30 nov. 2007, *Ville Strasbourg c/ Maleriat-Bihler*, req. n° 271897, *BJDU* 5/2007. 367, concl. Cont. L. Olléon ; Defrenois 20/08, art. 38861, p. 2311 ; *RDI* 2008. 116, obs. P. S.-C. ; CAA Versailles, 29 mars 2007, *Assoc. pour la défense de l'environnement de Jouy-en-Josas*, req. n° 06VE01147, *Constr.-Urb.* 2007, n° 164, obs. G. Godfrin). **1138 ■**

*Copropriété horizontale*Q. La division d'un terrain en lots de copropriété sur lesquels chaque copropriétaire a le droit de construire, la propriété du sol demeurant juridiquement indivise, méthode dite de la « copropriété horizontale », entre dans le champ de la législation du lotissement. En effet, le juge administratif considère de manière constante que la construction par chaque coindivisaire sur un même terrain d'une villa destinée à devenir sa propriété exclusive et particulière emporte nécessairement la subdivision en jouissance du terrain (CE 2 févr. 1977, *Min. Équipement c/ Crespin*, *Lebon* 62 ; *JCP* 1977, n° 18751, note G. Liet-Veaux ; 6 juill. 1977, *SCI « Les Jardins de la voie romaine »*, *Lebon* 316 ; CE 26 sept. 1990, *Épx Séguin et a.*, req. n° 86058, *JCP* N 1991. II. 85, note P. Cornille ; CAA Nantes, 31 mai 1995, *SNC Les Rouges gorges*, req. n° 93NT00131, *BJDU* 1995. 379, concl. Cadenat ; CE 21 août 1996, *Ville Toulouse*, req. n° 137834, *BJDU* 1996. 404, concl. J. Arrighi de Casanova ; *JCP* N 1997. II. 871, note **1139 ■**

P. Cornille ; CAA Marseille, 3 juin 1999, *Sté SOPRAF*, req. n° 97MA05313, *AJDI* 2002. 402, obs. Terry ; .N. Le Rudulier, Le lotissement du ciel. Division en volumes et règles de scission de la propriété foncière, *JCP* N 2011, n° 1120). Cette technique a été par suite condamnée par une lettre du Conseil supérieur du notariat du 13 février 2003 (sur cette question controversée : « Plaidoyer pour la copropriété horizontale », *JCP* N 1982. Prat. 8450 ; S. Pérignon, « Divisions en jouissance et règles d'urbanisme », Defrénois 1989. 193 ; « Vers une nouvelle définition du lotissement ? », *Defrénois* 1991. 923 ; « Pluralité de maîtres d'ouvrage sur un terrain indivis », Defrénois 1996. 632 ; A. Koenig, « Lotissement ou copropriété horizontale. Un beau débat téléologique », *RDI* 1996. 321 ; F. Bouyssou, « La copropriété horizontale sans division en jouissance : mythe, réalité ou fraude ? », *RDI* 1996. 329). La solution est évidemment différente lorsque le sol est détenu en copropriété (CE 30 déc. 2002, *Cne Rians*, req. n° 218019, *Constr.-Urb.* 2003, n° 82 ; *Defrénois* 2003. 37824, obs. J.-P. Meng).

■ **1140** *Unité foncière*Q. La division contrôlée est celle de l'unité foncière. Celle-ci est définie comme un « îlot de propriété d'un seul tenant, composé d'une parcelle ou d'un ensemble de parcelles appartenant à un même propriétaire ou à la même indivision » (CE 27 juin 2005, *Cne Chambéry*, req. n° 264667, *BJDU* 2005. 298, concl. J.-H. Stahl ; *Defrénois* 2005. 1706, note Ph. Benoit-Cattin ; *RDI* 2005. 469, obs. P. S.-C.). Il en résulte que la vente par un même propriétaire de terrains séparés par un chemin d'une largeur d'environ 3 m ne constitue pas un lotissement au sens du Code de l'urbanisme (CE 14 déc. 1984, *Dho*, *AJDA* 1985. 167, obs. J. C. ; *Lebon* 424 ; *JCP* N 1985. II. 129, obs. B. Stemmer) sauf dans l'hypothèse où ce chemin est privé et appartient aux propriétaires des parcelles qui le jouxtent (CE 18 nov. 1988, *Mauri*n, req. n° 81673). De même, ne constitue pas un lotissement la division d'un ensemble de parcelles séparées par des voies publiques et seulement reliées par des ponts permettant le passage d'un ancien funiculaire (CAA Lyon, 26 sept. 1995, *Cne Cannes*, req. n° 94LY01695).

■ **1141** *Exclusion.* La réglementation des lotissements ne trouve cependant à s'appliquer que s'il y a division. Ainsi, la construction sur un même terrain de cinq immeubles destinés à être loués ne relève pas du champ d'application du lotissement, dès lors que la location projetée et la jouissance privative en résultant pour leurs occupants n'emportent pas une division foncière en propriété ou en jouissance du terrain sur lequel ils ont été édifiés (CE 7 mars 2008, *Cne Mareil-Sur-Guyon*, req. n° 296287, *Constr.-Urb.* 2008, n° 85, obs. P. Cornille ; *BJDU* 2008. 37, concl. Y. Struillou). On peut rappeler à cette occasion que la division après achèvement des constructions est libre. L'intention de diviser ne peut donc être préjugée lors de l'instruction du permis de construire (CAA Marseille, 11 mai 2015, req. n° 13MA0255, *Constr.-Urb.* 2015 n° 103, obs. P. Corville)

■ **1142** *Société d'attribution.* La cession des parts sociales d'une société d'attribution peut être considérée comme constituant une division foncière au sens de la réglementation des lotissements. Mais, pour le Conseil d'État, seul le retrait ou la dissolution de celle-ci a pour effet de conférer aux associés la pleine propriété sur le lot correspondant au groupe de parts sociales dont ils sont propriétaires et de faire alors entrer l'opération sous le régime du lotissement (CE 3 mai 2004, *Stevenin*, req. n° 236880, *AJDA* 2005. 618, note S. Pérignon ; *Constr.-Urb.* 2004, n° 148, obs. P. Cornille ; *BJDU* 2004. 284, concl. Mitjaville ; *Defrénois* 2004. 1572, note Ph. Benoit-Cattin).

Division en volume[Q]. La règlementation des lotissements ne s'applique enfin qu'à la division du sol, à l'exclusion de la division de l'espace. Par conséquent, la division en volumes, « technique juridique consistant à diviser la propriété d'un immeuble en fractions distinctes, sur le plan horizontal comme sur le plan vertical, à des niveaux différents, qui peuvent se situer au-dessus comme au-dessous du sol naturel » (D. Sizaire), est en principe exclue du champ d'application du lotissement (CE 30 nov. 2007, *Ville Strasbourg c/ Maleriat-Bihler*, req. n° 271897, req. n° 271897, *BJDU* 5/2007. 367, concl. Cont. L. Olléon ; *Defrenois* 20/08, art. 38861, p. 2311 ; *RDI* 2008. 116, obs. P. S.-C. ; CAA Versailles, 29 mars 2007, *Assoc. pour la défense de l'environnement de Jouy-en-Josas*, req. n° 06VE01147, *Constr.-Urb.* 2007, n° 164, obs. G. Godfrin). Cette solution est cependant contestée par certains auteurs (N. Le Rudulier, La lotissement du ciel. Division en volumes et règles de scission de la propriété foncière, *JCP* N 2011, n° 1120). Il nous semble, pour notre part, que les enjeux attachés au contrôle des divisions en volume sont substantiellement différents de ceux auxquels le régime du lotissement entend répondre. Ils relèvent donc d'un contrôle d'une autre économie (CE, sect., 17 juill. 2009, *Cne Grenoble et Cté d'agglo. Grenoble Alpes Métropole,* req. n° 301615, *Lebon* 270 ; *BJDU* 2009. 269, concl. J. Burguburu et obs. J.-C. B.; *AJDA* 2009. 2127, note P. S-C ; *RDI* 2009. 568, obs. P.-E. Durand ; CAA Paris, 6 juin 2014, *n° 12PA03899, SCI Suchet Montmorency, Rec. T; cons. 27 et 28* ; J-F. Dalbin, Prise en compte de la volumétrie dans l'application du droit des sols, *Constr-Urb.* 2013, Etude 15). 1143

B. L'élément subjectif : Le but de la division

Il ne peut y avoir lotissement que si le ou les lots constitués sont destinés à être bâtis. Cette intention est principalement appréciée du point de vue de l'acquéreur. Par conséquent, ne constituent pas un lotissement, outre la division d'un ensemble immobilier bâti, la division en jouissance d'un terrain à usage de jardin ou d'aire de stationnement qui ne confère pas le droit d'implanter des immeubles (Civ. 3e, 19 janv. 1994, n° 91-20050, *JCP* N 1994. II. 115, note B. Stemmer et A. Mourocq). Par ailleurs, les travaux d'extension d'immeubles existants, même importants, ne constituent pas une implantation de bâtiments au sens de l'article L. 442-1 du Code de l'urbanisme, de sorte que le détachement de l'emprise sur laquelle ces travaux seront réalisés ne constitue pas un lotissement (CE 6 mai 1991, *Tricon*, req. n° 70574, *JCP* N 1992. II. 245, note B. Stemmer ; CAA Lyon, 19 déc. 1995, *Colleter*, req. n° 94LY00349). 1144

Dans le même sens, ont été exclues du champ d'application du lotissement à une époque où la réglementation des lotissements ne s'appliquait qu'à une opération de division portant sur plus de deux lots : l'opération par laquelle, des deux parcelles issues de la propriété initiale, une seule était destinée à recevoir des constructions, le reste de la propriété étant inconstructible au regard des dispositions du document local d'urbanisme (CE 17 déc. 1993, *Fernandez*, req. n° 134003, *Lebon* T. 1094 ; *JCP* N 1994. II. 114, note B. Stemmer et A. Mourocq) ; ou encore une division en deux lots dont l'un était frappé d'une servitude *non aedificandi* (CE 12 mars 1986, *Assoc. de défense des espaces ruraux et naturels de la commune de Régny*, req. n° 48582) ; ou enfin, une opération dont un seul des deux lots issus de la division était susceptible de recevoir un immeuble d'habitation, le second étant destiné à l'élargissement d'une voie publique ou étant déjà bâti (CE 20 juill. 1990, Nouira, *Lebon* 224 ; CAA Lyon, 12 nov. 2013, n° 13LY00584, *Cne de Chaponost, cons. 3, Constr.-Urb* ; 2014, n° 4, note L. Santoni ; *RDI* 2014.130, obs. P. S-C).

Le bâtiment dont la réalisation est envisagée peut, quant à lui, indifféremment constituer une maison mobile (Rép. min, *JOAN* 4 juill. 1983. 3306) ou reposer sur des fondations. La notion de bâtiment est cependant plus restrictive que celle de construction. C'est ainsi, par exemple, que ne sont pas soumises à autorisation de lotir les divisions foncières destinées à la construction d'un abri léger de jardin (Crim. 12 févr. 1985, *Peuch*, *Bull. crim.* n° 76) et celles destinées à l'implantation de tentes, de caravanes ou de bungalows dans les terrains aménagés à cet effet.

Enfin, l'affectation du bâtiment importe peu. En effet, il peut s'agir de constructions à usage d'habitation, de locaux à usage industriel ou commercial, de bâtiments à usage de bureaux ou même de bâtiments agricoles. Et depuis la réforme des autorisations d'urbanisme, le changement d'affectation n'est plus assimilé à l'implantation d'un bâtiment.

C. Les éléments supprimés de la définition

■ **1145** *Le nombre de lots issus de la division*. Sous l'empire du décret du 26 juillet 1977, pour être constitutive d'un lotissement, la division de la propriété foncière devait avoir pour objet ou pour effet de porter à plus de deux le nombre de lots issus de la propriété foncière d'origine. Postérieurement à la réforme opérée par l'ordonnance du 8 décembre 2005, le nombre de lots à bâtir ne participait plus de la définition du lotissement. En revanche, il constituait, avec la localisation du lotissement, un élément déterminant le régime du contrôle administratif qui s'exerçait préalablement à la division : selon le cas, permis d'aménager ou déclaration préalable.

L'ordonnance du 22 décembre 2011 a d'une part, précisé que constitue un lotissement la division ayant pour objet de créer un ou plusieurs lots. Il est ainsi clair que la réglementation des lotissements trouve à s'appliquer dès le premier détachement mettant ainsi définitivement fin à une incertitude sur ce point (J.-L. Bergel, « Lotissements et simples détachements de parcelles : halte à une interprétation erronée de la nouvelle définition du lotissement », *BJDU* 2008. 2). D'autre part, le nombre de lots devient également indifférent, ainsi qu'on le verra, à la procédure d'autorisation de la division. La disparition définitive du nombre de lots de la définition du lotissement a ainsi permis l'abrogation des dispositions du Code de l'urbanisme consacrées au décompte des lots (C. urb., anc. art. R. 442-2).

■ **1146** *Le délai de la division*. Par le passé – et encore sous le régime de l'ordonnance du 8 décembre 2005 - la réglementation des lotissements a entendu saisir les opérations ayant non seulement pour objet mais également pour effet la division d'une unité foncière. Elle entendait donc appréhender tant les divisions foncières simultanées que les divisions successives réalisées dans le temps. Elle ne s'imposait toutefois qu'aux divisions réalisées sur une période maximale de 10 ans. Toute référence à un tel délai a désormais disparu dans la définition du lotissement. En effet, à partir du moment où, ainsi qu'on le verra, le nombre de lots devient indifférent non seulement à la définition du lotissement (comme c'est le cas depuis 2007), mais également à son régime par l'effet de l'ordonnance du 22 décembre 2011, la référence au délai de 10 ans n'a plus lieu d'être. Cette disparition dispense donc de s'interroger sur le régime des divisions successives d'une unité foncière d'origine intervenues dans le délai de 10 ans et met ainsi un terme au « lotissement-effet » (D. Dutrieux, « Le lotissement-effet », *JCP* N 2010. Actu. 285 ; J. Trémeau, « Le lotissement et le temps », *AJDA* 2012. 226 ; v. aussi, CE 26 janv. 2015, n° 362019, *Lebon* ; *Constr-Urb*. 2015, n° 36, note P. Cornille).

§ 2 Les divisions de propriétés foncières non constitutives d'un lotissement

L'ordonnance du 22 décembre 2011 confère une base légale à un ensemble de divisions qui sont traditionnellement exclues de la réglementation des lotissements « en fonction de leur objet particulier ou par suite de leur contrôle au titre d'une autre procédure » (C. urb., art. L. 442-1-1, R. 442-1, *a* à *i*). 1147 ■

Les divisions dites « primaires ». Définition. La *division primaire*[Q] est un mécanisme ancien (note technique annexée à la circulaire du 3 août 1978 relative au champ d'application de la réglementation des lotissements et des divisions de propriétés). En l'état actuel, son régime résulte de l'article R. 442-1, a) du Code de l'urbanisme issu du décret du 28 février 2012. Sa rédaction est épurée par rapport à celle de l'ancien article R. 442-2. Cela se justifie notamment par le fait que le demandeur d'une autorisation d'urbanisme n'a plus besoin de faire état du titre l'habilitant à construire qui était exigé antérieurement à la réforme des autorisations d'urbanisme. 1148 ■

Le régime de la division primaire est donc applicable à celle effectuée en propriété ou en jouissance par un propriétaire au profit de personnes qui ont obtenu un permis de construire ou d'aménager portant sur la création d'un groupe de bâtiments ou d'un immeuble autre qu'une maison individuelle au sens de l'article L. 231-1 du Code de la construction et de l'habitation (S Pérignon, « Division primaire, mode d'emploi », Mon. TP oct. 2010. 32 ; C. Bartolomeo, « Faut-il encore conclure des actes sous "division primaire" ? », Defrénois 2012. 685 ; D. Dutrieux, Une nouvelle définition de la division primaire, *JCP* N 2012, n° 925 ; Division primaire et transfert de permis, *JCP* N 2010, n° 361 ; P-E. Durand, Le nouveau régime des divisions foncières dites « primaires », *BJDU* 1/2013.10 et 2/2013.86). Ainsi, lorsqu'un propriétaire vend des terrains en vue de la réalisation d'un groupe de bâtiments ou d'un immeuble comportant plusieurs logements, la division correspondante n'est pas soumise au régime des lotissements, dès lors que l'autorité administrative a délivré un permis de construire ou un permis d'aménager sur une partie de l'unité foncière. Il en va ainsi des divisions successives puisque l'article R. 442-1, *a)* ne comporte aucune limitation à cet égard.

Le recours au mécanisme de la division primaire est cependant exclu si la demande d'autorisation d'urbanisme porte sur une maison individuelle « au sens de l'article L. 231-1 du Code de la construction et de l'habitation ». Celui-ci la définit comme un immeuble à usage d'habitation ou d'un immeuble à usage professionnel et d'habitation ne comportant pas plus de deux logements destinés au même maître de l'ouvrage d'après un plan que la personne en charge de la construction a proposé ou fait proposer (v. antérieurement, CAA Versailles, 29 déc. 2009, *Cne Meudon*, req. n° 08VE03693, *AJDA* 2010. 803, note P.-E. Durand ; CE 12 janv. 2011, *SCI Philaur*, req. n° 326807, *LPA* 25-26 août 2011, p. 8, note D. Dutrieux ; v. aussi, sur la notion de maison individuelle dans un autre contexte, concl. M. Revert sur CAA Marseille, 20 mars 2014, n° 12MA02180, *SCI L'Abadie*, *BJDU* 5/2014.366).

Le diviseur. La doctrine administrative a pris pour position que la technique de la division primaire est applicable à tout bénéficiaire d'un permis autorisant la division « que ce bénéficiaire en ait fait initialement la demande ou ait obtenu le transfert d'un permis préalablement délivré » (Rép. min. n° 41893, *JOAN* Q 6 avr. 2010. 4067 ; 1149 ■

D. Dutrieux, « Division primaire et transfert de permis (à propos de Rép. min. n° 41893) », *JCP* N 2010, n° 361).

1150 *Assiette de la demande d'autorisation.* La question s'est posée de savoir sur quelle assiette de la propriété la demande d'autorisation d'urbanisme doit être déposée : la totalité de la propriété ou la seule partie sur laquelle le projet doit être réalisé. La doctrine administrative opère une distinction. Dans le cas d'un permis de construire, l'assiette de la demande est constituée par l'unité foncière dès lors que la division n'a pas encore été effectuée. Dans le cas d'un permis d'aménager, la demande peut porter soit sur la totalité de l'unité foncière, soit une partie seulement comme le prévoient les articles R. 441-1 et R. 441-9 du Code de l'urbanisme, respectivement pour le lotissement soumis au régime du permis d'aménager et de la déclaration préalable (Rép. min. n° 65630, *JOAN* 6 juill. 2010. 7649). Il en résulterait que l'instruction de l'autorisation d'urbanisme pourrait être faite en considération de l'ensemble de l'unité foncière et non de la seule emprise du projet. La CAA de Lyon a cependant jugé, plus justement à notre sens, que le pétitionnaire pouvait déposer sa demande sur la seule partie de l'unité foncière dont elle devait devenir propriétaire (CAA Lyon, 12 nov. 2013, n° 13LY00584, *Cne de Chaponost, cons. 5, Constr.-Urb* ; 2014, n° 4, note L. Santoni ; *RDI* 2014.130, obs. P. S-C ; v. aussi CAA Versailles, 29 mars 2007, *Assoc. pour la défense de l'environnement de Jouy-en-Josas*, req. n° 06VE01147, *Constr.-Urb.* 2007, n° 164, obs. G. Godfrin ; *RDI* 2007. 451, obs. P. S.-C.).

1151 *Les divisions effectuées dans le cadre d'une opération de remembrement.* Les divisions effectuées dans le cadre d'une opération de remembrement réalisée par une association foncière urbaine autorisée ou constituée d'office ne sont pas constitutives d'un lotissement et ne sont pas soumises au permis d'aménager. Cette exclusion s'explique par le contrôle qu'exerce l'administration sur le plan de remembrement établi par les AFU autorisées ou constituées d'office (C. urb., art. L. 322-6 ; v. ss 1249 s.). Les remembrements effectués par les AFU libres sont soumis au permis d'aménager lorsqu'ils prévoient la réalisation de voies ou espaces communs et à déclaration préalable si tel n'est pas le cas (C. urb., art. R. 421-19, b).

1152 *Les divisions effectuées par l'aménageur à l'intérieur d'une ZAC.* Les divisions effectuées à l'intérieur des ZAC ne constituent pas des lotissements (C. urb., art. R. 442-1 *c*), mais seulement lorsqu'elles sont réalisées par l'aménageur (Civ. 3e, 30 juin 1993, Blanchard, *Bull. civ.* III, n° 106) et par conséquent, à l'exclusion de celles qui pourraient être effectuées ultérieurement par les acquéreurs de terrains situés à l'intérieur de cette zone (v. toutefois Civ. 3e, 24 avr. 2003, n° 01-13.393, *Constr.-Urb.* 2003, n° 187, obs. Ph. Benoit-Cattin ; Defrénois 2004. 665, obs. J.-Ph. Meng : la commercialisation d'une cinquantaine de parcelles, revendues en lots, par l'acquéreur de l'aménageur de la ZAC à qui la division initiale des terrains en lots avait été confiée, ne constitue pas un lotissement). Il en résulte également que l'aménageur en ZAC est affranchi du respect des règles régissant la commercialisation des lots dans un lotissement.

1153 *Les divisions de terrains effectuées conformément à un permis de construire valant division.* Sous l'empire du décret du 26 juillet 1977, l'article R. 315-2, c du Code de l'urbanisme excluait déjà du champ d'application du lotissement les divisions de terrains en propriété ou en jouissance, lorsque les terrains issus de la division constituaient l'assiette d'un immeuble à construire vendu dans le cadre d'une vente à terme ou en l'état futur d'achèvement, ou d'un immeuble construit par une société d'attribution. Les divisions d'immeubles à construire étaient donc assimilées aux divisions d'immeubles bâtis. Le Conseil d'État avait pourtant considéré que les divisions foncières résultant de la mise en œuvre d'un permis de construire valant division devaient être prises en compte pour le calcul du nombre de lots d'un lotissement à l'occasion de divisions ultérieures de la propriété d'origine (CE 29 juill. 2002, *Cne Bois-Guillaume*, req. n° 236948, *Constr.-Urb.* 2002, n° 282 ; Defrénois 2002. 37618, obs. S. Pérignon ; S. Pérignon, « La réalisation d'une opération immobilière sur partie de l'unité foncière », *BJDU* 2002. 408). L'article R. 442-1 *d)* met un terme à cette solution en excluant expressément du champ d'application du lotissement les divisions de terrains effectuées conformément à un permis de construire valant division prévu par l'article R. 431-24 du Code de l'urbanisme.

Les détachements de terrains supportant des bâtiments. La division résultant du détache- 1154 ■
ment de terrains supportant des bâtiments n'a pas à être autorisée au titre de la réglementation des lotissements, à la condition que les bâtiments ne soient pas destinés à être démolis (C. urb., art. R. 442-1 *e)* dans sa rédaction issue du décret n° 2012-274 du 28 février 2012). La portée de cette exclusion n'est cependant pas parfaitement claire (E. Carpentier, La définition du lotissement, Version 1.3.12, *JCP* N 2012, n° 1128). Signifie-t-elle que la vente de la partie bâtie d'un terrain est libre de toute autorisation ou déclaration, alors même qu'elle aboutirait à constituer un lot à bâtir sur le reliquat de l'unité foncière ? Sur cette question, la doctrine administrative a, avant 2012, adopté des positions contradictoires (Rép. min., n° 12784, *JOAN* Q 2 mars 2010.245 : la division d'une propriété bâtie emportant création d'un lot à bâtir entre dans le champ d'application de la réglementation des lotissements quelle que soit la nature de la parcelle cédée, construite ou non, puis Rép. min. *n° 07503*, JO Sénat Q 6 mai 2010.1158 : lorsqu'un propriétaire détache de sa propriété un lot bâti et conserve, dans un premier temps, la partie non bâtie de la propriété, l'opération n'est pas constitutive d'un lotissement ; *RDI* 2010.459, obs. P. S-C.). On peut se poser la question de savoir si le décret précité du 28 février 2012 n'a pas entendu consacrer la solution retenue par la seconde réponse ministérielle (en ce sens, J-Ph. Meng, Vers un régime du lotissement plus lisible, *BJDU* 2011.431 : « *... la vente de la partie bâtie n'est pas constitutive de lotissement, même si un terrain à bâtir en est issu* ») et pour D. Dutrieux, Eléments sur la nouvelle définition et le nouveau régime du lotissement, *JCP* N 2001, n° 39, act. 746 : « *un propriétaire peut désormais construire sur son terrain, vendre la partie bâtie en conservant un reliquat sur lequel il pourra à nouveau bâtir, puis céder en conservant un reliquat, etc...* »). Mais J. Trémeau fait valoir que l'on ne saurait lire l'article R. 442-1 *e)* sans référence à la définition législative que l'article L. 422-1 donne du lotissement et selon laquelle toute division d'une unité foncière ayant pour objet de créer un lot constitue un lotissement (note ss CE 20 févr. 2013, *n° 345728, Buiret*, *BJDU* 3/2013). Cette remarque ne manque pas de pertinence. On relèvera à cet égard que, dans une décision certes antérieure au décret du 28 février 2012, le Conseil d'État avait jugé « *qu'une opération d'aménagement ayant pour effet la division en deux lots d'une propriété foncière est susceptible de constituer un lotissement, au sens de ces dispositions, s'il est prévu d'implanter des bâtiments sur l'un au moins de ces deux lots ; que, par suite, en jugeant que la cession d'une partie du terrain d'assiette n'ayant pas pour objet d'implanter un ou plusieurs bâtiments sur la partie cédée, l'opération ne constituait pas un lotissement au sens de l'article L. 442-1 du Code de l'urbanisme, alors qu'il ressort des pièces du dossier qui lui était soumis que la parcelle conservée par la société propriétaire*

était destinée à l'implantation d'un ensemble immobilier, la cour administrative d'appel de Nantes a commis une erreur de droit» (CE 20 févr. 2013, n° 345728, *Buiret*, *Constr.-urb.* 2013, n° 52, note L. Santoni, infirmant CAA Nantes 12 nov. 2010, req. n° 09NT02180, *Constr.-Urb.* 2001, n° 54, note D. Dutrieux ; *LPA* 30 juin 2011, p. 17, note V. Guinot). On peut douter que l'article R. 442-1 *e)*, dans sa rédaction actuelle, soit de nature à remettre en cause cette solution. Quelle serait alors la portée utile de cette disposition ? Elle signifierait que la vente de la partie surbâtie d'un terrain est libre mais seulement à la condition que le bâtiment qui y est érigé ne soit pas destiné à être démoli. On peut compléter cette lecture en rappelant qu'alors qu'avant le décret du 28 février 2012, les terrains bâtis n'étaient pas pris en compte pour l'appréciation du nombre de terrains issus de la division d'une propriété foncière (C. urb., art. R. 442-2), il fut jugé qu'un terrain bâti n'entrait pas dans le décompte des lots même si la construction était irrégulière (TA Marseille, 12 janv. 2011, *Indivision Raffini-Perrier-Cornet*, req. n° 1008091, *AJDA* 2011. 633, note P. Durand ; *RDI* 2011. 69, obs. P. S.-C.). Si l'on retient cette interprétation du texte, il nous semble que la division de la partie bâtie d'un terrain pourrait être réalisée sans autorisation ou déclaration dès lors que le propriétaire de l'unité foncière n'aurait pas d'intention immédiate de construire sur le reliquat de cette unité. En effet, ne relève de la règlementation des lotissements que la division qui a pour « objet » et non pas pour « effet » de créer un lot destiné à être bâti. Il appartiendra cependant à la personne qui aurait ultérieurement l'intention de construire sur le lot ainsi constitué de régulariser la division (C. urb., art. R. 422-2 ; v. ss 1163). Ainsi le détachement sans autorisation, ni déclaration de la partie surbâtie d'une unité foncière expose l'acquéreur du reliquat ou le constructeur à régulariser la division.

1155 *Les détachements de terrain d'une propriété en vue d'un rattachement à une propriété contiguë.* Les détachements de terrains d'une propriété en vue d'un rattachement à une propriété contiguë, ce que l'on appelle le « détachement-rattachement », étaient traditionnellement exclus du décompte des lots d'un lotissement (CAA Nantes, 27 févr. 1998, *Wagner*, req. n° 97NT01106). Ils sont désormais exclus du champ d'application de cette réglementation (C. urb., art. R. 442-1, *f*). En outre, si le détachement réalise une subdivision d'un lot de lotissement, il n'est pas, dans ce cas, assimilé à une modification du lotissement (C. urb., art. R. 442-21).

1156 *Les cessions de terrain par l'exercice d'une prérogative de puissance publique.* Ne constituent pas des lotissements les détachements de terrain par l'effet d'une expropriation, d'une cession amiable consenties après déclaration d'utilité publique et, lorsqu'il est en donné acte par ordonnance du juge de l'expropriation, d'une cession amiable antérieure à une déclaration d'utilité publique (C. urb., art. R. 442-1, *g*) ; les détachements de terrains réservés acquis par les collectivités publiques dans le cadre de l'exercice du droit de délaissement (C. urb., art. R. 442-1, *h*) et, enfin, les détachements de terrains réalisés dans le cadre d'un programme d'aménagement d'ensemble en vigueur avant l'abrogation de l'article L. 332-10 par la loi n° 2010-1658 du 29 décembre 2010 de finances rectificative pour 2010 et ceux réalisés pour l'exécution d'une convention de projet urbain partenarial (C. urb., art. R. 442-1, *i*).

§ 3 Les divisions de propriétés foncières soumises à un régime spécifique distinct de celui du lotissement

Divisions effectuées dans les parties de communes soumises à une protection particulière. Une délibération motivée du conseil municipal peut délimiter des parties d'une commune nécessitant une protection particulière en raison de la qualité des sites, des milieux naturels et des paysages. A l'intérieur de ces périmètres, les divisions volontaires, en propriété ou en jouissance, d'une propriété foncière, par ventes ou locations simultanées ou successives qui ne sont pas soumises à permis d'aménager sont soumises à déclaration préalable (C. urb., art. L. 111-5-2 et R. 111-26; CAA Bordeaux, 22 nov. 2011, *Cne Cestas*, req. n° 11BX01182, *Constr.-Urb.* 2012, n° 2, note P. Cornille). L'autorité compétente peut s'opposer à la division projetée, alors même qu'elle n'a pas pour objet l'implantation des bâtiments, s'il lui apparaît que celle-ci est susceptible de compromettre gravement le caractère naturel des espaces, la qualité des paysages ou le maintien des équilibres biologiques, compte tenu de son importance, du nombre de lots dont la création est envisagée ou des travaux qu'elle implique. 1157 ■

Compte tenu des limites apportées par ces dispositions à la liberté de disposer de son bien, leur mise en œuvre n'est légale que pour autant qu'un intérêt général s'attache à la sauvegarde et à l'intégrité de sites et de milieux naturels, dans le but notamment d'en éviter le morcellement et la dénaturation. Elle est donc illégale lorsque le périmètre délimité concerne un quartier résidentiel car elle n'a pas vocation à permettre d'instituer un contrôle du respect des choix retenus dans les documents d'urbanisme réglementaires pour assurer la pérennité des caractéristiques paysagères d'un quartier urbanisé de la commune (CAA Marseille, 17 mars 2011, *Cne Plan d'Aups*, req. n° 09MA02058).

Divisions d'immeubles bâtis. Les concernant, tout acte ou promesse de vente d'un ou plusieurs immeubles à usage d'habitation ou à usage mixte d'habitation et professionnel consécutif à la division initiale ou à la subdivision de tout ou partie de l'ensemble immobilier bâti doit comporter une clause prévoyant les modalités de l'entretien des voies et réseaux propres à cet ensemble. À défaut de stipulation, cet entretien incombe au propriétaire de ces voies et réseaux (C. urb., art. L. 111-5-1). 1158 ■

section 2

La procédure d'autorisation de lotissement

La procédure d'autorisation de lotissement a été profondément modifiée par l'ordonnance du 8 novembre 2005 et son décret d'application du 5 janvier 2007. En effet, ces textes suppriment l'autorisation de lotir et lui substituent deux régimes de contrôles distincts : le permis d'aménager et la déclaration préalable. Leur régime a été examiné à propos de l'étude du régime général de la délivrance des autorisations d'urbanisme. On se limitera donc à préciser, d'une part, les critères de distinction entre le permis d'aménager un lotissement et la déclaration préalable (§ 1) et, d'autre 1159 ■

part, les particularités du régime de la délivrance du premier et de la décision prise sur la seconde (§ 2).

§ 1 La dualité de la procédure d'autorisation de lotissement

1160 Le Code de l'urbanisme distingue deux modalités d'autorisation d'une opération de lotissement : le permis d'aménager (A) et la déclaration préalable (B). Le critère de distinction entre ces deux régimes établi par les articles R. 421. 19 et R. 421. 23 du Code de l'urbanisme a été partiellement modifié par l'ordonnance du 22 décembre 2011 et corrigé par un décret n° 2012-274 du 28 février 2012 (J-M. Lugherini, Autorisation du lotissement : permis d'aménager ou déclaration préalable ? un « coup de balai » incertain, *BJDU* 6/2104.441). Celle-ci a supprimé toute référence au nombre de lots créés pour ne conserver que celui de la création de voies, d'espaces ou d'équipements communs. Elle a, en revanche, conservé le critère de la localisation de l'opération. Elle a, par ailleurs, mis en place une procédure de régularisation d'un détachement qui aurait été réalisée de manière non conforme à la réglementation (C).

1161 *Le permis d'aménager un lotissement.* Relèvent du permis d'aménager, en premier lieu, les lotissements qui sont situés dans un secteur sauvegardé ou dans un site classé ou en instance de classement (C. urb., art. L. 442-2 et R. 421-19). Ainsi, toute division en vue de bâtir intervenant dans ces secteurs relève du permis d'aménager dès le premier lot, que l'opération nécessite ou non des travaux. En second lieu, nécessitent également un permis d'aménager les lotissements qui prévoient la création ou l'aménagement de voies, d'espaces ou d'équipements communs (C. urb., art. R. 421-19 ; sur la notion d'espaces communs, v. CE 30 déc. 2002, *Cne Bozouls et SCI Les Jardins du Causse*, req. nos 249274, 249427, *Constr.-Urb.* 2003, n° 140, note Ph. Benoit-Cattin ; CAA Paris, 6 juin 2014, n° 12PA03899, *SCI Suchet Montmorency* , cons. 20 : à propos d'une rampe d'accès faisant l'objet d'une servitude de passage). La création de voies, d'espaces ou d'équipements communs à plusieurs lots constitue donc un élément déterminant de l'entrée dans le régime du permis d'aménager (sur l'évolution de la question, E. Carpentier et J. Trémeau, Le contrôle urbanistique des divisions foncières et le nouveau lotissement, *RFDA* 2012, sp. p. 878). Ces voies, espaces ou équipements doivent toutefois être communs à plusieurs lots destinés à être bâtis. Cette rédaction, issue du décret du 24 février 2014, a pour but de soumettre à une simple déclaration préalable un lotissement qui comporte des voies, espaces et équipements communs à un lot déjà bâti et à un lot destiné à être bâti. Le même texte précise, en outre, que les équipements pris en compte sont les équipements à la charge du lotisseur au lieu des « équipements internes ». Il s'agit donc des équipements propres qui seuls peuvent être mis à la charge du lotisseur (C. urb., art. L. 332-15) mais qui peuvent être situées en dehors du périmètre du lotissement.

1162 *La déclaration préalable à une opération de lotissement.* En vertu des dispositions des articles L. 442-3 et R. 421-23 a) du Code de l'urbanisme, tous les lotissements qui ne sont pas soumis à la délivrance d'un permis d'aménager doivent faire l'objet d'une déclaration préalable. Le contrôle administratif des divisions foncières s'en trouve ainsi renforcé. En effet, des divisions qui échappaient sous le régime ancien du lotissement à toute autorisation, parce que le nombre de lots issus de cette division était inférieur à trois, sont désormais contrôlées par le biais de la déclaration préalable. Ainsi qu'on l'a dit, ne relèvent de ce régime que les lotissements qui ne nécessitent aucuns travaux communs à plusieurs lots destinés à être bâtis. Lorsque l'autorité administrative est saisie d'une demande de permis d'aménager dans le cadre d'une division qui relève de la déclaration préalable, elle ne peut se borner à rejeter ladite demande mais doit l'instruire en fonction des dispositions relatives à la déclaration préalable (CAA Douai, 21 févr. 2012, n° 10DA01593, *Min. de l'Ecologie, du développement durable, des transports et du logement*). En revanche, si elle est saisie d'une déclaration préalable en lieu et place d'un permis d'aménager, elle doit s'y opposer

La régularisation du détachement. Comme on aura l'occasion de le dire (v. ss 1198), le permis de construire délivré sur un terrain irrégulièrement détaché d'une unité foncière est entaché d'illégalité (CE, sect., 17 déc. 1982, n° 37435, *Eyherabide*, *JCP* N 1983. II. 41, concl. B. Genevois et note F. Bouyssou). Du moins en va-t-il ainsi lorsque la division est intervenue avant la délivrance du permis. Si elle est, en revanche, intervenue postérieurement, le moyen tiré de l'irrégularité du détachement est inopérant car la légalité d'un acte administratif doit s'apprécier à la date à laquelle il a été pris (CE 14 avril 1995, n° 137471, *Ville de Noisy-le-Grand* ; CE 20 févr. 2013, n° 345728, *Buiret*, *BJDU* 3/2013, concl. A. Lallet, note J. Trémeau ; *RDI* 2013.340, obs. P. S-C). Cela étant, de manière fort opportune, le décret du 28 février 2012a inséré dans le Code de l'urbanisme un article R.442-2 qui dispose : « Lorsqu'un permis de construire est déposé sur une partie d'une unité foncière qui a fait l'objet d'une division non autorisée, la demande tient lieu de déclaration préalable de lotissement dès lors qu'elle indique que le terrain est issu d'une division ». Cette disposition permettra de régulariser une irrégularité ou un oubli, mais également de bâtir un lot détaché qui n'était pas voué à cette destination au moment de la division et qui pour cette raison, n'avait pas fait l'objet d'une demande d'autorisation (E. Carpentier et J. Trémeau, Le contrôle urbanistique des divisions foncières et le nouveau lotissement, *RFDA* 2012, sp. p. 880). Le rapport au Premier Ministre présente l'article précité comme permettant une possibilité de régularisation des divisions qui auraient dû faire l'objet d'une déclaration préalable de lotissement. « Il est ainsi prévu que le permis de construire puisse tenir lieu de déclaration préalable de lotissement, dès lors que la demande mentionne que le terrain est issu d'une division ». Il en résulte qu'un maire ne peut refuser un permis de construire au seul motif que la demande porte sur un lot détaché sans autorisation (TA Marseille, ord., 18 févr. 2013, n° 1300395, *Gosselin*). Un auteur a cependant posé la question de savoir si ce mécanisme de régularisation s'applique à un lot de lotissement dont le détachement aurait dû être autorisé par un permis d'aménager (v. M. Kada-Yahya, Régularisation d'une division foncière : solution ou impasse ? *BJDU* 3/2013.172). Apparement non dès lorsque le texte fait référence à un permis tenant lieu de déclaration préalable. 1163

§ 2 Le régime de délivrance des autorisations de lotissement

La délivrance des autorisations de lotissements est d'abord régie par régime général applicable à la délivrance des autorisations d'urbanisme. Trois particularités méritent 1164 cependant d'être relevées en ce qui concerne l'assiette de l'opération (A), la demande (B) et l'arrêté portant permis d'aménager (C).

A. L'assiette de l'opération de lotissement

1165 L'évolution a ici été dans le sens d'une certaine libéralisation de la constitution du terrain d'assiette du lotissement. Il peut, en effet, être constitué de l'unité foncière, de plusieurs unités foncières ou d'une partie de l'unité foncière. Il en va ainsi que l'opération relève du permis d'aménager (C. urb., art. R. 441-1) ou de la déclaration préalable (C. urb., art. R. 441-9). Lorsque la demande ou la déclaration porte sur plusieurs unités foncières, celles-ci doivent être contiguës (C. urb., art. L. 442-1). La possibilité d'un lotissement « multi-sites » se trouve ainsi fermée. Lorsque la demande de permis d'aménager porte sur une partie de l'unité foncière, elle comprend un plan faisant apparaître la partie de celle-ci qui n'est pas incluse dans le projet d'aménagement (C. urb., art. R. 441-4).

Le périmètre du lotissement comprend le ou les lots destinés à l'implantation de bâtiments ainsi que, s'ils sont prévus, les voies de desserte, les équipements et les espaces communs aux lots (pour le lotissement soumis à déclaration, v. Rép. min. n° 18425, *JOAN* Q 22 déc. 2009. 12253 ; *RDI* 2010. 231, obs. P. S.-C.). Mais le lotisseur peut, en outre, choisir d'inclure dans le périmètre du lotissement des parties déjà bâties de l'unité foncière ou des unités foncières concernées (C. urb., art. L. 442-12). Une telle possibilité permet une optimisation de la gestion de la densité dans le cas de la division d'une propriété bâtie et facilite les projets denses. En effet, jusqu'à l'intervention de l'ordonnance du 22 décembre 2011, dans l'hypothèse de la division d'une propriété surbâtie, le périmètre du lotissement ne pouvait être constitué que par la partie non bâtie si bien qu'en cas de sous-densité du reliquat bâti, le ou les terrains à bâtir ne pouvaient pas bénéficier d'un transfert des droits à construire résiduels en sus de ceux résultant, le cas échéant, de l'application du coefficient d'occupation des sols (Rép. min. n° 18425, préc.).

B. Le contenu de la demande

1166 Outre les pièces exigibles au titre des dispositions communes à toute demande de permis d'aménager, certaines sont requises au titre de l'opération de lotissement en propre. C'est à l'examen de ces dernières pièces qu'il convient de s'attacher, étant précisé que toute demande comporte un contenu minimal, mais également des éléments variables (D. Larralde, « Lotissement : composition du dossier de permis d'aménager », *JCP* N 2007, n° 1059).

1167 *Contenu minimal.* La demande de permis d'aménager un lotissement doit comporter spécifiquement les pièces suivantes : le nombre maximum de lots et la surface de plancher maximale dont la construction est envisagée dans l'ensemble du lotissement (C. urb., art. R. 442-3) ; un plan coté dans les trois dimensions faisant apparaître la composition d'ensemble du projet et les plantations à conserver ou à créer et la répartition prévue entre les terrains réservés à des équipements ou des usages collectifs et les terrains destinés à une utilisation privative (C. urb., art. R. 442-4) ; un projet architectural, paysager et environnemental tenant lieu du projet d'aménagement (C. urb., art. R. 442-5). Celui-ci doit être joint à toute demande de permis d'aménager. Son contenu est toutefois plus large s'agissant d'un lotissement. En effet, il doit comporter : deux vues et coupes faisant apparaître la situation du projet dans le profil du terrain naturel ; deux documents photographiques permettant de situer le terrain respectivement dans l'environnement proche et, sauf si le demandeur justifie qu'aucune photographie de loin n'est possible, dans le paysage lointain, les points et les angles des prises de vue devant être reportés sur le plan de situation et le plan de masse. Le dossier comporte, en outre, le programme et les plans des travaux d'aménagement indiquant les caractéristiques des ouvrages à réaliser, le tracé des voies, l'emplacement des réseaux et les modalités de raccordement aux bâtiments qui seront édifiés par les acquéreurs de lots ainsi que les dispositions prises pour la collecte des déchets ; un document graphique faisant apparaître une ou plusieurs hypothèses d'implantation des bâtiments.

Déclaration. La déclaration doit, quant à elle, comporter, selon le droit commun du régime déclaratif, un plan permettant de connaître la situation du terrain à l'intérieur de la commune ; un plan sommaire des lieux indiquant les bâtiments de toute nature existant sur le terrain et un croquis et un plan coté dans les trois dimensions de l'aménagement faisant apparaître la ou les divisions projetées. La déclaration requiert donc la production d'un plan de division, ce qui interdit le lotissement « à la carte ». La déclaration est, en outre, complétée en tant que de besoins de documents spécifiques (C. urb., art. R. 441-10). 1168 ■

Contenu variable. Certaines pièces doivent figurer dans le dossier de la demande en raison des caractéristiques du projet. Il en va tout d'abord ainsi de l'indication de la surface de plancher dont la construction est envisagée dans l'ensemble du lotissement, lorsque celui-ci n'est pas situé à l'intérieur d'un PLU ou d'un document d'urbanisme en tenant lieu (C. urb., art. R. 442-3). Le demandeur doit également produire une attestation de la garantie d'achèvement des travaux lorsqu'il demande à procéder à la vente ou à la location des lots avant l'exécution de tout ou partie des travaux d'équipement du lotissement (C. urb., art. R. 442-6). Enfin, lorsque sa création est rendue nécessaire, le pétitionnaire est tenu de compléter le dossier de la demande par son engagement de constituer une association syndicale des acquéreurs de lots à laquelle seront dévolus la propriété, la gestion et l'entretien des terrains et équipements communs (C. urb., art. R. 442-7). La production de cet engagement n'est toutefois pas requise lorsque les voies et espaces communs du lotissement sont destinés à être attribués en propriété aux acquéreurs de lots ou lorsque le demandeur justifie de la conclusion avec la collectivité publique compétente d'une convention prévoyant le transfert dans son domaine de l'intégralité de ces voies et espaces communs une fois les travaux achevés (C. urb., art. R. 442-8). 1169 ■

Contenu facultatif. D'autres pièces ont un caractère purement facultatif. Il s'agit du projet de règlement qui peut être joint à la demande, s'il est envisagé d'apporter des compléments aux règles d'urbanisme en vigueur (C. urb., art. R. 442-6). Celui-ci ne peut que les compléter, mais il peut également comporter des règles plus restrictives (CE 6 mars 1992, *Assoc. pour la protection de l'environnement de la route d'Aiffres*, req. n° 79911). En cas de conflit entre une prescription du règlement du lotissement et une règle du document local d'urbanisme, la plus sévère des deux doit être appliquée (CE 15 oct. 1937, *Ansel et Rivet*, *Lebon* 814 ; 18 janv. 1974, *Min. Aménagement du territoire c/ Sté foncière Biarritz-Anglet*, *Lebon* 38 ; 10 janv. 1994, *Valadier*, req. n° 100234 ; 5 déc. 1994, *Cne Roquebrune-Cap-Martin*, *Lebon* 538 ; *BJDU* 1995. 209, concl. S. Lasvignes). Mais 1170 ■

lorsqu'aucune des deux règles ne peut être qualifiée de « plus sévère », parce qu'elles édictent des normes différenciées (ex. règle de hauteur, pour laquelle les deux dispositions utilisent des méthodes de calcul différentes), le principe est que le permis de construire doit respecter tant les prescriptions du document local d'urbanisme que les dispositions réglementaires régissant les constructions dans le lotissement, à l'exception de celles qui ne seraient pas conciliables (CE 5 déc. 1994, *Cne Roquebrune-Cap-Martin*, préc.). Les deux séries de règles s'appliquent également de manière simultanée lorsque la conciliation des règles du lotissement et du POS/PLU est impossible (CE 23 juin 1995, *Min. Équipement c/ Sté Promotion industrielle et commerciale* (SOPRICOM), req. n° 90211, *BJDU* 1995. 212, concl. R. Schwartz). Enfin, le cahier des charges, si le lotisseur en a prévu l'établissement, n'a pas à être joint au dossier présenté à l'appui de la demande.

■ 1171 *Étude d'impact et concertation.* Les lotissements sont soumis à étude d'impact dans les conditions fixées par le décret n° 2011-2019 du 29 décembre 2011 (rubrique, nos 33, 34). Concernant les lotissements situés sur le territoire d'une commune dotée d'un PLU ou d'un document d'urbanisme en tenant lieu ou d'une carte communale n'ayant pas fait l'objet d'une évaluation environnementale permettant l'opération, ils sont systématiquement soumis à étude d'impact lorsque l'opération crée, en une ou plusieurs phases, une surface de plancher supérieure ou égale à 40 000 m² ou lorsque le terrain d'assiette couvre une superficie supérieure ou égale à 10 ha. Ils sont par ailleurs, susceptibles d'être soumis à étude d'impact au cas par cas, lorsque l'opération soit, crée une surface de plancher supérieure ou égale à 10 000 m² et inférieure à 40 000 m² et dont le terrain d'assiette ne couvre pas une superficie supérieure ou égale à 10 ha, soit couvre un terrain d'assiette d'une superficie supérieure ou égale à 5 ha et inférieure à 10 ha et dont la surface de plancher créée est inférieure à 40 000 m² (C. envir., art. R. 122-2, rubrique 33). Concernant les lotissements situés sur le territoire d'une commune dotée ni d'un PLU ou d'un document d'urbanisme en tenant lieu, ni d'une carte communale, ils sont systématiquement soumis à étude d'impact lorsque l'opération atteint les seuils indiqués précédemment pour les lotissements situés sur le territoire d'une commune couverte par un PLU. Ils sont par ailleurs susceptibles d'être soumis à étude d'impact au cas par cas, lorsque l'opération, soit crée une surface de plancher supérieure ou égale à 3 000 m² et inférieure à 40 000 m² et dont le terrain d'assiette ne couvre pas une superficie supérieure ou égale à 3 ha, soit couvre un terrain d'assiette d'une superficie supérieure ou égale à 3 ha et inférieure à 10 ha et dont la surface de plancher créée est inférieure à 40 000 m² (C. envir., art. R. 122-2, rubrique 34). Il faut ici rappeler qu'un projet de lotissement non soumis à étude d'impact peut y être astreint en cas d'extension (rép. min., n° 9606, *JOAN* 25 juin 2013.6689 ; *BJDU* 5/2013.405. Par ailleurs, tout projet d'aménagement qui doit faire l'objet d'une étude d'impact doit être précédé d'une concertation (art. L. 300-2-I, *3°* C. urb.).

C. L'instruction et le contenu de l'autorisation de lotissement

■ 1172 *Instruction.* L'instruction du permis d'aménager comme celle de la déclaration préalable obéissent aux règles de droit commun. Toutefois, dans ce cas, l'ensemble du projet est apprécié au regard de la totalité des règles édictées par le plan local d'urbanisme, sauf si le règlement de ce plan s'y oppose (C. urb., art. R. 123-10-1 ; G. Godfrin, « Projet immobilier avec division foncière : comment appliquer le PLU ? »,

Constr.-Urb. 2007, n° 11 ; R. Petiot, « Une simplification qui complique la procédure de lotissement », Ét. fonc. 2007, n° 127 ; CAA Bordeaux, 14 janv. 2014, n° 12BX02434 ; CAA Nancy, 24 mars 2014, n° 13NC01609, CAA Paris, 6 juin 2014, n° 12PA03899, *SCI Suchet Montmorency, RDI* 2014.654, obs. P. S-C *et contra,* CAA Lyon 9 juill. 2013, n° 12LY03219, *Cne de la Tronche, Constr.-urb.* 2014, n° 5, note T. Simon ; *RDI* 2013.491, obs. P. S-C). Il a par ailleurs été jugé que lorsque la demande de permis d'aménager fait état d'une démolition, celui-ci l'a autorisée même s'il est silencieux sur ce point (TA Dijon, 14 oct. 2014, n° 1301256, 1301324, *Constr.-Urb.* 2015, n° 38, note L. Santoni).

Règles d'urbanisme opposables. Dans la mesure où le lotissement constitue une division et se trouve contrôlé à ce titre, dans la mesure donc où il n'a pas pour objet d'autoriser par lui-même la construction de bâtiments, la question se pose de savoir s'il convient d'opérer une partition dans l'application des règles d'urbanisme entre celles qui seraient opposables à l'opération de division et celles dont le respect ne pourrait être contrôlé qu'au stade de l'instruction des permis de construire comme applicables aux constructions. A cette question, le Conseil d'État répond que *« les lotissements qui constituent des opérations d'aménagement ayant pour but l'implantation de constructions, doivent dès lors respecter les règles tendant à la maîtrise de l'occupation des sols édictées par le Code de l'urbanisme ou les documents locaux d'urbanisme, même s'ils n'ont pour objet ou pour effet, à un stade où il n'existe pas encore de projet concret de construction, que de permettre le détachement d'un lot d'une unité foncière »*. Et il le fait aux visas de l'article L. 123-5 qui inclut la création des lotissements au nombre des opérations auxquelles sont opposables les règles du PLU et de l'article R. 111-1 qui rend les règles du RNU opposables aux permis d'aménager et déclarations préalables. En l'espèce, il juge que le maire aurait dû s'opposer à une déclaration préalable en vue de la constitution d'un terrain à construire dans un secteur de la commune rendu inconstructible par l'application de la loi Littoral (CE 17 déc. 2014, *n° 367134, Cne du Lavandou, Lebon* T. ; *Constr.-Urb.* 2015, n° 22, note P. Cornille ; *AJDA* 2014.2505 ; *JCP* A 2015, act. 35, obs. L. Erstein ; *RDI* 2015.93, obs. P. S-C. ; v. aussi, CAA Marseille 27 mai 2014, n° 12MA02829, *Constr.-Urb.* 2014, n° 96, note P. Cornille ; *AJDA* 41/2014.2381, concl. G. Roux ; *RDI* 2015.93 obs. P.S-C). 1173 ■

Enquête publique. Dans le cadre de la réforme de l'enquête publique réalisée par la loi n° 2010-788 du 12 juillet 2010 portant engagement national pour l'environnement, le décret n° 2011-2018 du 29 décembre 2011 soumettait à enquête publique tous projets d'aménagements par ailleurs soumis de façon systématique à la réalisation d'une étude d'impact (C. envir., art. R. 123-1, I). Toutefois, depuis l'adoption de la loi n° 2014-1545 du 20 décembre 2014 relative à la simplification de la vie des entreprises et portant diverses dispositions de simplification et de clarification du droit et des procédures administratives, les permis d'aménager soumis à étude d'impact dans le cadre de la procédure du cas par cas sont simplement soumis à une procédure de mise à disposition du public (C. env., art. L. 123-2-I et L. 120-1-1). 1174 ■

Répartition de la surface de plancher. On rappellera que c'est la demande de permis d'aménager qui précise la surface de plancher maximale dont la construction est envisagée dans l'ensemble du lotissement, que le lotissement soit ou non situé à l'intérieur d'un PLU (C. urb., art. R. 442-3). C'est l'arrêté portant permis d'aménager qui précise le nombre maximum de lots et la surface de plancher maximale dont la 1175 ■

construction est autorisée dans l'ensemble du lotissement (C. urb., art. A. 424-10). Depuis la suppression du COS par la loi ALUR (sauf pour les communes dotées d'un POS), rien ne semble pouvoir limiter dans la demande la surface de plancher maximale envisagée dans les lotissements en cours (J-M. Lugherini et E. Wormser, ALUR, COS, superficies minimales et droits à construire dans les opérations de lotissement en cours, *Constr.-Urb.* 2014, Etude 5).

Concernant la répartition de cette surface de plancher maximale autorisée, en lotissement soumis au permis d'aménager, elle peut être attribuée aux lots, soit par le permis d'aménager lui-même, soit par le lotisseur à l'occasion de la vente ou de la location des lots (C. urb., art. R. 442-10). Pour les lotissements soumis à déclaration préalable, lorsqu'un coefficient d'occupation des sols est applicable, la surface de plancher maximale autorisée peut être répartie par le lotisseur à l'occasion de la vente ou de la location des lots (C. urb., art. R. 442-10). Lorsque la répartition est effectuée par le lotisseur, celui-ci fournit aux attributaires de lots un certificat indiquant la surface de plancher constructible sur le lot (C. urb., art. R. 431-22, R. 442-11). En l'absence de répartition de la surface de plancher maximale dans les conditions qui viennent d'être énoncées, celle-ci résulte pour chaque lot de l'application du coefficient des sols à la superficie du lot. Mais du fait de la disparition dudit coefficient, il y aura lieu d'appliquer l'article R. 123-10-1 du Code de l'urbanisme selon lequel : « Dans le cas d'un lotissement ou dans celui de la construction, sur une unité foncière ou sur plusieurs unités foncières contiguës, de plusieurs bâtiments dont le terrain d'assiette doit faire l'objet d'une division en propriété ou en jouissance, l'ensemble du projet est apprécié au regard de la totalité des règles édictées par le plan local d'urbanisme, sauf si le règlement de ce plan s'y oppose ».

Enfin, lorsqu'un coefficient d'occupation des sols est encore applicable et que le versement pour sous-densité est institué dans le secteur où est situé le projet, la totalité de la surface de plancher résultant du seuil minimal de densité peut être répartie librement entre les différents lots, soit par le permis d'aménager, soit par le lotisseur, à l'occasion de la vente ou de la location des lots. Cette répartition s'effectue sans tenir compte de l'application du seuil minimal de densité à la superficie du lot. Lorsque le versement pour sous-densité est institué dans le secteur où est situé le projet, le lotisseur fournit également aux attributaires de lots un certificat indiquant la surface de plancher résultant du seuil minimal de densité (C. urb., art. R. 442-11). Ces certificats sont joints à la demande de permis de construire (C. urb., art. R. 431-22). Mais en l'absence de répartition par le lotisseur, le seuil minimal de densité est appliqué à la superficie de chaque lot.

section 3

La réalisation du lotissement

1176 On étudiera successivement l'exécution des travaux d'équipement prescrits par le permis d'aménager (§ 1), les participations financières exigibles des lotisseurs (§ 2), la commercialisation des lots (§ 3) et la construction de bâtiments dans le lotissement (§ 4).

§ 1 L'exécution des travaux d'équipement des terrains

Les travaux d'aménagement du lotissement ne sont pas des travaux publics (TC, 7 oct. 1177 ■ 1991, n° 02661, *CPAM Loiret*, *Lebon* T. 1239 ; TC, 15 nov. 1999, n° 03155, *Mollo*, *Lebon* 477), sauf dans l'hypothèse où ils sont réalisés par la commune dans le cadre d'un lotissement communal (CE 9 mars 1965, *Huber*, *Lebon* 156 ; RD publ. 1965. 993, concl. J. Fournier). On examinera successivement les règles relatives à l'exécution des travaux (A), à leur contrôle (B) et à leur propriété (C).

L'exécution des travaux. Le régime de la caducité du permis d'aménager obéit au 1178 ■ régime de droit commun des autorisations d'urbanisme. Les travaux doivent donc être engagés dans le délai de deux ans à compter de la notification de l'autorisation (C. urb., art. R. 424-17). Concernant la déclaration, la décision de non-opposition devient caduque si les opérations déclarées n'ont pas eu lieu dans le délai de deux ans à compter de la notification d'une décision expresse ou de la date à laquelle la décision tacite est intervenue (C. urb., art. R. 424-18). Il en résulte que la signature des actes translatifs de propriété ou de jouissance doit intervenir avant la péremption de la décision de non-opposition, sous peine de devoir adresser une nouvelle déclaration.

Le contrôle de l'exécution des travaux. Ce contrôle ne présente aucune particularité par 1179 ■ rapport au contrôle de la conformité des travaux autorisés par un permis d'aménager ou déclarés (C. urb., art. R. 462-1 s.). On signalera cependant que le maire peut utiliser ses pouvoirs de police générale pour assurer le respect des prescriptions d'une autorisation d'urbanisme (CE 22 oct. 2010, *Powell*, req. n° 316945, *RDI* 2010. 623, obs. P. S.-C.).

La propriété, la gestion et l'entretien des terrains et équipements communs. La propriété, 1180 ■ la gestion et l'entretien des terrains et équipements communs réalisés par le lotisseur (voirie, réseaux d'assainissement, etc.) sont normalement dévolus à une association syndicale (C. urb., art. R. 442-7). Celle-ci peut décider de transférer ces équipements dans le domaine public avec l'accord de la collectivité concernée (sur les modalités de ce transfert : Rép. min. *JO* Sénat 17 févr. 1994. 382, Defrénois 1994. 35914).

Ce principe peut cependant ne pas s'appliquer aux voies et espaces communs lorsqu'ils sont destinés à être attribués aux acquéreurs de lots en propriété divise ou indivise et ce, quel que soit le nombre de lots ou dans le cas où une convention conclue entre le lotisseur et la collectivité publique compétente prévoit leur transfert dans le domaine de cette dernière (C. urb., art. R. 442-8).

Par ailleurs, la propriété des voies privées ouvertes à la circulation publique dans les groupes d'habitation peut, après enquête publique, être transférée d'office et sans indemnité dans le domaine public de la commune (C. urb., art. L. 318-3 et s. ; sur la constitutionnalité de cette disposition : Cons. const. 6 oct. 2010, *Épx Anastasio*, n° 2010-43 QPC, *AJDA* 2011. 223, note J. Trémeau ; *RDI* 2010. 612, note N. Foulquier).

§ 2 Les participations financières

Le permis d'aménager ou la décision de non opposition à la déclaration préa- 1181 ■ lable constituent le fait générateur de participations exigibles du lotisseur. En conséquence, doit être annulé le titre de recettes émis en vue du recouvrement d'une participation non prévue par eux (CAA Marseille, 14 juin 2001, *Sté Provence Foncier*, req. n° 98MA00442).

De manière générale, les contributions versées en vue d'assurer le financement d'équipements publics sont réputées sans cause dès lors qu'elles n'entrent pas dans la liste des participations énumérées par la loi (CE 31 janv. 2001, *Cne Frénouville*, req. n° 195599, *BJDU* 2001. 51, concl. G. Bachelier ; v. ss 1363). Comme en matière de permis de construire, l'illégalité des participations financières aux dépenses d'équipements publics est sans effet sur la légalité des autres dispositions du permis d'aménager (C. urb., art. L. 332-7 ; v. ss 1365).

■ 1182 *Equipements propres.* La réalisation d'un lotissement implique, en premier lieu, des travaux de viabilité et d'équipement (voirie, alimentation en eau, gaz et électricité, réseaux de télécommunication, évacuation et traitements des eaux et matières usées, éclairage, aires de stationnement, espaces collectifs, aires de jeux, espaces plantés) qui constituent les équipements propres à l'opération dont le financement incombe pour cette raison au lotisseur (C. urb., art. L. 332-15 ; CE 21 juin 1993, *Cne Chauriat c/ Lebris*, *Lebon* T. 650 ; sur cette question, v. ss 1359).

■ 1183 *Equipements publics exceptionnels.* Le lotisseur peut être soumis au paiement de la participation spécifique pour équipements publics exceptionnels (v. ss 1357). Il peut toutefois en obtenir la décharge s'il justifie qu'il n'a pas pu donner suite à l'autorisation qui lui a été délivrée. Cette restitution doit cependant tenir obligatoirement compte des dépenses engagées par la collectivité publique pour la réalisation des équipements publics rendus nécessaires par le lotissement (CE 6 mars 2006, *SNC Le Triangle*, req. n° 266346, *Lebon* T. 1103, *Constr.-Urb.* 2006, n° 103, note N. Gonzalez-Gharbi).

■ 1184 *Autres taxes et participations.* Le permis d'aménager un lotissement ou la décision de non opposition à déclaration préalable peuvent, en deuxième lieu, mettre à la charge du lotisseur un certain nombre de taxes et participations financières aux dépenses d'équipements publics (C. urb., art. L. 332-12). Ces participations sont les suivantes : Le versement pour dépassement du plafond légal de densité lorsqu'il a été maintenu et une participation forfaitaire représentative de la participation au titre d'un PAE encore en vigueur ou d'une convention de projet urbain partenarial, de la participation pour voirie et réseaux ou de la participation de riverains en Alsace-Moselle. Toutefois, cette participation forfaitaire ne peut être exigée dans les secteurs dans lesquels la commune ou l'EPCI compétent ont institué la majoration de la part communale ou intercommunale de la taxe d'aménagement. Lorsque la participation forfaitaire est mise en œuvre, il ne peut plus être exigé des constructeurs situés dans le lotissement le paiement des diverses participations qui la composent. Elle est, par ailleurs, indivisible (sur la possibilité de mettre cumulativement à la charge du lotisseur respectivement les équipements propres visés à l'art. L. 332-15 ainsi que les taxes et participations normalement exigibles énumérées à C. urb., art. L. 332-12 : Rép. min. *JOAN* Q 1er juin 1998. 3054). le Conseil d'État a également jugé qu'elle devait être regardée, non comme une imposition, mais comme une participation que la loi, dans les limites qu'elle définit, autorise la commune à percevoir sur les bénéficiaires du permis d'aménager à raison des équipements rendus nécessaires par le lotissement (CE 8 oct. 1993, *District urbain de l'agglo. alençonnaise c/ SA des entreprises Devillette-Chissadon*, *Lebon* 266 ; *Dr. fisc.* 1994, n° 54, p. 153, concl. O. Fouquet). Le bénéficiaire d'un permis d'aménager peut également être tenu au versement de la participation convenue dans le cadre d'une convention de projet urbain partenarial. Il acquitte enfin la taxe d'aménagement.

§ 3 La commercialisation des lots

Depuis l'origine de la réglementation du lotissement, les pouvoirs publics se sont attachés à protéger les acquéreurs des lots. C'était même l'une de ses raisons d'être. Les réformes successives n'ont guère affecté ce régime tant en ce qui concerne la publicité dont les lotissements sont susceptibles de faire l'objet (A) qu'en ce qui concerne la cession des lots proprement dite (B). En cas de non-respect de ces règles, les ventes ou locations concernant les lots peuvent être annulées à la demande de l'acquéreur du lot, du maire ou du préfet. En outre, afin d'assurer une bonne information des acquéreurs, il est mis à la charge du lotisseur une obligation de bornage (C). 1185 ■

A. Le régime de la publicité

La publicité relative à la vente ou à la location de terrains inclus dans un lotissement doit mentionner de manière explicite si l'opération de division foncière a été autorisée ou non, ou si l'administration a fait ou non opposition à la déclaration préalable (C. urb., art. L. 442-5). Après que le permis d'aménager a été délivré ou qu'est intervenue une décision de non opposition à la déclaration préalable, toute publicité doit mentionner la date de cette décision et préciser que le dossier peut être consulté en mairie. Elle ne doit comporter aucune indication qui ne serait pas conforme aux prescriptions de la décision ou qui serait de nature à induire les acquéreurs en erreur sur les charges et conditions auxquelles le lotisseur entend subordonner la vente ou la location des lots (C. urb., art. L. 442-6). 1186 ■

B. Le régime de la cession des lots

Ce régime est très contraignant lorsque la réalisation du lotissement est soumise au permis d'aménager. En revanche, il ne trouve pas à s'appliquer lorsqu'il relève de la simple déclaration préalable. 1187 ■

La cession des lots d'un lotissement autorisé par un permis d'aménager. Promesse de vente. 1188 ■ Antérieurement à la délivrance du permis d'aménager, la conclusion de promesse de vente ou de location d'un terrain inclus dans un lotissement ainsi que le versement d'acompte sont prohibés (C. urb., art. L. 442-4 ; Civ. 3e, 18 mars 1974, n° 72-13.127, *JCP* N 1975. II. 17947, note Thuillier ; 15 avr. 1980, n° 78-15.728 : jugeant que sont nulles les ventes de lots conclues sous la condition suspensive de l'octroi d'une autorisation de lotissement ; Civ. 3e, 11 mars 2009, *Biscarrat*, n° 07-20.580, *Bull. civ.* III, n° 62 ; *BJDU* 2009. 369, obs. F. Nési). La jurisprudence y a assimilé la promesse d'achat (Civ. 3e, 2 mars 1983, *Bull. civ.* n° 65). À compter de la délivrance du permis d'aménager, une promesse unilatérale de vente peut être consentie. Le bénéficiaire de la promesse doit alors se voir remettre copie de celui-ci et s'il y a lieu du cahier des charges fixant les conditions de vente ou de location des lots préalablement à la signature de la promesse (C. urb., art. L. 442-7 ; D. Larralde, « Lotissement : commercialisation des lots et délivrance de permis de construire dans un lotissement objet d'un permis d'aménager », *JCP* N 2007, n° 1060 ; J.-P. Meng, « La vente d'un lot dans un lotissement autorisé par un permis d'aménager », Bull. act. Lamy droit immobilier juin 2007, n° 147). La promesse doit indiquer la consistance du lot réservé, sa délimitation, son prix et son délai de livraison. Son bénéficiaire dispose d'un délai de rétractation de sept jours dans les conditions prévues par l'article L. 271-1 du code de la construction et de l'habitation. Faute pour l'acquéreur d'exercer sa faculté de rétractation dans ce délai, la promesse devient définitive. En contrepartie de l'immobilisation du lot, le lotisseur peut obtenir du bénéficiaire de la promesse le versement d'une indemnité d'immobilisation dont le montant ne peut excéder 5 % du prix de vente du lot (C. urb., art. L. 442-8 et R. 442-12). Les fonds déposés sont consignés en compte bloqué. Ils sont indisponibles, incessibles et insaisissables jusqu'à la conclusion de l'acte de vente. Ils sont restitués au bénéficiaire de la promesse dans un délai de vingt jours s'il a exercé sa faculté de rétractation. S'il n'a pas exercé cette faculté, ils lui sont également restitués dans un délai de trois mois, sauf si le contrat de vente n'est pas conclu de son fait alors que toutes les conditions de la promesse sont réalisées (sur l'économie générale de cette promesse unilatérale de vente : S. Durand, « Lotissements et loi SRU », *JCP* N 2001, n° 1022 ; P. Cornille, « Commercialisation des lots d'un lotissement : la promesse unilatérale de vente spécifique (L. SRU, art. 73) », *Constr.-Urb.* 2001. Chron. 17 ; Ph. Benoit-Cattin, « Promesse unilatérale de vente dans un lotissement : à quelle condition ? », *Constr.-Urb.* oct. 2001 ; M. Bellon, « La loi SRU et les engagements unilatéraux », *JCP* N 2001, n° 1772).

■ **1189** *Vente.* Préalablement à la vente du lot, l'acquéreur se sera vu remettre le permis d'aménager et, s'il y a lieu, le cahier des charges fixant les conditions de vente (C. urb., art. L. 442-7). La vente ne peut en principe intervenir avant l'exécution des travaux prescrits par le permis d'aménager, ceci afin d'éviter le lotissement défectueux. Elle peut cependant être faite avant leur exécution si l'autorité compétente y a autorisé le lotisseur sur sa demande. Il en va ainsi dans deux séries d'hypothèses (C. urb., art. R. 442-13).

■ **1190** *Différé des travaux de finition.* La première est celle où le lotisseur a sollicité l'autorisation de différer la réalisation du revêtement définitif des voies, l'aménagement des trottoirs, la pose de leurs bordures, la mise en place des équipements dépendant de ces trottoirs et les plantations. L'objectif poursuivi est d'éviter la dégradation des voies pendant la construction des bâtiments. L'autorisation est donnée soit par le permis d'aménager, soit par un arrêté ultérieur. Sa délivrance est subordonnée à l'engagement du lotisseur d'achever les travaux dans des délais fixés par l'autorité administrative et à la consignation en compte bloqué d'une somme équivalente à leur coût ou à la production d'une garantie d'achèvement donnée par une banque, un établissement financier ou une société de caution mutuelle. Le déblocage de la somme représentative du montant des travaux peut être autorisé en fonction de leur degré d'avancement par l'autorité qui a accordé l'autorisation de lotir (C. urb., art. R. 442-13, *a*).

■ **1191** *Autorisation de vente par anticipation.* La seconde exception permet la vente des lots avant l'exécution des travaux prescrits par le permis d'aménager. L'autorisation est alors subordonnée à la production d'une garantie d'achèvement extrinsèque. Elle résulte là encore du permis d'aménager ou d'un arrêté ultérieur pris par l'autorité compétente. Celui-ci fixe la date à laquelle l'organisme garant doit mettre les sommes nécessaires au financement des travaux à la disposition des personnes qui sont habilitées à mettre en œuvre la garantie (C. urb., art. R. 442-13, *b*). Cette garantie est une garantie autonome distincte du cautionnement prévu par les articles 2011 et suivants du code civil (Civ. 3e, 28 nov. 2001, *Banque Populaire de Bretagne Atlantique c/ Cne Plomelin*, n° 00-12.947). Il en résulte que l'organisme caution ne peut se prévaloir des exceptions que le lotisseur pourrait faire valoir à l'encontre des créanciers. La garantie peut prendre deux formes. Celle d'une ouverture de crédit par laquelle celui qui l'a consentie s'oblige à avancer au lotisseur ou à payer pour son compte les sommes nécessaires à l'achèvement des travaux, cette convention devant stipuler le droit d'en exiger l'exécution au profit des futurs attributaires de lots. Ou celle d'une convention aux termes de laquelle la caution s'oblige envers les futurs attributaires de lots, solidairement avec le lotisseur, à payer les sommes nécessaires à l'achèvement des travaux (C. urb., art. R. 442-14). Cette convention est régie par le droit privé et relève des juridictions judiciaires nonobstant le fait que le maire ou le préfet peuvent mettre en œuvre la garantie qu'elle confère (Reims, 17 mai 1995, *Cne Dom les Mesnil c/ Unistrat Assurances*, RG n° 95NC00270, *JCP* 1996. IV. 1162).

Mise en œuvre de la garantie. En cas de défaillance du lotisseur, la garantie peut être mise en œuvre par les attributaires de lots, l'association syndicale, le maire de la commune, le président de l'EPCI ou le préfet (C. urb., art. R. 442-15 ; pour la mise en œuvre de cette garantie par une association syndicale : CE 26 juill. 1985, *SCI « Hameaux de Perrin »*, *Lebon* T. 456 ; et par le maire : CE 30 oct. 1996, *Schmit*, req. n° 139645). Il en est ainsi notamment en cas de mise en redressement ou de liquidation judiciaire du lotisseur ou de non-achèvement des travaux à l'expiration du plus court des délais contractuels fixés par le contrat de vente ou de location du lot ou, au plus tard, à l'expiration du délai fixé par l'autorisation de vente par anticipation. Cette défaillance du lotisseur a pour effet d'obliger le garant à verser les sommes nécessaires à l'achèvement des travaux, soit à la personne désignée dans la convention de garantie pour se substituer au lotisseur défaillant, soit, à défaut, à celle désignée par les bénéficiaires de la garantie, soit enfin à celle désignée par une autorité de justice (C. urb., art. R. 442-16). Mais la mise en œuvre de la garantie n'est pas subordonnée à la constitution de l'association syndicale (CE 30 oct. 1996, Schmit, préc.). La garantie prend fin à la date d'achèvement des travaux (sur la fin de la garantie d'achèvement dans le régime antérieur à la réforme des autorisations d'urbanisme : Civ. 3e, 6 mai 2009, n° P08-13.867, *Constr.-Urb.* 2009, n° 81, obs. P. Cornille). 1192

La cession des lots d'un lotissement déclaré. Le Code de l'urbanisme ne comporte pas de dispositions propres à la vente des lots dans un lotissement déclaré. Cela se justifie d'autant plus que postérieurement au décret du 28 février 2012, seuls relèvent du régime déclaratif les lotissements qui ne comportent aucune voie, espaces ou équipements communs. Néanmoins, est puni d'une amende de 15 000 € le fait de vendre ou de louer des terrains bâtis ou non bâtis compris dans un lotissement sans avoir procédé à la déclaration lorsque le lotissement est soumis à une déclaration préalable, ou sans s'être conformé aux prescriptions imposées par la décision prise sur la déclaration préalable (C. urb., art. L. 480-4-1). Si le Code de l'urbanisme ne comporte donc aucune disposition relative à la conclusion de l'avant-contrat, la 1193 nature de celui-ci reste néanmoins discutée (J.-Ph. Meng, Le nouveau régime des lotissements, Berger-Levrault, 2010, n° 183, p. 251 ; D. Radot, « Lotissement soumis à déclaration préalable : quand et quel avant contrat ? », *JCP* N 2008, n° 130). Le Code de l'urbanisme ne réglemente pas plus la vente du lot. La doctrine administrative en infère que la vente peut intervenir avant la décision de non opposition à la déclaration préalable (P. Cornille, « Vente d'un terrain à bâtir, soumis à déclaration préalable d'aménager : vivement la circulaire ! », *Constr.-Urb.* 2008. Étude 1).

C. L'obligation de bornage

1194 Aux termes d'une jurisprudence bien établie, le lotisseur est tenu d'informer l'acquéreur sur la superficie exacte du lot vendu. L'obligation de délivrance qui pèse sur lui ne se limite donc pas à la simple remise du titre de propriété et du plan de composition du lotissement mais s'étend à la délimitation précise du lot vendu (Civ. 3e, 8 févr. 1983, *SCI L'Eden c/ Vassilière et a.*, n° 81-15.509, *JCP* N 1983. Prat. 8884). L'article 14 de la loi SRU a codifié cette jurisprudence en prévoyant que « toute promesse unilatérale de vente ou d'achat, tout contrat réalisant ou constatant la vente d'un terrain indiquant l'intention de l'acquéreur de construire un immeuble à usage d'habitation ou à usage mixte d'habitation et professionnel sur ce terrain mentionne si le descriptif du terrain résulte d'un bornage. Lorsque le terrain est un lot de lotissement, la mention du descriptif du terrain résultant du bornage est inscrite dans la promesse ou le contrat » (C. urb., art. L. 111-5-3). Ce texte s'applique donc aux avant-contrats et contrats de vente de lots de lotissement soumis au permis d'aménager ou à déclaration préalable. Pour sanctionner le non-respect de cette obligation de bornage, le législateur a institué une action en nullité qui doit être formée dans le délai d'un mois à compter de la signature de l'acte authentique constatant la réalisation de la vente. Toutefois, la signature de cet acte comportant la mention du descriptif du terrain résultant du bornage entraîne la déchéance du droit d'engager ou de poursuivre l'action en nullité de la promesse ou du contrat qui l'a précédée, fondée sur l'absence de cette mention (P. Cornille, « La nouvelle obligation d'information sur le descriptif des terrains à bâtir », *Constr.-Urb.* 2001. Études 5 ; S. Durand, « Lotissements et loi SRU », *JCP* N 2001, n° 1022 ; S. Pérignon, « Le bornage des terrains à bâtir », Defrénois 2002. 80).

§ 4 La construction de bâtiments dans le lotissement

1195 Sauf dans le cas particulier où les travaux d'aménagement du lotissement impliquent, de façon accessoire, la réalisation par le lotisseur de constructions et d'installations diverses dans ledit lotissement (C. urb., art. L. 441-2), le permis d'aménager ou la décision de non opposition à une déclaration préalable ne valent pas autorisation d'édifier des bâtiments sur les lots créés (CE 20 mai 1994, *Butin*, req. n° 115804 ; Civ. 3e, 10 nov. 1998, *Cts Balladur et a.*, *JCP* N 1999, n° 10007, note G. Liet-Veaux ; CE 13 mars 1998, *Bellay*, req. n° 178041). Il en résulte que la construction de bâtiments y est subordonnée à la délivrance d'un permis de construire. En principe, aucun permis de construire ne peut être obtenu avant l'achèvement des travaux d'aménagement du lotissement (A). Par ailleurs, les acquéreurs des lots disposent d'une garantie de stabilité de la règle d'urbanisme pendant un certain temps (B). On précisera, enfin, les règles au regard desquelles les permis de construire sont instruits et délivrés dans un lotissement (C).

La date de délivrance du permis de construire. Dans les lotissements autorisés par un permis d'aménager, le permis de construire peut être délivré : soit à compter de l'achèvement des travaux d'aménagement du lotissement constaté selon le droit commun (C. urb., art. R. 462-1 à R. 462-10) ; soit à compter de la délivrance de l'autorisation de procéder à la vente ou à la location des lots avant exécution des travaux, mais à condition que les équipements desservant le lot soient achevés. Dans ce cas, le lotisseur fournira à l'acquéreur un certificat attestant, sous sa responsabilité, l'achèvement des équipements concernés. Cette attestation devra être jointe à la demande de permis de construire. Enfin, le permis de construire peut être accordé dès la délivrance du permis d'aménager, sous réserve qu'il ne soit mis en œuvre que lorsque les équipements du lot seront achevés. Mais cette possibilité n'est pas ouverte lorsque la construction projetée est une maison individuelle au sens de l'article L. 231-1 du Code de la construction et de l'habitation (C. urb., art. R. 442-18). 1196 ■

La stabilisation des droits à construire. Afin d'éviter qu'entre la date d'obtention du permis d'aménager ou de la décision de non opposition à déclaration préalable et celle de la délivrance du permis de construire, des changements dans la réglementation d'urbanisme n'affectent les possibilités de construire, le Code de l'urbanisme dispose que dans les cinq ans suivant soit l'achèvement d'un lotissement autorisé par un permis d'aménager, soit la date de la décision de non-opposition dans un lotissement déclaré, le permis de construire ne peut être refusé ou assorti de prescriptions spéciales sur le fondement de dispositions d'urbanisme intervenues postérieurement à l'autorisation du lotissement (C. urb., art. L. 442-14 ; C.-L. Coupinot, « A la recherche de la cristallisation des droits de construire en permis d'aménager », *BJDU* 2012. 175). Par « dispositions d'urbanisme », il faut entendre les règles d'urbanisme issues du document local d'urbanisme ou du règlement national d'urbanisme (CE 13 févr. 1987, *Anrigo*, *Lebon* 58 ; *AJDA* 1987. 596, note E. Fatôme ; Rép. min. *JOAN* Q 27 juill. 1998. 4169). En revanche, ne sont concernés ni les servitudes d'utilité publique (CAA Nancy, 10 avr. 2003, *Sté Le Nid*, req. n° 97NC02711, *AJDA* 2003. 1619, note F. Cassin ; *RDI* 2003. 248, obs. Y. Jégouzo.), ni les documents propres au lotissement (cahier des charges et règlement du lotissement). Leurs modifications sont, en effet, opposables (C. urb., art. L. 442-14). 1197 ■

Sur le terrain de la responsabilité, eu égard aux droits que le lotisseur tire de l'autorisation du lotissement dont il est titulaire, le refus de permis de construire fondé sur l'inconstructibilité des lots en raison des avis défavorables du préfet motivés par des risques pour la sécurité publique est de nature à engager la responsabilité de la commune (CAA Bordeaux, 13 juill. 2000, *Cne Blagnac*, req. n° 00BX00168). Mais les dispositions de l'article L. 442-14 du Code de l'urbanisme font obstacle à ce qu'il puisse rechercher la responsabilité sans faute de l'administration sur le fondement de l'article L. 160-5 du Code de l'urbanisme (CE 29 juin 2001, *SA Blanc*, req. n° 210217, *Lebon* 322 ; *RDI* 2001. 537, obs. L. Derepas ; *BJDU* 2001. 254, concl. S. Austry).

La stabilité conférée par l'article L. 442-14 est cependant relative. En effet, selon toute probabilité, cette disposition ne fait pas obstacle à un éventuel refus des permis de construire fondé sur les dispositions d'urbanisme redevenues applicables à la suite de l'annulation du document local d'urbanisme en considération duquel le lotissement a été autorisé (CE 23 juill. 2014, n° 368078, *Cne de Roquebrune-sur-Argens, BJDU* 5/2014.355, concl. M. Vialettes ; Rép. min. n° 00463, *JO* Sénat Q 24 juill. 2014.1764 et D. Gillig, Quelles sont les conséquences de l'annulation d'un PLU sur les règles d'urbanisme applicables dans le périmètre d'un lotissement autorisé par un permis d'aménager ? *Constr.-urb.* 2014, Alertes, n° 64 ; V. antérieurement CAA Paris, 15 févr. 2001, *Cne Mesnil-le-Roi*, req. n° 99PA03161 ; *BJDU* 2001. 322, concl. J.-Y. Barbillon ; CAA Nancy, 13 mai 2004, *Cne Durningen*, req. n° 99NC01266, *RDI* 2006. 314, obs. P. S.-C ; CE 18 déc. 2009, Abraham c/ Cne Bois-Guillaume, req. n° 307272, *BJDU* 2009. 464, concl. J.-Ph. Thellay ; *RDI* 2010. 278, obs. P. S.-C).

1198 *Les conditions d'obtention des permis de construire.* Il faut, à titre liminaire, indiquer qu'une autorisation de construire ne peut être légalement délivrée pour une construction à édifier sur un terrain compris dans le périmètre d'un lotissement non autorisé (CE, sect., 17 déc. 1982, *Sieur Eyerhabide*, req. n° 37435, *JCP* N 1983. II. 41, concl. B. Genevois et note F. Bouyssou ; CE 26 sept. 1990, *Épx Séguin et a.*, req. n° 86058, *JCP* N 1991. II. 85, note P. Cornille ; 3 mai 2004, *Stevenin, Constr.-Urb.* 2004, n° 148, obs. P. Cornille ; *AJDA* 2005. 618, note S. Pérignon) à moins que la division n'ait été régularisée (CE 18 juin 2007, *Assoc. synd. Libre des propriétaires du lotissement Te Maru Ata*, req. n° 289336, *Lebon* T. 1122 ; *BJDU* 2007. 194, concl. C. Verot ; *Defrénois* 2008. 38713, note J.-Ph. Meng ; v. aussi, CE 12 févr. 1990, *Sté en participation Kron-Delcamp*, req. n° 73098). Rappelons cependant que l'article R. 422-2 du Code de l'urbanisme ouvre à cet égard une possibilité de régularisation à l'occasion de la demande de permis de construire (v. ss 1163). Il est également jugé que l'annulation de l'autorisation de lotir entache d'illégalité le permis de construire délivré dans le lotissement concerné (CAA Marseille, 15 avr. 2004, *Cne Port-Vendres*, req. n° 198318). On peut enfin signaler que l'obligation de conseil de l'architecte lui impose de réaliser un projet de construction conforme aux règles d'urbanisme et aux règles du cahier des charges d'un lotissement (Civ. 3e, 28 févr. 2007, n° 06-10.832 ; Civ. 3e, 12 janv. 2011, n° 09-70229) mais la responsabilité du notaire peut aussi être engagée (Civ. 3e, 11 juill. 2007, n° 06-14270).

Les permis de construire doivent respecter les règles d'urbanisme fixées par le document local d'urbanisme, ainsi que les dispositions d'ordre public du règlement national d'urbanisme (C. urb., art. R. 111-1). Néanmoins, l'ensemble du projet est apprécié au regard de la totalité des règles édictées par le plan local d'urbanisme, sauf si le règlement de ce plan s'y oppose (C. urb., art. R. 123-10-1 ; G. Godfrin, « Projet immobilier avec division foncière : comment appliquer le PLU ? », *Constr.-Urb.* 2007, n° 11 ; R. Petiot, « Une simplification qui complique la procédure de lotissement », Ét. foncières 2007, n° 127 ; CAA Bordeaux, 14 janv. 2014, n° 12BX02434 ; CAA Nancy, 24 mars 2014, n° 13NC01609, CAA Paris, 6 juin 2014, n° 12PA03899, *SCI Suchet Montmorency RDI* 2014.654, obs. P. S-C ; CAA Marseille 4 févr. 2015, req. n° 13MA03801, *Constr.-Urb.* 2015, n° 48, note P. Cornille *et contra,* CAA Lyon 9 juill. 2013, n° 12LY03219, *Cne de la Tronche, Constr.-Urb.* 2014, n° 5, note T. Simon ; *RDI* 2013.491, obs. P. S-C ; infirmé par CE 9 avr. 2015, req. n° 372011, *Constr.-Urb.* n° 88, obs. P. Cornille ; *RDI* 2015. 314, obs. P.S.-C.). L'article R. 132-10-1 ne concerne que les règles d'urbanisme, mais non celles résultant d'un plan de prévention des risques (CAA Marseille, 24 avr. 2015, req. n° 13MA04475, *Constr.-Urb.* n° 86, obs. P. Cornille)

Les permis de construire doivent, en outre, être conformes au permis d'aménager, plus particulièrement aux dispositions du règlement du lotissement présentant un caractère réglementaire (CE 29 juin 1990, *Min. Équipement, Logement, Aménagement du territoire et Transports c/ Prétet*, req. n° 81295, *AJDA* 1990. 848, obs. J.-B. Auby ; 28 juill. 1993, *Alotto*, req. n° 115699 ; 25 mars 1998, *Saint-Marc*, req. n° 155100 ; 30 déc. 2002, *Cne Bozouls et SCI Les Jardins de Causse*, req. n° 249274 ; 20 nov. 2002, *Blétry*, req. n° 244453 ; 28 avr. 2006, *Gerbe*, req. n° 276734 ; CE 4 avr. 2007, *B.*, req. n° 275463 ; CAA Bordeaux, 30 avr. 2007, *Assoc. Assaupamar*, req. n° 04BX01670).

En revanche, les cahiers des charges ne sont pas, en principe, opposables aux demandes de permis de construire car il s'agit de stipulations contractuelles de droit privé (CAA Marseille, 28 juin 2012, n° 10MA03013, *Cne de Villefranche-sur-Mer, BJDU* 2/2013.118, obs. J.T). Du reste, ils ne sont pas non plus opposables au plan civil lorsque le coloti n'en a pas eu connaissance au moment de l'acquisition (Civ. 3e, 23 janv. 2002, n° 00-17.005, *Bull. civ.* 2002, III, n° 13 ; *Defrénois* 2002, p. 937, obs. Ch. Atias) et n'ont pas été publiés (Civ. 3e, 7 oct. 2014, n° 13.21.475, *Constr.-Urb.* 2014, n° 158, note P. Cornille). Il en va cependant autrement lorsque, du fait de leur approbation par l'autorité administrative, ce qui était le cas le cas avant la réforme de 1977, les dispositions d'urbanisme qu'ils contiennent ont acquis un caractère réglementaire (CE 6 mars 1992, *Assoc. pour la protection de l'environnement de la route d'Aiffres*, req. n° 79911 ; sur le maintien en vigueur d'un cahier des charges, CE 17 oct. 2014, n° 359459, *Assoc. synd. Libre du lotissement de la « Baie du Gaou Benat*, Rec. T. ; *Constr-Urb.* 2014, n° 157, note P. Cornille ; sur la caducité des cahiers des charges, v. ss 1210).

Par ailleurs, le permis de construire doit être refusé si la surface de plancher projetée excède celle accordée au lot sur lequel la construction doit être édifiée (v. ss 1175).

section 4

La gestion du lotissement

Il s'agit ici d'examiner dans quelles conditions les règles et documents du lotissement sont susceptibles d'évoluer (§ 1) ou de disparaître (§ 2). Ce sont ces conditions que la loi ALUR a entendu modifier dans le but de favoriser la mobilisation des réserves foncières dans les lotissements dans le cadre de la démarche *Bimby* (*Build in my Back Yard*). La doctrine a unanimement relevé qu'il est loin d'être certain que le nouveau dispositif juridique mis en place permette d'atteindre l'objectif (J-L. Bergel, Evolution ou éviction des règles des lotissements ? Clair-obscur de la loi ALUR, *RDI* 2014.496 ; C-L. Coupinot, En finir avec les cahiers des charges ? *BJDU* 6/14.429 ; Ph. Billet, Loi ALUR et régime des lotissements, *JCP* A 2014, n° 2258 ; R. Noguellou, La loi ALUR et l'offre foncière, *AJDA* 19/2014.1100 ; La loi ALUR : aspects de droit de l'urbanisme, *DAUH* 2014.42 ; M. Donniou et M. Raunet, Loi ALUR : une nouvelle donne pour l'aménagement urbain ? *BJDU* 3/2014.179). 1199

§ 1 Les modifications des règles et documents du lotissement

De longue date, l'autorité administrative peut modifier les règles et documents du lotissement à l'initiative des colotis ou avec leur accord (A). Elle peut aussi à son 1200 initiative les mettre en concordance avec une déclaration d'utilité publique ou les règles d'urbanisme lorsque leur évolution le justifie (B). Dans le but de favoriser la mobilisation des réserves foncières dans les lotissements, la loi « ALUR » du 24 mars 2014 a amendé le Code de l'urbanisme sur ces deux points.

A. La modification à la demande ou avec l'accord des colotis

1201 Dans la perspective qui a été indiquée de mobilisation de la réserve foncière dans les lotissements, la loi « ALUR » a, d'une part, assoupli les conditions de majorité requises au sein des colotis pour que l'autorité administrative puisse modifier les documents du lotissement et, d'autre part, précisé la possibilité pour l'autorité administrative de modifier les cahiers des charges des lotissements.

1202 L'article L. 442-10 du Code de l'urbanisme organise une procédure de modification des documents du lotissement par décision de l'autorité administrative. Cette décision peut intervenir à l'initiative soit de l'administration, soit des propriétaires. Dans les deux cas, la modification requiert une majorité qualifiée (au lieu de l'unanimité exigée précédemment, v. CE 22 oct. 1965, *n° 59886, Giraudon*, *Lebon* 548), soit pour saisir l'autorité administrative d'une demande de modification émanant des propriétaires, soit pour donner leur accord à la modification, mais elle ne nécessite pas une réunion préalable des colotis en assemblée (CAA Nantes, 28 déc. 2012, n° 11NT01409, *Constr.-Urb.* 2013, n° 19, note P. Cornille). Cette règle de double majorité vise à garantir les droits des colotis tout en faisant prévaloir l'intérêt commun et la volonté collective sur d'éventuelles obstructions individuelles que permet la règle d'unanimité. Pour faciliter la modification des documents du lotissement, la loi « ALUR » a abaissé la majorité requise. Ainsi lorsque la moitié des propriétaires détenant ensemble les deux tiers au moins de la superficie d'un lotissement ou les deux tiers des propriétaires détenant au moins la moitié de cette superficie le demandent ou l'acceptent, l'autorité compétente peut prononcer la modification de tout ou partie des documents du lotissement. L'article L. 442-10 ne trouve cependant pas à s'appliquer lorsque le lotisseur demande une modification du lotissement en attestant qu'aucun lot n'a été vendu (TA Lyon, 7 févr. 1996, *Abbou*, *Lebon* T. 1216 ; *BJDU* 1996. 118, concl. J.-P. Martin ; CAA Lyon, 7 févr. 1996, *Épx. Albon*, req. n° 9503943, *RDI* 1996. 364, obs. Y. Gaudemet et L. Touvet).

1203 Pour le calcul de la majorité, seuls les propriétaires de lots sont pris en compte (CE 17 oct. 1980, *Dandeville, AJDA* 1980. 649, chron. M.-A. Feffer et M. Pinault ; *Lebon* 379 : le lotisseur encore propriétaire d'équipements mais non de lots n'est pas pris en compte), à l'exclusion des bénéficiaires de promesses unilatérales de vente qui ne sauraient être regardés comme ayant la qualité de colotis. Le juge administratif considère par ailleurs que le décompte doit s'effectuer par tête, chaque propriétaire comptant pour une voix même s'il détient plusieurs lots (CE 13 juin 1975, *Amarger, Lebon* 358 ; CAA Lyon, 28 oct. 1993, *Assoc. synd. autorisée du lotissement de Pra-Loup,* req. nos 92LY01500, 93LY00028 et 93LY00375 ; CE 28 févr. 1996, *SCI Tennis Park*, req. n° 105846, *Lebon* 53 ; *BJDU* 1996. 186, concl. F. Loloum ; *Defrénois* 1996. 1218, obs. S. Pérignon). En revanche, la Cour de cassation juge qu'il doit être opéré par lot selon le principe « un lot, une voix » (Civ. 3e, 17 juill. 1973, *Larguet*, n° 72-11.842, *Bull. civ.* III, n° 4873 ; DS 1973. II. 758, note Franck). Le législateur n'a pas réglé cette divergence.

Dans le cas d'un lotissement composé à la fois de maisons individuelles et d'immeubles collectifs en copropriété, chaque copropriété doit être regardée comme un seul propriétaire. Et, dans le cas d'une indivision, l'unanimité des indivisaires est requise pour statuer sur la proposition de modification du cahier des charges (CE 5 mars 1999, *n° 105846,* SCI Tennis Park, *Lebon* 54; *BJDU* 1996.189, concl. F. Loloum; Defrénois 1996, art. 36401, obs. S. Pérignon; Civ. 3e, 3 oct. 2001, n° 00-10.550, Bull. civ. III, n° 113; *Constr.-Urb.* 2002, n° 103, note N. Rousseau).

Lorsque le lotissement comporte des lots affectés à d'autres usages que l'habitation, il y a lieu de ne retenir, pour le calcul de la « superficie du lotissement » que celle des lots destinés à la construction d'habitations, à l'exclusion, par conséquent, des surfaces des lots affectés à d'autres usages (CE 28 févr. 1996, *SCI « Tennis Park »*, req. n° 105846, préc. ; Civ. 3e, 3 oct. 2001, *Lojean c/ ASL des copropriétaires de la Résidence du Golfe d'Ajaccio*, n° 00-10.550).

La régularité de la procédure de modification est subordonnée au respect d'un certain formalisme. En premier lieu, les propriétaires des lots doivent être suffisamment informés (pour les colotis directement concernés par la modification : CE 7 juill. 1976, *Pradier*, *Lebon* T. 1187; pour les autres colotis: CE 24 juill. 1981, *Épx Degardin*, req. n° 12905; 28 juill. 1999, *Goyenetch*e, req. n° 153714). En second lieu, leur accord doit porter sur un objet précis (CE 23 déc. 1970, *Mroczek*, *Lebon* T. 797; *DS* 1971. 398, note G. Liet-Veaux; 15 déc. 2000, *Pierre Vve Olindo*, req. n° 196737, *RDI* 2001. 96, obs. P. S.-C.). Et il appartient à l'autorité compétente d'y veiller (CE 5 avr. 1996, *Cne Pibrac*, n° 98679; Civ. 3e, 4 févr. 2004, *Bull. civ.* III, n° 22; *Defrénois* 2004. 659, note Ph. Benoit-Cattin: une simple attestation établie par le cessionnaire de lots et signée par les colotis est insuffisante).

1204 ■ La modification peut porter sur tout ou parties des documents du lotissement qu'il soit soumis au régime du permis d'aménager ou de la déclaration préalable. Le Conseil d'État a eu l'occasion de préciser que la réduction du périmètre du lotissement constitue une modification au sens de l'article L. 442-10 (CE 17 oct. 1980, *Bert*, *Lebon* 370, concl. D. Labetoulle). En revanche, l'extension d'un lotissement adjacent au premier ne relève pas de la seule modification et exige un permis d'aménager ou une déclaration préalable (Rép. min. *JOAN* 13 nov. 1985. 8231 ; *JCP* N 1986. I. 6150, obs. B. Stemmer). La subdivision de lots constitue, quant à elle, une modification du lotissement, sauf lorsqu'elle est réalisée au sein d'un lotissement soumis au régime de la déclaration préalable (C. urb., art. R. 442-21 ; sur la notion de subdivision de lots: CAA Bordeaux, 31 mai 2001, *Pezin*, req. n° 97BX02195). Elle ne peut donc être réalisée par le seul lotisseur (CAA Nantes, 17 janv. 2014, n° 12NT01229, *Constr.-Urb.* 2014, n° 44, note P. Cornille). En revanche, l'opération qui consiste à détacher une partie d'un lot pour la rattacher à un lot contigu ne constitue pas une subdivision requérant une modification des documents du lotissement (art. R. 442-1 *f*), pas plus, selon la doctrine administrative, que la réunion de lots contigus (Rép. min. *JO* Sénat 9 juin 1982. 2624). Il en va encore de même lorsque les subdivisions interviennent dans la limite du nombre maximum de lots autorisés, et résultent d'une déclaration préalable, d'un permis d'aménager, d'un permis valant division ou d'une division primaire, dès lors que le lotisseur atteste de son accord sur cette opération par la délivrance d'une attestation (C. urb., art. R. 442-21). Par ailleurs, la loi exclut expressément l'affectation des parties communes du champ d'application de la procédure de modification. On peut donc se poser la question de savoir si le législateur réserve cette modification à la seule initiative de l'administration (J-

L. Bergel, Evolution ou éviction des règles des lotissements ? Clair-obscur de la loi ALUR ! préc. sp. p. 501).

1205 Dans l'état antérieur du droit, l'article L. 442-10 visait en particulier le règlement et, de manière générique, les cahiers des charges, au titre des documents modifiables. Une incertitude subsistait cependant quant à la possibilité pour l'autorité administrative de modifier un cahier des charges non approuvé. La nouvelle rédaction de l'article L. 422-10 en suscite une autre. Il vise en effet, outre le règlement, le cahier des charges s'il a été approuvé et les clauses de nature réglementaire du cahier des charges s'il n'a pas été approuvé. Ainsi, pour les cahiers des charges purement contractuels, il conviendra de déterminer si les clauses dont la modification est demandée présentent ou non un caractère réglementaire. Quid par exemple d'une interdiction de diviser ou d'une servitude *non aedificandi* qui pourront être qualifiées de servitudes réciproques entre lots ? (sur la notion de clause réglementaire, Rép. Min. *n° 56400, JOAN* Q 16 sept. 2014.7866). Il est vrai que dans ce cas, l'autorité administrative pourrait mettre en œuvre la procédure de mise en concordance dont le champ d'application matériel est plus large.

1206 *Décision.* La demande de modification présentée par les propriétaires dans le respect des règles de majorité ne suffit pas à permettre à l'autorité administrative compétente de prendre une décision en ce sens. En premier lieu, une question préalable se pose de savoir si cette dernière peut modifier les documents du lotissement alors même qu'ils seraient frappés de caducité dans les conditions prévues par l'article L. 442-9 du Code de l'urbanisme. Une incertitude semble subsister sur ce point (v. C-L. Coupinot, En finir avec les cahiers des charges ? préc. sp. p. 439 ; v. aussi, R. Ducourau, La procédure de modification du cahier des charges de lotissement, *JCP* N 2007, p. 1180), alors même que le Conseil d'État l'a levée s'agissant de la mise en œuvre de la procédure de mise en concordance (CE 7 oct. 2013, n° 361934, *Cne de Saint-Jean-de-Monts, Constr.-Urb.* 2013, n ° 168, note P. Cornille et n° 169, note S. Knipping ; *AJDA* 2013.2509, note J. Trémeau ; *JCP* N 2013, n° 1260, note D. Gillig ; *RDI* 2013.2006, obs. P. S-C. infirmant CAA Nantes, 15 juin 2012, n° 10NT01321, *Thibaud, BJDU* 2/2013.119, obs. J.T.). Si un tel obstacle existait, cela signifierait que, passé le délai de dix ans au terme duquel les documents du lotissement sont caducs, la procédure de modification par l'autorité administrative ne pourrait être mise en œuvre que dans les lotissements situés dans une commune non dotée d'un document local d'urbanisme. En second lieu, il existe d'autres conditions à l'intervention de la décision de l'autorité administrative. D'une part, jusqu'à l'expiration d'un délai de cinq ans à compter de l'achèvement du lotissement, le lotisseur peut s'opposer à la modification s'il possède au moins un lot constructible. D'autre part, un refus doit être opposé à la demande des propriétaires lorsqu'elle est incompatible avec la réglementation générale d'urbanisme applicable au secteur où se trouve situé le lotissement (CE 4 mai 1973, *Gaudet, Lebon* 327). Enfin, l'autorité compétente n'est pas tenue de déférer à cette demande. Un refus peut être opposé pour tout motif en rapport avec l'urbanisme (CE 26 juin 1987, *Moulis*, req. n° 63985, *Lebon* 235 ; *AJDA* 1988. 8, obs. J.-B. Auby) et, plus généralement tout motif d'intérêt général (CAA Marseille, 5 juin 2009, n° 05MA03193, *Cne de Baho* ; Rép. min. n° 56400, JO AN Q 16 sept. 2014.7866, Constr.-urb. 2014, Veille n° 78, obs. D. Gillig). Il doit même l'être lorsque la demande de modification a pour seul but de régulariser une construction irrégulière (CE 27 janv. 1978, *Min. Équipement c/ Épx Fourcade, Lebon* 34 ; CE 22 nov. 1985, *Jouclas*, req. n° 59719 ; CE 16 févr. 1994, *Cne Cervione et a.*, req. n° 110147 ; CE

7 juill. 1995, *Milleville*, req. n° 119673 ; CE 8 avr. 1998, *Min. Équipement c/ Assoc. syndicale libre du lotissement de la Clairette*, req. n° 155357 ; CAA Bordeaux, 27 juin 2006, *Brossard*, req. n° 03BX00739). Mais le fait que la modification permette de régulariser une construction ne traduit pas nécessairement un détournement de pouvoir (CAA Marseille, 6 mai 2004, *SCI La Garance*, req. n° 01MA01728), même lorsqu'il s'agit de régulariser une situation sanctionnée par le juge judiciaire (CE 18 nov. 1988, *Courtiau*, req. n° 8315203).

L'arrêté modificatif est pris par l'autorité compétente pour statuer sur les demandes de permis d'aménager (C. urb., art. R. 442-19). Il a un caractère réglementaire (CE 27 juill. 1979, *Poulizac*, req. n° 10472, *AJDA* 1980. 211, note F. Moderne ; *Lebon* T. 932) et se trouve donc susceptible d'un recours pour excès de pouvoir, de même que l'exception d'illégalité peut être soulevée à l'appui d'un recours contre un permis de construire (CE 13 juin 1980, *SCI La Sablonnière*, *Lebon* 276). Il est immédiatement opposable à tous les colotis (Civ. 3e, 9 oct. 1979, *Bull. civ.* III, n° 167 ; *RDI* 1980. 142, note J.-L. Bergel) nonobstant la cristallisation des règles d'urbanisme pendant un délai de cinq ans à compter de la délivrance de l'autorisation de lotir (C. urb., art. L. 442-14). Et ceux-ci ne peuvent prétendre à une quelconque indemnisation (Civ. 3e, 1er juill. 1980, *JCP* 980. IV. 353 ; 16 oct. 1984, D. 1985. 393, note Franck).

B. Les modifications du lotissement consécutives à l'évolution des règles d'urbanisme ou à une déclaration d'utilité publique

Évolution des règles d'urbanisme. L'intervention de règles d'urbanisme nouvelles sur le territoire communal peut justifier la mise en concordance des documents du lotissement avec ces nouvelles règles. Dans ce cas, l'autorité compétente pour statuer sur les demandes de permis d'aménager peut modifier tout ou partie des documents du lotissement pour les mettre en concordance avec le document local d'urbanisme. Cette procédure concerne notamment le règlement et le cahier des charges et, depuis la loi ALUR, le texte précise, pour ce dernier, « qu'il soit approuvé ou non approuvé » (C. urb., art. L. 442-11, R. 442-19). Certains auteurs ont vu dans cette précision une intrusion inacceptable de l'administration dans les conventions privées (J-L. Bergel, Evolution ou éviction des règles des lotissements ? Clair-obscur de la loi ALUR, préc. ; R. Noguellou, La loi ALUR et l'offre foncière, préc.). Mais il convient d'appréhender cette question de manière plus large. 1207

Il est vrai d'abord que l'autorité administrative dispose de prérogatives importantes. 1208
D'une part, le Conseil d'État a admis qu'un maire puisse mettre en concordance un cahier des charges, par ailleurs devenu caduc, donc purement contractuel (CE 7 oct. 2013, *n° 361934, Cne de Saint-Jean-de-Monts, Lebon* ; *Constr.-Urb.*, n° 168, note P. Cornille et n° 169, note S. Knipping ; *AJCT* 2014.123, obs. R. Grand ; *AJDA* 2013.2509, note J. Trémeau ; *JCP* N 2013, n° 1260, note D. Gillig ; *RDI* 2013.608, obs. P. S-C ; ibid. 2014.103, obs. J-L. Bergel). D'autre part, la décision de l'autorité compétente relève de son pouvoir discrétionnaire (CE 4 mars 1996, *Cne Teste-de-Buch*, *Lebon* T. 1206). De troisième part, elle est opposable à tous les colotis, dès sa publication, qu'ils aient acquis leur lot avant ou après l'exécution des mesures de publicité (Civ. 3e, 11 mai 2006, *Giverdon*, n° 05-19972, *BJDU* 2006. 184, note F. Nési). Enfin, la circonstance qu'une modification engagée par les colotis sur le fondement de l'article L. 442-10 a

échoué, faute de majorité qualifiée, ne fait pas obstacle à ce que cette modification soit ensuite réalisée par l'autorité administrative sur le fondement de l'article L. 442-11 (CE 31 janv. 1992, *Copropriété « Résidence du Château »*, req. n° 72064, *Lebon* T. 1382). Toutefois, sur le plan procédural, la décision est prise après enquête publique réalisée conformément au code de l'environnement et délibération du conseil municipal, ce qui constitue une garantie du droit de propriété (CE 23 mai 2008, *Linder*, req. n° 312324, *Lebon* 184 ; *BJDU* 2008. 178, concl. C. Verot). Surtout, sur le fond, les modifications apportées aux documents du lotissement doivent être strictement limitées à ce qui est nécessaire à leur mise en concordance avec les nouvelles dispositions d'urbanisme (CE 24 juill. 1981, *Woll Bret*, *Lebon* 316). À cet égard, la loi « ALUR », dans le cadre du but qu'elle poursuit, a précisé « au regard notamment de la densité maximale de construction résultant de l'application de l'ensemble des règles du document d'urbanisme ». La notion de mise en concordance pourrait cependant être largement entendue puisqu'elle concernerait non seulement des incompatibilités radicales entre les règles du plan local d'urbanisme approuvé et celles du lotissement, mais également de simples discordances ou dissemblances (Rép. min. *JOAN* 23 juin 1980. 2594). C'est sans doute là que pourrait se jouer l'équilibre entre les exigences de l'intérêt général et les garanties des propriétaires.

■ 1209 *Déclaration d'utilité publique.* La modification des documents du lotissement peut aussi résulter d'une déclaration d'utilité publique. Mais elle ne peut concerner que les seuls documents à caractère réglementaire. Dans ce cas, la déclaration d'utilité publique ne peut intervenir que si l'enquête publique concernant cette opération a porté à la fois sur l'utilité publique et sur la modification des documents régissant le lotissement (C. urb., art. L. 442-13).

§ 2 La disparition des règles du lotissement

■ 1210 Par la loi du 6 janvier 1986, le législateur a organisé la péremption des règles d'urbanisme des lotissements situés dans les communes dotés d'un document local d'urbanisme afin d'y faire prévaloir les politiques publiques d'urbanisme. Les règles d'urbanisme contenues dans les documents approuvés d'un lotissement devenaient ainsi caduques au terme de 10 années à compter de la délivrance de l'autorisation de lotir si, à cette date, le lotissement était couvert par un document d'urbanisme (C. urb., art. L. 315-2-1 devenu L. 442-9 en 2005). Toutefois, une majorité de colotis pouvait demander le maintien de ces règles. Dans ce cas, elles ne cessaient de s'appliquer qu'après décision expresse de l'autorité compétente prise après enquête publique. Le texte précisait, en outre, que ces dispositions ne remettaient pas en cause les droits et obligations régissant les rapports entre colotis définis dans le cahier des charges du lotissement, ni le mode de gestion des parties communes.

■ 1211 C'est sur ce dispositif que la loi « ALUR » a voulu revenir dans le cadre de l'objectif qui était celui du législateur. A cette fin, elle a manifestement entendu généraliser et conforté la caducité des règles d'urbanisme contenues dans les documents du lotissement. Là encore, il n'est pas certain que la nouvelle rédaction de l'article L. 442-9 permette d'atteindre l'objectif On s'en persuadera en étudiant l'étendue (A) puis la portée de la caducité (B) des règles du lotissement.

A. L'étendue de la péremption des règles du lotissement

Sur le plan temporel, la péremption n'est susceptible d'intervenir que dans un délai de dix ans à compter de la délivrance de l'autorisation de lotir si, à cette date, le lotissement est couvert par un document local d'urbanisme. Les dispositions de l'article L. 442-9 sont ainsi applicables aux lotissements qui, à la date du 8 juill. 1988, avaient fait l'objet d'une autorisation de lotir depuis plus de 10 ans (CE, sect. avis, 5 juill. 1991, *Caussieu et Gavinet*, *Lebon* 274 ; Civ. 3e, 13 févr. 1991, n° 89-13.881, *JCP* N 1991. II. 149, note J. Hugot ; CE 21 nov. 2001, *SE au logement c/ Cne Eze-sur-Mer et SCI Erispach*, req. n° 217797 ; *BJDU* 2002. 3, concl. A. Séban). Il s'ensuit qu'une fois que la caducité est intervenue du fait de l'approbation d'un PLU ou d'un document d'urbanisme, celle-ci n'est pas susceptible d'être remise en cause par l'annulation de la délibération portant approbation de ce document d'urbanisme (CE 24 mai 2006, *Cne Antibes Juan-les-Pins,* req. n° 278688, *RFDA* 2006. 1240, concl. I. de Silva ; *RDI* 2006. 314, obs. P. S.-C. ; CAA Bordeaux, 6 mars 2007, X., req. n° 04BX01377). 1212 ■

Sur le plan matériel, alors que jusque-là, la péremption ne concernait que les règles d'urbanisme contenues dans les documents approuvés du lotissement, elle s'étend désormais non seulement aux règles d'urbanisme contenues dans les documents du lotissement, notamment le règlement, le cahier des charges, s'il a été approuvé mais également aux clauses de nature réglementaire du cahier des charges s'il n'a pas été approuvé. Par ailleurs, alors que dans l'état du droit antérieur, les colotis pouvaient demandaient le maintien des règles atteintes par la péremption, la loi supprime cette option. Plus encore, les règles maintenues au bénéfice de cette faculté cessent de s'appliquer dès l'entrée en vigueur de la loi « ALUR ». 1213 ■

Allant plus loin encore, la loi dispose que toute disposition non réglementaire ayant pour objet ou pour effet d'interdire ou de restreindre le droit de construire ou encore d'affecter l'usage ou la destination de l'immeuble, contenue dans un cahier des charges non approuvé d'un lotissement, cesse de produire ses effets dans le délai de cinq ans à compter de la promulgation de la loi. Elle permet cependant que ces dispositions puissent être maintenues si une majorité de colotis (celle de l'article L. 442-10 ; v. ss 1202) décide de publier le cahier des charges au bureau des hypothèques ou au livre foncier dans le délai de cinq ans.

B. La portée de la péremption

Par l'effet de leur péremption, il ne fait pas de doute que l'autorité administrative n'aura pas à prendre en compte les règles d'urbanisme contenues dans les documents du lotissement dans le cadre de l'instruction des autorisations d'urbanisme. Sur ce point, cependant, la loi n'apporte rien de nouveau. Sont ainsi toujours visées les dispositions d'urbanisme de nature réglementaire contenues dans les documents approuvés du lotissement (Civ. 3e, 22 mai 1996, *Roux c/ Querton*, n° 93-19.462, *RDI* 1996. 364, obs. Y. Gaudemet). Il en va ainsi : des indications d'un plan de division parcellaire (CE, sect. avis, 5 juill. 1991, *Caussieu et Gavinet*, préc. ; CAA Paris, 20 janv. 1994, *Cne Saint-Germain-en-Laye*, préc. ; CE 28 avr. 2000, *Guichet*, req. n° 185336 ; Rép. min. n° 58150, *JOAN* Q 6 mai 2002. 2427) ; des dispositions contenues dans l'arrêté de lotir ou induites par un document annexe, tel que le plan de division ou le plan-masse (Rép. min., *JOAN* Débats 7 sept. 1987. 5046 ; v. toutefois, CAA Lyon, 18 févr. 2003, *Cne Breuil-sur-Couze*, req. n° 06LY01426, Defrénois 2003. 37824, note J.-Ph. Meng : 1214 ■

l'autorisation de principe de constituer un lotissement en divisant en lots le terrain initial, donnée par l'arrêté de lotir, ne constitue pas une règle d'urbanisme susceptible d'être frappée de péremption) ; des dispositions relatives à l'implantation des bâtiments par rapport aux limites parcellaires contenues dans le règlement du lotissement (Civ. 3e, 11 janv. 1995, *Niel et a. c/ Boscus*, n° 92-18.456) ; du cahier des charges d'un lotissement communal provenant d'une expropriation (CE 27 juill. 2005, *Sté La Foncière du Golf*, req. n° 268715, *Constr.-Urb.* 2005, n° 225, obs. P. Cornille) ; de la disposition relative au stationnement contenue dans un règlement de lotissement (Civ. 26 janv. 2005, *Sté MANA c/ Épx Manduca*, n° 03-15.584, *BJDU* 2005. 250, obs. F. Nési ; *Constr.-Urb.* 2005, n° 72, note P. Cornille) ; des cahiers des charges approuvés avant 1977 (Rép. min. n° 05102 JO Sénat 10 juill. 2008. 1381) ; de la pose de clôture (CE 17 oct. 2014, n° 359459, *Assoc. synd. Libre du lotissement de la « Baie du Gaou Benat*, Rec. T. ; *Constr-Urb.* 2014, n° 157, note P. Cornille).

■ 1215 La péremption est par ailleurs étendue aux clauses de nature réglementaire des cahiers des charges non approuvé. Mais on ne voit pas la plus-value de la loi sur ce point dès lors que ces clauses n'ont jamais été opposables aux autorisations d'urbanisme, sauf à considérer que le législateur a entendu les neutraliser dans les rapports civils entre les colotis. Cette interprétation est cependant susceptible d'être contredite par l'effet du maintien dans l'article L. 442-9 de la disposition générale selon laquelle les dispositions du présent article ne remettent pas en cause les obligations régissant les rapports des colotis définis dans le cahier des charges du lotissement, ni le mode de gestion des parties communes (Civ. 3e, 30 juin 1993, *Roger*, n° 90-19.672 ; 22 mai 1996, *Assoc. synd. libre du square Henri Paté*, n° 93-19.462, *RDI* 1996. 364, obs. Y. Gaudemet ; 21 mars 2000, *Mansouri c/ Muratori*, n° 98-18.895 ; 26 juin 2002, n° 00-20.482, *Defrénois* 2002. 37618, note Ph. Benoit-Cattin ; Rép. min. 14 juill. 2003, *JOAN* R 14 juill. 2003. 5633 ; Paris, 20 déc. 2000, *Flayeux c/ Bourdon*, RG n° 1999/18862). Or, c'est sur le fondement de cette même disposition que la troisième chambre civile de la Cour de cassation a, par le passé, jugé de manière constante que les stipulations d'un cahier des charges approuvé ou non et quelle que soit sa date, ont toujours, entre colotis, un caractère contractuel (Civ. 3e, 11 janv. 1995, pourvoi n° 92-15732, *Bull.* 1995, III, n° 13, p. 7 : 12 févr. 1997, pourvoi n° 95-11599, *Bull.* 1997.III. n° 34, p. 21 ; 31 mars 2010, pourvoi n° 09-10024) et considéré, à propos d'un document de lotissement pourtant dénommé règlement, que « le cahier des charges d'un lotissement peut être approuvé par arrêté préfectoral et cette approbation ne fait perdre à aucune de ses stipulations, y compris celles qui édictent des règles d'urbanisme, leur caractère contractuel entre colotis » (Civ. 3e, 1er déc. 2010, *SCI Union foncière de Paris c. SCI Artzainitto,* pourvoi n° 09-17117, *Constr.-Urb.*, 2011, note P. Cornille ; v. aussi, Civ. 3e, 22 mai 20012, pourvoi n° 10-25227). Il en va ainsi dès lors que la volonté des colotis d'accorder une valeur contractuelle au cahier des charges du lotissement est établi (Civ. 3e, 12 janv. 2011, pourvoi n° 09-70229).

■ 1216 On peut rappeler à cet égard que la seule reproduction du règlement de lotissement dans les actes de vente ne lui confère pas une valeur contractuelle, dès lors qu'il ne ressort pas des pièces du dossier que l'intention des colotis a été d'assurer, dans l'intérêt commun, la pérennité dudit règlement en le contractualisant entre eux (Civ. 3e, 15 déc. 1999, *Giralt c/ Mattignon*, n° 97-20.503, *Constr.-Urb.* 2000, n° 77 ; *BJDU* 1999. 424, obs. C. Masson-Daum ; 8 oct. 2003, n° 01-16421, *Constr.-Urb.* 2004, n° 68, obs. Ph. Benoit-Cattin ; 7 déc. 2005, *Barker c/ Goupillon*, n° W 03-18.845 ; Civ. 3e,

11 juill. 2007, pourvoi n° 06-14270). C'est cette solution que la loi SRU a codifiée en disposant que « la seule reproduction ou mention d'un document d'urbanisme ou d'un règlement de lotissement dans un cahier des charges, un acte ou une promesse de vente ne confère pas à ce document ou règlement un caractère contractuel » (C. urb., art. L. 111-5 ; P. Cornille, « Caractère contractuel des règles d'urbanisme dans les lotissements: les apports de la loi SRU », *JCP* N 2001, n° 1065 ; « Décontractualisation des règles d'urbanisme des lotissements », *Constr.-Urb.* 2001, n° 69 ; S. Durand, « Lotissements et loi SRU », *JCP* N 2001, n° 1022 ; F. Rose-Dulcina, « Lotissements : non à la contractualisation fortuite », Mon. TP 21 avr. 2006. 118). Ce principe est destiné à éviter la contractualisation fortuite des règles d'urbanisme. Il n'empêche cependant pas les colotis d'intégrer les règles d'urbanisme dans leurs relations contractuelles (Rép. min. n° 10317, *JOAN* Q 28 avr. 2003. 3346 ; Civ. 3e, 22 mai 2012, n° 10.25227 *BJDU* 2/2013.117, ob. J.T. ; L. Goutalier, La privatisation des règles d'urbanisme des lotissements, *BJDU* 6/2013.411). Ils ont ainsi notamment la possibilité d'incorporer dans le cahier des charges qui les lie les prescriptions du POS afin de leur conférer une valeur contractuelle (Civ. 3e, 21 juin 2000, *Cts Thirion c/ Cts Casali*, n° 98-21.129 ; *Defrénois* 2001. 37352, note Ph. Benoit-Cattin ; G. Godfrin, « Lotissement et règles d'urbanisme », *RDI* 2001. 25). Il n'en va autrement que lorsque l'intitulé du document, la définition et la portée du règlement et les rubriques sous lesquelles figuraient les prescriptions en cause démontrent son caractère réglementaire (Civ. 3e, 22 mai 1996, pourvoi n° 94-12146, *Bull.* 1996.III. n° 120, p. 76).

Ainsi pour donner sa pleine portée à la loi, il faudrait entendre le maintien des droits et obligations régissant les rapports entre colotis définis dans le cahier des charges sous la réserve implicite du premier alinéa de l'article L. 442-9, c'est-à-dire de la caducité des règles d'urbanisme contenues dans les cahiers des charges approuvés et des clauses de nature réglementaire des cahiers des charges non approuvés. Mais d'une part, comme le relève un auteur, « parier sur l'évolution de la jurisprudence est aventureux » (C-L. Coupinot, En finir avec les cahiers des charges ? préc.). La troisième chambre civile juge jusque-là que quelle que soit sa date, le cahier des charges du lotissement constitue un document contractuel dont les clauses engageaient les colotis entre eux pour toutes les stipulations qui y étaient contenues (Civ. 3e, 18 déc. 1991, pourvoi n° 89-21046, *Bull. civ.* III, n° 328 ; v. TGI Grasse, 13 avr. 2005, n° 2015/117).D'autre part, la portée de la péremption dépendra alors de la possibilité d'identifier une « règle d'urbanisme » ou une « clause de nature réglementaire » et de la distinguer de ce qui ne l'est pas. On peut bien sûr penser qu'il s'agit des règles que peut contenir un règlement de PLU ou de celles qui président à l'instruction des autorisations d'urbanisme, mais ce type de clause peut revêtir un caractère mixte et caractériser une volonté des colotis de préserver leur environnement (Civ. 3e, 11 juill. 2007, pourvoi n° 06-14270). La difficulté est d'autant plus réelle que le même article L. 442-9 qualifie de non réglementaire les dispositions des cahiers des charges non approuvés ayant pour objet ou pour effet d'interdire ou de restreindre le droit de construire ou encore d'affecter l'usage ou la destination de l'immeuble, que l'on aurait pu légitimement considérer comme des dispositions d'urbanisme ou des clauses de nature réglementaire. Ce sont ces constatations qui ont amené la doctrine à douter que la nouvelle rédaction des articles L. 442-9 à L. 442-11 soit à la hauteur de l'ambition du législateur. 1217 ■

section 5

Le contentieux du lotissement

1218 Très classiquement, le contentieux du lotissement est à la fois administratif (§ 1), civil (§ 2) et pénal (§ 3).

§ 1 Le contentieux administratif

1219 On traitera des deux aspects traditionnels de ce contentieux, le contentieux de l'excès de pouvoir (A) et celui de la responsabilité (B).

A. Le contentieux de l'excès de pouvoir

1220 De manière générale, le contentieux de l'excès de pouvoir des autorisations de lotissement obéit aux mêmes règles que celui des autres autorisations d'urbanisme. Les tiers ne sont recevables au recours que s'ils justifient d'un intérêt à agir (CE 5 juill. 2006, *Cne Possession*, req. n° 285809) dans les conditions que fixent désormais les articles L. 600-1-2 et L. 600-1-3 du Code de l'urbanisme. Ces autorisations peuvent faire l'objet d'une demande de référé suspension (CE 16 mars 2007, Sté Euroter Promotion, req. n° 287713; TA Strasbourg, ord. réf., 1er mars 2002, *Schwimmer c/ Cne Didenheim*, *Sté Aster promotion SARL*, req. n° 987516, *RDI* 2002. 254, obs. P. S.-C.). Enfin, le moyen tiré de la violation du cahier des charges, acte de droit privé, est inopérant à l'encontre d'une autorisation de lotissement (CAA Versailles, 15 mai 2007, *Z. et a.*, req. n° 02VE01952).

L'exception d'illégalité du permis d'aménager un lotissement ou de la décision de non-opposition à déclaration préalable ne peut pas, quant à elle, être soulevée à l'appui d'un recours dirigé contre le permis de construire délivré dans le périmètre du lotissement. En effet, ces décisions ne revêtent pas un caractère réglementaire (CE 7 juill. 1993, Épx Andrès, req. n° 119666; 15 oct. 2003, *Territoire de la Polynésie Française*, req. n° 255623, *Constr.-Urb.* 2004, n° 17, obs. Ph. Benoit-Cattin). Seules les dispositions réglementaires du dossier de lotissement, tels que le règlement ou le programme des travaux, peuvent être contestées par voie d'exception (CE 13 juin 1980, *SCI La sablonnière*, *Lebon* 276).

B. Le contentieux de la responsabilité

1221 *Responsabilité pour faute.* La délivrance d'un permis d'aménager ou la non-opposition à une déclaration préalable à la réalisation d'un lotissement sont de nature à engager la responsabilité pour faute de l'autorité compétente lorsqu'elles sont entachées d'illégalité (CAA Bordeaux, 13 juill. 2000, *Cne Blagnac*, req. n° 00BX00168 ; CE 9 mai 2001, *Cne Saint-Cheron*, req. nos 209991, 210626 : à propos de la délivrance d'une autorisation de lotir sur des terrains pollués ; CE 3 mai 2002, *SCI Les Hectares du Guigonnet*, req. n° 216310, *Constr.-Urb.* 2002, n° 182 ; *RDI* 2002. 339, obs. P. S.-C. : violation des dispositions de C. urb., art. R. 111-2 ; CAA Lyon, 5 mars 1991, *Raoux et a.*, req. n° 89LY0043 ; 8 juill. 1997, *Sté Valente*, req. n° 01260).

Il en va de même, du refus du permis d'aménager ou d'une opposition à déclaration illégale (CAA Bordeaux, 26 juin 2007, *Sté Envir. Promotion*, req. n° 05BX01283) sans que l'administration puisse s'exonérer de sa responsabilité en faisant valoir que le préjudice est né de ce que le pétitionnaire n'avait pas confirmé sa demande à la suite de l'annulation du refus illégal (CAA Lyon, 1er juin 1994, *Min. Équipement c/ Sabatier, Lebon* T. 1246). Très classiquement, la collectivité publique ne sera condamnée que si la victime démontre que le préjudice qu'elle a subi est la conséquence directe de la faute de l'administration (CAA Paris, 26 juin 1991, *Min. Équipement c/ Sté Alcor*, req. n° 00706 : refus d'indemniser le déficit d'exploitation du lotisseur).

Responsabilité sans faute. En principe, les servitudes d'urbanisme ne donnent pas lieu à indemnisation (C. urb., art. L. 160-5). Mais par exception, il en va différemment lorsqu'elles portent atteinte à des droits acquis. Tel est l'effet d'un permis d'aménager un lotissement (CE, sect., 4 mars 1977, *Min. Équipement c/ SA Simottel*, *Lebon* 122). Il en résulte que le lotisseur peut engager la responsabilité sans faute de l'administration lorsque la modification des dispositions d'urbanisme applicables au terrain a pour conséquence de réduire ou d'interdire la constructibilité des lots après que le permis d'aménager a été délivré. Toutefois, il faut que l'intervention des nouvelles servitudes d'urbanisme ait créé un préjudice direct et certain (CE 4 mars 1977, *Min. Équipement c/ Cts Guillerot*, *Lebon* 122 ; 27 juin 2007, J.-C. A., req. n° 280693) et que celui-ci ne soit pas imputable au bénéficiaire du permis d'aménager (TA Amiens, 2 mars 2000, *Guludec*, req. n° 961131 : préjudice imputable à l'inaction prolongée du lotisseur). **1222 ■**

Cette action en responsabilité sans faute est cependant destinée à demeurer assez marginale, compte tenu de la stabilisation des droits à construire pendant cinq ans à compter de l'achèvement des travaux (C. urb., art. L. 442-14 ; v. ss 1197). En effet, cette disposition fait obstacle à ce que le lotisseur puisse prétendre à une indemnité sur le fondement de l'article L. 160-5 en raison du classement des terrains en zone inconstructible durant cette période (CE 29 juin 2001, *SA Blanc*, req. n° 210217, *Lebon* 322 ; *RDI* 2001. 537, obs. L. Derepas ; *BJDU* 2001. 254, concl. S. Austry).

§ 2 Le contentieux civil

Action en nullité des ventes ou locations. Les ventes ou locations réalisées en méconnaissance de la réglementation applicable au lotissement peuvent être annulées à la demande de l'acquéreur du lot, du maire ou du préfet (C. urb., art. L. 480-15 ; CE 8 déc. 2000, *Sté Bellatrix et a., Lebon* T. 1284 et 1285). Néanmoins, aux termes de la même disposition, les ventes ou locations des parcelles pour lesquels un permis de construire a été délivré ne peuvent plus faire l'objet d'une annulation (Civ. 3e, 9 nov. 2005, *SCI Tournamy c/ SA Filying*, n° 04-15.821, *BJDU* 2006. 110, obs. F. Nési). Le délai de prescription de cette action civile est de 10 ans à compter de la publication des actes portant transfert de propriété à la publicité foncière. Passé ce délai, la non-observation de la réglementation applicable aux lotissements ne peut plus être opposée (C. urb., art. L. 480-16). **1223 ■**

Action des colotis. Chaque coloti – et le preneur à bail emphytéotique bénéficiaire de la jouissance d'un terrain en vue de l'implantation de bâtiments dans un lotissement communal a la qualité de coloti (Civ. 3e, 17 nov. 2004, *Carrier c/ SCI Le Levant*, **1224 ■**

n° 15193, *Constr.-Urb.* 2005, n° 45, note P. Cornille) – peut obtenir des dommages et intérêts, voire la démolition de toute construction intervenue en méconnaissance des servitudes conventionnelles établies par les documents du lotissement (sur le cas d'un ouvrage public : CE 27 juill. 2009, req. n° 302110, *Lebon* 310). En effet, « le créancier a le droit de demander que ce qui aurait été fait par contravention à l'engagement soit détruit ; et il peut se faire autoriser à le détruire aux dépens du débiteur, sans préjudice de dommages et intérêts, s'il y a lieu » (C. civ., art. 1143 ; Civ. 3e, 19 mai 1981, *Bull. civ.* III, n° 101 ; Montpellier, 16 mars 1993, *Bernard c/ Épx Giralt*, RG n° 034703, *JCP* 1994. IV. 941 ; 21 juin 2000, *Cts Thirion c/ Cts Casali*, n° 98-21.129 ; *Defrénois* 2001. 37352, note Ph. Benoit-Cattin ; 21 mars 2000, *Mansouri c/ Muratori*, n° 98-18.895 ; 20 déc. 2000, *Foulet c/ Comte*, n° 99-14.372 ; *BJDU* 2001. 26, obs. C. Masson-Daum ; 28 mars 2001, *Cramailh c/ AFUL Aphrodite Village*, n° 98-20.595 ; Dijon, 23 oct. 2001, *Zemmour c/ Girardeau*, RG n° 99/02064, *JCP* 2002. IV. 1354 ; Civ. 3e, 23 janv. 2002, *Fortin c/ Imbert*, n° 00-17.005).

1225 *Violation du cahier des charges.* La violation des stipulations du cahier des charges qui a toujours entre colotis un caractère contractuel est sanctionnée même en l'absence de préjudice, nonobstant toute bonne foi du constructeur et quelle que soit l'ancienneté de la construction (Civ. 3e, 14 juin 2000, *Flebig c/ Grude*, n° 98-23.087 ; 16 sept. 2003, *Soriano c/ Marcos*, n° 02-11.283, *Constr.-Urb.* 2004, n° 16, obs. P. Cornille ; 9 mai 2007, *RDI* 2007. 336, note F. G. Trébulle ; v. toutefois Civ. 3e, 25 sept. 2002, *Sté Oaci c/ Phalier*, n° 01-02.262 : à propos de l'installation d'une antenne émettrice-réceptrice de radiodiffusion sur l'immeuble appartenant à un coloti ; Civ. 3e, 14 mars 2006, *Rizzon c/ Gibert*, n° 05-11.334, *Constr.-Urb.* 2006, n° 121, note P. Cornille). Une association de colotis n'a toutefois pas d'intérêt à obtenir le respect des stipulations du cahier des charges du lotissement si elle ne démontre pas avoir subi un préjudice collectif, direct et personnel distinct des dommages propres à chacun des colotis (Civ. 3e, 4 nov. 2004, *Bellini c/ Assoc. de défense des intérêts des habitants de la rue Hector Berlioz*, n° 03-01.377, *Constr.-Urb.* 2005, n° 44, note P. Cornille ; *RDI* 2005. 210, obs. J.-L. B). Par ailleurs, lorsque l'action du propriétaire d'un lot contre un coloti est fondée sur le non-respect des stipulations du cahier des charges, le juge administratif n'a pas à être préalablement saisi de la légalité du permis de construire sur le fondement de l'article L. 480-13 du Code de l'urbanisme (Civ. 1re, 4 juin 1997, *Cts Destang*, n° 12042 ; Civ. 3e, 12 juin 2002, n° 01-01.597, *Defrénois* 2002. 37618, obs. S. Pérignon).

La délivrance d'un permis de construire de régularisation ne fait pas obstacle à la réparation du préjudice subi par un coloti du fait d'une violation des règles contractuelles (Civ. 3e, 12 juin 2002, n° 01-01.597, *Defrénois* 2002. 37618, obs. S. Pérignon ; 17 nov. 2004, *Carrier c/ SCI Le Levant*, préc.). Enfin, si les stipulations d'un cahier des charges d'un lotissement restent applicables entre colotis au-delà du délai trentenaire, l'action en démolition des constructions édifiées en méconnaissance de ce document contractuel reste soumise à la prescription du droit commun de l'article 2262 du Code civil. Elle est donc irrecevable en ce qui concerne les constructions réalisées il y a plus de 30 ans (TGI Bordeaux, 25 janv. 2005, *Baron c/ Merce et a.*, RG n° 03/08641, *Constr.-Urb.* 2005, n° 70, note P. Cornille).

1226 *Violation du règlement.* Lorsque le coloti agit en dommages-intérêts ou en démolition en se fondant sur la violation du règlement du lotissement, il doit rapporter la preuve d'un préjudice (Civ. 3e, 8 oct. 2003, *Vergoz c/ Butz et a.*, n° 01-16.624, *Constr.-Urb.* 2004, n° 16, obs. P. Cornille).

Responsabilité du notaire. La responsabilité du notaire, sur lequel pèse une obligation de résultat en ce qui concerne l'effectivité juridique de l'acte qu'il a établi, est susceptible d'être engagée lorsqu'apparait un obstacle à la constructibilité du lot (Civ. 3e, 11 juill. 2007, *Bellon c/ Sété civile La Favorite*, nos 06-14.270, 06-14.566, *Constr.-Urb.* 2007, n° 195, obs. P. Cornille ; Civ. 3e, 11 juill. 2007, n° 06-14270 ; TGI Bordeaux, 31 août 2006, *B. c/ Devos et a., RG* n° 2003/8246, *Constr.-Urb.* 2007, n° 102, note N. Rousseau). Ce dernier jugement met hors de cause le géomètre expert qui a procédé à la division du terrain dès lors qu'il n'avait pas pour mission de vérifier l'accord des colotis au regard du cahier des charges. En revanche, le CRIDON qui est intervenu en amont et dont les avis, bien qu'erronés étaient péremptoires, ne voit pas sa responsabilité engagée dès lors que cet organisme donne des avis que celui qui les sollicite a la possibilité de suivre ou de ne pas suivre (Aix-en-Provence, 19 mai 2005, *RG* n° 01/04853, *Constr.-Urb.* 2006, n° 23, note P. Cornille). 1227 ■

Action contre le lotisseur. La responsabilité quasi délictuelle du lotisseur peut être engagée s'il n'a pas exécuté ses obligations (Civ. 3e, 26 févr. 2003, *Bull. civ.* III, n° 51 : inexécution par le lotisseur des prescriptions de l'arrêté de lotir, en matière de réalisation des travaux). 1228 ■

Action des tiers. Enfin, tout intéressé peut introduire une action en responsabilité extra-contractuelle à l'encontre du propriétaire qui a édifié une construction conformément à un permis de construire mais en méconnaissance des règles à caractère réglementaire du lotissement. Il lui appartiendra cependant, selon le droit commun, de justifier d'un préjudice directement lié à la méconnaissance de la règle d'urbanisme (Civ. 3e, 1er mars 2006, *Rougeron*, n° C 04-20.833, *BJDU* 2006. 182, note F. Nési). Dans ce cas, le juge administratif devra préalablement statuer sur la légalité du permis de construire (C. urb., art. L. 480-13). L'article L. 480-13 n'est cependant pas applicable lorsque le permis de construire a été annulé à la date où le juge civil des référés a statué (Civ. 13 juill. 1999, *Olindo*, n° 96-19.057 : une cour d'appel a pu ordonner l'interruption des travaux entrepris par un coloti sur son lot dès lors qu'il s'agissait d'une mesure conservatoire pour prévenir un dommage imminent que la Cour a souverainement ordonné, les autorisations de travaux ayant été annulées au moment où elle a statué). 1229 ■

§ 3 Le contentieux pénal

Le fait d'exécuter des travaux en méconnaissance de la réglementation applicable aux lotissements est puni d'une amende comprise entre 1 200 euros et un montant qui ne peut excéder, soit, dans le cas de construction d'une surface de plancher, une somme égale à 6 000 euros par m² de surface construite, démolie ou rendue inutilisable au sens de l'article L. 430-2, soit, dans les autres cas, un montant de 300 000 euros. En cas de récidive, outre la peine d'amende ainsi définie un emprisonnement de six mois pourra être prononcé. Ces peines peuvent être prononcées contre les utilisateurs du sol, les bénéficiaires des travaux, les architectes, les entrepreneurs ou autres personnes responsables de l'exécution desdits travaux (C. urb., art. L. 480-4). 1230 ■

Par ailleurs, est puni d'une amende de 18 000 euros et, en cas de récidive, d'une amende de 45 000 euros, le fait de vendre ou de louer des terrains bâtis ou non bâtis compris dans un lotissement sans avoir obtenu un permis d'aménager ou sans avoir déposé de déclaration préalable, ou sans s'être conformé aux prescriptions imposées par le permis d'aménager ou par la décision prise sur la déclaration préalable (R. Léost, « Les infractions pénales en matière de lotissement », *AJDI* 2000. 303 ; CE 8 déc. 2000, *Sté Bellatrix*, préc.). En vertu du même article, lorsque les prescriptions imposées n'ont pas été respectées, le tribunal peut, en outre, impartir un délai au lotisseur pour mettre les travaux en conformité avec lesdites prescriptions, sous peine d'une astreinte. Si, à l'expiration du délai fixé par le jugement, les travaux n'ont pas été mis en conformité, l'autorité compétente peut faire effectuer les travaux d'office, aux frais et risques financiers de l'aménageur (C. urb., art. L. 480-4-1).

chapitre 22

Le permis valant division

Plan analytique

section 1

Le champ d'application du permis valant division

section 2

Le régime du permis valant division

Le permis valant division

La loi du 15 juin 1943 soumettait au même régime et à la même procédure le lotissement, opération de division en vue de la vente de terrains à bâtir et le groupe d'habitations dont l'objet est la vente de terrains bâtis. Le régime des deux opérations s'est ensuite progressivement dissocié en considération des modalités de la division. Celle-ci intervient, en effet, avant la réalisation des constructions dans le cadre du lotissement. En revanche, elle se fait à l'occasion d'une opération de construction dans le cas du permis groupé. De 1958 à 1977, le permis de construire assorti de divisions parcellaires, tout en se distinguant de l'autorisation de lotir, continuait à tenir lieu de l'autorisation prévue par la réglementation des lotissements. Il a ensuite acquis son autonomie sous l'empire du décret n° 77-860 du 26 juillet 1977. Le *permis valant division*[Q] ne valait plus autorisation de lotir. Il échappait au régime des lotissements parce qu'aux termes d'une disposition expresse, ce régime n'était pas applicable « aux divisions de terrains en propriété ou en jouissance lorsque les terrains issus de la division constituent l'assiette d'un immeuble à construire dont la vente est régie par les articles 1601-1 à 1601-4 du code civil ou d'un immeuble dont la construction par une société (d'attribution) a été autorisée », ce qui constituait la définition du permis valant division (C. urb., art. R. 315-2, *c*). Ainsi, les ventes d'immeubles à bâtir étaient assimilées aux ventes d'immeubles bâtis, échappant par le fait-même au champ d'application de la règlementation des lotissements. 1231

La réforme des autorisations d'urbanisme entrée en vigueur le 1er oct. 2007 renforce une autonomie du régime du permis valant division au regard de celui du lotissement, encore confirmée par le décret n° 2012-274 du 28 février 2012 (section 2). C'est ce que l'on vérifiera après avoir précisé son champ d'application (section 1).

section 1

Le champ d'application du permis valant division

En principe, toute division parcellaire d'un terrain en vue de l'implantation de bâtiments est soumise à un permis d'aménager. Il en va toutefois différemment lorsque cette division se réalise à l'occasion d'un projet portant sur la construction sur le même terrain, de plusieurs bâtiments dont le terrain d'assiette doit faire l'objet d'une division en propriété ou en jouissance avant l'achèvement de l'ensemble du projet (C. urb., art. R. 431-24 ; v. Biblio). La division peut alors être autorisée à l'occasion de la délivrance d'un permis de construire valant division. Nonobstant la réelle spécificité de ce permis, il continue d'apparaître de façon presque subreptice dans l'économie générale du Code de l'urbanisme alors qu'il aurait mérité de faire 1232 l'objet d'un traitement spécifique. En effet, ce n'est que récemment qu'il est nommé comme tel, encore est-ce par un article qui ne le concerne pas directement (C. urb., art. R. 442-21, *b*).

Il convient donc de relever ses traits particuliers tenant à l'exigence d'une division (§ 1) dont il faut préciser le statut (§ 2).

§ 1 L'exigence d'une division

1233 La procédure du permis valant division ne s'impose que pour autant que le terrain d'assiette de l'opération doit faire l'objet d'une division en propriété ou en jouissance. La notion de « division en jouissance » peut susciter des difficultés dans l'appréciation de la réalité de la division du sol en présence notamment de montage en copropriété dite « horizontale » sans délimitation de zones de jouissance. En effet, la division du droit de construire entraîne nécessairement division du sol (v. ss 1137 s.). Relève ainsi du champ d'application du permis valant division l'opération consistant dans la construction de cinq chalets sur des parcelles de terrains devant faire l'objet d'une attribution privative (CE 8 févr. 1999, *Cne La Clusaz*, req. n° 171946, *BJDU* 1999. 127, concl. L. Touvet). En revanche, ne requiert pas un tel permis l'opération portant sur la construction de cinq maisons par un même maître d'ouvrage dès lors qu'elles sont destinées à la location car le droit d'usage des locataires n'implique le bénéfice d'aucun droit à construire (CE 7 mars 2008, *Cne Mareil-sur-Guyon*, req. n° 296287, *Constr.-Urb.* 2008, n° 85, obs. P. Cornille ; *RDI* 2008. 397, obs. P. S.-C. ; *JCP* A 2008, n° 2082, obs. G. Pellissier). Dans le même sens, « la privatisation de l'emprise au sol des habitations ne constitue pas, par elle-même, une opération de division de ce sol » (CAA Bordeaux, 31 mai 2001, *Cts Pezin*, req. n° 97BX02195).

Le permis valant division n'est par ailleurs requis que lorsque la division est réalisée avant l'achèvement de l'ensemble du projet. C'était déjà le cas sous l'empire de l'ancien article R.* 421-7-1 du Code de l'urbanisme. Mais la jurisprudence s'était autorisée à requalifier des permis ordinaires en permis valant division alors même que la division ne devait intervenir qu'après l'achèvement des bâtiments au motif que les documents et actes postérieurs à la délivrance de l'autorisation, mais antérieurs à l'achèvement des travaux, laissaient apparaître une intention de diviser préexistante à sa demande (CE 8 févr. 1999, *Cne La Clusaz*, préc. ; CAA Paris, 14 juin 1994, *SCI Cent Picpus*, *Lebon* T. 1253 ; Rép. min. n° 2067, *JO* Sénat Q 19 déc. 2002. 3156). Désormais, le texte est clair. Si la division intervient après l'achèvement de l'ensemble des constructions autorisées, elle s'effectue librement dans le respect du droit commun de la division (C. urb., art. L. 111-5-1). Elle ne peut donc donner lieu à une requalification de l'opération en lotissement ou en permis valant division. En revanche, dès lors que le constructeur a l'intention de diviser avant l'achèvement des constructions, le permis valant division s'impose.

§ 2 Le statut des divisions

1234 Jusqu'à la réforme des autorisations d'urbanisme, le titulaire d'un permis valant division échappait à l'autorisation de lotir conçue pour la vente de lots en vue de l'implantation de bâtiments, parce qu'il vendait en l'état futur d'achèvement ou à terme et bénéficiait alors de la dispense prévue par le Code de l'urbanisme (C. urb., anc. art. R. 315-2, *c*). En revanche, les divisions opérées dans le cadre d'un tel permis groupé n'avaient pas un statut juridique spécifique si bien qu'elles devaient être prises en compte pour le décompte des lots dans le cadre de divisions ultérieures de l'unité foncière.

Désormais, sur le fondement de l'article L. 442-1-1 du Code de l'urbanisme, un décret en Conseil d'État énumère les divisions en vue de construire qui, par suite de leur contrôle au titre d'une autre procédure, ne sont pas constitutives de lotissement. Les divisions de terrains effectuées conformément à un permis de division échappent à ce titre à cette réglementation (C. urb., art. R. 442-1, *d*). Le permis de division constitue donc une véritable autorisation de diviser dans le respect du plan de division qui devient une pièce obligatoire de la demande.

section 2

Le régime du permis valant division

Le régime du permis valant division ne diffère réellement de celui du permis ordinaire qu'en ce qui concerne la constitution du dossier de la demande (§ 2). Il convient cependant d'apporter quelques précisions concernant le demandeur (§ 1) et le régime de son instruction (§ 3). 1235 ■

§ 1 Le demandeur

Abandon de la condition de l'unicité du maître d'ouvrage. Antérieurement à la réforme des autorisations d'urbanisme, un permis groupé ne pouvait être demandé que par un unique maître d'ouvrage. Cette exigence s'expliquait par les raisons mêmes qui permettaient de le soustraire au régime du lotissement. Rappelons qu'il permettait la vente en l'état futur d'achèvement des terrains issus de la division. Néanmoins, la condition relative à l'unicité de la maîtrise d'ouvrage interdisait la juxtaposition de plusieurs demandes sur un même terrain d'assiette et même la co-titularité du permis (C. urb., anc. art. R. 421-7-1). Cette condition que le juge faisait strictement respecter interdisait par conséquent tout transfert partiel d'un tel permis et rendait ainsi l'instrument inadapté aux opérations complexes (S. Pérignon, « Pour une réforme du permis de construire prévoyant division parcellaire », *RDI* 1999. 522 ; H. Périnet-Marquet, « Permis de construire et opérations complexes », *Cah. GRIDAUH* 1999, n° 3, p. 5 ; P. Soler-Couteaux, « Le permis de construire d'opérations complexes », *RDI* 2003. 125 ; J.-Ph. Meng, « L'article R. 421-7-1 du Code de l'urbanisme : un champ d'application aux contours incertains », *Bull. CRIDON Paris* 15 janv. 2004. II. 15). 1236 ■

Depuis la réforme, le régime de droit commun des autorisations d'urbanisme permet qu'un permis de construire puisse être demandé par une ou plusieurs personnes et aucune disposition spécifique au permis de division ne vient restreindre cette possibilité. Il en résulte qu'un tel permis peut être demandé par et délivré à plusieurs maîtres d'ouvrage (S. Pérignon, « Permis de construire valant division et pluralité des maîtres d'ouvrage », *Defrénois* 2008. 38843 ; *H. Périnet-Marquet*, « Les autorisations de construire ou d'aménager délivrées à plusieurs personnes, première approche », *Constr.-Urb.* 2008, n° 7 ; P. S.-C., « La possibilité de demander une autorisation d'urbanisme à plusieurs », *RDI* 2009. 23).

■ 1237 *Transfert partiel.* Par le fait de l'abandon de l'exigence de l'unicité du maître d'ouvrage, la question s'est posée de savoir si le permis valant division pouvait faire l'objet d'un transfert partiel (S. Pérignon, « Permis de construire valant division et pluralité de maîtres d'ouvrage », préc.). Toutefois, la pratique notariale avait attiré l'attention sur le risque qu'un tel mécanisme ne soit considéré comme un contournement des règles du lotissement lorsque la division s'opère au profit de particuliers qui achètent un terrain en vue de réaliser une maison d'habitation (B. Lavirotte, « Le permis de construire valant autorisation de diviser (C. urb., art. R. 431-4) autorise-t-il la vente de lots de terrain à bâtir ? », *BJDU* 2009. 112). La doctrine administrative, quant à elle, confirme sur le principe la possibilité d'un transfert partiel du permis valant division. Mais elle l'assortit de conditions tenant à ce que d'une part, les permis issus de la scission du permis initial doivent être légaux et auraient pu être délivrés de manière autonome et, d'autre part, que la division ne remette pas en cause le projet d'ensemble. En revanche, la réponse ministérielle indique que le transfert partiel ne doit pas permettre de contourner une réglementation. Dès lors, elle ne peut porter sur la réalisation d'une maison individuelle dans la mesure où la réglementation des lotissements s'en trouverait méconnue. Cette restriction tient à ce que la cession d'un lot issu d'une division en vue de construire une maison individuelle est soumise au respect d'un ensemble de règles destinées à protéger l'acquéreur et qui constituent le régime du lotissement. L'application de ces règles ne saurait donc être éludée sous couvert d'une division effectuée dans le cadre d'un transfert partiel du permis valant division (Rép. min. n° 79416, 25 mai 2010, *JOAN* Q 22 mars 2011. 2878 ; *Defrénois* flash 2011. 7, obs note J.-Ph. Meng ; v. cependant, rép. min., *n° 12885*, *JOAN* Q 12 mars 2013, p. 2845 ; Constr.-urb. 2013, alertes 41, obs. D. Gillig et n° 69, note L. Santoni ; R. Ducourau, « Le permis de construire valant division : substitut du lotissement ? », *JCP* N 2010. Études 1346 ; *RDI* 2011. 291, obs. P. S.-C.). Dans le projet de décret n° 2012-274 du 28 février 2012, il avait été envisagé de réglementer expressément le transfert partiel en ces termes : « Les divisions de terrains effectuées conformément à un permis de construire prévu à l'article R. 431-24 du Code de l'urbanisme lorsque ce permis n'est pas destiné à être mis en œuvre par des maîtres d'ouvrage construisant chacun une maison individuelle au sens de l'article L. 231-1 du Code de la construction et de l'habitation », mais cette formulation n'a pas été reprise dans le texte définitif.

§ 2 La demande

■ 1238 *Terrain d'assiette.* L'article R. 431-24 du Code de l'urbanisme, dans sa rédaction antérieure au décret n° 2012-274 du 28 février 2012, disposait : « Lorsque les travaux projetés portent sur la construction, sur un même terrain, de plusieurs bâtiments dont le terrain d'assiette doit faire l'objet d'une division ». L'incidente « sur un même terrain » avait conduit à mettre en doute le fait qu'un permis valant division puisse être demandé sur un terrain d'assiette constitué de plusieurs unités foncières distinctes, même contiguës (S. Pérignon, « Permis de construire valant division et pluralité des maîtres d'ouvrage », *Defrénois* 30 oct. 2008, n° 18, art. 38843, préc. ;

v. P.-E. Durand, « Le permis de construire conjoint », *RDI* 2008. 426). La question est désormais tranchée par la nouvelle rédaction de l'article concerné : « Lorsque les travaux projetés portent sur la construction, sur une unité foncière ou sur plusieurs unités foncières contiguës, de plusieurs bâtiments dont le terrain d'assiette comprenant une ou plusieurs unités foncières contiguës, doit faire l'objet d'une division... ». Rappelons par ailleurs qu'un permis valant division peut être demandé et obtenu dans le cadre d'une division primaire (C. urb., art. R. 442-1, *a*).

Contenu de la demande. Le dossier de la demande du permis de division a un contenu identique à celui du permis ordinaire. Il n'a plus ainsi à être complété par la même note de présentation que celle qui était requise pour les demandes d'autorisation de lotir. Mais on s'accorde à dire que le projet architectural pourvoit à la fonction qui était la sienne puisque cette note devait présenter les objectifs de l'opération et justifiait des solutions retenues pour assurer l'insertion dans le site, le respect de l'environnement, la qualité de l'architecture et la prise en compte des besoins en équipements générés par l'opération projetée. 1239 ■

Le dossier de la demande de permis de division présente néanmoins certaines spécificités inhérentes à sa nature (C. urb., art. R. 431-24). Il doit ainsi comporter un plan de division dont la présentation était facultative dans l'état antérieur du droit. Ce plan de division ne s'accompagne plus d'un tableau de répartition de la SHON entre les terrains issus de la division comme le prévoyait l'ancien article R. 421-7-1 du Code de l'urbanisme antérieurement. Cela ne signifie pas que le pétitionnaire ne peut pas gérer librement la densité entre eux dès lors que, comme pour le lotissement, les règles édictées par le PLU sont appréciées au regard de l'ensemble du projet, sauf si le règlement de ce plan s'y oppose (C. urb., art. R. 123-10-1 ; v. ss 1240).

Enfin, le dossier de la demande est complété, lorsque des voies ou espaces communs sont prévus, par « le projet de constitution d'une association syndicale des acquéreurs à laquelle seront dévolus la propriété, la gestion et l'entretien de ces voies et espaces communs » (Civ. 3e, 12 mai 2004, *Bull. civ.* III, n° 96 ; *Defrénois* 2004. 38059, note Ph. Benoit-Cattin : le cahier des charges d'un groupe d'immeubles édifié sur la base d'un permis valant autorisation de division ne peut être modifié qu'à l'unanimité des propriétaires, contrairement au cahier des charges d'un lotissement). Il en est cependant dispensé si l'ensemble est soumis au régime de la copropriété. Ainsi, comme le relève S. Pérignon, pour la première fois, le droit de l'urbanisme reconnaît expressément la possibilité d'organiser sous le régime de la copropriété un ensemble immobilier comportant, outre des terrains, des aménagements et des services communs, des parcelles bâties faisant l'objet de droits de propriété privatifs (CE 8 févr. 1999, *Cne La Clusaz*, préc. ; 26 mars 2003, *Leclercq*, req. nos 231425, 231426, *Constr.-Urb.* 2003, n° 235, obs. P. Cornille : en revanche, la revente de la parcelle surbâtie a pour conséquence de lui rendre applicable le régime dont relèvent les parcelles isolées). Il en est également dispensé si le demandeur justifie de la conclusion avec la commune ou l'EPCI compétent d'une convention prévoyant le transfert dans leur domaine de la totalité des voies et espaces communs une fois les travaux achevés.

§ 3 L'instruction du permis valant division

La question de savoir si, dans le cas du permis de division, la conformité du projet devait être appréciée au regard de l'unité foncière globale ou de chaque terrain issu 1240 ■

des divisions à intervenir a toujours fait difficulté (P. Soler-Couteaux, « Quelques observations sur l'instruction du permis valant division », *JCP* N 2006, n° 1098). La réforme a contribué à la lever. Désormais, comme pour le lotissement, l'ensemble du projet est apprécié au regard de la totalité des règles édictées par le plan local d'urbanisme, sauf si le règlement de ce plan s'y oppose (C. urb., art. R. 123-10-1 ; G. Godfrin, « Projet immobilier avec division foncière : comment appliquer le PLU ? », *Constr.-Urb.* 2007, n° 11 ; R. Petiot, « Une simplification qui complique la procédure de lotissement », *Ét. fonc.* 2007, n° 127 ; v. ss 1198).

chapitre

23

Les associations foncières urbaines

Plan analytique

section 1

La diversité des associations foncières urbaines

- § 1 La diversité de l'objet des AFU
- § 2 La diversité de formes juridiques des AFU

section 2

La constitution des associations foncières urbaines

- § 1 Les règles communes à toutes les AFU autorisées
- § 2 Les règles propres à la constitution des AFUA de remembrement

section 3

Le fonctionnement des associations foncières urbaines

- § 1 Les règles communes de fonctionnement des AFUA
- § 2 Les règles propres aux AFU de remembrement
- § 3 Les règles propres aux AFU de projet

Compléments pédagogiques

Les associations foncières urbaines

Les propriétaires privés ont souvent été considérés comme les grands absents de la politique de gestion de l'espace et de l'urbanisme. Désireux toutefois de jouer un rôle actif dans l'urbanisation, ils avaient besoin d'un instrument juridique alternatif au lotissement pour leur permettre de réaliser eux-mêmes diverses opérations, sous le contrôle des autorités publiques, mais également avec leur aide financière et technique. C'est ce qui a conduit le législateur à créer l'*association foncière urbaine (AFU)*[Q] par la loi d'orientation foncière de 1967 dont les dispositions ont été modifiées à plusieurs reprises et notamment par la loi du 18 juillet 1985 (C. urb., art. L. 322-1 s., *R. 322-1 s.). Les dernières évolutions du régime des AFU sont le fait de la loi ALUR du 24 mars 2014. 1241

Les AFU sont des associations syndicales régies par les dispositions de l'ordonnance n° 200-632 du 1er juillet 2004 relative aux associations syndicales de propriétaires ainsi que par celles du Code de l'urbanisme (C. urb., art. L. 322-1 ; sur la mise en conformité des statuts des ASL, Civ 3e, 13 févr. 2014, n° 13-22.383, *Constr.-Urb.* 2014, n° 71, note L. Santoni). Elles sont diverses, tant en ce qui concerne leur nature juridique que leur objet. On s'en tiendra néanmoins à la présentation de celles qui sont susceptibles de constituer le support d'une opération d'aménagement (section 1). De leur diversité découle une multiplicité de règles spécifiques tant lors de leur création (section 2) que durant leur fonctionnement (section 3).

section 1

La diversité des associations foncières urbaines

Les AFU doivent avoir pour objet l'une des cinq opérations définies à l'article L. 322-2 du Code de l'urbanisme (§ 1). Elles peuvent être soumises à deux régimes juridiques distincts (§ 2). 1242

§ 1 La diversité de l'objet des AFU

Les AFU peuvent avoir cinq objets différents (C. urb., art. L. 322-2). On étudiera principalement les AFU ayant pour objet le remembrement parcellaire dans la mesure où elles constituent le support d'une opération d'aménagement. On mentionnera néanmoins que les AFU peuvent également avoir pour objet le groupement de parcelles en vue d'en conférer l'usage à un tiers, la construction, l'entretien et la gestion d'ouvrages d'intérêt collectif, la conservation, la restauration et la mise en 1243 valeur des secteurs sauvegardés et de restauration immobilière et enfin la restructuration urbaine des grands ensembles et quartiers d'habitat dégradé.

1244 *Les AFU de remembrement et de groupement parcellaire.* L'AFU peut avoir pour objet le remembrement de parcelles et la modification corrélative de l'assiette des droits de propriété, des charges et des servitudes attachés, ainsi que la réalisation des travaux d'équipement et d'aménagement nécessaires (C. urb., art. L. 322-2, 1°). Elle peut également porter sur le groupement de parcelles en vue, soit d'en conférer l'usage à un tiers, notamment par bail à construction, soit d'en faire apport ou d'en faire la vente à un établissement public ou une société de construction ou d'aménagement (C. urb., art. L. 322-2, 2°). L'AFU permet donc de remanier un parcellaire inadapté souvent constitué de lanières étroites en périphérie d'agglomération ou de grouper des parcelles de petite taille pour les rendre constructibles et permettre ainsi une utilisation optimale du foncier constructible. Fortement utilisées après la seconde guerre mondiale dans les villes sinistrées, elles sont aujourd'hui plus utilisées pour éviter la dispersion des constructions et aider ainsi à la constitution d'un environnement cohérent. Les opérations de remembrement peuvent tout aussi bien porter sur des terrains bâtis que sur des terrains non bâtis. Ces AFU n'ont toutefois pas pour fonction de construire les immeubles. Chaque propriétaire en fera alors son affaire.

1245 *Les AFU de projet.* La loi ALUR du 24 mars 2014 a créé une déclinaison particulière de l'AFU sous la dénomination d'*association foncière urbaine de projet (AFUP)*[Q] qui combine, dans son objet, à la fois une opération de remembrement et une opération d'aménagement. Elle a, en effet, « pour objet de permettre la cession des terrains inclus dans son périmètre, après avoir réalisé un projet associant une opération de remembrement, au sens des 1° et 2° de l'article L. 322-2, et une opération d'aménagement, au sens de l'article L. 300-1 » (C. urb., art. L. 322-12). Cette innovation vise à créer un cadre juridique un nouvel outil d'aménagement foncier impliquant les propriétaires fonciers et les collectivités locales en vue d'inscrire la valorisation foncière dans un projet urbain plus global. Il s'agit de favoriser l'aménagement de zones destinées à l'urbanisation mais délaissées par les aménageurs en raison de la complexité de la structure foncière (L. Santoni, « L'urbanisme opérationnel « post-ALUR » », *Constr.-urb.* 2014, n° 8 ; Ph. Billet, « Loi ALUR et urbanisme opérationnel », *JCP* A 2014, n° 2257 ; P. Hocreitère et J-Ph. Meng, « L'ubanisme et les collectivités locales, Fascicule spéciale ALUR », Berger-Levrault ; M. Donnou et M. Raunet, « Loi ALUR : une nouvelle donne pour l'aménagement urbain ? » *BJDU* 3/2014, sp. p. 185). Le législateur a donc voulu réactiver l'outil que constitue l'AFU de remembrement en incitant les propriétaires concernés à prendre en charge l'aménagement de leurs terrains. A cette fin, le régime de l'AFUP vise à associer propriétaires privés et collectivités publiques, ces dernières ayant un rôle d'incitation. La loi prévoit ainsi la possibilité pour la collectivité compétente en matière de PLU (ou le représentant de l'État dans le cadre d'une opération d'intérêt national) de délimiter des périmètres de projet au sein desquels les propriétaires fonciers sont incités à se regrouper en association foncière urbaine de projet et les associations foncières urbaines de projet à mener leurs opérations de façon concertée (C. urb., art. L. 322-13).

1246 *AFU et permis d'aménager.* L'AFU constitue une formule intéressante pour les associés-propriétaires en ce qu'elle leur permet « d'aménager sans aménageur ». En effet, les AFU de remembrement ont pour objet de remodeler un parcellaire existant en vue de rendre constructibles des terrains. Elles procèdent, par là même à des opérations d'aménagement au même titre que les lotisseurs. Quant aux AFU de regroupement parcellaire, leur but est de permettre à des propriétaires de traiter ensemble avec un constructeur, en trouvant dans leur union un pouvoir de négociation et de dialogue qu'ils n'auraient pas isolément.

Au regard du régime de l'autorisation des divisions qu'elles sont amenées à faire pour la réalisation de leur objet, elles sont traitées différemment selon qu'elles sont des AFU libres ou des AFU autorisées ou constituées d'office. Les remembrements réalisés par les premières sont soumis à autorisation depuis le décret du 14 mars 1986 et désormais au permis d'aménager lorsqu'ils prévoient la réalisation de voies ou espaces communs (C. urb., art. R. 421-19, *b*). En revanche, ne constituent pas des lotissements les divisions effectuées dans le cadre d'une opération de remembrement réalisée par les secondes (C. urb., art. R. 442-1, *b*). Cette différence de traitement s'explique par le contrôle qu'exerce l'administration sur le plan de remembrement établi par une AFU autorisée ou constituée d'office (C. urb., art. L. 442-1-1). En effet, lorsque l'objet d'une AFU autorisée ou constituée d'office porte sur le remembrement de parcelles, elle établit le projet de remembrement et en saisit l'autorité administrative qui, après avoir vérifié sa compatibilité avec la réglementation de l'urbanisme, le soumet à une enquête publique réalisée conformément au code de l'expropriation. Après l'enquête publique, l'autorité administrative impose, en tant que de besoin, des prescriptions propres à l'opération, en complément de la réglementation d'urbanisme applicable à la zone considérée (C. urb., art. L. 322-6). À l'inverse, les plans de remembrement établis par les AFU libres ne sont pas contrôlés par l'autorité administrative. Les divisions effectuées dans ce cadre doivent donc être autorisées par un permis d'aménager, lorsqu'elles donnent lieu à la réalisation de voies ou d'espaces communs.

§ 2 La diversité de formes juridiques des AFU

Les AFU libres obéissent à un régime de droit privé. Elles déterminent librement leur objet. En revanche, les AFU autorisées ou constituées d'office, encore appelées AFU forcées, ont, pour cette raison, le statut d'établissement public à caractère administratif. 1247

Les AFU libres. La loi du 21 juin 1865 sur les associations syndicales remplacée par l'ordonnance du 1er juillet 2004 a ouvert aux propriétaires privés la possibilité de se réunir en association pour effectuer des opérations d'urbanisme. Les AFU libres se forment sans aucune intervention de la puissance publique, par le consentement unanime des associés. L'AFU libre répond à ce régime de liberté aussi bien dans sa constitution que dans son mode de fonctionnement. Elle ne subit aucun contrôle de la part des autorités publiques. Les statuts de l'association déterminent entièrement son mode de fonctionnement. Néanmoins, la totalité des propriétaires concernés par l'opération envisagée doit participer à la création de l'AFU libre. Cette règle de l'unanimité au moment de l'adoption des statuts s'explique par le caractère privé de l'association. De même, la modification des statuts d'une AFU libre aboutissant à une augmentation des engagements de l'un des associés ne peut être régulièrement adoptée par l'assemblée délibérante qu'avec l'accord de cet associé (Civ. 3e, 20 juin 2001, *Colombero c/ AFU libre Neuve Douane*). 1248

La principale conséquence du caractère privé des AFU libres est la compétence des juridictions judiciaires pour connaître de leurs litiges (T. confl. 14 mars 1988, *Assoc. synd. libre du lotissement Simbachtal*, req. n° 02514 ; 15 nov. 1999, *Mollo*, req. n° 990315). De même leurs cahiers des charges sont nécessairement des actes de droit privé (CE 27 juill. 1990, *Baurin*, req. n° 96488). Le juge ne saurait en outre imposer à leurs membres des bases de répartition des dépenses différentes de celles fixées dans les statuts (Civ. 3e, 4 mai 1988, *Bull. civ.* II, n° 84).

■ 1249 *Les AFU autorisées.* L'AFU de remembrement parcellaire peut être autorisée. De même, l'AFU de projet est une AFU autorisée. Les AFU autorisées constituent en général la majorité des AFU existantes. Ce sont des établissements publics administratifs dotés de ce fait de prérogatives de puissance publique que ne détiennent pas les AFU libres. Elles jouissent ainsi du droit de recourir à l'expropriation pour cause d'utilité publique, peuvent posséder un domaine public et percevoir des taxes syndicales. Les travaux des AFU autorisées ont le caractère de travaux publics. Les contrats passés par ces AFU pour la réalisation de leurs travaux ont le caractère de marchés publics. Aucune voie d'exécution forcée ne peut leur être infligée.

La conséquence principale du statut d'établissement public administratif réside dans la compétence des juridictions administratives pour connaître des litiges relatifs à leur création et à leur fonctionnement. Leur régime de création et leur mode de fonctionnement dépendent de l'objet pour lequel elles se sont constituées.

■ 1250 *Les AFU forcées.* Elles sont constituées d'autorité par le préfet qui ne peut intervenir qu'en cas d'échec de la constitution d'une AFU libre ou d'une AFU autorisée. Elles répondent au même régime que les AFU autorisées en ce qu'elles sont également des établissements publics administratifs (T. confl. 20 nov. 1961, *Gimbert de Fallois c/ Assoc. synd. de reconstruction de Saint-Nazaire*, *Lebon* 873). La différence réside cependant dans les conditions de leur constitution. Les AFU forcées vont obliger les propriétaires des terrains compris dans leur périmètre à en être adhérents. Elles sont d'autant plus contraignantes que les propriétaires en question n'ont aucun droit de délaissement. Elles connaissent par ailleurs un mode de fonctionnement particulier puisqu'elles sont administrées par une commission administrative ad hoc dont la composition relève de l'arrêté préfectoral qui les crée.

L'article L. 322-4 du Code de l'urbanisme énumère les cinq buts que le préfet peut assigner à une AFU forcée. Ils sont pour une large part identiques à ceux fixés aux AFU autorisées. En particulier, une AFU forcée peut être imposée pour le remembrement de parcelles, lorsque, par application des règles d'urbanisme, l'implantation et le volume des constructions doivent respecter une discipline spéciale dont la disposition actuelle des parcelles compromettrait ou empêcherait la réalisation ou lorsqu'il est équitable de répartir sur un ensemble de propriétés la charge des prélèvements de terrains opérés par voie de cession ou d'expropriation au profit des emprises publiques, ainsi que la charge des servitudes attachées à la présence des ouvrages construits sur ces emprises ; ou lorsqu'il convient de procéder à des modifications de limites de lots dans un lotissement (C. urb., art. L. 322-4).

section 2

La constitution des associations foncières urbaines

Les AFU libres se constituent comme toute association privée, sans aucune contrainte supplémentaire. Les AFU forcées sont créées d'autorité par arrêté préfectoral. Peuvent y être intégrées non seulement les propriétés de particuliers, mais également les copropriétés (CAA Douai, 20 janv. 2004, *AFU du domaine du Val des Sablons*, req. n° 01DA00822), les indivisions (CE 6 sept. 1995, *Esvan*, req. n° 115745) et les immeubles des collectivités publiques même si l'immeuble en question est une dépendance du domaine public (CAA Douai, 20 janv. 2004, *AFU du domaine du Val des Sablons*, préc.). Le régime de la constitution des AFU autorisées diffère suivant l'objet pour lequel l'association est constituée (§ 2). Il existe cependant des règles communes à toutes les AFU autorisées (§ 1). 1251 ■

§ 1 Les règles communes à toutes les AFU autorisées

En premier lieu, quel que soit le type d'AFU autorisée, l'initiative est toujours partagée en ce qu'elle peut émaner de la commune ou des propriétaires. L'initiative de la création d'une AFUP doit cependant venir des propriétaires intéressés (C. urb,, art. L. 322-14). En second lieu, contrastant avec les AFU libres, il n'y a pas lieu de remplir la condition de l'unanimité lors de la constitution d'une AFU autorisée ; seule une majorité, simple ou qualifiée selon le cas, est requise. En outre, l'existence de l'AFU autorisée est soumise à l'engagement d'acquérir les immeubles de propriétaires exerçant leur droit de délaissement dans le délai d'un mois (pour une réserve sur ce point concernant l'AFU de projet, v. P. Hocreitère et J-Ph. Meng, L'urbanisme et les collectivités locales, fasc. spéc. Loi ALUR, Berger Levrault, n° 170). Les AFU libres et forcées ne peuvent évidemment pas être concernées par un tel engagement, l'AFU libre nécessitant l'unanimité et les AFU forcées interdisant le délaissement. 1252 ■

Préalablement à la création de l'AFUA, le conseil municipal doit être consulté soit pour avis simple dans le cas des communes non dotées d'un PLU ou d'une carte communale, soit pour accord dans celles disposant d'un document d'urbanisme. Suite à l'avis du conseil municipal, un arrêté préfectoral ouvre une période de trois mois au cours de laquelle une enquête publique est organisée et une assemblée générale des propriétaires est convoquée afin de procéder à un vote et au décompte définitif des adhésions à l'association. Le silence d'un propriétaire équivaut à un accord. Le préfet statue alors par arrêté préfectoral sur la demande d'autorisation. Cet arrêté préfectoral n'a pas de valeur réglementaire (CE 13 févr. 1985, *Féd. des assoc. du Sud-Seine et Marnais pour la protection de la Vallée de la Seine*, req. n° 41498). 1253 ■

Les recours contre ledit arrêté sont enfermés dans le délai classique de deux mois pour les tiers mais de quatre mois pour les propriétaires. Par ailleurs, l'illégalité de l'arrêté d'autorisation est de nature à engager la responsabilité pour faute de l'État (TA Strasbourg, 15 déc. 1987, *Épx Malhomme*, req. n° 831276, *JCP* 1989. II. 21105 ; CAA

Nancy, 30 déc. 1990, *Peukert*, req. n° 89NC00330). Enfin, l'annulation de l'autorisation provoque l'extinction des contrats passés par l'association (CE 9 nov. 1988, *Bouvier*, *Lebon* 639).

§ 2 Les règles propres à la constitution des AFUA de remembrement

■ 1254 Outre les règles générales de constitution des AFU, chaque type d'AFU obéit à des règles spécifiques de constitution. Les principales spécificités résident dans le dossier de constitution et les règles de majorité. Le dossier de constitution de l'AFU de *remembrement*[Q] est constitué d'un projet d'acte d'association, d'un plan parcellaire indiquant le tracé du ou des périmètres intéressés accompagné de l'état des propriétaires de chaque parcelle avant remembrement, d'une notice explicative de l'utilité du remembrement, d'une estimation du coût des études déjà réalisées et futures, et, le cas échéant, du programme des travaux d'aménagement à exécuter par l'AFU et leur estimation sommaire. Le dossier de constitution de l'AFU de projet comprend notamment un projet de statut conforme à l'ordonnance du 1er juillet 2004 (art. 7, al. 2) et le périmètre des opérations envisagé. L'article L. 322-3 du Code de l'urbanisme fixe les règles de majorité requises. Pour pouvoir être constituée, l'AFU doit réunir les deux tiers au moins des propriétaires détenant les deux tiers au moins de la superficie. Mais la moitié des propriétaires suffisent à constituer l'AFU si la localisation ou la configuration des terrains limite la possibilité de construire (C. urb., art. L. 322-3-1).

section 3

Le fonctionnement des associations foncières urbaines

■ 1255 Les AFU libres fonctionnent tel que leurs statuts en disposent. Les AFU forcées fonctionnent quasiment sur le même modèle que les AFU autorisées. Elles sont soumises à des règles de fonctionnement communes (A) et comportent des originalités engendrées par leur objet (B).

§ 1 Les règles communes de fonctionnement des AFUA

■ 1256 *Règles d'administration.* Leur direction est assurée par trois organes. Tout d'abord, un organe délibérant, à savoir l'assemblée générale. Celle-ci est composée de tous les propriétaires associés. Elle se réunit une fois par an au minimum. Son rôle est de désigner les syndics, de délibérer sur les éventuelles modifications des statuts, les adhésions, la dissolution. Elle exerce, en outre, certaines compétences de contrôle. En particulier elle contrôle le montant des emprunts et approuve la convention par laquelle l'AFU délègue la maîtrise d'ouvrage des travaux qu'elle entreprend. Le conseil des syndics gère, quant à lui, les affaires de l'association, et notamment approuve les marchés, vote le budget annuel, dresse le rôle des taxes à imposer aux membres de l'association, délibère sur les emprunts, vérifie les comptes et autorise à ester en justice. Enfin, les AFUA ont un président chargé de l'exécutif de l'association. Par ailleurs, il prépare le budget et le compte administratif et assure le paiement des dépenses. Mais il leur est également possible de passer des contrats d'assistance technique avec une personne publique ou privée qui pourra participer, avec voix consultative, aux délibérations de l'assemblée générale et du conseil des syndics.

Règles de financement. Les règles de la comptabilité publique s'appliquent aux AFUA 1257 ■
qui sont soumises au contrôle de la Cour des comptes du fait de leur nature d'établissements publics administratifs. Elles perçoivent les taxes syndicales qui répondent au régime des contributions directes. Elles peuvent toutefois se voir payées par remise d'immeubles ou de parties d'immeubles ou par réalisation de travaux. Les contestations portant sur la répartition des charges financières obéissent à des règles spécifiques. Ainsi le recours contre la délibération qui fixe cette répartition est irrecevable. Il est en revanche possible d'attaquer le premier rôle ayant fait application de ces bases (CE 26 oct. 1998, *Wilmot*, req. n° 171757), dans les trois mois après la mise en recouvrement desdites bases (CAA Nancy, 5 nov. 1998, *Assoc. de remembrement de Romilly-sur-Seine*, req. n° 98NC00717).

§ 2 Les règles propres aux AFU de remembrement

Certaines AFU obéissent à des règles de fonctionnement qui leur sont propres. Les 1258 ■
autres sont régies intégralement par l'ordonnance du 1er juillet 2004. Parmi les premières figurent les AFU de remembrement. Leurs spécificités résultent de ce que le remembrement doit être l'aboutissement d'une réflexion approfondie concernant les parcelles à remembrer et les travaux éventuels à réaliser. Ceci fait l'objet d'un projet de remembrement qui obéit à une procédure propre et fait l'objet d'un contentieux spécifique. Le projet de remembrement doit être « établi dans l'intérêt commun eu égard aux possibilités d'utilisation du sol à l'intérieur du périmètre de remembrement ». Ce projet, qui peut comporter des prescriptions d'urbanisme particulières à l'opération, est envoyé au préfet qui doit recueillir l'avis simple de la commune si celle-ci n'est pas dotée d'un PLU approuvé, ou son accord si elle est dotée d'un tel document d'urbanisme. Après contrôle de légalité, le préfet soumet le projet à enquête publique. À l'issue de l'enquête, le président de l'AFU se voit adresser le dossier avec les observations issues de l'enquête. Si le conseil des syndics accepte de faire droit à ces observations, le projet est approuvé. Si tel n'est pas le cas une commission consultative est saisie. Les recours contre l'évaluation des parcelles remembrées ou concernant les hypothèques, privilèges et autres droits réels d'une AFU de remembrement sont portés devant le juge de l'expropriation. Enfin, le plan de remembrement est arrêté par le conseil des syndics après avoir été rectifié, le cas échéant, en exécution des décisions judiciaires, puis finalement approuvé par arrêté préfectoral.

§ 3 Les règles propres aux AFU de projet

1259 Concernant les AFU de projet, les dispositions relatives à la modification des conditions initiales sont régies par l'ordonnance du 1er juillet 2004 (section 1 du chapitre IV du titre III). Toutefois, par dérogation à ces dispositions, les statuts peuvent prévoir la possibilité de distraire un bien du périmètre de l'AFU. Ainsi, lorsqu'un membre de l'association souhaite vendre tout ou partie de ses terrains aménagés à un acquéreur qui ne veut pas être inclus dans le périmètre de l'association et donc les distraire de son périmètre, l'assemblée générale de l'association, à la majorité des propriétaires représentant au moins les deux tiers de la superficie des terrains de l'association ou au moins les deux tiers des propriétaires représentant plus de la moitié des superficies des terrains, peut approuver, sans enquête publique préalable, la distraction des terrains à vendre du périmètre de l'association et fixer les conditions financières dans lesquelles le vendeur reste redevable des emprunts et des participations prévues. En dessous d'un seuil de surface fixé par décret en Conseil d'État, la décision de distraction de ces terrains peut être prise à la majorité des membres de l'association. En cas de distraction approuvée, l'autorité administrative qui a autorisé la création de l'association foncière urbaine de projet modifie son périmètre en conséquence (C. urb., art. L. 322-16). L'objet de cette dérogation est de faciliter la commercialisation des terrains dans le cas où l'acquéreur n'entend pas que ceux-ci demeurent dans le périmètre de l'association.

Compléments pédagogiques

Mémo

Contrôle des divisions. Dès l'origine, le droit de l'urbanisme s'est préoccupé de soumettre à un contrôle administratif l'opération consistant à diviser une propriété foncière d'un seul tenant en plusieurs parcelles destinées à être aliénées à des personnes souhaitant y implanter des constructions. Ce contrôle poursuit un double objectif, l'un relevant du droit privé, l'autre du droit public. Du point de vue du droit privé, il s'agit de protéger l'acquéreur immobilier. Cet objectif inspire déjà la loi du 14 mars 1919 concernant les plans d'extension et d'aménagement des villes qui réglemente le lotissement, puis la loi du 19 juillet 1924 qui le soumet à autorisation préalable en raison des nombreux abus auxquels cette opération a donné lieu. La réglementation du lotissement a ainsi pour objet d'assurer à l'acquéreur un lot apte à répondre à sa destination, doté d'une desserte suffisante par la voirie et les réseaux. D'un point de vue de droit public, le contrôle de la division foncière permet de maîtriser le développement des villes et la forme urbaine. La loi du 19 juin 1943 donne ainsi une définition précise du lotissement et établit une procédure d'instruction qui installe l'opération dans la sphère du droit public.

Le droit de l'urbanisme permet, sous la forme d'une déclaration préalable, le contrôle de la division en dehors même de tout projet d'aménagement ou de construction (C. urb., art. L. 111-5-2 et R. 111-26). Mais c'est principalement à l'occasion d'un tel projet que la division est soumise à une autorisation. Cette dernière n'est pas la même selon que les actions d'aménager et de construire sont successives ou, au contraire, simultanées. Dans le premier cas, l'autorisation prend la forme du permis d'aménager. Dans le second, celle du permis valant division.

Lotissement. La réforme opérée par l'ordonnance du 8 décembre 2005 fait sortir le lotissement du Livre III du Code de l'urbanisme relatif à l'aménagement foncier et l'intègre dans le Livre IV qui couvre l'ensemble des autorisations d'urbanisme. Elle ne devait pas, si l'on en croit le rapport au président de la République qui la précède, modifier sa définition. Son décret d'application du 7 janvier 2007 réalise cependant une extension substantielle du champ d'application de la réglementation des lotissements dans le sens d'un contrôle accru des divisions foncières. Celle-ci s'applique, en effet, dès la première division. En conséquence, la procédure a été profondément modifiée. Deux régimes de contrôles distincts se substituent à l'ancienne autorisation de lotir : le permis d'aménager et la déclaration préalable. Depuis l'ordonnance n° 2011-1916 du 22 décembre 2011 et le décret n° 2012-274 du 28 février 2012, le critère de distinction entre ces deux régimes repose sur la création de voies, d'espaces ou d'équipements communs internes au lotissement et la localisation de l'opération (C. urb., art. L. 442-2, R. 421-19).

Permis valant division. Les régimes du lotissement et du permis valant division se sont progressivement dissociés en considération des modalités de la division. Alors qu'elle intervient avant la réalisation de constructions dans le cadre du lotissement, elle se fait à l'occasion d'une opération de construction dans le cas du permis valant division. La réforme du permis de construire ne remet pas en cause cette déconnexion entre les deux régimes. Elle confirme que ce permis ne peut être exigé que si la division intervient avant l'achèvement des constructions. Elle accroît par ailleurs son champ d'application en abandonnant le critère de l'unicité du maître d'ouvrage.

Quid

■ Association foncière urbaine n^os **1241 s.**

Le droit de l'urbanisme dote les propriétaires privés désireux de réaliser ensemble une opération d'aménagement d'un instrument juridique alternatif au lotissement sous la forme de l'association foncière urbaine (AFU) dont le régime a été établi par la loi d'orientation foncière de 1967. Ces AFU peuvent être librement constituées par les propriétaires concernés, autorisées par le préfet ou constituées d'office par lui.

■ Association foncière urbaine de projet n° **1245**

L'association foncière urbaine de projet est une variété de d'AFU de remembrement et de groupement parcellaire. Son régime a été constitué par la loi ALUR du 24 mars 2014. Sa spécificité est de combiner, dans son objet, à la fois une opération de remembrement et une opération d'aménagement de manière à permettre la cession des terrains à tout tiers intéressé.

■ Copropriété horizontale n° **1139**

Forme particulière de la copropriété, caractérisée par le fait que chaque propriétaire est titulaire de droits de jouissance privatifs sur la partie de terrain correspondant à l'implantation de sa construction, alors que le terrain d'assiette de l'ensemble demeure commun à tous les copropriétaires. Conçue parfois comme une alternative au lotissement, elle a, pour cet objet, été condamnée par le Conseil supérieur du notariat.

■ Division en volume n° **1143**

Technique juridique consistant à diviser la propriété d'un immeuble en fractions distinctes, sur le plan horizontal comme sur le plan vertical, à des niveaux différents, qui peuvent se situer au-dessus comme au-dessous du sol naturel.

■ Division primaire n° **1148**

Division en propriété ou en jouissance effectuée par un propriétaire au profit de personnes qui ont obtenu un permis de construire ou d'aménager portant sur la création d'un groupe de bâtiments ou d'un immeuble autre qu'une maison individuelle au sens de l'article L. 231-1 du code de la construction et de l'habitation.

■ Lotissement n^os **1132 s.**

Opération consistant à diviser une ou plusieurs unités foncières contiguës en vue d'aliéner les lots destinés à être bâtis.

■ Permis valant division nos 1231 s.

Permis de construire portant sur la construction, sur une unité foncière ou sur plusieurs unités foncières contiguës, de plusieurs bâtiments dont le terrain d'assiette comprenant une ou plusieurs unités foncières contiguës, doit faire l'objet d'une division en propriété ou en jouissance avant l'achèvement de l'ensemble du projet.

■ Remembrement n° 1254

Opération qui consiste à regrouper des terres appartenant à plusieurs propriétaires, en vue notamment d'en permettre l'aménagement et la construction.

■ Unité foncière n° 1140

Îlot de propriété d'un seul tenant, composé d'une parcelle ou d'un ensemble de parcelles appartenant à un même propriétaire ou à la même indivision.

Documents

Rép. min. n° 79416, 25 mai 2010 (JOAN Q 22 mars 2011. 2878)

« M. Michel Vauzelle attire l'attention de M. le secrétaire d'État chargé du logement et de l'urbanisme sur les conditions de transfert partiel d'un permis de construire valant division parcellaire. Ce transfert partiel valant division à une pluralité de titulaires est admis par la réglementation depuis que le nouvel article R. 431-24 du Code de l'urbanisme a supprimé l'exigence de l'unicité de maître d'ouvrage posée par l'ancien article R. 421-7-1. Les praticiens de l'urbanisme et notamment les notaires s'interrogent sur la possibilité de céder à chaque bénéficiaire du transfert partiel, l'assiette de la construction qui en est l'objet. En effet, en vertu de l'article R. 442-1, *c* du Code de l'urbanisme les divisions résultant de ces cessions ne sont pas constitutives d'un lotissement dès lors qu'elles sont effectuées conformément au permis valant division, c'est-à-dire au plan de division approuvé par les autorités administratives. Cette opération revient à céder des terrains à bâtir en vue de l'implantation d'un bâtiment en franchise du respect de la réglementation des lotissements. L'acquéreur étant muni d'un permis de construire attendu par l'effet d'un transfert partiel ou conjoint. Certains considèrent que le recours à cette technique de vente de terrains sous couvert d'un permis de division doit être écarté lorsque le permis valant division porte sur la construction de maisons individuelles. Selon eux, l'article R. 442-1, d relatif aux divisions primaires, par le jeu d'une contre exception, maintient dans le champ du lotissement la division d'un terrain au profit d'un acquéreur qui a déjà obtenu son permis de construire, portant sur une maison individuelle. Ainsi, accorder un transfert partiel de permis valant division portant sur la construction d'une maison individuelle avec cession des lots à différents acquéreurs reviendrait à contourner la réglementation sur les lotissements. Il lui demande donc de bien vouloir préciser si le transfert partiel d'un permis valant division portant sur la construction d'une maison individuelle avec cession de lots aux divers acquéreurs contourne effectivement la réglementation des lotissements ou si cette procédure est possible et licite. Il l'interroge pour savoir si un propriétaire initial d'un terrain qui le divise, peut le faire au profit d'une pluralité d'acquéreurs de lots qu'ils construiront ».

Texte de la réponse (*JO* 22 mars 2011. 2878)

« L'article R. 431-24 du Code de l'urbanisme permet de réaliser des opérations immobilières d'ensemble, y compris des maisons individuelles dites groupées, dans le cadre d'un seul permis de construire. Ce permis de construire, dit permis de construire valant division, autorise, d'une part, la construction de plusieurs bâtiments sur un même terrain, d'autre part, la division de ce terrain selon le plan de division annexé à la demande. L'article R. 442-1, *c* exclut clairement du champ d'application de la procédure du lotissement les divisions effectuées, conformément à ce permis. Par ailleurs, les dispositions de l'article R. 431-24 ne s'opposent pas à ce que la division foncière intervienne avant tout commencement de construction, dès lors que les permis issus de la scission du permis initial sont légaux et auraient pu être délivrés de manière autonome. Toutefois, une telle division ne saurait ni remettre en cause le projet d'ensemble, ni permettre de contourner une autre réglementation. Ainsi, elle ne saurait conduire à céder des permis de construire distincts qui n'assureraient plus l'organisation initiale de l'ensemble du projet (accès, réseaux, espaces et équipements communs) de même, sauf à relever de la procédure du lotissement, elle ne saurait intervenir que dans les limites du champ d'application de l'article R. 442-1, *d*, c'est-à-dire dans la mesure où les droits à construire cédés préalablement à la division portent uniquement sur « un groupe de bâtiments ou un immeuble autre qu'une maison d'habitation individuelle ». En effet, toute cession de droits à construire une maison individuelle, emportant cession de l'assiette de la construction à édifier, entre dans le champ d'application des lotissements et ne peut donc être autorisée dans le cadre d'une scission de permis de construire valant division. Les acquéreurs de lots à bâtir une maison individuelle ne sauraient être privés des garanties assorties à la procédure des lotissements : bornage, garantie d'achèvement des travaux de voirie et espaces communs, maintien des règles d'urbanisme pendant cinq ans. Enfin, chaque fois qu'un propriétaire divise un terrain au profit d'une pluralité d'acquéreurs de lots qui édifieront chacun une maison individuelle, il doit effectivement engager une procédure de lotissement au sens de l'article L. 442-1 préalablement à la vente des lots ou à leur attribution en jouissance ».

Biblio

1) Bibliographie générale

- J.-Ph. Meng, *Le nouveau régime des lotissements*, Berger-Levrault, 2010.
- S. Pérignon, Le nouveau régime de division foncière, Le Moniteur, 2008.
- P. Soler-Couteaux, D. Gillig et J.-Ph. Strebler, *Le permis d'aménager*, Le Moniteur, 2011.

2) Sur les établissements publics fonciers

- V. Guinot et Ph. Proot, « Les établissements publics fonciers : entre aménagement et mise en concurrence », *BJDU* 1/14.3.

3) Sur les AFU de projet

- Ph. Billet, « Loi ALUR et urbanisme opérationnel », *JCP* A 2014, n° 2257.
- M. Donnou et M. Raunet, « Loi ALUR : une nouvelle donne pour l'aménagement urbain ? » *BJDU* 3/2014, sp. p. 185.

- P. Hocreitère et J-Ph. Meng, « L'ubanisme et les collectivités locales, Fascicule spéciale ALUR », Berger-Levrault
- L. Santoni, « L'urbanisme opérationnel « post-ALUR » », Constr.-urb. 2014, n° 8.

4) Sur les lotissements

- Ph. Benoit-Cattin, « Le régime du lotissement revu... mais non corrigé », *Constr.-Urb.* 2007. Études 9.
- E. Carpentier, « La définition du lotissement », *JCP* N 2012, n° 1128.
- X. Couton, « Corrections apportées au régime des lotissements : la réforme enfin réformée », *Constr.-Urb.* 2012, n° 81.
- J.-Ph. Meng, « Les corrections apportées au régime d'autorisation des lotissements », *JCP* N 2012, n° 1129 ; le notaire et le lotissement corrigé, Defrénois 2012.671.
- S. Pérignon, « La nouvelle définition du lotissement », *AJDA* 2006. 569 ; « Pour une nouvelle définition du lotissement », *AJDA* 2009. 740.
- H. Périnet-Marquet, « Lotissements, divisions de l'immeuble et opérations complexes après la réforme de 2007 », *RDI* 2007. 205.
- P. Soler-Couteaux, « Réforme des autorisations d'urbanisme : correction de la copie », *RDI* 2012. 308.
- J. Trémeau, « Pour une réforme du droit des lotissements », *AJDA* 2010. 1180 ; « Le nouveau lotissement », *AJDA* 2012. 636.

■ *Sur la loi ALUR :*

- J-L. Bergel, « Evolution ou éviction des règles des lotissements ? Clair-obscur de la loi ALUR », *RDI* 2014.496.
- C-L. Coupinot, « En finir avec les cahiers des charges ? », *BJDU* 6/14.429.
- Ph. Billet, « Loi ALUR et régime des lotissements », *JCP* A 2014, n° 2258.
- M. Donniou et M. Raunet, « Loi ALUR : une nouvelle donne pour l'aménagement urbain ? », *BJDU* 3/2014.179.
- R. Noguellou, « La loi ALUR et l'offre foncière », *AJDA* 19/2014.1100 ; « La loi ALUR : aspects de droit de l'urbanisme », *DAUH* 2014.42.

5) Sur le permis valant division

- S. Pérignon, « Le nouveau permis valant division », *JCP* N 2007, n° 1058 ; « Permis de construire valant division et pluralité de maîtres d'ouvrage », *Defrénois* 2008. 38843 ; « Permis de construire valant division », *J.-Cl. Constr.-Urb.*, fasc. 27-50 ; « Les divisions en propriété », *DAUH* 2009. 91.
- H. Périnet-Marquet, « Lotissements, divisions de l'immeuble et opérations complexes après la réforme de 2007 », *RDI* 2007. 205.

Quiz

1) Sujet corrigé

Cas pratique

Énoncé

Par une demande déposée le 30 mars 2014, une SCI B. a sollicité la délivrance d'un permis de construire en vue de réaliser un bâtiment, d'une hauteur de 15 mètres au faîtage, comportant 29 logements à usage d'habitation sur le lot 13 d'un lotissement situé dans la commune de M. Ce lotissement a été autorisé par un arrêté préfectoral du 12 juillet 2002 auquel était annexé un règlement, approuvé par le préfet, qui limite la hauteur des constructions à 11 mètres au faîtage.

La commune de M. est dotée d'un PLU opposable aux tiers depuis le 27 novembre 2005. Consécutivement à l'approbation de ce PLU, les colotis ont demandé le maintien du règlement du lotissement.

Par un arrêté en date du 20 juin 2014., le maire de M. a accordé au pétitionnaire le permis de construire demandé.

Un voisin direct du projet de construction autorisé a saisi le tribunal administratif d'un recours en annulation dirigé contre ce permis de construire. À l'appui de ses conclusions, il fait valoir que l'autorisation litigieuse est entachée de deux vices : d'une part, le pétitionnaire n'a pas mentionné dans le formulaire de demande de permis de construire que le terrain d'assiette est situé dans un lotissement ; d'autre part, la hauteur de la construction projetée excèderait selon lui celle autorisée par l'article 10 du règlement du lotissement.

Pensez-vous que ces deux moyens sont de nature à conduire le tribunal administratif à prononcer l'annulation du permis de construire en cause ?

Voir le corrigé en fin de rubrique.

2) Corrigé

Cas pratique

I. A titre liminaire, sur la caducité du règlement du lotissement

Le permis de construire doit respecter les règles d'urbanisme édictées par le PLU et les prescriptions plus restrictives du règlement du lotissement.

Ce principe ne vaut toutefois que pour autant que le règlement du lotissement est encore opposable aux constructeurs.

Tel n'est pas le cas, lorsque ce règlement est devenu caduc en application des dispositions de l'article L. 442-9 du Code de l'urbanisme selon lequel :

« Les règles d'urbanisme contenues dans les documents du lotissement, notamment le règlement, le cahier des charges s'il a été approuvé ou les clauses de nature réglementaire du cahier des charges s'il n'a pas été approuvé, deviennent caduques au terme de dix années à compter de la délivrance de l'autorisation de lotir si, à cette

date, le lotissement est couvert par un plan local d'urbanisme ou un document d'urbanisme en tenant lieu.

(...) Les dispositions du présent article ne remettent pas en cause les droits et obligations régissant les rapports entre colotis définis dans le cahier des charges du lotissement, ni le mode de gestion des parties communes (...) »

En l'espèce, le lotissement a été autorisé le 12 juillet 2002. Il était donc susceptible d'être caduc dix ans plus tard, dès lors que la commune est couverte par un PLU opposable depuis le 27 novembre 2005.

On rappellera toutefois qu'à la suite de la publication du PLU, les colotis ont demandé le maintien du règlement, comme les y autorisait l'article L. 442-9 ancien du Code de l'urbanisme.

Cependant, la loi ALUR a étendu la caducité aux règles d'urbanisme, dont les colotis avaient demandé le maintien sous le régime antérieur.

Dans ces conditions, il ne fait pas de doute que les règles d'urbanisme contenues dans le règlement du lotissement n'étaient pas opposables à la demande de permis de construire.

II. Sur le contentieux

Cette situation a deux effets sur le contentieux engagé par le voisin.

A. D'une part, l'argument consistant à soutenir que le permis de construire contesté a été accordé à la SCI B. sur la base des indications incomplètes ou inexactes données par le pétitionnaire en ce qui concerne la situation du terrain d'assiette a peu de chances d'aboutir.

En effet, ce n'est que lorsque l'omission concernant l'inclusion d'un terrain dans un lotissement a été de nature à induire le service instructeur en erreur que le permis de construire est annulé (CAA Nancy, 31 déc. 1997, *Min. Équipement, Transports et Tourisme*, *BJDU* 1998. 73).

Or, il est possible de considérer que tel n'est pas le cas en l'espèce. En effet, même si les règles d'urbanisme contenues dans le règlement approuvé du lotissement, autorisé le 12 juillet 2002 ne sont pas devenus caduques à compter de juillet 2012, compte tenu de la demande des colotis, elles le sont devenues à la date du 27 mars 2014, date de l'entrée en vigueur de la loi ALUR. Or le permis a été demandé le 30 mars.

Dans ces conditions, l'absence de l'indication selon laquelle le terrain était situé dans un lotissement n'a pas été de nature à induire le service instructeur en erreur et à fausser l'instruction (TA Strasbourg, 20 juill. 1998, *Synd. des copropriétaires Clos des Vanneaux*, req. n° 962107 ; TA Montpellier, 9 janv. 2004, *Moratille*, *JCP* A 2004, n° 1244, note P. Ibanez).

B. Pour les raisons exposées précédemment, le voisin requérant n'est pas fondé à invoquer le moyen tiré de la méconnaissance de l'article 10 du règlement du lotissement frappé de caducité.

Il convient toutefois de rappeler qu'aux termes de l'article L. 442-9 al. 3, les dispositions relatives à la caducité des règles d'urbanisme contenues dans les documents du lotissement, notamment le règlement, le cahier des charges s'il a été approuvé ou les clauses de nature réglementaire du cahier des charges s'il n'a pas été approuvé « ne remettent pas en cause les droits et obligations régissant les rapports entre colotis dans le cahier des charges du lotissement, ni le mode de gestion des parties communes ».

Il conviendra donc de s'assurer que la règle de hauteur n'a pas été reprise dans le cahier des charges du lotissement.

Dans ce cas, il conviendrait d'attirer l'attention du bénéficiaire du permis de construire sur le risque civil dans la mesure où son voisin pourrait demander au juge civil qu'il soit contraint à respecter la hauteur de 11 mètres au faîtage.

S'engagerait alors une discussion à la portée incertaine sur la question de savoir si la caducité des « clauses de nature réglementaire du cahier des charges » non approuvé s'étend à la règle de hauteur, qui pourrait, par ailleurs, être considérée comme une « règle mixte ».

chapitre 24

Inventaire et typologies des taxes et participations d'urbanisme

Plan analytique

section **1**

Nature des taxes et participations d'urbanisme

§ **1** Les contributions à caractère fiscal

§ **2** Les participations d'urbanisme

section **2**

Les conditions d'exigibilité des taxes et participations d'urbanisme

§ **1** Le fait générateur des taxes et participations d'urbanisme

- **A.** Le permis de construire et la déclaration de travaux
- **B.** Le permis d'aménager
- **C.** La construction sans autorisation ou en infraction aux obligations résultant de l'autorisation
- **D.** La non-réalisation du projet autorisé

§ **2** Le caractère cumulatif des taxes et participations d'urbanisme

Inventaire et typologies des taxes et participations d'urbanisme

La délivrance des autorisations d'urbanisme est l'occasion de mettre à la charge de leurs bénéficiaires un certain nombre de taxes et participations (C. urb., art. L. 332-6). Il s'agit, outre la taxe d'aménagement, de quelques contributions à caractère fiscal. Mais l'autorité qui délivre l'autorisation peut également mettre à la charge du constructeur diverses contributions aux dépenses d'équipements publics. 1260

Avant d'entrer dans le détail de leur examen, il convient d'indiquer que la loi n° 2010-1658 du 29 décembre 2010 de finances rectificative pour 2010 a opéré une réforme de la fiscalité de l'urbanisme dont il faut exposer les grandes lignes et les conséquences sur l'inventaire des taxes et participations d'urbanisme. En premier lieu, la loi institue une taxe d'aménagement dont les trois « parts » (locale, départementale, régionale) se substituent respectivement à la taxe locale d'équipement (TLE), aux taxes départementales pour le financement des conseils d'architecture, d'urbanisme et d'environnement (CAUE) et des espaces naturels sensibles, ainsi qu'à la taxe complémentaire à la TLE en région d'Île-de-France. Par ailleurs, le versement pour dépassement du plafond légal de densité est supprimé définitivement à compter du 1er janvier 2015.

Par l'effet de cette réforme, la liste des participations d'urbanisme a été substantiellement réduite. En premier lieu, le programme d'aménagement d'ensemble (PAE) a été supprimé à compter du 1er mars 2012. Néanmoins, les dispositions correspondantes du Code de l'urbanisme demeurent applicables dans les secteurs des communes où un PAE a été institué antérieurement, jusqu'à ce qu'une décision du conseil municipal décide de clore le programme (C. urb., art. L. 332-6, 1°). En second lieu, la participation pour voies et réseaux (PVR) ; la participation de riverains en Alsace-Moselle (PRAM) et la participation pour réalisation de parcs publics de stationnement sont supprimées à compter du 1er janvier 2015. Toutefois, comme pour les PAE, les périmètres de PVR ou les PRAM instituées avant le 1er janvier 2015 restent applicables aux autorisations d'urbanisme délivrées après cette date (L. n° 2014-1655, 29 déc. 2014 de finances rectificative pour 2014). Enfin, initialement supprimée dans les mêmes conditions au 1er janvier 2015, la participation pour raccordement à l'égout a été remplacée à compter du 1er juillet 2012 par une participation au financement de l'assainissement collectif qui ne relève plus des participations d'urbanisme.

Il convient de déterminer la nature de ces différentes contributions et, partant, leur régime (section 1) puis de préciser leurs conditions d'exigibilité (section 2).

section 1

Nature des taxes et participations d'urbanisme

1261 Au sein des contributions d'urbanisme, certaines ont un caractère fiscal (F. Bouyssou, *La fiscalité de l'urbanisme en droit français*, LGDJ, 1972 ; M. Degoffe, « La nature juridique des participations d'urbanisme », Constr.-Urb. 2007. Étude 15) (§ 1). D'autres constituent des participations *sui generis* (§ 2).

§ 1 Les contributions à caractère fiscal

1262 *Inventaire.* Consécutivement à la réforme instituant la taxe d'aménagement, les contributions suivantes présentent un caractère fiscal : outre la taxe d'aménagement elle-même (v. antérieurement pour la TLE, CE 9 avr. 1976, *SCI « Les Trémières »*, *Lebon* 830), la redevance pour la construction de bureaux ou de locaux de recherche en Ile-de-France (C. urb., art. L. 520-1 ; CE 3 nov. 1967, *Min. Économie et Finances c/ Marc*, req. n°s 70765, 70766 ; 17 déc. 2003, *Min. Équipement c/ Rado*, req. n°s 237044, 237045, *BJDU* 2004. 57, concl. L. Vallée) et le versement pour sous-densité (C. urb., art. L. 331-36). On peut sans doute ajouter à cette liste la redevance d'archéologie préventive (C. patr., art. L. 524-2 ; M. Degoffe, « La nature juridique des participations d'urbanisme », préc., n° 16, p. 13).

1263 *Régime.* Les contributions présentant un caractère fiscal suivent le régime de la fiscalité. Ainsi, lorsqu'elle entend mettre en œuvre une procédure de rectification en cas de déclaration inexacte dans la demande d'autorisation ou de non-respect de l'autorisation lors de la construction, l'administration doit mettre en œuvre la procédure contradictoire (LPF, art. L. 57, L. 61 A ; CE 7 janv. 2000, *SE au Logement c/ Rado*, req. n° 189992 et spécifiquement pour la taxe d'aménagement, C. urb., art. L. 331-22).

Le redevable, quant à lui, peut opposer sa propre doctrine à l'administration (CE 18 nov. 1985, *Sté immobilière de la place du Colonel Fabien*, req. n° 34217, *Lebon* 555). Il peut, par ailleurs, contester les contributions concernées dans le respect de la procédure fiscale. En effet leur contentieux relève du contentieux fiscal. Par exemple, les réclamations concernant la taxe d'aménagement sont présentées, instruites et jugées selon les règles applicables en matière d'impôts directs locaux (C. urb., art. L. 332-31). Les recours doivent donc être précédés d'une réclamation auprès de l'administration (CE 7 déc. 1987, *Le Du c/ Ville Paris*, *Lebon* 679 ; 17 déc. 2003, *Min. Équipement c/ Rado*, *Lebon* T. 771 et 899 ; *BJDU* 2004. 57, concl. L. Vallée ; S. Glogowski, « La procédure de contestation des taxes et participations d'urbanisme », *AJDA* 2007. 1680).

1264 L'établissement de l'assiette et la liquidation des taxes d'urbanisme relèvent de la responsabilité du service de l'État dans le département chargé de l'urbanisme. Il s'agit de la direction départementale des territoires. Le directeur départemental peut procéder à une délégation de pouvoir interne ; encore faut-il qu'elle soit régulièrement consentie (CAA Paris, 14 mai 1998, *Min. Équipement, Transports et Logement c/ Crespin*, req. n° 97PA011749).

§ 2 Les participations d'urbanisme

Les participations individualisées n'ont pas un caractère fiscal, pas plus qu'elles ne constituent des redevances (H. Blais, « Le point sur quelques questions posées par le contentieux administratif des participations non fiscales des constructeurs », *BJDU* 1995. 422 ; S. Glogowski, « La procédure de contestation des taxes et participations d'urbanisme », préc.). Elles sont des contributions *sui generis*. Elles sont assises et liquidées par les autorités compétentes de la collectivité et sont recouvrées par elles comme les autres créances à caractère non fiscal. 1265 ■

Depuis le 1er janvier 2015, ne relèvent plus de cette catégorie que les participations en ZAC, le projet urbain partenarial et la participation pour la réalisation d'équipements publics exceptionnels (C. urb., art. L. 332-8, L. 332-12 ; CE 22 juin 1987, *Ville Rambouillet c/ Van de Maele*, n° 69759, 69796, *Lebon* T. 659 ; 6 mars 2006, *SNC Le Triangle*, req. n° 266346, *Lebon* T. 1103 ; *Coll. terr.* 2006. 97, obs. L. Erstein ; *JCP* A 2006, n° 1236, note Ph. Billet), ainsi que les participations en programme d'aménagement d'ensemble (PAE), pour voirie et réseaux (PVR) ou de riverains en Alsace-Moselle (PRAM) qui ont été mises en place avant la suppression légale de la possibilité de les instituer.

Régime. À raison même de leur nature, les participations doivent voir leur montant fixé en fonction de l'importance des constructions à réaliser (CE 6 mars 2006, *SNC Le Triangle*, préc.). Le juge vérifie que la somme demandée ne présente pas un caractère excessif eu égard à la nature et à l'importance des travaux (CE 13 juill. 2006, *Cne Montady*, n° 266093, *Lebon* 348 ; *BJDU* 2006. 451, concl. S. Verclytte ; *RDI* 2006. 396, obs. P. S.-C. : à propos d'un PAE ; CAA Bordeaux, 23 oct. 2006, *Dpt Dordogne c/ SCI Bergerac La Cavaille Nord*, req. n° 03BX00624 : à propos de la participation pour équipement public exceptionnel). 1266 ■

Pour la même raison tenant à leur nature, les participations ne peuvent se compenser avec des taxes fiscales (CE 22 juin 1987, *Ville Rambouillet*, préc.). De même, leur contentieux n'obéit pas aux règles qui régissent le contentieux fiscal (CE 12 janv. 1973, *Ville Cannet c/ Pantacchini*, n° 78730 *Lebon* 36). Il faut donc préciser que la formule que le Code de l'urbanisme emploie selon laquelle « les réclamations sont présentées, instruites et jugées selon les règles de procédure applicables en matière d'impôts directs » ne peut en aucun cas avoir pour effet de rendre applicables à des recettes qui ne sont pas fiscales les règles du CGI qui concernent les créances fiscales (CE 19 avr. 2000, *SARL Le Paris*, n° 190080, *Lebon* T. 1285 ; *Dr. fisc.* 2000. 1040, concl. J. Courtail ; 19 mars 2001, *Cne Grau-du-Roi*, req. n° 194861 ; 20 oct. 2004, *Ozilou*, req. n° 252808).

Institution et bénéficiaires des participations. Comme on le verra, l'institution des participations en ZAC est le fait de la personne publique qui a pris son initiative. Les conventions de projet urbain partenarial ne peuvent, quant à elles, être conclues que par l'autorité compétente en matière de PLU. Dans les deux cas, les collectivités compétentes ne peuvent pas exiger de participations pour la réalisation 1267 ■

d'équipements publics sans l'accord préalable des maîtres d'ouvrage des équipements concernés. Pour le reste, l'article L. 332-13 du Code de l'urbanisme issu de la loi SRU dispose désormais : « Lorsque la commune fait partie d'un établissement public de coopération intercommunale ou d'un syndicat mixte compétent pour la réalisation des équipements donnant lieu à participation au titre de la présente section, la participation est instituée, dans les mêmes conditions, par l'établissement public qui exerce la compétence considérée, quel que soit le mode de gestion retenu. La participation est versée à l'établissement public ». Cette disposition concerne essentiellement les participations spécifiques pour équipements publics exceptionnels qui sont exigées au cas par cas.

section 2

Les conditions d'exigibilité des taxes et participations d'urbanisme

■ 1268 Le fait générateur des taxes et participations d'urbanisme est en général l'autorisation d'urbanisme, mais il est susceptible de varier en fonction de situations qu'il convient de préciser (§ 1). Il faut également exposer les conditions dans lesquelles elles sont susceptibles d'être cumulables (§ 2). La portée de leur mention dans le certificat d'urbanisme a, quant à elle, été étudiée à l'occasion de l'exposé du régime de cet acte.

§ 1 Le fait générateur des taxes et participations d'urbanisme

■ 1269 Les taxes d'urbanisme ne devraient pas être mentionnées dans les autorisations d'urbanisme délivrées au nom de la commune, dès lors que le maire est en toute hypothèse incompétent en ce domaine. Elles sont donc exigibles en l'absence de toute indication dans l'autorisation d'occupation du sol (CE 28 juill. 1999, *Angelloz-Nicoud*, req. n° 178870, *BJDU* 1999. 378, concl. D. Chauvaux ; CAA Marseille, 12 déc. 2002, *Min. Équipement c/ SCI « Jardins de Constance »*, req. n° 98MA01993 : à propos de la taxe pour le CAUE).

En revanche, s'agissant des participations d'urbanisme, l'article L. 332-28 du Code de l'urbanisme pose le principe général selon lequel celles qu'il mentionne sont prescrites, selon le cas, par le permis de construire, le permis d'aménager, les prescriptions faites par l'autorité compétente à l'occasion d'une déclaration préalable ou l'acte approuvant un plan de remembrement. La décision concernée en fixe le montant. Elle en fixe la superficie et la valeur s'il s'agit d'un apport en terrains ou les caractéristiques générales et l'estimation de leur coût, lorsqu'il s'agit d'apports de terrains requis au titre d'un PAE, d'une PVR ou d'une PRAM maintenus en vigueur (C. urb., art. R. 424-7, R. 424-8).

La décision qui constitue le fait générateur de la contribution concernée peut toutefois se borner à renvoyer à une convention intervenue entre la collectivité intéressée et le pétitionnaire pour la détermination des éléments de ladite contribution. La convention doit alors être annexée à la décision ; ses stipulations ne peuvent entrer en vigueur qu'en vertu de cette décision et à partir de la date à laquelle elle prend effet (CE 16 févr. 2005, *Cne Brétigny-sur-Orge*, req. n° 258512, *Lebon* T. 1135 ; *Constr.-Urb.* 2005, n° 142, obs. Ph. Benoit-Cattin ; 21 mars 2008, *Cne Ammerschwihr c/ SA Agora Promotion*, req. n° 294039, *Constr.-Urb.* 2008, n° 91, obs. O. Chambord ; v. aussi, CAA Bordeaux, 25 mars 2014, n° 12BX01386, *Soc. Immo D*). La décision elle-même est créatrice de droits. Au-delà d'un délai de quatre mois, l'administration ne peut donc réévaluer de sa propre initiative le montant d'une participation fixé dans une autorisation d'urbanisme alors même que ce montant ne serait pas conforme à celui fixé par une délibération du conseil municipal antérieure à ladite autorisation (CE 3 nov. 2006, *Cantin*, req. n° 277937, *Lebon* T. 690 ; *BJDU* 2007. 208, concl. D. Chauvaux).

L'article L. 332-28 constitue cependant une survivance et ne concerne plus guère que la participation spécifique pour la réalisation d'équipements publics exceptionnels. En effet, les participations comme le projet urbain partenarial ou celles qui peuvent être instituées en ZAC le sont en dehors de toute autorisation d'urbanisme.

Comme on l'a indiqué, le permis de construire et la déclaration de travaux constituent le fait générateur des participations d'urbanisme (A) ou le permis d'aménager (B). Mais il faut également exposer la situation résultant de la réalisation d'une construction sans autorisation ou en infraction aux obligations résultant de l'autorisation (C) ou celle du bénéficiaire de l'autorisation qui ne donne pas suite à son projet (D).

A. Le permis de construire et la déclaration de travaux

Selon le cas, c'est le titulaire de l'autorisation ou le propriétaire (PUP) qui est débiteur des taxes et participations d'urbanisme. Néanmoins, le preneur d'un bail à construction est tenu solidairement avec ce dernier, comme étant son ayant-cause, au paiement desdites taxes et participations (CE 23 déc. 2011, *Min. Économie c/ Sté Fortis*, req. n°s 313306, 313308, *Constr.-Urb.* 2012, n° 91, note N. Gonzalez-Gharbi). 1270 ■

Permis initial. Le permis de construire doit énumérer celles des contributions prévues à l'article L. 332-6 du Code de l'urbanisme (autrement dit, exclusivement la participation spécifique pour la réalisation d'équipements publics exceptionnels, et, si elles ont été instituées avant la suppression de la possibilité de les instituer, les participations en programme d'aménagement d'ensemble (PAE) ou pour voirie et réseaux (PVR)) qu'il met à la charge de son bénéficiaire (CE 14 nov. 1990, *Chabert*, *LPA* 6 mars 1991, n° 28, p. 4, concl. O. Fouquet : à propos de la TLE ; CE 28 juill. 1999, *Angelloz-Nicoud*, préc. ; C. Daval, « Permis de construire et participations financières » *JCP* N 1993. Doctr. 33). Il fixe le montant de chacune des participations et, le cas échéant, en énonce le mode d'évaluation (C. urb., art. R. 424-7). À défaut, elles ne sont pas dues, même si elles sont notifiées postérieurement à la délivrance du permis de construire (CE 1er févr. 1985, *Salas*, req. n° 35092 ; CAA Nantes, 28 avr. 1999, *Synd. Eau et Assainissement de l'Anse du Cul du Loup*, req. n° 97NT01702 ; CE 21 mars 2008, *Cne Ammerschwihr c/ SA Agora Promotion*, préc. : Qualifiant de « mesure préparatoire » l'engagement pris par le demandeur dans le cadre de l'instruction). 1271 ■

1272 *Permis tacite.* Lorsque le permis a été délivré tacitement, l'autorité compétente peut, par arrêté, fixer les participations exigibles du bénéficiaire du permis dans un délai de deux mois à compter de son intervention (C. urb., art. L. 424-6, R. 424-8).

1273 *Permis saisonnier.* En ce qui concerne le permis saisonnier, les taxes et participations d'urbanisme dont il est le fait générateur ne sont pas exigibles, s'il est renouvelé à l'expiration de son délai de validité (C. urb., art. L. 432-2).

1274 *Permis modificatif.* Le permis modificatif ne constitue pas, en principe, le fait générateur d'une nouvelle contribution. Mais il peut en aller autrement (C. urb., art. L. 331-6 : à propos de la taxe d'aménagement), notamment lorsque les modifications apportées entraînent une augmentation de la surface de plancher (CAA Bordeaux, 7 nov. 2002, *Sté Segefi Hernani c/ Cne Saint-Jean-de-Luz*, req. n° 99BX00046, *BJDU* 2003. 69 ; v. aussi, à propos de la participation pour la réalisation de places de stationnement, CE 9 déc. 1991, *SCI « L'Océan »*, req. n° 95090, *Lebon* T. 1259). Il en va *a fortiori* de même lorsque les modifications sont d'une importance telle qu'elles constituent, en réalité, un nouveau permis (CE 14 nov. 1990, *Chabert, req.* n° 88484, préc.).

1275 *Transfert du permis de construire.* Les taxes et participations sont dues par le bénéficiaire de l'autorisation, même s'il a vendu le terrain et la construction, dès lors qu'elle n'a pas été transférée (CE 5 avr. 2004, *Ascher*, req. n° 249644, *Constr.-Urb.* 200, n° 130, obs. Ph. Benoit-Cattin ; *BJDU* 2004. 122, concl. L. Vallée). Mais si le transfert est intervenu, le redevable est alors le bénéficiaire du transfert. Concernant en particulier la taxe d'aménagement, le législateur a prévu des dispositions particulières mettant un terme à la solidarité que le CGI établissait entre les titulaires successifs de l'autorisation de construire (C. urb., art. L. 331-26 ; v. ss 1297).

En revanche, sous le régime de la TLE, il a été jugé que le bénéficiaire du transfert ne pouvait prétendre à l'exonération prévue dans le cadre d'une reconstruction d'un bâtiment après sinistre (CGI, art. 1585 D). Cette exonération ne bénéficie, en effet, qu'au propriétaire sinistré ou à ses ayants droit (CE 15 juill. 2004, *Min. Équipement, Transport et Logement*, req. n° 215998, *BJDU* 2004. 455, concl. G. Le Chatelier).

1276 *Déclaration de travaux.* Les déclarations préalables emportent les mêmes effets que le permis de construire pour l'application des dispositions financières (C. urb., art. L. 332-28, L. 332-28-1 ; TA Nice, 26 nov. 2002, *Charles Bret*, req. n° 98982, *BJDU* 2003. 45, concl. J. Le Gars). En cas de non-opposition tacite à une déclaration préalable, l'autorité compétente peut, par arrêté, fixer les participations exigibles du bénéficiaire de la décision prise sur cette déclaration dans un délai de deux mois à compter de l'intervention de ladite décision (C. urb., art. L. 424-6, R. 424-8).

1277 *Travaux sur les immeubles existants.* Ces travaux peuvent être générateurs de contributions d'urbanisme. Tel est le cas de la taxe d'aménagement qui est exigible au titre de l'autorisation d'urbanisme portant sur la reconstruction ou l'agrandissement d'un immeuble (C. urb., art. L. 331-6) mais aussi des autres participations (CE, sect., 4 nov. 1994, *SNC La Boissière*, *Lebon* 485 : à propos d'un PAE ; CE 4 nov. 1987, *Cne Sarre-Union*, *Lebon* 688 ; 21 avr. 1997, *SCI « Les Maisons traditionnelles »*, req. n° 141954 : à propos de la PRE).

B. Le permis d'aménager

Les opérations d'aménagement soumises au permis d'aménager ou à déclaration préalable sont soumises à la taxe d'aménagement (C. urb., art. L. 331-6 et L. 332-6 *e*) et aux contributions prévues à l'article L. 332-6 (C. urb., art. L. 332-12). La taxe d'aménagement et ces contributions sont ainsi applicables aux associations foncières urbaines de remembrement autorisées ou constituées d'office, ainsi qu'aux associations foncières urbaines de projet. Concernant en particulier la participation forfaitaire exigible des lotisseurs (C. urb., art. L. 332-12, *c*), elle ne peut être représentative que de la participation au titre d'un PAE maintenu en vigueur (C. urb., art. L. 332-9 ancien), et de certaines participations individualisées maintenues en vigueur énumérées par l'article L. 332-6 (2°) du Code de l'urbanisme, à savoir, la participation pour voirie et réseaux et la participation de riverains en Alsace-Moselle. 1278 ■

L'article L. 332-12 du Code de l'urbanisme précise, en outre, qu'il ne peut être perçu sur les constructeurs aucune des contributions qui ont été mises à la charge du bénéficiaire du permis d'aménager ou de l'AFU de remembrement ou de projet (CAA Paris, 28 sept. 1993, *Herbert*, req. n° 93PA00109 ; 27 janv. 2003, *Cne Vigneux-sur-Seine*, req. n° 99PA01536).

C. La construction sans autorisation ou en infraction aux obligations résultant de l'autorisation

Droit de reprise. Lorsqu'une demande d'autorisation de construire a été déposée, mais que la construction a été érigée en infraction aux prescriptions de l'autorisation et en cas de construction ou d'aménagement sans autorisation, l'administration dispose, en ce qui concerne la taxe d'aménagement, d'un droit de reprise. Ce dernier s'exerce jusqu'au 31 décembre de la sixième année qui suit celle de l'achèvement des constructions ou aménagements réalisés sans autorisation ou en infraction aux prescriptions de l'autorisation (C. urb., art. L. 331-21). Dans le premier cas, la reprise de la taxe « peut » être précédée de la procédure de rectification contradictoire prévue par les articles L. 55 et L. 57 du livre des procédures fiscales (v. antérieurement CE 21 déc. 2007, *Min. Transports c/ Lacombe*, req. n° 29240, *Constr.-Urb.* 2008, n° 73, obs. N. Gonzales-Gharbi ; *RDI* 2008. 118, obs. J.-Ph. Strebler). Dans le second, les bases ou les éléments servant au calcul de la taxe et des sanctions pénales applicables sont portés à la connaissance du redevable 30 jours au moins avant la mise en recouvrement (C. urb., art. L. 331-22 ; CE 22 mars 1985, *Sté Eurolanges vacances studieuses*, req. n°s 48702, 48703, *Lebon* T. 731 ; CAA Paris, 28 juill. 1998, *Min. Équipement c/ Sté Murinvest*). De même, il a été jugé que la TLE pouvait être réclamée sans procédure contradictoire lorsque la construction réalisée n'est pas celle autorisée (CE 16 avr. 2010, *Genre*, req. n° 305835, *Lebon* T. 731). 1279 ■

Sanctions. En outre, en cas de construction ou d'aménagement sans autorisation ou en infraction aux prescriptions de l'autorisation, le montant de la taxe ou du complément de la taxe est assorti d'une pénalité de 80 % de ce montant. L'application de cette pénalité doit être précédée de la notification d'un document par lequel l'administration a fait connaître au contribuable concerné la sanction qu'elle se propose d'appliquer, les motifs de celle-ci et la possibilité dont dispose l'intéressé de présenter ses observations dans un délai de 30 jours (C. urb., art. L. 331-23). Le 1280 ■

contrevenant peut cependant obtenir une remise gracieuse, partielle ou totale (C. urb., art. L. 331-28).

Les articles L. 331-22 et L. 331-23 font référence respectivement au « redevable » ou au « contribuable » sans autre précision. Sous le régime de la TLE, le Conseil d'État a jugé que le débiteur de la taxe et de ses suppléments était le responsable de la construction réalisée sans autorisation ou en infraction aux obligations résultant de l'autorisation nonobstant la circonstance qu'il n'était pas bénéficiaire de l'autorisation d'urbanisme (CE 15 déc. 2000, *Sec. d'État au Logement et Ville Marseille c/ Bonnell*, req. n° 184116, *RDI* 2001. 98, obs. P. S.-C.).

D. La non-réalisation du projet autorisé

■ 1281 En principe, aucun recouvrement de participation ne peut être poursuivi tant que la réalisation du projet n'a pas démarré, contrairement aux taxes qui, elles, sont exigibles dans les délais prescrits par le texte qui les régit (CE 6 mars 2006, *SNC Le Triangle*, req. n° 266346, *Lebon* T. 1103, *Coll. terr.* 2006. 97, obs. L. Erstein ; *JCP* A 2006, n° 1236, note Ph. Billet ; 13 juill. 2006, *Sté Éts Laget*, *BJDU* 2006. 371, concl. S. Verclytte ; *RDI* 2006. 394, obs. P. S.-C. ; N. Gonzalez-Garbi, « Abandon du projet de construction et exigibilité des taxes et participations d'urbanisme », *JCP* A 2002, n° 8).

Dans le cas où le bénéficiaire de l'autorisation abandonne son projet, il peut obtenir la décharge des taxes s'il justifie qu'il n'a pas donné suite à l'autorisation de construire ou d'aménager (concernant la taxe d'aménagement : C. urb., art. L. 331-30 ; rép. min. *n° 08728,* JO Sénat Q 20 févr. 2014, p. 475 ; rép. min., *n° 40835, JOAN* Q 18 févr. 2014, p. 1588). La restitution de la participation pour la réalisation d'équipements publics exceptionnels ne peut quant à elle être obtenue lorsque la collectivité a réalisé les équipements publics qui avaient justifié la participation prescrite, alors même que le projet n'a pas été mis en œuvre (CE 10 août 2005, *Sté Sinka*, req. n° 255037, *RDI* 2005. 467, obs. P. S.-C. ; 6 mars 2006, *SNC Le Triangle*, préc.).

Lorsque le permis de construire est annulé, le constructeur reste redevable des taxes, s'il a construit et que l'immeuble n'a pas été démoli (Circ. n° 96-40, 19 juin 1996, *Mon. TP* 26 juill. 1996. 249 ; v. égal. Rép. min. n° 56659, *JOAN* Q 26 nov. 2002. 6815). En revanche, l'annulation prive les participations de base légale, que l'immeuble ait été ou non démoli.

§ 2 Le caractère cumulatif des taxes et participations d'urbanisme

■ 1282 Depuis la loi du 18 juillet 1985, toutes les taxes et participations énumérées aux articles L. 332-6 et L. 332-6-1 sont, sous les réserves indiquées ci-après, susceptibles d'être exigées cumulativement, mais seulement celles-là. Ainsi toute autre contribution donne lieu à répétition (CE 20 sept. 1991, *Cne Villard-de-Lens*, req. n° 78682, *Lebon* T. 837).

La part locale de la taxe d'aménagement, quant à elle, ne peut être cumulée avec le régime de la participation conventionnelle en ZAC (C. urb., L. 331-7-5°), avec un projet urbain partenarial pendant le délai fixé par la convention, qui ne peut excéder 10 ans (C. urb., art. L. 331-7-6°, L. 332-11-4) et avec un programme d'aménagement d'ensemble maintenu en vigueur (C. urb., L. 332-9).

Le régime des participations en ZAC, un projet urbain partenarial et la participation due au titre d'un programme d'aménagement d'ensemble maintenu en vigueur ne peuvent, quant à eux, se cumuler avec la participation pour voirie et réseaux (PVR) ou des riverains en Alsace-Moselle (PRAM) maintenue en vigueur, ni avec la participation pour la réalisation de parcs publics de stationnement lorsqu'elle était en vigueur.

De même, la participation pour voirie et réseaux maintenue en vigueur n'est pas due pour les voies et réseaux compris dans le programme d'équipements publics d'une ZAC ou d'une convention de projet urbain partenarial, ni d'un programme d'aménagement d'ensemble maintenu en vigueur (C. urb., art. L. 332-11-1). Elle ne peut se cumuler avec la participation des riverains en Alsace-Moselle.

Enfin, lorsque la participation forfaitaire a été exigée du lotisseur, il ne peut être perçu sur les constructeurs aucune des participations qui ont été mises à la charge de celui-ci (C. urb., art. L. 332-12).

chapitre 25

Les contributions à caractère fiscal

Plan analytique

section 1

La taxe d'aménagement

§ 1 L'institution de la taxe d'aménagement

§ 2 Le champ d'application et le fait générateur de la taxe d'aménagement

§ 3 Base et taux d'imposition

- **A.** Les bases d'imposition
- **B.** Les taux d'imposition

§ 4 L'établissement et le recouvrement de la taxe d'aménagement

- **A.** L'établissement de la taxe
- **B.** Le recouvrement de la taxe d'aménagement

section 2

La redevance pour la création de bureaux, de locaux de recherche, de locaux commerciaux et de locaux de stockage en région Ile-de-France

§ 1 Le champ d'application de la redevance

§ 2 Le régime, le montant et le fait générateur de la redevance

section 3

La redevance d'archéologie préventive

§ 1 Le fait générateur de la redevance d'archéologie préventive

§ 2 Le montant de la redevance

§ 3 La liquidation et le recouvrement de la redevance

section 4

Le versement pour sous-densité

§ 1 L'établissement du seuil minimal de densité

§ 2 Le versement pour sous-densité

Depuis la réforme de la fiscalité de l'urbanisme opérée par la loi du 29 décembre 2010 de finances rectificative pour 2010, la part locale de la taxe d'aménagement s'est substituée à la taxe locale d'équipement (TLE), sa part départementale à la taxe départementale pour le financement des conseils d'architecture, de l'urbanisme et de l'environnement (CAUE) et à la taxe départementale des espaces naturels sensibles (TDENS) et sa part régionale à la taxe complémentaire à la TLE en Ile-de-France. Par ailleurs, le versement pour dépassement du plafond légal de densité (VDPLD) est supprimé depuis le 1er janvier 2015, ainsi que la participation des riverains en Alsace-Moselle (PRAM) sauf si elle a été instituée avant le 1er janvier 2015. 1283

À la suite de la réforme, les contributions d'urbanisme à caractère fiscal sont constituées par la taxe d'aménagement (section 1), la redevance pour la construction de bureaux en région d'Ile-de-France dont le champ d'application a été élargi (section 2), par la redevance d'archéologie préventive dont le régime a été réajusté pour le rapprocher de celui de la taxe d'aménagement (section 3) et enfin par le versement pour sous-densité institué par la loi du 29 décembre 2010 (section 4). 1284

section 1

La taxe d'aménagement

En créant la taxe locale d'équipement (TLE), la loi d'orientation foncière du 30 décembre 1967 poursuivait le projet de substituer aux divers régimes de contributions des constructeurs au financement des équipements publics un système forfaitaire unique de taxe d'urbanisme. Mais au fil des ans, les taxes et participations d'urbanisme exigibles se sont pourtant multipliées à nouveau pour aboutir à ce que les constructeurs et aménageurs soient potentiellement assujettis à huit taxes d'urbanisme et huit régimes de participations d'urbanisme. 1285

La réforme de la fiscalité et des participations d'urbanisme s'imposait donc au regard du niveau de complexité du régime des contributions d'urbanisme créant une situation d'insécurité juridique mais également compte tenu des exigences nouvelles des objectifs de développement durable renforcés dans le cadre de la loi Grenelle II, en particulier le souci de limiter la consommation des sols. L'objet de la réforme mise en œuvre par la quatrième loi de finances rectificative n° 2010-1658 pour 2010 est de « simplifier, clarifier et donner une meilleure lisibilité de l'ensemble des outils de financement, tout en préservant les recettes des collectivités territoriales et en maîtrisant la fiscalité assise sur la construction » (J.-Ph. Strebler, « La réforme de la fiscalité de l'urbanisme : au-delà d'un apparent toilettage fiscal, une nouvelle approche du financement des équipements publics », *BJCL* 3/11. 161 ; *ibid.* 4/11. 230 ;

« La taxe d'aménagement : vers une "fiscalisation" du financement des équipements publics », *AJCT* 2011. 174 ; Ph. Billet, « La réforme de la fiscalité de l'urbanisme », JCP N 2011, no 1111 ; L. Levoyer, « Un an de fiscalité des contrats publics » Contrats Marchés publ. 2011. Étude 2 ; J.-B. Auby, « Une réforme de simplification de la fiscalité de l'urbanisme », Dr. adm. 2011. 23).

La réforme n'opère pas toutefois une refonte totale sous la forme d'une taxe unique qui se substituerait aux diverses contributions d'urbanisme en vigueur. Néanmoins, la création d'une taxe d'aménagement a entraîné par étapes, la disparition de la quasi-totalité des participations spécifiques d'urbanisme. Ainsi, le programme d'aménagement d'ensemble (PAE) a été supprimé à partir du 1er mars 2012 (C. urb., art. L. 332-9 ancien). Toutefois les PAE institués antérieurement à l'entrée en vigueur de la loi demeurent applicables jusqu'à ce que le conseil municipal ou l'EPCI compétent décide de les clore (L. n° 2010-1658 du 29 déc. 2010, art. 28, al. 4). Les autres participations spécifiques ont été effectivement supprimées depuis le 1er janvier 2015. La suppression de la participation à la réalisation de parcs publics de stationnement, de la participation pour voies et réseaux (PVR) et de la participation des riverains en Alsace-Moselle constitue ainsi la mesure de simplification majeure de la réforme, même si la loi de finances rectificative pour 2014 (L. n° 2014-1665, 29 déc. 2014) a prévu que les deux dernières restaient applicables si elles avaient été instituées avant le 1er janvier 2015. Par ailleurs, le versement pour dépassement du plafond légal de densité (VDPLD), supprimé par la loi SRU qui avait cependant admis qu'il reste applicable dans les communes qui l'avaient maintenu en vigueur antérieurement, a été définitivement supprimé à compter du 1er janvier 2015.

La logique de simplification n'a cependant pas pu être conduite à son terme. D'une part, la réforme n'a pas supprimé la « redevance pour la création de bureaux et de locaux de recherche », ni la « redevance d'archéologie préventive » (RAP). Bien plus, la première a vu son champ d'application étendu. D'autre part, trois régimes de participation sont maintenus : les participations en ZAC (C. urb., art. L. 331-4) ; le projet urbain partenarial (PUP) (C. urb., art. L. 332-11-3) et la participation spécifique pour la réalisation d'équipements publics exceptionnels (C. urb., art. L. 332-8). Les deux premiers entraînent exonération de la part locale de la taxe d'aménagement, mais la dernière est « cumulable », s'agissant de la réalisation d'équipements publics dépassant le niveau des équipements courants.

1286 On présentera d'abord les modalités de l'institution de la taxe d'aménagement (§ 1) puis son champ d'application et son fait générateur (§ 2). Il conviendra ensuite d'examiner les bases et les taux d'imposition de la taxe (§ 3) et enfin, les modalités de son établissement et de son recouvrement (§ 4).

§ 1 L'institution de la taxe d'aménagement

1287 L'appellation unique de « taxe d'aménagement » ne doit pas tromper. D'une part, en effet, ce sont en réalité trois régimes coordonnés mais distincts que la réforme établit. En effet, la nouvelle taxe comporte trois parts : La TLE est devenue la part communale ou intercommunale de la taxe d'aménagement ; la taxe départementale des espaces naturels sensibles (TDENS) et la taxe départementale pour le financement des dépenses des conseils d'architecture, d'urbanisme et de l'environnement (TDCAUE) ont été fusionnées pour constituer la part départementale de la taxe d'aménagement ;

la « taxe complémentaire à la TLE en région d'Ile-de-France » (TCTLE) constitue désormais la part francilienne de la taxe d'aménagement. D'autre part, ces trois parts de la taxe d'aménagement peuvent être instituées de façon autonome, peuvent comporter des exonérations spécifiques et peuvent être parfaitement exigibles indépendamment les unes des autres.

La part communale ou intercommunale de la taxe d'aménagement. Dans les communes, la taxe d'aménagement est instituée de plein droit pour celles qui sont dotées d'un PLU (ou d'un POS) et pour les autres, par délibération du conseil municipal (C. urb., art. L. 331-2) adoptée avant le 30 novembre pour une application au 1er janvier suivant (C. urb., art. L. 331-5). 1288

Dans les communautés urbaines et la métropole de Lyon, elle est également instituée de plein droit. Et pour les autres EPCI compétents en matière de PLU, lorsque les communes membres ont transféré leur compétence en matière de taxe d'aménagement dans les conditions du droit commun (CGCT, art. L. 5211-5, II : majorité des deux tiers des communes représentant la moitié de la population ou moitié des communes représentant les deux tiers de la population), elle est instituée par délibération de l'organe délibérant. L'EPCI institue alors la part intercommunale de la taxe en lieu et place des communes membres. La délibération qui institue la taxe est valable pour une durée minimale de trois ans à compter de son entrée en vigueur.

Lorsqu'elle est instituée, la taxe d'aménagement l'est sur l'ensemble du territoire de la commune ou pour l'ensemble des communes membres de l'EPCI compétent ou situées dans le périmètre de la métropole de Lyon. Il en est ainsi que les communes soient ou non dotées d'un POS ou d'un PLU approuvé, étant précisé qu'à terme un PLU communautaire a vocation à couvrir toutes les communes de l'EPCI compétent (L. préc., art. 19-V, al. 3).

Lorsqu'elle est instituée par la commune, tout ou partie de la taxe peut être reversé à l'EPCI ou au groupement de communes dont elle est membre, compte tenu de la charge des équipements publics relevant de leurs compétences sur son territoire. Les conditions du reversement sont fixées par des délibérations concordantes du conseil municipal et de l'EPCI ou du groupement de communes. Quand la taxe est instituée par une communauté urbaine ou un EPCI compétent, une délibération de l'organe délibérant prévoit les conditions de reversement de tout ou partie de la taxe aux communes membres pour tenir compte de la charge des équipements publics relevant de leurs compétences (C. urb., art. L. 331-2 ; sur le non reversement de la taxe, v. (Rép.min. n° 9085, *JO* AN 7 mai 2013, p. 5016).

Les communes, comme les EPCI ont la faculté de décider de renoncer expressément à l'institution de la taxe ou de la supprimer par une délibération qui sera valable pour une durée minimale de trois ans à compter de son entrée en vigueur.

Le produit de la taxe constitue une recette non affectée de la section d'investissement du budget des collectivités concernées.

La part départementale de la taxe d'aménagement. Elle est instituée par délibération du conseil départemental ou par la métropole de Lyon valable pour une période minimale de trois ans (C. urb., art. L. 331-3). Elle doit être adoptée avant le 30 novembre pour être applicable à compter du 1er janvier de l'année suivante (C. urb., art. L. 331-5). Elle est instituée dans toutes les communes du département. 1289

Le produit de la part départementale a le caractère d'une recette de fonctionnement. Il permet de financer, d'une part, la politique de protection et de mise en valeur des espaces naturels sensibles et, d'autre part, les dépenses des conseils d'architecture, d'urbanisme et de l'environnement (CAUE). La délibération qui fixe le taux de la taxe peut fixer des taux de répartition entre la politique de protection des espaces naturels sensibles et les CAUE (C. urb., art. L. 331-17).

■ 1290 *La part francilienne de la taxe d'aménagement versée à la région Ile-de-France.* La part de la taxe d'aménagement versée à la région Ile-de-France est instituée par délibération du conseil régional (C. urb., art. L. 331-4). Elle est adoptée avant le 30 novembre pour une entrée en vigueur au 1er janvier suivant (C. urb., art. L. 331-5). Le produit de la taxe constitue une recette de la section d'investissement du budget de la région d'Ile-de-France. Elle est destinée à financer des équipements collectifs, principalement des infrastructures de transport, rendus nécessaires par l'urbanisation.

§ 2 Le champ d'application et le fait générateur de la taxe d'aménagement

■ 1291 *Champ d'application.* Sont assujetties au paiement de la taxe les opérations de construction, de reconstruction et d'agrandissement des bâtiments, les installations et les aménagements de toute nature soumis à un régime d'autorisation en vertu du Code de l'urbanisme (C. urb., art. L. 331-6). Au regard de la TLE, le champ d'application de la taxe a ainsi été étendu à divers aménagements ou installations soumis à des autorisations d'urbanisme (C. urb., art. L. 331-13 : emplacements de tentes, caravanes, résidences mobiles de loisirs et d'habitations légères de loisirs ; piscines ; éoliennes d'une hauteur supérieure à 12 m ; panneaux photovoltaïques ; aires extérieures de stationnement, de manière à inciter à économiser la consommation de l'espace).

■ 1292 *Exonérations légales.* La loi prévoit un régime d'exonération légale de la part communale ou intercommunale pour un certain nombre d'aménagements et de constructions (C. urb., art. L. 331-7). Certains d'entre eux sont également exonérés des parts départementale et régionale (C. urb., art. L. 331-8). Il s'agit de ceux affectés à un service public ou d'utilité publique dont la liste est fixée par décret en Conseil d'État, des logements aidés, des locaux techniques à vocation agricole, des aménagements prescrits par un plan de prévention des risques, de la reconstruction à l'identique d'un bâtiment détruit ou démoli depuis moins de 10 ans, à la condition qu'il ait été régulièrement édifié ou encore des constructions dont la surface est inférieure ou égale à 5 m² (C. urb., art. L. 331-8). Ne sont exonérés que de la seule part communale ou intercommunale les constructions et opérations d'aménagement réalisées dans les périmètres des opérations d'intérêt national, les constructions et aménagements réalisés dans les ZAC et ceux réalisés dans le cadre d'un projet urbain partenarial. L'exonération ne leur bénéficie que pour autant que le coût des équipements publics rendus nécessaires par ces opérations est mis à la charge des aménageurs ou des constructeurs.

■ 1293 *Exonérations facultatives.* La loi prévoit également un régime d'exonération à la discrétion des organes délibérants des communes ou EPCI, des conseils départementaux ou du conseil régional d'Île-de-France. Elle concerne les logements aidés, la moitié des surfaces de résidences principales bénéficiant d'un prêt à taux zéro, les locaux industriels, les commerces de détails d'une surface de vente inférieure à 400 m², les immeubles classés monuments historiques ou figurant à l'inventaire supplémentaire. L'exonération résulte de délibérations adoptées avant le 30 novembre pour être applicables au 1er janvier suivant (C. urb., art. L. 331-9). Elles sont valables pour une année et sont reconductibles de plein droit pour une même période, sauf nouvelle délibération intervenue avant le 30 novembre (C. urb., art. L. 331-14).

Exonérations en ZAC et dans le cadre d'un PUP. En ZAC, l'aménageur peut être exonéré de la seule part communale ou intercommunale de la taxe d'aménagement (C. urb., art. R. 311-2). Il peut, en effet, être amené à contribuer au coût des équipements publics réalisés pour répondre aux besoins des futurs habitants ou usagers des constructions à édifier dans la zone (C. urb., art. L. 311-4). La liste des équipements dont il doit supporter le financement pour bénéficier de l'exonération est fixée par décret en Conseil d'État. Elle peut être complétée par la commune ou l'EPCI compétent pour une durée minimale de trois ans (C. urb., art. L. 331-7 5°). Mais lorsque la ZAC est supprimée, la taxe d'aménagement est rétablie de plein droit (C. urb., art. L. 331-16). Par ailleurs, les constructions édifiées dans le périmètre délimité par une convention de projet urbain partenarial sont exclues du champ d'application de la part communale ou intercommunale de la taxe d'aménagement pendant un délai fixé par la convention, qui ne peut excéder 10 ans (C. urb., art. L. 332-11-4). 1294 ■

Fait générateur. Le fait générateur de la taxe est constitué par la délivrance de l'autorisation de construire ou d'aménager, d'un permis modificatif, par la naissance d'une autorisation tacite de construire ou d'aménager ou par la décision de non-opposition à une déclaration préalable. Elle n'a cependant pas à figurer dans l'autorisation d'urbanisme même si elle en est le fait générateur (rép. min., n° 01897, *JO* Sénat Q 15 nov. 2012, p. 2607 ; *BJDU* 3/2013.238 ; rép. min. n° 4673, *JOAN* Q, 20 nov. 2012, p. 6770). En cas de construction sans autorisation ou en infraction aux prescriptions du permis de construire ou d'aménager, le fait générateur est l'établissement du procès-verbal constatant l'achèvement des constructions ou des aménagements en cause (C. urb., art. L. 331-6). 1295 ■

Redevables. Les redevables sont les personnes bénéficiaires des autorisations ou les personnes responsables de la construction en cas de construction sans autorisation ou en infraction aux obligations résultant de l'autorisation (C. urb., art. L. 331-6). Toutefois, sont solidaires du paiement de la taxe avec le ou les redevables, les établissements garants de l'achèvement de la construction et les époux et les partenaires liés par un pacte civil de solidarité (C. urb., art. L. 331-25). 1296 ■

Transfert de l'autorisation d'urbanisme. Par ailleurs, le législateur règle de manière explicite le cas du transfert total ou partiel de l'autorisation de construire ou d'aménager qui l'était jusque-là par la jurisprudence (CE 5 avr. 2004, *Ascher*, req. n° 249644, *Lebon* 151 ; *BJDU* 2004. 122, concl. L. Vallée ; 15 juill. 2004, *SNC Norminter*, req. n° 215998, *Lebon* T. 662, 910 ; *BJDU* 2004. 454, concl. G. Bachelier). Désormais, en cas de transfert total ou partiel de l'autorisation, le redevable de la taxe d'aménagement est le nouveau titulaire du droit à construire ou d'aménager. Un titre d'annulation est alors émis au profit du redevable initial en cas de transfert total. En cas de transfert 1297 ■

partiel, le titre d'annulation, émis au profit du titulaire initiale du droit à construire, porte sur les sommes correspondant à la surface, l'aménagement ou l'installation transférée. De nouveaux titres de perception sont émis à l'encontre du ou des nouveaux titulaires du droit à construire ou du ou des titulaires du ou des transferts partiels dans un délai de trente-six mois suivant l'émission du titre d'annulation. Lorsque la taxe qui fait l'objet d'un titre d'annulation a d'ores et déjà été acquittée par le redevable en tout ou partie et répartie entre les collectivités territoriales et les établissements publics bénéficiaires, le versement indu fait l'objet d'un remboursement par le comptable. Un titre de perception est émis à l'égard des collectivités territoriales ou des EPCI bénéficiaires pour les montants indûment reversés. Le comptable peut recouvrer ce titre par voie de compensation avec le produit de la taxe qu'il répartit par ailleurs ou par voie de prélèvement sur les avances prévues par le code général des collectivités territoriales (C. urb., art. L. 331-26).

1298 *Décharge ; réduction ; restitution.* Le redevable de la taxe peut en obtenir décharge, réduction ou restitution totale ou partielle s'il justifie qu'il n'a pas donné suite à l'autorisation ; si, en cas de modification de l'autorisation d'urbanisme, il est redevable d'un montant inférieur au montant initial ; si les constructions sont démolies en vertu d'une décision du juge civil ; dans le cas de catastrophe naturelle, lorsque les locaux ont été détruits ou ont subi des dégâts tels qu'ils sont voués à la démolition ; si le contribuable démontre qu'il remplit les conditions pour pouvoir bénéficier d'une exclusion, d'une exonération ou d'un abattement auquel il ne pouvait prétendre au moment du dépôt de la demande ; si une erreur a été commise dans l'assiette ou le calcul de la taxe (C. urb., art. L. 331-30).

1299 En matière d'assiette, les réclamations sont recevables jusqu'au 31 décembre de la deuxième année qui suit celle de l'émission du premier titre de perception ou du titre unique. Les réclamations sont présentées, instruites et jugée selon les règles applicables en matière d'impôts directs locaux (C. urb., art. L. 331-31).

§ 3 Base et taux d'imposition

1300 Les bases (A) et les modalités de fixation des taux d'imposition (B) de la taxe d'aménagement seront abordées successivement.

A. Les bases d'imposition

1301 Pour les constructions, l'assiette de la taxe est constituée par leur surface qui s'entend de la somme des surfaces de plancher closes et couvertes, sous une hauteur de plafond supérieure à 1,80 m, calculée à partir du nu intérieur des façades du bâtiment, déduction faite des vides et des trémies (C. urb., art. L. 331-10). Les valeurs par mètre carré de la surface de construction sont différentes selon que la commune est située dans la région Île-de-France ou sur le reste du territoire national. Elles sont révisées au 1er janvier de chaque année par arrêté du ministre chargé de l'urbanisme en fonction du dernier indice du coût de la construction (C. urb., art. L. 331-11). Pour l'année 2015, les tarifs par mètre carré de construction s'élèvent à 705 et 799 euros, respectivement hors et en Île-de-France (arrêté 24 oct. 2014).

Le législateur a cependant prévu un abattement de 50 % appliqué sur ces valeurs pour les logements locatifs aidés, pour les 100 premiers m² des locaux d'habitation et leurs annexes à usage d'habitation principale, pour les locaux à usage industriel ou artisanal et leurs annexes, les entrepôts et hangars non ouverts au public et faisant l'objet d'une exploitation commerciale et pour les parcs de stationnement couverts faisant l'objet d'une exploitation commerciale (C. urb., art. L. 331-12).

Pour les installations et aménagements qui entrent dans le champ d'application de la taxe d'aménagement, le législateur leur attribue une valeur forfaitaire (C. urb., art. L. 331-13). La nouvelle taxation vise en particulier les emplacements de stationnement des grandes surfaces commerciales. En effet, cette valeur est fixée à 2000 euros pour les aires de stationnement non comprises dans la surface des constructions, mais elle peut être portée à 5 000 € par délibération de l'organe délibérant de la collectivité territoriale, de l'établissement public compétent en matière de PLU ou du conseil de la métropole de Lyon. Cette valeur forfaitaire est unique pour toute la commune et sert aussi d'assiette aux parts départementale et francilienne. 1302 ■

La base imposable des autres installations désormais taxées fait également l'objet de valeurs forfaitaires : 3 000 euros/emplacement de camping ou de résidence mobile de loisir, 10 000 euros/emplacement d'habitation légère de loisir, 3 000 euros/éolienne, 200 euros/m² de bassin de piscine et 10 euros/m² de panneau photovoltaïque.

À la différence des valeurs d'assiette des constructions, aucune disposition n'a envisagé l'actualisation des bases imposables de ces aménagements et installations.

B. Les taux d'imposition

Principes généraux. Par délibérations adoptées avant le 30 novembre, les organes délibérants des collectivités compétentes pour instituer la taxe d'aménagement fixent le taux respectivement de la part communale ou intercommunale (C. urb. art. L. 331-14), départementale (C. urb. art. L. 331-17) et régionale (C. urb. art. L. 331-18) de la taxe d'aménagement qui s'applique au 1er janvier suivant. Ces délibérations sont valables pour une période d'un an et sont reconduites de plein droit si aucune nouvelle délibération n'a été adoptée avant le 30 novembre. Les collectivités peuvent donc ajuster les taux chaque année. C'est en cette matière que réside l'innovation majeure concernant la fiscalité de l'urbanisme. En effet, elles ont désormais une possibilité de variation des taux qui n'existait pas en matière de TLE. 1303 ■

Part communale ou intercommunale. Le taux de la part communale ou intercommunale peut ainsi varier dans une fourchette comprise entre 1 % et 5 %. Il peut être modulé en fonction des aménagements à réaliser (sans doute faut-il entendre « équipements publics ») par secteurs géographiques définis par un document graphique qui figure dans ce cas, à titre d'information, dans une annexe du PLU (C. urb., art. R. 123-14, 19°) ou qui, à défaut de PLU, fait l'objet d'un affichage en mairie en même temps que la délibération qui détermine les taux et les secteurs (sur la situation des opérations situées sur des secteurs comportant des taux différents, rép. min., n° 09976, *JO* Sénat Q 22 mai 2014.1210). En l'absence de délibération, le taux est fixé à 1 % dans les communes ou EPCI où la taxe d'aménagement est instituée de plein droit. Il en va de même pour la métropole de Lyon (C. urb., art. L. 331-14). Cette 1304 ■

modularité géographique constitue aussi une nouveauté de la part locale de la taxe d'aménagement par rapport à la TLE, même si elle peut être regardée comme allant à l'encontre des principes de « solidarité » qui sous-tendent des régimes de fiscalité. La modulation éventuelle du taux de la part locale de la taxe d'aménagement n'exige aucune motivation au sens juridique du terme : c'est uniquement du point de vue « politique » que l'organe délibérant devra assumer un tel choix.

1305 *Majoration.* Le taux de la part communale ou intercommunale peut être augmenté jusqu'à 20 % dans les secteurs où la réalisation de travaux substantiels de voirie ou de réseaux ou la création d'équipements publics généraux est rendue nécessaire en raison de l'importance des constructions nouvelles édifiées dans ces secteurs (C. urb., art L. 331-15). À la différence d'une modulation des taux entre 1 et 5 %, l'institution d'un secteur à taux majoré de la part locale de la taxe d'aménagement impose l'adoption (avant le 30 novembre pour une entrée en vigueur au 1er janvier suivant) d'une délibération motivée, où devront notamment figurer une estimation du volume et des caractéristiques de l'urbanisation envisagée dans le secteur, une présentation des équipements publics rendus nécessaires par cette urbanisation, de leurs coûts et de leur « proportionnalité d'usage », éléments dont la combinaison permettra de justifier le taux majoré qui sera appliqué dans le secteur ainsi délimité. Les périmètres des secteurs à taux majorés de la part locale de la taxe d'aménagement sont annexés au plan local d'urbanisme (C.urb., art. R. 123-14, 19°).

Cette possibilité de majoration justifie la suppression des participations spécifiques au financement des équipements publics. La majoration du taux de la part communale de la taxe d'aménagement devrait ainsi constituer une solution de substitution efficace à la suppression du PAE et autres participations spécifiques aux équipements. Mais, ainsi que l'écrit J.-Ph. Strebler, « cette possibilité nouvelle de modulation constitue une véritable révolution du point de vue fiscal où l'impôt correspond à une contribution forfaitaire et égalitaire ; désormais, entre les valeurs minimale et maximale, le taux d'imposition pourra, dans la même commune et en fonction des équipements publics envisagés, être différent d'un ilot à l'autre ou d'un quartier à l'autre » (« La réforme de la fiscalité de l'urbanisme : au-delà d'un apparent toilettage fiscal, une nouvelle approche du financement des équipements publics », *BJCL* 2011. 169).

Le législateur fixe cependant une limite à cette possibilité de majoration. Il ne peut être mis à la charge des aménageurs ou constructeurs que le coût des équipements publics à réaliser pour répondre aux besoins des futurs habitants ou usagers des constructions à édifier dans ces secteurs ou, lorsque la capacité des équipements excède la fraction du coût proportionnelle à ceux-ci. Ce principe est désormais habituel en matière de participations d'urbanisme. Il est l'exacte reprise des dispositions applicables aux PAE et en ZAC.

1306 *Part francilienne.* Le taux maximum de la part francilienne de la taxe d'aménagement est fixé à 1 %. Dans cette limite, il peut être différent selon les départements (C. urb., art. L. 331-18). Toutefois, dans la mesure où le taux de la taxe complémentaire à la TLE à laquelle la part francilienne de la taxe d'aménagement s'est substituée était déjà fixé à 1 % pour l'ensemble des communes d'Île-de-France, il était peu probable que la région francilienne décide d'une « modulation » départementale de sa part de la taxe d'aménagement qui se serait traduit par une diminution de ses recettes...

Part départementale. Le département ne peut, quant à lui, moduler le taux de la part départementale selon les communes. Il doit donc fixer un taux unique dans la limite de 2,5 % (C. urb., art. L. 331-17). 1307 ■

§ 4 L'établissement et le recouvrement de la taxe d'aménagement

L'établissement de la taxe d'aménagement relève désormais de la compétence exclusive de l'État (A). La loi fixe par ailleurs les modalités de son recouvrement (B). 1308 ■

A. L'établissement de la taxe

Par le passé, l'État avait encouragé la délégation de ses compétences en matière d'assiette et de liquidation vers les communes dont le maire était compétent pour délivrer les autorisations d'urbanisme au nom de la commune et qui n'avaient pas recours aux services instructeurs de l'État. Ces délégations concernaient quelque 3 000 collectivités. La réforme procède sur ce point à un revirement complet. Désormais, en effet, les services de l'État chargés de l'urbanisme dans le département sont seuls compétents pour établir et liquider la taxe (C. urb., art. L. 331-19). Les parts communale, départementale et régionale sont assises, liquidées et recouvrées en vertu d'un titre de recettes délivré par le responsable chargé de l'urbanisme dans le département, qui peut déléguer sa signature aux agents placés sous son autorité (LPF, art. L. 225-A ; sur l'absence de responsabilité de l'État du fait de fautes commises dans le recouvrement de participations instituées par les communes, CE 10 oct. 2014, *n° 356722, Min. du Budget c/ Commune de Cavalaire-sur-Mer, Lebon* ; *JCP* A 13/2015, n° 2084, note A. Ramel et E. Humbert). 1309 ■

Liquidation. La taxe d'aménagement est liquidée selon la valeur et les taux en vigueur à la date soit de la délivrance de l'autorisation qui en constitue le fait générateur, soit de la naissance d'une autorisation tacite, soit de la décision de non-opposition à une déclaration préalable, soit du procès-verbal constatant des infractions (C. urb., art. L. 331-20 ; noter que l'art. L. 331-6 fait référence au constat de l'achèvement).). Le texte précise cependant que si l'autorisation est déposée pendant la période de validité d'un certificat d'urbanisme, le taux en vigueur lors de l'obtention de ce certificat est appliqué s'il est plus favorable que le taux en vigueur au jour du fait générateur de la taxe. 1310 ■

Droit de reprise. En cas d'erreur ou de fraude, l'administration dispose d'un droit de reprise. Il s'exerce jusqu'au 31 décembre de la troisième année qui suit celle de la délivrance de l'autorisation de construire, celle de la décision de non-opposition ou celle à laquelle l'autorisation est réputée avoir été accordée (C. urb., art. L. 331-21). Dans ce cas, la reprise de la taxe « peut » être précédée de la procédure de rectification contradictoire prévue par l'article L. 57 du livre des procédures fiscales. Dans le cas de constructions ou aménagements réalisés sans autorisation ou en infraction aux prescriptions de l'autorisation, le droit de reprise s'exerce jusqu'au 31 décembre de la sixième année qui suit celle de leur achèvement. Dans cette hypothèse, les bases ou les éléments servant au calcul de la taxe et des sanctions pénales applicables sont 1311 ■

portés à la connaissance du redevable 30 jours au moins avant la mise en recouvrement (C. urb., art. L. 331-22).

1312 *Sanctions.* En outre, en cas de construction ou d'aménagement sans autorisation ou en infraction aux prescriptions de l'autorisation, le montant de la taxe ou de son complément est assorti d'une pénalité de 80 % du montant de la taxe. L'application de cette pénalité doit être précédée de la notification d'un document par lequel l'administration a fait connaître au contribuable concerné la sanction qu'elle se propose d'appliquer, les motifs de celle-ci et la possibilité dont dispose l'intéressé de présenter ses observations dans un délai de 30 jours (C. urb., art. L. 331-23). Le contrevenant peut cependant obtenir une remise gracieuse, partielle ou totale (C. urb., art. L. 331-28).

1313 *Réclamations.* Lorsque le contribuable a fait l'objet d'une procédure de rectification, il dispose d'un délai expirant le 31 décembre de la troisième année qui suit celle de la notification de la proposition de rectification pour présenter ses réclamations. Les réclamations concernant la taxe d'aménagement sont présentées, instruites et jugées selon les règles applicables en matière d'impôts directs locaux (C. urb., art. L. 331-31).

B. Le recouvrement de la taxe d'aménagement

1314 La taxe est recouvrée par le comptable public compétent comme en matière de créances étrangères à l'impôt et au domaine. Elle fait l'objet de l'émission de deux titres de perception correspondant à deux fractions égales à la moitié de la somme à acquitter, émis 12 et 24 mois après la date de la délivrance de l'autorisation d'urbanisme, la date de la décision de non-opposition ou la date à laquelle l'autorisation est réputée avoir été accordée. Un titre unique est cependant émis lorsque le montant de la taxe n'excède pas 1 500 euros (C. urb., art. L. 331-24).

En cas de modification apportée à l'autorisation d'urbanisme entraînant une augmentation de l'assiette de la taxe, le complément de la taxe dû fait l'objet d'un titre de perception unique émis dans le délai de 12 mois à compter de la délivrance de l'autorisation d'urbanisme modifiée.

Enfin, les sommes liquidées à titre de pénalités, font l'objet de l'émission d'un titre unique dont le recouvrement est immédiatement poursuivi contre le constructeur ou la personne responsable de l'aménagement.

Le comptable public compétent recouvre la taxe et l'éventuelle pénalité comme une créance étrangère à l'impôt et au domaine.

La taxe d'aménagement est exigible à la date d'émission du titre de perception. Son recouvrement ainsi que celui des pénalités est garanti par le privilège prévu par l'article 1929-1 du CGI qui porte sur tous les meubles et effets mobiliers des redevables (C. urb., art. L. 331-27). L'action en recouvrement se prescrit par cinq ans à compter de l'émission du titre de perception (C. urb., art. L. 331-29).

1315 *Réclamations.* Les réclamations concernant le recouvrement de la taxe d'aménagement sont présentées, instruites et jugées selon les règles applicables en matière de créances étrangères à l'impôt et au domaine (C. urb., art. L. 331-32).

1316 *Sursis de paiement.* Le redevable peut demander le différé du paiement de la taxe d'aménagement comme d'ailleurs des autres impositions afférentes à l'autorisation d'urbanisme dont il bénéficie en cas de contestation de celle-ci par un tiers. Ce différé lui est accordé jusqu'au prononcé d'une décision juridictionnelle devenue définitive. A l'appui de sa demande, il doit constituer auprès du comptable les garanties prévues à l'article L. 277 du LPF. La prescription de l'action en recouvrement est suspendue jusqu'au prononcé de la décision définitive (LPF, art. L. 278 ; D. Gillig, Différé de paiement des taxes d'urbanisme en cas de contestation d'un permis de construire ou d'une décision de non-opposition à une déclaration préalable, *Constr.-Urb.* 2010, alerte 27).

De même, le contribuable qui conteste le bien-fondé ou le montant des impositions mises à sa charge peut demander le différé du paiement de la partie contestée de ces impositions. Toutefois, pour en différer le paiement, il doit y être autorisé et il peut lui être demandé de constituer des garanties (LPF, art. L. 277).

section 2

La redevance pour la création de bureaux, de locaux de recherche, de locaux commerciaux et de locaux de stockage en région Ile-de-France

La politique d'aménagement du territoire a tendu, dès son origine, à un rééquilibrage des activités sur l'ensemble du territoire, passant notamment par la décentralisation des activités industrielles et de bureaux vers la province et la limitation corrélative de leur implantation dans la région parisienne. À cette fin, le législateur a soumis à l'obtention d'un agrément administratif l'implantation dans cette région des locaux et installations servant à ces activités (C. urb., art. L. 510-1 s. et R. 510-1 s.). C'est dans ce contexte que la loi du 2 août 1960 a institué une redevance lors de la création des locaux affectés à ces activités et, plus précisément, à partir de 1982, aux seuls locaux de bureaux et de recherche, dans le cadre d'une politique d'aménagement à l'intérieur de la région parisienne exposée à de nouveaux déséquilibres en raison de l'implantation de bureaux dans l'ouest parisien. À compter de 1986, le législateur a décidé d'en affecter la totalité du produit au budget d'équipement de la région d'Île-de-France en vue du financement des infrastructures routières et des équipements nécessaires au desserrement d'activités industrielles ou tertiaires. 1317 ■

Le champ d'application de la redevance, fixé par la loi n° 82-1020 du 3 décembre 1982, a été élargi par la loi de finances rectificatives pour 2010 (§ 1). Son régime demeure, quant à lui, inchangé si ce n'est l'augmentation de son montant (§ 2).

§ 1 Le champ d'application de la redevance

Elle s'applique dans les zones comprises dans les limites de la région d'Ile-de-France (C. urb., art. R. 520-12). Elle est perçue à l'occasion de la construction, de la reconstruction ou de l'agrandissement de locaux à usage de bureaux, des locaux 1318 ■

commerciaux et des locaux de stockage et à l'occasion de la transformation de locaux précédemment affectés à un autre usage (C. urb., art. L. 520-9). La loi prévoit cependant un certain nombre d'exclusions du champ d'application de la taxe (C. urb., art. L. 520-7), d'exonérations au profit notamment des propriétaires de locaux détruits par sinistre ou expropriés (C. urb., art. L. 520-6) et d'aménagements (C. urb., art. L. 520-8).

§ 2 Le régime, le montant et le fait générateur de la redevance

■ 1319 La redevance est calculée sur la surface utile de plancher prévue pour la construction ou concernée par la transformation (C. urb., art. L. 520-5, R. 520-1-2). Elle est réduite si les surfaces prévues ne sont pas entièrement construites. Elle est annulée si les constructions ne sont pas entreprises et si le maître d'ouvrage renonce à son projet. Mais elle est due en totalité dès lors que les surfaces sont construites, même si les locaux sont partiellement inoccupés et sans cloisonnement (CAA Paris, 1er juin 1999, *SCI du Parc de la Saussaie*, req. n° 97PA00144).

Son montant est fixé au m². Il a été substantiellement augmenté par la loi de finances rectificative pour 2010 et varie selon les zones de la région. En 2015, les tarifs par mètre carré de construction s'élèvent, selon les trois circonscriptions respectivement, à 92,24 €, 229,52 € et 368,95 € pour les locaux de bureaux, 32,18 €, 80,44 € et 128,71 € pour les locaux commerciaux, et à 13,95 € quelle que soit la circonscription pour les locaux de stockage (arrêté 30 déc. 2014).

Son fait générateur est constitué par le permis de construire.

La nature fiscale de la redevance a été reconnue par le Conseil d'État (CE 3 nov. 1967, *Min. Économie et Finances c/ Marc*, req. nos 70765, 70766, *AJDA* 1968. 124, concl. Y. Galmot).

section 3

La redevance d'archéologie préventive

■ 1320 La loi n° 2001-44 du 17 janvier 2001 a mis en place le régime de l'archéologie préventive et a confié la mise en œuvre des opérations d'archéologie préventive à un établissement public national à caractère administratif, l'Institut national de recherches archéologiques préventives (INRAP) (C. patr., art. L. 523-1 s.). Son financement était assuré par un système de redevances et des subventions de l'État. Plus précisément, la loi créait deux redevances, l'une liée aux opérations de diagnostic, l'autre aux fouilles. Elles se révélèrent à l'usage, à la fois complexes et inégalitaires, en même temps que d'un rendement insuffisant pour couvrir le fonctionnement de l'établissement public. La loi n° 2003-707 du 1er août 2003 a donc profondément modifié le système précédent. Elle établissait, en premier lieu, une seule imposition détachée des prescriptions des services de l'archéologie et frappant à un taux uniforme certains travaux affectant le sous-sol. En second lieu, elle supprimait la redevance liée aux fouilles elles-mêmes. Leur financement était alors mis à la charge du constructeur ou de l'aménageur dans le cadre du contrat passé avec un opérateur de fouilles agréé. Mais les nouvelles règles ont, dès leur mise en application, suscité la critique des aménageurs amenés à devoir acquitter un montant de redevance supérieur au coût de leurs travaux dans la mesure où l'assiette de la redevance était constituée par la superficie d'un terrain beaucoup plus étendu que l'emprise des ouvrages. C'est dans ce contexte que la loi n° 2004-804 du 9 août 2004 relative à la relance de la consommation et de l'investissement est venue à nouveau réformer le système pour permettre une meilleure mutualisation des recettes (C. patr., art. L. 524-2 s.). Enfin, la loi n° 2012-354 du 14 mars 2012 de finances rectificative pour 2012 a largement aligné le régime de la redevance d'archéologie préventive applicable aux constructions et aménagements sur celui de la taxe d'aménagement.

La redevance d'archéologie préventive demeure donc exclusivement destinée à financer les opérations de diagnostic, qu'il y ait ou non prescription à ce titre, mais son assiette prend davantage en compte la réalité des constructions et la valeur des aménagements. Son produit est versé à l'INRAP ou aux collectivités locales qui auraient décidé de réaliser elles-mêmes les opérations de diagnostic archéologique et obtenu l'agrément requis (C. patr., art. L. 523-4). Les fouilles éventuelles dont le diagnostic aura démontré la nécessité, devront, quant à elles, être financées par la personne qui projette d'effectuer les travaux qui ont donné lieu à leur prescription. Elles pourront éventuellement être subventionnées par un fonds national pour l'archéologie préventive approvisionné par un prélèvement d'au moins 30 % du produit de la redevance (C. patr., art. L. 524-14).

Il faut exposer le champ d'application et le fait générateur de la redevance (§ 1), son montant (§ 2) et, enfin, les conditions de sa liquidation et de son recouvrement (§ 3).

§ 1 Le fait générateur de la redevance d'archéologie préventive

La redevance d'archéologie préventive est due par les personnes qui projettent d'exécuter des travaux affectant le sous-sol et qui, pour ce qui concerne l'urbanisme, sont soumises à une autorisation ou à une déclaration préalable en application du Code de l'urbanisme (C. patr., art. L. 524-2, *a*). En sont néanmoins exonérés certains aménagements et constructions par ailleurs exonérés des parts départementale ou francilienne de la taxe d'aménagement (C. patr., art. L. 524-3, *1°* et C. urb., art. L. 331-7). 1321 ■

À la différence du système institué en 2001 qui plaçait le fait générateur des redevances dans l'édiction des prescriptions archéologiques par le préfet, celui de la redevance instituée à partir de 2003 est constitué par la délivrance des autorisations d'urbanisme, plus précisément la délivrance de l'autorisation de construire ou d'aménager, la délivrance du permis modificatif, la naissance d'une autorisation tacite de construire ou d'aménager, la décision de non-opposition à une déclaration préalable ou, en cas de construction sans autorisation ou en infraction aux obligations résultant de l'autorisation de construire ou d'aménager, le procès-verbal constatant les infractions (C. patr., art. L. 524-4, *a*).

§ 2 Le montant de la redevance

1322 Le montant de la redevance est calculé par l'application d'un taux de 0,40 % à la valeur de l'ensemble immobilier. Cette valeur est elle-même déterminée comme pour le calcul de la taxe d'aménagement (C. patr., art. L. 524-7). L'administration dispose d'un droit de reprise qui s'exerce jusqu'au 31 décembre de la troisième année qui suit, selon les cas, la réalisation du fait générateur de la redevance ou, lorsque l'autorisation administrative est accordée pour une durée supérieure à trois ans, l'année d'expiration de l'autorisation administrative. Par ailleurs, lorsqu'il apparaît que la superficie déclarée par l'aménageur est erronée, l'administration peut la rectifier après application de la procédure contradictoire prévue par les articles L. 55 à L. 61 B du livre des procédures fiscales (C. patr., art. L. 524-8).

§ 3 La liquidation et le recouvrement de la redevance

1323 La redevance est établie selon les mêmes modalités que la taxe d'aménagement (C. patr., art. L. 524-8, I). Les services de l'État chargés de l'urbanisme sont donc seuls compétents pour l'établir et la liquider. Elle est liquidée selon la valeur et les taux en vigueur à la date du fait générateur. Comme pour la taxe d'aménagement, si l'autorisation d'urbanisme est déposée pendant la période de validité d'un certificat d'urbanisme, le taux le plus favorable est appliqué. De même, les règles de contrôle et de sanctions sont celles applicables à la taxe d'aménagement.

La redevance est recouvrée par les comptables publics compétents en matière de créances étrangères à l'impôt et au domaine (C. patr., art. L. 524-8-III). Elle est due 12 mois à compter de la date de son fait générateur. Elle est émise avec la première échéance ou l'échéance unique de taxe d'aménagement à laquelle elle est adossée. En cas de modification de l'autorisation d'urbanisme, le complément de la redevance fait l'objet d'un titre de perception émis dans le délai de 12 mois à compter de la date de la délivrance de l'autorisation modifiée.

Le redevable de la redevance est bien évidemment le bénéficiaire de l'autorisation de construire ou celui qui a réalisé les travaux ou aménagements. Les époux et partenaires liés par un pacte civil de solidarité sont solidaires de son paiement. En cas de transfert total ou partiel de l'autorisation, le régime est le même que pour la taxe d'aménagement (C. patr., art. L. 524-8, III ; C. urb., art. L. 331-26 ; v. ss 1297).

Le redevable peut demander la décharge lorsqu'il n'a pas réalisé les travaux et que l'opération de diagnostic n'a pas été engagée (C. patr., art. L. 524-12). Il peut également en obtenir la décharge, la réduction ou la restitution totale ou partielle dans les mêmes conditions que la taxe d'aménagement (C. patr., art. L. 524-15 ; C. urb., L. 331-30 ; v. ss 1298).

Les réclamations concernant la redevance sont présentées, instruites et jugées dans les mêmes conditions que la taxe d'aménagement. En particulier, en matière de recouvrement, les réclamations sont présentées, instruites et jugées selon les règles applicables en matière de créances étrangères à l'impôt et au domaine (C. patr., art. L. 524-15 ; C. urb., L. 331-12).

section 4

Le versement pour sous-densité

La loi n° 2009-967 du 3 août 2009 de programmation relative à la mise en œuvre du Grenelle assignait pour objectif au droit de l'urbanisme de prendre en compte les objectifs du développement durable, en particulier pour lutter contre la régression des surfaces agricoles et naturelles. Elle impartissait la réalisation dans les six mois suivant sa publication d'une étude sur la réforme de la fiscalité et sur les incitations possibles pour limiter l'extension du foncier artificialisé. Ce travail a débouché sur l'adoption de la loi du 29 décembre 2010 de finances rectificative pour 2010 et la substitution de la taxe d'aménagement à la taxe locale d'équipement. Le même texte instituait cependant la possibilité pour les communes et les EPCI compétents en matière de PLU d'instituer une contrainte fiscale en faveur de la densification et de l'économie des sols sous la forme d'un versement pour sous-densité. Le moins que l'on puisse dire cependant est que cette innovation a été accueillie avec scepticisme dans la mesure où la question du renforcement de la densité paraît relever davantage du domaine de la règle d'urbanisme que de l'incitation fiscale qui a déjà, par le passé, montré ses limites quant à la modification des comportements des opérateurs dans l'immobilier. 1324 ■

L'assujettissement au versement pour sous-densité (§ 2) suppose préalablement l'établissement d'un seuil minimal de densité (§ 1).

§ 1 L'établissement du seuil minimal de densité

Les organes délibérants des communes ou EPCI compétents en matière de PLU et la métropole de Lyon peuvent instituer un seuil minimal de densité pour une durée minimale de trois ans à compter de la date d'entrée en vigueur de la délibération qui l'a institué. Toutefois, une nouvelle délibération motivée tendant à favoriser l'investissement locatif, l'accession à la propriété et le développement de l'offre foncière peut être prise sans condition de délai pour supprimer le seuil minimal de densité avant l'expiration de ce délai triennal (C. urb., art. L. 331-36). L'établissement de ce seuil leur permet d'exiger un versement pour sous-densité (VSD) des constructeurs réalisant un projet dont la densité serait en deçà du seuil minimal (C. urb., art. L. 331-38). Ce versement doit leur permettre de financer leurs actions et opérations contribuant à la réalisation des objectifs définis à l'article L. 121-1 (C. urb., art. L. 331-36). 1325 ■

Le seuil minimal de densité est déterminé par secteurs du territoire de la commune, de l'EPCI ou de la métropole de Lyon, dans les zones urbaines et à urbaniser. Ils sont définis sur un document graphique figurant dans une annexe au PLU. Pour chaque secteur, le seuil minimal de densité est encadré par le législateur. Il ne peut être inférieur à la moitié ni supérieur aux trois quarts de la densité maximale autorisée par les règles définies dans le plan local d'urbanisme (C. urb., art. L. 331-37).

L'application de ce seuil minimal à chaque cas particulier oblige préalablement à déterminer la densité maximale qu'une unité foncière peut recevoir. Cette densité est définie par le rapport entre la surface de plancher d'une construction déterminée conformément à l'article L.112-1 du Code de l'urbanisme et la surface de l'unité foncière sur laquelle cette construction doit être implantée (C. urb., art. L. 331-35). On peut préciser que lorsqu'une construction nouvelle est édifiée sur un terrain qui comprend un bâtiment qui n'est pas destiné à être démoli, la densité est calculée en ajoutant sa surface plancher à celle de la construction nouvelle.

Il faut relever que la suppression immédiate des coefficients d'occupation du sol fixés par les PLU par la loi ALUR du 24 mars 2014 rend depuis lors particulièrement délicate la détermination de la densité maximale de construction sur une unité foncière.

§ 2 Le versement pour sous-densité

■ 1326 *Exigibilité du VSD.* Le redevable du versement pour sous-densité est soit le bénéficiaire d'une autorisation de construire expresse ou tacite, soit la personne responsable de la construction lorsque celle-ci a été réalisée sans autorisation ou en infraction aux obligations résultant de l'autorisation de construire. Dans ce dernier cas, le montant du versement est assorti d'une pénalité de 80 % prononcée comme en matière de taxe d'aménagement (C. urb., art. L. 331-43 ; L. 331-23). Le versement est exigible à l'occasion de toute construction nouvelle d'une densité inférieure au seuil minimal. En revanche, les projets d'extension ou les projets de construction de locaux annexes aux bâtiments déjà existants et les constructions situées sur les terrains de camping ou parcs résidentiels de loisirs ne sont pas considérés comme des constructions nouvelles (C. urb., art. L. 331-38). Les bénéficiaires de permis d'aménager autres qu'en lotissement et les associations foncières urbaines de remembrement autorisées ou constituées d'office peuvent également voir mis à leur charge le versement pour sous-densité (C. urb., art. L. 332-12).

Le versement est égal au produit de la moitié de la valeur du terrain par le rapport entre la surface manquante pour que la construction atteigne le seuil minimal de densité et la surface de la construction telle qu'elle résulterait de l'application du seuil minimal de densité. Ce versement ne peut en tout état de cause être supérieur au quart de la valeur du terrain. La valeur du terrain sur laquelle la construction en sous-densité doit être réalisée est déclarée par le demandeur lors du dépôt de la demande du permis de construire. Elle est appréciée à cette même date (C. urb., art. L. 331-39). Lorsque le seuil minimal de densité ne peut être atteint du fait des servitudes administratives qui frappent le terrain, aucun versement n'est dû (C. urb., art. L. 331-8).

■ 1327 La loi prévoit deux types d'exonérations. Certaines sont de plein droit. Ce sont les mêmes que pour les parts départementale et régionale de la taxe d'aménagement (C. urb., art. L. 331-41, L. 331-7 ; v. ss 1292). Les constructions réalisées dans les opérations d'intérêt national, dans les zones d'aménagement concerté et dans les périmètres délimités par une convention de projet urbain partenarial ne sont donc pas exonérées du versement pour sous-densité. D'autres exonérations peuvent être décidées par la commune ou l'EPCI compétent. Elles concernent des constructions qui peuvent également faire l'objet d'une exonération de la part communale de la taxe d'aménagement (C. urb., art. L. 331-41, L. 331-9).

■ 1328 *Rescrit.* Il reste qu'une telle définition n'est pas exempte de difficultés que le législateur a voulu prévenir par la mise en place d'une procédure de rescrit fiscal (C. urb., art. L. 331-40). Ce mécanisme permet au contribuable « de bonne foi » d'obtenir de l'administration toute précision sur les éléments relatifs au seuil minimal de densité. Il concerne en premier lieu la mise en œuvre de la disposition législative selon laquelle la partie des terrains rendus inconstructibles pour des raisons physiques ou du fait de prescriptions ou de servitudes administratives n'est pas retenue dans la surface de l'unité foncière (C. urb., art. L. 331-35). Il s'applique, en second lieu, au cas où le seuil minimal de densité ne peut être atteint et où aucun versement n'est dû du fait des servitudes administratives qui frappent le terrain (C. urb., art. L. 331-38). Dans ces deux cas, le contribuable peut demander à l'administration de l'État chargée de l'urbanisme dans le département des éclaircissements sur l'application de la déduction à la situation de son terrain. Il peut fournir une estimation motivée et détaillée de la constructibilité maximale qui s'attache au terrain d'assiette de la construction projetée compte tenu notamment de la nature du sol, de la configuration des parcelles, du caractère des constructions avoisinantes ou de motifs tenant aux économies d'énergie. L'administration doit répondre à la demande du redevable dans un délai de trois mois au terme duquel les propositions de solution qu'il a présentées dans sa demande sont opposables à l'administration. À défaut de réponse dans un délai de trois mois, le seuil minimal de densité applicable au terrain ne peut être supérieur aux trois quarts de la densité maximale déclarée. Dans chaque cas, lorsque l'administration de l'État a pris formellement position, le contribuable peut, dans un délai de deux mois, saisir l'administration centrale chargée de l'urbanisme pour solliciter un second examen de sa demande, sans toutefois pouvoir invoquer d'éléments nouveaux. Celle-ci dispose du même délai de trois mois pour prendre position. Dans tous les cas, les services de l'État saisissent pour avis le maire de la commune (C. urb., art. L. 331-40).

Régime du VSD. Le régime du versement pour sous-densité est aligné sur celui de la 1329 ■
taxe d'aménagement. Il est liquidé et recouvré selon les mêmes modalités (C. urb., art. L. 331-42, L. 331-19, L. 331-20, L. 331-24 à L. 331-29 ; v. ss 1310 et v. ss 1314). Il est assis, liquidé et recouvré en vertu d'un titre de recettes délivré par le responsable chargé de l'urbanisme dans le département, qui peut déléguer sa signature aux agents placés sous son autorité (LPF, art. L. 225-A).

Le régime des contrôles est lui-même aligné sur celui de la taxe d'aménagement (C. urb., art. L. 331-45, L. 331-21, L. 331-22). Il en va de même encore de celui des réclamations (C. urb., art. L. 331-45, L. 331-30 à L. 331-32).

Le produit des versements est intégralement et exclusivement attribué aux communes, aux EPCI compétents en matière de PLU ou à la métropole de Lyon (C. urb., art. L. 331-46). Son reversement s'effectue comme en matière de taxe d'aménagement, c'est-à-dire notamment sous déduction d'un prélèvement de 3 % du montant des recouvrements au profit de l'État (C. urb., art. L. 331-44, L. 331-33, L. 331-34). On rappellera que le versement pour sous-densité est normalement destiné à financer des actions ou opérations qui concourent à la réalisation des objectifs définis à l'article L. 121-1 du Code de l'urbanisme, ce qui laisse d'assez larges possibilités de mise en œuvre.

Pour autant, il semble bien que ce versement pour sous-densité n'ait été, au 1er janvier 2015, institué dans quelques dizaines de communes à peine. Sa complexité rébarbative et une relativement faible adhésion des collectivités locales aux enjeux de densification urbaine expliquent sans doute largement ce désintérêt généralisé.

chapitre 26

Les participations alternatives de la taxe d'aménagement : les participations financières dans les ZAC et le projet urbain partenarial

Plan analytique

La taxe d'aménagement est susceptible de se cumuler avec d'autres contributions, qu'elles soient ou non de nature fiscale. Certaines participations sont, quant à elles, susceptibles de se substituer à la part locale de la taxe d'aménagement pour mieux prendre en compte le coût réel des équipements dans un périmètre déterminé. Tel était le cas, jusqu'à ce que la loi du 29 décembre 2010 ne l'abroge de la participation en secteur d'aménagement (PAE). Toutefois, ce régime, résultant des articles L. 332-9 à L. 332-11 du Code de l'urbanisme, demeure applicable dans les secteurs des communes où un PAE a été institué antérieurement au 1er mars 2012 et jusqu'à ce que le conseil municipal décide de clore le programme (L. du 29 déc. 2010, art. 28, B, 4). Il reste donc après la réforme le régime maintenant ancien des participations en zone d'aménagement concerté (section 1) et le projet urbain partenarial plus récemment institué par la loi n° 2009-323 du 25 mars 2009 de Mobilisation pour le Logement et la Lutte contre l'Exclusion (MOLLE) (section 2). 1330

section 1

Les participations financières dans les ZAC

Dans les ZAC, la taxe d'aménagement peut être écartée au profit d'un régime de participations contractuelles. Il appartient à l'autorité compétente pour créer la ZAC d'en décider (§ 1). Cette liberté contractuelle n'est cependant pas sans limites. Le législateur est, en effet, intervenu pour restreindre les participations contractuelles aux seuls équipements publics à réaliser pour répondre aux besoins des habitants et usagers de la zone (§ 2). 1331

§ 1 Le caractère contractuel des participations financières

Les constructions et aménagements réalisés dans les ZAC sont exonérés de la part communale ou intercommunale de la taxe d'aménagement lorsque le coût des équipements publics est mis à la charge de l'aménageur ou du constructeur (C. urb., art. L. 331-7, 5° et R. 311-2 ; L. Santoni et X. Couton, « La ZAC dans la tourmente des nouveaux textes », *Constr.-Urb.* 2012. Étude 7). La liste de ces équipements est fixée par décret en Conseil d'État (C. urb., art. R.* 331-6). Elle peut être complétée par une délibération du conseil municipal ou de l'organe délibérant de l'EPCI pour une durée 1332 minimale de trois ans. L'exonération ne s'étend ni aux parts départementale et régionale de la taxe (C. urb., art. L. 331-8), ni au versement pour sous-densité (C. urb., art. L. 331-41) Lorsque la ZAC est supprimée, la taxe d'aménagement est rétablie de plein droit pour la part communale et la part intercommunale. Dans ce cas, le conseil municipal ou l'organe délibérant de l'EPCI fixe le taux de la taxe, sans pouvoir retenir le taux majoré (C. urb., art. L. 331-16).

La concession d'aménagement met les participations à la charge de l'aménageur déduction faite des subventions perçues par la collectivité (C. urb., art. L. 311-4). Ainsi, s'agissant d'un contrat, il perd son objet si l'acte de création de la ZAC est annulé. Il en résulte que l'obligation qui avait conduit au versement des sommes dues par l'aménageur en application de la convention disparaît et que celui-ci a droit à leur restitution.

1333 Les constructeurs qui ont acquis leurs terrains de l'aménageur ne peuvent, quant à eux, être assujettis qu'au paiement des taxes et participations qui peuvent être cumulées avec la taxe d'aménagement, ce qui exclut cette dernière, la participation au titre d'un PAE institué avant le 1er mars 2012 et la participation pour voirie et réseaux instituée avant le 1er janvier 2015 pour ceux des équipements qui sont compris dans le programme des équipements publics de la ZAC. Ils doivent également être dispensés du financement de certains équipements spécifiques lorsque leur coût a été inclus dans la participation supportée par l'aménageur (CE 14 févr. 1979, *SA Rhonalcop*, req. n° 04603, *Lebon* T. 728 ; *Dr. fisc.* 1979, n° 11 ; CAA Paris, 21 janv. 1999, *SCI Levallois Front-de-Seine*, req. nos 96PA01996, 9PA02980, *Lebon* T. 1072-1077). Par ailleurs, lorsque l'aménageur a supporté tout ou partie du coût de construction du réseau public de collecte des eaux usées compris dans le programme des équipements publics de la zone, la participation pour le financement de l'assainissement collectif est diminuée à proportion du coût ainsi pris en charge (C. Santé publ., art. L. 1331-7 ; sur les difficultés susceptibles de résulter de sa mise en œuvre, v. J-Ph. Strebler, Loi ALUR : les réajustements concernant la fiscalité de l'urbanisme, *RDI* 2014.385).

1334 Un constructeur, ayant acquis un terrain de l'aménageur et contraint d'acquitter la TLE au titre d'un permis de construire délivré à la suite d'un précédent permis annulé par voie de conséquence de l'annulation de l'acte de création de la ZAC, ne peut, de ce seul fait, obtenir remboursement du coût des équipements réalisés par l'aménageur et intégré dans le coût du terrain aménagé sur le fondement de l'action en répétition de l'indu régie par l'article L. 332-30 du Code de l'urbanisme. En effet, les participations supportées par l'aménageur ne sont pas réputées sans cause pour autant. Il peut, en revanche, obtenir le remboursement de la TLE (ou désormais de la part locale de la taxe d'aménagement) qu'il doit acquitter au titre du second permis sur le fondement classique de la responsabilité de l'administration (CAA Lyon, 1er févr. 2005, *SEM du département de l'Ain (SEMCODA)*, req. nos 98LY01231, 98LY01267 et 98LY02320, *Lebon* T. 1096 ; *Constr.-Urb.* 2005, n° 149, obs. P. Cornille).

1335 La question s'est posée, par ailleurs, de savoir comment faire contribuer au programme des équipements de la ZAC le propriétaire-constructeur non exproprié ou dont le terrain n'a pas été cédé par l'aménageur. La loi SRU y apporte une réponse en disposant que lorsqu'une construction est édifiée sur un terrain n'ayant pas fait l'objet d'une cession, location ou concession d'usage consentie par l'aménageur de la zone, une convention conclue entre la commune ou l'EPCI et le constructeur précise les conditions dans lesquelles celui-ci participe au coût d'équipement de la zone. Ladite convention constitue une pièce obligatoire du dossier de permis de construire ou d'aménager (C. urb., art. L. 311-4).

§ 2 La limitation des participations

Y-a-t-il une limite à la liberté contractuelle des parties et à la liste des équipements que l'aménageur peut prendre en charge, dès lors que la liste fixée par décret en Conseil d'État ne constitue qu'un minimum, mais que cette liste peut, comme il a été indiqué, être complétée par délibération du conseil municipal ou de l'organe délibérant de l'EPCI. Cette limite est à l'origine résultée de la jurisprudence dans une affaire où la collectivité publique et l'aménageur étaient convenus que ce dernier prendrait à sa charge la réalisation d'un carrefour situé en dehors du périmètre de la ZAC. À l'occasion du contentieux déclenché par l'aménageur, le Conseil d'État a considéré que si la convention pouvait légalement mettre à sa charge des équipements situés en dehors de la ZAC, c'est à la condition qu'ils fussent réalisés dans l'intérêt principal de celle-ci. À défaut, une contribution demandée à ce titre était dépourvue de base légale (CE 28 juill. 1989, *Cté urb. Brest c/ SARL European Homes*, n° 73779, *Lebon* 172; 7 juill. 2000, n° 205229, *SCI Cité Haute Provence*, *Lebon* T. 1283; *Dr. adm.* 2000. 245, obs. L. T. ; *Constr.-Urb.* 2000, n° 309, obs. D. Larralde; CAA Paris, 27 sept. 1994, *SA des Automobiles Citroën*, req. n° 92PA00291, *AJDA* 1995. 248, chron. J.-F. Gipoulon; CAA Lyon, 22 mars 1994, *Cne Risoul*, n° 91LY00305, *Lebon* 633; *BJDU* 1994. 82, concl. Ch. Chanel). Si ces décisions imposaient ainsi une limite à la liberté contractuelle s'agissant des équipements situés en dehors de la ZAC, elles semblaient n'en comporter aucune pour ceux situés dans son périmètre. 1336 ■

Le législateur est donc venu préciser ce point par deux interventions successives. La première a été le fait de la loi du 29 janvier 1993 relative à la prévention de la corruption, dite « loi Sapin », qui a précisé que « seul le coût des équipements publics réalisés dans l'intérêt principal des usagers des constructions à édifier dans la zone d'aménagement concerté peut être mis à la charge des constructeurs ». En d'autres termes, le législateur appliquait la formule de l'arrêt *Communauté urbaine de Brest* à tous les équipements publics, y compris ceux réalisés dans la ZAC. La formule « dans l'intérêt principal des usagers » est cependant apparue trop restrictive. C'est pourquoi la loi du 9 février 1994, dite « loi Bosson », est venue à nouveau modifier le code qui dispose désormais : « il ne peut être mis à la charge des constructeurs que le coût des équipements publics à réaliser pour répondre aux besoins des futurs habitants et usagers des constructions à édifier dans la zone » (C. urb., art. L. 311-4; CAA Paris, 11 juill. 2003, *SARL Briand-Bagneux*, req. n° 01PA00643; TA Toulon, 19 déc. 2008, *SA Sté Immobilière du Tanneron*, req. n° 0604474, *AJDA* 2009. 552, concl. M. Revert: la disparition de l'intérêt des équipements publics pour l'aménagement d'une ZAC peut constituer une cause d'exonération des participations). Les participations demandées en contravention avec le principe ainsi énoncé sont susceptibles de répétition (C. urb., art. L. 332-30; v. ss 1368). Le Conseil d'État a eu l'occasion de préciser sur ce point que seules les dépenses en lien direct avec les équipements publics peuvent constituer l'assiette de la participation. Tel n'était pas le cas des coûts d'études générales, pré-opérationnelles, des frais financiers, des frais de commercialisation et de frais généraux dont il n'était pas démontré qu'ils avaient été exposés spécifiquement pour la construction des équipements publics destinés aux usagers de la zone (CE 23 déc. 2010, *Sté d'équipement du Biterrois et de son littoral (SEBLI)*, req. n° 307124, *Lebon* T. 1017 ; *BJDU* 2011. 51, concl. L. Olléon ; *JCP* A 2011, n° 2124, note M. Moritz ; *RDI* 2011. 238, obs. P. S.-C.). L'illégalité des participations mises à la charge de l'aménageur est cependant sans incidence sur la légalité de la délibération approuvant la création de la ZAC (CAA Paris, 18 nov. 1997, *Assoc. Vivre au Bout Galeux et à Palaiseau*, req. n° 94PA01119).

■ 1337 La loi apporte, par ailleurs, deux précisions au principe ainsi posé. D'une part, si un équipement est réalisé pour répondre aux besoins des futurs habitants ou usagers des constructions à édifier dans plusieurs opérations successives devant faire l'objet d'une procédure de ZAC ou de conventions de projet urbain partenarial, la répartition du coût de cet équipement entre différentes opérations peut être prévue dès la première, à l'initiative de l'autorité publique qui approuve l'opération. D'autre part, s'il est décidé de réaliser un équipement public surdimensionné au regard des besoins de la ZAC, seule la fraction du coût proportionnelle à ces besoins peut être mise à la charge des constructeurs (CAA Marseille, 30 sept. 2010, *SNC Les Hauts d'Hyères*, req. n° 08MA03516).

section 2

Le projet urbain partenarial

■ 1338 C'est la loi n° 2009-323 du 25 mars 2009 de Mobilisation pour le Logement et la Lutte contre l'Exclusion (MOLLE) dite loi « Boutin » qui a institué le Projet Urbain Partenarial (PUP) (C. urb., art. L. 332-11-3 ; J.-Ph. Strebler, « Le projet urbain partenarial : les risques d'une réforme inaboutie », *BJDU* 2009. 178 ; O. Chambord, « La réforme de la fiscalité de l'urbanisme par l'introduction du projet urbain partenarial », *JCP* A 2009, n° 2234 ; G. Godfrin, « Participations d'urbanisme contractualisées : la fin d'un tabou ? », *Constr.-Urb.* 2008. Repère 9 ; A. Droal, « Un pas vers la contractualisation », *Gaz. cnes* 22 sept. 2008. 64-66). Il a été conçu comme une nouvelle forme de participation privée à la réalisation d'équipements publics, venant combler un vide entre la zone d'aménagement concerté (ZAC) et le programme d'aménagement d'ensemble (PAE). La première est, en effet, un outil juridique qui n'a d'intérêt que pour les opérations présentant une certaine complexité et la réalisation d'un programme important d'équipements publics, par conséquent mal adapté aux opérations purement privées. Le second impliquait à la fois la définition d'un programme d'aménagement et un préfinancement par les communes. Par ailleurs, le PAE a été identifié comme une procédure complexe et source d'insécurité pour les aménageurs et les communes. Au demeurant, il a été par la suite abrogé par la loi du 29 décembre 2010 de finances rectificative pour 2010 (art. 28-B-4). Le régime du PUP a été récemment amendé par la loi ALUR (J-Ph. Strebler, Loi ALUR : les réajustements concernant la fiscalité de l'urbanisme, *RDI* 2014.385 ; Ph. Billet, Loi ALUR et urbanisme opérationnel, *JCP* A 2014, n° 2257 ; M.Donniou et M. Raunet, Loi ALUR : une nouvelle donne pour l'aménagement urbain, *BJDU* 3/2014.185, L. Santoni, « L'urbanisme opérationnel « post ALUR » », *Constr.-Urb.* 2014, Étude 4).

Le régime du PUP découle de ces objectifs. Il présente un caractère contractuel (§ 1) qui suppose la liberté des parties dans la détermination de son contenu (§ 2) et des modalités de la participation financière du constructeur ou de l'aménageur (§ 3).

§ 1 Le caractère contractuel du PUP

Nature du PUP. L'objectif affiché par le législateur était de « permettre le développement de l'urbanisme opérationnel d'initiative privée ». À cette fin, la convention de PUP a constitué une véritable innovation dans la mesure où elle offre une possibilité négociée de participation individuelle à la réalisation d'équipements publics. C'est donc un véritable contrat par lequel d'un côté, la collectivité publique (commune, EPCI compétent en matière de PLU ou préfet dans le périmètre des opérations d'intérêt national) s'engage à la réalisation d'un ou plusieurs équipements publics rendus nécessaires par l'opération d'aménagement ou de construction et de l'autre, le propriétaire, l'aménageur ou le constructeur s'engage à financer tout ou partie du ou des équipements concernés. S'agissant d'un contrat, l'organe délibérant doit donc habiliter l'autorité compétente à le signer (Rép. min. n° 10737, *JO* Sénat Q 11 sept. 2014.2080). Et il peut faire l'objet d'un avenant (Rép. min. n° 10736, *JOAN* Q 11 sept. 2014.2080) mais non d'une résiliation unilatérale (rép. Min. n° 12318, JO Sénat Q 4 juin 2015, p. 1324; *Constr.-Urb.* 2015, n° 99, note L. Santoni). Sa passation ne nécessite toutefois pas une mise en concurrence puisqu'il ne s'agit pas de confier la réalisation de travaux à l'opérateur signataire de la convention (Rép. min. n° 118850, *JOAN* Q 27 déc. 2011. 13719, *RDI* 2012. 179, obs. P. S.-C. ; CAA Marseille 17 oct. 2013, req. n° 12MA02696, *Constr.-Urb.* 2013, n° 165, note L.Santoni). A raison de sa nature contractuelle, le PUP peut être conclu indépendamment et, en tout état de cause, par principe, en amont de toute autorisation d'urbanisme. En effet, à la différence des participations dont l'autorisation d'urbanisme constitue le fait générateur, c'est le contrat lui-même qui constitue le fait générateur de la participation. La convention doit cependant être conclue avant la délivrance des autorisations d'urbanisme sauf à considérer que les équipements publics, dont le PUP prévoirait le financement, n'étaient pas « nécessaires » à l'opération et ne pourraient donc pas y figurer. Par ailleurs, du fait même qu'elle est indépendante de l'autorisation d'urbanisme, le moyen tiré de l'illégalité de la convention de PUP est inopérant quand il est invoqué au soutien d'un recours contre l'autorisation d'urbanisme (CAA Marseille, 17 oct. 2013, n° 13MA00388, *Assoc. des Amis du Montaiguet et du Pont de l'Arc*, cons. 10; CAA Marseille 17 oct. 2013, req. n° 12MA02696 préc.). 1339

Extension du PUP. Lorsque des équipements publics desservent des terrains extérieurs au périmètre de la convention de PUP initale, la commune ou l'EPCI compétent (ou le préfet dans le cadre d'une OIN) fixe un autre périmètre plus large que celui de la première convention. À l'intérieur de ce périmètre, les propriétaires fonciers, les aménageurs ou les constructeurs vont devoir participer à la prise en charge des équipements publics, qu'ils soient déjà réalisés ou encore à réaliser, dès lors qu'ils répondent aux besoins des futurs habitants ou usagers de leurs opérations. Les modalités de partage des coûts sont fixées par les autorités compétentes. Ils sont mis à la charge des débiteurs par conventions. Les conventions successivement établies 1340 peuvent viser des programmes d'équipements publics différents lorsque les opérations de construction attendues dans chaque périmètre de convention ne nécessitent pas les mêmes besoins en équipements (C. urb., art. L. 332-11-3-II).

1341 *Les parties à la convention de PUP.* Alors que l'initiative des participations financières appartient exclusivement aux personnes publiques, la convention de PUP peut être proposée aussi bien par l'opérateur privé que par la personne publique compétente. Cette dernière est obligatoirement celle compétente en matière de PLU (ou le préfet dans les OIN). Par conséquent, la conclusion d'un PUP ne paraît pas pouvoir être déléguée équipement par équipement à la collectivité publique compétente pour les réaliser (en ce sens, J.-Ph. Strebler, « Le projet urbain partenarial : les risques d'une réforme inaboutie », *BJDU* 2009. 184). Ainsi, en cas de réalisation d'équipements publics dont la commune ou l'EPCI compétent en matière de PLU ne serait pas maître d'ouvrage, le PUP ne pourra être conclu qu'après que les maîtres d'ouvrage des équipements dont la convention vise à assurer le financement auront formellement exprimé leur accord pour les réaliser. À cet égard, deux solutions peuvent être envisagées. La première consiste pour la collectivité maître d'ouvrage à exprimer son accord formel à la réalisation des travaux par une délibération distincte de la convention de PUP et annexée à elle. La seconde prend la forme d'une intervention à la convention de PUP. Par ailleurs, la convention de PUP étant conclue indépendamment de toute autorisation d'urbanisme, elle peut l'être tant avec les propriétaires qu'avec les aménageurs ou constructeurs. Pour autant toutefois s'agissant des propriétaires qu'ils soient en mesure de présenter un projet d'opération de construction ou d'aménagement qui permette d'établir quels équipements sont rendus nécessaires et quelle sera leur proportion d'usage.

1342 *Localisation.* La convention ne peut être conclue que pour des opérations situées dans les zones U ou AU des PLU, à l'exclusion de toute autre zone. Cette condition s'explique par la considération que le PUP est destiné à financer les équipements rendus nécessaires par une ou plusieurs opérations d'aménagement ou de construction, ce qui concerne évidemment les zones urbaines ou à urbaniser. Le PUP est donc réservé aux seules communes dotées d'un PLU. Les annexes du PLU devront indiquer, à titre d'information le périmètre de la convention de PUP (C. urb., art. R. 123-13).

§ 2 Le contenu de la convention de PUP

1343 En raison du principe de liberté contractuelle, le contenu de la convention est laissé à l'appréciation des parties. En effet, d'une part, il n'est pas apparu utile d'entrer dans le détail de ce que des conventions passées entre les communes et les aménageurs pourront prévoir et d'autre part, il a semblé nécessaire de conserver à l'outil toute la souplesse contractuelle que le législateur cherchait à établir. Il est cependant indispensable qu'elle précise les engagements mutuels des parties.

1344 *Les équipements.* Le PUP a pour vocation de permettre la prise en charge financière de tout ou partie des équipements publics que nécessite une opération d'aménagement ou de construction. Les équipements qui peuvent être programmés et financés dans le cadre d'un PUP sont donc des équipements réalisés sous maîtrise d'ouvrage publique. En cela, ils se distinguent des « équipements propres » réalisés par le constructeur ou le lotisseur (C. urb., art. L. 332-15) qui sont expressément exclus du champ du PUP (C. urb., art. L. 332-11-13). En effet, dès lors que ces équipements sont réalisés dans l'intérêt exclusif de l'opération d'aménagement ou de construction, ils ne constituent pas des équipements publics.

Les équipements publics qui constituent l'objet du PUP peuvent être, soit des équipements d'infrastructure : voirie (carrefours d'accès ; élargissement de chaussée ; pistes cyclables ou trottoirs...) et réseaux (eau, assainissement, électricité ; station d'épuration), soit des équipements de superstructure (équipements scolaires, sportifs ou socio-culturels...). À la différence des participations en ZAC, le PUP peut ne porter que sur un seul ouvrage.

Les équipements financés dans le cadre d'un PUP ne peuvent toutefois être que les équipements *nécessaires* à une ou plusieurs opérations d'aménagement ou de construction. Plus précisément, il faut que les équipements financés soient dans un lien direct avec les besoins des futurs habitants ou usagers des constructions à édifier dans le périmètre du PUP. Cette considération détermine la fixation de la participation.

La détermination des équipements dont l'opération d'aménagement ou de construc- 1345 ■
tion requiert la réalisation est le résultat d'une discussion entre l'opérateur et les services techniques de la collectivité. Jusqu'à l'adoption de loi ALUR, elle demeurait largement confidentielle. Désormais, les personnes ayant qualité pour déposer une demande de permis de construire ou d'aménager peuvent solliciter de l'autorité publique compétente qu'elle étudie le projet et que celui-ci fasse l'objet d'un débat au sein de l'organe délibérant. Cette demande est assortie d'un dossier comportant la délimitation du périmètre du projet, sa définition ainsi que la liste des équipements publics à réaliser pour répondre aux besoins des futurs habitants ou usagers des constructions à édifier dans le périmètre. L'autorité compétente peut faire droit à cette demande mais elle n'y est pas tenue.

Les clauses de la convention. La convention devra comporter : la délimitation des 1346 ■
terrains concernés par l'opération, sachant que le ou les équipement(s) public(s) peuvent se situer aussi bien en dehors qu'à l'intérieur du périmètre de l'opération ; une description de l'opération d'aménagement ou de construction envisagée dans la mesure où les équipements publics seront réalisés pour satisfaire les besoins de ladite opération ; une description des équipements ; l'évaluation de leur coût ; la détermination de leur délai de réalisation assorti, le cas échéant, d'un calendrier et la durée d'exonération de la part communale ou intercommunale de la taxe d'aménagement qui ne peut excéder 10 ans (C. urb., art. L. 332-11-4).

§ 3 La participation financière

Fixation de la participation. Le montant de la participation fixé par la convention est 1347 ■
négocié librement entre l'autorité publique et le propriétaire ou l'opérateur. Si elle peut concerner tout ou partie du ou des équipements publics rendus nécessaires par l'opération, elle ne peut couvrir au maximum que la part de ceux qui répondent aux besoins des futurs habitants ou usagers de l'opération. Il s'agit là d'une application du principe de proportionnalité classique s'agissant des participations financières. Par conséquent, si le ou les équipement(s) sont surdimensionnés et dépassent les seuls

besoins de l'opération, l'opérateur ne peut financer que la part nécessaire à son opération. Dans ce cas, il appartient à la commune de financer le solde et d'envisager de délimiter un secteur à taux majoré de la part locale de la taxe d'aménagement. Cela étant, rien n'interdit à la commune (ou EPCI) de financer une part plus importante des équipements, par exemple pour favoriser un programme comportant des logements sociaux. On a vu par ailleurs que l'autorité publique peut constituer un périmètre de PUP au-delà du périmètre des terrains concernés par la convention initiale (v. ss 1340).

■ 1348 *Forme de la participation.* La participation peut être versée par l'opérateur soit en numéraire, soit par un apport de terrain non bâti ou de terrain bâti. Si cette remise de terrain implique un détachement, celui-ci ne constitue pas un lotissement (C. urb., art. R.* 442-1, *i*). En revanche, la participation ne peut pas prendre la forme de la remise d'une construction neuve ou de la réalisation de travaux, en raison du risque de requalification d'une telle convention en marché public. Il en résulte notamment que dans le cas de la remise d'un terrain nu, il ne peut être préalablement et spécialement aménagé en vue de sa cession. Il en va de même dans l'hypothèse de la cession d'une construction existante.

■ 1349 *Délai.* La convention devra fixer des délais de paiement des contributions aux équipements publics réalisés par le ou les maîtres d'ouvrage. Ces délais pourront être librement déterminés, soit avec des dates de paiement préfixés, soit en fonction des dates de démarrage ou d'achèvement des équipements publics ou des opérations d'aménagement ou de construction.

■ 1350 *PUP et autres contributions et participations financières.* Dans les communes où la part locale de la taxe d'aménagement a été instituée, les constructions édifiées dans le périmètre délimité par une convention de PUP sont exclues du champ d'application de cette part locale pendant un délai fixé par la convention, qui ne peut excéder 10 ans. La convention doit donc indiquer la durée de l'exonération. Elle devra également déterminer avec précision les équipements publics au financement desquels le PUP participe. En effet, la participation PUP ne peut être cumulée avec d'autres participations qui financeraient un équipement déjà financé par elle. Cela concernait la participation destinée à la réalisation de parcs publics de stationnement lorsqu'elle était en vigueur et cela peut encore concerner la participation pour voies et réseaux (PVR) si elle a été instituée avant le 1er janvier 2015 ainsi que la participation spécifique pour la réalisation d'équipements publics exceptionnels. La précision de la convention sur ce point permettra d'éviter toute contestation ultérieure et action en répétition. En revanche, le PUP n'exonère l'opérateur ni de la redevance d'archéologie préventive, ni des parts départementale et francilienne de la taxe d'aménagement, ni de la redevance pour la création de bureaux en Ile-de-France, ni du versement de sous-densité.

■ 1351 *Action en répétition.* Les contributions prescrites dans le cadre de la convention de PUP devront être inscrites dans le registre des contributions d'urbanisme qui est mis à la disposition du public en mairie (C. urb., art. L. 332-29, R. 332-42, R. 332-42). Cette inscription a pour principal effet de faire démarrer la prescription quinquennale des actions en répétition de l'indu que peuvent engager les acquéreurs successifs de biens situés dans une zone couverte par une convention de PUP (C. urb., art. L. 332-30).

chapitre 27

Les participations individualisées

Plan analytique

section **1**

La participation spécifique pour la réalisation d'équipements publics exceptionnels

section **2**

La réalisation des équipements propres

Les participations individualisées

Avant la réforme de la fiscalité de l'urbanisme résultant de la loi n° 2010-1658 de finances rectificative du 29 décembre 2010, les participations non fiscales - que l'on qualifie généralement de participations individualisées parce qu'elles constituent la contrepartie du fait que le constructeur ne réalise pas lui-même les équipements publics rendus nécessaires par son opération ou dont elle profite - comprenaient : la participation pour raccordement à l'égout (PRE) ; la participation destinée à la réalisation de parcs publics de stationnement ; la participation spécifique pour la réalisation d'équipements publics exceptionnels ; la participation pour voirie et réseaux ; la réalisation des équipements propres et la cession gratuite de terrains. 1352

Cession gratuite. La cession gratuite a été déclarée inconstitutionnelle et a, par conséquent, disparu du Code de l'urbanisme (Cons. const. 22 sept. 2010, n° 2010-33 QPC, *Constr.-Urb.* 2010, n° 148, note N. Gonzalez-Gharbi ; *AJDA* 2010. 2384, note F. Rolin ; *RDI* 2011. 193 ; *ibid.* 574, obs. P. S.-C. ; *JCP* 2010, n° 2302, note Ph. Billet ; *BJDU* 2010. 634, note J. Trémeau ; Cons. const. 7 oct. 2011, n° 2011-176 QPC. Sur les conséquences de l'inconstitutionnalité, Rép. min. n° 95540, *JOAN* Q 22 févr. 2011. 1838 ; Rép. min. n° 95538, *JOAN* Q 1er mars 2011. 2049). Un régime de cession gratuite subsiste cependant encore dans le Code de l'urbanisme pour les postes de transformation ou de détente de gaz (C. urb., art. R. 332-16). Il n'est pas abrogé au motif que l'inconstitutionnalité de l'article L. 332-6-1, 2° ne concernerait que les cessions gratuites de terrains pour voirie. Il reste que le fondement légal de cet article repose bien sur cette disposition. 1353

Participation pour voie et réseaux ; participation des riverains en Alsace-Moselle ; participation destinée à la réalisation des parcs publics de stationnement. Par l'effet de la réforme de la fiscalité de l'urbanisme, l'institution du taux majoré de la part départementale de la taxe d'aménagement a entraîné la suppression de la PVR et de la participation des riverains en Alsace-Moselle ainsi que de la participation destinée à la réalisation de parcs publics de stationnement à compter du 1er janvier 2015, même en dehors des secteurs où le taux majoré de la part communale de la taxe d'aménagement aura été institué (L. préc., art. 28, I, B). 1354

Toutefois, la loi du 29 décembre 2014 de finances rectificative pour 2014 (L. n° 2014-1655, art. 44) a organisé le maintien en vigueur des périmètres de participation pour voirie et réseaux et des participations des riverains en Alsace-Moselle qui avaient été institués avant le 1er janvier 2015 (C. urb., art. L. 332-6, 2°).

Participation pour raccordement à l'égout. Initialement, la participation pour raccordement à l'égout (PRE) avait été supprimée dans les mêmes conditions (au 1er janv. 2015). Mais la loi n° 2012-354 du 14 mars 2012 de finances rectificatives pour 2012 l'a définitivement supprimée à compter du 1er juillet 2012, date d'entrée en vigueur de la nouvelle participation au financement de l'assainissement collectif (PAC) qui ne relève plus des participations d'urbanisme (L. Santoni, « La PRE est morte, vive la 1355

PAC », *Constr.-Urb.* 2012, n° 92 ; J.-Ph. Strebler, « Chassez la PRE... et la PAC revient (au galop) ! », *RDI* 2012. 375 ; Y. Goujon, Mise en œuvre de la participation pour le financement de l'assainissement collectif à l'intérieur d'une ZAC depuis la loi ALUR, Le moniteur, n° 20, sept. 2014, complément urb. aménagement, p. 17 ; L. Santoni, L'urbanisme opérationnel post ALUR, *Constr.-Urb.*, 2014, n° 8 : à propos de la PAC en ZAC).

1356 Seules les participations spécifiques pour la réalisation de parcs d'équipements publics exceptionnels (Section 1) et la réalisation des équipements propres (Section 2) subsistent donc à la suite de la réforme de la fiscalité de l'urbanisme.

section 1

La participation spécifique pour la réalisation d'équipements publics exceptionnels

1357 Certaines opérations impliquent la réalisation d'*équipements publics exceptionnels*[Q] (voirie de desserte de grandes surfaces commerciales ; station d'épuration des effluents d'une usine, etc.). À ce titre, une participation spécifique cumulable avec la part locale de la taxe d'aménagement peut être imposée aux bénéficiaires des autorisations de construire qui ont pour objet la réalisation de toute installation à caractère industriel, agricole, commercial ou artisanal qui, par sa nature, sa situation ou son importance, nécessite la réalisation d'équipements publics exceptionnels (C. urb., art. L. 332-8).

La participation ne concerne donc ni les constructions à usage d'habitation, ni les constructions publiques, ni les bureaux. Elle ne peut être exigée que pour autant que l'autorisation porte sur une installation dont les caractères propres appellent des équipements exceptionnels, ce qui exclut les aménagements courants de voirie (CE 18 févr. 1976, *Ville Rambouillet*, n° 97155, *Lebon* 105 ; *JCP* 1976. II. 18458, note F. Bouyssou ; 26 janv. 1979, *Sté des anciens établissements Cappe*, req. n° 8005 ; 14 juin 1982, *Van de Maele*, n° 20760, *Lebon* T. 586 ; TA Amiens, 22 avr. 2003, *SARL Tison c/ Cne Coye-la-Forêt, Dpt Oise*, req. n° 00417, *RDI* 2003. 594, obs. P. S.-C.). Ainsi les équipements de voirie réalisés à l'occasion d'un lotissement (CAA Nancy, 5 févr. 1998, *Cne Lezennes*, req. n° 94NC01306) ou de l'implantation d'un magasin de 975 m² (CAA Nancy, 2 avr. 1998, *SNC Lidl*, req. n° 95NC00819) ne constituent pas des équipements exceptionnels susceptibles d'être mis à la charge des opérateurs. En revanche, l'aménagement d'un carrefour sur une route départementale afin de permettre la desserte d'un lotissement constitue un tel équipement (CE 6 mars 2006, *SNC Le Triangle*, req. n° 266246, *Coll. terr.* 2006. 97, obs. L. Erstein ; *JCP* A 2006, n° 1236, note Ph. Billet).

1358 Le montant de la participation est fixé par l'autorité qui délivre l'autorisation, le cas échéant, après accord de la collectivité publique à laquelle incombent les équipements ou son concessionnaire lorsqu'ils sont distincts. Elle est fonction du coût des équipements concernés, déduction faite des subventions perçues par le maître d'ouvrage (Rép. min., *JOAN* Q 23 oct. 1995. 4442 ; sur le contrôle du coût des équipements : CE 30 oct. 1987, *SCI « Les Krozais »*, req. n° 64593 ; 6 mars 2006, *SNC Le Triangle*, préc.). La participation peut être mise en recouvrement même si les équipements financés n'ont pas encore été totalement réalisés (TA Strasbourg, 2 août 1989, *Sté Bruchdis c/ Cne Russ*, req. n° 872086).

section **2**

La réalisation des équipements propres

Les constructeurs, lotisseurs, aménageurs de même que les associations foncières urbaines de remembrement ou de projet peuvent se voir imposer, en tant que de besoin, le financement de tous les travaux nécessaires à la viabilité et à l'équipement de la construction, du terrain aménagé ou du lotissement, c'est-à-dire des *équipements propres*[Q] à l'opération. Ceci a été admis par la jurisprudence (CE 13 nov. 1981, *Plunian*, *Lebon* 128, concl. D. Labetoulle ; *AJDA* 1982. 92, chron. F. Tiberghien et B. Lasserre ; *ibid.* 1983. 380, obs. J. C.) avant d'être transcrit dans le Code de l'urbanisme par la loi du 18 juillet 1985 (C. urb., art. L. 332-6 et L. 332-15). Un permis d'aménager un lotissement n'a pas pu légalement prévoir que la réalisation des équipements propres incombera à la collectivité en contrepartie du paiement de la PVR (TA Amiens, 1er juill. 2008, *Préfet de la Somme*, req. n° 0701721, *Constr.-Urb.* 2008, n° 146, obs. O. Chambord). 1359

Les équipements concernés comprennent, notamment, la voirie, l'alimentation en eau, gaz, électricité, les réseaux de télécommunication, le stationnement, les espaces collectifs, les aires de jeux et les espaces plantés mais aussi le branchement des équipements propres à l'opération sur les équipements publics qui existent au droit du terrain sur lesquels ils sont implantés. À ce titre, « l'autorisation peut, avec l'accord du demandeur et dans les conditions définies par l'autorité organisatrice du service public de l'eau ou de l'électricité, prévoir un raccordement aux réseaux d'eau ou d'électricité empruntant, en tout ou partie, des voies ou emprises publiques, sous réserve que ce raccordement n'excède pas 100 m et que les réseaux correspondants, dimensionnés pour correspondre exclusivement aux besoins du projet, ne soient pas destinés à desservir d'autres constructions existantes ou futures » (L. n° 2003-590 du 2 juill. 2003, Urbanisme Habitat, art. 51, modifiant C. urb., art. L. 332-15 ; P. Soler-Couteaux, « La loi Urbanisme et Habitat du 2 juillet 2003 : point final ou point de départ ? », *DAUH* 2004. 48 ; Rép. min. n° 16008, *JOAN* 15 déc. 2003. 9632). 1360

Notion d'équipements propres. L'application de cette disposition soulève des difficultés récurrentes relatives à la qualification d'équipements propres qui n'est d'ailleurs pas laissée à l'appréciation souveraine des juges du fond (CE 29 oct. 1997, *Cne Toulouges*, n° 158494, *Lebon* 380). L'équipement propre se définit d'une part, par sa nature – il doit avoir un caractère « privatif » c'est-à-dire être rendu nécessaire par l'opération et avoir un intérêt direct pour celle-ci (CE 13 févr. 1980, *Ville Chamonix-Mont-Blanc*, req. n° 98277, *Lebon* T. 670 : à propos de la réalisation d'une digue) et, d'autre part, par sa 1361 destination ou son usage dans la mesure où il doit profiter « exclusivement » aux constructeurs ou usagers des constructions ou de l'opération d'aménagement (CE 13 févr. 1980, *Ville Chamonix-Mont-Blanc*, préc. : à propos de la construction d'un pont ; CE 24 avr. 2012, *SARL Angles Habitat*, req. n° 340954, *RDI* 2012. 414, obs. P. S.-C. : à propos d'une canalisation ; CE 17 mai 2013, *n° 337120, Lebon* T , p. 878 ; *Constr.-Urb.* 2013, n° 100, note L. Santoni). Ces critères permettent de distinguer l'équipement propre des équipements publics (J.-Ph. Strebler, « Taxes et participations d'urbanisme », *EFE* 2008. 209 ; CE 26 janv. 2012, *Société Établissement Laval et Lecamus*, n° 351680, *BJDU* n° 3/2013. 206, concl. X. de Lesquen et note J. Tremeau ; CAA Lyon 26 mai 2015, *Sté aménagement foncier Création*, n° 13LY03160, *Constr.-Urb.* 2015, n° 102, note L. Santoni). Ils sont appliqués très strictement par le juge administratif. En témoigne le nombre des arrêts qui ordonnent la répétition, dans le cas d'un équipement qui relève de l'équipement public soit par nature car l'équipement profite à la desserte générale de la commune (CE 10 oct. 2007, *Cne Biot*, req. n° 268205, *Lebon* T. 944 et 1123*;* *Constr.-Urb.* 2008, n° 30, obs. O. Chambord ; *AJDA* 2008. 889, note B. Poujade ; *RDI* 2007. 456, obs. P. S.-C. ; 16 janv. 1998, *Sté de gestion Pierre Baron*, req. n° 91156 : à propos du réseau d'évacuation des eaux pluviales), soit par son dimensionnement excédant les besoins de l'opération (CE 16 janv. 1998, *Sté de gestion Pierre Baron*, préc. : à propos du réseau d'évacuation des eaux usées ; CAA Paris, 30 sept. 1997, *Cne Cormeille-en-Parisis*, req. n° 95PA03133, *BJDU* 1998. 121, concl. B. Phémolant). Tel est le cas d'un équipement de voirie qui, tout en permettant la desserte de l'opération, bénéficie à la circulation générale (CE 29 oct. 1997, *Cne Toulouges*, préc. ; CAA Nantes, 31 juill. 2001, *Cne Verson*, req. n° 98NT01267, *Constr.-Urb.* 2002, n° 110). Ainsi la mise en place d'une bouche à incendie peut être qualifiée d'équipement propre, mais non celle d'une canalisation qui permet le bouclage du réseau d'eau (CAA Paris, 28 mars 2006, *SARL Sidel c/ Cne Amponville*, req. n° 02PA01615, *JCP* A 2006, n° 1141, note Ph. Billet). Mais dans un cas au moins (avant la réd. de l'art. L. 332-15 issu de la L. Aménagement du 18 juill. 1985), le Conseil d'État a considéré que constituait un équipement propre une station de relèvement des eaux usées construite par la commune pour les besoins d'un lotissement alors même qu'elle desservait également un lotissement voisin (CE 18 mars 1983, *Plunian*, préc.). En toute hypothèse, à raison de leur nature, les équipements propres ne pouvaient être financés par la PVR lorsqu'elle existait (TA Amiens, 1er juill. 2008, *Préfet de la Somme*, req. n° 0701721, préc.).

chapitre 28

Le contentieux des participations

Plan analytique

Le contentieux des participations

De longue date maintenant, le juge administratif considère que les dispositions de l'article L. 332-6 du Code de l'urbanisme fixent de manière limitative les contributions qui peuvent être mises à la charge des constructeurs et aménageurs. Il en résulte que toute autre participation qui leur est demandée en dehors de cette énumération est entachée d'illégalité et peut être annulée de ce chef (section 1). En outre, la loi du 29 janvier 1993 relative à la prévention de la corruption et à la transparence de la vie économique et des procédures publiques a fixé, en la matière, le régime de l'action en répétition de l'indu (section 2). 1362

section 1

L'illégalité des contributions non prévues par les textes

Champ d'application. Seules les taxes et participations énumérées par les articles L. 332-6 et L. 332-6-1 peuvent être exigées des constructeurs. Toute autre contribution est « sans cause » et de ce chef illégale (C. urb., art. L. 332-30 ; CE 22 oct. 1976, *Sté Cie française Thomson-Houston-Hotschkiss-Brandt*, req. n° 90993, *Lebon* 437 ; 1er avr. 1981, *Cne Magenta*, req. n° 12882 ; 7 oct. 1988, *Ducroux*, req. n° 61705 ; CAA Marseille 20 juin 2014, *SCI Cap Thalassa*, n° 12MA01762), y compris, dans le cadre d'une offre de concours (CE 10 oct. 2007, *Cne Biot*, req. n° 268205, *AJDA* 2008. 889, note B. Poujade ; *RDI* 2007. 456, obs. P. S.-C. ; J.-Ph. Strebler, « Financements des équipements publics : autorisations d'urbanisme et offres de concours », *BJDU* 2004. 82). Sont également illégaux les « droits de voirie » que les communes ont entendu imposer aux constructeurs sur le fondement de l'article L. 131-5 du code des communes (CGCT, art. L. 2331-4 ; CE 5 mai 1994, *Cne Montrouge c/ Socal*, req. n° 86666, *LPA* 30 sept. 1994, n° 117, concl. B. du Marais : à propos des balcons en saillie sur le domaine public) ou les contributions imposées dans le cadre de permissions de voirie (CE 27 avr. 1998, *SA GRC-EMIN*, req. n° 150589). 1363

Le principe trouve à s'appliquer alors même que l'autorité administrative au profit de laquelle une telle participation serait versée ne serait pas celle qui délivre le permis de construire (CE, sect., 4 févr. 2000, *Éts public d'aménagement de la région de la Défense (EPAD)*, req. 202981, *Lebon* 31). Par ailleurs, eu égard au caractère d'ordre public des dispositions du Code de l'urbanisme sur ce point, toute stipulation contractuelle qui prétendrait y déroger est nulle de plein droit (CE 7 juill. 1978, *Maylie c/ Cne Castanet Tolosan*, req. 99. 440, *Lebon* 300 ; 22 mars 1985, *Brunet*, req. n° 47644, *Gaz. Pal.* 1986. I. 289, concl. O. Fouquet ; 20 sept. 1991, *Cne Villard-de-Lans*, *Lebon* T. 1257 ; 1364

14 mars 1997, *Éts public d'aménagement de Marne-la-Vallée*, req. n° 117452 ; CE, sect., 4 févr. 2000, *EPAD*, préc. ; Civ. 3e, 16 oct. 1991, n° 89-15.453 ; CAA Bordeaux, 7 nov. 2002, *Cne Saint-Palais-sur-Mer*, req. n° 98BX01569 ; CE 20 oct. 2004, *Ville Biarritz c/ Assoc. Victoria Surf Paris*, req. n° 224204).

En revanche, une participation qui n'a pas été imposée au bénéficiaire de l'autorisation d'urbanisme est parfaitement légale (CAA Versailles, 18 oct. 2007, *SCI L'Orée de Noisy*, req. n° 05VE02210, *RDI* 2008. 113, obs. P. S.-C.), de même que l'indemnité qui compense la non-réalisation d'une obligation contractée de manière licite (CAA Paris, 26 avr. 2007, *Cne Puteaux*, req. n° 04PA00833, *RDI* 2008. 293, obs. P. S.-C.).

1365 *Divisibilité.* Le bénéficiaire de l'autorisation qui se sera indûment vu prescrire une participation illégale pourra contester devant le juge administratif la légalité de cette dernière sans pour autant risquer de remettre en cause l'autorisation qui lui a été délivrée. En effet, la divisibilité des prescriptions relatives aux participations a été consacrée par le Conseil d'État (CE 13 nov. 1981, *Plunian*, *Lebon* 128, concl. D. Labetoulle ; *AJDA* 1982. 92, chron. Tiberghien et B. Lasserre ; *ibid.* 1983. 380, obs. J. C. ; 12 févr. 1988, *Min. Urbanisme c/ Sté des automobiles Citroën*, *Lebon* 64 ; *AJDA* 1988. 331, chron. M. Azibert et M. De Boisdeffre), puis par la loi « Aménagement » du 18 juillet 1985 qui dispose : « l'illégalité des prescriptions exigeant des taxes ou des contributions aux dépenses d'équipements publics est sans effet sur la légalité des autres dispositions de l'autorisation de construire ». Encore faut-il que la prescription ait un caractère purement financier (TA Amiens, 1er juill. 2008, *Préfet de la Somme*, req. n° 0701721, *Constr.-Urb.* 2008, n° 146, obs. O. Chambord). Mais le même article ajoute : « Lorsque l'une de ces prescriptions est annulée pour illégalité, l'autorité qui a délivré l'autorisation prend, compte tenu de la décision juridictionnelle devenue définitive, un nouvel arrêté portant la prescription d'une taxe ou d'une contribution aux dépenses d'équipements publics » (C. urb., art. L. 332-7).

1366 *Contentieux.* Le recours peut d'abord être directement dirigé contre la prescription contenue dans le permis de construire. Son illégalité peut également être soulevée à l'occasion d'un recours contre le titre de paiement émis à l'encontre du constructeur (CE 26 janv. 1979, *Sté des anciens établissements Cappe*, req. n° 02200 ; *AJPI* 1981. 613, chron. R. Hostiou) ou dans le cadre d'un recours en appréciation de légalité (CE 20 juin 2006, *Lamy*, req. n° 281253, *BJDU* 2006. 366, concl. S. Verclytte).

Une participation relative à la réalisation de travaux publics soulève un litige de travaux publics. Il en résulte que le délai de recours de droit commun ne trouve pas en principe à s'appliquer, mais que le délai quadriennal de recours en matière de travaux publics est applicable (CE, sect., 22 oct. 1976, *SA Cie John Deere*, req. n° 910016 ; CE 22 mars 1985, *Brunet*, req. n° 47644, *Lebon* 576 ; 13 nov. 1981, *Plunian*, préc. ; 26 févr. 1982, *Sté industrielle d'isolation et de fourniture d'usines*, req. n° 17246, *Lebon* 786 ; *AJPI* 1986. 146, concl. O. Fouquet ; 28 oct. 2002, *Cté urb. Strasbourg*, req. n° 214901, *Lebon* 363) ; que l'introduction de l'action n'a pas à être précédée d'une réclamation préalable (CE 10 mars 1989, *Cne L'Isle-sur-Sorgue*, n° 90261), pas plus qu'elle ne nécessite d'être notifiée au titre de l'article R. 600-1 du Code de l'urbanisme (CE 24 mars 2006, *Ville Saint-Denis-de-la-Réunion*, req. n° 261591, *RDI* 2006. 319, obs. P. S.-C. ; CE 20 juin 2006, *Lamy*, préc. ; CAA Lyon, 18 févr. 2003, req. n° 98LY01598, *Cne Virignin*, *RDI* 2003. 469, obs. A. Robineau-Israël).

Cette solution n'est cependant retenue que pour autant que la demande n'est pas régie par des « dispositions spéciales ». Tel est le cas de l'article L. 1617-5, 2° du code général des collectivités territoriales qui dispose : « L'action dont dispose le débiteur d'une créance assise et liquidée par une collectivité territoriale ou un établissement public local pour contester directement devant la juridiction compétente le bien-fondé de ladite créance se prescrit dans le délai de deux mois suivant la réception du titre exécutoire ou, à défaut, du premier acte procédant de ce titre ou de la notification d'un acte de poursuite. L'action dont dispose le débiteur de la créance visée à l'alinéa précédent pour contester directement devant le juge de l'exécution mentionné aux articles L. 213-5 et L. 213-6 du Code de l'organisation judiciaire la régularité formelle de l'acte de poursuite diligenté à son encontre se prescrit dans le délai de deux mois suivant la notification de l'acte contesté » (CE 11 oct. 2012, n° 340857, *MM Sgherri* ; *Lebon* T. p. 601 ; *BJDU* 1/2013.57, concvl. B. Bonhert). Malgré la référence à une prescription, le délai de deux mois est bien un délai de recours qui ne démarre donc que si la décision concernée mentionne les voies et délais de recours conformément à l'article R. 421-5 du Code de justice administrative (CAA Nancy, 23 avr. 2012, *SCI Cœur de Lion c/ Cne Chaumont*, req. n° 11NC01131, *AJDA* 2012. 1503, note M. Wiernasz).

Lorsque la participation dont une autorisation d'urbanisme est assortie a été imposée en application d'un texte qui ne pouvait lui servir de fondement, le juge peut néanmoins procéder à une substitution de base légale (CE 12 juillet 2013, n° 348967, *Cne de Chasse-sur-Rhône*, *Lebon* T.792 ; *BJDU* 2014. 46, concl. B. Bonhert). Par ailleurs, lorsqu'une telle participation a été annulée à raison de son illégalité, l'autorité qui a délivré l'autorisation prend, compte tenu de la décision juridictionnelle devenue définitive, un nouvel arrêté portant la prescription d'une taxe ou d'une contribution aux dépenses d'équipements publics (C. urb., art. L. 332-7 ; Rép. min. n° 19738, *JO* Sénat Q 6 oct. 2011. 2562). En revanche, la collectivité concernée ne peut émettre de nouveaux titres fondés sur l'enrichissement sans cause (Rép. min. n° 03699, *JO* Sénat 26 juin 2008. 1284). 1367 ■

section 2

L'action en répétition de l'indu

Depuis la loi d'orientation foncière du 31 décembre 1967, les constructeurs et aménageurs ont la possibilité de demander restitution des participations financières qu'ils estiment avoir indûment acquittées à l'occasion de la délivrance des autorisations les concernant. Ce mécanisme est cependant resté d'une application très limitée. La loi du 29 janvier 1993 relative à la prévention de la corruption et à la transparence de la vie économique et des procédures publiques a facilité son usage et renforcé le régime des sanctions encourues par l'administration. 1368 ■

Champ d'application. La loi ouvre non seulement aux constructeurs mais encore à tous les acquéreurs successifs du bien qui a fait l'objet du permis de construire le droit de réclamer le remboursement de participations illégalement acquittées en violation soit de l'article L. 311-4, soit de l'article L. 332-6 (C. urb., art. L. 332-30). Cette action 1369 ■

leur est ouverte alors même que la participation aurait été obtenue avec l'accord du constructeur mais en méconnaissance de ces textes (CE 17 mai 2013, *n° 337120, Ide, Lebon* T.878 ; *Constr.-Urb.*, 2013, n° 100, note L. Santoni). Ce régime vise à sanctionner les doubles impositions des constructeurs qui seraient à ce titre « sans cause » et qui, pour cette raison, peuvent être répétées dans le délai de prescription propre à cette action. En revanche, il ne vise pas à encadrer, de manière générale, le remboursement de contributions exigées conformément aux dispositions de l'article L. 332-6 du Code de l'urbanisme mais qui seraient simplement mal fondées (sur cette question, CE 12 juill. 2013, n° 348967, *Cne de Chasse-sur-Rhône*, préc.). En effet, dès lors qu'une participation a été exigée conformément aux articles précités, elle ne peut être regardée comme étant « sans cause ». Dans ce cas, c'est le régime de droit commun de la prescription quadriennale qui s'applique par exemple lorsque le montant d'une participation doit être diminué consécutivement à une réduction de l'opération autorisée par un arrêté de lotir (v. concl. S. Verclytte sur CE 13 juill. 2006, *Sté Éts Laget*, req. n° 266494, *BJDU* 2006. 371 ; v. aussi, CAA Lyon, 1er févr. 2005, *Cne Rillieux-La-Pape*, req. nos 98LY01261, 98LY01267 et 98LY02320, *Constr.-Urb.* 2005, n° 149, obs. P. Cornille).

1370 *Régime.* L'action en répétition constitue un droit pour les constructeurs ou les acquéreurs successifs. Par conséquent, toute convention par laquelle l'un des signataires s'engagerait pour l'avenir à ne pas l'exercer serait nulle de plein droit (CAA Lyon, 7 déc. 2004, *Cne,* req. n° 00LY00694).

L'action devra être dirigée contre la collectivité bénéficiaire de la participation, même si ce n'est pas elle qui a délivré l'autorisation (CE 7 juill. 1978, *Maylie c/ Cne Castanet Tolosan*, préc. ; 11 juill. 1979, *Chasserian*, *Lebon* 624; 20 janv. 1984, *SCI « Clinique Saint Martin », Lebon* T. 567). Le droit à répétition n'est cependant acquis que pour autant qu'il y a eu perception par la collectivité (CAA Marseille, 3 mai 2007, *SCF Cap Thalassa*, req. n° 04MA00213, *RDI* 2008. 60, obs. P. S.-C.). Par ailleurs, la circonstance que la prescription de la participation soit imputable aux services de l'État est sans incidence sur l'action en répétition (TA Bordeaux, 3 nov. 1998, *Nebout*, *Lebon* 532). En outre, le juge administratif refuse d'accueillir l'action en garantie de la commune dirigée contre l'État à raison de la faute que ses services auraient commise dans l'instruction de l'autorisation litigieuse (CE 29 oct. 1997, *Cne Toulouges*, *Lebon* 380). Enfin, l'action en répétition est exclusive de toute action en responsabilité (CE 5 janv. 1994, *Bruck*, req. n° 116347).

1371 L'action en répétition se prescrit par cinq ans à compter, pour les constructeurs, du dernier versement (v. concl. S. Verclytte sur CE 13 juill. 2006, *Sté Éts Laget*, préc., *Lebon* 373; *RDI* 2006. 394, obs. P. S.-C.) ou de l'obtention des prestations indûment exigées et, pour les acquéreurs successifs, de l'inscription de la contribution sur le registre prévu à cet effet par l'article L. 332-29 (CAA Nantes, 4 févr. 1998, *Bidaud c/ Cne Frénouville*, req. nos 95NT00735, 95NT01520, *BJDU* 1998. 357, concl. Devillers). Cette règle de prescription spéciale ne s'applique toutefois qu'aux actions qui tendent à la restitution ou au remboursement de sommes versées ou de dépenses supportées à raison des taxes ou contributions autres que celles dont l'article L. 332-6 dispose qu'elles peuvent, seules, être légalement exigées des bénéficiaires d'autorisations de construire (Civ. 1re, 6 janv. 2004, *Cne Vendres*, n° 01-12.639 ; *Constr.-Urb.* 2004, n° 64, obs. Ph. Benoit-Cattin ; *JCP* A 2004, n° 1066, note O. Renard-Payen ; CE 13 juill. 2006, *Sté Éts Laget*, préc.).

La loi alourdit les conséquences de l'action en répétition pour la collectivité puisque les sommes à rembourser portent intérêt au taux légal majoré de cinq points (sur la mise en œuvre de la majoration et le point de départ des intérêts : CE, sect., 4 févr. 2000, *EPAD*, préc. : selon les principes dont s'inspirent les dispositions de l'art. 1378 C. civ., il n'y a lieu de fixer le point de départ des intérêts au jour du paiement que lorsqu'il y a eu mauvaise foi de la part de celui qui a reçu les sommes dont il est demandé répétition ; v. aussi, TA Versailles, 16 déc. 1997, *SNC Constantinowitz*, req. n° 94-5113 ; CE 25 juin 2003, *Cne Saint-Jean-de-Boiseau c/ Périon*, req. n° 219661, *Lebon* T. 961 ; *RDI* 2003. 592 obs. P. S.-C.). 1372 ■

Enfin, lorsque l'une prescription à caractère financier est annulée pour illégalité, l'autorité qui a délivré l'autorisation prend, compte tenu de la décision juridictionnelle devenue définitive, un nouvel arrêté portant la prescription d'une taxe ou d'une contribution aux dépenses d'équipements publics sans que l'intéressé n'ait à intervenir dans le processus d'édiction de cette nouvelle décision (C. urb., art. L. 332-7 ; Rép. min. n° 19738, *JO* Sénat Q 6 oct. 2011. 2562).

Compléments pédagogiques

Mémo

L'aménagement urbain est conditionné à la réalisation et à l'entretien de multiples équipements dont le financement relève en principe, parce qu'ils sont des équipements publics, des collectivités publiques. Toutefois, le législateur a mis en place des mécanismes qui permettent à ces dernières de reporter sur l'aménageur ou le constructeur la charge de tout ou partie des équipements rendus nécessaires par l'opération ou qui lui profitent directement. Ces mécanismes consistent soit en des taxes à caractère fiscal, soit en la prise en charge directe des équipements en rapport avec l'opération. Le régime de ces taxes et participations a été pour l'essentiel fixé par la loi n° 85-729 du 18 juillet 1985 dite Aménagement qui établit une liste limitative des contributions dont les autorisations d'urbanisme sont susceptibles d'être le fait générateur. La loi SRU a cependant supprimé les participations de nature à inciter à l'étalement urbain qu'elle a entendu dissuader dans un souci d'utilisation plus rationnelle des espaces et de renouvellement urbain. La même loi SRU, modifiée par la loi n° 2003-590 du 2 juillet 2003 Urbanisme et Habitat, institue en contrepartie une participation pour voirie et réseaux (PVR).

Dans la période récente, la loi du 29 décembre 2010 de finances rectificative pour 2010 a institué la taxe d'aménagement (TA) qui vient se substituer à la taxe locale d'équipement (TLE). La part locale de cette TA peut, dans certains secteurs, être établie à un taux majoré à compter du 1er mars 2012. La réforme de la fiscalité de l'urbanisme a aussi été l'occasion de créer le versement pour sous-densité et de supprimer quelques taxes d'urbanisme (versement pour dépassement du plafond légal de densité (PLD), participation des riverains en Alsace-Moselle) et la plupart des participations d'urbanisme (participation au titre d'un programme d'aménagement d'ensemble (PAE), participation pour raccordement à l'égout (PRE), participation à la réalisation de parcs publics de stationnement, participation pour voirie et réseaux (PVR)). Pourtant, ce « toilettage » n'a pas été aussi complet qu'affiché puisque la participation pour raccordement à l'égout est devenue participation pour le financement de l'assainissement collectif qui a perdu son statut de participation d'urbanisme ; les programmes d'aménagement d'ensemble institués avant le 1er mars 2012 restent applicables jusqu'à leur abrogation ; et les périmètres de participation pour voirie et réseaux ainsi que la participation des riverains en Alsace-Moselle restent applicables après le 1er janvier 2015 s'ils ont été institués avant cette date.

Dans le même mouvement qu'elle limitait les contributions susceptibles d'être exigées des aménageurs et constructeurs, la loi Aménagement de juillet 1985 mettait en place un régime de sanctions des taxes et contributions illégalement exigées qui a été renforcé par la loi du 29 janvier 1993 relative à la prévention de la corruption, dite loi Sapin. L'objectif poursuivi est d'éviter la suspicion d'une fiscalité à la fois arbitraire et négociée. La loi Sapin institue ainsi une action en répétition des contributions indûment perçues qui ouvre non seulement au constructeur mais encore à tous les acquéreurs successifs du bien qui a fait l'objet de l'autorisation d'urbanisme le droit de réclamer le remboursement de participations illégalement acquittées. Les conséquences de l'action en répétition sont lourdes pour la collectivité puisque les sommes sujettes à répétition portent intérêt au taux légal majoré de cinq points.

Quid

■ Action en répétition n° 1368

Voie de droit permettant de réclamer le remboursement de participations acquittées en violation des dispositions du Code de l'urbanisme qui énumèrent limitativement les contributions susceptibles d'être mises à la charge d'un aménageur ou d'un constructeur.

■ Équipements propres n° 1359

Ils correspondent aux travaux nécessaires à la viabilité et à l'équipement de la construction, dans un lotissement, notamment en ce qui concerne la voirie, l'alimentation en eau, gaz et électricité, les réseaux de télécommunication, l'évacuation et le traitement des eaux et matières usées, l'éclairage, les aires de stationnement, les espaces collectifs, les aires de jeux et les espaces plantés. Sont également considérés comme des équipements propres les branchements des équipements propres à l'opération sur les équipements publics qui existent au droit du terrain sur lequel ils sont implantés et notamment aux opérations réalisées à cet effet en empruntant des voies privées ou en usant de servitudes.

■ Équipements publics exceptionnels n° 1357

Ils correspondent à des équipements publics dont le financement peut être imposé aux bénéficiaires des autorisations de construire qui ont pour objet la réalisation de toute installation à caractère industriel, agricole, commercial ou artisanal qui, par sa nature, sa situation ou son importance, nécessite la réalisation d'équipements publics exceptionnels (voirie de desserte de grandes surfaces commerciales ; station d'épuration des effluents d'une usine, etc.). La participation ne concerne donc ni les constructions à usage d'habitation, ni les constructions publiques, ni les bureaux.

Documents

Circulaire du Ministre de l'égalité des territoires et du logement du 18 juin 2013 relative à la réforme de la fiscalité de l'aménagement (NOR : ETLL1309352C)

- 1 -

RÉPUBLIQUE FRANÇAISE

Ministère de l'égalité des territoires et du logement

Direction générale de l'aménagement, du logement et de la nature

Direction de l'habitat, de l'urbanisme et des paysages

Sous Direction de l'aménagement durable

Bureau de la fiscalité de l'aménagement durable

Circulaire du 18 juin 2013

relative à la réforme de la fiscalité de l'aménagement

NOR : ETLL1309352C

(Texte non paru au journal officiel)

La ministre de l'égalité des territoires et du logement

à

Pour exécution :
Préfets de région
- Direction régionale de l'environnement, de l'aménagement et du logement
- Direction régionale et interdépartementale de l'équipement et de l'aménagement (Ile-de-France)
- Direction de l'environnement, de l'aménagement et du logement
Préfets de département
- Direction départementale des territoires
- Direction départementale des territoires et de la mer

Pour information :
SG (SPES et DAJ)

Résumé : *L'article 28 de la loi n° 2010-1658 du 29 décembre 2010 de finances rectificative pour 2010 a créé la taxe d'aménagement qui remplace, à compter du 1er mars 2012, l'ensemble des taxes et certaines participations d'urbanisme existantes.*
La même loi a créé un versement pour sous-densité dû, sous réserve de son institution préalable par les collectivités compétentes, lorsque les projets de construction n'atteignent pas le minimum de densité prescrite dans les secteurs concernés des zones U ou AU des plans d'occupation des sols ou des plans locaux d'urbanisme. Il a pour objectif de lutter contre l'étalement urbain et d'inciter à une utilisation économe de l'espace.

2

Un décret en Conseil d'Etat pris pour l'application des articles L. 331-7 et L. 331-41 du code de l'urbanisme, définit successivement les conditions d'exonération, d'une part, des constructions et aménagements destinés à être affectés à un service public ou d'utilité publique, d'autre part, des constructions et aménagements réalisés dans les opérations d'intérêt national et dans les zones d'aménagement concerté.

En complément, un décret simple comporte les dispositions réglementaires de nature fiscale nécessaires à l'entrée en vigueur de ces taxes, autres que celles figurant par ailleurs dans le décret en Conseil d'Etat précité.

La présente circulaire suit le plan du nouveau chapitre du code de l'urbanisme intitulé « fiscalité de l'aménagement ».

Catégorie : directive adressée par la ministre aux services chargés de leur application, sous réserve, le cas échéant, de l'examen particulier des situations individuelles	Domaine Budget, fiscalité Transport, équipement, logement, tourisme, mer
Mots clés liste fermée Collectivites Territoriales_Aménagement Logement_Construction_Urbanisme	Mots clés libres Taxe aménagement – Versement pour sous-densité Fiscalité collectivités territoriales

Texte (s) de référence : Article 28 de la loi n° 2010-1658 du 29 décembre 2010 de finances rectificative pour 2010

Circulaire(s) abrogée(s) : Néant

Date de mise en application : 1er mars 2012

Pièces annexes

- Annexe 1 : Fusion de communes ou d'EPCI
- Annexe 2 : Note technique sur le projet urbain partenarial et modèle de convention
- Annexe 3 : Bilan des recettes et des emplois de la part départementale de la taxe d'aménagement affectée aux espaces naturels sensibles
- Annexe 4 : Procédure à suivre en cas de non-réponse à la demande de renseignements
- Annexe 5 : Procédure à suivre en cas de demande de justificatifs
- Annexe 6 : Les différentes procédures après un procès verbal d'infraction
- Annexe 7 : La demande en remise gracieuse
- Annexe 8 : Versement pour sous-densité et lotissement
- Annexe 9 : Versement pour sous-densité - Procédure en cas de contestation de la valeur déclarée par le pétitionnaire
- Annexe 10 : Permis modificatifs et taxation : situation en taxe locale d'équipement (TLE) ou en taxe d'aménagement (TA)
- Annexe 11 : Cas des transferts - TLE/TA

N° d'homologation Cerfa : NEANT

Publication	☒ BO	☒ Site circulaires.gouv.fr	☐ Non publiée

3

Sommaire

4

5

• • • • • • •

Biblio

1) Bibliographie générale

- F. Bouyssou, « Cinquante ans de fiscalité de l'urbanisme », in *Mélanges Jacquot*, PU Orléans, *2006, p. 93.*
- *J. Casalta Nabais, La contractualisation des aspects financiers de l'urbanisme, Les* cahiers du GRIDAUH n° 25/2014, La contractualisation dans le droit de l'urbanisme, série droit comparé, p. 65

2) Sur la taxe d'aménagement

- J.-B. Auby, « Une réforme de simplification de la fiscalité de l'urbanisme », *Dr. adm.* 2011. 23.
- Ph. Billet, « La réforme de la fiscalité de l'urbanisme », *JCP* N 2011, n° 1111.
- Y. Jegouzo et J.-P. Lebreton, « La réforme de la fiscalité de l'urbanisme », *AJDA* 2011. 210.
- J.-Ph. Strebler, « La réforme de la fiscalité de l'urbanisme : au-delà d'un apparent toilettage fiscal, une nouvelle approche du financement des équipements publics », *BJCL* 3/11 et 4/11 ; « La taxe d'aménagement : vers une "fiscalisation" du financement des équipements publics ».

3) Sur la redevance d'archéologie préventive

- F. Bouyssou et P. Galan, « Les redevances d'archéologie préventive : une nouvelle stratification de la fiscalité de l'urbanisme », *JCP* N 2001, n° 1582.
- C. Saujot, « La loi n° 2001-44 du 17 janvier 2001 relative à l'archéologie préventive », *JCP* 2001, n° 1351 ; « La redevance d'archéologie préventive à nouveau modifiée (L. du 9 août 2004, art. 17) », *JCP* N 2004, n° 1533.
- P.-L. Frier, « La réforme de l'archéologie », *AJDA* 2001. 182 ; « L'archéologie préventive, suite et fin ? … », *AJDA* 2004. 1587.

4) Sur le projet urbain partenarial

- Avant la loi ALUR

- O. Chambord, « La réforme de la fiscalité de l'urbanisme par l'introduction du projet urbain partenarial », *JCP* A 2009, n° 2234.
- A. Droal, « Un pas vers la contractualisation », *Gaz. cnes* 22 sept. 2008. 1949.
- G. Godfrin, « Participations d'urbanisme contractualisées : la fin d'un tabou ? », *Constr.-Urb.* 2008. Repère 9.
- Y. Pittard, « Le projet urbain partenarial », *DAUH* 2010. 75.
- J.-Ph. Strebler, « Le projet urbain partenarial : les risques d'une réforme inaboutie », *BJDU* 2009. 178 ; « Le projet urbain partenarial, contribution "souple" au financement des équipements publics », *RDI* 2009. 3521.

Après la loi ALUR

- Ph. Billet, Loi ALUR et urbanisme opérationnel, *JCP* A 2014, n° 2257
- M.Donniou et M. Raunet, Loi ALUR : une nouvelle donne pour l'aménagement urbain, *BJDU 3/* 2014.185
- L. Santoni, L'urbanisme opérationnel « post-ALUR », *Constr.-Urb.* 2014, n° 4
- J-Ph. Strebler, Loi ALUR : les réajustements concernant la fiscalité de l'urbanisme, *RDI* 2014.385

5) Sur l'action en répétition de l'indu

- P. Amselek, « La répétition de l'indû payé aux personnes publiques », in *Mélanges Chapus*, Montchrestien, 1992, p. 7.

Quiz

1) Sujet corrigé

Commentaire d'arrêt

Énoncé

Commentez l'arrêt suivant :

Cons. const. 7 oct. 2011, n° 2011-176 QPC

1. Considérant que le paragraphe I de l'article 72 de la loi du 30 décembre 1967 d'orientation foncière susvisée prévoit que dans les communes où est instituée la taxe locale d'équipement et dans celles qui ont, dans les conditions prévues au 1° de l'article 62, renoncé à la percevoir, aucune contribution aux dépenses d'équipements publics ne peut être obtenue des constructeurs, notamment sous la forme de participation financière, de fonds de concours ou de réalisation de travaux, à l'exception : « 1° Des cessions gratuites de terrains destinés à être affectés à certains usages collectifs. Un décret précisera les conditions dans lesquelles ces cessions pourront être obtenues des constructeurs » ;
2. Considérant que, selon les requérants, les dispositions du 1° du paragraphe I de l'article 72 de la loi du 30 décembre 1967 susvisée, qui permettent aux communes de s'approprier des terrains par le biais d'une cession forcée et gratuite, méconnaissent l'article 17 de la Déclaration des droits de l'homme et du citoyen de 1789 ainsi que l'article 34 de la Constitution ;
3. Considérant qu'aux termes du premier alinéa de l'article 61-1 de la Constitution : « Lorsque, à l'occasion d'une instance en cours devant une juridiction, il est soutenu qu'une disposition législative porte atteinte aux droits et libertés que la Constitution garantit, le Conseil constitutionnel peut être saisi de cette question sur renvoi du Conseil d'État ou de la Cour de cassation qui se prononce dans un délai déterminé » ; que la méconnaissance par le législateur de sa propre compétence ne peut être invoquée dans le cadre d'une question prioritaire de constitutionnalité que dans le cas où est affecté un droit ou une liberté que la Constitution garantit ;
4. Considérant qu'aux termes de l'article 17 de la Déclaration de 1789 : « La propriété étant un droit inviolable et sacré, nul ne peut en être privé, si ce n'est lorsque la nécessité publique, légalement constatée, l'exige évidemment, et sous la condition d'une juste et préalable indemnité » ; qu'aux termes de l'article 34 de la Constitution : « La loi détermine les principes fondamentaux... de la libre administration des collectivités territoriales, de leurs compétences et de leurs ressources... du régime de la propriété » ;
5. Considérant que le 1° du paragraphe I de l'article 72 de la loi du 30 décembre 1967 susvisée permet aux communes d'imposer aux constructeurs, à l'occasion de la délivrance des autorisations de construire ou de lotir, la cession gratuite d'une partie de leur terrain ; qu'il attribue à la collectivité publique le plus large pouvoir d'appréciation sur l'application de cette disposition et ne définit pas les usages publics auxquels doivent être affectés les terrains ainsi cédés ;

qu'aucune autre disposition législative n'institue les garanties permettant qu'il ne soit pas porté atteinte à l'article 17 de la Déclaration de 1789 ; que, par suite, le législateur a méconnu l'étendue de sa compétence ; qu'il s'ensuit que le 1° du I de l'article 72 de la loi du 30 décembre 1967 doit être déclaré contraire à la Constitution ;

6. Considérant qu'aux termes du deuxième alinéa de l'article 62 de la Constitution : « Une disposition déclarée inconstitutionnelle sur le fondement de l'article 61-1 est abrogée à compter de la publication de la décision du Conseil constitutionnel ou d'une date ultérieure fixée par cette décision. Le Conseil constitutionnel détermine les conditions et limites dans lesquelles les effets que la disposition a produits sont susceptibles d'être remis en cause » ; que la présente déclaration d'inconstitutionnalité prend effet à compter de la publication de la présente décision ; qu'elle peut être invoquée dans les instances en cours à cette date et dont l'issue dépend de l'application des dispositions déclarées inconstitutionnelles,

D É C I D E :

Article 1er. - Le 1° du paragraphe I de l'article 72 de la loi du 30 décembre 1967 d'orientation foncière est déclaré contraire à la Constitution.

Article 2. - La déclaration d'inconstitutionnalité de l'article 1er prend effet à compter de la publication de la présente décision dans les conditions fixées par son considérant 6.

Voir le corrigé en fin de rubrique.

2) Corrigé

Commentaire d'arrêt

Par cette importante décision, le Conseil constitutionnel déclare contraire à la constitution la contribution aux dépenses d'équipements publics sous la forme d'une cession gratuite de terrain. Il a ultérieurement confirmé cette solution (Cons. const. 7 oct. 2011, n° 2011-176 QPC).

I. Pour la Cour de cassation qui l'avait saisi d'une QPC, la question de constitutionnalité se posait au regard de l'atteinte portée au droit de propriété garanti par les articles 2 et 17 de la Déclaration des droits de l'homme et du citoyen de 1789 et au principe d'égalité devant les charges publiques garanti par l'article 13 de ce même texte. Le moyen d'inconstitutionnalité reposait notamment sur la méconnaissance par le législateur de sa propre compétence. Dans la mesure où cette méconnaissance était de nature à affecter un droit ou une liberté que la Constitution garantit, la QPC était recevable (Const., art. 61-1).

Sur le fond, le Conseil constitutionnel retient le grief tiré de l'incompétence négative. En effet, la loi se bornait à prévoir que « les cessions gratuites de terrains destinés à être affectés à certains usages publics qui, dans la limite de 10 % de la superficie du terrain auquel s'applique la demande, peuvent être exigées des bénéficiaires d'autorisations portant sur la création de nouveaux bâtiments ou de nouvelles surfaces construites » (C. urb., art. L. 332-6-1, 2°, *e*). Les usages publics concernés ne sont ainsi énoncés que par une disposition réglementaire (C. urb., art. R. 332-15). Or, tant l'article 34 de la Constitution que l'article 17 de la Déclaration de 1789 réservent au seul législateur la compétence pour fixer le régime de la propriété et les conditions dans lesquelles il peut y être porté atteinte. Au regard de cette attribution de compétence, l'article L. 332-6-1 du Code de l'urbanisme, faute de définir lui-même les usages publics auxquels les terrains cédés doivent être affectés, confère à la collectivité publique le plus large pouvoir d'appréciation sur la prescription de la contribution litigieuse. Aucun véritable contrôle ne peut par conséquent être exercé sur sa mise en œuvre. Le respect dû au droit de propriété ne peut ainsi se trouver garanti ni par l'article L. 332-6-1, ni par aucune autre disposition législative. Il est donc déclaré inconstitutionnel avec effet immédiat.

II. On se permettra de comparer le motif d'inconstitutionnalité retenu aux considérants par lesquels le Conseil d'État avait, en son temps, jugé que la cession gratuite n'était pas contraire à l'article 1er du premier protocole additionnel à la convention européenne des droits de l'homme. La Haute Juridiction n'avait-elle pas dit à cette occasion que les dispositions de l'article L. 332-6-1 du Code de l'urbanisme « en ce qu'elles permettent de subordonner la délivrance d'un permis de construire à la cession gratuite de 10 % au plus de la superficie du terrain au titre de la contribution du bénéficiaire aux dépenses d'équipements publics, ont pour objet, non pas, comme la procédure d'expropriation pour cause d'utilité publique, de priver une personne de la propriété d'un bien mais de réglementer le droit de construire qui, faute d'être un droit nécessairement attaché à la propriété du terrain, relève de l'usage d'un tel bien au sens des stipulations précitées du protocole » ? et encore que « cette cession est strictement encadrée par la loi en ce qu'elle ne peut excéder 10 % de la superficie du terrain et doit être justifiée par un projet précis de voirie publique, conforme à l'intérêt général » ? (CE 11 févr. 2004, *Schiocchet*, n° 211510, *Lebon* p. 65) La simple comparaison illustrerait ici, si besoin était, l'intérêt d'un contrôle de constitutionnalité.

III. La décision commentée illustre également un fait bien connu et souvent dénoncé : le Code de l'urbanisme constitue largement un droit d'habilitation donnée par le pouvoir législatif au pouvoir réglementaire. C'est sans doute à cela qu'il doit son caractère dominant de droit attentatoire aux droits et libertés et particulièrement au droit de propriété. On peut penser, en effet, que le pouvoir réglementaire est plus sensible à la facilitation de l'action de l'administration qu'à l'énoncé de garanties au profit des propriétaires et des constructeurs. On assiste cependant désormais à une réintégration du Code de l'urbanisme dans la compétence du législateur sous la double action du contrôle du Conseil Constitutionnel sur la loi mais également du Conseil d'État sur le règlement, au regard notamment de la compétence que la Charte de l'environnement confère au seul législateur (CE, ass., 3 oct. 2008, *Cne Annecy*, req. n° 29793). On se prend alors à espérer qu'elle s'accompagne d'un véritable travail de ce dernier en vue d'établir une plus juste conciliation entre les considérations tenant à l'intérêt général et la protection du droit de propriété, sous l'inspiration du « juste équilibre » au sens de la jurisprudence de la Cour européenne des droits de l'homme. On ne peut imaginer, en effet, que la décision commentée soit lue comme obligeant simplement le législateur à préciser lui-même pour quel type d'opérations la cession gratuite serait autorisée et que l'on en serait quitte au regard du respect des principes constitutionnels. Il nous semble, au contraire, que le législateur devra mettre en place les éléments de nature à garantir que l'atteinte portée au droit de propriété par l'obligation de cession gratuite soit proportionnée à l'usage public concrètement en cause. À cet égard, le « forfait » de 10 % ne nous paraît guère satisfaisant s'il est appliqué indistinctement quelle que soit la taille du terrain d'assiette du projet. Par ailleurs, il faut rappeler que le Conseil d'État a considéré que la cession gratuite constituait une contribution aux dépenses d'équipements publics. Mais le projet concerné donne également lieu à la perception de la taxe d'aménagement dont c'est précisément l'objet. Cette double participation ne pose-t-elle pas la question de l'égalité devant les charges publiques ? (v. CE 17 févr. 2010, *Cne Pérols*, req.

n° 316669 : à propos du cumul d'une cession gratuite et de la participation au titre d'un PAE).

Mais surtout, le pétitionnaire doit bénéficier d'un droit de rétrocession dans le cas où la collectivité renoncerait finalement aux travaux qui ont justifié la cession gratuite (CE 11 janv. 1995, *Thot,* n° 119144). Cette question pourrait, en effet, être un élément important de l'appréciation de la proportionnalité de l'atteinte portée au droit de propriété. Elle l'est en tout cas du point de vue de la Cour européenne des droits de l'homme. Dans l'affaire *Beneficio Cappella Paolini* où était en cause une expropriation, celle-ci a considéré « que l'utilisation partielle des terrains expropriés pose un problème quant au respect du droit de propriété eu égard, d'une part, au changement de destination consécutif à l'approbation du nouveau plan d'occupation des sols, et, d'autre part, à l'absence en droit interne d'une disposition prévoyant la restitution des terrains expropriés et non utilisés ». Le paragraphe 2 de l'article 1 du Protocole n° 1 ménage à n'en pas douter une large marge d'appréciation pour les États.

Il ne suffit toutefois pas qu'une mesure privative de propriété poursuive, en l'espèce comme en principe, un objectif légitime d'utilité publique : il doit exister un rapport raisonnable de proportionnalité entre ledit but et les moyens employés. L'équilibre à ménager entre les exigences de l'intérêt général et les impératifs des droits fondamentaux est ainsi rompu si la personne concernée a eu à subir une charge disproportionnée. Dans l'affaire *Motais de Narbonne c/ France* (2 oct. 2002, n° 48161/99), qui portait également sur un bien exproprié pour cause d'utilité publique puis non utilisé, la Cour a jugé contraire à l'article 1er du Protocole n° 1 l'écoulement d'un laps de temps notable entre la prise d'une décision portant expropriation d'un bien et la réalisation concrète du projet d'utilité publique fondant l'expropriation. « Dans un tel cas, l'expropriation peut avoir pour effet de priver l'individu concerné d'une plus-value générée par le bien en cause ; si cette privation spécifique ne repose pas elle-même sur une raison légitime tenant de l'utilité publique, l'individu concerné peut subir une charge additionnelle, incompatible avec les exigences de l'article 1er du Protocole n° 1 » (arrêt préc., § 19).

Selon la Cour, il peut en aller de même en l'espèce. Si l'on peut en effet aisément accepter que les exigences de l'intérêt public justifièrent l'expropriation de 1985 ainsi que le refus opposé à la requérante par le Gouvernement en 1987 (§ 9 *supra*), la Cour ne considère pas justifié le maintien de la décision de non restitution des biens, eu égard, « d'une part, aux résultats contradictoires des deux séries de procédures engagées par la requérante et, d'autre part, au fait que les terrains litigieux n'ont toujours pas été affectés à la réalisation d'ouvrages d'intérêt public » (CEDH 13 juill. 2004, req. n° 40786/98, § 33).

On peut également rappeler que l'absence de droit de rétrocession a été l'un des éléments qui ont conduit le Conseil d'État à émettre des réserves sur la compatibilité du régime de la préemption au regard de la convention lorsque le titulaire de ce droit n'a pas affecté le bien à un intérêt public à l'issue d'une longue période (*Le droit de préemption*, Doc. fr., Paris, 2008, p. 49-50).

Conclusion

On voit donc que la décision commentée n'implique pas un simple transfert de dispositions réglementaires dans la partie législative du Code de l'urbanisme.

On relèvera qu'un régime de cession gratuite subsiste cependant encore dans le Code de l'urbanisme pour les postes de transformation ou de détente de gaz (C. urb., art. R. 332-16). Il n'est pas abrogé au motif que l'inconstitutionnalité de l'article L. 332-6-1, 2° ne concernerait que les cessions gratuites de terrains pour voirie. Il reste que le fondement légal de cet article repose bien sur cette disposition.

Sujet terminal

Sujet corrigé

Dissertation

Les moteurs de l'évolution du droit de l'urbanisme contemporain.

Voir le corrigé en fin de rubrique.

Corrigé

Dissertation

1. Le droit de l'urbanisme a classiquement pour fonction de déterminer et d'encadrer les possibilités d'utiliser le sol en édictant des règles dont il met en œuvre la sanction. Ainsi défini, il est une manifestation de la police administrative.

Depuis la loi d'orientation foncière en 1967 qui a constitué l'acte de naissance du droit de l'urbanisme moderne, il avait acquis, grâce notamment à la séparation de l'urbanisme et de la construction et malgré la réforme institutionnelle réalisée par les lois de décentralisation en 1983, une image de cohérence que rien ne semblait devoir remettre en cause.

Mais depuis un quart de siècle, ses finalités se sont considérablement enrichies et il en est résulté une mutation de son objet qui engendre une évolution substantielle de sa fonction traditionnelle.

La loi Solidarité et Renouvellement urbains consacre cette évolution en assignant au droit de l'urbanisme une « fonction de synthèse » de la gestion de la ville dans une perspective de développement durable. Ce mouvement n'a fait que se renforcer au gré des lois qui ont marqué l'évolution du droit de l'urbanisme, en particulier les lois Grenelle 2 et ALUR. Les rédactions successives des articles L. 110 et surtout L. 121-1 en attestent.

Au sein de cette évolution, il faut relever de manière distincte l'apport de la loi Grenelle 2 en ce qu'elle a substantiellement renforcé le contenu environnemental des documents d'urbanisme.

Il en résulte un phénomène de décloisonnement du droit de l'urbanisme et une recherche corrélative de l'adaptation des outils de la planification à son nouveau périmètre (I).

2. Sur un autre plan, le droit de l'urbanisme est placé sous le signe d'une instabilité et d'une insécurité, particulièrement relevée par le Conseil d'État en 1992 dans son rapport « L'urbanisme : pour un droit plus efficace ». Le législateur et le juge, chacun pour ce qui le concerne, se sont employés à y porter remède.

Cette insécurité a longtemps été imputée à la mutabilité de la règle d'urbanisme liée à la trop grande souplesse des procédures permettant de modifier les documents locaux d'urbanisme.

À la vérité, on est ici confronté à un ensemble de considérations antagonistes, puisqu'il est à la fois nécessaire que la règle locale d'urbanisme puisse être souplement adaptée dans le cadre notamment de la promotion d'un « urbanisme de projet », mais aussi qu'elle revête une certaine permanence pour donner une véritable sécurité juridique aux utilisateurs du sol. Le jurislateur s'est employé récemment, par une ordonnance du 5 janvier 2012, à réaliser un tel équilibre sous couvert de clarifier le champ d'application des procédures permettant l'évolution des documents d'urbanisme.

L'insécurité résulte également d'une instabilité de la règle d'urbanisme qui découle de l'accroissement du contentieux. Les causes en sont sans doute multiples. Mais il faut bien reconnaître que l'insécurité interroge ici surtout la qualité juridique de la règle d'urbanisme et met en cause les carences méthodologiques de l'administration et la formation de ses agents. Cela étant et sans rien dénier à la réalité du phénomène, on doit constater que 1 % seulement des décisions prises en matière d'urbanisme sont contestées. Autrement dit, le développement du contentieux ne devient une source d'insécurité qu'à raison de la lenteur de la juridiction administrative. Quoiqu'il en soit, le renforcement de la sécurité juridique inspire la plupart des interventions législatives depuis vingt ans et le retour à une sécurité juridique acceptable constitue depuis longtemps un souci constant du juge administratif. Dans la période récente, le législateur et le pouvoir réglementaire d'une part et le juge, d'autre part, se sont encore attachés à renforcer la stabilité des autorisations d'urbanisme et des documents d'urbanisme (II).

I. Le décloisonnement du droit de l'urbanisme

Ce phénomène est tout-à-fait général (A) mais il concerne le domaine de l'environnement en particulier (B).

A. L'interdépendance des législations

1. La réception par le droit de l'urbanisme de préoccupations étrangères à son « objet naturel »

a. L'affirmation des préoccupations à caractère social

- L'origine : la loi d'orientation pour la ville du 13 juillet 1991.

- Puis le renforcement du principe de mixité sociale (C. urb., art. L. 110 et L. 121-1).

b. L'irruption récente des préoccupations de sécurité publique

Depuis la loi n° 2007-297 du 5 mars 2007 relative à la prévention de la délinquance, les projets d'aménagement et la réalisation des équipements collectifs et des programmes de construction qui, par leur importance, leur localisation ou leurs caractéristiques propres peuvent avoir des incidences sur la protection des personnes et des biens contre les menaces et les agressions, doivent faire l'objet d'une étude préalable de sécurité publique permettant d'en apprécier les conséquences (C. urb., art. L. 111-3-1 et R. 111-49). Cette obligation est sanctionnée pénalement (C. urb., art. L. 160-1).

2. Le renforcement de l'interdépendance du droit de l'urbanisme et des autres législations

- Les obligations de compatibilité et de prise en compte ont été étendues (C urb., art. L. 111-1-1).

- Ce qui a notamment conduit à renforcer le « rôle intégrateur » du SCOT.

- En parallèle, le permis de construire a évolué et sanctionne également d'autres législations (autorisations d'exploitation commerciale : C. urb., art. L. 425-4), ou est fusionné avec d'autres autorisations administratives dans une « autorisation unique » (autorisations ICPE : ordonnance n° 2014-355 du 20 mars 2014 relative à l'expérimentation d'une autorisation unique en matière d'installations classées pour la protection de l'environnement ; décret d'application n° 2014-450 du 2 mai 2014).

B. L'environnementalisation du droit de l'urbanisme

1. Le « verdissement » du droit de l'urbanisme

Les lois successives ont renforcé le contenu et les obligations des SCOT et des PLU en matière environnementale. Le phénomène n'est pas récent :

- La loi du 31 décembre 1976 portant réforme de l'urbanisme est contemporaine de la loi du 10 juillet 1976 relative à la protection de la nature.

- La loi SRU du 13 décembre 2000 a encore enrichi le Code de l'urbanisme de principes directement importés du Code de l'environnement en imposant aux documents locaux d'urbanisme de concourir à la réalisation des objectifs du développement durable (C. urb., art. L. 121-1).

- Mais c'est la loi du 12 juillet 2010 portant engagement national pour l'environnement dite « Grenelle 2 » qui a érigé la préoccupation de l'environnement au rang d'impératif catégorique en plaçant le développement durable en tête des préoccupations de l'urbanisme (v. C. urb., art. L. 121-1 : réduction des gaz à effet de serre ; préservation de la biodiversité ; préservation et remise en bon état des continuités écologiques ; économie du foncier...).

- La loi ALUR du 24 mars 2014 a encore renforcé l'exigence de l'économie du foncier.

Les lois successives ont, en conséquence, renforcé le contenu et les obligations des SCOT et des PLU.

2. Une recentralisation inévitable du droit de l'urbanisme

- Un renforcement des pouvoirs de l'État sur la règle de fond des documents d'urbanisme (PIG, DTADD).

- Un renforcement du pouvoir de contrôle de l'État sur les documents d'urbanisme et leur entrée en vigueur (possibilité de suspendre le caractère exécutoire des documents d'urbanisme : C. urb., L. 122-9 pour les SCOT ; art. L. 123-12 pour les PLU).

Cet enrichissement des finalités assignées au droit de l'urbanisme se traduit également par un renforcement du rôle du SCOT et par l'intercommunalisation du PLU qui correspondent à l'échelle pertinente pour la mise en œuvre cohérente de la diversité des volets d'une politique de l'urbanisme.

II. La sécurisation du droit de l'urbanisme

A. La simplification du champ d'application des autorisations d'occupation du sol

1. Avant la réforme de l'ordonnance du 8 décembre 2005 : 11 régimes d'autorisation et quatre régimes de déclaration / Après la réforme : 3 régimes d'autorisation et de

déclaration concernant les trois formes principales de l'utilisation des sols : construire, aménager, démolir.

2. La généralisation du permis de construire « tenant lieu de… » par exemple d'autorisation d'exploitation commerciale (C. urb., art. L. 425-4 et décret n° 2015-165 du 14 févr. 2015).

B. La sécurisation de régime des autorisations d'occupation du sol

1. Un régime uniforme des autorisations d'urbanisme

- La clarification de l'instruction
- La sécurisation des délais de délivrance des autorisations d'urbanisme

2. La sécurisation au contentieux des autorisations d'urbanisme et des documents d'urbanisme

a. Concernant les autorisations d'urbanisme :

- L'encadrement de l'action contentieuse, particulièrement dans la période récente par l'ordonnance n° 2013-368 du 18 juillet 2013 relative au contentieux de l'urbanisme : resserrement de l'intérêt pour agir à la fois dans le temps (constitution de l'intérêt au jour de l'affichage de la demande d'autorisation) et quant aux conditions de fond ; obligation de notification des recours ; « moralisation » des recours par l'ouverture d'une demande reconventionnelle contre le requérant et l'obligation d'homologation des transactions
- Les obligations et pouvoirs du juge : l'obligation de se prononcer sur l'ensemble des moyens ; le pouvoir de prononcer une annulation partielle ou un sursis à statuer en vue de permettre une régularisation de l'autorisation d'urbanisme.

b. Concernant les documents d'urbanisme :

- Pouvoir du juge de prononcer un sursis à statuer en vue de permettre la régularisation d'un vice affectant le document.

Le mouvement de sécurisation des autorisations d'urbanisme et des documents d'urbanisme se traduit par un renforcement des pouvoirs du juge. Le but ne sera cependant atteint qu'à condition que soit levé l'obstacle d'une certaine lenteur de la justice administrative.

Conclusion : Les autres moteurs de l'évolution du droit de l'urbanisme

1. La réalisation des objectifs gouvernementaux en matière de création de logements

* se traduit par :

- la levée des obstacles à la construction ;
- la suppression du COS et de la taille minimale des parcelles ;
- le retour de l'urbanisme dérogatoire concernant particulièrement les règles restrictives de densité.

* et s'accompagne :

- d'un renforcement des pouvoirs du préfet pour s'assurer de la réalisation de l'objectif de production de logements, notamment sociaux ;
- d'un renforcement pathologique du droit de préemption.

2. Un mouvement de « privatisation » du droit de l'urbanisme sous la forme

- d'un certain désengagement de la responsabilité de l'administration (simple attestation du demandeur à être autorisé à réaliser les travaux dans le cadre d'une demande d'autorisation d'urbanisme ; régime de l'achèvement et de la conformité) ;
- mais d'un recours encore trop limité au procédé contractuel (PUP).

Bibliographie générale

- J.-B. Auby, H. Périnet-Marquet, R. Noguellou, *Droit de l'urbanisme et de la construction*, 9e éd., Montchrestien, coll. « Précis Domat », 2012.
- D.-A. Camous, *L'essentiel du droit de l'urbanisme*. Fiches de cours, exercices corrigés, 3e éd., Ellipses, coll. « Fiches », 2012.
- H. Charles, *Droit de l'urbanisme*, PUF, coll. « Thémis Droit public », 1997.
- H. Cloëz, *Leçons de droit de l'urbanisme*, Ellipses, coll. « Leçons de droit », 2012.
- H.-M. Darnanville, Ph. Ch-A. Guillot, *Droit de l'urbanisme*, 3e éd., Ellipses, coll. « Universités Droit », 2012.
- J.-F. Davignon, *Droit de l'urbanisme*, 3 éd., Litec, coll. « Objectif Droit Cours », 2013.
- B. Dobrenko, *Droit de l'urbanisme*, 9e éd., Gualino, coll. « Mémentos LMD », 2014.
- J.-P. Gilli, H. Charles, J. De Lanversin, *Les grands arrêts du droit de l'urbanisme*, 4e éd., Dalloz, 1996.
- H. Jacquot, F. Priet, *Droit de l'urbanisme*, 7e éd., Dalloz, coll. « Précis », 2015.
- Y. Jegouzo (sous dir.), *Droit de l'urbanisme. Dictionnaire pratique*, 2e éd., Le Moniteur, 2013.
- G. Kalfleche, *Droit de l'urbanisme*, PUF, coll. « Thémis », 2012.
- J. Morand-Deviller, *Droit de l'urbanisme*, 9e éd., Dalloz, coll. « Mémentos », 2014.
- B. Poujade, J.-Cl. Bonichot, *Droit de l'urbanisme*, Montchrestien, coll. « Focus », 2006.
- S. Pérignon, *Le nouvel ordre urbanistique. Urbanisme, propriété, libertés*, Éd. du CRIDON-Defrénois, 2004.
- I. Savarit-Bourgeois, *Droit de l'urbanisme*, Gualino, coll. « Master », 2014.
- I. Savarit-Bourgeois, *L'essentiel du droit de l'urbanisme 2014-2015*, 11ème éd., Gualino, coll. « Carrés Rouge », 2014.
- E. Vital-Durand (sous dir.), *Opérations d'urbanisme*, Lextenso éditions, coll. « Les Intégrales », 2014.

Index

Les chiffres sans crochets renvoient aux numéros de paragraphe du cours. Les chiffres entre crochets renvoient aux définitions des mots dans la rubrique « Quid ».

A

B

C

D

E

M

N

O

P

Q

R

S

T

U

V

Z

Table des matières

section 2

section 4

section 5

section 6

Table des Quiz

Les chiffres renvoient aux numéros des pages. Le chapitre de cours concerné est indiqué entre crochets. Sauf indication contraire, tous les sujets sont corrigés en fin de rubrique pédagogique.

Commentaires d'arrêts

Cas pratiques

Dissertations

Cet ouvrage a été composé
par IGS-CP à L'Isle-d'Espagnac (16)

715200 - (I) - CSB-G 80 g - IGS - (CDR)
Imprimé en Italie par L.E.G.O. S.p.A.
Dépôt légal : Septembre 2015